全国优秀农业企（事）业单位风采目录

省厅局风采

市（县）机构风采

科教兴农

畜牧兽医

农产品加工

良 种 风 采

专 业 合 作 社

美 丽 乡 村

中国动物卫生与流行病学中心

中国动物卫生与流行病学中心是承担重大动物疫病流行病学调查、诊断、监测，动物和动物产品兽医卫生评估，动物卫生法规标准和重大外来动物疫病防控技术研究等工作的国家级动物卫生机构，是国家实施兽医行业管理的技术支撑单位。直属农业农村部，机构规格为正局级。现有内设机构18个，控股企业2家。2013年获批设立博士后工作站。2015年获批科技部创新团队1个，农业部创新团队2个。现有在编人员172人（其中博士61人，硕士42人，高级研究人员72人），劳务派遣员工近100人。

中心先后建立国家动物血清库、国家动物疫病诊断液制备中心、国家动物流行病学研究中心、国家外来动物疫病诊断中心等重要动物卫生设施。先后被世界动物卫生组织（OIE）指定为新城疫、小反刍兽疫等国际参考实验室，公共卫生与流行病学协作中心；被国家认定为牛海绵状脑病、动物结核病等国家参考实验室，禽流感、布氏杆菌病等国家专业实验室，农业部畜禽产品质量安全风险评估实验室。农业部动物及动物产品卫生质量监督检验测试中心、全国动物防疫标准化技术委员会秘书处、全国动物卫生风险评估专家委员会秘书处等机构挂靠本中心。

中心始终牢记使命，履职尽责，积极在国家重大动物疫病防控和食品安全监管工作中发挥技术支撑作用。防控政策研究领域，组织研究起草《国家中长期动物疫病防治规划》、H7N9亚型流感等7种重大动物疫病防治计划、新城疫等100余种动物疫病防治技术规范，适时评估，提出禽流感等重大动物疫病防控政策调整建议。兽医流行病学领域，构建了国家、省、市、县兽医流行病学工作体制、机制和技术体系；常年开展流行病学调查监测，分析研判疫情态势，及时预警，为国家重大动物病防控提供措施建议。外来动物疫病防控领域，研究起草疯牛病等13种重大外来动物病防控计划、应急预案和防治技术规范；及时确诊、锁定小反刍兽疫疫情；持续实施疯牛病、非洲猪瘟等外来病监测、诊断和风险评估，《中国疯牛病可忽略风险评估报告》获得国际认可，为我国建立疯牛病可忽略风险地位发挥了关键作用。兽医卫生评估领域，组织制修订无规定动物疫病区和生物安全隔离区管理技术体系，指导建成广州从化等5个无疫区和山东民和等2个生物安全隔离区，为动物疫病防治提供新路径。建立兽医体系效能评估标准体系，并完成试点评估，为兽医体系建设提供新抓手。兽医法律法规领域，调研起草《兽医法（草案）》《畜禽屠宰条例》《生猪屠宰管理条例》《兽医执业人员行为规范（草案）》《官方兽医行为准则》《官方兽医行为规范》等法律法规规章，开展《执业兽医管理办法》《动物诊疗机构管理办法》立法后评估，积极推进兽医法制化进程。动物产品安全监测评估领域，持续开展全国动物源性产品的质量安全普查、监督抽查、例行监测，建立耐药细菌库，开展食源性细菌耐药性风险分析，为食品安全监管提供可靠依据。持续评估美国等数十国产品输华风险，有力抵制美、欧风险牛肉进入国内市场，维护国家权益，保障我国食品安全。国际合作领域，收集整理全球动物卫生信息，及时预警建议；深化与世界动物卫生组织（OIE）、世界粮农组织（FAO）等合作交流，参与国际标准制修订，履行参考实验室（中心）职能；加强与美、法、英、西、意、德、澳、韩等在流行病学、风险评估、人畜共患病研究、重大动物病防控、食品安全等方面的合作；跟踪研究国际组织相关法律、法规、标准、发展战略、政策措施及其运作机制，开展主要贸易国卫生状况评估，不断强化中国兽医事务国际话语权。

中心始终不忘初心，攻坚克难，积极在服务社会和服务地方经济社会发展中贡献力量。强化科技成果转化服务社会，先后主持承担国家各类科研攻关项目50余项，组织制定国家标准200余项、行业标准160项，成功转化疫苗产品16项、诊断试剂成果18项，高致病性禽流感、猪圆环病毒病等疫苗和诊断试剂产品已广泛应用，在全国重大动物疫病防控工作中发挥了重要作用，产品远销东南亚各国及中东和非洲地区。强化技术指导服务地方发展，指导全国各地开展动物疫病防控、无疫区建设、兽医体系建设，组织各类培训班，年培训基层人员近2000人，提升行业整体技术水平；积极发挥技术优势，参与2008年奥运会、2010年亚运会、2014年青岛世园会、2018年上合组织青岛峰会等筹备工作，保障重大活动顺利进行；控股公司青岛易邦生物工程有限公司强化科技创新，建成国家基因工程疫苗重点实验室和国家基因工程疫苗工程中心，入选"2018智能制造综合标准化与新模式应用项目"，连续3年年产值突破12亿元，年纳税超过1亿元。

"十三五"期间，中心按照建设世界一流的动物卫生机构目标，全面实施职能强化、技术优化和人才提升战略，全力推进人才队伍、基础设施建设，努力为国家动物防疫事业作出更大贡献。

全国动物卫生风险评估委员会换届

国际合作签约

无疫区评估

诊断试剂研发

兽医流行病学高级培训

全国动物卫生风险评估委员会换届

广东省农业厅

2017年，在省委省政府的坚强领导下，全省各级农业部门坚持以习近平新时代中国特色社会主义思想为指导，认真贯彻落实中央和省委省政府的"三农"决策部署，围绕农业供给侧结构性改革工作主线，加快农业调结构转方式，全面深化农业农村改革，推动农业农村经济发展实现稳中有进、稳中向好、稳中向新，为全省经济社会发展大局提供了有力基础性支撑。全省农林牧渔业总产值6 214.9亿元，增加值3 886.9亿元，分别排全国第8位、第6位。农村居民人均可支配收入15 779.7元，居全国第7位。农产品进出口总额276.06亿美元，居全国第2位，其中出口94.79亿美元，增长3.6%。农牧业生产总体稳定发展，农产品供给质量和效率有新提高。农业供给侧结构性改革稳健起步，新主体新动能加快成长，新技术新模式加快涌现。

2017年全省农业农村经济保持了党的十八大以来的发展好势头。

五年来，广东坚持稳中求进工作总基调，千方百计促生产稳增长，农业农村经济持续向好。全省农林牧渔业总产值、增加值年均分别增长2.9%、3.2 %，增加值由全国第8位上升至第6位。

五年来，广东坚持把保供给保安全作为安民之基，大力建良田、育良种、推良技、用良法，增强农业综合生产能力，多措并举提高农产品质量安全水平。水果、蔬菜、甘蔗、肉类、水产品等多种农产品产量位居全国前列，饲料产量占全国1/8，稳居全国首位。农产品质量安全水平处于全国前列，重大动物疫病防控延伸绩效考核工作连续4年被农业部评为优秀，重大农产品质量安全事件和区域性重大动植物疫情零发生。

五年来，广东坚持把农业转型升级作为努力方向，扎实推进科技创新驱动和农业绿色发展，加快转变农业发展方式。农业科技贡献率、主要农作物耕种收综合机械化水平分别比2012年提高9个百分点、5.7个百分点，农业信息化大步跨入全国先进行列。生物育种、航天育种和植物克隆繁殖全国领先，畜禽新品种（配套系）、国家级核心育种场和良种扩繁推广基地数量及猪鸡种苗供应量均位居全国第一。

雁南飞旅游度假村茶田采茶图

清远连山金秋田野

湛江杂交水稻制种基地

湛江金凌锋

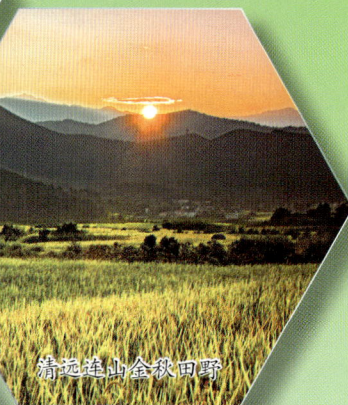
生猪养殖类地

广东省农业农村经济稳中有进、稳中向好、稳中向新
广东乡村产业振兴迈上新起点、进入新时代、开启新征程

深入实施全国首创、亚洲地区最大规模世行贷款农业面源污染治理项目，提前3年实现化肥农药零增长目标，畜禽养殖废弃物资源化利用率65%。

五年来，广东坚持把改革创新作为根本动力，坚持不懈推进体制机制创新，激发农业农村内生发展动力。农业补贴制度、农村经营制度、农村集体产权制度、基层农技推广体系、种业体制、农业综合执法体制等改革取得重要进展，现代农业经营体系加快构建。农村金融支农创新亮点多，现代农业示范区通过"政银保""投贷补"等模式吸引100亿元社会资本投入，省财政出资100亿元设立的省农业供给侧结构性改革基金总规模达到400亿元，省农业信贷担保公司担保放款4.56亿元，有力缓解了"贷款难、贷款贵"问题。

五年来，广东坚持把促进农民增收作为核心目标，在巩固传统增收动力的基础上，把握农村三次产业融合新趋势，拓展农民就业空间，广辟增收新渠道。品牌农业带动404.5万农户增收206.8亿元，1万多家休闲农业经营主体直接带动50多万人就近就业增收。全省农民收入年均增长9.6%，实际增速连续5年高于城镇居民，城乡居民收入比从2012年的2.83：1缩小至2.59:1。

下一步，广东省农业农村经济工作将按照中央农村工作会议、全国农业工作会议以及省委十二届二次、三次全会，全省乡村振兴工作会议部署要求，坚持稳中求进工作总基调，坚持新发展理念，以实施乡村振兴战略为总抓手，以推进农业供给侧结构性改革为主线，以提高农业综合效益和竞争力、促进农民持续增收为目标，围绕质量兴农、绿色兴农、品牌强农，着力推进调结构、转方式、促融合，着力发展新主体、新技术、新产业、新业态，加快构建现代农业产业体系、生产体系、经营体系，推动广东向农业强省跨越发展，奋力在新时代推进农业农村现代化建设中走在全国前列。

丹樱生态园

建设中的雷州半岛现代农业示范核心区

袁隆平在梅州兴宁选育亩产创世界纪录的华南双季超级稻

广东花卉生产基地

久久为功发展产业
多措并举精准脱贫

陕西省农业厅厅长文引学在周至县楼观镇送兵村猕猴桃园调研指导

魔芋体系专家在镇巴县魔芋有性繁殖示范基地进行产业帮扶

陕西省农业厅联县驻村干部走崎岖山路访贫问苦

延川县为孙家塬村村民发放无担保创业贷款

2017年，陕西省农业厅认真贯彻中省脱贫攻坚战略部署，主动担当、积极作为，坚持"产业是基础、带动是关键、利益是核心"，以产业扶贫统揽工作，抓统筹、扶产业、强主体、建机制、重帮扶、推改革，使全省近40万贫困户受益。全国农业产业扶贫精准脱贫经验交流会在延安洛川召开，全国政协主席汪洋（时任国务院副总理）对陕西"兴一方产业、富一方百姓"的产业扶贫做法给予高度评价。一是创设产业扶贫引导资金，切块下达6亿元，引导贫困县整合涉农资金125亿元，降低信贷门槛，增设农险品种及农保补贴。二是布局5大类27种小众产业，建成全产业链项目库，扶持苹果、猕猴桃、茶叶、中药材、肉羊等特色产业和光伏、旅游、电商扶贫项目，助推10万人增收。三是组织开展百名干部包市联县驻村行动，深入56个贫困县53个贫困村抓点示范，帮扶1.7万人。四是培育新型经营主体，总结推广八大模式，引导3万多家主体带动24.8万户贫困户发展产业。五是创建全省产业技术帮扶110平台，推行重心下移、注重实训，开展现场服务4万余场次，覆盖42.2万农户。六是实施十大陕牌培育工程，举办农产品推介展销活动30多场次，签订销售订单超百亿元。七是下派百人辅导团，实施"三变"改革百村示范工程，退出村集体经济100%达标。八是发挥93家国有企业"合力团"作用，借助民营企业"万企帮万村"力量，引导1254家民营企业帮扶55个贫困县1866个贫困村发展产业。九是实施产业扶贫宣传百日行动，开展"脱贫攻坚看产业""产业脱贫访市长"大型采访活动，营造全省上下关注重视产业扶贫的浓厚氛围。

白水果农依托苹果产业脱贫致富

全国农业产业扶贫精准脱贫经验交流会在洛川召开

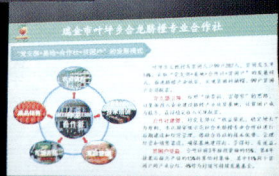

蓬勃发展的福建现代农业

2017年，福建省农业系统以习近平新时代中国特色社会主义思想为指导，认真贯彻落实中央和省委省政府决策部署，扎实推进农业供给侧结构性改革，加快发展特色现代农业，深入实施精准扶贫、精准脱贫方略，持续深化农村改革创新，全面完成各项目标任务。全省农林牧渔业增加值增长3.6%，农民人均可支配收入增长8.9%，粮食等主要农产品实现增产增效，农业农村经济保持稳中向好态势。主要体现在"六个新"：

一是粮食综合生产能力得到新提升。层层落实粮食生产责任制，建设高标准农田170万亩，改造抛荒山垄田20万亩，累计建成粮食生产功能区202万亩。在粮食主产县整建制推进绿色高产高效创建，推广增产增效关键技术3 000万亩（次）以上，粮食耕种收综合机械化水平提高到62.8%。推广优质稻560万亩，扩大专用甘薯、马铃薯品种覆盖面，粮食品种结构进一步优化，粮食播种面积和总产保持稳定。

二是特色现代农业建设迈上新台阶。加快培育壮大茶叶、水果、蔬菜、食用菌、畜禽等特色产业，福建百香果、富硒农业成为特色现代农业新亮点，七大优势特色产业全产业链总产值超过1.1万亿元，其中蔬菜、水果、畜禽等产业产值均跨越千亿元大关。创建武夷岩茶国家级农产品优势区、安溪国家级现代农业产业园，组织创建省级以上现代农业产业园59个，全省实施现代农业重点项目761个，新增投资超过120亿元，特色产业向适宜区域集聚发展的态势进一步形成。品牌农业加快发展，成功打造10大福建区域公用品牌，培育26个福建名牌农产品，安溪铁观音、武夷岩茶荣获中国十大茶叶区域公用品牌，福建百香果等6个农产品品牌获第十五届国际农交会金奖，永春芦柑等4个农产品被评为中国百强农产品区域公用品牌。深入实施农产品质量安全"1213"行动计划，新建标准化规模生产基地3 163个，"三品一标"农产品达3 724个，农业部对福建省主要农产品抽检总体合格率达98.6%，居全国前列，"清新福建·绿色农业"品牌初步打响。

三是农业绿色发展获得新成效。生态农业建设扎实推进，建立了农产品产地长期定位监测制度，加强农业面源污染防治，生猪养殖场关闭拆除和规模养殖场标准化改造全面完成，基本实现达标排放。开展化肥农药使用量零增长减量化行动，组织实施农业绿色高产高效示范，整县推进有机肥替代化肥试点，化肥农药使用量分别比2016年减少5%以上。加快转变农业发展方式，积极推广生态循环模式，漳州、南平被确定为国家级农业可持续发展试验区。强化重大动植物疫病防控和动物卫生监督执法，推进饲料、兽药、屠宰、病死猪无害化处理等全程监管，全省未发生区域性重大动植物疫情。

四是农业对外合作取得新进展。组织重点企业参加国际展会，持续推进"闽茶海丝行"等推介活动。农业"走出去"步伐加快，一批重大农业项目在"一带一路"沿线国家和地区落地建设；农产品国际市场不断开拓，农产品市场多元化特征更加明显，全年农产品出口额91.2亿美元，居全国第三位。持续深化闽台农业合作，台湾农民创业园建设水平不断提高，漳平、漳浦等5个台创园建设成效评估包揽全国前五名；闽台农业合作推广成效日益显现，闽台农业交流力度不断加大、领域持续拓展，"海峡论坛"农业专场活动取得成功，农业利用台资规模继续保持全国第一。

五是脱贫攻坚实现新成就。全面推进精准扶贫、精准脱贫，年度脱贫20万人、造福工程易地扶贫搬迁10万人任务圆满完成。贫困人口动态管理制度不断完善，对象识别更加精准。产业扶贫政策不断强化，扶贫小额信贷覆盖面达42.2%，"雨露计划"培训贫困户6.9万人次，贫困户发展生产奖补政策实现全覆盖。扶贫机制持续创新，精准扶贫医疗叠加保险启动实施，资产收益扶贫试点有序开展。挂钩帮扶23个省级扶贫开发工作重点县制度全面落实，第五轮整村推进扶贫开发启动实施。

六是农村改革有了新突破。制定出台福建省农村承包地"三权分置"、农村集体产权制度改革、农垦改革发展、新型农业经营主体培育等重大改革实施意见，基本确立福建省农村改革总体框架。农村土地确权登记颁证工作基本完成，农村集体产权制度改革全面启动，农垦改革重点任务加快推进。加快培育家庭农场、农民合作社、农业龙头企业等各类新型经营主体，总数超过6万家，培育新型职业农民累计超过40万名。积极推进改革试点，打造农村改革福建模式，多项改革成果被中央文件采纳。

第十五届中国国际农产品交易会上，福建展团荣获最佳组织奖和设计金奖，9个参展产品荣获金奖。

7月19日至20日，全省特色现代农业建设现场推进会在宁德福安市召开。

福建省时任省长于伟国在张志南常务副省长、省农业厅黄华康厅长、等领导的陪同下，视察了由省农业厅承办的现代农业馆，参观了福建百香果观光走廊、百香果互动展示区和蔬果中心展台。

省长于伟国莅临省农业厅（农办）调研考察

海南省农业厅

海南省地处中国最南端，属热带海洋季风气候，光照充足，四季常绿，素有"天然大温室之美誉"，海南是我国最重要的天然橡胶生产基地，农作物种子南繁基地，无规定动物疫病区和热带高效农业基地。海南自然资源优越，热带水果种类繁多，有香蕉、芒果、菠萝、荔枝、龙眼、杨桃、菠萝蜜、绿橙、莲雾等。经济作物有橡胶、椰子、槟榔、胡椒、咖啡等。

近年来，海南省紧紧围绕保供给、促增收、惠民生、改革创新的目标，不断调整优化农业产业结构，加快推进热带特色高效农业生产基地建设，发展壮大优质特色农业，促进农业增效和农民增收，努力打造现代农业新业态，重点推进国家农业公园和国家现代农业示范区建设，以重点项目带动特色农业向标准化、规模化、产业化发展。以"菜篮子"工程、生态循环农业、农产品质量监督体系、休闲观光农业、农村土地确权等工作为重点，不断加大基础设施建设和技术投入，大力推进"互联网＋农业"产业发展，特色农产品效益突显，利用"冬交会"、农博会、荔枝节等平台，实现农业稳定增长、农民稳步增收。

琼海市美丽乡村

海口火山石斛

海口开心农场一角

海南陵水润达现代农业示范基地

北京市农业环境监测站

（北京市农业绿色食品办公室）

北京市农业环境监测站成立于 1988 年，历经三十年发展，由最初的单纯农业环境监测，逐步拓展为以农业生态环境保护为基础，以检验检测为手段，以"三品一标"为抓手，以环境因子风险评估为支撑，以农产品质量安全为目标的"五位一体"的工作格局。

一、加强农业环境保护

坚持北京市基本农田环境质量长期定位监测，农业面源污染监测，开展农产品产地土壤重金属普查、布设监测点位 1.2 万余个，建立了全市土壤环境样品库、信息库，全面完成了第一次农业污染普查，荣获了北京市环境保护先进集体。

二、强化"三品一标"管理

北京市菜篮子产品"三品"认证率达到 60%，有效提升了农产品质量安全生产的标准化水平，为深化农业供给侧结构性改革、保障消费安全和满足不同消费需求、满足人民群众对美好生活的向往做出了突出贡献。

三、保障农产品质量安全

北京市农业环境监测站部级质检中心先后承担 2008 年奥运会、APEC 会议等重大活动农产品安全保障检测任务。连续 15 年承担国家农产品质量安全例行监测，风险评估实验室连续 6 年开展国家农产品质量安全风险评估工作。牵头完成北京市三级农产品质量安全检验检测技术体系建设，保障了市民菜篮子安全。

"草比树大"开拓

雷学军教授应邀参加第21届联合国气候变化大会

法国总领事马天宁一行参观"碳汇草"科研基地

全国政协副主席王钦敏一行视察"碳汇草"科研基地

雷学军教授参加第十四届中国经济论坛"中丹零碳对话"专场

"世界零碳之父"雷学军教授发现了"碳汇草";发明了"地球碳的技术控制循环过程";创造了"零碳区域经济发展模式";创立了"碳汇草学"、"大气动质与静质原理"、"大气动碳与静碳原理"、"大气动氧与静氧原理"、"大气动热与静热原理"、"光合作用降温与储能原理"、"生物氧化增温与释能原理"、"光合作用与生物氧化平衡原理"和"草比树大的原理";提出了"实现大气二氧化碳负增长"和"零碳世界"的新概念,倡导"综合开发利用大气碳资源","发展新气候经济",将有限的"森林碳汇"变为无限的"生物碳汇";主张在全球范围内征收"碳、热、氧税";实施"碳、热、氧产品"交易,改"虚拟"的碳排放权配额指标交易为"实体"碳交易。研究形成了生态文明建设的理论,包括原理、定义、目标、方法、流程和成果,为创建"零碳世界"和建设生态文明,实现人类的生存与可持续发展战略提供了科学依据和新途径。

工业革命以来,人们盲目地追求经济效益、无节制地享受生活、无限度地索取资源、无畏惧地污染环境和无顾忌地破坏生态。并大量地开采使用化石燃料,向大气中排放二氧化碳、氮氧化物等温室气体,造成严重的温室效应,导致极端气候和一系列严重的自然灾害,给生存带来了毁灭性的灾难,致使资源耗竭、环境污染、气候变暖、冰川融化、海面上升、海啸风暴、陆地缩小、沙漠扩张、土地干旱、粮食减产、森林火灾、灰霾肆虐、净水奇缺、污水横流、垃圾成山、疾病频发、物种消失和生态失衡等等,威胁着人类的生存与可持续发展。

森林形成于6500万年以前,目前面积仅39.9亿公顷,全球森林碳储总量约2500亿吨。近代以来,工业化、城镇化和现代化建设使森林面积不断缩小,碳储总量也在不断地减少。因此,森林不能解决日益增长的碳排放问题;世界每年总能耗约202.5亿吨标煤,相当于405亿吨植物碳产品的能量,世界秸秆年总产量约50.8亿吨,相当于25.4亿吨标煤,仅占全球总能耗的15.9%。秸秆每年有20%用作饲料,20%用于肥料,15%被田间燃烧,用于能源的秸秆所剩无几,且分散于全球,秸秆替代化石能源数量太少;碳捕集封存技术(Carbon Capture and Storage, CCS)受设备投资大、捕碳成本高、排碳量多、技术瓶颈和泄露风险等诸多因素的严重制约。随着世界人口数量的快速增长使全球碳排放总量急剧上升。

雷学军教授从刈割韭菜得到启示,发现并界定了一类生长发育迅速、能反复萌发、一年可以刈割多次、生物量大、捕碳效率高的速生草本植物,将其命名为"碳汇草"。实验证明,每生产1吨生物质,可吸收406万大卡热量,光解0.6吨水,向大气中释放1.07吨氧气,消耗大气中1.47吨二氧化碳。在经度、纬度、时间、空间和面积相同的种植条件下,碳汇草的平均叶片总面积、叶绿体总数量、热吸收总量、氧释放总量、生物质总量和碳吸收总量的年均累计值均大于树,分别是同等面积树的115倍、109倍、73.7倍、73.7倍、73.7倍和72.8倍,是一类快速捕碳固碳,调节大气温室效应的先锋植物。

"碳汇草"及植物碳产品经南方林业生态应用技术国家工程实验室和湖南农业大学教育部重点实验室检测,平均碳含量为49.2%;经中南大学

世界碳汇新纪元

能源环境检测与评估中心检测，每公斤热值为 2500～3500 大卡；经湖南工业大学检测证明，经过紫外光加速老化实验，储藏 50 年无明显变化；经中国质量认证中心核算，试验田选育的"碳汇草"，每亩年净碳汇量为 14 吨。

从物种进化和演替的过程来看，裸子植物的出现早于被子植物。裸子植物大多数是木本植物，草本植物大多数是被子植物。草本植物是从木本植物进化而来，木本植物较原始，草本植物进化程度高，更加适应环境。"碳汇草"与木本植物的固碳效率差异，其本质是 C4 植物与 C3 植物的光合效率差异。C4 植物光合作用启动快、效率高，C3 植物光合作用启动慢、效率低，C4 途径的 PEP(磷酸烯醇式丙酮酸)与二氧化碳的结合能力远远大于 C3 途径的 RuBP(1,5-二磷酸核酮糖)。C4 途径主要存在于草本植物中，木本植物中大多数为 C3 途径。没有草就不能驯化庄稼形成农业，没有草场就没有畜牧业，就不会进入农耕和畜牧时代，人类现在可能仍然在森林里采集或狩猎。

藻、草、灌、树和农作物皆为光合作用的载体，都是由单糖、双糖、多糖、淀粉、半纤维素、纤维素、木质素、氨基酸、蛋白质、酶、脂肪、色素、维生素、生物碱、黄酮、鞣质、萜、苷、醌和蜡等成分组成，可以直接使用或采用物理、化学、生物、生化等方法降解、转化、提取和分离出多种人类可食用和使用的物质。上述生物质成分均可用作生产建筑材料(如柱、方、条、边、板、轻质墙体、保温、隔音材料和沥青纤维路面等)、家具、农具、用具、工业品、食品、香料、香精、饲料、肥料、纸制品、生物质能源和化工原料等；还可深度开发出多种精细化学品(如纤维素/半纤维素基化学品、木质素基化学品、淀粉基化学品、糖基化学品和油脂基化学品等)、甲壳素衍生物、生物塑料及生物燃料等。

新气候经济学(The New Climate Economy Theory,NCET)，是研究全球气候变化引起的科技创新、社会经

雷学军教授寻找
"碳汇草"种质资源

雷学军教授采集
"碳汇草"种质资源

雷学军教授查
看"碳汇草"长势

济发展理念和方式变革的科学；是综合开发利用大气碳资源，制造碳产品，形成碳产业，创造碳经济的方法学；是研究生态效益、环境效益、社会效益和经济效益共赢的学说。

用生物质作原料发展新气候经济产业，创建"零碳发展模式"，实现《巴黎协定》提出的"本世纪下半叶实现温室气体净零排放的目标"，全球可新增社会产值约 2610.7 万亿元，利税约 396.7 万亿元；我国可新增社会产值约 720.5 万亿元，利税约 125 万亿元。

"零碳区域"是运用系统工程技术，规划、普查、核算、核查和统筹碳吸收总量、热吸收总量与氧释放总量和碳排放总量、热释放总量与氧消耗总量。通过节能减排、降耗减热和绿色能源替代；"碳、热、氧产品"封存；生态"碳、热、氧补偿"及"实体碳、热、氧产品"交易等方法，使一个行政区域(或一个单位)边界范围内的碳吸收总量、热吸收总量与氧释放总量和碳排放总量、热释放总量与氧消耗总量达到动态平衡，称为"零碳(零碳热氧平衡)区域"，包括"零碳区域"、"负碳区域"、"生态零碳区域"和"生态负碳区域"发展模式。

创建"零碳区域"的方法是采取整体规划、全面统筹和分步实施的策略，分阶段实现规划目标：一是实现单位 GDP 碳排放量、热释放量和氧消耗量的"零增长"；二是实现年度碳排放总量、热释放总量和氧消耗总量的"零增长"；三是实现碳排放总量的零排放、热释放总量的零释放和氧消耗总量的零消耗。通过创建"零碳机场"、"零碳工厂"、"零碳机关"、"零碳学校"、"零碳社区"、"零碳村庄"、"零碳乡镇"、"零碳县(区)"、"零碳省(市)"和"零碳国家"，最终实现"零碳世界"发展模式。

政府间气候变化专门委员会(Intergovernmental Panel on Climate Change, IPCC)指出："化石燃料燃烧和土地利用变化是人类活动造成的主要二氧化碳排放源，二氧化碳排放总量的 30% 被海洋生态系统吸收，25% 被陆地生态系统吸收，45% 滞留在大气圈中"。据此，如果人类通过减排、替代、转化、抵消和封存每年碳排放总量的 45% 左右，可"实现大气二氧化碳零增长"，适度增加碳封存量，可"实现大气二氧化碳负增长"。

全球实现碳排放总量零增长(碳峰值)每年需封存生物碳产品约 3.1 亿吨，可吸收大气中约 4.6 亿吨二氧化碳，总成本约 2.3 万亿元。当大气二氧化碳浓度和温度稳定后，综合利用生物碳产品，可新增社会产值约 73.6 万亿元，利税约 12.8 万亿元。

全球实现碳排放总量零排放(零碳)，每年需封存生物碳产品约 111.2 亿吨，可吸收大气中约 163.4 亿吨二氧化碳，总成本约 81.6 万亿元。当大气二氧化碳浓度和温度稳定后，综合利用生物碳产品，可新增社会产值约 2610.7 万亿元，利税约 396.7 万亿元。

中国实现碳排放总量零增长(碳峰值)，每年需封存生物碳产品约 0.8 亿吨，可吸收大气中约 1.2 亿吨二氧化碳，总成本约 0.6 万亿元。当大气二氧化碳浓度和温度稳定后，综合利用生物碳产品，可新增社会产值约 18.4 万亿元，利税约 3.2 万亿元。

中国实现碳排放总量零排放(零碳)，每年需封存生物碳产品约 30.6 亿吨，可吸收大气中约 45 亿吨二氧化碳，总成本约 22.5 万亿元。当大气二氧化碳浓度和温度稳定后，综合利用生物碳产品，可新增社会产值约 720.5 万亿元，利税约 125 万亿元。

将"碳汇草"吸收大气中的二氧化碳和热量，释放氧气后形成的生物质封存，可实现大气碳热氧平衡，修复臭氧层，降低温室效应，控制全球气候变暖。具体方法包括"应用封碳"、"使用封碳"、"成型封碳"和"填埋封碳"。

"应用封碳"是指大气圈中二氧化碳及其当量为 275～350 ppm 时，用生物质生产食品、饲料、有机肥料、纸制品、燃料和化工产品等，可提高碳循环的经济总量；同时，增加了"暂时静碳"量，能延长碳循环过程和调节单

中国生态文明研究与促进会考查"零碳"科研基地

雷学军教授与人大蔡主任视察洞庭湖湿地

雷学军教授陪同领导观看牛吃"碳汇草"

位时间内的大气二氧化碳浓度和温度，是一种抑制大气圈中二氧化碳浓度和温度升高的方法。

"使用封碳"是指大气圈中二氧化碳及其当量为 350～400 ppm 时，用大量的生物质生产建筑材料、家具、农具、用具和工业品等，可提高碳循环的经济总量；同时，增加了"暂时静碳"量和"长期静碳"量，能延长碳循环过程和调节单位时间内的大气二氧化碳浓度和温度，是一种控制大气圈中二氧化碳浓度和温度升高的方法。

"成型封碳"是指大气圈中二氧化碳及其当量为 400～450 ppm 时，在使用生物质能源替代化石燃料的前提下，将生物质加工成一定形状和密度的碳产品进行封存，增加了"暂时静碳"量和"长期静碳"量。当大气二氧化碳浓度和温度稳定后，对储碳产品再进行深度加工和综合利用(如生产食品、饲料、有机肥料、纸制品、燃料、化工产品、建筑材料、家具、农具、用具和工业品等)，充分释放其价值，是一种限制大气圈中二氧化碳浓度和温度升高的方法。

"填埋封碳"是指大气圈中二氧化碳及其当量达到了 450 ppm 以上，由升温引起的自然灾害十分严重时，在使用生物质能源替代化石燃料的前提下，将生物质进行填埋，增加"长期静碳"量和"永久静碳"量。当大气二氧化碳浓度和温度稳定后，将其用作生物质肥料和燃料，或将生物质长期填埋封存，任其在地层下转化成烃类化合物(煤炭、石油和天然气等)，是一种遏制大气圈中二氧化碳浓度和温度升高的方法。

地球每年通过光合作用可生产约 2200 亿吨生物质。当前，每年仅需收集填埋（或替代化石燃料使用）约 246.9 亿吨生物质（占总量的 11.2%），可吸收或减少大气中约 363 亿吨二氧化碳，实现全球净零碳排放。

研究和掌握碳热氧循环规律，对碳热氧释放、转化、传递、封存、计量和应用等碳热氧循环过程实施技术控制、统筹和顶层设计，使人类能充分合理地利用没有国界、没有纷争的大气碳热氧资源，获得可持续发展的大量物质财富，解决生态、环境、资源、经济与气候变化问题。

零碳大事记：

2005 年 5 月，雷学军教授从刈割韭菜得到启示，发现了"碳汇草"。

2007 年 3 月，雷学军教授提出："生物碳封存方法"和"大气动碳与静碳原理"。

2009 年 5 月，雷学军教授提出："二氧化碳是人类的宝贵财富"和"综合开发利用大气碳资源，实现大气二氧化碳负增长"。

2012 年 7 月，雷学军教授在长沙田心桥建立"碳汇草"科研基地。

2013 年 12 月，长沙县决定使用雷学军教授的"碳汇草捕碳固碳技术"，创建全国首个"零碳县"。

2014 年 1 月，长沙县成立"零碳县"发展模式试点工作领导小组。

2014 年 1 月，雷学军教授发明的"生物质储碳产品的制备、计量、封存与碳交易的方法"获得国家知识产权局颁发的发明专利证书。

2014 年 6 月，中国质量认证中心对"碳汇草碳产品封存净碳汇量"进行了核算。

2014 年 8 月，湖南省科技厅惠民计划项目："碳汇草成型储碳封存碳汇效率技术研究"立项。

2014 年 9 月，雷学军教授提出："发展新气候经济应对全球气候变化"、"碳汇草"在建筑材料、家具、农具、用具、工业品、食品、香料、香精、饲料、肥料、纸制品、生物质能源和化工原料等领域实现产业化。

2014 年 10 月，环境保护部环境规划院编制：《长沙县"零碳县"2015～2035 零碳发展规划》。

2014 年 11 月，中国质量认证中心对长沙县碳排放量进行核查："2013 年长沙县实现了万元 GDP 二氧化碳强度负增长"。

2014 年 12 月，长沙县应邀参加"第十四届中国经济论坛'中丹零碳对话'专场"，"碳汇草"和"零碳县"创新理念获得中外普遍关注。

2015 年 3 月，雷学军教授提出："光合作用降温与储能原理"和"生物氧化增温与释能原理"。

2015 年 5 月，雷学军教授在《红旗文摘》第 5 期上发表："生物质能：狙击雾霾的新武器"。

2015 年 5 月，雷学军教授提出："光合作用与生物氧化平衡原理"。

2015 年 6 月，雷学军教授提出："草比树大的原理"。

2015 年 7 月，"碳汇草"和"零碳县模式"在法国里昂全球气候与地区世界峰会上得到广泛称赞。

2015 年 7 月，法国驻武汉总领事馆总领事马天宁先生一行来田心桥基地考察，对"碳汇草"和"零碳县"创建工作给予了高度的评价。

雷学军教授在实验室与学生共同研制开发新气候经济产品

雷学军教授参加首届中国2030年二氧化碳达峰路径高层论坛

"中国生态文明研究与促进会碳汇研究中心"授牌

雷学军教授被评为"第49个世界地球日"年度人物

零碳大事记：

2015 年 9 月,中央政策研究室刊印《简报》:"我国'土专家'攻克了应对气候变化世纪洋难题";"长沙创建全国首个'零碳县'探索生态文明建设新途径"及《送阅件》:"增强我国在联合国气候谈判话语权的思考"。

2015 年 10 月,党的十八届五中全会提出:"绿色发展,实施近零碳排放区示范工程"。

2015 年 10 月,国家发改委赴长沙县进行"零碳县"和"碳汇草"的调研。

2015 年 12 月,雷学军教授应邀参加巴黎第二十一届联合国气候变化大会。新华社专讯:《中国"零碳县"试验受到国际关注》。《巴黎协定》提出:"本世纪下半叶实现温室气体净零排放的目标"。

2016 年 1 月,长沙县"零碳县"发展模式试点工作领导小组组织专家召开"碳汇草种植与封存项目碳减排基准线与检测方法学"论证会。

2016 年 5 月,雷学军教授在娄底市杨市镇建立"碳汇草"种植基地。

2016 年 5 月,国家发改委气候司召开"近零碳排放区示范工程"专家研讨会。

2016 年 5 月,科技部《中国农村科技》访"世界零碳之父"雷学军教授:"降碳除霾,发展新气候经济"。

2016 年 10 月,桃源县成立"负碳县"创建工作领导小组。

2016 年 10 月,湖南省发改委碳交易专项资金计划项目:"碳交易从虚拟交易实现可计量的碳货币交易路径探索研究"立项。

2016 年 10 月,全国人大环资委邀请雷学军教授团队参加"碳汇草捕碳固碳技术"专题座谈会。

2016 年 11 月,中国社会科学院智库出版发行:《长沙县生态文明建设探索研究》。

2016 年 11 月,湖南省第十一次党代会报告提出:"实施近零碳排放区示范工程"。

2016 年 12 月,林目轩博士在《红旗文摘》第 12 期上发表:"构建与绿色发展相适应的土地利用分类体系"。

2016 年 12 月,中共中央、国务院印发《关于深入推进农业供给侧结构性改革加快培育农村发展新动能的若干意见》提出:"种草,加快构建粮经饲协调发展的三元种植结构"。

2017 年 3 月,中华人民共和国农业部出版 2016《中国农业年鉴》,收载了雷学军教授创建零碳发展模式过程的"零碳志"。

2017 年 4 月,国土资源部印发《自然生态空间用途管制办法(试行)》的通知(国土资源发〔2017〕33 号)指出:"严格控制生态空间转为城镇空间和农业空间,禁止生态保护红线内空间违法转为城镇空间和农业空间"。

2017 年 6 月,中国环境科学研究院专家组赴娄底市调研"零碳区域"创建工作。

2017 年 7 月,中央全面深化改革领导小组第三十七次会议提出:"坚持山水林田湖草是一个生命共同体"。

雷学军教授参加娄底"零碳城市"创建工作会议

雷学军教授在长沙县进行"零碳"知识讲座

雷学军教授在桃源县进行"负碳县"知识讲座

2017 年 8 月，娄底市聘请专家开展碳普查和碳规划工作。

2017 年 10 月，中共十九大提出："统筹山水林田湖草系统治理"。

2017 年 11 月，全国人大常委会分组审议《国务院关于草原生态环境保护工作情况的报告》时，部分全国人大常委会委员建议，农业部畜牧司下设的草原处，可升格为国家草原局。

2017 年 11 月，中央政策研究室刊印《书刊摘报》："零碳探索的生态文明建设实践"，作者雷学军，原载于《中国能源》2017 年第 7 期。

2017 年 11 月，娄底市编制完成《娄底市 2013 ～ 2016 碳源碳汇普查与核算报告》。

2017 年 11 月，雷学军教授在《学习与研究》杂志上发表："从工业文明走向生态文明"。

2017 年 11 月，雷学军教授在《求是内参》上发表："当前推进零碳战略面临的问题及对策"。

2018 年 3 月，全国人大第十三届四次会议决议："组建国家林业和草原局，不再保留国家林业局"。

2018 年 4 月，雷学军教授发明的"地球大气圈碳热氧平衡的方法"获得国家知识产权局颁发的发明专利证书。

2018 年 7 月，中国生态文明研究与促进会在长沙召开"'零碳区域'建设交流座谈会"，聘任雷学军教授担任"首席碳汇专家"和"碳汇研究中心主任"。

2018 年 8 月，雷学军教授在《中国能源》第 8 期上发表："生态文明建设研究"一文，提出了生态文明建设的原理、定义、目标、方法、流程和成果。

2018 年 9 月，雷学军教授提出："大气动质与静质原理"、"大气动氧与静氧原理"和"大气动热与静热原理"。

2018 年 10 月，《红网》报道：时代脊梁 雷学军和他的"零碳"梦。

2018 年 10 月，《红星云》报道：这位常德人，为什么被誉为"世界零碳之父"。

2018 年 10 月，《湖南日报》报道：民族魂 奋斗曲—时代脊梁，雷学军和他的"零碳"中国梦。

中国长沙县、娄底市和桃源县以雷学军教授原创的 100 项发明专利技术成果为支撑，编制《零碳发展规划》，创建全球首个"零碳县"、"零碳市"和"负碳县"。目前，我国已有湖南、山东、北京、江苏、安徽、黑龙江、陕西、广东和内蒙古等十几个省、市和单位积极响应创建"零碳"、"负碳"区域和"近零碳"排放示范区。

《泰晤士报》、《亚太日报》、《海峡时报》、《文汇报》、《人民日报》、《光明日报》、《经济日报》、《科技日报》、《半月谈》、《瞭望东方》和《湖南日报》等媒体纷纷报道，引起了世界各国的高度关注和重视。

从"高碳"到"低碳"，从"低碳"到"零碳"是人类发展理念和方式的不断飞跃，"零碳"模式是可持续生存与发展的高级方式和终极目标。

"走近零碳 环保我行"枫树
山小学环保研学活动

香港排放权交易所朱钰华总经理一行考
察"零碳"模式和"碳汇草"科研基地

雷学军教授给少先队员
介绍"零碳"知识

甘南县宝山乡农村经济服务中心

2017年7月2日技术人员赵洪池到青山村指导大豆田间管理技术

技术人员赵洪池、张俊峰等发放农业科技宣传资料

2018年3月5日单位技术人员赵洪池到一心村传授科学种田知识

甘南县宝山乡农村经济服务中心成立于2005年1月1日。由"甘南县宝山乡农业技术综合服务中心""甘南县农村经济管理中心"和"甘南县宝山乡乡企及劳动力转移服务中心"合并而成立，隶属于甘南县宝山乡人民政府，副科级事业单位。法人代表：赵洪池。单位社会信用代码：12230225790506363Y。

该单位内设四大站口，即农业站、畜牧站、经管站、企业及劳动力转移站。编制实行动态管理，截至2018年6月，人员编制20人，其中技术岗位20人。技术职称结构为正高级1名、副高级10名、中级5名、初级4名。其中，"双肩挑"人员2名。

主要社会职能及职责是负责农业技术、农机应用技术、林业技术的推广、示范和普及，农村集体经济组织和新兴经营主体的经营管理，乡镇绿化、野生动物保护，农田水利建设、水土保持、抗旱防汛，畜禽优良品种繁育、防疫、农产品质量监督管理及编制农、林、牧、副、渔业的发展规划。

甘南县宝山乡农村经济服务中心作为一个基层事业综合体，紧跟党的改革开放步伐，依托科技人员的技术优势，在发展乡域农村经济方面发挥了重要作用。采用"统筹规划、分类指导"的工作方法，通过举办科技培训班、发放技术资料、村屯大喇叭宣传和现场技术指导等工作方式，使农业新技术在全乡的普及率达到100%、科技贡献率逐年提高，使全乡农业总收入每年增长4%左右、人均收入每年增长10%左右，充分发挥了技术扶贫的作用。

在严谨的工作中，提高了技术人员的服务水平、增强了解决技术难题的能力，也培养了一批技术骨干。并且，有一名同志被农业部评为2017年度全国"最美农技员"和"十佳农技标兵"。得到了上级部门和群众的高度认可。

河北省赵县积极打造主要农作物生产全程机械化新模式

自2015年农业部发布开展主要农作物生产全程机械化推进行动以来，赵县始终坚持政府推动、扶持拉动、创新驱动、示范带动、技术促动，不断推进主要农作物生产全程机械化。

2016年聚焦小麦玉米全程机械化短板、薄弱环节，精准发力，全力攻坚，集成优化技术，提炼形成了农机装备高端、农机农艺和信息化充分融合的可推广可复制的小麦玉米生产全程机械化技术路线模式，成为河北省唯一、全国首批28县之一的基本实现主要农作物生产全程机械化示范县。2017年依托互联网，探索开展卫星精准定位、自动导航、物联网等现代信息技术在农机装备上的应用，实施精准农机作业和农机化与信息化深度融合，推进"互联网＋农业机械"精准农机作业试验示范，大力开展智能农场建设，推动农机装备升级换代。2018年探索使用无人驾驶遥控飞机，携带多光谱传感器，进行土壤养分遥感测量、运用智能配肥机实施农作物生长对应肥效组合配肥和施肥机上安装智能施肥驱动、控制系统的变量施肥控制技术试验，从工艺流程、技术要点、作业规范、机具选型、服务方式等方面深入提炼和概括，形成全程机械化解决方案。

全程机械化，不仅提高了农机保有量和科技水平，而且有力地带动了农机产业发展。目前全县农机生产规模以上企业21家，玉米秸秆切碎机年产超3万台，销往全国20多个省市，出口印度、马来西亚、泰国、巴西等国家。14家企业的9类93种型号的产品列入国家、省农机购置补贴产品目录。

2016智能化信息化高地隙植保作业

2016一机多用的小麦玉米水稻秸秆粉碎还田作业

2017自动导航无人驾驶农机作业

2017智慧农场精准农机作业演示

稻渔空间体验农耕文化

2017年，贺兰县农牧渔业局加大农业供给侧结构性改革力度，加快转变生产发展方式，着力补齐农业发展短板，农业工作取得了显著的成效。全县预计实现农业总产值35.44亿元，同比增长8.5%；农业增加值17.26亿元，同比增长5.3%；农民人均可支配收入13 948元，同比增长11.05%。先后承办了中国园艺学会番茄分会2017年学术年会暨宁夏首届番茄新品种展示推介会、全国淡水鱼养殖现场观摩会、全国绿色高产高效创建推进落实现场会、全区夏播工作现场会、全区苜蓿青贮制作现场会等重要会议，起到了较好的示范带动作用。

全县完成粮食播种面积44.7万亩，其中小麦10.6万亩、玉米15.4万亩、水稻18.7万亩。粮食总产量23万吨，产值5.3亿元；瓜菜种植面积30万亩，其中设施瓜菜9.2万亩、露地瓜菜8.7万亩、供港蔬菜3万亩、秋菜复种9.1万亩；奶牛存栏4.34万头，同比增长7.8%。奶产量达到20.92万吨，同比增长10.63%。种植多年生苜蓿4.2万亩，冬牧70黑麦草0.62万亩、专用青贮玉米7.9万亩，高产优质苜蓿示范基地3个共1万亩；水产养殖总面积保持在10.5万亩，建设标准化养殖示范场1个，新建低碳高效循环水养殖池塘17口，渔业设施温棚13万平方米；新培育银川市级及以上龙头企业5家，累计达到54家；新增农民专业合作社50家，累计达到170家，会员总数17 057人，农民入社率已到达43.73%；新培育家庭农场9个，累计达到89个，成员367人；稳步推进"互联网＋农业"信息技术，建立农产品质量安全追溯体系，构建了农业物联网生产体系，推进投入品在线监管体系建设。

2017年，成功创建了国家现代农业产业园，先后荣获2016年度全国农牧渔业丰收奖、全区农村全面小康建设先进集体一等奖、全区农业现代化建设先进集体奖、全国休闲渔业示范基地、全国畜牧业绿色发展示范县、粮食绿色高产高效示范县、2017年度全国农业农村信息化示范基地、自治区第二届农机手大赛暨五征杯第四届中国农机手大赛宁夏地区选拔赛优秀组织奖、银川市农民增收先进集体一等奖等10项，完成了蔬菜产销"安品模式"、稻渔综合种养、"互联网＋现代农业"、政府购买社会化服务、土地股份制合作等创新工作12项。

贺兰县农牧渔业局

中央网信办调研我县"四化同步发展"

全国水产健康养殖现场会在贺兰县召开

河南省农业广播电视学校夏邑分校

河南省农业广播电视学校夏邑分校（夏邑县农民教育中心）创建于1981年，履行全县农民教育培训的统筹规划、综合协调、监督考核和指导服务等职能，负责组织拟定全县农民教育的发展战略、规划、计划、组织协调农科教结合，负责组织开展农民科技培训、农村劳动力培训、农民继续教育和农民职业教育等工作。夏邑县绿色证书工程办公室、新型职业农民培育工程办公室均设在农广校，农广校现有教职工60人，其中高级技术职称11人，中级技术职称19人；另聘兼职教师20人，各乡镇建有分校。

办学三十多年来共培训"绿色证书"学员86 467人，组织开展农村劳动力阳光工程培训33 453人、新型农民科技培训6 600人、职业技能培训4 900人、实用技术培训达160多万人次，培养农民大中专学历生9 390人，特别是近几年培育新型职业农民3 000余人；组建科技协会200多个，村级科技服务站100多个；建立生产示范点300多个，带动发展400多个科技专业村。创新形成了全国新型职业农民培育十大模式之一的"夏邑模式"，探索形成的"夏邑县构建产业扶贫带头人培养模式"荣获全国产业扶贫十大机制创新典型。

培养造就了三支科技队伍：高素质的农村基层管理干部和农业技术干部队伍；爱农业、懂技术、善经营的职业农民技术骨干队伍；具有较高素质的农村劳动者队伍。促进了农业农村人才的培养，促进了农业产业发展和农民增收致富，促进了农村精神文明建设，有力支撑了农业农村发展，为乡村实现产业兴旺、生态宜居、乡风文明、治理有效、生活富裕的总目标做出了突出贡献。

联合国粮农组织教育专家和国家有关部委、省、市有关领导多次到学校参观考察。学校先后被评为全国农民技术教育先进集体、全国农业广播电视教育先进集体、全国育才兴农示范校、全国农广校系统A级校、中等职业教育和农民培训工作突出学校（百强校）。夏邑县新型职业农民培育模式被农业部评选入全国十大新型职业农民培育典型模式。中央电视台、河南电视台、《新华每日电讯》《中国青年报》《河南日报》等多家重要媒体进行了多批次、多层面的专题宣传报道。

2013年河南省新型职业农民培育工作现场会、2014年全国农广校校长工作会议、2017年河南省新型职业农民培养工作观摩会、2018年河南省农民体育工作观摩会分别在夏邑召开，推广夏邑经验。2018年农业农村部全国新型职业农民培育管理培训班暨农民教育培训工作现场会代表专程来夏邑考察观摩，会上农业农村部副部长张桃林讲到："河南省委、省政府高度重视'三农'和新型职业农民培育工作，在很多方面都探索出了很好的经验和模式。尤其是考察过夏邑县新型职业农民培育工作后，给我留下了深刻的印象，可以说更有成效、更有特色、更有亮点，看后很受启发和鼓舞。"

河南省新型职业农民培养专题会夏邑召开

梁万涛书记在全国农民教育培训工作会议上发言

刘海鹰县长向张桃林副部长一行介绍夏邑农民教育培训工作

夏邑县冬春农业科技大培训启动仪式

农民丰收节上表彰十佳新型职业农民

夏邑县阳光工程八里庄培训现场

崇龛万亩油菜花节景区

强化农业品牌建设　助力乡村产业振兴

近年来，潼南主动适应经济发展新常态，坚持"创新、协调、绿色、开放、共享"发展理念，以农业供给侧结构性改革为主线，深入推进国家现代农业示范区建设，积极实施名牌带动战略，大力培育农产品品牌，提高了本区农产品的市场竞争力和"潼南绿"品牌价值，对推动本区农业和农村经济结构优化调整，促进农村经济健康、快速、全面发展起到积极作用。先后获得国家农业科技园区、国家农产品质量安全区、国家级生态原产地产品保护示范区、全国无公害蔬菜生产示范基地、全国休闲农业和乡村旅游示范区等13块国家级"金字招牌"，"潼南萝卜"获评重庆10大农产品区域公用品牌，汇达柠檬荣获第十一届中国品牌节金谱奖，成为中国柠檬产业领军品牌；累计认证"三品一标"农产品321个，其中无公害农产品191个，绿色食品84个，有机食品43个，农产品地理标志3个；重庆赐康果蔬有限公司的"赐康"商标获得中国驰名商标，荣获2017年第二届中国农产品供应链建设"争创之星"称号，拥有潼南柠檬、潼南萝卜、罗盘山生姜、潼南核桃、潼南柚子、潼南油菜籽6个国家生态原产地保护产品，潼南柠檬和潼南萝卜获评全国名特优新农产品，五桂镇钰钧葡萄、康翠牌桂花蒜、团结牌生猪鲜肉等14个品牌获评重庆市名牌农产品；大地升辉蔬菜种植专业合作社入选国家百家合作社百个农产品品牌，重庆市涪江酒业有限公司的涪江大曲获评"重庆老字号"，重庆汇达柠檬科技集团有限公司、重庆帝安农业股份有限公司入选"重庆农产品加工业100强"，重庆健能农业发展有限公司、重庆旭源农业开发有限公司、重庆雅耆美源生态农业科技有限公司入选"重庆农产品加工成长型企业100户"。

2018潼南国际柠檬节开幕会现场图片

柏梓万亩柠檬基地

低碳微循环流水养鱼基地

恩施硒茶成为武汉东湖国事活动茶叙用茶

　　2018 年 4 月 28 日，国家主席习近平与印度总理莫迪在武汉东湖会晤时，品了两种产自湖北恩施的茶，一种是利川红茶，另一种是恩施玉露。经中央电视台新闻联播节目、人民网、新华网等媒体报道后，成为风靡大江南北的"网红茶"。

　　近年来，恩施州立足山区特色资源优势，打造恩施硒茶品牌新引擎，组装脱贫致富新快车，茶产业成为恩施州第一大扶贫支柱产业，全州 80 万茶农人均收入 4 600 元，占茶农年人均可支配收入的 44%。2017 年，恩施硒茶入选首批"中国特色农产品优势区"。2018 年 10 月，"湖北恩施打造恩施硒茶品牌助力产业扶贫"入选全国产业扶贫十大机制创新典型。

国家地理标志农产品——天门半夏

1. **人文历史**。晚唐著名的天门籍诗人皮日休，曾经著诗：苘山居住当天半，夏里松风尽足听。由此可见，天门半夏历史悠久，采集利用半夏年代久远。

2. **产区面积**。天门半夏产于湖北省天门市以汪场镇为核心的周边17个乡镇办场园，合计87个行政村，现生产规模867公顷，年产量6 500吨。其中核心产区种植面积432公顷。

3. **品质优良**。天门半夏鲜品外观呈紫红色，粒大饱满，抗性强，产量高，药用含量高，是全国购种和入药的首选品种。

4. **区位环境优势**。天门市地处江汉平原腹地，由长江和汉水冲击而成，是潮湿而疏松肥沃的沙质壤土，适宜天门半夏生长。

5. **种植技术**。

①湖北省农科院与天门市政府签订了深度合作协议，成立了产业技术联盟，开展协同创新。②湖北省农科院、华中农业大学等十多个科研院所的专家指导天门半夏产业发展，开设农民课堂，定期对种植人员进行专业培训。帮助实现天门半夏的规模化、规范化种植管理，保障品质。

6. **发展规划**。天门市政府制定了天门半夏发展中期规划，力争将天门半夏打造成为种苗资源保护中心、种苗繁育中心、道地药材生产中心、种植技术研究与培训中心、种苗及成品交易中心。把"天门半夏"品牌打造成为国内强有力的半夏品牌。

茶香花海——都镇湾镇

都镇湾镇位于鄂西南山区，耕地面积5 000公顷。改革开放四十年来，都镇湾镇农技站始终坚持依靠党委、政府及业务主管局的正确领导，服务在农技推广第一线，为本镇广大农户提供产前、产中及产后服务，认真做好各类作物、各项新技术的引进、试验、示范及推广工作。

四十年过去，都镇湾镇已由鄂西南山区腹地小镇，建设成了本地茶乡花海第一镇，现有茶叶面积1 500公顷，长阳金栀（栀果、地标农产品）2 000公顷，清江椪柑200公顷，水竹园大米300公顷（地标农产品）。年出产红茶、绿茶6 750吨，栀果3万吨，清江椪柑4 000吨，水竹园大米1 000吨。

2004年，随着湖北乡镇体制改革，农技推广站被转制为农业技术推广服务中心的民办非企业组织，中心现有员工8人，其中高级职称3人，中级职称5人，平均年龄50岁，仍然在用"以钱养事"的管理模式，承担着全镇农业技术推广服务工作。我们将继续坚持做到"一懂两爱"，为精准扶贫、乡村振兴献计献策，搞好基层农业技术推广服务工作。

编号: C3101005

国家级太湖猪（梅山猪）保种场

中华人民共和国农业部

二〇〇八年七月

上海市嘉定区梅山猪育种中心

上海市嘉定区梅山猪育种中心创建于 1958 年，前身为"嘉定种畜场"。2012 年与上海市嘉定区动物疫病预防控制中心合并，合并后单位名称为：上海市嘉定区动物疫病预防控制中心。

中心位于上海市嘉定区嘉唐公路 1991 号，占地 100 亩，现有存栏梅山生产母猪 200 余头，梅山种公猪 25 头，8 个血统。

中心主要承担梅山猪的保种选育工作。1993 年被农业部确定为国家级重要种畜场，2000 年 8 月，国家畜禽遗传资源管理委员会将梅山猪列入《国家级畜禽品种资源保护品种名录》，2008 年被确定为国家级梅山猪资源保护场。

中心技术力量雄厚，承担多项部、市级课题，先后获得 10 余项科技成果。中心目前采用现代化管理手段、GPS 育种软件技术，使种猪质量和生产性能不断提高。

梅山猪品种介绍

形态特征：
四肢蹄部至膝关节 10~20 厘米处为白色，俗称"四白脚"。嘴吻多有玉鼻，且嘴筒短而宽。被毛黑色，皮肤黑色或紫红。

繁殖性能：
梅山猪性成熟早，85 日龄可发情，7 月龄即可配种。梅山猪繁殖力高，产仔多，平均每胎产仔 15 头；利用年限长，母性好，护仔性强，泌乳力高。

产品特性：
商品肉猪肉质鲜美，细嫩多汁，肌间脂肪丰富，具有明显的大理石花纹，肌间脂肪的数量和分布适度，五花肉多，胴体瘦肉率 46.0%，肌内脂肪 5.0%。

饲养：
梅山猪具有较强的环境适应能力，对外来疫病抵抗能力强，耐粗性能好，可充分利用糠麸、糟渣、藤蔓等农副产品。

杜梅商品猪介绍

杜梅商品猪是以梅山母猪为母本，杜洛克公猪为父本的二元杂交肉猪。

杂交优势：保证了梅山猪的肉质鲜美、适应性强等优点，遗传了杜洛克猪生长速度快、瘦肉率高的特点，杂交优势显著。

杜梅猪特征：全身被毛黑色，耳中等大小、前垂，脸面有浅纹，嘴中等长而直，四肢结实，背腰平直，后驱丰满，结构匀称，具有明显的瘦肉型猪特征。

育肥性能：达 90 千克日龄为 178±3.45 天，育肥期饲料转化率为 3.11，屠宰率 72.88%，背膘厚 2.33cm，眼肌面积 29.03cm²，胴体瘦肉率 55.98%。

胴体品质：胴体瘦肉率为 56.10%±1.32%，肌内脂肪 3%，肉色鲜红，细嫩多汁，肥瘦适度。

饲养：耐粗性能好，可在我国大部分地区饲养。

梅山母猪

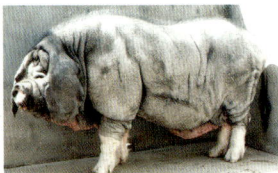
梅山公猪

杜梅商品猪

杜梅商品猪群体

可利用二元母猪推荐

利用梅山猪母猪为母本可繁育多种优秀二元母本作为生产母猪，例如长梅二元杂母猪、大梅二元杂母猪、杜梅二元杂母猪等。二元母猪除保持原有梅山猪的高繁殖力的同时，更体现出杂交副本的优势，可满足不同市场和地区的需要。

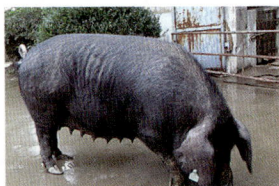
杜梅母猪

长梅母猪

江苏东台市农委

　　东台市以国家现代农业示范区建设为抓手，认真落实"创新、协调、绿色、开放、共享"的新发展理念，加强科技创新引领，加快结构调整步伐，不断提高农业质量效益和竞争力。2016年，全市农业总产值、农业增加值、农民人均可支配收入分别达203亿元、99亿元、19 727元，被国家标准化管理委员会评为"国家级农业综合标准化示范市"，被中国丝绸协会评为"中国优质茧丝生产基地"，被农业部评为"全国油菜生产全程机械化示范市"、"全国农情田间定点监测试点市"。农业综合发展水平稳居全省第一板块，全国前列。

　　创新强农激发新动能。加快十大农业重点工程、一镇一园建设，建成各类现代农业园区40多个。重抓农业结构调整，全市高效、设施农业面积分别达150万亩、67万亩，规模和比重均列全省第一。推进新型职业农民培育行动，年培训新型职业农民1.2万人以上，引进、应用农业"三新"技术30多项。

　　协调惠农迈上新水平。大力实施"藏粮于地、藏粮于技"战略，2016年建设高产创建万亩示范片26个，落实联耕联种面积59.3万亩，粮食总产98万吨。积极推进标准化规模养殖，全市创建农业部畜禽标准化示范场6家，江苏省畜牧生态健康养殖示范场83家，部省示范场创建数量均居全省第一。推行蚕桑生产"八统一"模式，蚕桑生产规模、蚕茧产量、质量、亩桑效益等连续多年全省第一。

　　绿色兴农赢得新成效。东台大力推广健康养殖、种养结合、能源利用、产业融合等高效生态模式，是全省首批生态循环农业示范市。推行农业标准化生产，2016年新增"三品"产量91万吨，占食用农产品比重46.9%。加大农业面源污染治理力度，2016年推行测土配方施肥344.89万亩次，应用生物农药210万亩次，农作物病虫害综合防治覆盖率85%以上。

　　开放助农拓宽新领域。通过"引进来，走出去"、改造升级本地农产品加工企业，加快外向型农业发展。沿海经济区成功续报省级沿海外向型农业示范区，千禧福乳猪、赐百年螺旋藻建成省级农产品出口示范基地，2016年农产品出口额4 000多万美元。

　　共享富农结出新硕果。发展"农业＋旅游"。全市建成各类休闲创意农业景点103个，其中：农业主题生态旅游园区12个，田园观光采摘类景点42个，农业传承类景点16个。发展"农业＋电商"。培植"新街苗木网"、"东台鲜菜网"、"东台农一网"等10多个影响力较大的农产品电商平台，网上农产品年销售额突破20亿元，从业人员突破1 500人。发展"农业＋互联网"。2016年新建智能农业示范点36个，涉及园艺、蚕桑、水产、畜牧、大宗粮油等多个主导产业。

东台西瓜　品冠全国

粒粒丰科技有限公司
工厂化育苗中心

农商1号
农产品电商平台

安徽省黄山市黄山区太平猴魁中国特色农产品优势区

太平猴魁茶

太平猴魁茶创制于清朝末年，其色、香、味、形在我国众多名茶中独具一格：干茶外形两叶抱芽，扁平挺直，白毫隐伏；叶色苍绿匀润，叶脉绿中隐红，俗称"红丝线"；成品兰香高爽，滋味醇厚回甘，汤色清绿明澈，叶底嫩绿匀亮，芽叶成朵肥壮。1915年，太平猴魁茶获巴拿马万国商品博览会一等金质奖章，1955年，太平猴魁茶被评为全国十大名茶之一。

中华人民共和国成立后，太平猴魁一直被国家定为特供产品，由政府统购分送中南海、外交部、人民大会堂等单位用以招待外宾、贵客。改革开放以后，太平猴魁迎来了传承与发展的春天。2002年，安徽省质量技术监督局颁发实施《安徽省地方标准（DB34/257-2002）太平猴魁》，同时颁发实施《安徽省地方标准（DB34/258-2002）太平猴魁茶工艺规程》。同年，黄山区政府提出了在确保产品质量的前提下，扩大猴魁茶的生产制作区域。2003年，太平猴魁获得了国家原产地域产品保护标志，明确规定黄山区全域为太平猴魁原产地保护区域。2005年，中华人民共和国国家质量监督检验检疫总局和中国国家标准化管理委员会发布《中华人民共和国国家标准(GB 19698-2005)地理标志产品：太平猴魁茶》。2006年，国家工商局发布公告，实施太平猴魁证明商标保护，并颁发《太平猴魁证明商标使用管理规则》，对太平猴魁的生产、制作、销售进行规范。2008年，中华人民共和国国家质量监督检验检疫总局和中国国家标准化管理委员会重新发布《中华人民共和国国家标准(GB/T 19698—2008)代替(GB 19698-2005)地理标志产品：太平猴魁茶》，太平猴魁茶标准技术体系日臻完善。同年，太平猴魁传统手工制作技艺被国务院批准列为国家级非物质文化遗产保护名录。2010年，太平猴魁成为上海世博会特许第一茶，2012年，"猴坑""六百里"牌太平猴魁跻身中国驰名商标，在"2012年中国茶叶区域公用品牌价值"评估中太平猴魁品牌价值达12.54亿元人民币，太平猴魁荣获"2012最具影响力中国农产品区域公用品牌"称号。2013年，"太平猴魁"国际商标在商品（服务）国际分类第30类获得注册，并跻身中国茶叶区域公用品牌价值评估前十强。2015年，太平猴魁荣获中国茶叶"最具经营力品牌"和"百年荣耀、世纪名茶"金牌奖；2017年，"太平猴魁茶地理标志产品保护示范区"顺利通过国家验收，太平猴魁茶文化系统顺利入选第四批中国重要农业文化遗产名录，中国茶叶区域公用品牌价值评估中"太平猴魁"品牌价值达23.81亿，品牌价值节节攀升。

黄山区是中国名茶之乡，是十大名茶太平猴魁的唯一产地。近年来，又先后获得国家现代农业示范区、国家休闲农业和乡村旅游示范区以及全国农产品质量安全县称号。黄山区宜茶环境得天独厚，是2005年农业部划定的"全国名优绿茶优势区域"，也是农业部《特色农产品区域布局规划（2013-2020年）》中划定的南方产茶区最适宜产茶地区；茶产业是黄山区农业第一优势主导产业，是黄山区重点打造的"一片叶（优质茗茶）、一杆竹（生态毛竹）、一条鱼（生态渔业）、一枚果（特色香榧）、一朵花（精品玫瑰）"五大特色产业的首位产业，也是黄山区依托特色产业促进农村三次产业融合发展的核心产业。

命名：安徽省黄山市黄山区
中国名茶之乡
中国农业大事记
二〇〇七年十二月
有效期：2008年12月15日至2011年12月30日

国家级生态示范区
国家环境保护总局
二〇〇二年三月

安徽省黄山市黄山区
国家现代农业示范区
中华人民共和国农业部
二〇一五年一月

全国休闲农业与乡村旅游示范县
中华人民共和国农业部
国家旅游局
二〇一五年十二月

天津农村产权交易所

　　天津农村产权交易所（以下简称天津农交所）是经天津市人民政府批准设立和指定的集体资产资源流转交易服务平台。作为国内成立较早的农村产权交易平台，按照"政策性引导、市场化运作"的定位，主要负责天津全市范围内农村产权流转交易信息的登记与发布、农村产权流转交易活动的组织及配套服务工作，制定全市统一规范的市场管理制度和交易规则。近年来，天津农交所持续改革创新，在国内创新形成了首个土地流转＋资产交易＋路演招商＋农村金融＋社会化服务"五位一体"农村产权交易综合服务平台。

　　2016年，天津农交所在全国省级层面率先完成了"市－区－镇（街）"三位一体市场服务体系并建立了全国领先的农村产权流转交易信息系统，按照"六统一"交易模式，即"统一监督管理、统一交易系统、统一信息发布、统一交易规则、统一交易流程、统一收费标准的整体运营标准"进行市场管理。截至目前，天津农交所在全市10个涉农区均已设立分市场，在151个涉农镇街建立工作站，成为国内第一个建立标准化、系统化、规范化市场网络和交易系统的农村产权交易所。目前，天津农交所依托一大平台（信息化交易平台）、五大模块（信息发布模块、业务审批模块、线上报名模块、电子竞价模块、视频会议模块），实现了农村产权流转交易材料线上传输、线上审核、线上报名、线上竞价、线上鉴证，基本实现"一站点接待、一站式服务、一次性办结"，基本达到"让信息多跑路，让农民少跑腿"的目标，一次性办结率达91.72%，未出现1例风险事故，极大提高了交易效率，降低了交易成本，有效预防了农村基层微腐败的发生。

　　天津农交所开展农村集体资源性资产、农村经营性资产、农户承包土地经营权、集体林木资产处置、农业生产设施设备、小型水利设施、涉农知识产权、农村建设项目招标等八大类交易产品。通过推动"涉农交易进平台"，吸引各类新型农业经营主体参与，实现了农村产权交易的公开、公平、规范。截至2018年6月底，累计组织完成农村产权交易751笔，涉及土地19.12万亩，总成交金额达22.67亿元，竞价成交溢价率20.44%，成功实现联动带农53.79万户，为农户实现增收3.67亿元。

　　天津农交所以"服务产品化"为导向，开展支农金融服务和社会化服务。与邮储银行、中华财险、天津农商行等金融机构推出合作土地贷、设施贷、农资贷、采购贷、农机融资租赁、土地流转履约保证保险六项服务类产品。天津农交所联合中华财险推进土地承包经营权履约保证保险试点工作，2018年上半年签署首单1 137.3亩农户承包土地经营权流转履约保证保险合同，进一步降低了流转风险，保障农户的财产权益。2018年5月31日，天津农交所首笔水域滩涂租金收益权质押项目正式落地，贷款总额达1 000万元，惠及农户30余户，这也是天津市范围内乃至国内首例涉农租金收益权质押贷款。

　　天津农交所在天津现代都市型农业的快速发展过程中不断探索创新，为推动农村产权制度改革的不断深入、帮助涉农资产资源保值增值、引导社会资本向农村流动、优化农村资源配置、增加农民财产性收入、服务农业农村发展改革奠定了制度基础。

恭城月柿

——恭城县农业局

恭城瑶族自治县是著名的"中国月柿之乡"，柿树栽培历史悠久，自然条件得天独厚，在这片神奇的土地上，经过数百年的自然进化和劳动人民的精心栽培，形成了恭城月柿这一独特的柿树品种。恭城月柿果形美观、色泽鲜艳，脆柿脆甜可口，冻柿清香甜心，柿饼甘柔如饴。恭城月柿产品不仅畅销全国各地，还远销韩国、加拿大、越南、泰国、俄罗斯等国家，成为带动恭城瑶乡农民增收、农业增效、农村发展的支柱产业之一。目前，全县恭城月柿种植面积 19.86 万亩，产量 55.99 万吨，产值 61 590.43 万元。

在当地农业部门指导下，恭城月柿生产逐步向标准化生产方向迈进，一系列新技术得到广泛应用：强化修剪，提倡采用开心形、纺锤形等小冠树形，综合运用环割技术、大树改造修剪技术，改善树体通风透光条件，有效提高柿树的生产效率和果品优质率；大力推广使用沼液、沼渣等有机肥，增强了树势，大大地减轻了病虫为害，控制了恭城月柿生理落果的发生；在病虫害防治过程中，尽量减少喷药次数，推广应用物理防治方法，果园安装太阳能频振式杀虫灯、悬挂黄色板和诱捕器。

恭城月柿是广西传统的出口创汇优质农产品之一。为进一步挖掘月柿产业的附加值，恭城县委、政府以"政府引导，市场运作"为原则，通过政策扶持，加快构建以农业龙头企业、农民专业合作组织、家庭农场为主体的新型农业经营体系，促进资金、技术、人才等要素向加工园区集聚，培育出丰华园、丰盛园等多家柿子加工龙头企业，恭城月柿加工由传统手工加工向工厂化、自动化方向发展，使恭城月柿果品质量和安全水平明显提升，也进一步唱响了恭城月柿品牌。各加工企业积极与华中农业大学柿研究团队、广西农科院、广西特色作物研究院等科研所开展了技术合作，恭城月柿生产、加工技术水平得到长足发展。伴随着生产设施的日趋完善，规模化脱涩等技术的逐步成熟，生产出脆柿、柿饼、冻柿、果脯、柿馅饼、柿叶茶、柿果酒等系列产品深受消费者喜欢。

基于独特的资源禀赋和良好的产业基础，恭城月柿近年来获得了系列荣誉：2015 年，10 万亩恭城月柿生产基地被农业部批准为全国绿色食品原料标准化生产基地；2015 年，恭城月柿获得 "农产品地理标识登记保护产品" "广西著名商标" 等荣誉称号；2017 年，恭城月柿栽培系统被农业部认定为中国重要农业文化遗产。

中国水产科学研究院

经过 40 年的发展，中国水产科学研究院已发展成为拥有 13 个独立科研机构及院部、5 个共建科研机构，学科齐全、布局合理、在国内外具有广泛影响的国家级研究院，在解决渔业及渔业经济建设中基础性、方向性、全局性、关键性重大科技问题，以及科技兴渔、培养高层次科研人才、开展国内外渔业科技交流与合作等方面发挥着重要的作用。

2017 年，在农业部的正确领导下，全院紧紧围绕农业部中心工作，按照产业导向、需求导向和问题导向扎实开展科研和各项工作，各领域取得新的重要进展。全院新上科研项目 1 137 个，合同经费 6.48 亿元。获得省部级以上科技成果奖励 18 项；获得 6 个水产新品种审定；获国家授权专利 413 件，其中发明专利 174 件。发表论文超过 1 600 篇，其中 SCI 和 EI 收录 400 余篇。正式启动长江、西藏渔业资源环境调查专项；突破海水鱼类基因组育种技术，培育出牙鲆抗病新品种 "鲆优 2 号"；选育出 "鲟龙 1 号" 鲟鱼新品种和鲤抗疱疹病毒（CyHV-3）新品系；突破金龙鱼全人工繁殖技术，建立起养殖和繁育技术体系；大洋性经济鱼类黄条鰤人工繁育技术研究取得重要突破；完成海马规模化繁育和养殖关键技术研究及应用；鲟鱼生殖细胞早期发育机理解析及应用、长江江豚迁地保护和研究工作取得重要进展；发现了马里亚纳海沟中微生物新种及新酶；研发的深水拖网绞车突破了千米作业水深限制。成立 "国际渔业研究中心"，搭建起全院国际渔业研究和国际科技合作工作组织协调机制。1 人获选全国农业先进个人，1 人获选万人计划青年拔尖人才，1 人获选百千万人才工程国家级人选，2 人获选全国农业先进工作者，3 人获得全国创新争先奖状，鲆鲽类产业技术体系研究团队获选全国农业先进集体。获批 1 个国家地方联合工程研究中心，3 个省级工程技术研究中心。4 艘 300 吨级渔业资源调查船交付使用，2 艘 3 000 吨级海洋渔业综合科学调查船正式开工建造。

2018 年，全院将以实施乡村振兴战略为总抓手，以渔业供给侧结构性改革为主线，着力提升全院谋划发展能力、科技创新能力、产业支撑能力和人才培养能力，为渔业现代化建设、渔业绿色发展和渔业渔政管理提供更加有力的科技支撑。

余欣荣副部长调研水科院南海所调查船基地

长江、西藏渔业资源与环境调查专项正式启动

两艘 3000 吨级海洋渔业综合科学调查船开工建造

中国农业科学院蔬菜花卉研究所

中国农业科学院蔬菜花卉研究所成立于1958年，紧密围绕我国蔬菜花卉产业发展和科技发展的需求，着重开展基础性、公共性、战略性研究，以应用研究和应用基础研究为主，重点研究解决蔬菜、花卉生产和科学研究中带有普遍意义的重大科技问题，进行理论和高新技术创新，提供基础性、公共性科技服务，组织协调全国性重大科研课题的协作和国内外学术交流活动，参与国际科技和资源竞争，开展研究生教育与人员培训，出版学术刊物。

研究所现有在职职工 200 余人，其中，高级专业技术职务人员 115 人（研究员 38 人、副研究员 57 人），拥有博士学位的 99 人、拥有硕士学位的 38 人。先后有中国工程院院士 1 人、国家杰出青年科学基金获得者 2 人、国家"万人计划"科技创新领军人才 2 人、科技部"创新人才推进计划"中青年科技创新领军人才 4 人、百千万人才工程国家级人选 6 人、中国青年科技奖获得者 2 人、国家优秀青年科学基金获得者 2 人、享受国务院政府特殊津贴人员 65 人等。

研究所累计获得省部级以上奖励 178 项，主持获得国家级奖励 20 项，实现了国家发明奖、国家自然科学奖、国家科技进步奖的全覆盖；主持获得的省部级奖励 60 项；育成并大面积推广的蔬菜和花卉新品种 300 多个；多项蔬菜栽培和病虫防控新技术在生产上发挥着重要作用。累计在 Nature、Science、Nature Genetics、Nature Plants、PNAS、Plant Cell 等顶级期刊发表 SCI 论文 32 篇；出版代表性著作《中国蔬菜栽培学》《中国蔬菜育种学》等 8 部；"十一五"以来获得授权国家发明专利 107 项，制定国家和行业标准 33 项。

服务"三农"是研究所的初心和使命。建所初期，在四川渡口、甘肃酒泉、陕西西安及北京郊区农村基点开展工作。十八大以来，响应国家扶贫攻坚，在河北阜平、甘肃临夏、新疆和田、宁夏固原、贵州毕节等地开展精准扶贫。研究所根据我国蔬菜花卉产业发展需求，大力开展应用研究。先后将培育的蔬菜花卉新品种、新产品和新技术应用到农业主战场。到生产一线开展技术咨询、技术培训、现场观摩等技术服务活动；参与科技扶贫、乡村振兴等工作。为促进蔬菜花卉产业健康可持续发展、实现种植业产业结构调整和转型升级、打赢脱贫攻坚战、实施乡村振兴战略、推进美丽乡村建设等提供了强有力的科技支撑。

蔬菜花卉科技与产业发展战略研讨会暨中国农业科学院蔬菜花卉研究所建所六十周年

研究所科研条件不断改善、平台支撑科研创新的能力不断增强。截至 2018 年，国家级和省级以上平台数量达到 24 个。研究所是国家蔬菜改良中心、国家花卉改良中心、作物细胞育种国家工程实验室等国家级平台的依托单位，是农业农村部园艺作物生物学与种质创制学科群的牵头单位。在所区（中关村）、顺义（杨镇）、昌平（南口）、河北廊坊及察北有 5 个试验基地，总面积 2 317 亩；拥有仪器设备总价值 1.1 亿元，其中 50 万元以上的 36 台（套）。研究所也是国家蔬菜科技与产业创新联盟和国家马铃薯产业科技创新联盟的理事长单位，是国家薯类作物研究中心、中国园艺学会、中国蔬菜协会的依托单位。

奶业科技新成果
——中国农业科学院奶业创新团队

一、优质乳标准化技术体系

"优质乳标准化技术"入选中国农学会和中国农业科技管理研究会"2017中国农业农村十大新技术"。优质乳标准化技术突破了生鲜乳分级、低碳加工工艺、优质乳评价三大关键技术难点。其中优级生鲜乳实现菌落总数低于10万CUF/mL，体细胞数低于40万个；绿色低碳加工工艺使得巴氏杀菌乳加工温度从95° C下降到75° C；构建了以活性酶类、活性蛋白和糠氨酸为核心的优质乳品质三维评价方法。集成创建的优质乳标准化技术，乳铁蛋白等活性物质含量提高了50%以上，降低加工成本15%以上，显著减少水汽清洗剂用量，组装集成为"优质乳工程技术体系"，在全国23个省份44家乳制品龙头企业示范应用，示范企业优质巴氏杀菌乳产品已占全国巴氏杀菌乳的61.02%，在推动奶业供给侧结构性改革方面取得了显著成效。

二、蒸汽爆破预处理秸秆促进瘤胃微生物粘附与纤维降解

反刍动物养殖中，秸秆的瘤胃降解率偏低，限制了秸秆的广泛和大量使用。当前，酸或碱类化学剂被用于预处理秸秆，提高秸秆在瘤胃中的降解效率，但是这些化学剂对环境和动物存在负面影响，因此开发新型安全高效的秸秆预处理技术，对于发展我国反刍动物生产具有重要的意义。通过蒸汽爆破技术，以体外瘤胃产气速率为靶标，优化获得了蒸汽爆破技术在预处理秸秆时的最优参数：蒸汽压强1.51 MPa，维压时间180 s，预浸水分含量10%。研究发现，蒸汽爆破显著降低了秸秆中半纤维素含量，提高了纤维素的相对含量。扫描电镜分析发现，蒸汽爆破秸秆的纤维之间出现了中空结构，这种变化将有利于微生物的定值。通过体外瘤胃发酵技术，发现蒸汽爆破能提高秸秆发酵产气速度、木糖等还原糖和VFA产量，促进瘤胃微生物发酵。奶牛瘤胃投袋试验发现，蒸汽爆破秸秆的纤维素和半纤维素降解率显著升高，表面易快速形成致密的微生物膜。因此，蒸汽爆破预处理能破坏玉米秸秆纤维结构，提高瘤胃微生物粘附效率，增强秸秆瘤胃降解率和发酵能力，为奶牛产奶提供更多的能量和营养。研究成果已发表在JCR农业工程学科TOP1期刊《生物质技术（Bioresource Technology）》上。

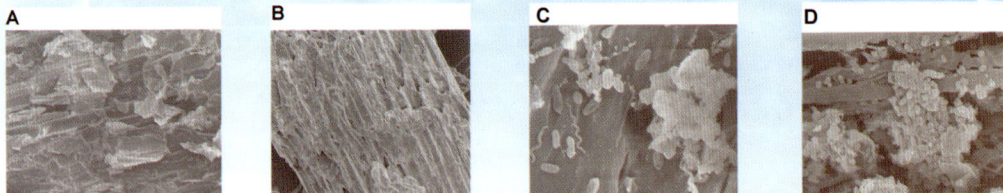

蒸汽爆破预处理后秸秆纤维结构与微生物粘附变化图

注：A为未处理秸秆，B为处理后秸秆，C为未处理秸秆微生物生物膜，D为处理后秸秆微生物生物膜。

优质乳标准化技术体系

大豆基因资源挖掘与利用

大豆种质资源是新品种培育及相关学科的生命物质基础。我国是栽培大豆的起源地，种质资源数量居世界首位。为了充分发掘我国丰富的大豆优异基因资源，将我国的资源数量优势转变为品种优势，中国农业科学院作物科学研究所大豆基因资源挖掘与利用创新研究组以发掘我国大豆育种急需的优异性状基因为目标，综合利用现代分子生物学及遗传育种学等理论和方法，以我国收集保存的大豆品种资源为材料，鉴定并获得优异标记和基因，为大豆育种提供基因信息、方法和新种质。

研究组在邱丽娟研究员的带领下，历经 20 多年的攻关，创建大豆资源高效发掘和共享平台。主要成果如下：

①组织收集、保存、鉴定大豆种质资源并提供给全国科研和育种单位利用。明确了我国大豆资源遗传多样性特点，在国际上率先构建了大豆系列核心种质，已被国内外研究广泛利用，如与美国合作发掘大豆结荚习性基因 Dt1，研究结果发表在 PNAS 上。②首次在作物上构建了可代表物种特点的野生大豆泛基因组，深入解析大豆基因组变异的规律并鉴别出重要目标性状基因，丰富了大豆基因资源库，为大豆基因发掘及有效利用奠定了理论基础。研究结果发表在 Nature Biotechnology 等期刊。③精细定位/克隆了与重要性状（耐盐、抗大豆胞囊线虫、蛋白、油分等）相关基因，开发实用分子标记并用于大豆品种资源的基因型鉴定，促进了种质资源向基因资源转变，为分子育种奠定了基础。研究结果发表在 Plant Journal、Plant Molecular Biology 等期刊。④建立大豆种质资源 SSR 指纹鉴定技术体系，完成 14 年国家和部分省（市）大豆区域试验参试品系（种）检测，建立了指纹图谱数据库，为品种更新、知识产权保护提供了强有力的技术支撑。⑤将大豆资源、分子辅助鉴定与常规育种有机结合，创制目标性状突出的大豆突变体 800 余份、优异新种质 28 份和新品种 6 个，其中，中黄 56 和中黄 57 为国审品种。

上述成果获国家及省部级奖励 11 项，获发明专利 13 项、新品种保护权 2 项，发表论文 180 余篇，其中在 Nature Biotechnology、PNAS、New Phytologist、Plant Journal 等本领域顶尖或知名期刊上发表 SCI 论文 74 篇，编写著作 13 部。

中国野生稻种质资源保护与创新利用

野生稻是水稻品种改良重要的基因资源。自20世纪80年代起，我国野生稻面临野外灭绝危险。党和国家领导人多次作出重要指示，要求抢救和保护野生稻。中国农业科学院作物科学研究所组织江西、广西、广东、云南、海南、湖南和福建等7省（自治区）农业科学院优势力量，历时18年，系统查清了全国普通野生稻、药用野生稻和疣粒野生稻居群的精准信息，发现58个新居群，采集保存野生稻种质资源19 153份，为我国野生稻长久保护与深入研究提供了第一手核心数据。研发以消除主要威胁因素为导向的原生境保护技术，保护了包括23个列入国家保护规划的极度濒危居群在内的65个濒危居群。为野生稻优异基因发掘、种质创新储备了丰富的基础材料。研制育种目标关键性状表型与基因芯片相结合的鉴定技术，筛选水稻育种急需的优异资源658份，其中高抗南方黑条矮缩病、抗冻和强耐淹资源为解决水稻重大生产问题提供了珍稀资源。项目组获核心知识产权4项，制定标准6项，研制关键技术9项，育成新品种13个，发表论文161篇，出版著作6部。全国100多家单位利用本项目鉴定的野生稻优异资源和创新的种质，育成水稻新品种114个，累积增加产值186亿元。社会经济效益显著。项目研制的技术、标准和产品已在野生稻保护和水稻育种中发挥重要作用，其广泛应用将为野生稻长久保护和水稻产业发展产生深远影响。

该项目荣获2017年国家科技进步二等奖。

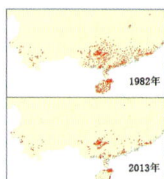

野生稻居群分布对比图

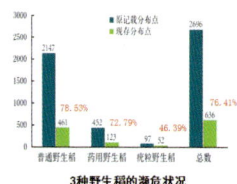

3种野生稻的濒危状况

砥砺奋进一甲子　硕果辉煌六十载

——记中国农业科学院烟草研究所建所60周年

中国农业科学院烟草研究所成立于1958年，是经国务院科学规划委员会批准、农业部筹建的国家农业专业研究机构。1987年经国家科委、劳动人事部批准，增挂"中国烟草总公司青州烟草研究所"牌子，是我国唯一的国家级烟草农业科研事业单位。经过半个多世纪的建设与发展，研究所已成为学科齐全、专业人才集中、技术储备雄厚、优势突出、科技创新和成果转化水平较高的国家级烟草农业综合性研究机构。现有在职职工192人，其中专业技术人员173人，高级职称专家86人，具有博士学位的有70人，具有硕士学位的有66人。享受国务院政府特殊津贴14人，农业部突出贡献a专家3人，国家"百、千、万人才工程"第一、二层次人选1人，农业部"神农计划"人选1人，烟草行业学科带头人2人，农科英才入选者2人，国家公益性行业专项首席科学家1人，中国农业科学院科技创新团队首席科学家7人。

建所以来，始终围绕国家重大需求及行业发展中的重大科学技术问题开展攻关研究，取得了一系列研究成果，有力推动了我国烟草科技进步及烟草农业生产的发展。改革开放以来，获国家级奖13项、省部级奖88项。在国际上首次实现了烟草单倍体育种重大突破，烟草种质资源独家保存量居世界首位，牵头绘制了全球第一套烟草全基因组序列图谱，建成了全球最大规模的烟草突变体库。先后育成中烟90、中烟100、中烟103、中烟206等40多个烟草新品种。在烟草种植区划及品质区划、地膜覆盖、新型肥料开发、病虫害绿色防控、标准化生产等技术研发、烟草质量安全风险评估技术体系、低危害品种选育、烟草有益功能成分发掘及综合利用等方面均取得突破。在组织和协调重大科研项目的联合攻关上也硕果累累，65%以上的科研成果已在烟草生产中获得推广应用，取得了显著的社会、经济效益，生态效益。

面向产区，服务三农，打通科技创新"最后一公里"，始终是烟草所非常重视和努力工作的方向。常年有60余名专家活跃在烟叶生产技术服务的主战场，构建起覆盖全国80%烟区的技术推广和科技兴农网络。探索形成了山东诸城"精益生产"、安徽皖南"烟区现代农业"、四川凉山"原生态特色农业"等区域农业发展模式，在推进农业供给侧结构性改革和"三区三州"脱贫攻坚中发挥了重要作用，实现了科技成果转化领域由农业、农民向新农村建设的深度拓展。全面加强与商业公司和工业企业的战略合作，共建了沪皖现代烟草农业高科技示范园、四川凉山新能源密集烘烤科技园，在原料保障体系建设、雪茄烟生产技术与品种培育、特征香韵突变体评价、新型烟草制品开发、"烟草+"高效种植模式探索等领域开展了卓有成效的工作，为烟草行业创新发展和烟农持续增收提供了有力的科技支撑。

进入新时代，聚焦新使命，烟草人将按照习近平总书记提出的"三个面向，二个一流"新要求，立足"一主体两拓展"发展定位，以科技创新工程为引领，以提升自主创新能力为核心，以推动科技成果孵化转化为重点，做强烟草主业，加速向农业关键共性技术和功能农业领域拓展，在实施乡村振兴战略、推进行业创新发展和烟区功能农业发展中再立新功。

情系水产、专注育种助推鲤产业发展

　　"国以农为本、农以种为先"，一个新品种的产生必将对产业发展起到至关重要的促进作用。为了解决北方高寒地区养殖鱼类良种缺乏的问题、水科院黑龙江水产研究所石连玉研究员，围绕北方特殊生境下的鱼类良种选育这一核心问题，长期致力于北方鱼类新品种选育，经过30余年的刻苦攻关，取得了3个方面的主要创新成果：一、成功选育出松浦镜鲤、易捕鲤和松浦红镜鲤三个新品种，破解制约产业发展关键技术问题。其中"松浦镜鲤"多年被农业部列为主推品种，现已在全国二十余个省、市、自治区得到了广泛养殖；适于大水面养殖的"易捕鲤"逐渐成为北方地区湖泊水库的主养品种，开创了我国大水面主要以滤食性鱼类为主转化为以高附加值鲤鱼为主的养殖新模式。二、积极探索鱼类抗病和肌肉品质研究的热点，为鲤产业健康发展保驾护航。率先在国内提出以抗病和优质两个性状为主的选育目标，现已选育出抗病力强、品质优的鲤新品系各1个。三、注重科研成果的转化和推广，促进科研成果的转化和推广。建立了以选育保种、繁育、养殖示范为链条的推广体系。依据测算，近年来仅松浦镜鲤单项成果就创造经济效益数十亿元，带动就业超万人。

　　相关育种成果，先后获得国家科技进步二等奖、黑龙江省科技进步一等奖和黑龙江省省长特别奖等多项奖项。

松浦红镜鲤

松浦镜鲤

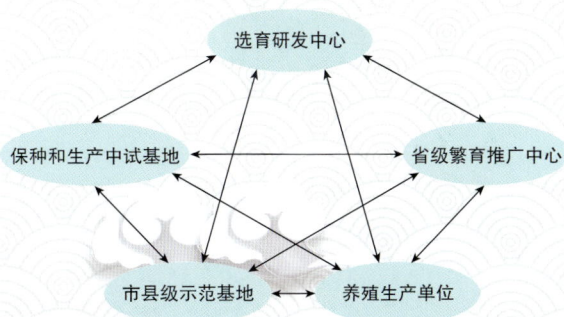

易捕鲤

中国水产科学研究院黄海水产研究所

现任（第七任）所长
金显仕研究员
海洋渔业资源与生态学家

黄海水产研究所是我国三大海区中以黄渤海为主、兼顾远洋和极区的国家综合性渔业研究机构，前身为"农林部中央水产实验所"，1946年8月筹建于上海，1947年1月正式成立。现有在职职工414人，内设10个研究室、3个实验基地以及"北斗"号、"中渔科1"号、"中渔科2"号等科学调查船，在建国家级海洋渔业生物种质资源库。作为青岛海洋科学与技术试点国家实验室五家常务理事单位之一，以本所为依托单位建设海洋渔业科学与食物产出过程功能实验室。

建所71年来，黄海水产研究所以海洋生物资源开发与可持续利用研究为主线，以蓝色海洋食物优质、高效、持续发展的基础研究与关键技术为主攻方向，在行业公益性任务、产业应用基础和关键技术等方面开展了许多创新性研究，为我国海洋渔业科学事业的发展和渔业经济建设做出了重要的贡献，先后承担了国家和省部级重大科研课题1500余项，取得了300余项国家和省部级重大科研成果，获得国家及省部级奖励200余项次，其中国家级奖励44项（以第一完成单位获得国家科技进步一等奖2项、二等奖5项，国家技术发明二等奖3项）。授权专利590余件，发表学术论文5200多篇，出版专著百余部，编辑出版学术刊物《渔业科学进展》。

建所71年来，黄海水产研究所涌现出了以唐启升、赵法箴、雷霁霖三位中国工程院院士为代表的一大批杰出科学家，先后有3人被授予国家级有突出贡献专家称号，6人入选国家"百千万人才工程"，62人享受国务院政府特殊津贴，3人获中华农业英才奖，3人入选国家"万人计划"领军人才，1人获山东省科学技术最高奖，2人获青岛市科学技术最高奖，1人获青岛市科技功勋奖，7人被聘为山东省泰山学者特聘专家，17人次获农业部或山东省有突出贡献中青年专家。8个团队入选全国农业科研杰出人才及创新团队，"海洋渔业资源与生态环境创新团队"2014年被中组部等四部委联合授予"全国专业技术人才先进集体"，2个团队获山东省优秀创新团队，3个团队获中华农业科技优秀创新团队；2个团队分别被评为"973计划优秀团队""十一五"国家科技计划执行优秀团队。

新时代，新作为。作为海洋渔业研究领域的国家队，黄海水产研究所将认真贯彻落实习近平总书记有关海洋强国的战略思想，以全球为视野，以强国为己任，用"叫得响、数得着"的科技成果，在新时期新起点上为认识海洋经略海洋、为中华民族的海洋强国之梦作出新的更大的贡献。

"渤海渔业增养殖技术研究"1997年获国家科技进步二等奖

"鳀鱼资源、渔场调查及鳀鱼变水层脱网捕捞技术研究"1992年获国家科技进步一等奖

"渤海渔业增养殖技术研究"1997年获国家科技进步二等奖

"大菱鲆的引种和苗种生产技术的研究"2001年获国家科技进步二等奖

刺参"参优1号"新品种培育与养殖示范

刺参"参优1号"刺参亲本

刺参"参优1号"刺参苗种

进入21世纪以来，刺参产业的迅速发展，为沿海经济发展提供了重要支撑。但随着产业发展，养殖过程中出现生长速度慢、病害频发等问题，特别是近年来厄尔尼诺现象频发，由高温及病害造成的损失严重。2013—2018年，每年病害和高温灾害给刺参养殖业造成50%~70%的损失。从种质出发，培育具有抗病耐高温的刺参苗种是解决这一问题的有效途径。

自2006年开始，在国家"863"课题和山东省农业良种工程重大课题等项目支持下，黄海水产研究所采集了我国海参主产区和日本沿海不同来源、不同优势性状、抗逆性强的刺参地理群体，建成了我国首个刺参优质亲本资源库。以亲本资源库为基础，以灿烂弧菌侵染胁迫成活率和收获时的体重为选育目标，采用群体选育策略，采用致病原半致死浓度胁迫驯化技术、刺参生态促熟培育技术、选育群体世代遗传参数评估以及选育世代遗传多样性监测等多项关键技术，通过连续4代的群体选育，培育出具有抗病能力强、生长速度快、耐高温特点的刺参"参优1号"新品种。生产性对比试验结果表明，在相同养殖条件下，与未经选育的刺参相比，6月龄刺参苗种灿烂弧菌攻毒侵染后成活率平均提高11.7%；池塘养殖模式下收获时平均体重提高38.75%，成活率提高23%以上，新品种表现出抗病力强（抵御由灿烂弧菌侵染引发的化皮病）、生长速度快、成活率高的特点。

采用"边选育、边推广"的策略，近年来向山东、辽宁、河北等地区育苗企业推广优质种参近万头，向辽宁、山东、江苏等养殖区域推广耳状幼体逾700亿只，大规格苗种5 000万头，多地区推广养殖都取得了良好的经济效益。其中在福建区域吊笼养殖效果表明，经过5个月的越冬养殖，其成果率达到99.6%，增重率310%，取得了良好的经济效益。

刺参"参优1号"有效解决了目前产业中所面临的化皮病给产业造成的严重损失。根据"参优1号"刺参的品种特点，该品种的应用范围可覆盖辽宁、山东、河北、福建等全国沿海刺参养殖主产区；养殖模式也适应于刺参池塘、吊笼、浅海底播等多种不同养殖形式，在我国刺参养殖主产区具有重要的应用和推广价值。

刺参"参优1号"亲参产卵

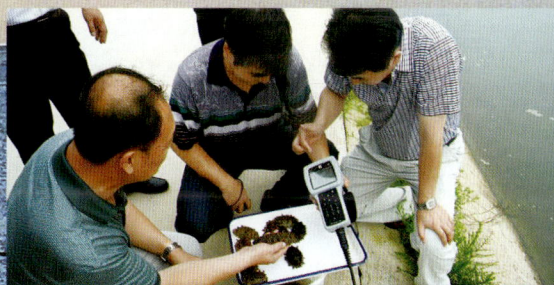

刺参"参优1号"现场验收

刺参"参优1号"种参

刺参"参优1号"技术推广示范

国家海水鱼产业技术体系

现代农业产业技术体系自2008年全面启动建设以来，已走过10个年头。作为我国首批启动建设的5个水产体系之一，国家鲆鲽类产业技术体系针对制约我国水产养殖业发展的关键问题，创新性地提出以"四化养殖"为核心的"工业化养殖"新理念，并在鲆鲽类产业中付诸实践，研创出累累硕果，有力支撑了我国鲆鲽类产业的稳步发展，推动鲆鲽类养殖产量由体系建设前2007年的7.19万吨增加到2015年的14.05万吨，增长95.4%。

2017年国家海水鱼产业技术体系建设启动

2017年，经农业农村部批准，"鲆鲽类体系"扩容并更名为"国家海水鱼产业技术体系"，养殖品种由原来的鲆鲽类扩充到全部海水鱼养殖种类，养殖产区由原来的环黄渤海"三省一市"扩展到全国沿海10个省市。扩容后的海水鱼体系面向我国海水鱼类养殖产业发展需求，以"生态友好、生产发展、设施先进、产品优质"为目标，加强海水鱼类的良种选育、疾病防控、营养饲料、产品加工及质量安全控制等基础研究，着力研发工厂化循环水、新型环保抗风浪网箱和工程化池塘等模式的新设施与新工艺，推动海水鱼主养模式转型升级和绿色发展；创新研发大型养殖围栏、养殖工船、深海渔场等新装备，构建深远海养殖新模式。到2018年底，鲆鲽类和海水鱼体系团队累计研发新技术62项，研制新设备、新产品52项，培育新品种5个，获国家级二等奖2项，省部级科技奖励20项，有力支撑了我国海水鱼养殖产业高质量发展。

2009年鲆鲽类体系建设启动

2015年中国水产学会鱼类工业化养殖研究会成立

体系研发新概念管桩大围网登上山东电视台新闻

中国外来入侵水生动物长期监测、风险评估与防控管理

中国水产科学研究院珠江水产研究所胡隐昌研究员团队，针对当前我国入侵水生动物入侵机制不明、风险评估和防控技术匮乏且缺乏长期系统监测等现状，经过十多年的系统研究取得了5个方面的主要创新成果。①该项目首次在我国开展系统地长期定位监测和调查分析，建立了完整的外来水生入侵动物监测网络和基础数据库；②阐明了主要入侵水生物种的入侵生物学、生态适应性、种间互作、入侵抗性规律和机理；③建立了新的生态影响量化评估方法，并应用于主要入侵水生生物的生态影响评估；④创建了控制实验、模型评估、评分系统、预测扩张相结合的生态风险评估体系；⑤针对主要入侵物种研发出应急防控药物；创新了一系列入侵物种收集、诱捕、杀灭、控制和利用技术，构建了安全高效的防控技术体系。该项目共发表论文37篇，其中SCI论文11篇，EI论文1篇；获授权国家专利13项；编写学术著作4部；提交农业部外来物种监测报告8份；培养硕士研究生10名。

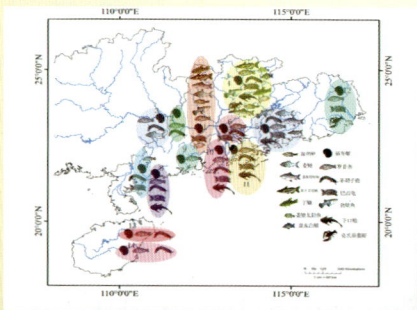

海洋生物活性物质的发掘与农业应用

当今世界正面临人口、资源、环境三大问题的困绕，我国耕地日益减少，人口逐年增加，且由于多年来化肥、农药、除草剂的连续、大量使用，使土壤板结、沙化，严重影响了农业的可持续发展。海洋是生命的摇篮，也是人类物质资源的天然宝库。利用丰富的海洋生物资源服务于农业，促进我国绿色生态农业的快速发展具有重要的科学意义和应用前景。

中国科学院海洋研究所李鹏程研究团队自 20 世纪 80 年代末以来，长期致力于海洋生物活性物质的发掘及其农业应用研究，在国家 863 计划、支撑计划、国家自然科学基金、国家海洋局海洋公益性计划等有关项目的支持下，通过自主创新，重点建立了新型海洋生物肥料、农药和生物刺激素的研制开发技术平台，通过系统研究海洋甲壳动物、海藻和水母等海洋生物中的活性成分，发现原创性生物农药先导化合物，针对我国农业主要病虫害，筛选具有杀虫、杀菌和调节植物生长功能的天然结构化合物；对高活性化合物的结构进行优化，筛选出高效、广谱或特效的高活性海洋源生物农肥、农药。先后开发出"农乐一号"海洋生物制剂、烟草专用肥"农乐二号"、海藻植物生长剂、环保型杀菌剂"海力源"、新型海洋生物源杀虫剂 JMT 等农肥、农药产品，获得 2 个新农肥证书和 4 个新农药证书，在山东、辽宁、宁夏、贵州、西藏等多省、自治区进行了应用区域示范，取得显著社会和经济效益。

另外，近年来李鹏程研究员研究团队在海洋生物多糖作为生物刺激素激发植物抗性、促进植物生长等方面也取得了一系列原创性的研究成果，尤其在甲壳素（壳聚糖）类生物刺激素研究开发方面，阐明了壳聚糖作为生物刺激素的构效机制，并建立了质量控制方法，牵头起草了我国第一个生物刺激素团体标准《生物刺激素 甲壳寡糖聚糖》，明确了生物刺激素的定义及壳寡糖农业应用标准，该标准已于 2018 年 9 月 4 日正式发布，标志着生物刺激素在我国多年的应用有了第一个可依的标准，将极大促进中国生物刺激素行业的快速发展。

近年来，李鹏程研究团队已发表学术论文 135 篇，其中 SCI 论文 116 篇，申请国家发明专利 145 项，获授权国家发明专利 73 项，美国发明专利 1 项。曾获中国发明协会颁发的 2001 年度全国展览会金奖、2001 年度中国科学院技术发明二等奖和山东省科技进步二等奖、2004 年度国家海洋局创新成果二等奖，2007 年度国家海洋局创新成果一等奖。"农乐一号"海洋生物制剂还被列入 863 重大产业化项目，获得 863 重要贡献奖。

李鹏程教授研究团队在海洋生物农肥、农药和生物刺激素方面的研制与开发工作，为我国海洋生物资源在陆地农业上的应用开辟了新途径，对充分利用我国海洋生物资源、发展绿色生态农业起到了重要的推动作用。

低值海洋生物资源

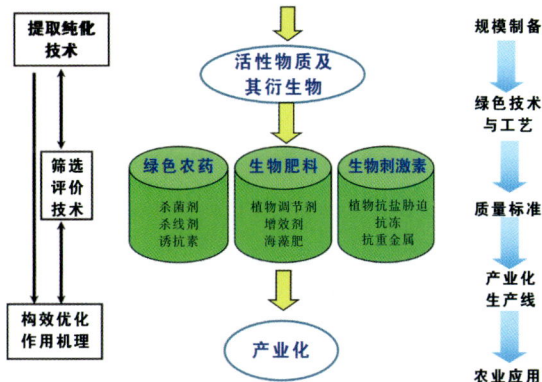

提取纯化技术 → 筛选评价技术 → 构效优化作用机理

活性物质及其衍生物

绿色农药：杀菌剂、杀线剂、诱抗素

生物肥料：植物调节剂、增效剂、海藻肥

生物刺激素：植物抗盐胁迫、抗冻、抗重金属

产业化

规模制备 → 绿色技术与工艺 → 质量标准 → 产业化生产线 → 农业应用

中国第一个生物刺激素团体标准发布仪式

国家马铃薯产业技术体系固原综合试验站

马铃薯产业是宁夏"1+4"主导产业之一，特别是宁夏中部干旱带和南部山区发挥优势、适应市场、应对旱情、农民致富的一个支柱产业，已成为抗旱、高产、高效的特色优势作物，产业的发展对宁夏贫困地区经济社会的全面进步和可持续发展发挥了重要的促进作用和支撑作用。国家马铃薯产业体系固原综合试验站成立于2008年，建设依托单位为宁夏农林科学院固原分院，是国家马铃薯产业技术体系宁夏区唯一布局，旨在服务全区马铃薯产业。现有站长1人、核心成员4人；下设5个示范县，配备技术骨干15人。

建站十年来，在国家马铃薯产业技术体系首席的坚强领导下，各岗位专家认真指导，圆满完成各项任务。引育新品种，育成新品种3个——宁薯14号、15号、16号，引选新品种20多个——主要有中薯3号、5号、9号、18号、20号，青薯9号、10号，陇薯6号、7号、9号、10号、14号，庄薯3号，天薯11号，晋薯16号，希森6号等。集成新技术，集成马铃薯机械化起垄覆膜保墒节水栽培技术、起垄覆膜集雨垄沟栽培技术、营养品质提升技术、绿色增产增效技术、晚疫病综合治理技术、早疫病综合防控技术及黑痣病、枯萎病、干腐病病害综合防控技术等。展示新成果，在5个示范县展示新品种、新技术、新机械累计1.5万亩以上，辐射推广30万亩以上，平均亩增产在15%以上、增效10%以上；培训新农民，在全区累计培训基层农技人员300多人次，培训企业骨干、种植大户1 200多人次，培训农民8 000多人次，发放培训资料3万多份，接受各方技术咨询500多次。解决新问题，开展专项技术试验100多项，发表学术论文30多篇，撰写调研报告50多份，制定地方标准5项，获批国家专利10余项，获自治区科技奖励2项，有力地促进了宁夏马铃薯产业健康可持续发展。

科技人员调查荞麦虫害发情况

新品种新技术田间观摩

新品种新技术田间培训

中国农业科学院兰州畜牧与兽药研究所

成果"牦牛良种繁育及高效生产关键技术集成与应用"以青藏高原牦牛资源为基础，以肉用选育方向为目标，以中国农业科学院兰州畜牧与兽药研究所科技力量为支撑，以青海省大通种牛场、海北藏族自治州畜牧科学研究所、甘南藏族自治州畜牧工作站等单位良好的推广经验为纽带，搭建产、学、研平台并联合攻关，通过牦牛遗传改良、功能基因的挖掘利用、科学选种选配、纯种繁育、定向培育、科学饲养等科学研究，从体形外貌、体质类型、生长发育、繁殖性能、性状遗传和利用价值等6个方面全面开展牦牛良种繁育，牦牛高效生产技术集成与应用，促进科研与应用衔接，加大创新力度，为青藏高原畜牧业可持续发展提供理论基础和技术支撑。

成果创建了牦牛分级繁育技术体系，优化了牦牛高效繁殖技术体系，建立了牦牛分子育种技术体系，实现了牦牛高效生产关键技术综合配套与集成。授权发明专利8项、实用新型专利50项；制定农业行业标准4项；出版著作2部，发表论文82篇，其中SCI收录28篇。组装、集成的综合配套技术，在甘肃、青海等青藏高原高寒牧区广泛推广应用，年改良牦牛50万头以上，2014—2015年新增经济效益3.17亿元。成果对高寒牧区牧民增收、牧业增产、牦牛业可持续发展具有重要的现实意义。2017年成果获神农中华农业科技奖一等奖。

大通牦牛基础母牛群

甘南牦牛种公牛

牦牛采精

中国农业科学院兰州兽医研究所

中国农业科学院兰州兽医研究所成立于1957年，是我国专门从事预防兽医学研究的著名科研单位之一，尤其在草食动物疫病研究上具有传统优势。是全国唯一的口蹄疫科学研究、诊断和咨询中心，在国内外享有盛誉。同时，在多种畜禽疾病的病原学、流行病学、发病机理、诊断和检疫、免疫和防制技术研究以及人才培养、科技开发、基础设施和基本建设等方面取得了较大的发展。2006年1月18日，中编办批准加挂"中国动物卫生与流行病学中心兰州分中心"的牌子。

2017年，该所荣获一类新兽药证书2个。

一、猪口蹄疫O型病毒3A3B表位缺失灭活疫苗（O/rV-1株）

该疫苗是国际上首例能够精准鉴别诊断口蹄疫病毒感染与疫苗免疫动物的新型制品，其最大的创新性亮点在于"（负）标记"，同时也是口蹄疫病毒灭活疫苗研究领域又一个具有划时代意义的标志性成果，符合全球口蹄疫防控趋势和我国口蹄疫的净化政策需求，应用前景广阔。该制品获批一类新兽药注册证书，证号：（2017）新兽药证字50号。

二、猪口蹄疫O型、A型二价灭活疫苗（Re-O/MYA98/JSCZ/2013株 + Re-A/WH/09株）

该疫苗是国内外首例使用反向遗传技术定向设计和优化改造疫苗种毒的猪用口蹄疫O型、A型二价灭活疫苗，含有灭活的口蹄疫O型Re-O/MYA98/JSCZ/2013株和A型Re-A/WH/09株病毒，可同时预防猪O型、A型口蹄疫。该疫苗的问世，将彻底解决国内猪O型和A型口蹄疫免疫防疫的需求。该制品获得一类新兽药注册证书，证号：（2017）新兽药证字56号。

我国羊支原体肺炎防控技术产品创制应用

羊支原体肺炎防控技术系列产品创制及应用项目，是中国农业科学院兰州兽医研究所从我国现阶段养羊业生产实际出发，着眼于解决当前我国养羊业生产方式从放牧散养到集约化规模化转变、养殖区域从传统牧区向农区扩展带来的羊呼吸道疾病问题，经历10多年的持续研发，在查清了我国羊支原体肺炎的优势病原、解决了病原支原体体外培养技术瓶颈的基础上，完成了流行病学调查、诊断技术与疫苗研究、产品配套整合及生产应用的全过程，形成了羊支原体肺炎系列新型疫苗、诊断试剂盒、技术标准和专利等集约式成果。成果主要包括5个疫苗和诊断试剂新兽药产品（二类新兽药）：山羊支原体肺炎灭活疫苗（2010新兽药证字21号）、山羊接触传染性胸膜肺炎灭活疫苗（2015新兽药证字37号）、山羊传染性胸膜肺炎间接血凝试验抗原、阳性血清与阴性血清（2015新兽药证字35号）、绵羊肺炎支原体ELISA抗体检测试剂盒（2012新兽药证字27号）、绵羊肺炎支原体间接血凝试验抗原与阴阳性血清（2010新兽药字39号）；制定2项国家标准和1项行业标准：山羊接触传染性胸膜肺炎诊断技术GB/T 34720-2017、无乳支原体PCR检测方法GB/T 34728-2017、丝状支原体山羊亚种检测方法NY/T1468-2007；授权4项发明专利，获得2项甘肃省科技进步奖。这些成果适用于我国广大养羊地区支原体病防控，目前技术产品已实现转化，并在十余个省区应用。随着推广应用范围扩大，该项目对提高我国羊病防控技术水平、促进我国养羊业持续健康发展、促进农牧民增收、减少抗生素滥用和降低药物残留、保护食品安全和环境生态具有重要作用，对当前农村经济结构调整、国家退牧还草工程和"一带一路"建设、西部少数民族地区的和谐稳定具有重要意义，具有显著的生态效益和社会效益。

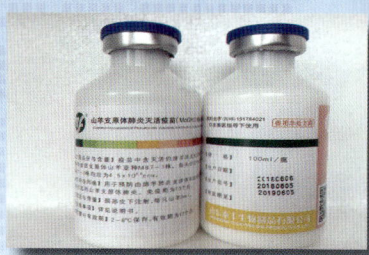

犊牛羔羊早期培育技术体系的创建

古云"三岁看大，七岁看老"，我国古代就明确儿童培育的重要性，对于动物来讲存在同样的生长发育规律，幼龄阶段是重要的培育时期。目前我国牛存栏数1.3亿头，羊存栏3.0亿只，饲养量居世界各国之首，然而市场竞争力不强，犊牛羔羊的培育的滞后影响了产业的发展。中国农业科学院饲料研究所刁其玉团队，针对我国的具体情况，经过了20年的试验－实践—示范—推广，建立起幼畜早期培育技术体系。核心技术如下：

1. 揭示了犊牛羔羊出生后胃肠道从非反刍到反刍阶段的发育机理，构建了胃肠道定向发育调控技术。

2. 提出了以氨基酸平衡为核心的犊牛羔羊营养需要量，创新了植物性饲料原料利用的关键技术，发明了系列营养调节剂，创建了国产犊牛、羔羊代乳粉生产技术，研究出具有独立产权的幼畜代乳品。

3. 创建了以早期断母乳技术、标准化养殖技术和配套设施、饲养效果监测评价技术为一体的犊牛羔羊早期培育技术体系，推广应用效果显著。

成果促进犊牛断母乳由60天缩短到5天，初配从16月龄提前到14月龄；羔羊断母乳由60-90天缩短到14天，成活率达90%以上，出栏从12月龄缩短至6月龄，母羊实现1年2产或2年3产。

本成果被农业部列为主推技术，在全国示范应用。获得授权专利20余件，软件著作权20余项；获得农业部丰收一等奖和北京市科学一等奖，大北农科技奖。

车载果园信息化服务平台

2014年我国提出"智慧农业"的新概念。具体来说，就是利用现代计算机技术和互联网手段，通过农作物生长与产供销全过程定量数字化模拟、加工与决策，使农业和谐发展，实现"高效、聪明、智慧、精细"和可持续生态发展，解决现有农业生产中存在的各种供求矛盾。显然，构建智慧农业体系和模式，实现农业信息与生产安全现代化是我国现代农业未来发展的主要方向，也是实现农业现代化的重要举措。

课题组科研人员多年来潜心研究，多方合作，以柑橘产销关键环节为切入点，通过传感设备和手机微信公众号数据采集，以信息化精准农业"感知—处理—应用"技术主线，对农业生产和食品安全保障等环节进行模块式研发，建立基于"橘园数据中心"智慧橘园协同创新服务平台，最终实现以"傻瓜化"产品供生产基地或企业应用，促进"互联网+农业"技术体系的研究、熟化和规模化应用，未来应用前景十分广阔。目前该平台在浙江临海、江西千里山和重庆忠县等示范基地取得良好效果。

近年来，以实时信息采集和快速检测技术为重点，以生产现场多样化信息服务为目标，集成应用课题组及国内协作单位研究成果和装备，创新研制出果园信息化服务车，实现车载化，成为我国首个服务柑橘乃至果树产业信息技术综合服务移动平台，可为果农和基地提供现场土壤和叶片营养诊断与施肥决策、果实品质分析、果园墒情和冻害等监测、病虫害识别、多媒体培训等信息化技术服务与决策支持等，对促进信息技术和精准作业技术等高新技术在柑橘果园生产管理环节实际应用提供重要服务平台和良好保障条件。

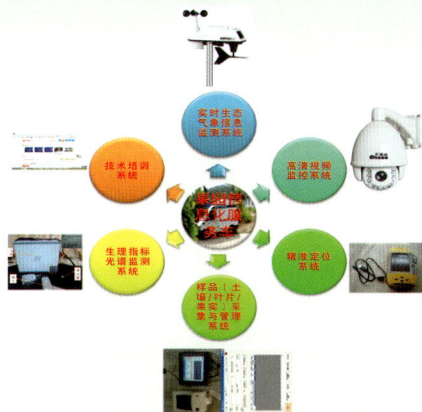

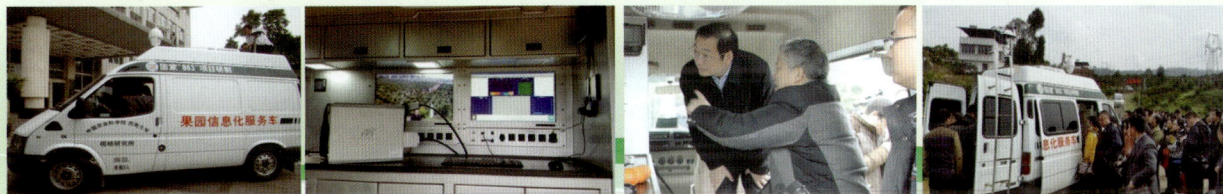

荔枝花穗调控增效技术创建与推广应用
——中国热带农业科学院南亚热带作物研究

该成果针对'妃子笑'等荔枝品种花量大、开花批次多、早花坐果率不高、疏花工作繁重而紧张等问题，在系统研究荔枝花穗调控生理和分子机制的基础上，创建了应用烯效唑为关键技术的荔枝花穗调控新技术，节省疏花人工，促进了荔枝增产增效。成果整体达到国际先进水平，探明了荔枝花穗发育和坐果调控的生理基础。研究揭示了荔枝开花坐果动态、产量、果实品质形成规律，从碳水化合物含量等方面揭示了内源激素调控花穗发育的生理机制，烯效唑延迟开花时间、提高雌花数量及雌雄比，增加雌花授粉机会，减少总花量，避免碳水化合物过度消耗。研究明确了烯效唑处理对荔枝雌花分化关键基因和激素相关基因表达调控的分子机制，在转录组水平对烯效唑调控花穗发育的机制进行研究，明确了 LUG 和 CLV 等雌花分化基因以及 ARF、PP2C、SAUR 和 TCH4 等激素相关基因受烯效唑诱导。筛选并评价了荔枝生产中花穗处理方式的效果，发明了荔枝花穗调控新技术，比传统人工疏花处理方式省工90%，增产40%以上。

苏山猪

苏山猪是江苏省农业科学院畜牧研究所任守文研究员团队历时15年育成的优质高产瘦肉猪新品种，含25%太湖猪血统（梅山猪和二花脸猪）及75%国外猪血统，2017年通过国家新品种审定，证书编号：农01新品种证字第28号。该品种被毛白色，有效乳头14枚以上，具有优质（肉色鲜红、大理石纹明显、肌内脂肪含量2.6%）、高产（产仔数13.6头、日增重786g、料重比2.89:1、瘦肉率59.4%）、抗逆（耐粗纤维可达11.39%、抗喘气病强）等特点，无PSE和DFD肉。苏山猪适应性强，适合全国各地饲养，已在江苏省内南京、扬州、泰州、南通、常州、淮安、宿迁、徐州等地近30个县（市、区）进行应用并在安徽、浙江、山东、云南等省推广，实现了标准化、产业化生产。苏山猪被毛白色，屠体品质一致性好，肉质口感保留了太湖猪的风味特色，产仔数保留了太湖猪高繁殖力特性，受到生产者和消费者的欢迎和喜爱。

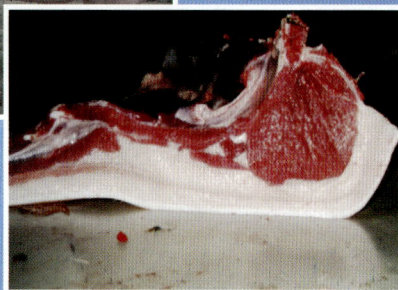

多功能"涿紫花青素玉米"深加工研究项目

花青素的发现和应用将使人类从20世纪的抗生素和维生素时代，进入到21世纪的花青素时代。花青素能否进入全方位的开发和应用，取决于是否有高质量的、低成本生产的、稳定性好的花青素。人们已知的蓝莓、紫薯、黑枸杞、黑米等都存在怕光照、怕高温、含量低的问题，有的在采集运输中容易变质，或因光照而分解。很多花青素都存在果皮上，加工量大，提取物少，因此成本很高，难以推广应用。涿紫玉米的花青素，克服了所有花青素的弱点，使花青素可以轻而易举地进入到全民生活中。

1. 品种的先进性。涿紫玉米的研究成功，经历了漫长的艰辛过程。从1992年发现紫玉米变异单株到育成第一个紫玉米杂交种（内外全紫）花了10年（20代）的时间。一年两代，冬季海南夏季北方。2002年通过了农业部科技成果鉴定。专家组评为：创新性极强，属世界先进水平。

2. 强大的适应能力。全紫花青素玉米杂交种的双亲和现在的常规玉米没有任何血缘关系，是两个独立的品种。自从育成第一个"涿紫1号"，专家就发现在黑叶片上找不到病斑，茎秆坚韧根系发达。2014—2016年在非洲试验，高度抗病，没有青枯等病。从1998年起涿紫玉米的试种，从北部的黑龙江、内蒙古、吉林、辽宁、河北直到西南六省，均未发现严重的病害而且有很好的抗旱耐涝性。花青素的含量区别不大。黑玉米产量也和当地的对照品种不相上下。

3. 一种作物两种产品。对于没有加工能力的地区，农民种植后在秸秆、苞叶、穗轴得不到收购的情况下，粮食产量不低于普通玉米。人们只要知道黑玉米的好处，也是容易推广的。随着人们对黑玉米的深入了解，定会得到很大发展。如果就近建立花青素提取工厂，可以给农民增加就业渠道。在有资金投入的情况下还可以生产医药、保健品、酒类饮料、化妆品等。由于花青素pH在6~7之间，还可以代替化学食品添加剂"苏丹红"等。

4. 涿紫玉米花青素是最稳定的、最安全的、最环保的花青素。涿紫玉米花青素是最稳定的、最安全的是有根据的。我国中医药有药食同源的说法，也就是说，它既是食品也是药品。既然是传统的食品那就最安全不过了。玉米在中国已有500~600年的历史。经人食用，即能果腹又安全，所以紫玉米花青素是世界上最安全的花青素。中国是世界最早利用花青素的国家，中医中药尤其是中草药，花就有上百种，菊花、兰花、百合花、金银花、藏红花等花的雌蕊和花粉（雄细胞）就含有花青素。用植物的遗传分子修复人类的遗传因子缺陷，是西方现代医学的研究重点，而我们的祖先在几千年前就有了治病的先例。我们可以继承前人成功的经验。结合现代花青素的作用，发展我国中医独特的治病理论，定能有重大突破和发展。

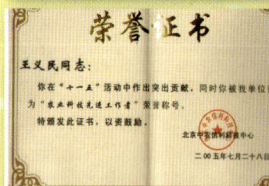

北京市农林科学院玉米研究中心成果展

一、DNA 指纹库

北京市农林科学院玉米研究中心构建了已有 30 000 多个品种，全球数量最大的玉米标准 SSR-DNA 指纹库，研发出功能强大、查询方便的数据库管理系统。制定了 5 项 DNA 指纹检测标准，引领和推进了玉米及其他多种作物分子检测的标准化进程。已为国家玉米品种审定、品种权保护、DUS 测试、种子执法及农民权益维护等鉴定样品 80 000 多份次。研发 SNP-DNA 标准指纹构建关键技术，创制 6H90K 等多用途芯片。

二、京科糯 2000

具有丰产稳产性强、营养品质高、口感风味好、用途广泛等突出优势。通过国家审定，以及吉林、上海、北京等 20 多个省市审定，并成为我国第一个在国外审定的玉米品种。自 2006 年通过国家审定以来，一直是我国鲜食玉米种植范围最广、面积最大的品种，最高年份达到我国糯玉米总面积的 2/3，已累计推广近亿亩。现已走出国门，成为越南等"一带一路"国家鲜食糯玉米生产主导品种，仅在越南就每年种植 100 万亩以上。

三、京科 968

2011 年通过国家审定。具有"高产、优质、多抗、广适、易制种"等方面综合优点，特别是抗多种病虫害、耐干旱、耐瘠薄、氮高效，以及高淀粉和粮饲兼用等优点，符合一节两减、节本增效、提质增效等调结构转方式、绿色增产和可持续发展等需求。是继郑单 958、先玉 335 之后又一个具有重大推广价值的品种之一。连续多年被农业部推荐为全国玉米主导品种。已成为当前我国种植面积超 2 000 万亩的三个玉米主导大品种之一。

四、京农科 728

2012 年以来相继通过国审及北京市、黑龙江和内蒙古等多省市审定。具有"早熟优质、抗旱节水、耐密抗倒、籽粒脱水快、适宜全程机械化"等突出优势，特别是突破了夏玉米机收籽粒技术瓶颈，2017 年又率先通过国家机收籽粒品种首批审定。被农业部列为主导品种，并成为京津冀农业协同发展共同推广的首项农业技术，以及玉米雨养旱作节水主导品种。已累计推广 1 000 多万亩。

中华农业科技奖证书

为表彰在我国农业科学技术进步工作中做出突出贡献的获奖者，特颁发此证书，以资鼓励。

成果名称：中国玉米标准 DNA 指纹库构建及关键技术研究与应用
奖励等级：一等奖
获奖者：北京市农林科学院玉米研究中心（第 1 完成单位）

证书编号：KJ2015-D1-010-01

2015 年 9 月 18 日

京农科728象收麦子一样收获

天人 TIANREN GROUP

寒地野生大豆资源收集、评价及新种质创制

野生大豆起源于中国，野生大豆与栽培大豆没有生殖隔离，在新种质创制上蕴含着巨大潜力，可通过有性杂交，将野生大豆的优良性状，如高蛋白、抗旱、抗病虫害等转移至栽培大豆，培育大豆新品种。美国自利用"北京小黑豆"中的抗黄萎病的基因成功地挽救了大豆产业以后，在大豆生物技术和种质创新等方面发展迅速，各大科研院所及公司加大了对我国野生大豆资源的收集和利用力度。此外，加拿大等国也十分重视野生大豆的利用与开发，在大豆产量、抗性和耐逆等方面都取得了重要进展。我国野生大豆资源丰富，特别是寒地野生大豆具有表型多样、耐逆性状突出等特点，如果再不加强对这一珍贵资源进行系统深入的研究，必将在知识产权等方面受制于美国等国家，继而形成种中国大豆，侵他国产权的被动局面。因此开展寒地野生大豆评价与利用研究是提升我国大豆产业竞争力的迫切需要。

"寒地野生大豆资源收集、评价及新种质创制"项目研究始于1978年，对分布在黑龙江寒地野生大豆进行了系统、全面的考察研究，探明了寒地野生大豆资源在不同生境条件下的分布特征及表型性状变异趋势，拓展了寒地野生大豆资源分布的认知范围，为野生大豆保护和研究提供了新资料。项目执行期间共收集野生大豆资源4 368份，完成了全省6个积温带和8个土壤类型野生大豆资源生长环境、表型性状调查、统计和分析工作，建立了寒地野生大豆资源的表型数据库，出版了专著《中国寒地野生大豆资源图鉴》，填补了野生大豆图鉴类书籍的空白，为系统开展野生大豆研究提供了材料基础与数据平台。

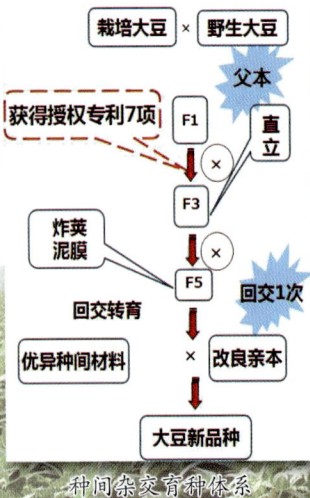

种间杂交育种体系

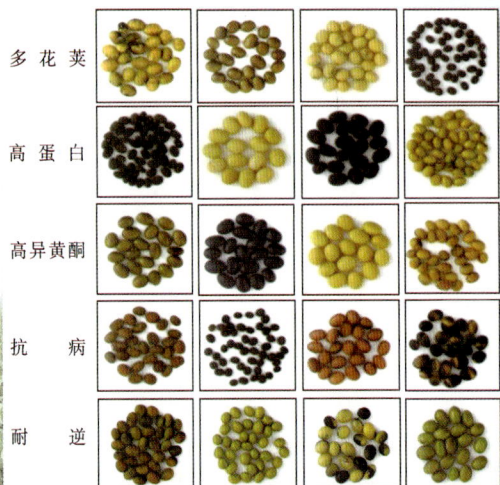

新种质创制过程

吉林省白城市农业科学院

白城市农业科学院是吉林省西部半干旱特殊生态区唯一的农业综合性科研机构。吉林西部特殊的地域特点和气候条件奠定了白城市农科院特色研究领域的科研优势。研究学科涉及农作物育种、土肥耕作、植物保护、旱田节水灌溉、农产品加工等多个领域。尤其在燕麦、向日葵、杂粮杂豆等研究领域居全国领先地位，是吉林省西部农业科技创新和农业技术推广最前沿、最主要的科技团体。白城农科院现有在职职工182人，其中：专业技术人员118人，高级科技人员71人（正高级42人），中级科技人员21人，享受国务院政府特殊津贴专家3人，吉林省突出贡献专家4人，吉林省学科带头人4人，吉林省创新拔尖人才5人。

全院下设15个研究所，一个农业综合化验中心，3个国家研究中心、2个国际合作研究中心、2个省级研究中心、5个国家级基地设在农科院。2018年在省科技厅等有关部门的大力支持下与俄罗斯罗德尼茨和萨马拉两家科研单位联合成立了中俄国际合作实验室。同时也是国家燕麦荞麦产业技术体系首席科学家单位和技术研发中心依托单位；是国家农业部公益型行业科研燕麦专项和948燕麦重大项目首席专家单位；是全国向日葵研究学组组长单位；是国家向日葵产业技术研发体系岗位科学家及育种研究室依托单位、国家食用豆产业技术研发体系岗位科学家单位、国家高粱产业技术研发体系的依托单位，也是国家农业部北方农牧交错区作物科学试验观测站建设依托单位。与20多个国家建立了广泛的科研合作和技术交流关系，是国内地市级农科院中科研实力较强的研究单位之一。

近年来，白城市农科院针对吉林省西部及类似生态区半干旱气候条件和盐碱化、沙化的土壤条件，在燕麦、向日葵、食用豆、水稻、高粱、花生等农作物新品种育种及高效配套技术集成上不断突破创新。先后培育出了36个农作物新品种获国家、省级审定，包括燕麦新品种7个、向日葵新品种7个、食用豆新品种6个、花生新品种6个、荞麦新品种2个、蓖麻新品种2个；高粱、小麦、谷子、籽用西葫芦、菊芋、籽粒苋等新品种各1个。燕麦新品种在风沙、盐碱地、中低产田或退化草原上表现出了较好的适应性和产量潜力，被推广到黑龙江、辽宁、河北、内蒙古、山西、青海、甘肃、新疆、陕西和西藏等地，每年推广面积达200万亩。相关成果得到国家有关部门高度认可，先后获中国作物科技奖1项、省自然科学一等奖一项、省科技进步一等奖1项、省科技进步二等奖8项、省科技进步三等奖、省科技兴农奖等其他各奖20余项。2014年与科院合作的加拿大燕麦科学家布罗斯博士获得了"中华人民共和国国际科技合作奖"，填补了吉林省该奖项的空白。2018年燕麦团队获"吉林省黄大年式科研团队"称号。

通过优良特色新品种与专项配套技术集成，创建五项种植模式

一根两草　两季饲草　两季双熟　盐碱地生物修复　沙地防风蚀

吉林省养蜂科学研究所

吉林省养蜂科学研究所成立于1983年，与吉林省蜂产品质量管理监督站、吉林省蜜蜂遗传资源基因保护中心合署办公，是吉林省公益一类事业单位，在农业部的支持下，1989年被确定为国家级重点种蜂场，2000年被确定为蜜蜂品种资源场，2008年被确定为国家级蜜蜂基因库，2009年被吉林省省科技厅批准为蜜蜂遗传育种吉林省重点实验室，2018年被农业农村部确定为国家蜂产品加工技术专业研发中心。全所占地面积3.8公顷，建筑面积4 500 m2。现有职工55人，其中专业技术人员45人，享受国务院政府特贴专家4人，新世纪百千万国家级人选和第五届中国青年科技奖1人，吉林省拔尖创新人才5人，博士4人，硕士4人。

多年来，本所致力于蜜蜂资源保护、良种选育和蜜蜂为农作物授粉技术研究。截至2018年，已承担各级科研项目110多项，取得科研成果105项，其中55项成果获各级科技奖励，"黑环系蜜蜂选育研究"成果获国家科技进步二等奖；获国家发明专利23项；发表论文770余篇；出版著作36部，取得发明专利20余项；制定修订标准10余项。组织蜂业技术培训人数累计达1万余人次。已向全国30个省、市、区推广良种蜂王12万多只，改良蜜蜂1 200多万群，可增加直接经济效益24亿元以上，间接效益达2 568亿元，社会效益和生态效益巨大。

规模化蜜蜂育种场

喀阡黑环系蜜蜂（国家科技进步二等奖）

雄蜂精液采集

"品燕4号"新品种
——山西省农业科学院农作物品种资源研究所成果

审定编号：晋审燕（认）2015006

选育人员：刘龙龙、张丽君、马名川、崔林、孔维娜

选育单位：山西省农业科学院农作物品种资源研究所

品种来源：用裸燕麦9814做母本，用皮燕麦Iowa x421做父本配制杂交组合，经后代连续单株选择选育而成，组合编号03026。

特征特性：生育期95天。株高110厘米，叶姿上举，芒性弱，周散型穗，籽粒纺锤形、白色，千粒重23.7克。

产量表现：2014—2015年参加山西省莜麦（裸燕麦）区域试验，两年平均亩产158.2千克，比对照晋燕8号（下同）增产11.4%，11个试点全部增产，增产点率100%。其中2014年6个试验点平均亩产162.6千克，比对照晋燕8号增产10.7%；2015年平均亩产153.8千克，比对照增产12.3%。蛋白质含量17.04%，脂肪含量7.51%。

适宜区域：山西、河北、内蒙古、甘肃等莜麦（裸燕麦）产区的旱平地、旱坡地。

辽宁省农业科学院

辽宁省农业科学院始建于 1956 年，是辽宁省唯一的省级综合性农业科研机构。在几十年发展历程中，研究内容不断深入，研究领域不断拓宽。2017 年，在辽宁省农业科研院供给侧结构性改革工作中，并入原属省科技厅、省农委和省农垦局的 4 个科研院所。2018 年省直公益性事业单位优化整合中，并入原属省海洋渔业厅和省林业厅的 9 个科研院所。经过两次改革优化，重新组建的辽宁省农业科学院增加了林业、渔业和农机等相关研究领域，原有种植业领域研究也由产前、产中延伸到了产后，一改过去以种植业为主的单一局面，成为涵盖种植业、林业、渔业、农机、畜牧五大领域的综合性省级农业科研机构。

主要开展粮油、蔬菜、果树、畜禽、水产、林木、花卉、柞蚕、食用菌等新品种选育及种质资源收集、保存、评价和创新工作，同时开展耕作栽培、旱作节水、动植物保护、植物营养与环境资源、农业机械化自动化、粮食储藏和干燥、农产品贮藏保鲜加工、农业标准化、生物技术、农村经济、农业信息技术、森林培育、海洋渔业环境监测保护与资源修复等关键技术的研究与咨询工作。

下设 6 个内设机构、22 个分支机构。有在职职工 2 253 人，退休职工 2 192 人，职工总数 4 445 人。在职职工中，专业技术人员 1 666 人（其中高级专业技术人员 875 人）；博士 161 人、硕士 670 人。有享受国务院特殊津贴专家 170 人；国家、省百千万人才工程人选 146 人，全国农业科研杰出人才 2 人，国家"万人计划"青年拔尖人才 1 人。荣获省科技功勋奖 2 人，省领军人才 4 人次，省优秀专家 23 人次，辽宁杰出科技工作者 9 人，14 个省级科技创新团队。有国家产业技术体系岗位专家 8 人，综合试验站站长 22 人；有辽宁省产业技术体系首席专家 2 人，岗位专家 12 人。

拥有 17 个国家（国际）研究、检测机构，8 个国家级原种基地，6 个农业部农业科学观测实验站，23 个省级重点实验室，13 个省部级工程技术研究中心，是国家博士后科研工作站。

多年来，以增强全省农业综合生产能力和全面推进辽宁农业现代化为主要任务，以提高成果技术水平及加速科技成果转化为目标，以服务"三农"、增加农民收入为宗旨，综合实力不断提高，各方面工作取得了丰硕成果。建院以来，取得科技成果 3 655 项，获奖成果 2 523 项，育成 1 183 个新品种，累计推广新品种新技术 30 多亿亩，创社会经济效益 2 500 多亿元，为辽宁农业农村经济发展做出了巨大贡献。"十一五"以来，审定品种 629 个，取得科技成果 1 262 项，有 785 项成果获得国家、省（部）、市（厅）级奖励，其中获国家科技进步一等奖 1 项、国家科技进步二等奖 9 项、省部级一等奖 28 项、省部级二等奖 67 项。取得国家专利 277 个，制定地方（行业）标准、技术规程 272 项，出版学术著作 110 部。

积极加强成果转化，构建了覆盖全省 14 个市、50 余个县区的科技共建网络。"十一五"以来，建立示范基地 1 500 个，推广新品种 500 多个、新技术 500 多项，为 73 家农业企业、150 余家农民合作社提供技术支持，在地方产业发展中发挥着积极的示范和引领作用。

积极开展科技扶贫工作。从 1982 年起，本院就开展了科技扶贫工作。全国第一个科技扶贫县长出自本院，同时也是全国第一批十大科技扶贫状元之一。目前，按照省委、省政府扶贫开发工作部署，做好对口帮扶县的扶贫工作和定点扶贫村的帮扶工作。2017 年，对口帮扶的阜蒙县、彰武县、义县、建昌县、岫岩县新增经济效益 1.4 亿元；定点帮扶的建昌县大屯村和岫岩县河北村整村脱贫摘帽。

因业绩突出，省农科院多次受到国家、中共辽宁省委、省人民政府表彰，先后获得全国精神文明建设先进单位、"文化、科技、卫生"三下乡先进集体、科技特派员工作先进集体、城乡妇女岗位建功先进集体、辽宁省文明单位标兵、定点扶贫先进单位、省直机关文明单位、目标责任制先进单位等几十个荣誉称号。

固原燕麦荞麦综合试验站

宁夏回族自治区政协主席崔波（左三）来固原试验站所属西吉县芦子沟燕麦荞麦示范基地进行调研，在听取固原试验站站长常克勤研究员（左二）工作汇报后，对示范基地新品种、新技术和新模式的展示与示范工作给与充分肯定。

固原综合试验站是国家燕麦荞麦产业技术体系16个综合试验站之一，自体系启动以来，试验站就树立从产地到餐桌、从生产到消费、从研发到市场环环相扣服务本区域燕麦荞麦产业发展目标的工作理念，坚持为农民服务的方向，以科技为先导，以深加工为龙头，以市场需求为坐标，不断拓展产业链，充分利用体系平台的技术优势，以核心试验示范区为中心，示范推广燕麦荞麦新品种，集成配套新技术，团队成员爱岗敬业，技术素质过硬，在完成自身工作任务的同时，承担产业体系各岗位专家的试验示范任务，与当地农业技术推广部门联系配合，高质量圆满完成试验站的各项工作任务。

2009—2018年，试验站选育并通过自治区农作物品种审定委员会审定的燕麦荞麦新品种3个，引进燕麦荞麦新品种35个，筛选出其中8个，配套5项高产栽培技术。在5个示范县建成60个示范基地，培育科技示范户3 460户，燕麦荞麦新品种集中连片示范面积合计

试验站站长常克勤（右二）研究员就燕麦田间管理对农民进行现场指导

15 250亩。通过研究形成专题试验报告80余份，制定地方标准3项，撰写并发表学术论文15篇，编写农民实用技术培训教材6本。采用会议方式集中办培训班22期，现场指导525人次，召开技术推广现场会18次，培训基层农技人员296人次，培训农民2 477余人次，提出各类建议措施18条；通过与体系外项目和企业的合作，打造"七彩梯田"农耕文化景区和休闲观光示范园核心区2 000亩，延伸了产业链条，形成农业＋旅游"的新业态，促进了三产融合；为宁南区域特色产业发展发挥了重要的科技支撑和技术引领作用。

国家燕麦荞麦产业技术体系凉山综合试验站

试验站2011年启动，8年来开展了燕麦荞麦优质专用新品种选育、试验、繁育70项，绿色栽培技术研究试验24项，主要病虫草生态安全防控技术研究试验18项，耕作及机械栽培试验2项。筛选出优良苦荞品种10个、燕麦品种6个，建立了州、县、乡三级良种繁育基地，扩大良种覆盖率，研究出燕麦、苦荞绿色栽培技术和病虫草防控技术，在凉山州的5个示范县试验示范推广，对乡镇干部、农技员、农民开展技术培训5 000人次，发放资料9 276份，近5年新品种、新技术累计推广142万亩，平均增产幅度11%~32%。在5个示范县帮助成立苦荞燕麦专业合作社，与苦荞加工企业结合，对全州推广的苦荞品种进行品质（淀粉、蛋白质、黄酮、手性肌醇、出粉率）测试，为企业加工品种的选择提供依据，带领企业负责人到示范基地现场考察，为企业原料生产提供技术服务，帮助大凉山贫困地区发展产业，助农增收。

科技人员调查荞麦虫害发生情况

在美姑县依果觉乡召开企业、合作社、农技推广部门现场对接会

在燕麦品种展示基地推介新品种

陇南市经济林研究院

院办综合实验楼

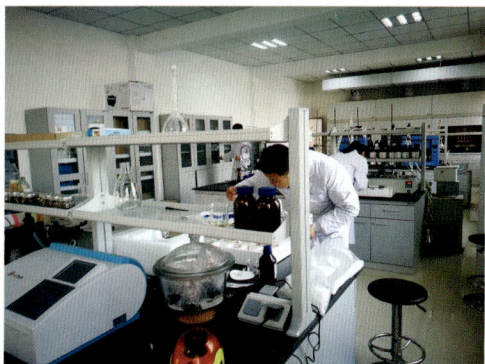
科研实验室

中国油橄榄产业创新战略联盟成立大会

对外合作

陇南市经济林研究院座落在武都区黄家坝，是在整合原陇南市林科所和陇南市油橄榄开发中心基础上，于2010年3月成立的正县级建制的林业科研单位，隶属市林业局。加挂陇南市林业科学研究所、陇南市林业技术推广中心、陇南林业有害生物监测鉴定中心牌子，实行四块牌子一套班子的运行体制。下设副县级建制的"三所一中心"（核桃研究所、花椒研究所、油橄榄研究所、实验管理与监测检验中心）。主要从事特色经济林培育、遗传育种、森林生态系统监测、经济林果产业开发及科学研究、技术应用、新产品研发和科技示范推广工作。单位现有人员52人，其中专业技术人员46人；有研究员1人、正高级工程师1人，高级工程师12人，工程师20人；研究生学历9人、本科学历34人。建有组织培养实验室、生理生化实验室、土壤化学实验室、新产品研发实验室、油脂检验检测实验室、种质资源标本室、昆虫博物馆等7个实验室和果品加工包装车间一座，拥有气相色谱仪、原子吸收分光光度计、超临界二氧化碳萃取设备等先进仪器设备497台套，固定资产4 000多万元。

陇南市经济林研究院自成立以来，按照"尊重规律、扩大基地、强化科技、健全市场、壮大龙头、打造品牌、提质增效"的发展思路，坚持"人才强院、科技兴院、产业富院、服务立院"的建院宗旨，以科研、推广、服务为重点，围绕陇南特色经济林产业培育和提质增效提供强有力的科技支撑，促进了陇南特色产业发展，取得了显著成效。

核桃：截至2017年底，全市核桃面积达到425万亩，涉及179个乡镇、2 538个村、42.1万农户、产量10.67万吨、产值21.34亿元。近年来，经济林研究院核桃研究所围绕陇南核桃产业提质增效目标，以生产为导向，科技创新为驱动，积极开展科技服务。先后完成省市林业科研推广项目9个，获省市科技进步奖5项，制定技术标准4项，出版专著1部，发表论文16篇，获发明专利2项，组建了甘肃省核桃工程技术中心、陇南市核桃生产力促进中心和陇南市核桃科技创新团队3个科技创新平台。与省内外8家科研院所建立合作关系，邀请国内外9名专家担任技术顾问，核桃所3名科技人员进入外聘专家课题组合作开展联合攻关，提高了科技创新能力和科研水平。三年指导全市完成高接换优1028万株，开创了全国大规模核桃高接换优的先河。收集国内外核桃良种159个，审定核桃良种2个，确定市级主栽品种3个，制定了县区"4+2"的品种布局模式。编印农民技术培训教材3部，制作影像教材2部；深入一线累计培训农民3万多人次，建立院（所）企合作机制，7名科技人员与企业签订了技术服务协议。按照全省叫得响、全市树标杆、县区创一流的示范点建设标准，先后建成核桃"两化"（品种化栽培、园艺化管理）示范村（点）280个。同时为培育适宜高寒阴湿山区发展的林果产业，助推精准扶贫，引进大果榛子，建立采穗圃3亩，繁育基地60亩。

花椒：截至 2017 年底，全市已建成基础稳固、布局合理、重点突出的"一区五片"花椒产业基地片带 230 万亩，涉及 80 个乡（镇）、1 132 个村、92 万农业人口，产量 3.5 万吨、产值 39 亿元，全市农村人口花椒人均收入达 1 310 元，宜椒区农民花椒人均收入达 3 490 元。近年来，经济林研究院花椒研究所坚持"创新、协调、绿色、开放、共享"的发展理念，围绕"精准扶贫、精准脱贫"和市委"433"发展战略，依托"陇南市花椒工程技术研究中心""陇南花椒科技创新团队""陇南花椒生产力促进中心"等科技创新平台，先后取得"花椒特色产业开发技术试验示范""秦巴山区花椒低产园改造技术集成示范"等科技成果 20 余项，其中：省科技进步三等奖 1 项、市科技进步一等奖 1 项、市科技进步二等奖 1 项、市科技进步三等奖 2 项；选育"陇南无刺花椒优系"3 个，审定省级花椒良种 3 个；制定花椒省级地方标准 4 个、出版专著 2 部、发表科研论文 32 篇；收集制作花椒病虫害标本 1 万余号，发现新种 2 个、新纪录 12 种、新病原菌 2 种；举办花椒实用技术培训班 400 余期，培训农民 8 万余人（次）、农民技术员 3.2 万余人（次）。发挥了创新驱动对全市特色经济林提质增效、富民强市的引领作用。

油橄榄：截至 2017 年底，全市已发展油橄榄面积 60 万亩，涉及武都、文县、宕昌、康县四个县区 42 个乡镇、338 个行政村、40 万人口，其中建档立卡贫困户 7 600 户、贫困人口 3.44 万人。年产油橄榄鲜果 3.8 万吨，生产初榨橄榄油 5 700 吨，良种苗木 1 000 多万株，综合产值 18.2 亿元。近年来，陇南市经济林研究院油橄榄研究所按照市委市政府"把陇南油橄榄产业做大做强"的奋斗目标，先后完成省市林业科研推广项目 10 项，获甘肃省科技进步二等奖 1 项，三等奖 1 项，省林业科技进步二等奖 1 项，市科技进步一等奖 2 项，二等奖 3 项，发明专利 3 项，申报省级良种 7 个，制定油橄榄标准 10 项，发表论文 26 篇，编著《油橄榄品种图谱》等专著 3 本，培训教材 2 套，选引国内外油橄榄品种（系）达到了 126 个，建立了"国家林业局油橄榄工程技术研究中心"等 3 个创新平台，与希腊、西班牙、意大利及国内大专院校、科研院所建立了密切的合作关系，组建专家创新团队，联合开展科研攻关。成功筹办了"中国油橄榄产业创新战略联盟"，建立中国陇南油橄榄网站。

油橄榄系列产品

陇南市经济林研究院院长张进德嫁接核桃

花椒栽培现状

引进的油橄榄新品种小苹果第 3 年结果状

青海省畜牧兽医科学院——牦牛科研的主力军！

青海省畜牧兽医科学院建于1952年，主要从事高原牧区畜牧、兽医、草原三个领域的科研工作，特别是立足于青藏高原牦牛生产系统，长期从事牦牛关键技术研发及产业发展战略研究。现建有国家相关部委、省属牦牛研究平台12个，是国内外牦牛研究平台最集中的单位，建成了世界上海拔最高、规模最大的牦牛呼吸测热环控舱，成为国内外开展牦牛营养代谢、环境影响研究的高水平平台，建有省部共建国家重点实验室的生态畜牧业平台，2018年评选为以牦牛产品加工为主的农业部国家农产品加工技术中心研发专业中心。研究了国际首例试管牦牛，出版了国内外首部牦牛营养研究论文集，历时30年的生长期牦牛营养需要量研究圆满画上了句号；提出的牦牛适度补饲、高效繁殖和寄生虫病防治等3项技术被列入2016年农业农村部农业主推技术。积极开展国际交流与合作，牦牛为主线的国际交流与合作基地评估，在全国135家参评单位中获得优秀，名列全国第3名，是全国牦牛产区获得此项荣誉的唯一基地。获批国家标准委的国家牦牛精准扶贫农业标准化示范区项目，牵头制定通过"牦牛健康养殖蠕虫与外寄生虫病防治技术规范"中国兽医协会团体标准"。担任中国—加拿大肉牛产业合作联盟副理事长，第二届幼龄反刍动物培育国际研讨会联合主席之一。牵头承担了2018年"牦牛"国家科技部重大专项，担任青海省牦牛产业联盟理事长，2018年成功举办第六届国际牦牛大会。牦牛改良、营养代谢研究、疫病防治成果突出，研究优势明显，处于国际领先水平。

新疆农业科学院农业机械化研究所

核桃加工关键技术与成套设备研制项目针对核桃、巴旦木等干果采后贮藏易发生虫害的难题，利用射频技术靶向性加热、快速均匀、无毒无污染的特点，首次将射频技术运用在核桃、巴旦木等干果贮藏害虫防治领域，探索出先进的射频杀虫技术工艺，发明连续化核桃射频杀虫设备，实现了核桃的贮藏前杀虫处理，解决了传统化学杀虫熏蒸时间长、毒害人体和环境、辐照杀虫（γ射线、x射线、电子束）基建和设备投资大、灭酶效果差等问题。根据不同类型、不同龄期靶标害虫（幼虫、虫卵）的热抗性，利用射频对介电损耗较高的害虫可靶向性加热的特点，可优先杀灭干果深层和内部的幼虫、虫卵，杀虫率达到100%，有效保证干果产品品质和食用安全性，为挽回干果虫蛀损失和采后贮藏安全奠定基础。通过调节射频系统的输出功率、加热温度、保持时间和传送带运动速度等工作参数，生产率大于300千克/小时。2015年6月30日，经新疆维吾尔自治区成果鉴定，技术整体水平达国际先进水平。

该项目申报国家专利6项，其中发明专利3项，实用新型专利3项；发表论文18篇，其中SCI收录12篇；制定核桃、巴旦木干果射频杀虫技术规程和作业质量标准2项；培养技术骨干12人。

河南省农业科学院园艺研究所
蔬菜研究室

园艺研究所蔬菜研究室（原名为园艺所生物技术室）成立于1988年，主要开展大白菜、甘蓝、辣椒等蔬菜遗传育种及细胞工程、分子标记、遗传转化和基因组学等生物技术研究。研究室现有在职人员8人，聘用人员5人。在职人员中研究员2人，副研究员2人，博士4人，硕士4人；其中享受国务院特殊津贴的专家1人，"新世纪百千万人才工程"国家级人选1人，全国农业科研杰出人才1人，河南省杰出专业技术人才1人，河南省管优秀专家2人，省、院级学术技术带头人各2人。

研究室先后被农业部命名为"十字花科蔬菜生物技术育种创新团队"（2015），被河南省科技厅命名为"河南省创新型科技团队"（2010）、"河南省优秀创新型科技团队"（2014）。依托团队还建有"三站一中心一联盟"，即：国家大宗蔬菜产业技术体系豫北综合试验站、国家特色蔬菜产业技术体系郑州综合试验站、农业部黄淮地区蔬菜科学观测实验站（河南）和河南省叶类蔬菜工程技术研究中心、河南省叶类蔬菜产业技术创新战略联盟。研究室先后承担了国家自然科学基金、国家"863"计划、国家科技支撑计划、国家"948"项目、国家重点研发计划等国家级科研项目22项，省部级重大、重点攻关项目8项，有5人次获得了省杰出人才、省杰出青年基金资助。在大白菜等十字花科蔬菜游离小孢子培养等细胞工程育种方面居国内领先水平，先后获得国家科技进步二等奖1项，省部级科技成果一等奖2项、二等奖2项、三等奖1项；通过审（鉴）定、登记大白菜、甘蓝、辣椒等蔬菜新品种33个，获得植物新品种权5项，获得国家专利3项；在国内外学术刊物上发表论文80多篇，出版专著6部；累计推广大白菜、甘蓝新品种500多万亩，创造了显著的社会经济效益。

研究室拥有设备完善的细胞工程实验室6间，种质资源库1间，试验温室5座、钢架大棚12栋，试验田3公顷，还拥有从事分子生物学和基因工程研究所需的多种仪器设备。目前研究重点有：①对大白菜、甘蓝、辣椒种质资源进行精准鉴定，构建核心资源数据库，创制特异新种质；②开展白菜、甘蓝、辣椒雄性不育及自交亲和性材料的选育及利用研究；③构建遗传分离群体，绘制高密度分子遗传图谱；④开展重要蔬菜农艺性状（白菜耐抽薹、抗根肿病、雄性不育、自交亲和性、种皮颜色及球心色等）的分子标记开发、基因定位、基因克隆和遗传转化研究；⑤开展蔬菜重要性状的基因组、转录组及代谢组学研究。

优质鲜食及加工多用型高花青素甘薯新品种——"徐紫薯8号"

"徐紫薯8号"是江苏徐淮地区徐州农业科学研究所以"徐紫薯3号"为母本，"万紫56"为父本，通过有性杂交选育而成，2018年通过农业农村部非主要农作物品种登记，编号为"GPD甘薯（2018）320033"。该品种萌芽性较好，中短蔓，分枝数14个左右；叶片深缺刻，成熟叶绿色，叶脉绿色，顶叶为黄绿色带紫边；薯块紫皮深紫肉，薯形长简形至长纺锤形，结薯较集中，大中薯率高；较耐贮。

其主要特点：高产广适、优质早熟、用途广泛。

1. 高产广适。2014年至2017年4年23点多年多点次夏薯鉴定，"徐紫薯8号"平均鲜薯产量31.11吨/公顷，比对照宁紫薯1号增产20.43%；平均薯干产量9.09吨/公顷，比对照增产40.11%；平均淀粉产量5.93吨/公顷，比对照增产48.17%；平均烘干率为29.21%，比对照高4.10个百分点；平均淀粉率为19.05%，比对照高3.57个百分点。2016年参加国家甘薯产业技术体系品种展示试验，夏薯鲜薯产量为34.88吨/公顷，薯块烘干率为32.12%；鲜薯产量、薯干产量均位居展示紫薯品种第1位，比第2位分别增产13.39%和24.53%。2017年至2018年在江苏、河南、山东、福建、新疆中部、内蒙古南部、河北等地示范种植，夏薯鲜薯产量在34.5吨/公顷左右，春薯在52.5吨/公顷左右。在江苏沿海滩涂和新疆干旱地区种植表现较强的耐盐性和耐旱性。

2. 优质早熟。贮藏后可溶性糖含量可达6%以上，蒸煮后口感香、糯、粉、甜。花青素含量高达80毫克/100克鲜薯以上，主要成分为矢车菊素和芍药花素，占总量的90。该品种结薯早，2018年在河北等薯区一年两季种植，大田生长期为90天左右，鲜薯产量30吨/公顷左右，鲜食销售每公顷效益超过15万元，为农业结构调整和农民增收提供了一条新的途径。

3. 用途广泛。除做鲜食用以外，"徐紫薯8号"适宜做紫薯全粉、速溶雪花全粉、薯泥、速冻薯丁、薯酒等，加工产品已被多家加工企业认可，紫薯全粉精速溶性好，口感甜糯，深受消费者喜爱；"徐紫薯8号"茎尖鲜嫩可口，适宜做菜，同时加工的薯叶茶有特殊的香味和保健作用；"徐紫薯8号"叶片呈鸡爪形，在绝大部分地区可以正常开花，也是绿化用材，有独特的观赏价值。

河南 BNS 型二系杂交小麦创新研究
取得新突破

国内外多年研究表明，小麦具有明显的杂种优势，杂交种一般较常规品种增产 15%~30%。河南 BNS（百农不育系）型二系杂交小麦规模化制种产量达到 316 千克/亩、纯度达 98% 以上，生产应用比常规品种增产 15% 左右。BNS 型二系杂交小麦由河南科技学院教授茹振钢团队研究培育，属原创科研成果，拥有完全独立的自主知识产权。

河南省政府高度重视小麦育种创新，为加强农业高新技术研究与应用，把杂交小麦研究培育纳入《河南省中长期科学和技术发展规划纲要（2006—2020 年）》，作为持续提高小麦综合生产能力的重要措施。

河南科技学院在杂交小麦前沿研究领域乘势而

中共十九大代表、河南科技学院教授茹振钢田间研究 BNS 型杂交小麦

上、奋勇争先，大力培养造就一批具有高水平的青年科技人才创新团队。学院茹振钢教授率领团队把握杂交小麦科技竞争先机，先后承担"BNS 型杂交小麦优异亲本培育及强优势组合的创制与示范""强优势 BNS 型杂交小麦组配与规模化高效制种技术研究"等重大科技项目。项目实施以来，在 BNS 型不育系遗传机理、强优势组合组配规律、不育系和恢复系创育、高效制种技术等方面取得突破性进展。

BNS 不育系遗传规律。温度是导致 BNS 不育的关键因素，孕穗期 10℃以下温度持续 5~7 天即可不育；BNS 的温敏核不育特性受隐性单基因控制，发育基因有修饰作用，恢复源广，杂交 F1 代的育性容易恢复。BNS 不育系适宜生态区，在北起石家庄，南到长沙、成都的广大区域内均可用于杂交制种。

BNS 不育系的不育机理。研究发现温敏核不育小麦 BNS 的花粉败育发生在二胞花粉早期；低温诱导的内源乙烯释放量及药隔期 H_2O_2 含量的异常增高导致了花粉的败育；推测 ATP 合酶 α、β 亚基蛋白最可能是 BNS 不育的源头蛋白，它的表达可能受其上游的温度感应子调控。

杂种优势组配规律。研究利用分子标记将国内外的小麦材料分为黄淮、西南、长江、西北、智利等类群，发现黄淮麦类群分别与西南麦类群和智利麦类群间有较强的杂种优势。根据杂交优势组配规律创制强优势组合 3 个，较对照增产 8%~15%。

不育系和恢复系。创育出半冬性强筋和中筋、弱春性强筋和中筋配合力高、制种性状、农艺性状符合不同生态区生产要求的新 BNS 型不育系：BNS366、BNS23、F3-26、抗白 366S 等 8 个；创育半冬性强筋和中筋、弱春性强筋和中筋散粉特性好、配合力高、农艺性状均优良的恢复系：YNR091、YNR01、CL0442、CL0438、矮 05、05525、YN1695、BNR168、XN9833、抗白矮 05、中智 42、GM803 等 16 个。

亲本及杂交种子纯度保障技术体系。构建了 BNS 型杂交小麦纯度保障技术体系；世界上首次把小麦花后致死突变体 hs803（小麦重要亲本）致死基因导入父本，苯磺隆敏感致死基因导入母本进行制种，杂交种制种纯度达 99.9%；利用覆盖小麦所有染色体的 21 对分子标记，构建了杂交种纯度检测体系；发现过氧化氢、兰索拉唑、和硝普钠可以使 BNS 不育系花粉彻底败育，可以进一步确保不育系纯度。

不育基因、恢复基因及坏死基因定位。对不育基因、恢复基因及苯磺隆敏感致死基因进行了初步定位；构建了矮 05 及 BNS366 分离群体，利用 3234 对 SSR 引物初步将不育基因定位于 4B 染色体短臂 SSR 标记 yzu403060 附近，将恢复基因定位于 3D 染色体 WMC418 附近；利用抗苯磺隆亲本 BN044370 和苯磺隆坏死亲本 BN044371 构建分离群体，证实致死性状受一对隐形基因控制，并将其定位于 1DS 染色体上。

BNS 型杂交小麦高效制种技术。利用低温春化室、人工气候室及日光温室相结合，繁殖不育系 400 余亩，不育系繁种产量平均 356 千克／亩，纯度达 99.9%；确定 BNS 型不育系与恢复系在杂交种生产中的最适行比为 7:3，可在一定程度上降低杂交种制种成本，规模化制种产量达到 316 千克／亩，纯度达 98%。

河南省种子管理站副站长周继组织技术人员考察 BNS 型杂交小麦

规模示范、技术培训为杂交小麦推广奠定基础。河南省农业厅、种子管理站大力支持 BNS 型杂交小麦品种试验示范，在河南省的济源、新乡、漯河、南阳、浚县，河北省的石家庄、衡水，山东、安徽、新疆等地建立 BNS 型杂交小麦百亩高产示范基地 11 个，累计示范 5000 余亩，较当地生产试验对照种达到显著增产水平。

国内外对杂交小麦多年研究表明，小麦像水稻、玉米、高粱等作物一样，具有明显的杂种优势，杂交种一般可较常规品种增产 15%~30%。在玉米、水稻等作物杂种优势普遍利用的今天，小麦杂种优势利用，必将成为全面提高小麦综合生产能力的重要途径，成为提高我国小麦竞争优势的重要科技措施，对提高我国粮食安全水平和国际农业综合竞争力具有重要意义。

茹振钢教授（中）与河南省种子管理站站长马运粮（左二）等人员科研楼前合影

山东省淄博市农业科学研究院

淄博市农业科学研究院粮食作物课题组，以小麦、玉米等农作物的育种、栽培及新技术示范推广为主要研究方向。近年来，先后承担了国家、省市科技计划项目26项，获省部级成果奖2项，市厅级成果奖8项。育成的"淄农033""淄麦7号""淄麦12号""淄麦28""淄麦29"等5个小麦新品种及"淄鲜玉1号""淄单11"等2个玉米新品种通过山东省农作物品种审定委员会审定。

小麦新品种"淄麦28"于2018年1月通过山东省农作物品种审定委员会审定。该品种半冬性，幼苗半直立，株型半紧凑，叶色深绿，旗叶上冲，熟相好。适宜播期10月1日至10日，每亩基本苗15万左右，适合在全省中高肥水地块种植。经农业部谷物检测中心检测，属优质中强筋专用小麦品种，由

淄麦28

山东省农业厅列为2018年山东省优质专用小麦主推品种。小麦新品种"淄麦29"于2018年1月通过山东省农作物品种审定委员会审定，该品种半冬性，幼苗半直立，株型松散，叶色深绿，

淄麦29

旗叶上冲，熟相好。属于高产、广适小麦新品种，适合在全省中高肥水地块种植。玉米新品种"淄单11"于2018年8月通过山东省品种审定委员会审定，该品种株型紧凑，夏播生育期106天，比郑单958早熟1天，全株叶片20～21片，幼苗叶鞘紫色，花

丝粉红色，花药黄色，雄穗分枝6～9个。适宜密度为每亩4500株左右，在全省适宜地区种植。

淄单11杂交种果穗

淄麦28灌浆期

农事无忧云平台
"No-Worry Agriculture" Cloud Platform

农事无忧云平台是在亚洲开发银行、湖北省人民政府支持下，基于全球经济一体化和"互联网真正让世界变成了地球村"格局，根据农业产业既具极强的地域性又具全球性的特点，运用互联网思维，按照"系统性、整体性、协同性"相统一，"信息流、物质流、资金流"可协调，"线上线下"可对接的总要求，以市场为导向，以需求为动力，为政府推进农业信息化，为政府、企业、乡村（社区）、农户、市民实现涉农领域的信息化，"为让互联网发展成果惠及 13 亿中国人民"而建设的云平台（如图1）。

图 1 "农事无忧"云平台首页

图 2 "农事无忧"云平台种养物种页

农事无忧云平台，由会员管理系统、资讯管理系统、政策管理系统、知识管理系统、商品营销管理系统、服务营销管理系统、环境管理系统、财务管理系统、资金管理系统、OA 管理系统 10 大系统和即时交流、视频播放、图书阅览、像册管理、电子地图等工具组成，可为各类涉农主体建设门户、发布资讯（获取资讯）、发布政策（寻找政策）、发布知识（获取知识）、销售商品（购买商品）、服务营销（购买服务）提供系统支持和互联网服务。以此为基础，为涉农主体提供个性化设计，进而实现"精准的互联网服务"。

图 3 "农事无忧"云平台专家页

图 4 "农事无忧"云平台专家咨询室页

武汉市农业科学院

　　武汉市农业科学院是武汉市属正局级公益一类科研事业单位，主要开展蔬菜、畜牧兽医、作物、水产、林果、农机等农业科技的基础研究和应用研究；开展农业规划设计研究；开展农业生态安全、环境监测及技术研究；开展农产品质量安全检测及有关技术与标准研究；承担国家、省、市重大农业科研任务；开展农业发展战略、农业信息化、农业物联网等方面的相关研究；承担农业科技的创新、成果的转化和示范推广等工作，为农业和农村经济发展提供技术、人才和科研成果等方面的支撑；开展农业专业技术人员继续教育及新型职业农民培训等工作；按规定做好国有资产的监管和保值增值，做好科技园区建设和管理等工作。

　　全院下设7个研究所、1个中心和若干科研成果转化平台，现有各类专业技术人才371人，其中博士65人，硕士111人。累计有110人获各类人才荣誉。秉承"科研立院、人才强院、转化兴院、创新办院"的方针，着力构建科技创新体系，努力探索现代院所建设之路，科技产出能力突飞猛进，科技平台建设呈爆发式增长，科研试验设施日益完善；人才实力与日俱增，成果转化屡创佳绩；打造了全国一流农业科技园区；探索形成"公益性定位与市场化运作"相结合的农业科技创新创业、成果转化、服务三农"武汉模式"，科技经济综合实力已位列全国副省级城市农业科研院所前茅。

云南省生态农业研究所

云南省生态农业研究所成立于 1995 年，研究所研发的生态农业新技术 GPIT（"作物基因表型诱导调控表达技术"的简称）是为从源头上解决农业可高效持续发展系列难题，独创性运用科学唯物辩证法则和深化中医理论，并用中草药资源探索开发生命潜能，用大幅度提高光合速率和抗逆性方法，使农业增产与生态和谐途径的创新技术。1999 年 9 月，GPIT 在北京通过专家评审，认为这项技术居世界领先水平。2002 年 12 月 28 日，那氏复合生物制剂通过了国家农业部组织的专家鉴定，认为"总体达到国内同类研究的领先水平"。

GPIT 自 1991 年首创成功以来，历经二十多年，在农业试验和生产实践中，不仅取得了良好的功效，发展前景较好。

研究所一直把"提高农作物抗逆性和光合作用效率""农作物生长、发育的人工可调控技术""信息感受度和动力学机制改变使表型表达功能性状表达等变异达到一定层次水平，可累加递增，从而量变到质变使变异可部分遗传表达，至强化表达产生新种质"等作为基本方向进行研究。随着"那氏齐齐发复合生物制剂"对提高农作物植株抗逆、增产机理等进一步进行试验、研究及系列产品开发，不断有新的技术突破和新的技术成果。在中旬、拉萨、日喀则不断突破玉米禁区，首创中国元旦开采冬茶纪录；在昆明首创了籼粳杂交稻、甜高粱、彩棉、黑籽南瓜等露地越冬再生；并培育出新种质材料，如：耐盐碱黄、黑玉米；药用价质红、黑水果玉米、黑彩稻、紫青菜；超大穗特早熟水稻、超大穗小麦、早熟优质梨等。发明无农药快速杀死用农药无法杀死的高龄毛虫及很多可见害虫，发现无农药防控多种病害（稻瘟病、白叶枯、黄枯萎病、根腐病、根肿瘤、马铃薯晚疫病、病毒类病毒等）与防控禽流感、心肌炎等动物病害相关性，提出了"动植物在深层存在一定程度类同抗病机制"的推论。完成了国家"十五"重点攻关项目"中草药防禽流感"，2006 年通过科技部、农业部联合验收。

大豆相关研究攻克了两大世界难关，创造了一个世界奇迹。大豆南种北移不能开花，大豆高固氮和多结荚互争能量，改变了大豆一腋一花序的规律，创造了一腋双花序、三花序。搭建了大豆无土壤施肥、无除草剂、可晚播高产的模式。

小麦相关研究攻克了 60 余年无重大进展、包括杂交无明显优势的难关，冬小麦冬种夏种几乎不能抽穗结子的难题，培育了最大穗长 33cm、净穗长 28cm、全株高 56cm 穗长 22cm，强抗冻、高抗多种病害、冬播春出苗、早熟优质高产等多种超级小麦种质。与优质超早熟小米、西瓜、蔓菁等抗逆高产新种质组合，可产生划时代的熟制革命。

解决了大穗玉米必晚熟密植必倒伏难高产难优质的难关（2018 年新疆最高亩产 3 267 斤；内蒙古玉米大豆间种玉米亩产 2 800 斤、大豆亩产 800 斤）。2017 年在辽宁创造出苗 36 天杨花授粉的奇迹，为超大穗玉米间种大豆、湿热同步、时差竞争抑草、六无、自修复、优质、双超高产、多增效益、良循环奠定了基础。

普通苗木茎杆组织可大量诱导出根生组织和单截面，最多可萌 30 余个新芽。银杏大树北移 100% 成活，每年早萌芽 10 天，晚落叶 10 天．

大豆无土壤施肥无除草剂超高固氮

大豆南种北移一腋三花序

内蒙临河2018年蔓菁对比
左为当地 蔓菁重0.45kg
右为那氏蔓菁 8月2日直播 抗冻重5.1kg

宽行玉米宽行豆湿热同步六无种玉米大豆双高产节水优质良循环

2017年那氏大穗省辽宁施农菜肥湿热同步六无种植6月30日出苗8月6日超大双穗扬花授粉

由左至右分别为：现主栽种那氏大穗、超大穗、特大穗

∥贵州省水稻研究所∥

两优585大田生产相

贵州省农业科学院水稻研究所成立于1978年，占地面积2 000余亩，其中试验田200余亩。在海南三亚和贵州兴义建有试验示范基地600余亩。设有办公室、人事科、财务科、科管科、基地管理科、生产科、退休科、两系杂种优势利用研究室、三系杂种优势利用研究室、分子育种研究室、栽培生理研究室和综合研究室等12个内设机构。拥有贵州省水稻工程技术中心、贵州省两用核不育系生态鉴定中心等中试基地和服务平台，承担国家水稻产业技术体系贵阳综合试验站建设，是贵州省水稻现代农业产业技术体系建设的依托单位。

现有在职职工68人，其中博士9人，在读博士5人，硕士25人；研究员9人，副高职称15人，中级职称16人。享受国务院特殊津贴专家3人，享受省政府特殊津贴专家1人，省管专家1人，省青年优势科技人才培养对象2人，西部之光访问学者1人。主要开展水稻遗传育种、杂种优势利用、稻米品质、良种繁（制）种技术、功能基因发掘及应用、优质高产高效配套栽培技术研究，技术培训和咨询服务，承担国家和省级区域试验。

建所以来，育成金麻粘、银桂粘、大粒香、威优481、I优4761、两优363、金优785等70余个水稻品种通过国家或省级审定，获植物新品种保护权23项，制定发布地方标准7项，克隆水稻基因2个，育成不育系20余个，构建水稻全基因组分子图谱2个，编著出版专著3部，发表论文500余篇，其中SCI论文20余篇，推广新品种、新技术累计数亿亩。

豌豆种质资源收集评价创新与新品种选育及应用

我国是世界豌豆主产国，鲜食和干籽粒豌豆年种植面积位居第一、第二位，云南省豌豆年种植面积约300万亩，是我国豌豆种植面积和产量最大省份，也是我国鲜食豌豆生产基地。"豌豆种质资源收集评价创新与新品种选育及应用"从我国豌豆生产中存在的实际问题出发，系统综合地开展研究，历时15年。本研究首先采用引进与收集相结合的方法从来自全球68个国家获得了6 849份豌豆种质资源，构建了我国类型最齐全、数量最多的豌豆种质资源库后利用SSR标记构建了栽培豌豆核心种质库，优化资源群体构成。其次创建了资源评价与"单粒传"系统选育、混合群体资源纯化与育种目标结合的方法，连续进行6个世代的自交纯合，构建了具有育种或者生产利用价值的1 956份创新性自交纯合种质材料，为豌豆新品种选育奠定坚实的材料基础。通过研究，高效地选育出了7个在株型结构、复叶类型、粒型、荚质、白粉病抗性等性状上表现优异的专用豌豆新品种，品种选育结合分子标记研究发现了2个抗白粉病新等位基因，构建了豌豆抗白粉病育种技术体系。该研究育成的新品种在主产区推广应用126.3万亩，新增利润2.9亿元，社会经济效益显著，强有力地支持了贫困区域人口的快速脱贫，为实现振兴乡村、美丽新农村提供品种和技术支撑！

豌豆抗白粉病抗种质创新筛选试验

云南省蓬勃发展的高原旱地鲜食豌豆产业

"云豌"系列豌豆新品种有效地提高了云南山区人民的经济收益

热带多抗优质高产玉米新品种

"桂单 0810" 的创制及应用

项目完成单位：广西壮族自治区农业科学院玉米研究所
广西兆和种业有限公司

项目针对广西玉米优良种质缺乏、杂交育种难以取得突破，自育品种抗逆性差、品质不优、产量低，种子生产产量低等问题，历经 19 年研究，取得了达国际先进水平的创新性成果。

1. 育成了广西首个国家玉米主导品种且获植物新品种权的"桂单0810"。该品种在抗逆性、品质、产量等方面超越我国热区主栽的外国名牌品种"正大 619"和"迪卡 008"，通过了广西审定及云南、贵州、广东认定；一般亩产 500~650 千克，耐旱耐瘠性极强，硬粒型，蛋白质 12.1%、淀粉 75.2%、脂肪 5.99%、容重 810 克 / 升，抗 6 种玉米主要病虫害。

2. 引进、鉴定、评价出 Suwan(late)C4、CML285、7239 等优异种质，创制出在耐旱性、抗病性、品质、产量等方面表现突出的热带亚热带优良自交系桂兆 18421 和桂 39722。

3. 在广西率先使用"异地制 + 果穗烘干 + 精加工小包装（按粒包装）"模式进行玉米种子生产加工，种子产量（409.41千克）及其加工成商品种子的商品率（95.19%）创广西玉米自育品种最高记录。种子产量比传统生产方式提高了 120 千克/亩，供种时间提早了 2~3 个月，平均发芽率达 91% 以上。

4. 实现了良种良法的配套及其推广应用。最高亩产 689.20 千克，平均亩产 578.49 千克，创广西玉米大面积生产示范产量最高纪录；近 3 年来，"桂单0810"成为广西玉米生产年种植面积最大的品种，年均市场占有率 22.68%。项目获国家发明专利 2 件，新品种权 2 项，发表论文 6 篇；累计推广"桂单0810"超 837.7 万亩、新增籽粒产量 4.52 亿千克、新增社会经济效益 18.39 亿元；项目对提高玉米产量、增加农民收入、促进玉米民族种业发展、提升玉米育种水平有重大促进作用。

粉垄 "源头驱动" 技术具国家战略潜能

广西农科院韦本辉团队发明创造的农耕新方法——粉垄技术，是继人力、畜力、拖拉机耕作之后的"第四代农耕模式"。它超深耕和均匀粉碎土壤，比传统耕作加深 1 ~ 3 倍且不乱土层，一次性完成整地任务。它是一种活化利用自然资源的"源头性技术""超级共性关键技术"和释放体系性巨大"自然力"技术，破解了超深耕又深松和物理改造盐碱地的世界难题，能以自然治水力、自然环境改善力、自然江河利用驱动力的"自然之力"改善自然环境，可由现行"耕地农业"向"耕地 + 盐碱地 + 退化草原 + 江河水体"等绿色"大格局农业"和化肥农药"双减"后产出优质粮食、肉奶、鱼类等实现国内农产品"三自"（自产、自足、自强）的方向转变。

粉垄技术，零施肥增产 10% ~ 30%，即土壤基础肥力（"物理肥力"）提高 10% ~ 30%。10 年来已在 24 个省（含9 个盐碱地省）、34 种作物中应用，增产 10% ~ 50%、品质提升 5%、比较效益增加 15%、保水 1 倍，将成为利用"物理肥力"实现 "双减"绿色发展的"引擎技术"。

全国规划和推广 24 亿亩，可为我国增加 50% 左右可利用的水土农业资源，同时可在全国现有耕地"土壤水库"1 981 亿立方米的基础上新增"土壤水库"6 482 亿立方米，增幅达 1.27 倍，不仅可以从根本上解决华北、西北和东北的地下水资源短缺形成的"大漏斗"问题，还可以实现改善江河生态的目标，江河还可以产出优质鱼类等水产品，丰富居民的餐桌和蛋白质来源。

葡萄脱毒技术助力
广西葡萄产业健康可持续发展

近年，随着一年两收避雨栽培技术的应用推广，广西已从葡萄不适宜栽培区转变为葡萄特殊优势栽培区。至2016年，广西全区葡萄栽培面积52.28万亩，产量50.9万吨，产值27.08亿元，是广西单位面积经济效益最好的水果。但是与此同时，由于没有配套的葡萄良种脱毒苗木可用，广西葡萄病毒病发生为害日益严重。针对广西葡萄产业供给侧存在的问题，广西特色作物研究院葡萄研究团队于2012年起在广西最先开展了葡萄脱毒技术研究，成功建立了10种葡萄主要病毒的快速分子检测方法以及热处理结合茎尖培养的葡萄脱毒技术，先后对"阳光玫瑰""巨峰"和"夏黑"等优良葡萄品种进行了脱毒，并在桂林和南宁分别建立了葡萄无病毒原种保存圃，通过和广西真诚农业有限公司合作，已繁育和推广优质葡萄无病苗木40余万株。这些研究成果有效推动了广西葡萄产业的健康可持续发展。

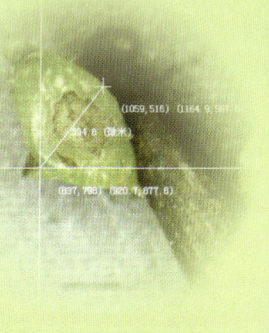
解剖镜下的茎尖组织

葡萄茎尖组织培养

切取葡萄茎尖组织

国家中药材产业技术体系机械化功能研究室

国家中药材产业技术体系机械化功能研究室成立于2017年，在农业部农业机械化管理司副司长李安宁、中国农业大学工学院秦世成副书记、校科研院重大专项处处长黄光群、工学院党委书记宋正河共同见证下，中国工程院国家中药材产业技术体系首席科学家黄璐琦将"国家中药材产业技术体系机械化功能研究室"牌授予国家中药材产业技术体系机械化功能研究室主任郑志安副教授，完成了揭牌仪式。国家中药材产业技术体系机械化功能研究室的团队人员含岗位科学家1人，教师4人，博士研究生5人，硕士研究生4人，有10个技术研发依托试验站。本研究室主要任务包括全国中药材生产区划及布局、中药材绿色安全生产及加工技术研究与示范、中药材采收和干燥机械化工艺技术研究与示范、特殊药材机械化收获关键技术与模式探索。"十三五"期间，本研究室主要针对茯苓、枸杞、菊花、天麻四个品种，开展中药材机械化生产适应性评价，提出中药材农产品优势区机械化生产能力培育对策与建议，致力于基于干燥技术的药材分类及其适应性评价、中药材绿色保质干燥设备筛选、关键部件研制和工艺优化、中药材采收机械化、干燥机械化以及工艺技术应用与示范。在国家中药材产业技术体系的研究中，研究室取得了一系列的科研成果：发表核心期刊论文16篇（其中SCI 13篇，EI 3篇）；共获得13项发明专利；一项省级高校科学技术一等奖（果蔬干燥加工技术与装备的研发与应用），一项省级科技进步二等奖（优质中草药种植管理模式的研究与应用）。

深圳市渔业服务与水产技术推广总站

深圳市渔业服务与水产技术推广总站（深圳市水生动物防疫检疫站）2018 年重点工作：

1. 深圳市水生动物实验室全部通过了 2018 年申报的农业农村部下发的共 11 个能力验证项目，同时亦获得 2019 年国家及省级水生动物疫病监测计划相应疫病检测实验室备选资格。

2. 建设 1.43 平方千米东冲一西冲生态公益型人工鱼礁区。投资 6 650.3 万元，制作 8 种类型的礁体共 3 900 个，总容量为 264 532 立方米。该项已于 2017 年 11 月 13 日组织实施开工建设，截至 2018 年 12 月 16 日，建造礁体 2 899 个，投放礁体 1 935 个，形象进度 74%，计划至 2019 年底全面完工。

3. 完成深圳海域放流虾苗 450 万尾、海水鲷科鱼苗 80 万尾的任务。

4. 举办渔业信息、龟鳖动物病害防治、防寒预警、农业相关政策宣贯和渔业技能鉴定培训班，开展农产品质量安全活动、增殖放流宣传活动、广东省西部异地蚝科技下乡活动，共参加 1 340 人次，发放资料 8 840 份。

5. 完成海洋渔业大楼消防安全标准化创建工作，做好渔民防台风庇护所管理。2018 年出色完成了"山竹""天兔"等台风的庇护工作。"山竹"是继 2017 年"天鸽"台风后，30 年来第二次使海水没过码头的台风。

葡萄茎尖组织培养

牧草种子实验室风雨磨砺三十年

中国农业大学牧草种子实验室成立于 1989 年，加入"国际种子检验协会（ISTA）"，成为正式会员实验室。2013 年 6 月中国农业大学牧草种子实验室通过了 ISTA 现场审查认可评审，成为我国唯一一家开展牧草和草坪草种子检验的 ISTA 认可实验室，可以出具橙色和蓝色证书，为我国企业开展国际贸易提供了技术保障，极大地方便了种子企业开展进出口业务。2007 年现代牧草产业技术体系成立，韩建国教授和毛培胜教授作为岗位科学家，推进草种子检测技术的国际接轨。三十年的风雨历程，从零开始起步，人员、仪器设备、检测能力、国际化程度均达到了历史新高度，成为服务于国内外种子检测市场的专业检测机构，凝聚了几代人的心血！秉承"小草大事业"的时代精神，发挥科研优势，开拓出一条助力草种业振兴的种子检测之路，为促进国内种子市场发展和国际贸易提供了有力保障和技术支撑。

中国农业大学牧草种子实验室 ISTA 认可评审会
On-site Assessment of Forage Seed Laboratory Accredited by ISTA

庆祝北京农业大学牧草种子实验室落成典礼

公益性行业（农业）科研专项经费项目 "本地与引进种质资源高效结合与利用研究"

2018年10月11日由黑龙江八一农垦大学于立河教授主持的2013年公益性行业（农业）科研专项经费项目"本地与引进种质资源高效结合与利用研究"（201303007）验收会在黑龙江省大庆市举行。项目验收组对项目研究过程、内容和成果进行了会议验收，一致同意该项目通过验收。

该项目由黑龙江八一农垦大学、华中农业大学、四川农业大学、中国农业科学院作物科学研究所、山东省农作物种质资源中心、湖南省水稻研究所、广东省农业科学院水稻研究所、黑龙江省农垦科学院、辽宁隆鑫农业科技研发有限公司、山西强盛种业有限公司等10个高校、企业、科研院所组成的产学研联合研发团队全力完成。经过5年实施，项目全面完成预期任务。针对我国农业生产问题及育种工作的瓶颈因素，引进小麦、玉米、水稻、大豆、马铃薯和杂粮种质资源7 000多份；进行种质资源鉴定，向国内79家育种单位发放种质资源5 000多份次；构建了以非洲栽培稻和野生稻为供体的水稻单片段代换系文库；深入研究了水稻高品质高配合力骨干不育系宜香1A和玉米野生近源属大刍草的功能基因；系统地分析、利用了带有VPM抗性系统的法国小麦资源及耐寒性、高产高淀粉马铃薯种质资源；创制了一批适于东北苏打盐碱地的耐盐碱水稻种质资源，及早熟、耐密、适应机械化收获的玉米种质资源；每年筛选优良品系，选育优良作物品种75个，在61个试验、示范区累计示范4 800多万亩。

项目实施过程中，申请品种保护及专利33项；汇编地方标准7项；荣获省部级以上科研奖励10项；发表研究论文96篇；培养研究生65名。

项目验收会后项目组骨干研究成员与验收专家合影

抗寒亲本　　　　敏感亲本

抗寒后代　　　　敏感后代

创制的抗寒型马铃薯新材料在雪后的植株表现

1977

耐低氮种质资源鉴定

郑58

耐低氮玉米种质资源的田间鉴定对比结果

引进的籽粒脱水快玉米种质资源的田间表现

山西大学绿色农业集成技术

一、概述

山西大学面向农业"高产、高效、优质、生态、安全"的重大需求，从 2000 年起依托化学和生物学一级学科优势，先后建立山西大学应用化学研究所，山西省高校大田粮食作物生物配肥集成技术协同创新中心，功能分子化学山西省重点实验室，在农业应用微生物与生物化工、光效农业与功能微肥、功能分子合成、农作物生物配肥、大豆原位结瘤固氮、新型农机等领域开展研究。研究所与中国农业大学、南京农业大学、东北农业大学、西北农林大学、山西省农科院、山西农业大学、中国科学院南京土壤肥料研究所等国内农业院校建立了广泛合作，先后承担了国务院农村综合改革试点项目——山西省农业社会化服务体系建设试点项目 1 项、国家重大研发项目子课题 1 项、农业部公益类专项 4 项、国家林业局公益类专项 1 项，获得国家专利 32 项，11 项科技成果通过省级鉴定，6 个农机机型通过定型，"种肥同穴"技术列为农业部 2017 年主推技术、山西省农业厅主推项目，并注册了"山大沃丰"品牌，在一系列技术上均处于国内、国际领先水平。在此基础上，在主要粮食作物（玉米、小麦、马铃薯）、杂粮（谷子、豆类、荞麦、高粱等）、蔬菜（设施、露地）、干鲜果（核桃、枣、苹果、梨等）领域进行技术创新和集成，形成了山西大学绿色高效农业技术集群，近年来推广示范 100 多万亩，辐射带动 500 多万亩，增产幅度 10%~20%，具有重大推广价值，应用前景极为广阔。

二、应用成果

1. 小麦—沃丰生物肥—种肥同播技术的示范与推广

"小麦—沃丰生物肥—种子同播技术"形成于 2010 年。其要点是采用山西大学历经十余年研究开发的"山大沃丰"生物有机肥与小麦种子混合后机播。由于该技术将生物有机肥直接作用于植物根际，不仅有利于有益菌在土壤中的快速定殖与繁殖，构建健康和高产土壤微生物区系关键结构，而且有利于促进氮、磷、钾的快速转化与吸收，提高了化肥利用率，是生物技术在大田作物上的一次重大创新。

2. 玉米生物配肥集成技术示范与推广

"玉米生物配肥集成技术"即沃丰生物有机肥与玉米种子同穴机播，简单总结为"种肥同穴、精准施肥、精量播种、环保种植"。该技术的关键在于先进农业机械的支持，为此，山西大学研发团队经过四年的努力开发了一系列具有创新性的种肥同穴（沟）、高效节能、化肥深施、秸秆还田、免耕作业等功能的 7 个类型的播种机；针对不同地域、气候和种植习惯，建立了多套农机农艺配套简约化模式。

3. 小杂粮、马铃薯生物配肥集成技术示范与推广

（1）豆类作物根瘤促生技术

山西大学开发出了具有类似生理学和生物学功效的新型植物生长调节剂，可实现豆科作物原位固氮，可满足豆类作物 80% 左右的氮肥需求，同时结合生物解磷、解钾技术，可显著促进作物对磷、钾的吸收，开发出的豆类作物专用的生物有机肥实现了豆类作物对氮、磷、钾、钼等元素的高效利用，在黑龙江、吉林、河南、山东及山西的大部分地区进行了大面积的田间试验、示范和推广，推广面积累计达 20 万亩以上。

（2）马铃薯微量元素水溶肥料

山西大学最新研制的微量元素水溶肥料获农业部产品登记：农肥（2016）临字 10987 号。具有"抗病毒、防退化、促生长、优品质、耐存储"的显著特点。经过多年多地示范结果表明，亩拌种 100 克，一般增产 8%~30%，是贫困山区迫切需要的农业科技推广技术。

（3）谷类作物的大田生物配肥技术

以"种肥同穴、精准施肥、精量播种、环保种植"的大田生物配肥技术为基准，生产了一批小型的谷子播种机械，推动了谷子种植向精品、优质方向发展。特别是最新推出的可用于高寒山区的小杂粮覆膜播种技术为小杂粮种植建立了一个优质、高效、节约的模式，为贫困山区小杂粮的发展提供了强有力的技术支撑。

4. 蔬菜绿色农业种植技术示范与推广

以现代生物技术为主要手段，采用生物有机肥，生物叶面喷施剂，生物和植物源农药等集成技术，将生物有机肥料—外源激素调控—病虫害防治三大体系相结合，从肥料到农药构成了一条完整的绿色农业生产体系，实现了优质、高产、高效的目标，基本解决了长期困扰绿色农业发展中如何防止亚硝酸盐积累、农药公害和品质不高的三大难题。近年来，通过该项技术示范与推广，帮助合作社和农业企业获得 15 项绿色农产品认证。

5. 干鲜果绿色农业种植技术示范与推广

针对山西干旱区（同时也是贫困区）干旱、低温灾害常发、果园产量不稳、经济效益低下的现状，以减轻旱地果园旱灾、低温灾害损失，提高果园稳产水平和生产效益，达到脱贫致富为目的，结合山西大学多年来在绿色农业研究上的成熟成果，实施精准扶贫，即开展以生物技术为主导、集旱作集雨和覆盖的果园绿色栽培技术（生物肥和叶面肥集成技术对水果品质有十分显著的改进，特别对诸如苹果、葡萄的糖份和有机酸、植物粗蛋白有明显提高，一般可达 30%~100%），建立了一套旱作区现代果园节本增效的模式。

技术流程图

研发产品

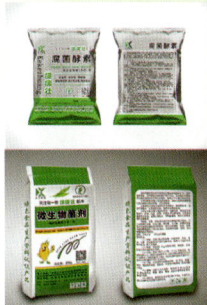

微生物菌剂：各种孢杆菌、固氮菌、光合细菌、乳酸菌、链霉菌、淡紫拟青霉、硝化细菌、反硝化细菌等各种发酵菌剂，秸秆腐熟剂、有机肥腐熟剂、除臭剂、水处理菌剂等。

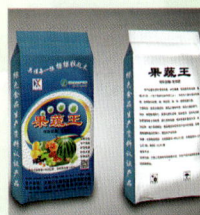

生物有机肥：大田作物生物配肥，蔬菜底肥、追肥，果树底肥，大豆根瘤促生肥料、花肥等。

叶面喷施生物肥：光合细菌叶面肥、乳酸菌生物高钙等

西北农林科技大学

陈勤，二级教授、博士生导师，西北农林科技大学马铃薯遗传育种及功能食品开发研究室主任，国际著名的马铃薯遗传育种及种质资源创新科学家。曾任加拿大农业食品部高级研究员，中国国家马铃薯工程技术研究中心副主任，美国和加拿大马铃薯学会会员，中国作物学会马铃薯学会委员，国际功能性营养食品研究院会士，中国北京国家马铃薯高科技园区特聘国际专家等职。2009年入选山东省"泰山学者"海外特聘专家；2012年入选陕西省"百人计划"。

1996年至今，陈勤教授在马铃薯育种及资源创新，全产业链关键环节关键技术创新等方面取得了重大科研成果，特别是特色马铃薯营养育种及功能性食品研究、马铃薯主食产品的开发，先后主持培育马铃薯新品种15个，包括通过传统杂交育种选育出的纯天然非转基因的具有自主知识产权的皮色和肉色全紫、全红特色新品种9个，这些彩色马铃薯除含有普通马铃薯的碳水化合物、淀粉、蛋白质等营养成分，还含丰富的维生素C，具有美容、养颜、抗衰老和抗癌等保健作用。含有纯天然花青素和绿原酸等多酚类抗氧化活性物质，集营养、保健和天然色素于一体，具备粮食、经济及药用等多功能用途，是对马铃薯品种培育的一个创新性贡献。部分品种在陕西、内蒙古等地连续几年创造了亩产超万斤的优异成绩，实现了高产与高营养的完美结合。这些新种质、新品系的创新培育，填补了我国彩色马铃薯营养育种的空白，为国家马铃薯主食化战略的发展，健康中国的实施提供了优质全营养马铃薯新品种。陈勤教授还紧扣国家马铃薯主食战略的发展，结合多年彩色营养马铃薯育种经验以及积累的大量彩色马铃薯新品系，从彩色马铃薯育种、种植到功能食品开发等方向进行了大量的多学科融合发展探索工作。凝练了马铃薯全产业链发展关键环节及产前、产中、产后关键技术的核心内容，建立从田间到餐桌的全产业链发展新模式。开展以彩色马铃薯为原料的功能性主食产品研发工作，形成了彩色马铃薯全粉、彩色马铃薯复合营养粉、酥饼、糕点、面包、锅巴、彩色薯片等系列化主食及休闲食品。以彩色马铃薯为原材料进行抗氧化活性物质提取，开发研制成功能性饮料，已成为深受人民喜爱的纯天然功能性营养型保健食品。在理论创新方面，提出了新的"马铃薯营养功能育种"的育种理论，为马铃薯主食化开辟了新途径；阐明了马铃薯产量提升的主控因子，理清了马铃薯产量退化影响因子贡献模型的主要内容及各因子之间的辩证关系，提出了旱区马铃薯产量通过水分利用提升的增产增效理论；开展马铃薯抗逆、薯块发育、彩色马铃薯色素调控、贮藏等方面的基因组学研究。

陈勤教授的马铃薯育种研究已形成了品种选育、高效种植、储藏加工、产品开发四个方向综合统一的科研体系，建立了5个示范推广基地，建立了集"新品种研发—高产高效栽培技术集成配套—示范推广"于一体的马铃薯节水灌溉调控综合技术体系及其产业化开发模式。实现了品种早熟与高产的统一、高产与优质的统一、主食消费与营养消费的统一。对中国西部马铃薯产业跨越发展进行了积极和有益的探讨和实践。科研成果得到了业界专家与广大薯农的高度认可。由于工作成绩显著，陈勤教授被授予山东省"齐鲁友谊奖"，山东省乐陵市市委市政府决策咨询专家和陕西省咸阳市马铃薯首席专家，并获得2018年中国产学研合作创新奖。

甘肃省大樱桃工程技术研究中心

甘肃省大樱桃工程技术研究中心是甘肃省科技厅于2010年批准成立的省级科技创新平台，中心依托单位为天水师范学院，共建单位有天水市果树研究所、秦州区果业局、甘肃华实高效农业有限公司等企事业单位。中心自建设以来，立足甘肃生态环境和技术需求，围绕将甘肃大樱桃产业做强、做大、做出特色的核心目标，针对甘肃大樱桃产业发展中的共性和关键技术瓶颈，发挥中心在人才、技术、信息、仪器设备和协同创新能力方面的优势，以产、学、研、政相结合的模式，积极开展甘肃大樱桃提质增效技术；良种、良砧、良法配套技术研究和果品高值化利用等相关技术的研究与示范推广。中心自建设以来，在人才队伍、科研项目、实验室建设、基地建设、社会影响力等方面均取得了显著成绩，先后承担和参与完成"提高大樱桃产量质量技术集成示范与推广""甜樱桃贮藏保鲜与综合加工技术研究""五万亩樱桃果蝇测报与综合防治技术示范推"等科技项目三十多项，取得科技成果7项，发表论文116篇，获得知识产权13项，参与承办省内外大型学术会议3次，在帮助农民脱贫致富，帮助企业提质增效，提升甘肃大樱桃产业发展水平等方面发挥了重要作用。

中心主办2012年中国樱桃年会

中心主任呼丽萍在樱桃年会上做汇报

请省内外专家交流和评鉴大樱桃

中心与天水市秦州区人民政府共同主办会议

河南科技学院蜜蜂研究所

河南科技学院蜜蜂研究所暨国家现代农业蜂产业技术体系新乡综合试验站成立于 2008 年，是由张中印、杜开书、杨萌、吴利民和王洪亮等组成的科研团队，在农业部、科技部等专项经费资助下，与中国农业科学院蜜蜂研究所、河南卓宇蜂业公司等密切合作，奔着从实践中来到生产中去的脚踏实地的创新服务理念，走进花海，深入蜂场，针对二十一世纪影响养蜂生产的重大问题，经过十年的攻关，获得一系列的理论创新和技术突破，解决蜂农在生产上的许多难题。发表论文 32 篇，出版著作 22 部，获得专利 28 项，研制新蜂具 17 种、新产品 2 个投放市场，并将这些技术集成配套，凝练成《蜜蜂健康高效养殖与蜂产品深加工技术》推广应用。尤其是解决了蜜蜂健康养殖和养蜂机械化生产难题，发明了蜂胶大蜜丸等产品，减少了用药量，提高了蜂产品的产量和质量、安全水平。近年来，在河南、山东、湖北、山西等省培训蜂农 11 000 余人次，推广应用蜂群 170 多万群，新增社会效益 4.17 亿元，推广应用企业新增产值 11.78 亿元。以第一单位获得 2017 年河南省科技进步二等奖，以第三单位获得 2017 年国家技术发明二等奖。

蜂胶大蜜丸

河南省科技进步二等奖

蜜蜂健康高效养殖技术培训现场之一

张中印站长向省、部领导汇报蜜蜂健康高效养殖推广应用情况

广东省渔业互保协会

广东省渔业互保协会是在广东省海洋与渔业厅主管下，在广东省民政厅登记成立的非营利性、公益性社会组织。主要职能是：组织从事渔业生产、经营、管理以及服务的单位和个人（以下简称会员）参加互助保险，共同承担会员因遭受意外事故和自然灾害带来的损失的经济补偿，并受有关行政部门委托开展政策性渔业保险工作。

目前，广东省渔业互保协会在全省各地开设了 100 个分支机构，遍布省内各大渔港，为渔民群众提供全天候、便利的渔业互助保险服务，成为广东省渔业保险的主要市场主体。实践证明，参加互助保险是加强渔业安全生产管理的重要组成部分，是化解渔业生产风险行之有效的途径之一。渔业互保协会以其群众性、互济性、公益性、灵活性的特点，赢得渔民群众的欢迎和信赖，受到政府部门的认可。2012 年 12 月至 2014 年 12 月，受广东省政府委托，在广东省海洋与渔业厅的领导下，广东省渔业互保协会负责实施了广东省政策性渔业保险试点工作，惠及渔民 22 余万人次、渔船 16 000 余艘次，在切实减轻渔民群众经济负担的同时，大幅提高了渔业风险保障水平。

因工作成效显著，广东省渔业互保协会曾先后获得"全省先进民间组织""全国先进民间组织""广东省海洋与渔业安全生产管理先进单位""2017 年度社会组织先进集体"等荣誉称号。

承担广东省政策性渔业保险试点工作，提高渔业风险保障水平

渔民群众踊跃参加渔业互助保险

免费向会员赠送救生衣，为渔民出海生产保驾护

大型海藻底播增殖技术成果

　　大型海藻底播增殖技术，在海洋牧场建设、海洋生态修复方面具有广泛的应用前景。20世纪70年代开始，世界各海洋国家对此开展进行了广泛的研究，但至今仍未有达到产业化生产水平技术的报道。

　　青岛农业大学刘升平教授，自2007年开始，历经十多年的研究探索，以大型海藻苗种在海底基质的二次固着为切入点，利用贻贝等附着生活型的瓣鳃纲贝类瞬间附着的特征，以其作为"中介生物"，把底播增殖的大型海藻目标种苗种培育在活体中介生物的外壳表面，再以海面撒播苗种的方式，底播于目标海域，附着后的中介生物给予大型海藻苗种稳定的条件，大型海藻苗种通过固着器的生长，固着于自然海域海底的礁石以及人工鱼礁等基质上，达成以人工培育的大型海藻苗种进行底播增殖的目标。

　　利用"中介生物辅助大型海藻苗种海底基质附着技术"进行大型海藻底播增殖，具有生产成本低、底播增殖环节技术操作简单、目标种明确、海藻资源量可控、利于开展产业化开发等优点。

　　该技术能够解决海底荒漠化的问题；解决某些人工鱼礁难以形成海藻场的问题；解决海洋牧场建设中缺乏海底藻场的问题；"基于人造海底藻场的海底生态养殖模式"，能够解决深远海水产养殖的海底利用问题；海底藻场通过为海洋生物提供产卵场、繁殖场、索饵场、栖息场，能够解决海洋生物资源恢复问题；大面积的人造海底藻场的建设，在沿海岸线的潮下带海底，形成一条带状分布的人造海底藻场，能够处理多种污染物对海洋的污染，建立海洋生态平衡，构建"海洋生态防护带"；全球范围内的大型海藻底播增殖，其固碳能力从理论上分析能平衡人类燃烧化石燃料所产生的二氧化碳，为控制全球气候变暖做出重大贡献。

　　中介生物辅助大型海藻苗种海底基质附着技术的技术难点是"中介生物附着基大型海藻育苗技术"。需要解决高密度滤食性动物条件下的游孢子附着技术，在满足藻类育苗条件基础之上的贻贝长期高密度培养问题、中介生物辅助大型海藻苗种中间育成技术、中介生物大型海藻苗种的运输等一系列技术难题。当前这种苗种培育技术已经基本成熟，育苗水平已实现每平方米育苗池内培育0.1～0.5公顷的底播增殖苗种，达到产业化生产水平。

　　中介生物辅助大型海藻海底基质附着技术进行大型海藻底播增殖，除了需要进行技术方面的研究外，还要进行种质资源的收集与研究，因为针对不同生态条件的目标海域选用不同种质特征的目标种，是必须的，目前本团队，已经在世界范围内引进了12种海带目大型藻类，其中，产自大西洋的大海带和产自太平洋的昆布已经完成育苗技术、生态习性方面的初步研究，可以用于构建海底藻场。

2017年贻贝附着基海带苗种海面撒播苗种情况

示海带固着器附着于贝壳上的状态

海上中间育成的贻贝附着基裙带菜苗种

Large-scale Seaweed Bottom Propagation Technology has a broad prospect in marine pasture construction and marine ecological restoration fields. The world's maritime countries have conducted extensive research on this technology since 1970s, but there hasn't been any report on the level of industrial production so far.

Professor Liu Shengping, Qingdao Agricultural University, has researched and explored for more than 10 years (since 2007) on this filed. He took the secondary fixation of large seaweed seedlings on the seabed matrix as the entry point, used the characteristics of instant attachment of shellfish (such as mussels), breeded the large-scale seaweed target seedlings on the surface of living shells. In the way of spreading seeds on the surface of the sea, propagated them to the bottom of the target waters. After that, large seaweed seedlings grow through the fixator, fixed on the seabed of natural seas or on artificial reefs and other substrates, to achieve the goal of artificially cultivating large seaweed seedlings for bottom propagation.

Using intermediate bio-assisted large seaweed seedlings submarine matrix attachment technology for large-scale algae bottom sowing proliferation has many advantages, such as low production cost, simple technical operation, clear target species, controllable seaweed resources and conducive to industrial development.

The technology can solve the problem of desertification on the seabed, solve the problem that some artificial reefs are difficult to form seaweed fields, solve the problem which lack of seabed algae in the construction of marine pastures and solve the problem of seabed utilization in far-reaching seawater aquaculture. The seabed algae field can solve the problem of restoration of marine living resources by providing spawning grounds, breeding grounds, feeding grounds and habitats for marine life. The construction of large-scale artificial seabed algae field, under the tide along the coastline, forms a strip-shaped artificial seabed algae field, which can deal with the pollution of various pollutants to the ocean, establish a marine ecological balance, and build a Marine Ecological Protection Belt.

The technical difficulty of the intermediary organism-assisted large-scale seaweed seedlings on the seabed matrix attachment technology is intermediate organism-attached large seaweed seedling raising technology. It is necessary to solve a series of technical problems such as the spore adhesion technology under the condition of high-density filter-feeding animals, the long-term high-density culture of mussels on the basis of algae breeding conditions, the intermediate breeding technology of intermediaries-assisted large-scale seaweed seedlings and the transportation of large seaweed seedlings of intermediary organisms. At present, this seed breeding technology has been basically mature, and the level of seedling raising has achieved 0.1~0.5 hectares of bottom-fertilized seedlings per square meter of nursery ponds, that has reached the level of industrial production.

Using Intermediate bio-assisted large seaweed seedlings submarine matrix attachment technology for large-scale seaweed bottom propagation, technical research is indispensable, collection and research of germplasm resources are also required. At present, the research team has introduced 12 species of kelp macro algae worldwide.

The research on seedling techniques and ecological habits on the kelp from the Atlantic Ocean and the kelp from the Pacific have been preliminary completed, which can be used to construct seabed algae.

农业农村部都市农业重点实验室

随着城镇化快速发展，都市农业逐渐显现出其在国家战略中的重要地位，突显一、二、三产融合，都市农区成为承载生态、生产、生活和实施乡村振兴战略和城市生态文明建设的重要区域。

都市农业发展历程

1998 年，在北京召开了首次全国都市农业研讨会，北京、上海、天津、深圳、厦门等地的代表出席了会议。2006 年 9 月 14 日中国农学会成立了都市农业分会。2008 年 7 月，农业部批准成立农业部都市农业（南方）重点实验室（依托上海交通大学）和农业部都市农业（北方）重点实验室（依托北京农学院和北京市农林科学院）。2012 年 4 月 26 日至 27 日，农业部在上海召开全国都市现代农业现场交流会，这是农业部第一次以都市现代农业为主题、专门面向大中城市召开的一次现场交流会。会议提出，"十二五"总体目标是，力争通过 3~5 年的努力，把都市农业建设成为城市"菜篮子"产品重要供给区、农业现代化示范区、农业先进生产要素聚集区、农业多功能开发样板区、农村改革先行区。2014 年 4 月 28 日，农业部在四川省成都市召开全国都市现代农业暨"菜篮子"工程现场交流会。韩长赋部长指出，大城市经济发展水平高，财力比较雄厚，科技、人才、资本等要素比较集中，市场需求空间比较大，有条件、有能力率先实现工业反哺农业、城市支持农村，促进城乡要素平等交换和均衡配置，推动都市现代农业发展走在全国农业现代化的前列。2015 年 9 月 17 日至 18 日，上海交通大学与中国农学会共同主办 2015 年全国都市农业发展研讨会，大会主题为"区域经济协同下的都市农业"，与会人员围绕世界都市农业发展动态与趋势，城市群、区域经济与都市农业协同发展路径，都市农业可持续发展与城市食品保障供给，都市农业多功能性与多产融合新兴产业战略等专题进行研讨。2016 年 4 月 27 日至 28 日，全国都市现代农业现场交流会在北京市召开。汪洋副总理出席会议并讲话。汪洋指出，加快发展都市现代农业，是推进农业供给侧结构性改革、提高供给体系质量和效率的迫切需要，是践行以人民为中心的发展思想、提高新型城镇化水平的客观要求，是促进城乡发展一体化、提高农村发展水平的必然选择。2016 年 12 月 9 日农业部批准成立都市农业学科群重点实验室，上海交通大学获批为全国十家重点实验室的牵头单位，承担都市农业学科群综合性重点实验室的建设任务。学科群下另设 4 个区域性和 5 个专业性重点实验室。都市农业学科群重点实验室是我国第一个面向国内外开放的专门从事都市型现代农业应用性基础研究和技术研发的公共平台。2017 年 11 月 23 日，农业农村部都市农业学科群重点实验室与中国农学会共同主办 2017 年全国都市现代农业发展研讨会，主题为"创造都市新需求 拓展农业新动能"。会上上海交通大学与中国农学会签订了"战略合作协议"，双方将共同致力于搭建都市农业学术交流平台、联合开展都市农业课题研究、加强国际间都市农业领域的学术交流等。此后，农业农村部都市农业学科群重点实验室与中国农学会每年将共同主办全国都市现代农业发展研讨会。2018 年 5 月 2 日至 3 日，全国都市现代农业现场交流会在天津召开。会议深入学习贯彻习近平总书记关于"三农"工作的重要论述，部署推进都市现代农业高质量发展，促进大中城市在实施乡村振兴战略上走在前、作表率。会上，天津市副市长李树起代表 36 个大城市宣读了《质量兴农倡议书》。

都市农业理论体系构建及智库建设

2014 年 4 月 1 日，由农业农村部都市农业重点实验室主任周培教授编著的《都市农业结构与技术模式》一书出版，该专著首次从功能、空间、结构和模式四个角度提出了都市农业四维解释理论，对都市农业进行系统界定，并围绕都市现代农业的发展战略、生产结构优化、重点产业模式、产业链关键技术、规划标准和综合评价方法形成了系统性的技术和理论体系。

受农业部委托，上海交通大学连续十多年开展了全国大中城市的现状调研，进行了都市现代农业评价体系和发展现状分析专题研究。并于 2017 年首次发布《中国都市现代农业发展报告 2017》，报告通过都市农业生态与可持续发展水平等 5 个一级指标和农业劳动生产率等 23 个二级指标，对 2016 年全国 35 个大中城市都市现代农业综合发展水平进行测算，为评估我国都市现代农业的发展水平提供了坚实的理论和数据支撑。

亮点成果不断涌现

上海交通大学经过四十多年的发展积累，积极以问题为导向，开展了应用基础与共性技术研究，取得了一批都市农业原创性成果，如"南方葡萄根域限制与避雨栽培关键技术""木霉菌资源筛选与生防霉剂创制及应用""都市农区种养耦合及其废弃物循环利用技术"等，获得了国家科技进步二等奖、教育部科技进步一等奖、上海市科技进步一等奖等一系列奖项，为现代都市农业发展提供了有力的技术支撑。此外，上海交通大学与龙头企业光明食品集团合作成立上海交通大学光明都市农业研究院，共同致力推动都市农业产学研一体化发展。

中国农学会莫广刚副秘书长与上海交通大学科研院孙丽珍副院长签订"战略合作协议

上海交通大学与光明食品（集团）有限公司战略合作签约仪式暨光明都市农业研究院揭牌仪式

上海交通大学校长林忠钦院士和上海市发改委副主任殷欧为都市农业重点实验室揭牌

上海交通大学党委书记姜斯宪与光明食品集团是明芳董事长等为上海交通大学光明都市农业研究院揭牌

江苏农牧科技职业学院

江苏农牧科技职业学院始建于1958年9月，其前身是"泰县农业中等技术学校"。1959年1月更名为"泰州市农业专科学校"；1961年9月更名为"江苏省泰州畜牧兽医学校"；1995年4月更名为"江苏省畜牧兽医学校"；2001年6月独立升格为"江苏畜牧兽医职业技术学院"；2013年3月更名为"江苏农牧科技职业学院"。

学院是我国东南沿海地区乃至我国南方14个省（市、自治区）唯一以培养农牧科技类技术技能型人才为主的高等院校，座落在中共中央前总书记、原国家主席胡锦涛的出生地——江苏省泰州市，也是世界知名艺术大师梅兰芳先生的故乡。

2005年，学院以"优秀"等级在全省率先通过教育部高职高专人才培养水平首轮评估；2008年，被确定为"江苏省示范性高等职业院校"；2010年，被教育部、财政部确定为"国家示范性高等职业院校建设计划"首批"国家骨干高职院建设单位"；

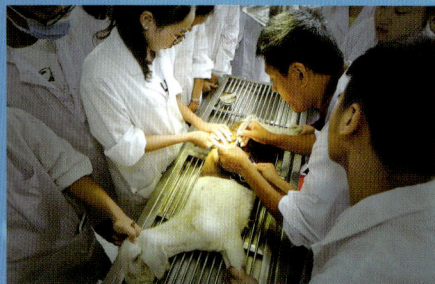
兽医教学实训

2013年，以"优秀"等级通过建设项目验收。从此，学院进入全国高职院校第一方阵，成为全国农业高职院校的排头兵。2016年3月20日，时任中共中央政治局委员、国务院副总理汪洋来校视察，对学院服务"三农"的办学成就给予了充分肯定。

学院占地面积4 600亩，校舍建筑面积57万平方米，形成了以凤凰路校区为主体、以畜牧科技园和中药科技园为两翼的"一主两翼"办学格局。学院拥有各类实验室、实训室200多个，建有江苏现代畜牧科技园、江苏中药科技园、江苏姜曲海猪种猪场、江苏苏姜种猪核心种猪场、江苏倍康药业、教学动物医院、泰爱牧宠物医院、田园牧歌景区等36个院内实训基地，校外实训实习基地700多个，图书馆藏书109.24万册，教学科研仪器设备总值2.5亿元。

学院面向全国25个省（市、自治区）招生，现有在校生14 000多人。中国科学院院士、南开大学原校长饶子和担任学院名誉院长，国内外20多位知名教授包括6位两院院士担任学院兼职教授。学院现有专任教师648人，其中，副高以上职称教师232人，正教授54人（二级教授4人、三级教授9人），具有博士、硕士学位教师490人。专业课教师中，"双师型"教师占88%。享受国务院特殊津贴1人、新中国60年畜牧兽医科技杰出贡献人物1人、全国农业职教名师7人，江苏省科技创新团队2个、江苏省优秀教学团队1个、江苏省教学名师1人、江苏省有突出贡献的中青年、专家2人。

学院秉承"紧扣农牧产业链办学，紧密结合产学研育人，紧跟区域增长极发展"的办学理念，设有动物科技学院、动物医学院、动物药学院、食品科技学院、宠物科技学院、园林园艺学院、水产科技学院、农商管理学院、农业信息学院、农业工程学院、国际教育学院、继续教育学院和基础部、思政部、体育部等12个二级学院和3个部。围绕农牧产业链设置42个专业，其中，国家级重点专业6个、省级品牌（骨干）特色专业11个、省重点专业群建设点4个。

学院先后获省部级以上教育教学成果60多项，其中，国家级教学成果一等奖1项、二等奖1项，省级教学成果特等奖2项、一等奖4项、二等奖7项，国家级职业教育现代宠物技术教学资源库1个、国家级职业教育动物药学专业备选教学资源库1个、国家现代学徒制试点单位1个，国家级精品课程2门、国家级精品共享课程2门，省级精品课程7门，省级在线开放课程5门。

学院建有国家水禽基因库和姜曲海猪保种场2个国家级保种与研发机构，建有江苏省兽用生物制药高技术研究重点实验室、省动物医药创制中心、省现代畜牧与新兽药工程技术中心、省畜产品深加工工程技术研究开发中心、省种猪生产性能测定中心、省水禽生产性能测定中心、省动物药品工程研究开发中心等15个省级研发中心、17个市级研发平台和8个院级研究所。

2007年以来，学院先后承担部、省、市级项目共1 000多项，其中，国家发改委重大项目2项、农业部项目32项、科技部项目5项、教育部项目9项、国家自然科学基金5项。培育出了具有自主知识产权的苏姜猪新品种，开发国家级二类新兽药2个。先后获全国农牧渔业丰收奖一等奖1项、农业部中华农业科技奖二等奖1项、三等奖1项，江苏省科技进步二等奖3项、三等奖4项，江苏省农业技术推广奖一等奖1项、二等奖2项。

学院组建了科技服务团队，强力推进强农富民"五项工程"，实施"品种＋技术＋基地"服务模式，推广新品种、新技术、新成果，科技服务"三农"，有力地推动了农业发展、农民增收。

学院与美国、英国、澳大利亚、德国、荷兰、新加坡以及非洲、东南亚等国家和地区的70余所高等院校或教育培训机构建立了友好合作关系。多次举办非洲及东南亚籍动物科学技术专业留学生培训班，现有非洲、东南亚、中亚、欧洲23个国家的学籍留学生近300人，语言生及短期培训生100多人。

2007年以来，学院获得了"全国职教先进单位""全国毕业生就业典型经验高校50强""全国创新创业典型经验高校50强""全国高职院校服务贡献50强"之首、"全国高职院校国际影响力50强""全国绿化模范单位""江苏省文明单位标兵""江苏省文明校园""江苏省高校毕业生就业先进单位""江苏省职业技能大赛先进高校""江苏省科技工作先进高校""江苏省师资队伍建设先进高校""江苏省大学生思想政治工作先进单位""江苏省大学生创业教育示范校""江苏省和谐校园""江苏省挂县强农富民工程先进单位""江苏省科技富民突出贡献单位""江苏省教育宣传工作先进单位"等荣誉称号。

学院牢固树立"质量立校、特色兴校、人才强校、科研促校"的发展理念，以服务"三农"为办学宗旨，以学生就业为导向，走产学研结合之路，全面推进素质教育，努力培养现代农牧业所需要的高素质技术技能型人才，促进了学院全面协调可持续发展。

关山初度尘未洗，策马扬鞭再奋蹄。展望"十三五"发展，学院将全面贯彻落实党的十九大关于"三农"工作和高等职业教育的要求，进一步弘扬"团结拼搏、负重奋进、坚韧不拔、争创第一"的牧院精神，开拓进取、奋勇争先，为把学院建设成为"国内领先、世界知名"农牧类卓越高职院而努力奋斗！

现代畜牧业职教集团成立

全国动物防疫技能大赛

动物解剖标本馆

为养殖户服务

强还原土壤处理消除作物连作障碍新方法

RSD 处理防控香蕉枯萎病效果（2014 年海南）

左图为2014年连作障碍土壤处理后洋桔梗生长状况；右图为RSD处理后的洋桔2015年洋桔梗生长状况（云南石屏）

强还原土壤处理（简称 RSD）是由南京师范大学蔡祖聪研究团队研发用于消除作物连作障碍的新方法。RSD 是在作物种植之前，消除前茬产生的障碍因素的短期处理方法。通过施用易分解有机物料为原料制成的产品、灌溉至水分饱和、覆膜 2~4 周，造成土壤快速、强烈的还原环境，可以实现对各类土传病原菌的灭菌率 >90%，几乎完全杀灭根结线虫，建立具有拮抗能力的土壤微生物区系，降低杂草数量和化感物质含量，提高酸化土壤的 pH，消除次生盐渍化土壤的盐分和改善理化性质。至今，该团队已阐明了 RSD 方法灭菌和修复连作障碍土壤的机理，形成了完整的 RSD 处理配套技术，发表 SCI 收录论文 20 篇。同时，在海南、浙江、云南、江苏进行了田间试验和示范推广，结果表明，RSD 处理对消除香蕉枯萎病、黄瓜、青椒、蕃茄、芹菜、芥蓝、甜瓜、草莓、洋桔梗和非洲菊等的连作障碍效果显著，实现了花卉洋桔梗的多年连续种植，在消除三七连作障碍方面也取得了可喜的进展。RSD 方法及其配套技术的推广应用不仅可以实现绝大多数蔬菜、瓜果、花卉和中药材的连续种植，而且可以大幅度减少农药使用量，提高作物秸秆的回田利用率，保护生态环境。

对照（左图）和 RSD 处理（右图）的芹菜长势

保护地果蔬灰霉病绿色防控技术研究与示范

公益性行业（农业）科研专项

华中农业大学主持的"保护地果蔬灰霉病绿色防控技术研究与示范（201303025）"项目，总经费 1 647 万元。该项目针对保护地果蔬灰霉病为害严重以及病菌极易产生杀菌剂抗性等问题，开展了生物防治技术研究与应用，包括高效生防菌筛选、武夷菌素产生菌分子定向育种及生产技术革新与产品应用、以及生防芽孢杆菌及木霉规模化生产、产品登记与应用等内容。通过 5 年的实施，获得了 24 株高效生防菌及武夷菌素高产菌株 W-273，登记了 3 种灰霉病生防产品和 4 种微生物菌剂，优化了生物农药武夷菌素、芽孢杆菌和木霉等生防制剂规模化生产线各 1 条，并以之为核心构建了灰霉病绿色防控技术体系。相关成果获得省级科技奖励一等奖 2 项，为促进生物防治技术创新和推广、服务果蔬产业发展发挥了重要作用。

项目从影响果蔬灰霉病发生和防控的关键问题入手，以研发、集成和示范推广灰霉病绿色防控技术为目标，为提升果蔬生产效益和产品质量安全奠定技术基础。项目实施 5 年来，发现灰霉病菌新种 1 个、新记录种 1 个，育成抗（耐）灰霉病草莓品种 2 个，研发 4 种生态防治技术，登记生防制剂 3 种，筛选得到 5 种低风险杀菌剂，集成 11 套绿色防控技术体系。制定技术标准 7 项，授权专利 22 项，发表论文 100 篇，出版专著 3 部，创建了科研单位与技术推广部门协调、种植大户和合作社积极参与的产业化生产模式，建立 46 个试验示范基地，累计示范推广 30.5 万亩、辐射 555.1 万亩，经济、社会和生态效益显著。

项目验收会全体参会代表合影

对照	3-10 粗提物			杀菌剂
	10 μg/ml	50 μg/ml	100 μg/ml	100 μg/ml

项目验收会全体参会代表合影

番茄和草莓果实灰霉病

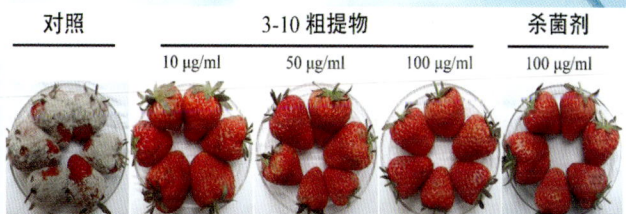

项目首席专家李国庆教授汇报项目实施的总体情况

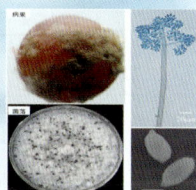

中华葡萄生葡萄孢（新种）

气力滚筒式穴盘播种技术与装备推广

项目来源：

①"十二五"农村领域国家科技计划课题（2013AA1024406-03）：设施农业种苗培育机器人研究（任务一，精密播种机器人研发）（2013.1.1～2017.12.31）2017年12月8日通过成果鉴定。

②广东省科技计划项目（2004B20601002）：滚筒气吸式蔬菜育苗穴盘播种机（2004.12～2007.7），2009年1月20日项目通过验收。

③广东省农业厅农业机械化关键技术和设备研制项目（粤农函【2005】718号）：蔬菜播种技术及设备的研制（2006.1～2007.12），2011年11月18日项目通过验收。

推广规模：

五年来销售至广东、广西、海南、云南、新疆、宁夏、四川、河北、北京、贵州、山东、江西、湖南、湖北等地，还出口到新西兰、澳大利亚、韩国等国家，合计销售1 000多台（套），营业额达2亿多元。2013年以来在北京、上海、武汉、青岛、云南、广东、广西等地参加多场展览会，举办了30余场培训班，累计参加人数5 000余人，发放宣传资料10 000余份。

技术创新：

①播种滚筒侧面换气技术简化了传统播种滚筒的结构，大大降低了制造成本，打破了国外技术垄断。

②刮碰气流式播种机清种装置提高了播种质量，特别是对辣椒等小粒扁平种子的播种单粒率也有很好的效果。

③单链条带侧面定位随行挡板的穴盘输送装置确保了穴盘在播种过程中的稳定性，从而确保了穴盘接种效果。

④气力滚筒式蔬菜育苗穴盘播种机（2013年鉴定）和刮碰一气流式清种技术（2017年鉴定）均达到国际先进水平。

经济效益：

使用气力滚筒式蔬菜育苗穴盘播种机效率一般都达到600盘/小时，对比节约人工费用85%～90%；根据广东菜场的数据，与人工播种相比，每批节省劳动力成本18 400元，一年共播种10批，可节省18.4万元。

技术参数：（2BS-6型气力滚筒式蔬菜育苗穴盘播种机）

①可实现蔬菜、烟草、花卉等直径在0.5～3.0mm的圆形或扁平种子的播种。

②生产效率：600～900盘/小时。

③可根据客户要求配置使用60、72、105、128、200等规格的塑料穴盘或泡沫穴盘。

蔬菜种子种类	项目	指标（%）
球形蔬菜种子	单粒率	≥ 90
	空穴率	≤ 3
扁平形蔬菜种子	单粒率	≥ 80
	空穴率	≤ 5

2011年郑雄烟草育苗技术指导

2015柯木塑种博会c

2016广州蔬菜机械化观摩会

2016年刘士清教授向留学生讲解

2016中山菜场技术指导

2017柯木塑种博会

2017云南玉溪蔬菜展

2018年准备发货的播种机

中国科学院昆明植物研究所　高立志研究员首次破译茶树基因组

中国科学院昆明植物研究所高立志研究员带领的研究团队于2010年首次在国际上启动了茶树基因组计划，联合华南农业大学、云南农业大学等多个机构，完成了栽培茶树大叶茶种"云抗10号"基因组的测序、组装、注释与分析，获得了世界上第一个较高质量的茶树参考基因组。

最新研究显示，"云抗10号"基因组十分庞大，拥有约30.2亿个碱基对，基因近3.7万个，但其中重复序列含量极高，约占整个基因组的80.9%。茶树近期曾经发生过一次全基因组重复事件，导致与茶叶的香气、风味与品质密切相关的诸如黄酮、萜类等生物合成相关的基因家族显著扩增。

自然选择促进了茶树抵抗生物逆境和非生物逆境的基因大量增长，诠释了为什么茶树可以广泛种植在亚洲、非洲、欧洲、美洲和大洋洲不同气候条件下的多样化生境中，从而成为世界性饮料植物。

茶树所在的山茶属植物多达119种，一个长期悬而未决的问题是为什么只有茶组植物的叶子适合制茶，而茶花、油茶和金花茶等非茶组植物的叶片不适合当茶喝。最新分析显示，高含量的茶多酚和咖啡因决定了山茶属植物是否适合制茶。

研究发现，茶树和其他山茶属植物的咖啡因生物合成途径可能起源于可可，但后来经历了独立进化。此外，研究还发现茶树的野生近缘物种厚轴茶含有非常高的茶多酚但是极低的咖啡因，具有培育茶树新品种的巨大潜力。

茶树高质量基因组图谱的成功绘制揭示了决定茶叶适制性、风味和品质以及茶树全球生态适应性的遗传基础，必将大大加速茶树功能基因组学研究和优异新基因发掘，加快旨在提高茶叶品质和适应性的茶树新品种培育。

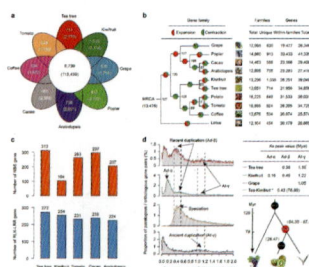

茶树基因组和基因家族的进化

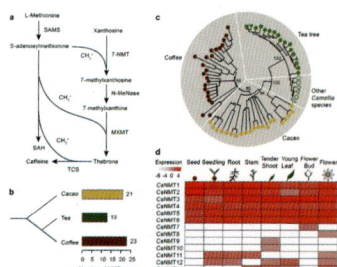

茶树、咖啡和可可咖啡因合成酶基因的进化

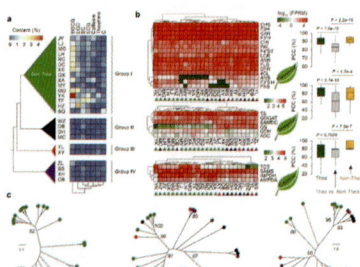

种山茶属植物植化成分和比较转录组学研究

植物根系原位成像检测技术系统

根系是植物从土壤等介质环境中获取养分和水分的重要器官。植物体吸取养分、水分能力的大小，很大程度上取决于其根系在介质环境中形态分布的情况。然而，土壤等介质作为植物赖以生存的地下环境，它们在给植物根系提供养分、水分的同时，也给根系的原位观察和测量分析设置了屏障。针对植物根系三维构型原位观测方法面临的技术难题，华南农业大学从20世纪90年代末就开始探索采用计算机层析成像方法开展植物根系原位检测技术的研究工作。从2001年起，先后在国家自然科学基金、国家"863"计划专题项目等多个科研项目的资助下，通过课题组成员的持续攻关，相继解决了植物根系原位层析成像方法、原位根系空间序列图像的处理方法、原位根系空间序列图像的分割方法、原位根系三维可视化重建方法以及植物根系三维矢量模型的构建方法等关键技术问题，研究构建了基于平板探测器的植物根系原位成像检测原型系统。

该原型系统由硬件系统和软件系统两部分构成。硬件系统主要由X射线源、平板探测器、高压发生器、机械扫描系统、循环冷却系统、射线防护系统以及用于运动控制、图像采集和数据处理的计算机图形工作站等部件组成。软件系统则主要由投影图像采集、层析图像重建、空间序列图像处理、根系序列图像分割、三维可视化重建、三维矢量模型构建以及三维构型定量分析等功能模块构成。

在原型系统研制过程中，从算法理论、关键技术、实现方法到硬件系统集成和软件系统研制均取得了突破性的重要成果。该原型系统能够在不破坏植物根系正常生长环境的条件下实现对其三维构型参数的原位、无损、精确的自动检测与定量分析。其硬件成本只有医用成像设备的10%，能大幅度降低原位根系成像的费用。而软件系统则根据原位根系三维构型参数自动测量与定量分析的应用需求而设计，算法和功能均具有明显的针对性，更适于植物根系的原位表型检测。测试结果表明，该系统能够精确测量的植物根系最小直径可达0.2mm，根系体积重建精度超过85%；根系长度和直径的平均测量精度均已超过90%。

这对于促进基于表型性状的根系遗传育种研究、充分挖掘植物品种的遗传潜力，推动根系生物学、形态学、营养学等相关学科的研究进展，以及提升以虚拟植物为平台的数字农业技术研究的整体水平，具有重要的理论价值和广阔的应用前景。

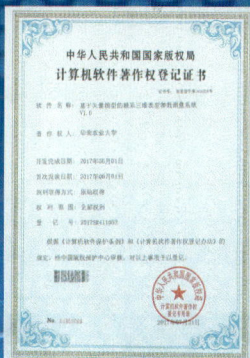

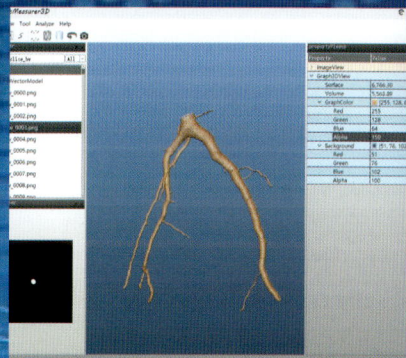

植物根系原位成像检测与分析软件原型系统

不同层面的原位根系 CT 序列图像的分割效果

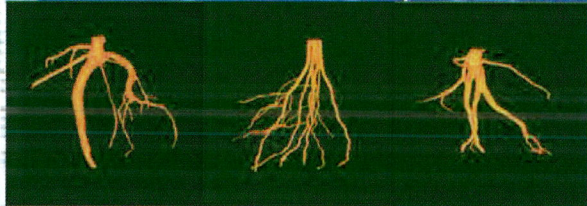

不同的原位根系样品三维可视化重建的效果

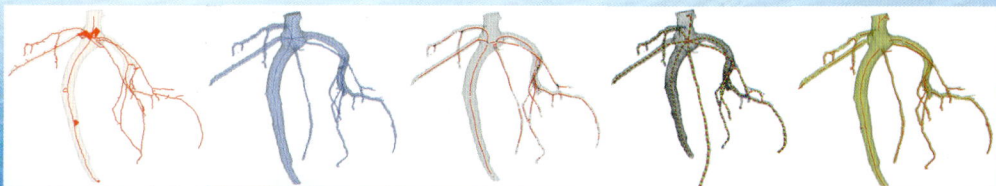

| 细化骨架 | 拉普拉斯网格收缩骨架 | 平局曲率收缩骨架 | L1中心骨架 | 重切骨架 |

广东省农产品质量安全中心

　　广东既是经济大省，也是农产品生产大省，具有岭南特色品质的农产品种类繁多，素有"鱼米之乡""岭南果园"和"港澳地区菜篮子"之称，农业在全省经济社会发展中发挥着重要作用。广东农业部门坚持把"三品一标"品牌建设作为农产品品牌战略的重要组成部分，围绕岭南特色优势农产品优质化和新型农业经营主体标准化生产两大行动主线，坚持质量第一，坚定不移推进质量兴农、品牌强农，提高农业绿色化、优质化、特色化、品牌化水平和标准化生产，切实加强领导，广泛宣传，抓好监管，不断加大资金投入和政策扶持力度，有力地推动了"三品一标"事业发展。截至 2018 年 6 月底，全省"三品一标"产品总数达 2 500 多个，监测面积达 1 050 万亩，生产总量近 850 多万吨；创建全国绿色食品原料标准化基地 6 个，面积近 70 多万亩，创建全国有机农业水稻标准化生产示范基地 1 个，面积近 1 万亩。

德庆巴戟　　　　　　　德庆何首乌

陈村年桔　　　　　饶平狮头鹅（母）　　　　　饶平狮头鹅（公）

顺德"中国兰花之乡"，顺德国兰闻名海内外

荔枝界的网红

温氏食品集团股份有限公司

温氏股份总裁严居然

温氏食品集团股份有限公司（简称"温氏股份"），创立于1983年，现已发展成一家以畜禽养殖为主业、配套相关业务的跨地区现代农牧企业集团。2015年11月2日，温氏股份在深交所挂牌上市（股票代码：300498）。

截至2017年12月31日，温氏股份已在全国20多个省（市、自治区）拥有262家控股公司、5.54万户合作家庭农场、5万多名员工。2017年温氏股份上市肉猪1904.17万头、肉鸡7.76亿只、肉鸭3098万只，总销售收入556.57亿元。

温氏股份现为农业产业化国家重点龙头企业、国家级创新型企业，组建有国家生猪种业工程技术研究中心、国家企业技术中心、博士后科研工作站、农业部重点实验室等重要科研平台，拥有一支由10多名行业专家、68名博士为研发带头人，531名硕士为研发骨干的高素质科技人才队伍。

温氏股份掌握了畜禽育种、饲料营养、疫病防治等方面的关键核心技术，拥有多项国内领先、世界先进的育种技术，现有国家畜禽新品种9个、获得省部级以上科技奖励46项，温氏股份及下属控股公司共获得专利287项（其中发明专利101项）。

温氏股份始终坚持以"精诚合作，齐创美满生活"为企业文化的核心理念，与股东、员工及各方合作伙伴一道精诚合作，为推进中国农业产业化做出应有的贡献。

农业部副部长张桃林、广东省政府副省长叶贞琴来访，温志芬董事长接待

农业部副部长张桃林、广东省政府副省长叶贞琴来访，温志芬董事长接待

省委书记李希在温氏的照片

温氏股份在深交所上市

农业农村部畜牧司司长马有祥

北京九州大地生物技术集团股份有限公司

北京九州大地生物技术集团股份有限公司创建于1995年，是一家以饲料、动保、养殖、食品等产业为主体的农业高科技上市公司（股票代码：430034）。

大地股份是国家级高新技术企业、中关村重点扶持的"核心区瞪羚企业"、北京市重点扶持的涉农上市企业、"十大最具价值新三板公司"入选企业，中国饲料行业履行社会责任先进企业。大地股份在全国设有20多家子公司和办事处，拥有10多个现代化的产业基地。集团承担多项国家级研究课题，拥有多项发明专利。公司先后通过ISO9001、ISO22000体系认证，并成为中国首家饲料行业通过欧盟GMP+认证的企业。

2008年，大地股份在深圳证券交易所新三板挂牌上市，成功登陆资本市场。

2013年，大地股份全面启动草原和牛产业化项目，成为"中国'第四代'牧场模式的开创者"，现已联合80多家牧场，母牛存栏4万多头。2017年，大地股份启动生猪产业化项目，成立猪业联盟，开启新的全产业链模式，实现了高端肉食"从农场到餐桌"，从源头上彻底解决了食品安全问题，大大提升了产品的品质，有力推动了大地股份品牌向产业链下游延伸，品牌得到广大养殖户的认可，有效地提升了品牌竞争力，为"一供两链"的发展战略奠定了坚实的基础。

伴随着大地品牌的发展，大地股份集中力量发展好主营产品（反刍预混料、反刍配合料、畜禽预混料和配合料），同时在和牛养殖、高端肉食品加工、无抗饲料及发酵饲料的研发与无抗养殖等领域也都有涉足。

大地股份将继续践行"根植大地，共享成长"的企业理念，大地品牌会不断向创新型的全产业链企业转型，致力于打造中国反刍饲料第一品牌，打造高端牛肉第一品牌，实现"一供两链"战略大发展，成为一家全球范围内具备较高创新能力的农业高科技企业集团，并最终发展成为世界一流的中国农牧企业。

世界首发超敏蛋白复合酶制剂及技术应用

黑龙江省嘉泽复合酶技术研究中心是全国唯一家、国际第二家专业的复合酶研究机构。以黑龙江省嘉泽复合酶技术研究中心为统领的哈尔滨森养生物科技有限公司是拥有国际独创领先技术、自主知识产权、产学研一体化的现代生物科学技术公司。首席专家于凯波带领其团队经十余年研究，在世界独创发明了超敏蛋白复合酶系列产品和应用技术，现已获得多项国家发明专利。2017年超敏蛋白复合酶在畜牧业的应用获得国家科学技术进步二等奖，2018年获第十五届中国科学家论坛科技创新发明成果奖，现为袁隆平院士北方工作站。

超敏蛋白复合酶技术在农业、畜牧业、环保产业中取得了突破性进展——可实现零农残种植、零抗生素养殖、农业废弃物零污染排放。单项技术柑橘黄龙病防治、快速土壤改良、污水简约化达标处理等均为世界首创。

种植业可替代农药化肥种植，无污染、农药零残留、防病、驱虫、抗低温、促早熟、增产等效果，达到了欧盟有机标准，同时改善土壤板结、降解土壤中的农药残留并固化沉降重金属。2012年起，全国20个省市几百家种植单位应用超敏蛋白复合酶技术项目生产的粮食、蔬菜及茶叶花卉等经济作物，多批次送检各地政府检测部门及SGS等国际认证公司，检测结果全部是"零农残"。2018年，用此技术生产的大米获得国际美食评选博览会ITQI大奖，实现了我国大米在国际食品评奖中零的突破。袁隆平院士在其超级稻上应用此技术刷新了海南单产历史最高纪录。

畜牧养殖业已做到猪、牛、鸡圈舍无污染零废物排放（不用人工处理，粪肥快速分解成二氧化碳和水。）同时提高畜禽抗病能力，减少抗生素使用，肉质达到AA级有机标准。

在环保领域该技术应用于土壤改良，能使板结土地快速松软，恢复团粒状结构，农药残留分解，还原为自然状态；在城市污水和工业废水治理中，独辟蹊径，既能环保达标，又能大幅度降低治理成本；应用于秸秆处理，因无焚烧、一周发酵、一个月腐熟，有机质含量高达79——81.9%，被誉为全域推广综合处理优选方案，现已在全国多地推广应用。

古城乳业
GU CHENG RU YE

种养加全产业链发展 引领农民脱贫奔小康

山西古城乳业集团有限公司是一家集牧草种植、饲料加工、奶牛养殖、乳制品加工、新产品研发、粪污处理、盐碱地改良、乳业产业服务于一体的民营企业。公司注册资本 8 580 万元，总资产 7.9 亿元，下设十三个生产经营性分支机构，有各类员 1 200 多人，山阴、晋中两大乳制品加工基地年生产系列乳制品 35 万吨，年乳制品销售收入 8 亿元。在公司加工能力不断提升、生产基地、销售网络不断优化的同时，公司的奶源基地涵盖了雁门关生态畜牧经济区奶牛养殖优势区，逐步形成了以自建的两个 5 000 头奶牛养殖示范场为标杆，以乳品生产基地为辐射，涉及朔州、忻州、太原、晋中 4 市、28 个乡镇、142 个牧场。近年来，公司积极响应"推进粮改饲""加快草牧业发展"的号召，专注于以乳制品加工为主的全产业链布局，以订单收购青贮玉米、流转土地示范种植紫花苜蓿、甜高粱等优质牧草的方式，建成了青贮玉米十万亩、紫花苜蓿一万亩的牧草种植示范基地，投资 8 000 多万元建成年产 20 万吨的奶牛复合配方饲料加工厂于 2015 年底投产，在有效地保障了饲料源头安全的基础上，让基地奶农得到了实惠、就地转化玉米缓解了周边粮农的卖粮难问题，实现了产业链条上各结利益的均衡分配。"十二五"期间，古城乳业每年直接、间接向种、养基地农户支付奶款、草款、粮款、土地流转金、短途运费、季节性劳务用工等费用近 4 亿元。

农药、重金属残留检验

农药、重金属残留检验

东营新发农牧科技有限公司

东营新发农牧科技有限公司，成立于 2013 年 9 月，注册资本 6 000 万元，现占地面积为 1.2 万亩。主要经营农、林、牧、渔及科学技术推广。

东营新发畜牧养殖区占地 580 亩，总投资 1.2 亿元，单体存栏肉羊 5 万只，年可出栏优质无公害肉羊 15 万只。2016 年通过无公害认证，本公司精选全国各大牧场优质幼羊，充分利用黄河三角洲饲草资源，以及适应肉羊生长的气候环境，减轻各大草原牧场的生态压力。优质肉羊供应全国各地，2015 年被评为"国家级畜禽养殖标准化示范场"。

本公司以畜牧园区为基础，新发现代农业示范基地入选"山东省首批循环农业示范点"，建成羊粪有机肥及农作物秸秆资源化利用年产 5 万吨有机肥厂，青储饲料及优质农作物秸秆颗粒饲料加工厂正在建设中。循环园区种养结合，建成休闲观光及现代化农业，一、二、三产业融合，田园集合体。项目总体规划已委托"南京城理人设计公司"实施设计规划。

新发农牧科技有限公司，通过资源化利用，降低种养成本，打造有机农产品，最终实现"产业高效、产品安全、资源节约、环境友好"的现代化高效循环农业。

新发农牧循环流程图

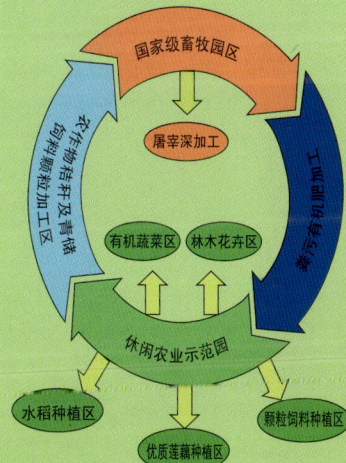

国家级畜牧园区

屠宰深加工

农作物秸秆及青储
饲料颗粒加工区

工业血浆身肉区

有机蔬菜区　林木花卉区

粪污再利用

休闲农业示范园

水稻种植区　优质莲藕种植区　颗粒饲料种植区

山东亚康药业股份有限公司

中国最大兽药饲料原料批发基地

亚康兽药饲料原料 全国大厂联营直销

山东省首家通过兽药 GSP 验收认证企业

山东省首家获得兽用生物制品经营许可证的经营企业

山东省兽药协会会长单位

山东省中兽医研究会理事长单位

山东亚康药业股份有限公司创建于 1996 年，公司位于潍坊市寒亭区亚星路 228 号，注册资金 8 050 万元人民币，占地 70 亩，地理位置优越，交通便利。公司下设兽药原料部、饲料原料部、兽药制剂部、生物制品经营部、GMP 兽药厂、市区经营部、国际业务部、电子交易部八大业务部门。

公司是中国最大的兽药饲料原料批发基地，是山东省首家通过兽药 GSP 验收认证企业，是集科、工、贸于一体的企业集团。公司贸易主营兽药原料、饲料原料、生物制品和兽药制剂，与全国大厂联营直销，目前是东北制药集团、宁夏泰瑞制药、浙江新昌和宝生物科技（浙江国邦）、鲁抗舍里乐药业、河北久鹏制药、烟台只楚药业、华北制药山东地区特约直销处，另与齐鲁制药、湖北中牧实业股份、湖北宜昌三峡、浙江康牧、河北健民、浙江京新、浙江康裕、金华康恩贝、山东新华制药、石药集团、河北圣雪大成、浙江衢州伟荣、扬州联博等百余家知名药厂建立了稳固业务合作关系，销售网络遍布全国，并出口海外。

山东亚康药业 GMP 兽药厂是顺应畜牧业现代化发展要求而投资兴建的高科技兽药生产企业，现拥有粉剂／预混剂／散剂（含中药提取）、片剂／颗粒剂（含中药提取）、口服溶液剂（含中药提取）、消毒剂（固体）／杀虫剂（固体）、消毒剂（液体）／杀虫剂（液体）、中药提取、饲料添加剂七个车间和一个现代化质量检测中心。其中中药提取车间为国内生产规模最大、设备最先进、技术水平最高的重要原料药生产基地之一。

中国兽药饲料交易大厦由山东亚康投资兴建，总投资 3.2 亿元，总建筑面积 3.6 万平方米。已于 2016 年 10 月正式投入运行，现已入驻企业 53 家。交易大厦以"互联网＋行业总部"为战略定位，接纳国内外行业知名企业入驻，打造我国兽药饲料行业"信息情报中心、市场交易中心、国际接轨中心"。

交易大厦配备"中国兽药饲料交易中心"电子商务信息交易平台。平台由中国互联网信息中心、工信部批准备案，为国内兽药饲料行业唯一国字号 B2B 平台。平台着眼于市场未来发展趋势，以兽药饲料上下游产业链客户为主要服务对象，以提供即时行业资讯、行业大数据、行情分析、商品展示、供需担保交易、供应链金融和行业大数据等综合性服务为主要内容的 B2B 服务平台。

山东亚康药业将一如既往地以"忠诚可靠、素质良好、团结协作、奋勇攀高"的企业精神，以"诚信合作、发展共赢"的经营理念，真诚服务于广大畜牧业同仁，为现代畜牧业建设作出贡献！

甘肃省绵羊繁育技术推广总站

　　甘肃省绵羊繁育技术推广站是甘肃省农牧厅直属的科技推广事业单位，始建于1943年。前身是甘肃省皇城绵羊种试验场，是中华人民共和国成立后全国最早建成的绵羊育种试验基地之一，2009年更名为甘肃省绵羊繁育技术推广站。本站位于肃南县皇城镇境内，地处甘、青两省交界的祁连山东段冷龙岭北麓。海拔2 600～4 000 m，属祁连山高寒牧区。

　　现有草原面积19.9万亩，可利用面积14.9万亩，现有饲草料地2.6万亩。年末存栏绵羊约15 000只，其中土种藏羊约1 800只，牦牛约1 500头。年可繁殖羔羊约8 000～9 000只，年可向社会提供优质细毛种羊6 000只左右，年生产优质细羊毛约50吨。

　　甘肃省绵羊繁育技术推广站承担全省高山细毛羊选育研究、保护利用、试验示范与推广；全省人工草场培育技术、天然草原改良技术、高山细毛羊营养与饲料高效利用技术、疫病防控技术及规模化生产技术的综合研发与示范推广；全省高山细毛羊技术推广人员和科技示范户的培训；监测分析并协助解决有关技术与管理问题。同时该站于2008年被农业部、财政部确定为"国家绒毛用羊产业技术体系张掖综合试验站"，且与省内外科研院所建立有稳定的业务联系，为该站履行职能和开展项目提供了技术支撑。内设职能科室11个（办公室、人事劳动科、财务科、畜牧管理科、种植业管理科、科研育种科、畜产品研发中心、兽医防治科、科技培训科、物业管理科、保卫科）。现有各类专业技术人员55人，其中农业推广研究员1人，具有副高级职称的有9人，具有中级职称的有25人。

　　甘肃省绵羊繁育技术推广站1957年制定育种计划开始培育细毛羊，1980年育成了甘肃高山细毛羊，并受到国务院嘉奖，1995年被正式列入《世界动物品种志》。育成甘肃高山细毛羊后持续不断对其品种进行选育升级，于2015年12月21日经国家畜禽遗传资源委员会审定通过又育成了高山美利奴羊，丰富了羊品种资源的结构。

　　细毛羊是新疆、内蒙古、西藏、青海等省区众多少数民族生存的根本和富裕的希望，承载着边疆少数民族地区繁荣稳定的重大使命。甘肃高山细毛羊从育成至今的30多年间累计已向甘、青、宁、陕、藏、赣、鄂等省区的86个县市的农牧户推广优质细毛种羊20多万只，累计改良细毛羊2 000多万只，社会效益极其显著。带动全省乃至全国细毛羊品质提升，从细羊毛数量和质量上有力地支援了民族毛纺工业，并且以其优秀的品质为细羊毛主产区赢得显著的社会效益。

　　同时该站还始终坚持科研成果体现生态价值，认真贯彻执行《草原法》《野生动物保护法》以及《祁连山自然保护条列》等法律法规，严格执行禁牧、休牧、轮牧制度，为全省祁连山牧区起到了良好的示范作用，给草原生态自然恢复和休养生息以足够的时间。强化草原防蝗、灭鼠、清除毒草的研究与应用，对已退化的草场进行人工补播，加施肥料，使其逐步得以恢复。草畜平衡、生态与保护利用相得益彰，为全省草食畜牧业发展提供了极为典型的案例。

　　多年来本站突出"绵羊繁育前沿化、技术推广普及化、疫病防治科学化、草原改良有序化"四大重点，完善落实绵羊良种繁育、技术示范推广、动物疫病防治、草原改良保护四个方面的工作，认真履行职能，单位面貌日新月异、各项事业蒸蒸日上，为全省羊产业发展做出了应有的贡献。

　　今后本站将在省农牧厅党组的坚强领导下，全方位改革创新，转变观念，强化科学发展意识，增强为民服务意识和能力，以改革创新的精神，真抓实干的作风，切实有效的措施，全面服务于政府、服务于行业、服务于农牧民，力争为全省绵羊繁育技术推广事业做出新的成绩。

高山美利奴种公羊群

牧　歌

穿衣单只

张掖市万禾草畜产业科技开发有限责任公司

　　张掖市万禾草畜产业科技开发有限责任公司位于张掖市石岗墩农业开发区，成立于2002年10月，是一家集牧草种植技术研究与开发、肉牛良种繁育与养殖技术研究与推广、肉牛养殖与销售等为一体的农业科技综合型经营实体。公司占地面积6 500亩，建有标准化双列式牛舍22栋，饲草青贮池9座，现有库房及饲料加工车间1 900平方米，办公室楼、研发中心、员工宿舍2 515平方米；并装备TMR搅拌车、拖拉机、装载机、铡草机等现代农牧机械设备，同时修建了供水、草料堆放场等各类配套设施。

　　公司自创立以来，注重科研能力建设，坚持创新。2007年以来，先后与中国农业大学、西北农林科技大学、吉林农业大学、甘肃农业大学、中国农业科学院兰州畜牧与兽药研究所等单位合作。

　　公司于2007-2010年组织实施了农业部"西部高档肉牛产业配套技术及产业化机制研究"试验示范项目；2004年被农业部命名为"农业科技肉牛养殖示范场"；2008年公司被农业部、财政部批准为"国家肉牛牦牛产业技术体系张掖综合试验站"法人代表朱跃明被农业部聘任为"国家肉牛牦牛产业技术体系张掖综合试验站"站长；2009年通过了"甘肃省无公害农产品认证"；2011年被甘肃省农牧厅评为省级"肉牛标准化养殖示范场"；2013年被张掖市人民政府认定为"市级产业化龙头企业"；2014年被农业部认定为"部级肉牛养殖标准化示范场"同时被甘肃省农牧厅批准为"省级种畜牧场"；2015年被商业部认定为"中央活畜（牛）储备基地"。同时，承担了农业部农业发展经济数据信息采集、肉牛疾病信息采集工作。几年来，与体系专家合作，在肉牛繁殖育种、饲料与营养、疾病防控、环境设施、产业经济研究等方面开展了一系列试验研究，收集了大量的科学数据，取得了一定的科研成果，为项目实施奠定了良好基础。

　　多年来，公司以产业化综合发展为重点，以"科学发展、循环利用、生态环保"为宗旨，把集约化规模养殖、适度规模多点养殖有机结合起来，按照"公司＋基地＋农户＋科技"的产业化经营模式，开展了"张掖肉牛"的选育，带动了周边3 000多户农户养牛致富，推动了肉牛产业的发展，提高了产业化、组织化程度，增强了企业综合竞争力。

谨以此书纪念改革开放四十周年

中国农业大事记

农业农村部农村经济研究中心 编著

（1978—2017）

中国农业出版社
北京

出版说明

　　农村改革40年，我们党团结带领全国各族人民不懈奋斗，取得了举世瞩目的伟大成就，谱写了农村改革发展的壮丽诗篇。为纪念中国农村改革40年，深入贯彻落实党的十九大精神，真实记录改革开放40年农业农村历程及农业发展成就，农业农村部农村经济研究中心（以下简称中心）当代农史研究室组织编写了《中国农业大事记（1978—2017）》。在编写过程中，秉承纪实性、连续性、全面性和权威性四个基本原则，尊重历史，忠于事实，全面记录了改革开放40年来农业领域的重大事件和活动，具有广泛的实用性和重要的史料价值。

　　本书分为正文和附录。正文内容包括三部分：文献、会议和农业发展成就。文献主要指中共中央、国务院、全国人大常委会颁发的有关农村工作的各种文献、法律、法规和通知以及农口各部发出的重要文件；会议主要包括中央、国务院及中央各部委召开的农业重要会议情况；农业发展成就包括新华社、《人民日报》等主流媒体公开报道的农业发展情况及成效等。附录1介绍（1978—2017年）农业部、国家农业委员会、农垦部机构变动和主要人事变动情况；附录2对（1978—2017年）的全国农牧渔业主要经济指标做了统计。

　　本书是按照时间顺序编排的。由于受掌握资料的限制，书中遗漏之处在所难免；而且由于编者经验不足，水平有限，摘要也可能有不当之处，敬请读者指正。

农业农村部农村经济研究中心

当 代 农 史 研 究 室

2019 年 1 月 20 日

目录

中国农业
大事记
（1978—2017）
ZHONGGUO NONGYE DASHIJI

1978 年

【文献】

12 月 23 日 国家林业总局关于印发《林木种子经营管理试行办法》和《林木种子发展规划》的通知（〔78〕林造字 28 号）。

《林木种子经营管理试行办法》提出：种子经营管理工作的任务是建立相应的经营管理种子的专业机构，抓好种子生产基地建设，尽快实现种子生产专业化，早日实现种子质量标准化，健全良种繁育推广体系，加速造林良种化进程，赶超世界先进水平。选择种性优良、种源丰富的县、局作为当前重点采种区，装备种子采集、加工、保管设施，做好母树的保护和抚育，加强种子的采收和调运管理。建立和健全生产管理责任制度。坚持以选为主，选种、育种、引种和繁殖良种相结合，以达到收效大、见效快的目的。为保证和提高种子质量，杜绝种子的损失浪费和病虫害的传播，要积极开展种子检验工作。依靠经济手段的管理，努力提高组织和管理种子生产的水平。根据实际情况，建立林木种子公司，属事业单位，进行企业管理，实行行政、技术、经营三位一体。

12 月 24 日 《人民日报》发表中国共产党第十一届中央委员会第三次全体会议公报。

中国共产党第十一届中央委员会第三次全体会议，于 1978 年 12 月 18 日至 22 日在北京举行。出席会议的中央委员 169 人、候补中央委员 112 人。全会决定，全党工作的着重点应该从 1979 年转移到社会主义现代化建设上来。全会讨论了加快农业生产问题和 1979 年、1980 年两年国民经济计划的安排，并原则上通过了相应的文件。全会审查和解决了历史上遗留的一批重大问题和一些重要领导人的功过是非问题。为了适应社会主义现代化建设的需要，全会决定在党的生活和国家政治生活中加强民主，明确党的思想路线，加强党的领导机构和成立中央纪律检查委员会。会议回顾了 1949 年以来经济建设的经验教训。实践证明，保持必要的社会政治安定，按照客观经济规律办事，我们的国民经济就高速度地、稳定地向前发展，反之，国民经济就发展缓慢甚至停滞倒退。会议对民主和法制问题进行了认真的讨论。为了保障人民民主，必须加强社会主义法制，使民主制度化、法律化，使这种制度和法律具有稳定性、连续性和极大的权威，做到有法可依，有法必依，执法必严，违法必究。根据党的历史的经验教训，全会决定健全党的民主集中制，健全党规，严肃党纪。

12 月 28 日 国家林业总局关于颁发《国有林抚育间伐、低产林改造技术试行规程》的通知（〔78〕林经字 59 号）。

《规程》提出，以营林为基础，采育结合，造管并举，综合利用，全面规划，因林制宜，抚育为主，抚育、改造、利用相结合。抚育间伐、低产林改造的主要目的是：调整林分组成，提高森林质量和单位面积产量，改善林分卫生状况，增强和发挥森林多种效能。逐步改善林区交通条件，实现机械化。

【会议】

12 月 18 日—22 日 中国共产党第十一届中央委员会第三次全体会议在北京举行。全会一致同意把全党工作的着重点和全国人民的注意力转移到社会主义现代化建设上来。会议深入讨论了农业问题，原则上同意将《中共中央关于加快农业发展若干问题的决定（草案）》和《农村人民公社工作条例（试行草案）》（即 60 条）发到各省、市、自治区讨论和试行。

全会认为，全党目前必须集中主要精力把农业搞上去，要坚决地、完整地执行农林牧副渔并举和"以粮为纲，全面发展，因地制宜，适当集中"的方针，从而逐步实现农业现代化，保证国民经济的迅速发展，不断提高全国人民的生活水平。全会提出了当前发展农业生产的一系列政策措施和经济措施，其中最重要的是：人民公社、生产大队和生产队的所有权和自主权必须受到国家法律的切实保护；不允许无偿调用和占用生产队的劳力、资金、产品和物资；公社各级经济组织必须认真执行按劳分配的社会主义原则，按照劳动的数量和质量计算报酬，克服平均主义；社员自留地、家庭副业和集市贸易是社会主义经济的必要补充部分，任何人不得乱加干涉；人民公社要坚决实行三级所有、队为基础，稳定不变，人民公社各级组织都要坚决实行民主管理、干部选举、账目公开。会议认为，在今后一个较长时间内，全国粮食征购指标继续稳定在1971年到1975年"一定五年"的基础上不变，绝对不许购过头粮。为了缩小剪刀差价，全会建议国务院作出决定，粮食统购价格从1979年夏粮上市的时候起提高20％，超购部分在这个基础上再加价50％，棉花、油料、糖料等农副产品的收购价格也要逐步作相应的提高。农业机械、化肥、农药等农用工业品的出厂价格和销售价格，在降低成本的基础上，在1979年和1980年降低10％和15％，把降低成本的好处基本上给了农民。

12月25日—31日 国家林业总局在河南省信阳市召开南方用材林基地建设座谈会。会议明确，今后应把宜林荒山面积大的山区、半山区作为建设商品用材林基地的重点；丘陵区一般以发展木本油料为主，同时积极营造用材林。造林树种一般以杉木为主，同时因地制宜发展其他用材树种。

12月 农林部在河北省保定召开全国农牧业局长会议，针对"文化大革命"中农作物业一些业务工作荒废了的情况，提出要认真开展土壤普查，狠抓肥料建设，加强农业机械管理，加强种子、植保、科技、教育等工作。

【农业发展成就】

12月26日 新华社报道：我国全年粮食总产量比上年增加200亿斤*，达到5900亿斤左右。

----

* 斤为非法定计量单位，1斤＝0.5千克。——编者注

1979 年

【文献】

1月11日 中共中央作出《关于地主、富农分子摘帽问题和地、富子女成分问题的决定》。指出："地主、富农分子经过二十多年以至三十多年的劳动改造，他们当中的绝大多数已经成为自食其力的劳动者。"为此宣布："凡是多年来遵守政府法令、老实劳动、不做坏事的地主、富农分子以及反、坏分子，经过群众评议，县革命委员会批准，一律摘掉帽子。……地主、富农家庭出身的农村人民公社社员，……今后，他们在入学、招生、参军、入团、入党和分配工作等方面，主要应看本人的政治表现，不得歧视。……地主、富农家庭出身的社员的子女，他们的家庭应一律为社员，不应再作为地主、富农家庭出身。"中央文件下达以后，全国各地立即严肃认真地对地主、富农分子进行评审摘帽和地、富子女的改变成分工作。它不仅使几百万政治上没有公民权，行动上没有自由的罪民获得了人身自由，也使上千万备受歧视的地主、富农子女们，改变了贱民的社会地位，获得精神解放。

1月15日 国务院发布《关于保护森林制止乱砍滥伐的布告》。规定：坚决维护国家和集体的森林所有权；严禁乱砍滥伐，以木易物，搞非法协作；严禁毁林开荒、毁林搞副业；加强市场管理，严禁非法贩运木材，坚决打击投机倒把活动；健全护林防火组织和制度；大力提倡植树造林，实行谁种谁管谁有的政策；毁林者罚，经过批准采伐的林木，要限期更新，并保证成活；广泛开展爱林护林教育，表彰、奖励护林有功人员和单位，严肃处理破坏山林、树木的案件。

2月1日 《国务院关于保护耕牛和调整屠宰政策的通知》（国发〔1979〕26号）。提出：为了做到既要保护好耕牛，又要大力发展肉牛，对牛的屠宰、收购价格等有关政策进行调整，继续贯彻保护和发展耕牛的政策，恢复落实行之有效的饲养管理、良种繁育和奖惩办法；加强良种繁育，鼓励发展优良种牛，提高耕畜质量，对优良种牛应优质优价；老残耕牛、种牛的淘汰标准应当放宽；凡菜牛、杂种牛等肉用牛，除种用公牛、繁殖母牛外，不限年龄，育肥后可以出售屠宰；提高活牛收购价格。

2月6日 国家林业总局、国家建委、铁道部、交通部、水电部联合发出《关于大力开展植树造林绿化祖国的通知》。

《通知》指出：植树造林，绿化祖国，是全党、全国人民的伟大事业。搞好铁路、公路、河渠堤坊两侧、水库周围和城镇造林绿化是铁路、交通、水利、城建、园林部门的重要职责。《通知》要求搞好植树造林规划，加快绿化步伐；办好苗圃，搞好育苗；认真贯彻"谁种谁有"的政策；发动本部门职工和组织有关社队群众植树造林，建立健全护林制度和相应的造林绿化机构；加强林木管护，严格遵守采伐规定。

2月10日 国务院颁布《水产资源繁殖保护条例》。

《条例》共八章二十条，第一章规定了适用范围和对水产资源繁殖保护工作加强组织领导的总要求；第二章保护对象和采捕原则，规定了鱼类、虾蟹类、贝类、海藻类、淡水食用水生植物类及其他类中的重要或名贵的水生动物和植物应当加以重点保护，以及加强繁殖保护的各项措施；第三章对禁渔区和禁渔期的有关问题作了规定；第四章渔具和渔法，规定了各种渔具的最小网眼（箔眼）尺寸、渔具渔法的计划改进、禁止、限制或淘汰，以及禁止炸鱼、毒鱼和滥用电力捕鱼及敲舟古作业等；第五章水域环境保护，规定了水污染与病虫害的防治及修建水利工程的渔业资源保护措施；第六章惩罚，规定了奖惩措施；第七章是组织领导和职责。

2月12日 国务院批转国家农委、国家科委、农林部、中国科学院《关于开展农业自然资源和农业区划研究的报告》（国发〔1979〕36号）。

国务院要求"各部门和各省、市、自治区必须积极地、有计划地、长期进行下去"。同时，国务院决定设立全国农业自然资源调查和农业区划委员会，在中国农业科学院成立农业自然资源和农业区划研究所。

2月17日—23日 五届全国人大常委会第六次全体会议在北京举行。会议原则通过《中华人民共和国森林法（试行）》，并根据国务院的提议，决定3月12日为中国的植树节。

《中华人民共和国森林法（试行）》规定：森林资源包括林木、竹子和林地，以及林区范围内的植物和动物；森林按效益不同划分为防护林、用材林、经济林、薪炭林、特种用途林五类。爱林护林因地制宜地发展林业是全国人民的光荣义务和权利。国务院设立林业部主管全国林业建设事业。各省、市、自治区设立林业管理机构，主管本地区的林业建设事业。必须采取有效措施，防止森林火灾和防治森林病虫害。严禁毁林开荒、毁林搞副业；已经毁林的，限期由毁林单位或个人还林。禁止在幼林地、封山育林区、防风固沙林和特种用途林内砍柴、放牧、采取砂石。在珍贵、稀有动物和植物的生长繁殖地区划定自然保护区，建立机构，加强保护管理，开展科学研究。国家和各级人民政府应制定规划，限期完成造林绿化任务，使全国森林覆盖面积逐步达到30%，山区县一般达到40%以上，丘陵区县一般达到20%以上，平原区县一般达到10%以上。对森林要实行合理采伐。以县或者国营林业局为单位计算，每年的森林采伐量不得超过生长量。木材生产必须全部纳入国家计划，不准进行计划外的采伐。对于在管理、保护和合理利用森林方面有显著成绩的单位和个人，给予精神鼓励或物质奖励；对于违反森林法规的行为，依法给予制裁。

2月23日 国务院批转财政部、国家农垦总局《关于农垦企业实行财务包干的暂行规定》。指出从1979年到1985年，国家对农垦企业总的原则是实行独立核算，自负盈亏。

3月22日 国家水产总局、国家物价总局发出《关于提高水产品收购价格的通知》。要求"认真贯彻按质论价和资源保护政策，优质鱼多提，一般鱼少提；鲜度好的多提，鲜度差的少提；大鱼多提，小鱼少提，幼鱼不提"。

4月29日 《国务院批转国家水产总局关于全国水产工作会议情况的报告的通知》。

《通知》指出：水产是国民经济中不可缺少的一个重要组成部分。我国有辽阔的海洋和内陆水面，水产资源丰富，发展水产事业的条件很好。但是，它的重要性至今还没有被我们一些同志所认识。这些年来，水产品产量和质量，都远远不能满足人民生活和社会主义建设的需要。这种状况必须尽快改变过来。各地要切实加强对水产工作的领导，全面地、完整地执行农林牧副渔五业并举的方针。各有关部门也要积极支持渔业生产，努力把水产事业搞上去。

7月3日 国务院颁发《关于发展社队企业若干问题的规定（试行草案）》，对社队企业的发展方针、经营范围、企业调整和发展规划、价格政策和奖售补贴、税收政策、经营管理制度等18个问题作了规定。

《规定》指出：按照党的十一届三中全会关于加快农业发展的若干问题的决定，社队企业要有一个大发展。社队企业发展了，首先可以更好地为发展农业生产服务，可以壮大公社和大队两级集体经济，为农业机械化筹集必要的资金；同时也能够为机械化所腾出来的劳动力广开生产门路，充分利用当地资源，发展多种经营，增加集体收入，提高社员生活水平；还能够为人民公社将来由小集体发展到大集体、再由大集体过渡到全民所有制逐步创造条件。公社工业的大发展，既可以为社会提供大量的原材料和工业品，加速我国工业的发展进程，又可以避免工业过分集中在大中城市的弊病，是逐步缩小工农差别和城乡差别的重要途径。社队企业必须坚持社会主义方向，积极生产社会所需要的产品，主要为农业生产服务，为人民生活服务，也要为大工业、为出口服务。发展社队企业必须因地制宜，根据当地资源条件和社会需要，由小到大，由低级到高级。不搞"无米之炊"，不搞生产能力过剩的加工业，不与先进的大工业企业争原料和动力，不破坏国家资源。社队企业要坚持自力更生、艰苦奋斗，民主办企业、勤俭办企业，厉行经济核算。积极试办农工商联合企业。

7月25日 农垦部发出《关于农垦系统贯彻"调整、改革、整顿、提高"方针的意见》。

8月1日 农垦部颁布《国营农场工作条例（试行草案）》。

《条例》中就国营农场的性质和任务、管理体制和基本制度、开荒建场、经营方针、经营管理、农业机械的使用和管理、科学研究与教育、按劳分配、职工生活福利、场社团结、政治工作等问题作了明确的规定。《条例》指出：国营农场是社会主义的全民所有制农业企业。它的主要任务是：根据"以粮为纲，全面发展，因地制宜，适当集中"的原则，分别建成为国家可靠的商品粮食、工业原料、出口产品和城市、工矿区副食品的现代化生产基地；保证完成和超额完成国家计划，不断地提高土地利用率、劳动生产率、商品率和资金利润率；积极采用先进技术和科学的管理方法，努力培养人才；在实现我国农业现代化的过程中起示范作用，充分发挥全民所有制的优越性。国营农场实行统一领导、分级管理的原则。国营农场要根据国家的需要和当地的自然条件，因地制宜地实行一业为主、农林牧副渔多种经营的方针。国营农场和各级管理部门必须按经济规律办事，充分发挥经济手段和经济组织的作用。国营农场在遵守国家方针、政策、法令和保证完成国家下达的各项经济计划的前提下，有经营的自主权。

8月10日 中共中央、国务院批转农业部党组《关于认真解决农村人民公社社员超支欠款问题的意见》。

8月15日 林业部发出《关于奖励护林防火先进单位的通报》，对全国66个护林防火先进地区（州）、县、局和先进单位，给予了通报表扬和奖励。

8月29日 林业部发布《杨树苗木检疫暂行规定》《林业安全生产工作管理办法（试行）》和《林业安全生产责任制的暂行规定》。

9月5日 国务院发出通知，批转国家经委、国家科委、国家农委、农业部《关于当前农村沼气建设中几个问题的报告》。

通知决定：成立全国沼气建设领导小组。由国家农委、计委、经委、科委、建委、财政、农业、商业、电力、农机、轻工、化工、卫生等部委，以及农业银行、供销总社和总后勤部组成。办公室设在农业部，日常工作由农业部负责。推广沼气的省、市、自治区和地、县，也要建立相应的常设办事机构，其归属和人员编制由各地根据具体情况确定，国务院不另给编制。将沼气建设纳入各级计划。国家支援人民公社投资，可以用于扶持穷队办沼气。

9月13日 第五届全国人民代表大会常务委员会第十一次会议原则通过《中华人民共和国环境保护法（试行）》，同日公布施行。

《中华人民共和国环境保护法》共七章，三十三条。总则规定：环境保护法的任务，是通过"保证在社会主义现代化建设中，合理地利用自然环境，防治环境污染和生态破坏"，达到"为人民造成清洁适宜的生活和劳动环境，保护人民健康，促进经济发展"的目的。环境保护工作的方针是："全面规划，合理布局，综合利用，化害为利，依靠群众，大家动手，保护环境，造福人民。"第二章规定了保护自然环境的基本要求和措施，以及各种禁止事项。基本要求是：在土地保护方面，应"合理使用土地，改良土壤，增加植被，防止土壤侵蚀、板结、盐碱化、沙漠化和水土流失"。防止在开垦荒地等活动时，破坏生态系统。在水域保护方面，要求维持水质良好状态，

严格管理和节约用水，合理开采地下水，防止水源枯竭和地面沉降。在矿藏资源保护方面，要求"综合勘探、综合评价、综合利用"，"妥善处理尾矿矿渣，防止破坏资源和恶化自然环境"。在森林保护方面，要求保护和发展森林资源，合理采伐，大力植树造林，绿化国土。在草原资源保护方面，要求积极规划和进行草原建设，合理放牧，防止草原退化等。在野生动物和野生植物保护方面，要求保护、发展和合理利用。第三章规定了防治污染及其他公害的基本要求和措施。第四章规定了环境保护机构的设置和职责。第五章为环境保护的科学研究和宣传教育的规定。第六章是有关"奖励和惩罚"。

10月6日 林业部、中国科学院、国家科委、国家农委、环境保护领导小组、农业部、国家水产总局、地质部联合发出《关于加强自然保护区管理、区划和科学考察工作的通知》。

《通知》指出：目前我国只有16个省、自治区，划了45个自然保护区，总面积约157万公顷，只占国土面积的0.16%。已经划定的保护区，大多数由于管理机构薄弱或者没有机构，管理不善，破坏严重，科研工作更无力开展，还没有真正起到自然保护区的作用。为加强自然保护区工作，《通知》提出：一、加强现有保护区的管理。保护区要建立机构，划界立标，加强管理，积极开展科学研究工作，充实保护区的管理机构。二、做好新划自然保护区的区划工作。三、对现有和拟划的重点自然保护区，进行一次全面的综合性的科学考察，基本摸清资源状况。四、自然保护区区划和科学考察的组织工作，请省、市、自治区科委、林业、环保等单位共同组织有关部门和科研、教学等单位参加。五、开展自然保护区区划和科学考察所需经费，请省、市、自治区统一安排解决。

10月16日 国务院颁布《关于保护水库安全和水产资源的通令》（国发〔1979〕243号）。

《通令》要求：水库、闸坝、堤防等水利工程及其附属设施和护堤林木、草皮，都关系到防洪安全，必需严加保护，不准破坏。严禁任何单位和个人在水库、湖泊、江河等一切水域炸鱼、毒鱼、电鱼。水库和其他各项水利工程，都必须规定安全管理范围和护堤地。水利工程管理人员，必须严格遵守国家政策、法令和有关规章制度，坚守岗位，管好用好水利工程，同一切危害水利工程的行为作坚决的斗争。任何人不得干预、阻挠水利工程管理人员执行公务。

11月10日 中国农业银行颁发《农村社队企业贷款试行办法》。

《办法》规定：发放贷款要按照客观经济规律办

事，讲求经济效果，发挥银行信贷的促进和监督作用，帮助企业用较少的钱办较多的事。必须贯彻"社队自力更生为主，国家支援为辅"的方针，在充分挖掘社队和企业自有物资、资金潜力的基础上，仍有困难的，银行可给予贷款支持。必须坚持"钱物结合，确有物资，物资适用，讲求实效和有借有还，到期归还"的原则。

11月27日 中国农业银行印发《关于办好信用站的若干规定》。信用站一般按生产大队设立，执行国家统一的金融政策和制度，主要办理社员存、放款业务，帮助社员解决生产生活困难，打击农村高利贷活动，并应逐步担负力所能及的其他农村金融任务，更好地为加快发展农业生产服务。

12月3日 中共中央、国务院批转国家农委和农业部党组《关于农村人民公社分配口粮如何计价的请示报告》。确定"农村人民公社分配口粮暂不提价"、储备粮和劳动补助粮也按原价计值，要求各地参照执行。

12月15日 卫生部发布《农村合作医疗章程（试行草案）》。

根据《中华人民共和国宪法》的规定，国家积极支持、发展合作医疗事业，使医疗卫生工作更好地为保护人民公社社员身体健康、发展农业生产服务。对于经济困难的社队，国家给予必要的扶植。实行合作医疗的生产大队，要建立合作医疗站（卫生所），合作医疗基金由参加合作医疗的个人和集体（公益金）筹集，主要用于社员的医疗费。

12月25日 国家水产总局颁发《渔政管理工作暂行条例》。

【会议】

1月11日 《人民日报》报道：农业部召开全国种子公司经理座谈会，讨论加快种子公司建设的问题。会议认为：成立种子公司，实现种子生产专业化、加工机械化、质量标准化、品种布局区域化和以县为单位组织统一供种（简称"四化一供"），是加快农业生产发展的一项重要措施。

2月5日—3月1日 国家水产总局召开全国水产工作会议。会议认为，为了改变当前的被动局面，水产工作着重点的转移要从调整入手，首先把资源利用、生产发展方向、管理体制、政策措施等调整好，使水产事业的现代化建设有一个坚实可靠的基础。会议提出近期应该采取的方针是：大力保护资源，积极发展养殖，调整近海作业，开辟外海渔场，

采用先进技术，加强科学管理，提高产品质量，活跃城乡市场。

2月7日 新华社报道：南方11省、自治区"四旁"绿化座谈会最近在四川召开。

3月2日—5日 共青团中央、林业部在延安市联合召开全国青年造林大会。大会向全国青少年倡议争当"绿化祖国的突击手"。

3月12日—24日 国家农委邀请广东、湖南、四川、江苏、安徽、河北、吉林七省农村工作部门和安徽全椒、广东博罗、四川广汉三县的负责人召开座谈会，讨论建立健全农业生产责任制问题。会上围绕联产计酬特别是包产到户问题进行了热烈讨论，最后达成折中的意见：目前多数地方，还是实行包产到组、定额计酬；不许包产到户；深山、偏僻地区的孤门独户，可以包产到户；现在春耕已到，不论采用什么形式的责任制，都要很快定下来，以便全力投入春耕。

4月3日—7日 由国家农委、国家科委、农业部、中国科学院联合召开的全国农业自然资源调查和农业区划会议在北京举行。会议宣布正式成立全国农业自然资源调查和农业区划委员会。

农业自然资源调查和农业区划研究是全国科学大会制定的《1978—1985年全国科学技术发展规划纲要（草案）》重点科学技术研究项目的第一项。参加会议的有全国各省、市、自治区农办、科委的负责人，国务院各有关部门和有关科研单位的代表和专家，共260多人。会议确定近两三年内在农业自然资源调查方面，应着重抓好以下几项工作：一是土地资源调查。二是对目前资源开发利用问题较多、农林牧用地矛盾比较突出的地区（如西北黄土高原、黑龙江三江平原、海南岛、西双版纳、沿海滩涂等）农业自然资源，进行综合研究，尽快提出合理开发利用的方案。三是全国土壤普查，以县为单位，搞好试点，由点到面，逐步铺开。四是对全国已建和拟建的自然保护区，提出布局、规划和对稀有珍贵动植物保护的方案。

5月4日—11日 国家水产总局在北京召开沿海省、市、自治区水产局和直属重点企、事业单位扭亏增盈和清产核资工作会议。

5月4日—12日 林业部在湖南长沙召开松香行业1978年社会主义劳动竞赛总结评比会议，给62个先进单位颁发了奖旗，给其中的17个先进企业发了奖金。

5月4日—15日 农业部人民公社局受国家农委的委托，在北京召开了全国农村人民公社收益分

配座谈会。

座谈会除了研究 1978 年的收益分配情况、交流改进收益分配工作经验之外，还讨论了《农村人民公社工作条例（试行草案）》，研究了对人民公社经营管理干部的培训工作和教材编写问题。会议着重讨论了农村人民公社开支费用大和浪费问题；部分社队储备粮管理混乱问题；少数生产队分配过头问题；固定资产折旧问题；农产品成本核算问题，编报年末资金平衡表问题；以及考核基本核算单位经营管理的经济指标问题等。会议经过讨论研究，写出了《农村人民公社财务管理和收益分配应解决的几个问题》的报告和《关于解决农村人民公社社员超支欠款问题的意见》的报告。

5月17日—22日 农业部在湖南省衡阳地区召开南方杂交水稻生产座谈会。

会议总结了近几年推广杂交水稻的经验教训，落实种植计划和增产措施。会议指出，为了使推广杂交水稻的工作更扎实、更有成效地向前发展，当前在思想认识上，必须解决好两个问题。一是要正确认识杂交水稻的特性，二是要正确对待推广杂交水稻过程中出现的问题。据会上统计，1979 年南方 13 省、市、自治区杂交水稻种植计划为 9 300 万亩*，比上年增加近 3 000 万亩。会议在总结经验教训的基础上，提出了"积极稳步、因地制宜"发展杂交水稻的方针。

5月22日—6月2日 由农业部粮食油料生产局主持，在河南安阳召开了北方夏粮生产座谈会。会议认为，提高低产区夏粮生产水平，从生产条件和增产措施上讲，归根到底是解决水、肥、土的问题。这里有需要较长时间才能解决的问题，也有较快见效的切实可行办法。

5月23日—29日 农业部种子局于在湖南省东安县召开了全国种子"四化一供"试点县会议。这次会议，参观了东安县"四化一供"现场，由 1978 年的 12 个试点县介绍了经验，部署了 1979 年再搞 64 个县的试点工作，研究了中国种子公司种子生产基地的建设和管理问题。

5月28日—6月4日 国家经委、国家科委、国家农委和农业部在北京联合召开全国沼气办公室主任会议。会议指出，据不完全统计，目前，我国已建成小型沼气动力站 560 个（共 4 707 多千瓦），小型沼气发电站 150 个（装机容量共 1 600 多千瓦）。现有 700 多万个沼气池，每年大约可以提供优质有机肥料 4 000 万吨左右。

5月31日 新华社报道：国家农委、国家科委在江苏无锡县召开全国农业现代化科学试验基地座谈会。14 个农业现代化综合科学实验基地的 70 多名代表，从我国实际出发探索农业现代化途径，交流了工作经验，并对建立农业现代化科学实验基地的目的、任务、指导思想进行了讨论。

6月10日—19日 农垦部和中国热带作物学会在广东海口市召开热带资源开发利用科学讨论会。与会的专家、学者认为：用橡胶林代替次生林，建立以橡胶林为主的人工经济林生态系统的做法是成功的。会议总结了植胶经验。我国经过反复的科学研究和生产实践，积累了一套符合我国特点的比较有效的植胶经验，使我国成为唯一在北纬 18°以北大面积植胶成功的国家。目前全国植胶 571 万亩，年产干胶约 10 万吨，累计产胶 72 万吨，有力地支援了社会主义建设。其他热带作物如剑麻、胡椒等也有发展。会议肯定了二十多年来，热带植物科研部门的科研工作，初步掌握了我国热带植物资源情况，发掘出有经济价值的植物 130 多种。

6月21日 新华社报道：农机部在湖南岳阳市召开全国农业机械化区划座谈会，提出必须按照自然规律和经济规律搞好农业机械化的区划工作。

7月5日 农业部在内蒙古巴林右旗召开第二次全国牧区草原建设现场会议。

7月6日—11日 中共中央、国务院在北京召开全国农田基本建设会议，进一步指明了开展农田基本建设的意义和实现农业现代化的关系。会议指出，搞农田基本建设一定要按自然规律和经济规律办事；一定要因地制宜，量力而行，讲究实效，互相协作；一定要坚持自愿互利、等价交换的原则，不能搞"一平二调"。

7月24日—8月5日 林业部在北京召开全国中等林业教育和干部培训工作会议。会议着重研究了林业教育如何贯彻调整，整顿的方针和把学校工作的着重点转移到以教学为中心，提高教学质量上来的问题。

7月 全国农业气候资源调查和农业气候区划会议在北京举行。

会议认为：自 1979 年全国农业自然资源调查和农业区划会议以来，在省、市、自治区统一部署下，各省、市、自治区气象部门不同程度地开展了农业气候资源调查和区划工作。目前初步了解黑龙江、辽宁等省的省级农业气候区划已经或即将初步完成；河北、安徽、山东、河南等省积极组织力量，开展调查，统计资料，做了大量工作；福建、湖南、北京等

---

* 亩为非法定计量单位，1 亩＝1/15 公顷。——编者注

省、市已组织班子，制订方案，作出安排，即将开始行动；有十多个省、市、自治区计划年内拿出省级粗线条的农业气候区划。会议要求各省、市、自治区气象局总结以往的工作，安排今后工作。按照国家要求在1983年前编制出省级农业气候资源图集和综合农业气候区划。

8月13日 《人民日报》报道：农业部、轻工业部、商业部在浙江临海县联合召开全国奶山羊基地县会议，总结经验并提出加快发展奶山羊的有关措施。

8月20日—29日 东北地区农业现代化学术讨论会在哈尔滨市举行。会议对东北地区农业现代化进行了多学科、综合性的学术讨论，总结了中华人民共和国成立三十年来正反两方面的经验，对我国农业的一些重大方针问题提出了自己的看法。许多专家提出，我国农业现在应该转入农、林、牧、副、渔全面发展，农、工、商一体化的轨道上来。

8月24日—31日 第三次华北中原地区平原绿化会议在河北省保定市召开。会议主要是研究平原绿化工作和植树造林政策问题。

9月22日 国家农委、农业部、林业部、水利部、农垦部、农机部和中央气象局，邀请在北京的农业科学家、教育家以及早期从台湾、香港和国外归来从事农业科学、农业教育的爱国知识分子代表举行茶话会，共庆中华人民共和国成立三十周年，鼓励他们同心同德，为加速实现我国农业现代化作出贡献。

9月25日—28日 中国共产党第十一届中央委员会第四次全体会议在北京举行。全会一致通过了《中共中央关于加快农业发展若干问题的决定》。

《决定》指出：为了迅速改变目前我国农业的落后状况，我们必须着重在最近两三年内采取一系列的政策措施，加快农业发展，减轻农民负担，增加农民收入，并且在这个基础上逐步实现农业的现代化。

首先确定农业政策和农村经济政策的首要出发点，充分发挥我国八亿农民的积极性。我们一定要在思想上加强对农民的社会主义教育的同时，在经济上充分关心他们的物质利益，在政治上切实保障他们的民主权利。其次，我们还必须切实加强国家对农业的物质支持和技术支持。

从以上的指导思想出发，中央提出了二十五项农业政策、农村经济政策和增产措施。主要包括：切实保护人民公社、生产大队和生产队的所有权和自主权，任何单位和个人，绝对不允许无偿调用和占有生产队的劳力、土地、牲畜、机械、资金、产品和物资。人民公社各级经济组织必须认真执行各尽所能、按劳分配的原则。社员自留地、自留畜、家庭副业和农村集市贸易，不能当做所谓"资本主义尾巴"去批判，应当鼓励和扶持农民经营家庭副业，增加个人收入。人民公社要继续稳定地实行三级所有、队为基础的制度。今后三五年内，国家对农业的投资在整个基本建设投资中所占的比重，要逐步提高到18％左右；农业事业费和支援社队的支出在国家总支出中所占的比重，要逐步提高到8％左右。地方财政收入应主要用于农业和农用工业。对农业的贷款，从现在起到1985年，要比过去增加一倍以上。粮食统购价格从1979年夏粮上市起提高20％，超购部分在这个基础上再加价50％。在今后一个较长的时间内，全国粮食征购指标继续稳定在1971—1975年"一定五年"的基础上，并且从1979年起减少50亿斤，以利于减轻农民负担。水稻地区口粮在400斤以下的，杂粮地区口粮在300斤以下的，一律免购。绝对不许购过头粮。继续坚决地、大力地、因地制宜地搞好农、林、牧、副、渔各业生产、储运、加工所需要的农业基本建设。要在充分利用现有耕地的同时，在有条件的地方，由国营农场和人民公社有计划地开垦荒地。努力办好国营农场。增加化肥、农药、农用塑料和各种除草剂的生产。积极选育、引进和推广良种。要因地制宜地发展农、林、牧、副、渔业的机械化，提高牧业机械的比重。农、林、牧、副、渔五业并举。发展社队企业，逐步提高社队企业的收入占公社三级经济收入的比重。从财政、物资和技术上给贫困地区及穷社、穷队以重点扶持，帮助它们发展生产。保护和调动广大农村基层干部的积极性。

9月27日 全国第二次土壤普查工作会议在北京举行。

10月16日—11月9日 国务院在北京召开全国粮食会议。会议座谈了粮油产销情况，讨论了有关政策问题。会议指出，目前我国粮食生产一年增产约100亿千克，进口约1 000万吨。由于人口的迅速增长，国家粮食收支平衡仍然紧张。解决粮食问题，必须立足国内，自力更生，厉行节约。在最近几年内，进口一部分粮食仍是必要的。

10月20日 新华社报道：中国农业银行召开全国分行行长会议，着重讨论了农村金融工作如何贯彻《中共中央关于加快农业发展若干问题的决定》；提出农业银行和信用社当前的中心任务是：筹集资金，管好资金，促进社队和国营农业企业开源、挖潜，加速农业的发展，逐步实现农业现代化。1979年2月中国农业银行恢复后，累计发放农业贷款147亿元，比同期增长30.8％；累计收回到期贷款83.5亿元，比1978年同期增长34.2％。

10月20日—29日 农业部在湖南省邵阳地区城步苗族自治县召开全国农区畜牧业、草山利用建设和发展草食动物会议。

10月22日—11月5日 国家水产总局在北京召开18省、市、自治区水产局长座谈会。会议讨论了保护水产资源问题、渔政管理工作问题、海淡水养殖问题、水产品保鲜加工问题和水产供销工作问题。

10月25日—11月11日 农垦部在武汉召开国营农场经营管理会议。

会议听了18个先进单位的典型经验介绍和专家的学术报告，讨论了在新形势下搞好企业管理的重大意义和迫切任务，总结交流了经验，提出了《农垦企业经营管理若干问题的规定（试行草案）》。会上，农垦部给138个先进单位颁发了奖状。

10月25日—11月12日 全国农业机械工作会议在北京召开，会议主要研究了农机工业调整方案，安排1980年度的生产、基建计划，制定工作要点，并提出了十条调整措施。

经过20多年的发展，农机工业已经有了一个不小的基础，全国县以上农机制造企业已有1900多个，还有2400多个县农机修造厂，可以制造拖拉机、内燃机及其配套的农机具1000多种，有力地支援了农业机械化的发展。但是农机工业内部比例失调，有些产品有积压，而有的供不应求，农机生产技术水平低，企业管理落后。会议强调要解放思想，冲破阻力，把农机工业调整好。

11月27日—12月4日 农业部、外贸部、纺织部、全国供销合作总社在北京联合召开全国蚕茧生产会议，总结近几年来全国蚕茧生产的形势，研究发展规划和措施，决定在今后几年内重点建设好一批年产茧万担*以上的基地县。

11月28日—12月11日 教育部、农业部、团中央、中国科协在天津联合召开全国农民教育工作会议。这是1949年后几个部门共同讨论农民教育问题的第一次会议。会议总结了三十年来农民教育工作的基本经验，讨论了当前和今后一个时期农民教育的任务和措施。1949年以来，农民教育工作取得了很大的成绩。全国共扫除农民青壮年文盲12600万人，由于小学教育的发展，农民青壮年中的文盲已由中华人民共和国成立初期的80%降到30%左右。不少地区积极发展农民业余文化技术教育。广大农民提高了文化水平，能够看书读报，学习党的方针政策，了解国家大事，对于参加民主管理、科学种田、改革旧的风俗习惯、树立新的社会风尚等方面起了积极作用。会议提出了新时期农民教育的具体任务是：继续抓紧扫除文盲，大力发展业余初等教育，积极举办业余初中，广泛开展农业技术教育，加强政治教育。

12月2日—9日 1949年以来第一次全国农村房屋建设工作会议在青岛举行。会议要求各地认真做好农村房屋建设规划，把新村建设纳入农业基本建设规划，对山、水、田、林、路、村通盘考虑，合理安排。会议还讨论了农村房屋建设的政策、材料等问题。会议要各地建立相应的机构，在近几年内先搞试点，然后逐步展开。

12月15日—20日 国家水产总局在湖北洪湖县召开全国淡水商品鱼基地座谈会。

1977年开始试点以来，淡水商品鱼基地建设取得了可喜的成绩。在长江两岸，黄河之滨，直至松花江畔，建立起900多个初具规模的基地点，建成集中连片的精养鱼池17万亩，1978年投产43 900多亩，产鱼1 962吨，平均亩产89斤；基地产量集中，便于外调，1978年上调1 238吨，占当年国家调拨淡水鱼的15%。

会议提出：基地建设应优先安排养鱼积极性高，自然条件好，交通便利，有一定生产基础，短期内能见实效的地方。基地的经营体制要因地制宜，分别采取社办、大队办或社队联营等多种形式。从1980年起，实行鱼粮挂钩，基地每上调1吨鱼，除原有回供半吨化肥外，新增回供半吨饲料粮。

12月15日—21日 国务院在北京召开全国棉花生产会议。会议总结交流了发展棉花生产的经验，解决了一些需要解决的实际问题。会议明确了棉花集中产区，要以棉花生产为主，兼顾粮食及其他，粮棉兼营地区要贯彻粮棉并重的生产方针。根据国民经济调整的精神，会议要求全国棉田面积适当扩大，并力争增加商品棉。会议提出在一两年内全国棉花产量达到和超过历史最高水平的奋斗目标，要求每年增产400万担棉花。同时，国务院决定：从1980年新棉上市起，棉花收购价格在现行价格基础上再提高10%，超购加价30%的政策不变。

12月17日—25日 林业部在北京召开林业科技工作座谈会。会议研究了林业科学技术的认识问题，林业科研的方向和科研机构的设置问题，发挥现有科技人员的作用问题，解决科研经费问题和林业科技工作体制、制度的改革问题。

12月20日 农垦部和财政部在杭州召开农垦

---

* 担为非法定计量单位，1担＝50千克。——编者注

系统财务会议，重点研究扭亏增盈和资金的使用问题，并讨论了《农垦系统清产核资办法》和《农垦企业流动资金定额核定办法》。

12月28日—1980年1月15日 林业部在北京召开南方九省（自治区）林业工作座谈会，提出：调整林业经济结构，正确处理农林牧的相互关系，真正建立起农林牧相结合的大农业；重点林区县和林区社队要落实"以林为主，全面发展"的生产方针；林业内部要调整好森工和营林的关系，改变重采轻造的错误做法，改变目前单一经营的片面做法，把整个林业经济搞活。

【农业发展成就】

1月5日 新华社报道：中国科学院在我国南、北、中不同地区建立综合实验基地，开展农业现代化科学实验活动，初步取得成效。1978年湖南省桃源县、河北省栾城县和黑龙江省海伦县三个基地县农业生产均获丰收。

2月1日 《人民日报》报道：1978年我国农村小水电站建设取得可喜成绩。农村新建小水电站6 000多座，装机95万多千瓦。到1978年底，全国农村已拥有小水电站87 000多座。

2月9日 财政部最近确定，从今年起进一步减轻农业社队的税收负担，并规定了实施办法。其中，对农村社队企业工商所得税的起征点，将由原来的600元提高为3 000元，税费仍按20%比例征收。在农业税方面，凡属粮食产区低产缺粮、每人平均口粮在起征点以下的生产队，免收农业税。实施办法已经国务院批准。预计全国农村每年将由此增加收入10亿元以上。

2月12日 国务院环境保护领导小组、国家建委、国家经委、国家水产总局发出关于颁发《渔业水质标准》的通知，确定自1979年12月1日起试行。

2月23日 《人民日报》报道：我国飞机播种造林取得显著成效。全国已有22个省（自治区）、89个地区、458个县采用飞机播种造林，播种面积达1.6亿多亩。

3月1日 国务院决定提高粮食、棉花、油料、生猪等18种主要农副产品的收购价格。

3月2日 新华社报道：国务院决定恢复中国农业银行，要求中国农业银行总行和省（市、自治区）、地区、县的各级分支机构，力争在1979年内建立健全起来。

3月27日 教育部、国家水产总局提出《关于恢复上海水产学院的报告》。国务院批准了这个报告。

4月4日 林业部、中国民航总局颁发《飞机播种造林技术规程（试行）》。

4月5日 《人民日报》发表新华社记者述评：《围湖造田 得不偿失》。述评说：我国许多地方违背客观规律，盲目地围湖造田、毁塘种粮，致使江河、湖泊的水面逐年缩小，引起水域变迁，淡水渔业资源遭到很大破坏，鱼产量连年下降。据统计，1949年以来，全国围湖造田减少湖泊水面达2 000万亩以上。淡水鱼产量占全国水产品的总产量，由1959年的40%下降到1978年的20%。到目前，我国淡水鱼产量还没有恢复到二十年前的历史最高水平。

4月15日 新华社报道：全国现有大、中、小型水库8万多座，可养鱼水面达3 000多万亩，占全国内陆淡水可养鱼水面7 500万亩的40%。

4月18日 农业部批转《建立农业科学试验、推广、培训中心试点县座谈会纪要》。

4月23日 国务院批转农业部《关于全国土壤普查工作会议报告》和《关于开展全国第二次土壤普查工作方案》。

5月7日 农业部科学技术委员会举行成立大会。

5月23日 林业部发布《林业工人技术等级标准（试行）》。

6月19日 第五届全国人大二次会议开幕。政府工作报告中指出：粉碎"四人帮"以来，我国经济的恢复和发展取得很大成效。1978年，全国按人口平均粮食占有量超过了历史最高水平，粮食总产量达到30 475万吨，比上一年增产2 200万吨，即增长7.8%。

6月21日 五届全国人大二次全体会议上，《关于1979年国民经济计划草案的报告》指出：1979年农业生产计划比去年增长4%。农业投资比重由去年的10.7%提高到14%。加上国家预算内的农业事业费和支援农业支出，再加上农业贷款以及扶持农业的其他基金，总数为174亿元。《1978年国家决算和1979年国家预算草案的报告》指出：1979年用于农业的支出共174亿元，如果再加上国家提高农副产品收购价格和减免农村税收使社队和农民收益的部分，总共是240多亿元。国家一年拿出这么多的资金用于发展农业，这是中华人民共和国成立以来没有过的。

6月28日 国家统计局公布《关于1978年国民经济计划执行结果的公报》。《公报》说，1978年农业总产值1 495亿元，超过计划2.7%，比上年增长 8.9%。1978 年粮食生产增长幅度是中华人民共和国成立以来所不多见的。油料的产量超过了历史最高水平。棉花、甜菜的产量还没有达到历史最高水平。全国造林面积 4 497 000 公顷，比 1977 年减少 6.2%。1978 年大中型拖拉机达到 55.7 万台，比上年增加 9 万台；手扶拖拉机达到 137 万台，比上年增加 28 万台；农用排灌动力机械达到 4 897 万千瓦，比上年增加 407 万千瓦。平均每公顷耕地施用化肥（按 100%有效成分计算）89 千克，比上年增加 25 千克。

7 月 3 日 国务院批复同意福建省革命委员会《关于将武夷山自然保护区列为国家重点自然保护区的报告》。

7 月 14 日—28 日 《人民日报》报道：国务院决定恢复北京农业大学和北京农业机械化学院。

8 月 18 日 《人民日报》报道：我国农业用电不断增长。中华人民共和国成立初期，全国农业年用电量才 2 000 万千瓦时，1978 年已达到 257.42 亿千瓦时。1979 年上半年比 1975 年同期又增长 15.5%。

8 月 19 日 中国参加世界粮食计划署活动。

8 月 20 日—10 月 15 日 农业部委托沈阳农学院等 7 所高等农业院校举办的第一期干部培训班先后开学。

9 月 10 日 《人民日报》发表社论：《认真整顿和发展社队企业》。社论指出：最近三年间，全国社队企业蓬勃发展。1977 年社队企业总产值比 1966 年增长 43.7%；1975 年又增长 25.4%；1979 年上半年继续增长。1978 年，社队企业直接支援农业的投资达 26 亿多元，相当于当年国家农业投资的 60%多。全国参加社队企业的农民，已达 2 800 多万人，占农村总劳动力的 9.5%，比 1977 年增加了 400 多万人。

9 月 25 日 新华社报道：三十年来我国农田基本建设的主要成果有，全国建成 8 万多座大中小型水库，修建了 5 000 多处万亩以上的灌区；全国机电井已建成 200 多万眼，机电排灌动力从中华人民共和国成立初的 6.6 万千瓦增长到 4 413 多万千瓦；全国低洼易涝耕地约 2/3 得到初步治理；全国盐碱耕地有一半得到不同程度的治理；全国坡耕地有 1/4 改造成了水平梯田；全国农村建成 8 万多座小型水力发电站，装机容量达到 500 多万千瓦。由于进行了这些工作，全国耕地的灌溉面积达到 7 亿亩，比 1949 年的 2.4 亿亩增加近 2 倍。其中有 1/2 的耕地建设成为旱涝保收、高产稳产农田。

9 月 29 日 中共中央、全国人大常委会、国务院隆重举行大会，庆祝中华人民共和国成立 30 周

年。叶剑英代表中共中央、人大常委会和国务院作了重要讲话，在谈到农业现代化的时候指出："将使我国农业逐步变为农、林、牧、副、渔布局合理、全面发展、能够满足人民生活和工业发展需要的发达的农业；使我国农村逐步变为农工商综合经营的富庶的农村。"

10 月 4 日 新华社报道：我国农垦系统试办农工商联合企业取得初步成绩。据不完全统计，目前有 26 个省、市、自治区举办农工商联合企业的试点，试点单位共 36 个。农工商联合企业的形式主要有三种：一是农垦系统或农场内部各单位之间进行联合；二是农场同农垦系统以外的工商企业进行一定的联合；三是农场同人民公社、生产大队挂钩，进行某些经济上的联合。

10 月 24 日 新华社报道：根据党的十一届三中全会的建议，国务院从 1979 年 3 月起，陆续提高了 18 种主要农产品的收购价格。这 18 种主要农产品是：粮食、油脂油料、棉花、生猪、菜牛、菜羊、鲜蛋、水产品、甜菜、甘蔗、大麻、苎麻、蓖麻油、桑蚕茧、南方木材、毛竹、黄牛皮、水牛皮。据国家物价总局计算，以上 18 种主要农业产品的收购价格，平均提高 24.8%；由于提价，预计 1979 年可使全国农民增加收益约 70 亿元。

11 月 1 日 党中央、国务院决定适当提高猪肉、牛肉、羊肉、禽、蛋、蔬菜、水产品、牛奶 8 种主要副食的销售价格。同时，给每个职工（包括退休职工和学徒工）每月补贴 5 元。在纯牧业县（旗）工作的职工，因肉类消费水平较高，每月补贴 8 元。

11 月 3 日 国务院批准成立"三北"防护林建设领导小组。

11 月 6 日 国务院批准成立海河水利委员会。

11 月 25 日 《人民日报》发表社论：《加快发展农区畜牧业》。社论说，长期以来，全国肉类的 90%左右是农区提供的。我国农区具有发展畜牧业的巨大潜力。目前，牛羊肉在全国肉类产量中只占 7%～8%，食草牧畜是农区畜牧业生产的薄弱环节。

11 月 30 日 《人民日报》报道：我国培育的杂交水稻，1978 年共种植 6 500 多万亩，比同样面积的一般水稻增产 70 亿斤，占水稻总增产量的 42%。

林业部发出通报，表扬 1978 年度全国木材生产战线的先进单位和个人，受通报表扬的先进林场 138 个、贮木场 58 个、汽车运材先进集体 47 个、先进个人 39 名，森铁运材先进集体 42 个、拖拉机集材先进包车组 14 个、先进个人 19 名。

12 月 1 日 国家水产总局、粮食部发出《关

于上调养殖鱼回供饲料粮的通知》。

12月2日 《人民日报》报道：为了保护农田灌溉和渔业用水的水质，促进农业、渔业生产的发展，国务院环境保护领导小组、国家建委、国家经委、农业部和国家水产总局联合批准颁发了《农田灌溉水质标准》，作为全国通用标准，并决定从1979年12月1日起试行。

12月13日 《人民日报》发表文章：《保护浅海滩涂资源，反对盲目围海造田》。

12月23日 新华社报道：我国蔬菜研究工作不论在选种、栽培技术或品种资源研究等方面都已取得可喜成果。从中央到地方的各级蔬菜研究机构已经基本建立起来。目前已经选育出10多种蔬菜的100多个优良品种、一代杂种或优良品系。全国用塑料薄膜建成的蔬菜大棚面积已有8万多亩。大棚黄瓜亩产4万斤，番茄、西葫芦、甜椒亩产3万斤的纪录已创造出来。最近，蔬菜科研部门还修订了今后全国蔬菜科研发展规划。

我国西北、华北、东北西部防护林体系建设工程今春正式上马以来，进展顺利。"三北"11省、自治区的造林面积，已达到国家1979年的计划指标。据一些地区的普查验收，造林面积比较实在，成活率比较高。

12月25日 新华社报道：1979年我国粮食征购任务已经超额完成。据粮食部统计，到12月20日，已入库粮食10 288亿斤，超过年度计划2.04%，比上年同期增长100亿斤。

12月29日 新华社报道：据商业部统计，1979年我国已收购生猪11 800多万头，比上年超出1 900多万头。收购的生猪每头毛重比上年增加12斤，增重部分合计相当于多收购880多万头猪。由于生猪收购量大幅度增加，全国大多数城市猪肉已基本敞开供应。

12月31日 新华社报道：1979年我国粮食生产又获丰收，全国粮食总产量达到6 300多亿斤，比上年增产200亿斤以上。

12月 农垦部党组为了加强对国营农场场长级干部的培训，迅速提高农场经营管理水平，决定恢复农垦部干部学校，地址设在河北省涿县，定于1980年3月开办第一期培训。

1980 年

【文献】

1月3日 国务院批转农业机械部《关于积极发展小麦收获机械的报告》。

《报告》说，我国小麦播种面积约 43 000 万亩，其中约有 31 000 多万亩集中在京、津、冀、鲁、豫等 11 个省、市。《报告》提出，要集中力量解决好小麦收获机械问题，争取五年左右基本实现小麦收获机械化。

3月5日 中共中央、国务院发布《关于大力开展植树造林的指示》。

《指示》包括六个方面的内容：一、在实现四个现代化的历史进程中，大规模地开展植树造林，加速绿化祖国，是摆在我们面前的一项重大战略任务。二、实行大地园林化，把森林覆盖率提高到 30%，是全国人民一项建设社会主义、造福子孙后代的长期奋斗目标。第一步是，到 20 世纪末，要力争使全国森林覆盖率达到 20%。三、要坚持贯彻社队集体造林为主，积极发展国营造林，并鼓励社员个人植树的方针，国家、集体、个人都来兴办林业。四、办好社队林场，实行群众造林和专业队管理结合，加强经营管理，积极巩固和发展造林成果。五、实行科学造林、育林，切实加强技术指导，纠正植树造林只求数量，不顾质量的偏向。六、各级党委和人民政府，都要把林业建设列入自己的议事日程，认真加强领导，主要领导同志要亲自抓。

3月27日 国务院批转农业部、商业部、粮食部《关于当前生猪生产情况的紧急报告》。指出：保护广大农民发展养猪的积极性，关系到市场供应、农业增产，关系到国民经济调整工作的顺利进行，各地区、各有关部门必须引起足够重视。要经常研究解决生猪生产以及商业购销、加工、储存等方面存在的问题，以促进生猪生产的稳步发展，保持猪肉供应的好形势。

4月1日 工商行政管理总局下发《关于进一步发展集市贸易和城市农副产品市场，加强统一管理，搞好市场建设的通知》，指出：进一步发展农村集市贸易和城市农副产品市场，加强统一管理，搞好市场建设。要继续解放思想，纠正管理过死、限制过严的现象；也要防止放松管理、听任自流的倾向。要根据生产情况和社会需要稳步发展，切实做到管而不死，活而不乱。

4月3日 国务院批转中国农业银行《关于全国农业银行分行行长会议情况的报告》。

《报告》提出：要逐步增加农业信贷资金，农业贷款要支持商品经济的发展，信用社要在巩固集体经济的前提下，积极支持社员发展家庭副业，增加收入，解决生产生活困难，要坚持用经济方法管理贷款，坚决维护银行管理信贷和社队使用资金的自主权，逐步改革信贷管理体制，做到分级管理、权责结合、存放收管结合，全面试行"存贷挂钩，差额包干"的农村社队信贷管理制度。统一管理支农资金，充分发挥现有资金的作用，各有关地区要抓紧把农业银行分行和中心支行恢复起来。

5月4日 国务院批转《"三北"防护林建设领导小组会议纪要》。

会议认为，"三北"防护林体系建设第一期工程规划，反映了这一地区广大人民群众的根本利益和愿望，一定要确保实现。今明两年的主要任务是，切实保护好现有森林植被，努力提高造林质量，完成造林计划，从根本上解决得多、活得少、成林更少的问题。1980 年和 1981 年两年，造林保存面积要确保 1 000 万亩，育苗 300 万亩，生产合格苗木 150 亿株。今年要全部完成县（旗）的规划设计和审批工作，并抓好今明两年的施工设计，将造林任务落实到山头地块。

5月8日 国务院批准颁布国家农委、农业部、农垦部、国务院科技干部局制定的《农业技术干部技术职称暂行规定》，这是中华人民共和国成立三十年来我国第一次就农业技术干部的技术职称问题颁布规定。农业技术干部的技术职称定为：高级农艺师、农艺师、助理农艺师、农业技术员。确定和晋升农业技术干部的技术职称，以工作成就、技术水平和业务能力为主要依据，并适当考虑学历和从事技术工作的资历。

6月5日 国务院批转水利部、财政部、国家水产总局《关于水库养鱼和开展综合经营的报告》。要求各级人民政府和有关部门积极支持水利工程管理单位把多种经营逐步开展起来，争取尽快在全国范围内实现水利工程管理经费的自给有余。水利工程管理部门要注意和周围社队群众搞好关系，有些生产和事业可以同社队联合经营，使群众得到好处，走共同富裕的道路。

7月24日 国务院批转《海南岛问题座谈会纪要》。今后海南岛的农业生产建设方针是：以加速发展橡胶等热带作物为重点，大力营造热带林木，努力提高粮食产量，全面发展农林牧副渔各业生产，逐步建立适应海南岛特点的新的生态平衡和农业结构，使国营农业企业和农村社队共同富裕起来。国务院决定：从1981年起，由中央和广东省每年给海南岛调进45 000万斤粮食，五年不变。

8月4日 国务院批转国家农委《关于东北商品粮基地建设座谈会纪要》。国家农委于1980年6月23日到7月2日，在北京召开了东北商品粮基地建设座谈会。会议根据中央在东北发挥优势，大力发展农业机械化，加快建设以粮豆为主的商品粮基地的决定，提出了到1985年要达到的有关农业方面的各项经济指标。其中包括从1981年到1985年，黑龙江和吉林省五年累计给中央粮豆具体指标将上调。1985年以后，两省每年上调给中央粮豆，也作了具体安排。同时，还提供油料、糖料、亚麻、药材等产品。人民公社用于购买农业机械的资金，三省自筹一部分，其他由国家扶持。

8月25日 国务院批转农业部制订的《兽药管理暂行条例》。《条例》共十一章三十三条，对兽药生产，兽药质量标准，兽药新品种的审批，兽药供应，兽药使用，兽药质量的监督、检验，麻醉药品和毒、剧药品的管理，兽药宣传、奖惩等进行了规定。兽药管理工作，全国由农业部主管，地方由省、地、县级畜牧（农业）行政部门主管。农业部下设兽医药品监察所，省、自治区、直辖市畜牧（农业）局下设兽药检验所。

8月26日 国务院批转财政部《关于执行农业税起征点办法的情况报告》。要求各级政府认真检查和总结一年来的执行情况，组织财政、农业、粮食、银行等各有关部门密切配合，进一步把执行农业税起征点工作做好。实行新的财政管理体制以后，各地仍要继续执行党和国家关于稳定农业税负担、增产不增税的政策。国家核减的农业税额，一定要落实到应减免的贫困社队，任何部门、单位和个人都不得克扣挪用。

9月1日 国务院批转国家农委《关于召开棉花、糖料生产座谈会的情况报告》。

《报告》说，扬长避短，发挥优势，争取最大的经济效益，是我们经济工作的一个根本性方针。中央决定多进口一些粮食，在适宜发展棉花糖料的地区，实行棉粮、棉糖结构，安排好生产者的口粮，促进棉糖生产的发展，争取五年内做到国内用棉、用糖不进口或少进口，这是一项使农民富起来，使国民经济活跃起来的重大政策。

9月19日 国家农业委员会转发《农业部关于农村人民公社财务管理几个重要问题的报告》，提出：要千方百计增收节支，减少浪费，抓紧清理社队固定资产，建立折旧制度，搞好物资管理，进一步贯彻执行中央55号文件，抓紧清理超支分垫款及外单位拖欠款，逐步解决生产费基金不足的问题，把农产品成本核算试点办好，加强经营管理队伍建设，提高财会人员业务水平。

9月27日 中共中央批转9月14日至22日由中央主持召开的各省市第一书记座谈会《关于进一步加强和完善农业生产责任制的几个问题》的纪要，要求各地、各部门及时组织传达讨论，澄清思想，统一认识，结合当地具体情况贯彻执行，做好工作，发展农业生产。纪要提出：集体经济是我国农业向现代化前进的不可动摇的基础。在不同的地方、不同的社队，以至在同一个生产队，都应从实际需要和实际情况出发，允许有多种经营形式、多种劳动组织、多种计酬办法同时存在。对于包产到户应当区别不同地区、不同社队采取不同的方针。要充分发挥各类手工业者、小商小贩和各行各业能手的专长，组织他们参加社队企业和各种集体副业生产；少数要求从事个体经营的，可以经过有关部门批准，与生产队签订合同，持证外出劳动和经营。要继续鼓励社员发展家庭副业，以活跃繁荣农村经济。党在农村实行任何一种政策，开展任何一项工作，都必须照顾农民的经济利益和尊重农民的民主权利。

11月25日 国务院批转《农业部关于改变口岸动植物检疫所管理体制的报告》，提出：从我国当前的实际情况出发，参照其他国家的一些经验，拟将全国36个口岸动植物检疫所都改为农业部直属单位，实行农业部与地方双重领导、以部为主的管理体制。

各口岸动植物检疫所的基建投资、人员经费、物资供应，从 1981 年起均由农业部供应（人员经费按 1981 年预算基数上划，增加中央预算，减少地方预算），现有的固定资产（包括房屋、仪器设备、职工宿舍等）随单位体制改变而划转。

12 月 1 日　最高人民检察院、林业部、司法部、公安部发出《关于在重点林区建立与健全林业公安、检察、法院组织机构的通知》。

《通知》要求：在大面积国有林区的 146 个国营林业局、木材水运局所在地，已经建立的林业公安局，原则上不作变动，并要进一步充实和加强，同时要建立林区检察院和森林法院。未建立林业公安局的，要把林业公安、检察、法院三机关同时建立起来。在林管局所在地或在国有森林集中连片地区，可根据实际需要建立与健全林业公安处、林区检察院分院和森林中级法院。在自然保护区和上述林区重点国营林场、水运处、森铁处，可根据实际需要，建立林业公安派出所。

12 月 5 日　国务院向各省、市、自治区人民政府和国务院各部委、各直属机构发出了《关于坚决制止乱砍滥伐森林的紧急通知》。

【会议】

1 月 4 日　国家农委召开全国抗旱防旱电话会议，要求农业战线的广大干部和群众积极行动起来，抗旱防旱，管好越冬作物，夺取 80 年代第一年夏季粮油丰收。

1 月 8 日—16 日　北方地区机井建设座谈会在北京召开。会议分析了机井建设的现状，总结交流了经验，制定了 1980 年机井配套计划。

1 月 10 日—16 日　全国小水电现场会在成都召开。会议总结交流了发展小水电的经验；讨论安排了 1980 年、1981 年的任务；研究拟定了小水电的管理办法。并对 102 个先进单位颁发了奖状。

1 月 11 日—2 月 2 日　国家农委在北京召开了全国人民公社经营管理会议。与会同志认为，为了使农民尽快富裕起来，要搞好农业全面发展的规划，既要抓紧粮食生产，又要积极开展多种经营，既要发展社队企业，又要搞好小城镇的建设。经营管理工作的任务是集约经营和广开门路相结合，搞好劳动管理，实行经济核算，切实解决浪费大、成本高的问题，解决超支分空和清理其他债权问题等。此外，会议还就改进计划管理、推行合同制、推行生产责任制、加强政治思想工作、健全经营管理机构等问题，

提出了建设性的意见。

1 月 12 日　《人民日报》报道：全国骆驼育种协作会议在盛产骆驼的内蒙古自治区阿拉善左旗召开。目前全国有骆驼 60 万峰，居世界第二位。会议讨论制定了全国养驼业的发展方向和规划，提出双峰驼的选育方向应以绒肉为主、兼顾使役和产乳。

《人民日报》报道：中国种子公司在北京召开了第三次种子"四化一供"试点县座谈会。会上，大家一致认为，"四化一供"是实现农业现代化的重要组成部分，势在必行。

1 月 22 日—27 日　水利部在河南新乡召开了黄河下游引黄灌溉工作会议。河南、山东两省共有引黄涵闸 72 座，虹吸工程 55 处，每年抗旱灌溉面积 1 500 万亩左右，累计放淤改土 290 万亩。引黄灌溉对发展沿黄河地区农业生产和改善群众生活发挥了重要作用。会议之后，水利部颁发了《黄河下游引黄灌溉的暂行规定》。

1 月 31 日—2 月 8 日　农业部在北京召开全国农牧局（厅）长会议。会议总结交流了 1979 年农业生产的成就和经验，讨论了三年农业调整问题，提出了 1980 年农业生产任务和要求。王任重同志在会上作了报告，明确指出：今后不再开展学大寨县运动和不再评选学大寨县的先进单位和个人。

2 月 26 日—3 月 7 日　农机部在北京召开了全国农业机械管理工作会议。会议总结交流了农机管理工作的经验，表彰了一批在农机管理工作方面做出了显著成绩的先进单位和先进个人，讨论研究了 1980 年农机管理工作的任务，修改了农机管理工作的条例和有关规定。会议要求 1980 年的农机管理工作要做到两个"提高"（提高农业机械完好率、提高农业机械作业效率）、两个"降低"（降低油耗、降低成本）。

3 月 1 日　国家科委在江西南昌召开农业土壤学家座谈会。会议认为，为了实现农业现代化，必须重视和加强农业科学的基础理论研究，特别是对土壤的研究。

3 月 10 日　"三北"防护林建设领导小组会议在北京召开。会议期间，中央领导同志接见了与会代表，并作了重要指示。

首都召开植树造林动员大会。王任重同志在会上作了报告，李先念副主席出席了大会。

3 月 13 日　新华社报道：农机部召开全国农机管理工作会议。会议提出 1980 年几种主要机型拖拉机和排灌机械的完好率要由过去的 70% 提高到 85%，拖拉机年马力作业量提高 5%，排灌、内燃机

油耗降到预计定额水平，拖拉机作业每标准亩油耗全国平均降低一两*，每标准亩三项成本（油料费、修理费、管理费）降低二分钱。这些计划指标如果实现，相当于全国增加了几万台大中型拖拉机，可节约上亿元的成本费，节约 30 多万吨油料。

3 月 20 日—4 月 3 日 农垦部在北京召开全国农垦局长会议，重点是贯彻党中央调整国民经济"八字方针"，研究农垦战线如何争取 1980 年增产增收、扭亏增盈，为"四个现代化"多作贡献。会议期间，中央书记处和国务院领导同志听取了农垦部党委的汇报，王震同志受国务院委派，到会向先进单位代表授了奖状，并讲了话。

4 月 13 日—19 日 水利部在山西省召开全国农村人畜饮水工作座谈会。研究了加速解决农村人畜饮水的方针、政策和措施，并讨论了《全国人畜饮水工作规划要点（草案）》和《关于农村人畜饮水工作的暂行规定（草案）》。

4 月 22 日—29 日 水利部在山西省召开水土保持小流域治理座谈会。会议总结交流了经验，拟定了《小流域治理办法（草案）》。

5 月 30 日 《人民日报》报道：国家农委在沈阳农学院召开全国农业系统干部培训工作经验交流会，强调各级农业领导部门要把搞好干部培训放到农业现代化建设的重要位置上来，力争三五年内把各级领导干部培训一遍。

6 月 20 日—30 日 水利部在北京召开长江中下游防洪座谈会。会议提出近十年防洪任务是：遇到与 1954 年同样严重的洪水，要确保重点堤防安全，努力减少淹没损失。并提出 1972 年长江中下游防洪座谈会的意见是正确的，仍可作为近十年制定防洪措施的基本依据。会上，还对长江干流防洪水位及分蓄洪水作了调整和安排。

6 月 25 日—7 月 2 日 农业部在江苏省武进县召开了 1949 年以来第一次全国农情工作座谈会，据 28 个省、市、自治区统计，省、地、县三级共有农情专职干部 3 000 多人，公社一级兼管农情的工作人员 5 万多人，从上到下建立了一支队伍，不少地方形成了农情工作网。

6 月 30 日—7 月 11 日 国务院委托国家农委主持召开海南岛场社关系问题座谈会。万里副总理等听取了汇报。国务院 7 月 24 日批转了《海南岛问题座谈会纪要》。

7 月 3 日 《人民日报》报道：财政部在河南开封召开全国农业税工作会议。会议认为：对那些长期低产缺粮，收入水平低的穷队，从 1980 年开始，可以按照实行起征点的办法，给予免税一定三年不变的照顾。1979 年国务院批准核减的各省、市、自治区的农业税额，从 1980 年开始，原则上一定五年不变。会议指出，国家 1979 年对农业税实行起征点办法，减免农业税即公粮（包括地方附加）达 473 500 万斤，折合人民币 74 600 万元，约占 1979 年全国农业税征收任务的 18%。会议要求各地要把国家核减的农业税额保证用于减免贫困地区社队的负担。

7 月 4 日—12 日 国家农委在北京召开了棉花、糖料生产座谈会，17 个省、市、自治区的负责同志、国务院有关部门的负责同志参加了会议。会议对党中央、国务院关于进口一些粮食、加快经济作物发展，争取三五年内做到棉、糖不进口的方针进行了讨论，确定了 1981 年到 1985 年全国棉花、食糖发展规划以及所需专项用粮的安排方案。

7 月 11 日 新华社报道：由国家农委主持召开的农业教育座谈会在北京举行。中共中央书记处书记、国务院副总理万里在座谈会上讲了话。

7 月 21 日—28 日 财政部在北京召开全国农业事业财务经验交流会，讨论进一步管好、用好农业事业资金，大力提高支农资金的经济效果问题。

7 月 22 日—30 日 全国农业自然资源调查和农业区划工作第二次会议在北京举行。会议要求，大致用两年时间，在全国范围内开展县级粗线条的区划工作，用五年或更长一点的时间完成各省、市、自治区的详细的农业资源调查和农业区划工作，编制省、县两级综合农业区划，完成全国重点地区的农业资源调查和区划工作，因地制宜进行规划和具体计划的实施，为调整农业结构和生产布局提供科学根据。

7 月 联合国工业发展组织和全国沼气建设领导小组，于 1980 年 7 月在北京联合举办了国际大型沼气讨论会。

8 月 3 日—13 日 全国第二次畜牧业经济理论讨论会在西宁市举行。会议围绕着畜牧业经济结构的调整、所有制和生产责任制及流通等问题，在理论上进行了具体的探讨和研究。

8 月 13 日 《人民日报》报道：在银川市举行的中国畜牧兽医学会 1980 年会议上，一些畜牧兽医专家、教授们提出：要把西北地区逐步建成我国畜牧业生产基地，这是西北地区农业现代化的战略目标。

8 月 28 日 新华社报道：全国国营良种场工作会议最近在北京召开。会议提出要把繁殖、推广农作物良种当作实现农业现代化的重要措施来抓。会议

---

* 两为非法定计量单位，1 两=50 克。——编者注

指出，目前我国已有国营原良种场 2 290 多个，遍及90％以上的农业县，除国营原良种场的 225 万亩生产基地以外，还建立了集体所有制特约种子基地 1 000多万亩。据 1979 年的不完全统计，各地国营原良种场共经营原良种 35 亿斤，满足了全国 1/10 耕地的生产用种。

9 月 10 日—17 日　农业部在河南省安阳市召开了北方地区耕作制度改革考察汇报会。这次汇报会是在经过两个月的考察，做了充分准备工作之后召开的。考察的范围，包括长城以南、淮河以北、陇东宝鸡以东地区；约有耕地 44 000 多万亩，占全国耕地面积 30％左右。代表们根据考察的情况，对这个地区耕作制度的发展和现状进行了讨论。大家认为，耕作制度改革总的趋势是向更合理、完善的方向发展，应该肯定，这些改革基本上是成功的，方向是正确的。

9 月 16 日　我国首次自然保护区区划工作会议在成都开幕。会议拟定了全国自然保护区区划的初步方案。如果这个初步方案能全部实现，保护区将达到 300 个左右，占国土面积的 1％。将在我国形成一个比较完整的自然保护区网。

9 月 20 日—30 日　林业部召开了第四次平原绿化会议。总结交流了三年来平原绿化工作的成绩、经验和问题。会议指出：经过三年的努力，已经在 1 亿亩的耕地上营造了农田林网，在 1 500 万亩耕地上实行了农桐间作，共植树 32 亿株，加上原来的基础，农田林网化面积已达 19 200 万亩，农桐间作 2 900万亩，总共植树 72 亿株。

10 月 11 日—21 日　农垦部在北京召开农垦农工商联合企业会议，总结农工商联合企业试点的经验，讨论了农垦农工商联合企业的巩固与发展的问题，提出要加强领导，继续前进，尽快把国营农场办成农工商联合企业。会议还讨论了农垦农工商联合企业章程。

10 月 20 日—27 日　由联合国工业发展组织和我国政府共同召开的发展中国家发展农机工业经验交流和合作会议在北京举行。参加这次会议的有 28个发展中国家的代表，此外，还有美国、澳大利亚、保加利亚、联邦德国、芬兰、匈牙利等国的代表及联合国工业发展组织的官员等共 130 多人。会议期间，各国代表参观了我国中小型农机产品展览会。访问了农机制造厂、人民公社和农机研究院。

10 月 22 日—28 日　教育部在山东济南召开了全国农民教育座谈会。参加座谈会的有 28 个省（市、自治区）教育（高教）厅（局）工农教育处的同志，国家农委、农业部、共青团中央、全国妇联、中国科协的同志，共 91 人。与会同志汇报了第二次全国农民教育工作会议以来农民教育工作情况，交流了经验，研究了目前农村中出现的新情况和在农民教育工作中存在的一些具体问题，提出了今后工作的意见。根据 25 个省（市、自治区）的统计，1979 年冬以来，参加学习的青壮年农民有 1 978 万人以上。其中有扫盲班学员 1 236 万余人，业余小学班学员 926万余人，业余初中班学员 92 万余人，业余高中班学员 9 万余人，各种技术班学员 212 万余人。

10 月 23 日—11 月 9 日　全国供销合作总社在北京召开省、市、自治区供销社主任会议，研究和部署供销社系统的调整和改革工作。

会议确定，供销社要积极开展购销活动，搞活农村市场；原料产区必须按照计划保证完成调拨任务，保证上海、天津等地轻纺工业生产。

10 月 28 日—11 月 3 日　国家水产总局在江苏武进县召开全国社队养鱼经验交流会。1979 年全国养鱼社队产量达 73 万多吨，比 1978 年增加 6.13万吨，增长 9％，占全国淡水养殖产量的 89.8％，在淡水渔业中占有重要地位。会议进一步明确几个主要政策问题：①水面经营权要长期固定，受国家法律保护。②实行多种形式的专业承包、联产计酬的办法，可以定、包、奖到专业组，到户，到人。③国家对淡水国营渔场、集中产区和商品鱼基地，实行按产品比例或定额派购。

10 月　全国农业机械厅（局）长会议在北京举行。会议的内容是：总结 1980 年的工作，安排1981 年农机生产，改革农机经营服务工作，为建设东北商品粮基地安排提供急需的农机装备，推动农机工业的调整和企业的联合，扩大农机产品出口，建立和健全农机管理责任制。

11 月 5 日—13 日　水利部农水局在北京召开全国喷灌调查研究会。会议回顾了近三年来喷灌工作的发展情况，总结了正反两方面的经验，讨论了进一步搞好喷灌工作的要求和措施。

12 月 5 日—19 日　国家水产总局在北京召开全国水产厅（局）长会议，会议根据中央书记处对水产工作的指示和中央关于"狠抓调整稳定经济"的精神，在分析当前水产形势的基础上，集中研究了进一步搞好调整的有关政策、措施，讨论了向国务院请示的报告。

12 月 7 日—16 日　由中国农学会、中国林学会、中国水利学会会同西北九省、自治区共同召开的西北地区农业现代化学术讨论会在兰州举行。参加会议的代表达 480 多人,共有学术论文、报告 330 多篇。会议对西北地区各种自然资源的现状和利用情况、农业建设方针、农林牧之间的关系、农业现代化起步、发展商品经济等方面进行了比较深入的探讨,广泛交换了意见。参加会议的科学家提出:要靠科学复兴大西北,实行农林牧并举促进农业全面发展。

12 月 10 日—20 日 农垦部在广东湖光农场召开全国国营农场技术经济和管理现代化学术讨论会。

12 月 17 日 《人民日报》报道:全国第一次林业经济理论讨论会在南宁市召开。这次会议紧紧围绕森林生态经济、林业管理体制和结构、林业所有制以及如何实现中国式的林业现代化等问题,进行了热烈的讨论。

【农业发展成就】

1 月 1 日 《人民日报》报道:黑龙江友谊农场五分场二队 1979 年又创造了农业劳动生产率新高。按直接参加田间生产劳动的 20 个农业工人计算,平均每人生产粮豆 438 800 斤,比 1979 年每人产粮 21 万斤的劳动生产率提高一倍多;如果按农业生产全过程总用工计算,每个劳动力生产粮豆 208 900 斤,比 1979 年提高 38.1%。

1 月 7 日 新华社报道:据不完全统计,全国社队企业已发展到 150 多万个,平均每个公社有 30 多个,年总产值占公社经济收入的近 1/3,从事社队企业的职工达 2 000 多万人,产品有 7 000 多种。

1 月 9 日 《人民日报》报道:1979 年全国畜牧业生产取得了可喜成果。猪、羊、大牲畜和畜产品,普遍比上一年增产。据有关部门初步统计:猪的存栏数比 1978 年增加 300 多万头。肥猪收购量比上一年增加近 2 000 万头,加上农民自宰自食、集市贸易成交数,1979 年生猪的出栏量比上一年有较大幅度的增长。绵羊、山羊存栏数比上一年增加 700 多万只,收购了 1 070 万只,比 1978 年增加 11%。大牲畜的繁殖和收购,扭转了前些年连续下降的局面,开始有所回升。菜牛的收购量达 150 万头,比上一年增长 10%。家禽和鲜蛋显著增产。鲜蛋收购了 165 000 万斤,比上一年增加 48.1%,在 1978 年历史最高纪录的基础上再创新纪录。蜂蜜收购量达 105 000 吨,比上一年增加 8 000 吨,增长 8%。

1 月 12 日 《人民日报》报道:1979 年我国食油收购量大幅度增加。到 1 月 5 日,全国已经收购食油 206 000 万斤,超额完成了全年国家收购计划,比上一年度多收购了 53 000 万斤。

新华社记者从农机部获悉:国民经济调整、改革、整顿、提高的方针在农机战线初见成效。1979 年,全国生产大中型拖拉机 124 000 多台,手扶拖拉机 388 000 多台,内燃机 1 986 多万千瓦,机引犁、耙,播种机 129 000 多台,农用拖车 112 000 多辆,超额完成了国家计划。拖拉机、发电机组、联合收割机、农用拖车等重点产品都比上一年增长 10% 以上。

《人民日报》报道:1979 年底,农业部科学技术委员会对全国各省、市、自治区和部分直属单位 1978 年农牧业科技成果进行了审评,对其中 26 项科研成果授予技术改造一等奖。在这批受奖成果中,作物育种、栽培方面的有 12 项,植物保护方面有 11 项,畜牧兽医方面有 3 项。

1 月 15 日 《人民日报》报道:黑龙江省绥滨农场 15 连,1979 年 34 名农业工人耕种 16 200 亩土地,平均每个农业工人生产粮豆 13 万斤,向国家提供商品粮 10.7 万斤。平均每个职工实现利润 2 500 元。

2 月 1 日 新华社报道:为探索我国牧区畜牧业现代化的途径,农业部协同有关省、自治区,1979 年在 9 个省、自治区建立了 18 个牧区现代化试点,经过一年的工作,取得了可喜的成果。

2 月 10 日 新华社报道:安徽省 1979 年落实农村经济政策,加强生产责任制,有 10 个穷县粮食总产量比 1978 年增加 205 200 多万斤,增长 35.1%,近全省另外 60 个县增产的总和;向国家交售粮食 91 700 万斤,比 1975 年增长 50%,交售油脂 5 500 多万斤,超额一倍以上完成国家统购任务;社员口粮比上年增加 10%,集体分配收入平均每人达 81.6 元,家庭副业收入平均每人增加 25 元以上。对一些县来说是中华人民共和国成立三十年来粮食产量最高的一年、口粮和经济收入最多的一年。

3 月 10 日 《人民日报》报道:据工商行政管理总局统计,目前我国农村集市已经有 36 000 多个,接近 1965 年的总数量。1979 年全国各地集市成交金额已达 170 亿元,比 1978 年增加 36%。

4 月 5 日 《人民日报》报道:1979 年,我国农垦系统出现了蓬勃发展的新局面。国营农场的粮、棉、油、橡胶总产量、上交量、工农业总产值和盈利额都突破了历史最高水平。29 个省、市、自治区的农垦部门,盈利的有 21 个,比上一年增加 9 个,亏损的由上年的 16 个下降到 8 个。全国农垦系统盈亏相抵后,由上一年亏损 9 000 万元变为盈利 3 亿多元,从而扭转了全国农垦多年亏损的局面。

4月8日 新华社报道：国家计委负责人在五届全国人大常委会第十四次会议上说，1979年国家用于提高农副产品收购价格的开支，达108亿元左右（包括超购加价、议价收购在内），调价幅度是中华人民共和国成立以来最大的一次。全国粮食产量达到32 490万吨，比上年增产1 510万吨。粮食征购已经完成5 200多万吨，比上年增加400多万吨，国家的粮食库存有所增加。油料产量达到643万吨，比上年增产122万吨，创造了1949年以来的最好水平。棉花虽受到气候影响，产量仍然达到220.7万吨，比上年增产4万吨。猪的出栏数超额完成计划，收购量达到13 000万头，比上年增加2 000多万头，而且每头猪的重量平均增加了12斤，等于又多增加了1 000万头猪。农业总产值达到1 583亿元，完成计划的104.1%，比上年增长7.3%。初步计算，每个农民平均从集体分得的收入，由上年的74元增加到84元。负责人还说：1980年国民经济计划，预计工农业总产值比1979年（预计完成数）增长5.5%。其中，农业总产值增长3.8%。

5月1日 《人民日报》报道：国家统计局发表公报，公布了1979年我国国民经济计划执行结果。公报说：1979年农业总产值（包括农业、林业、牧业、副业、渔业和队办工业产值）达到1 584亿元，完成计划104.2%，比上年增长8.6%。在12种主要农畜产品产量中，粮食、油料、甘蔗、黄红麻、蚕茧、猪、羊七种完成或超额完成了计划，棉花、甜菜、茶叶、大牲畜、水产品五种没有完成计划。

全国造林面积4 489 000公顷，同上年持平，其中经济林面积比上年增长6.2%，防护林面积增长29.3%，造林成活率有所提高。

生猪、大牲畜、羊的年末存栏数和肉类产量都比上年同期增加。水产品产量430.5万吨，比上年减少7.5%。产量下降的一个重要原因是调整海洋捕捞作业，保护水产资源。国营农场1979年粮食产量比上年增长8.9%，棉花产量增长9.1%，油料产量增长23%，牛奶产量增长11.4%。

1979年全国大中型拖拉机拥有量达到66.7万台，比上年增加11万台；手扶拖拉机达到167.1万台，比上年增加29.8万台；农用排灌动力机械达到5 238.3万千瓦，比上年增加415.3万千瓦。机耕面积占耕地面积的比重，由上年的40.9%上升到42.4%。平均每公顷耕地施用化肥109千克，比上年增加20千克。农村用电量2 827 000万千瓦时，比上年增长11.7%。

1979年底，全国累计共有大小水库84 000座，库容达4 000亿立方米；配套机电井达到210万眼。

1979年各地气象台对旱涝、台风、霜冻等重大灾害性的天气预报，准确率有了进一步提高。

5月23日 《人民日报》报道：中国农业银行在苏州召开的"支持商品生产 活跃农村经济交流会"上指出，1979年全国银行、信用社累计发放各项农业贷款193.9亿元，累计收回到期和逾期贷款172.7亿元，都超过了历史最佳水平。

7月1日 《人民日报》报道：1980年油菜籽收购超额完成计划。到6月25日，全国已收购油菜籽163 967万斤，完成1980年收购计划的107.3%。

新华社报道：1980年全国伏季瓜果丰收。据22个省、市、自治区统计，1980年伏季瓜果产量可以达到160多万吨，比上一年增产一成以上。

7月13日 《光明日报》发表全国沼气建设领导小组办公室的文章：《要有计划地大力推广沼气》。文章指出，目前，我国农村已建成社员生活沼气池700万个，约有3 000万社员用上了沼气。另外，一些社队、国营农牧场等单位，还修建了36 000多个容积较大的沼气池，并利用沼气工作。但同我国实际需要相比，其发展还是很缓慢的。从1975年到1979年底，只有3.9%的农户用上了沼气。如果按这个速度发展，到20世纪末，全国也只能有20%的农户用上沼气。必须做好各方面的工作，使沼气在全国有计划地、迅速而稳步地推广。

7月22日 《人民日报》报道：1980年上半年全国农村集市商品上市量和成交金额都有增加，价格继续稳中有降。据工商行政管理总局对28个省、市、自治区的200个集市的统计，1980年上半年集市成交额比1979年增加36%，主要商品成交量都比1979年同期增加。其中粮食增加37%，食用植物增加44%，猪肉增加52%，鸡蛋增加24%，蔬菜增加12%。和1979年同期比较，6月底集市价格平均下降5%，其中粮、油、肉、蛋价格继续下降，鲜鱼、蔬菜、干鲜果的价格上升；由于对耕牛、粪筐等农业生产资料的需求增多，这些商品的价格也有所上升。

7月31日 《人民日报》报道：1979年我国农村人民公社中，有1 622个大队每人平均分配收入超过300元，占大队总数的2.3%，其中有71个大队每人平均分配收入超过500元，最高的上海市崇明县渔业公社八滧大队，每人平均分配收入1 055元，每个劳动力平均收入1 301元。

8月7日 新华社报道：实行牧工商一体化，产、供、销一条龙的华都牧工商联合公司在北京成立。

8月9日 《人民日报》报道：国务院决定把海南岛逐步建成热带经济作物和珍贵林木基地。从

1981 年起，由中央和广东省每年给海南岛调进 45 000 万斤粮食，一定五年不变，以便使海南地区腾出手来，大力发展橡胶、椰子、咖啡、可可、胡椒、南药、香料等经济价值高的热带作物和珍贵林木，逐步建立起适应海南特点的新的生态平衡和农业结构，使海南岛成为我国主产热带经济作物和热带珍贵林木的基地。

8 月 11 日 《人民日报》报道：我国农作物病虫害测报事业不断发展。目前全国有 23‰ 的地区和县设立了地、县病虫测报站共 1 700 多处。农作物病虫测报对象中已有 30 多种全国性的主要病虫害和 40 多种地区性病虫害。

《人民日报》报道：到目前为止，全国大中城市开放了农副产品市场共 2 300 多个。

据全国 70 个大中城市农副产品市场的不完全统计，1980 年上半年上市商品品种由中华人民共和国成立初期的五六十种增加到 100 多种，多者达 200 余种。从成交量来看，粮食达到 18 200 万斤，蔬菜达到 57 700 万斤，肉禽蛋达到 9 900 多万斤。1980 年上半年的上市量和 1979 年同期比较，蔬菜增加一倍，鸡鸭鹅增加 4.7 倍，牛羊肉增加 97%，蛋类增加 92%，粮食增加 108%。成交总金额达 48 000 万元，比 1974 年同期增长一倍以上。价格也比较平稳，据 70 个大中城市 6 月底统计，粮、油、肉、禽的价格持续下降，下降幅度最大的是粮食、猪肉，有的低于国营牌价。

8 月 29 日 新华社报道：1978 年和 1979 年，全国粮食产量增加了 980 亿斤，而生产队卖给国家的粮食只增加了 160 亿斤。增产的 800 多亿斤留给了农民，使广大农村的粮食状况有了改善。粮食又购又销的生产队在 1978 年度减少了 31 万个，1979 年度又继续减少了 14 万个。原来粮食征购任务比较重的生产队，都不同程度地减轻了负担。从 1979 年 4 月到 1980 年 3 月底这个粮食年度里，国家对粮食负担比较重和困难地区，又减免了 55 亿斤粮食征购任务，大大减轻了农民负担。

8 月 30 日 五届全国人大三次会议上的《关于 1 980、1981 年国民经济计划安排的报告》指出：通过发展农业生产和提高主要农产品收购价格，1979 年农民增加收入 108 亿元；由于减免农业和社队企业税收，减轻农民负担 20 亿元，预计 1980 年棉花、糖料的产量可以超过 1979 年水平。油料、肉类、水产品的产量可以完成计划。预计 1981 年工农业总产值比 1980 年增长 5.5%。其中，农业总产值增长 4%。

粮食产量 34 250 万吨，比 1980 年预计增加 1 000 万吨，棉花产量 255 万吨，比 1980 年预计增加 25 万吨。其他经济作物、肉类、水产品的产量和造林面积，也将有一个新的增长。

五届全国人大三次会议上的《关于 1979 年国家决算、1980 年国家预算草案和 1981 年国家概算的报告》指出：1979 年国家决算赤字 170.6 亿元。1980 年国家预算总支出比上年将减少 131 亿元。其中，支援农村人民公社支出和各项农业事业费 77.4 亿元，比上年减少 12.7 亿元。如果加上农业方面的基建投资、流动资金和农村救济费等支出 66.6 亿元，增加农业贷款 24 亿元，1980 年国家用于农业的资金共达 81 亿元。1981 年的概算总支出比上年将增加 61.7 亿元。其中，支援农村人民公社支出和各项农业事业费 88 亿元。

9 月 25 日 新华社报道：在天津召开的农业部科学技术委员会第二次全体会议上，1979 年全国有 55 项农牧业科研成果获得由农业部授予的技术改进奖。其中授予一等奖的 36 项，授予二等奖的 19 项。

9 月 28 日 新华社报道：我国商品牛生产基地建设已初见成效。到目前，各基地共建立了 16 处冷冻精液站，13 处液氮站，140 多处县站和 4 000 多处人工输精点，培训了数以千计的人工输精员，冷冻精液繁育体系初步形成。1979 年改良配种牛 68 万多头，超过计划 4.9%，比上一年增长 80%，向国家交售肉用牛 68 900 头，占全国交售肉用牛总数的 90% 多，比上一年增长了 38%。由于货源扩大，1979 年外贸出口活肉用牛比上一年增长 84.9%。

10 月 1 日 农业部人民公社企业管理总局和各省、市、自治区社队企业局联合举办全国社队企业产品展销会，这次会是与全国社队企业局长座谈会结合进行的。参加座谈会的全体代表和参加展销会的各地各界代表近 4 000 人。展销会持续到 10 月 31 日，参观人数达到 30 多万人次，各地前来参观学习和洽谈业务的约有 2 万人，成交总额 5 亿多元，其中社队企业之间经销、代销等合同的成交额占 70% 以上，零售额占 100 万元。

10 月 1 日—31 日 农垦部在北京举办全国农工商联合企业第一次产品展销会，展销品共 5 000 种，其中：零售品 800 多种，成交品 3 000 多种，深受国内外观众的称赞。

10 月 9 日 《财贸战线》报道：从 1979 年 4 月到 1980 年 3 月的粮食年度内，全国共议购粮食 105 亿斤，相当于同期粮食征购、超购总数的 10%，成为 1949 年以来议购粮食最多的一年；这一年度议销的粮食总数为 45 亿斤。1980 年 4—8 月，全国继续议购粮食 36.8 亿斤，比上年同期增加 24.6 亿斤；

议销粮食 41.4 亿斤，比上年同期增加 28.4 亿斤。这对满足农民出售余粮的要求、调剂粮食余缺、平抑集市粮价、活跃城乡市场起到了积极作用。

10 月 10 日 新华社报道：经国务院批准，在全国增加 28 500 名人民公社经营管理干部，同时转发了《农业经济管理干部技术职称评定标准（试行草案）》。

10 月 11 日 《人民日报》发表社论：《从长江抗洪看军民团结》。社论说：1980 年夏季以来，长江流域暴雨频频，洪水水位高。洪峰水位曾升到 27.76 米，仅次于发生特大洪水的 1954 年和破堤成灾的 1931 年，为有水文记载以来 115 年中的第三个高水位。但是，经过广大军民协力斗争，千里长江干堤没有一处溃口，这是中国人民抗洪斗争史上一个很大的胜利。

10 月 15 日 《人民日报》报道：发展迅速的农业增产新技术——塑料薄膜地面覆盖栽培。1980 年已扩大到 23 个省、市、自治区的 120 多个市、县，试验、示范面积 25 000 亩，比 1979 年增长 37 倍。农业部已选定这项新技术为全国重点示范推广的农业科技项目。

10 月 23 日 新华社报道：全国拥有的小水电站已达 9 万座以上，装机容量为 680 多万千瓦，相当于中华人民共和国成立初期全国发电设备总容量的 3 倍多。1979 年全国小水电站的发电量达 119 亿千瓦时，占全国农业用电的 1/3 左右。有 720 多个县的工农业生产和生活照明主要靠小水电站供电。

10 月 30 日 《人民日报》报道：我国土壤学家结合农业生产实际，对水稻土进行了大量研究，在水稻土的发生、分类及肥力演变规律、高产稳产水稻土的培育等方面取得了一大批成果，在中国科学院召开的国际水稻土讨论会上，我国科学家提交的 97 篇论文中，第一次集中地、大批地向外国学者公布了我国三十年来在水稻土领域所取得的研究成果，引起了到会的 45 个国家和国际组织的科学家们的重视。

11 月 12 日 新华社报道：国家农委和中央组织部联合举办的第一期农业领导干部学习研究班 11 日在北京开课。国务院有关各部的副部长和省、市、自治区领导农业生产的书记、副书记、常委、副省长等领导干部参加学习。这是我国首次举办高级农业领导干部学习研究班。

11 月 14 日 新华社报道：农村放宽了经济政策，社队养鱼在我国淡水渔业中已占据重要地位。据国家水产总局的统计，1979 年社队养鱼产量占全国淡水渔业总产量的 65%，1980 年虽然多灾，但仍然大幅度增长。报道指出，发展社队养鱼，成本小，见效快，收益大，是加快发展水产业的重要措施，也是使农村社队和社员尽快富裕起来的途径。

11 月 15 日 新华社报道：农机部主办的全国农机产品订货会在合肥市结束，成交额达 10 亿多元。这次订货会，是农机产品作为商品进入市场后的一次规模空前的交易会。

11 月 17 日 《人民日报》报道：中国农业科学院草原研究所开展各学科综合研究，在草原科研上取得 50 项成果。

11 月 23 日 《人民日报》报道：黑龙江省国营农场普遍实行生产责任制，进一步发展农业机械化，1980 年产粮 62 亿斤，预计交售商品粮 32 亿斤，在 1979 年盈利 10 006 万元的基础上，预计 1980 年可盈利 1.5 亿元。

11 月 28 日 《人民日报》报道：据统计，从 1957 年到 1977 年，二十年间净减少耕地 1.8 亿亩，相当于四川、广东、广西耕地面积的总和。如果我们不珍惜土地，再过八十年，我们的后代就难以生存。代表们建议，国家必须尽快颁发《土地法》；组织有权威的土地统一管理机关和一定规模的土地勘测规划事业机构，有步骤地开展土地资源调查，制定土地规划，加强土地管理。

新华社报道：林业部科学技术委员会和国家科委林业组在北京召开第一次全体委员会议，对 1978 年和 1979 年全国林业科技成果进行了评审。经过评审，有 27 项林业科技成果获得林业部奖励。其中获一等奖的 5 项，二等奖的 9 项，三等奖的 13 项。

新华社报道：1980 年全国皮毛等畜产品收购量有较大幅度的增长。据有关部门统计，和 1979 年同期相比，山羊板皮、狗皮、兔毛增长 30% 以上，牛皮、绵羊毛、羊绒增长 20% 以上，猪鬃等 8 种增长 10% 以上。大部分品种已基本完成全年计划，其中绵羊毛、羊绒已超额完成了全年计划。

11 月 29 日 新华社报道：我国农村已经建立起了 1 000 多个土产品、副产品的大型生产基地。这些基地，提供着麻、蚕茧、茶叶、毛竹等几十种产品。目前这些产品国家的收购总量中，有 60% 以上来自这些基地。

12 月 3 日 新华社报道：我国牧区畜牧业现代化试点取得成绩，17 个试点县经济效果显著。建立了一批饲草饲料基地，牛羊育肥场和基地，培养了一批牧业现代化骨干队伍。初步摸索到一些经验，如牧区实现畜牧业现代化，要从草原建设着手，但又要扎扎实实，量力而行；积极调整畜群结构，提高畜牧业经营效果。搞牧业机械化要因地制宜。牧区办牧工商联合企业有利于改变畜牧业生产、畜产品加工和销售互相脱节的不合理状况，合理地使用人、财、物力。

12 月 6 日 《人民日报》报道：为了改变我国牧区靠天养畜的落后状况，探索畜牧业现代化的途径，从 1978 年起，农业部在不同类型的草原地区的 17 个县进行了三种情况的试点：一是现代化草原建设试点，二是畜牧业现代化综合试点，三是牧工商联合企业试点。经过三年的实践，试点已取得了显著的经济效果：建立了一批饲草饲料基地；建立起一批牛羊育肥场和基地；改变了畜群结构，提高了良种畜和适龄母畜比例；各地区培养出了一支掌握畜牧业现代化经营管理知识和一定牧业生产技术的骨干队伍。

12 月 13 日 新华社报道：据有关部门统计，到 11 月底，全国农村储蓄存款余额达到 104 亿元，比 1979 年同期增加 41 亿元，平均每个农业人口存款 12.8 元。

12 月 14 日 新华社报道：我国大力推广牛的冷冻精液人工授精繁殖技术，已形成一定规模的生产能力。1980 年 1—8 月，生产冷冻精液 400 多万剂，全年用冷冻精液配种母牛 100 多万头。采用这一技术，一头种公牛可配种 3 000～5 000 头母牛，比直接配母牛头数提高几十倍到 100 倍，有利于发挥良种公牛的作用。

12 月 24 日 新华社报道：中国种子协会在天津召开了成立大会。

12 月 27 日 新华社报道：在南涝北旱和严重低温等灾害影响下，1980 年我国粮食总产量比 1979 年减少二三百亿斤，但比 1978 年增加一二百亿斤。1980 年是中华人民共和国成立三十年来第二个粮食高产年。

12 月 28 日 新华社报道：全国棉油糖等经济作物丰收。棉花生产情况出乎意料的好，总产量超过了国家计划，比 1979 年增长一成以上。到 12 月 10 日，全国棉花收购任务已超额完成。油料 1980 年比 1979 年增产一千多万担；全国糖料总产量比 1979 年增长一成，食糖产量增加 30 万吨；桑蚕比 1979 年增加 14.8%，总产量超过历史最高水平；茶叶总产量比 1979 年增加 26 万担；黄麻、红麻产量同 1979 年持平，苎麻比 1979 年增产。除了烤烟、水果、蔬菜比 1979 年略有减产外，经济作物普遍获得丰收。

12 月 30 日 《人民日报》报道：1980 年我国农村用电达 300 多亿千瓦时，比 1979 年增长了 13.8%，是 1949 年以来增长幅度最大的一年。全国农村 90% 左右的公社、60% 以上的生产大队和半数以上的生产队都用上了电。电力排灌面积达到 2.8 亿亩。

《财贸战线》报道：1980 年全国棉花收购创历史最高水平。到 12 月 25 日，已收购皮棉 4 763 万担，超过年收购计划的 8.3%，比 1979 年同期多收购 889 万担，比历史最高纪录 1973 年的全年收购量还多了 5 万担。

1981 年

【文献】

1月9日 农垦部发出《关于颁发农垦机械工业企业新产品研制暂行管理办法（试行草案）的通知》，指出："为了更好地适应'四化'建设的要求，适应农垦机械工业的调整，适应机械产品的竞争，农垦机械工业必须抓紧进行研制和发展适销对路的新产品。这项工作的好坏关系各企业的生存和发展，各级领导要充分重视。"

1月19日 国务院批转《国家水产总局关于当前水产工作若干问题的请示报告》。

《报告》提出：一、调整海洋渔业，合理安排渔场。压缩近海捕捞能力。从1981年起，若干年内，各地国营捕捞企业和渔业社队，一般不再新增和引进渔船。从现在起，在机轮底拖网禁渔区线海域内，禁止所有底拖网机动渔船作业。二、加速发展养殖生产。要明确政策，调动国家、集体、个人几方面的积极性，尽快把可以养殖的水面、滩涂利用起来。对水面、滩涂的所有权和使用权，已经确定的不要轻易变动；没有确定的要尽快确定下来。三、加强渔政管理，认真执行各项渔业法规。四、稳定渔业社队体制，健全生产责任制。要因地制宜加强和完善"几定奖赔""比例分成""大包干"等捕捞生产责任制，分配上体现作业单位之间的差别，不能"吃大锅饭"。采用"大包干"的，要切实做到包够、交齐，丰产时有所储备。五、调整水产品购销政策问题。对集体渔业的水产品应当继续实行派购与议购相结合的政策，适当调整二类产品的范围，加强必要的行政管理和经济措施。完成派购任务以后的产品，水产供销部门可以设立水产贸易货栈，开展议购议销或代理业务。水产供销企业的设置，要逐步打破行政区划，去掉不必要的层次，按经济区域设置机构，并开展产销挂钩，产品直达运输，鼓励活鱼上市，按合理的流向组织流通。

1月30日 国务院发出《关于调整农村社队企业工商税收负担的若干规定》，从4月1日起执行。

为了扶植社队企业生产的正常发展，对符合条件的社队企业，经省、市、自治区人民政府批准，可以继续减税、免税。取消现行社队企业在开办初期免征工商税和工商所得税二年至三年的规定，改为根据不同情况区别对待的办法。农村社队用提留的饲料粮酿酒，并交由商业部门收购的，恢复按40％的税率征收工商税。国家收购的土糖、土纸、土丝、土布等农副产品，应坚持在收购环节征税。农工商联合企业应按规定征收工商税；属于集体所有制的部分，还应按规定征收工商所得税。参加农工商联合企业的基层供销社，仍按39％的税率征收工商所得税。城镇上山下乡知识青年在农村或城镇郊区所办的场（厂）队生产的烟、酒、糖、棉纱、手表等高税率产品和他们设在城镇的商业、服务业企业，应照章交纳工商税和工商所得税。

2月11日 新华社报道：中共中央批发了山西省委《关于农业学大寨运动中经验教训的检查报告》。中央在批语中指出：山西省委总结了大寨大队从农业战线的先进典型变成执行"左"倾路线的典型的经验教训。各地应认真总结学大寨和三中全会以来农业战线上的经验教训，以利于进一步肃清农业战线上"左"倾路线的影响，更好地贯彻执行三中全会以来中央制定的各项农村政策。"文化大革命"以来，大寨和昔阳县推行"左"领路线，主要应由陈永贵负责。在全国范围内推行大寨经验的错误，主要责任在当时的党中央。历史已经证明，把先进典型的经验模式化、绝对化、永恒化的做法是错误的、有害的。任何先进技术经验或经营管理经验都必须同当地农民的经济利益联系起来，重视经济效果，在农民自愿接受的基础上，经过试验逐步推广。要接受正反两方面的经验，使培养劳动模范、培养工农干部，有一套完整的、切实可行的制度，不要让他们担任不能胜任的领导职务。山西省委在《报告》中分析，大寨和昔阳县"左"倾错误的主要内容及其危害是：人为制造阶级斗争，使相当多的干部群众遭到迫害；搞"穷过渡"，阻碍和破坏生产力的发展；不断地"割资本主义的尾巴"，扼杀了集体经济的必要补充部分，阻碍了社会主义经济的全面发展；不断地鼓吹平均主义，破坏按劳分配。

2月27日 国务院批转《卫生部关于合理解决赤脚医生补助问题的报告》。

《报告》建议：（一）凡经考核合格、相当于中专水平的赤脚医生，发给"乡村医生"证书，原则上给予相当于当地民办教师水平的待遇。根据各地经济条件和本人情况，也可以高于或低于民办教师的待遇。（二）赤脚医生补助费的来源：一是社员讨论，从社队企、副业收入中或社队公益金中提取；二是从诊疗业务收入或医疗站其他收入中解决；三是由地方财政给予适当补助。

3月8日 中共中央、国务院发布《关于保护森林 发展林业若干问题的决定》。为了迅速扭转林业面临的严重局面，坚决制止乱砍滥伐，切实保护现有森林，严格控制采伐，降低资源消耗，进一步落实林业政策，充分调动各方面的积极性，大力开展造林育林，使林业建设逐步走上健康发展的轨道，《决定》提出：要稳定山权林权，落实林业生产责任制。国家所有、集体所有的山林树木，或个人所有的林木和使用的林地，以及其他部门、单位的林木，凡是权属清楚的，都应予以承认。要根据群众的需要，划给社员自留山（或荒沙荒滩），由社员植树种草，长期使用。社员在房前屋后、自留山和生产队指定的其他地方种植的树木，永远归社员个人所有，允许继承。对木材实行集中统一管理，有计划有步骤地调整集体林区和国有林区的木材价格，建立国家林业基金制度，适当提高集体林区和国有林区（黑龙江、吉林、内蒙古林区除外）育林基金和更改资金的征收标准，扩大育林基金征收范围，抓紧林区的恢复和建设，大力造林育林，发展林业科学技术和教育。

3月10日 林业部与国家城建总局联合发出《关于开展爱护树木花草文明教育活动的通知》，同时公布了《爱护树木花草公约》。

3月12日 《国务院批转农业部、商业部、粮食部〈关于当前生猪生产情况的紧急报告〉的通知》。指出：保护广大农民发展养猪的积极性，关系到市场供应、农业增产，关系到国民经济调整工作的顺利进行，各地区、各有关部门必须引起足够重视。要经常研究解决生猪生产以及商业购销、加工、储存等方面存在的问题，以促进生猪生产的稳步发展，保持猪肉供应的好形势。

3月26日 国家科委、农委等12个部委联合发出《关于加强农业科技推广工作 加速农业发展的

联合通知》。指出：发展农业，一是靠政策，二是靠科学。农业科技推广工作，是整个科技工作的重要组成部分。一、各地要因地制宜，选择一些花钱少，见效快，收益大的项目，大力加以推广。推广中要遵循自然规律和经济规律，一定要从实际出发，讲求经济效果。二、推广工作要根据各地具体情况，采用有利于群众增产增收，有利于调动技术人员和社队干部积极性的经济办法，如技术推广联产合同等各种形式的技术责任制，使政策与科学同时发挥威力。三、建立、健全推广机构，充实农业科技推广队伍，提高他们的工作水平，充分调动农业技术人员的积极性。四、采用各种方式加强培训工作，普及农业科技知识，开展多种形式的群众性科学实验活动，使他们逐步成为具有社会主义思想觉悟，具有现代化农业科学知识的农业工人和农民。

3月27日 中共中央办公厅转发国家农委副主任杜润生《关于农村经济政策问题的一些意见》。杜润生认为：一、困难地区实行包产到户稳定几年，大有好处；二、统一经营、联产到劳是适宜中间社队采用的一种责任制形式；三、建议在不搞包产到户的地方，适当扩大自留地的数量；四、要采取措施，稳定县、社干部；五、加强农村社会治安建设。

3月30日 中共中央和国务院就转发国家农委《关于积极发展农村多种经营的报告》发出通知。通知指出：积极发展多种经营，是繁荣我国农村经济的一项战略性措施。我们的方针是：决不放松粮食生产、积极开展多种经营。中央、国务院决定，今后若干年要继续保持一定数量的粮食进口。各级人民政府应在粮食供求平衡的条件下，有计划地逐步把农业经济内部比例失调的状况调整过来。决不放松粮食生产，积极开展多种经营，这就是我们的方针。开展多种经营，要发挥集体和个人两个积极性。生产队要根据当地自然资源、劳动力资源的状况和生产习惯，推行在统一经营的前提下，按专业承包、联产计酬的生产责任制，组织各种形式的专业队、专业组、专业户、专业工。同时要通过订立合同和其他形式，积极鼓励和支持社员个人或合伙经营服务业、手工业、养殖业、运销业等。凡是适宜社员个人经营的项目，尽量由农户自己去搞，生产队加以组织和扶助。农民在发展多种经营及其他各项生产时，由于技术水平高低和付出劳动多少不同而出现收入上的差别，因差别而出现竞争，是合理的。不应当把这种现象看成是资本主义的两极分化，更不应当由此导致打击、限制多种经营的错误做法。中央、国务院建议逐步推广经济合同制，条件具备的地方可以先行试点。粮食征购任务和经济作物的收购任务，由国家收购部门同生产队订

立合同，确定双方应承担的义务。生产队保证完成合同规定的交售任务，对作物种植面积有权自行灵活安排，剩余的产品，有权自行处理。开展多种经营，要组织各种形式的经济联合，切实解决产供销和技术指导等方面的问题。

国务院批转中国农业银行《关于处理农贷积欠加强农贷管理的报告》。

4月7日 《国家农业委员会、民政部转发〈广西壮族自治区人民政府关于切实抓好农村老弱孤寡残疾社员供给政策落实〉的通知》。

4月17日 国务院发出《关于制止农村建房侵占耕地的紧急通知》，指出：农村建房用地，必须统一规划，合理布局，节约用地。要向社员重申，农村社队的土地都归集体所有，社员只有使用权，没有所有权。要逐步改革农房建筑材料，减少打坯、烧砖、取土用地。各级政府对农民建房和社队企业占地情况，要进行一次检查。

4月22日 全国供销合作总社、国家物价总局发出关于提高烤烟收购价格的通知，确定将总社管理市场标准级烤烟每担平均收购价格由70.39元提高为87.04元，提高幅度23.7%。其他烤烟产区收购价格由省、市、自治区参照主产区价格自行安排，并报国家物价总局、供销总社备案。

4月24日 国务院批转粮食部等《关于调减主要稻谷集中产区50亿斤粮食征购基数的报告》。要求这次调减的粮食征购基数要集中使用，一定要调减那些产量高、商品率高、贡献多、超购加价款收入少的稻谷集中产区。调减的方案是：江苏调减7.5亿斤，浙江调减5.5亿斤，安徽调减4亿斤，江西调减8.5亿斤，湖北调减7.5亿斤，湖南调减8亿斤，上海调减1亿斤。

国务院发出《关于加强茶叶工作的通知》，规定：一、坚持计划收购，并同生产单位签订合同；二、超过计划交售的毛茶（不包括红碎茶，边销茶），工商税税率由40%减为20%；减税金额全部给超交茶叶的生产单位；三、茶叶的收购精制加工、调拨标准，由全国供销合作总社归口管理，出口茶叶加工标准归外贸部管理；四、凡按以上规定在完成国家计划任务以后由生产单位自销的茶叶，应交工商税，销售价不得高于当地规定的最高限价；五、国家今后不再新建精制茶厂；六、全国茶类生产布局，应保持稳定；七、国家扶持起来的重点产花社队要加强香花的管理。

5月4日 国务院作出《关于社队企业贯彻国民经济调整方针的若干规定》，充分肯定社队企业是农村经济的重要组成部分，符合农村经济综合发展的方向。并要求社队企业必须贯彻中央关于国民经济实行进一步调整的方针，从宏观经济的要求出发，根据社队企业的特点和存在的问题，进行认真的调整和整顿。

国务院批转国家水产总局《关于当前水产工作若干问题的请示报告》，要求各地在调整中切实加强对渔业工作的领导，认真解决存在的问题，调动各方面的积极性，使我国渔业能有一个较大的发展。

5月13日 林业部印发《林木选择育种技术要领》。它规定了林木选择育种的技术原则和要求，对我国高质量建设良种基地有现实指导作用。

5月23日 国务院发出《关于棉粮、糖粮挂钩奖售粮几个问题的通知》，对棉粮挂钩的奖售基数问题，棉粮、糖粮挂钩奖售粮的供应价格和经营费用负担问题，都作了说明和规定。

6月1日 全国供销合作总社、农垦部、林业部联合发出《关于发展木棉生产的通知》，要求适宜发展木棉生产的地区和单位结合绿化环境，利用房前屋后等零星闲散土地种植木棉。

农垦部向国务院财贸小组报送《关于当前农垦农工商联合企业一些商业政策问题的请示报告》，其中提到：现在已建成各种形式的联合企业209个，参加的农场936个，占农垦系统农场总数的44%，此外还建立了一批跨行业跨地区的联合企业，并同1 000多个农林生产队实行了经济联合。

6月2日 国务院批转粮食部《关于夏季粮油征购的报告》指出，1981年的夏粮、油菜籽生产情况都很好，各地要做好工作，按照政策，力争多收购一些。粮食部的报告中就收购中的几个政策问题作了明确的规定。

7月3日 《国家农委批转水利部〈关于在全国加强农田水利工作责任制的报告〉的通知》。指出：不论实行何种生产责任制，均必须注意使农田水利工程的效益得到应有发挥，尤其是实行包产到户、包干到户的地方，更应注意此事，对现有的农田水利设施切记避免破坏或废置不用。

7月13日 《国务院关于新扩大的自留地、饲料地照征农业税的通知》（国发〔1981〕112号）。为了保持不搞包产到户的地方与搞包产到户的地方在农业税负担政策上的平衡，同时考虑到目前国家财政有困难的实际情况，国务院决定，各地适当扩大自留地、饲料地后，对这部分土地原来负担的农业税应继续征收，不要减免。征收的具体办法，由各省、市、自治区人民政府根据当地情况确定。目前，农业税的实际税负是比较轻的，社员多分自留地、饲料地后增加了家庭收入，继续向国家缴纳一点农业税是应当的。希望各地接到本通知后，切实加强宣传教育和征收工作，努力完成国家的农业税征收任务。

7 月 21 日 国务院办公厅转发《林业部关于稳定山权林权 落实林业生产责任制情况简报》。要求各地务必加强领导，作出具体部署，建立领导小组，组织工作队伍，抓紧进行。

7 月 28 日 国务院批准全国供销合作总社《关于当前农副产品收购几个问题的报告》。批转通知说：近两年，农副产品的收购工作，总的说是好的。但是也出现了部分农产品价格上涨过高、议价偏高等现象，以致影响到某些重要农副产品的收购、调拨计划的完成，因此，需要采取措施加以解决。供销合作总社的报告中提出了以下措施：一、坚持统购、派购、议购政策；二、认真执行农副产品价格政策；三、推行合同制度；四、加强农副产品的市场管理；五、组织好农副产品收购工作。

7 月 30 日 国家物价总局、全国供销合作总社、商业部、粮食部、对外贸易部、国家水产总局、国家医药管理总局、工商行政管理总局关于试行《农副产品议购议销价格暂行管理办法（草案）》的通知。

《办法》规定：议购议销商品的范围，限于三类农副产品和完成收购任务以后允许上市的一、二类农副产品。议购价格应根据市场供求情况，保护并合理利用资源，考虑与相关产品的比价，同生产者协商议定。供求大体平衡或供不应求的商品，议购价应略低于当地当时的集市贸易价格。议销价格一般要坚持薄利多销的原则，以议购价格为基础，按照商品合理流向，加上必要的费用和薄利（统算利润掌握 2%～3%）制定，一般应低于当地当时的集市贸易价格。管理农副产品议购议销价格的原则是：有利于发展农业生产，增加市场商品供应，有利于保持市场物价的基本稳定；管而不死，活而不乱。管理权限也实行统一领导，分级管理的原则。

8 月 17 日 全国供销合作总社发出《关于适应新形势 进一步做好农业生产资料供应工作的通知》。要求：要根据当地实际情况，改变过去某些品种只供应集体，不供应个人的作法。不论是对生产队，还是对专业组、农业户或个人的供应，都要一视同仁，同等对待。计划外商品，要敞开供应，扩大销售。农药供应部门要在当地党委和政府具体指导下，因地制宜地积极倡导和扶植各种形式的联合防治，加强技术指导，确保安全合理用药，对剧毒农药，必须坚持凭使用农药单位的证明供应。

8 月 21 日 国务院办公厅转发供销合作总社《关于全国棉花收购、加工工作会议情况的报告》。要求各级政府进一步加强领导，棉花收购部门切实安排好收购网点，加强收购力量，改进收购方法，有关部门给予密切配合，把今年的棉花收购、加工、检验、调运、储存等工作搞得更好，争取棉花丰产丰收。《报告》提出：继续实行统购统销，由供销社统一收购、统一分配，棉花、土纱、土布一律不准上市。棉花收购工作，要适应各种形式生产责任制变化的情况，也可以采取户交户结的形式，千方百计满足售棉群众的要求，各地应对陈欠的预购定金，全面地清理一次，并商定归还计划，力争逐步收回。

8 月 31 日 财政部发出《关于加强农业税征收工作的通知》（财农字〔1981〕第 221 号）。

要求：（一）加强农业税的征收管理工作，保证完成农业税征收任务。（二）农业税征收仍应以生产队为纳税单位。生产队如有调整变动，农业税征收任务要及时相应调整落实。（三）做好农业税的缴纳和结算工作，分不同情况采取不同的缴纳和结算办法。（四）做好农业税减免工作。

9 月 9 日 农垦部发出《关于加强农垦企业成本管理工作的通知》，要求加强对财会工作的领导；对今年的成本管理工作进行一次检查；组织专业人员进行调查研究，分析成本的实际构成，找出增大成本的各种因素，提出降低成本的具体措施，推动农场加强成本管理工作。

9 月 18 日 国务院办公厅发出《关于无定购基数的单位和个人交售的棉花奖售粮食的通知》。决定对无定购基数的单位和个人交售的棉花，既加价又奖售粮食（交售 1 斤皮棉奖售 2 斤粮食）。

9 月 25 日 《国务院批转林业部等部门〈关于加强鸟类保护 执行中日候鸟保护协定的请示〉的通知》。

林业部制订并颁发《关于加强东北、内蒙古林区林业企业营林工作若干问题的规定》。这个规定的实施将对迅速扭转林业企业采育失调、切实保护好现有森林资源、严格控制采伐、降低消耗、及时更新采伐迹地、扩大荒山造林、积极进行成林抚育等方面起促进作用。

9 月 26 日 林业部发出《关于进行造林检查工作的通知》。要求积极解决人力、经费等方面的问题，普遍开展和完善造林检查验收工作，努力做到上报面积符合实际面积，并逐年提高造林质量。

10 月 7 日 国务院批转国家建委《关于开展国土整治工作的报告》，要求各地、各部门通力合作，搞好考察，开发、利用、治理和保护国土资源。

10 月 13 日 《民政部关于检查对五保户生活安排情况的通知》(民〔1981〕农 91 号)。

10 月 14 日 轻工业部、财政部、林业部联合颁发《关于造纸厂建立造纸林基地和提取育林费试行办法》。该办法规定,育林费提取标准,由省、市、自治区根据省轻工、林业主管部门批准的计划任务书所规划的造林面积和所需造林育林费用确定。育林费应专款专用,存入建设银行监督,年终结余允许跨年度使用。建立造纸林基地可以采取造纸厂自办林场,造纸厂与国营林场、社队合作造林,省轻工部门与林业部门合办林纸联合企业等形式。

10 月 29 日 《国务院转发农业部〈关于清理外单位拖欠农村人民公社基本核算单位款项的报告〉的通知》。

11 月 7 日 水利部颁发《灌区管理暂行办法》。《灌区管理暂行办法》共七章四十一条,对灌区的组织体制、工程管理、灌溉用水管理、灌溉试验与科学研究、灌区的经营管理作出了具体规定。

11 月 26 日 林业部、财政部联合发出通知,规定从 1982 年 1 月 1 日起适当提高我国南方各省育林基金、更改资金的提取标准。即国有林区和集体林区育林基金和更改资金的提取标准,在现行提取标准的基础上增加 5 元。

12 月 3 日 中共中央、国务院、中央军委发出《关于恢复新疆生产建设兵团的决定》,指出:生产建设兵团屯垦戍边,发展农垦事业,对于发展自治区各民族的经济、文化建设,防御霸权主义侵略,保卫祖国边疆都有十分重要的意义。生产建设兵团在过去长期的建设边疆、保卫边疆的斗争中,作出了很大的成绩。

12 月 13 日 第五届全国人民代表大会第四次会议通过了《关于开展全民义务植树运动的决议》。规定凡条件具备的地方,年满 11 岁的中华人民共和国公民,除老弱病残者外,因地制宜,每人每年义务植树 3～5 棵,或者完成相应劳动量的育苗、管护和其他绿化任务。五届人大四次会议责成国务院根据决议精神,制定关于开展全民义务植树运动的实施办法并公布施行。

12 月 30 日 国务院发出《关于严格控制农村劳动力进城做工和农业人口转为非农业人口的通知》(国发〔1981〕181 号)。要求采取有效措施,严格控制农村劳动力进城做工和农业人口转为非农业人口,严格控制从农村招工,城镇集体所有制单位一律不准招收农民当职工(包括临时工)。城镇的技工学校不得从农村招生。认真清理企业、事业单位使用的农村劳动力,对农村人口迁入城镇要严格掌握,粮食部门要按照政策规定严格控制农业人口转为非农业人口。不符合规定的,不供应商品粮。

【会议】

1 月 2 日 国家水产总局在广东东莞召开的第三次渔港建设会议结束。会议总结了近几年来我国渔港建设的经验教训,研究了当前水产调整工作中如何进一步搞好渔港建设的措施。

1 月 10 日—15 日 中国水利学会在河南新乡召开灌溉排水技术讨论会并成立农田水利专业委员会。会议通过学术报告和分组讨论,交流了灌溉、排水经验和科研成果。

1 月 16 日 中国农业银行全国分行行长会议在北京闭幕。会议提出 1981 年农村金融工作的主要任务是:贯彻国民经济的调整方针,加强信贷管理,积极组织资金,把资金管好用活,提高经济效果,合理地满足农村资金需要,促进农业生产全面丰收。会议强调,1981 年的农业贷款要着重支持商品生产的发展,在帮助社队和国营农场发展粮食生产的同时,大力发展多种经营,为国家提供更多的农副产品、工业原料和出口商品。

2 月 16 日—3 月 7 日 国务院在北京召开了全国林业会议。会议研究解决了 6 个问题。①要求各级党委和人民政府,尽快作出部署,组织力量做好稳定山林权工作,落实林业生产责任制,以保护森林,调动群众造林育林积极性。②提高木材价格。从 1981 年起南方材提价 20%,北方材提价 10%。③林区木材及半成品由林业部门统一经营管理。④为了加强国家对林业的经济扶持,议定建立国家林业基金制度。⑤国营林场在抚育期间,收入不上交,以林养林,解决当前国营林场投资不足问题。⑥对东北、内蒙古林区知识青年的安置问题,也从各方面作了明确规定。

2 月 20 日—3 月 5 日 农垦部在北京召开 1981 年全国农垦厅、局长会议。这次会议,主要是贯彻国民经济调整方针,讨论把基本建设规模压下来,把各项生产搞上去的问题。会议总结了农垦战线三十年来的经验教训,安排了 1981 年的计划任务,讨论了一些规章制度。

3 月 31 日 新华社报道:为了研究和制订农业发展长期规划,国家农委邀请在北京的部分农业科学家、专家和农口各部门的科技人员进行座谈,听取他们的意见和建议。座谈会上大家一致认为,制订农业发展规划要从批"左"入手，把搞好农业的眼光，从局限于 15 亿亩耕地，放开到全国 960 万平方千米的土地上和广阔的海洋上，使农林牧副渔五业俱上。

3月31日—4月3日 水利部农水局在北京召开黄河下游引黄灌溉座谈会。强调要注意排水出路和加强引黄灌溉管理。

4月2日 国务院委托国家农委在北京召开沿海渔场安排座谈会。会后向国务院写了《关于东、黄、渤海主要渔场渔汛生产安排的暂行规定报告》，国务院 4 月 22 日批转了这个报告。为保护大黄鱼和带鱼的幼鱼繁殖成长，国务院决定从 4 月 22 日起，在东海和黄海设立两个幼鱼保护区。

6月1日—7日 水利部农水局和电机工程学会农电委员会在广东阳山县联合召开全国小水电提高经济效益学术讨论会。会议一致认为，我国已建的 8 万多座小水电，是能源建设中一支可观的力量，是对大电网的重要补充，是农村的重要能源，发展方向是值得肯定的。会议通过讨论，提出了有关小水电装机容量选择、提高发电利用小时、水量的科学调度和抽水蓄能、水轮发电机组最优工况选择以及无功补偿 5 个专题的建议。

6月10日—22日 中国农业银行在北京召开全国分行行长汇报会议。会议要求各级农村金融部门积极支持生产队、专业户、重点户发展多种经营，并注重经济效果。

6月20日—25日 农垦部在上海市东海农场召开国营农场植保工作会议，会议认真总结交流了经验，讨论了进一步加强植保建设，提高防治水平的措施。

7月14日—17日 农垦部在辽宁省盐碱地利用研究所召开全国农垦系统少耕免耕法学术交流和科研协作会议。

8月9日—16日 农垦部、财政部在佳木斯市联合召开全国国营农场财务工作会议。会议着重研究和讨论了进一步做好扭亏增盈工作、财务工作如何支持、促进调整方针的贯彻执行以及财务包干的新情况和需要解决的新问题。会议讨论拟定了《全国国营农场财务工作会议纪要》《国营农场会计师工作条例试行草案》和《关于加强农垦企业固定资产更新改造资金管理的试行规定》。农垦部、财政部 9 月 5 日联合印发了上述 3 个文件。

8月25日—31日 中国黑白花奶牛育种科研协作组南、北方组代表联席会议在大连市召开，会议着重研究育种协作组改建为中国黑白花奶牛协会和总结协作组成立以来的工作和经验，讨论修改《中国黑白花奶牛协会章程（草案）》。

8月27日—9月2日 林业部在黑龙江省齐齐哈尔市召开 18 省、市、自治区自然保护区区划工作座谈会，会议交流了开展自然保护区区划、考察工作的情况和经验，研究了有关问题，部署了下一步工作。

9月14日 农垦部、财政部召开全国国营农场财务工作会议，制定了进一步完善财务包干的四条措施：①对财务包干范围，明确规定要实行分级包干、分项包干；②财务指标既不能过高，也不能太低，要兼顾国家、企业、职工三者利益；③包干结余资金的使用，主要作为生产发展基金，用于生产技术措施，一部分作职工奖励基金，同时，还应留有适当的储备基金，用于以丰补歉；④加强财务管理，严肃财经纪律。

9月22日—25日 共青团中央、林业部在北京召开全国青少年绿化祖国突击手（队）表彰大会。会议总结交流了经验，表彰了 100 个绿化祖国突击队、50 名绿化祖国突击手，宣传贯彻了中共中央、国务院《关于保护森林发展林业若干问题的决定》，进一步动员全国各族青少年为植树造林、绿化祖国发挥突击作用。

9月22日—26日 林业部在北京召开林业职工教育工作会议。会议着重讨论了《1981—1985 年林业系统职工教育规划意见（讨论稿）》，交流了近几年来林业干部的培训和职工教育工作经验。

9月25日 新华社报道：林业部在西安召开黄土高原造林现场经验交流会，研究在农村实行生产责任制后，如何进行大面积的荒山造林和流域治理。

10月5日—21日 全国农村工作会议和农业工作会议同时在北京召开。农业工作会议除讨论国家农委代中央起草的《关于农村工作几个问题的通知（草稿）》外，还着重讨论了农业部的工作报告和畜牧、社队企业总局的两个专题报告，总结交流了经验，部署了今后工作，研究了如何加快农业发展速度等问题。会议明确指出，实行各种形式的农业生产责任制，要加强党的领导，坚持集体化方向。农业生产搞责任制长期不变，责任制的形式多样化不变，基本生产资料（主要是土地）的集体所有制长期不变。

10月16日—24日 国家水产总局在山东牟平县召开全国水产科技工作会议，会议回顾和总结了 32 年来水产科技工作的成就和经验教训，讨论了科技发展方针、技术政策和改进科研管理工作等问题，提出近期要集中力量推广突破的生产上急需的科研成果和课题。会议还讨论、修订了《全国水产科技"六五"发展计划和十年设想》《水产科学研究工作试行条例》及《渔业科技研究成果鉴定实施办法》。

12月2日—9日 国家水产总局在江苏无锡市召开全国海洋集体渔业经营管理工作座谈会,会上交流了各地渔业社队建立生产责任制、开展多种经营的情况和经验,集中研究了根据海洋渔业特点,进一步完善改进生产责任制,加强经营管理工作的意见。

12月16日—21日 全国小型农业机械座谈会在北京召开。会议研究了在我国农村实行生产责任制后出现的新形势和新要求,强调小型农业机械的研制、生产一定要因地制宜,讲求经济效益,要规划定点,提高产品质量,降低成本。要搞好小型农业机械的宣传、推广和技术服务工作,沟通产需渠道,方便农民选购。

12月17日—24日 国家水产总局在湖南沅江县召开淡水商品鱼基地经营管理座谈会,研究基地渔场资金使用和提高经济效益等问题。

12月20日—27日 国家水产总局在辽宁省大连市召开全国水产企业经营管理座谈会。会议总结交流了企业整顿推行经济责任制的经验,进一步贯彻全国计划会议和国务院关于抓好企业整顿工作、实行工业生产经济责任制意见的通知精神,研究直属企业1982年生产、财务任务。

12月22日—27日 水利部在广西玉林县召开10省区公社水利站工作座谈会。会议交流了近几年充实、调整和建立公社水利站的情况和经验,讨论了《公社水利站工作条例(讨论稿)》。

1981年12月28日—1982年1月2日 林业部在北京召开全国林业厅(局)长会议。会议主要学习五届人大四次会议《关于开展全民义务植树运动的决议》,讨论安排了1982年全民义务植树工作。

【农业发展成就】

1月3日 《人民日报》公布了国家统计局对10 282户社员家庭的调查材料。调查材料说:1979年平均每人总收入为179.8元,比上年增加29.2元,扣除家庭副业的生产费用和纳税额后,平均每人纯收入为160.2元,比上年增加26.6元,提高19.9%。在纯收入中,来自集体的收入为102元,比上年增加13元,提高14.6%;来自家庭副业的收入为44元,比上年增加8.9元,提高25.3%;其他收入由9.6元增加到14.2元,提高47.9%。社员家庭副业和其他收入占纯收入的比重,由33.4%上升到36.4%;从集体得到的收入占纯收入的比重,由66.6%下降为63.6%。这反映了家庭副业发展较快的趋势。

1月3日—4日 葛洲坝工程大江截流胜利合龙,这次截流,比设计合龙施工工期缩短11天。

1月10日 新华社报道:1980年度国家食油收购计划已提前两个多月超额完成。据粮食部统计,到1月5日止,已完成国家食油收购计划的105.5%,比上年同期收购量增加17.8%。

1月19日 新华社报道:截至1月15日,1980年度我国粮食征购计划已经超额完成。据统计,征购入库的粮食已达全年计划的104.3%。已经完成和超额完成征购任务的地区有19个省、市、区;辽、粤、桂、豫超购粮食近20亿斤。

1月21日 新华社报道:我国棉花收购量首次突破5 000万担。据全国供销合作总社截至1月15日的统计,1980年度全国已收购皮棉5 037万担,比上年度同期增加907万担,比历史上收购量最高的1973年还多280万担。增收的907万担棉花中,可供纺织用的棉花有80万担。

《黑龙江日报》报道:黑龙江省国营农场1980年粮豆总产67亿斤,比原来预计的64亿斤超出3亿多斤。预计上缴粮豆将突破35亿斤,商品率达52%。全黑龙江垦区粮豆总产、单产、上交商品粮、利润都超历史最高水平。

1月27日 《人民日报》报道:水利部和农业部就联合培养水产技术人才达成了协议,签订了《关于农业部部属华中农学院为水利部长期培养淡水渔业专业高级技术人才的协议书》。国家农委批转了这一协议书。

2月7日 新华社报道:据工商行政管理总局掌握的全国206个集市点的统计,1980年农民在集市上出售农副产品的金额达57 446万元,比1979年增加37.4%。农村集市上商品的价格,总的来说,稳中有降。将1980年与1979年价格总水平对比,9月底下降1.6%,12月底下降1.8%。市价和牌价的差距,比上年缩小3%。10种主要商品中,大米、小麦、玉米、食用植物油、猪肉、白菜和仔猪的价格都有下降,只有烟叶、鸡蛋和烧柴的价格略有上升。

2月24日 《人民日报》发表题为《我国南方水稻良种联合区域试验协作结硕果》的报道。报道指出,我国南方水稻育种科学工作者,近年来在中国农业科学院的主持下组织区域试验,共同协作,已取得24个有稳定的高产特性和有广泛的适应能力、利用价值较大的早稻、中晚稻及中晚粳稻良种,为我国增加稻谷产量作出了贡献。

2月25日 国务院副总理兼国家计划委员会

主任姚依林向五届全国人大常委会第十七次会议作了《关于调整1981年国民经济计划和国家财政收支》的报告，报告指出：目前的经济形势是1949年以来少有的很好的形势。其显著标志之一是8亿多人口的广大农村形势越来越好。1980年粮食总产量预计为31 600万吨左右，是1949年以来仅次于1979年的第二个粮食高产年。棉花产量预计达到260万吨以上，比上年增加40多万吨，增长20%，创造了1949年以来的最高纪录。油料、糖料在上年大丰收的基础上，又各增加了10%以上。农民在1979年、1980年两年出售农副产品增加收入258亿元。特别令人高兴的是，许多贫困地区在一两年的时间内，就扭转了多年以来"吃粮靠返销，生产靠贷款，生活靠救济"的状况。

3月11日 新华社报道：1980年4月至12月，全国议购粮食118亿多斤，议销76多亿斤；议购食油53 000多万斤，议销21 000多万斤。都超过了1979年全年粮油议购议销数量。

3月12日 中国—世界野生生物基金会联合委员会共同拟定的《关于保护大熊猫研究中心的议定书和行动计划谅解备忘录》，于1981年3月12日由我国驻日内瓦代办处代表我方签字生效；1981年4月在成都市举行了联合委员会议，批准了《关于保护大熊猫研究中心基本建设扩大初步设计》，签订了《保护大熊猫研究中心1981年6月至12月的合作计划》。

《人民日报》报道：全国农垦系统1980年的粮食总产量、上交商品粮、工农业总产值和经营利润都超过历史最好水平，粮、棉、油、糖、茶、牛奶、羊毛等全面增产，初步统计共盈利4亿多元。

3月14日 林业部、财政部联合颁发《国营苗圃经营管理试行办法》。

3月19日 《人民日报》报道：据有关部门根据典型资料匡算，近三年来约有2 500万农户新建和改建了住房，占全国农户总数的14%。现在要求建房的农户，在经济条件好的地方约占30%左右；在经济条件一般的地区，约占10%左右。1980年国家为农村建房提供了5万吨钢材和50万标箱玻璃，1981年将提供8万吨钢材和70万标箱玻璃。

4月2日 《人民日报》报道：四川省试行农业技术推广联产责任制，农技部门与生产队签订推广技术联产合同，效果显著。该省已有19 189个生产队成了农业技术推广的"合同队"，162万亩地成了"合同地"。

4月11日 新华社报道：近年我国食油生产，打破了从60年代开始的17年油料总产量一直在30亿斤上下徘徊的局面，连连刷新纪录。1979年是49.3亿斤，1980年预计在52亿斤以上，截至1981年2月底的统计，各地食油收购量已达26.3亿斤。

4月13日 新华社报道：河南省开封地区根据农村实行各种形式生产责任制后出现的新形势，改革公社一级的领导体制，加强公社管理农业生产的机构，大部分公社建立了经营管理、农技推广、水利、农机、林业、种子、畜牧和农用电等几个管理站，简称为"八大站"。

4月17日—23日 水利部农水局在河南温县召开了北方地区机井管理经验座谈会。与会同志参观了温县机井管理的现场，研究了今后加强机井管理的措施，讨论制定了《农用机井管理暂行办法》。

4月20日 《人民日报》报道：新疆农垦系统认真总结农业连续三年丰收的经验，大力推广行之有效的先进农业科学技术，近三年来农业生产的恢复和发展的速度很快，粮食产量每年递增14%，棉花产量每年递增40%，甜菜产量每年递增39%，油料以及其他农作物的产量也都大幅度上升。

《人民日报》发表了评论员文章：《国营农场要发挥潜力多做贡献》，指出：全国农垦企业经过近两年的整顿，继续增产增收，成绩显著。1980年自然灾害严重，全国粮食减产，但是农垦企业由于注意发挥优势，调整作物布局，加强田间管理，奋力抗灾，粮、棉、油、糖、茶和橡胶等都增产。全国农场在1980年调整工资、职工副食品补贴等增加开支6亿多元的情况下，还盈利4亿多元。增盈减亏幅度之大，也是过去没有的。

4月29日 国家统计局公布1980年国民经济计划执行结果的公报。公报说，1980年农业总产值按1970年不变价格计算为1 627亿元，完成计划103.3%，比上年增长2.7%。在8种主要农业产品产量中，除粮食没有完成计划外，棉花、油料、甘蔗、甜菜、黄红麻、蚕茧、茶叶都完成和超额完成了计划。农村队多种经营和社员家庭副业有了较快的发展。全国造林面积455.2万公顷，比上年增长1.4%。水产品产量449.7万吨，比上年增长4.5%。国营农场生产全面增长。全国农垦系统国营农场总算起来，盈利额比上年增长52.7%，但仍有40%的农场不同程度地存在着亏损。各地注意了因地制宜地发展农业机械。1980年末，全国累计有大小水库86万座，配套机电井达到209万眼。气象部门服务质量进一步提高，有力地配合了防洪抗灾斗争。

5月2日 新华社报道：在国家农委和国家科委的组织下，从1980年6月开始的对我国重点牧区的草场资源调查试点工作已基本结束。它为全面开展草场资源的调查培训了技术队伍，积累了经验，提供了科学根据。

5月6日 《人民日报》报道：由我国科技人员袁隆平、李必湖等首先育成的强优势杂交水稻，经过几年的试种和推广，已经产生了巨大的经济效果。从1976年到1980年，5年累计播种面积达25 000多万亩，增产粮食260亿～270亿斤，平均亩产一般比其他水稻良种增产100斤以上。杂交水稻是我国农业方面一项重大发明，它的研究和推广均在国际上领先。

5月7日 《人民日报》报道：农垦系统出口商品大增。出口商品200多种，总额5 668万元，比1979年增长28.94%。出口数量较大的有猪、活牛、再制蛋、黑龙江的大豆、新疆的啤酒花、葡萄干、福建的红茶、绿茶、花茶、云南的咖啡、广东的香茅油等。

5月8日 《人民日报》报道：安徽省滁县地区用经济合同保证落实责任制。实践证明，这种用经济手段处理集体经济内部生产和分配关系的措施，有利于加强和完善生产责任制，有利于尊重生产者的自主权，有利于国家计划的落实和增强干部的责任心。

5月23日 新华社报道：我国夏收油菜籽在连续三年丰收的基础上，1981年再创历史新水平，比1977年增长了1.8倍。

5月26日 新华社报道：根据在北京召开的粮食厅局长会议提供的材料表明，我国多年吃进口油的历史已告结束。从1980年度起，我国食用油脂的出口量已经超过了进口量。现在，全国食油的库存量已超过历史最高水平。报道说，1978年我国食油总产量由上一年的33.18亿斤上升到41.34亿斤，1979年达到49.31亿斤，1980年又上升到55.26亿斤，1981年估计突破60亿斤。

6月6日 国家科委、国家农委在北京联合召开籼型杂交水稻特等发明奖授奖大会。授予全国籼型杂交水稻科研协作组袁隆平等人特等发明奖，发给奖状、奖章和奖金10万元。同时授予棉花良种鲁棉一号一等发明奖。

6月15日 新华社报道：国家统计局对27个省、市、自治区的15 914户社员调查，1980年家庭副业的总收入达770万元，比上一年增长37.3%，平均每人纯收入62.6元，比上一年增长42.2%。

6月17日 新华社报道：据主管部门提供的材料，1978—1980年我国农村建筑9亿平方米的住房，约有1 500万户社员搬进了新房。

6月21日 《人民日报》报道：两年来我国农业本着"决不放松粮食生产，积极发展多种经营"的方针，多种经营生产发展之快为历史所少见。1980年，全国棉花、油料、糖料、茶叶、桑蚕茧、黄红麻、肉类7种主要产品都创造了新纪录。同时，农副产品的商品率也逐年在提高。据统计，1980年国内农副产品收购总额已由1978年的460亿元增加到677亿元，占农业总产值的比例由31.5%上升到41.6%，平均每个劳动力向国家提供的商品价值由148元增加到215元左右。

6月22日 由国家水产总局和联合国开发计划署及粮农组织合作举办的中国无锡亚太地区综合养鱼研究和培训中心举行开学典礼。

6月25日 《中国财贸报》报道：据粮食部和全国供销合作总社统计，1980年由于提高粮、棉、油统购价，并实行超购加价，使农民增加收入90多亿元，平均每个农民11元多。

新华社报道：我国棉花收购量再创新纪录。4月底全国已经收购皮棉5 303万担，比历史上收购皮棉最高的1973年还多545万担。棉区农民1981年出售皮棉可多收入20亿元。

新华社报道：到6月20日止，我国10个生产夏收油菜籽的省、市已入库油菜籽34.9亿斤，超额6.8%，完成了1981年的收购计划，比1980年同期多收购近20亿斤。

6月26日 新华社报道：据有关部门新近提供的材料表明，1980年我国平均每人占有粮食648斤。同1949年相比，在人口增加81%的情况下，每人平均粮食占有量增加了230斤。在1980年粮食因灾减产200多亿斤的情况下，各地农村集市上市的粮食普遍增加，价格稳中有降。

6月27日 新华社报道：据农业部对1980年度农村人民公社收益分配情况的调查表明，1980年有12个省、市、自治区的社员集体分配每人平均达到100元以上，全国有343个县社员平均分配水平在150元以上，比上一年增加了120个县；人均分配在300元以上的大队达到5 569个，比上一年增加了2.4倍，其中人均分配400元到1 000元的大队1 700多个，1 000元以上的有27个。更可喜的是，一些长期贫困落后的地区有了显著变化。据1979年调查，全国有221个人均分配水平连续三年在50元以下的穷县，1980年这些穷县中有近1/3即72个县，社员平均分配水平上升到50元以上。

7月7日 新华社报道：据水利部门提供的材料，从1949年到1980年，我国水利建设的总投资

（包括国家和社队自筹的资金）共达 1 000 多亿元，已建成一大批防洪、灌溉、排涝、发电等工程设施。其中：修建各类水库 8 万多座，塘坝 640 万处，总库容达 4 000 亿立方米；建设万亩以上灌区 5 000 多处；机电排灌动力由中华人民共和国成立初的 6.6 万千瓦发展到 5 148 万千瓦；机电井从无到有，发展到现在 220 万眼；水利结合发电的装机容量 900 万千瓦。这些工程设施为农业增产创造了条件。

7 月 21 日 新华社报道：据全国工商行政管理总局对 206 个有代表性的集市的资料分析，1981 年上半年集市成交额比 1980 年同期增长 30%。其中油脂油料、肉、禽、蛋、蔬菜、干鲜果等增加 20%～30%。6 月底集市价格比 1980 年同期上升 5%，但粮、油价格分别下降了 3% 和 5.58%。牛、驴等大牲畜成交量迅速增加。小农具的成交量也增长较快。

7 月 27 日 农垦部向国务院财贸小组写了《关于加强农垦农工商联合企业商业工作管理的请示报告》，报告中提到：据不完全统计，农垦系统现在已有商业网点 5 900 多个，商业职工 4.7 万多人，1980 年营业额 14 亿元。

7 月 29 日 新华社报道：粮食部宣布我国 1981 年夏粮征购计划已经超额完成。到 7 月 25 日止，入库夏粮 192 亿斤，占征购计划的 103%，比 1980 年同期增加将近 43 亿斤，完成入库计划的时间也比 1980 年提前 11 天。

8 月 4 日 《人民日报》报道：国家农委和农口各部门领导干部，组成 17 个调查组，分赴 15 个省、区，历时两个月左右，深入农村调查研究。

8 月 6 日 新华社报道：第二次全国蔬菜杂种优势利用经验交流会在哈尔滨召开。会议认为，我国杂交蔬菜的研究和推广工作已经取得了可喜进步，同 1977 年相比，全国研究杂交蔬菜的种类已由 14 种扩大到 20 种，杂交蔬菜面积已由 18 万亩扩大到 50 万亩以上。这些杂交蔬菜具有明显的丰产、优质、抗病等特性。

8 月 16 日 新华社报道：据有关部门调查的材料表明，1981 年我国夏粮作物获得丰收。全国夏粮面积比 1980 年减少近 2 000 万亩的情况下，总产量仍达到 1 200 亿斤以上，比 1980 年增加 60 多亿斤。

8 月 28 日 为适应农村形势的新变化，农机部提出：转变盲目追求农机化速度的思想，坚持因地制宜，量力而行，讲求经济效益的方针；转变农机企业的"官商"作风，树立市场观念，经营观念，用户观念；转变农机经营规模和经营方式，农业机械以生产队经营为主，并允许农民联户或独户经营；转变农机产品结构，扩大服务领域，大力增加小型农机产品的比重。农业机械企业要面向农林牧副渔各业发展的需要，面向社队工业发展的需要，面向城乡人民生活的需要，面向出口的需要，面向各部门技术改造的需要。

9 月 7 日 新华社报道：1950 年，我国每人从集体所得收入超过 150 元的县已上升到 343 个，比上一年增加了一半。这些富裕的县占全国 2 404 个县的 14.3%。在这批富裕县中，平均每人从集体所得收入超过 200 元的县有 143 个，超过 300 元的县 22 个，超过 400 元的县 5 个。

9 月 8 日 新华社报道：由国家农委组织的农业资源调查及农业区划工作，已在全国 70% 的县展开。经过近两年的工作，全国已有 22 个省、市、自治区提出了省级综合农业区划（初稿）。

9 月 14 日 《人民日报》报道：国家对农场实行财务包干，调动了企业和职工的积极性，农垦系统上交商品粮增多，连年盈利，1980 年经营盈利达到 6.59 亿元，粮豆总产 153 亿斤，上交商品粮 61 亿斤。棉花、干胶、油料等经济作物的总产量，也都有新的增长。1981 年上半年，全国农垦系统实现利润又比 1980 年同期增长 21%。

9 月 23 日 粮食部宣布，我国早稻征购任务已经超额完成。截至 9 月 20 日，全国早稻征购入库已达 189.56 亿斤，完成计划的 107.4%，比 1980 年同期入库量增加 21.45 亿斤。1981 年早稻的单产和总产都超过历史最高水平。

农垦部发出《关于北方 13 省（市、区）农场种子工作分片联合检查情况的通报》，指出：专业化的良种繁育体系，进一步得到了加强和发展，种子加工机械化有了显著进展，品种布局逐步完善，多、乱、杂的状况有了改变，品种纯度有了明显提高。

10 月 1 日 新华社报道：1981 年我国不少地区尽管遇到严重的自然灾害，但粮食产量仍可接近历史最高水平的 1979 年。已经到手的小麦、早稻共增产了 100 亿斤。各种经济作物将全面增长。

10 月 5 日 新华社报道：据中国农业银行统计，1981 年 1—8 月，全国累计发放农业贷款 218 亿元，比 1950 年同期增加 22%；累计收回贷款 134 亿元，回收率为 61.5%（1980 年同期的回收率是 49%）。

全国农垦农工商联合企业 1981 年度产品交流会开幕，20 日结束。这次交流会以订货为主，零售为辅，可供订货的产品有 3 000 多种，经大会签证的成交额达 5 076 万元，加上未经签证的合同可达 6 000 万元，比 1980 年展销会增长一倍。零售产品 300 多种，零售额达 80 万元。

10 月 7 日　《人民日报》报道：经过有关方面评审，有 43 项重要农牧业科研成果获技术改进奖，其中一等奖 26 项，二等奖 17 项。

10 月 13 日　新华社报道：能够抵抗枯萎病的优良棉种"86-1 号"，已在全国推广播种 220 万亩。这是中国农业科学院植物保护研究所的科技人员与河南省新乡县的农民技术员共同培育成功的。

10 月 15 日　新华社报道：中国农业科学院油料作物研究所，在长江中下游部分地区指导推广了油菜高产栽培技术，使 16 个县的 156.52 万亩油菜 1981 年获得大幅度增产，总产量比 1980 年增长 63.5%，平均亩产量比 1980 年提高 21.3%。

10 月 24 日　《人民日报》报道：新疆农垦系统 169 个农牧场 1981 年农业全面丰收。其中，粮食、棉花、油料的产量都创新纪录。433 万亩小麦总产量比丰收的 1980 年增长 7%，是 1978 年以来第四个丰收年。

10 月 25 日　《人民日报》报道：我国大牲畜存栏数从 1980 年开始转降为升。据农业部提供的情况表明，1980 年底大牲畜存栏数为 9 525 万头，比 1979 年增加 66 万头，1981 年 6 月底又比 1980 年同期增加 102 万头。

10 月 26 日　黑龙江国营农场总局同美国伊顿世界贸易公司就合资经营年处理大豆 10 万吨的加工厂，签订了原则协议书。

农机部组成"农机部东北农机化综合工作组"，协助东北三省发展农业机械化，加速商品粮基地建设。

11 月 3 日　《人民日报》报道：新疆国营农场采用塑料薄膜覆盖法栽培棉花，平均亩产皮棉 150 多斤，比未覆盖薄膜的棉田增产七成多。最高的亩产 390 斤。仅此一项，全垦区增加盈利 240 万元。

11 月 6 日　农垦部对农垦工业企业生产的六项产品授予 1981 年农垦部优质产品光荣称号。这六项工业产品是：四川成都液氮容器厂的"金凤牌" YN-10 型生物贮存容器；江西万龙山电扇厂的"飞碟牌"FC3-30 型—1400 毫米吊式电风扇；上海前卫车灯厂的"象牌"6 代型单光摩电灯；上海市牛奶公司乳品二厂的"光明牌"全脂奶粉；黑龙江省八五一一农场完达山食品厂的"完达山牌"速溶全脂甜奶粉；江西省德安县国营共青垦殖场的"天鹅牌"羽绒被。

11 月 25 日　新华社报道：普遍实行包产到户、包干到户生产责任制的安徽省，1981 年农业夺得全面丰收。全省粮食总产量突破 340 亿斤，比 1980 年增加 50 亿斤；油料、茶叶、烤烟、蚕茧、水果的总产量也都创历史新水平；棉花总产量比 1980 年增长一成多；大牲畜、长毛兔、家禽、蜜蜂的饲养量都刷新历史纪录。全省农村出现了粮食多、贡献多、收入多、盖新房多的兴旺景象。

12 月 3 日　《人民日报》报道：中国农业科学院棉花研究所培育成功的早熟、丰产、优质、适宜麦（油）棉两熟连作的棉花新品种"中棉所 10 号"，1981 年已推广了 1.3 万多亩，普遍反映效果很好。

12 月 20 日　《人民日报》报道：全国各地信用社在农业银行的领导下，冲破过去"贷贫不贷富"、限制金额、限制项目等的思想束缚，积极帮助农民解决生产、生活资金困难，发展多种经营。1981 年 1—11 月累计发放社员贷款 28.9 亿元，比上年同期增长 2.7 倍。

12 月 23 日　国家进出口委员会、国家机械委员会于 1981 年 12 月批准农机部成立"中国农业机械进出口联合公司"，自 1982 年 1 月 1 日起即成为对外经营农业机械产品的法人。

1982 年

【文献】

1 月 1 日　中共中央批转《全国农村工作会议纪要》。

《全国农村工作会议纪要》指出：目前，全国农村已有 90％以上的生产队建立了不同形式的农业生产责任制，包括小段包工定额计酬，专业承包联产计酬，联产到劳，包产到户、到组，包干到户、到组等，都是社会主义集体经济的生产责任制，反映了亿万农民要求按照中国农村的实际状况来发展社会主义农业的强烈愿望。不论采取什么形式，只要群众不要求改变，就不要变动。各级党的领导应向干部和群众说明，我国农业必须坚持社会主义集体化的道路，土地等基本生产资料公有制是长期不变的，集体经济要建立生产责任制也是长期不变的。党中央在作出关于加快农业发展的决定以后，又就提高农产品收购价格，健全农业生产责任制，发展多种经营等问题，采取了一系列的政策措施，进行了农村经济的调整和改革，从而激发了亿万农民的生产积极性，促进了农村经济的蓬勃发展。关于改善农村商品流通，要以计划经济为主，市场调节为辅。粮、棉、油等产品仍须坚持统购统销的政策，农副产品收购，要坚持国家、集体、个人三兼顾，不能只顾一头，必须多方设法疏通和开辟流通渠道，在保证完成计划上调任务的前提下，积极开展农副产品的就地加工、产品精选和综合利用。关于提高经济效益、改善生产条件，要按农、林、牧、副、渔全面发展的要求建立合理的生产结构，发展多种经营，要集体与个人一齐上，要着重抓好水利、农机、化肥等项投资的利用效益，改善农业生产条件。

1 月 7 日　国务院发出通知，批转国家建委、国家农委报送的《第二次全国农村房屋建设工作会议纪要》。

通知指出：各级政府要从农村发展的全局出发，把村镇规划和建设摆上议事日程，认真加以研究，作出部署，定期检查。特别是县一级政府要在抓好农业生产的基础上，抓好村镇建设，采取有效措施，加强组织领导，切实搞好规划，要十分珍惜和节约用地，制止乱占滥用耕地的现象。主管村镇建设的部门、农业部门和其他有关部门要密切配合，大力协同，充分调动社队和广大农民的积极性，依靠农民自己的力量，在统一规划下，逐步把我国现在还比较落后的村镇建设成为现代化的、高度文明的社会主义新村镇。

1 月 13 日　国务院批转国家农委、农业部《关于整顿社队财务的意见》。

国务院要求：各级人民政府必须把认真整顿社队财务，杜绝损失浪费和贪污，提高经济效益，作为当前农村工作的一项重要任务，列入自己的议事日程，结合完善生产责任制、开展多种经营等其他农村各项工作，在各级党委的统一领导和统一部署下，认真抓好，并且坚持不懈，扎扎实实地抓下去，务必达到预期的效果。

国务院发出《关于实行粮食征购、销售、调拨包干一定三年的通知》（国发〔1982〕8 号），决定 1982—1984 年对除西藏、新疆以外的省、自治区、直辖市实行粮食征购、销售、调拨包干。在包干期内，多购少销的粮食，归地方掌握，如遇自然灾害或其他原因而发生的新的粮食亏损，由地方自行解决。调拨包干数，可以在丰歉年度之间有所调剂，但三年统算，调出总数要如数完成，调入总数不能突破。这是粮食管理体制从中央统一管理、统一调度，转变为中央和省、自治区、直辖市两级管理。

1 月 23 日　林业部发出《关于大力加强全民义务植树运动宣传员工作的通知》，要求各地立即展开以全民义务植树运动为主要内容的绿化祖国宣传教育活动。

林业部发出《关于做好护林防火工作的紧急通知》。要求各省林区采取有效措施，防止森林火灾。

2 月 1 日　国务院发出《批转国家经委、国家计委〈关于解决苎麻、黄红麻产销问题的请示〉的通知》，规定：除了通过中央预算安排基建投资建立的苎麻纺织厂以外,通过其他一切资金渠道,包括地方财政自筹资金,乡镇投资和银行贷款等新建的苎麻纺织厂,投产后所生产的苎麻纺织品均可免缴产品税五年,从第六年开始按规定纳税。在实行产品税以前,已享受免征工商税照顾尚未到期的新建苎麻纺织厂,可继续免税至期满为止。

2月3日 农业部发出《关于印发〈全国茶树良种审定暂行办法〉的通知》。

2月9日 国务院发出《批转国家经委、国家计委〈关于抓好小商品、中小农具生产和供应的意见〉的通知》。《意见》提出:切实地解决好原材料供应,改进中小农具的价格管理工作,制订适应中小农具生产发展的价格政策,凡生产、经营中小农具的企业,按规定纳税有困难的,可由企业提出申请,经财税部门审核批准,给予减税或免税照顾。

2月12日 农业部发出《关于大力消灭农田鼠害的通知》。

林业部发出《关于进一步搞好杨树苗木检疫工作的通知》。

2月13日 国务院发布《村镇建房用地管理条例》。要求各省、市、自治区人民政府抓紧时间研究制定实施办法,结合本地区实际情况,对村镇建房用地限额和省、地、县三级具体审批权限等问题作出规定,并督促所属县级人民政府及时制订出具体宅基地面积标准,抓紧进行村镇规划(规划可先粗后细,首先解决合理布局、控制用地问题),迅速建立起村镇建房审批制度,做到有章可循、有人管理,坚决刹住乱占滥用耕地之风。《条例》共六章,25条。对农村村庄和集镇建房用地的统一规划、用地标准、审批制度、奖惩等方面作出了具体规定。农村人民公社、生产大队、生产队的土地,分别归公社、大队、生产队集体所有。社员对宅基地、自留地、自留山、饲料地和承包的土地,只有按照规定用途使用的使用权,没有所有权。

2月15日 农业部发出《关于加速整顿兽药厂的通知》,决定自1982年7月1日起,凡未注明新批准文号的兽药,一律严禁出厂、收购和销售。

2月18日 国务院办公厅发出《关于做好棉花枯、黄萎病检疫和防治工作的通知》。

2月22日 粮食部、全国供销合作总社、轻工业部、商业部、农业部联合发出《关于下达〈1981年度棉糖奖售粮结算办法〉的通知》。

2月27日 国务院、中央军委发出《关于成立中央绿化委员会的通知》,决定成立中央绿化委员会。并举行了第一次会议。中央书记处书记、国务院副总理万里任主任委员。

国务院常务会议通过《关于开展全民义务植树运动的实施办法》(国发〔1982〕36号)。

《办法》规定:县以上各级人民政府均应成立绿化委员会,统一领导本地区的义务植树运动和整个造林绿化工作。凡是中华人民共和国公民,男十一岁至六十岁,女十一岁至五十五岁,除丧失劳动能力者外,均应承担义务植树任务,各单位要将人数据实统计上报当地绿化委员会,作为分配具体任务的依据。

3月1日 农垦部发出《关于整顿农垦企业的几项规定》,要求:农垦企业的整顿应按照现有的隶属关系由主管部门负责组织实施,制定整顿规划。整顿要分期分批进行,1982年选择若干个企业试点,全部工作在1984年以前完成。

3月2日 农业部、粮食部联合发出《关于粮食包干后省间良种调拨和部分良种实行议购议销的意见》。

3月18日 国务院发出《关于调整农村社队企业工商税收负担的补充规定》。

3月25日 农业部颁发《公社畜牧兽医工作站管理试行条例》,对人民公社畜牧兽医工作站的性质和任务、管理体制、人员编制、经营管理、工资福利等作出了规定。

4月7日 国务院发出《批转农垦部〈关于在精简机构中请各地加强对国营农场领导的报告〉的通知》。

4月10日 农业部、林业部、化工部、卫生部、商业部、国务院环境保护领导小组联合发出《关于颁布〈农药登记规定〉的通知》,自1982年10月1日起执行。

4月27日 国务院办公厅发出《关于农业用拖拉机从事非营业性运输范围的通知》。

4月28日 国务院发出《批转财政部、水利电力部〈关于水土保持经费问题的请示〉的通知》。

《请示》提出:今后为了加强水土保持工作,拟从小型农田水利补助费中划出10%～20%的经费用于水土保持。水土保持经费的管理,可根据财政体制的实际情况,制定具体办法。对地、县没有实行财政包干的地方,可由省(市、自治区)水土保持业务主管部门同财政部门掌握分配使用;对地、县实行财政包干的地方,可由各级水土保持部门与同级财政部门掌握分配使用。

5月4日 第五届全国人民代表大会常务委员会第二十三次会议决定:原则批准《国家建设征用土地条例》,1982年5月14日由国务院公布施行。

《条例》共33条，主要内容有：①征用土地的审批权限。根据征地面积的大小，分别由不同层级的政府批准。②征用土地的程序。需经申请选址，协商征地数量的补偿、安置方案，核定用地面积，划拨土地四个阶段。③各项补偿费的标准，包括土地补偿费、青苗补偿费和附着物补偿费标准。④安置补助费标准。包括征用耕地、征用园地、鱼塘、牧场、草原等土地的安置补助费标准。⑤法律责任。违反本条例的，分别给予行政处分、行政处罚，直至追究刑事责任。如挪用或占用补偿费和安置补助费的，责令退赔；情节严重的，对主管人员和直接责任人员给予行政处分，可以并处罚款。在征地中，煽动群众闹事，阻挠国家建设，构成犯罪的，依法追究刑事责任。

5月22日 农牧渔业部颁发《全国农作物品种审定试行条例》，规定：国家和省、市、自治区分别设农作物品种审定委员会。农作物品种审定委员会的任务是：审议有关农作物品种审定工作的规章、制度、办法；审定新品种，包括其经济效益、适应地区以及相应的栽培技术；领导和组织品种区域试验、生产试验工作；对已推广的品种和新品种的示范、繁育、推广工作提出建议。并对报审品种条件、报审程序、品种定名和登记等进行了规定。

6月4日 国务院发布《中华人民共和国进出口动植物检疫条例》，主要规定了执行进出口动植物检疫任务的机关，受检范围，检疫对象，应检病虫，进口、出口、旅客携带物、国际邮包、过境等检疫的制度及程序，违反检疫规定应承担的法律责任等。目的是为了防止危害动植物的病、虫、杂草及其他有害生物由国外传入和由国内传出，对于保护环境具有重要意义。

6月17日 《国务院关于疏通城乡商品流通渠道扩大工业品下乡的决定》提出：改变过去工业品流通按城乡分工的体制为商品分工、城乡通开的新体制，国营批发公司应当积极支持和辅助基层供销社经营，依靠他们做好农村生产资料和日用工业品的供应工作，继续贯彻执行城乡都需要的工业品优先供应农村，城乡都需要的副食品优先供应城市的原则，积极开拓扩大工业品下乡的新途径。

6月22日 《人民日报》报道：农牧渔业部和卫生部联合制订并颁发了《农药安全使用规定》。

6月30日 国务院发布《水土保持工作条例》，规定水土保持工作的方针是：防治并重，治管结合、因地制宜、全面规划、综合治理、除害兴利。水土保持工作机构的任务是：贯彻执行国家有关水土保持的方针、政策、法规；进行水土保持查勘，编制水土保持规划，并组织实施；督促检查有关部门的水土保持工作；组织开展有关水土保持的科学研究、人才培养和宣传工作；管好用好水土保持经费和物资。《条例》要求：山区、丘陵区、风沙区的各级人民政府，必须把水土保持工作列入计划，加强领导，统一规划，组织协调，进行宣传教育，发动群众做好这项工作；农村社队和国营农、林、牧场，应在当地人民政府制定的水土保持整体规划指导下，根据当地自然条件和群众生产、生活的实际需要，制定具体的水土保持计划，组织实施。

8月11日 国务院办公厅转发《农牧渔业部关于农村社队分配粮食改按统购牌价结算的请示》，同意农村社队分配粮食改按统购牌价结算。

8月13日 农牧渔业部、财政部、中国农业银行联合发出《试行〈农业社队会计制度〉的通知》。

8月24日 农牧渔业部、财政部、中国农业银行联合发出《关于整顿和加强社队企业财务工作的几项要求》的文件。

8月31日 农牧渔业部发布《农业机械鉴定工作条例（试行）》，自1983年1月1日开始试行，对农机鉴定工作的任务、鉴定工作程序、鉴定工作机构进行了规定。

9月9日 农牧渔业部印发《关于加强国营农场生产队财务管理的若干规定》。规定了国营农场生产队财务管理和经济核算的任务、生产队核算组织、严格会计核算、固定资产管理、材料管理、物资管理、产品管理、现金和往来结算管理、成本管理、利润管理、留成资金管理等。

10月9日 《人民日报》报道：农牧渔业部、林业部、化工部、卫生部、商业部和国务院环境保护领导小组联合颁布了《农药登记规定》，自1982年10月1日起施行。

10月17日 中共中央、国务院发出《关于批转农牧渔业部〈关于加速发展淡水渔业的报告〉的通知》（中发〔1982〕44号），指出：当前，鱼是各种副食品中最紧缺的，城乡到处吃鱼难。必须在抓紧粮食生产的同时，发展畜牧和水产业，逐步而适度地改变居民的食物构成。希望各级党委和政府要像重视耕地一样重视水面的利用，力争实现全国年产淡水鱼四五百万吨的目标，缓解吃鱼难的矛盾，并配合农、林、牧、副、工等其他各业的发展，使农民尽快地富裕起来。农牧渔业部在相关报告中提出：要落实水面使用权，长期使用不变。国家只对国营渔业生产单位和商品鱼基地的产品实行派购政策，其他社队养鱼和社员家庭养鱼，一般不派购。并且首次在农村规定，由养鱼能手承包较大面积的水面，经过批准，可以吸收3～5个学徒或帮手搞小业主式的经营。

10月20日 中共中央、国务院发出《关于制止乱砍滥伐森林的紧急指示》，要求各地采取果断措施，限期制止乱砍滥伐森林的事件。

10月26日 农牧渔业部、财政部、中国农业银行联合发出《关于利用世界银行贷款进行的华北平原农业项目的财务管理暂行规定的通知》。

10月27日 农牧渔业部发布《关于公社农机服务站若干问题的规定（试行）》。提出：公社农机服务站的主要任务，是开展农机服务工作。根据以农为主、综合经营、独立核算、自负盈亏的方针，服务的主要业务范围：一是直接为农林牧副渔业生产进行机械化作业服务；二是为农机化事业本身服务；三是为农业建设服务；四是为农民生活服务。

10月29日 《中共中央办公厅、国务院办公厅转发书记处农村政策研究室、城乡建设环境保护部〈关于切实解决滥占耕地建房问题的报告〉的通知》。要求：（一）严格控制占用耕地建房。从现在起，几年内，农村建房不准再占用耕地，只能在现有的宅基地空地内调剂解决。要以村、镇为单位，由县级有关部门派人协助，抓紧时间，在充分进行调查研究的基础上，制定出村、镇建设的全面规划，经县人民政府审查批准后再实行，以利于节约土地。（二）坚决刹住干部带头占地建房风。各地都要像北京、山西那样，立即对滥占耕地建房问题进行一次检查，抓几件典型案件，严加处理，并在报刊上公布。

农牧渔业部印发《关于全国畜牧兽医总站体制、任务和职责范围的暂行办法》。

12月10日 新华社报道：国务院办公厅转发了农牧渔业部《关于迅速加强农业技术培训工作的报告》。各地要力争用两年左右的时间，把公社以上的农业干部，农村大队，生产队干部，在乡的初、高中毕业生以及能工巧匠普遍轮训一次。

12月11日 《光明日报》报道：农牧渔业部最近向各省、市、自治区农业有关部门发出《关于加强农民技术教育工作的通知》。

12月18日 新华社报道：国家经委、民政部、财政部、中国农业银行、商业部、对外经济贸易部、农牧渔业部、教育部、国家物资局联合发出通知，强调要认真做好扶助农村贫困户的工作。通知说，据24个省、市、自治区不完全统计，近几年来被扶助的273万多户中，约有102万多户改变了贫困面貌。

12月23日 《中国农民报》报道：为搞好粮食收支平衡，国务院发出通知决定，凡不需要继续用粮食加奖的，如大肥猪等，可以不加奖，不换购。对需要控制发展的产品，如油菜籽、烟叶、麻类等，可以不奖粮或少奖粮。对与粮食无直接关系的产品，如一些皮毛等，可以不用粮食奖售或换购。议购议销产品，一律不奖粮食，社员自留糖也不再奖粮。通知强调，要切实解决有些地方农民卖粮难的问题：凡是生产队和农民向国家交售余粮，只要质量符合标准，一律不得拒收。

12月27日 农牧渔业部、劳动人事部、财政部联合颁布《畜牧兽医工作人员医疗卫生津贴试行办法》。

【会议】

1月2日 林业部在北京召开全国林业厅（局）长座谈会，传达中央书记处关于开展全民义务植树运动的指示精神，并就如何贯彻第五届全国人民代表大会第四次会议通过的《关于开展全民义务植树运动的决议》进行了深入讨论，并研究了为国务院代拟的《关于开展全民义务植树运动的实施办法》草案，安排了1982年全民义务植树的工作。

1月5日 《光明日报》报道：中国科学技术协会在北京召开农业（包括多种经营技术）技术承包经验交流会。据不完全统计，全国已有2 500多个公社成立了科协或科普协会。会上提出，在新的一年里，中国科学技术协会系统的地、县以下科协，要把工作重点放在农村，尽快把科学技术送到八亿农民手里。

1月13日 《光明日报》报道：在杭州召开的全国海水增养殖的发展方向和重点讨论会上，专家、教授们指出，由于捕捞过量，我国海洋渔业产量在近期内不会有大的增长，在这种情况下，发展海水增养殖已成为增加水产品的主要途径。

1月14日—16日 农业部在北京召开大中城市肉、奶、禽、蛋生产和供应座谈会。会后调查整理了全国80个大中城市（50万人口以上）肉、蛋、奶生产，供应情况和问题的材料。

2月1日 《人民日报》报道：国家科委邀请部分农业专家座谈，提出1982年农业科学技术要做好把低产和中产田作为农业生产的主攻目标等五项工作。

2月9日—15日 农业部、全国供销合作总社、轻工业部在湖南省郴州市联合召开提高烟叶质量经验交流会。会议讨论了如何按照国家计划发展烟叶生产和提高烟叶质量的问题。

2 月 12 日—24 日 农垦部在北京召开全国农垦厅（局）长会议，总结了农垦事业 30 多年的历史，有四方面基本经验：明确办社会主义农场的目的；从单一经营农业走向农工商综合经营；严格实行按劳分配原则，调动职工的积极性，提高劳动生产率；重视应用现代化农业科学技术和科学管理方法。

2 月 18 日—27 日 国家水产总局在北京召开全国对虾养殖工作会议。会议总结、交流了几年来对虾养殖的成绩和经验，着重研究了巩固提高、稳步发展对虾养殖的方针和改善经营管理、实行科学养虾、提高经济效益的措施。

3 月 8 日—15 日 农业机械部在北京召开全国农业机械化管理工作座谈会，会议提出当前农业机械化管理的中心任务是：把提高农业机械的经济效益放在第一位，把保护好集体财产，管好用好现有农业机械作为当前工作的重点。

3 月 10 日—22 日 由国家农业委员会主持，国家水产总局、水利电力部具体筹备的全国淡水渔业工作会议在北京召开。会议认为，我国是世界上内陆水域最多的国家之一，要加速发展淡水渔业必须在努力抓好海洋渔业的同时，积极发展淡水渔业，特别是养殖业，做到国营、集体、个体一起上。国家水产总局负责同志指出，我国淡水鱼总产量已连续三年平均每年增长 10%左右，1981 年达 137 万吨。

3 月 22 日—30 日 全国农业国际经济技术合作会议在北京召开。会议期间，介绍了使用外资的各种渠道，交流了开展对外经济技术合作的经验，参观了引进技术和设备的北京农业大学遥感室、北京市东沙鸡场和种公牛站。1979—1981 年，先后利用了联合国粮农组织、世界粮食计划署、国际农业发展基金会的援款和低息优惠贷款 10 100 多万美元，搞了 23 个项目。此外，还使用了联合国开发计划署的无偿援助资金 407 万美元，搞了 7 个项目。1982 年将签订协议并付诸执行的项目还有 13 个。此外，联邦德国、澳大利亚、意大利、日本、加拿大等国也向我国提供农业技术援助项目。会议指出，实现"六五"规划，主要靠国内资源、市场和财力。利用外资，引进技术，开展对外经济技术合作，这可以和解决发展农业的主要课题结合起来，统一考虑，统筹规划。

3 月 25 日—27 日 国家水产总局在山东省青岛市召开对虾工厂化育苗鉴定会，与会专家一致认为，对虾工厂化育苗的成功，使我国对虾的育苗原理与方法都已进入世界先进行列。从此我国养殖对虾不再依赖天然虾苗。

3 月 31 日—4 月 7 日 国家水产总局在辽宁省大连市召开全国海珍品增养殖座谈会。会议总结交流了近几年来我国开展海珍品（扇贝、海参、鲍鱼等）育苗和增养殖生产经验，讨论和研究了发展生产的措施。

4 月 1 日—12 日 林业部与公检法、人大法制委员会等有关部门，联合召开 20 个省、自治区公检法和林业部门参加的座谈会，总结《森林法》（试行）三年来的情况，征求修改意见。

5 月 5 日—13 日 农牧渔业部在湖南省城步苗族自治县召开南方畜牧工作会议。会议指出，凡是能促进畜牧业发展的政策要继续坚持、完善，阻碍畜牧业生产发展的政策要进行调整。当前最重要的是落实草山草坡使用权，发挥国家、集体、个人三者的积极性。会议强调必须切实抓好饲料、良种、防疫体系的建设和发展加工业，推广科学饲养方法，不断提高经济效益。

5 月 10 日—16 日 全国兽药药政、药检工作会议在山东省福山县召开。会议讨论了《新兽药管理暂行办法》和《兽药检验所工作细则》，并对如何加强药政、药检工作提出了一些建设性意见。

5 月 14 日—21 日 农牧渔业部在山东省泰安县召开全国棉花枯、黄萎病检疫技术讨论会。

5 月 26 日—6 月 8 日 林业部在山西省吉县召开全国县级林业区划工作经验交流学习会议（北方片）。讨论制定了《县级林业区划原则要求》和《县级林业发展规划大纲》。

6 月 11 日—23 日 农牧渔业部在北京召开 22 省、市、自治区社队企业局局长座谈会。会议强调：要继续调整社队企业，把社队企业的发展和农村多种经营、专业户（重点户）结合起来，为它们产前产后服务，并因地制宜、有选择地明确发展重点；用两三年时间，以改进产品质量、降低能源和原材料消耗、提高综合经济效益为中心，把现有企业整顿好；积极进行技术改造，努力培养技术人员。

6 月 18 日—27 日 黄淮海平原农业学术讨论会在济南召开。会议提出黄淮海平原农业发展的战略目标、调整生产结构和作物布局、加快平原造林速度和牧业发展步伐、搞好治水改土和扩大综合治理试验区，以及当前发展生产技术措施等重要建议。

6 月 20 日—7 月 10 日 农牧渔业部农垦总局在江苏农学院召开全国农垦系统高等院校教学工作座谈会。会议着重对我国农学专业（兼顾植保、生理、生化、遗传育种、土壤、肥料等专业）的教学、科研等问题作了全面而又深入的探讨，研究了有关农业教育改革的意见。

6月21日 《光明日报》报道：由农牧渔业部举办的中外学者农业教育研究讨论会在北京开幕。

6月26日—7月6日 全国林业"三定"会议在北京举行。会议总结了林业"三定"情况，研究了完成这项任务的措施和有关政策问题。据统计，已完成林业"三定"的生产队有320万个，占62.7%，已给4 205万户社员划定自留山1.2亿多亩，平均每户3亩。

6月26日—7月10日 中国林木种子公司在北京召开林木种子规划座谈会，会议总结了林木种子基地建设的经验，调整落实了生产建设任务，制定了《全国林木种子生产基地建设规划》。

7月8日—11日 农牧渔业部在湖北省新洲县召开了全国农业基点调查工作座谈会。会议期间湖北省介绍了省、县、大队三级农业基点调查工作的经验；参观了新洲县代湾大队和道观大队田间取样测产和经验估产的方法，同时听取了道观大队关于实行包产到户以后，结合包产合同进行实产调查的经验。会议对今后的农业基点调查工作提出了以下几点意见：①按照抽样调查原理建立农业基点。②继续抓好现有县以上在职统计员的培训工作，通过基点县的统计员，辅导基点调查员学习业务技术，搞好基点调查员的评比工作，总结和推广基点调查的工作经验，不断提高基点调查员的业务水平。③田间测产一般采用经验估产和查穗数粒两种方法。④为了县以上各级使用资料方便，一般应由县汇总基点队的实地调查资料，推算出全县的总产量上报。

7月22日—29日 全国森林资源清查和管理工作会议在北京举行，会议总结了1982年资源清查工作，决定在全国建立森林资源调查与森林资源管理体系，实行分级调查，分级管理，提出今后资源清查管理工作的具体安排意见。

7月23日—29日 农牧渔业部在北京召开了全国农业科学实验、推广、培训中心（简称农业技术推广中心）试点县经验交流会。随着农村生产责任制的实行，积极试行各种形式的农业技术责任制；因地制宜推广各种增产技术；大力推广、繁育优良品种；参加土壤普查；加强病虫害防治；开展技术培训，宣传、普及科学技术。三年来共培训技术骨干14万名，并逐步建立、健全了县以下的技术推广体系。大部分农业技术推广中心已在当地农业生产中发挥了积极作用，并积累了不少经验，受到了群众的欢迎。会议指出农业技术推广中心的试点工作应采取更积极的步骤，加快步伐，争取在十年或稍多一些时间内，把全国2 000多个县的农业技术推广中心都建立

起来，为我国农业现代化发挥更大的作用。

8月16日 国务院水土保持协调小组在北京召开全国第四次水土保持工作会议。会后，由水利电力部、农牧渔业部、林业部联合组织工作组调查重点水土流失地区的治理情况。

8月23日—24日 水利电力部在北京召开了全国农田水利工作座谈会。会议在交流经验的基础上，对今冬明春的农田水利工作进行了研究和部署。会议提出了今冬明春农田水利建设的主攻方向是：为当年农业增产服务的井、站、库、闸的设备检修，渠道的维修、清淤、灌溉、排涝工程的田间工程配套；水毁工程的修复、抗旱建设，以节水节能为目的的渠道防渗、平整土地以及人畜饮水工程；水库、塘堰、堤坝的整修加固等。

8月25日—9月3日 农牧渔业部农垦局在黑龙江国营农场总局牡丹江管理局召开全国农垦系统中等教育结构改革经验交流会。据统计，到1982年8月止，全国农垦系统中已办起中等职业学校152所，设置工、农、服务性等专业20多个。

8月31日—9月9日 林业部在北京召开全国飞机播种造林工作会议。总结交流了二十多年来飞机播种造林经验，讨论和修改了《飞机播种造林技术规程（试行）》，落实了1983年飞机播种造林任务。

9月1日—7日 全国牧区土壤普查经验交流会在内蒙古自治区巴林右旗召开。会议对牧区开展土壤普查的组织领导、工作方法、技术规程等进行了讨论，取得了较为一致的意见，并草拟了《关于牧区土壤普查技术规程的补充修改意见》。

10月16日—23日 全国畜牧业区划工作经验交流会在北京举行。会议讨论修订了《县级畜牧业区划工作细则（修订草案）》，拟订了《省级畜牧业区划工作要点（试行草案）》。

10月18日—25日 林业部在北京召开全国林业企业整顿工作会议。会上研究了抓紧企业整顿，开创林业建设新局面等问题，同时讨论了全国林业企业整顿规划。

10月22日—28日 南方飞播牧草试点现场观摩汇报会在湖南省新宁县举行。会议听取了试点飞播牧草工作总结和技术观察报告，参观了新宁县飞播区和城步苗族自治县南山牧场，初步拟定了南方各省、自治区1983年飞播牧草的计划。会议还就开发利用南方草山资源，发展飞播牧草事业的意义和前途作了讨论。

10月26日—11月4日 农牧渔业部在福州召开全国海水养殖工作会议。会议着重研究加速发展

海水养殖业的方针、政策、措施和规划，以及如何改进水产供销工作、解决海水养殖产品的加工、运销问题。

10月27日—11月5日 受中共中央书记处委托，中共中央宣传部、中共中央书记处农村政策研究室在北京联合召开全国农村思想政治工作会议。

11月1日 新华社报道：中国农业经济学会第二次代表大会暨1982年学术讨论会，最近在合肥举行。

11月25日—12月1日 中国水利经济研究会、中国水利学会农田水利专业委员会联合在太原召开机电排灌技术经济学术讨论会。

12月1日—9日 农牧渔业部农业机械化管理局在北京召开了全国农机人员培训工作座谈会。会议着重研究了新形势下农民农机技术培训工作的新情况、新特点、新经验以及今后的任务和措施。会议提出1985年以前培训工作的任务是：拖拉机手、修理工等农机人员的技术等级普遍提高一级；基本消灭无证驾驶拖拉机的现象；对没有经过专业培训，不熟悉本职业务的社队农机管理人员普遍轮训一遍；为每个农机队（农机服务站）培训一名农民农机技术员。

12月13日—22日 农牧渔业部在北京召开重点省、市、自治区水产供销工作会议。会议着重研究有关解放思想，放宽水产品购销政策，搞活流通渠道，安排好水产品市场供应、加快水产供销企业体制改革等问题。

12月22日—28日 全国杂交水稻生产会议在成都召开，会议分析了近年来推广杂交水稻取得的成绩，讨论落实了"六五"期间发展杂交水稻的任务和措施。会议明确指出，根据推广杂交水稻技术性、政策性强的特点，要切实抓好以下几项工作：①认真搞好杂交水稻的种植区划。②大力抓好繁殖制种工作。③不断提高栽培技术水平。④认真抓好病虫防治工作。⑤进一步组织科研协作攻关。

【农业发展成就】

1月1日 《人民日报》报道：我国调整农业内部结构和农作物布局取得良好结果。1981年农业总产值比1978年大约增长15%以上，平均每年递增5%。其中，猪、牛、羊肉总产量1981年比1978年增加38%以上。

新华社报道：党的十一届三中全会以后，农村用电量逐年增加，1981年全国农村用电量达到420亿千瓦时，比上年增长近14%。

1月2日 新华社报道：经国务院批准，从1982年第一季度开始，调整增加银行农业贷款利率。

1月3日 新华社报道：全国农作物品种审定委员会于1981年12月15—21日在北京召开成立大会。

1月5日 邓小平同志指出：军队除搞好营区植树造林外，营区外10千米范围内，要与地方共同协商搞好植树造林。

《人民日报》报道：我国杂交水稻1980年在高温高热的美国加利福尼亚大学南部试验站取得平均亩产1 474.6~1 566.3斤的产量，高于美国Starbonhet良种稻558.7斤的平均亩产。

《人民日报》报道：我国广大农村可开发小水电资源，目前只利用了10%，1981年各地小水电装机容量新增加60万千瓦，使全国装机总容量达到753万千瓦，全年发电约143亿千瓦时，给近800个县、1.7万个公社提供了电能。

1月11日 新华社报道：截至1981年底，农业银行和信用社的储蓄存款余额达211.69亿元，比1980年末增加62.46亿元，增长41.9%，其中信用社吸收的个人储蓄存款余额达169.47亿元。1981年，我国农村人口平均每人储蓄25.85元，比上年增加7.63元。

1月21日 新华社报道：1981年度全国粮食征购计划已经超额完成。截至1月15日，入库的粮食达995亿斤，超过计划3.6%，比上年同期多入库49亿斤。

1月23日 《人民日报》报道：1981年约有800万户农民盖了新房，建筑面积达6亿平方米以上。

3月4日 《光明日报》报道：据最近农业部在石家庄召开的中等农业专业学校座谈会上提供的统计资料表明，1949年后，我国高、中等农业专业学校共培养了70多万名毕业生。现在坚持在农业系统工作的不到30万人，而在农业技术推广系统工作的只有6万余人，至于分布在公社农业技术推广站的则不到3万人，全国平均每个公社仅有半个农业技术人员。

3月11日 《中国农民报》报道：三年来，我国对虾人工养殖业有了很大的发展。沿海各地养殖对虾已由1978年的十几个县、市发展到90多个县、市，产量也有了大幅度的提高，1981年超额11.5%完成国家计划。

3月21日 《中国农民报》报道：我国农村社队集体和社员家庭养鱼产量占全国淡水养鱼总产量137万吨的70%。据湖北、湖南、江苏、安徽、江西、浙江、广东、广西等省、自治区不完全统计，目前家庭养鱼户有 130 多万户，养鱼水面 36 万多亩。

4 月 4 日　《人民日报》报道：国家农委和科委在北京召开农业科技推广奖授奖大会，对 220 项重大农业科技推广项目，授予农业科技推广奖，并颁发了奖金。其中：农业 54 项，林业 40 项，畜牧业 16 项，水产、水利、农垦各 30 项，气象 20 项。

4 月 6 日　新华社报道：近三年，全国飞机播种牧草共 90 万亩，保苗面积达 44％左右。

4 月 11 日　新华社报道：我国生物防治农作物病虫害的面积 1981 年达 1.3 亿多亩，比 1980 年增加近 3 000 万亩。其中，以虫治虫的面积（包括自然保护）约占一半，其余是以菌治虫和以菌治病。

4 月 23 日　经国务院批准，农业部所属全国畜牧兽医总站成立。

4 月 25 日　中国新闻社报道：中国农村发展研究中心成立。它是国务院领导下的研究咨询机构。其任务是遵循中央的路线、方针，联络全国研究农村和农业问题的各方面力量，协调研究计划，组织多学科攻关，为信息资料和成果交流等方面提供服务，在有关问题上向中共中央、国务院和有关部门提出建议，提供咨询。

4 月 28 日—5 月 15 日　农垦部在北京举办全国农垦第一届乳品评比会议。会上评选出优质乳品九种，包括"完达山牌"等全脂甜奶粉和"光明牌"等甜炼乳。会上给中选产品颁发了《农垦部优质乳品证书》。

5 月 2 日　《中国农民报》报道：据初步统计，1981 年人均集体分配收入超过 300 元以上的富县达到 49 个，比 1980 年增加 27 个，其中有 9 个县人均分配收入超过 400 元。青海的玛多县人均分配收入达到 475.31 元，仍居全国首位。1980 年全国连续三年人均分配收入 50 元以下的 165 个穷县中，1981 年有 88 个县改变了面貌，占 53.3％。其中 8 个县人均分配收入超过百元。1981 年，全国人均分配收入 300 元以上的生产大队已达到 10 945 个，比上年的 5 569 个增加了 96.5％。

5 月 17 日　新华社报道：我国第一个现代化农业测试中心——湖北省农业科学院农业测试中心，在武汉举行落成仪式，正式投入试运转。它是以土壤肥料为主、科研与测试服务相结合的现代化农业测试中心。

5 月 25 日　国务院决定成立全国水土保持工作协调小组，由水利电力部、国家计委、国家经委、农牧渔业部、林业部的负责人组成，钱正英任组长。

5 月 28 日　《中国社队企业报》报道：由中国科学技术协会科技咨询服务部、中国食品工业协会、中国农业银行企业信贷司、农业部社队企业管理总局联合筹办的联丰科技咨询服务公司在北京成立，这个公司将为全国食品工业和社队企业加快技术改造和技术革新，提供科学技术咨询服务。

6 月 3 日　《人民日报》报道：中共中央、国务院、中央军委决定恢复在"文化大革命"中被撤销的新疆生产建设兵团。

6 月 4 日　新华社报道：目前，我国已成为世界上利用赤眼蜂治虫面积最大的国家之一。我国赤眼蜂的体外培育研究也居世界领先地位。

6 月 10 日　新华社报道：截至 5 月底，全国已收购春茶 230.9 万担，创 1949 年以来的最高纪录，占全年茶叶收购计划的 47％。茶叶主产区浙江、江西、湖南、云南、福建等 10 个省、自治区，1982 年春茶收购量都比上年同期增长 10％以上。

6 月 11 日　新华社报道：目前我国已有 11 个省、自治区建成了 157 个年产 10 万张羊皮的山羊基地县。据外贸部门统计，到 1981 年底，全国山羊存栏 7 800 多万只，比建立基地县前的 1978 年增加 500 多万只。三年来，仅出口山羊板皮就换外汇 1.6 亿多美元，还为国内提供了大量肉、乳、绒、肠衣等产品。

6 月 15 日　新华社报道：据国家统计局对 28 个省、市、自治区（缺西藏）568 个县的 18 529 户社员家庭调查，1981 年平均每 10 户农民中有 1.2 户盖了新房。

新华社报道：冬小麦新品种"京花 1 号"通过评定即将推广。这个品种秆矮、粗壮，有韧性，在多风地区也不易倒伏；抗病性强；在中等水肥条件下，平均亩产 700 多斤。

6 月 22 日　《人民日报》报道：1982 年我国油菜籽生产又获大丰收。据 5 月底统计，夏收油菜籽总产量可达 8 000 多万担以上，比上年增产 6％以上。基本上结束了吃进口油的局面。

7 月 1 日　《中国农民报》报道：1981 年全国农村人民公社基本核算单位总收入比上年增加 8.8％；生产费用占总收入的比例由上年的 32.5％降到 30.1％，净收入比上年提高 12.8％，社员分配总额比上年增加 17.6％，人均分配收入为 103.73 元，比上年增加 14.81 元。社员分配口粮达 501 斤，比上年增加 18 斤。

7 月 3 日　《人民日报》报道：全国 29 个省、市、自治区已有各类种子精选机 6 260 台，现代化种子加工成套设备 10 套，1981 年加工精选种子 14 亿多斤。

7 月 5 日 《人民日报》报道：我国天然橡胶生产有了重大突破，橡胶树北移种植获得成功，成立了以海南岛、西双版纳为主的橡胶生产基地，1981 年全国橡胶总产量达 12.8 万吨，居世界第六位。

7 月 11 日 《中国农民报》报道：两年来，全国农村开展农产品成本核算工作取得了初步成果。现已拟出一套符合农村社队情况的农产品成本核算方案，培养出一支 4 700 余人的成本核算队伍，办起了 247 个部属完全成本核算试点。各省、市、自治区办点 2 405 个，物资费用核算点 5 705 个。

7 月 16 日 《人民日报》报道：农牧渔业部委托高等农业院校对县级以上的农业领导干部分期分批进行轮训。已有 4 000 多名县级以上的各级领导干部（包括省农业厅长、地区专员、农业局长和县委正副书记、正副县长）在高等农业院校受到了专业培训，一个从中央到省、地、县，包括一部分区、社的农业干部教育网正在初步形成。

7 月 19 日 新华社报道：1982 年上半年，全国生猪、鲜蛋收购量比上年同期显著增加。生猪已收购 6 242 万头，比上年同期增加 295 万头；鲜蛋已收购 107 550 万斤，比上年同期增加 6 440 万斤。

7 月 22 日 《中国农民报》报道：截至 6 月底，全国农村储蓄存款总额达 245 亿元，比上年底增长 15.5%；人均储蓄存款 29.64 元，比上年底增加 3.74 元。其中信用社吸收的社员储蓄存达 195 亿元，比上年底增加 25.4 亿元。

7 月 23 日 新华社报道：截至 7 月 2 日，全国夏粮征购入库比上年同期多 48.71 亿斤，完成计划的 121.8%，完成夏粮征购任务的时间也比上年提前了半个月。

8 月 1 日 《人民日报》报道：国家科委发明评选委员会审查批准了 35 项发明。其中，高产抗病甘薯品种"徐薯 18"获得一等奖。早熟硬粒，大穗型玉米自交系"原武 02"获二等奖。

8 月 8 日 《中国农民报》报道：1976—1981 年的五年间，全国累计推广杂交水稻面积 3.3 亿亩，一般每亩可增产 100 斤左右。

新华社报道：党的十一届三中全会以来，晋西北、鲁西北、豫东、豫西、鄂西、陕北、陕南和四川边远地区、贵州边远地区、云南边远地区、甘肃中部地区、宁夏西（吉）海（原）固（原）地区（共 214 个县）12 片贫困地区，社员收入水平稳步上升。按照 1978 年 12 片的农村基本核算单位分配时的统一口径计算，1978 年社员集体分配收入为 51.5 元，1981

年达到 82.6 元。1981 年比 1978 年增长了 60.4%。

8 月 12 日 《中国农民报》报道：原农业部在 1973 年开始进行的"建立农业科学实验、推广、培训中心"试点的 29 个县，经过三年的工作，基本建成了实验、示范、技术培训相结合和多种技术相结合的技术指导和服务中心。29 个试点县共培训社队领导干部、技术骨干 27.97 万人。

8 月 15 日 《中国农民报》报道：目前，全国农村集市已达到 4.3 万多个，其中有 1 000 多个是 1981 年以来新增加的。1981 年农村集市成交额达到 200 多亿元。据全国 206 个典型农村集市统计，1982 年上半年成交额为 4.4 亿元，比上年同期增加 23.4%。

8 月 21 日 《人民日报》报道：党的十一届三中全会以来，全国扶贫工作取得显著成绩。到目前为止，全国已有 2.43 万多个公社做了扶贫工作，占公社总数的 45%。据有关部门对全国 29 个省、市、自治区的调查统计，人均集体分配在 50 元以下的穷队，1981 年比 1980 年减少 25 万多个。1981 年穷队所占比例，比 1980 年下降 7.42%。

新华社报道：党的十一届三中全会以后逐步兴起的包产到户、包干到户农业生产责任制，现在已经在全国 74% 的生产队推行。

8 月 26 日 新华社报道：1981 年度，全国共有 560 个交售商品粮总数在 1 亿斤以上的商品粮县，占全国县级单位总数的 1/4。其中 250 多个是近几年新涌现的商品粮县。按每个农业人口平均交售的商品粮计算，500 多个商品粮县平均交售的水平比全国水平高 1 倍多，商品率普遍达到或超过 25%，其中每人交售征、超购粮在 1 000 斤以上的有 5 个县。

8 月 28 日 《人民日报》报道：各地贯彻党的农牧业政策，鼓励多饲养畜禽，各类畜禽产品有较大幅度的增长。据统计，1981 年同 1978 年相比，全国猪牛羊肉总产量增长 47.5%，奶产量增长 59.4%，鲜蛋收购量增长 23.8%，绵羊毛、绵羊皮、山羊板皮收购量，分别增长 19.5%、21% 和 71%。北京、上海、天津、成都、重庆等大城市肉奶蛋人均消费水平提高，肉提高 10 斤左右，奶提高 5 斤左右，蛋提高 7~8 斤。

8 月 29 日 《中国农民报》报道：农村用电量持续大幅度增长。1981 年已达到 426 亿千瓦时，比 1978 年增长 55%。现在，我国农村已拥有高低压线路 350 万千米、容量 11 000 万千伏安的变压器和 6 000 万千瓦的电动机。有 89% 的公社、67% 的大队和 56% 的生产队有了电。全国近 5 亿农民用上了电。

社队企业用电量 1981 年比 1978 年增长 90%；1982 年上半年比 1981 年同期又增长 20% 以上，已占农村用电总量的 1/5。农村照明和生活用电 1981 年比 1978 年增长 56%，1981 年比 1980 年净增 12 亿千瓦时，年增长率高达 18%。

9 月 16 日 《人民日报》报道：我国 41 种农作物，先后培育推广 3 045 个良种，全国基本实现了农作物良种化。几种主要粮食作物良种面积扩大很快：水稻 4.5 亿亩，占水稻总面积的 90%；杂交玉米 2.19 亿亩，占玉米总面积 70% 以上；杂交高粱 2 500 多万亩，占高粱总面积 80%。

9 月 25 日—10 月 15 日 中国农垦农工商联合企业总公司在北京农业展览馆举办全国农垦农工商联合企业产品展销会。名牌产品、创新产品和一般产品总计约 2 000 多种，提供成交产品总计约 8 000 多种。商品零售额达 500 多万元，成交额约 4 000 万元。

9 月 26 日 《中国农民报》报道：又一座全国农业科研和生产服务的土壤肥料测试中心在北京建成，投入试运转。这座现代化土壤肥料测试中心，每年可分析测试 10 万件样品，约 50 万项次。

10 月 2 日 新华社报道：经国务院批准，天津农学院成立。

10 月 4 日 《人民日报》发表社论：《把发展畜牧业提到更高的地位》。社论说，畜牧业是目前我国国民经济的一个薄弱环节，畜牧业年总产值只占农业年总产值的 14% 左右，比重过低，迫切需要把它提到更高的地位上来。我们要经过多年的努力，使全国畜牧生产逐渐接近和达到种植业的规模，尽快赶上经济较发达国家的农牧业发展水平，在安排计划时，应把畜牧生产列为重点发展项目，逐步建立起和农、林并列的畜牧业生产体系。

10 月 7 日 《中国农民报》报道：全国农垦系统已有各种形式的农工商联合企业 270 个，参加联合企业的农场占农场总数的 58%。已办起 6 000 多个工业企业，建立了 6 000 个商业网点。

《中国农民报》报道：据农牧渔业部宣传司最近在安徽省青阳县召开的第四次全国农业科普报刊工作座谈会统计：省以上的农业科普报刊，近两年由 6 家发展到了 20 多家。在湖南、江苏、浙江三省的 233 个县中，已有 175 个县办了农科小报。

10 月 10 日 《光明日报》报道：党的十一届三中全会以来，全国恢复和新建各级党校、专业干校（包括常设干训班）8 100 多所，全国干部教育网初步形成，近三年轮训、培训县级以上领导干部 20 多万人。全国农业系统已培训各级农业领导干部 6.2 万多人，2 000 多个县分管农业的正副县委书记和正副县长已基本轮训一遍。

10 月 13 日 《人民日报》报道：我国研制的适合我国国情的成套机械化养鸡设备，已装备 28 个省、市、自治区的 340 个大型养鸡场。每套设备 15 万元，可养鸡 1.5 万只。

10 月 17 日 《光明日报》报道：江西农业大学农学系讲师和校办药厂工程师合作，育成杂交水稻良种"赣化 2 号"。作中稻栽培一般亩产 1 000～1 200 斤，最高亩产可达 1 882.3 斤。

10 月 21 日 新华社报道：国家科委发明评选委员会最近审查批准了 77 项发明。橡胶树在北纬 18°～24° 大面积种植技术、优良玉米自交系 330 两项获得发明一等奖，柞蚕线虫病的控制法获三等奖。

11 月 4 日 新华社报道：经国务院批准，中国农牧渔业部对外工程公司正式成立。

11 月 6 日 《人民日报》报道：1979—1981 年，农业银行和信用社累计发放的贷款共 7 047.7 亿元，平均每年累计发放达 2 349 亿元，资金回收率达 96.8%。1982 年 1—9 月又累计发放 2 053.5 亿元，累计回收 2 011.1 亿元，回收率达 97.9%。据农业银行总行统计，到 1982 年 8 月底，对农村社员的贷款金额已达 53.8 亿元，比 1978 年同期增加 4.3 倍。这些贷款主要用于支持"双包"户和专业户、重点户发展生产。

11 月 7 日 新华社报道：农牧渔业部最近审评批准了 1981 年农牧业科技成果技术改进奖 52 项。冬小麦新品种"冀麦 3 号"、我国西部地区黏虫越冬迁飞规律及预测预报技术研究、扬州里下河地区三区改旱技术和江苏省地方猪各品种杂交育肥试验及应用等 29 个项目获一等奖。

11 月 10 日 农牧渔业部决定，对部分兽药按以下三种情况予以淘汰：①在卫生部公布淘汰的 127 种药品中，除保留 6 个品种外，其余属于人畜共用的药品全部淘汰。②在《兽药规范》（1978 年版）收载的品种中，再行淘汰的有驱虫净等 18 种。③过去业已淘汰的品种，各地仍有生产和利用，因此重申淘汰 12 种。所有淘汰的兽药品种，应立即停止生产，并撤销其批准文号，自 1983 年 7 月 1 日起停止使用。

11 月 12 日 《人民日报》报道：现在已有 18 个省、市、自治区在 32 个县进行了供销合作社体制改革的试点工作。四川、河南、河北、黑龙江等省正在总结试点经验，逐步向面上推广。

11 月 13 日 《人民日报》报道：农牧渔业部

三年来在全国建立了 9 个培训基地，对县以上主管农业工作的 5 089 名党政领导干部进行了轮流培训。各农业院校通过培训班推广科研成果 66 项。

11 月 14 日　新华社报道：经过三十多年的艰苦努力，治理黄河取得巨大成绩。黄河上游共建成梯田、条田、坝地 4 000 多万亩，造林、种草 3 800 多万亩。1949 年以来，经过三次大规模加高加固，现在黄河大堤已高达 6~7 米。改建险工坝岸，新建坝垛、控导工程共 8 000 多座。黄河引黄有效灌溉面积由中华人民共和国成立初期的 1 200 万亩发展到 6 800 多万亩。

11 月 16 日　新华社报道：截至 11 月 10 日，全国已收购新棉 4 031 万担，完成全年收购计划的 72%。其中山东、河北、辽宁、浙江四省已超额完成了全年收购计划。1982 年的总产量预计比上年增加 700 万担左右。

11 月 27 日　新华社报道：1982 年我国棉花总产量在 335 万吨以上，比上年增产 700 多万担，创历史最新纪录。

《光明日报》报道：我国农民基本生活品的消费水平 1981 年比 1978 年增长 90.2%，按人口平均，1981 年每人购买消费品为 117.4 元，比 1978 年增加 53.9 元，增长 84.9%。

12 月 1 日　《人民日报》报道：最近，邓小平同志在与国家计委负责人谈话时说，农业的发展一靠政策，二靠科学。靠政策调动积极性很重要，但有限度，到一定时期也就"饱和"了。科学技术的发展和作用是无穷无尽的。一个种子，一个肥料，还有多种经营，潜力是很大的。

12 月 9 日　新华社报道：我国农村人民公社和大队举办的敬老院已发展到 8 800 多所，比 1978 年增加 1 600 多所，有 116 000 多名五保老人在敬老院里欢度晚年。辽宁、吉林、江西、黑龙江、河北、内蒙古、北京、天津、上海、山东、湖北 11 个省、市、自治区的 93 个县实现了社社有敬老院。

12 月 10 日—17 日　中国奶牛协会在北京召开成立大会。

12 月 18 日　《光明日报》报道：12 月 15 日，成都农业科研测试中心建成并开机工作。根据我国不同自然区划和不同作物布局建设起来的 9 个科研测试中心，拥有 300 多名科技骨干，500 多台进口仪器设备。

12 月 20 日　全国林业战线成果评奖授奖大会在四川省重庆市召开。会上评选出 68 项获奖科技成果。

12 月 21 日　新华社报道：据商业部提供的材料，1982 年 1—11 月，商业部系统农副产品收购额比上年同期增加 12.9%。到 12 月 15 日，全国已收购贸易粮 1 020.39 亿斤，比上年同期增加 107 亿多斤；新棉 5 638 万担，比上年同期多收购 733 万担；食油 44.06 多亿斤，完成年计划的 93.8%。到 11 月份，全国已收购生猪 11 045 万头，比上年同期多收了 241 万头。鲜蛋收购量比上年同期增加 5.8%。

12 月 22 日　国务院决定成立"三西"（河西、定西、西海固）地区农业建设领导小组。

12 月 30 日　《中国农民报》报道：从 1951 年 10 月至 1982 年 9 月底，全国增加和改善灌溉面积约 900 万亩，新增除涝面积 200 万亩，新建水平梯田 50 万亩。

1983 年

【文献】

1月2日 中共中央印发《当前农村经济政策的若干问题》。文件指出：党的十一届三中全会以来，我国农村发生了许多重大变化。其中，影响最深远的是，普遍实行了多种形式的农业生产责任制，而联产承包制又越来越成为主要形式。联产承包制是在党的领导下我国农民的伟大创造，是马克思主义农业合作化理论在我国实践中的新发展。联产承包责任制和各项农村政策的推行，打破了我国农业生产长期停滞不前的局面，促进了农业从自给半自给经济向着较大规模的商品生产转化，从传统农业向着现代农业转化。现在，方向已经明确，道路已经开通。文件提出，当前农村经济政策中的问题是：（一）各地要根据本地区的资源条件和经济技术条件，拟定自己的农业发展规划，并采取有力措施，保证实现。要按照我国的国情，逐步实现农业的经济结构改革、体制改革和技术改革。（二）走农林牧副渔全面发展，农工商综合经营的道路。（三）稳定和完善农业生产责任制。（四）适应商品生产的需要，发展多种多样的合作经济。（五）改革人民公社体制，实行政社分设。（六）在农村允许资金、技术、劳动力一定程度的流动和多种方式的结合。（七）搞活商品流通，促进商品生产的发展，要打破城乡分割和地区封锁，广辟流通渠道。（八）要继续进行农业技术改造，建立与健全农业科学技术研究推广体系和培养农村建设人才的教育体系。（九）加快农村建设，必须广辟资金来源。（十）根据因地制宜、发挥优势、适当集中的原则，建立一批商品生产基地。（十一）力争尽快改变边远山区和少数民族地区的贫困面貌。（十二）采取多方面有力措施，认真对待森林过伐、耕地减少、人口膨胀问题。（十三）党在农村的工作，必须坚持一手抓物质文明，一手抓精神文明。（十四）系统地培训干部，提高干部素质，改善和加强党的领导。

1月3日 国务院颁布《植物检疫条例》，规定：国务院农业主管部门、林业主管部门主管全国的植物检疫工作，各省、自治区、直辖市农业主管部门、林业主管部门主管本地区的植物检疫工作。县级以上地方各级农业主管部门、林业主管部门所属的植物检疫机构，负责执行国家的植物检疫任务。

1月20日 中共中央发出《关于加强农村思想政治工作的通知》，指出：当前和今后一个时期，党在农村的思想政治工作的任务是，根据党的十二大提出的战略部署，围绕使广大农民尽快富裕起来这一农村工作的中心思想，力争用三五年的时间，使广大农民对十二大文件精神和党在农村的各项方针、政策有一个全面、深刻的认识，敢于劳动致富，做到国家、集体、个人利益三兼顾；基层干部和党员经过整风学习，面貌一新；党风、社会风气实现根本好转。

1月22日 国务院办公厅转发商业部起草的《关于完成粮油统购任务后实行多渠道经营若干问题的试行规定》。《规定》提出：粮食是关系国计民生的第一位重要物资，要坚持计划经济为主、市场调节为辅的方针，坚持统购统销政策，坚持国家、集体和个人利益三兼顾以丰补歉的原则。国家粮食统购任务（包括分品种的征购、超购任务）是指令性计划，必须保证完成。完成国家粮食征超购任务，是农民应尽的义务。粮食部门对农民交售粮食，实行直接结算付款，不得代扣款项。农民应缴纳的集体提留款应积极缴纳，如果有关方面一致同意，粮食部门也可从应付价款中代收。对农民完成征购、超购任务以后的余粮，允许多渠道经营。

2月5日 国务院发布《城乡集市贸易管理办法》。规定：城乡集市贸易的管理，应当在国家计划指导下，充分发挥市场调节的辅助作用，坚持"活而不乱、管而不死"的原则，国家通过行政管理和国营经济的主导作用，把城乡集市贸易管好搞活，维护市场经济秩序。城乡集市贸易行政管理的主管部门是工商行政管理机关。社队集体、农民个人和国营农场、林场、牧场、渔场、农（牧、渔、林）工商联合企业的农副产品，在完成交售任务和履行合同义务后，除中央或省、市、自治区规定不许上市的以外，都允许上市。

2月10日 农牧渔业部和教育部联合发出《关于1983年全国高、中等农业院校招生工作的通知》。提出农垦院校以80%左右的比例面向垦区定向招生，其余面向所在省、自治区招生（新疆维吾尔自治区主要招收少数民族学生）。为了与农村形势的发展和农村教育改革的需要相适应，农垦院校应积极创办知识面宽、应用性强的两年制专科。

2月11日 国务院批转《国家体改委、商业部关于改革农村商业流通体制若干问题的试行规定》并发出通知。通知指出：面对农村商品生产迅速发展和商品交换规模日益扩大的新形势，农村商品流通体制的改革，已经势在必行。《试行规定》的主要内容有：（一）实行多种经营形式、多种经营方式、多种流通渠道，改变统得过多、独家经营、渠道单一的做法。（二）合理设置批发机构，搞好农副产品收购和工业品下乡，解决农民"卖难""买难"的问题。（三）加快供销合作社体制改革的步伐。（四）建立商业企业经营承包责任制，提高经济效益。（五）相应调整与农村商业体制改革有关的政策。（六）改革的方法和步骤。

2月17日 国务院批转了农牧渔业部《关于发展农垦农工商联合企业若干问题的规定》。文件指出：各级人民政府和国务院有关部门要积极支持农垦系统的改革，帮助研究新情况，解决新问题，使国营农场在农业现代化进程中更好地发挥示范作用。

2月19日 机械工业部和农牧渔业部联合发出《关于加强机动脱粒机生产销售、使用管理的通知》。要求各地狠抓脱粒机生产的整顿提高工作，加强农机管理和安全操作宣传教育，杜绝机动脱粒机造成事故的发生。

3月2日 机械工业部发出《关于扩大农机供应（服务）公司服务范围的通知》。规定：除了做好农机产品的供应以外，凡农村建设，生产、生活所需要的机械产品，都有组织货源、做好供应的责任。

3月5日 林业部下达林业第六个五年计划。计划中提出："六五"期间要继续建设"三北"地区防护林体系；到1985年，全国造林29 000亩，把保存率提高到60%以上；年产木材5 500万立方米；采伐迹地更新造林3 910万亩；认真执行国家木材政策，严格控制森林采伐量；大力发展人造板生产，继续搞好木材综合利用。

3月16日 农牧渔业部、中国农业银行、国家工商行政管理局下发《关于积极扶持农村各种农机化服务站（公司）的联合通知》。规定：已批准营业的农机服务站（公司），具有一定的资金、设备，有经济核算制度，领导班子健全的，在发给营业执照后，农业银行可予开户（暂时使用社队有关科目核算）。农机服务站的资金，主要自筹或由集体和个人集资解决。对资金确有困难而又具备贷款条件的，农业银行可给予贷款支持。对各地农业机械化技术推广组织，如有还款资金来源和具备贷款条件的，也可以给予贷款支持。贷款按农业贷款利率计息。

4月1日 中共中央、国务院批转《加快海南岛开发建设问题讨论纪要》。《纪要》指出：海南的农业生产要以橡胶等热带作物为重点，全面发展农林牧副渔各业。在保证粮食总产、单产稳定增长，不增加粮食调进的前提下，鼓励国营农场、农村社队和个人积极发展橡胶、甘蔗、咖啡、可可、腰果、油棕、椰子、香料、水果、反季节瓜菜、南药等经济作物，发展水产养殖和海洋捕捞业、畜牧业、家禽饲养业，大抓工副业，使商品生产有较快的增长。鼓励内地尤其是发达地区，到海南兴办或合办工厂、农场和旅游业。要采取承包或联合等办法，充分发挥海南热带作物学院和各农场、林场的技术力量，开发热带资源。

4月13日 国务院颁布《关于严格保护珍贵稀有野生动物的通令》。规定坚决制止乱捕滥猎珍贵稀有野生动物，各地要进一步加强对狩猎生产和猎枪、猎具的管理，禁止珍贵稀有野生动物及其产品的出口，加强珍贵稀有野生动物的科学研究工作，保护珍贵稀有野生动物的生存环境。

中国农业银行下发《关于大力支持粮食专业户的通知》。要求在信贷资金上，优先支持粮食专业户，支持粮食专业户搞好科学种田，帮助粮食专业户解决购买化肥、农药、中小农机具、柴油等生产资料和出售农产品的困难，在信贷结算上提供方便。

4月22日 国务院批转劳动人事部、农牧渔业部、林业部、财政部《关于加强农林第一线科技队伍的报告》。《报告》提出：①通过各种渠道，充实和加强农林第一线的科技力量，建立和健全为农民服务的农林科技推广体系；②适当提高农林第一线科技人员的生活待遇；③逐步增加农林事业经费，以改善农业第一线科技人员工作条件和生活条件；④对于全民所有制的农林科研、院校、场圃单位中吃自产粮的科技人员，应当恢复他们的城镇户粮关系，他们的子女可以享受城镇就业和报考技工学校的待遇；⑤各级政府要加强对农林科技人员的管理和合理使用。

5月6日 中共中央、国务院发布《关于加强和改革农村学校教育若干问题的通知》(中发〔1983〕16号)。提出坚持贯彻执行《中共中央、国务院关于普及小学教育若干问题的决定》,力争1990年前基本普及初等教育。其规划和措施,要落实到县和区乡、社队;改革农村中等教育结构,发展职业技术教育;高等学校要为农村培养和输送专门人才,为农村各类学校培训师资;改革高校招生和毕业生分配制度,打开人才通向农村的路子;通过多种渠道解决经费问题,鼓励集资办学和私人办学。

7月3日 中共中央办公厅、国务院办公厅转发中央书记处农村政策研究室、商业部、农牧渔业部、中国农业银行《关于坚决纠正在征购粮食结算中借机扣款的报告》。提出粮食部门收购粮食应当及时结算,坚持户交户结、队(组)交队(组)结,谁售粮谁得款,做到粮款两清。银行、信用社要密切配合粮食部门做好粮食征购工作,特别是要积极支持户交户结、直接付款、结算到户。一律不得为其他部门和单位代扣款项。

7月19日 新华社报道:中共中央办公厅、国务院办公厅最近转发国家科委党组《关于当前农村科技工作和体制改革的若干意见》。建议:①鼓励农业科技机构同农民和生产队签订技术合同、采用技术承包责任制;②努力改善长期在农村工作和今后去农村工作的科技人员的生活和工作条件;③除了奖励发明创造、技术革新成果外,要特别重视奖励那些在推广成果、转移技术、传授科技知识等方面有显著成绩的人;④农村科技人员晋升技术职称,主要看对生产发展的实际贡献,晋升中级技术职称,应免试外文。

8月13日 新华社报道:农牧渔业部、林业部、铁道部、交通部、邮电部和国家民航局最近发出《关于国内邮寄、托运植物和植物产品实施检疫的联合通知》。

9月1日 国务院批转农牧渔业部《关于发展海洋渔业若干问题的报告》。指出,必须从指导思想上扭转片面强调捕捞、忽视保护和增殖资源的偏向。要健全渔业法规,加强渔政管理,严格保护、合理利用和积极增殖近海渔业资源,大力发展养殖业,突破外海和远洋渔业。要千方百计提高水产品的质量,搞活流通渠道,改善市场供应,尽快解决城乡人民吃鱼难的问题。

9月3日 国务院办公厅转发财政部《关于调整农村社队企业和基层供销社缴纳工商所得税税率的规定》。

10月6日 中央纪律检查委员会下发《关于坚决制止农业生产资料供应中违法乱纪活动的通知》。要求认真做好化肥、农药和柴油农业生产资料的合理分配和供应,计划分配给农民购买的以及对农民奖售和换购的生产资料,必须保证供应给农民,严格执行国家对农业生产资料各类品种规定的价格和管理办法。

10月12日 中共中央、国务院发出《关于实行政社分开 建立乡政府的通知》。指出当前农村改变政社合一体制的首要任务是把政社分开,建立乡政府;同时按乡建立乡党委,并根据生产的需要和群众的意愿逐步建立经济组织。规定乡的规模一般以原有公社的管辖范围为基础,要求各地有领导、有步骤地搞好农村政社分开的改革,争取在1984年底以前大体上完成建立乡政府的工作,改变党不管党、政不管政和政企不分的状况。

10月29日 国务院批转商业部《关于调整农副产品购销政策 组织多渠道经营的报告》。《报告》提出:农副产品的购销活动,必须坚持计划经济为主、市场调节为辅的原则,在保证国营商业的主导地位和充分发挥供销合作社作用的同时,允许多渠道经营。为保证国家能掌握国计民生所必需的农副产品,必须坚持统购、派购政策。商业部管理的一、二类农副产品由46种减为21种。对实行统购、派购的农副产品,均由国家指定的国营商业或供销社统一负责收购和经营。农副产品的购销政策和农副产品分类目录调整以后,对价格要加强管理,以保持市场物价基本稳定。

11月12日 国务院发布《关于对农林特产收入征收农业税的若干规定》。凡从事农林特产品生产,取得农林特产收入的单位和个人,都应当缴纳农业税。征税范围包括园艺收入、林木收入及各省、自治区、直辖市人民政府认为应当征收农业税的其他农林特产收入。农林特产农业税的税率一般定为5%~10%。

11月19日 国务院发布《关于制止买卖租赁土地的通知》。要求各级政府要加强领导,建立、健全土地管理机构和制度,切实把土地全面管理起来。各地要对买卖、租赁土地等非法活动,进行一次认真的检查、清理。

12月5日 《光明日报》报道:国务院最近批复"三西"地区农业建设领导小组第三次扩大会议的汇报提纲指出,中央决定从1983年开始,每年拨出2亿元专项资金,用十年时间,扶持开发甘肃省河西地区和宁夏回族自治区河套地区,改造自然条件最差的甘肃中部干旱地区 18 个县和宁夏西海固干旱高寒山区的 8 个县。

12 月 12 日 国务院批转水利电力部《关于积极发展小水电 建设中国式农村电气化试点县的报告》。《报告》提出：为了有利于小水电建设持续稳定的发展，今后县以上建设的小水电要列入地方基本建设计划，小水电建设资金，应以地方自筹为主，国家给予必要的扶持，从 1985 年起，每年拿出 1 亿元支持一些县办的小水电，实行"以电养电"的政策，对小水电继续实行低息贷款。

【会议】

1 月 7 日 《人民日报》报道：中央绿化委员会 6 日召开全国全民义务植树工作会议，传达了邓小平同志对全民义务植树的批示："要坚持二十年，一年比一年好，一年比一年扎实。为了保证实效，应有切实可行的检查和奖惩制度。"

2 月 3 日 《人民日报》报道：全国农村科学技术工作会议 1 月 26 日至 2 月 2 日在北京召开。

2 月 22 日—3 月 5 日 农牧渔业部在广东省湛江市召开全国农垦工作会议。出席会议的有 29 个省、市、自治区的农垦厅局长、地区农垦局长，农垦局计划、财务负责人，农垦局教育、科研负责人，以及中央各有关部门代表，共 400 多人。会议主要议题是：①总结 1982 年农垦工作，布置 1983 年农垦工作任务以及确定今后 18 年农垦系统奋斗目标；②总结农垦农工商联合企业的经验和问题；③根据农垦系统的具体情况确定推行各种形式生产责任制；④农垦系统的领导体制改革。

2 月 26 日 《人民日报》报道：2 月 25 日，中央国家机关绿化委员会召开义务植树先进单位、积极分子表彰大会。表彰了 50 个全民义务植树先进单位和 122 名积极分子。1982 年，中央和国家机关各部门在山区植树 83.55 万多株，在城区植树 25.3 万多株。

3 月 10 日 《人民日报》报道：农牧渔业部负责人 3 月 7 日在部属 16 所高等农业院校教育改革座谈会上提出，当前农业教育要从 10 个方面进行改革：改革招生制度和毕业生分配制度；要调整现有农业教育的层次结构；改革调整专业设置；采取多种多样的办学形式；改革教材、教学方法，提高教育质量；实行教学、科研和推广三结合；改革学校管理工作，建立岗位责任制；加强农业院所承担的干部培训工作；大力普及农民农业技术教育；扩大学校的自

主权。

4 月 4 日—14 日 中共中央书记处农村政策研究室和农牧渔业部社队企业管理局联合邀请辽宁省社队企业管理局、大连市委调研室及山西、河南、福建、浙江、山东、黑龙江等省 10 个县的有关负责同志，在辽宁省大连市座谈发展农村合作商业的问题。据与会的 10 个县统计，共有社队商业网点 2 970 个，占农村各种商业网点（包括个体）总数的 15%，从业人员 9 614 人，占农村商业人员总数的 8%，自有资金 2 613 万元。1982 年销售额 16 748 万元，占农村社会商品零售总额的 17%，实现利润共 604 万元，纳税 528 万元。

4 月 15 日—23 日 农牧渔业部在江苏省涟水县召开了全国土壤肥料工作会议。会议指出，振兴农业，开创土肥工作新局面的指导思想是：把土肥工作作为发展农业生产的一项重大战略措施，重视保护和提高地力，把改良土壤、培肥地力作为农田基本建设的重要内容和长期任务，实行养地和用地相结合，有机肥和无机肥相结合，广辟肥源，科学施肥，合理轮作，综合治理，建设高产稳产农田，为实现农业发展目标而服务。

4 月 27 日 农牧渔业部在北京召开 1982 年优质产品发奖大会，向 74 个单位的 88 种优质产品颁发证书。其中社队企业占 32 项，农垦系统 52 项。

5 月 11 日—19 日 中国农垦农工商联合企业总公司在武汉市召开了首届全国农垦产品订货会和 1983 年全国农垦农工商联合企业产品展销会第一次筹备会议。

5 月 19 日—27 日 农牧渔业部在北京召开全国海洋渔业工作会议。会议着重研究如何开创海洋渔业新局面的若干问题，总结了近年来渔业调整工作的成绩。会议一致认为，今后一个时期内，发展海洋渔业，必须以提高经济效益为中心，继续做好调整工作，大力发展海水养殖，保护、增殖近海资源，积极开发外海渔场，抓紧组织远洋渔业，切实搞好保鲜加工，注重提高产品质量，努力改善市场供应。对投资大、物耗多、成本高的外海渔业生产，国家应实行优惠政策。远洋渔业要采取国际合作、渔贸结合、技术服务等多种形式。会议还讨论了调整购销政策，改革供销体制以及进一步完善渔业生产责任制和科学技术为生产服务等问题。

6 月 3 日 《人民日报》报道：中共中央书记处农村政策研究室和中国农村发展研究中心召开全国农村信息联系点工作座谈会。全国农村已建立起 76 个信息点（57 个县、19 个地区），分布在 29 个省、

市、自治区各种不同类型的地方。

6月20日—27日 中国农业银行总行在江西省德安县共青垦殖场召开了全国国营农业信贷工作会议。这次会议以提高经济效益为核心，交流了工作经验，回顾了过去4年的工作，布置了今后的工作任务。1982年，全国累计发放国营农业各项贷款33亿余元，比1978年增长5.6倍，平均每年递增14.5%。

8月11日—15日 农牧渔业部水产局在四川省温江县召开全国稻田养鱼经验交流现场会。会议总结交流了各地恢复与发展稻田养鱼的经验，研究落实方针政策，探讨稻田养鱼的理论与相应的技术措施。1982年全国稻田养鱼面积已恢复到199万亩，产鱼2.4万吨。1983年扩大到849万亩，产鱼4万多吨，增加70%以上。

8月19日—23日 农牧渔业部全国农业技术推广总站在北京召开了全国农业技术推广项目计划会。会议交流了1983年的工作情况，重点讨论制定了《农业技术推广项目管理试行办法》。根据1983年中央1号文件的精神，要做好科研成果的推广工作，使之运用于生产，全国农业技术推广总站重点推广了35项农业先进技术。

8月20日—26日 农牧渔业部畜牧局在北京召开牧区牧业生产责任制座谈会。据我国主要牧区内蒙古、新疆、青海、甘肃、四川5省、自治区统计，现有牧业核算单位共16 465个，其中实行牧业"大包干"责任制的13 305个，占81%，"几定一奖"的2 699个，占16%；其他形式的责任制491个，占3%。

8月23日 《人民日报》报道：农牧渔业部在陕西省延安市召开的北方旱地农业工作会议提出，发展旱地农业的指导思想是种草种树，发展牧业，推行旱作农业技术，坚持山、水、田、林、草综合治理，促进农林牧全面发展。

8月25日—9月1日 农牧渔业部在河北省涿县召开全国农机化管理工作会议。会议总结交流了农机化管理工作的情况和经验，讨论了在新形势下如何改革和加强农机经营管理工作，如何贯彻因地制宜、有步骤、有选择地发展农业机械化的方针等问题。会议认为，在新的形势下，我国农业机械化的总任务应当是：适应农业体制的改革，调动集体和个人两个办机械化的积极性，以提高经济效益为中心，有步骤有选择地发展，为完成农业战略目标服务，为农民勤劳致富服务，为农村的"两个转化"服务。

9月11日—18日 农牧渔业部农垦局在黑龙江省克山农场召开国营农场少耕节能增产技术座谈会。据17个省、市、自治区1982年的初步统计，采用各种少耕方法的面积已达1 100万亩，其中黑龙江省就有1 000万亩。

10月25日—11月3日 财政部在河南省洛阳市召开了全国农业财务工作会议。会议提出：财经部门要改进财政支农资金的使用和管理，以利于促进农村商品生产的发展，加速农业现代化的进程。支持办好为广大农户产前、产中、产后服务的项目，支持发展粮食生产，把支持重点放在低产、中产而现实增产潜力大的地方，积极支持农业科研、教育和技术推广事业，把无偿支援和有偿支援有机结合起来，努力提高资金效益，坚持自力更生为主，国家支援为辅的原则，集中财力，保证重点需要。

10月25日—11月7日 农村五保和扶贫工作座谈会在河南省沈丘县召开。会议了解了各地对民政部《关于开展农村五保户普查工作的通知》和国务院九部门联合发出的《关于认真做好扶助农村贫困户工作的通知》的贯彻执行情况；交流了五保、扶贫工作经验；研究解决存在的问题。

10月27日—11月5日 中央宣传部和中央书记处农村政策研究室在江苏省苏州市联合召开全国农村文明村（镇）建设座谈会。会议指出，文明村建设的总的要求和目标是：在农村全面落实党的十二大提出的总任务，紧紧围绕经济建设这个中心，认真加强思想建设、文化建设、民主建设、道德风尚建设和村容村貌、公益事业建设，实行两个文明一起抓，逐步把广大农民培养成为有理想、有道德、有文化、守纪律的一代新型农民，把农村建设成为高度文明、高度民主的社会主义现代化的新农村。

11月4日 新华社报道：最近在河南省洛阳市召开的全国财政支农工作会议决定，财政支农工作决不能放松粮食生产，同时要积极支援多种经营。要把有限的国家投资，用于群众力所不能及的重大建设项目、最困难的地区和生产潜力大的地区。

11月13日—19日 全国护林防火会议在辽宁省大连市召开。据会议统计，1979—1982年四年间与前三十年相比，年平均火灾受害面积下降了40%，扭转了长期以来受害森林面积相当于造林保存面积的被动局面。

11月23日—30日 农牧渔业部畜牧局在南昌市召开全国种畜场经验交流会。截至1982年底，全国已培育出50多个畜禽新品种和类群。建立起国营种畜、种禽场1 130多处，饲养国内外优良种畜72万余头（只），种禽、种兔75万多只，已初步形成了我国种畜、种禽生产体系。

11 月 29 日—12 月 15 日 中共中央在北京召开了全国农村工作会议。会议提出 1984 年要在把重点放在稳定和完善生产责任制的基础上，提高生产力水平，疏通流通渠道，发展商品生产。继续稳定和完善联产承包责任制，土地承包期应该延长；加强社会服务，促进农村商品生产的发展；继续进行农村商业体制的改革，进一步搞活农村经济；制止对农民的不合理摊派，减轻农民额外负担，保证农村合理的公共事业经费；充分利用当地资源发展农村工业。

11 月 30 日 《光明日报》报道：文化部召开的南方地区农村集镇文化中心工作座谈会 28 日在江苏省常熟市结束。到 1982 年底，全国已有文化中心 5 500 多个。

11 月 30 日—12 月 8 日 农牧渔业部在北京召开了全国土地资源调查工作会。会议提出土地资源调查总的奋斗目标是，争取在不太长的时间内，全面查清我国土地类型、数量、质量、分布、利用和使用情况，并作出科学评价。分两步走：第一步，到 1985 年全国各县要善始善终地完成第二次土壤普查，全国汇总出比较接近实际的土地利用现状数据。第二步，到 1990 年除完成全国第二次土壤普查汇总外，同时要完成土地利用现状详查，开展土地评价，汇总出准确的各类土地数据资料。

12 月 22 日—29 日 农牧渔业部农垦局在北京召开全国农垦系统财务计划工作会议。大会为扭亏增盈成绩显著的 52 个先进单位颁发了奖状。

【农业发展成就】

1 月 1 日 《人民日报》报道：到 1982 年 12 月 25 日为止，全国收购新棉已突破 6 000 万担。

《经济参考》报道：用一片甘蔗末梢嫩叶就能培育出完整的甘蔗植株的"甘蔗组织培养育苗"新技术已研究成功。

1 月 3 日 《人民日报》报道：农牧渔业部与地方合资陆续兴建的我国第一批农业科学研究重点项目之一的 9 个农业科学研究中心，已先后投入试运转。这 9 个农业科学研究中心是：四川省农业科学院中心实验室、湖北省农业科学院农业测试中心、江苏省农业科学院农业生物遗传生理研究中心、广东省农业科学院水稻研究所、吉林省农业科学院大豆研究所、新疆维吾尔自治区农业科学院中心实验室、陕西省农业科学院黄土高原农业测试中心、中国农业科学院土壤肥料研究所中心分析室、中国农业科学院品质资源研究所种质库。

1 月 7 日 新华社报道：全国已有北京、河北、山西、辽宁、吉林、山东、江苏、安徽、福建、浙江、湖南、四川、贵州、甘肃、新疆 15 个省、市、自治区的 69 个县、市辖区的部分公社进行了政社分开、建立乡政权的试点工作。

1 月 8 日 《人民日报》报道：一年来，我国人民公社（区、乡、镇）科学技术普及协会，已由 4 000 个迅速发展到 1.5 万多个。成立协会的公社约占全国公社总数的 1/4。

1 月 9 日 《人民日报》报道：中国北方优质牧草培养基地在河北省围场县初步建成。这里种植着国内和从国外引进的优质牧草 110 多种。

1 月 15 日 《经济日报》报道：据国家工商行政管理局对全国 206 个典型农村集市的统计，1982 年成交金额为 9.03 亿元，即在 1981 年增长 25.7% 的基础上，又增长了 20%。

《中国青年报》报道：我国养蜜蜂 633 万群，年产商品蜜 10 万吨以上，王浆 300 吨以上。近几年我国每年出口蜂蜜 6 万吨左右，约占世界蜂蜜出口总量的 1/3。

1 月 17 日 《人民日报》报道：1982 年我国杂交水稻种植面积比 1981 年扩大 690 多万亩，达 8 400 多万亩；总产量增加到 640 多亿斤，比 1981 年增产 120 亿斤，约占当年全国水稻增产总数的 44%。

1 月 23 日 《中国农民报》报道：目前，绝大部分省、市、自治区气象局已完成了省级农业气候区划，1 000 多个县的气象站完成了县级农业气候区划，为各地调整农作物布局、改革种植制度，使农业生产趋利避害提供了科学依据。

1 月 24 日 《人民日报》报道：中国农业科学院培育出的含赖氨酸比普通玉米高一倍以上的新型玉米杂交种，经在全国 10 多个省、市、自治区大面积试种，效果良好。

1 月 25 日 《人民日报》报道：中国农业科学院油料作物研究所已选育出 11 个芥酸含量接近于 0% 的甘蓝型冬油菜新品系。

2 月 2 日 《人民日报》报道：截至 1982 年底，全国粮食部门已建成年产 2 000 吨以上的饲料厂 637 个，年生产能力达 60 亿斤，比 1981 年增长 72%。

2 月 6 日 《人民日报》报道：1982 年我国食油总产量超过 80 亿斤，收购量 49 亿斤。四年间，我国食油产量翻了一番，收购量增加两倍多。

2 月 8 日 《人民日报》报道：农村实行"双包"生产责任制后，大多数五保户的生活得到保障。

据民政部统计，全国有五保户 240 多万户，近 300 万人。享受供养的人数占五保户总人数的 90%。

2月9日 新华社报道：我国农村现在实行联产承包责任制的生产队，已占生产队总数的 92%。其中，家庭式的联产承包制（主要是包干到户）已发展到 78.7%。

《经济日报》报道：据中国农业银行统计，1982年底与 1978 年底比较，农村存款总额从 251.6 亿元增至 626.5 亿元，增长 1.5 倍；贷款总额也从 419.6 亿元增至 733.6 亿元，上升 74.8%；贷款的年累放数从 1 645 亿元增至 2 968 亿元，上升 80%。

2月13日 新华社报道：我国杂交棉花的研究工作取得重大进展，并开始在大田生产中推广应用。1982 年，四川、山东、湖北、河南、河北、陕西等省种植的 18 万亩杂交棉花，普遍获得丰收，一般比当地常规品种增产 20%～30%。

2月15日 《经济参考》报道：我国最大的现代化复合肥料加工厂——山西化肥厂，正在煤炭资源丰富的山西省潞城县着手兴建。这家工厂将生产硝酸磷肥，设计能力为年产 90 万吨。计划 1987 年 2 月建成。

2月17日 《人民日报》报道：1982 年广东、云南、广西、福建四省、自治区农垦系统的干胶产量达 13.6 万多吨，为国家计划的 130.3%，比上年增长 18.7%。

2月19日 《人民日报》报道：福建省到 1982 年底已建成 9 000 多座小水电站，装机容量达 72.5 万千瓦，发电 15 亿千瓦时，全省 80% 的县、市主要靠小水电供电。现在全省所有公社、82% 的大队和 70% 的生产队都用上了电。全省 4 万个社队企业，70% 的产值靠小水电生产。

《人民日报》报道：党的十一届三中全会以来，农垦系统四年盈利 20 亿元。

2月25日 新华社报道：国务院办公厅转发国家计委、农牧渔业部《关于加快农村改灶节柴工作报告》。我国农村每年仅生活用燃料就烧掉秸秆 5 000多亿斤、薪柴 1 亿多吨、原煤 5 000 多万吨，不少地方仍缺少 2～3 个月的烧柴。而农村旧式炉灶热能利用一般只有 10% 左右，每年浪费掉的热能折合成标准煤达 1 亿吨以上，比 1981 年全国火力发电消耗的煤还多。

2月27日 新华社报道：据国家统计局初步统计，1982 年我国农民货币收入总额达 1 705 亿元，比上年增加 186 亿多元，增长 12.3%，比 1978 年增加 777 亿元。据 26 个省、市、自治区对 1.8 万户农民家庭调查，1981 年平均每人收入在 300 元以上的

富裕户占调查总户数的比重，由 1978 年的 2.4% 增加到 22.6%；而平均每人收入在 100 元以下的困难户所占比重，则由 1978 年的 33.3% 降为 4.7%。全国最贫困落后的 231 个县中，绝大多数已基本解决了温饱问题。

3月2日 《人民日报》报道：全国已有近60% 的国营农场，参加或办起了 280 个农垦农工商联合企业。改变了二十多年来把生产、加工、销售分割开来的经济体制。

3月7日 《经济日报》报道：新疆生产建设兵团所属 169 个国营农场，恢复和营造荒漠植被，建立新的生态环境。到 1982 年底，全兵团的造林面积达到 56 万亩，耕地林木覆盖率达到 3.7%，比造林面积最大的 1966 年增长 0.7%。

3月8日 《经济参考》报道：截至 1982 年底，全国飞机播种造林面积达 2 亿多亩。1981 年底，全国保存面积 7 000 万亩，保存率约为 35%。

《中国农民报》报道：据在北京召开的供销合作社体制改革工作会议统计，全国已有 237 个县建立了县联社，占试点县的 35%。

3月9日 中央绿化委员会、共青团中央决定自 1983 年起，在全国青少年中开展义务植树竞赛活动。

3月11日 由农牧渔业部和中国科学技术协会联合举办的第一届全国优秀农业科教影片授奖大会在北京举行。大会向 6 部获得一等奖、9 部获得二等奖的优秀科教片的制作单位颁发了奖品、奖金和奖状。

3月15日 《中国农民报》报道：中国农业银行总行决定，对种子公司经营的粮、棉、油、麻、蚕桑、茶、糖料、蔬菜、烟叶、水果、绿肥和药材种子，贷款利率实行优惠利率，即按月息 0.3% 计息。对超过上述规定范围经营和议价经营的种子，一律按月息 0.6% 计息。

3月15日—4月1日 为解决黄淮海地区盐碱地改造项目所需的农业机械，中国农业机械化服务总公司组织了 18 个省、市的 72 个生产企业，共携带农机具 200 多种、300 多台（件），分别在安徽省涡阳县和山东省禹城县举办了优质小型农机新产品现场示范技术表演会，有 5 万多人次参观了表演，订货总额近 2 800 万元。

3月20日 《中国农民报》报道：1982 年，全国农业生产资料销售总额达 163 亿元，比 1981 年增长 13.2%，其中，化肥增加 979 万吨，农药增加 7 万吨，农药械增加 329 万吨。

3月22日 《中国农民报》报道：到1952年底，城乡集市共有44 775个，比1981年增加1 762个，其中农村增加1 469个。商品成交总额328亿元，在连续三年每年递增的基础上，又增加41亿元，其中农村集市贸易成交额287亿元。

3月24日 《中国农民报》报道：自1980年以来，全国有483个县陆续试办了沼气技术服务公司和公社沼气服务站，目前已承包建设新池46 703个，维修病池23 447个。

新华社报道：国家与地方共同投资，实行钱粮挂钩、联合建设商品粮基地试点县（市）协议在北京签订。这批商品粮基地县包括8个省的50个县（市）。国家决定在"六五"计划的后三年，从农业基本建设投资中拿出3亿元资金，帮助这50个县（市）发展粮食生产。

3月27日 《中国农民报》报道：农牧渔业部和中央组织部依托一些农业院校举办的16个农业领导干部培训班（校），已结束第一轮培训。共培训干部7 665名，其中县级领导干部4 622名，农机、水产系统领导干部1 526名。

3月28日 《经济日报》报道：据国家工商行政管理局统计，到1982年底，全国除西藏外，领有营业执照的城乡个体工商户共有263.6万多户，从业人员319.8万多人。其中农村个体工商户150.4万多户，184万多人，比1981年同期增加54.3万户、62.2万多人。河北、山东、河南三省农村个体工商户约占全国一半左右。

3月29日 《中国农民报》报道：到1982年，全国农村小水电装机容量达到800万千瓦，年发电量163亿千瓦时，分别比1977年增长了85.6%和91.8%。全国有不少县已形成独立的小水电网，有的还组成了农村区域性电网。有740多个县、40%以上的人民公社主要靠小水电供电。1982年小水电发电量相当于全国农业用电量的1/3。

《人民日报》报道：春播大豆优良品种——"铁丰18号"由辽宁省铁岭地区农业科学研究所培育成功。1974—1982年累计推广种植3 340万亩，增产（包括节约用种）11.1亿，价值3.35亿元。

《人民日报》报道：农牧渔业部、中国农学会和首都6家新闻单位联合举行农业科技人员为农村服务表彰座谈会。有11位长期深入农村，并做出显著成绩的北京农业科学家受到表彰。

4月8日 《人民日报》报道：国家发明评选委员会第十三次会议决定，授予辽宁省铁岭地区农业科学研究所培育的"铁丰18号"大豆良种以国家发明一等奖。

4月10日 新华社报道：我国农村社员独户购买和联户购买的大中小型拖拉机已经超过了100万台，占全国人民公社系统拖拉机拥有量的1/3左右，比1981年底增加60多万台。

4月13日 新华社报道：据在江苏省徐州市召开的全国粮食生产座谈会统计，我国新崛起的商品粮基地——江苏、安徽、河南、江西四省的淮阴、徐州、滁县、阜阳、巢湖、南阳、周口、吉安8个地、市，1982年共向国家提供商品粮104亿斤，平均每个农业人口提供199斤，总数和人均数都比1978年翻了一番，平均商品率为22.3%，比1978年上升8%。

4月16日 《人民日报》报道：我国一项为农业服务的新兴工业——饲料工业正在蓬勃发展。全国已新建和改建饲料厂3 500个，生产能力达到510万吨，同时还建立了一些小型的添加剂厂，预混合厂和饲料机械厂。1982年共生产配合饲料60多亿斤，比1981年翻了一番。

4月18日 新华社报道：中国农业银行发出通知，要求地方各级农业银行、信用社对粮食专业户实行优先贷款，贷款利率可在原定4～7.2厘的幅度内予以照顾，适当低于多种经营的贷款利率水平。大型粮食专业户可以在农业银行或信用社开设账户。

4月21日 《经济参考》报道：我国化学杀雄杂交水稻科学研究取得新进展，长期难以解决的杂交水稻制种的部分难题得到解决。

4月22日 《人民日报》报道：我国农民现在拥有资金约840亿元，比四年前增加了13倍。到1982年底，农村社队集体在银行、信用社存款189亿元，比1978年增长58%；农民个人储蓄存款282亿元，比1978年增长2.9倍；农民手中持有现金270亿元左右，比1978年增长1.1倍以上；农民个人储蓄占农村存款的比重已由1978年的37.6%，上升到1982年的60%。

5月1日 新华社报道：国家统计局对全国28个省、市、自治区589个县2.2万多户农民家庭收支抽样调查表明，我国农民每人平均纯收入1982年为270.11元，比1978年的133.57元增加了1倍多，1982年平均每人年末持有现金和银行、信用社存款达49.71元，是1978年的2.7倍。1982年平均每个农民居住面积10平方米以上。全国已有150个县建立了农业技术实验、推广、培训中心，几千个公社建立了科学普及协会，农村平均每万人口拥有一个社办电影放映队。

5 月 3 日 《中国农民报》报道：1982 年销往全国农村的图书达 113.15 万元，比 1978 年的 55.75 万元增长了 1 倍多。1982 年全国报刊发行 179 亿件，农村为 35.8 亿多件，占 20%。

5 月 10 日 中国农业机械化科学研究院举办全国小型农用机具展览，展出全国各省、市、自治区机械主管部门推荐的 500 多种产品。

5 月 14 日 《光明日报》报道：在北京举行的国际橡胶学术会议上，我国专家首次公布了橡胶树产量苗期预测方法和用花粉成功培育纯系的橡胶植株两项科研成果。

5 月 16 日 《人民日报》发表评论员文章：《亏损农场的紧迫任务》。文章指出：1982 年盈利农场已占全部国营农场的 70%。但是，全国还有占总数 30%的国营农场继续亏损，1982 年亏损金额达 2.9 亿多元。

5 月 19 日 《中国农民报》报道：据农牧渔业部社队企业管理局的统计，1982 年全国人均分配收入达到 300 元以上的富县达 97 个，比 1981 年增加 48 个，增长 98%。其中人均分配收入 400 元以上的县有 21 个，比上年增加 12 个。人均分配收入 300 元以上的大队达到 34 021 个（缺西藏），比 1981 年增加 23 319 个，增长两倍多。其中人均分配收入在 400 元以上的大队达到 9 507 个，人均分配收入在 50 元以下的穷县已由 211 个减少到 72 个，有穷县的省、自治区由 21 个减少到 13 个，16 个省、自治区已经没有穷县。

5 月 22 日 《中国农民报》报道：据 24 个省、市、自治区不完全统计，1982 年农村家庭养鱼总户数已达到 283 万户，鱼塘面积达到 135.6 万亩，产鱼 6.2 万多吨。湖北省社员家庭养鱼产量居全国之首，已由上年的 6 430 吨增加到 14 516 吨。

5 月 24 日 《中国农民报》报道：全国已建成水库 8.62 万多座，塘坝 624.4 万多座，机井近 300 万眼，以及大量的沟渠涵闸等田间工程，灌溉面积达 7.25 亿亩，占全国耕地面积的 48.5%，万亩以上灌区共 6 800 多处。除涝面积 1.5 亿亩，占易涝面积的 79%，治理盐碱地面积 5 300 万亩，占盐碱地面积的 55%。此外，还解决了 5 700 万人饮水问题。

5 月 25 日 《光明日报》报道：我国高等农业院校在完成教学和科研任务的同时，采取多种形式开展科学技术推广工作。1978 年以来，全国 59 所高等农业院校已有 750 多项科技成果获奖，其中已经推广的有 400 多项，正准备推广的有 186 项。

5 月 28 日 《人民日报》报道：在北京召开的全国农业科技新成果示范推广项目计划会确定，1983 年进一步扩大示范推广效果较好的"徐薯 18"等 13 个项目。

5 月 28 日—6 月 5 日 国家建材局在江苏省无锡县召开全国农房建材第二次经验交流会。全国现有 1 万多个混凝土农房构件厂，社队企业占 70%。

5 月 31 日 《人民日报》报道：中国科学院组织 20 个单位根据不同自然条件，开展 10 项农村用能攻关，全国将要建立 6 个新型能源试验村。

《中国农民报》报道：据 21 个省、市、自治区不完全统计，1982 年畜禽饲养专业户、重点户已由 1981 年的 230 多万户发展到 335 万户，约占全国总农户的 2%左右。

6 月 9 日 《中国农民报》报道：据 18 个省、市、自治区汇总，全国完成春季造林 4 500 万亩，"四旁"植树 40 亿株，都比上年增长 30%左右；育苗 366 万亩，比上年增长 15%以上。

6 月 17 日 水利电力部委托 12 所高等院校为农村电气化试点县举办农村小水电干部专修科，培养大学专科水平的水电建设技术人才。

6 月 19 日 新华社报道：我国已有 6 座现代化种子加工厂建成投产，年加工能力在 6 000 万斤以上。全国各级种子公司还有近 8 000 台种子精选单机。

6 月 28 日 新华社报道：1982 年全国有 168 个县社队企业总收入达到 1 亿元以上，比上年增加 36 个。社队企业收入超亿元的县江苏省最多，占 38 个。无锡县上年社队企业总收入达 9.597 4 亿元。

7 月 3 日 《中国农民报》报道：据全国 27 个省、市、自治区的不完全统计，有 1 387 个县已基本完成林业"三定"工作，占这些地区县总数的 60.2%；74.2%的生产队基本完成这项工作。林业"三定"工作的开展，进一步划清了国家、集体、个人的山林树木权属，普遍颁发山林权证书。5 000 多万农户划了自留山（包括荒沙荒滩）2.5 亿亩，户均 5 亩左右。

7 月 4 日 新华社报道：我国已有 1 576 个县（旗）完成了草场资源野外调查工作，占全国县级单位应调查总数的 72%。

7 月 7 日 《人民日报》报道：农业银行改进对国营企业信贷办法，由原来只贷给农场场部扩大到农场各承包单位、承包户和集体、个体经营者。

7 月 14 日 《中国农民报》报道：截至 6 月底，农村储蓄余额达 321 亿元，比上年同期增加 76 亿元，增长 31%，比上年底增加 39 亿元，增长 13.8%，平均每个农业人口储蓄 38.37 元，比上年同期净增 8.74 元，比上年底净增 4.67 元。

7 月 24 日 《中国农民报》报道：据不完全统计，我国已建成农村集镇文化中心 5 500 多个，拥有文化馆 2 900 多个，基层文化站 3.5 万多个，县级图书馆 1 600 多个，艺术馆 260 多个，基层电影放映队约 10 万个。

8 月 4 日 《光明日报》报道：大兴安岭森林火灾得到有效控制。近五年森林火灾面积比前五年缩小 61%，为国家节省了大量资金，保护了宝贵的森林资源。

8 月 9 日 新华社报道：目前全国农村专业户、重点户发展到 1 560 多万户，占农户总数的 9.4%。在各类专业户中。商业、服务业、运输业专业户，已占专业户总数的 13%，加工业专业户占 11%。

8 月 12 日 共青团中央、林业部、农牧渔业部、教育部联合发出通知，决定在全国青少年中开展"采集草种树种，支援甘肃改变面貌"的活动。要求 1983 年首先采集 100 万斤种子，以后要作为一项传统活动长期坚持下去。

8 月 14 日 《中国农民报》报道：1981 年以来，全国各地山区共打人畜饮水机井 5 545 眼，筒井 4 869 眼，水窖 35.3 万眼。这些设施解决了 872 万人的饮水困难问题。

8 月 16 日 《中国农民报》报道：1983 年全国共产春茧 238 万担，比上年增加 20 万担，接近 1970 年的全年产量。

8 月 21 日 新华社报道：至 8 月 15 日，全国 15 个夏粮主产省、市已经征购入库的夏粮比上年同期多 110 多亿斤，增长 57.2%，超额完成了当年的征购计划。

新华社报道：我国正新建 8 个农业科学研究机构，目前全国农业系统已有地区级以上农业科研所 1 081 个，科技人员 4 万多人。

8 月 24 日 《人民日报》报道：由国家经委和农牧渔业部统一安排的 1983—1985 年农业科学技术推广项目，在北京和全国各地与有关部门签订了合同，改变了过去靠行政命令和一般化号召的办法，用经济手段推广技术。

8 月 28 日 《中国农民报》报道：截至 1982 年底，全国已修建、修整围栏草场 6 000 万亩，人工种草，改良草场由 1979 年的 900 万亩发展到 3 600 万亩。四年来，飞机播种牧草 270 多万亩。

9 月 1 日 《中国农民报》报道：据全国农业区划办主任会议的统计。全国共有 2 057 个县开展了农业区划工作，占应开展这项工作县的 86%。

9 月 6 日 新华社报道：自 1980 年国务院决定设立"支援经济不发达地区发展资金"以来，到 1983 年的近四年间，国家共拿出 20 亿元用于支援不发达地区改变农业生产条件，促进生产建设。

9 月 12 日 《经济日报》报道：我国第一所农村经济管理干部学院 9 月 11 日在河北省廊坊市正式成立。这所学院是农牧渔业部为系统地培训全国农村在职的经济管理干部而建立的，设有农业合作经济管理、农村工业企业经济管理、农村会计、农村统计、资源经济和农村建设五个专业。

9 月 13 日 《中国农民报》报道：国家经委、国家计委、农牧渔业部、商业部、化学工业部、轻工业部、机械工业部、国家医药局、北京市粮食局商定组成饲料工业领导小组，下设办公室。由国家经委牵头专门制定饲料工业规划纲要。

9 月 18 日 《中国农民报》报道：全国已有 290 个县建立了试验、示范、培训、推广相结合的农业技术推广中心。

9 月 20 日 《人民日报》报道：上海农药研究所研制成功一种杀菌剂，为我国受稻瘟病严重威胁的 1 亿亩水稻找到了有效的防治新药。

9 月 23 日—10 月 13 日 中国农垦农工商联合企业总公司在北京农业展览馆举办全国农垦农工商联合企业产品展销会。

9 月 26 日 新华社报道：据 28 个省、市、自治区（缺西藏）1983 年初的统计，全国农村专业户、重点户已发展到 1 600 万户，占这些省、市、自治区农户总数的 9.4%。

9 月 27 日 《中国农民报》报道：近三年来，全国 2.81 多万个公社开展了扶贫工作，被扶持的 327 万贫困户中已有 109 万户摆脱了贫困状态。

9 月 29 日 《中国农民报》报道：全国农村敬老院已发展到 1.06 万余所，在院老人达 13.7 万多人，每个公社（乡）都办有敬老院的县增至 115 个。在近一年的时间里，各地农村就新建起 1 767 所敬老院。

《中国农民报》报道：1 979—1982 年四年间，农村社队（包括社队工业）和个人出售给国家和非农村居民以及农民之间交换的农副业和社队工业产品总额增长了 89.1%，其中出售农副产品金额增长 98.9%，从而使农村各业生产的商品率由 59.9% 上升为 65.9%，其中农副产品的商品率由 51.5% 上升为 59.4%。

《中国农民报》报道：近年来，我国农民技术教育迅速发展。据不完全统计，目前举办农民技术学校、文化技术学校及各种职业技术教育的有 1 万多个公社，占全国公社总数的 20％以上。

10 月 1 日 《光明日报》报道：截至 1983 年 7 月底，全国喷灌工程设施的控制面积已达到 1 400 多万亩。据有关单位多年试验结果表明，农田作物实行喷灌比畦灌要增产 10％～20％，每亩耗水降低四五成以上。目前全国县以上的喷灌技术骨干已达 3 000 多人。

10 月 6 日 《中国农民报》报道：据不完全统计，社队食品工业总产值已从 1980 年的 38.3 亿元增加到 1982 年的约 60 亿元，年平均增长率为 27.9％。

10 月 10 日 新华社报道：全国已选定 100 个电气化试点县，其中南方 85 个，北方 15 个。1983 年前九个月，全国农村新增小水电装机容量 20 万千瓦，发电量达 149 亿千瓦时，比 1982 年同期发电量增加 34％。现在全国农村小水电的装机总容量已达到 828 万千瓦，全国 2 000 多个县中，有 770 多个县主要是靠小水电供电。

《人民日报》报道：我国已有 14 个省、市、自治区建立牧工商联合公司。

《经济日报》报道：全国稻田养鱼面积已有 850 万亩，年产淡水鱼 3 万多吨，鱼种 5 亿余尾。

10 月 15 日 新华社报道：年初以来，农牧渔业部畜牧局分别在云南、湖北、陕西、安徽等 18 个省、市、自治区建立了万亩草场人工种草试点。

10 月 17 日 《人民日报》报道：中国人民保险公司积极开展农民家庭财产和社队企业财产保险业务。到 6 月底止，全国共承接农民家庭财产保险 38 万多户；承接社队企业财产保险 274 亿元，占全国社队企业财产总额的 54％。全国已支付农村家庭财产保险赔款 39 万元。

新华社报道：辐射育种研究在我国农业领域取得成果。我国采用辐射诱发生物遗传变异的方法，或与其他方法相结合，已培育出农作物新品种 160 多个，推广种植面积达 1.2 亿亩，每年增产粮食 60 亿斤左右。

10 月 18 日 《中国农民报》报道：目前，全国农村已有 107 万人的生产服务队伍。农村生产服务业正由少数点向面上发展，由单项服务向综合服务发展。

10 月 19 日 林业部向国务院报送《关于全国森林资源"五五"清查成果的报告》。《报告》中说，全国有林地面积 11 524 万多公顷，较"四五"清查时减少 9 921 万公顷；森林覆盖率为 12％，较"四五"清查时降低 0.7％；活立木蓄积为 102.59 亿立方米，较"四五"清查时增加 4.3％，但森林质量下降，残次林相增加，可采资源减少，主要产材省、区资源消耗过量。

10 月 20 日 《中国农民报》报道：据在贵阳市召开的全国生物防治学术讨论会上统计，我国目前生物防治面积已达 1.3 亿亩，比十年前扩大 100 倍。

10 月 21 日 新华社报道：全国已有 6 万多名专职和兼职农情工作人员，1 万个农情联系点，2.2 万多个农情联系户，初步形成了全国性的农情信息网。

10 月 23 日 《人民日报》报道：全国水改工作进展很快。农村改水受益人口已达 3.5 亿人，约占农村总人口的 40％，其中饮用自来水的占 12％～15％。北京、山西、河南、浙江、广东、江苏、四川等省、市的一些改水工作重点县，农村自来水普及率已达到 40％～70％。

10 月 25 日 新华社报道：据不完全统计，全国已有 902 个县（市、区）的 9 028 个人民公社实行了政社分开，共建立了 12 786 个乡人民政府。其中 176 个县（市、区）已在全县范围内全部建立了乡政府。

10 月 27 日 全国农业资源、区划展览在北京开幕。

11 月 1 日 《中国农民报》报道：全国各地采取多种办学形式发展农业教育事业，目前全国有农业高等院校 59 所，在校生近 7 万人；中等专业学校 358 所，在校生 8.2 万人；农村中一部分中学改为农业中学、职业中学，在校生近 100 万人。农牧渔业部和各省、市、自治区举办的县级农业干部培训班已培训 1 万多人；参加中央农业广播学校学习的已有 40 多万人。

11 月 3 日 《中国农民报》报道：目前，全国农村电影放映队、站，已达 11 万多个，四年来增加 4.3 万多个。在国家扶持下，集镇兴建影院已达 7 000 多个。

11 月 12 日 《光明日报》报道：据在成都市召开的全国农村科技读物出版问题座谈会不完全统计，1981 年至 1983 年上半年，全国出版农村科技图书 2 253 种，发行 12 700 多万册。

11 月 13 日 《中国农民报》报道：1983 年以来，各地银行对 8 755 个信用社进行了管理体制改革的试点工作，恢复了组织上的群众性、管理上的民主性、业务上的灵活性，出现了存放多、收得回、周转快、效益好的可喜现象。

11 月 16 日 《人民日报》报道：我国农垦系

统近五年来兴办各种形式的联合企业 359 个，参加的国营农场占总数的 70% 多。

11 月 17 日 《中国农民报》报道：国务院决定从 1984 年新棉上市起，取消北方棉区 5% 价外补贴，同时在全国收购棉花由基数法改为比例法，南方按"正四六"（40% 加价、60% 牌价）、北方按"倒二八"（80% 加价、20% 牌价）比例收购。

11 月 24 日 《中国农民报》报道：云南省大理市种植的"滇榆 1 号"粳稻良种连续获得高额丰产，其中一块 1.834 亩高产责任田 1983 年最高单产达 2 028.08 斤。

11 月 25 日 《经济日报》报道：据农牧渔业部截止 1983 年 10 月的统计，全国 29 个省、市、自治区饲养专业户、重点户已由 1982 年末的 335 万户发展到 528 万户。

11 月 28 日 《人民日报》报道：中国农业科学院作物育种栽培研究所育成"京红 1 号"春小麦单体系统。

《光明日报》报道：农牧渔业部科学技术委员会 26 日在北京成立。

《人民日报》报道：历时两年多的"三北"防护林地区农业自然资源调查和区域性农业区划工作，现已基本结束，取得了丰硕成果。

11 月 29 日 《经济日报》报道：据不完全统计，全国已建立 1.5 万多个植保公司，许多乡（社）建立了分公司，生产队成立了植保专业队、发展了植保专业户。植保专业实行责任制的主要形式有：全承包、单项承包、技术联产承包、技术指导。

12 月 1 日 《中国农民报》报道：1 月至 9 月全国农村保险承保金额达到 246 亿元，比上年同期增长 34.4%。目前全国农村社队企业财产保险，占农村保险业务的 46%；家庭财产保险占 2.5%；运输工具保险占 44.9%。全国已有 13 个省、市开办了牲畜保险。

《中国农民报》报道：在北京举行的全国土地资源工作会议资料表明：1978 年以来，全国已开展土壤普查的有 1 982 个县（旗），占全国总县（旗）数的 83%；其中已完成的有 997 个县。

12 月 6 日 新华社报道：经国务院批准，从 1984 年 1 月 1 日起，国家对社队、社队企业和社员个人的贷款利率调整为月息 6 厘。中国农业银行总行可在上下各 20% 的幅度内实行差别利率。

12 月 11 日 《中国农民报》报道：到 12 月 5 日止，全国累计收购棉花 7 723 万担，创历史新纪录，比 1949 年和 1978 年全年收购量分别增长 8.2 倍和 89%。

12 月 13 日 《中国农民报》报道：全国绝大部分地区农村财务整顿工作已经完成。据 22 个省、市、自治区统计，已有 38% 左右的生产队实行了会计专业化。建立了公社经营管理站（公司），专业会计人数一般比改革前减少 70% 左右，农民在这方面的负担减少了 40% 以上。

12 月 15 日 《中国农民报》报道：1983 年我国农业生产在连续四年增产的基础上，又获丰收。粮食总产可达 7 400 亿斤，比上年增产 330 多亿斤，增长 4.7%；棉花总产可达 8 000 多万担，比上年增产 800 多万担，增长 11.6%。

《人民日报》报道：我国培育瘦肉型猪取得成果。北京、上海、浙江、湖北等省、市培育的杂交猪，瘦肉率都在 58% 以上。

12 月 20 日 《中国农民报》报道：1982 年，全国进入农村市场的水泥 2 500 多万吨，平板玻璃达 1 000 万标准箱。据统计，农村新建 6 亿平方米房屋，91% 以上是社员自己投资建设的。

《人民日报》报道：国家科委发明评选委员会第十四次会议在北京举行。马传染性贫血病弱毒疫苗、水稻新品种"原丰早"、棉花高抗枯萎病的抗原品种、猪瘟兔化弱毒疫苗 4 项科研成果荣获国家一等发明奖。

12 月 22 日 中国野生动物保护协会在北京成立。

12 月 23 日 新华社报道：截至 12 月 20 日，我国有 441 个县成为年交售商品粮 1 亿斤以上的县，约占全国总县数的 1/5。

新华社报道：国务院决定由中央和地方集中资金 20 亿元，准备新建能收储 400 亿斤粮食的粮库，能容纳 1 000 万担棉花的中转储备库，能储存 20 万吨水果的冷库，要求在四年内建成。这些仓库建成后，全国粮食、棉花和水果的仓储能力将分别提高 20%、50% 和 1.4 倍。

12 月 27 日 新华社报道：1983 年国家和地方共同投资建设的 50 个商品粮基地试点县，粮食总产量可达 518 亿斤，比上年增产一成以上，向国家交售商品粮 180 亿斤，占全国计划征购数量的 13%。

1984 年

【文献】

1月1日 中共中央下发《关于一九八四年农村工作的通知》。

《通知》指出：今年农村工作的重点是：在稳定和完善生产责任制的基础上，提高生产力水平，疏理流通渠道，发展商品生产。延长土地承包期，鼓励农民增加投资，培养地力，实行集约经营。土地承包期一般应在十五年以上。生产周期长的和开发性的项目，如果树、林木、荒山、荒地等，承包期应当更长一些。在延长承包期以前，群众有调整土地要求的，可以本着"大稳定，小调整"的原则，经过充分商量，由集体统一调整。鼓励土地逐步向种田能手集中。鼓励集体和农民本着自愿互利的原则，将资金集中起来，联合兴办各种企业，国家保护投资者的合法权益。农村在实行联产承包责任制基础上出现的专业户，带头勤劳致富，带头发展商品生产，带头改进生产技术，是农村发展中的新生事物，应当珍惜爱护，积极支持。要鼓励技术、劳力、资金、资源多种形式的结合，使农民能够在商品生产中，发挥各自的专长，逐步形成适当的经营规模。政社分设以后，农村经济组织应根据生产发展的需要，在群众自愿的基础上设置，形式与规模可以多种多样，不要自上而下强制推行某一种模式。加强社会服务，促进农村商品生产的发展。必须动员和组织各方面的力量，逐步建立起比较完备的商品生产服务体系，满足农民对技术、资金、供销、储藏、加工、运输和市场信息、经营辅导等方面的要求。继续进行农村商业体制的改革，进一步搞活农村经济。继续调整农副产品购销政策。三类产品和统派购任务外的产品的价格要真正放开，允许国营商业企业、供销社按合理的进销差率灵活掌握购销价格，以便参与市场竞争和调节。经营中要尽量减少环节，组织产区、销区直线流通。改善农副产品收购办法。制止对农民的不合理摊派，减轻农民额外负担，保证农村合理的公共事业经费。加强对农村工作的领导，提高干部的素质，培养农村建设人才。加强农村党组织的建设。要按照中央的部署，进行整党，纯洁党的组织，发扬党的优良传统，提高党组织的战斗力，改变软弱涣散的状况，带领广大共产党员、共青团员和社会主义建设积极分子，团结亿万农民，为建设社会主义新农村而奋斗。

2月25日 国务院发布《关于组织和发展农副产品就地加工若干问题的规定》。指出对国家规定的重要农副产品的统购、派购任务，必须保证完成。统购、派购任务范围内的农副产品原料，由国家统一安排，统一调拨；如因历史习惯和发展需要，国家也可委托有条件的产地就地加工。对完成国家统购、派购任务后剩余的农副产品和不属于统购、派购范围的农副产品，均可由生产者就地加工。

国务院发布《关于合作商业组织和个人贩运农副产品若干问题的规定》。允许贩运的其他农副产品，在生产单位和个人保证履行合同的条件下，可以边交售、边上市；如遇特殊情况，省、自治区、直辖市人民政府可以规定完成派购任务后才能上市的品种，并向国务院备案。允许上市的产品同时允许贩运。

2月27日 国务院颁布《关于农民个人或联户购置机动车船和拖拉机经营运输业的若干规定》。提出国家允许农民个人或联户用购置的机动车船和拖拉机经营运输业，各地人民政府可根据当地经济发展的实际需要和油料供应的可能，统筹安排，有计划地发展。农民个人或联户经营运输业，可以从事货运，也可以从事客运。农民个人或联户合法经营运输业，受国家法律保护。任何部门、单位或个人不得向他们乱收费用、随意罚款或擅自提高收费标准，不得平调或摊派其资财。

国务院颁布《关于农村个体工商业的若干规定》。国家鼓励农村剩余劳动力经营社会急需的行业。对于经营手工业、修理业、服务业、饮食业等社会急需行业而确有困难的，国家可以在贷款、价格、税收等方面给予适当照顾，并在技术上给予必要的帮助。允许农村个体工商业户自理口粮到集镇摆摊设点，有条件的，经工商行政管理机关批准，也可以开店经营，但不得乱占耕地。

3月1日 中共中央、国务院转发农牧渔业部和部党组《关于开创社队企业新局面的报告》。

转发通知指出：中共中央、国务院同意农牧渔业部和部党组《关于开创社队企业新局面的报告》，并同意报告提出的将社队企业名称改为乡镇企业的建议。乡镇企业是多种经营的重要组成部分，是农业生产的重要支柱，是广大农民群众走向共同富裕的重要途径，是国家财政收入新的重要来源。乡镇企业发展，有利于"以工补农"，扩大农业基本建设，使农业合作经济组织增强实力，更多更好地向农民提供农业机械和各种服务。乡镇企业发展，还有利于促进专业承包，适当扩大经营规模。各级党委和政府应当积极引导乡镇企业做好"支农"工作。乡镇企业发展，必将促进集镇的发展，加快农村的经济文化中心的建设，有利于实现农民离土不离乡，避免农民涌进城市。县以上党委和政府，在规划和指导乡镇企业发展的同时，应对集镇建设作出全面规划。各级党委和政府对乡镇企业要在发展方向上给予积极引导，按照国家有关政策进行管理，使其健康发展。对乡镇企业要和国营企业一样，一视同仁，给予必要的扶持。对部分社员联营的合作企业、分散生产联合供销的家庭工业和个体企业，也应热情支持，积极引导和管理，使其健康发展。

中共中央、国务院发布《关于深入扎实地开展绿化祖国运动的指示》（中发〔1984〕3号）。

近几年来，全国植树造林工作取得了一定的成绩，积累了不少好的经验。在农村，给5 000万农户划定了2.5亿亩自留山，80%的社队落实了山权林权，建立了林业生产责任制，林业专业户、重点户应运而生，新的林业合作经济开始出现。但是，我国森林覆盖率低，荒山荒地很多，而绿化祖国运动的发展很不平衡，造林质量还不够高，一些地方乱砍滥伐，破坏林草植被的现象还相当严重，绿化祖国的任务仍然十分艰巨。为把这项治理国土、造福子孙的伟大事业继续推向前进，《指示》提出：在全国一切可能的地方，都要因地制宜，种树种草种花，扩大覆盖国土的绿色植被。放宽政策，建立和完善林业生产责任制绿化荒山荒滩，集体的荒山荒滩，要根据群众的意愿和经营能力，全部或部分地划给社员作自留山、滩，由县级人民政府发给使用证，土地集体所有；所种林草归己，长期经营，允许继承，可以折价转让。各种有利于加快绿化的措施和做法，都应当允许试行；一切行之有效的经验，都应当总结推广；经营者的正当权益，都应当受到法律保护。

农牧渔业部颁布《农业技术承包责任制试行条例》。《条例》共四章二十五条，对承包的形式和内容、承包人员和报酬、组织领导等进行了规定。凡是从事农业技术推广工作的单位和个人都可以搞技术承包。可以以国家干部为骨干，同农民技术员（经过考试考核的）联合搞承包，也可以农民技术员或国家技术干部单独搞承包。不管哪种承包办法，国家技术干部除了抓好自己的承包点和搞好承包示范样板外，还要总结提供制定承包方案，搞好技术培训，推广普及技术等，指导面上技术承包工作的经验。农民技术员，主要是负责技术方案或技术措施的具体实施。有关行政干部也可以参加联合承包，主要是负责组织，协调各方面的关系，共同进行技术承包工作，不搞形式主义。

3月28日 国务院办公厅转发文化部《关于当前农村文化站问题的请示》。

1978年，全国只有文化站3 264个，到1982年底，全国已建立农村文化站32 780个，其中绝大部分都是"社办公助"的公社文化站，国办站只有4 468个。以文化站为基础，全国已建成初具规模的农村文化中心6 000多个。《请示》提出：县、区领导要重视文化站的建设和发展，要采取切实措施，使文化站做到四落实：工作任务落实，人员落实，房屋落实，经费落实。

4月11日 农牧渔业部发出关于颁发《农业技术重点推广项目管理试行办法》的通知。《办法》规定：凡是列入各级重点推广的项目，各级农业技术推广部门或分管推广的工作单位，应负责统一管理，组织落实。各级农业技术推广部门，应本着"决不放松粮食生产，积极开展多种经营"的方针，按照当地农业生产的任务和要求，制订所管地区的年度农业技术推广计划和长远规划。年度计划，应在上年度的9月以前编出，报主管部门审批，纳入各级农业生产计划，并报上一级推广部门备案。属国家一级的重点推广项目，各省、市、区农业技术推广部门，应在前一年7月以前向农牧渔业部农业技术推广部门提出申请。抓好重点农业技术项目的推广，是各级农业技术推广部门的主要职责。各级农业技术推广部门都应集中人力、财力，搞好重点农业技术的推广普及，使之尽快转变为现实生产力。

机械工业部、国家物价局、财政部发出联合通知，颁发了《农机商品销售价格暂行管理办法》，要求从1984年4月15日起，全国一律按新办法调整农机商品销售价格：农机商品一律取消全国统一销售价格，实行地区差价；各级财政部门对农机化服务公司一般不再给予亏损补贴。

5月8日 国务院作出《关于环境保护工作的决定》(国发〔1984〕64号)。决定成立国务院环境保护委员会。其任务是:研究审定有关环境保护的方针、政策,提出规划要求,领导和组织、协调全国的环境保护工作。国务院环境保护委员会的办事机构设在城乡建设环境保护部。国家计委、国家经委、国家科委负责做好国民经济、社会发展计划和生产建设、科学技术发展中的环境保护综合平衡工作;工交、农林水、海洋、卫生、外贸、旅游等有关部门以及军队,要负责做好本系统的污染防治和生态保护工作。各省、自治区、直辖市人民政府,各市、县人民政府,都应有一名负责同志分管环境保护工作。

5月16日 《新华月报》报道:国务院批准农牧渔业部、国家计委等部门《关于进一步开展土地资源调查工作的报告》,并通知各地人民政府和国务院有关部门贯彻执行。

这次开展土地资源详查,总的要求是:全面查清我国土地的类型、数量、质量、分布、利用状况并作出科学评价。详查工作拟分两步进行:第一步,到1985年底,全国各县(旗)除个别边远地区外,要善始善终地完成县级第二次土壤普查,并根据条件进行土地利用现状概查或详查,全国汇总出比较接近实际的土地利用现状面积数据。第二步,到1990年,除完成全国第二次土壤普查汇总外,各地都要完成土地利用现状详查,开展土地评价,汇总出准确的各类土地数据资料。

5月23日 国务院发出《关于做好夏季粮油征购和销售工作的通知》,决定从1984年夏季粮油上市开始,在国家征购的同时开放市场,实行多渠道经营,允许供销社、农村其他合作商业和农民个人在当地,甚至出县、出省收购和运销。

5月30日 机械工业部和农牧渔业部发出《关于抓紧解决脱粒机安全问题的第二次紧急通知》,要求产品质量无保证的企业停止生产脱粒机,未鉴定定型产品不准投产,经营部门只准经销部、省推荐型产品。

6月25日 国务院办公厅转发农牧渔业部《关于制止乱搂发菜、滥挖甘草 保护草场资源的报告》。提出加强对草场的保护和管理。发菜由产区商业部门组织收购和经销,甘草由当地药材公司按国家计划和牌价统一收购。外地任何单位和个人,不得自行到牧区草场搂挖、收购或贩运发菜、甘草,也不得在农贸市场上出售,违者由草原管理部门或工商行政管理部门予以没收和罚款。

7月19日 国务院批转国家体改委、商业部、农牧渔业部《关于进一步做好农村商品流通工作的报告》。

《报告》提出:发展多渠道流通,要发展国营、集体、个体多种经济形式,多种经营方式,实行多渠道流通。调整农副产品购销政策。继续减少统购、派购品种。改进价格管理办法,要在计划经济为主、市场调节为辅的原则下,调整农副产品价格政策和管理权限。改革农副产品批发体制,砍掉不合理的经营环节。加快供销合作社体制改革,农村商品流通体制的改革,很大程度上取决于供销合作社改革能不能首先突破。供销合作社要在农民入股、经营服务范围、劳动制度、按劳分配、价格管理等方面进行突破,核心是变"官办"为"民办"。

8月1日 中国农村发展研究中心和国家经委联合发出《关于贯彻中共中央1984年1号文件 抓好部分县发展食品工业试点工作的通知》。指出在全国选择不超过100个不同类型的县,作为发展农村食品工业的试点县。

8月6日 国务院批转中国农业银行《关于改革信用合作社管理体制的报告》。

国务院要求,为了适应当前农村经济发展的需要,促进商品生产的发展,信用合作社管理体制必须抓紧进行改革。要通过改革,恢复和加强信用合作社组织上的群众性、管理上的民主性、经营上的灵活性,在国家方针、政策指导下,实行独立经营、独立核算、自负盈亏,充分发挥民间借贷的作用。各级人民政府要加强对这项改革的领导,注意研究解决改革中出现的问题,把信用社真正办成群众性的合作金融组织。

8月7日 《国务院办公厅转发农牧渔业部〈关于进一步发展沼气的报告〉的通知》指出:发展沼气是解决农村能源,充分利用农业资源,减轻环境污染的一项重要措施,具有综合的经济效益,应予高度重视。一切适宜推广沼气的地方,要切实加强对沼气建设的领导,把沼气建设同农房建设、城镇建设和环保建设结合起来,制订切合实际的发展规划,保证其实现。有关部门要积极支持沼气建设,帮助解决工作中的困难,促进沼气建设的发展。

8月13日 国务院办公厅转发水利电力部《关于加速解决农村人畜饮水问题的报告》。

1980年至1983年共解决2 655万人的饮水困难,据1983年底统计,全国还有5 600多万人的饮水困难没有解决,除上海市外,其余省、自治区都程度不同地存在缺水问题。其中,百万人以上的有19个省、自治区。

9月18日 机械工业部发出《关于做好农机维修配件生产和供应工作的通知》，要求农机系统各单位要牢固树立为农村经济发展服务的思想，从社会经济效益出发，搞好维修配件的生产和供应。

9月20日 六届全国人大常委会第七次会议通过了《中华人民共和国森林法》，自1985年1月1日起施行。该法共七章四十二条，对森林经营管理、森林保护、植树造林、森林采伐作了具体规定。森林资源属于全民所有，由法律规定属于集体所有的除外。森林、林木、林地的所有者和使用者的合法权益，受法律保护，任何单位和个人不得侵犯。

9月29日 中共中央、国务院发出《关于帮助贫困地区尽快改变面貌的通知》，通知提出六个方面的措施和要求：一、明确指导思想，改变贫困地区面貌的根本途径是依靠当地人民自己的力量，因地制宜，发展商品生产，增强本地区经济的内部活力，要纠正单纯救济的观点；二、进一步放宽政策，实行比一般地区更灵活、更开放的政策；三、减轻负担，给予优惠；四、搞活商品流通，加速商品周转；五、增加智力投资；六、加强领导，督促各项措施的落实。

10月5日 农牧渔业部颁发了《国营农场职工家庭农场章程（试行草案）》。规定了凡属农场职工及其家庭成员均可参加家庭农场。家庭农场由懂生产、会经营的人任场长，负责同国营农场签订承包合同，组织、指挥职工家庭农场的生产经营活动，承担对国营农场的经济责任。职工家庭农场可采取单户、联户等形式。职工可以办家庭农场、牧场、林场、渔场、畜禽场、果园、菜园，也可以兼营服务业、运输业和农畜产品加工业等。职工家庭农场经营的耕地、山林、草原、水面的数量应根据各场资源情况、劳力数量因地制宜，合理确定。对办开发性项目的职工家庭农场，经营规模可适当扩大。职工家庭农场的土地经营形式允许多样，可按户分地，由户或联户自行换茬轮作，也可按区分地，分区轮作，换茬不换地。

10月8日 新华社报道：国务院9月27日发布了《关于加强乡镇、街道企业管理的规定》。国务院要求：调整企业发展方向，乡镇、街道企业，要在当地政府的统一指导下，根据本地资源情况、技术条件和环境状况，全面规划，合理安排，因地制宜地发展无污染和少污染的行业。对于含有在自然环境中不易分解的和能在生物体内蓄积的剧毒污染物或强致癌物成分的产品，任何部门、单位和个人，都不准生产和经营。乡镇、街道企业不准从事污染严重的生产项目，凡是排放工业"三废"及产生噪声污染的乡镇、街道企业，要按照国务院《征收排污费暂行办法》的规定，征收排污费，并督促其限期治理，限期达不到要求的，环境保护部门有权停止其生产。合理安排企业的布局，在城镇上风向区、居民稠密区、水源保护区、名胜古迹、风景游览区、温泉疗养区和自然保护区内，不准建设污染环境的乡镇、街道企业。已建成的，要坚决采取关、停、并、转、迁的措施。

10月13日 国务院下发《关于农民进入集镇落户问题的通知》。

各级人民政府应积极支持有经营能力和有技术专长的农民进入集镇经营工商业。凡申请到集镇务工、经商、办服务业的农民和家属，在集镇有固定住所，有经营能力，或在乡镇企事业单位长期务工的，公安部门应准予落常住户口，及时办理入户手续，发给《自理口粮户口簿》，统计为非农业人口。粮食部门要做好加价粮油的供应工作，可发给《加价粮油供应证》。地方政府要为他们建房、买房、租房提供方便，建房用地，要按照国家有关规定和集镇建设规划办理。工商行政管理部门要做好工商登记、发证和管理工作，各有关部门都要给以热情支持，积极引导，加强管理，促进集镇的健康发展。任何组织和个人不得随意侵占他们的合法利益。

10月15日 经国务院批准，劳动人事部、城乡建设环境保护部发布《国营建筑企业招用农民合同制工人和使用农村建筑队暂行办法》。

企业所需的劳动力，除少数必需的专业技术工种和技术骨干外，应当招用农民合同制工人，逐步降低固定工的比例。企业也可以使用农村建筑队参加施工。国家对企业需用的农民合同制工人实行指导性计划管理。经批准实行百元产值工资含量包干的企业，在不超过包干的工资含量的条件下，可以自行招用农民合同制工人。企业招用农民合同制工人，应同县或乡有关单位签订劳动合同。农民合同制工人的自留地应予保留，其责任田按国家现行有关规定办理。

10月26日 《国务院关于加强棉花产购销综合平衡的通知》（国发〔1984〕146号）要求：合理安排棉花种植面积，改良棉花品种，从1985年起，争取两年内用较好的品种取代"鲁棉1号"和其他混杂低劣品种。在5年内，全国建立50个优质棉花基地县，种植优质棉2 000万亩，实现良种区域化。从1985年新棉上市起，北方棉区的超购加价比例由"倒二八"改为"倒三七"，即30%按统购价，70%按超购加价，南方棉区继续实行"正四六"比例，即60%按统购价，40%按超购加价。取消棉花收购奖售粮和扩大棉田补助粮。修订棉花标准，调整等级差价，实行优质优价。

11月22日 国务院批转民政部《关于调整建镇标准的报告》。

党的十一届三中全会以来，农村经济的繁荣，促进了小城镇的恢复和发展，现在全国已有建制镇5 698个。特别是今年中央1号文件下达后，各地对建镇工作更加重视，仅半年多时间，全国就新建了2 000多个镇。《报告》提出：凡县级地方国家机关所在地，均应设置镇的建制。总人口在2万人以下的乡，乡政府驻地非农业人口超过2 000人的，可以建镇；总人口在2万人以上的乡，乡政府驻地非农业人口占全乡人口10%以上的，也可以建镇。

12月13日 《国务院关于筹措农村学校办学经费的通知》（国发〔1984〕174号）。

开辟多种渠道筹措农村学校办学经费。除国家拨给的教育事业费外，乡人民政府可以征收教育事业费附加，并鼓励社会各方面和个人自愿投资在农村办学。这些经费，要实行专款专用，任何部门和单位不得挪用和平调。国家拨给的教育事业费，在原有基础上实行包干，由县下达到乡，不能减少，不得截留。乡人民政府征收教育事业费附加，对农业、乡镇企业都要征收。可以按销售收入或其他适当办法计征，但不要按人头、地亩计征。要采取有效措施，逐步改变中小学教师生活待遇偏低的状况。

【会议】

1月2日—12日 全国社队企业工作会议在北京召开。会议总结、交流了各地发展乡镇企业的经验，讨论和研究了在新形势下开创社队企业新局面的报告。

会议宣布了1983年社队企业系统产品质量评比中荣获农牧渔业部优质产品称号的名单，并发给了证书。获得这项荣誉奖的有20个省103个企业的110种产品。

1月10日 新华社报道：国家经委、科委、农牧渔业部和林业部联合召开全国农林科技推广工作经验交流会，表彰和奖励了1 967个在农林科技成果推广和应用上做出突出成绩的先进集体和个人。会议还宣布，由农牧渔业部和林业部分别给在基层从事农林科技推广工作25年以上的人员颁发荣誉证书。

1月17日—26日 农牧渔业部在北京召开了全国农业工作会议。会议学习了1984年中央1号文件和1983年全国农村工作会议精神，围绕着农牧渔业的行政、教育、科研三方如何加强协作，在指导思想、工作方法上适应农村商品生产发展的要求，尽快使农民勤劳致富这一中心议题，展开讨论。与会代表认为这几年农村商品生产发展出乎意料地迅猛，基本解决了温饱问题，扭转了大宗种植业产品长期供不应求的被动局面，开始从自给半自给经济向较大规模商品生产转化。在新形势下，也出现了一些新问题，比较突出地表现为粮棉等作物低水平的卖难、贮难、运难。会议指出，必须牢固地树立发展农村商品生产的指导思想，研究商品生产、分配、交换、消费等整个经济活动过程，运用现代科学技术和管理方法领导商品生产。

2月16日 《中国农民报》报道：15日，共青团中央、农牧渔业部和中国科协联合召开了全国农村学科学用科学青年标兵奖活动和青少年"采种支甘"活动表彰会。有37个学科学用科学标兵集体和198个标兵受到表彰。受表彰的"采种支甘"先进省、市5个，先进单位105个。

2月18日 中央绿化委员会在北京召开第二次全体会议，表彰了221个全民义务植树先进单位，审定和通过了中国植树节节徽和中国绿化基金会章程。

3月3日 《人民日报》报道：中国科协农村科普协会工作经验交流会3月2日在北京召开。据统计，全国公社（乡）科普协会已由1983年初的1.5万多个发展到2.8万多个，会员200多万人。

3月16日 中共中央书记处农村政策研究室和中国农村发展研究中心，在北京召开农村社会经济典型调查试点座谈会。根据各省、自治区、直辖市推荐，确定进行试点的单位有：广东南海县凤池乡；黑龙江海伦县明伦大队；湖南望城县新塘村、沅陵县龚家湾村；河北冀城县西垒下村、深泽县南袁庄；山西原平县阎庄；安徽金寨县金桥村、肥西县官亭村；河南郾城县黄庄村；北京昌平县南郝庄；内蒙古阿巴嘎旗沙如塔拉村等13个乡村。

4月5日 水利电力部在北京召开全国农电管理会议。会议总结和交流了农电管理经验，并就提高对农村电气化的认识、农电体制改革、企业整顿、科学化管理、建设文明单位和文明村等提出了指导原则和工作要求。

4月12日 新华社报道：农牧渔业部在北京召开了商品粮基地试点县工作会议。1983年，这50个仅占全国总数2%的县，粮食总产量546亿斤，占全国粮食总产量的7%，比1982年增加18%；上交商品粮237亿斤，占全国粮食征收购总数的1/8，比1982年增长43%，商品率为43%。农林牧副渔总产值159亿元，比上年增长22%。

6 月 4 日　中共中央书记处农村政策研究室主任杜润生邀请新华社、人民日报社、中央人民广播电台、中央电视台等新闻单位召开会议，传达了中央领导同志关于清除"左"的影响的重要指示，并就当前农村宣传工作的任务提出了意见。

7 月 16 日　中国农村发展研究中心在北京召开农村资金问题座谈会。讨论了农村资金供需状况、农贷发放、信用社改革、非银行信贷方式和农村各种集资形式等问题。

8 月 23 日—30 日　全国县农业技术推广中心工作会议在辽宁铁岭市召开。会议认为技术推广中心主要负责全县的农业技术推广工作，当好县领导技术参谋。同时从县到区站、乡（社）站，一直到农业科技户、专业户建立起农业技术推广体系，形成农业技术推广网络。此外农业技术推广部门改无偿服务为有偿服务。开展经营活动，实行产、供、销、加工"一条龙"。

8 月 23 日—9 月 2 日　全国农垦工作会议在黑龙江省农场总局红兴隆管理局召开。会议讨论修改了《加快农垦企业改革的意见》《积极发展和认真办好职工家庭农场》《国营农场职工家庭农场章程（试行草案）》《总结经验　加快步伐　争取提前完成农垦产值翻两番的任务》等文件。

11 月 2 日—5 日　农牧渔业部全国植物保护总站在北京召开了植保工作改革座谈会。从 1981 年开始，经过三年多的实践，各地方逐渐摸到了改革的门路，创造了一些改革的经验和办法。据不完全统计，全国大约有近 1/2 的省、自治区、直辖市，1/3 的县相继成立了植保服务公司，做到了技术、物资一起推广，既开方子又卖药。

12 月 6 日—22 日　中共中央在北京召开了全国农村工作会议。会议指出，农村工作的任务和重点，就是进一步改革农村管理体制，改革农产品统派购制度，在国家计划指导下，扩大市场调节，使农业生产适应市场的需求，促进农村产业结构的合理化，进一步解放农村生产力，进一步把农村经济搞活。会议认为，五年来农村改革不断深化，农业生产全面增长，这就为农村产业结构的改革、农业向大规模商品生产转化提供了物质基础和千载难逢的历史机遇，以城市为重点的经济体制改革的全面展开，对农村改革提出了新的更高的要求，也为农村改革提供了动力。只要紧紧抓住并善于利用这些有利条件，制定更符合农村实际、更易于为群众接受并调动农民积极性、更能收到实际效果的政策和措施，推动农业管理体制的改革，推动产业结构的调整，使之向合理化发展，农村商品经济就会健康地向前发展。

12 月 16 日　新华社报道：由农牧渔业部召开的全国中等农业教育改革会议，于 12 月 10—17 日在四川温江农校举行。会议指出，中等农校应该面向农村、面向基层，为"两户一体"、乡镇企业和国家农（牧渔）业企事业单位培养科学技术和经营管理人才。

【农业发展成就】

1 月 1 日　《人民日报》报道：一个抗病性强、适应性广、生育期短的夏播大豆新品种——"跃进 5 号"，在黄淮流域大面积推广获得成功。山东菏泽地区农科所育成的这个新品种，在条件相同的情况下，可比当地原主栽品种增产 15%～20%。这项成果荣获国家二等发明奖。

新华社报道：我国现有宜林荒山十几亿亩。到 1983 年底，全国已给 5 000 多万农户划分了 2.5 亿亩自留山，许多省、自治区、直辖市涌现出几万、十几万林业专业户、重点户。

1 月 2 日—12 日　新华社报道：1983 年，我国养鱼专业户、重点户已达 300 万户，养鱼面积 125 万亩。

1 月 3 日　《中国农民报》报道：1983 年，全国推广杂交水稻、杂交玉米、杂交高粱面积达 3 亿亩，其中 1 亿亩杂交水稻普获丰收。地膜覆盖面积近 1 000 万亩，其中棉花面积 630 多万亩。一般每亩可增产 30 斤以上。

1 月 4 日　《人民日报》报道：我国首次在海拔 3 000 米以上高寒山区飞播牧草试验获得成功。在云南昭通县大山包公社飞播的牧草经受了 1982 年冬和 1983 年春的雪凌、低温的考验，比天然草场的牧草返青早一个半月，而且草质好，产量高。

《人民日报》报道：我国饲料工业迅速发展，已经逐步成为国民经济中的一个新的工业门类。据粮食部门统计，近几年产量迅速增加，1980 年产量还只有 22 亿斤，1981 年为 37 亿斤，1982 年为 63 亿斤，1983 年产量可达 90 亿斤，三年之间产量翻了两番。

《人民日报》报道：1983 年我国 28 个省、自治区、直辖市（缺西藏）社队企业总收入达 851 亿元，比上年增长 10%；社队工业总产值达 720 亿元。

1 月 7 日　新华社报道：农牧渔业部 1983 年 10 月统计，全国 29 个省、自治区、直辖市，饲养专业户、重点户已由 1982 年末的 335 万户发展到 528 万户。

1 月 8 日　《人民日报》报道：全国 1 656 个县

完成了农业气候区划工作，占县级单位总数的79%多。南方一些水稻产区应用气候区划成果，按早稻安全播种期作业，1983年，因减少烂秧节约种子1.23亿余斤。

《中国农民报》报道：1983年全国农村又有1 152座小水电站投产，新增装机容量36.67万千瓦，发电总量达199亿多千瓦时，比1982年增长15.81%。

1月9日 新华社报道：我国沼气建设经过几年的调整，已经走上健康稳步发展的轨道。目前全国29个省、自治区、直辖市普遍开展沼气建设，每年新建沼气池50多万个，建池成功率达98%以上。

1月10日 《人民日报》报道：截至1983年底统计，我国有8个地区（市）和112个县的农业总产值或粮食总产量比1978年翻了一番。

1月13日 《人民日报》报道：据农牧渔业部畜牧局对北方13个省、自治区、直辖市统计，1983年人工种草1 798万亩，飞机播种牧草126万亩，改良草场257万亩，建设围栏草场396万亩，建设牧草种子田137万亩，收草籽3 650多万斤，是历年来草场建设最好的一年。

1月15日 《人民日报》报道：我国培育成功的棉酚含量仅为0.016%、棉仁蛋白质含量高达43%~50%的无毒棉新品系，"中无151""中无378""中无383""湘无48""豫无19"等正在河南、河北、山东、湖南等省试种推广。随着这些新品种的推广，我国每年直接作肥料的4 000多万担棉仁粉可望转作饲料或食品原料。棉籽油也可不经加工就食用。

1月23日 国务院发布《农副产品购销合同条例》，规定属于国家统购、派购范围的农副产品的购销，必须按照国家下达的统购、派购任务（牧区畜产品按国家确定的收购基数）签订合同。属于议购的农副产品和完成国家统购、派购任务后允许上市的农副产品的购销，可由当事人双方协商签订合同。产品的价格，按照物价主管部门规定的价格签订。国家允许协商定价或议价的，由当事人双方协商议。

1月24日 《经济日报》报道：党的十一届三中全会以后，全国农村开始大规模地有计划地进行扶贫工作，到1983年底，开展了这项工作的已达1 900多个县。

1月25日 《经济日报》报道：近几年农垦系统推广院近千项科技成果中，有186项获得了国家和部委级奖励。

1月31日 《人民日报》报道：由民政部门组织的1949年后首次全国农村五保普查工作已基本结束。据统计，全国农村有无劳动能力、无生活来源的老人264.78万人，残废人19.85万人，孤儿14.26万人。在上述已符合五保条件的298.89万名公民中，有90%以上的人落实了各种形式的五保供养和社会救济。

2月1日 《经济日报》报道：吉林怀德县交售商品粮20.1亿斤，居全国各县首位。

2月4日 新华社报道：我国农田灌溉面积已发展到7亿亩。这部分耕地生产的粮食占全国粮食总产量的1/3。

新华社报道：据农牧渔业部统计，全国已培训了1万余名县以上农业领导干部，基本上完成了对县以上干部第一轮的专业培训任务。

2月5日 新华社报道：到1983年12月底，全国农村个人储蓄存款余额达388.1亿元，比1982年底增加106.2亿元，增长37.7%。

《人民日报》报道：全国公路总里程达90.7万千米，其中县社公路62万千米，有90%以上的公社通了公路，有65%的公社开办了客运班车。

2月6日 《经济日报》报道：据统计，到1月底，全国交售商品粮5亿斤以上的县有22个，比1982年度增加了16个。

《光明日报》报道：广东省农业科学院水稻研究所用花药培养方法培育成功的双季晚籼新品种"花11"，最近通过技术鉴定。这是我国首次用花药培养法培育成功并已在生产上得到应用的一个籼稻新品种。

2月7日 《人民日报》报道：截至1983年底，国家收购农副产品达975亿元，比上年增长14%，收购粮食1 766亿斤，收购棉花8 476万担，都创历史最高纪录。

2月8日 新华社报道：农牧渔业部就关于进一步做好支援西北的草种、树种检疫工作发出通知，要求各地严格检疫、认真把关。做到不合格的草种树种不外运。

2月14日 《中国农民报》报道：到1983年底，全国城乡已有集市48 003个，比1982年底增加了3 228个。其中43 515个集市分布在农村。

2月15日 《人民日报》报道：到1983年底，除西藏外，各省、自治区、直辖市共建乡22 897个，其中民族乡为233个，同时建立村民委员会17.1万多个。

2月16日 《人民日报》报道：从1983年开始，中国农业银行在全国开展了农村信用社管理体制改革的试点工作，现已有8 750多个信用社基本完成改革，占全国信用社总数的 16%。

2 月 18 日 《人民日报》报道：全国鹤类联合保护委员会在南京成立。

2 月 19 日 《人民日报》报道：广东琼中县境内共发现七株二百年以上的野生龙眼老树和 100 多亩野生龙眼林。这说明我国南部是世界龙眼的原生地之一。

2 月 22 日 由机械工业部农机工业局组织，中国农机化科学研究院、中国牧业机械工业公司、中国农机化服务总公司和中国农机进出口联合公司参加，成立农机新产品展览会领导小组、展品评审小组和展览办公室。决定在中国农机化科学研究院举办农机新产品展览会，进行长期展销。

2 月 23 日 《人民日报》报道：全国农村社队企业已有 70% 以上实行了各种不同形式的经营承包制。

《中国农民报》报道：1983 年全国农村有近 900 万户农民喜盖新房，面积 6.6 亿多平方米。

2 月 29 日 《光明日报》报道：全国共有 3 000 多所对农民进行技术教育的县级农民技术学校。其中县农业部门办的各种学校 2 757 所。另外，全国还有 30% 的公社办起了 1.5 万所农民技术学校。

《人民日报》报道：江西都阳湖地区发现世界上最大的白鹤群。据实地考察，这群白鹤共 840 只左右。

3 月 1 日 《人民日报》报道：到 1983 年底，全国公路绿化里程已达 31 万多千米，路树拥有量 2 亿多株，相当于 30 万公顷的绿化面积。

3 月 17 日 《人民日报》报道：据有关部门统计，国内利用花粉或花药培育出的作物新品种（系）已达 50 多个，占世界此类品种数量的 1/4 左右。其中，烟草、水稻、小麦、玉米、茄子、辣椒、甜菜等 19 个花培新品种为我国首创。

3 月 25 日 《人民日报》报道：中共中央书记处农村政策研究室会同民政部，就加强扶助农村贫困户的工作向各地发出通报。通报指出，全国已有 170 万贫困户，经过自力更生和各方面的扶持，生活正在一天天好起来。但是，还有一批农户仍有困难，各方面应当尽力扶持他们。

《中国农民报》报道：据统计，全国治理小流域面积达 3 300 万亩。小流域治理承包到户的少则 5～10 年，多则 30～50 年，并允许子女继承。

3 月 29 日 《人民日报》报道：按照农艺要求创造模拟生态环境的我国最大的现代化科研温室，在安徽省农业科学院建成。温室面积 1 900 平方米。它按科研需要划分为 21 个自成系统的分区，提供多种生态环境。

4 月 4 日 全国农垦农工商联合总公司在上海嘉定县召开产品订货会。有来自 29 个省、自治区、直辖市的代表共 2 000 人参加。提供成交的产品品种有 8 000 多种，价值 13.8 亿元，购销总额为 1.74 亿元。在订货会上成交的产品中，粮食饲料占 35%，农畜土特产品占 22%，饮料、罐头、酒类占 17%，各类小食品占 9%，其他占 17%。

4 月 8 日 新华社报道：在我国一些大中城市出现了一种新的市场形式——农副产品批发市场。全国已有这种市场 200 多个，为农副产品的生产经营者提供了方便。

4 月 12 日 《中国农民报》报道：1983 年，全国 28 个省、自治区、直辖市（缺西藏），有 209 个县的社队企业总收入超亿元，收入超过 1 000 万元的公社 1 801 个，超过 100 万元的大队 4 919 个。社队企业总收入历年名列前茅的江苏无锡县，又居首位，总收入高达 12.8 亿多元。

4 月 14 日 新华社报道：1984 年国家和地方决定投资 2 亿元，进一步加强 60 个商品粮试点县、市、旗的建设。为此，农牧渔业部、国家计委、商业部、水利电力部最近联合发出通报，要求这些县、市、旗再接再厉，扎扎实实地继续搞好基地建设。

4 月 17 日 新华社报道：农村合作经济收益分配汇综会提供的 28 个省、自治区、直辖市（缺贵州）的统计材料表明：1983 年，我国农村每人平均生产收入（包括家庭副业）超过 300 元的县级单位 682 个，占全国统计县级单位总数的 29%。

《人民日报》报道：到 1983 年 10 月底，我国经各级人民政府和有关部门批准的自然保护区已有 262 个，总面积约 15.6 万平方千米。其中已建立专门机构实行管理的 134 个。属森林生态系统的有 99 个，属草原荒漠生态系统的有 9 个，属沼泽滩涂生态系统的有 6 个，属水域岛屿的有 18 个，属保护地质地貌景观的有 2 个。

4 月 23 日 机械工业部农机工业局决定，在北京市农机研究所建立养牛机械科研测试基地，在吉林省农机研究所建立经济动物（兔、鹿、貂等）饲养机械科研测试基地，在湖南省农机研究所建立南方草山草坡机械科研测试基地。

4 月 29 日 新华社报道：国家统计局发表了 1983 年国民经济和社会发展计划执行结果公报。

1983 年农业总产值 3 121 亿元，比 1982 年增长 9.5%。粮食总产量 38 728 万吨、棉花 463.7 万吨、油料1 055万吨，提前两年达到了"六五"计划规定的1985年的指标。

5月1日 新华社报道：据国家统计局对全国28个省、自治区、直辖市的600个县30 400多户农民家庭收支情况抽样调查，1983年全国农民平均每人纯收入达到309.8元，比1982年增加39.66元，增长14.7%。

5月3日 新华社报道：国务院办公厅发出通知，宣布成立国务院农村能源领导小组。主要任务是审查农村能源整体规划，提出开发农村能源的方针政策，督促、检查和协调各部门的有关工作。

5月8日 《人民日报》报道：我国已有2亿亩农田实现了林网化。它与2 900万亩农林间作，72亿株"四旁"树木以及各种防护林带、大小片林相结合，构成广阔平原上网、带、片一体的综合防护林体系。

5月10日 《人民日报》报道：距贵阳市约150千米的黔西、大方地区发现一片绵延百里的杜鹃林带。

5月16日 中共中央、国务院同意成立国务院三峡工程筹备领导小组，领导小组下设办公室，办公室设在水利电力部，办公室主任由黄友若兼任。

5月18日 机械工业部批准，在福建省农机研究所建立食用菌类种植加工机械科研测试基地，在上海市农机研究所建立南方蔬菜机械科研测试基地，在陕西省农机研究所建立小型薯类加工机械科研测试基地，在黑龙江省农副产品加工机械化研究所建立种子加工机械科研测试基地，在宁夏回族自治区农机研究所建立防沙造林机械科研测试基地。

5月21日 新华社报道：中国农学会在举行庆祝建会六十六周年的活动中，表彰了102位从事农业科学研究、教育和推广工作五十年以上的老专家。

6月5日 《光明日报》报道：5月18—22日，农牧渔业部在郑州召开受聘小麦、玉米、大豆、棉花、甜菜等专家顾问组成立大会。顾问组的主要任务是在科研、生产、技术推广等方面，为行政决策提供依据。

6月14日 新华社报道：据农牧渔业部对28个省、自治区、直辖市（缺西藏）统计，1983年社队工业总产值已达757亿元，比1982年增长17%，占全国工业总产值的12%。

6月18日 《人民日报》报道：目前我国已培育出53个低芥酸油菜新品种。

6月20日 新华社报道：1983年，全国乡镇集体企业的总收入928.7亿元，约占农村经济总收入

的1/4。在乡镇集体企业劳动的农民3 200多万人，占农村总劳力的9.3%。

6月21日 《光明日报》报道：全国第二次土壤普查中，已有2 016个县开展了土壤普查，占全国总县数的85%，其中993个县全部完成了普查任务。

6月22日 《人民日报》报道：在国家科委发明评选委员会第四次会议上，农业项目获一个一等奖，一个二等奖，四个三等奖。多抗性丰产玉米杂交种"中单2号"荣获一等奖。

6月28日 《经济日报》报道：据上海、江苏等15个省、直辖市统计，已有9 000个生产队的约60万老农领取了养老金。

7月13日 新华社报道：近几年，全国已建立起2 200多个省、地、县农作物种子公司。

7月17日 《中国农民报》报道：由农牧渔业部和安徽省科委投资兴建的我国第一个河蟹人工半咸水育苗基地，1983年底在安徽滁县竣工后，1984年首次育成1 050万只蟹苗，为大面积生产河蟹创造了条件。

7月18日 《经济日报》报道：全国农垦系统实行农工商综合经营后，出现了一批五年产值翻番的农场。据26个省、自治区、直辖市农垦部门的统计，1983年比1978年工农业总产值翻番的有5个省、直辖市，23个地区农场管理局（师）和341个农场。翻番农场占26个省、自治区、直辖市农场数的18.9%。

7月29日 《人民日报》报道：经国家经委根据1983年农业生产的实绩重新审核，全国有11个地（市、盟）、151个县（旗）实现了农业总产值或粮食总产量翻一番。

8月4日 《人民日报》报道：由山东农业大学教师研究成功的省种、省肥、省水的精量播种小麦高产栽培技术，可使亩产获千斤。山东省特授这项成果科研一等奖。

8月5日 《中国农民报》报道：我国已建成各学科配套的农业科研体系。地、市级以上科研机构达1 300多个，全国拥有农业科研人员近40万人。

8月12日 新华社报道：据国家工商行政管理局统计，6月底止全国城乡集市已达4.9万多个，贸易额约210亿元，比1983年同期增长14%左右。

8月14日 《中国农民报》报道：截止到1983年底，农村个体工商业发展到415.9万户，从业人员547.5万人。农村个体工商业在促进农村经济发展，搞活流通方面发挥了重要作用。

《光明日报》报道：全国主要作物品种资源的家

底初步摸清，收集到以农家种和野生近缘植物为主的品种资源 15 万份，加上原来的 15 万份，共计 30 万份，数量之多，已进入世界的前列。

8 月 15 日 《人民日报》报道：国家统计局对 600 个县 30 427 户农民家庭和 47 个城市 9 060 户职工家庭进行抽样调查表明，农民和职工之间收入和生活消费水平差距逐渐缩小，农民与职工的收入对比 1978 年为 1∶2.37，1982 年缩小为 1∶1.7。

《经济日报》报道：1983 年全国农村货币收入达 2 011.7 亿元，比 1978 年增加 1 074 亿元，增长 1.1 倍。1983 年农村购买商品总额达到 1 670 亿元，比 1978 年增长 1.1 倍，平均每年递增 15.6%。1983 年末，农村储蓄存款达 419.9 亿元，农民持有现金 373.7 亿元，两项合计比 1978 年末增加 490 多亿元。

8 月 26 日 《中国农民报》报道：党的十一届三中全会后的五年中，我国共增产粮食 1 650 多亿斤，其中增产稻谷、小麦 1 190 亿斤，细粮占总产的比重上升到 64%。据调查，1983 年我国农民每人平均吃细粮 393 斤，占粮食消费量的 76%。

8 月 28 日 《中国农民报》报道：全国已有 25 个省、自治区、直辖市约 1 560 个县全面或部分实行了乡镇干部选聘合同制，选聘乡镇干部近 6 万人。

8 月 31 日 《经济日报》报道：新疆生产建设兵团屯垦戍边艰苦奋斗，在戈壁滩上建起强大的工农业生产基地。169 个农牧团场三十年间开垦出 1 390 多万亩农田，提供商品粮 58 亿斤、商品棉 9.5 亿多斤。1983 年农业总产值达 10 亿元。建立了门类比较齐全的工业结构，1950—1983 年累计工业产值达 140 多亿元。

9 月 1 日 《人民日报》报道：北京市农林科学院作物研究所副研究员胡道芬，培育成功冬小麦新品种——"京花 1 号"，获北京市特等科技成果奖，发给奖金 1 万元。

9 月 4 日 《人民日报》报道：根据党中央、国务院指示，国务院副总理田纪云宣布安民告示，对农民出售余粮不得限制或拒绝收购。允许多渠道经营、在集市上收购各种粮食和长途贩运。

9 月 5 日 《经济参考》报道：中国畜禽信息中心在北京成立。主要是为全国各地畜禽饲养与加工提供信息服务。

水利电力部科技司、河南省水利厅共同集资兴办的恒压喷灌试验工程在河南郏县建成。这是我国自行设计、自制设备、自行施工建成的第一个恒压喷灌工程，可灌面积为 6 700 亩，全部自动化控制。经验收考核，主要指标符合设计要求，已正式交付使用。

9 月 6 日 《人民日报》报道：1983 年我国乡镇小煤矿产煤 1.7 亿吨，占全国煤炭产量的 24%。

9 月 9 日 新华社报道：全国各地已办起农民报 209 种，经邮局发行的农民科技小报有 58 种，这两种报纸每期发行 1 450 多万份。

9 月 11 日 《中国农民报》报道：全国农牧渔业科技成果交流交易会在北京举行。

《中国农民报》报道：我国有 283 万农民享受五保待遇，其中有近 17 万孤寡老人在敬老院安度晚年。据近六年统计，农村集体经济组织用于供养五保户的资金达 11 亿多元，国家救济 1.4 亿多元。

《光明日报》报道：全国有县医院 2 340 个，有乡（公社）卫生院 5.6 万多个，87% 的村（大队）建立了医疗站或卫生所。

全国水土保持工作协调小组在河北张家口市召开全国水土保持重点地区治理工作会议。八个水土保持重点地区是：位于黄河、海河、长江、辽河四大流域的三川河、无定河、皇甫川、定西县、永定河、柳河、兴国县和葛洲坝库区，涉及 9 省、自治区、直辖市的 43 个县。

9 月 14 日 新华社报道：全国已有农业大学、农学院等高等院校 59 所，在校生 73 400 人，中等农业专业学校 357 所，在校学生 87 900 多人。三十五年来，从这些学校毕业的学生已有 100 万人。有县办农民技校和成人教育中心 3 000 多个，24 万个村（队）办起了农民夜校或培训班。

《人民日报》报道：1983 年，我国淡水养殖产量达到 142.8 万吨，居世界第一位，比 1978 年增长 87.4%，平均每年递增 13.2%，全国人民食用的淡水鱼中，80% 以上是人工养殖的"家鱼"。

9 月 16 日 《人民日报》报道：我国第一所培养农村基层干部的大学——山东德州农村发展学院建成开学。

9 月 21 日 《光明日报》报道：我国有国营农场 2 070 个，土地面积 4.27 亿亩。

9 月 23 日 《人民日报》报道：全国农业、农垦、水利、江苏乡镇企业展销会在北京全国农业展览馆开幕。这次展销会包括全国农业成就展览会、全国农牧渔业科技成果交流交易展览会、全国农垦农工商联合企业产品展销会、全国水利系统综合经营产品展销会、江苏省乡镇企业展览会。

9 月 25 日 《人民日报》报道：中华人民共和国成立 35 年来，我国农业科技队伍已从初期的 1 000 多人，发展到拥有地区以上的科研机构 1 300 多个，科技人员 4.2 万人，各级科技推广机构 11 万多个，科技推广人员 37 万多人。1979 年以来，农业科技成果获国家发明奖 32 项，获农牧渔业部批准的技术改进奖 514 项，获科技推广奖 130 项。

《光明日报》报道：我国已掌握了农田施用稀土微肥的一整套规律。1983 年施用稀土示范的农田面积达 150 万亩，小麦每亩增产 30 斤，水稻每亩增产 40 斤。

9 月 28 日 《人民日报》报道：国务院环境保护委员会公布我国第一批《珍稀濒危保护植物名录》，并发出通知，希望各地区、各部门做好珍稀濒危植物的保护工作。

10 月 4 日 《人民日报》报道：我国农垦事业三十五年来发生了巨大变化。国家累计固定资产投资 244.9 亿元，现有固定资产净值近百亿元。1983 年与 1952 年相比，全国农垦系统工农业总产值增长 88 倍，年平均递增 15.6%。1979 年以来，连续五年盈利，共盈利 31 亿元。

10 月 5 日 《中国乡镇企业报》报道：1983 年乡镇建材工业总产值达 140 多亿元，超过国营建材工业，已成为乡镇企业中产值最高的行业。

农牧渔业部党组决定，通知部属水产三个总公司（中国海洋渔业总公司、中国水产养殖公司、中国水产供销总公司）合署办公。对内简称中国水产联合总公司，对外联系按业务需要分别使用三个公司名称、印章。10 月 24 日国家经委正式批准组建中国水产联合总公司。

10 月 9 日 《中国农民报》报道：我国已有奶山羊基地县 64 个，有良种山羊 300 多万只，年产羊奶 8 亿多斤。

10 月 10 日 四川、云南、广西、重庆、贵州四省、自治区五方种子协作会议在贵阳召开。并成立了农作物种子协作组。

10 月 12 日 《人民日报》报道：中国良种细毛羊在吉林前郭尔罗斯蒙古族自治县查干花种畜场培育成功。

10 月 20 日 《经济日报》报道：1983 年，全国乡镇企业中，食品工业企业 25 万个，从业人员 250 多万人，总产值已达 67 亿元。农村中从事食品加工的专业户约有 200 万个。

10 月 24 日 《人民日报》报道：全国已有 480 万农民进入建筑行业。

10 月 29 日 《人民日报》报道：我国牦牛改良工作取得很大进展，改良的杂种一代牦牛已有 3.5 万多头，遍及西南、西北主要牧区。

11 月 1 日 《中国农民报》报道：中国农业科

学院畜牧研究所营养室研究的棉饼蛋白饲料综合配套技术，9 月底在北京通过鉴定。这项配套技术的研究成功，可将我国常年榨油后的 60 亿斤棉饼，配合其他成分生产 300 亿斤配合饲料，这些饲料可转化成猪肉 375 万吨，或 625 万吨鸡肉。

11 月 2 日 《人民日报》报道：中国花卉协会在北京成立。

11 月 4 日 《人民日报》报道：据不完全统计，全国农村现有花木种植面积 12 万亩，1983 年花木销售收入达到 2 亿多元。

11 月 7 日 新华社报道：1983 年农牧渔业部技术改进奖评选工作全部结束，57 项科技成果获得一等奖，获得二等奖的有 162 项。其中获得一等奖的中国农科院作物研究所的"京红 1 号"春小麦单体系统育成的研究和南京农业大学园艺系的不结球白菜品种资源调查整理和利用的研究，达到了国际水平。湖南省草场资源调查获农牧渔业部技术改进一等奖。

11 月 13 日 《中国农民报》报道：第三季度，全国农村已有 612.5 万多户个体工商户，从业人员 842 万多人，约占全国城乡个体工商户从业人员的 77%。

11 月 15 日 《人民日报》报道：全国已有 90% 以上的农户成为供销社的股东。据 10 月底不完全统计，全国供销社已吸收农民的股金、投资 13.5 亿元，比 1983 年增长了一倍。

11 月 19 日 新华社报道：全国地、县两级建立植保公司 755 个，乡村两级建立植保公司和植保专业队 68 758 个，还涌现出许多植保专业户，共承包防治农作物面积 2.6 亿多亩次。专业化防治在一般情况下比分户防治节省用工 25%，减少用药量 20%，节约费用 40%～50%。

11 月 20 日 《经济日报》报道：中国农业银行决定改革信贷管理办法，支持国营农场职工兴办家庭农场。今后，农业银行对家庭农场直接发放贷款，直接办理结算业务，增加贷款种类，扩大贷款方式，在信贷政策上，银行对家庭农场和国营、集体农业一视同仁。

11 月 23 日 新华社报道：由农民自费举行的农村专业户座谈会 17—24 日在北京举行。来自 28 个省、自治区、直辖市 13 个民族的 300 多名专业户代表参加了座谈会。

11 月 27 日 新华社报道：从 1979—1983 年，我国农民新建住宅 28 亿多平方米。农村文教、医疗、科技、娱乐和服务等公共设施建筑达 10 400 万平方米。建设速度和规模是前所未有的。

《光明日报》报道：由农民企业家与科技工作者自愿联合创建的中华乡镇企业开发公司在北京成立。这个新型民办公司是科研、生产、教育、市场"一体化"，工贸、技贸结合的综合经济实体。

《光明日报》报道：1984年，我国在山东南部沿海进行对虾放流增殖获突破性进展，增殖的对虾大大超过该海区的自然捕捞量，放流回捕率为7%，达到世界先进水平。

《中国农民报》报道：到1984年9月底，全国开展政社分开、建立乡政府工作的县（市、区）有2 339个，占农村县级单位总数的96%；已全部完成建乡工作的2 156个，占农村县级单位总数的88.7%。全国53 730个人民公社中，已实行政社分开的有48 401个，占总数的90%；全国建立了80 140个乡政府（含民族乡），659 560个村民委员会。全国已有19个省、自治区、直辖市完成了建乡工作，其余在1984年底以前完成。

12月3日 《人民日报》报道：由安徽省农牧渔业厅赵乃刚、滁县水产研究所包祥生发明的河蟹繁殖的人工半咸水及其工业化育苗工艺，被国家科委评为一等奖。

12月8日 新华社报道：据国家统计局的统计，1983年全国有138个县（市）的农业总产值比1978年增长一倍以上。这些翻番县分布在18个省、自治区、直辖市，共有农业人口6 200多万，占全国农业人口的7.4%。1983年，这些县的农业总产值301.8亿元，比1978年增长1.3倍。

12月9日 新华社报道：国家统计局对27个省、自治区、直辖市（缺辽宁、西藏）近3万农户进行抽样调查表明，1—9月每个农民平均现金收入比1983年同期增长9%，达到178元（不包括储蓄借贷收入44元）。

12月11日 《人民日报》报道：据全国农业技术推广总站统计，全国各地1984年推广水稻旱种技术的面积达130万亩，比1983年增加近两倍，稻谷总产量达7.8亿斤。推广面积最多的河南、河北两省，分别达到57万亩和20万亩，几乎县县都在搞水稻旱种。

12月15日 《光明日报》报道：1984年1—10月，农牧渔业部给4.7万多名在基层直接从事技术推广工作25年以上的国家技术干部颁发了荣誉证书和证章。

12月20日 《人民日报》报道：一座由农民集资筹建的核能辐照厂在河南开封市郊区汪屯乡苏村建成。

12月27日 《光明日报》报道：经各地区、各部门多年的考察分析、研究证实，我国尚有5亿亩，23片宜农荒地可以开垦。其中约有40%即2亿亩分布于北方草原牧区，宜于建立人工饲草饲料基地，20%分布于南方各省山丘区，宜于发展经济林果，其余40%即2亿多亩可以用于发展粮食和经济作物。

12月29日 农牧渔业部主办的全国首届水产加工品展销会在北京开幕。参加展销的有沿海和内地的17个省、自治区、直辖市的2 800多种水产加工品。

新华社报道：1984年全国新建成小水电站1 421座，新增装机47万多千瓦，小水电发电216亿千瓦时，比1983年增长了8.41%。

1985 年

【文献】

1月1日　中共中央、国务院发布《关于进一步活跃农村经济的十项政策》（中发〔1985〕1号）。

文件提出：必须进一步改革农村经济管理体制，在国家计划指导下，扩大市场调节，使农业生产适应市场的需求，促进农村产业结构的合理化，进一步把农村经济搞活。扩大市场调节，进一步放活经济之后，农民将从过去主要按国家计划生产转变到面向市场需求生产，国家对农业的计划管理，将从过去主要依靠行政领导转变到主要依靠经济手段。（一）改革农产品统派购制度，除个别品种外，国家不再向农民下达农产品统购派购任务，按照不同情况，分别实行合同定购和市场收购。（二）大力帮助农村调整产业结构，要继续贯彻决不放松粮食生产、积极发展多种经营的方针。（三）进一步放宽山区、林区政策，山区25°以上的坡耕地要有计划有步骤地退耕还林还牧，以发挥地利优势。口粮不足的，由国家销售或赊销。（四）积极兴办交通事业，修建公路继续实行民工建勤、民办公助的办法。（五）对乡镇企业行信贷、税收优惠，鼓励农民发展采矿和其他开发性事业，对饲料工业、食品工业、小能源工业的投资和其他乡镇企业的技术改造费，在贷款数额和利率上给予优惠。（六）鼓励技术转移和人才流动。（七）放活农村金融政策，提高资金的融通效益，信用社实行独立经营，自负盈亏。（八）按照自愿互利原则和商品经济要求，积极发展和完善农村合作制。联产承包责任制和农户家庭经营长期不变。要继续完善土地承包办法和林业、牧业、水产业，乡镇企业的责任制。有些合作经济采用了合股经营、股金分红的方法，资金可以入股，生产资料和投入基本建设的劳动也可以计价入股，经营所得利润的一部分按股分红。（九）进一步扩大城乡经济交往，加强对小城镇建设的指导，城市应继续办好各类农产品批发市场和贸易中心。在各级政府统一管理下，允许农民进城开店设坊，兴办服务

业，提供各种劳务。城市要在用地和服务设施方面提供便利条件。运用经济杠杆，鼓励宜于分散生产或需要密集劳动的产业，从城市向小城镇和农村扩散。（十）发展对外经济、技术交流。

1月6日　《经济参考》报道：国务院办公厅1984年12月26日批转国家经委《1984—2000年全国饲料工业发展纲要（试行草案）》。《纲要》作为指导我国饲料工业的纲领性文件，提出我国的饲料工业建设分两步走："1990年前主要是打好基础，创造条件；后十年要健全饲料工业体系。"并明确提出"全国配、混合饲料加工能力，1990年达到5 000万吨左右；2000年达到1亿～1.2亿吨"。《纲要》的颁布，标志着国家已把饲料工业正式纳入国民经济和社会发展序列。从此，我国饲料工业走上了快速发展的轨道。

2月14日　国务院发布《中华人民共和国家畜家禽防疫条例》，分为总则、畜禽传染病的预防、畜禽传染病的扑灭、监督管理、奖惩、附则六章二十五条，自1985年7月1日起施行。

3月11日　中共中央、国务院发出《关于放宽政策、加速发展水产业》的指示，要求各地党委和政府抓住有利时机，解放思想，放宽政策，加强领导，努力工作，迅速打开水产业的新局面，如期实现到20世纪末全国水产品产量翻两番、产值翻两番多的奋斗目标。

3月14日　农牧渔业部发出《关于利用农业广播学校做好农村基层干部培训工作的意见》。

4月8日　水利电力部、财政部、中国人民银行、中国农业银行、中国工商银行联合颁发《关于水电部喷灌技术开发公司使用贴息贷款的管理办法》的通知，决定从1985年起，五年内拨出2亿元的专项贴息贷款，用于发展喷灌事业。

4月26日　国务院批转民政部、国家经委、财政部、中国农业银行、农牧渔业部、商业部、国家物资局、劳动人事部、教育部《关于扶持农村贫困户发展生产治穷致富的请示》。

4月29日 农牧渔业部发出《关于从1985年起实施部级科学技术进步奖励的通知》。

5月10日 农牧渔业部发出《关于把国营农场建成商品种子基地的通知》。

5月15日 农牧渔业部发出《关于加强农产品标准化工作的通知》。

5月17日 国务院批转财政部《关于农业税改为按粮食"倒三七"比例价折征代金问题的请示》。同意将现行农业税以征收粮食为主改为折征代金，折征代金统一按粮食"倒三七"比例收购价（30%按原统购价，70%按原超购价）计算。对继续征收粮食的，粮食部门也按"倒三七"比例价与财政部门结算、划转税款。经济作物区也应同粮产区一样，改按"倒三七"比例价折征农业税。至于少数地区农民按"倒三七"比例价交税确有困难的，可由省、自治区、直辖市人民政府作出规定，酌情给予减免。

5月23日 财政部发出《关于安排扶持优质棉基地县建设资金的通知》。确定今后三年国家共拨款2.3亿元扶持优质棉基地县建设。

6月8日 林业部颁发《制定年森林采伐限额暂行规定》。

6月18日 第六届全国人民代表大会常务委员会第十一次会议通过《中华人民共和国草原法》，自1985年10月1日起施行。

《草原法》规定：国务院农牧业部门主管全国的草原管理工作，县级以上地方人民政府农牧业部门主管本行政区域内的草原管理工作。草原属于国家所有，即全民所有，由法律规定属于集体所有的草原除外。全民所有的草原，可以固定给集体长期使用。全民所有的草原、集体所有的草原和集体长期固定使用的全民所有的草原，可以由集体或者个人承包从事畜牧业生产。全民所有制单位使用的草原，由县级以上地方人民政府登记造册，核发证书，确认使用权。集体所有的草原和集体长期固定使用的全民所有的草原，由县级人民政府登记造册，核发证书，确认所有权或者使用权。草原的所有权和使用权受法律保护，任何单位和个人不得侵犯。

6月21日 国务院批准《森林和野生动物类型自然保护区管理办法》。规定了自然保护区分为国家自然保护区和地方自然保护区。国家自然保护区，由林业部或所在省、自治区、直辖市林业主管部门管理；地方自然保护区，由县级以上林业主管部门管理。自然保护区管理机构的主要任务：贯彻执行国家有关自然保护区的方针、政策和规定，加强管理，开展宣传教育，保护和发展珍贵稀有野生动植物资源，进行科学研究，探索自然演变规律和合理利用森林和动植物资源的途径，为社会主义建设服务。

6月25日 国务院办公厅转发全国水土保持工作协调小组《关于开展水土保持工作情况和意见的报告》。

《报告》提出：对不适宜种粮食的地方，要根据规划逐步调整，做到地尽其利。特别是对25°以上的坡耕地，要坚决而有计划地退耕还林、还牧。对退耕需要解决的一些实际问题，如农业税减免、口粮供应等，应由当地政府切实解决。对退耕的坡地，实行"谁治理，谁受益"的政策。切实解决燃料短缺问题，在山区大力发展薪炭林的同时，积极推广节柴灶，有条件的地方应发展沼气、小水电，利用太阳能。对荒山、荒沟、荒坡，要在统一规划的前提下，承包到户或联户治理，明确责、权、利，签订承包合同，发给土地使用证，帮助承包户进行规划，并在技术上给以指导，使承包户通过承包治理，提高经济效益，逐步富裕起来。

8月10日 农牧渔业部于发出《关于整顿和加强兽药管理 取缔假劣兽药的紧急通知》。要求坚决取缔非法兽药厂；整顿兽药厂，保证兽药质；加强兽药市场管理。

9月2日 农牧渔业部发出《关于做好农牧渔业专利工作的通知》。农牧渔业部专利管理处为农牧渔业专利工作的管理机构，负责农牧业专利工作的规划、计划、组织协调业务指导、处理纠纷、管理许可证贸易和技术进口中的专利工作以及宣传和干部培训等。农牧渔业部专利事务所为农牧渔业专利服务机构。

9月16日 《经济日报》报道：商业部、农牧渔业部、卫生部、国家工商行政管理局联合发出《关于加强活畜检疫和肉品检验工作的紧急通知》。

9月18日 《人民日报》报道：国务院批转商业部、农牧渔业部、纺织工业部、财政部、国家物价局《关于调整1986年棉花购销政策的报告》。

10月17日 国务院办公厅转发了水利电力部《关于加强农田水利设施管理工作的报告》。

《报告》提出：健全区乡水利管理组织，落实和完善农田水利管理责任制。对小型农田水利工程的大修、更新改造、除险保安和新建工程所需资金，主要由受益单位或个人按受益面积合理负担，国家根据工程规模和群众负担的能力，给以适当补助。所需劳力，特别是维修、配套和更新改造工程所需劳力，应按受益面积由受益单位或个人出工。国家管理的水利工程要划定工程保护和管理范围，报请工程所在地人民政府批准。在划定的工程管理范围内，土地及其附属建筑物属全民所有，使用权属管理单位，其他单位和个人不得侵占。

10月31日 中共中央、国务院就减轻农民负担发出《关于制止向农民乱派款、乱收费的通知》。要求各部门和省、自治区、直辖市的党政领导同志出面主持，对减轻农民负担问题进行一次彻底检查，并采取断然措施，切实加以解决。要建立控制农村公共事业经费筹集和使用的制度，通过立法程序，严格规定筹资的范围和限额，并实行预决算制度和财政监督。乡和村兴办教育、修建公路、实施计划生育、优待烈军属、供养五保户等事业的费用，原则上应当以税收或其他法定的收费办法来解决。属于群众联合举办的农田水利等生产建设项目，要坚持自愿、量力的原则，谁受益谁负担。

11月26日 商业部、国家物价局下发《关于合同定购以外棉花收购价格的通知》。规定对合同定购以外的棉花，在棉农要求出售时，由各地供销社的棉麻公司按照国家的收购牌价收购起来，不加价，不奖售化肥。收购的这部分棉花，供应时，执行国家规定的供应价格，不得另行规定供应价格。

【会议】

1月4日—8日 农牧渔业部在北京召开全国水产加工工作会议。会议提出，要把水产品加工提高到和发展养殖、捕捞生产同等重要的地位上来。会议指出，发展水产品加工要以改善大中城市供应为主要目标，实行产地加工与销地加工并举，以产地为主，食用为主。产地着重初加工，销区着重精加工。采用新技术，建立多层次的技术结构与多品种的产品结构。

1月14日 《人民日报》报道：6日—12日，农牧渔业部在长沙市召开全国优质稻米生产会议。

3月5日—12日 农牧渔业部在北京召开了第一次全国土地管理工作会议。会议总结了两年来土地管理工作的情况，明确了全面科学地管理土地的任务和要求。全国已有24个省、自治区、直辖市建立健全了土地管理局（处）。黑龙江、吉林、辽宁、湖北、江西等省已经初步形成了一个从省到乡的土地管理体系。会议指出新形势下，土地管理工作的总任务是：要建立有中国特色的土地管理体系，合理利用和保护全部土地资源，保证国民经济各部门协调发展的用地要求。

3月25日—4月2日 农牧渔业部在广州市

召开全国农牧渔业利用外资工作会议。五年来，农牧渔业利用外资11.2亿美元。

4月8日—14日 农牧渔业部在北京召开了全国农业机械化管理工作改革座谈会。随着农村经济体制改革的深入，我国农业机械化事业进入多种形式并存的新阶段。农户经营的农业机械大量增加，改变了农业机械全部由国家和集体经营的格局。会议认为，鉴于各地经济状况和农业机械化发展水平的不同，应采取"多种形式并存、完善加强发展合作经营、积极支持专业户"的方针，进一步调整和完善农业机械经营形式，提高经济效益。农机化管理部门要切实加强农业机械化的方针政策、战略规划、法规建设、组织协调、信息交流等宏观管理。县级农机化管理部门要根据当地情况和群众需要，合理组织基层企事业单位的力量，协调行动，切实抓好农机管理和服务工作。进一步加强乡、村农机化管理工作，乡镇一级都应设管理机构，村一级也应设农机管理员。

4月20日—26日 由农牧渔业部主持在成都市召开全国土壤肥料工作经验交流会。会议指出，土肥工作的任务是为种植业结构的调整、提高农产品质量和全面增产、逐步实现集约化经营、发展商品生产做好服务工作。当前重点抓好土壤普查工作；切实搞好"七五"土肥规划；加强对化肥的管理；进行推广改造中低产田、增积有机肥、发展绿肥以及配方施肥等先进技术；建立健全土肥技术服务体系；做好绿肥饲草布局的调整；开展土肥立法工作。

5月2日—10日 中央书记处农村政策研究室和农牧渔业部在北京联合召开了全国农村合作经济经营管理工作会议暨中国农村经济组织经营管理研究会成立大会。会议分析了当前农村经济发展的形势和存在问题，强调了加强经营管理服务工作的必要性，并且肯定了党的十一届三中全会以来，经营管理工作改革的成绩。会议对今后如何加强经营管理服务工作，提出了四点要求。①开展经营咨询服务。②围绕产前产后服务，推动农村合作制的发展完善。③进一步健全和改革会计制度，逐步推广成本核算和技术经济效益评价。④加强财务管理和审计。

6月5日—9日 农牧渔业部农业局、全国植物保护总站在山东胶县召开全国农药安全使用经验交流会。

6月25日—7月2日 农牧渔业部农垦局在湖南株洲市召开全国农垦财务工作座谈会。会议主要讨论了农垦"七五"期间继续实行财务包干办法的意见；国营农场财务会计制度改革；经济体制改革后财务管理中亟待解决的问题。

9月18日—22日 农牧渔业部农垦局在北京举办家庭农场财务问题座谈会。研究了如何减轻家庭农场经济负担过重等问题。

9月18日—23日 水利电力部在郑州市召开了全国农村人畜饮水工作会议。会议认为，应加强农村人畜饮水工作的领导；搞好工程规划，注意质量，讲求实效。坚持自力更生为主，国家支持为辅，多渠道筹集资金；加强对山区找水和人畜饮水工程的技术指导；落实人畜饮水工程的管理责任制，兴修的工程，应贯彻谁建谁有、谁用谁管的政策。

9月22日—26日 全国种子总站在河南邓县召开全国农业商品生产基地县良种繁育推广体系建设经验交流会。三年来，基建项目采取招标承包责任制，建设项目坚持先生产后生活，生产设施配套的原则，重点建设县公司、分公司、县原种场。60个县良种繁育推广体系建设投资近1亿元，新建扩建60个县种子公司、282个分公司、420个供种站、90个原种场、11个南繁服务站。基本建成了种子生产、加工、检验、贮运、销售等系列化的良种繁育推广体系，达到了杂交种一年一供，常规种三年一更新的水平。

11月5日—14日 财政部、农牧渔业部在福建漳州市联合召开扶持农村水产养殖座谈会。

11月19日—24日 由农牧渔业部全国植物保护总站在北京召开全国农作物病虫测报工作经验交流会。会议认为我国农作物病虫测报事业发展较快，在全国已初步建成了由中央到省、地、县组成的病虫测报网。据统计，现有县以上病虫测报站（点）1 800多个。

11月22日—29日 农牧渔业部农业局在北京召开全国农业信息交流会。会议认为，农业信息的服务方向从主要为领导，转到了同时为决策者和生产者服务；业务内容以注重种植业为主，转向商品生产全过程；信息的采集和传播，由纵向行政层次为主，转向纵横结合，更多地开展横向的信息交往。会议还交流了农产品、农用物资等方面的信息。据不完全统计，各地带来了各种信息2 104条，其中可供商品的1 729条。现场成交金额为340多万元，挂钩达成意向性成交的金额5 340万元。

12月1日—4日 农牧渔业部全国植物保护总站在石家庄市召开全国生物防治工作座谈会。会议认为，近年来，生物防治工作有了新的进展。1982年以来，全国生防面积每年均在93万亩以上，实施地区，农药污染减轻，防治成本降低，环境质量有所改善。

12月4日 《农民日报》报道：中共中央组织部于11月26日至12月3日在北京召开了基层组织建设工作座谈会。会议提出，农村党的基层组织建设要和整党密切结合。

12月5日—21日 中共中央、国务院在北京召开了中央农村工作会议。会议认为，1985年我国农村在实行了联产承包责任制之后，又在改革农产品统派购制度、调整产业结构方面迈出了重大的一步。一向比较薄弱的林、牧、渔业和加工、服务业得到加强，农村正沿着综合经营、协调发展的道路前进。会议指出，"决不放松粮食生产，积极发展多种经营"是指导农业生产的根本方针。对粮食生产绝不可掉以轻心，必须抓紧抓好，但不能挤掉多种经营，回到单一抓粮食的老路上去。发展乡镇企业是振兴我国农村经济的必由之路，应坚持"积极扶持，合理规划，正确引导，加强管理"的方针，使之健康发展。同时实行以工补农，以副养农，以工、副业支持种植业，以经济作物支持粮食作物的办法。总之，应当把"无工不富"和"无农不稳"有机地结合起来，统一起来。1986年农村工作的指导思想是：巩固、消化、补充改革取得的成果，存利除弊，着重把改革中的一些突出问题解决好，同时为下一步改革再迈出重要步伐做好各方面的准备。为此，会议要求进一步摆正农业在国民经济中的地位；依靠科学，增加投入，保持农业稳定增长；深入进行农村经济体制改革；切实帮助贫困地区逐步改变面貌；加强和改进对农村工作的领导。

12月10日—23日 农牧渔业部在北京召开了全国农业工作会议。会议认为，"六五"时期我国农村经济发生了深刻的变化。在这期间，普遍实行了以家庭联产承包制为主的多种形式的责任制，比较全面地改革了农产品统派购制度，有计划地调整了农村产业结构，注意发挥科学技术在生产中的作用。农村经济取得了1949年以来少有的成就。提前一年全面完成和超额完成了农牧渔业"六五"计划指标，扭转了粮、棉、油进口的局面。会议提出1986年农牧渔业工作重点是：改革、调整、提高、服务。会议研究制定了"七五"时期农牧渔业发展规划，并提出了具体措施。①继续调整农村产业结构。②继续完善和发展家庭承包责任制。③实行分类指导。④加强农牧渔业商品基地和流通体系建设。⑤加强农业技术改造和资源、资金管理。

【农业发展成就】

1月3日 《人民日报》报道：到1984年底新

疆生产建设兵团已办起各类家庭农场 5 万多个。

1月4日 《农民日报》报道：随着农业连年丰收，我国农业开始进入全面调整内部结构的新阶段。目前，全国农村已有 1/3 的劳动力从耕地上脱离出来，转移到其他行业。

《农民日报》报道：被青海省定为重点推广的春小麦良种"高原338"，已在柴达木盆地种植 7 万亩，亩产普遍在 500 千克以上。目前，"高原338"已经推广到甘肃、新疆、四川等省、自治区。

1月8日 《农民日报》报道：为落实中共中央、国务院《关于帮助贫困地区尽快改变面貌的通知》精神，自 1984 年冬季开始，在三年内，国家从商业库存中拿出粮食 500 万吨、棉花 10 万吨、棉布 5 亿米，折合人民币约为 28 亿元，拨给贫困地区，重点是严重缺粮、缺衣被和交通十分闭塞的县、乡，主要用于修筑由县到乡（区或公社）以及由乡到农副产品集散地的道路，整修可以通航的河道，以及修建一些中小型的农田水利工程。

1月9日 《人民日报》报道：由政府组织农业科学工作者进行的全国性农家水稻品种调查、收集、保存、研究、利用工作和野生稻的考察，取得可喜成果。现已编入《全国稻种资源目录》的达 29 939 份；1979 年以后，各地又征集 1 万多份，截至目前，总数已逾 4 万份。

《人民日报》报道：林业部副部长董智勇发表谈话，指出：到 20 世纪末，我国自然保护区将从目前的 130 多处，增至 500 处，逐步形成包括保护、科研、饲养、种植、旅游等在内的一项前景广阔的新兴事业。

1月10日 《农民日报》报道："六五"计划国家重点科技攻关项目小麦稳产高产新品种选育及其理论与方法的研究获国家科技攻关奖。

1月11日 《农民日报》报道：1984 年，各地信用社贯彻自愿入股的原则，积极清股扩股，到年底，全国信用社拥有股金已达 6.7 亿元，入股农户已占农户总数的 80% 以上。

1月19日 《农民日报》报道：1984 年我国水果总产量超过大丰收的 1983 年。柑橘预计 160 万吨，梨 200 万吨，苹果 290 万吨。

1月21日 《农民日报》报道：目前，全国农村已有 14 万人从事农业信息工作。

《农民日报》报道：1984 年，全国利用各种方式集资 7.4 亿多元，新建公路 1.5 万千米，比 1983 年增长 1 倍。目前全国基本上实现了县县通公路，90% 以上的乡通了汽车，为农村发展商品生产创造了有利条件。

《农民日报》报道：截至 1984 年底，全国农村运输专业户，已拥有运输汽车 12 万多辆，占全国交通部门现有专业运输车辆的一半，比 1983 年增长 1.3 倍；拥有各种拖拉机 278 万台，占全国现有拖拉机总数的 68%；拥有各种船舶 23 万艘，占全国现有内河船舶总运力的 40%。

1月24日 《农民日报》报道：全国拥有牧工商联合企业的县已发展到 500 多个。

上海经济区农业信息服务中心在上海市正式成立。该中心是由上海市农业局、江苏省农林厅、浙江省农业厅、安徽省农牧渔业厅、江西省农牧渔业厅联合成立的。

2月2日 《光明日报》报道：全国首次农业科技交流交易会，1 日在上海市开幕。

2月3日 《光明日报》报道：在内蒙古阿拉善左旗年降水 150 毫米以下的腾格里大沙漠里，飞播沙拐枣、沙高等获得成功。这是继新疆在年降水 250 毫米的荒漠戈壁飞播牧草成功后的又一重大突破。

2月5日 《经济日报》报道：国家和地方签订协议，共同投资建设的农业商品生产基地试点县，已由 1983 年的 50 个发展到 60 个，由原来的 8 个省、自治区扩大到 11 个省、自治区。1984 年基地县产粮 3 300 万吨，比上年增长 7.7%；产棉 34 万吨，增长 38%，分别高于全国平均增长速度 1 倍和 88%。

2月7日 《人民日报》报道：据民政部门统计，1984 年全国各地共扶持贫困农户 243 万个。

2月8日 《农民日报》报道：目前，我国青壮年农民中的文盲率，已由中华人民共和国成立初期的 80% 以上，下降到 20%，全国参加各类农民学校学习的人数近 3 000 万人。

2月9日 《人民日报》报道：截至 1984 年底，全国信用社共吸收各项存款 624.99 亿元，比 1983 年增加 137 亿多元，其中农民个人存款 438 亿多元。1984 年信用社累计发放各项贷款 663.77 亿元，比 1983 年增加 346 亿元，其中给乡镇企业贷款 286 亿元，比 1982 年同期增加 172 亿元。

国务院批准，国家经委成立饲料工业办公室、中国饲料工业技术开发总公司、中国饲料工业协会。

2月11日 《农民日报》报道：1984 年全国秋冬播种农作物总面积为 60 098 万亩，比上年增加 703 万亩。粮食作物 42 951 万亩，比上年减少 851 万亩，下降 1.9%。经济作物播种面积为 7 022 万亩，比上年增加 1 715 万亩，增长 32.3%。

2月12日 《农民日报》报道：历时六年的全

国家畜家禽品种资源调查工作已于最近结束。经对29个省、自治区、直辖市的全面普查以及对台湾地区畜禽资源现有资料的搜集表明，全国现有畜禽品种共260个。这些畜禽品种已被列入新近完成的《中国家畜家禽品种志》中。

《农民日报》报道：全国现有正规化沼气池450万个，年产量折合10亿立方米优质天然气，相当于一个日产气300万立方米的中型天然气田的年产量。

2月15日 《人民日报》报道：国家决定从1985年起，集体林区取消木材统购，开放木材市场，允许林农和集体的木材自由上市，实行议购议销。

《人民日报》发表评论员文章：《放权还利于林农》。

《农民日报》报道：据有关部门统计，1984年全国集市已达5.6万个，比上年增加7 800个，增长13%；成交额达459亿元，比上年增长21%。

2月18日 《经济日报》报道：1984年，全国农垦系统职工家庭农场已发展到26万个，农垦系统农工商综合经营工业产值达64亿多元，占工农业总产值的47%；商业网点发展到2万多个，社会零售额达20多亿元。

2月23日 《农民日报》报道：目前，全国已有小水电站7.8万多座，总装机容量近900万千瓦，1984年发电量216亿多千瓦时（216亿多度）。有37万多农户实现了以电代柴。

2月25日 新华社报道：国务院最近批准中国农村发展研究中心等7个单位《关于做好1985年农村汽车销售工作的报告》。报告说，1985年销往农村的汽车约7.65万辆，原则上70%售给运输合作组织，30%售给农村个体户或联户。

2月28日 《经济日报》报道：我国第一家专门从事农业工程技术开发工作的经济实体——华夏农业工程技术开发公司，最近在北京全国农业展览馆成立。

3月1日 《经济日报》报道：目前，全国已有90%以上的养殖小水面落实了生产责任制。

3月6日 《经济参考》报道：到1984年底，我国建成水产品养殖基地213万亩，产淡水鱼11万吨，比1983年增长40%；对虾1.7万吨，比上年增长1倍以上。

《经济参考》报道：1984年我国稻田养鱼总养殖面积达到1 000万亩，生产成鱼5.5万吨、鱼种8亿尾，分别比1983年增长51.3%、52.7%和50.9%。

3月7日 《农民日报》报道：目前，全国有90%以上的乡村企业推行"一包三改"为主要形式的经济责任制。

3月9日 新华社报道：国家统计局发布1984

年国民经济和社会发展的统计公报。1984年农村经济逐步向专业化、商品化、现代化转变，全年农产品商品率达53.3%；农业总产值为3 612亿元，比上年增长14.5%，大大超过计划规定增长4%的速度。

3月11日 《人民日报》报道：中国农业科学院蔬菜研究所的科技人员运用植物原生体培养技术，成功地把从黄瓜子叶和结球甘蓝第一真叶中分离出来的原生质体培养成植株。

3月12日 《农民日报》报道：1984年全国共植公路树4 000多万株，新增公路绿化里程2万多千米。目前，全国达到标准的绿化公路已有33万千米，其中干线公路90%以上已经绿化。

《经济日报》报道：到1985年1月底止，全国已有620多万农户办理了家庭财产保险，保险金额达140多亿元，占全国家庭财产保险总额的60%。

3月15日 《人民日报》报道：中国农村能源协会11日在北京成立。

3月16日 《农民日报》报道：到目前为止，中国农业银行系统已发放开发性贷款4.8亿元。

3月18日 农牧渔业部批准将中国农垦干部学校改建为农牧渔业部北京农垦管理干部学院。

3月21日 机械工业部、农牧渔业部联合发出通知，决定合办《中国农机化报》（由《农机化服务报》改名）。

4月6日 《农民日报》报道：1983年12月经国务院批准实施的，由水利电力部同各省一起经过调查研究选定的100个农村电气化试点县到1984年底为止，有81个县的规划经省、自治区计委审查批准，付诸实施，有69个县的第一期工程已经批准并动工。

4月19日 《人民日报》报道：据不完全统计，目前全国粮食、畜牧、农垦、水产等系统已办起年产1万吨以上的饲料工厂93座，年产2 000吨的饲料工厂2 500多座。加上广大乡村兴办的小型饲料加工厂，1984年全国生产的配合、混合饲料达1 200万吨，比上年增产400万吨。

《农民日报》报道：截至1984年底，全国畜禽保险共承保各类牲畜69.4万头，比1983年增长35%；承保家禽120多万只。

《农民日报》报道：我国1984年治理水土流失面积23 000平方千米，是1949年后治理面积最多的一年。

《中国商业报》报道：1984年我国供销合作社进行体制改革，使供销社的资金结构发生了新的变化。1984年发展社员股金5.5亿元，新老股金总额已达11.2亿元，比体制改革前的1981年增长2倍，比上年增长 80%。社员股金占基层社自有资金的比例也由 1981 年的 3% 左右上升到 7%。入股农户占全国总农户的 80% 以上。

4 月 20 日 农牧渔业部环境保护委员会正式成立。

《农民日报》报道：据部分省、自治区、直辖市统计，1984 年我国杂交鲤养殖面积已突破 100 万亩，产量达 1.25 万吨。

《农民日报》报道：据国家统计局农村抽样调查总队对全国 28 个省、自治区、直辖市 31 357 个农户抽样调查报告，1984 年农民人均收入达 355 元，比上年增长 14.7%。其中人均收入 800 元以上的农户占全部调查户的比重由上年的 1% 上升为 4%；500～800 元的农户所占比重由 10.9% 上升为 14.2%；300～500 元的农户所占比重由 34.5% 上升为 38.6%；300 元以下的农户所占比重比 1983 年减少 10.4%；人均收入在 150 元以下的农户所占比重由 7.6% 下降为 4.6%。

4 月 24 日 《经济日报》报道：据全国 21 个省、自治区、直辖市的统计，目前从事家禽饲养的专业户达 160 万户，家禽饲养量为 1.9 亿只，分别比 1984 年同期增加 40 万户和 47.2%。

4 月 26 日 《经济日报》报道：1984 年，全国邮电部门共发展农村委办和代办人员 9 300 多人，增加自办邮路 2 300 多条，开辟委办邮路 6 600 条，增设代办所 1 300 处。

4 月 29 日 《人民日报》报道：截至 1984 年底，全国已有 20 个省的 18 万户、59.3 万农民进入集镇落户。

4 月 30 日 《人民日报》报道：国务院决定采用中央和地方集资的办法，1985 年和 1986 年将兴建仓容为 1 500 万吨的粮库和仓容为 100 万吨的棉花库。

5 月 2 日 《人民日报》报道：1985 年国家和地方共同投资建设 26 个县级农业技术推广中心，这些中心建成后，连同前几年已经建成的 392 个，全国将有 18% 的县拥有农业技术推广中心。

5 月 3 日 《农民日报》报道：1984 年全国乡镇企业已达 606 万个，职工发展到 5 206 万人，占农村劳动力总数的 14%；总产值达 1 708 亿元；总收入达 1 535 亿元。

5 月 4 日 《中国乡镇企业报》报道：农牧渔业部决定，将从 6 月 1 日起进行一次全国乡镇企业环境污染状况普查和典型调查。

5 月 6 日 《农民日报》报道：1983 年以来，

农牧渔业部和地方联合建设的 18 个瘦肉型猪基地县，1984 年出栏瘦肉率在 45% 以上的生猪达 3 307 万头。

5 月 8 日 《农民日报》报道：我国治理水土流失已经实现四个转变：①由过去的统一治理、集体经营，逐步转向以户或联户承包治理；②由过去单一、分散治理，转向按小流域为单元，综合、集中治理；③由过去单纯治理，转向经营开发治理，使治理和合理开发利用、致富结合起来；④由过去的边治理边破坏，逐步转向防治并重、治管结合。据 1985 年年初统计，全国封山育林面积已达 3 亿多亩。

5 月 11 日 《农民日报》报道：我国鱼类性别控制，目前已跻入世界先进行列，为发展我国罗非鱼的单性养殖，提高鱼产量，开辟了新途径。

5 月 14 日 《农民日报》报道：近几年，我国农村初步改良中低产土壤 1 亿多亩，1984 年全国推广配方施肥面积 3.7 亿亩，有针对性地推广微量元素肥料面积 7 500 多万亩。这三项经济效益达 52 亿多元。

5 月 15 日 《中国乡镇企业报》报道：1984 年全国乡镇企业创造利润 187 亿元，向国家缴纳税金 90 亿元，均创历史最高纪录。

《农民日报》报道：1949 年以来我国第一次在广西、吉林两省、自治区开始试办林木（森林）保险，填补了我国森林经营和保险业务的一个空白。

5 月 22 日 《农民日报》报道：据国家统计局农业司的调查资料，1984 年农村新经济联合体为 46.7 万个。从业人员 355.7 万人。1984 年联合体的纯收入为 39.07 亿元，占总收入的 47.7%。

《人民日报》报道：我国现有大、中、小型国营水产品冷库 370 多座，冷藏能力已达 25 万吨，群众集资兴建的中小型冷库遍布沿海 200 多个县。

《中国乡镇企业报》报道：1984 年全国已有农民集资联营企业 906 300 个，占全国乡镇企业总数的 14.9%，从业职工已占乡镇企业职工总数的十分之一，创造利润 25 亿多元。

5 月 25 日 《人民日报》报道：经国务院批准，从 1985 年起我国农业税由过去征收实物改为折征代金。

《中国乡镇企业报》报道：1984 年我国乡镇建筑企业已发展到 8 万多个，比上年增长 41.05%，占全国乡镇企业总数的 4.88%；从事建筑企业的职工人数达到 683 万多人，比上年增长 41.6%，职工人数和年竣工面积均占全国总数的三分之一以上。1984 年乡镇建筑业总产值已达 216.5 亿元，总收入达到 162 亿元，比上年增长 59%。

《中国乡镇企业报》报道：据全国 23 个省、自治区、直辖市统计，享受养老金的农民已有 66 万多人。

6 月 1 日 《人民日报》报道：农牧渔业部、人民日报社、经济日报社和中国农业经济学会联合举办的 1985 年度全国中青年农村经济讨论会 5 月 31 日在辽宁大连市开幕。

6 月 5 日 《人民日报》报道：全国农村建乡工作全部完成。建乡前全国 5.6 万多个人民公社、镇，政社分开后，共建立 9.2 万多个乡（包括民族乡）、镇人民政府，并建立了村民委员会 82 万多个。

6 月 8 日 《人民日报》报道：全国各地先后取消生猪派购后，生猪生产有了发展。据全国 12 个生猪主产区 203 个县的调查统计，到 3 月底止，生猪存栏达 5 165 万头，比 1984 年同期增加 150 万头，约增长 3%。

6 月 13 日 《农民日报》报道：到 1984 年底，全国农业机械总动力达到 1.95 亿千瓦（2.65 亿马力）。农用汽车达到 34.9 万辆，拖拉机达到 415 万台。全国农民个人和联户购买的各种农用拖拉机已达 312 万台，农民自有的农用汽车达到 18 万辆。全国各种农机专业户已发展到 93 万户，其中代耕专业户 19.4 万户。

6 月 14 日 《农民日报》报道：1984 年全国农业技术推广总站推广了 32 项农业新技术，推广面积 4 600 多万亩，比常规技术增加产值 8.8 亿元。

6 月 15 日 中国农影音像出版社在北京成立。

6 月 21 日 《农民日报》报道：1984 年我国乡镇企业用于基本建设的投资为 155 亿元。截至 1984 年底，乡镇企业贷款余额为 292 亿元，乡镇企业和职工在银行和信用社的存款额为 296 亿元，存高于贷。

6 月 28 日 《人民日报》报道：国家统计局 6 月初提供的资料表明，近六年来我国农村产业结构调整初见成效。在整个农村产业结构中，农业比重下降，工业、建筑业、运输业、商业比重提高。在农业结构中，种植业比重下降，林、牧、副、渔业比重提高。在种植业结构中，粮食作物比重下降，经济作物比重提高。

7 月 2 日 中国农业科学院隆重集会，庆祝著名农学家、教育家、中国农业科学院名誉院长金善宝研究员从事农业科研、教育工作六十五年暨九十寿辰。

《农民日报》报道：由农牧渔业部与中国茶叶学会联合召开的全国名茶展评会 8 日在南京市结束。

7 月 5 日 《人民日报》报道：位于黄河中上游的 7 个省、自治区，自推行户包治理小流域责任制以来，已有 37% 的农户承包治理近 8 000 万亩小流域，仅 1984 年即完成初步治理面积 11 800 多平方千米，治理进度大大快于往年。

7 月 17 日 《农民日报》报道：1984 年，我国乡村食品工业企业已达 27 万个，占全国乡村工业企业总数的 30%；从业人员达 214 万人，占乡村工业企业总人数的 8.4%；乡村食品工业总产值达 87.6 亿元，占全国乡村工业企业总产值的 8.5%。

7 月 18 日 《经济日报》报道：1985 年棉花由统购改为合同定购以来，全国签订定购合同 4 000 多万份，顺利完成 425 万吨的定购任务。

《农民日报》报道：我国第一次饲料工业工作会议 17 日开幕。

7 月 23 日 《农民日报》报道：截至 1985 年 6 月底，集镇储蓄存款比上年净增 26.5 亿元，比上年同期多增 20.8 亿元。有 19 省、直辖市分行已超额完成全年计划。

7 月 26 日 机械工业部决定建立农业机械产品质量监督检测网点，该检测网包括拖拉机、内燃机、油泵油嘴、农业机具和畜牧机械等五个产品质量监督检测中心。

7 月 30 日 《经济参考》报道：我国微量元素肥料的试验示范工作已推广到 29 个省、自治区、直辖市。全国微量元素肥料施用面积已由 1981 年的 2 000 万亩扩大到 1984 年的 7 500 万亩。

8 月 1 日 《人民日报》报道：1985 年前 7 个月，空军飞播造林速度快、质量好，已突破 600 万亩。

8 月 8 日 《农民日报》报道：据全国 206 个农村集市和 70 个城市集市联系点的统计，1985 年上半年成交额为 33.39 亿元，比 1984 年同期增长 65.54%。

8 月 12 日 《农民日报》报道：据国家统计局农业司统计，截至 6 月底，全国猪、牛、羊肉产量达到 765 万吨，比上年同期增长 15.6%。

8 月 14 日 《人民日报》报道：1985 年上半年，我国水产品总产量达到 252 万吨，比上年同期增长 8.3%。

8 月 15 日 《人民日报》报道：我国第一个农业投入产出表编制完成，最近在北京通过鉴定。

8 月 16 日 全国农学名词审定委员会在北京正式成立。

8 月 17 日 《农民日报》报道：1985 年 1 月至 7 月，中国农业银行已供应收购农副产品资金 280 多亿元，支持收购夏粮 1 500 多万吨、棉花 100 万吨、油菜 300 多万吨。

8月20日 《经济日报》报道：1985年上半年全国议购粮食达 650 多万吨，食油 25 万多吨；议销粮食 1 500 多万吨，食油 40 多万吨。粮油议购议销总量比上年同期增加 2 倍，议价粮食出口也比上年同期增加 1.7 倍。

8月21日 《人民日报》报道：全国第一个草地资源保护地——内蒙古锡林郭勒草原自然保护区最近在锡林郭勒盟东部的白音希勒牧场建成。总面积为 10 786 平方千米。

8月24日 《经济日报》报道：1985年上半年，全国物资系统供应农村的生产资料销售额达 44 亿元，占物资系统纯销售总额的 10%。

《光明日报》报道：最近在济南市召开的全国林业科技工作会议上，林业部向林业系统的 126 家研究所、大专院校和工厂企业颁发了 1982—1983 年度林业科技获奖成果证书。

8月29日 《农民日报》报道：28 日在石家庄市结束的农牧渔业部科学技术委员会会议，评选出 1985年农牧渔业部科学技术进步奖 171 项，其中一等奖 12 项，二等奖 52 项，其余为三等奖。

9月1日 由全国植物保护总站和各省、地、县植保公司联合组成的全国植物保护信息网在湖南岳阳市正式成立。

9月5日—9日 农牧渔业部农业局在北京召开第一批优质棉基地县会议。第一批优质棉基地县安排在 8 个省、直辖市的 18 个县，总投资 5 553 万元。

9月11日 《农民日报》报道：我国 100 个农村电气化试点县中，1985年上半年又有 6.1 万户农民使用电灯照明，2.1 万户农民开始使用电饭煲做饭。

9月14日 《光明日报》报道：全国已有 13 个院校开设了农业系统工程专业课程，100 多个地县开展了农业系统工程的研究和应用。

9月17日 《人民日报》报道：国家统计局对农村住户进行抽样调查的结果表明，"六五"期间，农民家庭收入持续增长。1984年农民人均纯收入达 355.3 元，比 1980 年增长 85.7%，平均每年增长 16.7%。1985年预计人均纯收入可达 400 元左右。农民纯收入中用于生活消费的部分，1984年比 1951 年增加 121.3 元，农民消费水平平均每年增长 9.1%。

9月20日 《农民日报》报道：1984年全国粮食总产量达 40 730 万吨，比 1978 年增产 10 255 万吨，六年平均每年递增 5%。

我国第一个全国性水产品加工行业的联合技术开发研究机构——上海水产品加工技术开发中心，在上海市正式成立。

9月22日 《人民日报》报道：1985年全国经济作物播种面积比上年扩大 5 000 万亩，退耕还林还牧还渔 800 万亩，经济作物与粮食作物种植面积的比例由上一年的 17∶83 调整为 21∶79。

9月23日 《农民日报》报道：1984年农村每个劳动力平均生产的农村社会总产值达到 1 526.2 元，比 1980 年提高 54.2%；1984年平均每亩耕地生产的农作物种植业产值 149 元，比 1980 年提高 40.7%；农产品商品率 1984 年达到 52.7%；农村各种经济组织向国家交纳的税金达到 139.2 亿元。

9月27日 《农民日报》报道：1984年全国农垦系统工农业总产值达 146 亿元。

9月28日 《人民日报》报道：我国籼型杂交水稻的主要培育者袁隆平荣获联合国世界知识产权组织授予的金质奖章。

10月1日 《农民日报》报道：我国农林业自备自用的轻型和超轻型飞机蜻蜓六型、蜻蜓五乙型研制成功，通过国家鉴定。

10月2日 《中国乡镇企业报》报道：从1984年初到 1985 年 7 月，全国已有 2 万多个乡镇建立了司法服务所或司法办公室。

10月8日 国家科技进步奖评审委员会首次评定出国家级科学技术进步奖 1 772 项，其中农牧渔业获奖的 116 项，获一等奖的项目是：对虾工厂化育苗技术；全国棉花区域试验及其结果应用；我国褐稻虱迁飞规律的阐明以及在预测预报中的应用；中国综合农业区划。

10月14日 《光明日报》报道："六五"期间，全国已初步建立了农业环保管理、科研和监测体系，并且有组织有计划地开展了农业环境质量、农药污染、重金属污染和农业生态考察，初步掌握了全国农业环境污染状况和生态农业的发展概况，从事农业环境保护工作的人员已达千余人。

10月15日 《农民日报》报道：我国自1949年后第一次大规模森林病虫普查工作结束。这次普查在全国 28 个省、自治区、直辖市（不含西藏）共调查主要树种 190 余种，完成林地调查面积 6.79 亿亩，占这些省、自治区、直辖市森林总面积的 42%。

10月16日 《农民日报》报道：全国已有 1 000多万户农民加入家庭财产保险，保险金额达200多亿元。

10月17日 《人民日报》报道：有近 5 万户

农牧民承包的内蒙古黄河流域治理工作进入新阶段，其中 4 万多户摆脱了贫困。

10 月 18 日 全国首届发明展览会闭幕。展览会公布了经济效益在 1 亿元以上的获发明奖成果 32 项，其中农牧渔业获发明奖成果 21 项。

10 月 19 日 《光明日报》报道：我国已培育出 19 种植物的突变品种 194 个，占全世界育成的突变品种的 30%，1984 年种植面积已达 1.3 亿亩。

10 月 21 日 《经济日报》报道：1984 年全国耕地面积减少 1 937 万亩。

《光明日报》报道：近六年来，我国营造的杨树丰产林达 330 万亩，已超过意大利的杨树人工林总面积。

《人民日报》报道：首届全国农民运动会在济南市举行。

10 月 24 日 《农民日报》报道：全国 8 个水土保持重点地区治理工作迈开第一步，初步治理水土流失面积 8 000 多平方千米，造林种草 1 000 多万亩。

11 月 1 日 《农民日报》报道：来自全国各地的首批 36 名空地勤农民学员，经过在培训班半年的学习，10 月 31 日在河北保定市结业。

11 月 4 日 《农民日报》报道：截至目前，全国已有 1.36 万户农民家庭安装了电话，个人举办的农村电话交换点已有 80 多个。

11 月 5 日 《农民日报》报道：由康乐国际博览会统筹组织主办、中国国际贸易促进会委托北京分会接待组织的北京国际农业技术展览暨专业会议，在北京全国农业展览馆开幕。

11 月 7 日 《经济日报》报道：我国水产业"六五"计划指标已提前完成。1985 年总产量预计将超过 650 万吨，比 1980 年增加 45%，五年平均每年递增 7.6%；养殖在总产量中的比重由 30% 上升到 43%，捕捞由 70% 下降为 57%。

11 月 9 日 《人民日报》报道：自 1979 年至 1984 年六年间，全国乡村新建农房 35 亿平方米，超过前三十年建设量的总和。

11 月 11 日 《农民日报》报道：我国木材年产量最多的大兴安岭林区新林林业局经过二十年的开发，虽然采伐面积 10.3 万公顷，为国家上缴 1 300 多万立方米木材，但由于狠抓营林工作，森林总蓄积量并没有减少，林覆盖率反而比建局初期增加了 0.2%，森林更新速度跟上了采伐速度。

11 月 15 日 《农民日报》报道：截至 1985 年 10 月底，全国农村信用社各项存款已达 668.8 亿元，各项贷款余额为 460.1 亿元，累计发放贷款达到 524.5

亿元，分别比 1982 年增长了 1.7 倍、3.8 倍和 8.6 倍。

11 月 15 日—31 日 第二届全国水利综合经营产品展销会在北京展览馆举办。

11 月 18 日 《农民日报》报道：截至 1985 年 10 月底，全国农村储蓄存款金额达 673.3 亿元，比 1978 年增长 8 倍。按全国农村人口计算，平均每人存款达 80 元。

《农民日报》报道：农垦系统在"六五"期间，工农业总产值年递增 10% 左右。六年共盈利 37.5 亿元，上交国家税金 20 多亿元，职工的年平均工资也由 1978 年的 492 元上升到 1984 年的 800 多元。

11 月 22 日—12 月 5 日 农牧渔业部农业局主持，在北京举行了全国优质农产品展评会。28 个省、自治区、直辖市参展，共展出 14 类 1 500 多个品种。共接待国内外观众 1 万多人次。经对 24 个省、自治区、直辖市选送的 93 个大米样品的食味品尝，并以包括泰国丝苗、日本珍珠米在内的 9 个国内外大米品种作对照，评出 16 个食味好的大米。对 25 个省、自治区、直辖市的 115 个水果样品经过直观鉴评和样品硬度、固形物含量以及糖、酸、维生素 C 含量的测定，共选出 43 个优质水果品种。

11 月 26 日 《人民日报》报道：宁夏固海扬水工程，经过七年的紧张建设，主干渠于近日全线通水。

11 月 27 日 "六五"期间国家重大科研项目"大马力轮式拖拉机配套农具"已由中国农业机械化科学研究院等单位研究完成并通过鉴定。

11 月 29 日 《农民日报》报道：截至 1985 年 9 月底，全国农村保险业务承保农作物金额 110 亿元，承保畜禽 600 万头（只），在农、林、牧、副、渔、工、商、运输、建筑、服务十大领域，为农民提供保险业务 103 种。

11 月 30 日 《农民日报》报道：截至 1985 年底，我国人工种草和改良草场累计总面积达 1 亿亩，比 1984 年增长 6 倍多。在草场建设中，飞播种草已扩展到 22 个省、自治区的 122 个县（旗），面积已达 800 多万亩，成活率为 70%。

12 月 1 日 《人民日报》报道：1985 年我国优质水稻种植面积扩大到 1.33 亿亩，比上年增长 7%，总产量预计可达 5 000 万吨。

《人民日报》报道：据有关部门对全国 28 个省、自治区、直辖市（缺西藏）6.2 万多农村住户的抽样调查资料表明，1985 年 1 月至 9 月，虽遇南旱北涝的严重自然灾害，粮食产量有所下降，但我国农民人均现金收入仍达到 241.02 元，比上年同期增长 35.4%。

12 月 2 日 《农民日报》报道：1985 年北方 11 个省、自治区、直辖市秋播小麦面积近 2.42 亿亩，比上年同期增长 3.6%。

《农民日报》报道：我国农业资源调查和农业区划工作，自 1978 年在全国科技大会上确定为重点科研攻关项目以来的六年多内，全国有关部门共抽调了 13 万多名技术干部，组织了 40 多万人参加调查，共形成 3 万多份成果报告和 4 万多幅图件以及大量数据、实物标本和声像资料。为农业宏观决策、科学地规划和指导农业生产，提供了可靠的科学依据。

12 月 4 日 《农民日报》报道：到目前为止，北方沙漠化地区有 12% 的土地沙漠化情况有了改善；10% 的土地沙漠化蔓延得到制止；绿洲面积比 1949 年增加了 1.67 倍。1984 年、1985 年，全国人工种草面积分别达到 2 700 万亩以上，加上种树，大大超过了年沙化、退化 1200 万～1500 万亩的速度，这标志着我国改造沙漠的工作已进入新阶段。

《人民日报》报道：截至 1985 年底，全国农村已有 1 609 亿元的财产和 1 200 多万亩农作物得到了保险公司的经济保障，保险费收入和保险金额比上年分别增长 1.6 倍和 1.5 倍。

12 月 5 日 《人民日报》报道：中国农业科学院棉花研究所组织对 23 个协作单位检查验收的结果表明，1983 年国家下达棉花优质和抗性新品种选育重点科研攻关项目，经过近三年的努力，已育成 20 余个适应当前农业生产和纺织工业迫切需要的优良新品种（系）。

《人民日报》报道：全国农业区划委员会组织的全国农业资源调查和农业区划成果评比中，获一等奖的共有 12 项，获二等奖的 52 项，获三等奖的 229 项。

《农民日报》报道：1985 年国家先后向 28 个省、自治区、直辖市拨出救灾专款 88 750 万元，以帮助灾区人民解决吃、穿、住等方面的困难。1985 年救灾款坚持无偿发放、有偿扶持相结合原则，对甘肃、宁夏、新疆、西藏等边远、贫困省、自治区试行包干使用。

12 月 6 日 《光明日报》报道：中国农业科学院计算中心，最近建成我国第一个大型农业经济统计资料数据库系统，这一系统主要包括基本数据库、输入子系统和输出子系统，目前已列入 1980—1983 年的 200 万项数据。

12 月 7 日 《人民日报》报道：我国"三北"防护林体系第一期工程，奋战近八年，已于 1985 年超额完成任务，营造的各种防护林保存面积达 9 080 万亩，超过计划 100 多万亩。现在"三北"万里风沙线上和黄土高原水土流失区，已有 1.2 亿亩农田得到林网保护，半数左右的缺柴农户烧柴困难得到缓解；三分之一的县农业生产开始向良性循环转化。据有关专家估算，一期工程现在一年产生的效益，价值达 20 多亿元。

《人民日报》报道：据统计，"六五"期间，乡镇企业总产值由 1980 年的 720 亿元，增加到 1984 年的 1 709 亿元，相当于 1964 年全国社会总产值每年递增 26%。其中工业产值由 1980 年的 573 亿元增加到 1984 年的 1 620 亿元，相当于 1966 年的全国工业总产值。1984 年，乡镇工业产值占全国工业产值的 17.8%。

《农民日报》报道：截至目前，我国农村水源紧缺地区共修建各类饮水工程 190 多万处，解决了 7 000 万人、4 300 万头大牲畜的饮水问题，分别为前三十年的 75% 和 95%。

12 月 17 日 《农民日报》报道：据统计，1985 年牧业产值可达 552.4 亿元，比 1980 年增长 62.5%，年递增 10.2%。

12 月 18 日 《农民日报》报道：历经十三年的我国温带、亚热带和热带典型地区牧草资源考察工作，16 日在北京通过鉴定。

《农民日报》报道：1985 年农村新建住宅 6 亿多平方米，全国人均住宅面积约达 15 平方米。

12 月 21 日 《农民日报》报道：目前，全国海水养殖面积已达 440 万亩，比 1980 年翻了一番多，产量达 70 万吨。其中鱼、虾、海珍品的比重从 1980 年的 1.7% 提高到 9.3%。

12 月 23 日 《农民日报》报道：据不完全统计，"六五"期间农业科学工作共获得各类科研成果 1 072 项。其中，国家发明奖 47 项、国家自然科学奖 2 项、国家科技进步奖 119 项、部门科技进步奖 171 项、部门技术改进奖 733 项。

国家科委发明评选委员会第十八次会议审查批准，我国又有 113 项科研成果荣获国家发明奖。其中：西北植物研究所选育的远缘杂交小麦新品种小堰六号和中国农业科学院蔬菜研究所、北京市农业科学院蔬菜研究所选育的甘蓝自交不亲和系的选育及其配制的七个系列新品种获一等奖。

1986 年

【文献】

1月1日 中共中央、国务院发布《关于一九八六年农村工作的部署》(中发〔1986〕1号)。

文件指出:实践证明,农村改革的方针政策是正确的,必须继续贯彻执行。1986年农村工作总的要求是:落实政策,深入改革,改善农业生产条件,组织产前产后服务,推动农村经济持续稳定协调的发展。文件提出:进一步摆正农业在国民经济中的地位。从"七五"计划开始,国家对农业基本建设的投资和农业事业费,将适当增加;国家从征收的乡镇企业所得税和工商税的增长部分中,拿出一部分用于扶持农业;继续实行对农用生产资料的补贴;为提高农民扩大资金积累的能力,对农民的税收要控制在合理的水平上,并严格禁止乱摊派、乱收费;要支持农民发展多种经营,广开生产门路,实行"以工补农"。农村建设资金,除国家增加农业投资外,主要靠农村自身的积累。科学技术必须为农村经济服务,发展农村经济必须依靠科学技术,这应当作为一条重要方针而突出起来。中央和国务院批准由国家科委组织实施的"星火计划",将在"七五"期间开发一百类适用于乡镇企业的成套技术装备并组织大批量生产,建立五百个技术示范性乡镇企业,为他们提供全套工艺技术,管理规程、产品设计和质量控制方法,每年短期培训一批农村知识青年和基层干部,使之掌握一两项本地区适用的先进技术。深入进行农村经济改革,农产品统派购制度的改革,为了保护和鼓励农民生产和交售粮食的积极性,将适当减少合同定购数量,扩大市场议价收购比重,并对签订合同的农民按平价供应一定数量的化肥,给予优先贷款。在调整产业结构中,要正确处理粮食生产和多种经营的关系。农村商品生产的发展,要求生产服务社会化。应当进一步完善统一经营与分散经营相结合的双层经营体制。应当坚持统分结合,切实做好技术服务、经营服务和必要的管理工作。切实帮助贫困地区逐步改变面貌,国务院和有关省、自治区都要建立贫困地区领导小组,加强领导。利用各种渠道为贫困地区培养干部,同时从中央、省、地三级机关抽调一批优秀干部并组织志愿服务者到贫困地区工作。

1月8日 财政部、农牧渔业部发布《"七五"期间对国营农牧渔良种场继续实行财务包干的规定》。

提出对各类国营农牧渔良种场,可根据提供的良(原)种数量和政策性、社会性负担的情况,分别实行以下财务包干办法。业务主管部门和科教等单位委托各场的科研试验项目,实行谁给任务谁给钱的办法。国营农牧渔良种场,在保证完成国家下达的主业任务的前提下,应积极利用本单位的人力、技术、设备和资源开展多种经营和综合利用,增强自力更生发展事业的能力,它们的财务包干结余全部留场,用于建立事业发展基金、职工福利基金、职工奖励基金和后备基金。国营农牧渔良种场内部应实行经济责任制,加强经济核算。各场原有的生产周转金,无论实行何种形式的经济责任制,都要确保其完整性,不得随意减少或冲销,更不得分掉。

1月17日 《国务院关于一九八六年度粮食合同定购任务的通知》(国发〔1986〕7号)指出:1986年度全国粮食合同定购任务,由原来的1 580亿斤调减为1 230亿斤。合同定购的粮食品种为稻谷、小麦、玉米和黑龙江、吉林、辽宁、内蒙古的大豆。对签订定购合同的农户和农业生产单位,实行奖售平价化肥和优先给予农业贷款的政策。为了平衡国家粮食收支,1986年度在合同定购任务以外,从各地议价收购的粮食中上交国家370亿斤,由国家统一安排使用,即"议转平"。这部分议价粮,随同粮食合同定购任务一起下达到各省、自治区、直辖市,但不作为计划任务往下分配,以后根据粮食丰歉情况再向下安排。市场粮价过低时,国家按比例价下浮10%收购。

1月20日 第六届全国人民代表大会常务委员会第十四次会议通过《中华人民共和国渔业法》,自1986年7月1日起施行。

《渔业法》规定：各级人民政府应当把渔业生产纳入国民经济发展计划，采取措施，加强水域的统一规划和综合利用。国家鼓励渔业科学技术研究，推广先进技术，提高渔业科学技术水平。国务院渔业行政主管部门主管全国的渔业工作。县级以上地方人民政府渔业行政主管部门主管本行政区域内的渔业工作。县级以上人民政府渔业行政主管部门可以在重要渔业水域、渔港设置渔政监督管理机构。县级以上人民政府渔业行政主管部门及其所属的渔政监督管理机构可以设渔政检查人员。国家对渔业的监督管理，实行统一领导、分级管理。国家鼓励全民所有制单位、集体所有制单位和个人充分利用适于养殖的水面、滩涂，发展养殖业。国家鼓励、扶持外海和远洋捕捞业的发展，合理安排内水和近海捕捞力量。

1月31日 国家经济委员会、农牧渔业部、国家工商行政管理局印发《关于加强乡镇企业工业产品质量管理工作的意见》。提出乡镇企业主管部门必须设立质量管理机构，会同行业管理部门、工商行政管理机关加强对产品质量的管理和督促。乡镇工业企业要按产品技术标准和工艺规范组织生产。对乡镇工业企业的产品质量在各级经委和各级标准部门组织下，实行行业管理部门与乡镇企业主管部门共同督促管理。开展全面质量管理，提高企业现代化管理水平。加强对乡镇工业企业在提高产品质量方面的指导和扶持。

3月13日 国务院办公厅批转《全国农业区划委员会关于深入开展农业区划工作的报告》。《报告》提出：深入开展农业区划工作的具体任务主要有四项：（一）继续深入开展土、水、气候、生物资源调查，逐步开展农业自然资源动态监测。力争1990年完成各类土地资源详查，搞好土地资源评价和农业资源的综合评价。（二）抓好县级综合发展规划。在总结试点经验的基础上，提出开展县级综合发展规划的工作要点，并以省、自治区、直辖市为单位做出具体部署。（三）搞好重大农业投资项目和商品基地建设的前期论证和咨询服务。（四）建立健全国家和省级农业资源区划资料数据库，逐步设立农业自然资源和经济信息动态监测网点。按统一规范，搞好农业资源调查和农业区划资料数据的整理和汇总。

3月21日 《中共中央、国务院关于加强土地管理、制止乱占耕地的通知》（中发〔1986〕7号）要求：各级党委和政府必须高度重视，采取有力措施，加强土地管理，迅速制止乱占耕地、滥用土地的现象。认真检查清理非农业用地，对清查出来的违法占地问题，都要按照国家有关法规严肃处理，各地要对所有非农业用地进行登记和发证，建立健全地籍管理制度。凡非农业建设占用土地，必须按照国家有关规定，严格履行申请和审批手续。

3月24日 《国务院批转农牧渔业部、对外经济贸易部、商业部关于建立农副产品出口生产体系的报告的通知》（国发〔1986〕38号）。

农副产品的出口经营体制，要在坚持统一计划、统一政策、联合统一对外的前提下，发展横向经济联合。鼓励基地企业同外贸企业之间，口岸同内地之间，在自愿互利的基础上，实行不同形式的经济联合。为加强对这项工作的领导，同意成立农副产品出口生产体系领导小组，由国家计委、国家经委、对外经济贸易部、商业部和农牧渔业部的领导同志组成，农牧渔业部部长何康同志任组长。

3月30日 《人民日报》报道：国务院发布《关于切实加强护林防火工作的紧急通知》。

通知要求：各级人民政府要切实加强春季护林防火工作，对当前防火情况要进行一次认真检查，针对存在的问题，采取相应的措施，指定一名领导同志负责，抓好落实工作。严格执行野外用火规定，严密控制火源，广泛开展护林防火宣传教育，凡易发生森林火灾的林区，要组织和加强季节性的专业扑火队，按照《森林法》的规定，健全护林防火机构，充实专职人员，掌握火情动态，加强指挥和联络。一旦发生火情，主要领导干部要及时组织扑救。

4月26日 《人民日报》报道：国务院办公厅10日转发了中央书记处农村政策研究室和全国水土保持工作协调小组《关于加强黄河中游地区水土保持工作的报告》。

《报告》提出：将黄河中游水土保持工作列入国家和地方计划。进一步明确和落实有关政策。建议将承包期延长至三五十年或更长时间，允许继承或折价转让。25°以上坡耕地的退耕，应根据需要与有计划地逐步进行。退耕土地应由原耕者还林、还牧，可以长期经营，允许继承。稳定现有队伍，加强人才培养，切实解决水土保持工作人员的劳保福利待遇问题。

6月5日 国务院发布《关于做好夏季粮油收购工作的通知》。要求认真执行价格政策，对合同定购的粮食，按规定的比例价收购；对国家委托代购的粮食，按不超过原超购价收购；议购粮食的价格，要随行就市，略低于市价。对油菜籽，要按国务院规定的比例价敞开收购。收购中要坚持依质论价，不准压级压价或抬级抬价。收购资金要落实到县，及时拨付。对农民卖粮、油款，要如数付给，不得代扣任何款项。从紧掌握粮油销售，农民进城务工、经商等，其口粮可以自理，也可供应议价粮。

6月10日 国务院办公厅转发国务院贫困地区经济开发领导小组第一次全体会议纪要。

纪要提出：（一）改变一般化的领导方式，实行特殊的政策和措施，集中力量，重点解决集中连片的最贫困地区的问题。（二）坚持因地制宜的原则，实事求是地确定贫困地区经济发展方针，扬长避短，发挥优势，增强自我发展能力。（三）加强智力开发，提高贫困地区劳动者的素质。（四）积极发展农产品加工业，兴办乡镇企业。（五）疏通流通渠道，改善交通条件，活跃商品经济。（六）积极发展和不断扩大贫困地区与经济发达地区的横向经济联系。（七）将"星火计划"引入贫困地区，充分发挥科学技术治穷致富的巨大作用。（八）改革国家用于贫困地区资金的使用方式。（九）加强领导班子建设，建立明确的目标责任制，要进一步明确治穷致富是贫困地区各级领导机关和广大干部的根本任务。（十）动员全社会的力量，关心和支持贫困地区改变面貌。争取在"七五"期间解决大多数贫困地区人民的温饱问题。

6月25日 第六届全国人民代表大会常务委员会第十六次会议通过《中华人民共和国土地管理法》。自1987年1月1日起施行，1982年2月13日国务院发布的《村镇建房用地管理条例》和1982年5月14日国务院公布的《国家建设征用土地条例》同时废止。

中华人民共和国实行土地的社会主义公有制，即全民所有制和劳动群众集体所有制。任何单位和个人不得侵占、买卖、出租或者以其他形式非法转让土地。国家为了公共利益的需要，可以依法对集体所有的土地实行征用。国有土地和集体所有的土地的使用权可以依法转让。国家依法实行国有土地有偿使用制度。城市市区的土地属于全民所有即国家所有。农村和城市郊区的土地，除法律规定属于国家所有的以外，属于集体所有；宅基地和自留地、自留山，属于集体所有。集体所有的土地依照法律属于村农民集体所有，由村农业生产合作社等农业集体经济组织或者村民委员会经营、管理。已经属于乡镇农民集体经济组织所有的，可以属于乡镇农民集体所有。村农民集体所有的土地已经分别属于村内两个以上农业集体经济组织所有的，可以属于各该农业集体经济组织的农民集体所有。土地的所有者权和使用权受法律保护，任何单位和个人不得侵犯。集体所有的土地，全民所有制单位、集体所有制单位使用的国有土地，可以由集体或个人承包经营，从事农、林、牧、渔业生产。承包经营土地的集体或个人，有保护和按承包合同规定的用途合理利用土地的义务。土地的承包经营权

受法律保护。

6月26日 国务院办公厅转发《关于听取农村水利工作座谈会汇报的会议纪要》。

《纪要》针对目前农村水利方面存在的问题，提出6项措施：一要提高认识，进一步加强对农村水利工作的领导，管好用好现有农村水利工程。二要建立劳动积累制度。一般每个农村劳动力每年要出10～20个劳动工日维修和改造乡、县范围内的水利工程。三要多层次、多渠道增加对农村水利建设的资金投入，各地安排的水利基建费和农水费应尽快恢复到1980年水平。四要建立健全水利基层服务体系，区、乡建立水利管理站。五要把节水作为长期的基本国策。六要改进农田水利补助费使用管理办法，并恢复在冬修开始前预拨部分资金的做法，以利及时进行农村水利工程的冬春整修。

7月21日 国务院办公厅转发水利电力部、财政部和农牧渔业部联合起草的《关于加强发展粮食生产专项资金管理的报告》及《关于加强发展粮食生产专项资金管理的若干规定》。

《报告》提出：各省、自治区、直辖市人民政府要加强组织领导，指定一位领导同志负责，并由一个综合部门牵头做好专项资金管理组织协调工作。要尽快制定发展粮食生产的五年规划和分期实施计划。财政、农牧渔业、水电部门要发挥职能作用，保证计划的顺利实施，并负责检查执行情况和资金使用效果，确保粮食增产，提供更多的商品粮。资金的投放和使用，一定要用于发展粮食生产，并相对集中，不得抵顶和挪作他用。

8月25日 国务院办公厅下发《关于做好1986年度棉花收购工作的通知》。要求坚持合同定购，认真执行国家政策。在不突破国家下达的1986年棉花定购数量的前提下，允许各产棉区对植棉户的定购数量作适当调整。正确执行国家标准，认真贯彻按质论价原则。保证资金供应，搞好价款结算。要深入开展文明收购站活动，增设服务设施，提高服务质量，为售棉群众提供方便。

9月15日 财政部、农牧渔业部发布《乡镇企业财务制度》。

乡镇企业财务管理工作的任务是：贯彻执行党和国家的财经政策和法令，加强财务监督，保证企业财产的完整；多渠道筹集生产经营资金，促进生产发展；积极开展经济核算，降低成本，增加收入和积累，提高经济效益；为振兴农村经济，加速社会主义现代化建设做出贡献。

9月22日 《农牧渔业部关于农业科技体制

改革的若干意见（试行）》提出改革的指导思想是：①进一步贯彻"经济建设必须依靠科学技术，科学技术工作必须面向经济建设"的战略方针，使农业科学技术工作更紧密地与农村经济发展相结合，更好地为农村产业结构调整和商品经济发展服务，迎接新的技术革命，实现农业现代化。②农业科技单位要坚持科技工作为主的方向，要不断提高农业科学研究水平和技术开发能力，把多出成果，多出人才，努力提高社会效益和经济效益作为改革的目的。③农业科技管理工作改革，要打破大锅饭，增强科技单位面向经济建设的动力和活力，推运农业科技进步。要打破部门、地区界限，面向社会，加强行业内、行业间的横向联系。要充分发挥本部门、本行业的技术优势，为社会提供服务，也要充分运用其他部门和行业的科技力量为农业服务。

9月26日 中共中央、国务院发出《关于加强农村基层政权建设工作的通知》，指出：全国农村人民公社政社分开、建立乡政府的工作已经全部结束。各地要进一步理顺农村党组织、政府、企业之间的关系。政社分开以后，乡党委要按照党章的规定和实行党政分工的要求，集中精力抓好党的路线、方针、政策的贯彻执行，保证乡政府依照宪法和法律的规定独立行使职权，支持乡长大胆开展工作。乡政府要运用经济的、法律的、行政的手段，为发展商品生产服务，要支持乡经济组织行使其自主权。

10月14日 《国务院关于完善粮食合同定购制度的通知》（国发〔1986〕96号）要求稳定粮食合同定购任务。1987年全国粮食合同定购任务，仍维持1986年的1 215亿斤水平。充实合同定购的经济内容。1987年中央专项安排一些化肥、柴油与粮食合同定购挂钩，每百斤贸易粮拨付优质标准化肥6斤、柴油3斤（上调中央的合同定购粮食，每百斤贸易粮仍拨给优质标准化肥10斤）。从1987粮食年度开始，国家对农民完成合同定购任务外的粮食，实行随行就市，议价收购，让农民从多卖议价粮中增加收入。在完善粮食合同定购制度的同时，采取有效措施压缩平价粮销售，扩大议价销售和市场调节范围。

12月22日 《农民日报》报道：国家经委、农牧渔业部最近联合发出《关于乡镇企业利润分配问题的若干意见的通知》，指出：乡镇企业利润是企业扩大再生产、发展农村经济不可缺少的资金来源。乡镇企业的利润分配问题应列入各级领导机关的重要议事日程，调查研究，制定政策，加强领导，使有限的资金发挥更大的效益。乡镇企业利润分配，要兼顾国家、乡（镇）村集体经济、企业和个人几方面的利益。按规定提取的各项专用基金，应留给企业，不能

作为利润上交或分掉。要贯彻"先提后用，专款专用，计划安排，不得超支"的原则，加强对专用基金的管理。留给企业部分不应少于60%，其中绝大部分应用于扩大再生产。

12月24日 《经济日报》报道：国务院环境保护委员会23日审议并通过《中国自然保护纲要》。《纲要》是中国在保护自然资源和自然环境方面第一部较为系统的、具有宏观指导作用的纲领性文件，具有较高的科学性和知识性。《纲要》共四篇，十九章。第一篇主要阐述自然保护同经济发展的关系以及自然保护的有关概念和基础理论。第二篇论述土地、森林、草原和水资源等各重点保护对象的情况、特点、开发利用中的主要问题和应采取的措施。第三篇阐述了区域性的自然保护。第四篇就自然保护的共同性对象，如技术经济对策、法制建设、宣传教育、科学研究和国际合作等方面进行了论述。

【会议】

2月17日—21日 农牧渔业部、商业部、国家物价局、国家工商行政管理局在北京召开了十五城市蔬菜工作会议。会议认为，要深入搞好蔬菜体制改革，应抓好以下几方面的工作。①继续贯彻大中城市郊区农业生产以菜为主的方针。②搞好菜田布局。要积极有步骤地发展远郊、邻县和全国性的蔬菜商品生产基地。③要坚决贯彻国营、集体、个体一起上的经营原则；要发展横向联合，加强市场管理、保持蔬菜价格的基本稳定。

3月12日—16日 国家计委、国家经委、国家科委和农牧渔业部在北京联合召开了全国农村能源工作会议。全国有60多个科研单位、大专院校的1 000多名科技人员，从事沼气、省煤灶、太阳能、风能、地热能的科学研究。"六五"期间安排的沼气、节柴灶、太阳灶等142个科研课题，已有45个通过技术鉴定，其中农村能源区划、沼气池密封涂料、北京四型沼气灶、组合式省柴灶、太阳灶、《家用沼气灶具标准》等获得国家和有关部门的奖励。1984年底，全国县以上的农村能源产业服务公司有592个，乡以下的服务站有1 240个，工程承包队8 854个。它们在农村能源建设的物资供应、技术咨询、承包工程、生产设备和配件、积累资金、巩固技术队伍、增加就业人员等方面发挥了作用。

5月25日 《人民日报》报道：5月20日至24日，中国科协、共青团中央和全国妇联在河北保定市召开全国农村青年实用技术培训工作交流会。

"六五"期间我国农村青年中已有 8 400 多万人次经过实用技术培训。

6 月 6 日—11 日 中央书记处农村政策研究室和水利电力部在北京召开了农村水利工作座谈会。会议认真总结了 30 多年来全国水利建设的经验，并就有关农村水利方针、政策等方面的问题进行了讨论研究。会议提出：要提高认识，进一步加强对农村水利工作的领导。凡水利工程设施较多的区、乡，原则上应有适当的机构和专门人员管理，作为县水利局的派出机构和人员。改进农田水利补助费的使用管理办法，要建立劳动积累制度，充分发挥我国农村劳动力资源丰富的优势，不断改善农业基础设施。水利部门开展综合经营，增强经济活力，多层次、多渠道增加对农村水利建设的资金投入。要把节水作为长期的基本国策，同时要防止水源污染，加强水资源的统一管理。

10 月 17 日—23 日 农牧渔业部、卫生部和城乡建设环境保护部在江苏无锡市联合召开全国乡镇企业劳动卫生、环境保护管理会。参加会议的有全国三个直辖市、七个计划单列市及省、自治区三方面的领导及主管同志，还有国家计委、经委、科委、妇联、总工会、政协、劳动人事部、书记处政研室及有关科研、宣传部门的代表，共 268 人。会议总结了"六五"期间全国乡镇企业环境管理取得的成绩、经验，并部署了"七五"期间的六条任务。

10 月 18 日—24 日 全国农业技术推广工作会议在江苏连云港市召开。党的十一届三中全会以来，以建设县农业技术推广中心为重点的农业技术推广体系改革和建设取得很大成绩。到 1986 年底，全国已建县农业技术推广中心 700 个。农业技术推广已开始由单纯的产中技术指导向产前、产后广泛延伸。农业科技成果的推广速度加快，培训工作深入开展。仅"六五"的后三年，农牧渔业部就组织推广种植业重点技术 185 项，直接经济效益达 86 亿元；"六五"期间全国共培训农技干部 431 万人次，农民技术骨干 2 941万人次。

11 月 8 日—12 日 中共中央、国务院在北京召开了中央农村工作会议。会议指出，农村经济体制改革的根本出发点，是发展社会主义的商品经济，促进现代化建设，使农村繁荣富裕起来。会议提出：1986 年要继续坚持改革，争取粮食有较大幅度的增产，全面发展商品经济，促进农村经济的持续稳步发展。要着力做好五个方面的工作：切实抓紧抓好粮食生产，继续合理调整产业结构；积极疏通流通渠道，大力搞活农村商品流通；继续加强贫困地区的经济开发，增强贫困地区的经济活力；采取有效措施，保持农民收入的不断增长；搞好农村整党，加强农村基层工作。会议着重讨论了贯彻落实《中共中央关于社会主义精神文明建设指导方针的决议》，加强农村精神文明建设问题。

11 月 10 日—20 日 农牧渔业部在北京召开了全国农业工作会议。全国农垦和全国水产工作会议作为全国农业工作会议的分会也同时在北京召开。会议提出，1987 年要继续狠抓粮食生产，有计划地发展经济作物。畜牧业的发展要走提高郊区、改造牧区、发展农区的道路。抓好乡镇企业的内部改革和整顿工作，逐步推行股份合作制。水产系统要用商品经济观念指导生产，提高效益，增加后劲，突出搞好流通领域和渔区经济体制的进一步改革。农垦企业要全面深入坚持改革，理顺关系，增强后劲，健全技术、信息、流通等方面的服务体系。农村经营管理工作要搞好农村集体财产的清理，建立健全农村各级财务管理制度，继续完善承包责任制和搞好技术经济效益评价、经营咨询等项服务工作。

11 月 15 日—19 日 全国种子机械加工工作会议在武汉召开。"六五"期间我国种子机械加工事业取得了较好的成绩。先后从美国等 5 个国家引进了 12 座种子加工厂设备和 3 台流动式种子加工车；组织消化吸收并建成 112 座中小型种子加工厂；推广种子精选单机 9 514 台、玉米果穗烘干室、稻麦烘干机（室）各 300 座。"六五"期间，累计加工精选稻、麦、玉米等主要作物种子 470 万吨，烘干保种 30 万吨。经过精选，种子质量、播种质量明显提高，起到了省粮、节种、增产的作用，五年来共节约、增产粮食 1 000 万吨左右，取得了良好的经济效益，深受农民欢迎。

【农业发展成就】

1 月 2 日 《农民日报》报道：自农村经济体制改革几年来，牛、羊奶产量都比 1979 年增加了一倍，1985 年乳制品产量比 1980 年增长近 1.5 倍，达 15 万吨，目前已有乳品加工厂 600 家，日加工鲜奶 5 000 吨。

1 月 3 日 《人民日报》报道：我国农业科学工作者培育成功适宜在北京和长江流域生长的"淮薯 3 号""烟薯 2 号""浙薯 1 号"和"胜南"4 个甘薯新品种，其淀粉含量和淀粉亩产量都达到国际先进水平。现已在江苏、山东、河南、浙江、四川推广 101 万亩，比种植原有品种增加收入 400 多万元。

《人民日报》报道：共青团中央、农牧渔业部作出决定，1986年在农村青年中开展实用技术培训。

1月6日 《人民日报》报道：国家"六五"重点科技攻关项目——运用计算机进行稻瘟病和麦类赤霉病预测预报的研究，已取得重大突破。

《人民日报》（海外版）报道：我国培育推广的小麦良种共有272个新品种通过鉴定。四年来新增产值19.7亿元。

1月7日 《南方日报》报道：中国水产科学研究院南海水产研究所与有关单位合作，最近在南海发现6个新种鱼类。

1月8日 《人民日报》报道：在全国农业区划委员会统一部署下，国家气象局组织有关部门和广大气象科技人员，经过6年工作，基本完成了各级农业气候区划任务，取得了30余项科研成果。

1月12日 《经济日报》报道：1985年，我国信用社新增农民股金5亿多元，农民股份总金额达12.5亿元以上，占信用社自有资金的39.4%。

1月13日 《人民日报》报道：历时六年的全国第二次土壤普查已获得丰硕成果。通过对全国农耕地、林地、牧地和荒地等的调查，基本查清我国土地资源概数和各类土壤的数量和质量。

1月15日 《人民日报》报道：国家"六五"期间，重点科技攻关项目黄淮海平原中低产区综合治理及发展中的两项课题——河北黑龙港地区旱、薄、碱地棉花增产技术及副产品综合利用和黑龙港地区夏秋粮均衡增产栽培技术，最近在河北涿县通过技术鉴定。

1月23日 《农民日报》报道："六五"期间，我国水土保持共完成初步治理面积5.5万平方千米。

1月24日 《人民日报》报道：近几年，国家用于扶持贫困地区的资金每年达33亿多元，发放专项贷款10亿多元，税收方面给予特殊照顾，调给粮棉以工代赈修公路、修水利，组织与发达地区建立经济联系，"七五"期间将有重点地开发建设。

1月28日 《人民日报》报道：国家"六五"期间重点科技攻关项目——三江平原农业区域增产综合技术攻关项目试验，于1985年底进行了验收并通过鉴定。

《农民日报》报道：中共中央组织部、农牧渔业部决定，从1986年上半年起，用三年左右时间，对全国1万余名县级以上农业领导干部，进行以现代农业经济管理和农村商品经济知识为主要内容的第二轮培训。

1月30日 《农民日报》报道：我国1000多万个体工商户遍布城乡，从业人员达1600多万人，4年向国家纳税42亿多元。

2月8日 《农民日报》报道：农口系统部优产品评选结束，200多种产品获奖。

2月19日 《人民日报》报道：我国水产科技人员共同攻关，鱼、虾、蟹工厂化育苗成功。"六五"期间，我国鱼、虾、蟹繁育和病害防治研究取得丰硕成果，获得国家发明一等奖和技术进步一等奖各1项，部级科技成果一等奖6项。

2月25日 《农民日报》报道："六五"期间，全国累计生产木材2.7亿多万立方米。

2月27日 《人民日报》报道：黄河中上游1985年治理水土流失面积10 364平方千米，实现连续3年每年治理面积1万平方千米。

3月3日 《经济日报》报道：1985年农村向城市出售农副产品价值1 680亿元，城市向农村供应工业品价值2 228亿元，城乡商品交换比由1984年的1.2∶1扩大到1.3∶1。

3月6日 《人民日报》报道：全国独立和非独立核算的农村信用机构已达42万个，农村80%的农户和信用社发生信贷往来。截至1985年末，全国信用社各项存款余额达725亿元。

3月8日 《人民日报》报道：我国"六五"期间采用国家与地方联合投资形式建设的60个商品粮基地县（市），已有50个开始显现良好经济效益，其余10个正在续建。

3月12日 《经济日报》报道：1980年到1985年底，林业部与地方合资，先后在山东、山西、湖北、广东、贵州、江西、广西、湖南、安徽、四川等19个省、自治区的115个县和107个国营林场试点营造各类速生丰产林100万亩。

3月15日 《人民日报》报道："三北"防护林体系二期工程开始实施，规划范围比一期工程增加70个县（旗），造林9 500万亩。

3月16日 《人民日报》报道：我国植树造林今春动员早、进度快。目前，江苏、浙江、安徽、福建、江西、湖北、湖南、广东、广西、四川、贵州11省、自治区已完成整地1 800万亩，人工造林1 130万亩，飞机播种造林343万亩，"四旁"植树35 411万株。

4月1日 《农民日报》报道："六五"期间全国农垦经济成就显著，1985年翻番农场达594个，工农业总产值每年递增10.8%。

4月3日 《经济日报》报道：1985年我国果品产量首次突破1 000万吨。

4月5日 《经济日报》报道：近年来，全国182个县进行农作物良种繁育推广试点，收到良好效果。据11个省60个县统计，优质良种面积达70%以上，粮食总产量提高25%。

4月16日 《人民日报》报道：由中国农业科学院畜牧研究所畜禽品种资料室主持的畜禽品种资源调查结果表明，包括原有地方品种、培育品种和引入品种，我国有畜禽品种270多个。其中马驴45个、牛46个、羊46个、猪66个、家禽50个、驼及兔7个。另外还有特种经济动物12个。

《农民日报》报道：去冬以来，全国农田水利整修工作出现好势头，共完成土石方19亿立方米，增加和恢复灌溉面积共1 200多万亩。

4月18日 《人民日报》报道：国务院批准的又一项跨流域大型调水工程——引黄济青工程于15日破土动工。

4月21日 《人民日报》报道：经国家经委批准，农牧渔业部和有关省、直辖市、自治区20日在北京签订"七五"期间国家和地方共同投资建设113个优质农产品生产基地的协议。

4月22日 《人民日报》报道：在20日结束的优质农产品商品生产基地会上，53种水果、27种名茶获农牧渔业部1985年度优质产品奖杯。

4月29日 《人民日报》报道：林业部最近在陕西户县召开的全国国营林场（苗圃）工作会议指出，目前我国有国营林场4 100多个，经营总面积7.7亿亩，其中森林面积3.6亿亩，占全国森林面识的20%。国营苗圃有2 358处，每年育苗30万亩，出圃苗木近3亿株。

《经济日报》报道：据国家统计局抽样调查，1985年全国农民人均纯收入397.6元，比1984年增长11.9%。东部、中部和西部经济地带，农民人均纯收入分别为462.7元、388.6元和327.7元，差异程度正在缩小。

5月3日 《人民日报》报道：经中国人民保险公司同水利电力部、财政部协商，批准从1986年起，由安徽省保险公司在该省境内的淮河干流阜阳地区颍上县南润段行洪区试办漫堤行洪农作物保险。

5月5日 《人民日报》报道：1985年我国杂交水稻种植面积为1.26亿亩，占全国水稻面积的1/4多，总产量接近全国水稻总产量的1/3，单产平均430千克，比常规稻高近80千克。共增产稻谷290万吨，使农民增加收入6亿多元。

《经济日报》报道：中国科学院兰州沙漠研究所，近几年完成研究29项，其中有4项获国家级奖励，使我国在防治沙漠化研究领域内一跃成为有突出成就、有较大影响的国家之一。

5月6日 《经济日报》报道：3年来，我国北方地区五省、直辖市25个县的459万亩小麦、玉米示范田，采用配套技术和科学管理方法，单产获得大幅度提高。示范田与一般田相比，平均每亩增产110多千克至160多千克，总共增产粮食71.8万吨，纯效益达2.49亿元。

5月15日 《人民日报》报道：1986年国家对少数民族地区的财政补贴和扶持专款将超过90亿元。

5月16日 国务院批准成立国务院贫困地区经济开发领导小组。

5月22日 《农民日报》报道：20日，农牧渔业部畜牧局代表中央同有关地方在北京签订共同建设67个畜产品生产基地县的协议。

5月26日 《人民日报》报道：全国400多个县制定出林业区划方案，林业生产开始走向科学化、规范化。

5月30日 《经济日报》报道：国家统计局农村抽样调查总队对全国22个省、直辖市、自治区的1 927个乡的农村经济调查表明：1985年，农村第三产业发展迅速，平均每个乡兴办的第三产业已达29.3个单位，从业人员已占调查乡劳动力总数的13.4%，平均每个单位从业人员为1.6人，平均拥有固定资产原值为3 651元。

6月5日 《人民日报》报道：1985年全国城乡集市贸易成交额达630多亿元，比1984年增长36.4%。其中，农村集市贸易成交额512亿元，增长34%。

6月6日 《经济日报》报道：我国蜂群数量蜂蜜产量居世界第二位，蜂蜜蜂王浆出口量占世界首位。1985年全国饲养蜜蜂已有6 000多万群。

6月12日 《人民日报》报道：我国劳动力就业结构开始发生变化。到1985年止，我国3.7亿多农村劳动力中，从事第一产业的劳动力为3.03亿多人，比1980年增长6.9%，占总劳动力比重由1980年的89.2%降为81.9%；从事第二产业的劳动力近3 900万人，增长73.7%，占总劳动力比重由1980年的7%上升为10.4%；从事第三产业的劳动力达2 800多万人，增长1.35倍，占总劳动力比重由1980年的3.8%上升到7.7%。

6月14日 《人民日报》报道：到1985年止，全国农村商品经济联合体已有48万多个，从业人员420万人，经营总收入133亿元。

《人民日报》报道：1985年全国农村出售的工业

品总额达到 1 680 亿元，比 1984 年增加了 4.3 亿元。农村出售的工业品总额首次超过农副产品总额。

6 月 19 日 《人民日报》报道：目前，全国各地已有 100 余个农业环境监测站，工作人员 2 000 余人，初步建立了一支农业环保队伍。

6 月 26 日 中国农牧渔业国际交流协会在北京正式成立。

7 月 6 日 国务院同意将长白山等 20 处自然保护区列为国家级森林和野生动物类型自然保护区。

7 月 8 日 《人民日报》报道：中国科学院遗传研究所有关研究人员用水稻的原生质体（即裸体细胞），诱导生成二十几棵完整植株。

7 月 11 日 《人民日报》报道：农牧渔业部 1985 年度优质大米评选活动最近结束，共选出 46 个优质米产品。

7 月 12 日 《人民日报》报道：中国农村卫生协会 11 日在山东烟台市成立。

7 月 17 日 《人民日报》报道：农村供销社逐步恢复民办性质，已有 1.4 亿农民入股，9 万多农民担任领导。

7 月 18 日 《人民日报》报道：我国已初步形成以国家统计局为中心的多层次多样化的农村经济统计监测网络。

7 月 20 日 《人民日报》报道：黄土高原飞播造林种草成功，试验成果已在北方 11 个省的 120 个县推广，总面积 400 万亩，经济效益 2 亿元。

7 月 22 日 《人民日报》报道：东北农学院科研人员经过 10 多年努力，培育出大豆新品种——东农三十六号大豆。该品种成熟期只有 80～90 天，蛋白质含量平均达到 45.54%，比世界各国推广的早熟大豆蛋白质含量高 1.77%～4.93%。

7 月 29 日 《人民日报》报道：1985 年全国乡镇企业总产值已超过 1968 年全国社会总产值，达到 2 728 亿元，一年内为国家创汇近 40 亿美元。

《人民日报》报道："七五"国家重点科技攻关项目——黄土高原的综合治理工作全面展开。

8 月 2 日 《农民日报》报道：1986 年上半年全国农村社会商品零售额比 1985 年同期增长 9.3%，其中消费品增长 9%，农业生产资料增长 10.6%。

《农民日报》报道：中共中央宣传部、中央书记处农村政策研究室于 7 月 25 日至 31 日在河北保定市联合召开了全国文明村镇建设汇报会。

8 月 4 日 《经济参考》报道：财政部和农牧渔业部择优选择辽宁开原和岫岩、山东临朐和平邑、河北遵化、山西绛县、河南林县建设山楂生产基地。

8 月 5 日 《人民日报》报道：国家土地管理局正式成立。

8 月 6 日 《农民日报》报道：1985 年，农民人均从第一产业所得收入比上年增长 5.4%，而来自第二、第三产业的人均收入都比上年增长 34.6%；据对 29 个省、自治区、直辖市的 6.66 多万农户抽样调查，人均货币纯收入为 251 元，比上年增长 15.3%。

8 月 7 日 《人民日报》报道：经国务院批准，"三北"防护林建设二期工程从 1986 年开始，为期 10 年。

8 月 8 日 中央书记处农村政策研究室与水利电力部联合发出《关于加强农村水利工作意见的通知》。

《人民日报》报道："三北"沙漠地区已有 11.1 万亩沙漠化土地得到初步治理，其中 5 000 万亩已初步控制，6 000 万亩的植被状况有所好转。

《人民日报》报道：我国地热在农牧渔业生产上的利用已初具规模。全国 3 000 多处地热点，已经开发利用的有 400 多处。

8 月 9 日 《人民日报》报道：近 15 年来，黄河中上游年平均来沙量减少 5.84 亿吨。

8 月 10 日 《人民日报》报道：1984 年开始的"三西"地区与江苏、浙江两省的"对话"，已发展为市、县、乡和企业间的广泛经济合作。"三西"地区已引进技术改造项目 130 余项，技术人才 2 000 多人。双方签订协作项目 400 多项，已完成 98 项。

8 月 17 日 《人民日报》报道：四川南充县农民蒲永传培育的小麦 84 - 5 恢复系最高亩产达 533.5 千克。

8 月 19 日 《农民日报》报道："六五"期间，农副产品加工机械品种达 728 种，渔业加工机械 20 多种，每年向农村提供农副产品和渔业加工机械 40 多万台。

《农民日报》报道：近几年，农村电视机的购买量以年递增 49% 的速度不断增长。据统计，到 1985 年年底，我国农村已拥有电视机近 3 000 万台，平均每百户有电视机 11.8 台。

《经济参考》报道：财政部和农牧渔业部确定，"七五"期间 10 个省 25 个县建设优质大米生产基地。

8 月 24 日 《人民日报》报道：四川省草原研究所与四川大学生物系、成都市蔬菜研究所合作，成功研制用生物防治草原毛虫。这项科研成果最近申请了中华人民共和国专利。

8月26日 《人民日报》报道：农牧渔业部在全国各地建立82个瘦肉型猪生产基地县，其中初具规模的20个基地县1986年上半年已有5万多吨瘦猪肉上市。

8月27日 《人民日报》报道：我国种子部门已与40多个国家和地区的100多家种子公司建立了贸易或业务联系。

8月28日 《人民日报》报道：中国乡镇企业出口商品展览27日在北京全国农业展览馆开幕。

《农民日报》报道：农牧渔业部决定，组织北京农业大学、北京农业工程大学、沈阳农业大学、南京农业大学、西北农业大学、西南农业大学、华南农业大学和华中农业大学部分师生开赴贫困山区各基点县（州），进行科技扶贫。

8月30日 《农民日报》报道：29日，农牧渔业部科学技术进步奖评审会在兰州市结束，共评出科技进步奖166项，其中一等奖9项，二等奖58项，三等奖99项。

9月3日 《农民日报》报道：我国已有1 380万农民经商。

宁夏回族自治区政府在中宁县召开固海扬水工程竣工典礼大会。固海扬水是宁夏自己设计施工的一项提水工程。扬程382.47米，设计流量为每秒20立方米，灌溉面积40万亩，骨干工程152.97千米，历时8年3个月。

9月7日 《人民日报》报道：国务院决定在原来用于扶持贫困地区数量不变的基础上，每年增加10亿元专项贴息贷款，从1986年开始使用连续5年，以扶持贫困地区的经济开发，尽快解民群众的温饱问题。

9月8日 《人民日报》报道：继国家科委派出贫困地区经济开发工作团深入大别山区之后，农牧渔业部、民政部、水利电力部、商业部、林业部也将派工作团组分别依次赴武陵地区、井冈山区、三峡地区、沂蒙山区、桂黔两省的九万大山地区。

9月11日 《农民日报》报道：中央书记处农村政策研究室和农牧渔业部要求各地争取在1987年年底以前全面完成农村集体财产的清理工作。

9月12日 《人民日报》报道：中国农民体育协会于11日在北京成立。

《经济日报》报道：为引导和扶持家庭农场向专业化、社会化、商品化发展，中国农业银行1986年向家庭农场贷款3.5亿元。

9月13日 我国目前最长（15.73千米）的甘肃引大入秦引水隧洞工程正式开工。

9月14日 《人民日报》报道：经国务院批准筹建的中国农业博物馆，13日在北京全国农业展览馆内开馆。

9月15日 《人民日报》报道："七五"期间，国家和地方联合投资兴建第一批优质农产品商品生产基地的各项建设工作目前已全面展开。除13个县在加紧前期准备外，其余100个县的建设项目已经相继开工。

《农民日报》报道：我国农业环境监测网络初步形成，目前全国已有省级监测站25个。

9月16日 《人民日报》报道：财政部增拨1 200万元扶持各地发展优质农产品。

9月17日 《农民日报》报道：杂交稻花培提纯技术在国内首获成功。

9月20日 全国第一家贝类苗种养殖基地在江苏如东县建成。

9月22日 江苏无锡县华庄镇被国家确定为社会发展综合示范试点乡镇，由国家科委、国家计委、国家教委等21个部、委和群众团体参加试点工作。

9月24日 《人民日报》报道：甘肃河西走廊蔬菜外调2.4万多吨，居全国18个蔬菜外调省之首。

《农民日报》报道：1984年以来我国名特产蔬菜已行销100多个国家和地区，平均每年创汇近5亿美元。

9月26日 《人民日报》报道：中国农业机械出口展览会25日在北京中国农业机械化科学研究所开幕。

10月1日 《农民日报》报道：目前我国商业果品冷库已达200余座，冷藏能力达40万吨。

10月7日 劳动人事部批准农牧渔业部成立全国土壤肥料总站。

10月11日 《人民日报》报道："六五"期间各地共改造中、低产田1.85多亿亩。据测算，经过改造的低产田，粮食平均亩产一般可提高75千克左右。

10月14日 《人民日报》报道：我国乡镇企业已有2 000多种产品行销近百个家和地区。

10月15日 《人民日报》报道：我国科研人员在太湖水面上进行大型湖泊水面无土栽培陆生植物成功并通过鉴定。

10月17日 《人民日报》报道：龙羊峡水电站15日下闸蓄水。这座水电站于1976年开始动工，最大坝高178米，总库容量268亿立方米，电站装机

4台，总容量128万千瓦，平均年发电量60亿千瓦时。

《农民日报》报道：农村视听教育中心于6月18日在北京成立。

10月19日 《人民日报》报道："六五"期间，全国人造板总产量达630万立方米，比"五五"期间增长1倍，松香、栲胶、紫胶等主要化工产品比"五五"期间也有较大发展，总产量分别达到161万吨、18万吨和7 000吨。

10月22日 《人民日报》报道：据国家统计局农业司提供的材料，1985年我国农村平均每一劳动力创造的农村社会总产值达1 706元，按可比价格计算，比1978年提高92%。

10月25日 《经济日报》报道：中国农业科学院国家作物种质库15日建成投入使用。该库能容纳40万份植物种质资源，长期贮藏最低温度为 −18℃，相对湿度50%左右。

10月27日 《人民日报》报道：据全国农业技术推广工作会议提供资料，近几年推广重大农业技术478项，产生直接经济效益140亿元。

10月28日 《人民日报》报道：黄淮海地区的中低产田，经过20多年综合治理已有3 000万亩得到不同程度的治理。

《农民日报》报道：1983年至1986年9月，全国农村信用社累计向农户和乡镇企业发放贷款2 063亿元。

10月29日 《人民日报》报道：到8月为止，"星火计划"项目已落实4 018个。

《农民日报》报道：水利电力部决定在山东省肥城、东平两县各建成1万亩井灌区节能节水试验片。

10月31日 《人民日报》报道：自1979年以来的七年间，我国新建农民住房42.6亿平方米，大大超过前30年农村建房面积的总和。目前，全国农村每人平均拥有住房面积17.8平方米。

《人民日报》报道：中国空军5年派出飞机8 000架次，飞播造林种草2 000多万亩。

《经济日报》报道：农牧渔业部要求各地加强对水稻、玉米杂交种子的管理。

11月1日 《人民日报》报道：据10月31日全国农村改水工作会议提供的资料，全国已有4亿农民的饮水条件得到不同程度的改善，其中1亿多农民开始饮用自来水，46个县或市辖区农村自来水普及率达到80%以上。

11月5日 《人民日报》报道："三北"防护林体系第二期工程第一年新造林成活面积达120万公顷，超额80%完成了年度计划。

11月7日 《经济日报》报道：全国水土保持重点治理区自1982年以来，在3年半的时间里，完成初步治理面积1.12万平方千米，是重点治理前30多年治理面积总和的6.5倍。

11月10日 《经济日报》报道：4 000多个国营林业企业开展综合经营，年产值达16亿元，占林业企业总产值的36%。

11月11日 《人民日报》报道："六五"期间，我国农村在4 000万农户中推广省柴节煤灶，占农村总户数的20%。

11月14日 《经济日报》报道：10年来我国农业生产水平大幅度提高。1977—1985年，粮食人均占有344.7千克，比前10年（下同）平均增长18.6%，棉花3.4千克，增长30.8%，主要油料7.7千克，增长83.3%，猪牛羊肉12.5千克，比1970年增长73.6%。粮食收购量年平均7 707.2万吨，比前10年增长72.7%，棉花收购量年平均324万吨，增长56.5%。农产品商品率由1978年的45.2%提高到53.9%。

11月18日 《农民日报》报道：全国目前已有各级林业推广机构500多个，专职人员1.3万多个。近年来共推广林业科研成果500多项，约增经济效益20多亿元。

11月20日 《人民日报》报道：从1979年到1986年7年间，农垦系统累计盈利45亿元，上交税金31亿元。

12月2日—7日 第七届全国林产品交易会在陕西西安市举行，成交木材468.8万立方米，成交额达13亿元。

12月5日 《农民日报》报道：1986年我国飞播造林面积达2 015万亩，比"六五"期间每年平均飞播造林面积增加30%以上。

12月8日 《人民日报》报道：李殿荣等培育成世界上第一个杂交油菜新品种——"秦油2号"，亩产可比常规品种增加30%左右，6日在西安通过部级鉴定。

12月10日 《人民日报》报道：1986年我国肉类总产量第一次突破2 000万吨。

12月13日 农牧渔业部优质农产品开发服务中心在北京成立。

《经济日报》报道：近几年，农垦系统调整产业结构，工业企业已发展到9 600多个，1986年工业总产值达100亿元，超过了农业产值，有400项产品获得国优、省优和部优称号。

12月18日 《人民日报》报道：在长沙召开的全国自然保护工作经验交流会指出，我国目前自然保护区已达360个，总面积占国土总面积的2%。

12月22日 《经济日报》报道：我国植保工作进展大，到1986年已建立植保公司2万多个，植保专业户20多万个。

12月25日 《人民日报》报道：中国土产畜产进出口总公司1986年出口总额超过30亿美元。

《经济日报》报道：据不完全统计，到12月底，1986年国家用于饲料工业的基本建设和技术改造投资达12亿元。目前，全国已拥有饲料加工企业1.4万多个，配合饲料占配、混合饲料的比重已达50%左右。

12月26日 《人民日报》报道：全国农村已有4 000多万农户参加家庭财产保险。1—10月保险部门受理赔偿事件96万件，支付赔款4.7亿元。

12月30日 《人民日报》报道：据全国农业技术推广总站统计，目前全国已有700个农业县相继建立起农业推广中心，占农业县数的三分之一。其中316个是地方集资办的，384个是中央和地方联合办的。从1982年到1986年投资总额达4.5亿元。

12月31日 《农民日报》报道：中国农业银行总行首次发行金融债券15亿元。据对14个省、自治区、直辖市6个月的不完全统计，发放特种贷款6.8亿多元，支持4 000多个在建项目投产，增加产值8亿多元。

1987 年

【文献】

2 月 14 日 国务院办公厅转发商业部等单位《关于粮食合同定购与供应化肥、柴油挂钩实施办法》。

《办法》规定：各级粮食部门要确定一位领导同志主管粮肥、粮油挂钩工作，并指定专人办理此项业务，供销社（商业部门）的各级农业生产资料公司和基层供销社（基层农机供油点），是粮食合同定购挂钩化肥、柴油的具体调拨、兑现单位，对挂钩化肥调拨、供应必须从上到下逐级划清责任，各级石油经营部门要根据上级下达的挂钩柴油专项计划，负责编制粮油挂钩柴油季度调拨计划，并在总资源中列出专项，优先发运，保证兑现，各级农业、农机部门要指导农民把挂钩化肥、柴油用于粮食生产。

4 月 1 日 国务院发布《中华人民共和国耕地占用税暂行条例》（国发〔1987〕27 号）。

占用耕地建房或者从事其他非农业建设的单位和个人，应当缴纳耕地占用税。耕地占用税以纳税人实际占用的耕地面积计税，按照规定税额一次性征收。（一）以县为单位（以下同），人均耕地在一亩以下（含一亩）的地区，每平方米为二至十元；（二）人均耕地在一亩至二亩（含二亩）的地区，每平方米为一元六角至八元；（三）人均耕地在二亩至三亩（含三亩）的地区，每平方米为一元三角至六元五角；（四）人均耕地在三亩以上的地区，每平方米为一元至五元。农村居民占用耕地新建住宅，按上述规定税额减半征收。

5 月 21 日 国务院发布《兽药管理条例》。自1988 年 1 月 1 日起施行，国务院 1980 年 8 月 26 日批转的《兽药管理暂行条例》同时废止。

《兽药管理条例》共九章，五十一条，对兽药生产企业的管理、兽药经营企业的管理、兽医医疗单位的药剂管理、新兽药审批和进出口兽药管理、兽药监督、兽药的商标和广告管理等方面进行了规定。

5 月 22 日 国务院环境保护委员会公布《中国自然保护纲要》。这是中国在保护自然资源和自然环境方面第一部较为系统的、具有宏观指导作用的纲领性文件，共四篇，十九章。第一篇主要阐述自然保护同经济发展的关系以及自然保护的有关概念和基础理论。第二篇论述土地、森林、草原和水资源等各重点保护对象的情况、特点、开发利用中的主要问题和应采取的措施。第三篇集中阐述了区域性的自然保护。第四篇就自然保护的共同性对象，如技术经济对策、法制建设、宣传教育、科学研究和国际合作等方面进行了论述。

6 月 6 日 《国务院批转中央爱国卫生运动委员会关于落实"七五"期间农村改水工作报告的通知》（国发〔1987〕51 号）。

近几年来，农村改水工作取得了很大成绩。到1985 年底，在 8.4 亿农村人口中，已有 4.23 亿人的饮水卫生条件得到不同程度的改善，约占农村人口的 49.8%。尤其可喜的是，28 个省区市（西藏资料不全）已建起了农村自来水厂 144 100 多座，受益人口1.2 亿人。实践证明，由各级政府领导的有亿万农民参加的农村改水，是我国社会发展和人类文明进步中的一项大事业，给广大农村带来了重大的社会效益和经济效益。（一）控制了疾病的传播，降低了发病率，提高了农民群众的健康水平，保护了劳动力。（二）改变了我国部分农村世世代代饮用江、湖、河、渠、塘、井水的状况，基本上解决了吃水难的问题。（三）促进了乡村经济的发展。（四）密切了党和政府同人民群众的关系。

6 月 10 日 《国务院批转国家体改委、商业部、财政部〈关于深化国营商业体制和供销合作社体制改革的意见〉的通知》。

《意见》提出：要把供销合作社真正办成农民的合作商业组织，要进一步明确供销合作社为集体所有制经济组织，真正体现社员是供销合作社的主人。继续完善为农村商品生产服务体系，供销合作社要充分运用遍布城乡的网点、人员、资金和设施等有利条件，逐步建立起以产品为龙头的生产、加工、运销等多功能的服务体系。发展横向经济联合，改革经营体制，彻底放开基层供销合作社的经营。积极推行经营责任制，改革管理制度。健全社章社法，坚持民主管理制度。

6月25日 国务院发布《国务院关于坚决落实粮食合同定购"三挂钩"政策的紧急通知》要求：各级人民政府和国务院有关部门要坚决贯彻执行粮食合同定购"三挂钩"政策，立即对本地区、本部门执行情况作一次全面检查。要认真总结推广落实"三挂钩"政策好的经验，研究解决存在的问题。各地凡与粮食合同定购挂钩的化肥、柴油票证，没有下发到户的，要按规定限期下发到户。各级人民政府对部门之间推诿扯皮、影响政策落实的问题，要认真协调，及时解决；对抵制、阻碍政策落实的，要给予严肃处理。要按规定分期分批及时组织供应挂钩物资和资金，确保对农民兑现。

6月30日 中共中央、国务院发布《关于加强南方集体林区森林资源管理 坚决制止乱砍滥伐的指示》。文件要求：严格执行年森林采伐限额制度，坚决依法保护国有山林权属不受侵犯，完善林业生产责任制，整顿木材流通渠道，预留森林资源更新费，合理调整林业税收负担，整顿和调整林业费用负担，充实林业基层管理机构，强化林业管理职能，实行领导干部保护、发展森林资源任期目标责任制。

国家经济委员会、农牧渔业部、国家工商行政管理局印发《乡镇企业工产品质量管理办法》。该办法共六章，二十七条，对企业的质量管理、部门的质量管理、质量监督、奖励与惩处进行了规定，自发布之日起执行。

7月22日 劳动人事部、农牧渔业部发布《关于加强乡镇企业劳动保护工作的规定》。自1987年10月1日起施行。

《规定》提出：乡镇企业必须认真贯彻执行国家和地方的劳动保护法规，贯彻"安全第一，预防为主"的方针，采取有效的技术措施和组织措施，防止伤亡事故和职业病。乡镇企业主管部门应建立安全管理机构或配备专职安全管理干部，管理乡镇企业的劳动保护工作。乡镇企业应根据生产需要，配备专职或兼职的安全管理人员。

7月28日 国务院批转农牧渔业部、国家机械委、水电部、林业部《关于当前农业机械化问题报告》的通知（国发〔1987〕67号）。

《通知》提出：要分类指导，重点突破，扶持和加强农机工业。机电排灌设施应当结合农田水利工程的建设和修复，更新设备，进行技术改造，提高排灌能力。大力发展林业机械，抓好造林、育林、种子采集加工、森林保护、木材生产和加工机械的研制、推广。推广农机化新技术，管好用好农业机械，改善技术状态。增强农村农机化技术力量，有计划地为农村输送一大批农机化技术人才，加强县级农机化服务组织建设，做好乡村农机化服务网络的统筹规划和社会化服务的组织协调工作。加强对农业机械化的领导，发挥农机化管理部门的职能作用。

7月29日 中国科学技术协会、农牧渔业部、水利电力部、林业部颁发《农民技术人员职称评定和晋升试行通则》。

评定和晋升农民技术人员技术职称，以工作成绩、技术水平、业务能力为主要依据，并参考科学文化知识水平及从事本专业工作的资历。农民技术人员的技术职称定为：农民助理技术员、农民技术员、农民助理技师、农民技师。

8月15日 国务院发布《国务院关于坚决制止乱捕滥猎和倒卖、走私珍稀野生动物的紧急通知》（国发〔1987〕77号）。提出各级人民政府应切实加强对包括大熊猫在内的野生动物资源保护管理工作的领导，要组织力量对1985年以来乱捕滥猎和倒卖、走私、出口珍稀野生动物及其产品的情况进行一次彻底清查，严禁猎捕珍稀野生动物，加强野生动物及其产品经销和出口管理，严格狩猎枪支、弹具生产、销售和使用的管理，未经林业部批准的定点厂，一律不得生产猎枪、弹具。

9月15日 国务院发布《国务院关于加强今年秋冬种工作的通知》要求：认真宣传、落实有关政策，进一步调动农民发展农业生产的积极性，因地制宜地安排种植计划和作物布局，及早落实各项农用物资和资金，广辟肥源，增施有机肥料，大力推广关键性的增产措施。要以提高单产为中心，普遍选用高产、优质、抗性强的优良品种，并认真搞好良种调剂，保证供应，实行适期、适量播种，提高播种质量。

10月9日 国务院批转林业部《关于加强森林防火工作报告》的通知。

《通知》指出：森林防火是关系林业全局的大事，是一项社会性、群众性很强的工作。各级人民政府和各有关部门要把森林防火工作摆到非常重要的位置上，切实加强领导，实行省长、市长、县长、乡长负责制。目前，东北、内蒙古林区已进入秋季防火期，南方林区的防火期也已临近。各级人民政府必须引起高度重视，加强预防，密切注意火情，动员各部门、各方面的力量，采取各种有效措施，防止重大森林火灾的发生。

10月20日 农牧渔业部发布《中华人民共和国渔业法实施细则》，共七章四十二条。对渔业的监督管理、养殖业、捕捞业、渔业资源的增殖和保护等进行了具体规定。自发布之日起施行。

10月30日 国务院发布《国务院关于加强贫困地区经济开发工作的通知》指出：全国农村贫困地区的脱贫致富工作，经过一系列调整和改革，已经初步完成了从单纯救济向经济开发的根本转变，开始进入一个新的发展阶段。当前工作的关键不是再提出什么新的口号，而是以实事求是的精神和高度负责的态度，按照已经明确的方针和目标，深入调查，总结经验，研究问题，狠抓落实。在坚持改革的基础上，千方百计提高开发资金的使用效益，扎扎实实地实现"七五"期间解决贫困地区大多数群众温饱问题的目标，加快低收入人口脱贫致富的步伐，为逐步改变贫困地区经济、文化落后面貌创造条件，这就是经济开发全部工作的基本出发点。

国务院发布《野生药材资源保护管理条例》，自1987年12月1日起施行。规定禁止采猎一级保护野生药材物种，采猎、收购二、三级保护野生药材物种的，必须按照批准的计划执行。该计划由县以上医药管理部门会同同级野生动物、植物管理部门制定，报上一级医药管理部门批准。

11月24日 第六届全国人民代表大会常务委员会第二十三次会议通过《中华人民共和国村民委员会组织法（试行）》，自1988年6月1日起试行。村民委员会是村民自我管理、自我教育、自我服务的基层群众性自治组织，办理本村的公共事务和公益事业，调解民间纠纷，协助维护社会治安，向人民政府反映村民的意见、要求和提出建议。村民委员会依照法律规定，管理本村属于村农民集体所有的土地和其他财产，教育村民合理利用自然资源，保护和改善生态环境。村民委员会的设立、撤销、范围调整，由乡、民族乡、镇的人民政府提出，经村民会议讨论同意后，报县级人民政府批准。村民委员会主任、副主任和委员，由村民直接选举产生。村民委员会每届任期三年，其成员可以连选连任。

【会议】

2月12日 万里副总理主持召开中央绿化委员会第六次全体会议，审议通过了《中央绿化委员会关于表彰奖励全国绿化先进单位暨绿化劳动模范的决定》，表彰奖励了全国绿化先进单位135个，全国绿化劳动模范176名。

2月15日—20日 农牧渔业部在杭州市召开全国土肥站（处）长会议。会议总结交流了土肥工作的经验、成绩；研究讨论如何完成第二次全国土壤普查成果汇总；部署土肥工作任务。据不完全统计，全国有各级土肥机构2 150个，土肥技术人员1.1万名，土肥测试中心和化验室2 100个，化验员5 800名。在乡（镇）农业技术推广服务站，还有一部分从事农业技术综合服务的土肥员。

农牧渔业部畜牧局在安徽宣城县召开全国草地建设会议，"七五"计划执行以来，12个省、自治区制定了地方《草原法实施细则》或《草原管理条例》。大部分省、自治区已基本上把冬春草场承包到户或联户。全国牧草种子田达到1 000万亩，年产各种牧草种子3 000多万千克。

3月11日 《人民日报》报道：6—10日，农村科普工作会议和农村科技致富能手经验交流会议在北京召开。中国科协表彰了100名科技致富能手和108个先进集体。

3月20日—26日 农牧渔业部在辽宁大连市召开全国海水养殖会议。会议总结了1986年以来海水养殖业在发展中的经验和问题。会议提出了近期海水养殖业的主攻方向是：巩固提高藻类，积极发展贝类，稳步扩大对虾，重点突破鱼、蟹，加速拓展海珍品。会议要求各级水产领导部门首先要加强宏观指导和市场预测，搞好整体规划。根据市场需要组织生产和流通。要进一步完善生产责任制；加强基础设施建设，强化海水养殖业服务体系；要创造一个有利于聚集社会资金的环境，采取一些优惠政策和有效措施，引导群众把资金用到开发荒水、荒滩、开拓新的生产门路，增强后劲上。

3月26日—28日 农牧渔业部渔政局、水产局在武汉联合召开长江中下游渔业资源管理工作座谈会，会议相互通报了长江渔业资源的变化状况，交流了管理经验，研究了加强资源管理特别是鲥鱼和中华绒螯蟹的保护措施。会上成立了长江渔业资源管理委员会。

4月3日—5日 农牧渔业"丰收计划"会议在北京召开。

农牧渔业部和财政部共同组织的全国农牧渔业"丰收计划"是一项推广农业先进科学技术，夺取农牧渔业丰收的综合性计划。其目的是运用农牧渔业科技成果和先进技术，大面积、大范围，实现农牧渔业的增产增收。"丰收计划"项目包括种植业、畜牧业、水产业、农业机械化等各业的先进实用科研成果和先进技术的推广。1987年推广的综合配套技术主要包括：农牧渔业的优良品种、农作物高产模式栽培技术，中低产田土壤改良技术，设施农业、地膜覆盖及其他化学材料利用技术，优化配方施肥技术，新型节水机具和节水灌溉技术，农作物病虫害、畜禽疫病和鱼病综合防治技术，优化配方饲料和畜禽鱼科学饲养技术，海淡水产品精养技术和近海、湖泊等大水面资源护养和增殖技术，农牧渔产品的保鲜、加工、贮运技术，农牧渔业适用机械化先进技术。

5月16日—20日　全国生态农业问题讨论会在安徽阜阳市召开。会议着重讨论和交流了以下问题：①关于生态农业的基本理论问题，如生态农业的概念、内容、特点、任务以及发展前途等。②我国生态农业发展的状况以及一些典型的经验模式评价。代表们认为，我国生态农业建设取得了较高的经济、生态和社会效益。

6月4日—9日　国务院农村发展研究中心、国家民族事务管理委员会和农牧渔业部联合在北京召开了全国牧区工作会议。与会代表回顾了党的十一届三中全会以来的牧区工作，并提出了加强牧区经济建设的十项措施：①牧区的经济建设要从不同牧区、不同民族的特点出发，与牧区社会的整体进步相结合，有步骤地进行。②牧区要实行以牧为主、草业先行、多种经营、全面发展的方针。③草原建设要实行国家、集体、个人一起上。牧民投资建设的草场，谁建设、谁经营、谁受益，长期不变。④牧区要稳定和完善多种形式的生产责任制。⑤积极开展信息、技术等服务工作。⑥改进对牧区的经济考核办法，把发展牲畜与合理利用资源结合起来，把提高总增率与提高商品率结合起来。⑦疏通流通渠道，完善市场体系，允许试办自由购销的畜产品交易市场。⑧大力推广、示范行之有效的技术措施和科技成果。⑨切实做好牧区扶贫工作。⑩加强对牧区工作的领导。会议决定由农牧渔业部牵头，国家民委配合、有关部门给予支持，共同做好牧区调查研究和经济发展规划制定，指导和监督、检查牧区方针、政策的贯彻落实和各项资金的管理使用。

6月23日　六届全国人大常委会第二十一次会议通过《全国人民代表大会常务委员会关于大兴安岭特大森林火灾事故的决议》，会议决定撤销杨钟的林业部部长职务，任命高德占为林业部部长。

国务院召开常务会议，继续追究大兴安岭特大森林火灾事故责任。会议决定撤销董智勇的林业部副部长职务，并责成黑龙江省政府作出认真的、深刻的检查。

杨廷森、沈国舫、吴中伦等28人组成的专家组赴大兴安岭灾区调查研究火灾后恢复森林生态问题。

6月29日—7月4日　农牧渔业部、林业部和国家教育委员会联合在杭州召开全国62所农林本科高等院校教学、科研、社会实践三结合讨论会。河北农业大学、北京农业大学、北京林业大学、浙江农业大学等14所院校的代表作了大会发言。与会同志交流了近几年各院校进行教育改革，实行教学、科研、社会实践三结合等方面的情况和经脸，并就高等农林院校如何进一步贯彻党的教育方针，坚持为社会主义建设服务的方向，在搞好教学、科研的同时，引导青年学生接触生产、接触社会，向群众学习、向实践学习，不断提高专门人才培养质量，以及如何发挥学校人才和技术密集的优势，更好地为农村的社会发展、经济建设做出贡献等问题进行了深入探讨。

7月22日—26日　国家经委在四川温江县召开了全国农业技术开发工作会议。会议总结交流了1985—1987年国家重点技术开发项目组织实施的成绩和经验；讨论了"七五"计划后3年农业技术开发工作的方向和重点以及进一步加强和改善农业技术开发工作宏观管理等问题。全国农牧渔业和林业已建立技术推广机构7.8万多个，职工77.5万余人。农牧渔业部和各地有关部门建立了与专业机构有机结合的700个县级农业技术推广中心，并指导农业技术推广机构开展综合经营服务。

8月12日—18日　中国农业银行全国农村金融体制改革工作座谈会在黑龙江牡丹江市召开。会议认为，一个以中国农业银行为主导、合作金融组织为基础、民间借贷为补充的多种金融机构、多种信用形式、多种融资渠道并存的农村金融体制新格局正在形成。会议强调，农业银行必须坚持企业化改革的方向，逐步办成由总行统一领导，实行分级经营，办理农村各项金融业务。农业银行企业化改革的重点是县、市支行，围绕县、市支行完善内部经营机制、逐步实现农业银行整体上的企业化。农村信用社改革的方向是：由农户和合作经济组织自愿入股，主要为社员服务，由社员民主管理，实行自主经营、独立核算、自负盈亏、自担风险的合作金融组织。

8月26日—30日　农牧渔业部全国种子总站在河北遵化县召开了全国种子经营管理工作会议。会议讨论了端正经营指导思想，加强种子管理工作问题。会议强调，一定要采取有效措施，安排好今冬明春种子收贮和供应工作。在种子收获前，要重点对杂交水稻、玉米制种田，特别是计划外自发制种田，进行严格检查，防止劣种流入市场。种子公司与种子基地、公司与公司之间签订的购销合同，双方都要信守，并严格执行价格政策，保质保量供应好种子。

8月29日—9月2日 水利电力部在北京召开了全国农村水利工作座谈会。1986年以来，各地不失时机地开展了冬春兴修水利工作，投入劳动积累工达20亿个工日，完成土石方30亿立方米，恢复和增加灌溉面积共5 400万亩，治理水土流失面积7 800多平方千米，解决570多万人的饮水困难。会议提出今后要采取的措施是：①加强对农村水利工作的领导，全面规划，统筹安排。②坚持改革，加强经营管理，更好地实现节约用水和水利工程的良性循环。③坚持劳动积累工制度。④扩大水利资金渠道，管好用好水利投资。⑤继续抓紧建立健全基层水利管理服务体系，落实管理承包责任制，提高队伍素质和管理水平。⑥早准备、早行动，搞好今冬明春的水利建设。

9月6日—10日 农牧渔业部全国植物保护总站在广州市召开了全国生物防治工作座谈会。会议提出，今后各级农业部门要加强生防队伍的建设，探索更简便易行的生防措施，使生防面积在1987年393万亩的基础上不断扩大；改进微生物制剂的生产工艺，开拓其应用领域，尽早实现商品化生产；进一步提高赤眼蜂繁、放工作质量，扩大防治对象，逐步实现标准化生产。

9月8日 国家机械工业委员会同农牧渔业部、北京市农业机械化管理局、农垦局以及中国农业机械学会等单位，在北京大兴县举办了新拖拉机及配套农具现场表演会。有20种拖拉机和41种配套农具参加了表演。

10月15日—19日 农牧渔业部在安徽合肥市召开了全国杂交水稻会议。会议主要议题是总结十多年来推广杂交稻的经验，研究杂交稻在发展粮食生产中的地位和作用。会议认为，我国杂交水稻生产已进入一个持续稳定发展的新阶段。种植面积稳步上升，1987年推广面积达到16 439万亩，比1982年增长了95%，年递增1 600万亩；单产水平逐年提高，1987年平均亩产比1982年增加50千克；选育了一批新的组合和三系，并陆续在生产中大面积推广，1986年南方13省、自治区、直辖市制种平均亩产131.5千克，比1982年提高122%。1987年全国模式化栽培面积达3 212万亩，比1986年增长50%多。

11月30日—12月7日 林业部科技司、中国林木种子公司在南京林业大学联合召开全国林木种子标准化技术委员会成立大会，会议审议并通过了《林木种子贮藏》《林木种子检验仪器技术条件》《主要针叶造林树种子优树选择技术》《主要针叶造林树种种子园营建技术》《主要针叶造林树种优树子代遗传测定技术》5项国家标准。

12月20日—24日 农牧渔业部在北京召开了全国乡镇企业工作会议。会议总结了乡镇企业的发展经验，研究了发展中的客观环境，确定了在新形势下乡镇企业的发展战略。会议提出，乡镇企业要适应形势的变化，实现五个转变：从过去主要靠增加投入的外延发展，转向依靠科学技术，实行内涵与外延发展并重；从注重产值增长转向注重产品质量；从单一依托国内市场逐步转向积极跻身国际市场，同时开拓国内、国外两个市场；从企业分散经营转向进行专业化、社会化协作生产，发展各种形式的企业集团和企业群体；从传统小生产经营管理转向科学的现代企业经营管理。

【农业发展成就】

1月3日 《人民日报》报道：一项具有国际先进水平的重大科研成果——土壤识别与优化施肥于1986年11月底在福建省通过技术鉴定和发明评审。应用这项成果，平均每亩可节约化肥25%～30%，增产稻谷45千克，并可准确预计产量。

1月10日 《人民日报》报道：我国在各口岸设有42个动植物检疫所和30个动植物检疫站，检疫人员达2 000多人，形成了较为健全的口岸动植物检疫队伍。

1月19日 《人民日报》报道：从1979年到1986年底，全国23个省、自治区、直辖市共飞播牧草近1 300万亩。

1月28日 《人民日报》报道：全国近几年有8 000多万农民经过各种科学技术培训，一般都掌握了一两项生产技能。我国建有县一级农民职业技术教育基地3 300多处；有3 300多个县建立了农业广播学校的分校，有学员83万人。

2月10日 《人民日报》报道：我国水土保持工作突出重点，讲究效益，1986年治理2万平方千米。黄河中游水土保持工作列入国家和地方计划，成为全国水土保持连片治理的重点。

2月20日 《农民日报》报道：全国供销社经营网点已达80万个，其中1986年新增10万多个。

3月1日 《人民日报》报道：农牧渔业部自1982年以来，相继成立了杂交水稻、小麦、大豆、玉米、甜菜、棉花、蔬菜、果树、畜牧、对虾、大中型水域养殖增殖和生物技术12个专家顾问组。

《人民日报》报道：近3年，我国人工草场面积以每年2 500万亩的速度增加。1986年新增种草面积3 834万亩，累计草地保留面积已达1.21亿亩。围栏草地累计保存 6 248 万亩。全国已建起 12 个牧草种子检验中心，牧草种子基地已发展到 1 000 多万亩，年产草种 3 000 万千克以上。

3 月 2 日　《光明日报》报道："中国化肥区划"研究由中国农业科学院土壤肥料研究所完成。

3 月 4 日　林业部公布 1986 年林业工业产品国家质量奖和林业部优质产品名单。

3 月 16 日　《经济日报》报道：目前在我国农村，保险已涉及农、林、牧、副、渔、工、商、运、建、服十大领域，开办的险种已达 100 多个。

4 月 15 日　国务院批准各省、自治区、直辖市 1987—1990 年森林采伐限额。

4 月 18 日　中国实验动物学会在北京正式成立。

4 月 20 日　《农民日报》报道：农作物增产菌技术已推广到全国 21 个省、直辖市，在 48 种作物上应用，面积达 142 万亩，均有增产效果。

内蒙古大兴安岭林区库都尔林业局施业区发生特大森林火灾，火烧面积达 1 500 万亩，其中有林地 60 万亩。

5 月 1 日　《农民日报》报道：截至 1986 年，中央组织部和农牧渔业部依托 16 所院校培训了近 2 万名各省、地、县农业领导干部，覆盖面达 98%。

5 月 6 日　《农民日报》报道：1986 年，农牧渔业部全国农业技术推广总站在全国 26 个省、自治区、直辖市推广了北方旱作农业、水稻旱种、黄淮海低产小麦高产综合栽培等 23 项农业技术。

5 月 7 日　《农民日报》报道：1986 年，我国农机化技术推广工作取得显著效果，开发利用的技术项目已取得直接经济效益折款 6 亿多元。

5 月 12 日　国家机械工业委员会和农牧渔业部等单位成立了联合规划组，对"七五"后 3 年农机规划进行了调整。

5 月 28 日　《人民日报》报道：中国有 200 多个县、近亿名农民从事生态农业试验，创造了多种类型、多种形式的生态农业实施范例。

6 月 4 日　《光明日报》报道：中国农科院畜牧研究所应用胚胎分割术，首次繁殖出了 5 只半胚绵羊羔。

《光明日报》报道：中国农科院哈尔滨兽医研究所卢景良运用生物技术的细胞工程方法，首次制备出能鉴别自然病马和人工免疫马的单克隆抗体试剂。

6 月 9 日—16 日　中国农牧业机械公司与中国牧工商联合总公司共同组织的全国畜牧机械展览会在北京通县举行。有 69 个工厂的 250 多种产品参加了展览。

6 月 11 日　我国科研人员研究设计的第一座现代化的机械化奶牛场，在中国农业机械研究院小王庄试验站通过验收。

6 月 13 日　《光明日报》报道：小麦育种专家胡道芬育成丰产优质冬小麦京花 3 号。

6 月 15 日　国家机械工业委员会公布 1986 年农机生产许可证验收合格企业和产品名单。至此，已公布的农机获证企业为 341 个，获证产品 600 多种。

6 月 16 日　第一届北京收获和场上作业机械田间表演现场会在中国农业机械化科学研究院开幕。有 31 个企业的 39 种产品参加了现场表演。

6 月 27 日—7 月 2 日　1987 年国际林业机械技术交流展览会在北京举行，15 个国家和地区的 105 个公司、厂家参展。

7 月 1 日　《经济日报》报道：中国农业银行总行统计，1979—1986 年全国农村信用社累计发放各项贷款 3 000 多亿元，其中对农户发放贷款 1 300 多亿元，占 40% 以上，平均每年对农户发放贷款 160 多亿元。信用社机构网点 40 多万个，从业人员（包括不脱产）达 70 万人，平均每 2 个行政村有一个网点。

7 月 8 日　《农民日报》报道：我国 14 个沿海开放城市已初步形成农产品加工业和为出口服务的新产业格局。1986 年，农林工业产值占 14 个城市农村社会总产值比重 45.6%；畜牧、水产业各占农业总产值比重的 29.3%。

《人民日报》报道：中国科学院植物研究所高级研究人员蔡起贵、郭仲琛、钱迎倩领导的协作组，在人工气候箱中培养出首批玉米裸细胞再生植株。

7 月 12 日　农牧渔业部批准黄渤海区、东海区、南海区分别成立渔业资源管理咨询委员会。

7 月 15 日　《农民日报》报道：1987 年度国家级科技进步奖评奖结果揭晓，评出特等奖 4 项，一等奖 50 项，二等奖 241 项，三等奖 523 项。其中农林牧渔等业方面获一、二、三等奖的分别为 2 项、20 项、48 项。

7 月 18 日　经国务院、中央军委批准，中央森林防火总指挥部成立。

7 月 19 日　《人民日报》报道：中国科学院植物研究所最近获得中华自然猕猴桃原生质体再生植株，对培育高产优质抗病新品种具有重要意义。

7 月 21 日　全国牧草品种审定委员会成立。

7 月 25 日 国家经济委员会批准 22 个国家级产品质量检验测试中心。其中包括拖拉机质量检测中心（洛阳拖拉机研究所）、植保机械质量检测中心（南京农机化研究所）和农机内燃机质量检测中心（农牧渔业部农机试验鉴定总站）等农机检测机构。

8 月 4 日 《人民日报》报道：我国现已收集到 30 多万份种质资源。

8 月 12 日 《人民日报》报道：由 200 多个科研、教育及生产单位组成的科技攻关队伍，5 年间共培育出 300 多个农畜新品种。

8 月 15 日 《人民日报》报道：我国最大的沙漠——新疆塔克拉玛干沙漠南缘出现数百个户营"小绿洲"。

8 月 17 日 《人民日报》报道：随着内河航道运输管理体制的深入改革，长江水系 32 万多名农民进入了水上运输市场。水运专业户拥有船舶 14 万多艘。运力 180 多万吨，占交通部门专业船舶总吨位的 26.4%。

8 月 19 日 国务院决定，将原由林业部负责的大兴安岭林业管理局的企业管理职权委托给黑龙江省代管，成立大兴安岭林业公司，实行政企分开、计划单列和投入产出包干。

8 月 24 日 《农民日报》报道：我国县级农业资源调查和农业区划工作已基本完成。

8 月 26 日 国内第一个农机企业集团——第一拖拉机工程机械联营公司成立。

8 月 26 日—30 日 农牧渔业部科学技术委员会第一届第 5 次全体会议在北京举行。会议共评出农牧渔业科技进步奖 170 项。其中首次为乡镇企业评定科技进步奖 33 项。

8 月 29 日 《人民日报》报道：我国已有 5 000 万农户用上了沼气，有 7 000 万农户用上了省柴灶，10 万农户用上了太阳能灶。

9 月 3 日 《农民日报》报道：2 日上午，来自全国 27 个省、自治区、直辖市的 100 名优秀农民企业家在人民大会堂受到表彰。其中有 10 名被评为最佳农民企业家。

9 月 7 日 《经济日报》报道：截至 7 月底，全国 113 个优质农产品基地建设项目的主体工程接近完工。

农牧渔业部授予长期在华定居的美国专家阳早先生、寒春女士，美籍台胞徐兆光教授、美籍专家杨又迪博士，荷兰籍前粮农组织专家阿伦斯博士"农牧渔业部国际科技合作奖"。

9 月 10 日 《经济日报》报道：中国农业科学院自 1957 年成立以来，到 1987 年 8 月，共取得了科研成果 1 810 项，其中获奖成果 923 项。

9 月 12 日 《农民日报》报道：我国已在 10 个省、自治区建起 14 个规模不等、项目不同的农村改革试验区。

9 月 21 日 国家机械工业委员会公布第三批替代进口产品名单，又有 8 种农机产品入选。加上 7 月 30 日公布第一批中的 4 种，被推荐的替代进口农机产品已有 12 种。

9 月 23 日 洛阳拖拉机研究所通过国家商检局验收，成为国家拖拉机产品进出口商检试验室和国家拖拉机出口质量许可证检测试验室。

10 月 9 日 《人民日报》报道：我国农村近 8 年新建住宅 49 亿平方米，公共设施和生产建筑近 9 亿平方米。

10 月 13 日 《人民日报》报道：我国农业资源调查和区划工作取得成果。共获得科学成果 9 万多项，其中有 7 000 多项获各级科技成果奖。

10 月 19 日—30 日 联合国世界粮食计划署在罗马批准贵州省安顺地区五个县低产田的改良项目（3 146 项目），提供相当于 1 947.3 万美元的物质援助（6.5 万吨小麦，200 吨冻肉干）。

10 月 28 日 《农民日报》报道：我国杂交水稻研究专家、湖南省农业科学院研究员袁隆平，继 1985 年获得联合国世界知识产权组织发明奖后，最近又获得 1986—1987 年度联合国教科文组织颁发的科学奖。

11 月 12 日 中国农机化报、中央人民广播电台等 4 个单位共同举办了首次由用户投票评议的全国手扶和小四轮拖拉机双"十佳"评选活动。潍坊拖拉机厂的泰山 - 12 型小四轮拖拉机和常州拖拉机厂的东风 - 12 型手扶拖拉机等 20 种产品分获"十佳"称号。

11 月 18 日 《经济参考》报道：全国土地肥力和肥料效益长期监测点 1987 年开始兴建。监测点按全国重点农业区和土壤类型分布建立 9 个点，并在中国农业科学院土壤肥料研究所内建立数据库及标本室。

11 月 24 日 《农民日报》报道：中国腐殖酸协会成立。腐殖酸研究和应用的科研成果农牧渔业方面有 41 项。

11 月 28 日 《中国农机化报》公布了国家机械工业委员会评选出的 1987 年度农机科技进步奖名单。共有 49 个农机项目获奖。

12月1日—7日 全国林产品交易会在郑州召开，会上成交木材298万立方米，成交金额达9亿元。

12月7日 《人民日报》报道：全国冬季水利建设全面展开，据统计，已投入各项水利建设工程55.6万多处，累计完成劳动工日1.4亿多个，土石方3.28亿立方米，新增和改善灌溉面积430多万亩，恢复灌溉面积143万亩。

12月8日 《人民日报》报道：我国第一个水产品综合商品基地在百里洪湖开始兴建。

12月21日 设在中国农业机械研究院的国家农业机具产品监督检测中心通过国家级验收。

12月29日 国家机械工业委员会迄今已批准的农机专业标准共计43项。

12月31日 林业部发布公报，1987年获林业部科技进步奖的项目共114项，其中一等奖4项，二等奖23项，三等奖87项。

1988 年

【文献】

1 月 3 日 《国务院关于完善粮食合同定购"三挂钩"政策的通知》。

《通知》指出：一、1988 年度，中央按照分配的粮食合同定购任务和规定的挂钩标准，将化肥、柴油和预购定金下拨给各省、自治区、直辖市包干使用。二、1988 年度中央分配给各省、自治区、直辖市的粮食合同定购任务，仍按五百亿千克不变。三、与粮食合同定购挂钩的化肥和柴油，中央安排的部分，仍按去年的标准不变。四、供应与粮食合同定购挂钩的化肥和柴油，仍按 1987 年的价格执行。严禁变相提价，不准中间盘剥，以维护农民应得利益。五、与粮食合同定购挂钩的化肥和柴油，仍采取分期分批供应办法。六、预购定金应在签订定购合同时，按合同购粮食价款总数的 20% 发放，在农民交粮时扣还，利息由中央财政负担，有的地方经济较发达，农民不缺资金，或定购任务少，农民不愿领取的，也可以不发。如果在一个县或一个地、市范围内全部不发，要报经上一级人民政府批准。

1 月 16 日 国务院发布了《森林防火条例》，自 1988 年 3 月 15 日起施行。《森林防火条例》共七章，三十八条，主要内容包括森林防火组织、森林火灾的预防、森林火灾的扑救、森林火灾的调查和统计、奖励与处罚等。

1 月 21 日 中华人民共和国第六届全国人民代表大会常务委员会第二十四次会议通过《中华人民共和国水法》，自 1988 年 7 月 1 日起施行。包括：总则；开发利用；水、水域和水工程的保护；用水管理；防汛与抗洪；法律责任；附则等，共七章五十三条。《中华人民共和国水法》规定：开发利用水资源和防治水害，应当全面规划、统筹兼顾、综合利用、讲求效益，发挥水资源的多种功能；国家重视保护水资源，采取保护自然植被，种树种草，涵养水源，防治水土流失，改善生态环境，加强水污染防治等措施，保护和改善水质；国家实行计划用水，厉行节约用水。

2 月 21 日 国务院办公厅转发国家科委等部门《关于从工人、农民及其他劳动者中选拔和培养各种技术人才的意见》。

《意见》指出：一、要在全社会形成尊重工人、农民及其他劳动者中成长起来的技术人才的风气，引导全社会重视高技艺和高技能人才，使之成为"尊重知识、尊重人才"的重要组成部分。各地区、各部门和群众团体在选拔人才、表彰和奖励先进时，要充分注意工人、农民和其他劳动者中的技术人才。要逐步形成在所有岗位上都能自学成才，"行行出状元"的社会风尚。二、逐步建立工人、农民及其他劳动者的技术职务和技术职称。三、搞好工人、农民及其他劳动者中技术人才的技术成果评定和推广应用工作，使之迅速转化为生产力和社会财富。四、重视在工人农民及其他劳动者中培养和选聘有技术、善管理的企业家和事业家，克服单纯以学历取人的现象。五、为多层次地从工人、农民及其他劳动者中培养科技人才创造条件。

3 月 3 日 林业部、国家土地管理局发出《关于加强林地保护和管理的通知》。为了加强对林地的保护和管理，根据《中华人民共和国土地管理法》和《中华人民共和国森林法》的有关规定，今后凡国家建设、乡（镇）村建设占用国有和征用集体所有林地的，土地管理部门接到建设单位用地申请后，须征得林业主管部门的书面意见，经依法审查后，按法定审批权限报人民政府批准。农村居民建住宅凡占用《中华人民共和国土地管理法》第三十八条规定的其他土地中的林地（包括郁闭度 0.3 以上的乔木林地，疏林地，灌木林地，采伐迹地，苗圃地和国家规划的宜林地），须经林业主管部门或其委托单位签署意见。在实际工作中，各地林业部门、土地管理部门要主动配合，相互支持，把林地保护好

3 月 25 日 农牧渔业部印发《全国农牧渔业"丰收奖"奖励办法实施细则（试行）》。凡采用综合

或单项的先进科学技术成果，促进了农牧渔业的发展，提高了农牧渔业产品的产量和质量，提高了劳动生产率并取得了重大经济效益、社会效益和生态效益者，均属奖励范围。

4月22日 国务院同意全国水土保持工作协调小组《关于将长江上游列为全国水土保持重点防治区的报告》。《报告》指出：根据1985年各省统计，上游水土流失面积35.2万平方千米，占总土地面积的35%，其中流失较严重的面积10.8万平方千米，占总流失面积的30.7%。按支流统计，以金沙江流失面积13.5万平方千米为最大，占总流失面积的38.4%，其次为嘉陵江、岷江，分别占26.3%和14%。如果不及时采取坚决有力的措施，将不能扭转水土流失继续恶化的严重局面。长江上游列为重点防治区后，将要采取和强化的措施：（一）加强法制，严格制止新的破坏。（二）以防为主，加强监督管理。（三）有步骤地推进重点流失区的治理。（四）各部门相互配合，协同作战。长江上游水土保持重点治理区将实行自力更生，以地方为主、国家扶持为辅的多层次多渠道集资的方针。国家投入，先由水利部在现有资金中调剂，适当重点支持。

6月8日 《人民日报》报道：国务院6月6日发出通知，要求各省、自治区、直辖市，特别是蚕茧产区人民政府，迅即采取有力措施，加强蚕茧管理，防止抬价抢购。通知规定蚕茧收购由省、自治区、直辖市政府指定一个业务部门负责，实行统一经营，统一收购，其他任何部门、个人一律不得插手收购经营。对现有的非法收购站、点未经登记批准的商贩一律予以取缔。

6月13日 新华社报道：国务院今天发出通知，强调在完成小麦合同定购任务和议转平收购计划以后，还要随行就市，以略低于市价的标准积极组织收购。对超额上交中央的小麦，中央给各省照补加价款和差价款（每千克1角2分8厘）。

9月27日 《国务院关于加强粮食管理稳定粮食市场的决定》（国发〔1988〕67号）。

《决定》指出：一、国家粮食储备和周转库存，粮权属于中央，必须服从统一调度，决不允许以任何借口有粮不调。二、从今年秋季开始，大米由粮食部门统一收购，其他部门、单位和个人不得经营。三、逐步建立粮食批发市场，有秩序地组织市场调节。四、加强粮价管理。合同定购的粮食，必须严格按照国家规定价格收购，不准擅自提价和增加价外补贴。五、铁道、交通部门对国家调拨的粮食，要优先安排运输。六、压缩平价粮销售，逐步做到平价粮食收支平衡。七、目前社会积存着的大量粮票，对市场是一个潜在的冲击力量，必须加强管理，避免引起波动。八、进口粮食是平衡国家粮食收支的重要部分，对宽松市场环境有重要补充作用。今年地方进口粮食的计划，有关省、自治区、直辖市必须保证如数完成，不准在国内抢购。

9月28日 《国务院关于化肥、农药、农膜实行专营的决定》（国发〔1988〕68号）。

为了制止多头插手倒买倒卖，解决市场、价格混乱的状况，维护农民利益，促进农村商品经济的发展，国务院决定对化肥、农药、农膜实行专营。（一）国家委托商业部中国农业生产资料公司和各级供销合作社的农业生产资料经营单位对化肥、农药、农膜实行专营，其他部门、单位和个人一律不准经营上述商品。（二）大、中型化肥厂生产的优质化肥，无论是计划内还是计划外超产肥，均由专营部门统一收购。（三）进口化肥、农药、农膜（含原料）由国家实行计划管理。（四）为及时支援农业救灾，国家必须储备一定数量的化肥、农药、农膜。（五）基层农业技术推广单位（县以下，不含县）结合有偿技术服务所用少量化肥、农药、农膜，由县专营批发部门或基层供销合作社按计划供应。

10月9日 国务院批复农业部、财政部、国家物价局关于《渔业资源增殖保护费征收使用办法》，凡在中华人民共和国的内水、滩涂、领海以及中华人民共和国管辖的其他海域采捕天然生长和人工增殖水生动植物的单位和个人，必须依照此办法缴纳渔业资源增殖保护费。

10月21日 国务院第二十二次常务会议通过《土地复垦规定》，自1989年1月1日起施行。《土地复垦规定》共二十六条，主要内容是，土地复垦实行"谁破坏谁复垦"的原则；各级人民政府土地管理部门负责管理、监督检查本行政区域的土地复垦工作；各级计划管理部门负责土地复垦的综合协调工作；各有关行业管理部门负责行业土地复垦规划的制定与实施；土地复垦应当充分利用邻近企业的废弃物充填挖损区、塌陷区和地下采空区，对利用废弃物进行土地复垦和在指定的土地复垦区倾倒废弃物的，拥有废弃物的一方和拥有土地复垦区的一方均不得向对方收取费用，利用废弃物作为土地复垦充填物，应当防止造成新污染；复垦后的土地达到复垦标准，并经土地管理部门会同有关行业管理部门验收合格后，方可交付使用。

10月27日 国务院批转《水利部关于蓄滞洪区安全与建设指导纲要的通知》。

11月2日 国务院《批转水利部关于依靠群众

合作兴修农村水利意见》的通知。

发展农村水利，改善生产条件，是增强农业后劲的重要措施之一。依靠群众兴修农村水利是我国的传统做法，今后兴修农村水利，仍应贯彻自力更生为主、国家支援为辅的方针，实行劳动积累，多层次、多渠道集资兴修农村水利，并逐步做到常年化、制度化。

11月8日 七届人大常委会第四次会议审议通过《野生动物保护法》和《全国人大常委会关于惩治捕杀国家重点保护的珍贵、濒危野生动物犯罪的补充规定》，并于1989年3月1日起实施。

《野生动物保护法》规定：国家保护野生动物及其生存环境，禁止任何单位和个人非法猎捕或者破坏。国家对珍贵、濒危的野生动物实行重点保护。国家重点保护的野生动物分为一级保护野生动物和二级保护野生动物。国家重点保护的野生动物名录及其调整，由国务院野生动物行政主管部门制定，报国务院批准公布。国家保护的有益的或者有重要经济、科学研究价值的陆生野生动物名录及其调整，由国务院野生动物行政主管部门制定并公布。

11月25日 《中共中央、国务院关于夺取明年农业丰收的决定》。

近几年，由于多方面的原因，我国粮食生产出现了新的徘徊，棉花产量下降幅度较大，生猪生产也出现过波动。而人民生活消费、工业加工原料和外贸出口对主要农副产品的需求却增长较快，致使供求关系出现了新的矛盾。农业特别是粮食问题，已经引起全党和全国人民的关注。为了加快农业发展，夺取明年农业丰收，增加农副产品的有效供给，中共中央、国务院特作如下决定：一、今冬明春在农村广泛开展形势教育，要引导广大农民和农村基层干部为深化改革和夺取农业丰收做出积极贡献。二、发动和组织农民进行农田基本建设。三、增加化肥等农业生产资料的供应。四、为了调动农民发展粮食生产的积极性，确定全国粮食合同定购任务不变。五、积极发展肉、蛋、菜生产，做好副食品供应。六、要以推广良种、改良施肥技术和发展节水农业、旱作农业为重点，搞好农业技术推广服务工作。七、必须增加对农业的资金投入。八、乡镇企业已经成为农村经济的支柱产业，要在治理经济环境、整顿经济秩序中稳步发展。九、以家庭经营为主的联产承包责任制，符合目前我国大多数地区农业生产力的发展水平，仍具有旺盛的生命力，应保持稳定并不断完善。十、加强对农村工作的领导。

12月11日 《关于建立农业发展基金 增加农业资金投入的通知》（国发〔1988〕80号）。

开辟资金渠道，使农业发展有一个稳定的资金来源。从1989年开始，按国家能源交通重点建设基金的征收比例，拿出一个百分点作为农业发展基金。从1989年起，乡镇企业税收比上年实际增加的部分，大部分用于农业，特别是粮食生产；已经开征的耕地占用税收入，全部用于农业开发；农林水特产税收入，大部分用于农业收入；向农村个体工商户及农村私营企业征收的税额，比上年增加的部分，主要用于农业投入；根据需要和可能，各地可从粮食经营环节中提取农业技术改进费，提取标准和办法由各省、自治区、直辖市自定；从1989年起，从世界银行的贷款中划出25%左右用于农业，纳入国家计划，用于农业生产、大型水利和林业建设；其他政府间和国际金融组织的贷款，也要尽量优先安排用于农业生产和农用工业。

《关于增加粮食合同定购挂钩化肥数量的通知》（国发〔1988〕81号）。

《通知》指出：一、挂钩的粮食合同定购数量仍按500亿千克计算。分品种计：大米约188亿千克，大豆22亿千克，小麦170亿千克，玉米120亿千克。二、增加与合同定购粮食挂钩的化肥数量。根据中央1989年掌握的化肥资源情况测算，决定按照不同粮食品种分别实行挂钩，初步确定明年的挂钩标准增加到：每50千克贸易粮，大米、大豆挂钩标准肥15千克，小麦、玉米挂钩标准肥10千克，其中，中央负担一半；各省、自治区、直辖市可根据自有化肥资源情况确定。各地在确定了本地区的挂钩标准后，连同中央专项安排的挂钩化肥数量，一起向农民公布。三、中央对各省调出粮食的化肥补贴标准不变。四、供应与合同定购挂钩的化肥，仍按1988年的价格执行。

12月13日 国务院颁发《关于重视和加强有机肥料工作的指示》（国发〔1988年〕83号）。

12月29日 《全国人民代表大会常务委员会关于修改〈中华人民共和国土地管理法〉的决定》。

第七届全国人民代表大会常务委员会第五次会议根据宪法修正案和国务院关于提请修改《中华人民共和国土地管理法》的议案，决定对《中华人民共和国土地管理法》作如下修改：

第二条第二款修改为："任何单位和个人不得侵占、买卖或者以其他形式非法转让土地。"第二条增加两款，作为第四款、第五款："国有土地和集体所有的土地的使用权可以依法转让。土地使用权转让的具体办法，由国务院另行规定。""国家依法实行国有土地有偿使用制度。国有土地有偿使用的具体办法，由国务院另行规定。"第四十条修改为："乡（镇）村公共设施、公益事业建设，需要使用土地的，经乡级人民政府审核，向县级人民政府土地管理部门提出申请，按照省、自治区、直辖市规定的批准权限，由县级以上地方人民政府批准。"第四十七条修改为："买卖或者以其他形式非法转让土地的，没收非法所得，限期拆除或者没收在买卖或者以其他形式非法转让的土地上新建的建筑物和其他设施，并可以对当事人处以罚款；对主管人员由其所在单位或者上级机关给予行政处分。"第五十一条修改为："违反法律规定，在耕地上挖土、挖沙、采石、采矿等，严重毁坏种植条件的，或者因开发土地，造成土地沙化、盐渍化、水土流失的，责令限期治理，可以并处罚款。"第五十二条修改为："本法规定的行政处罚由县级以上地方人民政府土地管理部门决定，本法第四十五条规定的行政处罚可以由乡级人民政府决定。当事人对行政处罚决定不服的，可以在接到处罚决定通知之日起十五日内，向人民法院起诉；期满不起诉又不履行的，由作出处罚决定的机关申请人民法院强制执行。"第五十二条增加第二款："受到限期拆除新建建筑物和其他设施的处罚的单位和个人，必须立即停止施工。对继续施工的，作出处罚决定的机关有权制止。拒绝、阻碍土地管理工作人员依法执行职务的，依照治安管理处罚条例的有关规定处罚。"

【会议】

1月18日—25日 农牧渔业部在北京召开全国水产工作会议，会议提出采取的措施是：①逐步健全水产行业宏观控制调节体系，以改革统揽全局的经济体制；②挖潜、开拓，加强薄弱环节，不断提高市场应变能力和自我消化能力；③把科技进步和提高劳动者素质作为促进水产业健康发展的主要支柱；④要转变职能，强化水产行业管理。

1月18日—26日 农牧渔业部在北京召开全国农业工作会议。会议提出10项重要措施：①深化改革，完善政策。②保持粮食播种面积，稳定生猪存栏数，调整农业生产布局和结构。③积极实施"丰收计划"，推广几项重大增产技术措施。④进一步深化农业科教体制改革。⑤按照商品化、社会化、现代化的要求，大力推进商品基地建设。⑥抓好开发农业、创汇农业。⑦积极参与流通体制改革，促进农产品产供销一体化。⑧抓好农业基础设施建设。⑨加强农业环境保护和农村能源工作。⑩以实事求是的精神和高度负责的态度，继续搞好贫困地区经济开发。

1月25日—31日 农业部在北京召开了全国农垦工作会议。会议确定，1988年农垦工作的基本任务是：认真贯彻党的十三大精神，围绕完善企业经营机制，进一步增强企业活力这个中心环节，加快和深化农垦企业改革，使新的经济体制尽快成熟起来，为农垦经济的发展创造良好的环境。

4月9日—14日 全国农业技术推广系统经营服务研讨会在江苏连云港市召开。各地与会代表60余人，在会上交流了经营服务工作经验；研究了低偿为主，有偿与无偿结合的原则。会议认为农业技术推广系统兴办企业型经济实体是科技体制上一项成功的改革。会议还就加强横向联系，建立跨地区经济联合组织，进行了可行性论证。

4月18日—23日 农业部在武昌召开全国土壤肥料工作会议。会议的主要议题是：认真贯彻党的十三大会议精神，落实国务院办公厅关于加强地力建设的意见，进一步贯彻地力建设的方针，以地力建设为中心，大力发展有机肥料，合理使用化肥，加速中低产田的改造，推动土肥工作的全面开展，增强农业生产后劲，促进农业发展。会议还表彰了133个土肥工作成绩优异的省、地土肥站（处）。

5月20日—27日 农业部畜牧局在哈尔滨市召开全国草地管理建设牧区工作会议。会议认为，我国的草地管理开始进入了依法治草的时期。据统计，内蒙古、新疆、黑龙江、吉林等省、自治区已建立了草原监理机构291个。内蒙古、新疆、宁夏、吉林、黑龙江、河北6省、自治区已颁布了本省、自治区草原法实施细则和条例，还有的省、自治区已报省政府审批。草场承包责任制工作也有新的进展，落实使用权面积16亿多亩，占可利用草原面积的40%以上。

11月2日—7日 中共中央、国务院在北京召开了全国农村工作会议。这次全国农村工作会议的中心议题是，着重研究深化农村改革，大力发展农业，特别是今后两年搞好农业生产的措施，千方百计夺取1989年的农业丰收问题。会议认为：我国农业特别是粮食生产面临的形势，一是需求量不断增长，二是供应量增长有限，三是发展后劲不足。我国农业基础还是很脆弱的。会议提出，要积极稳妥地把农村改革继续推向前进，一是稳定和完善联产承包责任制；二是加强对主要农产品和重要农用生产资料的宏观调控和市场管理；三是逐步推进农产品流通体制和价格改革；四是从实际出发，逐步而又稳妥地调整农村产业结构。会议认为，今后农业的发展，关键要靠三条：一是靠政策调动农民的积极性。总的要进一步稳定和完善家庭联产承包责任制，同时发展多种形式的生产服务。在农副产品流通中，要重点抓好粮食合同定购制度的改进和完善。二是靠科技。农业生产下一步的突破要依赖科技的力量。三是靠增加投入。要采取措施增加化肥、农膜、农药等农用生产资料的有效供给。从长远看，把农业的基础建设和农用工业搞上去，对农业的发展将起到至关重要的作用。

11月10日—15日 全国商品牛基地评比座谈会在贵州省贵阳市召开。会上评出26个先进县、一个先进集体，43名先进工作者。

11月15日—19日 农业部全国农业技术推广总站在北京召开全国农业技术推广项目工作会议。会议强调：要使农业持续稳定发展，必须重视和依靠科学技术投入。推广农业技术的重点是：①进一步开发中低产田，提高耕地素质和生产力。②改革耕作制度，提高复种指数。③大力推广旱作农业技术。④积极推广农作物模式化栽培技术。⑤继续推广地膜覆盖栽培技术。⑥推广杂交水稻及其配套高产栽培技术。

12月15日—19日 国家计委、科委、教委、财政部和农业部联合在北京召开全国乡镇企业技术进步工作会议。

12月21日—24日 全国乡镇企业工作会议在北京召开。会议提出促进乡镇企业持续、稳步、协调、健康地发展，要抓好以下几项具体工作。①分类指导，主动调整，保持适度的增长速度。②多方集资，开源节流。③深化企业改革，增强企业活力。④强化企业管理，促进企业管理现代化。⑤努力解决好乡镇企业所需的原材料和能源。⑥继续加强各种服务体系的建设。

1988年12月30日—1989年1月5日 农业部在北京召开了全国农垦工作会议。会议总结了十年改革经验，主要有：解放思想，更新观念是农垦经济体制改革的先导；稳定农垦的领导体制和隶属关系是发展农垦经济的重要保证；财务包干、兴办家庭农场和企业内部层层承包，是推动企业和职工前进的动力；农工商综合经营，是发展农垦经济的正确道路；横向经济联合，是长短互补、发挥群体优势的重要途径；系列化服务，是农垦企业商品经济发展的重要条件；把改革与科学技术进步相结合，是推动农垦经济发展的关键。改革以来，全国农垦工农业总产值由1978年的78.4亿元增至1988年的252.3亿元（按1980年不变价格计算），增长2.2倍，1987年提前三年实现产值翻番的目标。全员劳动生产率由1978年的1521元增至1988年的4582元，增长2倍。职工平均收入，也由1978年的485元增至1988年的1350元，增长1.78倍。

【农业发展成就】

1月5日 《人民日报》报道：从1984年起，黑龙江垦区试用飞机喷药防治大豆病虫害收到良好效果，前三年共防治600万亩，增加经济效益1890万元。新疆生产建设兵团用国产运11飞机组建的一支农业航空服务队，近四年累计飞行5073小时，作业360余万亩，也取得了明显增产效果。

1月14日—25日 林业部科技委组织有关司局领导和专家共11人，对海南省进行了全面考察，提出了海南省林业以保护热带森林资源为重点，尽快建成三个体系一个基地的战略设想。

1月16日 我国第一所国家饲料产品质量监测中心在北京通过验收。

1月19日 《农民日报》报道：为鼓励农民大力发展粮、油、糖生产，经国务院批准，1988年国家将调高收购价格，并从4月1日起执行。

1月20日 《人民日报》报道：近3年来，甘肃省积极推行农村科技服务承包，3800多名科技人员自上而下层层签订合同，形成大范围科技推广网络。河西冷凉灌区百万亩春小麦比三年前平均亩产净增85.6千克；定西地区百万亩梯田、坝地粮食和胡麻亩产分别增长82%和92%。

中国农业电影制片厂摄制的科教片《植物内生菌》，纪录片《一人一亩地》在15届西柏林国际农业电影节和第53届西柏林国际《绿色周》科教片比赛中，分别获得金穗奖和铜穗奖。

1月22日 《人民日报》报道：农牧渔业部在北京举办的10所直属院校科技新成果小型展览会表明：1978—1987年的10年中，获中央和省级三等奖以上科研成果达1100项。

1月23日 《中国商业报》报道：为持续稳定地发展猪禽蛋生产，国家决定1988年到1990年，每年增拨"议转平"饲料粮155万吨的差价款，扶持生猪基地县和京津沪的猪禽蛋生产。

1月24日 《人民日报》报道：1987年全国农垦系统工农业总产值可达210亿元。比1986年增长13%。较预定目标提前三年翻了一番，实现利润11.4亿元，比上年增长19%。这一年向国家交售粮豆447万吨，商品率达52.5%，交售棉花18万吨，商品率为96%，干胶产量突破20万吨，占全国总产量的90%以上。

1月26日 《人民日报》报道：国务院最近正式批准在我国西北新建一座大型扬水工程——陕甘宁

盐环定扬黄工程。

1月28日 《人民日报》报道：截至 1987 年底，中国农业银行已发放由中央财政贴息的扶贫专项贷款 14 亿元，扶持贫困户 482 万户。其中约有 180 万户解决了温饱问题。

2月2日 《人民日报》报道：水电部长钱正英在昨天开幕的全国水利厅（局）长会议上指出，我国水利工作出现新的转机，两年来，完成基建投资 48.7 亿元，在建的 39 项大中型工程均完成计划。全国投入劳动积累 40 多亿个工日，改善和恢复新增灌溉面积 8 500 多万亩，改善和新增除涝面积 3 000 万亩。解决了 1 600 万人的饮水困难。

2月6日 《人民日报》报道：今年主要生产资料供应量，化肥 5 600 万吨，农膜 25 万吨，分别比去年同期实际供应量增加 300 万吨和 3.5 万吨。农用杀虫剂的某些品种供应量增加，其余保持去年同期水平。

《人民日报》报道：我国最大的一项区域性农业开发建设扶贫工程——"三西"地区农业生产开发建设。经过五年的努力，已收到明显效果，农业总产值以每年 10% 的速度递增，粮食生产每年以 5.2% 的速度递增，畜牧业、林业产值分别以 2.5% 和 12.5% 的速度递增，发展速度超过全国平均水平。

2月10日 林业部先后授予河北、安徽、山东、江苏、河南、湖北、陕西、天津等 9 省、直辖市所属 78 个县（市、区），5 个地（市）"全国平原绿化先进单位"称号，并发给"达到平原绿化标准"证书和"全国平原绿化先进单位"奖牌。

2月13日 新华社报道：我国首次利用外资大规模开发三江平原的"黑龙江农垦项目"已经取得显著效益，从 1983 年 6 月项目开始实施到 1987 年，共开垦荒地 279 万亩，累计生产粮食和大豆 5.65 亿千克，盈利 2 107 万元。1987 年生产粮豆 2.47 亿千克，盈利 1 480 万元，分别比上年增长 55.2% 和 23.6%。

2月21日 新华社报道：中科院决定，从今年起用 5 年至 8 年左右时间，投入精兵强将，深入黄淮平原中低产地区，与地方联合承包对冀、鲁、豫、皖 4 省的数千万亩中低产田进行综合治理。以期彻底改变这些地区的后进面貌，实现农、林、牧、副、渔各业大发展。

2月24日 新华社报道：国家土地管理局自 1986 年 8 月 1 日正式开展工作以来，截至去年 6 月底，共查出违法占地案件 528 万多件，已处理 315 万多件，占案件总数的 59.7%，收回土地 75.6 万亩，对违法占地的人，分别给予追究刑事责任、没收房屋、罚款和行政处分。同时妥善处理了土地纠纷 43.16 万件。

2月28日 《人民日报》报道：中共中央决定，中央书记处农村政策研究室改为中央农村政策研究室。

《人民日报》报道：三年来，中国人民解放军驻贫困地区的部队和人民武装部共建扶贫点 4.2 万多个，帮助近百万农户走上致富道路。

3月5日 新华社报道：据中国科学院农业科学家推测，到 2000 年，我国农业生产增长值的 60% 将来自农业科学技术的运用和技术进步，相当于目前中等发达国家的水平。

《人民日报》报道：到 1987 年底为止，中国农业科学院已有 20 个科研所与外单位联合开发项目 80 个，建立生产联合体 34 个，转让各类科技成果 144 项（次），为各地培训人才 7 万人（次），向社会提供苹果、梨、柑橘、山楂、葡萄良种良苗 5 700 万株，推广小麦、玉米、水稻、棉花、甜菜、蔬菜等作物良种 5 080 多万千克，种畜种禽 700 多万头（只）。

新华社报道：华北、中原两个地区的 422 个县（市），已有 156 个达到林业部颁发的平原绿化标准，林木覆盖率由中华人民共和国成立初期的 2% 提高到 10.7%。

3月13日 新华社报道：1987 年，全国采用生物防治农作物病虫害面积达 3 亿亩。

《人民日报》报道：复旦大学遗传学研究所以邹高治、倪德祥、纪才圭三位副教授为主的课题组，经过两年多的艰苦努力，在国际上首先研制成功"水稻人工种子"，并在实验室培育成一批完整的植株，使我国在这一领域中继续处于国际领先地位。

3月15日 《人民日报》报道：用太谷核不育小麦作试材，全国已有 9 个品系先后参加了省、市和国家级品种区域试验。

3月16日 《人民日报》报道：上海经济区涌现一批农技服务实体。

3月19日 《人民日报》报道：上海市郊区坚持"农民口粮立足自给，城市主要副食品供应立足于郊区"的指导方针，大力调整农作物种植结构，增强农业后劲，1987 年农田水利建设比前年增长近一倍，保证了农业生产稳定发展。现在牛奶和蔬菜基本自给，蛋和水产自给率占 70%～80%，家禽和猪肉占 50%～60%。

3月22日 《人民日报》报道：农牧渔业部为维护广大用户利益，确保安全生产，决定对未获《农业机械推广许可证》的"四小机"停止上户、供油。

3月26日　新华社报道：李鹏代总理在政府工作报告中提出，发展农业生产是今后五年的首项任务，到20世纪末我国粮食生产必须争取达到5 000亿千克，平均每年增产80亿千克。

3月29日　农牧渔业部成立中国设施农业技术开发集团。

4月7日　《人民日报》报道：由于复种指数提高1.5%，非耕地上种植农作物面积增长11.5%，今年全国农作物总播种面积将比去年增长0.6%，其中粮食作物播种面积与去年基本持平，经济作物播种面积将增长3.8%，其他农作物播种面积增长2.4%。

4月8日　新华社报道：国家农业土地开发建设基金管理领导小组与黑龙江省人民政府就联合开发黑龙江省三江平原农业商品生产基地项目，在北京举行协议书的签字仪式。

4月20日　新华社报道：据统计，1949年以来，各地收集的农作物种源达30余万份，我国已成为世界上保存种源较多国家之一。

4月24日　新华社报道：1979—1987年，我国农牧渔业系统科技人员获国家和部门奖励的科技成果共1 400多项。仅据中国农科院统计，1987年获国家科技进步奖的11项成果就产生社会经济效益达32亿元。

4月27日　《人民日报》报道：我国农村各级团组织把帮助农村青年致富、提高团员自身素质，作为一项中心工作来抓。5年来，2.9万个各种培训基地遍布全国，先后有6 000万团员参加了各种技术培训。

《农民日报》报道：中国农业开发信托投资公司在京成立。

4月30日　《人民日报》报道：工会系统技术扶贫成效显著，自去年以来，支援贫困县300多个，中小企业、乡镇企业3 217个，支援项目28 500个，创经济效益达6亿元。

5月3日　《人民日报》报道：福建农学院首次发现籼稻光敏核不育材料，已通过省级鉴定。

5月5日　《人民日报》报道：自1984年全国第一个乡镇企业工会在江苏诞生以来，全国有28个省、自治区、直辖市都陆续在一些乡镇企业比较集中的地区进行了组建工会的试点。到1986年底，全国乡镇企业基层工会已有会员128万人，占乡镇企业职工总数的1.6%。

新华社报道：1987年我国农民人均纯收入达到463元，比上年增加39元，增长9.2%。

5月6日　《人民日报》报道：1987年我国农村机械化的发展出现了多年未有的好形势。一年中农民用于购买农机的资金达84.79亿元，比上年增加13亿元，增长18%。比"六五"期间每年平均投入39亿元高出1.17倍。到1987年底，我国农业机械总值已达700亿元，平均每亩耕地农机累计投入达到48.67元。

5月7日　《人民日报》报道：农业部、公安部最近联合发出通知，规定农用拖拉机的道路交通管理工作，除城市（不包括郊区镇、乡）、县城的机关团体、工矿企业、运输联社和非农业个体户专营运输的拖拉机外，其余上道路行驶专门从事运输和既从事农田作业又从事运输的拖拉机安全技术检验、驾驶员考核和核发道路行驶牌证等项工作，由各省、自治区、直辖市公安厅、局委托农业（农机）厅、局负责，各级农机监理部门具体实施，公安机关有权进行监督、检查。

5月8日　新华社报道：由中国水产科学院长江水产研究所培育的我国鲤鱼杂交新品种——颍鲤试养成功。

新华社报道：江西省发现一棵四季开红花的樱木，树高8.7米，胸围1.43米，已生长300多年，经中国林业科学院专家鉴定，属目前世界尚未发现的新树种，是我国植物王国中的"国宝"。

5月9日　《人民日报》报道：我国已建成的8.5万座水库，形成大约3 000万亩水面，占全国淡水可养鱼面积的40%。1987年，全国水库渔业的鱼产量达27.85万吨，比10年前翻了一番。

国务院公布雾灵山等25处为第二批国家级森林和野生动物类型自然保护区。

5月10日　国务院批准农业部设立东海产卵带鱼保护区。

5月12日　新华社报道：我国规模最大的综合性淡水鱼试验研究中心——北京淡水鱼养殖中心，5月10日在北京市南郊落成。

5月15日　《人民日报》报道：吉林省从1987年起设立"农业技术推广奖"，成效十分显著。全省1987年比1986年粮食总产增加25亿千克。经有关部门测定，其中农技推广项目增产14.42亿千克，增加收入约5亿元。

5月19日　《人民日报》报道：从1988年起，中国人民银行和中国工商银行将新增扶持贫困县县办企业贷款7亿元，这笔资金不再由贫困地区单方面使用，而将集中用于发达地区和贫困地区联合开发的项目。

5月22日　《人民日报》报道：淮河经过39年的治理，已初步建成了一套防洪、排涝、灌溉、航运的较为完整的综合服务体系，使1亿亩易涝面积得到不同程度的治理。

5月26日 新华社报道：从我国农村精选出来的44名种菜能手不久前前往苏联巴拉诺夫斯基国营农场种菜。这是中苏之间的合作项目。

5月29日 新华社报道：1987年底全国村和村民小组两级会计已达181万人，比上年增加了近18万人，去年一年各地清理农村集体财产795.88亿元。

5月31日 新华社报道：据不完全统计，我国"三北"防护林体系二期工程今春又新造林800万亩，"四旁"植树2亿株，义务植树1.5万株，完成了年度计划的80%。至此，二期工程已累计造林3 000余万亩。

《人民日报》报道：1987年，安徽全省实际采伐林木214.4万立方米，比1986年减少近100立方米，成为继广东省之后，我国第二个实现森林消长平衡的省区。

《农民日报》报道：截至目前，浙江全省80多个县中，已有51个县建立了农业发展基金，并有30%的乡，25%的村建立了此项基金，共筹集资金2.1亿多元。

6月2日 《人民日报》报道：1987年，国家计委和国家土地管理局联合下达的非农建设占用耕地计划指标为307万亩。比1985年的建设占地少178万亩，比1986年少72万亩。经过一年的实践，1987年实际占用耕地为299.6万亩，节约计划指标7万亩。

国务院决定成立国家防汛总指挥部。

6月11日 《人民日报》报道：截至1987年底，全国农村已有8 373万户用上了省柴节煤灶；463万户建起了家用沼气池，使用了太阳灶；建起太阳能采暖房12万平方米；拥有太阳能热水器35万平方米，小型风力发电机5万多台，有231万农户用上了电炊、液化石油气、天然气等优质生活燃料。每年节能相当于3 000万吨标准煤，同时，减轻了环境污染。

6月26日 《人民日报》报道：经国务院批准，今年将开展评选全国农业劳动模范的活动。全国共评选500名农业劳动模范，其中再产生50名特等劳动模范。

6月27日 国务院表彰和奖励了在黄淮海平原农业开发试点中作出突出贡献的16位农业科学家。

6月28日 农业部在北京召开全国农垦名特优新商品生产座谈会。据不完全统计，1982—1987年，农垦系统共有名特优新产品1 560多个。

农业部成立华北平原农业开发总公司。

7月2日 《人民日报》报道：1987年，全国农机化事业单位通过综合经营和有偿服务活动创收8.39亿元，比1986年增长了两倍多，纯收入达到1.31亿元，比1986年增长一倍多。

《人民日报》报道：据不完全统计，1987年全国淡水网箱养殖面积已扩大到6 000多亩，比上年增加51.9%。

7月8日 《人民日报》报道：农业部在7月7日举行的新闻发布会上宣布，将组织实施一个被称为"菜篮子工程"的计划，以保障我国城乡副食品供给水平逐步增长。

7月10日 《人民日报》报道：国务院最近决定将新疆列为国家重点棉花、甜菜开发区。新疆在1995年前将建设成为稳产高产的国家棉花、甜菜商品基地。8日下午农业部部长何康、新疆维吾尔自治区人民政府主席铁木尔·达瓦买提等在中南海举行的开发建设协议书签字仪式上签字。

7月15日 《人民日报》报道：国家统计局最近在一份报告中指出，去年全国化肥施用量已达1 999万吨（折纯量），平均每亩耕地施化肥13.9千克，超过世界平均每亩6.3千克1倍多。该报告建议，应把鼓励农民多用农家肥，调整用肥结构视为国策。

7月16日 《人民日报》报道："六五"期间，我国农垦企业累计出口总额33亿余元，平均每年递增13%，超过同期国家出口总额的平均递增速度。1987年农垦出口产品总值20亿元，比1986年增长38.4%，出口商品达279种。

7月17日 新华社报道：国家土地开发建设基金管理领导小组与冀、鲁、豫、苏、皖五省人民政府就黄淮海平原农业综合开发建设项目近日在京举行了协议书签字仪式。

7月19日 《人民日报》报道：共青团中央和国家科委最近联合决定在农村开展"青年星火带头人"活动。团中央和国家科委将每年从参加这项活动的青年中挑选1 000人予以表彰，并授予"青年星火带头人"称号。

7月26日 《人民日报》报道：中国农科院茶叶研究所的科技人员，从茶叶中成功地提取了一种新型的天然抗氧化剂，为含油食品保鲜开辟了一条新路。

7月27日 《农民日报》报道：由农业部经营管理总站组织的，包括全国26个省、区、市的100个农经信息县（点），3 200个农户问卷调查结果表明，多数农民对现行的土地承包制度和方式是满意的，拥护党和国家关于联产承包制长期不变的政策。

7月28日 《人民日报》报道：7月27日，党和国家领导人在北戴河接见16位农业科学家并举行座谈。会上宣读了《国务院关于表彰奖励参加黄淮海平原农业开发实验的科技人员的决定》。

8月2日 《人民日报》报道：我国第一个在籼稻中发现并育成的光敏不育系，7月27日在湖南省怀化通过由省科委主持的技术鉴定。专家认为，该项成果为杂交水稻的生产由三系法转为两系法提供了新的优良种质资源，是杂交水稻发展史上一个新的阶段。

8月3日 由中国种子公司和省、自治区、直辖市、计划单列市等种子公司联合组织的中国种子贸易协会在北京成立。

8月5日 《人民日报》报道：据统计，近10年来，国家科技攻关在黄淮海地区取得重大农业科研成果达59项，其中42项已转化为生产力。10年前，这里每年需调进救济粮60亿千克左右。现在每年能调出商品粮25亿千克。

1988年北京国际发明展览会有25项农林牧渔发明获奖。

8月9日—16日 首届全国农民运动会在北京举行。

8月26日—30日 由水利部主持的全国农村水电座谈会在北京召开。会议为在1987年验收合格的12个农村初级电气化县、1987年度21个优秀地方电网、47个优秀电站的代表颁发奖牌、奖状和证书。我国小水电装机容量已突破4万千瓦，约占全国电力总装机的1/9；占全国水电总装机的1/3，年发电量达到291亿千瓦时，年利用小时平均每年提高100小时。全国有1/3的县主要靠小水电供电。会议要求各地水利部门要加强领导，把乡镇企业的经营机制引入小水电的管理。争取1990年完成100个试点县的建设任务。

8月27日 《人民日报》报道：为配合"七五"期间实施的"丰收计划"，农业部首次评出"丰收奖"197项。其中一等奖22项，二等奖77项，三等奖98项。

农业部为美籍华裔菌种保藏专家钟顺昌博士，日本水稻专家原正市先生，联邦德国农业教育、农业经济专家莱施博士，加拿大肥料专家普雷蒂博士颁发1988年度农业国际科技合作奖。

8月29日 林业部授予陕西省的大荔、渭南、蒲城、合阳、澄城、富平、户县、眉县、长武、淳化、兴平11个县（市）"全国平原绿化先进单位"称

号，并发给"达到平原绿化标准"证书和"全国平原绿化先进单位"奖牌。

8月31日 《人民日报》报道：自1978年到1987年，我国小水电装机容量达到1110万千瓦，翻了一番。发电量由100亿千瓦时，增长到290亿千瓦时，增长190%；2.5万千瓦以下的小水电站已建成6.8万多座，10千伏以上的高压线路达66万多千米。

9月3日 《人民日报》报道：我国远洋渔业船队建队3年已初具规模，现拥有51艘生产船和4艘冷藏运输船。活动在西非、北非、北美、南太平洋等地区，年捕鱼量达七八万吨，产值近3000万美元。

9月6日 《人民日报》报道：到8月中旬，农业银行乡镇企业贷款增加73.2亿元，超计划44亿元。

9月30日 《人民日报》报道：国务院已决定将吉林省松辽平原列入国家重点农业开发区，并于近日在京签署了开发协议书。

《人民日报》报道：据不完全统计，1988年1月—7月，各地乱砍滥伐森林大小案件共发生5万余起。

10月18日 《人民日报》报道：国务院最近批准成立全国水资源与水土保持工作领导小组，同时决定撤销原来设立的全国水资源协调小组和全国水土保持协调小组。

10月20日—26日 国家科委主办的"星火计划成果展交会"在西安开幕。

《人民日报》报道：自1983年国家正式批准张家界森林公园以后，迄今我国已有十大森林公园：湖南张家界，浙江天童、千岛湖，广东沙头角、流溪湖，陕西楼观台，山东泰山、威海，安徽琅琊山，河南嵩山。

10月30日 新华社报道：正在我国西北地区加紧实施的一批重点农业开发项目，预计将在1993年陆续建成。这些项目是：新疆阿克苏黑孜水库，甘肃景泰电力提灌二期工程，甘肃引大通河入秦王川工程，宁夏、陕西、甘肃三省受益的盐环定扬水工程，宁夏河套银南灌区开发改造工程，陕西东雷抽黄二期工程，青海格尔木小干沟水电工程，以及在国家扶持下建设的一批商品粮基地。

11月6日—9日 由机电部和物资部联合组织的1989年全国农机产品交易会在河北邯郸市举行。

11月7日—11日 1988年中国国际农业科技展览在北京举行，有14个国家和地区的125家厂商参展。

11 月 13 日 《人民日报》报道：1987 年农村工农业产品商品率已由 1978 年的 53.7% 增加到 69%。其中农副产品商品率由 45.2% 增长为 58.2%。现在每年每个农业劳动力平均向社会提供粮食达 416.6 千克，棉花 13.2 千克，水产品 21.6 千克。

11 月 14 日 中国农业电影制片厂摄制的科教片《褐马鸡》，在意大利获第二届国家公园纪录片展卡瑞波罗奖。

11 月 15 日 《人民日报》报道：由国家科委协调，水利部、中国科学院、国家测绘局、国家气象局、中国广播卫星公司等 16 个单位协作，将遥感、卫星通信等高技术综合应用于黄河防汛的试验，在我国首次取得成功。11 月初在水利部通过了国家级鉴定。

11 月 23 日 《人民日报》报道：我国"三北"防护林体系工程建设取得巨大成就。据林业部统计，近 10 年累计营造各种人工林 1.37 亿亩，封山育林 3 357 万亩，零星植树 30 亿株，使"三北"地区的森林植被增加到 4.25 亿亩。

《人民日报》报道：江西省和国家重大科技攻关项目"鄱阳湖区综合考察和治理研究"，22 日在北京通过国家鉴定。

11 月 27 日 《人民日报》报道：为了尽快给贫困地区培养一支素质较高的经济开发管理人才队伍，国务院贫困地区经济开发办公室在北京农业工程大学建立了全国贫困地区经济管理干部培训基地，由联合国开发计划署提供近 200 万美元的援助。

11 月 30 日 《人民日报》报道：中国农业科学院首次举办的科技开发产品展览订货会 28 日在京揭幕。

12 月 1 日 1988 年国家产品质量奖评审工作结束，8 项农机产品分别获国家产品金、银质奖。

12 月 2 日 《人民日报》报道：全国贫困地区干部培训中心自 1987 年始，在杭州、无锡、苏州等地先后举办 10 期培训班。已轮训了国家重点扶持的 338 个贫困县的 2 036 名干部。

12 月 3 日 《人民日报》报道：山东省目前全省林木蓄积量 5 200 立方米，森林覆盖率由 1978 年的 8.8% 提高到 16.2%。已成为全国第一个近 10 年森林资源翻番的省份。

12 月 5 日 新华社报道：商业部最近就组织地区之间议价粮调剂有关问题作出新规定：国家对省间"议价转平价"的大米调拨实行指令性计划；完成合同定购后小麦、玉米、大豆及小杂粮继续允许多渠道经营。

12 月 7 日 《人民日报》报道：广西壮族自治区温饱线以下的人口比例，已从 5 年前的大于 1/3 降到现在的 1/6，5 年之间已有 500 多万人基本上脱贫，预计 1988 年 48 个贫困县市的农民人均收入可达 280 元，比 1983 年翻一番。

12 月 10 日 国务院批准颁发《国家重点保护野生动物名录》，并由林业部、农业部发布施行。

12 月 11 日 新华社报道：辽宁省政府最近与国家土地开发基金小组、农业部、财政部达成 1988—1990 年开发建设辽河三角洲的协议。

12 月 13 日 《人民日报》报道：运用生物技术进行籼稻与粳稻两个亚种间杂交，今年在全国经过多点小区试验表明，产量比三系法杂交水稻增加 20%。

《人民日报》报道：3 年来，福建全省 85% 贫困户解决温饱问题，省重点扶持的 17 个贫困县，基本解决温饱问题的贫困户达 90% 左右。

12 月 15 日 《人民日报》报道：由团中央发起的"以劳助学寻富路"活动，今年起在"三西"地区和江苏、浙江、河北、北京、上海、福建等东部省市间展开，"三西" 8 个县的 1 300 多名青年进入东部 80 个乡镇企业和 65 个农户出劳务，学技术。

12 月 18 日 《人民日报》报道：自 1980 年以来，我国农业（包括林、畜牧、水产等）利用外资总额已达 20 多亿美元。其中，由农业部组织签约的有 17 亿美元，用于 270 多个项目。

1989 年

【文献】

1 月 6 日 新华社报道：国务院办公厅发出《关于抓好化肥生产的紧急通知》。

各地区各部门要认真落实《中共中央、国务院关于夺取明年农业丰收的决定》，优先保证化肥生产所需煤、电、气、油和磷矿石等原料的供应，充分发挥化肥生产能力，使企业满负荷生产，在紧缩银根的情况下，对化肥生产企业所需流动资金和农资部门所需储备资金，各地银行要给予支持，并积极帮助解决，以保证企业正常生产。对小化肥企业继续免征产品税。

1 月 13 日 《国务院办公厅关于加强农药管理严厉打击制造、销售假劣农药活动的通知》要求：一、未经批准登记的农药，不得生产、销售和使用。二、凡已登记过的农药，从今年 2 月 1 日起，一律实行生产许可证（或准产证）制度。三、企业取得农药生产许可证（可准产证）后，应向工商行政管理机关申请换发营业执照。四、从今年 1 月 1 日起，对农药实行专营。五、严格管理农药价格。六、工商行政管理机关要经常检查农药生产和经营单位的活动。无生产许可证（或准产证）生产农药的企业以及非农药专营单位销售农药的，应一律取缔。七、监察部门对农药生产和经营中发生的严重问题，要会同有关部门联合查处。八、中央和地方的任何部门、任何单位进口农药，继续实行计划管理和许可证审批制度。

2 月 21 日 国务院发布《关于切实做好耕地占用税征收工作的通知》。

从 1989 年 1 月 1 日起，耕地占用税收入中央和地方的分成比例，由原来的对半分成调整为"倒三七"比例分成，即：中央 30%，地方 70%。中央这次让出的 20 个百分点是给县的，目的是调动他们的征收积极性。因此，省、地两级都不得截留。调整分成比例以后，各地必须保证完成中央收入任务，凡实际占用了耕地而完不成上交中央任务的，要用地方财

政补足。对于 1988 年应收未收的税款要继续组织征收，其分成比例仍按中央、地方对半分成执行。

2 月 28 日 《国务院关于提高棉花价格和实行棉花调出调入包干办法的通知》。

一、提高棉花收购价格。1989 年新棉上市起，棉花收购价格由国发〔1989〕2 号文件规定的标准级皮辊棉每 50 千克提到 236.42 元。二、1989 年度新棉上市起，实行棉花调出、调入包干的办法。三、棉花调拨包干后，市场用棉必须保证供应。四、棉花是国家管理的计划商品，实行调拨包干以后，仍必须坚持国家统一计划和规定的收购、供应价格，坚持由供销合作社统一经营。不开放棉花市场，不搞价格双轨制。

3 月 13 日 国务院总理李鹏发布中华人民共和国国务院令，《中华人民共和国种子管理条例》已经 1989 年 1 月 20 日国务院第三十二次常务会议通过，自 1989 年 5 月 1 日起施行。

《条例》共九章四十六条，主要内容包括：种质资源管理、种子选育与审定、种子生产、种子经营、种子检验和检疫、种子贮备等。《条例》规定：国家鼓励从事农业、林业生产的单位和个人采用良种。对良种选育、生产、经营和推广给予优惠。使用国家投资或者由国家扶持造林的，应当依照规定使用种子。国家鼓励种子科学研究，推广先进技术，提高种子工作的科学技术水平。国务院农业、林业主管部门，分别主管全国农作物、林木种子工作。

国务院发布《关于进一步做好农林特产农业税征收工作的通知》。提出全面征收农林特产税，扩大征税范围，将果用瓜和海水养殖产品收入列入征税范围，改进计税办法，农林特产税按照产品实际收入计算征税。对大宗农林特产收入实行统一税率。对农林特产税单独分配征收任务，列入地方预算。

3 月 31 日 国务院发布《关于加强家畜家禽防疫工作的通知》。

一、撤销《家畜家禽防疫条例实施细则》中第六条第三项第二款、第二十条、第二十二条、第二十三

条；二、农牧部门依法对畜禽或畜禽产品进行抽检时，不得收取费用；三、各级农牧、商业食品部门应当密切配合，认真做好畜禽和肉品检疫工作；四、各地检疫主管部门要加强对畜禽检疫人员的教育和管理，提高检疫人员的素质，维护执法人员的形象；五、县以下基层食品购销站畜禽及其产品的检疫工作，仍维持现状，但要严加管理。

9月25日 国务院办公厅转发国家土地开发建设基金管理领导小组《关于黄淮海平原、东北地区农业开发情况报告》。

10月15日 《国务院关于大力开展农田水利基本建设的决定》。

《决定》指出：一、要充分认识农业的基础地位和水利的"命脉"作用。必须切实对农业实行倾斜政策，把农田水利基本建设作为一项长期任务列入计划，坚持不懈地抓，切实抓出成效。二、要继续贯彻"巩固改造，适当发展"的方针，提高水利工程和设施的效益。三、因地制宜，综合治理。四、认真落实和完善有关政策，充分调动和保护广大群众的积极性。自力更生为主，国家支援为辅；谁受益、谁负担，本着需要、自愿、量力的原则，按受益范围分级举办；实行农田水利劳动积累工制度，专工专用；五、增加资金投入，切实搞好物资供应。粮食发展专项资金用于农田水利基本建设的部分，不得低于50%。

11月14日 国务院办公厅转发商业部、农业部、财政部《关于稳定生猪生产和搞好猪肉市场供应的报告》。

《报告》提出：一、稳定养猪政策，扶持生猪生产。中央和地方鼓励和扶持生猪生产的各项政策措施都不要变动。各地要保持生猪与饲料粮、饲料地、化肥挂钩以及"以工补猪"等政策的稳定。二、广辟饲料来源，搞好饲料供应。三、推广科学技术，提高养猪水平。四、加强生猪价格指导，整顿市场秩序。五、搞好猪肉储备和调拨工作，发挥国营商业的主渠道作用。

11月27日 《国务院关于依靠科技进步振兴农业加强农业科技成果推广工作的决定》。

《决定》指出：一、大力加强农业科技成果的推广应用。二、建立健全各种形式的农业技术推广服务组织，积极支持各级农业科技推广机构深化内部改革。三、进一步稳定和发展农村科技队伍，尽快改善农村生产第一线科技人员的学习、工作条件和生活待遇，对贡献突出者，应进行表彰和奖励。四、大力加强农村教育；广泛开展技术培训。五、广辟资金来源，增加农业科技投入，要积极鼓励引导集体和农业开发服务经济实体及农民增加对农业科技应用的投入。六、重视并做好农业高技术和基础研究工作，高技术研究发展计划，要进一步突出农业生物技术等重点领域，并在计划滚动中不断充实动植物新品种开发研究等内容。

12月26日 中华人民共和国第七届全国人民代表大会常务委员会第十一次会议通过《中华人民共和国环境保护法》，自公布之日施行，《中华人民共和国环境保护法（试行）》同时废止。《中华人民共和国环境保护法》共六章四十七条，主要内容包括：总则、环境监督管理、保护和改善环境、防治环境污染和其他公害、法律责任、附则。法律规定：一切单位和个人都有保护环境的义务，并有权对污染和破坏环境的单位和个人进行检举和控告。国务院环境保护行政主管部门，对全国环境保护工作实施统一监督管理。

12月28日 《国务院关于完善化肥、农药、农膜专营办法的通知》。

《通知》指出：一、中国农业生产资料公司和各级供销社的农资经营单位是农资专营的主渠道。二、凡列入中央和省（区、市）、计划单列市年度计划，作为工业原料用的化肥，仍按原渠道经营，不得倒卖。三、切实安排好化肥、农药、农膜生产所需主要原材料、燃料和电力供应。四、为了保证突发性病虫害和其他灾情急用，要分级储备一部分农药。五、专营周转资金要配套。对生产和经营所需流动资金，要专项安排，优先保证。六、安排生产计划要切实搞好工商衔接。七、要加强进口管理。进口化肥、农药（包括原料及中间体）、农膜原料及化肥包装原料，必须按国家安排的进口计划或凭进口配额批件，按经贸部有关规定由经贸部中国化工进出口总公司或由经贸部批准的单位对外订货。八、化肥、农药、农膜及生产所需主要原材料、燃料，全部列为国家指令性运输计划，交通、铁道部门要根据各级农资公司和农垦系统、农技部门及生产企业申报的计划优先安排，及时组织卸运，保证不误农时。九、切实稳定化肥、农药、农膜价格。

【会议】

1月5日 全国水资源与水土保持工作领导小组第一次会议在北京召开。会议讨论通过了《全国水资源与水土保持领导小组职责》。会议确定，领导小组的主要任务是：审核全国大江大河综合规划；审核全国水土保持工作的重要方针、政策和重点防治中的重大问题；处理、协调部门之间有关水资源综合利用方面的重大问题；处理、协调省际重大水事矛盾等。会议经过讨论，同意刘中一同志任领导小组副组长、张春园同志为领导小组成员兼办公室主任。

1月10日 农业部在北京召开全国畜牧水产工作会议。1988年，全国肉、蛋、奶、毛总产量比1978年分别增长2.8倍、3倍、4.3倍和2.4倍。畜禽良种场发展到1 370个，乡镇良种繁育改良站6 945个；建成省级兽医化验诊断中心23个，兽药厂652个，兽药监察所31个；畜牧"三站"达到6.1万多个，职工总人数超过31万人，畜牧兽医技术服务中心860个；已有饲料监测中心（站）132处；牧草种子检验和鼠虫害测报中心（站、点）等227个；全国已有各类畜牧科研机构127处。1988年全国水产品总产量闯过1 000万吨大关，是当前世界上仅次于日本、苏联的第三个产量超千吨的国家；养殖产量首次超过捕捞，占世界水产养殖总产量的40%。

3月31日—4月4日 农业部在昆明市召开了全国农业商品生产基地建设工作会议。据统计，111个商品粮基地县，1987—1988年累计生产粮食779.9亿千克，比1985—1986年累计增产39.4亿千克，增长5.3%；向国家交售商品粮166.3亿千克，占全国的15.6%。商业部表彰的1988年度全国100个粮食生产、交售先进县中，有50个县是商品粮基地县。1988年60个水果基地县的果树面积达到823万亩，比1985年扩大272万亩，水果产量达到23亿千克，比建设前增加45%；蔬菜、茶叶基地增产幅度分别为25%、22%。1988年111个商品粮基地县农业总产值2 628亿元，比1986年增加12.7%；名优项目所在县净增农业产值达6.12亿元，比1985—1986年增长15.2%。

5月6日 全国农业成人教育工作会议在北京召开。我国现已培训县处级主管农业的党政领导干部和农业系统的领导干部2万余名；各省、自治区、直辖市还培训了乡镇（科）、县（局）级领导管理干部100余万名；另有1.4亿农民、农村基层干部、乡镇企业职工接受了各种技术培训；全国半数以上的村设立了农民技术教育场所；广播、电视等远距离教育已延伸到农村的千家万户。

5月14日—18日 全国农业技术推广工作会议在北京召开。1988年，全国已建县农业技术推广中心1 003个，约占全国农业县的一半。全国乡、镇农业技术推广站发展到3.8万多个，占全国农业乡的60%。另外，村技术服务组织和农民技术员队伍也有很大发展。全国已有36.3万多个村建立了服务组织或配备了农民技术员。共有村农民技术员50多万人，科技示范户400多万户。农业部决定，授予48个县的农业技术推广中心和136个区、乡农业技术推广站"全国农业推广先进单位"称号。

5月24日—29日 农业部畜牧兽医司在长春市召开全国草地管理建设工作会议。1988年新增人工草地2 157万亩，新增改良草地1 166万亩，飞播牧草239万亩。累计达到人工种草8 281万亩，改良草地4 317万亩，飞播1 622万亩。新建围栏草场1 039万亩，累计达到7 839万亩。牧草种子田保有587万亩，当年产牧草种子2 148万千克。全国建立牧草种子检验中心（站）13处，建立草地类自然保护区8处。草原治虫灭鼠累计达到5亿亩。

6月22日—26日 财政部在山东威海市召开全国农业财务工作会议。根据国务院《关于建立农业发展基金 增加农业资金投入的通知》精神，会议研究财政部门如何建立农业发展基金，增加农业资金投入的具体政策，同时还研究了促进农口企业扭亏增盈和进一步加强财政支农周转金管理的问题。会议讨论了《关于农业发展基金使用管理的试行规定》《关于抓好国营农垦企业扭亏增盈工作的意见》《关于加强农垦企业资金管理的若干意见》《关于改进财政支农周转金管理工作的若干意见》四个文件草案。

8月15日—17日 全国蔬菜生产工作会议在山东青岛市召开。1988年26个省、自治区、直辖市商品菜播种面积为2 733万亩，总产量5 191万吨，分别比1987年增长10.2%和18.8%；城市上市量由1987年的1 946万吨增加到2 198万吨，增长13%。1988年36个城市的细菜产量占总产量的比重，由1987年的52.7%上升到54%，品种由60多个增至70多个，可食率由80%提高到90%左右。

9月7日—20日 农业部在江苏昆山县召开全国有机肥料工作会议。国务院发出指示以后，有机肥工作出现了好的势头。农田有机肥投入量有所增加，质量有所提高，秸秆还田面积达到2亿亩以上，年增加2 000万亩，绿肥种植面积稳中有增，已由前几年的1.05亿亩回升到1.14亿亩，其中，冬绿肥由6 500万亩恢复到6 700多万亩，城肥下乡工作有了新的起色。会上对有机肥工作做出显著成绩的80个先进单位和110个先进个人进行了表彰。

9月24日—28日 林业部在长沙市召开全国平原绿化工作会议。据统计，截至1988年底，全国918个平原、半平原、部分平原县，已建农田林网的农田面积达4亿亩，占平原耕地面积的53.7%，占宜建林网耕地面积的70%，其中近三年新增农田林网 1.8 亿亩；农林间作面积已发展到 59.57 万亩，占适宜间作农田面积的 67.5%，其中近三年新增农林间作面积 1 080 万亩；成片造林 1.94 亿亩；其中近三年营造成片林 1.09 亿亩。全国已有 296 个县（市、区）达到平原绿化标准，有 15 个地（市）实现了全面达标。

10 月 25 日—29 日　受国务院委托，农业部、机械电子工业部、水利部和国务院农村发展研究中心在北京共同召开了全国农业机械化工作会议。这次会议的重要议题是：紧紧围绕发展农业生产力，扭转粮棉生产徘徊局面，交流各地发展农业机械化，为农业生产服务的经验；讨论制定农业机械化和农机工业"八五"规划纲要；分析当前农业机械化发展中存在的问题和困难，研究解决问题应采取的政策措施；部署今后农业机械化工作。对今后农业机械化的发展，会议提出了几点意见。第一，要根据国情来制定农业机械化的发展战略。第二，要坚持多年来被实践证明了的正确的农机化发展方针。第三，要抓住重点，积极而稳步地发展农业机械化。第四，各部门通力合作，共同促进农业机械化事业的发展。

11 月 27 日　全国农业综合开发经验交流会在北京召开。我国的农业开发，起步于五六十年代，1983 年开始，国家和地方共同投资，先后建设了 254 个商品粮基地县、74 个优质棉基地县、113 个优质农产品基地县、278 个名优农产品基地、490 多个出口农副产品生产基地以及一批商品木材生产基地，现在已逐步发挥效益，这是农业综合开发的第一步；1988 年开始，国务院决定将上交中央的耕地占用税作为农业综合开发基金（原称土地开发建设基金），进行农业综合开发，这是第二步。1988 年、1989 年两年，国家选定黄淮海平原等 19 片地区立项进行开发。按计划要求，将改造中低产田 6 000 万亩，开垦宜农荒地 1 000 多万亩，营造农田防护林网 800 多万亩，治理草场 150 万亩。会议强调，进一步搞好农业综合开发，一要领导重视，依靠群众。二要指导思想和方针政策明确。三要实行科学管理，开发与治理相结合，社会效益、生态效益、经济效益并重。四要注重基础设施建设和科技投入。五是新的农业综合开发，一开始就要实行多种形式的适度规模经营。

12 月 4 日　林业部"三北"防护林建设工作会议在北京召开。"三北"防护林工程从 1978 年开始到 1989 年，建设范围已达到 514 个县（旗），共完成人工造林 1.37 亿亩、封山（沙）育林 3 357 万亩、飞机播种造林 360 万亩、零星植树 30 亿株、至今"三北"地区共有森林 4.25 亿亩，林木覆被率已由原来的 5.05% 增加到 7.09%。会议还讨论制订了《关

于"三北"防护林建设经济政策的若干意见》《计划管理办法》《资金管理办法》《技术管理办法》和《"三北"防护林建设检查评比奖励办法》五个有关意见和办法。

【农业发展成就】

1 月 3 日　《人民日报》报道：1988 年由农业部组织实施的"丰收计划"项目共增产粮食 24 亿多千克，棉花近 4 亿千克，肉、禽、蛋、水产品共新增产值 20.3 亿元。

1 月 4 日　新华社报道：我国乡镇企业已在全国建立起 3 300 多个人才培训基地、29 个省级以上的质量检测监督机构。

1 月 8 日　新华社报道：中国农业银行两年向 273 个国家审定的贫困县发放 27 亿元贴息扶贫贷款，使这些地区 55% 的贫困户解决了温饱问题。

1 月 12 日　《人民日报》报道：1988 年水产品总产量首次超过 1 000 万吨，养殖产量首次超过捕捞产量，水产品人均占有量创历史最高水平。

1 月 28 日　《人民日报》报道：我国农村信用合作社经过十年改革和发展，现已有 6 万多个独立核算的信用社和 33 万多个信用服务网点，职工 75 万多人。到 1988 年底，全国信用社各项存款余额已达 1 397.66 亿元，比 1979 年增加 1 182 亿元，其中农民储蓄存款增加 1 061.2 亿元。

2 月 5 日　《人民日报》报道：我国近两年已建成了 460 多个优质粮油、水果、蔬菜、花卉、蚕茧和中药材等商品生产基地。

2 月 20 日　《人民日报》报道：国家自然科学基金委员会和湖北省人民政府在武汉市通过鉴定，宣布"湖北光周期敏感核不育水稻育性转变机理及其利用研究"在国内外处于领先地位。

2 月 25 日　新华社报道：国务院决定从 1989 年起，中央和地方都适当增加粮食合同定购挂钩化肥的数量。

2 月 26 日　商业部在北京授予 100 个卖粮大户"全国售粮模范"称号和 100 个"粮食生产、交售先进县"的称号。

3 月 7 日　《人民日报》报道：据国家工商行政管理局提供的资料表明，1988 年全国已有城乡集市 7.1 万多个，比上年增加 1 000 多个。

3 月 9 日　《人民日报》报道：1989 年新开征的国家预算调节基金，按中央和地方各自分得额的 10% 用于农业投入，支持和加强农业。对 301 个贫困

县免征国家预算调节基金，新菜地开发基金也将免征。

3月12日 新华社报道：我国农作物良种化、商品化生产发展迅速，目前已在河北、江苏、安徽等省建起七个较大规模、面向全国市场的种子生产基地。

3月13日 中国贫困地区发展基金会经国务院批准在北京成立。李先念任基金会名誉会长，项南任会长。

3月24日 《人民日报》报道：为了逐步把重点转向农业区域规划，国务院决定，保留和调整全国农业区划委员会。其主要职责是：继续深入开展农业资源调整、动态监测和综合评估；组织农业资源开发的重大政策；组织并推动各地和有关部门搞好农业区域开发规划，拟定农业区域开发总体布局的科学方案；协调区域开发中部门之间、地区之间以及资源开发利用与保护治理的关系；组织进行跨地区、跨部门重大农业投资项目和商品基地的前期论证和综合开发。

3月27日 农业部成立了海藻工业协会。

3月29日 《人民日报》报道：水利部部长杨振怀27日说，我国灌区面积由降转升，近两年，已增加灌溉面积1000万亩，恢复和改善灌溉面积4000万亩。

4月1日 新华社报道："七五"期间，全国投资12亿元，建设起585个农业商品生产基地县（项目）。

4月6日 《人民日报》报道：国家森林防火总指挥部就3月30日在内蒙古兴安盟科尔沁右翼前旗蛤蟆沟林场发生的特大荒火发出紧急通报，要求各地在当前春季森林防火期切实抓好防火各项工作的落实。

4月7日 《人民日报》报道：国家"七五"期间第二批农业商品基地建设计划已经落实，国家和地方将投资5.6亿元，在24个省、自治区、直辖市建设80个商品粮基地县和33个优质农产品基地。

《人民日报》报道：全国已有22个省、自治区、直辖市完成了第一次农民技术职称评定工作，30多万人被评为农民助理技术员、农民技术员、农民助理技师、农民技师。

4月12日 《人民日报》报道：国务院决定1989—1991年拿出价值6亿元的中低档工业品以工代赈，继续帮助贫困地区修筑道路、桥梁和人畜饮水工程。

4月14日 《人民日报》报道：1989年农业区域开发项目确定，分为两批，第一批安排八大片，

包括湖南、川中、江汉平原腹地和鄂北岗地、鄱阳湖和赣西南、内蒙古东部、银南河套、山东黄海三角洲以及海南地区。第二批，包括渭北平原、青海柴达木盆地等开发项目。

4月16日 新华社报道：全国目前已有82%的江河湖泊受到不同程度的污染，每年由于水污染造成的经济损失达377亿元。

4月18日 国家计委批准中国第一拖拉机工程机械联营公司从1990年起在国家计划中实行单列。计划单列的范围限于其中紧密联营的企业，内容主要有生产计划、固定资产投资计划、财务计划、技术引进、利用外资及进出口贸易等几个方面。

4月19日 新华社报道：1986—1988年，林业部在21个省、自治区、直辖市的156个县（市、区），开展了第一期森林病虫害综合防治示范工作，综合治理了5600万亩森林，减少病虫害损失5亿元以上。

4月20日 新华社报道：截至3月末，中国农业银行在全国已发放粮食定购资金贷款8.97亿元，比1988年同期增加7200万元。

《中国农牧渔业报》报道：农业部最近决定，在黄淮海平原开展"亿亩玉米增产丰收计划"活动，作为全国农牧渔业"丰收计划"特别项目组织实施。参加的地区为河北、河南、山东、北京、天津等省、直辖市以及苏北和皖北，总面积为1亿亩。

4月24日 《人民日报》报道：近几年，我国北方节水型农业发展迅速，采用防渗渠道、管道输水和喷灌等节水技术灌溉面积已达5550万亩，占总灌溉面积的1/3以上。

5月1日 《人民日报》报道：据调查推算，近些年来遭受工矿企业排放的"三废"污染的农田，已多达1亿亩左右，每年减产粮食近百亿千克。

5月6日 国务院批复同意在广东汕尾市郊区和河北黄骅县建立渔业经济体制改革试验区。

5月9日 《人民日报》报道：一个以科技为先导，以产品为"龙头"，以企业为载体，以能人为骨干的农村产业全程服务体系，正在浙江省各地形成。目前，已出现了上万个专业协会、1000多个农民技术服务组织。

新华社报道：我国耕地锐减势头开始扭转。1988年全国共新开发农用地500多万亩，其中耕地300多万亩，"七五"以来首次超过当年非农建设占用耕地数量。

5月12日 农业部决定建立中国农学奖励基金。

5月20日 《人民日报》报道：中国科学院和中国农业科学院共同组织的首次全国草地科学学术讨论会日前在北京召开。40多位专家呼吁，我国草地正在大面积退化，退化面积现已达13亿亩，约占可利用草场面积的1/3，目前还以每年1000万亩的速度扩大。

5月25日 林业部授予北京朝阳区、河南沁阳县、焦作市郊区和焦作市"全国平原绿化先进单位"称号。

5月26日 《人民日报》报道：中国电影放映公司最近在昆明市召开全国开发农村电影市场工作会议。目前，全国6.1万多个乡镇已有1/5多的乡镇有了电影院，农村电影院总数已达1.2万多座。

5月29日 《人民日报》报道："吨粮田"在黄淮海地区试验成功。

6月23日 《人民日报》报道：据林业部和国家森林防火总指挥部办公室提供的情况，1989年森林火灾次数与中华人民共和国成立以来最好的1988年同期相比下降57.6%，重大森林火灾减少79%，受害森林面积和扑火死亡人数分别减少35%和42%。

7月1日 新华社报道：1988年我国农村经济总收入为10 467.6亿元，比1987年增长31%，其中农户家庭经营收入达6 008.1亿元，占全国农村经济总收入增加额的57.4%。

新华社报道：1988年，我国农村二三产业的收入达5 676.2亿元，比上年增加1 846.2亿元，占全国农村经济总收入增加额的58.2%。在非农产业中，各地主要发展了农村工业，其收入的增长额已占全国农村经济总收入增加额的46.3%。

7月16日 新华社报道：一种被命名为"广优青"的杂交稻新组合已由广东省农业科学院培育成功，其特点是茎叶形态好，穗大粒多，容易制种，产量高。

7月17日 国务院批复同意林业部核发黑龙江省森工总局、大兴安岭林业公司、吉林省林业厅、内蒙古大兴安岭林业管理局四个单位所属各国营林业局的林权证。

7月25日 新华社报道：国家科委将从1989年起，在我国农村试点建立一批新型的以农民、农民技术员、科人员为主体的科技服务合作协会。

7月26日 林业部在北京举行森林资源新闻发布会，公布我国第二次森林资源清查结果。1984—1988年，历时五年，全国森林资源的情况是：林业用地面积为26 743万公顷；森林面积为12 465万公顷，森林覆盖率为12.98%；活立木总蓄积量为105.72亿立方米；森林蓄积量为91.41亿立方米。

7月28日 《人民日报》报道：我国生物防治面积激增，全国生物防治农作物病虫害面积已达3亿亩，以生态控制为基础进行病虫害综合防治，初步形成我国生物防治工作的特色和优势。

《光明日报》报道：国家科委完成1989年度国家科技进步奖评审工作。中国农业机械化科学研究院等单位的农业机械切割器获二等奖。

8月4日 《人民日报》报道：由中国农业科学院棉花研究所主持、有38个单位参加的国家重点科技攻关项目——棉花新品种选育，历经数年努力，现已育成31个优良品种（系）。

8月10日 《人民日报》报道：到7月底止，中国农业银行、信用社农村储蓄存款突破2 000亿元大关，储蓄余额已达2 024.56亿元，超额完成了全年储蓄存款计划。

《人民日报》报道：自1986年以来，"科技星火"已遍及全国2 000多个市县。到1988年底，已向社会推出500多个示范企业，100多种满足乡镇企业和农村需要的技术装备，为农村培训技术骨干和管理人员近400万名。1989年全国又安排了320个国家级"星火计划"项目，将大力加强科技服务体系、产业集团和"星火"技术密集区的建设。

新华社报道：1989年1—5月，全国稀土在农业上使用量近800吨，推广施用的农作物面积已由1986年的800万亩扩大到2 000多万亩，并获得良好的经济效益。

8月21日 《人民日报》报道：长江中上游防护林体系建设第一期工程总体规划，近日经国家正式批准。范围包括青海、甘肃、陕西、云南、贵州、四川、湖南、湖北、江西9省145个县，计划完成造林、育林面积1亿亩。

8月25日 《人民日报》报道：据全国第三次森林资源清查资料表明，由于毁林开荒，开矿采石，基本建设等，全国被侵占的林地面积近七八年来已达2.69亿亩，占全国林地面积的6.7%，其中被破坏的森林面积为5 730万亩，平均每年被侵占和破坏760万亩。

8月27日 《人民日报》报道：今天闭幕的农业部科学技术委员会第二届第二次全体会议，评选出184项"科技进步奖"，其中一等奖11项，二等奖47项；还评出188项"丰收奖"。

8月28日 《人民日报》报道：我国乡镇企业目前拥有9 000多万名职工，总产值已相当于70年代中期全国工业总产值。

8月30日 新华社报道：国家统计局提供的

材料表明，1952—1988 年，农民累计向国家交售粮食 21.53 亿吨，棉花 8 062 万吨，食物植物油 5 982 万吨，生猪 33.3 亿头，鲜蛋 2 573 万吨，水产品 8 195万吨。据国家统计局统计，1949 年以来的 40 年间农民通过上缴农业税的形式为国家累计积累资金 1 189亿元。

9 月 4 日　新华社报道：国家科委最近决定，拨出科研推广专款扶持寒地水稻旱育稀植技术，并作出 1990—1992 年在东北、华北、西北地区推广这项技术的规划。

9 月 6 日　林业部授予吉林农安县、榆树县、德惠县、长春市郊区、公主岭市、长岭县，陕西华县、华阴县、韩城市 9 个县（市、区）"全国平原绿化先进单位"称号，并发给"达到平原绿化标准"证书和"全国平原绿化先进单位"奖牌。

9 月 15 日　《人民日报》报道：据统计，40 年来全国人工造林除了近年来新造的幼材外，已经郁闭成林的面积达 4.6 亿亩，居世界第一位。

《人民日报》报道：中华人民共和国成立 40 年来，我国已建立起较为完备的防洪灌溉体系。整修新建 17 万千米江河堤防；各种水库 8 万多座，总库容 4 500 亿立方米；5 300 多座万亩以上大型灌区遍布各地。

9 月 22 日　由中国农业科学院作物品种资源研究所承担的"七五"国家重点科技攻关项目"完善国家农作物种质资源库"专题通过部级鉴定。该库容量达 55 万份，是目前国际库容量最大、现代化程度较高的种质资源库之一。

9 月 25 日　《人民日报》报道：我国乡村林场建设取得巨大成就。到 1988 年底，全国已有乡村林场 11 万多个，从业人员 78 万人，经营面积 1.7 亿亩，其中有林地面积 1.3 亿亩，占全国农村集体林面积的 16%。

《人民日报》报道：中华人民共和国成立 40 年来，我国已建立起有百万人的农业科技大军，目前全国的农业科研机构已达 1 122 个，技术人员达 87 万人。其中，大学文化程度以上的科研人员 2.5 万人，国家技术人员 40.3 万人。全国已建成县级农业技术推广中心 1 003 个，初步形成了科研推广的一整套网络体系。

10 月 5 日　《人民日报》报道：我国农作物已基本实现良种化，到 1988 年全国累计育成农作物新品种 3 000 多个，其中 2 500 多个在大田生产上推广应用，应用面积在 100 万亩以上的有 300 多个。据最新统计，1989 年我国农作物良种覆盖率达 80% 以上。

10 月 6 日　《人民日报》报道："丰收计划"1989 年以来获重大进展，全国 20 个项目已全部落实，仅粮棉油等作物技术推广面积就达 7 245 万亩。据不完全统计，除中央的专项资金外，各地安排的配套资金达 3 100 万元，生产资料贷款 2.6 亿元，化肥 40 万吨，农膜 2 110 吨。

10 月 9 日　《人民日报》报道：由刘文炳主持研究的"杂交水稻超高产制种技术研究"课题，取得了突破性进展。371 亩籼稻制种田平均亩产达 308 千克，最高单产 409.6 千克，创我国籼稻制种单产之冠。

10 月 10 日　《人民日报》报道：我国最大的农业科研建设项目——中国水稻研究所 9 日在杭州市近郊落成。

10 月 18 日　新华社报道：据国务院"三西"地区工作会议提供的数据，目前，甘肃省中部贫困区 20 个县，人均占有粮食已由 1982 年的 152.5 千克提高到 260 千克，农民人均纯收入已达 380 元，宁夏西海固地区八县人均占有粮食 240 多千克，人均收入达 210 元。

10 月 22 日　《人民日报》报道：我国猕猴桃的开发与生产进入商品化生产的新阶段。由农业部具体组织，在有猕猴桃资源优势的 10 个省、直辖市建设了 18 个猕猴桃基地县。目前，人工栽培的面积已达 4 万亩，年产 200 多万千克。

10 月 25 日　《人民日报》报道：我国已建成时产 1 吨以上的饲料加工厂 6 200 个，其中时产 5 吨以上的 420 个，形成配、混合饲料加工能力 4 000 多万吨。

11 月 8 日　《人民日报》报道：国家教委、农业部、林业部 7 日在北京联合召开电话会议，表彰奖励我国高等农业院校在支农、扶贫和为农林生产服务中作出突出成绩的教师。全国有 68 所农林院校的 195 名教师得到表彰。

11 月 9 日　《人民日报》报道：日前在郑州市召开的全国第六次猕猴桃科研协作座谈会提供的材料表明，经过近年来对我国猕猴桃属植物的调查，发现它的种类多达 57 个种、39 个变种和 5 个变型，我国是世界上猕猴桃种类最多、分布最广、野生果实蕴藏量最大的国家。

11 月 13 日　《人民日报》报道：我国耕地因缺乏微量元素而造成农作物低产的局面，将得到改变。全国已有 15 个厂家运用中国农业科学院的多元微肥配方开始了批量生产，1988 年微肥使用面积已达 9 500 万亩。

11月16日 新华社报道：全国农业技术承包座谈会在湖北襄樊市召开。会议材料表明：全国农业技术承包的农作物面积已由1988年的1.5亿亩扩大到3亿多亩，共增产粮食65亿千克，棉花1.1亿千克，油料2.84亿千克，糖料5 800万千克，其他经济作物9.59亿千克，总增值67亿元。1989年全国组成农业技术承包集团1 500多个，签订承包合同40多万份。

11月19日 《人民日报》报道：世界上第一个应用于生产的亚种间杂交稻优势组合——籼粳"亚优2号"，1989年在江苏省大面积试种，获得增产效果。它比目前广为种植的杂交水稻"汕优63"增产15%左右，小面积高产田块亩产可达750千克左右。

新华社报道：1982年，国务院把黄河水系的无定河流域、三川河流域、皇甫川流域、定西县，辽河水系的柳河流域，海河水系的永定河流域和长江葛洲坝库区、江西兴国县八片地区，列为全国水土流失重点治理区。六年来，已综合治理水土流失面积1.63万平方千米，占八片重点治理区水土流失面积的26.8%。

11月20日 《人民日报》报道：截至10月底，全国已投入水利劳动积累工5亿个，为1988年同期的2倍多；新增、恢复、改善灌溉面积800多万亩，比1988年同期增加60%，除涝面积300万亩，改造盐碱、渍害低产田180万亩，治理水土面积2 700平方千米。

11月25日 水利部成立农业水利开发建设办公室。

11月29日 《人民日报》报道：截至11月20日，全国粮食合同定购任务已完成年度计划的78.6%，比上年同期多入库9亿多千克；议价粮收购比上年同期增加27亿千克；平价食油收购比上年同期增加6 000万千克。

11月30日 《人民日报》报道："七五"期间我国第一批国家投资建设的111个商品粮基地县，1987年和1988年的粮食产量比建设前的两年粮食产量增长近40亿千克。

12月1日 《人民日报》报道：长江上游12地、州、市水土保持专业协调委员会最近在贵州毕节地区成立。

新华社报道：10名全国明星青年乡镇企业家和110名全国优秀青年乡镇企业厂长（经理）在江苏省苏州市受到团中央和农业部的表彰。

12月2日 《人民日报》报道：中国科学院上海生物化学研究所与江苏省农业科学院经济作物研究所、中国农业科学院作物育种栽培研究所经过11年的探索，在国际上首创"农作物遗传操纵新技术——授粉后外源DNA导入植物的生物工程技术"，并已获得一批有经济价值的棉花和水稻后代。

12月5日 《人民日报》报道：中国科学院微生物研究所的科研人员，成功地将抗黄瓜花叶病毒基因转入番茄中，首次得到具有抗病毒遗传性能的番茄新株系。这一成果通过了中国科学院的鉴定。

《人民日报》报道：目前我国鸡蛋年产量已达600多万吨，居世界第一。

12月7日 《人民日报》报道：截至10月底，全国动工兴修各类水源工程上百万顷*，新增、恢复、改善灌溉面积800多万亩，比1988年同期增长60%。

12月8日 《人民日报》报道：目前，全国已有2 000多个"科普乡村"，形成了种植、养殖、加工、乡村企业的专业化生产链条，进而形成了各种专业大户、专业村和专业化商品基地。

12月12日 《人民日报》报道：截至11月底，中国农业银行累计发放农副产品收购贷款1 492亿元，比上年同期多发放160亿元。

《人民日报》报道：我国利用太谷核不育小麦开展轮回选择育种取得可喜进展。近七年，全国已培育出40多个分别具有丰产、抗旱、耐赤霉病等优异特性的新品系。

12月14日 《人民日报》报道：国务院贫困地区经济开发领导小组在第四次大别山扶贫开发座谈会上宣布，经过四年的努力，全国人均年纯收入在200元以下的贫困人口已减少了600万人左右，全国农村人口中贫困人口所占的比重也由原来的12.3%下降到5.3%，年人均纯收入在150元以下的贫困县也由原来的83个降至8个。

12月24日 新华社报道："温饱工程"一年来初见成效，已有553万多贫困农民的口粮不足问题得到解决。

---

* 顷为非法定计量单位，1顷≈6.67公顷。——编者注

1990 年

【文献】

1月3日 《国务院批转国家土地管理局〈关于加强农村宅基地管理工作请示〉的通知》（国发〔1990〕4号）

我国实行改革开放政策以来，农村经济有了很大发展。农民在收入增加、生活水平提高之后，出现了兴建住房热，造成宅基用地不断扩大，使大量的耕地被占。据统计，1985年至1988年的四年间，全国农村建房占用耕地415万亩，占同期全国各项建设占用耕地数量的1/3。

《请示》提出：一、深入宣传《中华人民共和国土地管理法》，开展"人多地少、节约用地"的国情、国策观念教育。二、切实强化土地管理职能，加强农村宅基地审批管理工作。三、进行农村宅基地有偿使用试点，强化自我约束机制。

1月5日 水利部发出《关于加强农村水电及其供电电网工作的通知》。要求各省、自治区水利（水电）厅（局）对当前农村水电发展中遇到的问题及时向省、自治区政府领导汇报，采取措施及时扭转当前出现的一些混乱局面，使农村水电工作能够正常进行。

2月3日 《国务院关于切实减轻农民负担的通知》指出：近几年，一些部门和地区纷纷向农民摊派、收费和集资，使农民负担日益加重。不少地方农民人均负担的增长，超过了人均纯收入的增长，超过了农民的承受能力，严重挫伤农民发展生产的积极性，损害党群、干群关系。如此发展下去，必将影响农村经济的发展和社会安定。对此，各级人民政府必须高度重视，把减轻农民负担问题真正提到议事日程中，作为当前治理整顿、加强廉政建设的一项重要工作认真抓好。《通知》要求：一、进一步明确农民合理负担的项目和使用范围。统筹费由村农业集体经济组织或村民委员会收取集体提留，数量及用途要由其成员民主商定。农民负担的乡（包括镇，下同）统筹

费，要坚持定项限额原则，由乡统筹安排用于乡村两级的办学、计划生育、优抚、民兵训练、交通等民办公助事业。农村义务工主要用于植树造林、防汛抢险、公路建勤、修缮校舍等。二、明确规定农民负担的比例。以乡为单位，人均集体提留和统筹费，一般应控制在上一年人均纯收入的5％以内。三、改进农民负担的提取办法。集体提留，主要按经济收入分摊，也可按土地亩数或劳力分摊。乡统筹费，可按不同产业负担。集体提留和统筹费，全年统算统收，严禁在农民交售农副产品时借机扣取。农村义务工，以出劳为主，一般不以资代劳；不能出劳者，经村农业集体经济组织或村民委员会批准，可以资代劳。四、实行严格的资金管理制度。五、建立健全监督管理体系。六、及时查处违反本通知的行为。七、壮大集体经济实力，减轻农民负担。八、各省、自治区、直辖市人民政府要在调查研究的基础上，根据本通知的规定，制定减轻农民负担的具体办法。

2月12日 农业部发布《农民股份合作企业暂行规定》，主要内容包括：农民股份合作企业的社会主义劳动农民集体所有制性质、任务和经营范围；企业的领导、管理体制和分配制度；企业所有者、经营者、生产者各自的权利和义务；企业开办、生产经营活动所应遵循的原则等。它是国家对农民股份合作企业实行规范化管理和企业开展生产经营活动的法律依据。

2月23日 《国务院批转国务院贫困地区经济开发领导小组〈关于九十年代进一步加强扶贫开发工作请示〉的通知》指出：近几年来，经过各级人民政府、国务院各部门以及社会各界的共同努力，我国的扶贫工作取得了令人瞩目的成绩。全国农村人均纯收入200元以下的贫困人口已由1.1亿人减少到4000万人。预计到1990年底，全国大多数贫困地区人民温饱问题可基本得到解决。但是，要从根本上解决我国贫困地区的问题，任务还相当艰巨。在今后一个时期内，扶贫开发工作仍要作为各级人民政府的一项重要工作，进一步抓紧抓好。国务院各部门及社会各界

要继续关心和支持扶贫开发工作，把扶贫工作扎扎实实、坚持不懈地抓下去，为彻底改变我国贫困地区的落后面貌做出应有的贡献。

3 月 23 日　《国务院批转商业部等八部门〈关于试办郑州粮食批发市场的报告〉的通知》

试办郑州粮食批发市场，是深化粮食流通体制改革的重要尝试，涉及面广，政策性强。商业部和河南省人民政府要通力协作，加强领导，及时研究解决试办过程中出现的问题，并负责制定、实施郑州粮食批发市场交易管理规则；有关地方政府和国务院有关部门要积极给予支持，密切配合，共同办好郑州粮食批发市场。

4 月 13 日　中华人民共和国农业部令第 16 号发布《乡镇企业承包经营责任制规定》。

承包经营责任制，是在坚持社会主义劳动群众集体所有制的前提下，按照所有权与经营权分离的原则，以承包经营合同形式，确定劳动群众集体经济组织与企业的责权利关系；是企业自主经营、自负盈亏、自我约束的经营管理制度。承包经营责任制的主要内容是：包生产经营任务，包税收和利润上缴，包企业提留，包产品质量、技术改造、安全生产，包固定资产流动资金的增值，实行工资总额与经济效益挂钩，加强社会主义精神文明建设。

6 月 3 日　国务院发布《中华人民共和国乡村集体所有制企业条例》，1990 年 7 月 1 日起施行。

《条例》共七章四十五条，包括：总则，企业的设立、变更和终止，企业的所有者和经营者，企业的权利和义务，企业的管理，企业与政府有关部门的关系，奖励与处罚。国家对乡村集体所有制企业实行积极扶持，合理规划，正确引导，加强管理的方针。乡村集体所有制企业的主要任务是：发展商品生产和服务业，满足社会日益增长的物质和文化生活的需要；调整农村产业结构，合理利用农村劳动力；支援农业生产和农村建设，增加国家财政和农民的收入；积极发展出口创汇生产；为大工业配套和服务。国家保护乡村集体所有制企业的合法权益，禁止任何组织和个人侵犯其财产。乡村集体所有制企业实行自主经营，独立核算，自负盈亏。

7 月 18 日　《国务院办公厅转发全国农业区划委员会〈关于编制农业区域开发总体规划工作要点〉的通知》

农业区域开发总体规划是为适应农业长期稳定发展的需要，在一定时期内，就农业资源合理开发利用和保护整治而制定的规划方案，具有综合性、地域性和超前性的特点。搞好农业区域开发总体规划，对于

加强农业资源开发特别是国家确定的农业综合开发项目的计划性，提高开发决策的科学性，提高宏观经济效益，具有重要的指导作用。《通知》指出：为了加强农业资源开发的计划性，提高开发决策的科学性，国务院同意由全国农业区划委员会组织有关部门和地方编制农业区域开发总体规划。编制农业区域开发总体规划涉及许多部门和学科，是一项十分复杂的系统工程。各级人民政府和国务院有关部门要加强对这项工作的领导和支持，并切实帮助解决工作中的实际问题。

7 月 18 日　林业部、国家计委联合发出《关于加强林产工业建设项目管理的通知》。要求今后凡以木、竹资源为原料的林产工业基建项目，必须纳入本地区林产工业发展规划，由林产部门牵头实行行业管理，统一规划。

7 月 24 日　国务院发布《国务院关于加强粮食购销工作的决定》。

《决定》指出：一、必须正确认识粮食形势。粮食总需求大于总供给的状况并未根本改变。各级政府必须认真吸取 1984 年以后粮食生产出现徘徊的教训，振奋精神，克服困难，兢兢业业，切实把粮食工作做好。二、务必抓好粮食收购。今年夏粮和早稻丰收，秋粮生产形势较好，各地一定要不失时机地把收购工作抓紧抓好，保证质量，完成和超额完成粮食定购任务。三、切实保证粮食收购资金。四、进一步压缩平价粮食销售。五、加强粮食调动工作。六、加强粮油市场管理。七、建立和健全粮食储备制度。八、抓紧食油购销工作。九、加快粮食仓库建设。十、逐步解决粮食财务挂账。十一、加强对粮食工作的领导。

8 月 3 日　林业部印发《关于加强乡村林场建设若干问题的通知》。

《通知》要求：一、稳定山林权属，巩固现有林场。二、因势利导，积极推进乡村林场的发展。三、正确处理分配关系，充分调动各方面办场的积极性。四、增加对乡村林场的投入，加快乡村林场建设。五、加强中幼林抚育，巩固现有造林成果。六、深化改革，不断提高乡村林场的经营管理水平。七、积极开展多种经营，努力搞活林场经济。八、依靠技术进步，努力提高乡村林场林业生产力水平。九、加强领导，把乡村林场建设提高到一个新水平。

9 月 1 日　国务院批复《1989—2000 年全国造林绿化规划纲要》，并对实施规划纲要提出 4 点要求：一、要认真落实《规划纲要》的各项要求，加快造林绿化步伐，全面完成各项造林任务，充分发挥林业的经济效益、生态效益和社会效益。二、植树造林、绿

化祖国是一项关系国民经济发展和人民长远利益的伟大事业，必须依靠全党、全民和社会的共同努力才能实现。要切实加强领导，坚持不懈，真抓实干，充分动员和组织群众，实行全社会办林业、全民搞绿化。认真实行各级领导干部任期绿化目标现任制，层层签订绿化责任状和落实领导干部亲自办造林绿化点等一些行之有效的制度。三、要与有关部门密切配合，采取有力措施，从政策上、资金上对造林绿化给予必要的扶持，多渠道、多层次筹集资金，及时帮助解决存在的问题，促进造林绿化事业的不断发展。四、要认真执行造林成果检查验收制度、规划执行通报制度和检查评比奖惩等制度，加快造林进度，保证造林质量，把造林绿化工作扎扎实实地推向深入，真正取得实效，使造林绿化工作逐步走向制度化、规范化和科学化。

9月21日　《国务院批转全国水资源与水土保持工作领导小组〈关于长江流域综合利用规划简要报告审查意见〉的通知》（国发〔1990〕56号）

12月13日　《中共中央关于批转〈全国村级组织建设工作座谈会纪要〉的通知》。

中央组织部、中央政策研究室、民政部、共青团中央、全国妇联于8月5日至10日联合召开了全国村级组织建设工作座谈会。会议围绕在新形势下按照党的基本路线的要求，进一步加强以党支部为核心的村级组织建设，密切党和政府同农民群众的血肉联系，团结和带领广大农民发展经济，走共同富裕的社会主义道路这一主题，分析了全国村级组织建设工作的现状，交流了经验，研究了今后工作。中央同意《全国村级组织建设工作座谈会纪要》，要求各地区、各部门认真贯彻执行。

12月20日　林业部、农业部、经贸部、海关总署、国家商检局、国家濒危物种进出口管理办公室联合发出《关于加强珍稀野禽、野味和观赏野生动物出口管理工作的通知》，要求凡申请出口珍稀野禽、野味及观赏野生动物，必须经当地省级林业主管部门审核同意，由国家濒管办核发允许出口证明书。

12月31日　《国务院批转农业部等部门关于加强农机生产和使用管理工作报告的通知》。

《报告》指出：截至1989年底，全国农业机械总动力达到2.8亿千瓦，是1979年的2.1倍；农用拖拉机达738万台，是1979年的3.2倍；农用载重汽车达到60.6万辆，比1979年增长了5.2倍；排灌动力机械6635.4万千瓦，比1979年增长29%。到1989年底，农村农业机械总值（原值）已近900亿元。全国万亩耕地拥有拖拉机动力577千瓦。全国机耕面积6.9亿亩，占播种面积的48.1%；机播面积2.8亿亩，占播种面积的13%；机收面积1.3亿亩，占播种面积的6.0%；机电灌溉面积4亿亩，占有效灌溉面积的56%；机械植保面积1.7亿亩。《报告》针对农业机械化的发展过程中存在的问题和困难提出9项建议，国务院要求各地认真贯彻执行《报告》。

【会议】

1月6日—10日　农业部在吉林省长春市召开了全国畜牧工作会议。会议强调，1990年畜牧业要继续深化改革，稳定政策，强化基础设施建设，推广实用技术，积极开展畜禽疫病防治，完善商品生产基地建设，开发并合理利用草地资源，挖掘饲料资源潜力，尽最大努力保证肉蛋奶全国人均占有水平的稳步增长。

1月12日—18日　农业部在北京召开了全国农垦工作会议。会议的主要议题是：贯彻落实党的十三届五中全会关于进一步治理整顿和深化改革的精神；检查、总结1989年农垦生产建设计划执行情况，分析农垦经济发展面临的主要问题；讨论"全国农垦1990年生产建设计划"及在90年代新增50亿千克商品粮和2亿千克棉花的战略设想，确定3年治理整顿的目标；总结交流各垦区的工作经验，研究进一步办好国营农场的措施。会议指出，农垦经济长期发展的指导方针是"持续、稳定、协调"发展。会议确定了1990年工作的指导思想：一是落实十三届五中全会精神，在保证社会稳定和政策稳定的前提下，充分调动企业和职工的积极性；二是农业在1989年丰收的基础上，要稳得住、上得去，力求有新的突破；三是工业在提高效益的基础上，保持适当的发展速度。把农垦经济的治理整顿和深化改革向前推进一步。

1月13日—18日　全国农业工作会议在北京召开，这次会议的中心议题是：根据党的十三届五中全会和全国农业综合开发经验交流会、全国计划工作会议的精神，分析形势，统一思想，研究措施，安排计划，狠抓落实。会议对1990年的农业工作和生产建设计划作了部署和安排。提出1990年发展种植业的指导思想是：以粮棉生产为重点，稳定增产作物和增产地区，主攻减产作物和减产地区；依靠科技，主攻单产，提高总产；在突出抓好粮棉油糖生产的前提下，根据国民经济发展的需要和市场需求，发展其他经济作物，夺取种植业的全面丰收。会议强调，把粮棉油生产搞上去，打破徘徊局面，是1990年农业工作的首要任务。

3月24日—27日 农业部全国植物保护总站在四川省双流县召开了全国植保站长会议。

4月26日—30日 全国林业科技工作会议在武汉市召开。这次会议的主要任务是，传达全国科技工作会议精神，贯彻落实国务院《关于依靠科技进步振兴农业 加强农业科技成果推广工作的决定》，进一步动员和部署科技兴林工作。会议讨论研究了《林业部科技兴林方案（1990—1995）》《林业部关于加强林业科学技术工作的若干政策性意见》《林业部推广100项科技成果实施方案》等几个主要文件。

5月15日 农业部、人事部在北京召开了全国农业劳动模范表彰会。

这次表彰会，是我国改革开放十多年来，农业战线第一次大规模的表彰活动。会上，514名全国农业劳动模范受到表彰。在他们当中，来自基层生产第一线的农、牧、渔民有228人，占总数的44.4%；农业系统的干部、职工、科教人员279人，占54.3%；从事军队农副业生产的军人7人，占1.3%。会议结束时，全体劳模代表向全国农业战线广大农民和干部职工发出了倡议书。

6月16日—22日 中共中央政策研究室在北京召开了农村工作座谈会。江泽民、李鹏、姚依林、宋平、陈俊生等领导同志与应邀到会的14个省市的同志，中央、国务院有关部委的负责同志以及部分老同志一起，分析讨论了当前农村工作中带有共性的问题，提出了深化农村改革、发展农村经济中需要进一步解决和调查研究的问题。会议要求各级党委把农村工作摆上重要议事日程，地、县两级要把工作重心放在农村。落实好党在农村的各项方针政策，搞好农村党组织建设，加强农村思想政治工作，坚定不移地把农村工作做得更好。会议认为进一步发展集体经济，不仅关系到经济基础，也关系到上层建筑。发展乡镇集体企业一定要从本地实际出发。要把家庭联产承包责任制作为一项基本政策长期稳定下来，积极稳妥地推进农村流通体制改革，切实解决主要农产品卖难问题，充分发挥供销合作社主渠道作用，引导农民组织起来进入流通，积极发展产供销联合组织。农业生产要达到一个新水平，最终要靠科技进步。会议要求各地从实际出发，制定具体方案，努力推广现有的科研成果和适用技术；同时加强农业基础科学和新技术研究，不断增加科技储备。要健全基层组织，抓好两个文明建设。

6月30日—7月4日 农业部在北京召开全国农村合作经济经营管理工作会议。这次会议的主要议题是进一步研究讨论经营管理工作的指导思想、主要任务和近期工作重点。会议指出，农村合作经济经营管理工作的指导思想应该是：坚持农村经济发展的社会主义方向，围绕稳定、完善联产承包责任制和健全双层经营体制目标，因地制宜地指导合作经济组织建设；改善经营管理，提高经济效益；逐步壮大集体经济，促进农村经济持续、稳定、协调地发展。会议确定，农村合作经济经营管理工作的主要任务是：指导农村各类合作经济组织的建设和发展；指导农村联产承包责任制的稳定和完善；指导农村集体所有土地的制度建设和承担承包合同管理工作，指导和参与农村集体财务管理，协调其内部各种经济利益关系；开展农村合作经济审计工作；承担农民负担的监督管理工作；统计和分析农村合作经济情况；提供经营咨询服务；辅导和管理农村会计等。

7月6日 国务院在北京召开三峡工程论证汇报会。有76名专家、教授、学者和各方面人士在会上作了发言或书面发言。会议决定将可行性报告提请国务院三峡工程审查委员会审查。

8月5日—10日 中央组织部、中央政策研究室、民政部、共青团中央和全国妇联，在山东省莱西县召开了全国村级组织建设工作座谈会。会议分析了全国村级组织建设工作的现状，交流了经验，着重研究了如何按照党的基本路线的要求，加强以党支部为核心的村级组织配套建设的意见和措施。会议明确了村级组织建设的指导思想和工作目标。

8月15日—19日 农业部在北京召开了部分省市区乡镇企业局长座谈会。会议的任务是：交流经验，分析形势，部署下半年的工作。会议要求：要正确对待当前乡镇企业面临的问题和困难，充分利用治理整顿和深化改革带来的机遇，积极引导和促进乡镇企业持续稳定健康地发展。一要认真抓好《乡村集体所有制企业条例》的学习、宣传和贯彻工作。二要更加深入、扎实地开展"企业管理年"活动，苦练"内功"。认真总结推广一些好的经验，进一步加强领导工作，促进企业管理更加规范化、科学化，积极开展"双增双节"活动、企业升级活动。三要进一步因地制宜地搞好产业、产品、企业组织结构的调整。

8月27日—9月1日 水利部在北京召开了全国农田水利基本建设会议。会议总结了1989年各地贯彻国务院《关于大力开展农田水利基本建设的决定》，在农田水利基本建设中取得的成绩。就进一步贯彻落实《决定》提出了几点要求：一是要把农田水利基本建设长期坚持下去；二是要认真做好群众的发动和组织工作，不断完善劳动积累工制度，改进农田水利补助费的使用和管理，狠抓农田水利设施的管理和效益，高度重视农业节水工作，同时加强领导及各部门的协作。

8月29日—9月2日 农业部农机化司在呼和浩特市召开了全国农机化科技工作会议。会议总结了全国农机化发展的形势及近十年来的工作成绩，交流了各科技单位的典型经验，讨论了农机化科技工作"八五"规划。会议认为，近十年来农机化科技工作在改革中有了新的发展，取得了明显的成绩。会议就如何搞好深化改革，紧密结合农业生产的发展，把今后的农机化科技工作搞得更好，进行了充分的讨论。会议对强化各级科技机构，增强为农业服务的功能，巩固和建设农机化科技队伍，提高科技人员素质，加速农机化新技术、科研新成果的推广应用等方面提出了指导意见。会上还根据农业部的决定，表彰了全国70个先进农机化科技单位和611名先进工作者，颁发了荣誉证书和奖状。

10月17日—21日 林业部在天津召开了全国森林资源和林政管理工作会议。会议审定了"八五"期间年森林采伐限额，并讨论了上报国务院的《关于各省、自治区、直辖市1991—1995年森林采伐限额审核意见的报告》。会议决定，本着管全、管严的要求，"八五"期间，将对森林采伐限额实行全额管理。会议还讨论修改了《森林采伐限额管理暂行规定》《森林资源监督办法》《森林采伐限额管理行政处罚暂行规定》和《林地管理及林地林木权属管理行政处罚暂行规定》4个规定和办法。

11月10日—15日 全国粮食工作会议在北京召开。会议期间，各地代表就如何进一步贯彻落实国务院《关于加强粮食购销工作的决定》《关于建立国家专项粮食储备制度的决定》文件精神，深化粮食流通体制改革进行了讨论，同时安排了晚稻、玉米和秋油专项储备计划，商定了1991年度粮食包干计划、出口计划和一季度粮油调拨计划。会议指出，今后粮食部门的工作任务是：第一，积极抓好秋粮收购，坚持按照保护价敞开收购，决不能限收拒收；第二，抓紧落实国家专项粮食储备计划；第三，进一步加快粮食基础设施建设，除了国家安排的建设投资外，各地都要想方设法，多方筹集资金，采取建、修、租、买等多种形式，增加仓储能力，多存粮食；第四，加强粮食调运工作；第五，组织好市场供应，增强粮食企业活力；第六，切实安排好灾区群众生活；第七，抓好计划用粮、节约用粮；第八，加强粮食职工队伍建设。

【农业发展成就】

1月3日 《人民日报》报道：由农业部、财政部共同组织实施的农牧渔业丰收计划实施3年来，实现了主要农产品的大范围、大面积增产。据测算，3年新增产值80多亿元。资金投入产出比为1∶8。

1月4日 《人民日报》报道：农业部组织第二次全国优质水果评选活动。全国各地不同树种和品种有135种水果被评为部优质水果产品。

1月6日 《人民日报》报道：国家1990年农业投资增加10亿元，比上年增加近30%，是10年来国家对农业投资增加最多的一年。

1月8日 《人民日报》报道：1989年我国海水养殖总产量达154万吨，创历史最高纪录，已跃居世界海水养殖首位。

1月9日 1989年我国吨粮田开发面积达1 961.5万亩。

《人民日报》报道：全国已有66家乡镇企业晋升为国家二级企业。

1月14日 《人民日报》报道：中国乡镇企业协会成立，何康任会长。

1月19日 《人民日报》报道：农业部决定将1990年定为农业科技推广年。

1月23日 《人民日报》报道：中国农业科学院近年来大面积建立农业技术示范实验区，大力推广先进科技，年创效益30亿元。

1月25日 《人民日报》报道：1989年农垦系统粮食总产94亿千克，棉花总产1.88亿千克，均创历史最高水平。

1月26日 农业部发布《中华人民共和国船舶进出渔港签证办法》，并自公布之日起实行。

1月30日 《人民日报》报道：我国进行卫星搭载小麦实验。"太空麦种"植株矮、生长快、麦粒饱。这是空间生命科学的研究内容之一。

2月1日 《人民日报》报道：22万多名农业科技工作者和有关人员深入农业第一线搞科技承包。据统计，技术承包作物面积达3.09亿亩，占全国耕地面积的1/5，总增产值达67.68亿元。

2月4日 《人民日报》报道：1989年河南省粮食产量首次达到315亿千克，同上年相比，增长18.4%，增产幅度位居全国30个省、自治区和直辖市之首。

2月6日 《人民日报》报道：治淮40年成绩显著，淮河流域现在亩产已达350千克左右，每年向国家提供商品粮150亿千克，约占全国的1/4。

2月9日 《人民日报》报道：我国北方17个省、自治区和直辖市用温室大棚栽培蔬菜的面积已达

80 万亩。

2 月 12 日 《人民日报》报道：1990 年我国 30 个省、自治区和直辖市将安排 50 多万名机关干部和科技人员下乡蹲点。

林业部在北京召开全国林业计划财务工作会议。

2 月 13 日 林业部新成立 4 个事业单位，即林业工作站管理总站、林业部林业基金管理总站、林业部世界银行贷款项目管理中心、林业部林木种苗管理总站。

2 月 14 日 《人民日报》报道：国务院发出通知，明确规定农民合理负担的项目范围和比例，要求各省、自治区、直辖市制定减轻农民负担的具体办法。

2 月 19 日 国家森林防火总指挥部在北京召开第六次全体会议暨全国森林防火先进单位和模范表彰电话会议。会议表彰了 156 个全国森林防火先进单位和 107 名模范。

《人民日报》报道：在我国北方旱区具有推广价值的重大科研成果——旱作农业增产技术体系，在辽宁阜新县实验成功。专家认为，这是我国旱作农业耕作制度改革的重大突破。

2 月 22 日 我国各类草地面积达 60 亿亩，其中天然草地 59 亿亩，人工草地 1 亿亩，占我国陆地总面积的 41.7%。

2 月 23 日 《人民日报》报道：1983 年列入我国科技攻关项目的蔬菜优质丰产抗多种病害育种取得进展，已累计育成近 100 个优质新品种。

2 月 27 日 《人民日报》报道：中国科协作出决定，动员全国科技工作者，积极投身科技兴农。

3 月 1 日 《人民日报》报道：在我国粮食生产中占有举足轻重地位的杂交水稻、杂交玉米和主要小麦良种等三大粮食作物的良种推广面积预计达到 7.1 亿亩以上，占全国粮食作物播种总面积的 42%。

3 月 3 日 《人民日报》报道：全国科技工作会议在北京召开，国务委员宋健提出应当依靠大科技振兴大农业。

农业部第一批利用世界银行贷款进行大规模农业开发的项目——黑龙江农垦项目经过 6 年的艰苦努力，已告竣工。1989 年产粮豆 31.6 万吨，达到了评估确定的目标。

3 月 5 日 《人民日报》报道：农业部直属企业 10 年来取得突破性发展。1979—1989 年职工队伍壮大近 1 倍，固定资产增加近 3 倍，年总产值增加 5 倍，年实现利税增加 8.3 倍。

3 月 7 日 《人民日报》报道：目前我国乡以上农业技术推广机构已发展到 22.8 万个，推广大军总人数达 150 万人，已基本建成农技推广体系。

3 月 10 日 《人民日报》报道：农业部决定，1990 年从机关和在京直属单位抽调 1 000 多名干部和科技人员，带着近 100 个专题，到农业生产第一线蹲点，开展"千人百题"活动。

3 月 11 日 《人民日报》报道：农业部和河北省科委在北京农业大学召开小麦玉米两茬平播亩产吨粮的理论与技术体系研究成果鉴定会，肯定北京农业大学王树安教授在盐碱滩上创吨粮田的成绩，并认为这项技术在黄淮海地区有广泛的实用价值。

《人民日报》报道：中国远洋渔业稳步发展，年捕捞量已达 10 万余吨。

3 月 12 日 《人民日报》报道：卫生部决定开展"卫生支农"活动，改善农村医疗条件。

3 月 14 日 我国海洋水产品年产量由 10 年前的 350 多万吨，增至目前的 660 多万吨，一跃成为世界五大海洋渔业国家之一。

《人民日报》报道：1989 年我国农机耕作面积达 6.37 亿亩，超过历史最高纪录的 1979 年。

3 月 16 日 我国首次建立的一整套以气象卫星为主的遥感综合测产技术体系"冬小麦气象卫星遥感综合测产技术研究"在北京通过部门鉴定，产量预报精度达到国内外同类预报精度的先进水平。这项成果是由国家气象局和北京农林科学院共同主持开展研究的。

全国水产渔船标准化技术委员会成立大会暨全国水产标准化工作座谈会在银川召开。

3 月 18 日 《人民日报》报道：我国 1980 年以来灌溉面积逐年递减的局面开始扭转，据初步统计，1989 年我国灌溉面积为 7.21 亿亩，比上年净增 250 多万亩。

4 月 3 日 1990 年中国国际农业新技术博览会在北京举行。

《人民日报》报道：农业部决定 1990 年在全国乡镇企业开展"企业管理年"活动。

4 月 14 日 《人民日报》报道：1989 年全国各省、自治区和直辖市农民家庭人均纯收入已排定名次。上海、北京、天津、浙江 4 省、直辖市农民家庭人均纯收入超过 1 000 元，分列前四名。广东省排名第五，为 955.02 元。

4 月 15 日 《人民日报》报道：我国农村各级金融部门集中力量支持科技兴农，支持农副产品基地建设和"菜篮子工程"。1—3 月，农业银行和农村信用社累计发放商业流动资金贷款 490 亿元，农业生产贷款 318 亿元，比上年同期增加 87 亿元。

4 月 17 日 《人民日报》报道：国家立项的农业开发区之——黄河三角洲，自 1988 年以来，开发工作进展顺利，计划近 3 年国家和地方共投资 1.1 亿元。

4 月 18 日 《人民日报》报道：1989 年，我国农村保险业务保险费收入达 16.6 亿元（不含人身保险），比上年增加 29%。

4 月 21 日 《人民日报》报道：1989 年全国粮食总产量比上年增加 81.5 亿千克，其中 132 个国家级商品粮基地县增产 45 亿千克，占全国总增量的 56%。

4 月 22 日 《人民日报》报道：近年来我国农机工业得到迅猛发展，到 1989 年底，全国共有县以上农机制造企业 2 300 多个，完成工业总产值 211 亿元，约占整个机械工业总产值的 1/5，出口创汇突破 1 亿美元。农机工业部门 40 年来累计为农业方面提供了 1 400 多亿元的各类技术设备。

4 月 25 日 《人民日报》报道：全国劳动模范、黑龙江八一农垦大学教授刘惕若进行的小麦赤霉病研究居国际领先水平。

5 月 2 日 《人民日报》报道：1889 年我国人工草地面积已达 1.56 亿亩。据对我国内蒙古、新疆、西藏、青海等牧区 266 个牧业、半牧业县的统计，到 1989 年底，牛羊存栏数为 9 990 万头（只），牛羊肉总产量达 61 万吨，比 1979 年增加 2.4 倍，牛羊奶总产量为 101 万吨，比 1979 年增长 5.9 倍。

5 月 3 日 《人民日报》报道：1990 年，全国农田水利基本建设呈现多年来少有的好局面。据对 28 个省、自治区、直辖市的 800 多个县调查，截至 3 月底，农田水利投入工日比上年同期增长 31.6%。

5 月 7 日 林业部举行新闻发布会宣布：由国务院委托国家计委批准的长江中上游防护林体系建设工程从 1990 年开始全面展开。

5 月 11 日 国家科技进步奖林业评审组评选出国家级科技进步奖林业获奖项目二等奖、三等奖各 4 项。

5 月 12 日 《人民日报》报道：乡镇企业在治理整顿中依靠自身调节，摆脱困境，走健康发展之路。1989 年底，关、停、并、转 20 万个企业，占现有企业总数的 1.1%。

5 月 23 日 《人民日报》报道：我国口岸动植物检疫工作成绩显著。目前已建立 30 个省、自治区和直辖市的口岸动植物检疫机构 184 个。1989 年共检疫进口粮食 1 600 多万吨，棉花 56 万吨，木材 718

万立方米及大批种子、水果、苗木等，检疫出巴西豆象、小麦矮星黑穗病等 21 种虫、病。

5 月 27 日 《人民日报》报道：我国苎麻产量和加工能力居世界首位，年出口创汇 3.5 亿美元。

5 月 31 日 中国专利局和农业部日前联合发文首批推荐"杂交水稻制种增产实用技术及配套机具"等 16 项农用专利技术。

6 月 1 日 农业部批准成立"农业部远洋渔业培训中心"，设在上海水产大学。

6 月 11 日 农业部渔业船舶检验局成立。该局正式名称为中华人民共和国船舶检验局渔业船舶检验分局。

6 月 12 日 由中国水产总公司组织的第三批赴帕劳捕鱼船队在广东汕头起航。该船队由 13 艘群众渔船组成，标志着我国群众渔船正式加入远洋渔业的行列。

6 月 13 日 《人民日报》报道：今后 5 年国家要陆续投资 8 亿元对全国 350 个小化肥厂进行技术改造，重点推广节能新技术。1990 年化工部已投资 3 000 万元首先在 21 个小化肥厂推广使用这项新技术。

6 月 15 日 《人民日报》报道：我国从 1987 年 4 月 1 日起开征耕地占用税到 1989 年底止，3 年共征收该项税款 46 亿元，全部用于农业综合开发并取得成果。1988 年立项的 11 片及 1989 年立项的 8 片，已改造中低产田 3 139.1 万亩，扩大灌溉面积 577.43 万亩，改造灌溉面积 377.71 万亩。1989 年增产粮食 25 亿多千克。

6 月 18 日 《人民日报》报道：黄淮海平原综合开发到 1989 年底，已改造中低产田 1 375 万亩，开荒 291 万亩，增产粮食约 45 亿千克、棉花近 1 亿千克。

6 月 20 日 农业部在北京召开全国农垦农工商座谈会。纪念农垦农工商联合企业成立十周年。

6 月 23 日 《中华人民共和国土地管理法》颁布 4 周年纪念大会在北京举行。据悉，4 年来，全国耕地净减面积已从 1985 年的 1 500 万亩，逐步下降到 1989 年的 297 万亩。

农业部公布首批确定的 279 个渔港名称。

7 月 2 日 《人民日报》报道：据民政部有关部门负责人介绍，在《村民委员会组织法（试行）》试行之初，全国有 27 个省、自治区、直辖市的 1 093 个县（市）进行了试点。目前有 19 个省份已经或正在农村全面贯彻实施这一法律。

7 月 12 日 林业部印发执行《林业部科技兴林方案（1990—1995）》、林业部《关于加强林业科学技术工作的若干政策性意见》。

7月31日 《人民日报》报道：国家统计局公布，1990年全国夏粮总产量为9 935万吨，比上年增长6％，油菜籽总产量640.8万吨，比上年增长22.1％。

8月4日 《人民日报》报道：我国土地监察网络基本形成，从事土地监察的专兼职人员有20多万人。

8月11日 《人民日报》报道：我国每年在收获、储存、运输、加工和消费等产后环节的粮食损失和浪费高达1 290亿千克。

8月12日 《人民日报》报道：1990年上半年我国农村存款、特别是储蓄持续增长，到6月底，农业银行各项存款余额达2 339.6亿元，比年初增加284.1亿元，其中储蓄存款增加208.5亿元，是历史上增加最多的一年。

8月16日 《人民日报》报道：1990年上半年，我国乡镇企业总产值比上年同期增长9％，出口交货值完成187亿元，比上年同期增长36.6％；"三来一补"企业工缴费收入24.4亿元，比上年同期增长19％。

8月17日 《人民日报》报道：农业部最近发布公告，公布了首批获得肥料和植物生产调节剂产品农用临时登记的7家企业名单。

8月27日 《人民日报》报道：我国1990—1994年计划实施一项名为"90-94"的节水灌溉增产工程。5年投资6亿元，发展节水灌溉面积350万亩。

9月1日 农业部全国水产技术推广总站在北京成立。

9月6日 《人民日报》报道：目前我国的家禽存栏数已居世界首位，人均禽蛋占有量基本达到世界平均水平。

9月8日 林业部印发执行《林业部推广100项科技成果实施方案》。

9月19日 《人民日报》报道：黄河中上游的黄土高原七省、自治区，经过40年不懈的艰苦努力，治理面积已占水土流失面积的30％，85％左右的农户温饱问题已基本解决。

9月24日 《人民日报》报道：星火计划推动农村经济发展，"七五"期间的既定任务已经圆满完成，五年增值220亿元。新增值利税55.3亿元，出口创汇23.4亿元。

9月25日 全国第八届农垦产品展销会在北京开幕。

9月27日 经国家质量奖审定委员会评审，林业部常州林业机械厂、福建武平县林产化工厂荣获质量管理的最高奖——国家质量管理奖。同时，林业系统还有5项林业工业产品获国家优质产品银质奖。

10月2日 《人民日报》报道：我国畜牧业在改革中起飞，鸡蛋总产量居世界第一位，肉类总产量居世界第二位。

10月5日 经国务院研究决定，由水利部牵头，国家计委、财政部、农业部、林业部和交通部参加的西藏"一江两河"农业综合开发工作组，对西藏江孜和山南地区进行了考察。

林业部评出并公布51项产品为1990年度林业部优质产品。

《人民日报》报道：沂蒙山区80％的农民摆脱贫困，1990年全区可解决温饱问题。

10月6日 《人民日报》报道：经过11年的发展，我国的集贸市场如今形成由7万多个集市贸易组成的市场网络，极大地丰富了市民的菜篮子，1990年上半年成交1 013亿元。

10月7日 《人民日报》报道：国务院最近批准首批建立五个海洋保护区，分别是：河北昌黎县的昌黎黄金海岸自然保护区、广西合浦县的山口红树林生态自然保护区、海南万宁县的大洲岛海洋生态自然保护区、三亚市的三亚珊瑚礁自然保护区和浙江平阳县的南麂列岛海洋自然保护区。

10月8日 国家发明奖林业评审组评出国家发明奖林业获奖项目二等奖2项，三等、四等奖各1项。

10月9日 1990年农业部及湘、鄂、川、黔4省武陵山区扶贫经济开发工作会议在四川召开。

《人民日报》报道：连续获得12个丰收年的新疆，1990年又获得了粮、棉、油、甜菜、畜五业的丰收。

10月10日 《人民日报》报道：中国科学院遗传研究所、中国科学院长春地理研究所等单位应用化学诱变技术，成功地培育出了一种大豆优良新品种。试种万亩增产二成。

10月12日 《人民日报》报道：最近林业部对浙江省森林资源第二次复查结果表明，1989年浙江省森林覆盖率已达45.8％，跃居我国首位。

10月13日 《人民日报》报道：我国第一家全国性省际议价粮食调剂交易中心——郑州粮食批发市场，经国务院批准正式开业。该市场由商业部和河南省政府管理，交易以现货为主，逐渐引向期货市场。

10月19日 农业部部属系统1个企业获国家质量管理奖，21个企业获国家优质产品奖，颁奖仪式在北京举行。

10月21日 《人民日报》报道：1990年我国秋令果品总产量创历史最高水平。主产省产量达1130万吨。

《人民日报》报道：1990年西藏粮食总产预计可突破5.6亿千克，创西藏粮食生产最高纪录，牲畜总数2299万头（只、匹），是1959年民主改革前的2.41倍。

10月24日 《人民日报》报道：党中央、国务院决定1990—1992年拿出价值15亿元的工业品开展以工代赈，扶助老、少、边、穷地区脱贫致富和经济开发。

10月29日 国家物价局、林业部决定从1990年10月10日起，适当提高东北、内蒙古国有林区统配木材价格，同时建立林价制度。

11月1日 《人民日报》报道：我国山东桓台县已经成为我国北方第一个平均亩产粮食超过1吨的县。

11月2日 《人民日报》报道：1990年全国2.3892亿亩杂交水稻获得好收成。一般每亩比常规稻多产60千克左右。1990年杂交稻种植面积是历史上最多的一年，比1989年增加3000多万亩。

11月7日 《人民日报》报道：山东牟平县宁海镇等10个乡镇获"全国最佳乡镇"称号，河南洛阳市郊区工农乡等100个乡镇获"中国乡镇之星"称号。

11月10日 《人民日报》报道：资源危机和经济危困是我国国有林区长期积累的老问题，目前可采森林资源只够采伐5～7年。

11月12日 《人民日报》报道：我国高等学校招生制度改革提出一项新措施，全国29所农业院校招收有实践经验的青年农民入学。到目前为止，已有1800多名农民在校学习。

11月20日 《人民日报》报道：在全国2000多个县（市、区）中，粮食产量和交售商品粮多年高居榜首的吉林公主岭市，1990年粮食总产达15亿千克以上，商品粮可达10亿千克左右，再次成为全国粮食生产的排头兵。

11月21日 《人民日报》报道：山东平度市1989年油料总产量12.2万吨，居全国之冠。

11月22日 农业部为首批"绿色食品"颁发绿色食品证书并正式向社会推出。

11月25日 《人民日报》报道：我国的重要商品粮基地吉林省1990年又获大丰收，粮食总产量达187亿千克，比上年增产52亿千克，增产数量约占全国增产总量的1/3。全省人均占有粮食已达775千克。

11月26日 《人民日报》报道：湖南醴陵市1990年双季稻田亩产超1吨。创历史最高水平，是全国双季稻区率先实现亩产吨谷的市（县）。

《人民日报》报道：重庆巴县肉类年产量（主要是猪肉）近8万吨，位居全国各县之首。截至1990年10月，全县生猪出栏数达92万头。

11月30日 由中国水产学会和中国国际科技会议中心联合举办的"国际渔业展览会"在广州开幕。共有38家国内外厂商展出了各自的产品。

12月2日 《人民日报》报道：我国商品粮基地经过8年，先后分4批建设的274个商品粮基地县，1990年提供商品粮400亿千克，商品率达34％。

12月10日 《人民日报》报道：经过四年多的努力，生物工程领域又获得一重大成果——杀虫转基因烟草工程植株首获成功。杀虫作用达99％～100％，已达到国际先进水平。

12月15日 林业部科技进步奖评审委员会就1990年申报的351项科技成果进行评审，共评选出获奖成果158项。其中一等奖52项，二等奖22项，三等奖131项。

12月20日 《人民日报》报道：1990年我国农业取得全面丰收，粮食生产再创历史新纪录，总产预计4.2亿吨以上。棉油糖等经济作物全面增产。棉花总计可达425万吨，油料作物预计增产两成，糖料作物预计增产一成以上，绝大多数农产品完成了"七五"计划指标。

12月27日 农业部公布新确定的第二批沿海渔港共434个。到目前为止，全国已确定的渔港共713个。《人民日报》报道：我国的林业生产建设取得了很大的成就，人工林保存面积居世界第一位，每年造林8000万亩，生产木材6000万立方米。

12月28日 《人民日报》报道：全国粮食定购任务已经完成5073万吨，完成计划的101.5％，比上年同期多入库粮食407.7万吨。

1991 年

【文献】

1月4日 国务院发布《中华人民共和国土地管理法实施条例》，自 1991 年 2 月 1 日起施行。

《条例》共七章四十条，规定国家土地管理局主管全国土地的统一管理工作。集体所有的土地，由县级人民政府登记造册，核发《集体土地所有证》，确认所有权。全国土地利用总体规划由国家土地管理局会同有关部门拟订，经国家计划委员会综合平衡后，报国务院批准执行。县级以上地方人民政府的土地利用总体规划，由县级以上地方人民政府土地管理部门会同有关部门拟订，经同级计划主管部门综合平衡后，由同级人民政府审查同意，报上一级人民政府批准执行。乡级人民政府的土地利用总体规划，由乡级人民政府编制，报县级人民政府批准执行。乡（镇）村各项建设应当严格控制占用农业生产用地，不得突破县级以上地方人民政府下达的乡（镇）村建设用地控制指标。

1月8日 国务院发出《关于加强野生动物保护 严厉打击违法犯罪活动的紧急通知》，要求各级政府和有关部门采取有力措施，坚决制止和严厉打击乱捕滥猎、非法经营和倒卖走私野生动物的犯罪活动，切实加强野生动物保护管理工作。

1月17日 国务院批转卫生部等部门《关于改革和加强农村医疗卫生工作的请示》。

《请示》提出：一、必须把加强农村卫生事业建设，改善农村卫生状况，解决 8 亿多农民的基本医疗保健问题，保护农民健康，作为整个卫生工作的重点，努力办好。二、巩固发展三级医疗预防保健网，完善农村卫生服务体系。各地要按照统一规划、合理布局的原则，逐步健全和完善以县级医疗卫生机构为技术指导中心，以乡（镇）卫生院为枢纽，以村卫生室（所）为基础的卫生服务体系。在管理体制上，原则是实行分级管理。县级医疗卫生机构和中心卫生院由县举办和管理。在经营管理上，县、乡、村三级医疗卫生机构，不论是全民或集体所有制性质，都应实行独立核算、自主经营和目标管理责任制。三、采取切实有效的办法，解决农村卫生技术人才缺乏的问题，稳定、充实和提高农村卫生技术队伍。四、稳步推行合作医疗保健制度，为实现"人人享有卫生保健"提供社会保障。五、加强领导，促进农村卫生事业与经济、社会同步发展。

2月7日 《国务院批转全国农业区划委员会关于进一步加强农业区划工作报告的通知》

国务院同意全国农业区划委员会《关于进一步加强农业区划工作的报告》，要求各地结合实际情况贯彻执行。《通知》指出：农业区划工作，是科学地指导农业发展的基础工作。近 10 年来，经过农业区划工作者的艰苦努力，农业资源调查与农业区划工作取得了很大成绩。充分利用好农业区划成果，对于提高农业综合开发和扶贫开发工作的科学性，促进农业区域化、专业化、现代化发展，具有十分重要的作用。各地区、各有关部门要提高对农业区划工作长期性和综合性的认识，进一步加强领导和支持，为更好地发挥农业区划工作的作用创造良好的条件。广大农业区划工作者要继续发扬艰苦奋斗、无私奉献的优良传统，按照新形势下农业区划工作的基本任务和要求，勤勤恳恳地努力工作，为加快我国农业现代化步伐做出更大贡献。

3月8日 《国务院批转建设部等部门关于进一步加强村镇建设工作请示的通知》。

国务院同意建设部、农业部、国家土地管理局《关于进一步加强村镇建设工作的请示》，请结合本地实际情况，认真贯彻执行。

3月22日 《国务院批转水利部关于建设第二批农村水电初级电气化县请示的通知》指出：农村电气化县建设，关系到少数民族地区、贫困山区的经济发展，关系到增强农业发展后劲和农村经济的振兴。在水力资源较好的地区，积极发展农村水电是实现我国农村电气化的重要途径。对第二批选定建设的二百个农村水电初级电气化县，有关部门要在技术和资金等方面给予指导和资助。

4月15日 国务院办公厅转发国务院贫困地区经济开发领导小组《关于"八五"期间扶贫开发工作部署的报告》。

《报告》提出:"八五"期间扶贫开发工作的基本目标是在"七五"期间工作的基础上实现两个稳定:一是加强基本农田建设,提高粮食产量,使贫困地区的多数农户有稳定解决温饱问题的基础;二是发展多种经营,进行资源开发,建立区域性支柱产业,使贫困户有稳定的经济收入来源,为争取到20世纪末贫困地区多数农户过上比较宽裕的生活创造条件。"八五"期间扶贫开发工作必须进一步贯彻分级负责的原则,要保证扶贫开发工作的连续性和稳定性,继续增加对贫困地区的投入,"八五"期间,国家每年增加5亿元专项扶贫贴息贷款,贯彻全面开发、综合治理的方针,继续组织经济发达地区对口帮助贫困落后地区,继续动员国家机关和社会各界帮助、支持贫困地区的开发建设,加强干部培训和农民实用技术培训。

5月4日 国务院办公厅转发农业部《关于加强群众渔港建设的报告》。

《报告》指出:党的十一届三中全会以来,在改革开放政策的推动下,我国的水产事业有很大的发展。1990年水产品产量达到1 218万吨,比1979年增加近800万吨,其中海洋捕捞量为551万吨,增加274万吨,增长98.7%,高于世界同期增长水平。海洋捕捞业生产规模不断扩大,从事捕捞的渔民从1979年的84万人增加到1990年的130万人;海洋机动渔船由4.3万艘、216万千瓦增加到24.4万艘、680万千瓦。为了切实加强群众渔港建设,尽快改变群众渔港建设严重不适应捕捞业生产发展的状况。

5月7日 《国务院关于严格控制农业生产资料价格的通知》。要求:一、各地区和有关部门对生产和经营化肥、农药、农膜等企业已经采取的各项优惠扶持措施,包括减免税收、财政补贴、实行优惠电价、供应平价原材料等,今年要继续执行。二、各省、自治区、直辖市提高农用塑料薄膜的出厂价、销售价,要报国务院特批;提高碳酸氢铵、过磷酸钙价格,必须从严控制,由各省、自治区、直辖市人民政府审批。三、加强对农业生产资料价格的管理和监督检查,把不合理的电价降下来,切实保证计划供应的农用柴油不涨价。

6月29日 第七届全国人民代表大会常务委员会第二十次会议通过《中华人民共和国水土保持法》,自公布之日起施行。1982年6月30日国务院发布的《水土保持工作条例》同时废止。

该法是为预防和治理水土流失,保护和合理利用水土资源,减轻水、旱、风沙灾害,改善生态环境,发展生产而制定,共六章四十二条。法律规定:一切单位和个人都有保护水土资源、防治水土流失的义务,并有权对破坏水土资源、造成水土流失的单位和个人进行检举。国家对水土保持工作实行预防为主,全面规划,综合防治,因地制宜,加强管理,注重效益的方针。国务院水行政主管部门主管全国的水土保持工作。县级以上地方人民政府水行政主管部门,主管本辖区的水土保持工作。

7月11日 林业部印发《关于进一步加强林地管理的通知》。就切实加强林地管理、坚决制止随意侵占林地提出了七条要求。

8月29日 国务院办公厅转发全国绿化委员会、林业部《关于治沙工作若干政策措施的意见》。

《意见》提出:一、治沙工作由沙区各级人民政府负责。二、全国绿化委员会、林业部和地方各级绿化委员会、林业部门主管治沙和沙区资源的开发利用工作。水利、农业、牧业、土地、环保、矿产、能源、铁道、交通、科技等有关部门要密切配合,通力合作,并负责做好本行业的治沙工作。三、沙区各级人民政府要根据全国治沙工程规划制定本地区的防沙治沙规划,并纳入国民经济和社会发展规划,积极组织各行业和广大人民群众实施。四、治沙工作要贯彻"统一规划、分工负责,因地制宜、综合治理,防治并重、治用结合,突出重点、讲求效益"的方针,有计划、有步骤、有重点地进行。五、沙区地方各级人民政府对适宜封沙育林、育草的沙漠戈壁、沙漠化土地,要划定范围,实行封育。六、在沙区从事采矿、石油开发、筑路及其他工程建设的部门和单位,要把防沙治沙作为环境评估的重要内容。七、防沙治沙资金实行多渠道筹集,以群众投工投劳为主、国家扶持为辅。八、全国治沙工程列为国家计划的重点建设项目,按年度安排基建拨款,按项目进行管理。九、国家每年发放治沙贴息贷款。十、国家每年安排一定的治沙事业费。十一、国家对治沙和合理开发利用沙区资源,在税收等方面给予优惠照顾。十二、新占用、征用经保护或治理的沙地,应按《中华人民共和国土地法》的有关规定向土地管理部门提出申请,在审批前,要征求同级林业主管部门的意见;用地单位应按规定缴纳土地占用补偿费,此项费用专项用于治沙。具体办法和补偿标准,由省、自治区、直辖市人民政府制定。十三、防沙、治沙所需的化肥、农药、汽油、柴油、农膜、木材、水泥、钢材等主要生产资料,视同重点工程项目所需物资,优先纳入国家物资供应计划。十四、治理沙漠及开发利用沙区资源的科技研究项目,应纳入科技项目计划,经有关领导机关批准后拨给专项经费。十五、各级人民政府对治沙工作成绩显著的单位和个人给予表彰奖励；对于因滥垦、滥牧、滥采、滥挖而破坏林草植被等沙区资源的单位和个人，由治沙主管部门责令其限期治理，并按有关规定追究责任和给予处罚。

10月11日 国务院办公厅转发农业部《关于农村改革试验区工作几个问题的请示》。

《请示》提出：一、原中央农村政策研究室、国务院农村发展研究中心撤销后，农村改革试验区工作的指导和协调职能划归农业部。二、各地试验工作不应受中央有关机构变动的影响。三、农村改革试验区工作涉及许多方面的政策和体制问题，需要进行跨部门的政策、业务协调。今后，部门之间的协调工作主要由农业部负责，国务院各有关部门要积极支持和配合。四、农村改革试验区工作要以《国民经济和社会发展十年规划和第八个五年计划纲要》提出的改革原则和任务为依据，继续承担为深化农村改革探路的任务。五、农村改革试验区工作已从初创布局阶段转入稳步推进阶段，其中有些项目已完成阶段性试验，同时根据农村改革与发展的需要，要增设一些新的试验内容。试验区布局和试验项目的调整必须严格报批程序，已经确定的试验方案和试验项目不应随意变动。

10月23日 国务院办公厅转发水利部关于《进一步做好农村人畜饮水和乡镇供水工作的报告》。

《报告》建议：一、进一步提高认识，切实加强领导。二、认真落实规划，加强行业管理。各地都要根据全国的规划要求，拟定本地的农村饮水、乡镇供水规划和计划，自上而下层层落实。三、多方集资，增加投入。饮水、供水工程建设应本着自力更生为主，国家补助为辅，谁受益、谁负担的原则进行，多层次、多渠道筹集资金。四、加强经营管理，充分发挥工程效益。农村饮水、供水工程建成后，要依据统分结合，宜统则统，宜分则分的原则，实行不同形式的经济承包制进行管理。

10月28日 《国务院关于加强农业社会化服务体系建设的通知》要求：一、明确农业社会化服务体系建设的方向和原则，农民接受服务实行自愿的原则，服务体系的发展实行量力而行的原则，基本实行有偿服务的原则。二、大力发展集体经济，不断壮大乡、村服务实力。三、充分发挥专业经济技术部门的职能作用。四、积极支持农民自办、联办服务组织。五、建立服务体系建设的资金保证制度。六、在工商管理和税收方面实行扶持政策。七、把支持技术服务和完善生产资料专营结合起来。八、加强农业社会化服务体系建设的领导和协调。各级政府要把农业社会化服务体系建设摆到农村工作的重要位置上，坚持不

懈地抓下去。力争在"八五"期间，把以乡镇为重点的农业社会化服务体系，在全国农村多数地区逐步建立起来，开展有成效的生产服务。在大中城市郊区和经济较发达地区，"八五"期间要以县为单位，在县、乡、村三级建立起服务功能比较齐备的农业社会化服务体系，逐步开展全程化、系列化服务，使受益农户基本普及。

10月28日 《国务院关于进一步搞活农产品流通的通知》

《通知》要求，进一步完善农产品放管结合的购销政策。遵循计划经济与市场调节相结合的原则，国家对农产品流通问题的总的要求是：随着农村商品经济的发展，适当缩小指令性计划管理，完善指导性计划管理，更多地发挥市场机制的作用。粮食，在保证完成国家定购任务的前提下，长年放开经营。棉花，继续由供销合作社统一收购，统一经营。烟草，蚕茧，以及麝香、甘草、杜仲、厚朴四种中药材，继续由国家指定的部门统一经营。食油（油料）、食糖（糖料）、生猪、绵羊毛、黄红麻等产品的购销实行指导性计划，通过规定指导性价格，建立和完善购销合同制，引导生产和流通。有条件的地方，生猪可以完全放开经营，其决策权归省、自治区、直辖市政府。其他农产品，各地根据不同情况，逐步实行市场调节，放开价格，多渠道、多环节自由购销，同时加强宏观指导和管理。《通知》还要求，打破地区封锁，撤掉滥设的关卡，保证货畅其流。继续发挥供销合作社和国营商业在农产品流通中的主渠道作用。鼓励集体和个人进入流通领域，发展多渠道经营。其中粮、油等关系国计民生产品的批发经营必须经过批准。积极发展产销一体化经营组织。逐步建立和完善以批发市场为中心的农产品市场体系。加强农产品流通基础设施建设。要在统筹安排、全面规划的基础上，大力发展和合理调整农产品加工业。切实安排好农产品收购资金。

10月30日 第七届全国人民代表大会常务委员会第二十二次会议通过《中华人民共和国进出境动植物检疫法》。自1992年4月1日起施行。1982年6月4日国务院发布的《中华人民共和国进出口动植物检疫条例》同时废止。

法律规定：国务院设立动植物检疫机关，统一管理全国进出境动植物检疫工作。国家动植物检疫机关在对外开放的口岸和进出境动植物检疫业务集中的地点设立的口岸动植物检疫机关，依照本法规定实施进出境动植物检疫。国务院农业行政主管部门主管全国进出境动植物检疫工作。

12月27日 国务院令〔1991〕92号发布

《农民承担费用和劳务管理条例》，自发布之日起施行。

《条例》共六章四十一条，规定了村提留、乡统筹费、劳务的标准和使用范围，村提留、乡统筹费、劳务的提取和管理，其他项目的监督管理，奖励与处罚等。向国家缴纳税金，完成国家农产品定购任务，承担前款规定的各项费用和劳务，是农民应尽的义务。除此以外要求农民无偿提供任何财力、物力和劳务的，均为非法行为，农民有权拒绝。

【会议】

1月11日—14日 农业部在北京召开了全国乡镇企业工作会议。会议的中心议题是总结交流"七五"期间乡镇企业发展的主要成就和经验，研究"八五"期间发展乡镇企业的思路、主要任务、战略目标和主要措施，部署1991年工作。会议明确"八五"期间工作总的思路是：贯彻中央"积极扶持、合理规划、正确引导、加强管理"的方针，实行内涵发展与外延发展并重，经济、社会、生态效益并重，国内外两个市场同时开拓，深化改革、苦练内功、增强素质、提高效益，保持稳定协调发展。"八五"期间要实现的主要目标是：生产稳定增长，总产值年平均增长11%；经济结构进一步优化；技术水平明显提高；企业管理提高到一个新水平；经济实力继续增强；经济效益有所提高。

1月18日—23日 农业部在北京召开了全国农业工作会议。这次会议的主要议题是：分析1990年农业生产和农村经济形势，总结农业部门的工作；根据党的十三届七中全会审议通过的《中共中央关于制定国民经济和社会发展十年规划和"八五"计划的建议》的指导方针，进一步明确关于发展农业，搞活农村经济的大政方针；根据中共中央国务院《关于一九九一年农业和农村工作的通知》精神，研究落实农业生产和农村经济各项工作。会议强调，在近两年农业形势较好的情况下，要正确分析农业形势，保持清醒的头脑。农业丰收之后，带来了一些值得注意的减收因素，如思想上的放松、掉以轻心、丰收后出现了"卖难"，粮食及其他农产品的市场价格下跌，农民收入增长缓慢、生产的积极性下降等新情况和新问题。因此，在思想上和各方面的工作上绝不可放松。要充分认识到农业的持续稳定发展还面临着相当严峻的形势，农业的发展，还处于需求不断增长，负荷日益加重，发展不容停滞，而各方面条件又难以给予充分保证的状态之中，要冷静清醒地认识和分析新情况，积极认真地解决新问题。会议要求，农

业各产业部门都要做好工作，全面完成1991年的生产计划，力争各个产业能够继续取得好成绩。会上，河北邯郸市等86个地（市）、北京顺义县等424个县（市），被国务院授予粮食生产先进单位称号。农业部授予北京通县农业局等11个单位全国科技推广年活动"先进集体"称号，授予谭文藻等1 049名同志为全国农业科技推广年活动"先进个人"称号。

1月18日—23日 农业部在北京召开了全国水产工作会议。会议的主要议题：总结水产业"七五"计划的执行情况，研究确定"八五"期间水产业的指导思想、发展道路和奋斗目标；分析水产业的形势，安排1991年工作。水产业提前三年完成了"七五"确定的年产900万吨的发展计划，1990年全国水产品产量达到1 237万吨，首次位居世界首位。会议通过对资源潜力的分析和对市场需求的预测，确定"八五"末期水产品年产量为1 450万吨，人均占有水产品11.8千克。会议提出，"八五"期间发展水产业总的指导思想是：坚持改革开放，以改善人民生活、促进国家经济繁荣为出发点，认真贯彻以养殖为主，养殖、捕捞、加工并举，因地制宜，各有侧重的全面发展的方针，以合理利用资源为前提，以市场为导向，以提高经济效益为中心，紧紧依靠科技进步和加强经营管理，着重挖掘内涵潜力，积极开拓新的生产领域，稳步发展生产，为城乡居民的"菜篮子"提供丰富的水产品，积极扩大出口创汇，为实现"八五"以至20世纪的发展目标而努力奋斗。

2月24日—3月2日 国务院在济南市召开农村经济工作经验交流会。会议的主要内容是学习领会党的十三届七中全会精神，明确今后十年和"八五"期间农业发展的方针和任务；总结交流各地农业生产和农村经济发展的经验，进一步加强和提高各级领导正确执行党的农村基本政策的水平；研究和部署1991年的农村经济工作。会议认为，今后的农村工作要更加面向基层、面向群众、面向实际。要充分尊重群众和基层的创造，凡是有利于社会主义建设的，有利于农村经济繁荣的一切好的经验和做法，都要充分肯定下来，为争取90年代农业的持续稳定发展，做好思想上、组织上、领导上的充分准备。会议指出，在今后十年中，我国农业综合生产能力要提高到一个新的水平，确保粮食生产连续登上两个新台阶；农村改革要有一个新的进展，使农村经济体制进一步完善；农村社会面貌要有一个新的变化，形成经济繁荣兴旺、思想健康向上、社会安定团结的局面。会议提出，当前和今后一个时期，深化农村改革的重点，是继续稳定完善以家庭联产承包为主的责任制，健全统分结合的双层经营体制，积极发展社会化服务体

系,逐步壮大集体经济实力。同时,还要继续改革农产品价格和流通体制,疏通流通渠道,创造良好的市场环境。

3月3日—5日 国务院在济南市召开了全国扶贫开发工作会议。会议认为,我国"七五"扶贫开发工作取得了举世瞩目的效果,贫困地区经济发展迅速,农民收入大幅度提高,生活明显改善,贫困问题正在逐步缓解。"七五"期间,解决大多数贫困地区群众温饱问题的目标已基本实现。"七五"期间,扶贫工作改革和调整的经验是:经济开发,自力更生,加强领导,目标集中,抓住农业,项目管理,科技扶贫,智力开发,控制人口,社会动员。会议提出,"八五"期间扶贫开发工作的基本目标是:在"七五"工作的基础上,实现两个稳定:一是加强基本农田建设,提高粮食产量,使贫困地区的多数农户有稳定解决温饱问题的基础。二是发展多种经营,进行资源开发,建立区域支柱产业,使贫困户有稳定的经济收入来源,为争取到20世纪末贫困地区多数农户过上比较宽裕的生活创造条件。

3月6日—10日 农业部在北京召开了全国农机管理工作会议。会议就如何贯彻《国务院批转农业部等部门关于加强农机生产和使用管理工作报告的通知》精神进行了重点研究,并讨论了《全国农业机械化十年规划和"八五"计划》,回顾总结了"七五"期间农机管理工作的情况和经验,部署了"八五"期间农机管理工作。会议对完成"八五"农机化发展的主要指标提出六项措施:①完善政策法规体系,建立起比较完备的农机管理法规体系,使农机管理纳入法制化、规范化轨道。②大力组织机械化农业生产,推动农机管理工作的全面发展,按照区域化、项目化的思想进行农业生产的建设和开发。③加强农机服务体系建设。巩固和发展多层次、多形式、布局合理的农机服务体系。85%的乡镇建立了农机管理服务站,乡镇农机供油点由1.6万个发展到2.1万个。④推进农机化技术进步,提高农机队伍素质。重点推广增产增收效果显著的机械化机具和技术;培训农机人员800万人。⑤增加农机化资金、物资投入。⑥加强对农机管理工作的领导。

3月12日—13日 全国绿化委员会在北京召开全国植树造林表彰动员大会。会上宣布:中共中央、国务院授予广东省"全国荒山造林绿化第一省"称号。国家森林防火总指挥部、林业部授予吉林省"森林防火先进省"称号。全国绿化委员会、林业部授予福建省"林业建设先进省"称号;授予湖南省、安徽省"造林绿化先进省"称号;授予山西省、河南省"平原绿化先进省"称号;授予北京市"平原绿

化、城市造林绿化先进市"称号;授予辽宁省"三北防护林建设、城市造林绿化先进省"称号;授予内蒙古自治区"三北防护林建设先进自治区"称号;授予山东省"城市造林绿化先进省"称号;授予北京军区"造林绿化先进军区"称号。会上还宣布:授予北京市东城区等524个单位为全国造林绿化先进单位;授予赵桂琴等271名同志为全国造林绿化劳动模范。

3月27日—4月1日 全国农村人畜饮水、乡镇供水工作会议在西安市召开。

4月15日—18日 国家计委和水利部在北京联合召开了全国农村水电暨第二批农村水电初级电气化县工作会议。

6月24日—29日 国家计委在北京召开了全国农村经济长期计划会议。会议分析和研究了90年代农村经济发展面临的矛盾和问题,提出了今后十年和"八五"计划期间农村经济发展的目标、任务和政策措施。90年代,要继续稳定和完善党在农村的基本政策,努力提高农业生产力水平,实现农村经济全面发展,农业总产值年均递增3.5%,乡镇企业总产值年均递增11%,到2000年全国粮食产量达到5亿吨。

7月29日—8月2日 国务院在兰州市召开了全国治沙工作会议。会议总结交流了我国40多年来治沙工作的经验教训,讨论了今后十年的治沙工程规划,部署安排了治沙任务。今后十年,治沙工程规划的总任务是,在切实保护好现有植被的基础上,共治理(包括开发)面积6.7万平方千米。其中,治沙造林133.3万公顷,封沙育林育草266.7万公顷,飞机播种造林种草66.7万公顷,治沙造田及改造低产田40万公顷,人工种草及改良草场133.3万公顷,发展各种经济植物13.3万公顷,开发利用水面13.3万公顷。会议还表彰了在治沙工作中做出优异成绩和突出贡献的先进单位和劳动模范。全国绿化委员会、林业部授予吉林省、甘肃省全国治沙先进省称号,全国绿化委员会、林业部、人事部授予陕西榆林地区等33个单位全国治沙先进单位称号,授予朱震达等28位同志全国治沙劳动模范称号。

8月16日—19日 国务院在北京召开了全国棉花工作会议。这次会议的目的是要进一步贯彻国务院办公厅转发国务院生产办公室等十个部门《关于整顿棉花质量、价格和严格执行国家调拨计划意见的通知》精神,统一认识,加强管理,统筹研究解决棉花生产、流通和棉纺工业生产方面存在的一些突出问题。

10月11日—17日 农业部在山东诸城市召

开了全国农机服务体系建设经验交流会。会议的中心议题是：总结近十年农机服务体系建设的经验，研究适应深化农村改革的要求，进一步加强农机服务体系建设的措施，表彰全国先进乡镇农机管理服务站，部署今后农机服务体系建设工作。会议认为农机服务体系建设的主要经验是：坚持走改革创新之路；以农为主、综合经营；按经济规律办事；自力更生，艰苦创业；发挥国家、集体、个人三者积极性；积极争取各级党政领导和有关部门的支持、配合。会议要求各级农机管理部门抓好以下几方面的工作：一是要在现有的基础上继续完善农机服务组织，重点发展县以下农机服务组织；二是要进一步健全各级各类农机服务组织内部管理和运行机制的建设，提高经营管理水平，向规范化、标准化方向发展；三是要通过服务组织，承担直接为农业生产服务的项目，组织好农业机械投入生产活动，承担农业综合开发任务，确保农机化"八五"计划中农机作业指标的完成，并发挥农业机械在抗灾救灾、抢农时、促增产增收等方面的突出作用；四是要进一步扩大服务领域，开拓多种经营门路，使乡镇农机服务组织普遍实现管理、服务、经营三位一体，大大增强自我积累和服务功能。

10月16日—23日 国务院贫困地区经济开发领导小组在陕西白河县召开了全国贫困山区经济开发经验交流会。会议的中心议题是：总结交流贫困山区建设基本农田的经验；讨论"八五"期间贫困山区基本农田建设的任务及相关政策、措施，研究在基本农田建设中如何用好每年10亿千克以工代赈专用粮，达到"以粮造地，以粮养粮"的目的。会议指出：①搞好基本农田建设是从根本上解决贫困山区脱贫致富的必由之路。②凡是有条件的贫困山区，到20世纪末，都要达到人均半亩到一亩高产稳产的基本农田。③必须坚持自力更生为主，国家适当帮助的原则。④改善山区的生产、生态环境，必须把工程措施和生物措施结合起来，对山、水、林、田、路统一规划，综合治理。要把修田造地放在首位。⑤正确执行政策，是搞好基本农田建设的关键。必须把农户的积极性和集体经济的优越性结合起来，宜统则统，宜分则分，联合协作地建设，要贯彻互利原则。⑥加强社会主义思想教育和基层组织建设，是把基本农田建设开展起来并坚持下去的重要保证。

10月21日—26日 农业部在北京召开了全国农业计划工作会议。会议指出，在争取各级增加对农业投资的同时，要进一步管好用好有限的农业投资，注重提高投资效益，要加强农业的总体规划，坚持按基本建设程序办事，严格项目审批程序。农业计划工作要不断更新观念，拓宽工作领域，贯彻计划经

济与市场调节相结合的原则，努力学会综合运用经济杠杆、行政手段、政策法规，调控和指导农业和农村经济的持续稳定协调发展。

10月26日—30日 中国农业银行在北京召开了全国农村金融支持科技兴农经验交流会议。会议根据农村经济发展和科技进步的形势要求，确定了"八五"期间农村金融支持科技兴农工作的指导思想：认真贯彻党中央、国务院关于科技兴农的指示精神，落实国家"八五"计划纲要和农业银行"八五"规划中提出的关于支持科技进步的要求，不断提高广大干部的科技意识，把农村金融工作的重点转移到支持科技兴农的轨道上来，进一步完善信贷政策和措施，大力组织资金，优化贷款结构，增加科技信贷投入，提高贷款效益，促进农村经济依靠科技进步持续、稳定、协调发展。

11月11日—14日 由中共中央政策研究室、中共中央宣传部、中共中央组织部联合召开的部分省区市农村社会主义思想教育工作座谈会在北京举行。会议指出，我们建设的是有中国特色的社会主义，必须坚持"一个中心，两个基本点"，不能一手硬一手软。我们是社会主义国家，要坚定不移地走社会主义道路，理所当然地要对干部和群众进行社会主义思想教育。我国有9亿多农民，因此，在坚持发展农村经济建设的同时，认真开展农村社会主义思想教育十分必要。这是一项长期的任务，不能有一蹴而就、一劳永逸的思想，要善始善终、坚持不懈、锲而不舍地把这项工作搞好。

11月25日—29日 中国共产党十三届八中全会召开。全会审议并通过了《中共中央关于进一步加强农业和农村工作的决定》，指出，我们党在领导农村改革的实践中，逐步形成的一系列基本政策，必须长期保持稳定，并根据客观情况的变化不断加以完善，把改革引向深入。第一，把以家庭联产承包为主的责任制、统分结合的双层经营体制，作为我国乡村集体经济组织的一项基本制度长期稳定下来，并不断完善。完善双层经营体制，包括完善家庭承包经营和集体统一经营。第二，积极发展农业社会化服务体系，着重办好乡村集体经济组织，加强供销合作社和信用社的服务功能，努力把农民急需的产前、产中、产后服务办起来，并随着集体经济实力的增强逐步扩展服务内容。第三，逐步壮大集体经济实力，增加集体可以统一支配的财力和物力，是完善双层经营，强化服务功能的物质基础，是增强集体凝聚力，促进共同富裕，巩固农村社会主义阵地的根本途径。应从当地实际出发，依靠生产的发展和自身的积累壮大集体经济实力，决不可急于求成，更不能平调农户的财

产；要建立严格的财务、审计、监督等管理制度，防止集体资产流失；对于贫困村发展集体经济，各级政府应在资金、物资、技术等方面给予必要的扶持，使之形成自我发展的能力。第四，深化农产品价格和流通体制改革，要遵循计划经济和市场调节相结合的原则，根据商品经济的一般规律和各类农产品的具体特点，采取恰当的措施，加快改革步伐。除了国家规定的少数重要的农产品实行国家统一收购和部分统一收购经营外，其余全部放开，实行市场调节。要加强国家对市场的宏观调控和管理，建立正常的流通秩序，促进市场发育。对于重要的农产品，中央和地方都要逐步建立必要的储备调节制度，搞好市场吞吐，平抑市场物价。加强粮食购销体制改革，要有计划地解决粮食收购价格偏低和购销价格倒挂的问题。"八五"期间要在稳妥地做到购销同价的基础上，力争基本理顺价格关系，在国家宏观调控下，逐步放开经营。

12 月 23 日—27 日 由农业部主持的全国农村改革试验区第七次工作会议在北京召开。全国 21 个农村改革试验区及所在省主管部门的负责同志，部分省级试验区的代表及中央、国务院有关部门的代表共 150 多人参加了会议。会议的主要议题和任务是：贯彻党的十三届八中全会精神，总结几年来试验区工作的经验，重点研究在新形势下继续办好试验区的有关问题，研究部署下一阶段农村改革试验的各项工作。

【农业发展成就】

1 月 3 日 《人民日报》报道：农业部、纺织部联合表彰嘉奖棉花生产先进县。

1 月 4 日 全国科技兴农展览在北京全国农业展览馆开幕。国务院总理李鹏为展览题词：依靠科学技术发展农业。

《人民日报》报道：我国糖产量创新纪录。1990 年我国糖产量完成 525 万吨，比上年实际增长 4.8%，达到历史最高水平。

1 月 6 日 《人民日报》报道：中宣部、农业部联合表彰百家重视思想政治工作的乡镇企业。

1 月 7 日 《人民日报》报道：黄河下游建成自流连片灌区，年均引水量达到 124.9 亿立方米，供水范围 104 个县、区，灌溉总面积达 193 万公顷。

1 月 11 日 四川武都引水工程总干渠通水发电，该工程可灌溉农田 133 万公顷，增加发电量 8.6 亿千瓦时。

1 月 12 日 中央农业广播电视学校十周年庆祝大会在人民大会堂举行。

1 月 17 日 《人民日报》报道：我国水产养殖居世界首位。人均水产品占有量已达到 10.6 千克，比 1985 年底人均提高近 4 千克，初步解决了大中城市"吃鱼难"问题。

1 月 23 日 《人民日报》报道："七五"期间，我国加快了速生丰产用材林基地建设，五年来共种植 220 万公顷速生丰产林。

2 月 2 日 《人民日报》报道：1990 年全国小麦总产量居世界第一位。

2 月 8 日 《人民日报》报道：被列为国家"七五"科技攻关第一项的农作物品种资源收集和研究工作，取得巨大成果，建成了我国第一座库容量为 40 万份的国家种质资源库，跨入世界先进行列。

《人民日报》报道：近几年我国在农作物病虫草鼠害综合研究中，共取得 92 项重大科技成果，其中 50% 以上达到 80 年代国际先进水平。

2 月 12 日 《人民日报》报道：畜牧业连续 12 年丰收，肉、禽、蛋、奶、绵羊毛产量创历史最高纪录。

2 月 20 日 《人民日报》报道：据统计，全国畜禽饲养专业户已达 154 万多户，年出售畜禽产品总值达 116.8 亿元，户均年收入 7 573.8 元。

3 月 1 日 《人民日报》报道：农业部提出 1991 年重点推广的技术措施：一是紧凑型玉米良种及其他作物良种；二是麦棉套种技术；三是以普及地膜覆盖玉米栽培技术为主的"温饱工程"；四是加强吨粮田建设的试点工作；五是继续实施好"丰收计划"。

3 月 8 日 《人民日报》报道：小麦"陕农 7 859"在黄淮流域大面积推广，共增产粮食 16 亿千克，新增产值 13 亿元。

《人民日报》报道：我国稀土农用技术研究领先世界水平。推广后农业增加经济收入 10 亿元。

《人民日报》报道：农村能源综合建设试点全面完成，五年新增能源 75 万吨标准煤。

3 月 10 日 《人民日报》报道：我国平原绿化成就举世瞩目，3 067 万公顷耕地实现林网化。

《人民日报》报道：在国家森林防火总指挥部第八次全体会议上，田纪云副总理说：1990 年森林火灾明显下降，创历史最高水平。

《人民日报》报道："七五"期间，我国农业机械总动力已达到 2.87 亿千瓦左右，比"六五"期末增长 37%。1990 年全国有近 50% 的耕地使用机械耕种。

3月11日 新华社发表江泽民、邓小平同志为全民义务植树运动十周年和全国植树造林表彰动员大会的题词手迹。江泽民同志的题词是："全党动员，全民动手，植树造林，绿化祖国。"邓小平同志的题词是："绿化祖国，造福万代。"

3月12日 全国植树造林表彰动员大会在人民大会堂隆重举行。中共中央、国务院决定，授予广东省"全国荒山造林绿化第一省"光荣称号。中央领导同志为获奖地区、单位和个人颁发了奖牌和证书。

3月14日 《人民日报》报道：旱地农业增产技术取得突破，五年净增粮食13.3亿千克。

《人民日报》报道：我国棉花育种技术"七五"期间取得突破性进展，已跻身国际先进行列，五年中育成棉花新品种27个。

3月22日—4月18日 农业部和中国科协在北京联合举办全国"菜篮子工程"成果观摩展览会。

3月25日 《人民日报》报道：我国肉类奶类产量十年间递增速度居世界第一位。

3月26日—29日 由农业部水产司、福建省水产厅、中国福建国际经济技术合作公司和渔业机械行业协会联合举办的1991年中国渔业技术装备交易会在福州市开幕，共有包括台湾省统一企业在内的80多家单位参展。

3月27日 《人民日报》报道：国务院委托林业部向60个国营林业局颁发林权证。

3月31日 《人民日报》报道：全国土壤肥力监测网建成，分为黑土、黄土、红壤等九个监测基地。

4月8日 《人民日报》报道：西藏和平解放40年间农牧业持续稳定发展。目前西藏年人均产肉、奶量分别为40千克和80千克，均高于其他牧业省、自治区。

4月15日 《人民日报》报道：全国109县实现农村初级电气化，96%的农户用上电。

4月24日 中国水产总公司舟山海洋渔业公司经国家级企业技术进步奖评审委员会审定，被授予国家级企业技术进步奖，此次授奖的企业共108个，舟山海洋渔业公司是唯一的农口企业。

5月6日 《人民日报》报道：区域综合治理试验获重大成果，46项达国际先进水平，99项居国内领先地位，已在1 200万余公顷耕地推广，五年新增产值57亿多元。

5月17日 国家"七五"重点科技攻关项目

用材林基地立地分类、评价及适地适树的研究，通过林业部组织的专家鉴定。

《人民日报》报道：中国科学院海洋研究所研究员张福绥等科技人员，把美国大西洋海湾扇贝引进到我国海域，我国成为世界养殖扇贝第一大户。

6月1日 海关总署、财政部、国家税务局就"八五"期间远洋渔业企业进口物品准予免税作出具体规定。

7月6日 《人民日报》报道：从1986年起，农业部与有关部门选建了481个名特优项目。五年来，国家和地方共投资5亿元，建成200个优质农产品基地。

8月8日 新华社报道：1990年，全国有12个县（市）粮食产量突破100万吨大关。

《人民日报》报道：我国飞播牧草工作取得举世瞩目的成绩。目前，全国飞播牧草总面积近133万公顷，保留面积达79%，在飞播技术和经营管理上已积累了一整套成熟的经验。

8月19日 新华社报道：1988年以来，黄河三角洲农业开发喜获成果。三年累计开垦荒碱地3.8万公顷，年增粮棉产量分别达1亿千克和500万千克以上；累计改造中低产田5.1万公顷，每公顷生产能力平均增长15%。

8月30日 《人民日报》报道：在"七五"科技攻关活动中，农业科技攻关推动粮食产量上台阶，五年共培育优良作物品种277个。黄淮海中低产试验区粮食平均公顷产量由450～1 050千克提高到6 375～13 500千克，人均收入837元，成果转化率76%，获直接经济效益34亿元。

9月1日 国家"八五"计划重点建设项目——黄河小浪底水利枢纽前期工程开工。

9月15日 《人民日报》报道：四川省金沙江最大的支流雅砻江上的二滩水电站于9月13日正式开工。

9月17日 国务院决定"八五"期间，国家和地方将投资61亿元，在淮河流域上兴建18项大型水利工程。国家和地方筹资30多亿元，在太湖流域兴建10项骨干水利工程。

10月7日 水利部在山东烟台市召开全国节水灌溉贴息贷款经验交流及表彰先进工作者会议。

10月9日 《人民日报》报道：一年来，郑州粮食批发市场进场交易省份达20多个，成交量累计达60万吨，会员近300家，合同履约率达90%以上。

民政部在山东牟平县召开全国农村社会养老保险

试点工作会议。决定今明两年在 100 个县推广山东试点经验，并逐步建立农村社会养老保险制度。

10 月 15 日 为纪念以"植树造林、造福人类"为主题的世界粮食日活动，林业部、农业部等有关部门在北京开展植树活动，16 日召开了世界粮食日纪念会。

10 月 28 日—11 月 9 日 全国农业综合开发成果展览会在北京开幕。

10 月 31 日 《人民日报》报道：涉及全国九个省、自治区、直辖市 43 个县的我国八大片水土流失重灾区，经过八年的重点治理，面貌开始改观，生态环境正向良性循环转化。据统计，1990 年与 1982 年相比，八个区域粮食总产增长 53%，农业总产值增长 1.46 倍，人均纯收入增长 2.6 倍，温饱问题基本解决。

11 月 1 日 《人民日报》报道：我国北方第一个"吨粮县"——山东桓台县又创新经验，农业走上高产高效之路，全年总投入增加 6%，总收入增加 27%。

11 月 5 日 农业部在北京为 396 名农业专家举行隆重仪式，祝贺他们享受政府特殊津贴，每人每月 100 元，并由国务院颁发特别证书。

11 月 7 日 新华社报道：一项被称为"中国的新西兰式工程"的草业开发计划正在我国南方付诸实施。据农业部统计，到 1990 年底，我国南方共建成人工草场 47 万公顷，其中飞播牧草 13 万公顷，建成热带亚热带草种基地 3 333 公顷，年产种量 50 多万千克。

11 月 15 日 农业部决定授予广东省等 10 个省、直辖市和北京市朝阳区等 100 个县（市、区）全国渔业生产先进奖称号，鉴于辽宁大连市水产业在"七五"期间成效尤为突出，同时予以表彰。

11 月 16 日 《人民日报》报道："七五"期间，我国农村文盲在总人口中的比例已由 1987 年的 20.6% 下降到 15.88%，先后七次获得国际扫盲奖。目前，全国县、乡（镇）、村三级农村成人学校已达 28.86 万所，教学点 66 万个，在校人数达 3 335 万人。

11 月 25 日 《人民日报》报道：1991 年冬以来，人民解放军积极支援农田水利建设，目前，各部队已投入 180 万个劳动日和大批机械车辆，参加工程 300 多项，完成土石方 400 多万立方米。

11 月 27 日 《人民日报》报道：郑州市试办农副产品期货市场，兑现率逾 95%，解除了农民的后顾之忧。

12 月 1 日 《人民日报》报道：世界首例冬小麦原生质体单倍体植株在北京育成。

12 月 9 日 《人民日报》报道：从全国农业技术推广站站长会议上获悉，"七五"期间，科学技术的推广应用使我国农业总产值增加 1 400 亿元左右。

12 月 12 日 国务院正式批准在东北、内蒙古国有林区组建四个森工企业集团。

12 月 14 日 全国第 9 届农垦产品暨 1991 年优质农副产品展销会在上海展览中心开幕。

12 月 31 日 水利部、国家计委、财政部、国家物价局联合发出通知，为解决农村水电建设资金不足的问题，经国务院批准，在全国农村水电供电地区征收农村水电建设基金。

1992 年

【文献】

1月3日 农业部与人事部联合颁发《乡镇农业技术推广机构人员编制标准（试行）》的通知。

《通知》指出：乡镇农业技术推广机构是国家在基层的事业单位，各地要从实际情况出发，根据农业生产的布局、规模和工作任务，因地制宜地设立农业技术推广机构，乡镇农业技术推广机构实行条块结合、双重领导，乡镇农业技术推广机构的人员编制审定，要贯彻精简原则，根据当地的实际需要和财力状况，参照本编制标准的要求从严控制，加强管理，在编制定员范围内，允许有国家干部、聘用制干部、合同制工人等不同身份的人员存在，积极鼓励乡镇农业技术推广机构开展有偿服务，兴办经济实体，走自我积累、自我发展之路，各省、自治区、直辖市及计划单列市可参照本标准根据当地实际情况制定实施细则。

1月9日 《农民日报》报道：农业部长刘中一签署了8号和9号部令，颁布了《乡镇企业组建和发展企业集团暂行办法》和《乡镇联营企业暂行规定》。

《乡镇企业组建和发展企业集团暂行办法》规定：企业集团可先在本社区范围内组建；有条件的，应积极发展跨地区、跨行业、跨部门、跨所有制的竞争性企业集团。企业集团应正确处理国家、地方、成员单位之间的利益关系，调动各方面的积极性。各成员单位利益共享、风险共担。根据国家有关规定，鼓励和支持企业集团的发展。企业集团享有国家对乡镇企业和企业集团规定的各项权益。企业集团应当按照社会化大生产的客观要求，采取专业分工、协作配套的生产经营方式，发挥生产、经营、外贸、科技开发、资金融通、信息服务、企业管理等综合功能。企业集团由核心企业所在地乡镇企业行政主管部门管理。

2月10日 国务院批转国家土地管理局、农业部《关于在全国开展基本农田保护工作的请示》。

《请示》对基本农田保护工作提出了具体意见：

一、明确指导思想，加强组织领导。各级人民政府对农田保护工作应高度重视，列入议事日程，认真部署，切实抓好。二、根据不同地区确定保护重点。在东部和中部地区要全面开展划定基本农田保护区工作，把大部分农田划为保护区，重点保护起来。西部地区要首先把高产稳产农田、城镇郊区农田保护起来。三、建立基本农田的保护制度及地力补偿制度。四、严格对占用保护区土地的审批管理。基本农田保护区的耕地，原则上不得用于非农业建设。五、开展划定基本农田保护区所需资金，由地方人民政府根据财力情况统筹安排予以解决。

2月12日 《国务院关于积极实行农科教结合推动农村经济发展的通知》（国发〔1992〕11号），指出：一、农科教结合是实现农业现代化的一个重要途径。农业发展靠科技，科技进步靠人才，人才培养靠教育，这是现代农业发展的客观规律。二、农科教结合要紧紧围绕振兴农业和农村经济这个中心。实行农科教结合，主要目的是推动农业、科技、教育事业的结合，建立相互促进、协调发展的运行机制，逐步实现农业和农村经济的现代化。三、加强政府统筹是推动农科教结合的关键。四、充实和健全科技培训与推广网络是当前的重要任务。五、在农科教结合中大力发展农村职业技术教育。六、进一步落实和采取发挥科教人员积极性和提高农民科学文化素质的政策。七、必须树立适应现代农业发展需要的领导观念。

3月6日 《国务院关于提高粮食统销价格的决定》。国务院决定自1992年4月1日起，提高粮食统销价格，实现购销同价。

3月13日 水利部、国家计委联合发出《关于下达"八五"期间灌溉面积发展计划的通知》。要求实行多渠道、多层次集资的办法，增加对农田灌溉工程的投入，控制现有灌溉面积的减少。

3月30日 《人民日报》报道：国务院正式批转了农业部《关于促进乡镇企业持续健康发展的报告》，并发出通知指出：各级人民政府和有关部门要把发展乡镇企业作为一项战略任务，切实加强领导，坚持不懈地抓下去。要继续坚持"积极扶持，合理规划，正确引导，加强管理"的方针，认真贯彻落实党和国家对乡镇企业的一系列政策和法规，按照国民经济和社会发展规划、产业政策，指导乡镇企业调整结构，提高效益。要采取有力的扶持措施，帮助贫困地区和民族地区发展乡镇企业，认真解决乡镇企业在发展过程中的困难和问题，促进乡镇企业持续健康发展，为实现我国现代化建设第二步战略目标作出更大的贡献。

5月13日 国务院发布《关于修改〈植物检疫条例〉的决定》，自发布之日起施行。农业部1957年12月4日发布的《国内植物检疫试行办法》同时废止。

《植物检疫条例》规定：在发生疫情的地区，植物检疫机构可以派人参加当地的道路联合检查站或者木材检查站；发生特大疫情时，经省、自治区、直辖市人民政府批准，可以设立植物检疫检查站，开展植物检疫工作。列入应施检疫的植物、植物产品名单的，运出发生疫情的县级行政区域之前，必须经过检疫。从国外引进种子、苗木，引进单位应当向所在地的省、自治区、直辖市植物检疫机构提出申请，办理检疫审批手续。但是，国务院有关部门所属的在京单位从国外引进种子、苗木，应当向国务院农业主管部门、林业主管部门所属的植物检疫机构提出申请，办理检疫审批手续。疫情由国务院农业主管部门、林业主管部门发布。

7月23日 《国务院办公厅关于进一步做好农民承担费用和劳务监督管理工作的通知》指出：农民负担过重，是当前农业和农村工作中一个十分尖锐的问题。随意向农民摊派以及各种乱收费、乱集资、乱罚款的现象时有发生。从全国情况看，农民总的负担水平大大超过政策规定的界限，并且有继续增长的趋势。《通知》要求：一、切实加强领导。各级人民政府的主要领导同志，要对本地区减轻农民负担的工作全面负责。二、统一政令，完善立法。各级人民政府要认真贯彻执行《农民承担费用和劳务管理条例》。各地区、各部门要根据《条例》的规定，对过去制定的有关法规和政策文件进行认真清理，凡与《条例》规定不符的，以《条例》为准。各省、自治区、直辖市人民政府要尽快制定《条例》的实施细则。三、严格审批程序。凡涉及农民负担的收费、罚款、集资等项目，中央和省级各部门、各单位都应按照《条例》的规定，同时报同级财政、物价和农民负担监督管理部门，共同审核后联合发文，否则不得出台。对未经农民负担监督管理部门审核出台的涉及农民负担的收

费、罚款、集资等项目，一律无效，地方各级人民政府应予抵制，农民有权拒绝。四、坚持定项限额管理办法。《条例》规定的村提留和乡统筹费限额比例不得突破。五、尽快制定《违反〈农民承担费用和劳务管理条例〉处罚办法》。六、定期进行执法检查。七、继续开展减轻农民负担的宣传活动。

9月12日 国务院批转农业部《关于加强农业承包合同管理的意见》。

《意见》提出：一、各级人民政府要把依法加强农业承包合同管理工作提高到稳定和完善党在农村中的基本政策的高度加以重视。各级农业行政主管部门或农村工作部门要把农业承包合同管理工作列入重要议事日程，主要领导要亲自抓。二、要进一步加强农业承包合同的法制建设。三、依法管理农业承包合同。农业承包合同一经依法签订，即具有法律约束力，任何单位和个人均不得擅自变更或者解除。四、强化职能，提高素质，做好工作。要总结经验，提高政策水平，依法加强管理，更好地履行合同管理的各项职责，并注意交流经验，搞好宣传报道，向广大农民普及法律知识。

9月25日 《国务院关于发展高产优质高效农业的决定》（国发〔1992〕56号）提出：一、进一步把农产品推向市场。加快粮食购销体制改革，进一步向粮食商品化、经营市场化的方向推进。二、以市场为导向继续调整和不断优化农业生产结构。三、以流通为重点建立贸工农一体化的经营体制。四、依靠科技进步发展高产优质高效农业。五、建立健全农业标准体系和监测体系。六、继续增加农业投入，调整资金投放结构。七、改善高产优质高效农业的生产条件。八、积极扩大农业对外开放。九、加强领导，建立适应高产优质高效农业的考核制度。

10月8日 林业部发出《关于保护珍贵树种的通知》。首批公布的国家珍贵树种共132种，其中一级37种，二级95种。

10月10日 《经济日报》报道：国务院通知全国各地加强农业承包合同管理。

10月25日 《国务院关于加强化肥、农药、农膜经营管理的通知》（国发〔1992〕60号）提出：一、中国农业生产资料公司和各级供销社的农资经营单位是农资经营的主渠道。农业部直属直供垦区（含建设兵团、农垦总局、管理局、国营农场等），继续执行中央和地方直供体制，由垦区组织供应。除规定的单位外，任何单位和个人不得经营化肥、农药、农膜。二、国家安排一部分企业承担配化肥生产任务，由国家和省（区、市）计委按年度分别下达。生

产企业自己组织原料生产的产品，可销给农资经营单位。三、要切实安排好中央统配的化肥、农药、农膜生产所需主要原材料、燃料和电力供应。四、为了保证突发性病虫害和其他灾害急用，中央、地方要分级储备一部分农药。五、为了保证流通渠道畅通，农资经营周转金要配套。六、要切实搞好工商衔接。七、中央外汇和地方、部门自有外汇进口的化肥、农药（包括原料和中间体）及农膜、化肥包装、农用水利灌溉管原料，按照择优委托的原则，中央外汇进口的，可委托中国化工进出口总公司代理；农垦系统自有外汇进口农药的业务，可委托中国农垦进出口总公司代理；其他部门和地方自有外汇进口的，其委托代理进口单位按经贸部有关规定办理。八、化肥、农药、农膜及生产所需的主要原材料、燃料、交通、铁道部门要根据各级农资公司（供销社）和农垦系统、农技部门及生产企业申报的计划优先安排运输计划，及时组织运输卸运，保证不误农时。九、积极稳妥地推进农业生产资料价格改革。十、切实把农资生产、供应、进口工作组织、协调好。

【会议】

1月6日—9日 全国林业厅局长会议在北京召开。会上指出：全国森林资源清查和消耗量调查表明，我国已实现全国森林资源总生长量和总消耗量持平，消灭了森林资源"赤字"，扭转了长期以来森林蓄积量持续下降的局面。

《农民日报》报道：全国乡镇企业家表彰大会在京召开。农业部隆重表彰500名全国乡镇企业家，并授予他们全国乡镇企业家称号。国务院副总理田纪云、国务委员陈俊生、农业部部长刘中一出席了颁奖大会。

1月10日—14日 《经济日报》报道：全国农村合作经济经营管理工作会议在北京召开。这次会议贯彻《中共中央关于进一步加强农业和农村工作的决定》精神，总结了"七五"期间农村合作经济经营管理工作的主要成就和基本经验，明确了"八五"农经工作的奋斗目标和任务，部署了1992年的工作。

1月11日 《科技日报》报道：农科教结合工作座谈会在北京召开。国务院副总理田纪云出席并讲话。这次座谈会的任务有两个：一是研究讨论国务院准备下发的《关于积极实行农业科技教育三结合 推动农村经济发展的通知》；二是进一步总结交流各地实行农科教三结合的经验。总的目的是，把农科教三结合工作在全国逐步推开，使其健康发展，促进农业和农村经济的现代化，保证我国经济发展第二步战略目标的实现。

《农民日报》报道：全国100个农村能源综合建设县工作会议在北京召开。会议由国家计委、财政部、农业部、水利部、林业部和能源部共同组织召开，这次会议是在总结"六五""七五"农村能源综合建设试点示范县工作经验的基础上，对即将实施的"八五"期间国家重点建设项目——全国100个农村能源综合建设县工作进行具体部署。目的是提高认识，开拓思路，更加深入地探索出一条不以牺牲生态条件为代价，使能源、经济、生态环境协调发展的，具有中国特色的农村能源建设路子。

3月10日 《人民日报》报道：全国农村保险工作会议在武汉召开。我国农村保险事业迅速发展，1991年保费收入达到28.2亿元，比1990年增长38%。

5月8日 《人民日报》报道：第一次全国农业综合开发会议在海南省召开。我国国内国家立项开展的大规模农业开发工作成果令人瞩目。截至1991年6月底，已改造中低产田432万公顷，新增农产品生产能力有：粮食114.5亿千克，棉花36.75万吨，油料58.5万吨，肉类65万吨，糖料448.8万吨。

5月15日 《农民日报》报道：全国科教兴农工作会议在京召开。会议根据今后我国农村经济、社会发展的总体要求和农牧渔业科研、教育事业发展的自身需要提出，90年代科教兴农工作的基本任务是继续贯彻执行"依靠、面向"的战略方针，加快改革步伐；加强科教投入和基础建设；加速科技开发和成果转化；建立起科教事业良性发展、科教与经济紧密结合的新的运行机制，把科教兴农推向一个新的发展阶段。

6月25日—29日 国务院在广州召开全国发展高产优质高效农业经验交流会。会议提出，要推动农业向高产优质高效转变，必须抓住当前有利时机，加快农产品购销体制改革。充分利用和重视市场机制的作用，对适宜放开而尚未或没有完全放开的农产品，要积极创造条件，逐步向生产商品化、经营市场化的方向推进。同时要加强批发市场建设，完善粮食等主要农产品储备制度，还要继续重视对粮食主产区的支持，国家要采取多种措施支持粮食主产区的发展，为国家培育充裕的粮源。在深化改革上，要大力发展贸工农一体化经营组织，加强农业社会化服务体系；要加快农业对外开放，积极参与农业国际交流和竞争；要搞活农村金融，调整农业投资结构；要建立健全农业标准化体系和监控体系。会议还认为，发展高产优质高效农业，科学技术是强有力的助推器。我国农业的进一步发展，必须把着眼点放在科技成果的推广应用上，下大力普及优良品种，采用先进的技术，建立技术含量较高的农用物资生产体系，形成上下贯通的科技推广系统和"农科教"三结合的科技服务体系。

9月26日—30日　林业部在沈阳召开"三北"防护林体系建设县级达标工作会议，决定在"三北"防护林建设地区的551个县（旗）中开展县级达标活动，并颁布了县级达标标准。

10月5日—8日　全国农业社会化服务体系建设经验交流会在南昌召开。会议总结交流了农业、畜牧、兽医、水产、农机和经管五个专业在乡镇技术推广服务机构定性、定编工作和各级农业部门兴办经济实体的经验；研究讨论了农业服务体系兴办经济实体增强自身活力的政策措施。会议提出农业社会化服务体系建设的总目标是：努力建成能适应农村社会主义市场经济的、充满发展活力的农业社会化服务体系，为农业和农村经济的全面发展，提供优质、高效的社会化服务。基本要求是：形成多层次、多形式、多成分的服务网络；具有产前、产中、产后综合配套的服务功能；建立起国家扶持与自我积累相结合的发展运行机制，加快农业社会化服务产业发展的进程。争取做到一、二年打基础，三、四年上轨道，五年大见成效。

11月4日　《农民日报》报道：全国土地监察工作会议召开。据悉，一个从国家到省、地（市）县、乡（镇）、村（街道）的6级土地监察网络在我国已基本形成。

11月15日—18日　国务院主办的全国加快中西部乡镇企业发展经验交流会在西安召开。田纪云副总理出席并讲话，指出：乡镇企业西进是加快国民经济发展的重大战略选择。中西部乡镇企业应采取的战略，一是要把培养启用各类人才作为加快发展的根本大计，各地要围绕人才做文章，大力发展"能人经济"，形成"政府搭台、能人唱戏"的新局面；二是要把实行"多轮驱动、多轨运行"作为加快发展的基本方针，决不拘泥于所有制性质问题，不能歧视、限制甚至打击个体、私营、联户企业；三是要把发展优势产业作为加快发展的重要途径；四是要因地制宜、合理布局、适当集中；五是要把加强横向经济联合作为加快发展的有效形式；六是要把培育和发展市场体系作为加快发展的必然选择，把要素市场作为新型的第三产业来抓。

11月23日　《光明日报》报道：全国农民绿色证书试点工作经验交流会在成都召开，到1992年

11月中旬，全国已有26个省、自治区、直辖市在221个县实施了绿色证书工程，已经培训了农民学员11.21万人，3.6万余人取得了绿色证书。

12月24日　中共中央总书记江泽民在武汉主持召开湖北、湖南、江西、安徽、河南、四川六省农业和农村工作座谈会，并发表了重要讲话。他反复强调，农业是国民经济的基础，这个指导思想任何时候都不能动摇。11亿人的吃饭问题始终是一件大事，粮食生产任何时候都不能放松。他要求上下齐心协力，采取有力措施，解决好当前农民和基层干部反映强烈的问题，确保农民增产增收，减轻农民负担。他说，关心农民的利益，维护党和国家的威信，关系到国家的长治久安，切不可掉以轻心。

12月29日　《经济日报》报道：国务院在北京中南海召开全国农业工作电视电话会议。李鹏总理提出了保持农业稳定发展的十项措施：①按期完成今年的国家定购粮食收购计划，适当增加粮食专项储备。②及时地全部兑现收购农副产品的欠款，解决"打白条"的问题。③制止各种违反法规的集资和摊派，切实减轻农民负担。④保留扶持粮棉生产的优惠政策。⑤多渠道发展粮食的转化。⑥大力扶持粮食主产区发展经济。⑦改进粮食管理和经营机制。⑧保护耕地资源，稳定粮田面积。⑨增加对农业的资金投入和物质投入。⑩加快农业结构调整。

【农业发展成就】

1月6日　我国每年50万名科技人员参加科技兴农。

《农民日报》报道：广东省等10个省、市和北京朝阳区等100多个县（市、区）及辽宁省大连市荣获首次全国渔业生产先进奖。

《科技日报》报道：我国已建成珍稀濒危植物迁地保存基地400多个。

1月9日　李鹏总理同100名全国乡镇企业家座谈。

《科技日报》报道：1991年我国乡镇企业产值首次突破1万亿元大关。

1月10日　《人民日报》报道：我国畜牧业连续13年稳步发展。

1月13日　《人民日报》报道：新疆棉花单产创全国第一，1991年新疆棉花总产量约占全国总产量的12.2%。

1月14日　《光明日报》报道：广西博白县喷施宝开发有限公司开发的多能营养型叶肥喷施宝，

1991 年在 30 个省、自治区和直辖市的推广面积近 700 万公顷，创造效益 30 亿元。

1 月 16 日 《光明日报》报道：我国培育出第一个优质面包冬小麦品种 PH82－2－2。

1 月 23 日 《经济日报》报道：我国培育出自己的优质爆裂玉米——"黄玫瑰 1、2 号"。

1 月 24 日 《科技日报》报道：植物病虫害生物学国家重点实验室建成。

1 月 27 日 《光明日报》报道：植物微生态制剂——增产菌，获中国专利金奖。在全国 3 400 万公顷大田作物上得到应用，投入产出比高达 1∶30，这是迄今全国农业专利技术第一次赢得这项殊荣。

《人民日报》报道：畜用塑料暖棚遍布内蒙古、黑龙江、吉林、辽宁、河北、山西、陕西、甘肃、青海 9 个省、自治区，1 亿头牲畜安度严冬。

2 月 1 日 《经济日报》报道：我国建立完整的国土面积数据库。

2 月 12 日 《科技日报》报道：我国首次完成了食油产需平衡布局研究。

2 月 14 日 《人民日报》报道：我国名特优农产品生产基地建设已初见成效。据悉，到 1991 年底，全国各地已建立这样的基地 686 个，产品有粮油、蔬菜、水果、名茶、桑蚕、中药材等。

2 月 15 日 《农民日报》报道：我国农村形成种子、植保、农技和农机四大社会化服务体系。

《人民日报》报道：我国村镇建设成就举世瞩目，四成农户迁入新居，人均住房面积增加一倍。

2 月 16 日 《人民日报》报道：据统计，全国各级农经机构现已有 5.1 万多个，各类专业干部发展到 13 万人。

2 月 17 日 我国农村新型经济组织逐步健全。据统计，全国共有 189 万个村及村以下集体单位设置了经济管理机构。

《人民日报》报道：中国农科院植保所研制的一种名为氟杀乳油的复合制剂新农药，对菜青虫、棉红铃虫、小麦蚜虫等多种害虫，均有良好的防治效果。

《经济日报》报道：1992 年，中国农业银行对"星火计划"新增信贷资金 10 亿元。

2 月 22 日 《科技日报》报道：中国对虾早苗集约化中间培育及养成技术研究项目获得成功。

3 月 2 日 《光明日报》报道：我国北方推广水稻旱育稀植技术取得大面积成功，据统计，从 1964 年到 1991 年，我国"三北"地区累计推广这项技术约 400 万公顷，增产稻米 70 亿千克。

《人民日报》报道：我国已形成植物保护社会化服务体系。由全国近万家植物医院，4 000 多个植物公司，6 000 多个植保专家队和其他植保服务组织形成。

《科技日报》报道：由北京农业大学植物生态工程研究所研制的增产菌，到 1991 年底，已在全国 3 400 万公顷土地、50 余种作物上推广应用，增产粮食 150 亿千克，增加产值 100 亿元，投入产出比为 1∶30。

3 月 3 日 全军纪念义务植树运动 10 周年总结表彰动员大会在北京举行。据统计，十来年全军营区植树 1.66 亿株，成片造林 8 万多公顷。

3 月 7 日 农业部软科学委员会成立大会在北京召开。

林业部举行新闻发布会，公布平原绿化最新成果。到 1991 年底，全国已有 508 个县（旗、市、区）达到部颁平原绿化标准，其中，山西、北京、河南三省、直辖市率先实现了全省、直辖市平原绿化全面达标。

3 月 8 日 《人民日报》报道：一道绿色长城正在我国海岸线筑起，1991 年国家首次投入海防林专项资金 1 000 万元，沿海各省、市积极筹措建成资金 3 亿元，共完成造林 40 多万公顷，绿色海岸线 2 000 多千米。

3 月 9 日 《经济日报》报道：欧共体援助我国最大项目——20 城市奶类发展项目执行 3 年，取得令人瞩目的成绩，与 1987 年相比，20 城市奶牛总头数增长 32.7%，奶量增长 43.6%，人均消费液态奶量 15.8 千克，增长 38.6%。

3 月 12 日 《人民日报》报道：中国提出的人工繁殖扬子鳄商业注册登记提案，已在《濒危野生动植物种国际贸易公约》缔约成员第 8 次会议上通过。

3 月 17 日 林业部发布 1991 年度林业科学技术进步奖评奖结果公报。共评出获奖成果 138 项，其中一等奖 10 项，二等奖 24 项，三等奖 104 项。

3 月 18 日 《农民日报》报道：我国各省农民人均纯收入排出座次：上海农民人均纯收入 1991 年首次突破 2 000 元大关，居全国第一位；北京第二为 1 422.77 元；浙江第三为 1 210.77 元；天津第四为 1 168.53 元；广东第五为 1 143.06 元。排列第六至第十位的依次为江苏、辽宁、福建、山东和吉林。

3 月 22 日 《光明日报》报道：1992 年农业、科技、教育的资金投入都高于 1991 年，用于农业的投入为 566.11 亿元，用于教育的投入 616.51 亿元，用于科技的投入 194.51 亿元。

3 月 25 日 《经济日报》报道：我国两个生态

农业典型入选"全球500佳"。

3月28日 中国花卉协会组织部分省市赴香港参加1992年香港花卉展览，并荣获展委会颁发的五项大奖。参展期间销售额达46万港币。

4月1日 由日本沙漠绿化实践协会、中国绿化基金会、中日友好协会、首都绿化委员会发起的"中日和平友谊林"开工典礼在北京顺义县举行。万里委员长为"中日和平友谊林"纪念碑题写了碑名。

4月7日 由中国贸促会农业分会主办的国际农业新技术博览会开幕，农业部刘中一部长出席了开幕式。

《科技日报》报道：我国首次系统地完成西北纲螨研究。

4月9日 《科技日报》报道：北京农业大学研究出农业气候资源信息系统。

4月10日 《农民日报》报道：中国科学院合肥智能机械研究所研制的"电脑农业专家"应用于农业，在20个省、自治区、直辖市100多个县的266.7万公顷土地上推广应用。

4月15日 《经济日报》报道：我国农业引进外资逾32亿美元，其中无偿援助为9.56亿美元，占29.87%，这些粮食援助和贷款用于发展农业，遍及全国30个省、自治区和直辖市。

国务院关税税则委员会决定从即日起调低鳗鱼苗出口关税税率，出口税率由60%调低为20%。

4月16日 《人民日报》报道：世界银行1990年首批恢复对华贷款项目中的江西吉湖农业综合开发工程，最近经世界银行专家全面检查，被评估为一类项目。

《经济日报》报道：1991年全国农民人均生活消费支出达620元，比1990年增加35元。

4月18日 《人民日报》报道：绿色食品标志获商标专用权。农业部将统一负责绿色食品标志的颁发和使用管理，并发出《关于依法使用、保护绿色食品商标标志的通知》。

4月19日 《人民日报》报道：增产率在10%～35%的旱地作物沟播技术，在我国北方旱区推广面积达80万公顷。

4月20日 《人民日报》报道：国家统计局对全国826个县调查，去冬今春全国农田水利基本建设投资额近60亿元，比上年同期增加1/4。平均每个县投资水利700多万元，共投入劳动积累工3.6亿个。

4月22日 《人民日报》报道：广东乡镇企业1991年总收入逾千亿元，乡镇企业已成为广东农村

经济的主体。

5月1日 农业部批准山东省远洋渔业开发公司、荣成市远洋渔业股份有限公司为远洋渔业企业。

5月3日—7日 由农业部水产司主办的1992年中国国际渔业展览会在深圳举行。参加展出的有中国、美国、德国、日本、挪威、丹麦、法国、新加坡等14个国家和地区的共150多家厂商，来自马来西亚、越南、法国、新加坡等国家和地区的260多位来宾和来自全国各省、自治区、直辖市的3000多人参观了展览会。

《人民日报》报道：由广东佛山市石油化工产品技术开发公司研制生产的新型肥料植宝素荣获北京中国新产品新技术博览会金奖。

5月7日 《农民日报》报道：浙江农业大学育成世界首例小麦无性系变异新品种"核组8号"。

5月11日 《人民日报》报道：农业部利用世界银行贷款建设的中国种子项目效益显著。中国种子项目，在我国主要农作物产区的15个省、自治区，建成了18个种子中心和74个种子基地。

5月13日 《人民日报》报道：我国已有2093个亿元乡镇，江苏吴江县盛泽镇、广东珠海市湾仔镇、江苏无锡县前洲镇和福建省莆田县西天尾镇名列榜首。

5月15日 《人民日报》报道："温饱工程"在全国15个省份的453个贫困县实施，累计增产玉米50多亿千克，使1500多万农民的吃饭问题得到解决。

5月16日 《人民日报》报道：我国农业部门扩大繁育的43个新品种，包括水稻、小麦、玉米和棉花4类主要农作物的高产品种，目前已迅速在各地800多万公顷土地上推广。

《人民日报》报道：我国已成为世界第三饲料工业大国，配、混合饲料总产量达3200万吨，仅居世界饲料工业大国苏联和美国之后。

《人民日报》报道：西北农业大学在胚胎工程研究方面，又获新成果，两只受体山羊顺利产出世界首批卵泡母细胞试管羔羊。

5月17日 《经济日报》报道：我国实施的草业系统工程，目前已建成人工草场和改良草场地1067万公顷，围栏草地60万公顷，每100亩草地载畜量提高到20头以上。10年来共飞播牧草113万公顷。

5月22日 《人民日报》报道：农业部在陕西汉中地区建设的5个瘦肉型猪基地通过国家验收。1991年这些基地的猪肉总产量突破1亿千克。

5月25日 《人民日报》报道：由中国农业科

学院副研究员孙元枢主持培育的青贮饲料黑小麦品种通过专家鉴定。

5 月 26 日 世界首例以非小麦族的通北野燕麦为亲本的小麦远缘杂交育种研究在我国贵州获得成功。

6 月 2 日 《农民日报》报道：1992 年全国农村能源产品和新技术展示交流会开幕（11 日结束）。

6 月 5 日 《科技日报》报道：我国农业环保产业正在形成，全国各级农业环保机构已有 480 多个，专业干部近万人，建立了 900 多个生态农业试验点。基本形成了全国农业环境监测网络。

由农业部渔政渔港监督管理局和中国水产科学研究院联合举办的首届中国珍稀水生野生动物展在北戴河开幕。

6 月 9 日 农业部制定并颁发《水产种苗管理办法》《水产原、良种审定办法》及《水产原、良种审定标准》。

6 月 11 日 《农民日报》报道：据国家统计局最新统计数字，1991 年我国水果产量首次突破 2 000 万吨大关。

我国在世界上首次培育成功双抗转基因烟草。

6 月 13 日 《人民日报》报道：我国将投入78 亿元，从 1992 年开始在 25 个省、自治区、直辖市逐步开展一项巨大的生态经济建设计划——全国十年综合治理开发沙漠工程。规划十年综合治理开发沙漠 667 万公顷。

6 月 17 日 《农民日报》报道：1992 年将从国家农业综合开发资金中拨出 1 000 多万元，支持冀、豫、鲁、皖等 10 个省，建立秸秆养牛示范县，"八五"期间，国家计委安排的示范县总数将达到70 个。

农业部最新统计结果表明，我国 1991 年乡镇企业总产值超过 50 亿元的县、市有 15 个，乡镇企业总产值超过 10 亿元的乡镇有 8 个，有 9 个村乡镇企业总产值超过 2 亿元。

6 月 25 日 《人民日报》报道：我国首批确立的十省区农业综合开发项目通过验收，其中河南、山东、黑龙江及江苏 4 省的项目完成情况受到好评。

6 月 26 日 《农民日报》报道：农业部公布《家畜家禽防疫条例实施细则》，4 月 8 日颁布实施。

《人民日报》报道：到 1991 年，我国已建立 400余处珍稀植物迁地保护繁育基地种质资源库、100 多处植物园和树木园，1 000 多种珍稀植物得到了保护和繁殖。

6 月 27 日 《经济日报》报道：有关部门对全

国乡镇企业 1991 年度财务决算情况汇总表明：1991年全国乡村集体企业实现总产值 7 184 亿元，比 1990年增长 27.07%，实现销售收入 556 亿元，增长27.46%，实现利润总额 333 亿元，增长 25.43%，上缴国家税金 306 亿元，增长 24.18%。

7 月 1 日 农业系统企业发展迅速，已拥有国营企业 4.2 万多个，其中农垦企业 3.1 万多个，水产企业 3 000 多个，畜牧企业 2 500 多个，农机企业1 700 多个，农业企业 2 600 多个，共有职工 2 600 多万人，总产值达到 1 690 多亿元。

《光明日报》报道：我国第一所农业资源和环境学院在北京农业大学成立，该学院设立农业气象、土壤化学、植物营养、土地资源 4 个系以及 6 个研究中心。

7 月 3 日 《农民日报》报道：土肥系统服务趋向成熟，1991 年全国土肥系统技术集团承包面积达 333 万公顷，增产粮食 223 万吨，农民增收 11亿元。

7 月 5 日 《人民日报》报道：国家有关部门 7年来发放 3.7 亿元贴息贷款，截至 1991 年底，我国已发展喷灌、微灌和管灌等节水型农田 37 万公顷。

7 月 7 日 《人民日报》报道：农村综合实力百强县（市）揭晓，前 10 名依次是：无锡县、武进县、江阴市、南海县、常熟市、昊县、张家港市、绍兴县、顺德市、萧山市。

7 月 8 日 国家防汛总指挥部电令沿黄省、自治区限用黄河水，刘家峡水库自 7 月 9 日起加大泄量至每秒 1 050 立方米，确保黄河有限水量送到河口严重缺水地区。

7 月 9 日 《科技日报》报道：我国两系法杂交小麦获新突破，温光型核不育小麦培育成功。

7 月 17 日 《科技日报》报道：中国马铃薯种薯生产研讨会召开。目前，我国已有 25 个省、自治区、直辖市生产推广马铃薯种薯，1991 年全国脱毒种薯推广面积达 49.1 万公顷，占全国马铃薯种植面积的 17.4%。

7 月 27 日 《农民日报》报道：我国自行设计、制造的第一艘为远洋服务的性能优良的 800 吨级冷藏运输补给船"海丰 831"号在大连下水。

7 月 30 日 《人民日报》报道：我国农村经济实力增强，据国家统计局提供的最新资料，1991 年我国农村固定资产投资达 1 536 亿元，比 1990 年增长 23.4%。

《科技日报》报道：我国稻、麦、棉花、大豆、玉米等五大作物农田控制草害科技攻关项目获重大进展。两年来，五大作物不同生态区建立 14 个试验示范县、3 600 多个试验小区，试验新除草剂 58 种，研究试验除草剂科学混配配方 46 种。

7 月 31 日 我国正式加入《关于特别是作为水禽栖息地的国际重要湿地公约》组织。

8 月 5 日 《科技日报》报道：中国农业科学院研制出 301 菌种，可使秸秆快速还田。

8 月 6 日 《人民日报》报道：我国飞播牧草获成套经验。10 年来，全国飞播牧草 160 多万公顷，有苗保留面积 120 多万公顷，有苗面积率为 73.1%，播区分布在 27 个省、自治区、直辖市的 510 个县（旗）。

8 月 21 日 农业部今年首次评出农业科技进步特等奖。由北京农业大学、中国农业科学院等单位 1 000 余名科技人员共同参与完成的"黄淮海平原中低产地区综合治理与农业开发"项目获特等奖，另有 194 项成果获农业部科技进步奖，199 项成果被评为全国农牧渔业丰收奖。

《人民日报》报道：全国最大的蔬菜集散地——山东寿光县的蔬菜进入国际市场，从 1991 年至今，该县已有 5 000 万千克、10 余种蔬菜销往 7 个国家和地区，创汇 300 万美元。

8 月 27 日 《科技日报》报道：大规模农业综合开发使黄淮海地区成为我国最大的农副产品生产基地。1991 年全区粮食总产量 10 637 万吨，棉花总产量 330 万吨，油料总产量 454 万吨，水果总产量达 553.3 万吨。

8 月 29 日 1992 年度林业部科技进步奖评审结果揭晓。共评出一等奖 6 项，二等奖 22 项，三等奖 85 项。

8 月 31 日 《光明日报》报道：全国农业资源与区划学会成立。

9 月 1 日 林业部批复东北林业大学，同意该校成立野生动物资源学院。

9 月 4 日 《科技日报》报道："中棉 16"被国家品种审定委员会审定为全国推广品种。

9 月 5 日 林业部同意建立武汉城市林业建设试验区。

9 月 7 日 《光明日报》报道：全国共建有自然保护区 708 个，面积 56.9 万平方千米。

9 月 16 日 《人民日报》报道：由农业部和北京市政府共同扶持兴建的我国首套引进美国迪卡猪配套系原种猪场在京郊燕山脚下建成投产。

9 月 18 日 中国政府与联合国开发计划署合作的"加强林业"项目在北京签字。

9 月 22 日 《人民日报》报道：农民购买农机热情持续高涨，1991 年全国农机公司系统农机销售总额达 214 亿元。

9 月 23 日 《光明日报》报道：1981—1991 年，我国乡镇企业总产值平均以增加 29.20% 的高速增长，1991 年总产值高达 1.16 万亿元。

9 月 25 日 《农民日报》报道：我国第一批利用外资的农业项目——华北平原农业项目和河北农业发展项目，经过 10 年努力，取得成果。

9 月 28 日 《科技日报》报道：农业部颁发了 1992 年中国国际农业、农业科技合作奖，4 位外国专家获此殊荣。

10 月 5 日 《经济日报》报道：10 年来我国引进外资达 80 亿美元，项目遍及全国 30 个省、直辖市、自治区的广大农村。

10 月 6 日 中国水产品加工行业协会经民政部批准正式成立，协会下设水产制冷、水产食品、综合利用、水产制药四个专业委员会。

首届中国农业博览会于 1992 年 10 月在北京举办，荟萃了全国 30 个省、自治区和直辖市的名、特、优、新农副产品。

10 月 8 日 《人民日报》报道：我国农业社会化服务形成网络，全国乡镇以上的农业技术推广服务机构达 22 万多个，有 36.6 万个村设立了服务组织，还有 13 万个农业专业协会、研究会以及数百万个科技示范点。

10 月 15 日 农业部和商业部联合主办世界粮食日纪念活动。

《人民日报》报道：由湖南衡阳市农科所副研究员周庭波等人在世界上第一次运用"水稻雄性不育遗传的光温启动因子假说"的理论，通过人工培育出籼型水稻低温雄性不育系"衡农 S-3"。

11 月 2 日 《科技日报》报道：海南分离出海洋耐盐碱植物抗性基因，盐碱地上可望五谷飘香。

11 月 3 日 《农民日报》报道：国家土地管理局披露，自 1988 年以来，全国累计复垦利用土地 13 万公顷。

11 月 8 日 《科技日报》报道：陕西农科院蔬菜所成功地选育出大白菜异源胞质雄性不育系"CMS11-7"，这一成果标志着大白菜胞质雄性不育研究上的重大突破。

11 月 10 日 北京林业大学水土保持学院成立。

11 月 11 日 《农民日报》报道：我国农药产

量居世界第二位，仅次于美国。据 1991 年底统计，我国农药生产能力比 1980 年增加两倍，实际产量达到 25 万吨。

11 月 15 日 《人民日报》报道：我国应用遥感技术普查全国水土流失面积的最新成果表明，全国水土流失，水力侵蚀和风力侵蚀面积已达 367 万平方千米。这次普查是由全国农业区划委员会会同水利部等有关单位进行的。

11 月 18 日 《人民日报》报道：全国农村综合实力百强县博览会在北京开幕。江泽民总书记为博览会题词。

11 月 20 日 《人民日报》报道：农业部宣布，北京东北旺农场生产的京西御膳米和御膳米思齐系列产品为绿色食品，这个农场成为国内第一个粮、菜、果综合绿色食品生产基地。

11 月 22 日 《人民日报》报道：世界上第一个高粱两用不育系"湘糯粱 S-1""湘糯粱 S-2"在湖南省农科院土肥所育成。

11 月 25 日 《光明日报》报道：夏秋小麦首次试种成功。

11 月 26 日 中国农业银行每年增加对中西部乡镇企业贷款 50 亿元。

11 月 30 日 《人民日报》报道：甘肃扶贫开发十年获重大成果，国务院致电祝贺并决定扶贫工程建设延长十年。

12 月 6 日 《人民日报》报道：我国远洋渔业积极参与国际竞争与合作，已发展成初具规模的外向型产业。目前，全国已创建了 25 个远洋渔业公司。

12 月 7 日 《经济日报》报道：区域农业综合发展成果颇丰，"七五"期间，通过鉴定的成果 1 100 多项，科技攻关成果累计推广面积 6 000 多万公顷，增产粮食 173 亿千克，皮棉 41 亿千克，新增效益 180 亿元。

12 月 9 日 《人民日报》报道：我国建起 274 个国家级商品粮基地，10 年累计生产粮食 3 992 亿千克。

12 月 15 日 《人民日报》报道：国务院正式批准建立的全国农村改革试验区已达 26 个。

12 月 21 日 林业部、世界自然基金会举行新闻发布会，宣布中国保护大熊猫及其栖息地工程开始启动。这项工程计划在今后 10 年，在四川、陕西、甘肃三省的大熊猫主要栖息地新建 14 个大熊猫自然保护区，还将进一步完善 60 年代以来建立的 13 个大熊猫自然保护区。

12 月 23 日 《农民日报》报道：全国农副产品信息网开通，信息当日收集，当日汇总发布。

1993年

【文献】

1月14日 《农民日报》报道：农业部颁布《乡镇企业劳动管理规定》。

《规定》分为七章，分别对乡镇企业的职工招用、劳动合同、职工的权利和义务、劳动工资和保险、劳动安全和卫生、劳动争议处理、奖励与处罚等进行了规定。总则指出：企业职工的主人翁地位和合法的劳动权益受国家法律保护。鼓励和帮助企业采取各种措施，改善劳动条件，保障企业职工的劳动安全和健康。企业应根据国民经济、社会和企业发展的需要，发展职工培训事业，提高职工的思想政治、文化技术水平。企业应兼顾国家、集体和个人的利益，合理确定积累与消费的比例；对职工实行各尽所能、按劳分配为主的原则，在劳动生产率提高的基础上，增加劳动报酬。各级人民政府乡镇企业行政主管部门应加强对乡镇企业劳动管理工作的指导、管理、监督、协调和服务。

1月19日 《国务院关于加强水土保持工作的通知》。指出：一、增强对90年代治理水土流失的紧迫感，进一步加强领导。要建立每年向同级人民代表大会常委会及上级水行政主管部门报告水土保持工作的制度，并建立政府领导任期内的水土保持目标考核制，层层签订责任状。二、认真贯彻执行《中华人民共和国水土保持法》，加强预防监督，建立和完善各项监督管理制度。三、多形式、多渠道增加投入，大力开展水土保持。四、抓好重点，以点带面，全面推进。各地和有关部门都要在《全国水土保持规划纲要》的指导下，制定本地区、本行业的水土保持规划、计划，确定治理的重点，扎扎实实地开展水土保持工作。

2月14日 《国务院关于加快发展中西部地区乡镇企业的决定》（国发〔1993〕10号）提出：一、提高认识，加强领导，把加快发展乡镇企业作为中西部地区经济工作的一个战略重点。二、实行适应中西部地区经济发展要求的产业政策。三、提倡不同组织形式的乡镇企业共同发展。四、鼓励和支持各类人才走上开发乡镇经济的主战场。五、走因地制宜、合理布局、集中连片发展的路子。六、积极在中西部地区培育和发展市场体系。七、多渠道增加中西部地区乡镇企业的资金投入。八、抓住机遇，推进东西部横向经济联合和城乡联合。九、各有关部门通力合作，为促进中西部地区乡镇企业上新台阶做出贡献。

2月15日 《国务院关于加快粮食流通体制改革的通知》（国发〔1993〕9号）提出：一、积极稳步地放开粮食价格和经营，粮食价格改革总的原则是：统一政策，分散决策，分类指导，逐步推进。争取在两三年内全部放开粮食价格。二、继续实行粮食包干办法，现行国家对各省、自治区、直辖市粮食购销调拨包干办法到1992年度末（1993年3月底）结束。三、继续加强和完善国家对粮食的宏观调控。四、大力促进企业转换经营机制，进一步增强国有粮油企业的活力，要继续推行和完善各种形式的经营承包责任制。五、绝不放松粮食工作。在多渠道、多种经济成分的竞争中，要加强和改进国有粮食企业的工作，继续保持和发挥主渠道作用。

国务院办公厅印发《全国土地利用总体规划纲要（草案）》。

《纲要》对土地利用现状和后备资源潜力进行了综合分析研究，根据需要和可能提出今后一个时期内全国土地利用的目标和基本方针；在预测土地利用变化的基础上，提出各类用地的控制性指标；协调各部门的用地需求，提出对各省、自治区、直辖市土地利用方向和结构的指导性意见；提出实施规划的政策、措施和步骤。《纲要》以国民经济和社会发展十年规划和第八个五年计划纲要为依据，以1985年为基期，2000年为规划期限，并展望到2020年和2050年。我国的土地总面积为960万平方千米，全国土地类型中，山地占33％，丘陵占10％，高原占26％，盆地占19％，平原占12％。我国土地资源的总量大，但人均占有量少。我国土地总面积虽居世界第三位，但人均占有量仅 0.9 公顷，只及世界人均的 1/3。已利用土地资源中耕地占世界耕地总面积的 9%，居第四位，但人均仅 0.12 公顷（1.8 亩），只及世界人均的 41%。山地高原多于平地，耕地后备资源不足，各类用地分布不平衡，土地利用地区差异大。《纲要》提出 2000 年全国土地利用的总目标是：实现粮食和其他主要农产品基本自给，耕地面积要确保 12 000 万公顷以上，森林覆盖率要由目前的 13% 提高到 17%，适当调整全国土地利用结构和布局，提高土地利用的综合效益。

2 月 20 日 《国务院关于改进粮棉"三挂钩"兑现办法的通知》（国发〔1993〕11 号）指出，为了进一步落实扶持粮棉生产的优惠政策，促进粮棉生产的稳定发展，国务院决定从 1993 年粮食、棉花生产年度起，改进粮棉"三挂钩"兑现办法。一、国家用于扶持粮棉生产的化肥、柴油，由按平价供应实物，改为以货币方式，在收购价格之外将平议价差以加价形式付给农民。二、改变粮棉"三挂钩"兑现办法后，原来中央按平价拨给各省、自治区、直辖市的粮棉挂钩化肥和柴油，数量继续保留，价格放开。三、按照规定，"三挂钩"物资由地方负担的部分，以及地方原来在国家规定之外增加的"三挂钩"化肥、柴油，也应改以货币方式付给农民，其平议价差继续由地方财政负担。

《国务院关于建立粮食收购保护价格制度的通知》（国发〔1993〕12 号）指出，为了保护农民种粮的积极性，促进粮食生产的稳定增长，国务院决定建立粮食收购保护价格制度。一、粮食收购保护价格的制定要以补偿生产成本并有适当利润，有利于优化品种结构，并考虑国家财政承受能力为原则。二、为了既保护农民利益，又不过多增加财政负担，保护价的实施范围限于原国家定购和专项储备的粮食。三、粮食收购保护价格由国务院和省、自治区、直辖市人民政府制定。全国主要粮食品种的收购保护价格的基准价，由国务院制定下达。四、对粮食的主要品种实行收购保护价格制度，除早籼稻外，其他粮食品种的保护价格，按不低于国家合同定购价格制定。五、建立粮食风险基金制度。六、要切实执行粮食收购保护价格制度。

《国务院关于加强农业生产资料价格管理以及对其主要品种实行最高限价的通知》（国发〔1993〕13 号）指出：为了切实保护农民利益，调动农民生产积极性，促进农村社会主义市场经济的发展，应进一步加强对农业生产资料价格的管理并对农业生产资料的主要品种实行最高限价。

《国务院关于调整农林特产税税率的通知》指出：

为了适应农村社会主义市场经济发展的需要，促进高产优质高效农业的全面协调发展，国务院决定，适当调整农林特产税税率：一、对大宗农林特产收入仍实行全国统一税率。二、农林特产税征收的范围，仍按照《国务院关于对农林特产收入征收农业税的若干规定》和《国务院关于进一步做好农林特产农业税征收工作的通知》的规定执行，对列举的应税产品必须依法征税。三、对新开发荒山、荒地、滩涂、水面从事农林特产生产的，一至三年内给予免税照顾；对农业科研单位和院校从事科学实验所取得的农林特产收入，经县级以上人民政府批准，给予免税；对农村特别是老、少、边、穷地区的贫困户，纳税确有困难的，适当给予减免税照顾。减免审批程序由省、自治区、直辖市人民政府具体规定。四、征收农林特产税，必须严格按照国家有关规定执行。全国统一规定的征税产品目录、税率、减免事项，各地都要贯彻执行，以保持国家税收政策的统一。

2 月 26 日 《国务院关于进一步加强造林绿化工作的通知》（国发〔1993〕15 号）。

3 月 19 日 《中共中央办公厅、国务院办公厅关于切实减轻农民负担的紧急通知》提出要求：一、自本通知下发之日起，农民除依法纳税和按国务院《农民承担费用和劳务管理条例》关于村提留和乡统筹费必须严格控制在上年农民人均纯收入 5% 以内的规定继续执行外，其他涉及要农民负担费用的各种摊派、集资、达标活动和行政事业性收费，以及在农村建立各种基金等，不论是哪一级政府或哪一个部门制定的文件或规定，一律先停止执行，然后进行清理。二、清理文件必须从源头抓起，首先从中央国家机关抓起。三、各级党委、政府要把减轻农民负担问题作为一项紧急的政治任务，摆上重要议事日程。党政主要领导要亲自动手，深入问题较多的地方调查研究，采取得力措施，尽快把农民的过重负担减下来。同时，加强对本地区清理农民负担情况的监督检查。

6 月 6 日 《国务院批转林业部关于进一步加强森林防火工作报告的通知》（国发〔1993〕42 号）。

6 月 29 日 国务院发布《村庄和集镇规划建设管理条例》，自 1993 年 11 月 1 日起施行。

《条例》规定：村庄、集镇规划建设管理，应当坚持合理布局、节约用地的原则，全面规划，正确引导，依靠群众，自力更生，因地制宜，量力而行，逐步建设，实现经济效益、社会效益和环境效益的统一。国务院建设行政主管部门主管全国的村庄、集镇规划建设管理工作。国家鼓励村庄、集镇规划建设管理的科学研究，鼓励推广先进技术，提倡在村庄和集镇建设中，结合当地特点，采用新工艺、新材料、新结构。村庄、集镇规划由乡级人民政府负责组织编制，并监督实施。

7月2日 第八届全国人民代表大会常务委员会第二次会议通过《中华人民共和国农业法》，自公布之日起施行。

《中华人民共和国农业法》共九章，分别为：总则、农业生产经营体制、农业生产、农产品流通、农业投入、农业科技与农业教育、农业资源与农业环境保护、法律责任、附则。总则规定：国家坚持以农业为基础发展国民经济的方针。国家采取措施，保障农业的稳定发展。农业发展的基本目标是：努力发展农村社会主义市场经济，进一步解放和发展农村的生产力，开发、利用农村劳动力、土地和各种资源，增加农产品的有效供应，满足人民生活和社会经济发展的需要；在发展生产的基础上增加农业劳动者的收入，提高其生活水平，建设共同富裕的文明的新农村，逐步实现农业现代化。各级人民政府必须把农业工作放在重要地位，统一负责、组织各有关部门和全社会支持农业，做好发展农业和为发展农业服务的各项工作。国务院主管农业的部门按照各自的职责，负责全国有关农业的工作。国务院其他有关部门在各自的职责范围内，负责全国有关的为农业生产经营服务的工作。县级以上地方人民政府主管农业的部门按照各自的职责，负责本行政区域内有关的农业工作。县级以上地方人民政府其他有关部门在各自的职责范围内，负责本行政区域内有关的为农业生产经营服务的工作。

八届全国人大常委会第二次会议通过《中华人民共和国农业技术推广法》，自公布之日起施行。

国家鼓励和支持科技人员开发、推广应用先进的农业技术，鼓励和支持农业劳动者和农业生产经营组织应用先进的农业技术。各级人民政府应当加强对农业技术推广工作的领导，组织有关部门和单位采取措施，促进农业技术推广事业的发展。对在农业技术推广工作中做出贡献的单位和个人，给予奖励。乡、民族乡、镇以上各级国家农业技术推广机构的职责是：（一）参与制订农业技术推广计划并组织实施；（二）组织农业技术的专业培训；（三）提供农业技术、信息服务；（四）对确定推广的农业技术进行试验、示范；（五）指导下级农业技术推广机构、群众性科技组织和农民技术人员的农业技术推广活动。地方各级人民政府应当采取措施，保障农业技术推广机构获得必需的试验基地和生产资料，进行农业技术的试验、示范。地方各级人民政府应当保障农业技术推广机构有开展农业技术推广工作必要的条件。地方各级人民政府应当保障农业技术推广机构的试验基地、生产资料和其他财产不受侵占。

7月22日 《中共中央办公厅、国务院办公厅关于涉及农民负担项目审核处理意见的通知》（中办发〔1993〕10号）。

经党中央、国务院批准，取消"农村宅基地有偿使用收费"等37项，暂缓执行2项，修改17项，纠正有强制、摊派和搭车收费等行为14项，可以继续执行的29项。取消要求农民出钱、出物、出工的达标升级活动43项。在农民承担费用的收取与管理方法上，坚决纠正"提前预收村提留和乡统筹费"等10种情况。

8月1日 中华人民共和国国务院令第120号发布《中华人民共和国水土保持法实施条例》，自发布之日起施行。

《条例》规定：一切单位和个人都有权对破坏水土资源、造成水土流失的行为的单位和个人，向县级以上人民政府水行政主管部门或者其他有关部门进行检举，水土流失防治区的地方人民政府应当实行水土流失防治目标责任制。县级以上人民政府应当将批准的水土保持规划确定的任务，纳入国民经济和社会发展计划，安排专项资金，组织实施，并可以按照有关规定，安排水土流失地区的部分扶贫资金、以工代赈资金和农业发展基金等资金，用于水土保持。

9月8日 《国务院关于做好棉花工作及有关政策问题的通知》（国发〔1993〕61号）要求：一、提高棉花收购价格。从1993年棉花年度起，现行标准级皮辊棉的收购价格，由每担* 300元提高到330元。二、保证良好的收购秩序。重申，国家合同定购计划内的棉花，实行统一的收购价格和优惠政策，仍由供销社统一收购、统一经营。三、认真落实收购资金，保证不打"白条"。四、严格执行国家棉花标准，保证棉花质量。五、继续征收棉花技术改进费并提高征收标准。六、从1993年棉花年度起，恢复征收棉花批发环节营业税。七、加强宏观调控，保证完成棉花调拨任务。八、建立健全国家棉花储备制度，加强储备棉管理。

10月5日 中华人民共和国国务院令第130号公布《草原防火条例》，自发布之日起施行。

《草原防火条例》规定：草原防火工作实行预防为主、防消结合的方针。国务院农牧业部门主管全国草原防火工作。地方各级人民政府应当组织划定草原防火责任区，确定草原防火责任单位，建立草原防火

---

* 担为非法定计量单位，1担=50千克。——编者注

责任制度，并定期进行检查。重点草原防火区的有关地方人民政府应当加强草原防火工作的组织建设。一切经营、使用草原的单位都应当建立群众扑火队（组），重点草原防火区还应当组织专业扑火队。草原防火期内，在草原上禁止野外用火。任何单位和个人发现草原火灾，必须立即扑救，并及时向当地人民政府或者草原防火主管部门报告。

10月10日 《人民日报》报道：国务院批转了《粮食风险基金管理暂行办法》。

10月21日 《光明日报》报道：农业部发布《中华人民共和国水生野生动物保护实施条例》。其内容主要包括水生野生动物的保护、水生野生动的管理及奖励与惩罚制度。《条例》规定：国务院渔业行政主管部门主管全国水生野生动物管理工作。县级以上地方人民政府渔业行政主管部门主管本行政区域内水生野生动物管理工作。渔业行政主管部门的行政处罚权，可以由其所属的渔政监督管理机构行使。县以上各级人民政府及其有关主管部门应当鼓励、支持有关科研单位、教学单位开展水生野生动物科学研究工作。渔业行政主管部门及其所属的渔政监督管理机构，有权对《野生动物保护法》和《条例》的实施情况进行监督检查，被检查的单位和个人应当给予配合。

【会议】

2月11日 全国农业厅局长会议在上海召开。会议研究了在建立和发展社会主义市场经济的过程中，如何稳定发展粮棉生产、建立以粮棉为主的农产品宏观调控体系问题。农业部部长刘中一出席会议。

2月27日 农业部张延喜副部长在全国水产厅局长会议上提出，1993年水产工作的重点：一是要一手抓生产发展一手抓市场建设；二是要加强渔业经济体制改革力度；三是要努力促使科技教育发挥支柱作用；四是要转变政府职能，强化管理协调，发挥社会组织作用。

3月8日 《人民日报》报道：全国棉花工作会议在北京开幕。国务院副总理朱镕基主持会议，国务委员陈俊生强调落实棉花生产政策，抓好1993年棉花生产。

3月15日—17日 全国渔业经济体制综合改革试验区工作会议在广东汕尾市召开。

4月13日 《人民日报》报道：由国家计委、农业部和国务院研究室联合召开的中国农村奔小康经验研讨会12日在北京举行，来自全国100多个农民人均纯收入超过千元的县（市）代表，共同探讨我国农村奔小康面临的问题。

4月20日 水利部在吉林松辽市召开全国抗旱节水灌溉现场会。总结推广北方干旱半干旱地区旱作物抗旱坐水种及小麦节水灌溉技术和经验。

4月27日 《农民日报》报道：农民职业技术教育国际研讨会26日在北京举行。

5月26日 《人民日报》报道：由中国社会发展科学研究会、中国农业科学院、中国科协、联合国粮农组织等联合发起召开的1993年国际持续农业与农村发展研讨会24日在北京举行。

6月22日 《人民日报》报道：国务院21日在北京召开全国"菜篮子工程"会议。1992年全国"菜篮子工程"的肉类总产量达3 430.7万吨，奶类总产量563.9万吨，禽蛋产量1 017.7万吨，分别比1990年增长20.1%、18.7%和28.4%，水产品总产量超过1 557万吨。

7月12日 《人民日报》报道：7月11日，全国农村金融工作会议在北京闭幕。主要议题是坚决贯彻党中央关于加强宏观调控、整顿金融秩序的精神，严格控制信贷总量，坚决纠正违章拆借资金；坚持深化农村金融体制改革，高度重视支农工作，集中资金，支持重点，支持农村经济持续协调稳定地发展。

7月13日 《农民日报》报道：10—12日，农业部在北京召开各省农业厅局长参加的农业工作座谈会。

7月16日 《人民日报》报道：全国青年星火带头人工作会议15日在北京召开。会议授予杨学宗等10名青年全国农村"青年星火带头人十杰"称号，授予邹长民等100名青年"青年星火带头人"称号。中央政治局常委、书记处书记胡锦涛在中南海与部分青年星火带头人代表座谈并发表了重要讲话。

8月27日—30日 全国"绿色证书"制度试点工作会议在长春市召开。

这次会议是贯彻落实实施科技、教育兴农发展战略，把农业发展转移到依靠科技进步和提高劳动者素质的轨道上来的重要会议。实施"绿色证书"的三年多试点工作，创造了成功经验，有6万多农民获得了"绿色证书"。

9月18日 国务院在北京召开全国乡镇企业工作会议，国务委员陈俊生在开幕式上作了题为《抓住机遇，深化改革，促进乡镇企业高效持续健康发展》的报告，国务院副总理朱镕基做了重要讲话。会上，农业部表彰了发展乡镇企业的先进单位（200个先进县、市，300个先进乡镇和500家先进乡镇企业）。

9 月 24 日—28 日　经国务院批准，全国防沙治沙工程建设工作会议在内蒙古赤峰市召开。这次会议的主要任务是，进一步贯彻党的十四大和八届人大会议精神、认真落实党中央和国务院领导同志对防沙治沙工作的指示，检查 1991 年兰州会议以来防沙治沙工作进展情况，总结交流防沙治沙经验，研究解决存在的问题，安排部署今后的工作，促进防沙治沙工程建设持续、快速、健康发展。

10 月 15 日　《农民日报》报道：全国村镇建设会议 14 日在江苏苏州市召开。

国务院总理李鹏对这次会议的召开作了重要批示。国家科委副主任邓楠、国家体改委副主任马凯在大会上作了重要讲话。这次会议的中心任务是围绕农村经济发展这个中心，研究部署村镇建设工作。会议明确提出了小城镇建设是今后几年村镇建设的重点，这标志着我国村镇建设进入了一个新的阶段。

10 月 18 日—21 日　中共中央于 1993 年在北京召开了中央农村工作会议。会议中心议题是研究在建立社会主义市场经济体制的进程中，全面加强农业的基础地位，促进我国农业和农村经济上一个新台阶的战略思想和具体措施。18 日，在中央农村工作会议的开幕会上，中共中央总书记江泽民发表了《要始终高度重视农业、农村和农民问题》的讲话。他指出，农业、农村和农民问题，始终是一个关系我们党和国家全局的根本性问题。民主革命时期是这样，社会主义现代化建设时期也是这样。党的十一届三中全会以来改革和发展的实践，已经充分说明了农业和农村工作在我们国家发展中所处的极端重要的地位。在实行社会主义市场经济的新形势下，农业和农村经济面临着许多新矛盾新问题，这些矛盾和问题解决得怎样，不仅直接关系到农村，也关系到整个国家的稳定和昌盛。建立社会主义市场经济体制，为农村经济的发展带来了前所未有的机遇。同时也应看到，农业无论在产品市场的竞争中，还是在经济资源的竞争中，常常处于软弱和不利的地位。因此，农业在国家的宏观调控中是需要加以保护的产业。当前深化农村改革，应以培育市场主体、健全市场体系、加强宏观指导和对农业的保护为主要内容，加快建立适应社会主义市场经济要求的农村经济运行机制和管理体制。中央和国务院各有关部门的负责人，认真讨论了江泽民总书记在开幕会上的重要讲话，深入讨论了《关于当前农业和农村经济发展的若干政策措施》。

12 月 3 日—6 日　由农业部主办、农业部农村经济研究中心和中国农村发展信托投资公司承办的"90 年代中国农村改革与发展国际学术研讨会"在北京举行。

12 月 9 日　全国生态农业试点县建设工作会议在北京开幕。

为进一步推动我国生态农业的发展，在由农业部等 7 个部委联合召开的全国生态农业县建设工作会议上，决定选择具有不同社会经济发展水平、不同资源环境特征、区域代表性强的 50 个县作为全国生态农业县试点。这 50 个县耕地面积 4 910 万亩，有人口 2 392 万人，基本代表了全国各种农业生态典型。计划通过 5 年建设，进一步促进试点县农业生产的发展和生态环境的改善，建成一批可供辐射推广的示范县，探索总结出适应不同类型的生态农业工程技术和管理经验，以便在更大范围推广。

【农业发展成就】

1 月 2 日　《人民日报》报道：我国第一个瘦肉猪专业市场在山东胶南市开业。每天成交仔猪 3 000 多头，成交额 20 多万元。胶南商品瘦肉型猪基地，每年可繁殖瘦肉型仔猪 70 多万头。

1 月 4 日　《农民日报》报道：我国利用世界银行贷款 1.75 亿美元，改良华北平原地区盐碱地。山东、安徽、河南三省九县已治理盐碱约 20 万公顷。

1 月 5 日　《人民日报》报道：1992 年我国林业建设以增资源、增活力、增效益为重点，全国造林合格面积达 454.4 万公顷，造林合格率由过去的 65.6% 提高到 82.6%。

1 月 8 日　《农民日报》报道：华夏第一县——江苏省无锡县，自 1992 年 8 月起乡镇企业日创产值超亿元，全县乡镇工业已完成总产值 303 亿元。

1 月 10 日　《人民日报》报道：据农业部统计，全国"吨粮田"面积已近 266.7 万公顷，比 1985 年增长 20 多倍。

1 月 14 日　《光明日报》报道：我国推广应用微生物肥料联合固氮菌拌种，可使小麦每公顷增产近 450 千克，增产率为 12%。据统计，全国三年累计施用面积达 666.7 万公顷，增产小麦 28 亿多千克。

1 月 16 日　《人民日报》报道：我国长江水系青、草、鲢、鳙四大家鱼种质资源库工程——湖北省监利县长江故道老江河，通过农业部验收。

《人民日报》报道：江苏省盐城珍禽自然保护区，经国务院批准列为国家级自然保护区。

1 月 17 日　《人民日报》报道：1 747 名长期辛勤耕耘在农业科研、教学、推广等领域的农业专家、学者，获得 1992 年政府特殊津贴待遇。1990 年以来，农业系统有 2 145 名专家、学者、技术人员获此殊荣。

《经济日报》报道：农业部软科学委员会召开 1992 年年会暨学术讨论会。

1 月 18 日 国务院发出通知，成立国务院三峡工程建设委员会。李鹏任主任委员。成立中国长江三峡工程开发总公司，能源部副部长陆佑楣任总经理。

1 月 19 日 《人民日报》报道：据水利部统计，到 1992 年底全国有效灌溉面积达 4 933.3 万公顷，净增 40 万公顷。

1 月 24 日 《人民日报》报道：1992 年广东、河南、四川、河北追随江苏、山东、浙江三省，跻身于乡镇企业产值千亿元大省行列。

1 月 25 日 《光明日报》报道：水稻栽培计算机模拟优化决算系统研制成功。利用这一系统，可使水稻每公顷增产 5%～10%。

1 月 26 日 《科技日报》报道：我国科技人员率先在国际上合成了水稻、小麦、烟草等三种作物的羧化酶小亚基结构基因。

1 月 27 日 《人民日报》报道：濒危树种国家一级保护植物绒毛皂荚在湖南南岳衡山得到大量繁殖。目前，南岳树木园已繁殖 2 000 多株绒毛皂荚苗木，并在全国 9 个省市引种栽培。

1 月 28 日 《人民日报》报道：1992 年，我国经济林产品迅猛发展，总产值突破 400 亿元，其中干鲜果产量已达 224.8 亿千克，人均年占有量 18 千克，比十年前增长 1.3 倍。据统计，全国经济林产品出口量已超过 100 万吨，1992 年出口创汇达 12 亿多美元。

1 月 29 日 《人民日报》报道：我国第一个两系法杂交水稻微机检索数据库在江西省农科院情报所建成。

1 月 30 日 《人民日报》报道：农业部确定乡镇企业县级分类名单。乡镇企业发达县约占全国 2 300 多个县的 24%，欠发达县占 29%，不发达县占 46%。发达县比例超过一半的省、直辖市依次是：北京、天津、上海、辽宁、江苏、浙江、山东。

2 月 1 日 《光明日报》报道：由河南省农业科学院承担的中日政府专项技术合作项目"中国河南省黄河沿岸稻麦研究计划"在郑州签订实施协议。

《人民日报》报道：我国大型生态工程之一的长江中上游防护林体系建设工程，1992 年取得可喜进展，全年完成造林合格面积 80 万公顷，为计划的

186%。在第一期工程 200 个重点建设县中，已有 60 个县消灭荒山。

2 月 5 日 《人民日报》报道：中国农科院研究开发与推广并举，1992 年全院创办科技经济实体近 50 个，承担了 1 023 个科研项目。全院获国家级奖励 11 项，农业部科技进步奖 41 项，院科技进步奖 14 项。

《经济日报》报道：各地使用信贷资金和贴息贷款，大力推广喷灌、滴灌等节水灌溉新技术，8 年来每年节水达 20 亿多立方米，增产幅度达 25%～50%。此外，还建成了 55 处节水灌溉增产示范区。北京顺义县已成为我国第一个喷灌县。

2 月 7 日 《经济日报》报道：世界银行为我国粮食流通项目提供 4.9 亿美元混合贷款。

2 月 8 日 《人民日报》报道：从 1985 年至今，水利部门在中国农业银行、工商银行、财政部和国家计委等有关部门的密切配合下，共发放了节水灌溉贴息贷款 6.3 亿多元，加上地方和群众自筹资金，投资规模共达 14.3 亿多元，发展喷滴灌面积 25.7 万公顷，管道输水灌溉面积 3.13 万公顷。每年可节约灌溉用水量 20 多亿立方米。

2 月 9 日 《人民日报》报道：中国农业银行、信用社计划增加农业贷款 300 多亿元，支持春耕生产，今年 1 月全国农行信用社已累计发放农业贷款 158 亿元，比 1992 年同期多发放 40 亿元。

2 月 10 日 《科技日报》报道：国家科委推广种衣剂成效显著，截止到 1992 年底，累计推广种植面积 800 万公顷，总增收 33 亿元，投入产出比为 1：10。

2 月 15 日 《人民日报》报道：到 1993 年 1 月底，中国农业银行和农村信用社储蓄存款突破 5 000 亿元，达到 5 068.23 亿元，储蓄存款突破 100 亿元的省、直辖市有 19 个，最多的是广东省（760 亿元）其次是山东省（464 亿元），河北省（412 亿元）。

《光明日报》报道：我国生物工程技术应用猪胚胎切割半胚移植成功，首次产下 9 头仔猪。

《人民日报》报道：林业部开展多层次国际合作，据统计，我国林业部已引进外资 7.34 亿美元，建成一批重要工程。

2 月 17 日 《光明日报》报道：湖南杂交水稻研究中心主任、"杂交水稻之父"袁隆平近日获 1993 年菲因斯特饥饿奖。

2 月 18 日 《人民日报》报道：全国著名劳动模范、江苏省江阴市华西村党委书记吴仁宝，13 日率 37 位农民赴新加坡、马来西亚、泰国和香港考察。

2月22日 上海农垦首次组团赴海外招商引资的"1993年香港—上海农工商贸易投资洽谈会"在香港举行。

2月23日 《人民日报》报道：我国"三北"防护林体系建设工程到1992年已完成人工造林1 340万公顷，封山封沙育林、飞播造林1 266.7万公顷，零星植树30亿株。森林覆盖率由原来的5.05%提高到9.1%。

2月25日 《人民日报》报道：国务院发布五项粮食产销政策：①国家定购和专项储备粮食实施收购保护价；②粮棉"三挂钩"由平价供应实物改为以货币方式付给；③主要农业生产资料实行计划外最高限价；④调低海淡养殖等大宗农林特产税税率；⑤增加农业投资，扶持粮食主产区发展经济。

《人民日报》报道：我国沿海防护林体系建设工程自1988年以来，已建成1.3万千米海岸线基干林带，有林面积达到666.7万多公顷。

2月26日 《农民日报》报道：1992年，江西出口大米300万吨，跃居全国首位，粮油食品出口创汇突破1亿美元。

2月27日 《新华每日电讯》报道：据水利部去年10月到今年1月底的统计，全国冬修水利最高日出劳动力达8 100万人，累计投入劳动积累工42亿个，累计完成土石方55亿立方米，新增有效灌溉面积46.3万公顷，恢复改善灌溉面积246.7万公顷，改造盐害、盐碱低产田58.7万公顷，新增除涝面积50万公顷，治理水土流失面积12 600平方千米，解决了560万人、260万牲畜的饮水困难。

3月1日 《人民日报》报道：福建省四年来，完成造林合格面积124.8万公顷，封山育林面积33.5万公顷，合计158.3万公顷，成为我国继广东省之后又一个基本消灭荒山的省份。

《人民日报》报道：我国竹产业年产值已达55亿元，年产竹材1 000万吨，竹笋125万吨，竹产品出口创汇1.5亿美元。

《农民日报》报道：据林业部统计，在我国918个平原县中已有603个达到平原绿化标准，3 200万公顷平原耕地实现了林网化。

3月4日 《光明日报》报道：全国绿化委员第十二次会议授予福建省"全国荒山造林绿化先进省"称号。

《人民日报》报道：长江三峡工程移民由试点转入全面实施，1993年首批三峡工程坝区征用土地540公顷，有6 100多移民迁往新居。

3月9日 《人民日报》报道：世界银行、日

本海外协力基金协会等，对正在执行的12项大型水利工程贷款已达近13亿美元。

3月11日 《人民日报》报道：1992年我国人工繁育大熊猫13只，成活11只，成活率为85%。

3月12日 《人民日报》报道：据1988—1992年全国森林资源清查，全国森林面积达到13 093.3万公顷，活立木蓄积量达109亿立方米，森林覆盖率上升到13.63%，林业总产值达到1 265亿元。

《农民日报》报道：据统计，全国平均每年营造经济林面积超过66.7万公顷，经济林产品达2 300多万吨，年产值超过400亿元。出口创汇12亿美元。

《农民日报》报道：据统计，我国飞播造林自1992年列入国家计划以来，有效面积达1 000万公顷，为过去25年飞播造林面积总和的115%。

3月29日 中国-欧洲共同体农业技术中心指导委员会成立，农业部陈耀邦副部长任主任委员。

3月31日 《人民日报》报道：国务院批准万家寨引黄入晋工程，5月正式开工，总投资达96.4亿元。

4月5日 《人民日报》报道：我国最大的芒果加工基地在海南东方黎族自治县小岭动工。

4月7日 《光明日报》报道：我国向亚洲开发银行首次申请的60万美元技术援助"中国东海舟山渔场资源的开发与管理"项目开始实施。

《光明日报》报道：我国公路绿化里程已达44万千米。占可绿化公路的68%。

4月8日 《人民日报》报道：农业部在北京组织召开了农业病虫抗药性监测治理国际研会。据悉，1992年我国农业病虫抗药性治理面积达10万多公顷。

《农民日报》报道：农业部筹划乡企东西合作工程，以推进我国乡镇企业实现东西互补，优势互补，共同发展。

4月9日 《科技日报》报道：我国在国际上首次通过远缘杂交途径获得大豆细胞质——核互作不育系。

《农民日报》报道：农业部全国农技推广总站和国家科委成果办公室向全国推广新型植物生长促进剂"丰收素"，自1988年以来，累计示范推广"丰收素"面积达133.3万多公顷。

4月14日 《人民日报》报道：世界首例鸭胚胎壳外孵化，在北京农业大学动物生化实验室试验成功。

4月15日 农业部组织开展机关干部春季蹲点调查工作。554名调查人员组成49个蹲点调查组，

分赴全国 26 个省、自治区，深入农村基层，帮助地方落实政策，指导农业生产。

4 月 21 日 中国花卉协会、北京花卉协会在北京联合主办第三届中国花卉博览会，有 33 个省、自治区、直辖市和国务院 3 个部门组团参展；美国、荷兰、日本、韩国、以色列、新加坡等国家和地区也应邀参展。

4 月 24 日 《人民日报》报道：国家重点科技攻关项目"农作物新品种扩繁研究"取得显著成果。稻、麦、棉、玉米四大类农作物新品种，3 年间扩繁推广 800 万公顷，平均每公顷增产 10%。

4 月 26 日 《农民日报》报道：我国的耕地面积在保持了两年的基本稳定后再度锐减。1992 年减少耕地 75.4 万公顷，比上年多减少 25.1 万公顷，人均占有面积已降至 0.08 公顷。

4 月 28 日 经上海市人民政府批准，全国农垦系统首家股份公司——上海东海联合企业股份有限公司宣告成立。

5 月 1 日 《人民日报》报道：我国第一座药用植物种质资源库在杭州市建成。

5 月 3 日 《人民日报》报道：截至 4 月底，全国 17 个省、自治区、直辖市受旱面积已达 1 942.4 万公顷，1 684 万人和 838 万头牲畜饮水困难。水利部和财政部已先后下拨特大抗旱经费 5 100 万元。

5 月 6 日 《农民日报》报道：到 4 月底，农业银行 110 亿元粮棉收购定金贴息贷款到位。

《人民日报》报道：林业部、财政部决定，从 1993 年起在东北、内蒙古国有林区森工企业全面推行林木生产商品化，实行森林资源有偿使用制度。

5 月 9 日 《人民日报》报道：1989 年以来，农业科技成果推广项目 82 个，全国农林科技推广机构已达 22 万多个。水稻旱育稀植技术已推广到我国北方 2/3 的水稻种植地区，每年创造效益 20 亿元以上；ABT 生根粉技术推广，形成了覆盖 30 个省、自治区、直辖市 1 500 个县市的服务网络。

5 月 10 日 《农民日报》报道：在乡镇企业发达的江苏省苏州、无锡、常州三市，目前拥有产值超亿元、利润超千万元的村 110 多个。

5 月 14 日 《人民日报》报道：1992 年，国家投入农村能源建设的补助经费达 1.63 亿元，新建农村户用沼气池 38.26 万户，累计达到 498.21 万户。

5 月 16 日 《人民日报》报道：首届中国农民书画展在北京中国美术馆开幕。

5 月 20 日 《农民日报》报道：中国农业科学院棉花研究所培育的中棉 12、16、17 号棉花新品种，已占全国植棉面积的 50%，产生社会效益达 50 多亿元，增加收入 500 多万元。

5 月 23 日 《人民日报》报道：我国农经系统社会化服务有新进展，据农业部门统计，我国各级农经机构已发展到 47 048 个，农经工作覆盖片达 95% 以上，1992 年全国有 2 万多个基层站开展有偿服务，兴办各类经济实体 1 万多个，从业人员达 6 万人，当年收入 10.65 亿元。

《农民日报》报道：1992 年确定星火计划 7 688 项。几年累计 42 389 项，平均每个县实施 19 项，投资额突破 60 亿元，达到 93.78 亿元。经济效益好，1992 年比上年新增产值 171 亿元，新增利税 39 亿元，分别增长 43% 和 56%，出口创汇、节汇 8.5 亿美元。

5 月 25 日 《人民日报》报道：万家寨引黄入晋工程奠基，干渠总长 314 千米，总投资 96 亿元。

5 月 28 日 由农业部和国家计委、化工部、广东省人民政府联合组办的华南商品期货交易所开业。

5 月 30 日 《农民日报》报道：全国乡镇企业产值超过 10 亿元的县有 446 个，占全国乡镇企业总产值的 66.7%。

5 月 31 日 《农民日报》报道：我国第一座由农民投资建成的 1 100 千伏江苏张家港市南丰镇永联村变电站 8 日投入运行。

《科技日报》报道：中国绿色食品发展中心在北京正式成立。

6 月 3 日 《光明日报》报道：农业部正式公布"迈进 21 世纪乡镇工业环境保护行动计划"。

6 月 4 日 中国竹产业协会成立。

《光明日报》报道：20 世纪中国六大生态工程为："三北"防护林工程；平原农田防护林工程；沿海防护林工程；长江防护林工程；国家造林项目；治沙工程。

《光明日报》报道：全国已建立各种类型的自然保护区 708 处，其中森林和野生动物类型自然保护区达 420 处，面积达 4 400 万公顷，约占国土总面积的 4.5%。

《经济日报》报道：林业部最近决定在全国建立若干个国家级和省级保护工程。已经或即将开展的工程有：保护大熊猫及其栖息地工程；保护拯救朱鹮工程；保护和繁殖扬子鳄工程；保护华南虎工程。

6 月 10 日 《人民日报》报道：1988—1992 年，我国农业综合开发用于水利建设的投入达 106 亿元。

《经济日报》报道：中国扶贫开发协会 9 日在北

京成立。

《光明日报》报道：全国乡镇企业年产值超过亿元的乡镇已达 4 255 个。

6 月 17 日 日本政府 1993 年度无偿援助中国政府"粮食增产"项目的换文签字仪式在北京举行。该项目的第十项，援款金额为 7 亿日元。

6 月 18 日 《人民日报》报道：全国蔬菜良种信息库建成，该信息库存有全国 1 300 多家种子单位的蔬菜优良品种介绍和有关数据。

6 月 19 日 《人民日报》报道：我国少数民族地区目前已有近半数贫困人口脱贫，1992 年，新疆、云南、青海、西藏等农牧民人均收入分别达到 740 元、618 元、603 元和 803 元。

6 月 22 日 《科技日报》报道：首届中国绿色科技宣传月"专家论坛"活动在北京举行。

6 月 26 日 中国贸促会农业行业分会在北京举行成立五周年庆祝大会。

6 月 30 日 《科技日报》报道：24 日，国家自然科学基金重大研究项目——"湖北光敏感核不育水稻育性转换机理与利用研究"在武汉市通过鉴定验收。

7 月 2 日 《科技日报》报道：全国生物技术基础数据库建成。

《人民日报》报道：世界银行将向我国提供 2 亿美元的贷款，用于太湖流域骨干水利工程项目建设。

7 月 29 日 《光明日报》报道：国家级重点推广科技成果——"ABT 生根粉系列的开发和推广"，据 1989—1992 年 382 个单位的统计，林业推广面积 446 万公顷，获经济效益 15 亿元，农业推广 526.7 万公顷，获效益 26 亿元。

8 月 4 日 《人民日报》报道：中国农业综合开发实施五年来，共开垦各类荒地 100 多万公顷。

8 月 5 日 林业部、科技日报社、国家环保局在北京举行"中华绿色科技奖"颁奖大会。高德占、王茂林、曲格平、刘东生、陈述彭等荣获"中华绿色科技奖"特别金奖。

8 月 11 日 《人民日报》报道：联合国世界粮食计划署援助我国大型项目"贵州 3 146 工程"已全部建成。

8 月 21 日 农业部科学技术委员会五届二次全体会议评定了农业部科技进步奖 196 项、全国农牧渔业丰收奖 200 项，并对科技成果管理和奖励办法提出了修改意见。

9 月 9 日 农业部组织机关干部秋季百县万户蹲点调查工作，调查人员 380 名分赴全国除北京、天津、上海、西藏、新疆外的 24 个省、自治区。

9 月 11 日 中国治沙暨沙业学会在北京成立。

9 月 17 日 《人民日报》报道：国家长绒棉生产基地——新疆生产建设兵团农一师垦区采用蜜蜂传粉等技术，进行了三系杂交棉大面积制种获得成功。

9 月 22 日 第 33 届国际养蜂大会在北京开幕，刘江部长出席了大会。

9 月 28 日 《人民日报》报道：我国种植业中引进外资最多的项目——"长江中上游水果开发项目"，4 年新建果园 1.2 万公顷。1992 年，经改造的 2 467 公顷果园增产水果 4.2 万吨。

10 月 7 日 林业部科技进步奖评审会在北京召开。经专家评议，"水曲柳、胡桃楸、黄波罗、紫椴人工营造技术"等 5 个项目被评为一等奖，"苹果短式整形修剪技术的研究"等 34 个项目获二等奖，三等奖共 106 项。

10 月 12 日 《农民日报》报道：中国农业银行 9 个月内向乡镇企业发放贷款 534 亿元，自 1978 年以来，14 年农行共向乡镇企业发放贷款 4 340 亿元。

10 月 17 日 《光明日报》报道：16 日是第 13 个"世界粮食日"，中国农科院在北京隆重举行纪念活动。农业部公布获 1993 年部科学技术进步奖和全国农牧渔业丰收奖项目。获科学技术进步奖的水产科技成果共 23 项，其中一等奖 2 项，二等奖 6 项，三等奖 15 项。获农牧渔业丰收奖的水产科技成果共 22 项，其中一等奖 2 项，二等奖 8 项，三等奖 12 项。

10 月 25 日 中国农业科学院与山东省人民政府签订了科学技术合作协议书。

10 月 26 日 《人民日报》报道：辽宁、吉林、黑龙江、内蒙古四省、自治区经过 5 年的综合开发，改造了中低产田 173.3 万多公顷，新增农田灌溉面积 62 多万公顷，新增粮食生产能力 38.5 亿千克，开发区农民总增收 68.9 亿元。

10 月 27 日 中国林业科学院成立 35 周年纪念日。

11 月 5 日 《农民日报》报道：我国第一头试管水牛 10 月 28 日在西宁市降生。

11 月 10 日 由"国际科学与和平周"中国组织委员会与中国农业科学院联合举办的"国际科学与和平周首届农业科技节"在北京开幕。

黑龙江省国营农场总局与日本日绵株式会社大豆补偿贸易项目基本协议签字仪式在北京举行。

11月13日 《经济日报》报道：吉林省1993年粮食产量可达190亿千克。连续7年粮食人均占有量、商品量、调出量均居全国首位。

11月15日 我国第一个国家木材和林产品交易市场——北京（国家）木材和林产品交易市场在北京正式成立。

11月18日 《人民日报》报道：中国优质农产品开发服务协会17日在杭州市成立。

11月19日 中国林场协会在北京正式成立。

11月24日 农业部授予美国专家朱德琳教授、莫里斯教授、梁学礼教授1993年农业部"国际农业科技合作奖"，表彰他们为中国农业科技进步和生产发展做出的重要贡献。

11月25日 《人民日报》报道：1992年我国香菇产量达40万吨，位居世界第一。

12月7日 《农民日报》报道：计划用70年时间完成的"三北"防护林工程，已历时15年。"三北"地区现有林面积已达3 466.7万公顷，活立木总蓄积量达8.7亿立方米，森林覆盖率已由1978年的5.05%提高到8.6%。

12月9日 《农民日报》报道：中国乡镇企业协会乡镇企业家委员会8日在北京成立。

12月10日 我国最大的在建水电建设工程——二滩水电站截流成功。

12月15日 《人民日报》报道：我国森林面积蓄积实现双增长，据第四次全国森林资源清查，我国现有林业用地2.6亿公顷，森林面积1.4亿公顷，森林覆盖达13.92%，活立木总蓄积量117.85亿立方米，森林蓄积量101.37亿立方米。

12月22日 《光明日报》报道：世界银行贷款农业科研教育项目达17 000多万美元。

12月28日 农业部批准海南省海洋渔业公司、福州远洋渔业公司、山东水产外经总公司、钦州市海洋捕捞公司等七家企业有远洋渔业企业资格。

1994 年

【文献】

1 月 19 日 《人民日报》报道：国务院公布《九十年代中国农业发展纲要》。1993 年 8 月 20 日经国务院第七次常务会议审议通过了《九十年代中国农业发展纲要》。《纲要》指出 80 年代我国农业发展在六个方面取得了重大突破，为加快改革开放、加速国民经济发展创造了条件。90 年代是我国农业发展的关键性历史阶段，我们必须全面贯彻党的十三届八中全会决定和党的十四大精神，争取农业和农村经济在 80 年代的基础上取得新的突破。发展农业要按照社会主义市场经济的要求，坚持靠政策、靠科技、靠投入的指导方针，采取有效的措施，促进农业持续、稳定、协调发展，把农业的综合生产能力和经济效益提高到一个新的水平，农林牧副渔各业和乡镇企业持续发展，促进农业再上新台阶。为此，特制定我国 90 年代农业发展纲要。《纲要》从十个方面共 50 条对 90 年代的农业发展各个领域都做了指导和布局规划。一、90 年代我国农业发展的主要目标；二、90 年代农业发展的总体布局；三、依靠农业科技进步，提高土地和各种农业资源的单位产出率；四、加强农产品商品生产基地建设；五、加强农业综合开发；六、大力发展乡镇企业；七、加强农业发展支撑体系建设；八、广辟农业投资渠道，增加农业建设资金；九、加强农业社会化服务体系建设；十、加强领导，为农业发展创造良好的社会环境。

2 月 2 日 《人民日报》报道，国务院发布《关于对农业特产收入征收农业税的规定》。为了合理调节农林牧渔各业生产收入，公平税负，促进农业生产全面发展，根据国家有关法律，制定此规定（1994 年 1 月 30 日国务院令第 143 号发布）。国家依照此规定对农业特产收入征收农业税。《规定》对于征农业特产税的农产品都作了具体条目，全国统一的农业特产税税目、税率、依照《规定》所附的农业特产税税目税率表执行。个别税目、税率的调整，国务院授权

财政部决定。规定以外的农业特产税税率，由省、自治区、直辖市人民政府在 5%～20% 的幅度内规定。农业特产税的应纳税额，按照农业特产品实际收入和规定的税率计算征收。《规定》共计十七条规定，并列出了农产品特产税税目税率表。

2 月 24 日 全国绿化委员会、林业部印发《关于在全国开展争创造林绿化千佳村、百佳乡、百佳县、十佳城市活动的实施方案》。

3 月 7 日 《人民日报》报道：国务院正式批复《全国水土保持规划纲要》。《纲要》提出，水土保持工作是一项系统工程，必须坚持"预防为主，全面规划，综合防治，因地制宜，加强管理，注重效益"的方针，切实抓好预防保护和监督执法工作。要贯彻落实谁治理、谁管护、谁受益的政策，以调动群众的积极性。水土保持要突出重点，以点带面。在全国以黄河、长江为治理重点，同时要抓好其他江河的水土流失治理，以及各级重点防护区、重点监督区和重点治理区的水土保持工作。原则同意按《全国水土保持规划纲要》提出的第二方案安排水土保持治理工作。各省、自治区、直辖市要根据这个方案制定和修订本地区的规划、计划，在预防人为造成新的水土流失和巩固现有治理成果的基础上，加快治理速度，以适应国民经济发展的需要。各级政府和各有关部门都要十分重视水土保持工作，依法防治水土流失。要把水土保持工作纳入国民经济和社会发展的总体规划。资金的筹集，要本着自力更生的精神，以地方投入、群众投劳为主，国家适当扶持。实施规划纲要的经费，需中央投资部分，由有关部门统筹安排；需地方匹配的资金，由各省、自治区、直辖市及计划单列市人民政府安排。中央和地方要有计划、有步骤地开展水土流失综合防治工作。

4 月 14 日 《人民日报》报道：林业部颁发了《消灭宜林荒山荒地主要指标及其要求》。为加强对消灭宜林荒山荒地工作的宏观指导，加快造林绿化步伐，林业部日前颁发了《消灭宜林荒山荒地主要指标及其要求》。指标规定，消灭宜林荒山荒地的

省，其宜林荒山荒地的剩余率不超过 10%，并将全国分为三个不同类型，其中一类灭荒地区包括上海、江苏、浙江、安徽、福建、江西、湖北、湖南、广东、广西、海南 11 个省（市、区），要求 10 亩以上的宜林荒山荒地之和不超过宜林荒山荒地总面积的 1%。

4 月 15 日 国务院关于印发《国家八七扶贫攻坚计划（1994—2000 年）》的通知。全国扶贫开发工作在各级党委和政府的领导下，经过贫困地区广大干部群众的艰苦努力，各级有关部门和社会各界的大力支持，取得了巨大成就。现在全国农村没有完全稳定解决温饱问题的贫困人口已经减少到 8 000 万了，以解决温饱为目标的扶贫开发工作进入了攻坚阶段，为此，国务院决定，制定和实施《国家八七扶贫攻坚计划（1994—2000 年）》，从现在起到 20 世纪末的 7 年时间里，基本解决 8 000 万人的温饱问题。《计划》从形势与任务，奋斗目标，方针与途径，资金的管理使用，政策保障，部门任务，社会动员，国际合作，组织与领导九个方面做了全面的部署。

李鹏总理签署国务院 153 号令，发布了《种畜禽管理条例》（7 月 1 日起施行）。《条例》所称种畜禽，是指种用的家畜家禽，包括家养的猪、牛、羊、马、驴、驼、兔、犬、鸡、鸭、鹅、鸽、鹌鹑等及其卵、精液、胚胎等遗传材料。从事畜禽品种资源保护、培育和种畜禽生产、经营的单位和个人，必须遵守本条例；农户自繁自用种畜禽的除外。国家鼓励并扶持繁育、推广、使用畜禽良种和培育畜禽新品种。在畜禽品种资源保护、培育和种畜禽科研、生产中作出显著成绩的，由人民政府或者畜牧行政主管部门给予奖励。国务院畜牧行政主管部门主管全国的种畜禽管理工作。县级以上地方人民政府畜牧行政主管部门主管本行政区域内的种畜禽管理工作。《条例》共六章二十七条。

4 月 21 日 《人民日报》报道：农业部提出了《乡镇企业产权制度改革意见》。在肯定我国乡镇企业在改革开放中形成的独具特色的经营机制的同时，指出乡镇企业在经营机制和企业制度上存在的问题。《意见》中提出的改革目标是：通过改革，使各种生产要素在不同地区、不同行业、不同所有制之间自由流动和优化组合；使各种经营方式得到完善和发展；使企业真正成为企业法人实体和市场竞争主体。《意见》还提出现阶段乡镇企业产权制度改革的主要形式：①具有一定规模、效益较好的企业，改建成股份合作制企业；②以股份合作制形式组建新企业；③规模较大、效益较好、有一定知名度的企业，组建规范

化的股份制企业；④以优势产业、名牌产品和骨干企业为龙头，组建企业集团；⑤对小型、微利、亏损企业实行兼并、拍卖和风险抵押承包等。

5 月 16 日 国务院办公厅发出《关于加强森林资源保护管理工作的通知》。为进一步强化森林资源保护管理，经国务院同意，特发此通知。各地要高度重视林业的重要地位，加强对林业工作的领导，促进林业持续、快速、健康发展。严格执行森林采伐限额和木材凭证运输制度，坚决扭转林木资源过量消耗的局面。

5 月 23 日 国务院办公厅转发财政部《关于农业综合开发若干政策》的通知。国家立项的农业综合开发是政府保护、支持农业发展，对农业实施宏观调控的重要手段之一。农业综合开发的目标，主要是从各地的实际生产情况出发，通过对水土资源的开发治理，改善农业生产基本条件，提高农业的发展后劲。土地资源开发治理，要坚持治理与开发结合的原则，以改造中低产田为主。新开垦的耕地和新建的果园、林场等要进行适度规模经营，提高机械化水平。国家立项的农业综合开发，要按项目安排投入和加强管理，坚持择优立项，集中投入。土地开发利用必须按照国家规定的标准进行设计、施工和验收。建立健全管理维护责任制。在农业综合开发范围内，实行谁开发、谁利用、谁受益原则。各有关部门要在各级政府的统一领导下密切配合，把农业综合开发这件事办好。

6 月 8 日 国务院办公厅转发《国家计委关于建设高产优质高效农业示范区和扶持粮棉大县发展经济的报告》的通知。《报告》提出：为了更好地扶持粮棉主产区发展农村经济，适应农村市场经济发展的需要，充分发挥地区资源优势，优化农业生产和农村产业结构，引导和推动高产优质高效农业的发展，以市场为导向，以效益为中心，进行科技、资金、物资等生产要素的综合投入，在农产品品种和质量方面进行深度开发，以生产、加工、储蓄、运销一体化的经济实体为龙头，使示范区生产商品化，服务系列化；通过建立贸工农一体化的组织经营，带动千家万户发展生产，进入市场，在发展高产优质高效农业中发挥示范作用。

6 月 28 日 国务院批准《农业部职能设置、内设机构和人员编制方案》（国办发〔1994〕79 号）《农业部职能设置、内设机构和人员编制方案》根据第八届全国人民代表大会第一次会议批准的国务院机构改革方案，保留农业部。农业部机构改革的指导思想是：按照建立社会主义市场经济体制的要求，把工

作重点转到加强对农村经济的"引导、支持、保护、调控"上来，改革旧的管理体制和工作方式，理顺农业系统的内、外部关系，实行政事、政企职责分开，转变职能，精兵简政，提高效率，促进农业生产持续稳定发展。

7月22日 《人民日报》报道：中共中央办公厅、国务院办公厅转发农业部、监察部、财政部、国家计委、国务院法制局《关于1993年农民负担检查情况的报告》。要求认真对照检查，采取坚决有力的措施，切实解决本地区、本部门工作中存在的问题。农民和农村问题，始终是我国革命、建设、改革的根本问题。农村的稳定是整个社会稳定的基础。农民状况如何，不仅直接影响到国民经济的发展，而且影响到国家的政治稳定和整个社会的安定。保护农民合法权益、调动农民生产积极性、切实减轻农民负担，是党的农村工作的一项基本政策，深得民心，决不允许在执行过程中走样。今后，在涉及农民负担的问题上，未经合法程序批准，绝不允许任何地方和部门开口子。各级党政一把手要切实做到亲自抓，负总责。对继续加重农民负担酿成恶性事件的，除了依法追究当事人和直接领导者的责任外，还要追究上一级党政领导的责任。

8月18日 国务院发布并开始实施《中华人民共和国气象条例》。在中华人民共和国领域和中华人民共和国管辖的其他海域从事气象探测、预报、服务和气象灾害防御、气候资源利用等活动，应当遵守此条例。国家对气象工作实行统一领导与分级、分部门管理相结合的制度。国务院授权的主管全国气象工作的机构主管全国气象工作。省、自治区、直辖市气象主管机构负责本行政区域内的气象工作。地方各级气象主管机构实行上级气象主管机构与本级人民政府双重领导，以上级气象主管机构领导为主的管理体制。国务院其他设有气象工作机构的部门，依照分工，负责管理本部门的气象工作，并受国务院气象主管机构的行业管理。各级人民政府应当加强对气象工作的领导和对气象基础设施建设的支持。《条例》共八章四十条。

8月28日 《人民日报》报道：国务院发布《基本农田保护条例》。基本农田保护应当贯彻全面规划、合理利用、用养结合、严格管理的方针。县级以上地方各级人民政府应当将基本农田保护工作纳入国民经济和社会发展计划，作为政府领导任期目标责任制的重要内容，由上一级人民政府监督实施。一切单位和个人都有保护基本农田的义务，并有权对侵占、破坏基本农田以及其他违反本条例的行为进行检举、控告。《基本农田保护条例》共六章四十条。

10月13日 《人民日报》报道：国务院发布《中华人民共和国自然保护条例》，自1994年12月1日起施行。凡在中华人民共和国领域和中华人民共和国管辖的其他海域内建设和管理自然保护区，必须遵守此条例。国家采取有利于发展自然保护区的经济、技术政策和措施，将自然保护区的发展规划纳入国民经济和社会发展计划。建设和管理自然保护区，应当妥善处理与当地经济建设和居民生产、生活的关系。自然保护区管理机构或者其行政主管部门可以接受国内外组织和个人的捐赠，用于自然保护区的建设和管理。县级以上人民政府应当加强对自然保护区工作的领导。一切单位和个人都有保护自然保护区内自然环境和自然资源的义务，并有权对破坏、侵占自然保护区的单位和个人进行检举、控告。国家对自然保护区实行综合管理与分部门管理相结合的管理体制。国务院环境保护行政主管部门负责全国自然保护区的综合管理。国务院林业、农业、地质矿产、水利、海洋等有关行政主管部门在各自的职责范围内，主管有关的自然保护区。县级以上地方人民政府负责自然保护区管理的部门设置和职责界定，由省、自治区、直辖市人民政府根据当地具体情况确定。对建设、管理自然保护区以及在有关的科学研究中做出显著成绩的单位和个人，由人民政府给予奖励。《条例》共五章四十四条。

10月16日 国务院批复农业部、公安部、交通部、国家工商行政管理局、海关总署《关于清理、取缔"三无"船舶的通告》。根据《通告》精神，沿海和内河各级港监机构及其他交通行政管理部门应认真履行自己的职责，对无船名船号、无船舶证书、无船籍港的"三无"船舶坚决进行清理、整顿，必要时予以没收、拆解。《通告》要求，各级主管部门高度重视，做好组织领导工作，做好宣传工作，清理登记，加强检查，取缔"三无"船舶。

10月29日 《国务院关于第一次全国农业普查的通知》。改革开放以来，我国农村经济和社会事业得到全面发展，取得了举世瞩目的巨大成就。为准确掌握农业生产要素的规模与结构，进一步查清农村劳动力的使用、转移以及乡镇企业和农村小城镇发展的基本情况，国务院决定在1997年进行第一次全国农业普查。

11月23日 财政部颁发《国有林场与苗圃财务制度（暂行）》，自1995年1月1日起实行。场圃是国家培育森林资源和优良苗木的基地，是全民所有制为主体的生产性事业单位，按照企业经营管理的要求，实行经济核算。场圃及其所属各单位都要按照

《国有林场与苗圃财务制度（暂行）》的规定进行财务管理。各级财政部门可以根据本地实际情况，对场圃实行不同形式的财务管理。具体形式由各省、自治区、直辖市财政厅（局）确定。

11月25日 《人民日报》报道：中共中央发出《关于加强农村基层组织建设的通知》。实现新时期党在农村的历史任务，必须大力加强农村基层组织建设。今后几年，要努力实现以下五项目标：一是建设一个好领导班子，尤其要有一个好书记，能够团结带领群众坚决贯彻执行党的路线方针政策。二是培养锻炼一支好队伍，共产党员能够发挥先锋模范作用，干部能够发挥示范带头作用，共青团员能够发挥助手和后备军作用。三是选准一条发展经济的好路子，充分发挥当地优势，加快农民脱贫致富奔小康的步伐。四是完善一个好经营体制，把集体统一经营的优越性和农户承包经营的积极性结合起来，增强经济发展的活力，引导和帮助农民走共同富裕的道路。五是健全一套好的管理制度，体现民主管理原则，保证工作有效运转，使村级各项工作逐步走上制度化、规范化的轨道。另外需要明确，村党支部和其他组织都要把贯彻执行党的基本路线、团结带领农民群众奔小康作为根本任务。

【会议】

1月5日 全国农业工作会议在北京召开。国务委员陈俊生到会作重要讲话，农业部刘江部长作报告。会议提出了以稳定增加农民收入和农产品有效供给为目标，稳定党在农村的基本政策，深化农村改革，推进科教兴农，促进农业和农村经济全面发展的1994年工作任务。1994年一定要稳定粮食面积，优化结构，改善品质，主攻单产，确保粮食供应不出问题；要稳定主产区粮食生产，采取倾斜政策加以扶持。

1月6日—7日 国务院治淮治太第三次工作会议在北京召开。国务委员陈俊生在工作会议的讲话中明确提出治淮、治太的任务和目标，号召两流域内各级人民政府以及中央各部门要统一认识、统一步调、统一行动，下决心务必完成1991年国务院治淮治太会议确定的治淮"八五"期间初见成效"九五"期间基本完成目标。

1月9日—11日 全国兽医工作会议在北京召开。

1月11日—15日 农业部与国家教委、林业部联合召开全国普通高等农林教育工作会议。

1月12日 《人民日报》报道：11日，全国农业综合开发会议在北京召开。

1月24日—25日 全国生态农业试点县建设技术指导单位、专家组首次工作会议在北京召开。

1月25日 全国农村股份合作制座谈会在北京召开。

1月26日 农业部刘江部长，吴亦侠、万宝瑞副部长出席国务院召开的全国菜篮子与粮棉油工作会议。

2月2日—4日 《经济日报》报道：全国环境保护工作会议在北京召开。

2月22日—26日 全国气象局长会议在云南昆明举行。

2月24日 农业部召开贯彻执行《农业技术推广法》专家座谈会。

2月24日—26日 全国农村水电电气化工作会议在北京召开。

2月27日 全国种子管理工作会议在北京召开。

3月1日 《人民日报》报道：2月28日，国务院在北京召开全国扶贫开发工作会，国务委员兼国务院扶贫开发工作领导小组组长陈俊生宣布：国务院决定从今年起实施"国家八七扶贫攻坚计划"，力争在20世纪末最后的7年内，基本解决全国8 000万贫困人口的温饱问题。国家主席江泽民、国务院总理李鹏发表重要讲话。

3月3日 全球能量与水循环实验国际研讨会在北京召开。

3月8日—10日 由中国农业部渔业局与美国阿拉斯加大学联合主办的第三届环太平洋渔业会议在北京举行。

3月21日 联合国粮农组织在福州市召开亚洲国家林业部门市场经济改革研讨会。

3月22日 水利部举行纪念第二届世界水日暨第七届水法宣传周庆祝会。

3月24日 《人民日报》报道：23日，中央农村工作会议在北京举行，中共中央总书记、国家主席江泽民提出了1994年农业和农村工作的基本任务，一是保证粮、棉油和"菜篮子"的生产和供应。二是全面发展农村经济，增加农民收入。三是保持农村社会稳定。四是搞好农村基层组织建设。

4月11日—13日 第三次全国农区发展畜牧业座谈会在北京召开。

4月16日 《人民日报》报道：15日，全国农村改革试验区第八次工作会议在北京举行。全国经国务院批准创办的农村改革试验区已达 26 个，分布在 17 个省、自治区、直辖市，各试验区共有 150 多个试验项目在有关地、市、省或全国推广。

内蒙古自治区呼伦贝尔盟红花尔基林业局发生森林火灾，徐有芳部长、祝光耀副部长先后赶赴火场，指挥扑救工作。

4 月 27 日 《人民日报》报道：26 日，农业部召开全国农业系统职称改革工作会议。据悉，我国农业系统中已有科技人员 75 万人，其中高级职务 2.9 万人，中级职务 16.8 万人。

5 月 5 日 《人民日报》报道：国家计委、农业部、财政部公布第二批减轻农民负担项目。

5 月 7 日 《农民日报》报道：6 日，林业部在银川召开全国沙漠化普查与监测工作会议。

5 月 8 日—11 日 农业部渔业局与中国国际贸易促进会农业分会，在深圳国际渔业展览中心联合主办 1994 年中国国际渔业展览会。

5 月 18 日 全国农业资源区划工作会议在北京召开。

5 月 23 日 《人民日报》报道："中国农业普查准备"顾问委员会第一次会议 22 日在北京召开。有关方面已确定这次普查项目和目标（会议 24 日结束）。

5 月 26 日 《人民日报》报道：25 日，国家计委、国家经贸委和电力工业部在北京联合召开全国农村电气化工作会议，讨论和确定 90 年代我国农村电气化改革与发展目标及"电力扶贫工程"。

6 月 1 日—3 日 由中国农垦总公司举办的"94 进口商品联销和出口商品洽谈会"在北京召开。

6 月 9 日 《农民日报》报道：8 日，全国农村社会治安综合治理工作会议在江苏吴江市召开（会议 11 日结束）。

6 月 21 日 《人民日报》报道：20 日，国务院总理李鹏主持召开会议，部署南方部分省、自治区的抗洪救灾工作。

6 月 26 日 《人民日报》报道：24 日，为期 3 天的全国棉花生产工作会议结束。1994 年全国棉花播种面积 540 多万公顷，比上年增加 46.7 万公顷。

6 月 27 日—30 日 农业部与国家技术监督局在南京联合召开全国乡镇企业质量工作会议。

7 月 11 日 林业部在北京平谷县召开全国森林资源保护管理工作会议（14 日结束）。

7 月 19 日 《农民日报》报道：18 日，中央国家机关扶贫工作会议在北京召开。

7 月 25 日 《人民日报》报道：21 日—24 日，中共中央宣传部和国务院办公厅在河南林州市联合召开全国农村精神文明建设座谈会，提出积极引导农民奔小康。

7 月 29 日 《农民日报》报道：28 日，农业部、监察部、财政部、国家计委、国务院法制局在北京召开减轻农民负担工作座谈会。

8 月 2 日—6 日 林业部在云南昆明市召开全国林业厅局长座谈会。

8 月 17 日—21 日 全国气象局长工作研讨会在乌鲁木齐召开。

8 月 22 日 《人民日报》报道：8 月 18 日，国务院在北京召开全国农业生产资料流通体制改革工作会议（19 日结束）。国务院副总理朱镕基在会上指出：改革化肥等农业生产资料流通体制，是建立社会主义市场经济的流通体制，加强宏观调控，整顿流通秩序的一项重要任务。

8 月 25 日—28 日 全国农业中专教育改革十周年座谈会暨表彰优秀教师和优秀教育工作者会议在山东烟台市召开。

8 月 29 日—31 日 全国棉花工作会议在北京召开。李岚清副总理作了重要讲话，朱镕基副总理在会议结束时作了重要总结报告。

8 月 30 日—9 月 3 日 林业部在山西省召开全国森林防火工作座谈会。

9 月 1 日—2 日 《人民日报》报道：8 月 31 日，全国土地使用制度改革工作会议在北京举行。

9 月 18 日 农业部农机管理暨农业部节本增效工程技术推广工作会议在山东诸城市召开。

9 月 20 日—21 日 《人民日报》报道：19 日，国务院在北京召开全国水利工作会议，总结近几年特别是 1994 年水旱灾害的经验教训，研究部署今后的水利工作。国务院总理李鹏强调要从战略高度重视水利建设。

10 月 5 日 中国气象学会成立 70 周年纪念大会在北京开幕。

10 月 15 日 《人民日报》报报道：10 月 16 日是"世界粮食日"。国家各有关部委和联合国及其他国际组织的代表 14 日在北京举行集会，纪念主题为"生命之水"的"世界粮食日"。

10 月 20 日 《农民日报》报道：19 日，全国农业信访工作会议在北京召开。

10 月 24 日—26 日 全国农村政策法规工作会议在北京召开（26 日结束）。

10月27日　《农民日报》报道：26日，中共中央在北京召开全国农村基层组织建设工作会议，国家主席江泽民会见会议代表时强调，把农业和农村工作摆在经济工作首位。胡锦涛在会上指出，适应新的形势和任务，农村基层组织建设必须明确前进目标。

10月30日—11月1日　经国务院批准，农业部和监察部、财政部、国家计委、国务院法制局等五部委（局）在北京联合召开全国农民负担监督管理工作会议。

11月4日　《农民日报》报道：全国第二次土壤普查总结表彰大会在南京召开。我国第二次土壤普查历时16年（1979—1994年），查明全国现有土壤资源不少于88 000万公顷。

11月7日—10日　林业部在福建邵武市召开全国林业技术开发试验示范区建设工作会议。

11月15日　《经济日报》报道：14日，全国农业对外开放会议在北京召开。

11月22日—24日　全国水库移民工作会议在济南市召开。

12月5日—9日　首届全国农业技术推广研究员评审工作会议在北京召开。

12月10日—15日　1994年全国水产加工展示交易会在北京举行。

12月11日—12日　中国水产流通与加工协会成立大会在北京举行。

12月18日　《科技日报》报道：中华绿色科技奖1994年颁奖大会在北京举行。

12月21日—24日　全国畜牧医技术推广服务体系工作会议在江苏无锡市召开日。

12月24日—26日　全国农业计划工作会议在南昌市召开。

【农业发展成就】

1月1日　《农民日报》报道：我国已有900多个县划定了基本农田保护区，约占全国耕地总面积20％的农田得到保护。

1月1日　《人民日报》报道：1993年全国乡镇财政总收入达878亿元，比上年增加218亿元，预算内财政收入超过1 000万元的乡镇达936个，占全国乡镇财政单位数的2％。财政收入最高的乡镇是广东顺德市的容奇镇，收入为16 136万元。

1月3日　《人民日报》报道：我国现有森林面积13 373.3万公顷，活立木总蓄积量117.85亿立方米，森林覆盖率13.92％。全国每年植树造林林133.3万公顷，封山育林333.3万公顷，速度和规模均居世界第一。人工造林保存率达到92.5％。

1月3日　《人民日报》报道：由中国农业科学院主持的总理基金项目——黄淮海地区棉花高产综合技术研究与示范圆满完成各项任务，三年累计增加产值2.35亿元，并于1月4日在北京通过了农业部验收和专家鉴定。

1月6日　《经济日报》报道：福建省森林覆盖率达52.4％，居全国之首。

1月7日　《农民日报》报道：我国已同世界银行、联合国粮农组织、世界粮食计划署等国际农业组织和141个国家建立了农业科技交流和经济合作关系。

1月16日　《农民日报》报道：农业部与世界粮食计划署在北京签订了宁夏山区三县扶贫与环境治理项目。该署将向项目区无偿援助小麦80 526吨，总价值2 200万美元。

1月17日　《人民日报》报道：我国速生丰产林已发展到近33.3万公顷；经济林面积累计达到1 333.3万公顷，占森林资源比重的12.1％。

1月20日　《人民日报》报道：农业部筹划推出"乡镇企业东西合作示范工程"。

1月24日　中共中央政治局委员、上海市委书记吴邦国，副市长夏克强参观了1994年中国绿色食品上海宣传展销会。

1月24日　《光明日报》报道：我国特有的珍稀动物扬子鳄，数量由十年前的200多条增加到4 000多条。

1月31日　《人民日报》报道：国家"七五"重点建设项目——洛河故县水库工程于1月23日正式通过国家验收。

2月13日　《人民日报》报道：我国《珠江流域综合利用规划纲要》经国务院正式审查通过。

2月20日　中共中央总书记江泽民同志为农业部题词：加强调查研究，发展农村经济，保证市场需求，增加农民收入。

2月27日　应农业部邀请，美国农业部副部长尤金·穆斯一行访华。吴亦侠副部长与其进行了工作会谈。尤金·穆斯副部长一行赴海南省考察了接受美国带有矮腥黑穗病小麦的设施情况。

3月5日　《人民日报》报道：中国农业科学院获得"墨西哥国际粮食奖"。

3月6日 《人民日报》报道：5日，国家计委、财政部、国内贸易部、国家经贸委、农业部、国家粮食储备局等有关部门共同主持召开全国粮食风险基金工作会议。

3月16日 农业部发出《关于大力推广农业节本增效工程技术的通知》。

3月23日 1994年世界气象日的主题是：观测天气和气候。中国气象局、中国气象学会、北京市气象局、北京气象学会在北京联合举行世界气象日座谈会。

3月31日 利用世界银行紧急贷款进行的大兴安岭森林防火及恢复项目全面竣工。

4月1日 《农民日报》报道：农业部派出30名干部分赴全国100个粮棉生产大县蹲点调查。

4月5日 国务院批准黑龙江牡丹峰等8个森林生态系统和野生动物类型自然保护区为国家级自然保护区。

4月26日 国务院正式批准了《中国气象局机构编制方案》。中国气象局为国务院直属事业单位，经国务院授权，继续承担全国568气象工作的政府行政管理职能。全国气象部门仍实行气象部门与地方政府双重领导、以气象部门领导为主的管理体制。

5月7日 《人民日报》报道：我国第一部农业法规全书——《农业法全书》由中国农业出版社出版。

5月9日 《人民日报》报道：农业部决定，将种子体系建设、化肥深施技术、"一虫两病"（棉铃虫、畜病、虾病）防治和秸秆过腹还田4项技术作为今后一个时期农业技术推广工作的重点。全国水利经济工作会议在湖北丹江口市召开（12日结束）。

5月10日 刘于鹤副部长代表林业部向美籍华人许忠允博士颁发中国林业国际合作奖。

5月14日 中国气象局决定成立华云信息技术工程公司。

5月14日 国务委员、国家防汛抗旱总指挥部总指挥陈俊生主持召开1994年国家防总第一次会议，水利部钮茂生部长汇报了1994年防汛工作的部署意见。

5月22日 《农民日报》报道：21日，北京农业大学、农民日报社和全国16所农业大专院校联合主办了"1994年全国农民科技日"活动，有300个科技合作项目达成协议。

5月30日 《人民日报》报道：我国又一批农业综合开发项目通过了国家验收。1990年建立的18个农业综合开发项目，涉及18个省、自治区、直辖市和计划单列市，年改造中低产田88.8万公顷；开垦宜农荒地9.13万公顷；植树造林29.6万公顷；改良草场4.87万公顷。

6月3日 中国工程院召开成立大会，并产生首批院士，中国林业科学院王涛、南京林业大学王明麻获中国工程院院士称号。

6月5日 日本海外渔业协力财团援建的福建东山水产增殖中心落成。

6月5日 《光明日报》报道：联合国环境规划署授予宁夏回族自治区中卫固沙林场"全球500佳"称号。

6月7日 世界银行执行董事会批准中国"森林资源发展和保护项目"，项目总投资3.6亿美元，其中世界银行贷款2亿美元。

6月9日 《农民日报》报道：共青团中央、农业部在郑州举行表彰大会，表彰110多名优秀青年乡镇企业家。

6月12日 《农民日报》报道：由日本企业家神内良一先生援助赠款6亿日元的神内中国援助项目，在北京签署了备忘录。

6月14日 《科技日报》报道：13日，国务委员、国务院环境保护委员会主任宋健在北京国际会议中心宣布：《中国生物多样性保护行动计划》正式实施。

6月15日 《人民日报》报道：从1976年起，全国累计推广杂交水稻面积1.6亿公顷，增产稻谷2 400亿千克；目前，全国每年推广杂交水稻面积在1 533.3万公顷以上，约占全国水稻面积的50%以上。

6月15日 《经济日报》报道：广西壮族自治区遭受洪涝灾害的已有67个县市，730个乡镇、1 038.2万人，死亡100多人，受害作物69.3万公顷。

6月23日 《科技日报》报道：我国利用核辐射技术共培育出383个优良突变新品种，居世界首位，核技术在农业方面的应用年创经济效益达33.2亿元。

6月26日 《人民日报》报道："中国国家造林项目"经过3年多的建设，已完成计划98.5万公顷的造林任务，世界银行又批准贷款2亿美元，建设"森林资源发展和保护项目"。

6月27日 《人民日报》报道：在全国推广的水稻旱育稀植技术，1993年推广面积达13.3万公顷，平均每公顷增产10%以上，全年共增产稻谷27.6亿千克，价值20多亿元，节省种子、灌溉水等约折合 15 亿元。

7月1日 《人民日报》报道：我国已建起 188 个优质棉基地县，占全国棉田面积的 55%，总产量占全国棉花产量的 60%，平均单产比全国平均单产高出 10% 以上。

7月1日 《人民日报》报道：我国规模最大的人工降雨基地在吉林省正式投入使用，首次实现了人工降雨作业飞行的全自动化指挥。

7月2日 我国著名农业科学家金善宝先生百岁华诞，中国农科院、九三学社、中国科学院联合举办祝寿大典活动。

7月4日 《人民日报》报道：6月26日，国家"八五"重点工程项目"引大入秦"工程，总干渠贯通。1994年6月26日午夜 11 时 58 分，随着铁道部第十八工程局最后一排炮声响过之后，由 33 座隧洞联结 86.95 千米长的"引大入秦"总干渠全线贯通。为贯通这条总干渠，数万名中、日、意等国的建筑工程技术人员，历时 18 个春秋，吃尽千辛万苦，克服重重难关，终于如愿以偿。

7月6日 《农民日报》报道：我国集贸市场达 8 万多个，年成交额 5 300 多亿元。

农业部和民政部批准成立中国渔船船东互保协会。农业部张延喜副部长为协会名誉会长；农业部渔业局卓友瞻局长为协会理事长。

7月6日 《农民日报》报道：由联合国开发计划署资助 160 多万美元，国内投资 300 多万元人民币的大型农机化国际援助项目"农机化田间试验示范与推广项目"取得成功。

7月11日 国家科委复函农业部，同意华南热带作物科学研究院更名为中国热带农业科学院。

7月18日—21日 中俄渔业部长级会谈在北京举行，中国农业部张延喜副部长和俄罗斯渔业委员会副主席鲁特尼科夫就中国渔船在霍茨克公海捕鱼等问题进行了磋商。

7月22日 《人民日报》报道：从 1994 年起，连续 5 年，国家每年安排 65 亿元专项贷款，其中商品粮大县 50 亿元，优质棉大县 15 亿元，在全国选择了 650 个商品粮棉大县和垦区，集中扶持当地全面发展农村经济。

7月26日 以中国水产总公司为核心企业的农业部直属大型综合性企业集团——中水集团在北京成立。

8月15日 《人民日报》报道：中国农业科学院自建院以来共育成作物新品种 400 多个，其中直接经济效益在 1 亿元以上的品种有 46 个，增加经济效益 304 亿元。

8月23日—25日 中国气象局执行 WMO 自愿合作计划援朝项目圆满完成，进行了交接工作。

8月28日 《人民日报》报道：中国农业银行将拿出 10 亿元贷款专门用于支持"菜篮子工程"和副食品基地建设。

8月28日 《科技日报》报道：农业部"绿色食品"工程已有 400 余种产品获准使用"绿色食品标志"。

9月8日 《人民日报》报道：国家统计局依据乡镇企业销售或经营收入资料，对 500 家最大乡镇企业排出位次。

9月11日 《人民日报》报道：由中国科学院生物技术研究中心郭三堆主持的国家 863 计划课题"抗虫转基因棉花研究"取得突破性进展，在国内首次人工合成抗虫基因并成功地导入棉花，获高抗虫植株。

9月12日 《光明日报》报道：中国农业科学院作物育种栽培研究所育成高赖氨酸玉米单交种——中单 3 850。

9月13日 《农民日报》报道：12 日，黄河小浪底水利枢纽工程开工。

9月14日 《经济日报》报道：国务院批准建设长江三峡经济开放区，并实行沿海经济建立开放区的政策，17 个县市被列为经济开放区。

9月15日 《人民日报》报道：林业部对宜林荒山（坡）、荒沟、荒滩、荒地（沙）使用权拍卖提出 10 项原则。

9月16日 《人民日报》报道：66 家乡镇企业工业小区成为农业部审定并向全国推出的第一批全国乡镇企业东西合作示范区，标志着《乡镇企业东西合作示范工程》已经正式起步运行。

9月17日 位于青海省海南州海拔 3 816 米的瓦里关山山顶的全球第一个也是最高的大陆型基准观象台——中国大气本底基准观象台正式挂牌投入运行。

9月19日 《农民日报》报道：1993 年，全国农垦系统累计吸收外资 20 多亿美元，建成"三资"企业 1 200 多家，提供外贸商品资金总额 293 亿元。

9月25日 全国林业名特优新产品博览会在北京农业展览馆开幕。

9月26日 《光明日报》报道："绿色证书工程"已在全国 28 个省、自治区、直辖市 516 个县全面实施，有 12 万农民获得了农业部统一颁发的"绿色证书"。

9 月 28 日 农业部渔业局授予美国大豆协会驻华首席代表卜东华先生及项目主任史密托先生表彰奖，表彰他们为支持发展中国小网箱养殖事业作出的突出贡献。

9 月 28 日 中央机构编制委员会批复同意成立林业部南京人民警察学校。

10 月 8 日 《经济日报》报道：国家科委、外国专家局、农业部联合召开"三北"地区水稻旱育稀植技术推广表彰大会。水稻旱育稀植技术已在北方70%的稻区推广应用，1990—1993 年，"三北"地区累计推广 594.9 万公顷，增产稻谷 75.53 亿千克，增收 77.76 亿元，减少投入 17.337 2 亿元，节水 200 多亿立方米。

10 月 11 日 《光明日报》报道：1994"黄山杯"全国十大扶贫状元评选活动揭晓。

10 月 16 日 《人民日报》报报道：国家开发银行 1994 年在粮食生产、水利灌溉、化肥农药以及"菜篮子工程"建设等方面共安排资金 30.7 亿元。

10 月 17 日 《人民日报》报道：16 日，我国政府在人民大会堂举行"国际消除贫困日"纪念活动。国务委员、国务院扶贫开发领导小组组长陈俊生作了《向绝对贫困宣战》的主题报告。

10 月 18 日 《农民日报》报道：由国家科委主持实施的星火计划，9 年来共安排示范项目 5 万多项，累计投资 467 亿元，共培训农村科技管理人才和技术人才 2 070 万人次，1993 年产值达 1 700 亿元，实现利税 370 亿元，创汇 10 亿美元。

10 月 24 日 林业部副部长祝光耀率领中国代表团出席在巴黎举行的国际防治沙漠化公约签字典礼。

10 月 25 日 《农民日报》报道：24 日，农业部与世界粮食计划署签署了由该署向河南信阳地区低产田综合开发项目提供无偿援助的《实施计划》。

10 月 26 日 《科技日报》报道：三北防护体系二期工程提前超额完成规划任务，9 年造林1 333.3万公顷，使三北地区森林覆盖率接近 11.4%。

10 月 30 日 《光明日报》报道：总理基金项目——华北地区节水农业技术体系研究与示范项目完成，2 573.3 公顷示范区粮食增产 20%～25%，节水20%～30%；3.3 万公顷辐射推广共增产粮食 2.3 亿千克，创效益 1.8 亿元。

年初，农业部提出了在农垦系统实施"三百工程"，即选择 100 家国有农业企业进行现代企业制度试点、组建和发展 100 家企业集团、建设和发展 100

家良种企业；发出了《关于印发农垦系统组建企业集团及发展良种企业意见的通知》。

10 月 31 日 《农民日报》报道：由中国林业科学院林业科技信息研究所承担的"中国森林资源价值核算"研究项目，首次粗略计算出我国森林资源总价值为 13 万亿元。

11 月 1 日 林业部发出通知，成立全国林业良种审定委员会。

11 月 1 日 中国气象局决定，从 11 月 1 日起，我国将使用新的陆地测站地面气候月报电码。

11 月 13 日 农业部发出《关于表彰全国乡镇企业家的决定》。对 1 000 名厂长（经理）予以表彰，分别授予鲁冠球等 10 名同志"中国乡镇企业功勋"称号；授予姚德荣等 100 名同志"全国优秀乡镇企业家"称号；授予孙萌环等 890 名同志"全国乡镇企业家"称号。

11 月 20 日 《人民日报》报道：经国务院批准组建的又一家政策性银行——中国农业发展银行正式成立，并投入运营。

11 月 26 日 《人民日报》报道：国务院扶贫开发领导小组办公室批准在三峡开放区建立全国异地扶贫示范基地。

11 月 30 日 《农民日报》报道：西藏北部发生罕见雪灾，3 800 多名牧民和 11 万余只牲畜被大雪围困。

12 月 1 日 《经济日报》报道：我国新增节水农田 89.6 万公顷。

12 月 8 日 《人民日报》报道：1994 年全国防治沙漠化工程又获新进展，综合治理开发沙区面积由 166.7 万公顷增加到 224.4 万公顷。

12 月 8 日 《光明日报》报道：中国大熊猫繁育所繁育成活 7 只大熊猫。

12 月 13 日 林业部授予天津市武清县林业科技推广中心等 52 个单位为"全国林业技术推广先进集体"称号，授予赵印等 99 名同志为"全国林业科技推广先进工作者"称号。

12 月 15 日 《人民日报》报道：14 日，长江三峡工程正式开工。1994 年 12 月 14 日，举世瞩目的长江三峡水利枢纽工程正式开工。国务院副总理邹家华主持开工典礼。李鹏总理在大会上发表了《功在当代利千秋》的讲话。他说，三峡水利枢纽工程经过长达 40 年的论证，七届全国人大五次会议批准，又进行了近两年的施工准备，现在已经具备了开工的条件。中央决定三峡工程正式开工。

12 月 18 日 《人民日报》报道：我国畜牧业15 年来平均年递增率达 10％以上，目前已创造了生猪生产、肉类总产量、禽蛋总产量等多项世界第一，我国的秸秆饲料开发利用被联合国粮农组织称为"世界上唯一在秸秆饲料开发利用方面有突破的国家"。

12 月 19 日 《农民日报》报道：17 日，中国农牧渔业公司进出口企业联合体成立。

12 月 26 日 《经济日报》报道：中国技术进步评价中心首次评出了我国农业企业科技投入100 强。

12 月 28 日 以中国农垦总公司为核心企业的农业部直属大型综合性企业——中垦集团，在北京成立。

12 月 29 日 《农民日报》报道：我国首批588 名农业技术人员获得了农业技术推广研究员资格。

12 月 29 日 《经济日报》报道：我国稻田养鱼面积已达 102.7 万公顷，居世界首位。

1995 年

【文献】

1 月 27 日 《中共中央国务院关于深化供销合作社改革的决定》指出，当前，我国农业和农村经济正向社会主义市场经济发展，广大农民迫切要求提供各种经济、技术、信息服务和联合起来进入市场，国家也需要对农村经济加强指导和调控。供销合作社应该在这些方面发挥作用，担当起责任。各级供销合作社都要把为农服务放在首位，一切活动要围绕建立和完善农业社会化服务体系，做好为农业、农村、农民服务的工作。建立和完善农业社会化服务体系，是促进农村经济发展的基础。党中央、国务院决定成立中华全国供销合作总社，组建工作要抓紧进行。新成立的中华全国供销合作总社，是全国供销合作社的联合组织，由国务院领导。各级党委、政府应当从全面发展农村经济的大局出发，加强对供销合作体制改革的领导，使这项改革有组织、有步骤、积极稳妥地深入进行，见到实效。

2 月 22 日 《国务院办公厅转发农业部乡镇企业东西合作示范工程方案的通知》指出，工程的主要目标是，通过工程的示范和导向作用，全面推动乡镇企业东西合作，促进东部地区先进的技术、雄厚的经济实力、科学的管理方式等优势与中西部地区丰富的原材料、能源和劳动力资源优势广泛地结合起来，提高中西部地区乡镇企业的技术素质、管理水平和经济效益，变资源优势为经济优势，推动中西部地区乡镇企业的进一步发展和农村经济的振兴，加快农村剩余劳动力的就地转移和农民收入水平的提高，逐步缩小地区间的经济差距。各级人民政府和有关职能部门要切实加强对乡镇企业东西合作的领导和支持。创造良好的合作环境，制定能够吸引合作对象的优惠政策，并简化审批手续。

2 月 25 日 《人民日报》报道：24 日，中共中央、国务院在北京召开农村工作会议。会议主要议题是，深入贯彻中央经济工作会议精神，落实中央加强农业的各项决策，部署今年农业和农村工作。根据中央政治局常委会工作要点，今年农业和农村工作的指导思想和主要任务是：以邓小平同志建设有中国特色社会主义理论和党的基本路线为指导，认真贯彻党的十四大、十四届三中、四中全会和中央经济工作会议精神，落实党在农村的基本政策，深化农村改革，充分调动农民的积极性，切实增加农业投入，提高农业综合生产能力，改善农业生产条件，千方百计夺取农业丰收，促进农业和农村经济全面发展，确保主要农产品有效供给，确保农民收入增加，确保农村社会稳定。在指导思想和工作布局上，真正把农业放在经济工作的首位，要把加强农业的各项政策措施真正落到实处，今年农业生产任务是艰巨的。

3 月 28 日 国务院批转农业部《关于稳定和完善土地承包关系意见的通知》，文件中提到，为了更好地落实中共中央、国务院关于当前农业和农村经济发展的若干政策措施，进一步稳定和完善家庭联产责任制，加快农村经济发展，维护农村社会稳定，对"增人不增地，减人不减地"，建立土地承包经营权流转机制等一些问题，提出了意见。一是切实维护农业承包合作的严肃性；二是积极、稳妥地做好延长土地承包期工作；三是提倡在期内实行"增人不增地，减人不减地"，有利于稳定农村土地承包关系；四是建立土地承包经营权流转机制；五是不得借调整土地之机变相增加农民负担，不得随意提高承包费，要严格控制乡村提留统筹的范围；六是保护继承人的合法权益；七是要加强对延长土地承包期工作的领导，各级主管部门要高度重视，加强对这项工作的领导。

5 月 6 日 《中共中央国务院关于加速科学技术进步的决定》指出，要全面落实科学技术是第一生产力的思想，大力推进农业和农村科技进步，依靠科技进步提高工业增长的质量和效益，发展高技术及其产业，推动社会发展领域的科技进步，切实加强基础性研究，深化科技体制改革，建立适应社会主义市场经济体制和科技自身发展规律的新型科技体制，建设高水平的科技队伍，提高全民族科技文化素质，多渠道、多层次地增加科技投入，进一步扩大对外开放，广泛开展国际科技合作与交流，切实加强党和政府对科技工作的领导。

5月30日 《国务院批转中国人民银行等六部门关于加强粮棉油政策性收购资金管理意见的通知》指出，近年来，国家采取一系列政策措施，保证了粮棉油收购资金的供应，对调动农民的种田积极性、发展农业生产起到了积极作用。粮棉油收购资金供应和管理要在当地政府的统一领导下，坚持实行分级、分部门责任制。各省、自治区、直辖市的粮棉油收购工作实行省长（自治区主席、直辖市市长）负责制。在各级政府统一领导下，收购部门、财政部门和银行要各负其责，保证本部门应筹措的收购资金及时足额到位，并切实防止被挤占挪用。认真清理收回被挤占挪用的收购资金。粮棉油收购部门要切实加强对本系统收购资金的管理。粮棉油收购主管部门要强化对收购企业资金使用情况的监督和检查，建立内部管理责任制，要加快粮棉油收购部门政策性业务与经营性业务的分离。改进粮棉油收购贷款管理办法。要加强对粮棉油收购资金的专户管理。尽快建立健全粮棉油收购资金管理台帐及统计报告制度。建立收购资金的定期稽核检查制度。

5月30日 水利部第5号令发布实施《开发建设项目水土保持方案编报审批管理规定》。《规定》要求，凡从事有可能造成水土流失的开发建设单位和个人，必须在项目可行性研究阶段编报水土保持方案，并根据批准的水土保持方案进行前期勘测设计工作。水土保持方案分为"水土保持方案报告书"和"水土保持方案报告表"。水土保持方案的编制应当按照《中华人民共和国水土保持法》第十八条规定，"水土保持方案报告书"编制提纲，《水土保持方案报告表》及国家、部门现行有关规范进行。水行政主管部门审批水土保持方案实行分级审批制度，县级以上地方人民政府水行政主管部门审批的水土保持方案，应报上一级人民政府水行政主管部门备案。乡镇、集体、个体及其他项目水土保持方案，由其所在县级水行政主管部门审批。跨地区的项目水土保持方案，报上一级水行政主管部门审批。地方人民政府根据当地实际情况设立的水土保持机构，可行使本规定中水行政主管部门的职权。

7月19日 《经济日报》报道：国务院发出《关于粮食部门深化改革实行两条线运行的通知》，决定将粮食部门的政策性业务和商业性经营分开，建立两条线运行机制。《通知》要求，各级粮食主管部门要认真贯彻国务院文件精神，将粮食部门承担的粮油政策性业务与商业性经营分开，实行两条线运行。国

有粮食企业要将其承担的粮油政策性业务与商业性经营的财务分开，单独核算。各级财政部门要积极参与粮食部门两条线运行改革，加强两条线运行后粮食企业的财务管理，做好相应的财政补贴工作。粮油政策性业务包括：国家定购粮、中央和地方储备粮油的收购、进出口、储存、批发、调运和城镇居民基本口粮及农村需救助人口的粮食供应；军粮、救灾救济粮和水库移民口粮供应；吞吐粮食平抑市场粮价。粮食部门在组织实施两条线运行过程中，对主要承担粮油政策性业务的单位的政策性业务要定岗定员，地方政府委托的粮油政策性业务所需的费用，由地方财政补贴，或通过粮油购销价差解决，中央和地方委托的粮油政策性业务补贴标准确定后，财政部门应按此标准和委托的粮油政策性业务量足额安排预算，及时拨补，不得留有缺口，不得形成新的政策性财务挂帐。

9月1日 《科技日报》报道：国务院发布《淮河流域水污染防治暂行条例》。《条例》提出，淮河流域水污染防治的目标是，1997年实现全流域工业污染源达标排放，2000年淮河流域各主要河段、湖泊、水库的水质达到淮河流域水污染防治规划的要求，实现淮河水体变清。淮河流域水资源保护领导小组负责协调、解决有关淮河流域水资源保护和水污染防治的重大问题，监督、检查淮河流域水污染防治工作，并行使国务院授予的其他职权。

10月19日 《国务院办公厅转发民政部关于进一步做好农村社会养老保险工作意见的通知》指出，随着社会主义市场经济体制的逐步形成，在农村相应地建立社会养老保险体系已很紧迫。1991年1月，国务院决定由民政部负责开展建立农村社会养老保险制度的试点。民政部在深入调查研究和总结经验的基础上，制定了《农村社会养老保险基本方案》，并在山东等地组织了较大规模的试点，有条件的地区在试点的基础上正在逐步推开。随着我国农村经济的发展，在群众温饱问题基本解决、农村基层组织比较健全的地区，采取政府组织引导和群众自愿结合的方法，逐步建立较为规范的农村社会养老保险制度是可行的。在农村建立社会养老保险制度是个新生事物，当前的发展势头是好的，但也存在一些问题。因此文件要求统一认识，加强领导，从实际出发，分类指导，推广规范操作，逐步完善管理体系，切实加强基金的管理和监督，加强宣传教育，改进工作方法，要通过政策引导、村民和企业职工民主讨论等方法，帮助群众解除各种思想疑虑，调动各方面的积极性，吸引群众参加养老保险。

11月30日 《光明日报》报道：中共中央办公厅、国务院办公厅转发了《中央宣传部、农业部关

于深入开展农村社会主义精神文明建设活动的若干意见》，要求各地认真贯彻执行《意见》要求。党的十一届二中全会以来，我国农村发生了历史性的深刻变化。改革开放不断深入，经济建设取得巨大成就，社会面貌明显改观，精神文明水平逐步提高，亿万农民解放思想、更新观念，民主法制意识增强，科学文化素质提高。在农村经济发展和社会进步过程中也存在一些突出问题，主要是部分农民思想观念和科学文化素质与农村现代化建设的要求不相适应，一些地方治安秩序混乱，社会风气不好，封建迷信蔓延。我们必须在抓好物质文明建设的同时，抓好精神文明建设。农村改革越深入，市场经济越发展，就越要加强社会主义精神文明建设。

12月31日《国务院关于加强农村集体资产管理工作的通知》要求各级人民政府要高度重视农村集体资产管理工作。要健全农村集体资产管理的法规和制度。要加强集体资产管理方面的立法和制度建设。农业部要会同有关部门抓紧拟定农村集体资产管理的法规，尽快提请国务院审议并发布施行。

【会议】

1月6日《人民日报》报道：1月5日，国务委员陈俊生在人民大会堂举行的《森林法》实施10周年座谈会上指出，《森林法》是确保林业改革和建设顺利进行的根本大法，今后，要进一步认识依法治林的重要性，建全林业法律体系，加大执法力度，保障我国林业持续、快速、健康发展。

《人民日报》报道：4日—5日，中共中央政治局委员、书记处书记姜春云到中国农业科学院、北京农业大学与专家学者座谈时强调，要一手抓农业科研攻关，一手抓科技成果的推广转化；要切实增加对农业科技的投入；要十分重视农业科技队伍建设。

1月10日《人民日报》报道：9日，国务院在北京召开全国冬春水利建设电话会议，国务委员陈俊生在会上强调，要进一步掀起冬春水利建设新高潮，特别要集中力量、因地制宜把防治旱涝灾害的骨干工程搞好，使之在旱涝灾害来时，真能用得上。

1月11日《人民日报》报道：10日，全国农业工作会议在北京开幕，国务委员陈俊生到会并讲话。

1月16日《人民日报》报道：1月14日，林业部部长徐有芳在中国治沙暨沙业学会理事会上强调，要靠科技发展沙区经济。

1月19日《人民日报》报道：国务院决定于1997年进行第一次全国农业普查，1月18日在北京

召开了第一次全国农业普查联席会议，就农业普查工作进行了研究部署，国务委员陈俊生到会并讲话。

2月23日《人民日报》报道：22日，全国土地管理厅局长会议在福州市召开。

3月1日—2日 全国绿化委员会第14次全体（扩大）会议在北京召开。

3月13日《人民日报》报道：国务院10日—12日在北京召开了全国粮食、棉花、化肥工作会议。会议强调，我国地域辽阔，各地情况千差万别，在发展社会主义市场经济和实行新的财税体制的条件下，各级地方政府特别是省、自治区、直辖市一级政府，必须承担起保证本地区粮食、棉花等主要农产品和化肥等主要农业生产资料供求平衡、价格稳定的责任，实行省长负责制。

3月30日《科技日报》报道：29日，中共中央政治局委员、书记处书记、国务院副总理姜春云在全国森林防火工作电话会议上强调，各级政府的领导要把森林防火工作作为林区工作的头等大事，切实抓紧、抓细、抓好。

4月5日《光明日报》报道：4月4日，全国化肥工作会议在北京召开，化工部部长顾秀莲在会上强调，17个统配大化肥企业要严格执行国家制定的化肥出厂价，中小化肥企业要严格执行当地政府制定的化肥价格，决不允许任意提高出厂价。

4月13日《科技日报》报道：4月13日，中国科协在河北省廊坊市举办节水灌溉科普报告暨现场会，中共中央政治局候补委员、中央书记处书记温家宝、全国政协副主席、中国科协主席朱光亚及部分农业、水利专家参加了会议，温家宝对农村科普工作的开展提出了六点要求。

4月13日《科技日报》报道：4月12日，科技日报社和日本日刊工业新闻社联合在北京举办中日环境研讨会，国务委员兼国家科委主任宋健出席会议并强调指出，当前中国的环境保护，对公众解释和教育是最主要的工作。

4月14日《经济日报》报道：4月13日，农业部、监察部、财政部、国家计委和国务院法制局在北京联合召开1994年农民负担统计结果和执法检查情况的通报会。

4月16日《经济日报》报道：4月15日，为期4天的国务院三峡工程移民工作会议在四川省万县市闭幕，国务院副总理邹家华主持了会议。

4月23日《经济日报》报道：22日，全国乡镇企业东西合作工作会议在北京召开，国务委员陈俊生在会上强调，各级政府和有关职能部门要从战略

高度认识东西合作的重要意义，把乡镇企业东西合作作为一项伟大的事业开展下去。

4 月 28 日 《人民日报》报道：4 月 27 日，国务院召开"全国农业抗灾夺丰收电视电话会议"，中共中央政治局委员、书记处书记、国务院副总理姜春云要求各地下大力做好以抗灾为中心的春播、春管工作，夺取全年农业丰收。

5 月 9 日 《光明日报》报道：5 月 8 日，由水利部和美国垦务局联合主办的"中美水资源可持续利用研讨会"在北京召开。中美双方各 21 名水利专家参加了这次会议。

5 月 11 日 《经济日报》报道：5 月 9 日，全国农副产品收购资金管理会议在北京召开，国务院副总理李岚清在会上要求，确保收购资金的供应，切实防止收购资金被挤占挪用。

5 月 11 日 《人民日报》报道：5 月 10 日，国家防汛抗旱总指挥部 1995 年第一次会议在湖北武汉召开。中共中央政治局委员、国务院副总理、国家防汛抗旱总指挥部总指挥姜春云主持会议并作重要讲话，强调要立足防大汛、抢大险、抗大旱，努力把洪涝和干旱造成的损失减小到最低程度。

5 月 12 日 《农民日报》报道：5 月 11 日，历时 6 天的全国农村文化暨文化先进县工作会议在湖北省宜昌市闭幕。会议提出了加速以小康文化建设为核心的当前农村文化工作总要求；上海市奉贤县等 24 个县（市、区）被命名为全国文化先进县。

5 月 13 日 《人民日报》报道：5 月 12 日，中华全国供销合作社第二次代表大会在北京召开。中共中央政治局常委、国务院副总理朱镕基在会上代表党中央、国务院向大会表示热烈祝贺并强调，把供销社办成农民的合作经济组织。国务院副总理李岚清主持了会议，国务委员、中华全国供销合作社总社筹建组负责人陈俊生向大会作了工作报告（15 日闭幕）。

5 月 15 日 《人民日报》报道：5 月 12 日，中共中央政治局常委、国务院副总理朱镕基在国务院召开的全国农副产品收购资金管理工作电视、电话会议上强调，要充分保证农副产品收购资金供应，坚决做到不打"白条子"，决不允许出现"卖粮难"，绝对不允许任何单位挤占挪用收购资金。

5 月 20 日 《人民日报》报道：5 月 19 日，各省、自治区、直辖市人大农村工作座谈会在西安结束，会议强调，进一步健全和完善农业立法，切实强化农业执法监督和工作监督。

6 月 1 日 《农民日报》报道：5 月 29 日—30 日，中共中央政治局委员、书记处书记、国务院副总

理姜春云在哈尔滨主持召开了黑龙江、吉林、辽宁、内蒙古四省、自治区农业生产座谈会，他强调粮食生产区要抓住机遇，发挥优势，加快农业发展，多增产粮食，为国家多作贡献。

6 月 6 日 《经济日报》报道：6 月 5 日，国务院副总理李岚清在全国环境教育表彰大会上提出，提高全民族的环境意识，培养德才兼备的环保专业人才，是环保战线和教育战线共同面临的重要任务。

6 月 9 日 《人民日报》报道：6 月 8 日，国家科委和农业部在北京联合召开了"中国农业发展国际研讨会"。会议的主题是科技促进可持续发展与中国农业现代化。

6 月 11 日 《人民日报》报道：6 月 10 日，为期三天的全国十大城市第九次"菜篮子"产销体制改革经验交流会在上海闭幕，中共中央政治局委员、国务院副总理李岚清到会并作了重要讲话。

6 月 17 日 《人民日报》报道：全国耕地保护工作会议在扬州召开，会议宣布，下半年国家土地局将组织全国基本农保护大检查（19 日闭幕）。

6 月 18 日 《经济日报》报道：6 月 17 日是联合国第一个"世界防治沙漠化和干旱日"，中国在北京召开纪念大会。中共中央政治局委员、书记处书记、国务院副总理姜春云在会上指出，防治沙漠化是人类的重大使命。

6 月 21 日 《科技日报》报道：6 月 17 日—19 日，农业部在江西九江召开了全国科技兴棉现场会，对推广高产典型，实施科技兴棉战略，促进棉花生产发展进行了新的部署。会议提出，科技兴棉的近期目标是：到 2000 年，全国棉花单产提高 10 千克左右，平均亩产稳定在 60 千克以上。

6 月 23 日 《经济日报》报道：今年 6 月 25 日，是第五个全国土地日，22 日，全国人大环境与资源保护委员会、国务院法制局和国家土地管理局在人民大会堂举行座谈会，20 个国家机关部门的负责人及专家学者参加了座谈会。

6 月 24 日 《人民日报》报道：6 月 23 日，国务院环境保护委员会召开第六次会议，审议并通过了《中国自然保护区发展规划纲要》（1990—2050 年）。

6 月 28 日 《人民日报》报道：6 月 27 日，国家防汛抗旱总指挥部第二次全体会议在北京召开，中共中央政治局委员、书记处书记、国务院副总理姜春云主持了会议并强调，积极主动做好防洪抗灾工作。

6 月 29 日 《人民日报》报道：28 日，水利部在北京召开座谈会，纪念《中华人民共和国水土保持法》颁布实施 4 周年。

7月1日　《科技日报》报道：6月30日，中国农业科学院举行首届"十佳青年""优秀青年"命名表彰和党员先进事迹报告会。

7月3日　《人民日报》报道：7月1日，国务院召开全国抗灾救灾夺取农业丰收电话会，中共中央政治局委员、国务院副总理姜春云要求各地进一步统一思想、坚定信心，战胜灾害，夺取全年农业丰收。

7月5日　《农民日报》报道：7月4日，农业部、外经贸部在北京联合召开全国乡镇企业出口工作会议。国务委员陈俊生到会并作重要讲话。

7月14日　《人民日报》报道：全国生物防火林带工程建设现场会在福建省三明市召开。我国森林面积累计达到1.34亿公顷，森林覆盖率上升到13.92%，其中人工造林保存面积为3 300多万公顷，居世界首位。

7月14日　《农民日报》报道：7月13日，中华全国供销合作总社、化工部、国家工商局在北京联合召开加强农业生产资料市场管理工作电话会议。

7月15日　《经济日报》报道：7月14日，国务院召开全国抗灾救灾夺取农业丰收电话会，中共中央政治局委员、国务院副总理姜春云要求各地进一步统一思想、坚定信心，战胜自然灾害，夺取全年农业丰收。

7月25日　《农民日报》报道：农业部召开南方13省市秋粮生产会议。会议提出，要挖掘潜力，夺取全年农业丰收。

7月30日　《人民日报》报道：29日，全国北方秋粮生产会议结束，会议提出，抓好田间管理，夺取秋粮丰收。

8月24日　《科技日报》报道：8月22日，由中国农学会组织召开的全国第二届青年农学学术年会在黑龙江省宁安市召开，来自全国26个省、市、区的近百名代表出席了本届年会。

8月30日　《人民日报》报道：8月29日，八届全国人民代表大会常务委员会第十五次会议通过了修改后的《中华人民共和国大气污染防治法》。

8月30日　《农民日报》报道：农业部在北京召开全国农村经济工作座谈会。农业部部长刘江强调，要确保增加农产品有效供给，尽最大努力夺取全年农业丰收。

8月31日　《经济日报》报道：经国务院批准，农业部、监察部、财政部、国家计委、国务院法制局8月30日在北京联合召开全国农民负担监督管理工作会议，研究防止农民负担反弹问题。

9月1日　《经济日报》报道：8月31日，全国农民负担监督管理工作会议在北京结束，中共中央政治局委员、国务院副总理姜春云宣布"约法三章"，要求坚决制止农民负担反弹。

9月5日　《经济日报》报道：9月4日，全国棉花工作会议在北京召开，中共中央政治局委员、国务院副总理姜春云主持了会议。

9月5日　《科技日报》报道：9月4日，农业部在天津召开全国农业种子工作会议，会议强调，要加大力度推进种子产业化工程，并决定组建中农种业集团，以开创种子工作新局面，实现良种"育繁推"一体化。

9月7日　《光明日报》报道：9月6日，全国棉花工作会议在北京结束，中共中央政治局常委、国务院副总理朱镕基在会上强调指出：今年的棉花工作继续坚持市场、经营、价格三不放开政策。

9月9日　《农民日报》报道：7日—8日，农业部召开秋季蹲点调查动员及培训会议，部署今年秋季蹲点调查工作。

9月12日　《人民日报》报道：9月11日，第44届世界粮食会议在北京开幕，会议强调，人类发展农业的机遇存在于种子遗传学、农业资源管理、农业科技推广及教育和国际性农业贸易四个方面。

9月20日　《农民日报》报道：9月10日，由美国IMC化肥公司主办、中国化工进出口总公司协办的第44届世界粮食生产会议在北京召开，来自40多个国家和地区的250多位农业、科学和国际贸易方面的专家参加了会议。

9月13日　《科技日报》报道：9月12日，第四次全国农区发展畜牧业座谈会在安徽阜阳开幕，国务委员陈俊生作了题为"总结经验，扩大试点，把农区畜牧业的发展推向一个新阶段"的发言。

9月19日　《人民日报》报道：9月18日，中国环境与发展国际合作委员会第四次会议在北京开幕，国务委员宋健在会上提出，必须将环境政策引向实际领域。

9月20日　《人民日报》报道：国务院在山西太原召开全国农田水利基本建设工作会议，中共中央政治局委员、国务院副总理姜春云到会并作了重要讲话。

10月8日　《人民日报》报道：10月5日，中共中央组织部在北京召开全国农村基层组织建设经验交流会（8日结束）。

10月10日　《科技日报》报道：10月7日，为期3天的全国农、科、教结合工作经验交流会在北京结束，会议总结了全国农、科、教结合工作的经验，并提出农、科、教结合工作的目标：围绕农业和农村经济发展，加强和完善农村人才培训、科技推广和社会化服务体系。

10 月 10 日 《光明日报》报道：10 月 8 日，中共中央政治局常委、书记处书记胡锦涛在中共中央组织部召开的全国农村基层组织建设经验交流会上发表重要讲话，强调要加强农村基层组织建设的领导。

10 月 13 日 《科技日报》报道：10 月 12 日，全国林业科技大会在北京召开，中共中央政治局委员、国务院副总理姜春云到会并指出，实现今后 5 年、15 年国民经济和社会发展的宏伟目标，林业必须有一个大的发展；加快发展林业的关键在于科技进步。

10 月 17 日 《农民日报》报道：16 日，中共中央组织部、中央党校、农业部举办的省级干部农业和农村工作研究班在中央党校开班，中共中央政治局委员、书记处书记、国务院副总理姜春云出席典礼并讲话。

10 月 20 日 《科技日报》报道：10 月 10 日，中国农业发展中的肥料战略研讨会在北京结束，会议提出加快肥料立法工作，加强肥料的使用管理。

10 月 22 日 《经济日报》报道：10 月 21 日，国家计委、中华全国供销合作总社在北京联合召开全国化肥价格工作会议。会议提出，整顿流通秩序，加强化肥价格管理，国务院委员陈俊生到会并作了重要讲话。

10 月 25 日 《经济日报》报道：10 月 20 日，中国乡镇企业协会跨世纪企业家促进会成立大会在北京召开。50 多位中青年乡镇企业家讨论并签署了《21 世纪宣言》。

10 月 25 日 《光明日报》报道：林业部于10 月 21 日—24 日在河南鹤壁组织召开太行山绿化工程建设经验交流会，该工程自 1993 年全面启动以来，已造林 1 780 万亩，造林质量逐年提高，"两高一优"林业基地建设也有较大发展。

11 月 2 日 《农民日报》报道：10 月 31 日，中荷农业研讨会在北京举行。

11 月 8 日 《人民日报》报道：11 月 7 日，全国农村科普工作暨农业专业技术协会经验交流会在北京召开。

11 月 16 日 《光明日报》报道：中共中央政治局常委、书记处书记、中央党校校长胡锦涛同省部级干部农业和农村工作专题研究班学员座谈时强调，发展农业和农村经济，一靠政策、二靠科技、三靠投

入，而所有这一切，归根到底，要靠以党组织为核心的农村基层组织团结和带领广大农民去落实，靠农村基层组织开展有效的工作去实现。

11 月 17 日 《农民日报》报道：11 月 16 日，全国供销合作社基层工作会议在江苏省江阴市召开。

11 月 20 日 《人民日报》报道：林业部在山西省右玉县举行了全国沙棘工作会议，总结交流各地沙棘培育、开发、利用经验，并研究制定"九五"期间沙棘产业发展规划。

11 月 27 日 《农民日报》报道：全国特种动植物市场与发展研讨会暨第二届全国特种养殖业信息发布会在云南昆明召开。来自全 27 个省市的代表共计 160 余人出席了会议。

12 月 1 日 《农民日报》报道：11 月 25 日—26 日，国务院发展研究中心在广东省梅州市主持召开了中国山区发展战略国际会议。

12 月 1 日 《农民日报》报道：11 月 28 日，农业部第二届软科学委员会第一次全体会议在北京召开。

12 月 8 日 《经济日报》报道：中国社会科学院世界经济与政治研究所、第三世界研究中心在山东潍坊市召开农业产业化与合作制研讨会。20 多名农业产业化问题的专家与学者就我国传统农业的产业化、一体化、商品化及其合作制等问题进行了研讨。

12 月 24 日 《农民日报》报道：23 日，由农业部、国家经贸委联合举办的"促进大型工商企业贸工农一体化座谈会"在北京结束。

12 月 24 日 《农民日报》报道：中共中央政策研究室、农业部在云南省景洪市召开了第十次全国农村固定观察点工作会议。

12 月 30 日 《科技日报》报道：12 月 22 日，林业部部长徐有芳在广州召开的全国林业厅局长会议上宣布：从 1996 年起我国对林业经营管理体制进行重大改革，逐步将林业区分为公益林和商品林两大类进行分类经营管理。

【农业发展成就】

1 月 3 日 《人民日报》报道：自 1990 年我国开始实施绿色食品工程以来，已在全国 28 个省市设立了绿色食品委托管理机构。获得绿色食品标志的产品由 1990 年的 125 个增加到 1994 年的 588 个，绿色食品的食物生产规模已从 1990 年底的不到 35 万吨扩大到目前的 800 多万吨，年均增长速度超过 130%，绿色食品的原料作物种植面积也增加到近 800 万亩。

1月5日 《人民日报》报道：中国农业科学院棉花研究所从"六五"以来，主持并承担国家科技攻关项目，该所培育的各种类型棉花系列优良品种种植面积达到4 140万亩，占全国棉田的50%以上，近10年累计创社会经济效益达125亿元以上。

1月5日 《人民日报》报道：据建设部、民政部等有关部门的统计，目前我国农村小城镇（包括县城关镇在内）已达1.52万个，并已形成3.64万个集镇。小城镇的发展，已吸纳了超过1 800万农村剩余劳动力就业。

1月8日 《人民日报》报道：中国农业科学院作物培育所培育成功糯质玉米新品种"中糯一号"，该玉米是目前国内最佳的鲜食菜用玉米，并且抗病性好，在全国主要玉米产区均可种植。

1月8日 《人民日报》报道：1月7日，全国环境保护工作会议闭幕，国务委员、国务院环境保护委员会主任宋健在会上强调，强化法制，坚决贯彻执法必严、违法必究的原则是当务之急。

1月8日 《人民日报》报道：我国年产万吨以上的大规模饲料加工企业已经发展到979家，每年生产能力达到7 753万吨。据有关部门统计，我国养殖业配合饲料利用程度已达到40%以上。

1月8日 《经济日报》报道：1995年中国农业银行计划增加农业贷款570亿元，比上年增长26.4%。

1月11日 《人民日报》报道：中国绿色环境发展中心1月6日在人民大会堂成立，这将逐步形成集团优势，直接参与国际环境领域的合作与竞争。

1月13日 《人民日报》报道：上海农业科学院培育出青菜新品种"小叶青"，该品种抗病性强，形成菜心时间短，株形较小，适宜于"小包装"上市。

1月13日 《人民日报》报道：北京林业大学博士生张志毅在我国首次选育出具有57根染色体的三倍体白杨，填补了我国人工花粉染色体加倍技术研究的空白。

1月13日 《人民日报》报道：河北省沧州市生物新技术研究所与多家跨省饲料集团协作完成新型养殖动物配合饲料——TR饲料，该饲料以土壤为基料，经过特殊工艺处理和多种微生物发酵而成，填补了国际生物新技术的一项空白。

1月16日 《人民日报》报道：东北师范大学何孟元教授、中国科学院院士郝水教授通过染色体工程的途径，把天兰冰草染色体引入小麦，然后通过易位，把天兰冰草染色体上的有用基因整合到小麦染色体上。

1月17日 《人民日报》报道：四川省南充市农科所副研究员卢云清等经过30年不懈的努力，在国内首次培育成功棉花"洞A"核雄性不育种质，是一个具有不育遗传稳定、丰产性好、适应性广、配合力强、具有实用性的单隐性核不育种质。

1月20日 《农民日报》报道：我国第一部荒山有偿开发的专门法规《云南省荒山有偿开发的若干规定》，由云南省人大常委会制定并颁布施行。

1月23日 农业部部长刘江在北京人民大会堂与来访的美国能源部部长奥里瑞共同签署了《中华人民共和国农业部与美利坚合众国能源部关于在节能和可再生能源协议框架下合作开发再生能源意向书》。

1月24日 《农民日报》报道：由农业部组建的"全国大中城市菜篮子产品批发市场信息网"建成开通并投入运行，北京、上海、天津等城市的一些主要蔬菜、副食品批发市场已成功地实现了计算机联网。

1月27日 《人民日报》报道：中国农业科学院和海南三维置业有限公司共同研制开发成功一种国内外首创的生物复合肥——三维强力肥。

2月6日 《人民日报》报道：我国的牡丹基因库在河南省洛阳市建立，已收集到牡丹品种450多个，15万株。

2月14日 《人民日报》报道："森林资源发展和保护项目"开始实施启动。

2月19日 《人民日报》报道：全国8个省、区、市完成了基本农田保护区规划，有28个省、区、市的约2 500个县、市开展划定保护区工作，全国近50%的基本农田得到保护。

2月24日 《人民日报》报道：四川省农业科学院的科研人员经多年努力，培育出了我国第一个抗棉花黄萎病多菌系的新抗源种质"川737"和"川2802"，为我国农业部门培育高抗黄萎病的棉花新品种提供了高水平的亲本材料。

2月27日 《农民日报》报道：农业部确定第二批全国"绿色证书工程"试点县52个，全国"绿色证书工程"试点县已达102个。

3月2日 中华人民共和国林业部部长徐有芳和印度共和国环境与森林部部长卡麦尔·纳特在北京签订了《中华人民共和国政府和印度共和国政府关于保护虎的协定书》，国务委员宋健出席了签字仪式。

3月9日 《农民日报》报道：我国首次利用陆地棉和野生绵进行远缘杂交而育成的棉花新品种"石远321"，多项指标连续2年荣登榜首，标志着我国已进入了种间杂交育种的先进行列。

3月17日 水利部钮茂生部长就"世界水日""水利政策法规年"活动等内容接受了《人民日报》记者的采访。

3月22日 《经济日报》报道：农业部、国家科委、人事部、水利部、林业部、国家农业综合开发办公室决定，在全国推广玉米综合增产技术、水稻综合增产技术等20项农业重点技术。

3月23日 《经济日报》报道：据统计，1995年由国家财政安排的支持农业发展资金总额达693.51亿元，比上年增长11%。

3月25日 《科技日报》报道：3月24日，林业部经济发展研究中心在北京成立。该研究中心将围绕林业发展的战略目标，对有关林业经济发展的重大问题进行超前研究，重点研究现代林业的基本框架与指标体系、山区和沙区林业综合治理开发政策、建立现代林业企业制度，为林业产业发展做好服务工作。

3月27日 《人民日报》报道：第一家全国性的畜牧企业集团企业——中牧集团在北京成立。

3月29日 《经济日报》报道：28日，中共中央总书记、国家主席江泽民结束对我国重要粮棉产区——江西、湖南为期10天的考察，回到北京。在考察期间，江泽民就农业和农村工作发表了重要讲话。

3月29日 《农民日报》报道：中国农业银行安排75亿元专项贷款，支持粮棉大县"两高一优"农业示范区建设。

4月4日 《科技日报》报道：中国水稻研究所与中国科学院遗传研究所经过6年合作研究，成功地将昆虫抗菌肽基因导入水稻，并在我国首次获得了抗细条病和抗白叶枯病的转基因水稻植株。

4月7日 《经济日报》报道：国家开发银行1995年农业贷款将超过70亿元，比1994年计划增长25%以上。

《农民日报》报道：全国已有4.5万个乡、70万个村、8亿农牧民用上电，分别为农村牧区乡、村、户的97%、93%、89%。农村电力网已覆盖90%的国土。

4月8日 《经济日报》报道：农业部与国家工商局发出通知，要求各地加强对肥料、农药、种子的产品质量和市场管理。

4月10日 《科技日报》报道：截至1994年，全国共开展了42个草地牧业综合示范工程建设，累计完成人工种草和改良草地面积2亿亩，综合治理盐碱地733.3万亩。

4月10日 《农民日报》报道：3月25日—4月7日，中共中央政治局委员、全国人大常委会副委员长田纪云在四川考察工作时指出，要因地制宜，大力发展农村经济。

4月11日 《科技日报》报道：云南大学研制成功高效植物生长调节剂BR-120，在全国28个省区不同生态环境中的多种作物种植中试验，增产增值效果显著，标志着我国植物生长调节剂研制水平已跨入世界先进行列，国家科委将其列入"1995年国家科技成果重点推广计划"。

4月11日 《科技日报》报道：水利部通报了全国冬春水利建设情况，据统计，去冬今春全国各地共投入180亿元用于水利建设，投入劳动积累工59.5亿工日，累计完成土石方71.4亿立方米，全国共新增灌溉面积1000万亩，改善灌溉面积5200万亩，新增除涝面积1600万亩，改造中低产田1600万亩，治理水土流失面积2.04万平方千米，解决了940万人，550万头牲畜的饮水困难。

4月11日 《人民日报》报道：农业部、北京华光面粉有限公司等组织专家，首次评选出"丰优4号""旱丰1号"等18种优质饼干、蛋糕用小麦品种。

4月18日 《人民日报》报道：4月9日—16日，中共中央政治局常委、书记处书记胡锦涛在太行山区农村考察时强调指出，切实加强农村基层组织建设，农业兴，全国兴；农民富，国家强，农村稳，天下安。

4月24日 《人民日报》报道：1994年我国农村贫困人口已由1992年的8000万人减少到7000万人。

4月25日 《经济日报》报道：4月24日，全国农业综合开发经验交流会在成都召开。国务委员陈俊生出席会议并作了重要讲话。

4月27日 《人民日报》报道：国务院批准，确定国家对沿海防护林带实行特别保护，国务院办公厅批转林业部的报告，正式把1.4万千米的沿海防护林带划为特别保护林带。

4月27日 《人民日报》报道：截至4月26日，全国受旱面积达2.12亿亩，白地缺墒1.35亿亩，水田缺水2700多万亩，因旱有近1000万人，500多万头大牲畜吃水困难。水利部、国家防汛抗旱总指挥部办公室从2月下旬至4月上旬先后派出7个工作组分赴河北、陕西、河南、山西、甘肃等14个省、市，协助各地抗旱工作。

4月29日 《人民日报》报道：国务院向各地批转了农业部《关于稳定和完善土地承包关系的意

见》，要求各地结合本地实际情况，认真贯彻执行。

5月8日 《农民日报》报道：5月5日，国家工商局、卫生部、国家医药管理局、农业部联合颁布药品、医疗器械、农药、兽药广告审查标准和审查办法。

5月9日 《人民日报》报道：5月8日，国务委员兼国家科委主任宋健在中南海会见了以色列农业部长雅格布·楚尔，中以农业经济合作研讨会在北京召开。

5月9日 《人民日报》报道：我国小麦育种获得突破性进展，程顺和主持培育的扬麦158号亩产比扬麦5号增产13%，被列为江苏省"八五"期间重点推广的农业科技成果。

5月10日 《农民日报》报道：农业部对全国农业系统在实施"温饱工程"工作中做出突出贡献的50个单位和50名个人授予农业系统实施贫困地区"温饱工程"先进集体和先进个人荣誉称号。我国贫困地区实施"温饱工程"六年来，项目区累计推广地膜玉米面积达5 764.5万亩，超过国家计划的28.2%，新增粮食产量97.23亿千克，新增加收入38.57亿元，帮助7 230.87万人次的贫困农民解决了当年吃饭问题。

5月16日 《人民日报》报道：5月15日，中华全国供销合作总社成立。

5月16日 《人民日报》报道：北京农业大学张福锁教授首次利用我国高产小麦品种，发现4种抗性化合物及植物高铁载体类化合物在禾本科植物体内合成，并主动分泌到根际环境中。

5月18日 《经济日报》报道：《中国21世纪议程林业行动计划》经国务院批准，将正式实施，按照该计划所确立的林业发展目标，到2000年，全国净增有林地998万公顷，森林覆盖率达到15%～16%；2010年，全国净增有林地2 898万公顷，森林覆盖率达到17%左右。

5月18日 《经济日报》报道：由北京大学中国经济研究中心等联合举办的"水稻中长期供给和需求预测和政策意义"国际研讨会在北京举行。来自亚洲及世界十多个国家的农业部长及高级官员和专家学者70余人就当前和下个世纪初世界水稻生产和需求情况及对国际贸易可能产生的影响进行了交流与探讨。

5月20日 《光明日报》报道：5月19日，具有研究、开发、转化和信息集散四种功能的国家杂交水稻工程技术研究中心，通过专家综合评审，正式成立。

5月22日 《人民日报》报道：陕西农业科学院研究员宁锟，培育出一种具有耐寒耐旱、水旱兼用的小麦新品种"陕229"。国家科委将其列入国家重点扩大繁殖推广品种。

5月23日 《人民日报》报道：以"播科技种子，促农业发展"为主题的1995年北京农业大学农民科技日在北京举行，来自华北地区4省2市的30余位县长和农民代表共500多人参加了活动。

6月3日 《经济日报》报道：国务院办公厅发出通知，要求各地人民银行、农业银行、农业发展银行以及其他有关国家专业银行支行和有关部门，在当地政府的统一领导下，组织力量于6月上旬对农副产品收购资金供应和管理情况进行一次大检查。

6月5日 《经济日报》报道：5月25日—6月4日，江西上饶地区出现了一场范围广、持续时间长、侵害性大的强降水，平均降雨达383.4毫米。全区有281个乡镇、264万人受灾，受淹人口20.8万人，死亡牧畜3.6万头，受淹农作物198.5万亩，出现多处山体滑坡和矿井塌方。

6月6日 《人民日报》报道：全国已经建立自然保护区518处，面积5 100多万公顷，占国土面积的5.34%。长白山等7处自然保护区加入了国际人与生物圈保护网。

6月7日 《人民日报》报道：6月6日，全国扶贫开发工作会议在北京召开，国务院提出扶贫攻坚新要求，每年解决1 000万以上贫困人口温饱问题（9日闭幕）。

6月7日 《经济日报》报道：5月26日—6月5日，中共中央政治局委员、全国人大常委会副委员长田纪云到苏州、无锡、南通、盐城、扬州、南京等地，就农村经济、农业现代化和贯彻《农业法》等方面的情况进行考察。

6月9日 《人民日报》报道：6月2日—7日，中共中央政治局委员、书记处书记、国务院副总理姜春云先后检查了河南、山东的黄河防汛工作，他强调，要采取得力措施，强固千里堤防，确保黄河安全度汛。

6月9日 《经济日报》报道：由北京林业大学王斌瑞等人钻研成功的"径流林业"技术，攻克了在黄土高原植树造林这一世界性难关，为黄土高原的绿化带来了希望。

6月13日 《人民日报》报道：为全面掌握土地荒漠化动态和为防治荒漠化提供科学决策，我国将建立全国荒漠化监测体系，国家、省（区、市）县（市）均设监测机构，在重点地区设立监测站。

6月13日 《人民日报》报道：中国农林牧副渔综合信息网在北京建立。该信息网将面向全国传播农业经济信息、科技信息以及适时提供发展农业和农村经济的新出台的方针政策与最新动态。

6月14日 《经济日报》报道：中国农垦物资供销协会（SFMA）正式成立，该协会是自我管理的行业性社会团体，业务上受农业部领导，为农垦物资企业进行协调和指导，提供有关服务，维护企业的合法权益。

6月14日 《经济日报》报道：6月8日—12日，中共中央政治局常委、国务院副总理朱镕基在河南考察农业生产和夏收工作。

6月16日 《经济日报》报道：国家防汛抗旱总指挥部发出紧急通知，要求各地进一步落实防汛抗洪措施，随时准备迎战可能发生的洪涝灾害。

6月17日 《农民日报》报道：我国防治荒漠化工作已经取得新的进展，有10％的荒漠化土地得到初步治理，多项固沙造林防治荒漠化技术在国际上处于领先地位。

6月18日 《人民日报》报道：6月9日—17日，中共中央政治局候补委员、书记处书记温家宝到甘肃省定西、临夏、白银、兰州等地了解农业生产和农民生活情况，考察引大入秦和景电二期工程，察看干旱灾情，与当地干部群众座谈。

6月18日 《农民日报》报道：我国已解决农村1.68亿人的饮水困难。政府计划在2000年前全部解决农村饮水困难问题。

6月21日 《科技日报》报道：农业部召开会议紧急部署第二代棉铃虫防治工作，并派出5个工作组，奔赴山东、河北、河南、湖北、湖南等省，协助当地抓好第二代棉铃虫防治工作。

6月23日 《人民日报》报道：著名农学家、中国科协副主席王连铮教授和黑龙江农科院胡立成研究员等培育成功高产高蛋白大豆新品种"黑农35"，蛋白质含量为45.24％，脂肪含量为18.36％，特别适于制作高蛋白食品。

6月25日 《经济日报》报道：6月19日—24日，中共中央政治局委员、书记处书记、国务院副总理姜春云考察扬州、盐城和南通的农业和农村经济，听取基层干部群众的意见。

6月26日 《人民日报》报道：我国共建成各种类型水库8.46万座，数量居世界首位，全国水库总容4 974.2亿立方米。

6月27日 《科技日报》报道：林业部向"水土保持实验室"等29个部级重点实验室授牌，这是林业部命名的首批部级重点实验室。

6月27日 《科技日报》报道：我国863计划生物领域重大项目，两系法杂交水稻中试获得突破性进展，6月21日—23日，国家科委组织有关专家对广东茂名的两系法杂交水稻繁种基地和中试示范基地进行了实地考察。

6月27日 《农民日报》报道：农业部、监察部联合发出《关于全面推行农民负担监督卡制度的通知》。

6月27日 《农民日报》报道：农业部规定，从今年开始，7月1日—8月31日禁止拖网和帆式张网渔船进入北纬27度以北至35度以南的东海、黄海生产。

6月28日 《人民日报》报道：中国农科院作物栽培研究所培育出集矮秆、大穗、大粒于一身的超高产冬小麦新品种中麦9号，亩产可稳定在500～600千克。

6月29日 《人民日报》报道：国家"863"计划两系法杂交稻试种示范现场经验交流会在广东茂名召开，中国科学家独创的两系法杂交稻研究取得突破性进展，单位面积产量比三系法杂交稻提高一成多，我国粮食生产可望获得大幅度增长。

《人民日报》报道：世界害虫生物防治史上具有突破意义的松突圆蚧防治技术经我国科技工作者8年攻关，取得成功，这项技术使我国1 000万亩松林得到了保护。

7月2日 《光明日报》报道：山东省小麦在去年总产203.5亿千克的基础上，今年可望增产5亿多千克，单产、总产均达该省历史最高水平；总产已连续3年突破200亿千克，连续4年居全国榜首。

7月6日 《人民日报》报道：6月21日—26日及6月30日—7月1日，湖南省两度普降大到暴雨，洪水成灾，损失重大。

7月7日 《人民日报》报道：7月3日—6日，中共中央政治局委员、书记处书记、国务院副总理姜春云受江泽民总书记和李鹏总理委托，到湖南遭受水灾地区实地察看灾情，慰问灾民。

7月7日 《经济日报》报道：从今年9月1日新棉上市开始，国家将提高棉花收购价格，由每担544元提高到700元，提价幅度为29％。

7月8日 《光明日报》报道：7月6日，国务院总理李鹏到北京全国农业展览馆参观了农业部和外经贸部联合主办的"第三届中国乡镇企业出口商品展览会"时指出，乡镇企业应大力发展外向型经济。

7月9日 《光明日报》报道：6月以来，江西连降暴雨，灾害损失严重。7月6日—8日，中共中央政治局委员、书记处书记、国务院副总理姜春云到江西察看灾情，慰问灾民，指导抗洪救灾工作。

7月11日 《人民日报》报道：被列为国家一类保护植物的珍稀树种红豆杉，由云南省农业科学院高山经济植物研究所通过扦插繁殖成功。

7月12日 《经济日报》报道：7月11日，为期4天的全国流动人口管理工作会议在厦门结束，国务院副总理吴邦国在会上强调，采取坚决有力的措施，促使农村剩余劳动力合理、有序地转移。

7月13日 《经济日报》报道：今年上半年我国化肥工业共生产化肥 5 671.6 万吨，为全年计划的50.2%，比去年同期增长 12.7%，超额完成了国务院提出的上半年要达到 5 640 万吨的任务。其中，氮肥完成 4 342.9 万吨，磷肥完成 1 310.3 万吨。

7月19日 《经济日报》报道：据统计，今年上半年全国供销社农资系统国内纯购进化肥 3 613.2 万吨，比去年同期增长 9.5%；销售国产、进口化肥 4 458.1 万吨，增长 10.7%；库存化肥 1 665.9 万吨，增长 16%。农药销售 26.1 万吨，比去年同期增长 13.5%，农膜销售 20.1 万吨，增长 16.2%。

7月27日 《人民日报》报道：国务院总理李鹏在甘肃考察工作时强调，必须把加强农业放在国民经济首位。

7月29日 《农民日报》报道：由山东省莱州市农业科学研究所冬小麦高产新品种"莱州 953"，连创我国北方冬小麦平均亩产 646.4 千克的最高纪录和同地块 5 年持续亩产均超过 600 千克的全国纪录。

7月31日 《人民日报》报道：7月26日—30日，中共中央政治局候补委员、书记处书记温家宝在吉林省产粮大县调查研究时强调，提高农业综合生产能力，确保本世纪末粮食生产再上新台阶。

8月9日 《科技日报》报道：到 1995 年 7月 31 日，中国农业银行和农村信用社的储蓄存款余额已突破一万亿元，达到 10 071.13 亿元。其中农业银行储蓄存款余额为 4 329.55 亿元，农村信用社储蓄存款为 5 741.58 亿元。

8月11日 《农民日报》报道：我国水稻、小麦、玉米、棉花、大豆五大作物田恶性杂草防除，已在一次性综合处理、控制田间杂草群落危害方面取得重大成果。

8月21日 《人民日报》报道：全国人大常委会副委员长布赫在视察甘肃、宁夏时提出，要进一步加强法制建设，促进"三北"防护林工程及整个生态环境和资源的保护工作。

8月21日 《光明日报》报道：国家统计局中国农村经济评价中心按农业增加值，排出百名农业生产大县，山东省荣城市名列全国第一，湖北襄阳县和山东寿光县分列第二、第三位。

8月22日 《人民日报》报道：国家统计局中国农村经济评价中心根据 1994 年农村社会经济统计资料，排出了粮、棉、油、肉各项产量前 100 名大县，其中吉林省榆树市粮食产量名列全国第一；新疆的莎车县棉花产量居全第一；山东省平度市油料产量居全国第一；四川省中江县猪、牛、羊肉产量名列全国第一。

8月23日 《人民日报》报道：我国杂交小麦育种获得重大突破，由西北农业大学何蓓如等科研人员历时 15 年培育成功的强优势 K 型杂交春小麦组合"901"，在张掖地区连续进行 3 年试验，获亩产 600千克以上的高产量，比当地主栽品种每亩高出 100 千克左右。这标志着我国杂交小麦研究居世界领先水平。

8月26日 《光明日报》报道：8月24日，我国第一部农业白皮书——《中国农业发展报告 1995年》正式出版。

8月29日 《经济日报》报道：山西省万家寨引黄入晋工程全面开工，工程竣工后每年可向太原、大同、朔州等地供水 12 亿立方米，可部分缓解山西的水荒。

8月30日 《科技日报》报道：经过 9 年上千名科技人员的艰苦奋斗，国家"863"计划主要课题——两系法杂交水稻配套技术已经成熟，试验示范在全国十几个省市获得成功，可逐步在生产上大面积推广应用。

9月1日 《经济日报》报道：8月31日，国务院总理李鹏考察国家气象中心时指出，气象事业要更好地为经济建设服务。

9月6日 《人民日报》报道：由农业部、国家科委、国家教委等九部委组成的全国农科教结合协调领导小组，确定江苏省苏州市、福建省三明市、河北省承德市等六地市为全国农科教结合示范区。

9月15日 《人民日报》报道：中共中央政治局常委、国务院副总理朱镕基在新疆考察时强调，新疆要充分发挥特有的棉花生产优势，建设中国最大的棉花生产基地。

9月15日 《人民日报》报道：林业部提出，从 1996 年开始实施的"森林能源工作"将用 20 年时间在我国严重缺柴地区营造薪炭林 1.8 亿亩，从根本上解决我国农村生产生活用柴严重不足问题。

9月23日 《农民日报》报道：9月19日—23日，由北京农业大学和意大利帕多瓦大学联合主办的"农业中的生物多样性——为了可持续的未来"国际学术研讨会在北京召开，来自20多个国家的100多位专家参加了大会，这是我国首次召开农业生物多样性国际会议。

9月24日 《人民日报》报道：农业部发出紧急通知，要求各地切实加强"三秋"工作，全力抓好秋收、秋冬种和秋冬季农田建设。

9月25日 《人民日报》报道：地矿部门以1：20万为主的我国960万平方千米区域地下水资源普查已全部完成，全国地下水天然资源总量为8 700亿方/年，可开采资源为2 900亿方/年，其中平原、盆地及基岩富水地段占2 300亿方/年，有2/5集中在北方各大平原和盆地。

9月26日 《经济日报》报道：我国第一张农业科技文献数据光盘在中国农科院文献信息中心诞生，该光盘收录了20世纪80年代以来1 000多种中文期刊的27万篇科技文献，是我国农业方面最大的综合科技文献数据库。

9月29日 《科技日报》报道：一种天然浅绿色棉花，在我国甘肃省敦煌市初步试种成功。

10月3日 《科技日报》报道：日本著名企业家神内一良荣获1995年中华人民共和国"国家友谊奖"。10月1日，由神内先生捐助的中华农业科教基金神内基金和中日友好神内中国农业援助项目新疆食品研究开发中心签字仪式在北京举行。

10月12日 《科技日报》报道：10月9日，由中国扶贫基金会和《半月谈》杂志社联合举办的"猛龙威"杯第二届全国十大"扶贫状元"评选、表彰活动在北京揭晓。甘肃省政协副主席韩正卿等十人被评为全国十大"扶贫状元"。

10月14日 《科技日报》报道：中国科学院黑龙江农业现代化研究所科研人员历经4年攻关，首次揭示了大豆连作减产机理，并探索出一系列配套措施，使我国在连作大豆营养失调研究领域居于国际先进水平。

10月18日 《科技日报》报道：中国农科院土壤肥料研究所和全国8家研究单位用5年时间协作研究试验，使非豆科作物结瘤固氮在世界上首获成功，将原先只能和豆科植物共生的固氮根瘤菌移植到小麦、水稻等非豆科粮食作物根部使其结瘤。

10月20日 《人民日报》报道：1995年度农业部"国际农业科技合作奖"在北京颁发，该奖项由在我国推广"小体积高密度网箱养鱼技术"中作出突出贡献的美国奥本大学水产博士鲁迪·史密脱先生获得。

10月23日 《光明日报》报道：22日，中国绿色食品1995年天津宣传展销会在天津开幕，展销会汇集了全国29个省、市、自治区的绿色食品，参展的绿色食品共分5大类，有600多种。

10月27日 《经济日报》报道：10月26日，由农业部主办的以"农业与市场"为主题第二届中国农业博览会在全国农业展览馆开幕，国务院总理李鹏、副总理姜春云分别为博览会题词，中共中央政治局候补委员、书记处书记温家宝、全国人大副委员长布赫出席了开幕式（11月4日结束）。

10月31日 《经济日报》报道：入秋以来，全国各地展开大规模农田水利基本建设，已累计投入劳动积累工2.46亿个，累计完成土石方3.02亿立方米，投入资金11.4亿元。

11月2日 《科技日报》报道：10月30日，国务院扶贫开发领导小组和林业部联合召开的全国山区林业综合开发暨扶贫开发现场经验交流会在南宁闭幕。

11月3日 《人民日报》报道：11月1日，由法国农渔食品部长菲力普·瓦瑟率领的法国农业代表团结束对华访问，访华期间，两国签订了粮食储运技术合作协议和动植物检疫协议。

11月10日 《科技日报》报道：11月8日，中国农村专业技术协会宣告成立，全国政协副主席杨汝岱应邀出任名誉理事长，中国科协副主席何康被推举为理事长。据统计，全国已出现农业技术协会超过13万个，会员户达500万户，占全国农户总数的2%左右。

11月13日 《人民日报》报道：由国家计委和农业部共同主持的牧区开发工程正式启动，农业部具体布置的"牧区开发示范工程"首批共有25个示范工程立项建设。

11月14日 《农民日报》报道：邓景扬博士主持的"太谷核不育小麦利用研究"专题，已选育出小麦新品种21个，种植面积7 800万亩，创社会经济效益20.5亿元，为同期国家投入攻关经费的3 200倍。

11月17日 《科技日报》报道：9月24日—10月14日，我国朱鹮活体在陕西汉中首次对外展出，我国朱鹮种群已突破60只。

11月20日 《农民日报》报道：中央组织部、中央宣传部联合发出通知，决定从今年冬天开始，对农村基层干部集中进行一次培训。

11月21日 《农民日报》报道：11月20日，

由原北京农业大学和原北京农业工程大学合并组建的中国农业大学在北京成立。中共中央总书记江泽民为中国农业大学题写了校名,国务院总理李鹏为学校题了词,国务院副总理姜春云出席成立大会并讲话。

11 月 23 日 《光明日报》报道:中共中央总书记、国家主席江泽民,国务院总理李鹏,分别为《农民思想政治教育读本》和《农民实用技术教育读本》题写书名并作序。22 日,由中宣部、农业部、国家教委、广播电影电视部、文化部联合举办的两书首发式在北京举行。

11 月 24 日 《经济日报》报道:11 月 23 日,国务院副总理吴邦国在北京举行的国务院部署 1996 年春运期间组织民工有序流动工作电视电话会议上指出,把握大局,组织民工有序流动。

11 月 25 日 《人民日报》报道:酝酿多年的南水北调工程开始进入全面论证阶段,100 多名专家汇集北京,为这项工程出谋划策。

11 月 29 日 《科技日报》报道:中国农科院植保所植物病虫害生物学国家重点实验室和山东大学生物系等联合培育成功世界上第一株抗大麦黄矮病毒的转基因小麦。

12 月 2 日 《科技日报》报道:中国农业大学教授王树安、蓝林旺首创"春季只浇一次水,亩产可达 400 千克"的小麦节水新模式,比现行的三水制麦田每亩减少用水 100 吨,总耗水量减少 15%。

12 月 10 日 《经济日报》报道:我国经济林面积已达 2.4 亿亩,经济林产品产量达 3 300 多万吨,其中干果产量达 140 万吨,居世界第一位,经济林产值已突破 500 亿元。

12 月 11 日 《经济日报》报道:我国年产配合饲料 4 200 万吨,居世界第二位。

12 月 12 日 《科技日报》报道:12 月 8 日—10 日,中共中央政治局候补委员、中央书记处书记温家宝到三河、玉田、遵化考察畜牧业生产情况时指出,我国畜牧业的发展要从国情出发,走节粮型的发展道路。

12 月 13 日 《人民日报》报道:12 月 11 日,国务院办公厅发出通知,严禁在农副产品收购中代扣代缴各种款项向农民乱摊派。

12 月 16 日 《人民日报》报道:全国农田水利建设进入高潮,日上工人数突破 1 亿,创 1980 年以来最高纪录。

12 月 18 日 《人民日报》报道:中央农业广播学校成立 15 年来,共招收注册中专学员 262 万人,已毕业 100.6 万人,结业学员 200 余万人,开展实用技术培训 2 000 万人次,目前已发展成拥有 37 所省级学校,337 所地市级分校,2 239 所县级分校,1.7 万个教学班的教学体系。现有专职、兼职办学人员 5.26 万人,成为全国最大的农村成人中等专业学校。

12 月 19 日 《农民日报》报道:18 日,由国家科委、农业部、全国供销合作总社与陕西省政府联合举办的第二届中国杨陵农业科技博览会在陕西杨陵开幕。

12 月 20 日 《经济日报》报道:到"八五"期末,我国森林面积增加了 800 多万公顷,森林蓄积增加 3.1 亿立方米,全国森林面积和森林蓄积量分别达到 1.34 亿公顷、101 亿立方米,"八五"森林资源增长目标已经实现。

12 月 21 日 《科技日报》报道:12 月 20 日,中华农业科教基金会在北京成立,基金会资助中国农科院棉花研究所、生物中心等单位 70 万元进行抗虫棉研究,还授予李登海、程顺和、刘汉学、张德斌、娄成后、朱立志等 6 人 1995 年度"中华农业科教奖"。

12 月 22 日 《农民日报》报道:16 日—20 日,中共中央政治局候补委员、书记处书记温家宝在山东农村进行考察。

12 月 25 日 《科技日报》报道:22 日,由农业部、中国科学院组织、主持,中国农科院植物保护研究所负责,34 个单位协同攻关的以粮、棉等主要农作物的 20 多种主要病虫、5 种农田恶性杂草和 9 种农区害鼠为主攻对象的"八五"国家科技攻关项目"农作物病虫害综合防治技术研究"在北京通过了由国家科委主持的项目验收。

《经济日报》报道:国家确定全国"九五"期间森林采伐限额为 26 651 万立方米,毛竹采伐限额为 56 228 万根。

12 月 26 日 《光明日报》报道:12 月 25 日,国务院总理李鹏参观由国家计委和水利部举办的"中国农村水电暨电气化县建设十年成就展"时指出,坚持自力更生、艰苦奋斗的精神,发挥中央、地方和人民群众的积极性,我国农村水电事业的发展道路会越走越宽。并为展览题词:"十年奋斗,辉映九州,再接再厉,造福千秋。"

12 月 27 日 《农民日报》报道:12 月 21 日—26 日,中共中央总书记、国家主席江泽民专程到陕西、甘肃两省,慰问受灾农民和困难企业职工。

1996 年

【文献】

1月9日 《农民日报》报道：8日，中央农村工作会议在北京结束。会议提出，1996年农业和农村工作的总的要求是：贯彻党的十四届五中全会和中央经济工作会议精神，坚持把加强农业放在发展国民经济的首位，稳定和完善党在农村的基本政策，深化农村改革，针对影响农业和农村经济发展的突出问题，探索扶持、保护、促进农业发展的新机制、新措施，调动农民的积极性，坚持两个文明一起抓，促进农业和农村经济发展、农民收入增加、农村社会稳定。一定要加倍努力，扎实工作，千方百计夺取农业丰收，为实现"九五"计划奠定良好基础。会议强调，"九五"期间农业要上新的台阶，今年农业要取得一个好收成，必须有明确的思路和得力的措施。要进一步加强党对农业和农村工作的领导。要求各级充实、加强农业和农村工作的领导力量；硬碰硬地解决农村的难点、热点问题。

3月10日 《人民日报》报道：国务院发出《关于进一步加强农田水利基本建设的通知》。《通知》指出，党的十四届五中全会对"九五"期间和到2010年的农业农村工作提出了明确的战略目标。实现这一目标，最根本的措施是大力推进农田水利基本建设，改善农业生产条件。要求各级政府要按照党的十四届五中全会的精神，根据本《通知》的要求，抓紧部署，认真组织动员广大人民群众，把农田水利建设推向新的高潮，并持之以恒地坚持下去，从根本上改善我国农业生产条件和生态环境，为促进国民经济持续、快速、健康发展和社会全面进步做出新贡献。

4月16日 农业部与国家工商行政管理局联合颁布《农作物种子生产经营管理暂行办法》。各级农业行政主管部门和工商行政管理部门按照各自的职责，依法负责农作物种子生产经营行政管理和市场监督管理工作。从事商品农作物种子生产的单位和个人，必须到农业行政主管部门申请领取《农作物种子

生产许可证》，持证进行生产。其中第二十一条规定，农业行政主管部门和工商行政管理部门要依法加强对农作物种子合同的监督管理，跟踪监督合同的履行。《办法》共六章二十七条。

5月7日 《人民日报》报道：中共中央办公厅、国务院办公厅转发了《农业部、监察部、财政部、国家计委、国务院法制局关于当前减轻农民负担的情况和今后工作的意见》。《意见》指出，实践证明，党中央、国务院关于减轻农民负担的一系列重大决策是正确的。经过各方面的艰苦努力，减轻农民负担工作取得了一定的成效，摸索了一些有益的做法和经验。但减轻农民负担工作形势依然严峻，农民负担过重问题还没有从根本上解决。当前和今后一个时期减轻农民负担工作，要按照"深化改革、发展经济、规范管理、群众监督"的要求，坚定不移地贯彻执行国务院宣布的"约法三章"，重点解决好提留统筹费超过规定比例和农村"三乱"问题。建立减轻农民负担工作行政主要领导负责制，坚决堵住加重农民负担的源头，健全分工协作的监督管理机制，切实转变工作作风，严禁采取非法手段向农民收取款物。

7月3日 《农民日报》报道：国务院办公厅发出《关于治理开发农村"四荒"资源进一步加强水土保持工作的通知》。《通知》强调，20世纪80年代以来，一些"四荒"资源较多的地方出现了以家庭承包、联户承包、集体开发、租赁、股份合作和拍卖使用权等多种方式大规模治理开发"四荒"的好势头，收到了很好的效果。有计划、有领导地治理开发"四荒"资源，是组织广大农民向生产的深度和广度进军的一项战略措施。坚持合理规划的原则，坚持治理和开发相结合的原则，坚持多种方式并举的原则。实行谁治理，谁管护，谁受益的政策，无论采用哪种方式治理开发"四荒"，都必须遵守有关法律法规和政策。

7月24日 《人民日报》报道：农业部、劳动部联合发出《关于乡镇企业实行劳动合同制度的通知》。《通知》要求，进一步提高对乡镇企业实行劳动合同制度重要性的认识。乡镇企业实行劳动合同制度

是用工制度的重大改革，是为了适应社会主义市场经济的需要，更好地贯彻落实《劳动法》，加强乡镇企业劳动管理工作，依法保护双方合法权益，各级领导和有关部门应予以高度重视，并当做一项重要工作抓好落实。加大劳动合同制度的宣传力度。各级劳动行政部门和乡镇企业行政主管部门应采取各种形式，向乡镇企业领导和广大职工广泛深入地宣传劳动法律、法规，宣传实行劳动合同制度的重要意义，以保障劳动合同制度的顺利实施。为保证劳动合同制度顺利实施，市、区、县乡镇企业局、劳动局开展检查活动，加强监督工作。请各区、县劳动局和乡镇企业局在1996年12月31日前将本地区乡办企业实行劳动合同制度工作总结，报市劳动局和市乡镇企业局，等等，共九条要求。

8月16日 《人民日报》报道：国务院作出《关于环境保护若干问题的决定》。文件就实行环境质量行政领导负责制、认真解决区域环境问题、坚决控制新污染、加快治理老污染、禁止转嫁废物污染、维护生态平衡、保护和合理开发自然资源、切实增加环境保护投入、严格环保执法、强化环境监督管理、积极开展环境科学研究，大力发展环境保护产业、加强宣传教育，提高全民环境意识等问题做出了具体规定。

9月13日 林业部发出《关于国有林场深化改革加快发展若干问题的决定》。为适应建立社会主义市场经济体制的要求，贯彻落实《林业经济体制改革总体纲要》，尽快建立比较完备的林业生态体系和比较发达的林业产业体系，作此决定。要明确国有林场工作的指导思想，科学划分国有林场类型，实行分类经营，转换经营机制，强化内部管理，提高经营水平。各省、自治区、直辖市要按照分类指导、分类经营的原则，积极探索与不同类型国有林场特点相适应的内部经营机制和管理制度。各级林业主管部门要按照宏观管好、微观放开的要求，转变职能，改善管理，落实国有林场经营自主权，为国有林场转换经营机制创造良好的环境条件，各省（自治区、直辖市）林业（农林）厅（局）根据本《决定》的有关精神，结合各自的具体情况，要研究制定具体的措施和办法，努力把国有林场事业推向持续、快速、健康发展的新阶段，等等，共三十三条规定。

9月17日 《农民日报》报道：国务院作出《关于进一步深化农村金融体制改革的决定》。《决定》从七个方面作出了具体要求，一是农村金融体制改革的指导思想；二是改革农村信用社管理体制；三是办好国有商业银行，建立农村合作银行；四是增设中国农业发展银行的分支机构；五是逐步建立各类农业保险机构；六是清理整顿农村合作基金会；七是农村金融体制改革的组织领导。《决定》最后要求，农村金融体制改革直接涉及农村经济的发展和广大农民的切身利益，政策性强，影响面广，对增加农产品和供应，提高农民的收入，以及抑制通货膨胀都具有十分重要的意义。各级人民政府要从全面发展农村经济的大局出发，加强对农村金融体制改革工作的组织领导，使这项改革积极稳妥地进行。

9月27日 林业部发布施行《林业行政执法监督办法》。要求林业行政执法监督遵循有法必依、执法必严、违法必究和以事实为依据、以法律为准绳的原则。《办法》共五章三十三条。

9月27日 为了规范林业行政处罚，保障和监督林业行政主管部门有效实施行政管理，维护公共利益和社会秩序，保护公民、法人或者其他组织的合法权益，林业部根据有关法律、法规，制定了《林业行政处理程序规定》。实施林业行政处罚必须以事实为依据，以法律为准绳，遵循公正、公开、及时的原则。实施林业行政处罚，纠正违法行为，应当坚持处罚与教育相结合，教育公民、法人或者其他情况自觉守法。《规定》共有五十三条。

9月30日 国务院发布《中华人民共和国野生植物保护条例》，从1997年1月1日起施行。国家对野生植物资源实行加强保护、积极发展、合理利用的方针。国家保护依法开发利用和经营管理野生植物资源的单位和个人的合法权益。国家鼓励和支持野生植物科学研究、野生植物的就地保护和迁地保护。县级以上各级人民政府有关主管部门应当开展保护野生植物的宣传教育，普及野生植物知识，提高公民保护野生植物的意识。任何单位和个人都有保护野生植物资源的义务，对侵占或者破坏野生植物及其生长环境的行为有权检举和控告。

10月14日 林业部发布实施《林木林地权属争议处理办法》。处理林权争议，应当尊重历史和现实情况，遵循有利于安定团结，有利于保护、培育和合理利用森林资源，有利于群众的生产生活的原则。林权争议由各级人民政府依法作出处理决定。林业部、地方各级人民政府林业行政主管部门或者人民政府设立的林权争议处理机构按照管理权限分别负责办理林权争议处理的具体工作。《办法》共五章二十八条。

10月23日 《人民日报》报道：农业部、国家计委联合向各地印发了《关于促进大中型乡镇企业发展的意见》。要求各地结合本地实际，认真研究贯彻。两部委要求，在新形势下，积极培植大中型乡镇企业，营造规模经济优势，是乡镇企业进一步发展壮大的迫切需要，是不断提高乡镇企业竞争能力和整体素质的必然选择，也是推动乡镇企业上台阶、上水平的一项具有全局性、方向性、战略性的重要措施。加快发展大中型乡镇企业，对于引导乡镇企业加速实现两个根本性转变、提高经济运行质量和效益意义重大。两部委提出发展大中型乡镇企业的主要奋斗目标是：到"九五"期末，全国大中型乡镇企业力争达到1万家。其中特大型、大型企业2 000家；形成销售收入10亿元、利税1亿元以上企业200家；销售收入50亿元、利税5亿元以上的企业50家。

10月29日 八届全国人大常委会第2次会议审议通过《中华人民共和国乡镇企业法》，于1997年1月1日正式施行。国家鼓励和重点扶持经济欠发达地区、少数民族地区发展乡镇企业，鼓励经济发达地区的乡镇企业或者其他经济组织采取多种形式支持经济欠发达地区和少数民族地区举办乡镇企业。国务院乡镇企业行政管理部门和有关部门按照各自的职责对全国的乡镇企业进行规划、协调、监督、服务；县级以上地方各级人民政府乡镇企业行政管理部门和有关部门按照各自的职责对本行政区域内的乡镇企业进行规划、协调、监督、服务。

11月14日 国务院办公厅转发农业部《关于1996—2000年全国秸秆养畜过腹还田项目发展纲要》。《纲要》提到，几年来的实践证明，充分利用秸秆养畜、过腹还田，实行农牧结合，形成节粮型的畜牧业结构，是一条符合我国国情的畜牧业发展道路。《纲要》提出了推进秸秆养畜、过腹还田项目的若干政策措施，包括把秸秆养畜、过腹还田项目纳入国家农业综合开发计划。根据国家财力增长的情况，农业综合开发资金中用于秸秆养畜、过腹还田项目建设的资金应逐年有所增加。各级政府要多方筹集资金，尤其要落实好地方配套资金，并积极引导农户增加投入，以保证国家示范项目建设的顺利进行。

12月3日 《经济日报》报道：农业部乡镇企业局印发《乡镇企业集体资产管理办法》。《办法》规定，乡镇企业集体资产是农村集体经济组织或农民集体投资形成的，属农村社区全体范围全体农民或部分农民共同所有的资产集体，资产管理应实行政企分开、所有权和经营权分离的原则，禁止任何组织和个人对其进行侵犯。《办法》指出，乡镇企业集体资产界定实行产权登记制度，由企业或乡镇企业集体资产管理委员会提交资产所有权界定报告，经乡镇企业行政管理部门审核后，报县级乡镇企业行政管理部门确认，进行产权登记。

12月16日 《人民日报》报道：2日，国务院发布《中华人民共和国进出境动植物检疫法实施条例》，自1997年1月1日起实施。国务院农业行政主管部门主管全国进出境动植物检疫工作。中华人民共和国动植物检疫局统一管理全国进出境动植物检疫工作，收集国内外重大动植物疫情，负责国际进出境动植物检疫的合作与交流。海关依法配合口岸动植物检疫机关，对进出境动植物、动植物产品和其他检疫物实行监管。具体办法由国务院农业行政主管部门会同海关总署制定。本《条例》共十章六十八条。

12月31日 林业部发布实施《沿海国家特殊保护林带管理规定》。《规定》要求，在沿海国家特殊保护林带内，禁止从事砍柴、放牧、修坟、采石、采砂、采土、采矿及其他毁林行为，禁止非法修筑建筑物和其他工程设施。沿海地区地方人民政府林业行政主管部门应当在当地人民政府领导下，组织有关部门做好沿海国家特殊保护林带的森林火灾和森林病虫害防治工作。依照有关规定需要对沿海国家特殊保护林带内的林木进行抚育和更新采伐的，必须经所在地县级人民政府林业行政主管部门审核，报省级人民政府林业行政主管部门批准，并报林业部备案。违反森林保护法规，破坏沿海国家特殊保护林带森林资源的，破坏或者擅自移动沿海国家特殊保护林带的保护标志的，依照有关法律、法规的规定从重处罚。

【会议】

1月8日 农业部在北京主持召开中美农业科技合作联合工作组第十次会议，双方签署了《中美农业科技合作联合工作会议纪要》，确定了1996年的科技交流项目。

1月8日 林业部在北京召开"三北"防护林体系二期工程总结表彰暨三期工程动员大会（9日结束）。为期10年的"三北"防护林二期工程全面完成规划任务，造林11 267千公顷，完成规划任务的139.7%。

1月16日—18日 农业部在海南琼海市召开全国水稻生产工作会议。

1月24日—26日 南水北调工程论证工作第二次会议在北京召开。

1月30日—2月2日 全国农业工作会议在北京召开。

1月31日—2月6日 全国防汛抗旱办公室主任会议在昆明市召开。

2月29日—3月1日 全国绿化委员会第15次全体（扩大）会议在北京召开。

3月19日—22日 农业部在北京举行首届中国国际农业科技年会，主题是：畜牧业与畜产品加工。

3月23日 《经济日报》报道：22日，我国政府在北京举行第四届世界水日纪念大会。

3月28日 《农民日报》报道：27日，农业部在北京召开了首次全国农村经济信息工作会议。与会代表来自农业部各司（局）、农业部直属机构、各省（市）区主管信息工作的厅（局）长共165人。会议由洪绂曾副部长主持，吴亦侠副部长作了题为《提高认识，明确任务，努力开创农村经济信息工作的新局面》的重要报告。会上有七个单位作了典型发言，介绍了信息工作经验。中国农科院科技文献信息中心贾善刚副主任代表中国农科院出席了会议，并作了题为《加强农业科技信息工作的科技经济一体化进程》的典型发言，受到部领导和全体代表的重视，同时对中国农科院重视科技信息工作给予了肯定。

3月30日—4月3日 全国汛期旱涝趋势预测会商会在北京召开。

3月31日 国务院在黑龙江省大兴安岭地区召开东北—内蒙古春季森林防火现场办公会议。

4月2日 林业部在北京召开全国森林防火工作电话会议。

4月8日—9日 林业部在北京召开全国森林资源监督工作会议。

4月11日 《农民日报》报道：10日，全国畜禽防疫检疫工作现场经验交流会在四川乐山市召开。

5月9日 《科技日报》报道：4日，由国家科委主持召开的农村科技工作研讨会在南昌市举行（7日结束）。

5月18日 《人民日报》报道：17日，中共中央政治局委员、国务院副总理姜春云在银川市召开的全国乡镇企业东西合作经验交流会上强调，全国乡镇企业要进一步推进东西合作。

5月21日—23日 全国农村水电暨第三批初级电气化县建设工作会议在北京召开。

5月24日 《农民日报》报道：22日，农业部在河南省济源市召开全国有机肥料经验交流会，实施"沃土计划"，适应农业发展的要求。

5月26日 《人民日报》报道：23日，全国十大城市"菜篮子"产销体制改革经验交流会在天津市召开。

5月26日—31日 林业部在广州市召开南方部分省、自治区林业分类经营改革座谈会。

6月3日—7日 全国水利经济工作会议（北片）在天津市召开。

6月11日—13日 林业部在杭州市召开全国林业系统治理公路"三乱"工作会议。

6月17日—20日 农业部在广西召开全国"绿色证书工程"工作会议。自1990年开展"绿色证书工程"试点工作以来，20多万农民参加绿证培训，其中有30万人获得"绿色证书"。这次会议提出"九五"期间全面实施"绿色证书工程"，培养1 000万名"绿色证书"学员的目标。

6月22日 《经济日报》报道：21日，全国土地厅局长会议结束。

6月24日 农业部在北京召开国家家畜禽遗传资源管理委员会成立大会。

6月26日 《农民日报》报道：25日，为期3天的中国农村劳动力流动国际研讨会在北京召开。

7月16日—19日 全国农业厅（局）长座谈会在上海召开。

7月16日 《人民日报》报道：15日，第四次全国环境保护会议在北京开幕（17日结束）。

7月23日 《农民日报》报道：23日，全国农业生产资料流通系统工作会议在北京召开（26日闭幕）。

7月26日 《科技日报》报道：24日，全国农科教结合协调领导小组第三次工作会议在北京举行。

8月14日 中宣部、农业部、北京市委、山东省委联合举办王廷江事迹报告会。

9月2日—9日 林业部召开1996年科学技术进步奖评审会议（9日结束）。共评选出104个获奖项目，其中一等奖5项，二等奖19项，三等奖80项。

9月16日 《人民日报》报道：12日，国务院召开的为期3天的棉花工作会议在北京结束。会议强调，1996年继续实行棉花经营、市场、价格"三不放开"政策。

9月20日 林业部召开全国林业技术开发试验示范区建设工作经验交流会。

9月23日 《农民日报》报道：17日，全国农村经济工作会议在沈阳市召开（19日结束）。

9月24日 《人民日报》报道：23日，中共中央、国务院在北京召开中央扶贫开发工作会议（25日结束）。

9 月 27 日 《农民日报》报道：26 日，国务院在人民大会堂举行国际消除贫困年纪念大会。

9 月 28 日 《农民日报》报道：27 日，历时 3 天的全国星火计划工作会议在北京闭幕。

10 月 3 日—4 日 全国绿化委员会、林业部联合在北京召开首届全国花卉工作会议。

10 月 4 日 姜春云副总理主持召开水利专家座谈会，听取对水利工作的意见和建议。

10 月 7 日 《人民日报》报道：6 日，全国飞播造林 40 周年纪念大会在北京举行。已在 26 个省、自治区的 931 个县市完成飞播作业面积 0.25 亿公顷，成效面积达 8 677 千公顷，飞播造林使我国森林覆盖率提高了 0.9 个百分点。

10 月 5 日—9 日 由农业部主办、国际农经学会及福特基金会协办的"中国粮食及农业：前景与政策"国际研讨会在北京召开。

10 月 12 日—19 日 由农业部、国家体委、中国农民体协主办，上海市人民政府承办的第三届全国农民运动会在上海隆重举行。30 个省、自治区、直辖市的 1 871 名运动员参加了比赛。

10 月 17 日 《农民日报》报道：14 日，国务院召开的部分地区粮食工作座谈会结束。

10 月 25 日 《农民日报》报道：22 日，国家外国专家局、农业部、国家计委等部门共同在北京召开中美农业科技与发展研讨会（25 日结束）。

国务院在北京召开全国水利工作会议（27 日结束）。

10 月 26 日 《人民日报》报道：25 日，全国农村基层组织建设工作会议在中南海开幕（28 日闭幕）。

11 月 1 日 《农民日报》报道：10 月 31 日，全国扶贫开发与计划生育相结合工作经验交流会在贵阳市闭幕。

11 月 29 日 《科技日报》报道：28 日，国家教委、农业部、林业部在北京联合召开全国普通高等农林教育工作经验交流会。

11 月 30 日《人民日报》报道：27 日，由中宣部召开的全国农村精神文明建设座谈会在武汉市开幕。

12 月 7 日—9 日 全国农科教结合协调领导小组在福建省三明市召开全国农科教结合示范区现场经验交流会。

12 月 11 日—14 日 全国林业厅局长会议在北京召开。

12 月 12 日 《农民日报》报道：全国黄牛产

业化问题研讨会在安徽阜阳市召开。

12 月 13 日 《农民日报》报道：11 日，中共中央政治局委员、国务院副总理姜春云在农业专家座谈会上指出，保持农业稳定增长，关键在于加大实施科教兴农的力度，提高科学技术在农业增长中的贡献率。

12 月 15 日 《人民日报》报道：中国扶贫基金会在北京召开第三届理事会第一次会议，研究讨论 1997 年工作思路。

【农业发展成就】

1 月 10 日 《科技日报》报道：9 日，国家科委、农业部、国家外国专家局联合在昆明市召开第三次全国水稻旱育稀植技术推广协调会。水稻旱育稀植技术在全国的推广面积已达 5 924 千公顷，平均每公顷增产 60 多千克，共增产稻谷近 40 亿千克。

1 月 10 日 《农民日报》报道："八五"期间经全国有关科研单位 250 多名科技人员参与的协作攻关，完成了水稻、小麦、玉米等 31 种（类）作物共 10 万余份品种资源的繁种、鉴定和各项技术处理，存入国家长期库和资源圃保存。我国由国家保存的作物品种资源已达 33 万份。

1 月 11 日 《科技日报》报道："黄淮海平原农业持续发展综合技术研究"圆满完成"八五"攻关，通过国家验收。5 年共获各类成果 122 项，有 85 项成果得到转化，新增粮食 16 亿千克，新增效益达 56.5 亿元，还培训了农民 57 万人次。农业部公布万向集团、横店集团公司等 100 家企业为全国乡镇企业建立现代企业制度试点单位。

1 月 14 日 《经济日报》报道：1995 年，湖南省株洲市种植双季稻 169.73 万亩，稻谷总产量 173.2 万吨，平均亩产 1 021 千克，成为我国第一个双季稻亩产过吨粮的地级市。

1 月 15 日 《科技日报》报道：中国农业科学院植物保护研究所和山东大学生物系合作培育成功世界上第一株抗大麦黄矮病的转基因小麦。

1 月 22 日 《农民日报》报道：15 日—21 日，中共中央政治局委员、书记处书记、国务院副总理姜春云在云南考察工作。他指出，发展当地特色的优势产业，带动整个农村经济全面发展。

2 月 1 日 《农民日报》报道：1 月 31 日，国务院副总理姜春云在中南海会见了美国农业部长丹·格利克曼一行。

2 月 2 日 《人民日报》报道：1 月 31 日，中共中央政治局委员、国务院副总理姜春云和中共中央政治局候补委员、书记处书记温家宝在北京听取了国务院派出的农民负担检查组的汇报，并强调指出，必须采取果断措施，坚决把不合理的负担减下来。

2月7日 《光明日报》报道：中国科学院遗传研究所朱立煌研究员领导的实验小组与美国加州大学戴维斯分校由帕米拉·罗纳德博士领导的实验室以及美国热带农业生物技术国际实验室的科学家，利用图谱为基础的克隆手段从水稻基因组分离了白叶枯病抗性 $Xa21$ 基因。

2月8日 《人民日报》报道：我国抗虫棉研究获重大突破。由中国农业科学院生物技 566 术研究中心郭三堆研究员主持的国家"863"课题——棉花抗虫基因工程研究 2 月 7 日在北京通过专家鉴定。

2月20日 《农民日报》报道：1995 年，我国贫困人口由 1994 年的 7 000 万人减少到 6 500 万人。

2月27日 《经济日报》报道：林业部批准我国第一个外向型林业改革试验区在广西梧州地区建立。

首届"中国竹子之乡"评选活动在北京揭晓。浙江安吉、安徽广德、福建建贩等 10 个县市被命名为首届"中国竹子之乡"。

2月28日 《农民日报》报道：中国农业大学生物学院博士张军研制出新型植物生长调节剂移栽灵混剂，攻克了水稻旱育秧立枯病。

2月29日 中央农村工作领导小组第 18 次会议决定，由林业部牵头，10 多个部门参加，在全国开展山区综合开发示范县工作。

3月1日 《科技日报》报道：全国森林覆盖率已由"七五"末期的 12.98% 提高到 13.92%。

3月12日 《人民日报》报道：我国已有 12 个省、自治区消灭宜林荒山，广东、福建实现了绿化达标。据统计，12 个省、自治区规划期内累计完成造林面积 23 180 千公顷；新增有林地面积 1 570 千公顷；新增活立木蓄积量 1.68 亿立方米；新增森林覆盖率 8 个百分点。

3月12日 中共中央政治局常委、国务院总理李鹏为全民义务植树运动 15 周年题词："大力植树造林，改善生态环境，促进经济发展"。

3月16日 国家"九五"重中之重科技项目"我国短期气候预测系统的研究"总体实施方案在北京通过专家论证。

3月18日 国务院办公厅下发《国务院办公厅转发中国气象局关于加强人工影响天气工作请示的通知》。

3月22日 "八五"国家重点科技攻关项目"台风、暴雨灾害性天气监测、预报技术研究"通过国家验收。

4月3日 林业部发布实施《林业系统内部审计工作规定》。

4月3日 中国气象局下发《关于认真组织宣传学习陈金水同志先进事迹的通知》。

4月5日 《农民日报》报道：3 日，中国粮食行业协会成立。

4月6日 江泽民、李鹏、李瑞环、朱镕基、刘华清、胡锦涛等中央领导同志到北京朝阳公园参加首都全民义务植树。

4月7日—9日 由共青团中央、全国绿化委员会、水利部、林业部联合在河南洛阳市召开第五次全国青少年绿化祖国表彰动员暨青年黄河防护林二期工程竣工表彰大会。

4月12日 《人民日报》报道：10 日，以国务委员陈俊生为团长的中国政府农业代表团抵达哈拉雷，开始对津巴布韦进行为期 5 天的友好访问。

林业部发布实施《林业行业关键岗位持证上岗管理暂行办法》。

4月13日 《人民日报》报道：中国科学家经过 10 年努力，在两系法杂交水稻研究方面取得了根本性突破，它将继三系法杂交稻之后为我国水稻生产再次做出巨大贡献。

4月17日 《人民日报》报道：16 日，由农业部主办的 1996 年中国国际农业新技术博览会在北京开幕。

4月20日 《人民日报》报道：19 日，由农业部、国家计委、国家体改委、香港卓越有限公司联合举办的中国农业发展国际研讨会暨投资与贸易洽谈会在北京举行。

4月22日 《人民日报》报道：黑龙江省普阳农场历时 10 年研究成功生产富硒作物的方法，将无机硒通过作物转化为有机硒，生产出富硒原粮，这项技术填补了国内外空白，在中国第四届专利技术博览会上获国家专利金奖。

4月25日 《人民日报》报道：中国农业辐照中心在北京落成开业。

4月27日 《人民日报》报道：我国稻田养鱼面积已达 1 266.7 千公顷，并建成了 110 个 333 公顷以上的稻田养鱼基地县，每年可向社会提供数十万吨水产品。

4月28日 《人民日报》报道：蒙古国境内发生的草原森林大火分别于4月23日、25日烧至我国呼伦贝尔盟境内。林业部、内蒙古自治区和呼伦贝尔盟领导亲临现场指挥扑救（5月1日扑灭）。

4月30日 《经济日报》报道：我国第一家国家级水产原良种场在青岛建立。

5月1日 《经济日报》报道：4月28日、29日，国务院总理李鹏在江苏徐州市考察时强调，要十分重视农业生产，今后我国粮食增产主要寄希望于中低产田改造。

5月3日 《人民日报》报道：被列为国家杂交水稻制种生产经营基地之一的湖南资兴市，创造了小面积公顷产量7 386千克的世界新纪录，大面积制种公顷产量4 584千克，高出全国水平1倍多。

5月5日 由农业部主办的首届中国饲料工业博览会在北京开幕。

《科技日报》报道：5日，中日两国政府的合作项目——中日友好环境保护中心落成典礼在北京举行。

5月6日 《农民日报》报道：4月30日—5月4日，国务院总理李鹏在安徽考察时指出，加大治淮力度，抓紧发展农业。

5月6日 《人民日报》报道：经过中国农业科学院畜牧研究所动物繁殖研究室的科研人员与本所养猪研究室科技人员共同努力、协作攻关，我国首例猪早期胚胎卵裂球移植成功。

5月6日 《经济日报》报道：我国已成为世界上第二大饲料生产国。

5月8日 《科技日报》报道：国家科委下文批准，国家玉米工程研究中心在山东莱州市农业科学院正式组建。

5月8日 林业部发出《关于开展林业分类经营改革试点工作的通知》。要求各地坚持统筹规划、分类指导、稳步推进的原则，大胆实践，勇于探索，努力为全国实施林业分类经营改革积累经验。

5月12日 《人民日报》报道：11日，旨在使宁夏南部西海固地区摆脱干旱困扰的"宁夏扶贫扬黄灌溉工程"，在中宁县红寺堡破土动工。该工程是国家"九五"重点项目，将解决10万人的贫困问题，开发133.3千公顷土地，投资30亿元，用6年时间建成。

5月14日 国家木材工业工程研究中心中试基地在北京奠基。

5月17日 中共中央政治局委员、国务院副总理姜春云视察林业部"三北"防护林建设局。

5月17日 《人民日报》报道：17日，国务委员陈俊生在人民大会堂会见了韩国农协中央会访华团。

5月20日 《人民日报》报道：第八届全国人大常务委员会第十九次会议于1996年5月15日通过《全国人民代表大会常务委员会关于修改〈中华人民共和国水污染防治法〉的决定》。

5月31日 农业部首次利用小麦成熟的时间差，组织北方10省、自治区、直辖市联合收割机跨区机收小麦大会战，在河南临颍市举行开机仪式。据统计，今后"三夏"期间参加跨区作业的联合收割机达2.34万台，收获面积1 667千公顷。

6月4日 《人民日报》报道：5月28日—6月3日，国务委员兼中华全国供销合作总社主任陈俊生在山东考察了潍坊、烟台等地供销合作社的改革、发展情况，他指出，供销合作社要推动农业产业化。

6月6日 《农民日报》报道：5日，国家防汛抗旱总指挥部发出《关于进一步做好防汛抗旱工作的通知》。

6月7日 《人民日报》报道：1日—5日，中共中央总书记、国家主席、中央军委主席江泽民在河南考察时，就农业和农村工作发表了重要讲话。他强调指出，要始终抓紧农业尤其是粮食生产，农业的持续发展也要依靠两个转变，农村经济和社会应当协调发展。

6月10日 农业部下发《关于认真组织实施新一轮"菜篮子工程"的意见》。

6月11日—14日 "热带南亚热带作物开发十年回顾与展望"成果展在北京举办。

6月13日 《科技日报》报道：甘肃省农业科学院生物工程育种获得两项重大突破：一是用春小麦、玉米花药培养单倍体选育出一批抗性好、综合性状优良的育种材料、株系及品系；另一个是将外源DNA导入小麦育种，在国内首次实现了高粱抗条锈基因向小麦转移，并选育出抗条锈远缘小麦新品系。

6月16日 《人民日报》报道：财政部和国家税务总局作出规定，国有粮食企业销售政策性粮油可免征增值税。

6月18日 《人民日报》报道：我国已有多项荒漠化防治技术居世界领先地位，10%的荒漠化土地得到初步治理，以防沙治沙为主要目的的造林面积达到1 000千公顷，风沙危害严重的"三北"等地区林木覆盖率已由70年代的5%提高到9%以上，超过11 000千公顷农田受到保护。

6月20日—30日 林业部组织专家验收团，对大兴安岭"五·六"大火火烧迹地的森林资源恢复情况进行实地检查。并宣布：大兴安岭"五·六"火灾区恢复更新森林资源规划任务全部完成，达到了规划目标。

6月25日 《科技日报》报道：湖北省农业科学院畜牧兽医研究所采用生物工程技术成功地培育出4头核移植猪。

6月25日 国务院正式批复林业部，同意中国野生动物保护协会与美国圣地亚哥动物园协会开展大熊猫长期合作研究。

6月28日 《人民日报》报道：全国农业普查办公室公布第一次全国农业普查办法。

6月30日—7月5日 中共中央政治局常委、国务院总理李鹏在黑龙江省考察工作时，检查了林业工作，并对国有林区的发展做出了重要指示。

7月2日 我国林业系统第一家上市股份公司——常林股份有限公司成立。

7月5日 《科技日报》报道：山东桓台县1996年全县39万亩小麦总产19 656万千克，比上年增产720.3万千克；平均亩产达到504千克，成为我国第一个平均单产小麦千斤县。

7月10日 《人民日报》报道：6月29日—7月5日，中共中央政治局常委、国务院副总理朱镕基和国务院有关部门的负责同志在甘肃省进行考察。朱镕基强调，要加大扶贫工作力度，振兴农村经济。

7月18日 《人民日报》报道：12日—17日，中共中央政治局候补委员、书记处书记温家宝到宁夏西海固地区考察扶贫工作时强调，实现脱贫致富首先要搞好农业。

7月19日 《人民日报》报道：按照国家划型标准审定的全国大中型乡镇企业已由1990年的近200个发展到1995年的4 531个。

7月23日—24日 农业部科技进步评奖及全国农牧渔业丰收奖专业组评审会在北京召开。会议共评出科技进步奖149项，其中一等奖9项，二等奖42项，三等奖98项；丰收奖共200项，其中一等奖20项，二等奖80项，三等奖100项。

7月26日 《人民日报》报道：农业部发出通知，要求各口岸动植物检疫部门严格措施，防止痒病传入我国。

8月1日 《人民日报》报道：经水利部批准，由我国著名水利专家组成的小浪底工程建设技术委员会正式成立。

8月6日 《科技日报》报道：5日，由《联合国防治荒漠化公约》秘书处、联合国非洲及最不发达国家特别协调办公室、日本政府和中国政府联合举行的亚非防治荒漠化论坛在北京开幕。

8月8日 《科技日报》报道：经国家科委和新疆维吾尔自治区人民政府批准，国家新疆棉花工程技术研究中心7月在新疆维吾尔自治区农业科学院成立。

8月26日 《农民日报》报道：全国已有节水灌溉工程面积0.13亿公顷。

9月6日 《人民日报》报道：国家农业高科技发展项目之一的光（温）敏核不育籼型两系法杂交水稻冷繁和制种在湖北咸宁市获得成功，比三系育种法减少一道工序，节省成本4.0%，大田增产10%以上。

9月9日 《农民日报》报道：8日，为期4天的1996年中国青岛国际农业科技博览会在山东平度市开幕。同时，全国唯一的农业技术市场——江北农业技术市场也在平度市正式开业。

9月11日 中共中央政治局委员、国务院副总理姜春云到北京林业大学视察工作。

9月11日 中共中央政治局委员、国务委员兼国家体改委主任李铁映考察常林股份有限公司。

9月24日 《人民日报》报道："丰收计划"实施10年来，共完成农牧渔业技术推广项目257项，累计增产粮食30亿千克，皮棉8亿千克，油料37亿千克，肉蛋及水产品14.6亿千克，新增产值400亿元。

9月25日 《人民日报》报道：国务院批准把广西北海市列为第28个全国农村改革试验区。

10月5日 《人民日报》报道：4日，由中国扶贫基金会、半月谈杂志社联合举办的第三届全国十大"扶贫状元"评选在北京揭晓，山西省妇联副主席阎电山等10人被评为"扶贫状元"。

10月5日 《科技日报》报道：8月23日，由山西省农业科学院棉花研究所、中国农业科学院生物工程技术中心承担的国家"863计划"研究项目——"转 Bt 抗虫基因工程棉花培育与研究"，在山西棉花研究所通过成果鉴定，我国成为世界上继美国之后第二个获得抗虫转基因棉花的国家。

10月9日 《农民日报》报道：全国农村改革试验区第九次工作会议在北京举行。经国务院批准建立的农村改革试验区已达28个。

10月22日 《人民日报》报道：17日—20

日，国务院总理李鹏在四川、湖北的三峡工程库区和建设工地考察。

10月22日 《人民日报》报道：全国基本农田保护区规划和划定工作取得阶段性成果。全国30个省、自治区、直辖市都划定了基本农田保护区，河北、江苏、辽宁、浙江、上海、福建、吉林、广东、山西、山东、广西、黑龙江、河南13个省、自治区、直辖市，已初步完成划定任务。全国有2个省、自治区、直辖市制定了地方的基本农田保护条例。

10月24日 《人民日报》报道：共青团中央、农业部、林业部、水利部、财政部和全国青联共同举办"中国十大杰出青年农民"评选活动。23日，王永海等十名青年农民在北京被授予首届"中国十大杰出青年农民"称号。

10月24日 中国政府发表第一部《中国的粮食问题》白皮书。中国政府一向十分重视粮食问题。中国有超过12亿人口，是粮食生产与消费大国。中国的粮食状况如何？中国的粮食生产潜力有多大？中国人民能不能养活自己？中国将如何发展粮食生产？是人们普遍关心的问题。中国政府经过科学论证，《白皮书》从七个方面作出实事求是的回答。一是中国解决了人民的吃饭问题；二是未来中国的粮食消费需求；三是中国能够依靠自己的力量实现粮食基本自给；四是努力改善生产条件，千方百计提高粮食综合生产能力；五是推进科教兴农，转变粮食增长方式；六是综合开发利用和保护国土资源，实现农业可持续发展；七是深化体制改革，创造粮食生产、流通的良好政策环境。

10月31日 《人民日报》报道：30日，广大水利工作者和参与治黄的干部群众代表在郑州市隆重纪念人民治理黄河50周年。

《经济日报》报道：29日，由农业部主办的1996年中国国际渔业博览会在山东省国际贸易中心开幕。

10月31日 《农民日报》报道：林业部投资20万元，在江苏沛县敬安镇建成我国首家杨树抗云斑天牛苗木繁育推广基地。

11月5日 《农民日报》报道：10月25日—11月3日，中共中央总书记、国家主席、中央军委主席江泽民先后在贵州、广西重点考察了扶贫开发工作。江泽民强调，本世纪内基本解决贫困人口温饱问题是党中央国务院的重大战略部署，这场扶贫攻坚仗必须打好，务求全胜。

11月6日 《人民日报》报道：中共中央政治局委员、国务院副总理姜春云在浙江考察时指出，要积极推进农业两个根本性转变，引导农民进入市场。

11月6日 《人民日报》报道：10月28日—11月4日，国务委员、国务院扶贫开发领导小组组长陈俊生在贵州考察工作时强调，扶贫要集中力量打歼灭战。

11月7日 《农民日报》报道：6日，第一届全国棉花交易会在郑州市举行。

11月11日 《人民日报》报道：6日—10日，中共中央政治局委员、国务院副总理姜春云先后深入南昌、宜春、九江三个地区的农村进行考察，强调要保护广大农民的生产积极性，促进农业和农村经济的持续稳定发展。

11月12日 《人民日报》报道：11日，中共中央总书记、国家主席、中央军委主席江泽民等中央领导同志到北京市丰台区的永定河畔，与首都各界军民100多人一起，参加疏浚整治永定河水利工程义务劳动。江泽民强调指出，加强水利建设，是我们党和政府的重要职责。

11月16日 《农民日报》报道：15日，中国政府代表团团长、国务院总理李鹏在罗马举行的世界粮食首脑会议上发表了题为《中国是维护世界粮食安全的重要力量》的讲话。

11月19日 《人民日报》报道：经国务院批准，我国将在全国重点粮食生产省以地区（市）为单位，建设20个大型商品粮生产基地，这批大型商品粮基地由中央和地方政府共同投资建设，总投资21.3亿元，计划2000年建成发挥效益。

11月22日 《人民日报》报道：农业部批准成立了乡镇企业经贸信息中心，并开通全国乡镇企业经贸信息服务网络。

11月22日 《农民日报》报道：农业部发布第九号、第十号令——《关于禁止从荷兰新城疫疫区进口禽鸟及其有关产品的规定》和《禁止从加拿大部分地区输入禽类和禽类产品的规定》，以防止强毒型新城疫传入我国。

11月23日 《人民日报》报道：国务院发出通知，要求各地切实做好粮食经营管理和收购、储存工作，同时，抓住机遇，深化粮食流通体制改革。

11月27日 《人民日报》报道：26日，由农业部、世界银行和加拿大等共同投资兴建的农业部饲料工业中心在北京举行揭牌仪式。

12月2日 《农民日报》报道：11月27日—30日，中共中央政治局委员、国务院副总理邹家华，在湖北考察了长江和汉江的险段险情，他强调指出，水利建设要认真贯彻标本兼治、综合治理的方针。

12月5日 《人民日报》报道：总投资1 211

万元的我国第一个国家级鱼类原种场在长沙建成，并通过国家级验收。

12月9日 《经济日报》报道：国务院办公厅发出通知，要求各地在农业丰收后防止加重农民负担。

12月10日 《人民日报》报道：一种填补国内空白的新型小麦、水稻联合收割机械——4L-2.5型谷物联合收割机，在山东莱州市渤海机械厂研制成功，并通过省级技术鉴定。

12月11日 《科技日报》报道：农业部农作物种质监督检验测试中心（济南）在山东省农业科学院建成，并于11月28日通过部授权审查认可和国家计量认证评审验收。

12月11日 《农民日报》报道：7月—9月，美国的密苏里州和俄克拉荷马州确诊了5起新城疫，农业部发布第11号农业令，公布了《禁止从美国新城疫疫区输入禽类和禽类产品的规定》。

12月18日 "ABT生根粉系列的推广"项目获国家科技进步奖特等奖。

林业部竹子研究开发中心在杭州市奠基。

12月20日 《农民日报》报道：农业部对全国农业系统独立农业科研机构科研开发能力进行了综合评估，评选出了"八五"全国农业科研开发综合实力百强所。

12月22日 《光明日报》报道：据水利部12月5日的统计，全国农田水利基本建设日最高上工人数超过1亿人；出动大型施工机械142万台；累计投入劳动积累工35.36亿个，累计投入各类资金153亿元，其中群众自筹89亿元，完成土石方56亿立方米。

12月25日 《农民日报》报道：全国农业技术推广系统又有651人经农业部、人事部批准获得了国家农业技术推广研究员资格。其中农业和畜牧专业的占41.84%，植保专业的较首批有所增长。地县级农技推广人员人数超过50%。

12月30日 《人民日报》报道：27日是国际生物多样性日。中国种子植物总数3万余种，居世界第三位；裸子植物和鸟类的数目居世界首位；栽培植物和家养动物也居世界首位。

12月30日 《农民日报》报道：农业部年底组织全国30个省、自治区、直辖市测算出1996年我国农业科技进步贡献率为39%，其中畜牧业为47%，渔业为48%，林业为28%，种植业为34%。

12月31日 《人民日报》报道：30日，林业部、农业部、国务院法制局联合在北京举行新闻发布会宣布，《中华人民共和国野生植物保护条例》将于1997年1月1日起施行。

1997 年

【文献】

1月1日 农业部发出《关于加强进口粮食检疫有关问题的通知》，规定从 1997 年 1 月 1 日起正式实行进口粮食检疫审批制度。考虑到国外疫情不断变化以及国际粮源偏紧，我国需要增加进口粮源国数量的实际情况，为防止疫情传入，避免粮食进口部门因不了解国外疫情而错误购买了疫区粮食，给国家造成损失的情况发生，从 1997 年 1 月 1 日起实行疫审批，所有粮食进口单位在签订购粮（包括食用的、工业用的、饲料用的、榨油用的各类粮谷类、豆类粮食）合同之前必须向中华人民共和国动植物检疫局办理检疫审批，所有粮食进口单位在签订购粮（包括食用的、工业用的、饲料用的、榨油用的各类粮谷类、豆类粮食）合同之前必须向中华人民共和国动植物检疫局根据国际疫情变化提出针对性的检疫要求。

1月15日 《人民日报》报道：13 日，为期 4 天的中共中央农村工作会议在北京闭幕。这次中央农村工作会议主要议题是，认真贯彻中共十四届五中、六中全会和中央经济工作会议精神，分析当前农业和农村形势，研究部署 1997 年的工作任务。重点是研究新情况，总结新经验，解决新问题，确保农业和农村经济持续稳定增长。会议认为，1996 年中国农业和农村经济形势比预计的好，基本实现了年初提出的"九五"第一年要"开好头，起好步"的要求。这次会议提出今年农业和农村工作的总体要求是：坚持以邓小平建设有中国特色社会主义理论为指导，全面贯彻中国共产党的基本路线和基本方针，认真落实中共十四届五中、六中全会和中央经济工作会议精神，着力研究和解决农业丰收后出现的新情况、新问题，会议确定，今年中国农业和农村经济的主要奋斗目标是：粮食播种面积稳定在 16.6 亿亩以上，总产量要保持去年 4 800 亿千克的水平，力争有所增长；会议还强调今年要着力做好八个方面的工作，紧密团结在以江泽民同志为核心的中共中央周围，把握大局，再

接再厉，同心同德，开拓前进，努力实现今年的农业和农村工作目标，创造新的优异成绩，迎接香港的顺利回归和中共十五大的顺利召开。

1月27日 国务院批转《农业部关于进一步加快渔业发展意见的通知》。由于世界海洋管理制度的变革，远洋、外海渔业发展的制约因素增多等，为了进一步促进渔业持续、快速、健康发展，积极推进经济体制和经济增长方式两个根本性转变，调整产业和养殖品种结构，加快科技成果转化，使我国渔业的整体素质和发展水平有显著的提高，《通知》提出要切实加强渔业执法队伍建设，地方各级渔政渔港监督管理机构的工作人员，可依照公务员制度管理，具体管理范围要在机构改革的基础上按有关规定报批。关于渔政渔港监督管理设施和手段严重落后问题，建议各级政府的计划、财政等部门安排经费逐步解决。当前，我国发展渔业的机遇很好，各地要重视发挥渔业资源优势，认真解决好渔业发展中出现的问题。各级渔业行政主管部门要转变职能，改进工作作风，加强调查研究，做好行业规划、服务、指导和管理工作，把我国渔业推向一个新的发展阶段。

2月25日 国务院印发了《水利建设基金筹集和使用管理暂行办法》，并发出通知要求各省、自治区、直辖市人民政府和国务院各部委、各直属机构从 1997 年 1 月 1 日起遵照执行。《办法》指出，水利建设基金是用于水利建设的专项资金，由中央水利建设基金和地方水利建设基金组成。中央水利建设基金主要用于关系国民经济和社会发展全局的大江大河重点工程的维护和建设。地方水利建设基金主要用于城市防洪及中小河流、湖泊的治理、维护和建设。跨流域、跨省（自治区、直辖市）的重大水利建设工程和跨国河流、国界河流我方重点防护工程的治理费用由中央和地方共同负担。财政部门要建立健全水利建设基金的收支核算和日常管理制度，计划部门要对水利基本建设项目进行严格审查。任何部门和单位不得任意提高水利建设基金的征收标准，不得扩大使用范围，不得截留、挤占或挪用。各级财政、计划、审计

部门要加强对水利建设基金的监督检查，违者要严肃处理。

3月20日 国务院发布《植物新品种保护条例》，自1997年10月1日起施行。为了保护植物新品种权，鼓励培育和使用植物新品种，促进农业、林业的发展，制定此条例。国务院农业、林业行政部门按照职责分工，共同负责植物新品种权申请的受理和审查，并对符合本条例规定的植物新品种授予植物新品种权，完成关系国家利益或者公共利益并有重大应用价值的植物新品种种育种的单位或者个人，由县级以上人民政府或者有关部门给予奖励。条例共八章四十六条。

4月3日 《经济日报》报道：根据国务院的决定，国家环境保护局、农业部、国家计委、国家经贸委联合制定并公布了《关于加强乡镇企业环境保护工作的规定》。《规定》指出，地方各级人民政府要高度重视乡镇企业的环境保护工作，县长、乡（镇）长要对本地区的环境质量负责，要将辖区环境质量作为考核县、乡（镇）主要领导人工作的重要内容。以县为单位，实施污染物排放总量控制，把乡镇企业的排污量纳入区域污染物排放总量控制目标。地方各级人民政府要制定乡镇企业主要污染物排放总量逐年削减计划并落实到企业，采取有效措施，防治乡镇企业污染和破坏环境，保护和改善农村环境质量。

4月25日 经国务院同意，农业部向沿海各省、自治区、直辖市人民政府印发了《关于"九五"期间控制海洋捕捞强度指标的实施意见》，决定从1997年7月1日起在全国统一换发新版捕捞许可证和功率凭证，以确保海洋捕捞强度控制指标的实现。新版渔业捕捞许可证由中华人民共和国渔政渔港监督管理局统一印制，自1997年7月1日起开始启用，原发捕捞许可证可继续使用到1998年3月31日止。地方各级人民政府要根据国家对控制海洋捕捞强度指标的要求，统一认识，加强领导，组织渔业、工商、公安等有关部门，加强对渔船建造企业的管理，各省、自治区、直辖市政府渔业行政主管部门每年年底向农业部报告海洋捕捞强度控制指标的执行情况，抄送所在海区渔政渔港监督管理局，农业部根据执行情况，进行检查和通报。

5月16日 《人民日报》报道：5月8日，国务院发布《农药管理条例》，自1997年5月8日起施行。为了加强对农药生产、经营和使用的监督管理，保证农药质量，保护农业、林业生产和生态环境，维护人畜安全，制定本条例。在中华人民共和国境内生产、经营和使用农药的，应当遵守本条例。国家鼓励

和支持研制、生产和使用安全、高效、经济的农药。《条例》共八章四十八条。

5月19日 《经济日报》报道：中共中央、国务院发布《关于进一步加强土地管理切实保护耕地的通知》。《通知》指出，各省、自治区、直辖市必须严格按照耕地总量动态平衡的要求，做到本地耕地总量只能增加，不能减少，并努力提高耕地质量。各级人民政府要按照提高土地利用率，占用耕地与开发、复垦挂钩的原则，以保护耕地为重点，严格控制占用耕地，统筹安排各业用地的要求，认真做好土地利用总体规划的编制、修订和实施工作。实行占用耕地与开发、复垦挂钩政策。要严格控制各类建设占地，特别要控制占用耕地、林地，少占好地，充分利用现有建设用地和废弃地等。

6月16日 农业部制定了《农业生物基因工程安全管理实施办法》，以规范和促进我国农业生物基因工程的研究与开发。《办法》指出，从事基因工程工作的单位，在进行有关实验研究、中间试验、环境释放和商品化生产前，应当在遗传工程体及其产品安全性评价的基础上，确定安全等级，制定相应的安全控制措施。审批机关工作人员玩忽职守、徇私舞弊的，由所在单位或者其上级主管部门对直接责任人员给予行政处分。情节严重，构成犯罪的，依法追究直接责任人员的刑事责任。《办法》共六章三十六条。

6月21日 《农民日报》报道：国务院办公厅转发了《中国人民银行关于进一步做好农村信用社管理体制改革工作的意见》，并要求各地区、各部门认真贯彻执行。《意见》指出，农村信用社与中国农业银行脱钩后，一些信用社历年积累的风险逐步暴露，已经成为当前突出的问题。切实加强对农村信用社管理体制改革工作的领导，建立农村合作金融管理体制，直接关系农业的发展、农民的富裕和农村经济的繁荣，农村信用社要不断加强经营管理，改进金融服务，以崭新的风貌发挥支农作用，努力开创农村信用合作事业的新局面。

7月8日 《人民日报》报道：7月3日，全国人民代表大会常务委员会第26次会议通过了《中华人民共和国动物防疫法》，自1998年1月1日起施行。县级以上地方人民政府设立的动物卫生监督机构依照本法规定，负责动物、动物产品的检疫工作和其他有关动物防疫的监督管理执法工作。国家支持和鼓励开展动物疫病的科学研究以及国际合作与交流，推广先进适用的科学研究成果，普及动物防疫科学知识，提高动物疫病防治的科学技术水平。

7月14日 《农民日报》报道：7月9日—11

日，国务院在北京召开全国粮食购销工作会议。国务院副总理朱镕基在会议上指出：各地区、各部门要认真传达和学习党中央、国务院的有关文件，统一思想，掌握政策，吃透精神，按照国务院的部署一齐行动。所有粮食收购站都要迅速挂出定购价和保护价的牌子，全面展开收购。各新闻单位要加强粮食购销工作的宣传，安定民心。各级计划、财政、银行、物价、工商、铁路、交通等有关部门，要同粮食部门密切配合，协调行动，并加强监督检查，狠抓各项配套措施的落实，要对农民反复宣传"储粮备荒"的思想。"敞开收购"议价粮，是指收购余粮，切不要把农民自己的口粮、种子粮、饲料粮、必要的储备粮都卖给国家。要告诉农民，如果卖了过头粮，将来需要用粮时，还要以较高价格买回来，自己反而多花钱。要告诉农民，国家的粮食储备已经很多了，保管不易，希望农民多储备一些粮食，以丰补歉，对国家、对自己都有利。请农民兄弟放心，你什么时候要用钱，就什么时候去卖粮，任何时候都是这个保护价，绝不会吃亏。

8 月 13 日 《农民日报》报道：国务院办公厅发出关于印发《国家扶贫资金管理办法》的通知，自 1997 年 8 月 1 日起施行。《办法》指出，国家扶贫资金是指中央为解决农村贫困人口温饱问题、支持贫困地区社会经济发展而专项安排的资金，包括支持经济不发达地区发展资金、"三西"农业建设专项补助资金、新增财政扶贫资金、以工代赈资金和扶贫专项贷款。国家各项扶贫资金应当根据扶贫攻坚的总体目标和要求，配套使用，形成合力，发挥整体效益。国家各项扶贫资金必须全部用于国家重点扶持的贫困县，并以这些县中的贫困乡、村、户作为资金投放、项目实施和受益的对象。国家下达的各项扶贫资金，全部由省、自治区、直辖市人民政府统一安排使用，由同级扶贫开发工作协调领导机构具体负责，组织各有关部门规划和实施项目。有关扶贫资金管理部门应当根据本办法确定的原则，分别制定具体管理办法。各省、自治区、直辖市可以根据本办法，结合当地实际情况，制定实施细则。本办法共十五条。

9 月 26 日 《农民日报》报道：为促进棉花工作向规范化、标准化方向发展，切实保护棉农利益，保证棉花收购质量，全国供销合作总社公布了《棉花收购工作规则》，从 1997 年 9 月 1 日起施行。《规则》指出，棉花收购单位主要任务是，贯彻执行国家关于棉花工作的方针、政策和国家棉花标准，适时完成收购任务，改善经营管理，提高服务质量，开展科技兴棉，促进棉花生产发展。棉花收购单位要组织工作人员进行法制、政策和职业道德教育，学习专业知识，

掌握基本技能，提高队伍素质。建立和完善棉花收购岗位责任制，实行科学管理。棉花收购单位要严格执行国家价格政策，正确执行国家棉花标准严格资金管理，实行谁经营谁贷款的办法，并要专款专用，不得挪用。全国供销合作总社棉麻局和各省棉麻公司定期或不定期对棉花收购工作进行检查，对认真执行政策、标准的单位予以表彰奖励，对违反法规政策的单位责令限期整改或吊销收购许可证，并追究单位负责人的责任。《规则》共八章三十三条。

10 月 28 日 《水利产业政策》10 月 28 日经国务院批准颁布实施。这项政策是我国在基础设施领域颁布的第一项产业政策，政策自发布之日起施行，到 2010 年止。为了促进水资源的合理开发和可持续利用，有效防治水旱灾害，缓解水利对国民经济发展的制约，特制定此政策。《政策》的目标是：明确项目性质，理顺投资渠道，扩大资金来源；合理确定价格，规范各项收费，推进水利产业化；促进节约用水，保护水资源，实现可持续发展。《政策》共五章三十五条。

【会议】

1 月 1 日 《农民日报》报道：1996 年 12 月 30 日，林业部、农业部、国务院法制局联合在北京举行新闻发布会，宣布《中华人民共和国野生植物保护条例》自 1997 年 1 月 1 日起施行，并首次发布了我国目前最权威的保护野生动物名录。

1 月 16 日 《人民日报》报道：15 日，国务院召开的全国乡镇企业工作会议在北京结束。

1 月 16 日—18 日 全国 35 个大中城市菜篮子工作会议在北京召开。

1 月 24 日 《农民日报》报道：1 月 23 日，中国农学会在北京举行大会，庆祝农学会成立 80 周年。

1 月 28 日 国务院副总理、国家防汛抗旱总指挥部总指挥姜春云主持召开 1997 年国家防汛抗旱总指挥部第 1 次办公会议。

2 月 27 日 全国绿化委员会第 16 次全体会议在北京召开。

2 月 21 日—25 日 全国水利精神文明建设工作会议在广东召开。

4 月 29 日 《科技日报》报道：28 日，全国水土保持工作会议第 6 次会议在北京召开（29 日结束）。

5 月 13 日—15 日 中国政府和《联合国防治荒漠化公约》临时秘书处联合举办的亚洲防治荒漠

化部长级会议在北京召开。

5月17日 《科技日报》报道：13日，1997年中国—以色列农业经贸合作研讨会在北京召开。

5月26日 《农民日报》报道：25日，中国农业新闻工作者协会和中国农业银行农村金融学会在北京联合召开全国农业产业化研讨会（27日结束）。

5月27日—28日 全国农牧渔业丰收计划工作会议在北京召开。

6月16日 中国林学会成立80周年纪念大会在北京召开。

6月23日—25日 国家计委、水利部在北京联合召开《黄河治理开发规划纲要》审查会。

7月11日 《农民日报》报道：10日，由亚太农业信贷协会和中国农业开发银行共同主办的中国农村信贷扶贫国际研讨会在北京召开。

7月11日 《科技日报》报道：8日，中国—意大利农业技术研讨会在北京举行。

8月22日 《科技日报》报道：21日，由中国可持续发展研究会可持续农业专业委员会及世界可持续农业协会主办的为期3天的1997年可持续农业技术国际研讨会在北京召开。

8月27日 《人民日报》报道：26日，由国家科委组织的"中国农业和农村科学技术专家咨询委员会"在北京举行首届中国农村科学技术"绿色论坛"。

8月29日 《人民日报》报道：8月26日，国务院副总理朱镕基在全国棉花工作会议上强调：1997年度要继续稳定和完善棉花购销政策，进一步深化棉花流通体制改革，鼓励棉纺企业多用国产棉，努力实现国内棉花供求总量平衡。

8月29日 第八届全国人大常委会第27次会议通过了《中华人民共和国防洪法》，自1998年1月1日起施行。

8月29日—9月1日 国务院在陕西召开全国治理水土流失、建设生态农业现场经验交流会。

8月30日 农业部和黑龙江省人民政府联合在哈尔滨举行黑龙江垦区开发建设50周年庆祝大会。

9月5日 全国人大《水法》执法检查组第1次会议在人民大会堂召开。

9月10日—12日 全国气象科普会议在北京召开。这次会议是中华人民共和国成立以来由中国气象局、中国气象学会联合召开的第1次全国性气象科普工作会议。

9月25日—28日 全国水利工作会议在呼和浩特市召开。

10月4日 《经济日报》报道：3日，第二届中国环境与发展国际合作委员会第1次会议开幕（5日结束）。

10月8日 中国农业科学院建院40周年庆祝大会在中国农业科学院举行。

10月9日 "中国林业十杰"评选活动在北京揭晓，石光银、杰桑·索南达杰、王涛、牛玉琴、孙俊福、马永顺、格日乐、徐凤翔、卫桂英、胡俊生当选。

10月16日 《农民日报》报道：15日，由中华农业科教基金会设立的"中华农业科教奖"颁奖大会在北京举行，245名有功人员获得500万元的奖励。

11月4日 中国、德国两国农业部部长级会议在北京举行。

11月7日 国际竹藤组织在北京举行成立大会，该组织是第一个将总部设在中国的政府间国际组织。

11月19日 《人民日报》报道：18日，中国首次举办的高层次大型国际环境会议"1997中国环境论坛——经济、社会和环境可持续发展国际研讨会"在北京开幕（21日闭幕）。

11月25日—28日 全国水改水资源工作会议在江苏苏州召开。

12月3日 《经济日报》报道：2日，全国农业工作会议在合肥市召开（6日结束）。

【农业发展成就】

1月7日 《科技日报》报道：在我国科学家洪国藩研究员的领导下，中国科学院国家基因研究中心经过3年多的艰苦攻关，在世界上首次成功构建了高分辨率的水稻基因组物理全图，这一成果为最终揭示水稻遗传信息奥秘和农作物育种做出了重大贡献。

1月8日 《科技日报》报道：河北大学生物系王安利教授，历经三载研究成功对虾防病抗病综合配套新技术，在利用多种类型免疫增强剂于中国对虾不同发育阶段技术上达到了国际领先水平，利用这套技术可使对虾免疫力提高22.4%~55.6%。

农业部发布《准许向中华人民共和国输出畜禽的国家名录（1997年度）》。

1月21日 农业部在北京召开1997年跨区机收小麦会战协调会。据统计，1997年参加会战的省份由1996年的1个增加到19个，跨省、自治区作业的联合收割机达 1.45 万台，全国机收小麦面积达 166.67 千公顷，占小麦种植面积的 54.9%，其中联合收割机收获 6 654.67 千公顷，占种植面积的 21.8%。

2月3日 《科技日报》报道：中国太谷核不育小麦实现重大突破。权威科学家 1 月 31 日在北京确认，中国首次在世界上发现的这一独有的种质资源，是由细胞核内一个显性雄性不育基因（Tal）控制的天然突变体。用它进行小麦轮回选择育种，可打破传统杂交育种的限制而获得抗逆、抗病、丰产的优异品种。这一成就显示，我国在显性核不育性的鉴定和用于小麦轮回选择育种上，处于世界第 1 位。

2月17日 《农民日报》报道：由湖南省承担的国家财政部、农业部"丰收计划"——"水稻良种及高产高效综合配套技术"项目实施 2 年，取得显著成效。据统计部门测产验收，年均实施水稻播种面积 153.33 千公顷，平均每公顷产稻谷 6.50 吨，比项目实施前 3 年增产 0.77 吨，年均增产稻谷 12.3 万吨，增收节支 1.96 亿元。

3月17日 《人民日报》报道：农业部提出早稻实现"五化"：栽培轻型化、育秧工厂化、品种优质化、用途多样化、收获机械化。早稻主产区要把"五化"工作抓紧抓好，促进早稻生产的持续稳定发展。

3月21日 中国气象局、国家粮食储备局印发关于进一步做好粮食储运气象服务工作的通知。

3月22日 《经济日报》报道：党中央、国务院 1988 年决定在全国大规模实施的农业综合开发取得了明显成效，9 年来增加产粮能力近 3 000 万吨，占同期全国粮食产量新增总量四成多，改造中低产田 12 667 千公顷，开垦宜农荒地 1 500 千公顷。

3月26日 《农民日报》报道："九五"国家重点科技攻关项目"国家水稻工程"经过 1 年实施，进展顺利，已初步选出一批优质食用稻、高蛋白饲料和抗旱、抗洪、抗寒水稻新品种。万亩超高产样板田两季平均亩产 1 172 千克，10 万亩超高产样板田两季平均亩产 1 053 千克，百万亩超高产样板田两季平均亩产 979 千克，分别比前 3 年平均增长 14%、10.9% 和 7.3%。

3月31日 《科技日报》报道：中国农业银行决定，1997 年在信贷资金中拿出 10 亿元贷款，专项用于我国"种子工程"。

4月1日 国家土地管理厅局长会议作出部署，停止非农业建设占用耕地，实现耕地总量动态平衡。

4月6日 《人民日报》报道：国务院决定在陕西杨凌建立我国唯一的国家农业高新技术产业示范区，以推动我国西北地区农业高新技术的全面进步，并带动全国农业高新技术的发展。

全国人大常委会组织执法组对江西、福建和云南 3 省《森林法》实施情况进行检查。

4月8日 林业部举行中国荒漠化状况新闻发布会，公布全国荒漠化普查结果：我国荒漠化土地面积为 262.2 万平方千米，占国土面积的 27.3%；全国沙漠、戈壁及沙化土地面积为 168.9 万平方千米，占国土面积的 17.6%。

4月11日 《农民日报》报道：农业部、国家工商行政管理局共同发出关于进一步做好农资市场管理工作的通知，明确指出要支持农业"三站"的农资经营活动。

中国第四届花卉博览会暨首届中国花卉交易会在上海举行（20 日结束）。

4月25日 《农民日报》报道：23 日，1997 年国际温室工程及栽培技术展览会在北京开幕。

4月28日 中国农业及农村科学技术专家咨询委员会在北京成立。

5月7日 《农民日报》报道：6 日，国务委员陈俊生向第八届全国人大常委会第 25 次会议报告扶贫工作情况时说，改革开放以来我国农村没有解决温饱问题的贫困人口，从 1978 年的 2.5 亿人减少到 5 000 万人。

5月11日—20日 首次全国林业系统两个文明建设先进事迹报告团深入东北和内蒙古国有林区作巡回报告（20 日结束）。

5月22日 《人民日报》报道：21 日，中国林业实业开发集团在北京成立。

5月24日 《科技日报》报道：贵州农学院麦作研究中心张庆勤教授历时近 10 年，通过远缘杂交选育成的面包小麦新品系节硬偏 1 号、3 号和野二燕 4 号，经田间小面积试种初获成功。

5月27日 《农民日报》报道："丰收计划"实施 10 年来，共完成农牧渔业技术推广项目 257 项，累计增产粮食 3 100 万吨，皮棉 80 万吨，油料 300 万吨，肉蛋类 90 万吨，水产品 60 万吨，新增产值 400 多亿元。

6月16日 我国 6 月 10 日从西昌卫星发射中心发射升空的"风云二号"气象卫星，成功定点于东经 105°赤道上空。

7月5日 《农民日报》报道：中华全国供销合作总社发出通知，要求各级供销社积极采取措施，确保抗旱救灾物资的供应。

7月16日 《农民日报》报道：15 日，由世界粮食计划署援助、国际农业发展基金会提供贷款的四川川东北农业综合开发项目签字仪式在北京举行。

7月16日 由全球环境基金会资助的"中国湿地生物多样性保护与可持续利用"前期项目启动。

7月17日 《科技日报》报道：中国水稻研究所研究员黄大年和他的科研合作者经过多年攻关，成功地将抗除草剂转基因水稻应用于杂交稻制种生产，在世界上首次配制出转基因杂交稻。

7月18日 《科技日报》报道：湖南省杂交水稻研究中心的科技工作者经过艰辛的探索攻关，使两系杂交早稻育种项目取得重大突破，已选育出亩产高达 520 千克的香 S\D68 和 S\D34 两个组合新早稻。这两个新品种比三系杂交平均亩产提高 10%～15%，早熟高产、米质优良。

7月22日 《经济日报》报道：农业部下发了《关于开展乡镇企业质量振兴活动的通知》，决定在全国乡镇企业中开展质量振兴活动。这一活动包括强化质量普法教育、推行科学质量管理方法、实施名牌战略等六个方面的内容。

7月31日 《科技日报》报道：据国家统计局农调队抽样调查，1997 年全国夏粮总产量达到 12 395 万吨，比上年增产 1 075 万吨，增长 9.5%，继 1996 年后再创历史最高纪录。

7月31日 《科技日报》报道：哈尔滨师范大学的科研人员成功地将美洲一种鱼的抗冻基因导入番茄中，获得的转基因番茄耐寒高产，而且这一特性还能代代相传。29 日，这项研究通过了有关部门的鉴定。

8月2日 《科技日报》报道：湖南省农科院土壤肥料研究所育成湘两优糯粱 1 号，该品种抗旱能力强，丰产性能好，为北方耕作制度改革及大面积采用机械化收割展示出美好前景，被列入湖南省科委、国家科委和农业部"九五"农业科技成果推广项目。

8月4日 《农民日报》报道：农业部公布了大连北大车行企业集团等 303 家企业为第三批全国乡镇企业集团。迄今为止，农业部公布的国家级乡镇企业集团已达 1 039 家。

8月7日 《农民日报》报道：山东省龙口市北马镇前诸留村小麦高产攻关田平均每公顷产量 10.98 吨（品种为 8017‑2），创我国北方冬麦区小麦单产最高纪录；莱阳市冯格庄镇马岚村小麦高产攻关田平均每公顷产量 10.40 吨（品种为鲁麦 21），创我国旱地小麦单产最高纪录。

8月14日 《农民日报》报道：据国家杂交水稻工程技术研究中心（长沙）统计，近几年，中国每

年推广种植杂交稻 15 333.33 千公顷左右，新增粮食 2 000 万吨，相当于中国一个中等省份的年粮食总产量。到 1996 年止，全国累计推广杂交水稻约 186 666.67 千公顷，共增产粮食 28 000 万吨。发明了杂交水稻的中国，推广面积和种植效益均居世界第一。

8月19日 《科技日报》报道：浙江农业大学詹勇等人在国际上首次从废料植物资源中提取并研究完成纯天然绿色生物活性添加剂——"糖菇类"，从而攻克了将有效饲料抗生素替代物应用于畜禽饲养业这项世界畜禽工作中的难题。该项科研成果及课题于 8 月 15 日—16 日通过了国家科委组织并主持的专家鉴定及验收。

8月23日 《农民日报》报道：农业部命名一批全国文明乡镇企业，北京韩村河建筑集团公司等 20 家在加强精神文明建设和创建文明企业活动中取得突出成绩的企业荣膺"全国文明乡镇企业"称号。

8月25日 《人民日报》报道：8 月 21 日，中国工程院院士、著名水稻杂交育种专家袁隆平在墨西哥城举行的农作物杂交问题国际研讨会上获得"国际杂交先驱科学家奖"。

8月28日 《农民日报》报道：全国乡镇企业东西合作现场经验交流会在河南省驻马店地区结束。1996 年，东西合作示范区基础设施投入达 18.9 亿元，年末固定资产达到 283.2 亿元，大部分东西合作示范区内水、电、路、通信等基础设施完善。1996 年，全国 208 个示范区实现营业收入 1 055.6 亿元，比上年增长 36%，高出中西部地区乡镇企业平均增长速度 10 个百分点以上。

9月3日 《光明日报》报道：8 月 5 日，江泽民总书记在姜春云副总理《关于陕北地区治理水土流失建设生态农业的调查报告》上作了批示强调，植树造林，绿化荒漠，建设生态农业，再造一个山川秀美的西北地区。8 月 12 日，国务院总理李鹏在姜春云副总理《关于陕北地区治理水地流失建设生态农业的调查报告》上作了批示提出，治理黄土高原水土流失，争取 15 年初见成效，30 年大见成效，为根治黄河流域水土流失问题做出应有的贡献。

9月6日 《农民日报》报道：4 日，农业部在北京举行颁奖仪式，向原世界银行农业项目专家丁文波先生和日本农山渔村协会会长坂本尚先生颁发了两年一度的农业部"国际农业合作奖"。

9月16日 《人民日报》报道：联合国国际农业发展基金会和联合国世界粮食计划署决定向中国两项农业扶贫项目提供 4 000 多万美元的贷款和援助。

根据协议，国际农业发展基金会将向"安徽皖西南山区农业综合开发项目"提供 2 653 万美元贷款，世界粮食计划署将为"青海海东地区农业综合开发项目提供 1 260 万美元的援助。

9月19日 《人民日报》报道：农业部决定"九五"期间在全国广泛开展创建文明乡镇企业活动，要求各地要突出抓好以提高职工思想道德素质和科学文化素质为核心的精神文明建设，同时要全面推进乡镇企业的改革和发展。

9月22日 《人民日报》报道：12日，中共中央总书记江泽民在向中国共产党第15次代表大会所作的报告中指出，加强农业基础地位，调整和优化经济结构；坚持把农业放在经济工作的首位，稳定党在农村的基本政策，深化农村改革，确保农业和农村经济发展、农民收入增加；改造和提高传统农业。

9月23日 中国林业科学研究院研究员、中国工程院院士王涛荣获香港"何梁何利基金"之"科学与技术进步奖农学奖"。

9月25日 《农民日报》报道：我国推广大豆优质、高产品种合丰25已取得令人瞩目的成效。该品种在我国累计种植面积已达 10 000 千公顷，增产大豆165万吨，增加经济效益20亿元以上。

9月30日 《农民日报》报道：29日，为隆重纪念全民义务植树运动15周年，全国绿化委员会、林业部在北京西山林场绿色文化碑林举行了"造林绿化功臣碑"奠基仪式。全国900多名为我国造林绿化事业做出杰出贡献者的名字被镌刻于功臣碑上。

10月7日 《农民日报》报道：农业部和国家粮食储备局发出通知，要求各地严禁在粮食收购中代扣代缴各种款项加重农民负担。

10月8日 《农民日报》报道：中国扶贫基金会、半月谈杂志社在北京联合举行新闻发布会，公布第四届"吉利杯"全国十大"扶贫状元"评选结果。辽宁省辽阳市委书记傅克诚等被评为全国十大"扶贫状元"。

10月17日 《农民日报》报道：16日，由联合国粮农组织、农业部、辽宁、吉林、内蒙古共同主办的1997年中国东北地区国际农业暨渔业博览会在大连举行。

10月17日 《人民日报》报道：16日，中国纪念"世界粮食日"活动在大连举行。

10月22日 《农民日报》报道：21日，由农业部主办的第三届中国农业博览会在北京全国农业展览馆开幕（27日结束）。

10月24日 《人民日报》报道：23日，由中国和荷兰两国政府合作建设的"中荷农业部—北京畜牧培训示范中心"在北京举行落成典礼仪式。

10月25日 《人民日报》报道：24日，全国农业综合开发十年成果展示会在北京开幕。

10月27日 《科技日报》报道：国家"863"计划重大关键技术项目和重大成果转化项目——两系法杂交水稻的推广取得重大突破。到1996年，已累计发展两系杂交水稻366.67千公顷，其育种、制种、繁殖及栽培的总体技术达到成熟阶段，一批两系杂交水稻组合开始大规模推广应用，并开始向产业化发展。

《经济日报》报道：由国家经贸委批准的全国第一家棉花贸工农一体化试点企业——湖北金天贸工农股份有限公司挂牌成立。

10月29日 《光明日报》报道：28日，中国治黄历史上最大的工程——黄河小浪底水利枢纽工程胜利截流。

11月5日 《农民日报》报道：4日，1997年中国国际渔业博览会在全国农业展览馆开幕。

11月9日 《人民日报》报道：8日，举世瞩目的长江三峡水利枢纽工程胜利实现大江截流。

11月15日 《农民日报》报道：截至11月1日，黄河1997年已断流201天，超过黄河断流历史纪录最长时间（1996年，136天）65天。

11月21日 《人民日报》报道：中国农业科学院棉花研究所培育成功的短季棉新品种中棉所24，有效地解决了麦棉两熟中低产、晚熟的重大课题，顺利通过全国品种审定委员会的审定。

11月25日 《人民日报》报道：14日，湖南洞庭湖区近期防洪蓄洪工程在长沙通过国家验收。

11月28日 《科技日报》报道：全国农田水利基本建设日最高上工人数达 7 500 万人，投入资金达94.4亿元。已出动机械114万台，累计投入劳动积累工20亿个，完成土石方34.5亿立方米，是继上年之后较好的一年。

12月1日 《光明日报》报道：我国生物"家底"现已摸清，由来自全国115个单位的679名科研人员参加的庞大编研工程——《中国植物志》《中国动物志》和《中国孢子植物志》的编研工作历时5年，于11月28日通过验收。

12月2日 《农民日报》报道：1997年中国国际农业机械展览会于12月1日—4日在北京全国农业展览馆举行。来自日本、德国、美国、俄罗斯、法国、中国等地的130多家厂商参加了展览。

12月2日 《经济日报》报道：我国水土保持

工作取得巨大进展，迄今为止已累计完成综合治理面积 70 万平方千米，栽植水土保持林和经果林 40 000 千公顷，种草保存面积 4 000 千公顷，还兴修了大批蓄水保土工程。

12 月 2 日 《科技日报》报道：1 日，我国第一颗静止轨道气象卫星"风云二号"正式交付投入使用。

12 月 8 日 《农民日报》报道：全国拍卖"四荒"地使用权加快治理水土流失现场经验交流会在山西吕梁地区召开。目前，全国拍卖"四荒"地面积已达 3 769.33 千公顷，初步治理 1 900 千公顷，不少农民通过治理开发"四荒"地脱贫、致富。

12 月 11 日 《科技日报》报道：一项由山东农业大学李晴棋、包文翎等专家主持完成的"冬小麦矮秆、多抗、高产新种质'矮孟牛'的创造及利用"研究成果，获得 1997 年中国国家发明一等奖。专家们认为，"矮孟牛"的育成，解决了小麦矮秆资源中经常出现的矮秆与早熟、早衰、多病、高产性能差相关的技术难题，有利于选育高产、稳产小麦新品种。

12 月 12 日 《光明日报》报道：由全国供销合作总社科技推广服务中心组织的全国"两新一特"（优质新农药、新农膜和特殊功效肥）推广网在北京成立。

12 月 23 日 《科技日报》报道：云南省农业生物技术重点试验室 11 月 17 日在国内首次克隆 4 个重要功能基因，使我国农业基因工程研究取得重要进展。

12 月 26 日 《农民日报》报道：国务院发布《生猪屠宰条例》，将于 1998 年 1 月 1 日起施行。

1998 年

【文献】

1月5日 刘江部长签发农业部令，公布施行《农用拖拉机及驾驶员安全监理规定》。县以上各级人民政府农业机械行政主管部门负责本辖区内的拖拉机及驾驶员的安全监理工作。法律、法规授权或由农业机械行政主管部门依法委托的农业机械安全监理机构负责具体实施。农机监理机构负责拖拉机及其驾驶员的安全技术检验、考核、核发全国统一的牌证和在田间、场院、乡村道路上作业的安全及技术状态的监理工作。《规定》共五章五十七条。

1月26日 《科技日报》报道：《中国农业科学技术政策》正式发布实施。这是我国未来5～15年农业科技发展行动指南，是继1985年国家科委发布《中国技术政策（农业卷）》12年后，由国家科委联合农业部、林业部、水利部、国内贸易部、化工部、全国供销总社、中国轻工总会、中国科学院、中国气象局等有关部门修订的。根据世界农业科技发展趋势和发展新修订的《中国农业科学技术政策》明确了农业科技的主要方向，要求加强农业高新技术的研究和开发。力争以生物技术、信息技术为主导的高新技术研究开发取得重大突破。促进农业科技革命；加强先进适用技术的集成、组装配套、全面推广。以农业产业化为目标，面向整个国土资源的开发、治理、保护、开展农业科技工作；用现代工业技术及产品装备农业、武装农业；发展设施农业。发展持续农业技术，转变农业增长方式，走可持续发展的道路。《中国农业科学技术政策》确立的主要目标是：提高农业研究开发能力，使农业科技率先跃居世界先进水平；大幅度提高技术推广力度，使科技在农业增长中的贡献率达到50以上；加强农业科技队伍机构建设，大幅度提高农民科技素质；改革体制，增加投入为农业科技提供良好的保障条件。

1月27日 全国绿化委员会、林业部、交通部、铁道部联合发出《关于在全国范围内大力开展绿色通道工程建设的通知》，决定从1998年开始，用3～5年时间，在全国范围内开展以公路、铁路和江河沿线绿化为主要内容的绿色通道工程建设。

2月28日 《农民日报》全文刊载《中华人民共和国水生动植物自然保护区管理办法》（农业部1997年10月17日发布施行）。《办法》提出：任何单位和个人都有保护水生动植物自然保护区的义务，对破坏、侵占自然保护区的行为应该制止、检举和控告。国务院渔业行政主管部门主管全国水生动植物自然保护区的管理工作；县级以上地方人民政府渔业行政主管部门主管本行政区域内水生动植物自然保护区的管理工作。国家级水生动植物自然保护区的建立，需经自然区所在地的省级人民政府同意，由省级人民政府渔业行政主管部门报国务院渔业行政主管部门，经评审委员会评审后，由国务院渔业行政主管部门按规定报国务院批准。地方级水生动植物自然保护区的建立，由县级以上渔业行政主管部门按规定报省级人民政府批准，并报国务院渔业行政主管部门备案。《办法》共五章三十二条。

2月28日 《进口兽药管理办法》（农业部1998年1月5日发布施行）。进口兽药必须经口岸兽药监察所检验合格后，方可在国内销售、分装、使用。凡向中华人民共和国销售兽药的外国企业及境内从事进口兽药的进口、分装、经营的企业均必须遵守本办法的规定。国家对进口兽药实行注册管理制度。凡外国企业生产的兽药首次向中华人民共和国销售的，必须申请注册，取得《进口兽药登记许可证》。未经注册的兽药，不准在中华人民共和国境内销售、分装、使用和进行商业性宣传。《进口兽药登记许可证》只对载明的兽药品种和生产企业有效。注册兽药的申请须由外国企业驻中国办事机构或其在中国境内的代理商提出。申请时须将有关资料一式三份报农业部。农业部对申请企业提供的资料进行审查，对符合规定的发放"进口兽药注册申请受理通知书"。《办法》共六章五十六条。

3月5日 《农民日报》全文刊载《渔业行政

处罚规定》(1998年1月5日农业部发布施行)。对渔业违法的行政处罚有以下种类：罚款；没收渔获物、违法所得、渔具；暂扣、吊销捕捞许可证等渔业证照；法律、法规规定的其他处罚。渔业违法行为轻微并及时纠正，没有造成危害后果的，不予行政处罚。我国渔船违反我国缔结、参加的国际渔业条约和违反公认的国际关系准则的，可处以罚款。按本《规定》进行的渔业行政处罚，在海上被处罚的当事人在未执行处罚以前，可扣留其捕捞许可证和渔具。《规定》共二十一条。

3月5日 《乡镇企业登记备案规定》(1998年1月1日农业部发布施行)。各级人民政府乡镇企业行政管理部门应当建立乡镇企业登记备案档案管理制度，为发展乡镇企业服务。登记备案管理机关应定期将企业登记备案情况及时汇总，并逐级上报。对符合乡镇企业条件而不按规定登记备案的企业，乡镇企业行政管理部门应当对其进行批评教育，令其改正，限期登记备案。在本规定颁布前已设立的各类乡镇企业，自本规定生效之日起，应在六个月内向当地登记备案管理机关办理登记备案手续。县级以上人民政府乡镇企业行政管理部门应对乡镇企业登记备案工作进行不定期的监督检查。《规定》共十七条。

4月29日 中华人民共和国主席江泽民签署主席令，公布《中华人民共和国森林法》自1998年7月1日起施行。国家所有的和集体所有的森林、林木和林地，个人所有的林木和使用的林地，由县级以上地方人民政府登记造册，发放证书，确认所有权或者使用权。国务院可以授权国务院林业主管部门，对国务院确定的国家所有的重点林区的森林、林木和林地登记造册，发放证书，并通知有关地方人民政府。本法共七章四十九条。

5月25日 农业部颁布《农业科学技术保密规定》。农业科技秘密是指关系国家安全和利益，依照法定程序确定，在一定时间内只限一定范围的人员知悉的农业科学技术事项。农业科学技术保密是指对农业科技秘密的保密。农业科学技术保密工作既要保障农业科技秘密的安全，又要有利于我国农业科学技术的进步和普及，有利于农业和农村经济的发展。农业科学技术保密应当突出重点，确保重要农业科技秘密的安全，有控制地放宽一般农业科技秘密的交流与应用。农业科学技术保密工作是各级农业科技管理部门的重要职责，应当与我国农业科学技术管理工作相结合。做好农业科学技术保密工作应当依靠广大农业科技工作者。农业部负责指导农业系统的科学技术保密工作。各级农业行政主管部门和有关单位应当按照保密有关规定对为农业科技保密工作作出贡献、成绩

显著的集体和个人给予奖励；对于违反国家或者农业部科技保密规定的行为，应当给予批评教育；对于情节严重，给国家安全和利益造成损害的，应当依照有关法律、法规给予有关责任人员行政处分；触犯刑法的，由司法机关追究其刑事责任。《规定》共五章三十四条。

6月10日 新华社报道：4月18日，中共中央办公厅、国务院办公厅发出《关于在农村普遍实行村务公开和民主管理制度的通知》。《通知》要求，为了贯彻落实党的十五大关于扩大基层民主，保证人民群众直接行使民主权利的精神，推进农村基层民主建设，密切党群、干群关系，促进农村的改革、发展和稳定，中央认为，有必要在全国农村普遍实行村务公开和民主管理制度。党的十五大指出，发展社会主义民主政治，是我们党始终不渝的奋斗目标。扩大基层民主，保证人民群众直接行使民主权利，依法实行民主管理，是健全社会主义民主制度的重要内容。农民是我们党在农村的依靠力量，也是我们国家政权最广泛、最深厚的群众基础。保护和发挥农民的积极性，历来是我们党取得革命和建设胜利的重要保证，也是推进社会主义现代化建设事业顺利进行的必要条件。村务公开要从农民群众普遍关心的和涉及群众切身利益的实际问题入手，村务公开的重点是财务公开。实行民主管理，首先要坚持和完善村民会议或村民代表会议制度。建立健全村务公开和民主管理制度，实现村务公开和民主管理的规范化、制度化，各级党委和政府要从农村改革、发展和稳定的大局出发，把实行村务公开和民主管理作为农村工作的一项重要任务和农村基层组织建设的一项重要内容，列入重要议事日程。要采取多种措施，加强推行村务公开和民主管理的宣传教育工作。

6月12日 新华社报道：为了切实做好今年的扶贫开发工作，国务院办公厅日前发出《关于切实做好扶贫开发工作的通知》。《通知》要求，加强扶贫攻坚工作力度。各级地方政府，特别是贫困地区的政府，务必把扶贫开发工作摆上重要议事日程，切实加强领导，认真研究部署，确保完成1998年本地的扶贫攻坚任务。千方百计增加扶贫开发投入。国务院决定，1998年新增扶贫资金30亿元，全年中央扶贫资金总量达183亿元，是历史最高水平。各省、自治区、直辖市人民政府要按中央的要求，认真落实配套资金。各级政府应当动员地方财力、集体和群众及社会各界增加扶贫开发投入。加大扶贫投入的力度，坚持做好各级党政机关定点扶贫工作。党政机关联系帮助贫困地区的工作，必须按照党中央、国务院确定的"不脱贫不脱钩"的原则，继续坚持下去，不能松懈。政府机构改革后，定点扶贫任务不变，要转变工作作

风，提高办事效率，坚持做好这项工作。

《经济日报》报道：6月1日，朱镕基总理签署中华人民共和国国务院令。发布《粮食收购条例》，自发布之日起施行。

6月26日 国家林业局第五次局长办公会议审议通过《国家林业局关于授权森林公安机关代行行政处罚权的决定》，并于同日发布，自1998年7月1日起施行。根据《中华人民共和国森林法》第二十条规定，国家林业局决定：授权森林公安机关查处《森林法》第三十九条、第四十二条、第四十三条、第四十四条规定的行政处罚案件。森林公安局、森林公安分局、森林公安警察大队，查处本决定第一项规定的案件，以自己的名义作出行政处罚决定；其他森林公安机构，查处本决定第一项规定的案件，以其归属的林业主管部门名义作出行政处罚决定。森林公安机关查处本决定第一项规定的行政处罚案件，必须持有国家林业局统一核发的林业行政执法证件。

7月16日 新华社报道：农业部近日发出《关于当前深化乡镇企业改革有关问题的通知》。《通知》要求不断完善乡村集体企业改革的多种形式。可以实行股份制、股份合作制或组建企业集团、出售、联合、兼并、承包、租赁、破产等多种形式，也可以几种形式配合使用，切不可强制推行单一形式的改革。《通知》强调，要认真抓好乡镇企业集体资产管理的关键环节，要让企业职工和农民参加企业改革的全过程，涉及欠税和银行债权的必须由税务部门和银行参加。要严格把握清产核资、资产评估、明晰产权、股权设置、收益分配几个关键环节。要尽快健全乡镇企业集体资产的管理和监督机制。乡村集体经济组织代表全社区农民行使集体资产的所有权，并经营管理集体资产。各级乡镇企业行政管理部门要依法对乡镇企业集体资产管理进行指导和监督。

7月27日 新华社报道：中共中央办公厅、国务院办公厅发出《关于切实做好当前减轻农民负担工作的通知》。《通知》提出，1998年改革发展任务繁重，要保证各项任务的实现，必须确保农业增产，农民增收，农村稳定。各地区、各部门必须充分认识到当前增加农民收入和减轻农民负担的特殊重要意义，下大力气认真做好减轻农民负担工作，切实把农民不合理的负担减下来。《通知》要求，严格控制提留统筹费，坚决把向农民的乱收费、乱集资、乱罚款和各种摊派全部停下来。严格加强对农民义务工的管理。严格执行国家的农业税收政策，严禁在粮食收购时期代缴各种款项。严禁强迫农民借款、贷款缴纳各种税费。切实减少乡镇村非生产性投入。严肃查处加重农民负担的违法违纪行为。进一步加强对减轻农民

负担工作的领导。

8月10日 《农民日报》报道：5日，国务院总理朱镕基签署国务院令，发布实施《粮食购销违法行为处罚办法》。地方各级人民政府及其有关行政主管部门不得违反国家规定，向国有粮食收储企业收取或者变相收取任何税、费。地方各级人民政府及其有关行政主管部门不得挤占、挪用、截留粮食收购资金贷款或者国家拨补的粮食利息、费用补贴，不得干预粮食收购资金贷款或者国家拨补的粮食利息、费用补贴的正常使用，不得指令国有粮食收储企业从事违反国家有关粮食购销规定的活动。中央储备粮的购销价格由国家发展计划委员会会同财政部、国家粮食储备局确定；地方储备粮的购销价格由省、自治区、直辖市人民政府确定。《办法》共十五条。

8月29日 新华社报道：九届全国人大常委会第四次会议通过了《土地管理法》，国家主席江泽民签署主席令，公布这部法律，自1999年1月1日起施行。本法要求，任何单位和个人不得侵占、买卖或者以其他形式非法转让土地。土地使用权可以依法转让。国家为公共利益的需要，可以依法对集体所有的土地实行征用。国家依法实行国有土地有偿使用制度。但是，国家在法律规定的范围内划拨国有土地使用权的除外，国家实行土地用途管制制度。国家编制土地利用总体规划，规定土地用途，将土地分为农用地、建设用地和未利用地。严格限制农用地转为建设用地，控制建设用地总量，对耕地实行特殊保护。使用土地的单位和个人必须严格按照土地利用总体规划确定的用途使用土地。本法共八章八十六条。

10月8日 《经济日报》报道：国家计发展计划委员会、国家粮食储备局近日发出《关于认真做好粮食收购工作的通知》。《通知》要求，坚决执行敞开收购农民余粮政策，切实做到"四个不准"。加强粮食收购市场的监管，维护粮食收购秩序。加强领导，密切配合，精心做好秋粮收购准备工作，确保粮食安全度汛，积极做好灾后仓储设施的修复工作，严禁国有粮食收储企业以外的任何单位和个人直接到农村收购粮食，切实维护好粮食收购市场秩序。各地区和各执法部门对违反《粮食收购条例》规定、擅自从事粮食收购活动的，要严格按照《粮食购销违法行为处罚办法》的规定，严肃查处。

10月15日 陈耀邦部长签发农业部令第1号，发布实施《农业行政执法证件管理办法》。农业行政执法证件为"中华人民共和国农业行政执法证"。农业行政执法证是农业行政执法人员从事农业行政执法活动的统一有效证件。县级以上农业管理部门的农

业行政执法人员在执行公务时，应当出示或佩戴农业行政执法证。农业行政执法人员应当在法律、法规和规章规定的职责范围内行使职权。农业行政执法证由农业部统一制定，并负责监制。农业行政执法证加盖农业部执法证件专用章。农业行政执法证件实行审验制度，每两年审验一次。持证人所在单位应当于发证后的第二年的第四季度将持证人的农业行政执法证件及有关材料报发证机关，经审验合格的，由发证机关加盖验审印章。农业部法制工作机构负责农业行政执法证件的发放和管理工作。《办法》共十八条。

10 月 16 日 最高人民法院、最高人民检察院、国家林业局、公安部、监察部联合发出《关于开展严厉打击破坏森林资源违法犯罪活动专项斗争的通知》。

10 月 19 日 《人民日报》报道：14 日，中国共产党第十五届中央委员会第三次会议通过《中共中央关于农业和农村工作若干重大问题的决定》。《决定》高度评价农村改革二十年所取得的巨大成就和创造的丰富经验，指出，实行家庭联产承包责任制，废除人民公社，突破计划经济模式，初步构筑了适应发展社会主义市场经济要求的农村新经济体制框架。这个根本性改革，解放和发展了农村生产力，带来农村经济和社会发展的历史性巨变。《决定》按照十五大确定的我国社会主义初级阶段的基本纲领和总体部署，从经济、政治、文化三个方面，提出了从 20 世纪末起到 2010 年建设有中国特色社会主义新农村的奋斗目标，确定了实现这些目标必须坚持的十条方针。《决定》强调，以公有制为主体、多种所有制经济共同发展的基本经济制度，以家庭承包经营为基础、统分结合的经营制度，以劳动所得为主和按生产要素分配相结合的分配制度，必须长期坚持。要在这个基础上，按照建立社会主义市场经济体制的要求，深化农村改革。

11 月 5 日 《人民日报》报道：4 日，公布第九届全国人民代表大会常务委员会第五次会议 11 月 4 日修订通过的《中华人民共和国村民委员会组织法》，自公布之日起施行。村民委员会是村民自我管理、自我教育、自我服务的基层群众性自治组织，实行民主选举、民主决策、民主管理、民主监督。村民委员会办理本村的公共事务和公益事业，调解民间纠纷，协助维护社会治安，向人民政府反映村民的意见、要求和提出建议。村民委员会向村民会议、村民代表会议负责并报告工作。村民委员会应当支持和组织村民依法发展各种形式的合作经济和其他经济，承担本村生产的服务和协调工作，促进农村生产建设和经济发展。村民委员会依照法律规定，管理本村属于村农民集体所有的土地和其他财产，引导村民合理利

用自然资源，保护和改善生态环境。

12 月 24 日 新华社报道：国务院近期发出《关于深化棉花流通体制改革的决定》。国务院决定从 1999 年 9 月 1 日新的棉花年度起，棉花的收购价格、销售价格主要由市场形成，国家不再作统一规定。近年来，国务院在棉花生产、流通、消费方面制定了一系列政策和改革措施，有力地促进了棉花生产的发展，满足了纺织用棉和其他用棉的需要。当前我国社会主义市场经济迅速发展，棉花资源充裕，棉花替代品逐步增多，进一步深化棉花流通体制改革的时机已经基本成熟。因此国务院决定从 1999 年棉花年度开始进一步改革棉花流通体制。《决定》要求，首先要按照建立社会主义市场经济体制要求，逐步建立起棉花资源合理配置的新体制。建立政府指导下的市场形成棉花价格的机制，拓宽棉花经营渠道，减少流通环节。完善储备棉管理体制，实行储备与经营分开。推行公正检验制度，加强对棉花质量的监督管理。培育棉花交易市场，促进棉花有序流通。分清职责，做好棉花收购资金的供应和管理工作。加强棉花进出口管理，确保有效的宏观调控。调整优化棉花生产布局，努力提高棉花单产。规范棉花企业与供销社的关系，深化棉花企业改革。统一认识，加强领导，确保棉花流通体制改革顺利进行。

12 月 30 日 新华社报道：27 日，国务院总理朱镕基签署国务院令，公布《中华人民共和国土地管理法实施条例》。根据《中华人民共和国土地管理法》，制定本《条例》。国家依法实行土地登记发证制度。依法登记的土地所有权和土地使用权受法律保护，任何单位和个人不得侵犯。土地登记内容和土地权属证书式样由国务院土地行政主管部门统一规定。土地登记资料可以公开查询。农民集体所有的土地，由土地所有者向土地所在地的县级人民政府土地行政主管部门提出土地登记申请，由县级人民政府登记造册，核发集体土地所有权证书，确认所有权。未确定使用权的国有土地，由县级以上人民政府登记造册，负责保护管理。全国土地利用总体规划，由国务院土地行政主管部门会同国务院有关部门编制，报国务院批准。地方各级人民政府应当采取措施，按照土地利用总体规划推进土地整理。土地整理新增耕地面积的 60% 可以用作折抵建设占用耕地的补偿指标。违反土地管理法律、法规，阻挠国家建设征用土地的，由县级以上人民政府土地行政主管部门责令交出土地；拒不交出土地的，申请人民法院强制执行。《条例》共八章四十六条。

12 月 30 日 《基本农田保护条例》自 1999 年 1 月 1 日施行。基本农田保护实行全面规划、合理利

用，用养结合、严格保护的方针。县级以上地方各级人民政府应当将基本农田保护工作纳入国民经济和社会发展计划，作为政府领导任期目标责任制的一项内容，并由上一级人民政府监督实施。国务院土地行政主管部门和农业行政主管部门按照国务院规定的职责分工，依照本《条例》负责全国的基本农田保护管理工作。《条例》共六章三十六条。

【会议】

1月4日—6日 全国林业计划会议在北京召开。

1月10日 《人民日报》报道：7日—9日，中央农村工作会议在北京举行。

1月15日 《经济日报》报道：全国防汛抗旱指挥部办公室主任会议14日在海口召开。

2月6日 《人民日报》报道：全国水稻抛秧技术推广工作会议在南昌召开。

2月11日 全国水利行业技能人才表彰大会在北京隆重召开。

2月23日 全国林业系统纪检监察工作会议在苏州召开，25日结束。

2月26日 全国扶贫到户工作座谈会在北京举行。

3月6日 新华社报道：第九届全国人民代表大会第一次会议设立第九届全国人民代表大会农业与农村委员会。

3月18日 新华社报道：根据中华人民共和国第九届全国人民代表大会第一次会议决定，任命陈耀邦为农业部部长。

3月25日 国家林业局领导班子宣布会在北京召开。王志宝任国家林业局局长、党组书记。

3月30日 国务院召开全国森林防火工作电视电话会议，部署1998年的森林防火工作。

4月7日 全国农业审计工作会议在北京召开，9日结束。

4月7日 全国绿化委员会第十七次全体会议在北京召开，8日结束。

4月9日 全国林业厅局长座谈会在北京召开。

4月28日 中国农机产品质量认证管理委员会暨中国农机产品质量认证中心成立大会在北京召开。

5月4日 长江防汛抗旱总指挥部防汛会议在南京召开，7日结束。

5月5日 新华社报道：4月27日—29日，

全国粮食流通体制改革工作会议在北京召开。朱镕基出席会议并在讲话中强调，粮食流通体制改革的基本原则是"四分开一完善"，即实行政企分开、储备与经营分开、中央与地方责任分开、新老财务账目分开，完善粮食价格机制。5月10日，国务院发出《关于进一步深化粮食流通体制改革的决定》。

5月13日—19日 国家林业局副局长李昌鉴率中国林业代表团赴泰国曼谷参加亚太乡村林业培训中心成立大会，并代表中国政府在成立章程上签字。

5月23日—27日 全国乡镇企业改革与发展工作会议在南宁市召开。

5月28日—30日 全国林业宣传工作座谈会在北京召开。

6月1日—3日 全国农业厅局长会议在湖北召开。

6月3日—5日 全国十大城市第11次"菜篮子"产销体制改革经验交流会在武汉召开。

6月10日 国家大豆行动计划工作会议在北京召开。

6月29日 新华社报道：历时3天的全国农村基层组织建设经验交流暨表彰会议在北京闭幕。

7月3日 全国人大法律委员会、环境与资源保护委员会、农业与农村委员会、全国人大常委会法制工作委员会和国务院法制办公室、国家林业局在北京联合召开贯彻实施《森林法》座谈会。姜春云同志作了重要讲话。

7月17日 农业部在长沙召开全国水稻生产机械化工作会议，19日结束。

8月18日 朱镕基总理主持召开国务院总理办公会议，提出了我国根治水患的32字综合治理措施："封山育林，退耕还林，退田还湖，平垸泄洪，以工代赈，移民建镇，加固堤坝，疏浚河道。"朱镕基总理强调，要把林业生态建设放在首位，全面停止长江、黄河流域天然林采伐，实施天然林资源保护。

8月23日—28日 世界森林遗传和林木改良大会在北京召开。大会的主题是：走向21世纪的森林可持续经营的林木遗传育种。

8月27日—28日 国有林区天然林资源保护工程实施工作座谈会在北京召开。

9月4日 全国种子市场管理工作会议在北京召开，5日结束。

9月12日 国家林业局在沈阳召开贯彻落实《国务院关于保护森林资源制止毁林开垦和乱占林地的通知》工作会议。

9 月 21 日 《人民日报》报道：20 日，由国家发展计划委员会、全国供销合作总社、国务院体改办、农业部和国家纺织工业局联合召开的全国棉花工作会议在北京闭幕。会议明确宣布，1998 年度棉花政策相对稳定，以每 50 千克 617.5 元的价格向农民敞开收购，并坚持棉花购销环节的"三统一"。

9 月 22 日—24 日 农业部在北京召开全国农药管理工作会议。

10 月 6 日 《光明日报》报道：5 日，中国科协与美国科学促进会联合主办的亚太可持续农业高级研讨会在北京举行。

10 月 16 日 《人民日报》报道：由中国农业科学院农业政策研究中心和联合国粮农组织亚太地区办事处联合主办的中国农业政策国际研讨会在北京召开。

10 月 18 日 《科技日报》报道：18 日，亚太地区议员环境与发展大会第六届年会在桂林闭幕，与会各国代表团签署了关于环境和资源保护与旅游业可持续发展的《桂林宣言》。

10 月 18 日—20 日 国家发展计划委员会与水利部在北京联合召开灾后重建、整治江湖、兴修水利工作会议。

10 月 22 日 《科技日报》报道：20 日，为期 4 天的由科技部、农业部和河北省科委共同举办的 1998 年国际山区资源开发与保护研讨会闭幕。

10 月 26 日 《科技日报》报道：24 日，全国十大"扶贫状元"扶贫贡献奖表彰大会在北京举行。

10 月 27 日—28 日 农业部在北京国际会议中心召开"纪念中国农村改革 20 周年理论研讨会"。

10 月 28 日 国家林业局在北京召开全国林业厅局长座谈会。

10 月 31 日 《经济日报》报道：由中央政策研究室、农村固定观察点办公室召开的第 13 次全国农村固定观察点工作会议在福建厦门召开。

10 月 31 日—11 月 2 日 全国林业科技推广工作会议在江苏徐州市召开。

11 月 3 日 朱镕基总理主持召开国务院第 24 次总理办公会议，同意调整武警森林部队领导管理体制，实行武警总部和国家林业局双重领导体制，由武警总部对森林部队的军事、政治、后勤工作实施统一领导，国家林业局负责部队业务工作。成立武警森林指挥部，武警森林部队的森林防火业务工作实行中央和地方双重领导。

11 月 7 日 《光明日报》报道：5 日—6 日，全国人大环境与资源保护委员会、农业与农村委员会在北京联合召开生态环境座谈会。

11 月 9 日 《光明日报》报道：5 日—7 日，中宣部、中央文明办在山东省文登市召开全国农村精神文明建设工作座谈会。会议提出，要认真贯彻党的十五届三中全会精神，紧紧围绕经济建设的中心，着力为农民办实事，引导农民奔小康，把农村精神文明建设推向前进。

11 月 10 日—12 日 农业部在福州市召开全国农村集体财务公开经验交流会。

11 月 19 日 全国第三次治理"四荒"保持水土，改善生态环境现场经验交流会在河北怀来县召开。

11 月 21 日 新华社报道：国务院今天召开电视电话会议，部署今冬明春的农田水利基本建设工作，国务院副总理温家宝要求要加强防洪工程建设，抓紧抢修水毁工程，大力兴修"五小"水利工程，大力推广节水灌溉，抓好大中型灌区配套改造，切实搞好植树造林，大搞"坡改梯"。

11 月 26 日 中国节水农业问题绿色论坛在北京召开。

12 月 4 日—8 日 农业部与河南省人民政府在河南联合举办 1998 年全国乡镇企业东西合作经贸洽谈会。

12 月 6 日—9 日 全国森林病虫害防治工作座谈会在广州召开。

11 月 30 日 新华社报道：28 日—30 日，中央农村工作会议在北京举行。

【农业发展成就】

1 月 1 日 《农民日报》报道：吴仁宝在中国农村新闻人物评选活动中当选为 1997 年中国农村新闻人物。

《中国绿色时报》创刊。中共中央总书记、国家主席江泽民题写报名。该报是目前我国唯一以"绿色"命名的国家级生态环境类社会性报纸。

国家濒危动植物保护管理办公室与国家海关总署发布的《进出口野生动植物种商品目录》正式施行，标志我国野生动植物进出口开始正式纳入海关商品监管系列。

1 月 3 日 《农民日报》报道：我国高粱育种取得新突破。辽宁省农业科学院高粱研究所研究员石玉学主持育成我国顶尖级高粱杂交种辽杂 10 号，是当今世界上第一个用 A2 细胞质雄性不育系配制而成并大面积应用于生产实践的商业杂交种。在推广中涌现出每公顷 15 345 千克的高产典型。

1月6日 《人民日报》报道：据初步估算，1997年的农业科技进步贡献率达42%，比上年提高3个百分点。

1月12日 《人民日报》报道：江苏省和浙江省内的贫困县全部脱贫，实现告别贫困县的目标。

1月13日 经中央机构编制委员会办公室批准，林业部设立防治荒漠化管理中心。"中心"为林业部直属的行使行政管理职能的事业单位。

1月21日 《科技日报》报道：我国在东南亚最大的农业综合开发项目，1月上旬在柬埔寨首都金边签约。该项目由广西北海海外经济技术合作公司申报并操作实施。在柬埔寨租赁土地23.3千公顷，进行农业综合开发，租期为70年。这是中柬两国以政府名义签约的第一个农业项目。

1月23日 新华社报道：袁隆平领导的国家水稻工程技术研究中心与美国中国商务集团（CDG）合资组建袁隆平杂交水稻种业有限公司技术合作项目。此项目总投资1 000万美元，预计年产值约6 000万人民币。

2月2日 《科技日报》报道："国家水稻工程"醴陵基点创造出国内尚无先例的水稻施肥新技术——"一次性全层实施法"。经有关部门根据国际联机检索结果，宣布这种施肥方法居世界先进水平。

2月10日 《科技日报》报道：上海医学遗传研究所与复旦大学遗传学研究所合作进行的转基因山羊研究取得重大进展，在一头转基因母羊的乳汁中分泌出一种有活性的治疗血友病的人凝血因子IX。课题组新创造的转基因羊技术路线属国际首创，标志着我国的转基因羊技术已处于国际领先水平。

2月18日 《农民日报》报道：由中国农业科学院棉花所培育成功的早熟基因抗虫棉R93-6，通过全国农作物品种审定，被命名为中棉所30号。这标志着我国抗虫棉育种取得历史性突破。

2月18日 林业部印发《林业部森林病虫害工程治理管理暂行办法》。

2月25日 《科技日报》报道：我国"九五"国家重中之重科技攻关项目"大豆大面积高产综合配套技术研究与开发示范"，经过3年努力取得阶段成果，800千公顷面积平均大豆每公顷产量2 502千克，比非试验区提高33.9%。

2月26日 中国农业科学院举行节水农业综合研究中心和农产品加工综合研究中心挂牌仪式。

3月3日 由农业部、公安部、交通部、机械工业部、国家计委和中国石油化工总公司组成的全国跨区机收小麦工作领导小组下发《关于做好1998年联合收割机跨区收割小麦工作的通知》，制定了1998年跨区机收小麦会战实施方案。

3月10日 新华社报道：第九届全国人民代表大会第一次会议通过关于国务院机构改革的方案。方案中拟保留中华人民共和国农业部，并列入国务院组成部门序列。

3月10日 九届全国人大一次会议通过国务院机构改革方案。依据这一方案，国务院部委从40个削减到29个，林业部改组为国家林业局，列入国务院直属机构序列。

3月19日 《光明日报》报道：17年来，全国共有54.86亿人参加了义务植树，共植树280亿株。现在全国已有12个省、自治区基本消灭宜林荒山，全国森林覆盖率从80年代的12%提高到13.92%，城市绿化覆盖率由1981年的15.4%提高到现在的24.43%。

3月26日 《农民日报》报道：中日两国政府合作的"中国农业机械维修、培训项目"实施6年来，联合培训农机维修人才1 700余人。

3月29日 《国务院关于议事协调机构和临时机构设置的通知》明确保留全国绿化委员会，具体工作由国家林业局承担。

4月2日 《经济日报》报道：1997年，我国农村居民整体生活水平的小康综合评分已达到81.5分，这标志着我国农村居民生活消费进入了一个以提高质量为主的新阶段。

4月2日 《农民日报》报道：目前，全国各地紧紧围绕"一抗双保"狠抓水毁工程修复、工程配套、抗旱水源和节水灌溉，迅速掀起春季农田水利基本建设高潮。据统计，1997年入秋以来，全国累计投入劳动积累工93亿个，累计投入各类资金403亿元，完成土石方119亿立方米，分别比上年同期增加4.5%、4.9%和8.2%。

4月4日 党和国家领导人江泽民、李鹏、李瑞环、胡锦涛、李岚清等到北京玉渊潭公园参加首都全民义务植树活动，并对绿化工作作了重要指示。江泽民指出，植树造林，绿化祖国，保护环境，要领导带头，人人动手，坚持不懈才能见效。

4月8日 《科技日报》报道：一项新的大规模工厂按树苗培植技术目前在湖南省森林植物园获得成功。该技术可使树苗生长迅速、防寒抗病能力增强。

4月8日 根据机构改革后的人员变动和工作需要，国务院对全国绿化委员会组成人员进行了调整：国务院副总理温家宝任全国绿委主任，国家林业局局长王志宝、国务院副秘书长马凯、总后勤部副部长周友良和北京市副市长岳福洪任全国绿化委员会副主任，有关部门负责同志19人任全国绿化委员会委员。王志宝同志兼任全国绿化委员会办公室主任。

4月10日 《经济日报》报道：我国将于今年开始在东海、黄海实行新的伏季休渔制度。

4月11日 《光明日报》报道：10日，国务院副总理李岚清在中南海会见了智利农业部长卡洛斯·姆拉迪尼。双方就加强两国在农业领域的科技交流和经济合作交换了意见。

4月17日 新华社报道：针对目前国内棉花市场供大于求、销售困难的情况，国家将适当降低棉花收购价格，并引入市场机制，将长期以来棉花收购价格实行政府统一定价改为政府指导价。

4月21日 1998年中国国际农业新技术博览会在北京全国农业展览馆开幕。来自19个国家和地区的386家中外企业参加了此次博览会。

4月27日 国家林业局局长王志宝在北京会见联合国粮农组织总干事迪乌夫，双方就进一步加强合作问题进行了协商。

4月28日 联合国粮农组织在北京举行为江泽民主席颁发农民奖章授奖仪式。表彰江泽民主席对发展世界农业和促进全球粮食安全所做出的贡献。

5月1日 《农民日报》报道：科学技术部决定启动"持续高效农业技术研究与示范"项目，在全国确定了7个示范区为我国"持续高效农业示范区"。它们是，北京顺义示范区、山东龙口示范区、江苏常熟示范区、河北藁城示范区、黑龙江牡丹江示范区、广东新兴示范区和甘肃张掖示范区。

5月4日 《光明日报》报道：我国第一个高抗病虫棉新品种杂66，最近在河北省农林科学院棉花研究所研制成功并通过了河北省农作物品种审定。

5月6日 《科技日报》报道：中国农业专家咨询团在北京成立。

5月8日 中国农业银行根据中国人民银行的决定，为支持林业发展，增加林业、治沙、山区综合开发贷款的规模，其中林业项目贷款由19亿元增加到24亿元，治沙贷款由6亿元增加到10亿元，山区综合开发贷款由7亿元增加到10亿元。

5月11日 农业部万宝瑞副部长与保加利亚贸易旅游部部长签署了《中华人民共和国政府和保加利亚共和国政府兽医协定》。

5月13日 农业部与财政部、交通部、国家环境保护总局、国家民航总局联合下发《关于严禁焚烧秸秆保护生态环境的通知》。

5月14日 世界银行对总投资5.26亿美元的"国家造林项目"进行竣工验收，30日验收结束。世界银行经过对该项目执行情况以及经济、环境、社会效益的全面评估后，认为项目的执行是十分成功的，并给予"十分优良"的总评价。这一评价为世界银行评级划分的最高级别。

5月17日 新华社报道：13日下午1时，内蒙古兴安盟境内的大兴安岭林管局阿尔山林业局兴安林场起火，引发重大草原森林火灾，初步测算，火灾的过火面积已超过8000公顷。

5月19日 《光明日报》报道：我国目前已有14个自然保护区加入世界生物圈保护区网络，截至去年底，我国共建立各类自然保护区932个，约占陆域国土面积的7.69%，其中列为国家级的有24个。

5月20日 国家林业局发出《关于认真贯彻江总书记重要指示，切实做好森林防火工作的通知》。要求各地从政治高度和维护改革发展稳定的大局出发，充分认识森林防火工作的极端重要性，警钟长鸣，常抓不懈，切实搞好森林火灾的预防工作，把江泽民总书记的指示精神落到实处。

5月25日 新华社报道：中共中央政治局委员、书记处书记、国务院副总理温家宝近日在吉林考察工作时指出，各地要统一思想，坚定信心，克服困难，积极推进粮食流通体制改革，切实保护农民的生产积极性，促进粮食生产的稳定发展。

5月26日 《光明日报》报道：我国首家水土保持产业化示范区——长江流域水土保持产业化示范区，日前在江西信丰县开工建设。

《经济日报》报道：21日—25日，国务院总理朱镕基在安徽考察粮食工作时指出，各级党委和政府要认真学习贯彻国务院《关于进一步深化粮食流通体制改革的决定》和六个配套文件，统一行动，把粮食流通体制改革进行到底。

5月26日 《科技日报》报道：25日，国家级的长沙马坡岭农业高科技园，经过一年多的筹备与重组，正式挂牌运作。

6月3日 国家林业局局长王志宝代表中国政府，与国际竹藤组织董事会主席高登·史密斯、董事会联合主席江泽慧签署了《国际竹藤组织东道国协定》。

6月5日 《人民日报》报道：目前，我国人均年蔬菜占有量已达253千克，而12年前仅为119千克。全国蔬菜种植业年总产值已达2500亿元，在农业中高于林业和渔业，仅次于粮食。

6月15日 国家林业局局长王志宝在京会见韩国山林厅长李辅植先生，并向客人介绍了中国林业发展的情况。

6月17日 《人民日报》报道：世界银行向中国提供贷款期限为20年的1.5亿美元"国有农场商业化项目"协议最近签订。

6月21日 新华社报道：今年我国加大农业投入力度，仅农业部和全国农业综合开发办公室负责执行的财政投入就达到60多亿元。

6月23日 《农民日报》报道：今年，农业银行共安排农业贷款计划350亿元，占全行新增贷款的20％以上，比去年增加11亿元。同时安排乡镇企业贷款计划250亿元，比去年增加50亿元。

6月29日 《科技日报》报道：一项国内领先，国际上也有特色的旱地农业新技术——集雨节灌高效农业示范项目，在我国最干旱的省份甘肃取得重大科研成果和显著的效益。

7月6日 《农民日报》报道：农业部发出紧急通知，要求各地抓紧做好草地螟防治工作。

7月9日 新华社报道：6日—9日中共中央政治局常委、国务院总理朱镕基视察了湖北、湖南两省的防汛抗洪工作。他强调，全国各地必须进一步行动起来，做好迎战更大洪水的准备，确保长江、黄河等大江大河安全度汛，努力夺取抗洪救灾的全面胜利。

7月9日 《科技日报》报道：我国应用细胞工程培育新种获重大进展，中国水稻研究所生物工程系副研究员杨长登等科技人员经过组织培养结合辐射处理选育成功籼新品种中组1号，经多点试种，表现早熟高产，高蛋白质含量，抗病，是一个穗、粒、重兼顾的优良新品种。

7月10日 《人民日报》报道：由国家杂交水稻工程技术研究中心培育的"两系"优势杂交早稻，在长江流域试种示范成功。

7月13日 《农民日报》报道：1997年全国因建设占用、农业内部结构调整以及灾毁共减少耕地462.3千公顷，而全国开发复垦和土地整理新增的耕地只有326.4千公顷。一年当中耕地损失达到135.9千公顷。

7月15日 《人民日报》报道：经卫星育种培育的太空西瓜——卫星2号在浙江平湖市大面积种植成功。

7月17日 《农民日报》报道：中国农村改革20周年之际，"大包干"故乡的农民再吃"定心丸"。从年初开始，安徽省凤阳县全面开展土地合同续签工作，6月底，全县12万份土地承包合同书全部发放到农民手中。

7月21日 国家林业局决定定期开展全国荒漠化监测工作。本次监测从1998年下半年开始，2000年出成果。

7月27日 《农民日报》报道：24日，日本国际协力财团理事长神内良一先生向我国中华农业科教基金会追加了1 000万元人民币赠款。

7月27日 新华社报道：国务院副总理温家宝今天起到长江进一步检查部署防汛抗洪救灾工作，慰问奋战在抗洪一线的广大军民。

7月31日 我国政府授权代表在华盛顿与世界银行正式签订"危困地区林业发展项目"临时基金开发信贷协定和贷款协定，于1998年12月16日正式生效。

8月1日 新华社报道：国务院副总理温家宝会见了法国农业和渔业部长路易斯·勒庞塞克，双方就进一步加强中法两国在农业领域的交流与合作交换了意见。

8月5日 国务院发出《关于保护森林资源制止毁林开垦和乱占林地的通知》。

8月9日 新华社报道：8日—9日在长江防汛最紧要的时刻，国务院总理朱镕基代表党中央、国务院来到湖北省长江抗洪抢险第一线，察看长江大堤防守情况。

8月11日 《农民日报》报道：10日，农业部副部长万宝瑞在北京会见了由肯尼亚农业部长穆达瓦迪率领的肯尼亚农业代表团。

8月13日 新华社报道：13日，中共中央总书记、国家主席、中央军委主席江泽民亲赴湖北长江抗洪抢险第一线，看望、慰问、鼓励奋战在抗洪第一线的广大干部群众。他强调指出：只要广大军民继续发扬不怕疲劳、连续作战的精神，再接再厉，团结奋斗，坚定信心，决战到底，坚持、坚持、再坚持，就一定能夺取抗洪抢险斗争的最后胜利。

8月15日 新华社报道：受江泽民总书记的委托，中共中央政治局常委、全国人大常委会委员长李鹏专程前往黑龙江抗洪抢险第一线，察看汛情，看望军民，号召坚决贯彻党中央国务院和江泽民总书记的指示精神，全力以赴，夺取抗洪斗争最后胜利。

新华社报道：国务院办公厅日前发出紧急通知，要求切实做好灾区救灾防病工作。

8月17日 新华社报道：受党中央、国务院委托，国务院副总理、国家防汛抗旱总指挥部总指挥温家宝率国家防总部分成员，再次赴湖北长江抗洪第一线，现场部署指挥迎战超历史最高水位的今年长江第六次洪峰。

8月20日 《农民日报》报道：19日，联合国粮农组织向江西、安徽、湖南三省水灾地区提供紧急援助 40 万美元，签字仪式在北京举行。农业部副部长万宝瑞及粮农组织代表库瑞希出席了签字仪式。

8 月 26 日 新华社报道：25 日—26 日，中共中央政治局常委、国家副主席胡锦涛到黑龙江、吉林察看汛情、灾情，转达党中央、国务院和江泽民总书记对奋战在嫩江、松花江两岸抗洪军民的亲切问候。

8 月 31 日 中共中央政治局常委、国务院总理朱镕基在东北洪涝灾区考察灾后重建工作时，在哈尔滨郊区会见了我国林业系统的老劳模马永顺。朱镕基指出，要下最大的决心，封山植树，退耕还林，恢复植被，保护生态。他号召学习马永顺生命不息、造林不止的精神，大搞植树造林，绿化祖国，为我们的子孙后代留下一个青山绿水的锦绣河山。

9 月 3 日 新华社报道：中共中央总书记、国家主席江泽民到湖南常德视察灾情，慰问军民，指导抗洪救灾。

9 月 5 日 《人民日报》报道：4 日，中共中央总书记、国家主席江泽民来到江西省九江地区，慰问抗洪一线广大军民，看望受灾群众，考察指导救灾和恢复生产，重建家园的工作。

9 月 5 日 农业部、国家工商行政管理局、国家质量技术监督局联合召开全国种子市场检查新闻发布会。联合下发《关于开展种子市场检查活动的通知》。

9 月 6 日 《人民日报》报道：5 日，中共中央总书记、国家主席江泽民到黑龙江省视察灾情，慰问军民，指导抗洪救灾工作。

9 月 8 日 国家林业局在北京召开座谈会，纪念武装森林警察部队组建 50 周年，列入武警序列 10 周年。

9 月 17 日 《科技日报》报道：16 日，国家重点工程——宁夏扶贫扬黄灌溉区正式通水。黄河水经过 3 个泵站、总长 170 多米的梯级扬程上扬，为建设 133.3 千公顷扬黄新灌区，使宁夏南部山区 100 多万贫困群众脱贫奠定了坚实的基础。

9 月 18 日 《人民日报》报道：新组塔什库尔干塔吉克自治县在海拔 3 400～3 600 米的帕米尔高原上种植的 133.3 公顷地膜小麦全面成熟并获高产，改写了我国小麦生长最高海拔 3 000～3 200 米的纪录。

9 月 20 日 由全球环境基金赠款资助的"中国自然保护区管理项目"通过世界银行检查组的中期评估，10 月 5 日评估结束。

9 月 25 日 伍体贤现代林业基金会在北京举行颁奖会，15 位专家学者获得 1997 年度伍体贤现代林业基金奖。

9 月 26 日 《科技日报》报道：我国胚胎生物技术取得重大突破。牛胚胎玻璃化冷冻保存技术获得成功。

9 月 28 日 《人民日报》报道：21 日—26 日，中共中央总书记、国家主席、中央军委主席江泽民在安徽考察了农业和农村工作。25 日，江泽民在合肥召开的安徽省党政领导干部会议上，发表重要讲话强调，深化农村改革，首先必须长期稳定以家庭经营为基础的双层经营体制。稳定家庭承包经营，核心是要稳定土地承包关系。承包期再延长 30 年不变，30 年以后也没有必要再变；扩大农村基层民主，保证农民直接行使民主权利，当前重点要抓好村民委员会的直接选举、村民议事和村务公开制度等村级民主制度建设。

10 月 3 日 《科技日报》报道：我国两系法杂交稻育种又有新突破，由江苏省农科院负责选育的两系亚种间杂交中稻 65 002 新组合，平均每公顷产量可达 11 250 千克，是我国目前大面积种植水稻中产量最高的新品种。

10 月 5 日 《农民日报》报道：全国已有 70% 以上的村庄完成了第二轮土地承包。

10 月 13 日 新华社报道：国家最近安排了 150 亿元资金建设中央直属储备粮库，比往年平均每年 5 亿元的投入增加 30 倍，可增加 2 500 万吨中央直属储备粮库仓容。

10 月 16 日 《人民日报》报道：现在，我国粮食的人均占有量已超过世界平均水平，1997 年我国人均粮食占有量达到 400 多千克。粮食储备量占粮食消费量的比重达 30% 以上。我国粮食人均占有量、储备量均达到历史最高水平。

《农民日报》报道：国务院日前专门发出《关于切实做好 1998 年度棉花工作的通知》。

10 月 24 日 《人民日报》报道：中共中央政治局委员、国务院副总理温家宝 23 日在部署全国农业综合开发工作时强调，农业综合开发是党中央、国务院加强农业的一项重大决策，各级政府要努力把农业综合开发提高到一个新水平。我国农业综合开发开展 10 年来，共改造中低产田 15 333 千公顷，开垦宜农荒地 1 661 千公顷，改良草场 1 155 千公顷，造林 10 000 千公顷，有效地提高了农业综合生产能力。

10 月 26 日 《人民日报》报道：由中华农业科教基金会设立的"中华农业科教奖"1998 年度评选结果揭晓，共有 186 人获得奖励。

1998 年中国国际渔业博览会在大连举行，28 日结束。

10 月 28 日 《人民日报》报道：26 日，联合国国际农业发展基金会同中国政府在该基金会总部签署了一项总额为 2 800 万美元的农业发展项目协议，迄今为止，国际农业发展基金会共向中国提供了 14 笔援助项目资金，总额为 3.44 亿美元。

10 月 30 日 《人民日报》报道：中国工程院院士、中国农业科学院蔬菜所所长方智远率领的课题组。经过 10 年研究，在国内外首次发现甘蓝显性雄性不育材料 79 - 399 - 3，并选育成功几个优良的杂交组合。这项成果已通过农业部鉴定。

10 月 31 日 《经济日报》报道：28 日，由农业部、中国牧工商集团公司等组建的全国优质农产品展示展销中心在北京成立，这是国内第一家全国性、专业性，常年展示农业成果，展销优质农副产品机构。

11 月 6 日 《人民日报》报道：由美国百事公司向农业部捐资 70 万美元设立的"百事—中国农科院农业发展中心"昨日落成。该中心设在农科院蔬菜花卉研究所。

11 月 11 日 《光明日报》报道：到目前为止，我国农用运输车全社会保有量为 1 500 万辆，与汽车、摩托车、拖拉机一起成为全国保有量超过千万辆的四大机动车之一。

《科技日报》报道：以"测试快速批量化、肥料配方科学化、配方肥生产专业化、土肥水监测网络化、技术服务产业化"，到 2003 年，实现新增产粮食生产能力在 2 000 万吨克以上为目标的"沃土工程"，开始在全国启动实施。

《科技日报》报道：中国农业大学开发研制的"壮丰安"11 月 5 日喜获"三证"（农药登记证号、生产批准证号、产品标准号），这是我国 90 年代后批准的第一个用于小麦防倒的植物生长调节剂新品种。

11 月 16 日 《人民日报》报道：据不完全统计，我国每年因不能及时烘干而造成的粮食损失平均为 500 万吨。农业部决定利用今秋和明夏两个收获季节，在 12 省选点试验烘干机具选型和服务模式，用一年的时间开展粮食产地烘干机械推广示范。

11 月 16 日 新华社报道：13 日—15 日，全国粮食流通体制改革工作会议在北京举行。

11 月 17 日 国家林业局副局长李昌鉴在北京会见了欧立杰副州长率领的美国爱达荷州政府代表团。

11 月 20 日 《人民日报》报道：19 日，第三届中国杰出青年农民评选揭晓，他们是龙华阶、朱新华、刘爱平、刘德华、安展明、杜德建、祝荣、高慧娟、程立力、穆特里甫·霍加尼亚孜。

《人民日报》报道：19 日，具有世界一流水平的农业部饲料工业中心中试车间在中国农业大学落成。

11 月 24 日 《人民日报》报道：农业部主办的专业服务信息服务网络中国农业信息网（www. agri. gov. cn），已有 3 000 多个信息集散点，网上信息每天更新 20 多万字，受益者不计其数。

11 月 28 日 《科技日报》报道：阻碍我国两系法杂交水稻推广的难解之迷，被中国农科院的科研人员率先揭开，科研人员首次发现了两系法水稻的光照长短和温度高低的作用是同时发生的；而当前杂交水稻繁种生产中风险偏高的原因，是因为不育系植株对光、温的敏感性不一致造成的。

12 月 8 日 《人民日报》报道：世界银行二期加灌项目日前在安徽启动。这一项目总投资 12.6 亿元，预计在 5 年内改造中低产田 267 千公顷，新增粮食生产能力 62.3 万吨。

12 月 9 日 《人民日报》报道：国土资源部发出紧急通知，要求坚决制止新《土地管理法》实施前突击征地批地。

12 月 15 日 《人民日报》报道：国家计委、国家粮食储备局发出紧急通知，要求各地、各有关部门坚决按保护价敞开收购农民余粮，严肃收购纪律，切实做好秋粮收购工作。

12 月 17 日 《农民日报》报道：第三届全国农业技术推广研究员评审结果揭晓，751 个研究员获得全国农业技术推广研究员资格。

12 月 21 日 《人民日报》报道：20 日，中共中央政治局委员、书记处书记，国务院副总理温家宝在全国江河堤防建设现场会上强调，堤防建设的重中之重是质量问题，各级领导必须立足于来大水，防大汛，抓住今冬明春水利建设的有利时机，千方百计把重要堤防建设搞好，确保工程质量，确保明年安全度汛。

《农民日报》报道：18 日上午，华中农业大学隆重纪念百年华诞，中共中央总书记，国家主席江泽民为华中农业大学校庆亲笔题词：贯彻党的教育方针，实施科教兴国战略，努力培养农业现代化建设优秀人才。

12 月 29 日 《人民日报》报道：28 日，由国家环保总局主办的国际生物多样性日纪念大会在北京举行。

12 月 31 日 《经济日报》报道：28 日—30 日，国务院总理朱镕基在考察三峡工程和库区时要求，采取有力措施确保工程质量，妥善安置移民改善生态环境。

1999 年

【文献】

1月8日 《人民日报》报道：全国供销合作总社、国家工商行政管理局、中国人民银行联合发出《关于进一步加强棉花市场管理的通知》。《通知》说，严禁非法收购棉花。除供销社棉花经营企业，农业部门所属的良种棉加工厂、国有农场收购、加工良繁区及自产棉花外，其他任何单位和个人参与棉花收购、加工和经营，一律视为非法行为，金融部门严禁对其提供收购贷款，由工商行政管理部门按有关规定坚决予以查封或取缔，没收加工机具，吊销营业执照。纺织企业可以委托县级棉麻公司收购棉花，但不允许到棉区直接设点收购。严格禁止商业银行对个体工商户和棉纺厂直接收购棉花提供贷款。取缔私下交易的棉花市场，取缔小轧花机、土打包机，控制新上籽棉加工项目。

3月31日 《农民日报》报道：农业部编制完成了《中国21世纪议程农业行动计划》，并于30日举行了新闻发布会。该行动计划列出了十章三十六个方案领域，分析了我国农业农村经济发展及资源环境现状和存在的主要问题，阐述了农业可持续发展的基本目标思路和途径。

6月4日 《经济日报》报道：5月29日，国务院总理朱镕基签署第266号国务院令，发布《饲料和饲料添加剂管理条例》，自发布之日起施行。新研制的饲料、饲料添加剂，在投入生产前，研制者、生产者必须向国务院农业行政主管部门提出新产品审定申请，经国务院农业行政主管部门指定的机构检测和饲喂试验后，由全国饲料评审委员会根据检测和饲喂试验结果，对该新产品的安全性、有效性及其对环境的影响进行评审；评审合格的，由国务院农业行政主管部门发给新饲料、新饲料添加剂证书，并予以公布。国务院农业行政主管部门公布的新饲料、新饲料添加剂的产品质量标准为行业标准；需要制定国家标准的，依照标准化法的有关规定办理。经营未经国务

院农业行政主管部门登记的进口饲料、进口饲料添加剂的，依照刑法关于非法经营罪的规定，依法追究刑事责任；尚不够刑事处罚的，由县级以上地方人民政府饲料管理部门责令立即停止经营，没收未售出的产品和违法所得，并处违法所得1倍以上5倍以下的罚款。《条例》共五章三十五条。

6月16日 农业部第13号令发布实施《中华人民共和国植物新品种保护条例实施细则》（农业部分）。对危害公共利益、生态环境的植物新品种不授予品种权。中国单位或者个人就其在国内培育的新品种向外国人转让品种权申请权或者品种权时，属于职务育种的，需经省级人民政府农业行政部门审核同意后报农业部审批；属于非职务育种的，直接报农业部审批。国有单位在国内转让品种权申请权或者品种权的，由其隶属的上级主管部门批准。转让品种权申请权或者品种权的，由农业部公告，并自公告之日起生效。中国单位或者个人申请品种权的，可以直接申请或者委托农业部指定的代理机构向农业部办公室提出申请。本细则共十章八十条。

6月18日 《光明日报》报道：国务院办公厅发出《关于加强土地转让管理严禁炒卖土地的通知》。《通知》说，严格控制城乡建设用地总量，坚决制止非农建设非法占用土地加强对农民集体土地的转让管理，严禁非法占用农民集体土地进行房地产开发。加强对农林开发项目的土地管理，禁止征用农民集体土地进行"果园""庄园"等农林开发强化开发用地的监管，禁止利用土地开发进行非法集资。规范国有土地交易活动，制止炒卖土地，全面清理土地转让、炒卖土地情况，坚决查处土地使用权非法转让和农民集体土地非法交易的行为，国务院各有关部门和各省、自治区、直辖市人民政府要认真贯彻落实本《通知》精神，制定相应的实施办法和相关的实施细则，确保加强土地转让管理、严禁炒卖土地各项规定的落实。

6月18日 《人民日报》报道：中国农业发展银行总行发出《关于做好夏季粮油收购资金供应和管理工作的通知》。《通知》要求，要按规定及时、足额

发放收购资金贷款。今年仍然实行按保护价敞开收购政策。各地农发行要按照"收多少粮，贷多少款"的原则，严格按收购进度发放收购贷款，做到既保证粮食购销企业敞开收购的合理资金需要，又不得超量发放，确保新发放的收购贷款与新收购的粮油库存值一致。要根据各省、自治区、直辖市政府调整确定的各粮食品种的收购价格，合理测算本地区收购资金需求量，做好夏季收购资金贷款计划安排和资金调度工作，确保收购资金及时、足额到位。要切实做好财政补贴资金的监督拨付工作，各级支行要加强对财政补贴款项拨补情况的监测考核，重点放在督促粮食风险基金的及时、足额到位方面，并督促迅速下拨，减少补贴资金在途时间，保证各种利费补贴及时足额拨补到粮食企业，并及时足额收回相应的利息。要注重加强政策宣传，做好政策解释工作，帮助和督促企业转变观念，了解财政补贴政策和拨补情况，改善银企关系。继续严格执行总行关于收购、调销等为解决企业必要费用支出而发放贷款的规定，要切实加强对收购费用发放贷款的管理，严格禁止企业将其挪用于仓库维修、粮食移库等费用支出。要积极支持国有粮食购销企业正常的粮食销售活动。对因粮食调出、销售中发生的有关集中费用，只要在该笔销售货款中可以收回，应及时发放调销贷款予以支持。

8月3日 《人民日报》报道：国务院办公厅转发了农业部、监察部、财政部、国家计委、法制办《关于做好当前减轻农民负担工作的意见》，要求各地遵照执行，坚决把农民的不合理负担减下来。《意见》要求各地区各部门，一是严格执行农业税收法规政策，二是严格控制提留统筹费提取数额，三是禁止一切乱收费、乱集资、乱罚款和各种摊派，四是禁止一切要农民出钱、出物、出工的达标升级活动，五是切实减轻农民的用电负担，六是坚决精减机构、人员，压缩不合理开支，七是切实落实领导责任。

8月5日 《农民日报》报道：中国人民银行发布《农村信用社农户小额信用贷款管理暂行办法》。农户小额信用贷款是信用社以农户的信誉为保证，在核定的额度和期限内发放的小额信用贷款。农户小额信用贷款采取"一次核定、随用随贷、余额控制、周转使用"的管理办法。农户小额信用贷款使用农户贷款证。贷款证以农户为单位，一户一证，不得出租、出借或转让。农户小额信用贷款用途及安排次序：种植业、养殖业等农业生产费用贷款；为农业生产服务的个体私营经济贷款；农机具贷款；小型农田水利基本建设贷款。信用社成立农户资信评定小组。小组由信用社理事长、主任、信贷人员、部分监事会成员和具有一定威信的社员代表组成。农户小额信用贷款按

人民银行公布的贷款基准利率和浮动幅度适当优惠。农户小额信用贷款的结息方式与一般贷款相同。《办法》共六章十九条。

8月10日 国家林业局第3号令发布《中华人民共和国植物新品种保护条例实施细则》（林业部分）。中国的单位或者个人就其在国内培育的植物新品种向外国转让申请权或者品种权的，应当报国家林业局批准。国有单位在国内转让植物新品种申请权或者品种权的，由其上级行政主管部门批准。转让申请权或者品种权的，当事人应当订立书面合同，向国家林业局登记，并由国家林业局予以公告。转让申请权或者品种权的，自登记之日起生效。国家林业局对品种权申请进行初步审查时，可以要求申请人就有关问题在规定的期限内提出陈述意见或者予以修正。国家林业局植物新品种复审委员会由植物育种专家、栽培专家、法律专家和有关行政管理人员组成。植物新品种保护办公室根据复审委员会的决定办理复审的有关事宜。《细则》共五章三十九条。

8月17日 《农民日报》报道：国务院办公厅转发了农业部《关于当前调整农业生产结构的若干意见》，要求各地区、各部门认真贯彻执行。《意见》指出，当前我国农业发展进入了一个新的发展阶段，各地要进一步贯彻落实党的十五届三中全会通过的《中共中央关于农业和农村工作若干重大问题的决定》精神，抓住主要农产品供应比较充裕的有利时机，大力调整农业生产结构，把农业的发展切实转到以提高质量和效益为中心的轨道上来。当前调整农业生产结构总的指导思想是，在继续改善农业生产条件，稳定提高农业综合生产能力的前提下，适应农业发展新阶段的需求，面向国内外市场，依靠科技进步，着力改善农产品的品种和质量，发挥区域比较优势，大力发展高产优质高效农业，提高农业的综合效益。《意见》提出了调整农业生产结构应坚持的原则，农业生产结构的调整重点，还提出了促进农业生产结构调整的政策措施。各级政府和有关部门要适应农业发展新阶段的要求，抓住机遇，把调整农业生产结构作为一件大事，列入议事日程，加强领导，转变职能，把工作重心切实转移到为调整农业生产结构提供指导和服务上来。各地要尽快制定规划，提出调整方案和实施意见，落实具体政策措施，通过政策引导、信息服务、技术示范等办法，切实加强对调整农业生产结构的指导。各有关部门要加强配合，支持和保证农业生产结构调整顺利进行。

9月30日 《科技日报》报道：国家环境保护总局公布了《国家重点环境保护实用技术推广管理办法》。国家重点环境保护实用技术由技术依托单

位在每年六月底前申报，经省、自治区、直辖市人民政府环境保护行政主管部门或者行业主管部门审核，报送国家环境保护总局。国家环境保护总局直属单位可直接申报。国家环境保护总局组织对国家重点环境保护实用技术申报项目进行评审，负责对国家重点环境保护实用技术示范工程、国家重点环境保护实用技术示范区进行立项和验收。国家环境保护总局根据评审意见，审批国家重点环境保护实用技术推广项目。

10月14日 《经济日报》报道：国务院办公厅转发农业部、中编办、人事部、财政部《关于稳定基层农业技术推广体系的意见》。《意见》中说，农业技术推广体系是农业社会化服务体系和国家对农业支持保护体系的重要组成部分，是实施科教兴农战略的重要载体。加强基层农业技术推广体系建设，鼓励农业科技人员到农业生产第一线直接为农民服务，确保农业和农村经济稳定发展。《意见》提出，要充分认识稳定基层农业技术推广体系的重要意义。经过多年努力，我国已初步形成了比较健全的农业技术推广体系，农业技术推广事业有了长足的发展。各级农业技术推广机构在农业技术引进、试验示范和推广应用，开展技术培训和咨询，提高广大农民素质，推动农业和农村经济发展等方面，发挥了不可替代的作用。要进一步贯彻落实稳定基层农业技术推广机构的政策措施。为了稳定基层农业技术推广机构，推进农业技术推广事业发展，国家制定了一系列政策措施，对基层农业技术推广机构的性质、人员编制、经费保障等作出了明确规定。这些政策措施要继续贯彻落实。县、乡两级农业技术推广机构是事业单位。积极为农业技术推广事业改革与发展创造条件各级人民政府要积极创造条件，推动农业技术推广事业的改革与发展。财政、计划、金融、工商管理等部门，要积极鼓励和支持农业技术推广机构兴办经营实体、开展有偿服务。同时，农业技术推广机构要深化改革，逐步打破用人制度上的任命制和分配制度上的"大锅饭"，建立严格考核、竞争上岗、按岗定酬、以绩付酬的机制。

11月18日 《科技日报》报道：中央经济工作会议提出，当前，世界多极化的趋势在继续发展，国际形势总体上仍然趋向缓和，和平与发展依然是时代的主题，1999年的经济工作，是在比较复杂的国际国内环境中进行的。我们克服了各种困难，集中精力抓好经济建设。当前经济生活中存在的问题主要是，有效需求不足，就业压力增大，农民收入增长缓慢，结构不合理的矛盾更加突出。会议对明年的经济工作作了全面部署，提出五项主要任务，会议从八个方面具体部署了明年的经济工作，要求进一步稳定农

业的基础地位，着力调整农业和农村经济结构，千方百计增加农民收入。

12月28日 《人民日报》报道：25日，国家主席江泽民签署第26号主席令，公布《中华人民共和国海洋环境保护法》，自2000年4月1日起施行。国家建立并实施重点海域排污总量控制制度，确定主要污染物排海总量控制指标，并对主要污染源分配排放控制数量。一切单位和个人都有保护海洋环境的义务。国务院环境保护行政主管部门作为对全国环境保护工作统一监督管理的部门，对全国海洋环境保护工作实施指导、协调和监督，并负责全国防治陆源污染物和海岸工程建设项目对海洋污染损害的环境保护工作。国务院和沿海地方各级人民政府应当采取有效措施，保护红树林、珊瑚礁、滨海湿地、海岛、海湾、入海河口、重要渔业水域等具有典型性、代表性的海洋生态系统，珍稀、濒危海洋生物的天然集中分布区，具有重要经济价值的海洋生物生存区域及有重大科学文化价值的海洋自然历史遗迹和自然景观。国务院有关部门和沿海省级人民政府应当根据保护海洋生态的需要，选划、建立海洋自然保护区。国家级海洋自然保护区的建立，须经国务院批准。本法共十章九十八条。

【会议】

1月1日—3日 农业部"948"项目办公室在哈尔滨市召开引进国外农业先进技术暨"948"项目总结交流会议。

1月7日 《经济日报》报道：1月6日，中华全国供销合作会议在北京召开，国务院副总理温家宝在会议开幕时指出，供销合作社要适应农村经济发展需要，进一步深化改革。当前最紧迫的任务，一是扭转亏损局面，二是防范化解农村金融风险。

1月8日 《农民日报》报道：1月7日，由中宣部和农业部共同主办的向全国592个贫困县（市）赠送《九亿农民致富丛书》仪式在北京举行。

1月11日—13日 全国水利厅局长会议在北京召开。

2月2日—5日 全国林业厅局长会议在北京召开。

3月14日 《经济日报》报道：13日，中共中央在人民大会堂举行中央人口、资源、环境座谈会。中共中央总书记、国家主席江泽民指出，实现我国经济和社会跨世纪发展目标，必须始终注意处理好经济建设同人口、资源、环境的关系。

3月17日 《科技日报》报道：12日，全国环境保护工作会议在北京召开（15日结束）。

3月18日—21日 农业部在陕西、甘肃两省召开全国旱作节水农业现场会。

3月22日 国务院召开全国森林防火工作电视电话会议，部署1999年的森林防火工作。

3月23日 《光明日报》报道：22日，全国人大农业与农村委员会、环境与资源保护委员会和水利部联合召开纪念第7届"世界水日"暨第12届"中国水周"座谈会。我国人均水资源占有量居世界第110位，已被联合国列为13个贫水国之一。

3月23日 《科技日报》报道：22日，科学技术部召开的全国星火计划工作座谈会结束。会议对"十五"星火计划发展纲要、"十五"全国星火密集区和区域性支柱产业建设总体方案等进行了广泛的讨论，并对今后的全国星火计划工作进行了部署。

4月1日 全国绿化委员会第18次全体会议在北京召开。

4月1日 中俄总理定期会晤委员会经贸合作分委会正式成立"中俄森林资源开发和利用常设工作小组"，并召开第一次会议。

4月12日 《农民日报》报道：9日，国务院扶贫开发领导小组在贵阳市召开全国东西扶贫协作经验交流会。国务院扶贫开发领导小组组长温家宝出席会议。他强调，广泛动员社会各界力量，开展多种形式的经济合作，把东西扶贫协作推向一个新的阶段。

4月14日 《科技日报》报道：13日，由农业部、中国科协、中华全国供销合作总社联合主办的第三届中国国际农业科技年会在北京举行。本届年会以"植物保护与植物营养"为主题。

4月19日 黄河水资源重大问题研究座谈会在北京召开。

4月22日 《光明日报》报道：22日是世界"地球日"，21日，国土资源部和人民日报、光明日报、经济日报、科技日报在北京联合召开"珍惜国土资源、防治地质灾害、建设美好家园"主题座谈会。

4月23日 《光明日报》报道：中国北方天然林保护学术研讨会在沈阳市举行。与会学者就天然林资源保护工作的科学管理、天然林的科学经营和生态系统管理等问题建言献策，为科学实施天然林资源保护工程奠定良好的理论基础。

4月23日 国家防汛总指挥部在北京召开

1999年第一次全体会议。

4月25日 《人民日报》报道：24日，中国—巴西热带农业研讨会在海口举行。

4月26日 《农民日报》报道：国家防汛抗旱总指挥部在北京召开1999年第一次全体会议。国家防汛抗旱总指挥部总指挥温家宝在会上要求，各地、各部门要立即行动起来，抓紧落实防汛措施，确保今年安全度汛。

5月7日—9日 全国重点地区天然林资源保护现场会在四川理县召开。

5月10日 《国际湿地公约》（RAMSAR）第七次缔约方会议在哥斯达黎加首都圣胡塞举行。由国家林业局、外交部、水利部、国家环境保护总局和香港特区政府代表组成的中国政府代表团出席了会议。

5月19日 《农民日报》报道：13日，全国粮食流通体制改革工作会议在北京召开（14日结束）。

5月19日—20日 国务院三峡移民工作会议在北京召开。

5月21日 《光明日报》报道：1999年中国生态农业可持续发展战略研讨会在北京召开。

5月24日 国家林业局在哈尔滨市召开部署"十五"森林采伐限额编制暨天然林保护等工程区森林资源清查工作会议。

5月24日—29日 第三届亚太地区基础设施发展部长级会议在香港召开。水利部张基尧副部长出席会议并作题为《中国面向21世纪的水环境治理与防洪减灾》的主题发言。

5月28日 《农民日报》报道：国际农业研究磋商小组中期会议在北京召开。

5月31日 全国防御台风工作会议在上海召开。

6月8日 《经济日报》报道：3日，全国棉花工作会议在北京召开（4日结束）。

6月8日—10日 中央扶贫工作会议在北京召开。

6月11日 《经济日报》报道：由中国政府和联合国共同举办的自然灾害管理国际研讨会10日在北京召开。国家主席江泽民给研讨会发来贺信。

6月15日 中央文明办、国务院纠风办联合召开"深入开展优质规范化服务，大力倡导文明行业新风电视电话会议"，公布了第二批开展规范化服务的5个部门，中国气象局名列其中。

第三届国际全球能量和水循环计划（GEWEX）

科学研讨会在北京举行。本次会议是在亚洲召开的第一次大型的国际 GEWEX 科学会议，来自世界各地 25 个国家和地区的代表及国内专家近 300 人出席了大会（20 日结束）。

6 月 21 日 江泽民总书记在郑州市主持召开的黄河治理开发工作座谈会上指出：生态环境建设是关系黄河流域经济社会可持续发展的重大问题。必须把水土保持作为改善农业生产条件、生态环境和治理黄河的一项根本措施，持之以恒地抓紧抓好。生态工程建设要同国土整治、综合开发和区域经济发展相结合。黄河上中游的水土保持，是一项十分广泛而复杂的任务。要充分发挥我国社会主义制度能够集中力量办大事的优越性，调动各方面的积极因素，采取工程、生物和耕作措施进行综合治理。

6 月 22 日 中国绿化基金会第四届全体理事会在北京召开。

6 月 25 日 中共中央政治局常委、全国政协主席李瑞环在全国政协九届常委会第六次会议闭幕会上，发表题为《关于我国绿化的几个问题》的重要讲话。

6 月 26 日 《经济日报》报道：6 月 25 日是第九个全国"土地日"，国土资源部等单位在北京举行座谈会，全国人大常委会副委员长姜春云在讲话中强调，要全面实施《土地管理法》，切实保护耕地，确保经济社会可持续发展。

7 月 2 日 国家防汛抗旱总指挥部总指挥、国务院副总理温家宝主持召开国家防汛抗旱总指挥部第二次会议，研究当前汛情，布置防汛工作。

7 月 6 日 全国湿地资源调查工作会议在昆明市召开（8 日结束）。

国家林业局在北京召开林业"十五"规划编制部署会议，对林业第十个五年计划和 2015 年远景规划编制工作进行了安排。

7 月 22 日 《农民日报》报道：21 日，国家林业局在郑州市召开全国森林病虫害防治工作会议（22 日结束）。会议要求采取超常规的过硬措施，迅速遏制森林病虫害严重发生的势头。

7 月 22 日—27 日 国家林业局与联合国《防治荒漠化公约》秘书处联合在北京举办亚非防治荒漠化早期预警专家研讨会、亚洲区域防治荒漠化公约联络员会议及亚洲区域防治荒漠化综合评价和监测网络启动会。

8 月 4 日 武警森林指挥部成立大会在北京举行。

8 月 13 日 《农民日报》报道：12 日，全国绿色证书工程经验交流会在长春市召开（13 日结束）。到 1998 年底，全国获得绿色证书的农民已达 315 万人，通过实施绿色证书工程累计推广 1.4 万项科技开发项目。

8 月 23 日 《经济日报》报道：22 日，全国污染防治及重点流域水污染防治工作会议在北京举行。

8 月 25 日 朱镕基总理主持召开国务院第 46 次总理办公会议，听取国家林业局局长王志宝关于重点地区天然林资源保护工程实施方案的汇报。

9 月 6 日—10 日 国际朱鹮保护研讨会在陕西汉中市召开。来自中国、日本及国际自然保护联盟的专家、学者和政府官员 80 余人参加了会议。大会通过了关于共同拯救世界珍禽朱鹮的《汉中宣言》。

9 月 15 日—16 日 国家林业局在北京召开全国林业技术创新工作会议。

9 月 17 日—18 日 国家林业局在北京召开长江上游及黄河上中游天然林保护工程省级规划方案编制工作会议。

9 月 28 日—30 日 农业部在湖南郴州市召开全国农业技术推广体系建议经验交流会。

10 月 3 日 国务院总理朱镕基在中央民族工作会议上指出：切实抓好天然林保护工程与生态环境建设，这是中央从我国现代化建设全局和实施可持续发展战略出发作出的一项重大战略决策，也是实施西部大开发，加快民族地区发展的重大步骤。

10 月 8 日 《农民日报》报道：7 日，中国农产品加工业与农业：发展与政策国际研讨会在北京举行。

10 月 13 日—16 日 黄河重大问题及其对策专家座谈会在北京召开。

10 月 26 日 《农民日报》报道：23 日，农业部在福建厦门市召开全国种植业结构调整会议（25 日结束）。

10 月 29 日 《人民日报》报道：全国农村能源综合建设县项目南方地区经验交流会在广西桂林市召开。

《农民日报》报道：农业部在武汉市召开了全国种子工程工作会议。

11 月 12 日 国家防汛抗旱总指挥部第三次全体会议在北京召开。

11 月 15 日—26 日 联合国防治荒漠化公约第三届缔约方大会在巴西召开。以国家林业局副局长李育才为团长的中国代表团出席了大会，并发布了中国1999年国家履约报告。

11月22日 《农民日报》报道：17日，21世纪展望——中韩农业学术研讨会暨农业技术经济交流会在北京举行（19日结束）。

12月3日 《经济日报》报道：2日，国家主席江泽民出席了在北京举行的《维也纳公约》缔约方大会第五次会议和《蒙特利尔议定书》缔约方大会第11次部长级会议开幕式，并就环境保护、中国的环保政策等问题发表重要讲话。3日大会闭幕，会议通过了《北京宣言》。

12月7日 国家林业局、联合国粮农组织共同举办的"中国林业政策论坛"在北京召开。

12月14日 全国人大委员长李鹏、副委员长邹家华参加全国人大环境与资源保护委员会和农业与农村委员会联合召开的黄河治理问题专家座谈会，听取水利部关于黄河治理工作情况的汇报。

12月15日—16日 由中国国家开发银行、国家林业局和世界银行联合举办的林业发展与融资国际研讨会在北京召开。

12月16日—18日 全国野生动植物管理工作会议在北京召开。

【农业发展成就】

1月6日 《经济日报》报道：北京大北农集团决定筹资千万元设立中国农业科技研究奖励基金，从1999年起每年用100万元奖励10位在农业科技领域、农业经济理论方面做出卓越贡献的农业科学家。

1月7日 《人民日报》报道：由国家计委组织有关部门制定的《全国生态环境建设规划》已经国务院常务会议讨论通过。

1月8日 《农民日报》报道：1月7日，1998年度国家科技奖励评审结果在北京揭晓，80项农林牧副渔业科技成果榜上有名，占获奖总数的14.7%，据不完全统计，此次获奖项目1997年一年累计新增产值561.8亿元，新增利税109.7亿元，其经济效益和社会效益均十分显著。

1月9日 《农民日报》报道：农业部发出通知，决定将1999年确定为"农业职业技术教育培训年"。

1月12日 《人民日报》报道：1999年度棉花收购指导性价格为每50千克标准级皮辊棉500元，这一价格比1998年度下调117元。

《农民日报》报道：陕西省农业科学院和陕西秦阳生物技术有限责任公司，研制出生物特效肥——绿色植保素，是一种对人、畜、禽和植物安全可靠的多功能调节剂，该产品已通过鉴定。

《农民日报》报道：山东省农业科学院选育成功既高产又优质的小麦新品系。924142新品系最高产量达600千克，其品质达到了优质面包小麦的标准。935031面筋含量达35%以上，是优质面条的理想原料。954072综合农艺性状优良，试验每公顷产超7500千克，蛋白质含量高达22%。

1月15日 国家林业局、财政部联合组织的总投资为30亿元，总产值可达460亿元的世界银行贷款项目——"贫困地区林业发展项目"正式启动实施。该项目世界银行贷款资金为2亿美元，覆盖河北、山西、辽宁、江西、安徽、河南、湖北、湖南、广西、四川、贵州、云南等12个省、自治区180多个县。

1月18日 《农民日报》报道：一种新型转基因小麦在北京市农林科学院培育成功。张晓东等用基因枪将来自美国优质面包小麦品种的高分子量谷蛋白亚基基因导入北京小麦幼胚，幼穗和花药，获得了一批转基因小麦植株和后代结实种子。有关专家认为，此研究成果推进了中国小麦基因工程的实用化发展的进程，具有90年代国际先进水平。

共青团中央、全国绿化委员会、国家林业局、中国青少年发展基金会联合决定从1999年起，在全国范围内开展以保护黄河、长江等我国主要江河流域生态环境为主要内容的"保护母亲河行动"。

1月22日 《科技日报》报道：国家"863"高新技术项目、复旦大学遗传研究所唐克轩主持的"运用转基因技术防治水稻褐飞虱病虫害研究"课题，经过三年多的协作攻关，取得重大成果。经专家鉴定认为，该项成果填补了国内空白，达到了国际先进水平。

《科技日报》报道：由中国农业科学院蔬菜花卉研究所方智远主持的甘蓝育种课题研制成功的早熟甘蓝新品种8398，获国家科技进步二等奖，该课题已第三次获国家级重大科技成果奖，并已创造社会经济效益30亿元。

2月2日 《科技日报》报道：世界银行执董会1月21日批准向中国提供3000万美元贷款，以支持四川省安宁河流域农业资源开发项目。

2月5日 国务院、中央军委印发《国务院、中央军委关于调整武警黄金、森林、水电、交通部队领导管理体制及有关问题的通知》，明确森警部队实行新的领导管理体制，改称武警森林部队，接受武警总部和国家林业局的双重领导。

2月12日 《光明日报》报道：国土资源部、司法部、中国人民银行、国家工商行政管理局联合发出《关于加强对果园、庄园等农林开发活动管理的通知》。在3月底前暂停对"庄园、果园"开发企业、项目和用地的审批。

经人事部、全国博士后科研流动站管委会批准，中国林业科学研究院、北京林业大学、东北林业大学、南京林业大学分别在林学、生物学、林业工程3个一级学科设立5个博士后科研流动站。

2月24日—27日 国务院总理朱镕基在访问俄罗斯期间，与俄罗斯政府就森林采伐和木材加工方面的合作达成谅解。

2月25日 《科技日报》报道：国家科技成果重点推广计划项目"地膜小麦"在甘肃省两年推广270千公顷，平均每公顷增产1 208千克，增产率28.9%，新增纯收益3.5亿元。

2月28日 农业部在北京市通州区举办"农资打假扶优护农保春耕宣传活动"。

3月3日 《人民日报》报道：由西北农业大学何蓓如教授带领的课题组经多年试验研究，创制成适应我国北方光、温条件的小麦光周期敏感雄性不育系和异常温度敏感雄性不育系，使杂交小麦生产"三系化"简化为"两系法"，为我国北方小麦主产区杂交小麦大规模走向生产创造了重要条件。

《人民日报》报道：中国农业科学院作物育种研究所研究员薛光行等科研人员历经11年研究，揭开了阻碍我国两系法杂交水稻推广的难解之迷。他们发现，研究光、温敏感强度的消长与变异规律更为重要，当前两系法杂交水稻制种、繁种生产中风险偏高是因为不育系植株对光、温的敏感性不一致造成的。

3月5日 中央精神文明建设委员会办公室、教育部、建设部、铁道部、交通部、水利部、环保总局、国家林业局、全国绿化委员会办公室、共青团中央、全国妇联联合决定，在全国开展"保护生态环境、倡导文明新风"主题活动，动员广大群众和社会各界，积极参与保护和改善环境的实践活动，推动我国生态环境建设。

3月11日 中央政府向香港特别行政区赠送大熊猫交接仪式在香港举行。国家林业局副局长李育才代表中央政府出席交接仪式。

3月15日 《人民日报》报道：国家林业局下发紧急通知，要求抓住春季植树造林的黄金季节，进一步组织好今春植树造林。

3月20日 《光明日报》报道：19日，国务院总理朱镕基在中南海会见了来访的美国环境保护局局长卡洛尔·布朗诺女士一行。

3月21日 《经济日报》报道：人民银行决定新增150亿元贷款，支持农村信用社帮助农民扩大生产经营，增加农民收入。

3月22日 《科技日报》报道：黑龙江大学教授郭德栋经历10年不懈努力，使"甜菜远缘杂交及应用"课题圆满完成，使我国在该领域的研究跃居国际领先地位。

3月23日 《科技日报》报道：20日，中国水稻研究所以"转基因杂交稻"首期折股300万元，和浙江钱江生物化学股份有限公司联合组建高科技企业，共同进行产业化。

《科技日报》报道：联合国粮农组织公布的世界森林资源评估报告显示，中国森林面积1.34亿公顷，占世界3.9%，居世界第五位。人均森林蓄积量为8.6立方米，是世界人均拥有森林蓄积量最少的国家之一。

国家林业局决定从1999年起，在全国开展森林病虫害防治检疫标准站建设工作，力争到2003年在全国建设1 000个以上标准站，提高各级森防站的管理素质、灾害除治能力和行政执法水平，推进森防体系建设。

3月24日 《光明日报》报道：农业部决定，从1999年开始在南海海域实行伏季休渔。我国所管辖的海域，大部分都实行了一定程度的休渔制度。

3月25日 《科技日报》报道：中国科学院西北植物研究所植物遗传育种室副研究员何一哲选育成功的高铁锌食药兼用黑小麦——秦黑1号在第三届"爱迪生"世界发明博览会暨国际荣誉评奖会上，获"国际发明金奖"。秦黑1号铁、锌的含量分别高达749毫克/千克、135毫克/千克，分别是普通小麦的19.2倍和4.1倍。

国家林业局印发《全国人工造林更新实绩核查管理办法（试行）》和《全国人工造林、更新实绩核查技术规定（试行）》。

3月26日 《光明日报》报道：受科学技术部部长朱丽兰的委托，正在日内瓦访问的中国代表团团长段瑞春向国际植物新品种保护联盟副总干事长巴利·格林格拉斯递交了中华人民共和国加入《国际植物新品种保护公约（1978年文本）》的加入书。我国成为国际植物新品种保护联盟（OUPV）的第39个成员。

《光明日报》报道：2月19日，我国首例转基因试管牛在上海奉贤县奉新动物试验场诞生，出生时体重38千克，经检测带有人血清蛋白基因。

3月28日　香港绿化中国基金在人民大会堂举行特别仪式，为绿化祖国内地捐赠200万元人民币。

4月2日　《农民日报》报道：目前，我国已在重点旱区建设了68个旱作节水农业示范基地。从1996年到1998年，我国共投入4 500万元非经营性基建基金，建设旱作节水农业示范基地。

4月5日　《科技日报》报道：我国棉花育种专家培育出抗枯黄萎病的棉花新品种——辽棉十五号，具有特早熟、抗病高产的特点。它高抗棉花枯萎病，尤其在抗黄萎病方面，国家规定病指数低于30%，而新品种的标准低于10%，使用新品种可使棉花单产提高约20%。

4月12日　《农民日报》报道：10日，中国对外经济贸易合作部部长石广生与美国贸易谈判代表巴尔舍夫斯基分别代表中美两国政府，在华盛顿签署了《中美农业合作协议》。

《农民日报》报道：4月6日—8日，国务院副总理温家宝在贵州农村考察时强调，要切实加强以党支部为核心的农村基层组织和干部队伍建设、民主法制建设和精神文明建设，促进农村经济发展和社会全面进步。

4月14日　《科技日报》报道：青海省农林科学院的育种专家用一年时间在高产、优质和多抗性小麦新品种选育中成功地实现了杂交一年繁育4代。此项技术的成功标志着我国小麦常规育种技术研究已获重大突破。

4月15日　《农民日报》报道：为将我国水保工作的成功经验集中、有效、快速地推广，水利部、财政部联合推出水土保持生态环境建设"十百千"示范工程，在全国建设10个示范城市、10个示范县、1 000条示范小流域。

由森林公安局牵头组织青海、新疆、西藏3省、自治区森林公安机关开展"可可西里一号行动"。旨在严厉打击非法盗猎藏羚羊的违法犯罪活动，此次行动5月1日结束。

4月16日　《人民日报》报道：北京兴绿原农牧发展有限公司，将国外纯种肉羊与我国良种母羊杂交，成功开发出我国首批肉羊种羊——兴绿原羊。该羊具有个体大、繁殖率高、生长迅速、肉质细嫩口感好等优点。

《光明日报》报道：河北邢台市农科所农艺师张树森培育出高产优质、抗虫玉米新品种邢抗2号，其抗虫性和综合抗性居国内领先水平。

《农民日报》报道：自1994年起实施的粮棉大县和高产优质高效农业示范区专项贷款已执行完毕，从1999年起，中国农业银行将不再设立此专项贷款。1994—1998年，农业银行共计发放两个专项贷款365.7亿元，支持粮棉大县贷款项目12 828个，实施高产优质高效农业示范区贷款项目1 025个。5年来，两个专项贷款项目共计实现产值2 326.2亿元，创利税168.3亿元，创汇26.4亿美元。

4月21日　《科技日报》报道：20日，1999年国际农牧业及食品工业展览会在北京开幕，18个国家和地区的展团参展。此外，1999年中国—欧盟农业新技术研讨会也在展会期间同时举办。

《人民日报》报道：我国的贫困人口已从1978年的2.5亿人下降到1998年的4 200万人。贫困人口的年均纯收入已由1986年的206元提高到1 200多元。

4月22日　《农民日报》报道：为做好今年联合收割机跨区收获小麦工作，农业部、公安部、交通部联合发文，要求各地加强联合收割机跨区作业的管理，改善跨区作业环境，提高组织化程度。

国家林业局发布《中华人民共和国林业植物新品种保护名录》（第一批）。

4月23日　我国正式加入《国际植物新品种保护公约》，并成为国际植物新品种保护联盟（UP-OV）成员国。

国家林业局受理北京林业大学递交的三倍体毛白杨新品种权申请。这是国家林业局受理的第一份植物新品种权申请。经审查，国家林业局授予北京林业大学三毛杨1号等6个三倍体毛白杨植物新品种权。

4月24日　《科技日报》报道：23日，农业部、财政部在北京召开新闻发布会，宣布正式启动农业科技"跨越计划"。该计划重点解决我国农业科技成果转化率低，技术普及薄弱问题。预计计划总投资为5 000万元。

4月25日　《经济日报》报道：我国现已建立各类自然保护区926处，占国土面积7.64%，超过世界平均7%的水平。

4月27日　《科技日报》报道：13日，中德山东援粮项目在济南市举行结束庆典。该项目使中国最大的贫困地区之一沂蒙山区的11个县摆脱了贫困，直接受益人口约100万人。德国为此投入的1.4亿马克（约合4.5亿元人民币）得到了充分利用。

《人民日报》报道：由亚洲农业研究发展基金会设立的"'亚农杯'农业贡献奖"首届评选活动在西北农业大学揭晓。60位在西北地区农业发展中做出突出贡献的农业科技人员、农技推广人员和农民获奖。

4月29日 《农民日报》报道：国务院办公厅发出通知，印发经国务院批准，由国土资源部组织编制的《全国土地利用总体规划纲要》。《纲要》以保护耕地和控制非农业建设用地规模为重点，确定了土地利用的目标、方针，对土地利用结构和布局进行了必要的调整，制定了实施规划的具体措施。

5月1日 《人民日报》报道：4月30日晚，第22次世界园艺博览会在昆明开幕。国家主席江泽民出席开幕式，并宣布中国1999年昆明世界园艺博览会开幕。国务院副总理、世博会中国组委会主任李岚清在开幕式上致词。博览会共有69个国家和26个国际组织参展，其中34个国家和国际组织在世博园内修建了永久性展园。此次博览会历时184天，共有940多万人次入园参观游览。

5月5日 《科技日报》报道：4月28日，农业部发出《关于加强肥料管理工作的通知》，要求未经登记的肥料产品不得进口、生产、销售和使用。

5月6日 《科技日报》报道：贵州大学小麦育种专家张庆勤承担的国家自然科学基金课题"野燕麦与小麦近缘种属的杂交及其后代种质的开拓利用"，在采用远缘杂交方式选育小麦优良抗性材料方面取得突破性进展，获得专家的充分肯定。

5月8日 《经济日报》报道：7日，中国畜牧业暨饲料工业交易会在长沙开幕。我国已成为世界肉类和禽蛋第一生产大国，工业饲料年产量跃居世界第一位。

5月17日—19日 国家林业局与科学技术部、农业部、国际植物新品种保护联盟（UPOV）在昆明市联合召开技术创新与植物新品种保护国际研讨会。

5月18日 《人民日报》报道：我国人均蔬菜占有量已经超过250千克，远远超过世界人均102千克的水平。

5月22日 《农民日报》报道：我国花卉种植面积已达86千公顷，跃居世界首位。年产鲜切花17亿支，产值达94亿元。

5月22日 《农民日报》报道：由农业部种植业管理司和农业部信息中心共同创建的覆盖全国水果主产区、联结各大中城市果品批发市场的中国果业信息网正式开通。

5月25日 《农民日报》报道：国土资源部、农业部发出通知，要求各地认真落实基本农田保护责任制。

《农民日报》报道：1999年参加跨区机收的小麦联合收割机将达8万台以上，比上年增加近20%。

5月26日 《人民日报》报道：我国地膜覆盖面积达到7 000千公顷。棚膜设施栽培面积达到840千公顷，成为世界上最大的农膜生产和使用国。1998年全国累计生产农膜82.17万吨，比上年增长8.6%。

6月1日 《科技日报》报道：国家"863"计划资助的小麦抗黄矮病生物技术育种取得阶段性进展，中国农业科学院作物育种所与山西农业科学院小麦所共同选育的临抗一号新品系，发病率低于5%。

6月3日 《农民日报》报道：湖北省经过3年的努力，已全面完成国家下达的第三期农业综合开发建设任务。3年来累计投入资金10.36亿元。治理改造中低产田205.5千公顷，建成农业综合开发项目325个。项目区的农民人均收入达到2 310元，比开发前增加了1 010元。

《濒危野生动植物种国际贸易公约》常委会虎技术组对我国虎保护和虎禁贸工作进行了检查（7日结束）。技术组对中国政府在发布虎骨、犀牛角禁令以来所做的工作及取得的成绩表示赞赏，对中国政府在野生动物保护和合理利用方面所坚持的立场表示理解。

6月7日 《科技日报》报道：1999年农牧渔业丰收计划由农业部发布执行。

《人民日报》报道：四川、云南、贵州、广西、重庆及成都市的党政领导决定，在今后10年中投资1 200亿元在长江、珠江中上游联手建设超过65 780千公顷的林业生态工程。

6月8日 《光明日报》报道：5月31日—6月3日，由中国农业科学院和国际农业和生物科学中心联合主办的第一届国际"白色农业"研讨会在北京召开。来自中、英、德、澳、荷、加等国的100余名中外学者就"白色农业"概念和发展状况、白色农业对发展中国家的影响、今后的发展方向等进行了探讨。

6月9日 《人民日报》报道：世界银行批准向中国提供1 600万美元的贷款和3 000万美元的国际开发协会信贷，用于改善我国一些地区300多万农村人口饮用水安全和卫生健康状况。

6月10日 8时，风云一号卫星红外通道首次开机，并成功获取区域红外立体云图。

6月15日 《农民日报》报道：国务院发出通知，批转水利部关于加强长江近期防洪建设若干意见，并对长江近期防洪建设作出全面规划和部署，确定采取综合措施，加快建设长江综合防洪体系。

由国家林业局组织的"新世纪保卫绿色行动——全国百家新闻单位联合行动"启动仪式在北京举行。

《科技日报》报道:一项世界首创的高科技产品——动物角蛋白转基因棉花在上海诞生。

《农民日报》报道:农业部发出紧急通知,要求切实做好草地螟监测和防治工作。

人大环境与资源保护委员会、水利部等部委联合举办的"爱我黄河"大型采访活动出发仪式在北京举行。

6月17日 纪念世界防治荒漠化和干旱日活动在全国展开。以北京为龙头的全国100多座大中城市组织了防治荒漠化的宣传活动。

6月24日 《科技日报》报道:福建省农业科学院农业遗传工程重点实验室和中国科学院遗传研究所研究人员,利用植物基因工程技术,克隆出植物的抗虫基因并进行改造、修饰,然后通过基因枪法和农杆菌法等方式将抗虫基因转移到水稻基因组中,抗虫基因能抑制水稻螟虫、稻飞虱等害虫的消化系统,导致害虫死亡。

6月28日 《科技日报》报道:由甘肃省农科院等完成的"陇中半干旱区集水高效农业技术示范推广"课题通过农业部主持的技术鉴定,这一成果为我国旱作农业区找到了实现持续农业目标的具体形式,主要工程、设施、技术环节打通,已进入实用化阶段。

6月17日 江泽民总书记针对贵州台江县发生的天然林采伐问题作出重要指示:禁伐天然林,保护生态环境是党中央、国务院作出的重大决策,任何地方、任何人都必须认真贯彻执行。

6月29日 《科技日报》报道:浙江省科委组织实施的"水稻籼粳亚种间杂种优势利用研究"取得重大进展。1994—1998年,育成组合协优9516、优2070、协优9308三个籼粳亚种间杂交稻组合。专家组认为,整体研究水平居国内外先进,在标记基因的研究与应用方面处于领先水平。

国家林业局印发《关于开展全国森林分类区划界定工作的通知》。

6月30日 《光明日报》报道:29日,中国农业电影电视中心庆祝成立50周年。50年来,该"中心"共拍摄了以农业科教影片为主的电影805部1431本。有87部影片117次获得国内部级以上奖,15部影片在国际各类电影节上获22次大奖。

7月6日 《科技日报》报道:我国"九五"国家重点科技攻关项目"散粮储运关键技术和装备的研究开发"经过3年攻关,研制开发成套设备8种,新产品21种,新技术、新工艺11项。项目总体研究水平居国内领先,部分成果达到了国际先进水平。该项目的绝大部分成果已得到转化。

7月6日 《光明日报》报道:农业部和海关总署发出通知,决定在我国对进出口农药实施登记证明管理制度。

7月7日 《人民日报》报道:6日,中国农业科学院作物品种资源与品种改良中心、农业资源与环境研究中心在北京挂牌成立。

《科技日报》报道:中国农业科学院原子能利用研究所等单位用核技术和生物技术与常规育种有机集成,培育出超高产小麦H112和耐盐小麦H89。

7月14日 《农民日报》报道:"丰收计划"从1987年开始实施以来,已推广了257类技术,新增产值700多亿元,增产粮食4200万吨、皮棉120万吨、果菜300万吨,新增畜产品120万吨,水产品80万吨,培训各类科技人员100万人次、农民4亿人次。

7月15日 《农民日报》报道:6月24日,农业部部长陈耀邦签署中华人民共和国农业部《中华人民共和国水生野生动物利用特许办法》和《中华人民共和国管辖海域外国人、外国船舶渔业管理暂行规定》,自发布之日起施行。

《中蒙两国政府关于边境地区森林草原防火联防协定》在蒙古国乌兰巴托签署。协定指定中华人民共和国国家林业局和蒙古国民防局分别为各自边境地区森林草原防火工作的主管部门,双方主管部门可就边境地区防扑火专业队培训、保障设备、交流经验等进行会晤。协定自签字之日起生效,有效期为5年。

7月19日 《经济日报》报道:中国农业科学院国家作物种质库储存的农作物种质已达31万余种,数量居世界第一。

7月21日 《光明日报》报道:中日两国大型民间公益合作项目——"绿色希望工程——中日友好沙漠绿化行动"在北京正式启动。

国际泥沙中心成立15周年及第五届钱宁泥沙科学奖颁奖仪式在北京举行。

7月26日 《光明日报》报道:由国家经贸委、国家质量技术监督局组织制定的《棉花细绒棉》国家新标准,经国家质量技术监督局批准,将于9月1日起实施。

7月27日 由全国政协人口资源环境委员会、全国绿化委员会、国家广播电视总局、国家林业局、中国绿化基金会五家单位联合发起的"跨世纪保卫绿色行动——关注森林"系列宣传活动在北京宣布启动。

7 月 30 日 国务院办公厅发出《国务院办公厅关于继续冻结各项建设工程征占林地的通知》。通知规定，从 1999 年 8 月 5 日起至《森林法实施条例》颁布实施之前，继续冻结各项建设工程征占林地。

7 月 31 日 《经济日报》报道：30 日，国家主席江泽民会见了来华访问的联合国世界粮食计划署执行干事凯瑟琳·贝尔蒂女士一行。农业部部长陈耀邦参加了会见。

《科技日报》报道：由我国科学家陈剑平主持的"我国大麦黄花叶病毒株系鉴定、抗源筛选、抗病品种应用及其分子生物学研究"通过专家鉴定。这项重大成果攻克了一项世界性难题——大麦黄花叶病。

8 月 4 日 《科技日报》报道：陕西农业科学院主持的渭北旱源地膜油菜栽培技术示范推广项目获得重大进展。试验表明，平均每公顷产 2 250 千克，较露地油菜增产 45％以上。

8 月 11 日 《农民日报》报道：5 日—9 日，国务院总理朱镕基在陕西省考察治理水土流失、改善生态环境和黄河防汛工作。他强调，黄河中上游各省区要解放思想，采取退田还林（草）、封山绿化、个体承包、以粮代赈的措施，大搞植树种草，改善生态环境，为根治黄河奠基。

8 月 12 日 《科技日报》报道：吉林省松原市水稻研究所和前郭灌区农垦管理局历时十余年研究成功"三推两早一达标"（推广秋天稻草覆盖置床，推广庭院大中棚钵盘育苗，推广稀植栽培；育苗和插秧时间比传统时间分别提前 20 天和 10 天，并在综合配套技术措施上实施达标操作）水稻栽培模式，彻底解决了寒地苏打盐渍土水稻大面积高产和防治水稻立枯病的世界难题，创造出每公顷水稻产量 1.2 万千克的同纬度地区高产纪录。

《人民日报》报道：8 日，我国农机行业最大的合资企业洋马农机（中国）有限公司在江苏无锡落成投产，一期投资 3 000 万美元。

8 月 13 日 《农民日报》报道：3 年来全国投入节水灌溉资金约 250 亿元，新发展节水灌溉工程面积 5 633 千公顷。

8 月 13 日 《农民日报》报道：中国科学院动物所鼠虫害综合治理国家重点实验室成功克隆出解毒酶基因。这项技术将使人类从农药的困扰中解脱出来。

8 月 16 日 《农民日报》报道：8 月 10 日，"华西村" 3 500 万股 A 股在深圳交易所上市，上市第一天，共成交 2 690 万股，收盘价为 23.9 元，比开盘价上涨 2.28 元。

8 月 20 日 《光明日报》报道：19 日，全国人大常委会委员长李鹏会见了以日本众议院议员、前大藏大臣武村正义为团长的日本日中友好沙漠绿化行动代表团。

8 月 26 日 国家林业局与中国野生动物保护协会联合决定，在 15 个省会城市和部分地级市进行为期 4 个月的食用野生动物状况调查，并在全国范围内组织开展"提倡不食野生动物，树立饮食新观念"为主题的大型科普宣传教育活动。

8 月 27 日 《农民日报》报道：农业部发出《关于加强种子执法工作的通知》。

8 月 28 日 国家林业局副局长李育才在北京会见了国际自然保护联盟（IUCN）总干事玛莉塔女士，双方就共同关心的自然保护问题交换了意见。

9 月 1 日 《农民日报》报道：8 月 30 日，荷兰政府资助我国开展水稻病虫害综合治理项目签字仪式在北京举行。根据协议，荷兰政府将在未来 5 年捐助约 200 万美元，通过联合国粮农组织在我国实施水稻病虫害综合治理工作。

《农民日报》报道："两系法小麦杂交"在重庆市获得重要突破。专家说，这项成果有望改变我国"南稻北麦"的粮食生产格局。

9 月 7 日 《农民日报》报道：8 月 23 日，国家林业局全国野生动物研究与发展中心在中国林业科学研究院挂牌成立。

9 月 9 日 《经济日报》报道：河北省杂交小麦研究所栾城县技术开发中心利用化学杂交剂配制杂种小麦，杀雄效果达到 98％，异交结实率达 80.5％，每公顷产杂交种 4 207.5 千克。这 3 项指标在全国均居领先水平。

《经济日报》报道：8 日，由农业部、科学技术部、全国供销合作总社、教育部和青岛市政府共同主办的中国青岛国际农业科技博览会在山东平度市开幕。全国 400 多家知名大专院校、科研部门和国内外客商参展，汇集科技项目 1 600 多项。

国家林业局、农业部第 4 号令发布《国家重点保护野生植物名录（第一批）》。

9 月 10 日 《农民日报》报道：9 日，1999 年度"国际农业合作奖"授奖仪式在北京举行，日本国际协力财团理事长神内良一和国际水稻研究所遗传育种部主任戈·辛·库西获得"1999 年农业合作奖"。

9 月 12 日 《光明日报》报道：11 日，西北农业大学、西北林学院、中国科学院、水利部水土保持研究所等 7 个教学科研单位合并组建西北农林科技大学。

9 月 13 日 《光明日报》报道：河北省农林科学院粮油作物所研究员王培和课题组经过多年努力，成功地利用小麦花粉组织培育出花 521、花 252、冀麦 42 号等小麦新品系，并总结建立了一整套科学完整的"冬小麦花粉细胞工程育种程序"，在系统性、适用性、广泛性等方面达到国际领先水平。

9 月 15 日 《农民日报》报道：我国水产品产量已连续 10 年居世界首位，人均占有的水产品比 50 年前增长了 30 倍左右。1998 年人均占有水产品 30 多千克，比世界平均水平还多 10 千克。

9 月 18 日 《科技日报》报道：16 日，农业部在华中农业大学主持召开了水稻分子技术育种成果鉴定会。华中农业大学完成的"应用叶片衰老抑制基因提高水稻产量潜力""转 Bt 基因抗虫籼稻恢复系明恢 63 的培育""应用分子标记辅助选择培育广谱高抗白叶枯病的杂交稻恢复系"3 项成果经专家鉴定，均达到国际先进水平。

9 月 21 日 团中央、全国绿化委员会、人大环境与资源保护委员会、水利部、国家林业局在人民大会堂联合举行"保护母亲河"首批工程项目资助协助签字仪式。

9 月 24 日 《人民日报》报道：23 日，新中国 50 周年农业和农村经济成就展暨 1999 年中国国际农业博览会在北京开幕。

9 月 28 日 由安徽省人民政府与中国气象局共同投资建设的合肥 S 波段多普勒天气雷达工程全面竣工，安徽省人民政府举行盛大典礼仪式。

10 月 6 日 《科技日报》报道：河南省农业科学院粮食作物研究所水稻研究室历经 8 年选育成功水稻新品种水晶 3 号。经联合测产表明：80 公顷大田平均每公顷产 9.03 吨，高产田块达到 10.79 吨，精米率高达 74.6%，蛋白质含量达 9.2%，在优质、高产、多抗等方面实现了整体突破。

10 月 7 日 《科技日报》报道：由福建农业大学遗传育种研究所杨仁崔研究小组承担的"长穗颈不育系选育和高秆隐性杂交稻育种技术体系建立"项目，居国际领先水平，可节省"920"（赤霉素）的用量，降低杂交稻种生产成本，经济效益显著。

《科技日报》报道：安徽省农业科学院水稻研究所育成两系杂交中籼新组合华安 3 号，具有高产、中抗白叶枯病、用种量低的特点，是替代汕优 63 的理想新组合。

10 月 10 日 《周恩来论林业》首发式在人民大会堂举行。

10 月 11 日 《光明日报》报道：我国核农业利用辐射诱变技术，已在 40 余种植物上选育和推广应用优质突变新品种 513 个，约占世界辐射诱变育成品种 2 050 个的 1/4，居世界各国之首。

10 月 11 日 《光明日报》报道：由中国扶贫基金会、新华《半月谈》杂志社共同主办的"广汕生物环"第六届全国十大"扶贫状元"评选揭晓。香港宏基集团有限公司董事局主席庄水莲等被评为全国十大"扶贫状元"。

10 月 12 日 中华人民共和国濒危物种进出口管理办公室与《濒危野生动植物种国际贸易公约》秘书处在中国西宁市召开藏羚羊保护及贸易控制国际研讨会，发布了《关于藏羚羊保护及贸易控制的西宁宣言》（14 日结束）。

10 月 13 日 《科技日报》报道：东北农业大学培育获得了中国第一个体细胞克隆猪囊胚。

10 月 19 日 《农民日报》报道：18 日，为期 4 天的 1999 年中国国际草业博览会在北京开幕。来自美国、荷兰、丹麦、瑞典及中国的近百家知名草业企业参加了展览。

1999 年中国竹文化节开幕式在湖南益阳市举行。本届活动的主题是"弘扬竹文化，发展竹产业"。

10 月 20 日 《经济日报》报道：全国农村电网建设与改造工程预计将在 2000 年底结束，3 年间将共投资 1 800 亿元，可望每年为农民减负 330 亿元。

10 月 21 日 中国林业科学研究院研究员蒋有绪当选为中国科学院院士。

10 月 26 日 中国绿化基金会在人民大会堂举行捐赠仪式，中国金币总公司、湖北三峡烟草有限责任公司及杭州卷烟厂、成都卷烟厂、宁波卷烟厂五家企业共向中国绿化基金会捐赠绿化资金 220 万元。

10 月 27 日 《农民日报》报道：我国首例波尔山羊胚胎移植在山东无棣县良种畜禽繁育场获成功。

11 月 2 日 《农民日报》报道：1 日，首届中国农民旅游节"1999 年东阳横店·中国农民旅游节"在横店举行。

11 月 2 日 《人民日报》报道：由江苏省里下河地区农科所研究开发的超高茬"麦套稻"新技术，在江苏、山东、四川农村投入实际生产并获得成功。

中国林业科学研究院研究员王涛获"全国十大杰出专业技术人员"称号。

11 月 7 日 《经济日报》报道：第六届中国杨凌农业高新科技成果博览会在陕西隆重开幕。

《人民日报》报道：我国各级森林公园总数达 870 座，面积达 7 480 多千公顷，占我国国土面积的

0.78%以上。

11月10日 《农民日报》报道：从1981年到1988年，全国义务植树300多亿株，参加义务植树的人数达60亿人次之多。

11月12日 《人民日报》报道：国家重点科技攻关项目——北方贫水区水稻地膜直播技术，在河北承德推广获得成功，并通过科学技术部技术认证。

水利部主办的北京1999年国际水利技术装备展览会开幕式在北京展览馆举行。

11月13日 《人民日报》报道：12日，由中国国土经济学研究会、水利部共同主办的21世纪中国水资源可持续利用战略研讨会在北京举行。

国务院副总理温家宝在中南海紫光阁会见了以世界气象组织主席、澳大利亚气象局局长齐尔曼博士为团长的澳大利亚气象代表团。

11月15日 《农民日报》报道：13日，出席联合国粮食及农业组织第30届大会的中国政府代表团团长、农业部部长陈耀邦在会上发言指出，中国政府坚定不移地把农业放在国民经济发展的首位，中国农业与农业经济的发展在下个世纪一定会能够取得更大的成就。

11月19日 《农民日报》报道：农业部发出《关于贯彻党的十五届四中全会精神，促进乡镇企业改革和发展的通知》，提出了乡镇企业新阶段的改革措施。

11月23日 《人民日报》报道：中宣部等11个部委联合下发通知，要求继续广泛深入开展文化科技卫生"三下乡"活动。

11月30日 《光明日报》报道：中国农业科学院生物技术研究中心与华中农业大学合作，将 Bt 杀虫基因（苏云金杆菌杀虫结晶蛋白基因）转化至籼稻，配制成籼优63杂交稻。在实验室测定表明，其抗虫率为100%，对螟虫的受害率降至10%以下。

12月1日 《农民日报》报道：我国首批20项农业科技跨越计划正式启动。国家总投资6 000万元，主要集中于国际市场竞争潜力较大的农产品生产项目。

12月7日 《光明日报》报道：沈阳农业大学宋佐衡和陈捷教授共同主持的"玉米茎腐病发生规律和综合防治技术研究"和陈捷主持完成的"腐霉菌产生的细胞壁降解酶作用机制及其应用研究"取得重大突破。长期危害我国玉米生产的茎腐病有望得到解决。

12月13日 中国林业科学研究院研究员宋湛谦，北京林业大学教授朱之悌、孟兆祯当选为中国工程院院士。

12月24日 《人民日报》报道：由宋庆龄基金会、文化部、国家环境保护总局等7家单位联合举办的"中华大自然——野生生物保护系列活动"于29日拉开帷幕。

12月27日 《人民日报》报道：由团中央、农业部、水利部、财政部、国家林业局和全国青联联合开展的第四届中国杰出青年农民评选揭晓，万正和等10名青年农民当选。

12月27日 《科技日报》报道：由河北农业大学桑润滋教授领导的课题组与中国农业大学朱士恩和中国科学院遗传所吴德国共同合作研究的我国首例"玻璃化冷冻分割牛胚胎"牛繁育成功。

《科技日报》报道：国家玉米工程技术中心在农民育种和栽培专家李登海研究员创办的民营山东省莱州市农业科学院挂牌运营，成为全国唯一一家设立在民营科研机构的国家级工程技术研究中心。

12月29日 《人民日报》报道：我国已建立自然保护区926个，面积达76 980千公顷，占陆地国土面积的7.64%，超过世界平均水平。

《光明日报》报道：28日，中宣部、农业部、财政部、国务院研究室和国家新闻出版署在北京举行由江泽民题写书名并作序的《中国农民基本常识读本》首发式。

12月30日 《科技日报》报道：山东威海市环翠区羊亭水产公司开发出中国鲈鱼全人工育苗技术，在基础研究和应用方面均居世界领先水平。

2000 年

【文献】

1月7日 《人民日报》报道：5日，中央农村工作会议在北京召开。会议提出了2000年农业和农村工作总的要求，稳定农村政策，深化农村改革，保护和调动农民的积极性，适应农业和农村经济发展新阶段的要求，必须大力推进农业和农村经济结构战略性调整，全面提高农业和农村经济的素质和效益，增加农民收入，加强农业和农村基础设施建设，改善农业生产条件和生态环境，逐步提高农业的综合生产能力，这是整个新阶段农业和农村的中心任务。会议强调，完成2000年农业和农村工作和任务，需要着力做好八个方面的工作。一是大力推进农业和农村经济结构的战略性调整；二是促进农产品加工转化增值；三是积极发展小城镇和乡镇企业，调整农村劳动力就业结构。四是加快农业科技进步，支持农业结构调整。五是加强农产品市场建设，发挥市场对结构调整的带动作用。六是加强农业基础设施和生态环境建设，稳定提高农业综合生产能力。七是强化土地承包、集体财务和农民负担管理。八是加强农村基层组织、民主法制和精神文明建设，促进农村经济社会全面发展。会议指出，全党同志务必清醒地看到，我国农业的基础还不牢，任何时候都不能放松。切实加强农业的基础地位，是国民经济结构调整的重要任务，也是对农业和农村经济结构进行战略性调整的根本出发点。要坚定信心，埋头苦干，抓住机遇，开拓进取，努力开创农业和农村的新局面（6日闭幕）。

1月16日 《经济日报》报道：国土资源部和农业部发出《关于搞好农用地管理促进农业生产结构调整工作的通知》。《通知》指出，各级土地和农业行政主管部门要认真学习领会中央精神，提高认识，调整思路，精心组织，密切合作，增强对农业生产结构调整指导和服务意识。坚持政策引导，对有利于稳定提高农业综合生产能力的农业生产结构调整，要给予支持；坚持科学规划，统筹安排，努力实现耕地总量动态平衡；坚持"在保护中开发，在开发中保护"的原则，改善生态环境，防治水土流失，保障资源可持续利用。各地要从实际出发，采取有效措施，切实做好有关调整农业生产结构的各项工作。《通知》在五个方面做出了具体要求。一是提高认识，加强对农业生产结构调整指导和服务；二是在土地利用总体规划指导下，搞好农用地结构调整；三是以市场需求为导向，引导农民调整农业生产结构；四是结合农业生产结构调整，加强农用地管理；五是通过土地开发整理，促进农业生产结构调整。

1月29日 国务院发布《中华人民共和国森林法实施条例》，2000年1月29日中华人民共和国国务院令第278号发布，自发布之日起施行。国家依法实行森林、林木和林地登记发证制度。依法使用的国家所有的森林、林木和林地，按照规定登记。集体所有的森林、林木和林地，由所有者向所在地的县级人民政府林业主管部门提出登记申请，由该县级人民政府登记造册，核发证书，确认所有权。单位和个人所有的林木，由所有者向所在地的县级人民政府林业主管部门提出登记申请，由该县级人民政府登记造册，核发证书，确认林木所有权。改变森林、林木和林地所有权、使用权的，应当依法办理变更登记手续。使用集体所有的森林、林木和林地的单位和个人，应当向所在地的县级人民政府林业主管部门提出登记申请，由该县级人民政府登记造册，核发证书，确认森林、林木和林地使用权国家重点防护林和特种用途林，由国务院林业主管部门提出意见，报国务院批准公布等，共计七章四十八条。

2月14日 《人民日报》报道：中共中央、国务院发布关于做好2000年农业和农村工作的意见。主要内容为：大力调整农业生产结构；促进农产品加工转化增值；积极发展小城镇和乡镇企业；加快农业科技进步；加强农产品市场建设；加强农村基础设施和生态环境建设；强化农村土地承包、集体财务和农民负担管理；加强农村基层组织建设、民主法制建设和精神文明建设。

3月4日 《农民日报》报道：监察部和国土资源部以"部令"形式发布《关于违反土地管理规定行为行政处分暂行办法》，于3月2日施行。单位或者个人有本办法所列违反土地管理规定行为的，除依法给予行政处罚外，对有关的国家公务员依照本办法给予行政处分；涉嫌犯罪的，移送司法机关依法处理。单位买卖或者以其他形式非法转让土地的，对直接负责的主管人员和其他直接责任人员，分别依照本法规定给予行政处分；单位未经批准或者采取欺骗手段骗取批准，非法占用土地的，对直接负责的主管人员和其他直接责任人员，分别依照本法规定给予行政处分；单位或者个人非法批准征用、占用土地的，对有关责任人员，分别依照本法规定给予行政处分；超越批准权限非法批准征用、占用土地的，视其超越权限以外批准征用、占用土地的数量和其他情节，对直接负责的主管人员和其他直接责任人员按照本法规定给予行政处分，等等，共计二十五条。

3月20日 国务院颁布实施《中华人民共和国水污染防治法实施细则》。《细则》经过全面修改，于2000年3月20日由国务院第284号令发布施行。原《细则》是1989年7月12日国务院批准、国家环境保护局发布的。此次修改工作的指导思想是体现可持续发展战略，适应社会主义市场经济体制的要求，突出和强化《细则》的针对性和可操作性，修改后的《细则》删除旧《细则》中的10个条款，新增了20个条款，总条款数由原来的三十九条增加到四十九条。《细则》修改的重点内容是：一是强化和完善水污染防治的流域管理；二是细化重点污染物排放总量控制和排污许可制度；三是确立了"达标排放"的原则并界定了具体范围；四是完善了城市污水集中治理的要求；五是突出了对生活饮用水源的保护；六是充实了水污染事故的应急处理制度；七是强化了法律责任，加大了法律制裁力度。新《细则》的颁布，对新时期我国环境保护部门实施《水污染防治法》提供了有力的法律依据，是《水污染防治法》的进一步补充和完善。

4月29日 《农民日报》报道：28日，国家林业局发布了《长江上游黄河上中游地区2000年退耕还林还草试点示范科技支撑实施方案》（林计发〔2000〕111号），已确定2000年退耕还林（草）试点示范县174个。《方案》提出：实现科学规划，科学施工，科学管理，做到适地适树适草；初步建立起我国重大生态工程管理网络化系统；大力推广先进适用的科技成果，使科技成果推广应用率从30%提高到50%以上，科技进步贡献率由目前的27.3%提高到50%以上；工程建设按国家标准或行业标准的施工率达到95%以上；提高工程建设的良种使用率，由目前的不足20%提高到30%以上，造林保存率超过85%，全面提高工程建设质量。

7月5日 《人民日报》报道：中共中央、国务院近日出台《关于促进小城镇健康发展的若干意见》。《意见》指出，当前，各地积极贯彻落实中央精神，小城镇的发展形势总的是好的，但也存在着一些不容忽视的问题：一些地方缺乏长远、科学的规划，小城镇布局不合理；有些地方存在不顾客观条件和经济社会发展规律，盲目攀比、盲目扩大的倾向；多数小城镇基础设施不配套，影响城镇整体功能的发挥；小城镇自身管理体制不适应社会主义市场经济的要求。对农业和农村经济结构进行战略性调整，全面提高农业和农村经济的整体素质和效益，增加农民收入，提高农业生活水平，是当前和今后一个时期我国农业和农村工作的首要任务。发展小城镇，是实现我国农村现代化的必由之路。农村人口进城定居，有利于广大农民逐步改变传统的生活方式和思想观念；有利于从整体上提高我国人口素质，缩小工农差别和城乡差别；有利于实现城乡经济社会协调发展，全面提高广大农民的物质文化生活水平。当前，加快城镇化进程的时机和条件已经成熟。抓住机遇，适时引导小城镇健康发展，应当作为当前和今后较长时期农村改革与发展的一项重要任务。

7月8日 第九届全国人民代表大会常务委员会第十六次会议审议通过《中华人民共和国种子法》，自2000年12月1日起施行。国家扶持种质资源保护工作和选育、生产、更新、推广使用良种，鼓励品种选育和种子生产经营相结合，奖励在种质资源保护工作和良种选育、推广等工作中成绩显著的单位和个人。省级以上人民政府应当根据科教兴农方针和农业、林业发展的需要制定种业发展规划并组织实施。省级以上人民政府建立种子储备制度，主要用于发生灾害时的生产需要及余缺调剂，保障农业和林业生产安全。对储备的种子应当定期检验和更新。种子储备的具体办法由国务院规定。

7月19日 国家发展计划委员会、财政部根据《财政部、国家计委关于调整野生动植物进出口管理费政策有关问题的通知》，联合印发了《关于野生动植物进出口管理费收费标准的通知》，大幅度调低野生植物和人工繁殖、培植野生动植物出口的收费标准，同时对进口野生动植物实行收费制度。

7月24日 《农民日报》报道：23日，农业部发布《肥料登记管理办法》，自发布之日起施行。国家鼓励研制、生产和使用安全、高效、经济的肥料产品。实行肥料产品登记管理制度，未经登记的肥料产品不得进口、生产、销售和使用，不得进行广告宣传。农业部负责全国肥料登记和监督管理工作。省、自治区、直辖市人民政府农业行政主管部门协助农业部做好本行政区域内的肥料登记工作。县级以上地方人民政府农业行政主管部门负责本行政区域内的肥料监督管理工作。

7 月 26 日　《农民日报》报道：6 月 13 日，农业部发布《中华人民共和国渔业行政执法船舶管理办法》。渔政船实行建造审批，注册登记，统一编号，统一规范。各级渔业行政主管部门依照本办法的规定对所属渔政船进行管理。凡新建、改造、购置和报废渔政船的，必须填写《中华人民共和国渔政船新建、改造、购置、报废申请表》，经批准后方可进行。未经批准，不得新建、改造、购置和报废渔政船。农业部直属渔政渔港监督管理机构和省级渔业行政主管部门需新建、改造、购置和报废渔政船的，报（沿海省级渔政船经所在海区局审核后）中华人民共和国渔政渔港监督管理局审批。省级以下各级渔业行政主管部门需新建、改造、购置和报废渔政船的，由各省（区、市）渔业行政主管部门审批，报中华人民共和国渔政渔港监督管理局（海洋渔政船同时报所在海区渔政渔港监督管理局）备案。渔政船的设计、建造规范和安装的设备必须符合国家有关规定。《办法》共二十二条，自 2001 年 1 月 1 日起施行。

7 月 28 日　《农民日报》报道：6 月 13 日，农业部发布《中华人民共和国渔业港航监督行政处罚规定》，自下发之日起施行。其中第一章为总则，第二章为违反渔港管理的行为和处罚，第三章为违反渔业船舶管理的行为和处罚，第四章为违反渔业船员管理的行为和处罚，第五章为违反其他安全管理的行为和处罚，第六章为附则。《规定》共六章三十九条。

9 月 2 日　《光明日报》报道：9 月 1 日，经修订的《中华人民共和国大气污染防治法》正式生效施行。《中华人民共和国大气污染防治法》由中华人民共和国第九届全国人民代表大会常务委员会第十五次会议于 2000 年 4 月 29 日修订通过。国务院和地方各级人民政府，必须将大气环境保护工作纳入国民经济和社会发展计划，合理规划工业布局，加强防治大气污染的科学研究，采取防治大气污染的措施，保护和改善大气环境。国家采取措施，有计划地控制或者逐步削减各地方主要大气污染物的排放总量。地方各级人民政府对本辖区的大气环境质量负责，制定规划，采取措施，使本辖区的大气环境质量达到规定的标准。县级以上人民政府环境保护行政主管部门对大气污染防治实施统一监督管理。各级公安、交通、铁

道、渔业管理部门根据各自的职责，对机动车船污染大气实施监督管理。县级以上人民政府其他有关主管部门在各自职责范围内对大气污染防治实施监督管理。任何单位和个人都有保护大气环境的义务，并有权对污染大气环境的单位和个人进行检举和控告。国务院环境保护行政主管部门制定国家大气环境质量标准。省、自治区、直辖市人民政府对国家大气环境质量标准中未作规定的项目，可以制定地方标准，并报国务院环境保护行政主管部门备案。省、自治区、直辖市人民政府对国家大气污染物排放标准中未作规定的项目，可以制定地方排放标准；对国家大气污染物排放标准中已作规定的项目，可以制定严于国家排放标准的地方排放标准。地方排放标准须报国务院环境保护行政主管部门备案。省、自治区、直辖市人民政府制定机动车船大气污染物地方排放标准严于国家排放标准的，须报经国务院批准。国家鼓励和支持大气污染防治的科学技术研究，推广先进适用的大气污染防治技术；鼓励和支持开发、利用太阳能、风能、水能等清洁能源。国家鼓励和支持环境保护产业的发展。各级人民政府应当加强植树种草、城乡绿化工作，因地制宜地采取有效措施做好防沙治沙工作，改善大气环境质量等，共七章六十六条。

9 月 10 日　国务院发出《国务院关于进一步做好退耕还林还草试点工作的若干意见》的通知。《意见》指出，2000 年以来，按照党中央、国务院的部署，长江上游、黄河上中游有关地区认真开展退耕还林还草的试点工作，进展比较顺利，得到广大农民的拥护和支持。但试点工作中也出现了一些新情况、新问题，为了明确责任、严格管理，推动试点工作的健康发展，特作出此规定。一是加强领导，明确责任，实行省级政府负总责；二是完善退耕还林还草政策，充分调动广大群众积极性；三是健全种苗生产供应机制，确保种苗的数量和质量；四是依靠科技进步，合理确定林草种结构和植被恢复方式；五是加强建设管理，确保退耕还林还草顺利开展。《意见》共列出三十三条办法和要求。

9 月 22 日　《农民日报》报道：农业部发布实施《新饲料和新饲料添加剂管理办法》和《进口饲料和饲料添加剂登记管理办法》。

10 月 11 日　国务院发出《国务院关于进一步推进全国绿色通道建设的通知》，要求各地、各部门进一步推进全国绿色通道建设。绿色通道建设是一项社会公益性事业，应动员全社会参与这项工作，鼓励国家、部门、集体、个人一起上，实行谁绿化谁所有、谁投资谁受益、谁经营谁得利，充分调动各方面建设绿色通道的积极性。绿色通道建设任务艰巨，必

须突出重点，分步实施。要优先抓好高速公路、铁路、国道、省道、重要堤坝沿线以及重点水库周边地区的绿化。新建、改建、扩建的道路、堤坝等沿线的绿化要和工程项目统筹规划，统一纳入工程概算，同步建设。

11月3日　《人民日报》报道：10月31日，国家主席江泽民发布主席令，公布由第九届全国人民代表大会常务委员会第十八次会议于2000年10月31日通过《全国人民代表大会常务委员会关于修改〈中华人民共和国渔业法〉的决定》，自2000年12月1日起施行。

11月9日　《人民日报》报道：8日，国家林业局向新闻界宣布，我国正式实施《中国湿地保护行动计划》。我国湿地总面积65 940千公顷，居亚洲第一位，世界第四位。中国湿地保护行动计划由国家林业局牵头，外交部、国家计委、财政部、农业部、水利部等国务院17个部门共同参加。这是1992年中国加入《关于特别是作为水禽栖息地的国际重要湿地公约》以来，保护湿地资源的一个重大举措。这一计划的启动，将使湿地保护的行动朝着统一的方向发展。到目前为止，我国已初步建立湿地保护与合理利用的法律法规体系，建立了湿地保护管理的组织机构体系，全国建立了湿地类型自然保护区263处。但是，盲目围垦和城市开发占用造成了我国天然湿地面积削减、功能下降；湿地资源和水资源过度利用造成湿地生物多样性衰退；湿地污染严重，水质恶化。加大湿地保护力度成为我国生态建设的一项艰巨而紧迫的任务。

12月22日　《人民日报》报道：日前，国务院发出通知，印发国家环境保护总局会同有关部门制定的《全国生态环境保护纲要》。生态环境保护是功在当代、惠及子孙的伟大事业和宏伟工程。坚持不懈地搞好生态环境保护是保证经济社会健康发展，实现中华民族伟大复兴的需要。要求各地区、各有关部门结合实际认真贯彻执行，并根据《纲要》制定本地区、本部门的生态环境保护规划，积极采取措施，加大生态环境保护工作力度，扭转生态环境恶化趋势，加强生态环境保护的宣传教育，不断提高全民的生态环境保护意识。深入开展环境国情、国策教育，分级开展生态环境保护培训，提高生态环境保护与经济社会发展的综合决策能力。重视生态环境保护的基础教育、专业教育，积极搞好社会公众教育。城市动物园、植物园等各类公园，要增加宣传设施，组织特色宣传教育活动，向公众普及生态环境保护知识。进一步加强新闻舆论监督，表扬先进典型，揭露违法行为，完善信访、举报和听证制度，充分调动广大人民群众和民间团体参与生态环境保护的积极性，为实现祖国秀美山川的宏伟目标而努力奋斗。《纲要》从四个方面进行了阐述。一是当前全国生态环境保护状况；二是全国生态环境保护的指导思想、基本原则与目标；三是全国生态环境保护的主要内容与要求；四是全国生态环境保护的对策与措施。

【会议】

1月5日　全国农业工作会议在北京召开。会议的主题是：深入贯彻落实党的十五大、十五届三中、四中全会和中央经济工作会议、中央农村工作会议精神，总结上年农业和农村经济工作，安排部署2000年工作。（8日结束）。

全国乡镇企业专业工作会议在北京举行。会议确定全国乡镇企业工作的指导思想是：坚决贯彻《乡镇企业法》，以质量效益为中心，努力提高乡镇企业的整体素质、运行质量和经济效益。

1月11日　全国农村水利工作会议在北京召开。

1月14日　《人民日报》报道：11日，国家防汛抗旱总指挥部召开全国防汛抗旱办公室主任会议（13日结束）。

1月16日　农业部、国家机械工业局等在山东潍坊市联合召开中国农业机械化与21世纪农村经济发展高层研讨会。

1月17日　《农民日报》报道：国务院扶贫开发领导小组召开第四次会议，研究部署扶贫攻坚工作。

3月23日　国家林业局在海口市召开"国家造林项目"竣工总结大会。"国家造林项目"从1988年着手准备，1990年向世界银行贷款3亿美元，加上国内配套资金共投入人民币37亿元，在全国16个省、自治区的300多个县市实施，历时10年，于1997年全面竣工。承担项目的省、自治区共完成高标准速生丰产林超过1 300千公顷，成为全国6 666.67千公顷速生丰产林规划的骨干工程。

3月28日　农业部在广州市召开全国农业政策法规工作会议（30日结束）。

3月29日　《农民日报》报道：28日，农业部、国家发展计划委员会、财政部、科学技术部、水利部、国家环境保护总局、国家林业局联合召开全国生态农业建设工作会议。

4月10日　农业部农业机械化管理司主办、中国国际贸促会农业行业分会承办的中国水稻机械化生产国际研讨会在北京举行（11日结束）。

4月14日 《光明日报》报道：由北京师范大学资源与环境学院、水利部规划总院水利规划与战略研究中心和中国社会科学院经济文化研究中心共同发起的首届"中国水资源论坛"在北京举行。150余名专家学者参加了论坛。

4月19日 《农民日报》报道：18日，中国——加拿大农业联合委员会第七次会议在北京举行。

4月20日 《人民日报》报道：西部开发中的农业和农村经济发展研讨会在北京举行。

4月24日 《人民日报》报道：23日闭幕的全国乡镇企业结构调整工作会议，确定了"十五"期间乡镇企业结构调整的目标：加快重组、机制创新，发挥比较优势和区位优势，实现布局合理、结构优化、产业升级、产品更新。

《人民日报》报道：18日，建设部在成都市召开全国村镇建设工作会议。全国镇区人口在3万人以上的小城镇达800个（20日结束）。

《人民日报》报道：4月22日是第31个世界地球日，中国社会科学院主办2000年北京地球日30周年座谈会，会议主题是经济社会与生态环境协调发展。中国气象局、国土资源部、水利部等单位和有关专家学者等出席了座谈会。

《人民日报》报道：水利部、财政部23在北京召开大会，表彰全国水保生态建设"十百千"工程首批示范单位。水利部和财政部于1999年在全国选择了10个城市、100个县、1 000条小流域，作为全国水土保持生态环境建设的示范工程（简称"十百千"工程）。经过一年的建设，辽宁大连市、山东青岛市、江西赣州市3市，甘肃定西县、陕西榆林市等36个县（市、区、旗），山西省清徐县白石沟等301条小流域成为首批示范单位。同时受到表彰的还有50个全国水保生态环境建设治理开发"四荒"示范户。

4月25日 《人民日报》报道：24日，全国水土保持会议在北京召开。水利部新时期水保生态建设的基本思路是：以建设秀美山川为目标，以治理水土流失为核心，以退耕还林草为重点，以小流域为单元，实行山、水、林、田、路统一规划，综合治理，工程措施、生物措施和耕作措施合理配置，实施分区防治战略，依靠科技进步，加强管理，突出保护，依靠深化改革，实行创新机制，加大行业监管力度。

4月28日 《人民日报》报道：27日，由农业部主办的加入WTO与中国农业、农产品加工业及相关产业关系高级研讨会在北京举行。

5月3日 《人民日报》报道：5月2日，首届"乡村发展世纪论坛"在"京郊第一村"房山区韩村河村开幕。

5月16日 由国务院扶贫开发领导小组办公室、联合国开发计划署、世界银行、亚洲开发银行联合举办的"21世纪初中国扶贫战略国际研讨会"在北京举行（18日结束）。

5月23日 《人民日报》报道：22日，全球环境基金（GEF）与中国西部生态环境国际研讨会在北京召开。

5月25日 《农民日报》报道：24日，全国农业综合开发工作会议在北京召开。2000年中央财政安排的全国农业综合开发资金总额达到61.07亿元，比上年增加13.18亿元。

5月29日 《人民日报》报道：28日，中国农业生态环境保护协会在北京举办西部开发与农业生态环境保护研讨会。专家们认为，西部大开发要树立生态和经济并重的观点，恢复和重建西部地区极其脆弱的生态环境，要坚持分类治理、科学指导的方针，强化农业在生态建设和西部开发中的地位和作用。同时，专家们还呼吁要重视"还草"问题。

6月11日 全国乡镇供水、农村饮水工作会议在成都市召开（13日结束）。

6月18日 国务院三峡工程建设委员会第九次全体会议在北京召开。朱镕基总理出席会议，强调三峡工程是中华民族的千秋伟业，质量是三峡工程的生命。

6月30日 《人民日报》报道：29日，全国人大农业与农村委员会、水利部在北京召开贯彻实施《水土保持法》座谈会。

6月30日 《人民日报》报道：29日，全国农村电网建设与改造工作先进表彰电视电话会议召开。我国农村电网建设改造取得初步成效。截至今年5月底，全国已有512个县全部完成了低压电网改造任务，占全部农网改造县的22%。

7月26日 《人民日报》报道：25日，全国乡镇政务公开经验交流电视电话会议在北京召开。

7月27日 《人民日报》报道：26日，国务院西部地区开发领导小组在北京召开中西部地区退耕还林还草试点工作座谈会，总的看，试点工作进展顺利，取得了阶段性成果。上半年共完成退耕还林还草面积244.67千公顷，宜林荒山荒地造林种草面积309.33千公顷，都完成计划任务的70%以上。

《农民日报》报道：沈阳农业大学、辽宁省农作物秸秆饲喂反刍家畜配套技术推广中心研制的9WJS-20多功能微型秸秆丝化机，通过辽宁省科委的鉴定，该机为国内首创，达到国际领先水平，且小型实用、节能低耗，完全符合我国国情，具有广泛的应用前景。

8月20日 《人民日报》报道：19日，历时5天的2000年中国长春国际农业、食品博览（交易）会落下帷幕。据不完全统计，现场交易额达11.38亿元。在展会筹备期间，全省即洽谈成功经济合作项目600多个，引进资金153亿元。展会开始后，新洽谈经济合作项目500多个，协议金额达50多亿元；签订资源开发型协议270多个，总金额达20多亿元。

9月4日 《科技日报》报道：国际畜牧业技术交流研讨会在北京举行（9月6日结束）。

《农民日报》报道：5日，中华全国供销合作社第三次代表大会在北京召开。

9月21日 《人民日报》报道：20日，首届中国国际农业博览会在沈阳市开幕，来自中国、意大利、英国、法国等24个国家和地区的客商参展。农博会展示了当今国内外农作物的新品种，还推出了100项重点农业合资合作项目。

9月25日 《人民日报》报道：24日，全国种子会议在河北承德市召开。我国创建"种子工程"5年来，种业的综合生产能力得到大幅度的增强，主要农作物生产用种基本更换一次，良种覆盖率达到95%。有关测算表明，良种在农业增长中的贡献份额近5年间增长了7个百分点。5年来，农业部投资兴建了10个国家农作物改良中心、27个国家级原种场以及215个大中型种子加工中心、种子包装材料厂、种子加工机械厂等，种业的基础设施日趋完善。据统计，目前，全国种子部门拥有原种、良种生产基地1 933.3千公顷，拥有每小时1～3吨的种子机械化加工流水线770条。生产用种每更换一次的时间由原来的10年缩短到6年，商品种子的生产能力比5年前提高了160万吨。

9月27日 国务院召开南水北调工程座谈会，听取水利部和各方面专家对南水北调工程的意见。

10月16日 《科技日报》报道：15日，全国水利科技工作会议在南京召开（18日闭幕）。来自水利部及各水利厅局、各流域机构及水利系统科研院所的领导、院士专家200多人出席了会议。

10月23日 《人民日报》报道：由对外贸易经济合作部主办，农业部饲料工业中心承办的亚太经合组织2000年畜牧学术研讨会在北京召开，来自亚太经合组织成员的14位著名营养学家应邀参加本次会议。本次大会的议题是"降低饲料、畜产品药物残留，减少环境污染"。

10月25日 中国沼气学会、农业部和国家环境保护总局在北京联合主办2000年国际沼气技术与持续发展研讨会（27日结束）。会议发布了《2000年国际沼气技术与持续发展研讨会宣言》，来自有关国际组织、国家和地区的160名专家参加了会议。

11月1日 《科技日报》报道：10月31日，以中国西部大开发生态环境保护问题为主题的中国环境与发展国际合作委员会二届四次会议在北京召开。

11月1日 《农民日报》报道：10月31日，经国务院批准，第三次世界渔业大会在北京开幕。

11月2日 《农民日报》报道：1日，为期3天的2000年中国国际渔业博览会在北京全国农业展览馆举行。

11月6日 《农民日报》报道：3日，农业部在北京召开了全国超级稻研讨会。

11月23日 国务院办公厅召开全国农田水利基本建设电视电话会议。

11月23日 《人民日报》报道：22日，中国机械化旱作节水农业国际研讨会在北京开幕。农业部近年把加速机械化旱作节水农业技术列为重点工作，在13省建立了以行走式节水灌溉机械化技术为重点的试验示范项目，节水增产效果良好。

11月30日 《人民日报》报道：29日，全国农业科技信息网络化和数字化工作会议在中国农业科学院召开。目前，我国已有农业信息网站1 500个，其中农业科技网站177个。大部分省、自治区、直辖市的农业科学院、农业大学已不同程度与本地区信息网或因特网联网，基本上可以连通国家或国际网，获取电子信息目录或原文。

12月1日 《人民日报》报道：11月28日，中央经济工作会议在北京召开（30日结束）。会议确定2001年经济工作的总体要求是：以邓小平理论为指导，按照"三个代表"的要求，贯彻落实党的十五大和十五届五中全会精神，抓住机遇，加快发展。坚持扩大国内需求的方针，继续实施积极的财政政策和稳健的货币政策，综合运用各种宏观调控手段，巩固和发展经济增长的好形势。依靠体制创新和科技创新，以信息化带动工业化，大力推进经济结构的战略性调整。强化农业的基础地位，加大对农业的支持和保护力度，努力增加农民收入。必须把千方百计增加农民收入作为明年经济工作的一件大事来抓。继续推进农业和农村经济结构的战略性调整。加快乡镇企业结构调整和体制创新。大力推进和扶持农业产业化，要正确处理调整农业结构与稳定粮食生产的关系，不能放松粮食生产。继续贯彻落实按保护价敞开收购农民余粮的政策，保护农民的利益和种粮积极性。要进一步增加对农业和农村的投入，支持农田水利建设、农业生态建设和农业科技推广。要加快农村税费改革和农村金融改革，高度重视减轻农民负担。认真搞好乡镇机构改革，下决心精简财政供养人员。加快转变企业经营机制，加强企业管理，巩固和扩大国有企业改革和脱困成果，正确处理改革、发展、稳定的关系，促进国民经济持续快速健康发展和社会全面进步，努力实现"十五"计划的良好开局。

12月4日 《人民日报》报道：3日，全国农村"三个代表"重要思想学习教育工作会议在成都市召开。中共中央政治局常委、国家副主席胡锦涛在会上强调，认真开展"三个代表"重要思想学习教育活动，切实提高农村基层干部思想政治素质和工作水平。

《人民日报》报道：中国饲料工业协会第四届理事会近日在北京市召开。目前，我国饲料总产量达到6 871万吨，其中配合饲料产量达到5 552万吨，浓缩饲料1 096万吨，预混合饲料223万吨，饲料产量跃居世界第二位。

《科技日报》报道：2日，国际智能化农业信息技术会议在北京开幕。我国已在20个省建立了推广应用智能化信息技术示范区，建立了100多个农业智能应用系统，累计创经济效益15亿元。

12月6日 国家天然林资源保护工程工作会议在北京召开（8日结束）。

12月14日 《人民日报》报道：13日，为期两天的中德2000年环境合作会议在北京闭幕，会议通过了《中华人民共和国政府和德意志联邦共和国政府环境保护联合声明——行动议程》。会议围绕提高能源效率、资源保护与生态保护、污染防治、城市环境等主题进行了广泛探讨，举行了45场技术报告会，近1/3的企业达成合作意向。

【农业发展成就】

1月9日 小浪底水利枢纽首台30万千瓦机组正式并网发电。

1月11日 《农民日报》报道：我国科学家最近成功测定了虾病"祸首"——白斑杆状病毒基因组成的全部序列，在世界上率先破译虾病病毒的遗传密码。

1月12日 《人民日报》报道：我国节水灌溉的普及推广取得了明显成效，在农业灌溉总用水量不变的情况下，全国灌溉面积从1995年的50 400千公顷，增加到超过53 333千公顷。粮食产量从46 650万吨增加到49 250万吨。

1月18日 《经济日报》报道：江泽民总书记为《中国农民基本常识读本》题写书名并作序。中共中央宣传部、农业部、财政部、国家广播电影电视总局、新闻出版署、共青团中央和全国妇联联合发出《关于做好〈中国农民基本常识读本〉学习宣传工作的通知》，要求各地切实做好这套读物的学习宣传工作。

1月21日 《科技日报》报道：14日，国家重点基础研究项目——重大畜禽疫病病原大分子结构与功能研究项目启动。该项目将从分子、细胞和个体3个水平揭开病原的面纱，为从根本上扼制重大畜禽疫病的流行提供科学依据。

国家林业局决定在全国范围内开展野生动植物保护法律法规执行年活动。

1月24日 《农民日报》报道：中国农业科学院生物技术研究中心与华中农业大学联合攻关，在国内外首次培育成功抗螟虫杂交稻籼优63。

1月27日 《科技日报》报道：26日，第一个设在中国的政府间国际组织——国际竹藤组织（INBAR）总部和国际竹藤网络中心大楼开工典礼仪式在北京举行。

1月28日 《科技日报》报道：由科学技术部与湖南、河南、吉林、新疆、黑龙江5省（自治区）政府联合实施的"水稻、小麦、玉米、棉花、大豆大面积高产综合配套技术研究开发与示范"项目4年来累计增产粮食1 441.4万吨，增产棉花75.4万吨，增加直接经济效益410.4亿元。

2月2日 国家林业局发布《中华人民共和国植物新品种保护名录（林业部分）》（第二批）。

2月5日 《人民日报》报道：我国出入境检疫等部门经过长达5年的努力，终使欧盟于2月2日公布2008/86/EC决议，将中国列入允许向欧盟出口水产品的一类国家名单。今后中国对欧注册企业生产的水产品被允许正常进入欧盟15个成员。

2月21日 《农民日报》报道：经100名专家近一年努力，黄河"水账"基本算清。黄河多年平均径流量580亿立方米，承担着向全国15%的耕地、12%的人口、50多座大中城市的供水任务，并向流域外远距离调水。

2月24日 《科技日报》报道：2月6日—12日，河北临漳县狄丘牛场的两头西杂母牛和邯郸市牛奶公司第二奶牛厂的3头中国荷斯坦母牛，成功地产下了5头经玻璃化冷冻的"试管牛"。玻璃化冷冻试管牛在我国获得成功。

2月29日 《农民日报》报道：农业部制定了《关于大力推进乡镇企业技术创新的意见》，要求到2005年，科技进步对乡村集体企业经济增长的贡献率从1998年底的40%提高到50%左右。

《科技日报》报道：中国农业科学院兰州畜牧与兽药研究所主持的农业部重点项目和国家自然科学基金项目——天然药物对畜禽侵袭性疫病免疫预防研究获得创新性成果，发现了一种具有广谱免疫增强效果的8031多糖生产菌种，在国内外首次将生物活性多糖用于畜禽疫（菌）苗免疫增强剂。专家认为，该项成果已达到国际先进水平。

《科技日报》报道：我国承担的植物国际登录第一本年报——《梅品种国际登录1999年报》正式出版发行。标志着我国在梅领域的研究开发进入国际领先地位。

3月9日 国家林业局、国家发展计划委员会、财政部印发《关于开展2000年长江上游、黄河上中游地区退耕还林还草试点示范工作的通知》，确定在长江上游的云南、四川、贵州、重庆、湖北和黄河上中游的陕西、甘肃、青海、宁夏、内蒙古、山西、河南、新疆等13个省、自治区、直辖市的174个县（团、场），开展退耕还林还草试点示范工作。

3月20日 国家濒危物种进出口管理办公室和国家海关总署对《进出口野生动植物种商品目录》进行了调整，决定将国家重点保护野生植物种的进出口管理纳入海关监管范围，并规定自2000年5月1日起执行调整后的《进出口野生动植物种商品目录》。

3月23日 国家林业局在海口市召开"国家造林项目"竣工总结大会。"国家造林项目"从1988年着手准备，1990年向世界银行贷款3亿美元，加上国内配套资金共投入人民币37亿元，在全国16个省、自治区的300多个县市实施，历时10年，于1997年全面竣工。承担项目的省、自治区共完成高标准速生丰产林超过1 300千公顷，成为全国6 666.67千公顷速生丰产林规划的骨干工程。

3月29日 《农民日报》报道：由科学技术部、农业部联合组织的优质及专用农作物新品种"后补助"评审28日在北京揭晓。水稻、小麦、玉米、棉花、大豆、油菜六大农作物的31个新品种各获得政府一次性补助15万元，并纳入国家"九五"农业科技攻关项目管理中。

《农民日报》报道：国家发展计划委员会、国家粮食储备局、国家林业局、财政部、农业部、中国农业发展银行联合出台了退耕还林还草粮食供应的暂行办法。

4月3日 《人民日报》报道：由云南农业大学曾养志教授主持的国家"九五"科技攻关项目和国家自然科学基金重点科研项目——西双版纳小耳猪近交系选育取得突破，已经进入第十八世代。西双版纳小耳猪近交系选育成功，将成为世界上第一个大型哺乳类实验动物近交系。

4月5日 《科技日报》报道：我国农业的重大工程——国家蔬菜改良中心3月31日破土动工。

4月8日 《农民日报》报道：5日，农业部发布第35号令，禁止从日本、韩国进口偶蹄动物及其产品，以防止口蹄疫传入我国。

4月10日 《农民日报》报道：国务院决定从今年开始，将乡镇企业交费纳入全国企业治乱减负整体工作范围。全国2 000多万家乡镇企业承担的1 100亿元交费负担有望得到清理。

中国正式成为湿地国际第5个国家会员。

4月12日 《科技日报》报道：11日，中日信息化合作项目"环境监测与水灾监测信息系统"在北京启动。

《农民日报》报道：农业部发出《关于切实加强乡镇企业安全生产管理工作的紧急通知》，要求在全国开展乡镇企业安全生产大检查，坚决遏制重大特大事故的发生。

4月13日 《人民日报》报道：日前，国务院办公厅发布通知，批准国家环境保护总局提出的内蒙古自治区白音敖包国家级自然保护区、黑龙江省三江国家级自然保护区等新建国家级自然保护区18处。

《人民日报》报道：山西省农业科学院副研究员褚清河、王海存推出了一套调控施肥新技术。这项技术能够依土壤主要肥力指标，计算出最佳施肥比例与最佳施肥量。经试验，采用这套技术作业，每公顷地比传统施肥增产30%～50%。

4月15日 《人民日报》报道：中共中央、国务院最近发出通知，决定在安徽全省和由其他省、自治区、直辖市选择少数县（市）进行农村税费改革试点，探索建立规范的农村税费制度和从根本上减轻农民负担的办法。

4月17日 《农民日报》报道：北京市水产总公司在人工环境下繁育欧洲鲜鱼获得成功，这在国内尚属首次。

4月20日 《人民日报》报道：19日，农业部和德国技术合作公司在北京举办中德合作项目中国华北地区集约化农业的环境对策规划研讨会，共同探讨如何控制集约化农业带来的面源污染。

4月24日 《人民日报》报道：23日闭幕的全国乡镇企业结构调整工作会议，确定了"十五"期间乡镇企业结构调整的目标：加快重组、机制创新，发挥比较优势和区位优势，实现布局合理、结构优化、产业升级、产品更新。

《农民日报》报道：由沈阳农业大学陈温福等完成的优质粳稻新品种选育及北粳南引的重新研究，历经4年攻关，育成了优质高产粳稻新品种沈农9017，通过籼粳稻杂交异地穿梭育种育成了易脱粒型粳稻新品种中粳564，使北粳南引的重新研究获得成功。

4月27日 《经济日报》报道：26日，38项农业植物新品种第一次被农业部授予品种权。这标志着我国开始对农业植物新品种实施知识产权保护。

《经济日报》报道：26日，农业部将2000年定为渔业质量年，以推动渔业质量管理工作全面开展。

4月28日 《农民日报》报道：以长江、黄河中上游为重点的全国七大流域水土保持生态建设工程全面启动，国家重点治理区已覆盖26个省、910个县，总面积达168万平方千米。两年来国家用于水土保持的投资突破30亿元。目前全国已累计综合治理水土流失面积83万平方千米。

《农民日报》报道：27日，世界粮食计划署援助我国"陕西/湖北秦岭山区农业扶贫开发项目"签字仪式在北京举行。世界粮食计划署将在5年内向项目区无偿提供8万吨小麦。

5月3日 《人民日报》报道：5月2日，首届"乡村发展世纪论坛"在"京郊第一村"房山区韩村河村开幕。

《科技日报》报道：国家"九五"重点攻关项目"猪囊尾蚴细胞疫苗开发研究"获得圆满成功。大规模的区域试验表明，采取免疫措施的猪感染猪囊尾蚴的机会仅为未免疫猪的5.36%。

5月5日 《人民日报》报道：一项旨在全面改善江河源头地区生态环境现状的大规模植树造林计划从今年起在青海省付诸实施。今后10年间，黄河、长江和澜沧江的源头地区将被新增加的1533千公顷林地染绿。

5月8日 《人民日报》报道：近日，蒙古国东戈壁省乌兰巴德拉赫县爆发了口蹄疫。为防止该病传入我国，国家出入境检验检疫局5月7日发布公告，从即日起，禁止直接或间接从蒙古国输入偶蹄动物（如猪、牛、羊等）及其产品。

《人民日报》报道：中国农业科学院气象研究所研究员廖宗族等研究人员经过11年努力，最近首次研制成功农药高渗乳化剂系列产品，为降低农药用量、保护农业生态环境带来了新希望。

5月12日 《人民日报》报道：获得国家3000万元资金支持的"农作物重要病虫害成灾机理与调控基础"课题研究可望找到根治病虫害的办法。这一课题与其他5项重大课题获准《国家重点基础研究发展规划》项目（简称"973"）支持，总经费预算为1.9亿元，是近年来农业基础研究领域所获得的最大强度支持。

《人民日报》报道：11日，我国科学家宣布：中国超级杂交水稻基因组计划正式启动，未来一年内，来自北京华大基因研究中心、中国科学院遗传研究所植物生物技术实验室和国家杂交水稻工程技术研究中心的科学家，将联合起来在世界上率先破译超级杂交水稻的遗传密码。

5月15日 《人民日报》报道：全国最大的优质棉花生产和出口基地——新疆生产建设兵团决定引进和推广与国外接轨的机采棉技术，今年推广面积为6667千公顷，从而拉开了我国棉花收获机械化的序幕。机采棉及清化处理技术被誉为"植棉史上的一次革命"。试验证明，引进采棉机的日作业量相当于650个劳动力一天的拾棉量，每公顷节省成本约750元。

5月16日 《人民日报》报道：15日，由中国农业科学院、第一拖拉机股份有限公司、TCL在线有限公司等共同组建的北京中农网科技有限公司今天在北京成立。这家综合性农业电子商务网站，被称为第一家网上"农村供销社"，是国内首家综合性农业网站。该网站的最大特点是要办成电子商务交易的场所，加快农业生产资料和生活资料的流通，促进农业科技与经济的紧密结合。

5月18日 《人民日报》报道：近日，俄罗斯普里莫尔斯基地区乌苏里斯克爆发了口蹄疫，为防止该病传入我国，国家出入境检验检疫局5月15日发布公告，规定从即日起，禁止直接或间接从俄罗斯输入偶蹄动物（如猪、牛、羊等）及其产品。

《科技日报》报道：17日，河北省农林科学院理化研究所植物转基因中心研究成功的"一年五代冬小麦快速育种技术"通过专家组鉴定，从而使我国生物育种取得重大突破，新品种育出时间由过去的8～10年缩短为2年。

5月20日 《科技日报》报道：5月12日，我国第一个生物信息研究中心在西北农林科技大学成立。

5月22日 《人民日报》报道：农业部和财政部决定从今年开始设立财政专项支持农业行业标准的制定和修订，其重点包括种植业、养殖业主导产品品种标准，产品质量分级、专用标准、生产技术规程、农药残留、兽药残留等安全卫生标准，农业生态环境标准，农业投入品及其合理使用标准，农产品包装、贮运标识标准等。到目前为止，我国已组织制定农业国家标准 300 余项，农业行业标准 900 余项，农业地方标准 1 500 余项。

5 月 26 日 《人民日报》报道：25 日，国家防汛抗旱总指挥部指挥自动化系统项目完成典礼在北京举行。该项目的成功实施标志着我国防汛指挥系统向自动化方向迈出了坚实的一步。

《人民日报》报道：新中日渔业协定将于 2000 年 6 月 1 日正式生效。这是我国与周边国家在《联合国海洋法公约》框架下开展渔业谈判后达成的第一个协定。该协定的生效标志着我国海洋渔业管理制度将有重大改变，渔船由船旗国管辖变为沿岸国管辖，海洋渔业管理将从传统的近海和外海作业管理转入到专属经济区管理。

5 月 30 日 《人民日报》报道：全国农技推广服务中心近日出台了《关于做好当前农业技术推广工作的意见》，提出今年农技推广工作要以优质高效为中心推广四大类重大技术：第一类为农作物优质新品种；第二类为节本增效栽培技术；第三类为可持续农业技术；第四类为植保防灾减灾技术。

《人民日报》报道：中日合作中国水利人才培训项目实施协议在北京签署。根据这项为期 5 年的协议，日本将在水资源管理、水土保持和培训管理等方面向中国专业人员转让先进技术。此外，双方将在中国共同举办约 40 期培训班。

《农民日报》报道：29 日，由中央农业广播电视学校、农业部农民科技教育培训中心建设的中国农村远距离教育网开通。

6 月 2 日 《科技日报》报道：一种内镶迷宫式滴灌管生产线在西安市研制成功，这项成果填补了我国在节水灌溉设备上的空白，达到国际先进水平。

6 月 5 日 《人民日报》报道：绿色环保型肥料技术近日在山东烟台市取得突破，由山东烟台绿色肥料有限公司研制成功的农氏可乐系列产品含有植物生长所必需的氮、磷、钾、镁等元素及大量的氨基酸、糖类，不含任何激素，对作物无毒副作用。

6 月 6 日 《人民日报》报道：无核荔枝在海南推广种植获得成功，目前已进入规模化生产。

6 月 7 日 《人民日报》报道：由中国农业科学院培育的高产优质面包专用小麦中优 9507 日前通过天津市品种审定委员会审定。

6 月 13 日 国家林业局公布第五次全国森林资源清查结果：林业用地面积 263 295 千公顷，森林面积为 158 941 千公顷，森林覆盖率达到 16.55%，活立木蓄积量 124.9 亿立方米，森林蓄积量 112.7 亿立方米。森林面积位居世界第五位，森林蓄积量位居世界第七位。

6 月 14 日 《农民日报》报道：农业部发出《关于进一步做好农药管理登记工作的通知》。

《农民日报》报道：中国农业大学种衣剂研究中心与中国农业大学北方稻作研究室合作研制出早稻专用种衣剂。可有效遏制鼠雀和地下害虫危害，防治稻恶苗病、干尖线虫病，杀死稻瘟病菌和其他病菌。

6 月 18 日 《经济日报》报道：16 日，世界首例体细胞克隆山羊在西北农林科技大学降生。

6 月 25 日 19 时 50 分，我国在西昌卫星发射中心用"长征三号"运载火箭，成功地将"风云二号"B（简称 FY－2B）卫星送入太空。

6 月 29 日 《人民日报》报道：中国和西班牙政府间科技合作项目"中西农业温室技术示范中心"日前在天津基本建成。该中心总占地面积 2.5 公顷，建有温室 16 栋，其中 9 栋带有计算机水肥控制装置、滴灌装置、温度自动控制装置及供暖设施。

《人民日报》报道：国家出入境检验检疫局日前发出通知，要求各地检验检疫局一律禁止受理对发菜及其制品的出口报检。

6 月 30 日 《人民日报》报道：29 日，全国农村电网建设与改造工作先进表彰电视电话会议召开。我国农村电网建设改造取得初步成效。截至今年 5 月底，全国已有 512 个县全部完成了低压电网改造任务，占全部农网改造县的 22%。

《人民日报》报道：目前国内生产规模最大、年产 45 万吨合成氨和 80 万吨尿素，总投资近 30 亿元的海洋石油化肥项目 6 月 15 日正式启动，将在海南东方市建一家化肥厂，于 2003 年 11 月投料试车。这标志着中国海油上下游一体化发展战略进入了实质性实施阶段。

《农民日报》报道：上海交通大学与东北农业大学共同完成的国家自然科学基金项目"大豆多抗性资源创新及遗传基础的研究"，选育出了具有丰产、稳产、适应性强的东农 43 号，能抗灰斑病、孢囊线虫病、花叶病等多种病害。

7 月 5 日 《人民日报》报道：4 日，国土资源部举行土地资源调查与土地国情报告会，宣告历时十余载的全国土地利用现状调查成果正式完成，此次调查的图件、数据、文字专著等全部成果资料已编制、印刷完毕，填补了我国土地资源调查史上的空白。此次调查是经国务院部署，于1984年5月开始的，以县为单位，经过全国50多万名土地管理专业技术人员的艰苦努力，于1997年底完成。调查结果显示，截至1996年10月31日，我国有耕地130 066.7千公顷，园地10 000千公顷，林地227 600千公顷，牧草地266 066.7千公顷，居民点及工矿地24 066.7千公顷，交通用地5 466.7千公顷，其余为水域和未利用土地。

7月7日 《人民日报》报道：5日，中国农业科学院举办的"农业科技西部万里行"活动在北京圆满结束。

7月11日 《人民日报》报道：北京家禽育种有限公司日前通过了国家进出口商品农业大事记质量认证中心的审核，获得ISO 9001国际质量认证。该公司是由北京大发、美国艾维茵、泰国正大三方合资建立的，其种雏的市场份额已占全国的50%以上。

《人民日报》报道：我国第一个以股份制运作的工程技术研究中心——江苏省农用激素工程研究中心，日前在常州市新区挂牌。目前，"中心"已承担国家、省级科研项目30项，申请中国专利8项。

7月15日 《人民日报》报道：我国科学家运用独创的基因分离技术已成功地获取近2 000条水稻cDNA片段，并研制出国内第一张功能独特的水稻基因芯片。这项由浙江大学生物技术研究所李德葆教授研究组首次提出的模块表达序列标签技术（M-EST），最近获中国国家知识产权局的专利保护。

7月17日 《光明日报》报道：我国实施绿色证书工程后，目前已有1 029万农民接受培训，458万人获得绿色证书。

7月18日 《人民日报》报道：北京市"提高农民综合素质教育工程"近日启动，该工程计划用3年时间，对农民进行思想道德、科学文化、政策法规的教育。

《科技日报》报道：云南省生态农业研究所开发的作物基因表型诱导调控表达技术，成功地解决了提高植物光合作用效率的难题，对解决我国西南高海拔山区农作物和北方小麦等作物增强抗性、提高产量具有重要意义。

7月27日 《人民日报》报道：26日，国务院西部地区开发领导小组在北京召开中西部地区退耕还林还草试点工作座谈会，总的看，试点工作进展顺利，取得了阶段性成果。上半年共完成退耕还林还草面积244.67千公顷，宜林荒山荒地造林种草面积309.33千公顷，都完成计划任务的70%以上。

《农民日报》报道：沈阳农业大学、辽宁省农作物秸秆饲喂反刍家畜配套技术推广中心研制的9WJS-20多功能微型秸秆丝化机，通过辽宁省科委的鉴定，该机为国内首创，达到国际领先水平，且小型实用、节能低耗，完全符合我国国情，具有广泛的应用前景。

8月1日 国家林业局发布《国家保护的有益的或者有重要经济、科学研究价值的陆生野生动物名录》，包括兽纲、鸟纲、两栖纲、爬行纲和昆虫纲5纲46目177科1 591种陆生野生动物被列入保护名录。

8月3日 《科技日报》报道：浙江大学的科研人员从植物中提取出"糖萜素"，用来替代抗生素饲料添加剂，成为国内第一个无污染、无残留的新型饲料添加剂。7月6日，中国绿色食品发展中心向糖萜素颁发了全国唯一的AA级纯天然绿色饲料添加剂证书。

8月7日 《人民日报》报道：由农业部和财政部共同实施的农业科技跨越计划在推动农业科技成果转化方面产生越来越大的作用。从日前在南京市召开的2000年农业科技跨越计划发布会暨合同签字仪式上了解到，今年又有28个跨越计划项目被确定。

8月8日 《人民日报》报道：湖南省教育厅近日批准了湖南省农业科学院的申请，同意此院主办袁隆平科技学院，这是全国首家以科学家姓名命名的高等院校。

《科技日报》报道：由浙江大学、浙江省农业厅和金华市农科所组成的"三系杂交棉的选育、引种和高产配套技术研究"课题组，经过多年联合攻关，在世界上首次培育成功了一个对不育系具有强恢复力的恢复系浙大强恢，并初步筛选出一个强优组合浙杂166。

8月9日 《科技日报》报道：中国科学院动物研究所、新疆生态与地理研究所经过多年攻关，在新疆棉花害虫防治研究中取得重要突破，创造出棉花害虫生态治理技术体系，已经推广应用133.3千公顷次，直接经济效益超过了3亿元，减少杀虫剂使用量1 000~2 000吨。

8月10日 农业部印发《关于开展农业植物有害生物疫情普查的通知》，决定从2000—2001年底，在全国范围内开展农业植物有害生物疫情普查工作。

8月16日 《人民日报》报道：我国抗虫棉育种技术获新进展，由中国农业科学院棉花研究所选育的拥有我国自主知识产权的转基因抗虫杂交棉中棉所

38综合农艺性状表现良好。能有效降低棉铃虫和红铃虫的发生，一般可减少农药用量的 60%～80%，从而有效保护了害虫的天敌，使瓢虫大量增加，对棉花伏蚜具有明显的抑制作用。经检测，该品种的丰产性、抗病性、纤维品质等优于其他参试品种。

8月18日 《科技日报》报道：我国首次利用遗传基因技术解决杂交稻不育系包穗难题培育出的杂交水稻新品种——高秆隐性杂交稻长协优63获得高产，比普通杂交稻增产 5.7%。

8月20日 《人民日报》报道：19日，由国家主席江泽民亲笔题写碑名的"三江源自然保护区"纪念碑在青海省玉树藏族自治州通天河畔正式揭碑，标志着三江源自然保护区正式成立。它是目前我国面积最大、世界高海拔地区生物多样性最集中的自然保护区，也是我国海拔最高的天然湿地和三江生态系统最敏感的地区。

《人民日报》报道：19日，历时5天的2000年中国长春国际农业、食品博览（交易）会落下帷幕。据不完全统计，现场交易额达 11.38 亿元。在展会筹备期间，全省即洽谈成功经济合作项目 600 多个，引进资金 153 亿元。展会开始后，新洽谈经济合作项目 500 多个，协议金额达 50 多亿元；签订资源开发型协议 270 多个，总金额达 20 多亿元。

《人民日报》报道：被誉为"超级稻"的两系亚种间杂交稻新组合"两优培九"获得大面积推广。这一籼稻新品种 1996 年育成，是我国"863"计划的重要成果之一，其发明人是我国著名水稻育种专家、江苏省农业科学院研究员邹江石。他很好地解决了水稻生产中的三个矛盾：高产与优质、高产与倒伏、大穗与高结实率。在稻米品质主要检验指标中，有6项达到部颁优质米一级标准，3项达到二级标准。

8月25日 《科技日报》报道：石河子大学、新疆生产建设兵团农五师农科所运用生物技术培育出棉花新品系 9456D，攻克了被称为棉花"癌症"的棉花黄萎病。

8月26日 《农民日报》报道：华南农业大学选育出在国内生长期最短、穗位最低、果糖含量最高、品质最接近美国甜玉米的国产甜玉米品种农甜1号。

《科技日报》报道：8月8日，我国长驻联合国代表王英凡代表中国政府签署了《〈生物多样性公约〉的卡塔赫纳生物安全议定书》，使我国成为世界第70个签署国。

9月1日 《人民日报》报道：8月31日，针对阿根廷和塔吉克斯坦相继爆发口蹄疫，国家出入境检验检疫局发布公告，禁止直接或间接从阿根廷和塔吉克斯坦输入偶蹄动物（如猪、牛、羊等）及其产品。

《科技日报》报道：云南农业大学云南省植物病理重点实验室朱有勇教授为首的课题组，经过多年研究，在世界上首次提出水稻遗传多样性持续控制稻瘟病的理论和技术，并取得显著的经济效益、生态效益和社会效益。

9月2日 《科技日报》报道：武汉大学朱英国教授领导的课题组突破水稻种质资源单一模式，培育出马协型、红莲型杂交稻。8月28日，该课题通过了国家自然科学基金委员会的鉴定验收。

9月8日 《人民日报》报道：7日，保护母亲河——新加坡李氏基金绿色希望工程林启动仪式在北京人民大会堂举行。新加坡李氏基金捐赠100万元港币，用于在河北怀来县建立 333.33 公顷绿色林带，防沙治沙，促进京津周边地区绿色生态屏障的构筑。

9月9日 《科技日报》报道：8月18日，全国首家农副产品交易平台——中国农副产品市场（网）在乌鲁木齐市开通。

9月12日 《科技日报》报道：国家杂交水稻工程技术研究中心和江苏省农业科学院联合育成的超级杂交稻先锋组合，突破了平均每公顷产量 10 500 千克大关。

《科技日报》报道：中国农业大学教授张青文等研制成功盐碱地治理新技术——生化治理技术及其制剂，经10省、自治区17个点多种植物上的示范推广证明，这一技术达世界先进水平。

9月15日 《科技日报》报道：科技人员创新的"水稻节水增效技术开发应用"研究在19个省、自治区、直辖市大面积推广，收效巨大。运用这一技术平均每公顷产水稻 7 500 千克，每公顷比常规淹水栽培增产 600 千克，节水 1 500 立方米以上，增收节支 600 元。

9月20日 《人民日报》报道：红太阳集团公司和中国农业科学院、南京农业大学、华中农业大学联手，对国内外棉花、水稻、油菜、蔬菜优质良种进行转基因育种，并导入抗虫、抗病基因。首批 2 500 千克转基因杂交棉南抗3号，在江苏、安徽、湖北、湖南等16个示范区种植，获得成功，皮棉每公顷产量高达 1 500 千克以上，比国外转基因棉种增产 20% 以上，每公顷平均增收 4 500 多元。

9月21日 《人民日报》报道：20日，首届"中国国际农业博览会"在沈阳市开幕，来自中国、意大利、英国、法国等24个国家和地区的客商参展。农博会展示了当今国内外农作物的新品种，还推出了

100项重点农业合资合作项目。

9月28日 《人民日报》报道：27日，我国环境保护领域的最高荣誉奖——中华环境奖由中华环境保护基金会设立。该奖旨在鼓励和表彰在环境保护领域做出重大贡献和取得优异成绩的个人或集体。该奖每两年举行一届，每届获奖者不超过5名，另设提名奖若干名。

《农民日报》报道：由沈阳农业大学、辽宁省农业厅及农业技术推广总站联合组织实施的国家农业科技跨越计划"中国超级粳稻育种及生产技术集成"北方项目区试种的20余公顷粳稻，平均每公顷产量达12 144千克，为我国水稻育种取得历史性突破做出重大贡献。

10月9日 《人民日报》报道：8日，"中日绿化合作纪念林"营造仪式在北京举行，这标志着两国政府共同开展的民间植树绿化合作正式启动。中日双方已确定绿化合作项目23个。

10月15日 《光明日报》报道：西南农业大学农学系专家经过近20年的研究，选育出黄籽率高、黄籽度好，含油量和蛋白质含量显著高于一般油菜品种的甘蓝型黄籽油菜杂交组合成渝黄1号。该品种在长江流域10多个省、直辖市示范，收效明显。

《科技日报》报道：15日，人事部、农业部下发关于表彰全国农村优秀人才的决定，授予石光银等10名同志"全国农村优秀人才"荣誉称号，给常俊英等90名同志记一等功。

10月19日 《农民日报》报道：一种绿色农药在武汉问世，国家火炬计划项目——0.1％氧化苦参碱植物源杀虫剂将在武汉东湖高新技术开发区大规模投入生产。

10月20日 《农民日报》报道：国家"九五"重点科技攻关项目——"棕红壤丘陵区粮经作物及名优林果发展研究"，通过了农业部验收。

10月23日 《科技日报》报道：由中国科学院水生物研究所朱作言主持的"快速生长转基因鲤鱼的中试研究"项目，建立了快速生长转基因鲤鱼的高效、安全养殖模式，证实了转"全鱼"生长激素基因鱼的食品消费安全性，为转"全鱼"生长激素基因鲤鱼的大规模商品化生产提供了科学依据，研究成果居国际领先水平。

10月25日 《人民日报》报道：我国农业技术推广体系建设取得显著成绩，机构和队伍基本稳定，科技成果转化率接近40％。截至1999年底，全国种植业、畜牧兽医、水产、农机化、经营管理五个系统，共有推广机构21.5万个，其中县级2.2万个，

乡级约有18万个，有40多万个村设立了服务组织，还有超过10万个农村设立了专业技术协会，以及数百万个科技示范户。

《人民日报》报道：日前在黄河中游山西偏关县万家寨水库库区，中国电信以捐献200万元的实际行动支持保护母亲河行动，这是保护母亲河行动实施以来接受的最大一笔国内企业捐赠。中国电信万亩世纪林总体规划造林面积666.7公顷，主要为生态防护林。

10月30日 《人民日报》报道：29日，由农业部、国家体育总局、中国农民体育协会主办的第四届全国农民运动会在四川绵阳市隆重开幕（11月4日结束）。

11月2日 《农民日报》报道：1日，为期3天的2000年中国国际渔业博览会在北京全国农业展览馆举行。

《农民日报》报道：农业部发出通知，命名第三批全国乡镇企业示范区。

11月3日 中华人民共和国政府和俄罗斯联邦政府在北京正式签订《关于共同开发森林资源合作的协定》。

11月6日 《人民日报》报道：5日，由科学技术部、对外经济贸易合作部、教育部、国家经济贸易委员会、财政部、建设部、农业部、水利部、国家环境保护总局、国家林业局、国家税务总局、海关总署、外国专家局、中国科学院、国务院发展研究中心、全国供销合作总社等16个部委和陕西省人民政府共同主办，联合国开发计划署、联合国教科文组织、世界银行、欧洲联盟等4个国际组织协办的第七届中国杨凌农业高新科技成果博览会在陕西杨凌新落成的国际会展中心开幕（9日结束）。

《经济日报》报道：历时3天的2000年（海口）全国冬季农副产品交易会落下帷幕。交易会签订招商项目49个，投资额16.13亿元。

11月12日 《科技日报》报道：目前，我国蔬菜、水果的总产值已达3 500亿元人民币，蔬菜的出口量已占世界总出口量的1/3。我国已成为世界上水果和蔬菜产量第一大国。

11月14日 《农民日报》报道：科元生物园暨中国克隆动物基地在国家级农业高新技术产业示范区杨凌成立。

11月15日 《人民日报》报道：万枚优质种羊胚胎移植工程在内蒙古锡林郭勒盟乌拉盖开发区顺利完成。10月24—11月8日，由澳大利亚生物学专家和中国农业大学张忠诚教授率领15名生物工程博

士、硕士和科研人员参加的工作组，利用"借腹怀胎"技术，采用胚胎解冻等生物工程手段，将1万枚胚胎全部移植到当地羊的母体中。此次胚胎移植引进了优质品种波尔山羊和萨福克、多赛特、德克赛尔等绵羊品种的胚胎。

11月21日 《人民日报》报道：最近，由河南省承担的国家"九五"重点科技攻关项目——小麦大面积高产综合配套技术研究开发与示范工程通过了综合评审验收。

11月22日 最高人民法院公布《最高人民法院关于审理破坏森林资源刑事案件具体应用法律若干问题的解释》。

11月27日 最高人民法院公布《最高人民法院关于审理破坏野生动物资源刑事案件具体应用法律若干问题的解释》。

11月28日 《科技日报》报道：国家"九五"重点科技攻关课题"玉米大面积高产综合配套技术研究开发与示范"，取得了显著的经济、社会和生态效益，20项关键技术取得突破，获各类成果及专利75项，增产玉米645.5万吨，获直接经济效益90.92亿元。

11月29日 《科技日报》报道：湖南师范大学生命科学学院及湖南湘阴东湖渔场，培育出全球首例遗传性状稳定且能自然繁殖的四倍体鱼类种群，并培育出不育的三倍体鲫鱼和三倍体鲤鱼。这一成果标志着我国在鱼类多倍体育种的理论和应用方面均取得了创造性的突破，居国际领先水平。

12月5日 《农民日报》报道：10月30日，投资总额达2.04亿元的国家农业重点工程——南京动物保健品工程项目在中牧集团南京药械厂落成。

12月8日 《科技日报》报道：在内蒙古大学张鹤龄教授主持下，首次用我国自己克隆的马铃薯卷叶病毒（中国株）外壳蛋白基因转化的马铃薯问世。专家认为，这项成果处于国际先进水平。

12月11日 《人民日报》报道：云南成为全国第一大鲜切花产销大省。目前云南省年鲜切花产销总量逾11亿枝，云南专门从事生产、经销花卉的企业近300家，种植面积达1333多公顷。

12月12日 《科技日报》报道：春型及过渡型秋冬播性小麦品种异地春播试验在内蒙古自治区获得成功。长期以来困扰该区中、东部地区小麦品质

差、产量低、效益低的问题将得到解决。

《农民日报》报道：目前，我国辐射诱变育成的新品种更换旧品种的面积约在3333.3千公顷以上，每年为国家增加粮食产量300～400万吨、棉花15～18万吨、油料7.5万吨，年创经济效益33.2亿元。

《农民日报》报道：12月11日，袁隆平农业高科技股份有限公司A股在深圳证券交易所上市。

12月14日 《光明日报》报道：总投资3820万元的福建省第一个国家级工程研究中心——化肥催化剂国家研究中心12月12日顺利通过专家组验收。

12月22日 《农民日报》报道：21日，中华科教基金会在北京举行2000年度神内基金农技推广奖颁奖仪式，150位农技推广人员和科技示范户获奖。

《农民日报》报道：21日，"九五"国家重点科技攻关计划项目"农业机械化适用技术研究"通过了由科技部主持的验收。

12月23日 《农民日报》报道：中日无偿资金合作项目"中日农业技术发展中心"项目和"黄河中游防护林建设"项目的政府换文，12月21日在北京签署。

12月25日 《人民日报》报道：24日，中越政府级边界谈判代表团双方团长在北京草签了《中华人民共和国和越南社会主义共和国关于两国在北部湾领海、专属经济区和大陆架的划界协定》及《中华人民共和国政府和越南社会主义共和国政府北部湾渔业合作协定》。

《人民日报》报道：中国农业科学院成立了草业综合研究与发展中心。这是由草原研究所、畜牧研究所等10多个研究所联合组成的半紧密型产学研联合体。

12月29日 《科技日报》报道：山西大学研制开发的新型植物生长调节剂——二苯基脲磺酸钙水剂（商品名"多收宝"），具有促进根系发育、增加叶绿素含量，激活多种酶活性等功效，可使小麦、棉花等多种农作物获得显著增产，具有显著的实用性，在同类研究中达国际先进水平。

12月31日 《人民日报》报道：30日，农业部、对外贸易经济合作部、国家出入境检验检疫局联合发出通知，要求从2001年1月1日起，禁止从欧盟国家进口动物性饲料产品。

2001 年

【文献】

1月9日 《经济日报》报道：中共中央办公厅发出《关于在农村开展"三个代表"重要思想学习教育活动的意见》。

《意见》指出，开展学习教育活动的指导思想是：以马列主义、毛泽东思想、邓小平理论为指导，按照"三个代表"的要求，深入贯彻落实党的十五大和十五届三中、五中全会及中央经济工作会议精神，紧紧围绕农村改革、发展和稳定的大局，着力解决当前农村存在的突出问题，努力创建"五个好"村党支部、"六个好"乡镇党委和农村基层组织建设先进县，进一步提高农村基层干部素质，增强农村基层党组织的凝聚力和战斗力，为做好农业和农村工作提供坚强有力的思想和组织保证。学习教育活动要达到的基本要求：推动农村经济发展，增加农民收入要有新进展；减轻农民负担要切实见到成效；基层干部思想作风和工作作风要有明显改进；精神文明建设和民主法制建设要进一步加强。

2月26日 《经济日报》报道：2月21日，国务院总理朱镕基签署第299号国务院令，发布《长江三峡工程建设移民条例》，自2001年3月1日起施行。

《条例》指出三峡工程建设移民，实行移民任务和移民资金包干的原则。三峡工程建设移民安置，应当编制移民安置规划。移民安置规划应当与土地利用总体规划相衔接。水利部长江水利委员会会同湖北省、重庆市人民政府，负责编制《长江三峡工程水库淹没处理及移民安置规划大纲》，报国务院三峡工程建设委员会审批。湖北省、重庆市人民政府应当按照《规划大纲》，负责组织本行政区域内有关市、县、人民政府编制并批准有关市、县、区的移民安置规划，并分别汇总编制本省、直辖市的移民安置规划，报国务院三峡工程建设委员会备案。有关地方人民政府应当加强对三峡工程淹没区基本建设的管理。任何单位和个人不得在淹没线以下擅自新建、扩建和改建项目。违反《国务院办公厅关于严格控制三峡工程坝区和库区淹没线以下区域人口增长和基本建设的通知》的规定，在1992年4月4日后建设的项目，按照违章建筑处理。移民资金实行静态控制，动态管理。除价格指数变动、国家政策调整和发生不可抗力外，不再增加移民资金。国家从三峡电站的电价收入中提取一定资金设立三峡库区移民后期扶持基金，分配给湖北省、重庆市和接收外迁移民的省、自治区、直辖市人民政府，用于移民的后期扶持，具体办法由财政部会同国务院有关部门制定，报国务院批准后执行。

3月16日 《农民日报》报道：2月26日，农业部部长陈耀邦分别签署第44号、48号农业部令，发布《主要农作物品种审定办法》和《农作物种子生产经营许可证管理办法》。

3月19日 《经济日报》报道：国家经贸委、国家计委、公安部、国家环保总局联合制定颁布《农用运输车报废标准》。

《标准》规定，我国农用运输车的最长使用年限为12年。该《标准》列出了应当报废的各种情形。

5月31日 《光明日报》报道：国务院发出《关于加强国有土地资产管理的通知》（国发〔2001〕15号）。

《通知》指出：严格控制土地供应总量是规范土地市场的基本前提。各地要加大对闲置土地的处置力度，积极稳妥地解决历史遗留问题，最大限度地减少国有资产的损失。对依法应无偿收回的闲置土地，要坚决收回。严格实行国有土地有偿使用制度，严格执行《中华人民共和国土地管理法》《中华人民共和国城市房地产管理法》关于划拨用地范围的规定，任何单位和个人均不得突破。除法律规定可以采用划拨方式提供用地外，其他建设需要使用国有土地的，必须依法实行有偿使用。

6月5日 《农民日报》报道：农业部会同公安部、国家工商行政管理总局、中华全国供销合作总社等部门联合出发《关于深入开展农业生产资料打假联合行动的通知》（农市发〔2001〕4号）。

这次农资打假联合行动，重点围绕七类产品和五种违法违规行为进行。七类农资产品是：假冒伪劣种子（包括种畜禽、水产苗种、热作种苗、牧草种子）、化肥（主要是复混肥）、农药（包括鼠药、卫生杀虫剂等）、兽药、饲料（包括鱼粉）、农机及零配件和渔机渔具。五种违法违规行为是：未取得或冒用他人产品登记证（或推广许证）、批准文号、生产许可证、经营许可证、审定证书、质量合格证而违法进行农资生产、销售的行为；无产品标识或产品标识不全的行为；生产经营劣质和失效变质农资产品，掺杂使假、以次充好、以假充真、以不合格产品冒充合格产品的行为；假冒他人商标、产品名称、包装、装潢，伪造和冒用他人厂名、厂址、质量标志，涂改伪造产品生产经营单位名称、地址、有效期限的行为；利用广告或其他手段对产品质量、服务、功效、适用范围等做虚假宣传，误导消费者的行为。对群众投诉多，社会反映强烈的重点地区、重点市场，要重点整治。

6月7日 《农民日报》报道：5月23日，国务院总理朱镕基签署第304号国务院令，公布《农业转基因生物安全管理条例》，自公布之日起施行。

《条例》指出，国务院农业行政主管部门负责全国农业转基因生物安全的监督管理工作，国务院建立农业转基因生物安全管理部际联席会议制度，国家对农业转基因生物安全实行分级管理评价制度，国家建立农业转基因生物安全评价制度，国家对农业转基因生物实行标识制度。国务院农业行政主管部门应当加强农业转基因生物研究与试验的安全评价管理工作，并设立农业转基因生物安全委员会，负责农业转基因生物的安全评价工作，农业转基因生物安全委员会由从事农业转基因生物研究、生产、加工、检验检疫以及卫生、环境保护等方面的专家组成。生产转基因植物种子、种畜禽、水产苗种，应当取得国务院农业行政主管部门颁发的种子、种畜禽、水产苗种生产许可证。经营转基因植物种子、种畜禽、水产苗种的单位和个人，应当取得国务院农业行政主管部门颁发的种子、种畜禽、水产苗种经营许可证。从中华人民共和国境外引进农业转基因生物用于研究、试验的，引进单位应当向国务院农业行政主管部门提出申请；境外公司向中华人民共和国出口转基因植物种子、种畜禽、水产苗种和利用农业转基因生物生产的或者含有农业转基因生物成分的植物种子、种畜禽、水产苗种、农药、兽药、肥料和添加剂的，应当向国务院农业行政主管部门提出申请。

6月15日 《农民日报》报道：农业部发出紧急通知，要求做好蝗虫监测防治工作。

7月28日 《农民日报》报道：农业部出台《关于进一步加强节水农业工作的意见》，要求各地大力推广8项节水农业技术。

《意见》指出，抓紧制定节水农业发展规划，加强对节水农业工作的宏观指导。各地要根据本区域的水资源状况和农业农村经济发展实际，按照《全国生态环境建设规划》和《全国节水农业发展规划》的要求，结合本地区资源特点和农业生产实际，认真编制本地区节水农业发展规划。要针对影响本地节水农业发展的关键因素和难点，确定主攻方向、发展目标及切实可行的关键技术和措施。制定规划时，应加强对节水农业重大战略问题、政策问题和技术问题的研究，认真探讨不同类型和区域的节水农业发展战略和技术路线，重点围绕田间节水，促进传统农业向节水高效型转化。根据我国国情，发展节水农业要走常规技术与高新技术并重、工程技术与非工程技术相配套、蓄水保水技术与节水管理技术相结合的路子。当前要重点抓好以下8项技术措施的推广应用：雨水积蓄利用技术、田间工程技术、节水灌溉技术、机械化保护性耕作技术、耕作与覆盖保墒技术、节水抗旱品种和高效栽培技术、化学抗旱保水节水技术、土壤地力墒情监测与信息管理技术。

7月31日 《经济日报》报道：7月30日，农业部、国家计委等9部门公布了《农业产业化国家重点龙头企业认定和运行监测管理暂行办法》。

《办法》列出了申报企业应符合的9项标准。

8月11日 《光明日报》报道：国务院总理朱镕基签署第314号国务院令，公布了《棉花质量监督管理条例》。

《条例》共5章39条，包括总则、棉花质量义务、棉花质量监督、罚则、附则。制定本条例是为了加强棉花质量的监督管理，维护棉花市场秩序，保护棉花交易各方的合法权益。条例强调，严禁棉花经营者在收购、加工、销售、存储等棉花经营活动中掺杂掺假、以次充好、以假充真。如违反此规定，构成犯罪的，依法追究刑事责任；尚不构成犯罪的，由棉花质量监督机构没收掺杂掺假、以次充好、以假充真的棉花和违法所得，并处违法货值金额2倍以上5倍以下的罚款；同时移送工商行政管理机关依法吊销营业执照。条例还规定，国家实行棉花质量公证检验制度。由专业纤维检验机构按照国家标准和技术规范，对棉花质量、数量进行检验并出具公证检验证书，公证检验不得收取任何费用，所需费用按国家有关规定列支。

9月6日 《农民日报》报道：农业部发布了

《乡镇企业发展"十五"计划》。

《计划》指出,十五"期间总体发展目标如下。增加值:预计"十五"期间以年均10%左右的速度增长,2005年达到43 000亿元。工业增加值:预计"十五"期间以年均8%左右的速度增长,2005年达到28 000亿元。出口产品交货值:预计"十五"期间以年均8%速度增长,2005年达到12 700亿元。从业人员:预计"十五"期间增加1 000万人左右,2005年达到13 700万人。"十五"及今后一段时期乡镇企业发展的措施:认真制定并落实有关政策;继续稳妥推进乡镇企业改革;积极进行结构调整;加快发展外向型经济;大力实施科教兴企战略;不断提高企业科学管理水平;坚决控减企业负担和探索建立乡镇企业社会保障制度;积极开拓市场,扩大融资,强化服务体系建设;依法监督和规范企业行为,切实加强对乡镇企业发展的领导。

9月10日 《农民日报》报道:中宣部、农业部、国家广播电影电视总局和国家新闻出版署联合发出《关于加强农村经济信息宣传工作的通知》。

《通知》对各级农业、宣传、新闻出版、广播电视等部门加强经济信息宣传工作提出三点要求。第一,加大农村经济信息宣传的力度。第二,加大农村经济信息宣传的深度。第三,形成农村经济信息宣传的规模效应。

9月11日 《农民日报》报道:农业部、建设部、国土资源部联合发出《关于促进乡镇企业向小城镇集中发展的通知》。

《通知》指出,促进乡镇企业向小城镇集中发展的指导思想是,以党的十五届三中、四中、五中全会精神为指导,认真贯彻落实中共中央、国务院关于促进小城镇健康发展的有关方针政策,通过乡镇企业向小城镇集中,发挥集聚效应,以先进技术优势和规模经济优势,推动乡镇企业布局调整和小城镇发展,促进我国工业化、城镇化和现代化建设。"十五"期间,乡镇企业向小城镇集中发展的目标是,努力提高企业聚集度:东部地区达到40%,中部地区达到30%,西部地区达到25%。到2015年,乡镇企业聚集度提高到60%以上,乡镇企业营业收入的70%来自小城镇内的各类乡镇企业。检验乡镇企业向小城镇集中发展工作的标志:一是农民生活水平明显改善,农民收入明显增加;二是形成具有地区特色的主导产业和具有一定市场占有率的名、特、优、新产品,经济效益明显提高,农村经济结构优化调整;三是节约土地和资源,生态环境得到明显改善;四是吸纳农村富余劳动力的能力得到加强;五是服务功能逐步完善,工业化和城镇化步伐明显加快。

9月13日 《农民日报》报道:农业部发出《关于做好秋季草原防火工作的通知》,要求切实做好预防和扑救草原火灾的各项工作。

10月11日 《光明日报》报道:10月10日,国土资源发布了《"十五"西部国土资源开发利用规划》。

《规划》指出,实施西部大开发战略,加强国土资源开发利用,必须把握好以下基本原则:一是坚持开发与保护相协调的原则;二是坚持政府宏观调控和市场配资源的原则;三是坚持全方位改革开放的原则;四是坚持科技创新的原则;五是坚持因地制宜、全面规划、突出重点、分步实施的原则。规划目标:经过5~10年的努力,实现国土资源开发利用的总体目标是:充分发挥国土资源在西部大开发中的基础性作用,完成退耕还林还草的阶段目标,为基础设施建设、生态建设和环境保护、产业结构调整提供支持;科学合理开发利用石油、天然气、优质煤炭、锰钢、铅锌、稀土、钾盐、磷等优势矿产,使其在国内市场中占有较大份额;逐步形成符合市场体制要求,技术含量、开放程度较高的"绿色"矿业;合理利用地下水资源,综合整治国土,初步实现资源开发利用、经济发展与生态建设和环境保护的良性循环,建设山川秀美的新西部。

10月9日 《光明日报》报道:11月8日,国家环保总局宣布,以改善渤海生态环境为目的的《渤海碧海行动计划》已经国务院批准,我国将先后投入555亿元实施这一计划。确保到2005年,渤海海域的环境污染得到初步控制,生态环境破坏的趋势得到初步缓解,陆源COD入海量比2000年削减10%以上,磷酸盐、无机氮和石油类的入海量分别削减20%;到2010年,渤海海域环境质量得到初步改善,生态环境破坏得到有效控制,陆源COD入海量比2005年削减10%以上,磷酸盐、无机氮的入海量分别削减15%,石油类的入海量削减20%;到2015年,渤海海域环境质量明显好转,生态系统得到初步改善。《计划》是渤海和环渤海地区水环境保护、生态环境保护和海洋资源保护工作的重要依据。渤海和环渤海地区的各项生产、建设活动必须符合《计划》的要求。天津市、河北省、辽宁省、山东省人民政府和国务院有关部门要根据《计划》,尽快制定本地区和本部门的具体实施计划,按基本建设和技术改造项目审批程序列入地方、部门和国家的国民经济和社会发展五年计划和年度计划,并同其他环保规划相衔接,加强部门、地方之间的配合,认真组织实施。

10月19日 《农民日报》报道：国务院办公厅转发了农业部《关于加快畜牧业发展的意见》，要求各地区、各部门认真贯彻执行。

《意见》指出，加快发展畜牧业是农业发展新阶段的战略任务，要不失时机地加快畜牧业发展，尽快把畜牧业发展成一个大产业；大力调整、优化畜牧业结构和布局。明确畜牧业结构调整重点，优化畜牧业区域布局；加强良种繁育、饲料生产和疫病防治体系建设。加大畜禽良种体系建设力度，建设高效安全的饲料生产和监管体系，强化动物疫病防治体系建设，加强对转基因畜禽产品生产、安全的监管。

12月1日 《经济日报》报道：国家计委、国家粮食局发出《关于开展全国粮食主产区粮价专项检查的通知》。

12月7日 《农民日报》报道：国务院印发了《中国食物与营养发展纲要（2001—2010年）》，提出今后10年我国将优先发展奶业、大豆产业和食品工业。

12月17日 《农民日报》报道：12月10日，农业部部长杜青林签署第4、5、6号农业部令，发布《水产苗种管理办法》《关于修改〈渤海、东海、南海区渔业资源增殖保护费征收使用暂行办法〉的决定》和《兽药质量监督抽样规定》，自发布之日起施行。

【会议】

1月11日 《科技日报》报道：1月9日，全国环境保护工作会议召开。"十五"期间我国环保的目标是：力争环境污染状况有所减轻，生态环境恶化的趋势开始减缓，重点城市和地区环境质量得到改善，健全适应社会主义市场经济的环境保护政策法规和管理体系。

3月31日 《农民日报》报道：全国水力资源复查第一次会议在四川省都江堰市举行。我国历史上规模最大的全国水力资源复查工作全面启动。

4月6日 《农民日报》报道：4月5日，中共中央统战部在北京举行报告会，国务院副总理温家宝就搞好农村税费改革试点工作、减轻农民负担等问题向党外人士作了报告。

5月10日 《农民日报》报道：5月9日，国务院总理朱镕基主持召开国务院第38次常务会议，讨论并原则通过了《中华人民共和国刑法第三百四十二条、第四百一十条修正案（草案）》，审议并原则通过了《农业转基因生物安全管理条例（草案）》。

5月15日 《农民日报》报道：5月14日，农业部在天津召开了全国治蝗工作暨表彰会议。

5月20日 《经济日报》报道：5月19日，针对香港、澳门禽流感疫情，农业部、国家质检总局、外经贸部联合发出紧急通知，要求各地切实做好防范工作。

5月25日 《农民日报》报道：5月24日，由农业部中国—欧洲联盟农业技术中心和中国未来研究会主办的2001年中国农业暨高新技术项目招商引资洽谈会在北京举行。

6月1日 《经济日报》报道：5月31日，全国人大常委会村民委员会组织法检查组举行第一次全体会议。全国人大常委会委员长李鹏强调，各级人大要保障村民依法行使自治的权利。

6月19日—20日 农业部全国农业技术推广服务中心在河北秦皇岛市召开了全国杂粮技术开发经验交流会议。

7月3日 《科技日报》报道：7月2日，全国人大环境与资源保护委员会在北京召开环境保护专题会议，听取有关环保专家就我国环境质量状况和对策所作的专题汇报。

7月10日 《农民日报》报道：7月9日，全国乡镇企业外向型经济工作会议召开。2000年，全国乡镇企业出口供货额达8 670亿元，占全国外贸出口额的1/3。

7月17日 《经济日报》报道：全国棉花工作会议在北京举行。国务院副总理温家宝强调，要大力推进棉花流通体制改革，为促进我国棉花生产健康发展，增强棉纺产品国际竞争力奠定良好的基础。

7月18日 《光明日报》报道：7月17日，亚欧森林保护与可持续发展国际研讨会在贵阳召开，国务院总理朱镕基致信祝贺。

8月6日 《农民日报》报道：8月4日，由中科院和国际肥料科学中心联合主办的第12届世界肥料大会在北京召开。国务院副总理温家宝向大会发贺信表示祝贺。

8月22日 《光明日报》报道：8月20日，全国粮食工作会议在北京召开。国务院副总理温家宝在会上强调，坚持按保护价敞开收购农民余粮，保护农民种粮积极性。

8月29日 《农民日报》报道：8月28日，中共中央办公厅、国务院办公厅召开全国减轻农民负担电视电话会议。国务院副总理温家宝强调，各地区、各部门一定要把思想统一到中央的政策上来，认真抓好减轻农民负担工作。

9月6日 《农民日报》报道：9月5日，全国草原工作会议在内蒙古赤峰市召开。

9月13日 《农民日报》报道：9月12日，农业部、人民日报社联合举办的农业结构调整经验交流会在北京召开。

9月28日 《农民日报》报道：9月27日，国家防汛抗旱总指挥部发出通知，要求旱区各地加强领导，做好抗旱保秋收工作。

11月7日 《科技日报》报道：11月6日，生态农业与可持续发展国际研讨会在北京召开。中国已有7个生态农业建设试点被联合国环境计划署授予"全球500佳"称号，生态农业试点具已达到100个。

《经济日报》报道：由国务院发展研究中心农村部、中国农业银行农业信贷部、中国绿色食品发展中心共同主办的"中国绿色产业可持续发展高层论坛"10月底在北京举行，其主题是"WTO，食品安全与中国绿色产业的机会和挑战"。

《农民日报》报道：2001年中国国际饲料新技术研讨会在北京召开，我国饲料加工能力达到1.3亿吨，2000年饲料工业总产量达7 429万吨，居世界第二位。

11月8日 《农民日报》报道：11月7日，为期6天的2001年中国国际农业博览会在北京全国农业展览馆开幕。

11月12日 《科技日报》报道：11月6日，中国农业高校国际合作联席会、美国高校对华农业合作共同体在中国农大举行联席会议，两国农业专家就农业可持续发展、西部开发及中国入世后农业面临的挑战等进行了探讨并签署合作协议。

11月14日 《光明日报》报道：国务院总理朱镕基签署第320号国务院令，公布了《长江河道采砂管理条例》。

11月24日 《农民日报》报道：23日，农业部和联合国粮农组织在北京召开中国农村人口变动与农村土地制度变革国际研讨会。

12月12日 《农民日报》报道：12月11日，中宣部等12部委在北京召开文化科技卫生"三下乡"电视电话会议，会议提出，传播先进文化，促进农村发展。

11月21日 《农民日报》报道：12月20日，农业部第三届软科学委员会工作会议在北京举行。会议提出了下一步农业软科学研究的九项重点。

【农业发展成就】

1月2日 《科技日报》报道：武汉大学水利工程系茆智教授在南非开普敦召开的国际灌排委员会

2000年大会上，荣获"国际农业节水技术突出贡献奖"。

《经济日报》报道：水利部和财政部命名了第二批全国生态建设示范工程。深圳等7个城市被命名为"全国水土保持生态环境建设示范城市"、山西省岚县等46个县、市、旗被命名为"全国水土保持生态环境建设示范县"，黑龙江省拜泉县永安小流域等374条小流域被命名为"全国水土保持生态环境建设示范小流域"。

1月3日 《光明日报》报道：山东省农业科学院玉米研究所选育的玉米杂交种"鲁单50"通过专家鉴定，该品种一般亩产在600千克，比一般品种增产10%～15%，达到同类研究的国际先进水平。

《科技日报》报道：700多位科技人员协同完成的"'九五'国家林业重点科技攻关四大项目"全面告捷。共获139项各类成果和10项专利。

《科技日报》报道：2000年12月29日，10位荣膺第五届中国杰出青年农民称号的农村青年在人民大会堂接受了共青团中央等主办单位的表彰。

1月6日 《光明日报》报道：我国首次对森林生物多样性进行量化核算后得出的结论表明，中国森林生物多样性价值高达7万多亿元。

《农民日报》报道：到2000年12月为止，我国已建各类湿地自然保护区274处，保护面积约为1 600万公顷。

1月8日 《光明日报》报道：截至1999年底，全国花卉种植面积达12.24万公顷，销售额540多亿元，出口创汇2.6亿美元。花卉生产面积已居世界第一，占世界总生产面积的1/3以上。

《科技日报》报道：1月7日，中国科学院院长基金特别支持项目"新疆棉花可持续优质高产综合技术集成示范工程"在北京通过了专家验收，该项目的成功应用示范不仅取得了11亿元的经济效益，还为新疆棉花的可持续优质高产探索了宝贵经验。

1月9日 《农民日报》报道：1月4日—8日，中共中央政治局常委、国务院总理朱镕基在重庆考察农业和农村发展时指出，特别要把加强农业、增加农民收入作为经济工作的首要任务，努力解决农业和农村中存在的问题。

1月10日 《科技日报》报道：黑龙江大学研究人员研制出一种莎稗磷除草剂，除草效果达到90%，专家鉴定认为，这种低毒型除草剂的工艺技术达到国际先进水平。

《科技日报》报道：由山西泛土生物有限公司、中国农业大学、中国农业机械科学研究院联合研究的

"生物高氮源发酵技术"，既能提高有机肥的养分含量，又可以减少化肥对土壤的破坏，从而达到农产品优质、高产、高效的目标。

1月11日 《农民日报》报道：我国农业综合开发13年，中央财政累计投资316元，带动其他方面的资金投入近800亿元，开发项目区遍及全国31个省区市，涉及1557个县（市）和243个国有农牧场，共改造中低产田2153万公顷，开垦宜林荒地200万公顷，累计新增粮食生产能力578.9亿千克，棉花12.5亿千克，油料28.48亿千克。

1月13日 《农民日报》报道：近50年来，我国因围垦减少天然湖泊近1000个，围垦面积相当于五大淡水湖面积之和。

1月19日 《科技日报》报道：1月17日，"九五"国家重点攻关项目《国家南方农药创制中心建设》项目在北京通过专家验收，南北两个农药中心的建成和运转，使我国新农药创制水平大大提高。

《农民日报》报道：浙江农业大学生物技术学院薛庆中教授采用共转化技术将抗虫基因和抗除草剂基因导入水稻，不仅育出了抗虫型、抗除草剂型，同时获得了兼抗型种质，这是我国水稻转基因育种上的一次重大突破。

1月22日 《科技日报》报道：入冬以来，内蒙古自治区中东部地区连续出现6次较明显的降雪过程，使自治区5个盟、31个旗县、160万人口受灾，大批牲畜被冻死，受江泽民总书记、朱镕基总理委托，国务院副总理温家宝1月19日—20日前往灾区看望和慰问受灾群众。

2月2日 《农民日报》报道：黑龙江省农科院绥化农科所于良斌主持的"寒地水稻单本超高产栽培法"通过专家鉴定。这种技术每穴只插一棵苗，每公顷用种量不足10千克，产量达到1.1万千克。

2月3日 《光明日报》报道：由农业部和国家粮食储备局主持的"九五"国家重点科技攻关项目"新型饲料及产业化技术研究与开发"，共取得成果33项，其中19项达到国内领先水平；形成高科技新产品66个；建成中试线和生产线63条，累计创直接经济效益5.54亿元，间接经济效益12亿元。

2月6日 《科技日报》报道：一种被"种子衣服"的浸种型晚稻专用复合种衣剂在江西省农科院研制成功，稻种包上这种衣剂后，不怕害虫，不畏鼠雀，泡在水里不减效，而且长得更壮硕，还能节省种子农药。

《科技日报》报道：截至2000年底，我国共建立各种自然保护区1276处，总面积1.23亿公顷，占全国陆地国土面积的12.44%，位居世界前列。

2月7日 《科技日报》报道：由30个省、319个单位、1801名不同学科的研究人员，历时5年协作完成的"主要农作物良种选育及产业化技术研究与开发"通过了专家验收。共育成优质高产、多抗新品种411个；创造719份优异育种新材料，累计推广应用面积39.9亿亩，创社会、经济效益1358亿元。

2月8日 《农民日报》报道：国家出入境检验检疫局、海关总署、国家林业局、农业部、外经贸部联合发布公告要求，我国将进一步严格原木检疫措施，防止林木有害生物随进口原木传入。

《农民日报》报道：云南省以产业化规模开发并生产出了新型生物农药——印楝素。该农药可在无公害条件下杀灭8目400余种农、林、仓储和卫生害虫。

《农民日报》报道：2月6日，以色列外交部国际合作中心和中华人民共和国农业部关于建立中以示范奶牛场技术合作项目在北京举行签字仪式。

《光明日报》报道：我国已建成江河堤防26万多千米；兴修各类水库8.5万多座；开辟重要蓄洪区97处，增加灌溉面积8亿亩，初步形成了统一的防汛抗旱体系。

2月19日 《经济日报》报道：国家重点科技项目"荒漠化治理技术研究与示范"项目，共取得新产品10个，新技术、新工艺58项，新材料57种。经专家认定的科技成果25项，有7项达到产业化水平，获得了综合经济效益1.7亿元。

2月20日 《科技日报》报道：2月19日，中共中央、国务院举行国家科学技术奖励大会，湖南杂交水稻研究中心研究员、中国工程院院士袁隆平获得2000年度国家最高科学技术奖。

2月21日 《科技日报》报道：2月19日，填补国内空白的我国首条菌根制剂生产线在中国林科院建成投产。

2月23日 《光明日报》报道：河北大学朱宝成教授等人联合攻关的"转基因抗旱耐盐碱水稻"通过专家鉴定，该研究达到国际领先水平。

《科技日报》报道：以中国农业大学宋同明教授为首的玉米育种专家，培育出"农大超甜1号"餐桌用珍品甜玉米，可溶性糖含量高达24%，甜度极高，很适合鲜食或速冻加工，将在全国范围内大规模试验示范。

2月24日 《农民日报》报道：为加强我国与国际农业研究磋商小组（CGIAR）的农业科技合作，

中国与国际农业研究磋商小组（CGIAR）协调领导小组秘书处正式成立，2月23日在中国农科院举行了挂牌仪式。

2月25日 《光明日报》报道：云南大学和云南省农科院共同承担的"应用ADP葡萄糖焦磷酸酶基因提高水稻产量的研究"，获得了比高产材料还增产的新材料，并建立起与国际同步的水稻转基因技术体系。

3月20日 《科技日报》报道：3月8日，湖南省星沙实业发展有限公司研制的"西码西控释专用肥"通过专家鉴定。经对比试验，专用肥可使果树增产15%～30%，果实含粮量达到14%～18%，比对照增加2%～3%。可使水稻试验化肥利用率提高27%，最高氮利用率达到64%。

3月23日《农民日报》报道：全国第一个以地级市人民政府名义规定培育速生杨树苗必须领取《许可证》的文件，在江苏省宿迁市出台。此举可防止品质退化的速生杨树苗注入市场。

《农民日报》报道：辽宁省蚕科所选育成世界首例高饲料效率柞蚕新品种大三元，达到国际领先水平。

《农民日报》报道：国家"863计划"课题"转基因抗虫小麦育种"通过科技部专家鉴定。课题组成功地将GAN抗蚜虫基因导入小麦细胞，得到了抗蚜虫的小麦品种。

3月28日 《农民日报》报道：我国口蹄疫基因工程研究获得突破。复旦大学生命科学院和上海农科院等单位的研究人员研制成功"抗猪O型口蹄疫基因工程疫苗"。

3月30日 《科技日报》报道：3月24日，20多位国际著名专家和国内40多家单位的代表相聚武汉大学，参加水稻节水国际学术研讨会。

4月2日 《科技日报》报道：3月29日，国家重点建设项目，西部大开发"十大工程"之一，四川紫坪铺水利枢纽工程开工。

4月4日 《科技日报》报道：4月3日，中华环保世纪行组委会在北京召开总结表彰会，表彰去年活动中的先进单位和个人。

4月17日 《科技日报》报道：四川盛祥高科技有限责任公司和河南省太行化工有限公司研制出"天杰"牌有机钾肥，含钾量达18%以上，有机质含量38%以上，填补了世界化肥领域没有有机钾肥的空白。

4月24日 《科技日报》报道：4月21日，由教育部、中国科学院和农业部共同组织申请的国家重

点基础研究发展规划"草地与农牧交错带生态系统重建机理及优化生态—生产范式"项目正式启动。

《科技日报》报道：中国水产科学院黑龙江水产研究所的专家成功攻克鱼类远程繁育难题，繁育成功杂交鲶鱼。

4月25日 《农民日报》报道：4月24日，为期3天的2001年中国国际农牧业及食品工业博览会在全国农业展览馆举行，来自17个国家的300多家企业参加了展览。

4月26日 《农民日报》报道：由沈阳农业大学杨守仁和陈温福承担的籼粳稻杂交超高产育种研究及应用获突破性进展，据不完全统计，我国应用此研究成果已培育水稻新品种20多个，增产稻谷约45亿斤，新增效益65亿元。

5月2日 《经济日报》报道：经过5年刻苦攻关，新疆科研人员研制出一批以抗病质优为主要特点的长绒棉新品种。新疆农科院经济作物研究所选育的新海16号，经测定显示：其等级长度、纤维整齐度、匀度适合纺80至120支的高支高档产品。

5月8日 《科技日报》报道：4月20日，2001年中国"寿光"国际蔬菜博览会在山东省寿光市开幕。来自50多个国家和地区的3000多家客商参加了这一盛会。

5月11日 《光明日报》报道：5月10日，全国无公害农产品生产现场会在河北省邯郸市召开，会议提出，尽快解决我国鲜食（蔬菜、水果和茶叶）和出口农产品污染物超标问题。

5月19日 《科技日报》报道：国家重点技术创新项目——"家蚕基因工程植酸酶工业化生产技术及其配套蚕品种"的研究取得重大突破，该项目大幅度提高了植酸酶基因在家蚕体内的表达量，将原来每头幼虫植酸酶的表达量提高了3倍，使加工出的植酸酶添加剂成品在常温下可保存6个月，酶活性回收率大于78%。

5月24日 《光明日报》报道：江西农业大学周泽敏培育出一种新粮食作物类型——葛薯。专家鉴定认为，该项研究属国内领先水平。

《科技日报》报道：5月11日，箭胡毛杨良种繁育技术和推广研究项目通过成果鉴定。课题组经过3年多艰苦努力，探明了提高箭胡毛杨插穗繁殖系数的技术参数，提高良种繁殖系数2～3倍，建立了生物技术种质资源保存和快繁中心。

5月26日 《农民日报》报道：上海投资4100多万元开始建设我国国内首家农业生物基因综合库。

《农民日报》报道：农业部发布了《中国小麦品质区划方案》（试行），要求各地结合本地实际，认真参照执行。

5月27日 《光明日报》报道：5月26日，中国科学院动物研究所专家宣布在广西乐业天坑群科考中发现一个螃蟹新种和一个蜘蛛新种。

5月29日 《光明日报》报道：我国优质专用小麦种植面积已达9 000万亩，占全国麦播面积的1/4。

《农民日报》报道：5月27日，中央财经领导小组办公室、国务院扶贫开发领导小组办公室和财政部，在北京联合举行向全国贫困地区赠送《农村政策简明读本》仪式，向贫困地区赠书10万册。

5月30日 《光明日报》报道：中科院武汉病毒研究所与荷兰科学家合作，完成了中国棉铃虫单核衣壳核型多角体（HaSNPV）的基因全序列测定。

6月6日 《农民日报》报道：国务院纠风办、农业部联合发出通知，要求各地区、各部门在年内对要求农民出钱、出物、出工的各种达标升级活动再进行一次全面清理。

《光明日报》报道：中宣部、教育部、共青团中央、全国学联联合发出通知，部署2001年暑期大中专学生志愿者文化、科技、卫生"三下乡"社会实践活动。

6月20日 《农民日报》报道：中国农业大学韩鲁佳主持的国家重点科技攻关计划专题"植物来源免疫增强剂研究与开发"，通过专家验收。该项研究提出了黄芪多糖、黄芪皂甙、黄芩甙、板蓝多糖、蜂胶苏酮等有效成份含量的分析方法。

7月2日 《经济日报》报道：7月1日，总投资243亿元的我国第二大水电站——龙滩水电站在广西天峨县正式开工建设。

7月4日 《科技日报》报道：6月28日，西南首家农业生物技术工程研究中心——四川农业生物技术工程研究中心在四川大学成立。

7月5日 《农民日报》报道：黑龙江省农科院培育成功受太空环境诱变而发生基因变异的番茄新品种——宇番一号番茄，这是我国利用航天技术培育成功的第一个蔬菜品种。

7月7日 《科技日报》报道：7月6日，中国科学技术部与英国环境、粮食和农村事务部关于气候变化科学和技术研究双边合作联合声明在北京签署。

7月11日 《光明日报》报道：浙江大学育成抗螟虫转基因水稻新品系"华池2000B1"和"华池2000B6"。

7月12日 《农民日报》报道：北京九采罗彩棉有限公司在世界上首次培育成功彩色长绒棉种子。

7月19日 《经济日报》报道：据国家统计局预测，2001年全国夏粮总产量为10 188万吨，比上年减产4.6%。

7月21日 《科技日报》报道：受江泽民总书记和朱镕基总理委托，7月16日至19日国务院副总理温家宝到广西考察抗洪救灾工作。

7月23日 《光明日报》报道："九五"国家重点科技项目"西南地区旱涝与低温预测系统的研究"取得重要成果。研究人员找到了影响西南地区旱涝和低温气候变化的物理因子及强信号，使短期气候预测水平有较大提高。

7月25日 《农民日报》报道：7月23日至26日，由国际植物新品种保护联盟与中国农业部、国家林业局、国家知识产权局合作召开的"亚洲地区植物新品种保护技术协调会议"在北京举行。

7月26日 《农民日报》报道：北京大学和美国耶鲁大学共同组建了北大耶鲁植物分子基因和农业生物科技合作中心。

8月2日 《农民日报》报道：河南省安阳市农科所选育成功小麦新品种"安麦1号"，经参加全省小麦高肥冬水组区试，两亩平均亩产为518.95千克，最高亩产614千克，属来自全国各地的17个优秀小麦品种之首。

8月7日 《科技日报》报道：云南省热带亚热带动物病毒重点实验室研制出高效浓缩口蹄疫O型灭活苗，免疫效果显著，两次免疫后的抗体滴度分别达到1：16和1：256。

8月8日 《农民日报》报道：由中山大学等单位承担的国家"863"项目"应用基因工程培育抗稻瘟病和纹枯病的水稻新品系（种）"通过专家鉴定。新型稻种比现用的优质稻种每亩增产30千克，还一举攻克了稻瘟病和纹枯病，这在世界上还是第一次。

8月9日 《科技日报》报道：8月8日世界首例由成年体细胞克隆山羊自然交配生育在西北农林科技大学获得成功。

8月17日 《科技日报》报道：8月8日，国际玉米改良中心与中国农科院等单位签订合作协议，在郑州农业高新技术产业示范区设立试验示范基地。这是联合国粮农组织在中国设立的首家试验示范基地。

《科技日报》报道：8月7日，由福建省农科院谢华安主持的"超级稻新组合汕优明86"课题在尤溪县验收，全示范片平均亩产干谷851千克，属国内外首创，提早实现了国家超级稻 2005 年的攻关指标。

8 月 18 日 《农民日报》报道：8 月 9 日，我国最大的复合肥企业——贵州西洋肥业有限公司 100 万吨硫基复合肥生产线在贵州省息烽县正式投产。

8 月 29 日 《农民日报》报道：8 月 28 日，"十五"国家科技攻关计划"农产品深加工技术与设备研究开发"重大项目在北京首次开标。整个项目国家每年拨款 1 320 万元，计划 3 年完成。

《农民日报》报道：湖北省武汉市蔬菜研究所建成世界最大的水生蔬菜种质基因库。

8 月 30 日 《农民日报》报道：上海交通大学与东北农业大学共同完成国家自然科学基金项目"大豆多抗性资源创新及遗传基础的研究"，成功地培育出抗灰斑病等多种病害的大豆新品种。

9 月 2 日 《光明日报》报道：由南京林业大学主持的国家自然科学基项目"杉木杨树遗传图谱构建和数量性状基因定位项目"通过了验收，标志着我国林木遗传图谱构建取得了重要进展。

9 月 4 日 《科技日报》报道：9 月 3 日，水利部长江水利委员会启动的长江源头水土保持预防保护工程正式启动，工程范围涉及青海 3 州 8 县一市，面积 70 万平方千米。

9 月 6 日 《科技日报》报道：我国水生蔬菜种植面积超过 1 000 万亩，产值超过 300 亿元，居世界第一。

9 月 8 日 《农民日报》报道：国务院副总理温家宝在江苏、山东考察南水北调东线工程时强调，要切实解决好节约用水、治理污染、生态建设的问题，确保南水北调工程建立在牢固的科学基础上。

9 月 11 日 《农民日报》报道：9 月 8 日至 10 日，农业部和黑龙江省政府在齐齐哈尔市举办了中国首届绿色食品博览会。

9 月 13 日 《农民日报》报道：我国培植的超级杂交稻"Ⅱ优明 86"经专家测试验收，其亩产达到 1 196.5 千克，刷新了"特优 175"创下的世界纪录。

《农民日报》报道：四川省乐山市农科所承担的"优质三系杂交水稻及栽培技术研究"项目取得突破，首次在国内育成了水稻香软米不育系。

9 月 19 日 《农民日报》报道：到 2000 年底，我国经济林总面积已达 4.1 亿亩，总产值达 1 320 多亿元，接近我国林业总产值的一半。

9 月 24 日 《光明日报》报道：9 月 23 日，由中国林学会、珠海市人民政府主办的为期 5 天的中国首届林业科技博览会在珠海市举行。

《农民日报》报道：9 月 23 日，2001 年农业科技跨越计划项目发布会暨合同签字仪式在山东青岛举行，2001 年的 25 个跨越计划项目正式启动。

9 月 28 日 《农民日报》报道："九五"期间，国家财政用于农业的各种直接和间接支出达到 8 460 多亿元，有力地推动了农业和农村经济登上新台阶。

10 月 10 日 《科技日报》报道：国家农业科技跨越计划"中国北方粳型超级稻育种及生产技术集成"项目再创历史新水平，200 亩粳型超级稻生产示范田平均亩产 830.6 千克。

10 月 13 日 《光明日报》报道：深圳市海达克实业有限公司采用植物分生细胞遗传转化法，在世界上首次获得蘑菇与水竹草、豌豆与玉米杂交的新类型植物。

10 月 15 日 《农民日报》报道：山东农业大学田纪春主持培育成功"山东优麦 3 号"，自然白度为 81～84，这是我国正式通过审定的第一个高白度优质小麦品种。

10 月 16 日 《科技日报》报道：我国超级杂交稻再生稻亩产创世界纪录，福建省龙溪县"汕优明 86"百亩再生稻示范片再生季平均亩产达到 473.4 千克，其中一丘亩产达到 581.4 千克。

10 月 18 日 《科技日报》报道：10 月 14 日，中国首头"克隆牛"诞生 1 小时后窒息夭折。

10 月 19 日 《经济日报》报道：11 月 18 日，2001 年湖南张家界国际森林保护节开幕，张家界地质公园也同时举行揭牌仪式。

10 月 24 日 《光明日报》报道：11 月 23 日，南水北调工程东线工程修订规划通过专家审查，南水北调东、中、西三线工程已全部通过专家审查。

10 月 26 日 《农民日报》报道：11 月 25 日，由中国农村劳动力资源开发研究会、中国扶贫基金会和国务院发展研究中心农村部共同主办的 2001 年全国"创业之星"经验交流表彰大会在北京举行。据不完全统计，出席会议的 390 位农村"创业之星"所创办的企业总资产约 339 亿元，年实现利税 35 亿元，解决了约 32 万人的就业问题。

10 月 31 日 《科技日报》报道：10 月 30 日，张含英、孙辅世、严恺、张光斗 4 位水利专家在中国水利学会成立 70 周年大会上荣获"中国水利学会功勋奖"。

12 月 5 日 《农民日报》报道：上海交通大学机器人研究所科研人员，研制成我国首台精准农业联合收割机智能测产系统，精度性能远高于国外产品，而价格只有国外的 1/5。

《农民日报》报道：国家启动了森林生态效益补助资金试点工作，辽宁等11个省区被列入先行试点省区。

12月6日 《经济日报》报道：我国又有5个自然保护区被联合国教科文组织认定为世界生物圈保护区。

12月11日 《科技日报》报道：12月7日，由中科院和教育部联合共建的"水土保持与生态环境研究中心"在杨凌揭牌。

12月17日 《光明日报》报道：湖南省土壤肥料研究所承担的"可降解膜水稻控释肥料的研制与应用"，通过技术鉴定，34个田间试验结果显示，可降解膜水稻控释肥料氮的作物利用率平均为77％，在同类研究中居国际先进水平。

12月19日 《光明日报》报道：12月18日，国家林业局自然保护区研究中心在北京林业大学成立。

《农民日报》报道：农业领域的第一个国家重大科学工程——"中国农作物基因资源与基因改良工程"项目获得国家计委批准开始实施。项目总投资为14 960万元。

《经济日报》报道：我国松香年产量超过40万吨，每年出口松香类产品30万吨，占松香国际贸易量的60％，生产和出口量均居世界第一。

12月21日 《科技日报》报道：新疆农垦科学院王兆松在阿尔泰山西段山麓发现大量野生薰衣草群落，有关专家初步认定这是中国首次发现的薰衣草的一个新种。

12月22日 《农民日报》报道：辽宁省海城市西洋村党委书记周福仁被评为2001年中国农村新闻人物。

12月23日 《光明日报》报道：莱阳农学院胚胎工程中心与日本山口大学协作攻关，在国内首次成功地利用牛胎儿皮肤上皮细胞克隆出两头健康成活的牛犊。

12月24日 《农民日报》报道：为期50年的全国野生动植物保护及自然保护区建设工程正式启动，工程将使全国自然保护区数量达到2 500个，总面积为1 728亿公顷，占国土面积的18％。

12月28日 《经济日报》报道：27日，黄河小浪底水利枢纽主体工程全部完工。

2002 年

【文献】

1 月 17 日 《农民日报》报道：1 月 15 日，针对违法使用"瘦肉精"等较为严重的问题，农业部发出紧急通知，严令各地有关部门加强防疫检疫力度，让群众吃上"放心肉"。

2 月 11 日 《经济日报》报道：国家经贸委、国家计委、国家工商行政管理总局、国家质量监督检验检疫总局联合发布了《蚕丝流通管理办法》，以进一步深化茧丝流通体制改革，规范管理。

《办法》规定，鲜茧收购实行资格认定制度，桑蚕鲜茧和干茧实行省级政府定价或省级政府指导价，各地不得将桑蚕鲜茧收购定价权下放到市、县，不得擅自放开价格。《办法》规定，由省级经贸委在征求同级工商行政管理、质量技术监督部门意见后，认定或取消鲜茧收购单位及其收购站（点）的资格，负责放发或收回《鲜茧收购资格证书》。该证书应当注明收购鲜茧的区域范围，并报国家经贸委备案。省级经贸委会同工商行政管理和质量技术监督等部门制定鲜茧收购资格认定的具体细则。未取得鲜茧收购资格、未经登记注册的单位和个人不得从事鲜茧收购活动。同时，各地应当取消对干茧经营的限制，对正常的流通、经营，不得设置障碍。

3 月 8 日 《人民日报》报道：国务院办公厅转发了财政部《关于农业综合开发的若干意见》，要求各地、各有关部门认真贯彻执行。《意见》指出，农业综合开发的指导思想是适应新阶段农业发展的要求，以农业主产区为重点，着力加强农业基础设施建设，改善农业生产条件，提高农业综合生产能力和保护农业生态环境；着力推进农业和农村经济结构战略性调整，提高农业综合效益，增加农民收入。农业综合开发的目标任务是坚持以改造中低产田为重点，加强农田水利基本建设，建设优质、高产、稳产、节水、高效农田，增强农业抗御自然灾害的能力，提高我国基本农田的生产能力，特别是主产区粮食生产能力；以市场为导向，发挥农业区域比较优势，积极培育农村支柱产业，发展产业化经营，推进农业和农村经济结构战略性调整，全面提高农产品质量、农业生产组织化程度和农业抗御市场风险的能力；实行山水田林路综合治理，加强农田林网建设，推进退耕还林，加大生态工程和生态项目支持力度，治理水土流失，有效地改善生态环境，促进农业可持续发展；积极推动农业科技革命，加强农民技术培训，加大农业新品种、新技术的推广力度，促进农业信息化和农业生产标准化建设，推进项目区农业现代化进程，提高农业国际竞争力。

4 月 17 日 《农民日报》报道：国务院办公厅发布了《国务院办公厅关于做好 2002 年扩大农村税费改革试点工作的通知》。

4 月 30 日 《光明日报》报道：4 月 29 日，农业部首次向社会发布《中国海洋渔业水域图》。旨在用地图的方式向社会公布黄渤海区、东海区、南海区的渔业水域，让有关方面了解我国渔业水域的分布情况，保护渔业水域不受污染和破坏。

5 月 15 日 《农民日报》报道：3 月 19 日，农业部部长杜青林签署第 11 号农业部令，发布《兽药生产质量管理规范》，自 2002 年 6 月 19 日起施行。

5 月 17 日 《农民日报》报道：国务院办公厅发出《关于完善农村义务教育管理体制的通知》。

6 月 11 日 《农民日报》报道：6 月 10 日，卫生部、国家计委、财政部、农业部、国家环保总局、全国爱卫会、国家中医药局正式公布《中国农村初级卫生保健发展纲要（2001—2010 年）》。

《纲要》主要任务一是落实疾病预防控制措施，重点控制传染病、地方病、寄生虫病、职业病和其他重大疾病，加强精神卫生工作，防止各种意外伤害。稳定计划免疫接种率，提高现代结核病控制策略的人口覆盖率。预防、管理慢性非传染性疾病，做好老年保健。二是提高乡、村卫生机构常见病、多发病的诊疗水平，规范医疗服务行为，为农村居民提供安全有效的基本医疗服务。三是加强对孕产妇和儿童的管理，提高农村孕产妇住院分娩率，稳步降低孕产妇死亡率和婴儿死亡率，改善儿童营养状况，不断提高妇女儿童健康水平。四是加大农村改水、改厕力度，提高农村自来水及农村卫生厕所普及率，结合小城镇和文明乡镇建设，创建卫生乡镇，改善农村居民的劳动和生活环境。五是开展健康教育和健康促进，积极推进"全国亿万农民健康促进行动"（原"全国九亿农民健康教育行动"），提高农村居民基本卫生知识知晓率和中小学健康教育开课率，倡导文明健康的生活方式，增强农村居民的健康意识和自我保健能力，促进人群健康相关行为的形成。六是依法加大对公共卫生、药品和健康相关产品的监督力度，控制危害农村居民健康的主要公共卫生问题，努力抓好食品卫生、公共场所卫生和劳动卫生。七是充分利用中医药资源，发挥中医药的特点与优势，不断提高农村中医药服务水平。八是完善和发展农村合作医疗，探索实行区域性大病统筹，逐步建立贫困家庭医疗救助制度，积极实行多种形式的农民医疗保障制度。

7月19日 《农民日报》报道：农业部2002年第193号公告发布了《食品动物禁用的兽药及其他化合物清单》，禁止37种兽药及其他化合物用于食品动物及促进生长用途。

7月26日 《人民日报》报道：农业部发出《关于进一步加强渔业安全生产工作的通知》，指出当前渔业生产中存在较多事故隐患，要求各地渔业系统广大干部、职工和渔民提高安全生产意识，并加强渔业行业重大安全事故的预防和处置工作。

7月27日 《农民日报》报道：农业部出台了《全面推进"无公害食品行动计划"的实施意见》，决定从2002年开始，在全国范围内全面推进"无公害食品行动计划"。

《意见》实施目标是，通过健全体系，完善制度，对农产品质量安全实施全过程的监管，有效改善和提高我国农产品质量安全水平，力争用5年左右时间，基本实现食用农产品无公害生产，保障消费安全，质量安全指标达到发达国家或地区的中等水平。蔬菜、水果、茶叶、食用菌、畜产品、水产品等鲜活农产品无公害生产基地质量安全水平达到国家规定标准；大中城市的批发市场、大型农贸市场和连锁超市的鲜活农产品质量安全市场抽检合格率达95%以上，从根本上解决食用农产品急性中毒问题；出口农产品的质量安全水平在现有基础上有较大幅度提高，达到国际标准要求，并与贸易国实现对接。有条件的地方和企业，应积极发展绿色食品和有机食品。

8月3日 《农民日报》报道：8月2日，《中华人民共和国政府与世界粮食计划署关于中国农村综合开发项目实施协议的第一号补充修订协议》在京签署，世界粮食计划署承诺在2005年底以前向中国99万贫困人口无偿提供6.2万吨粮食。

8月19日 《人民日报》报道：中共中央办公厅国务院办公厅发出《关于进一步做好村民委员会换届选举工作的通知》（中办发〔2002〕14号）。

《通知》指出在村民委员会选举中，要特别注意做好以下关键环节的工作：一是要做到由村民会议或各村民小组民主推选产生村民选举委员会，保证村民的选举权。二是要做好选民登记工作，不能错登、重登、漏登，保证村民的选举权。三是要做到由村民直接提名确定村民委员会成员候选人，不能用组织提名代替村民提名，保证村民的直接提名权。四是要做好选举日的投票工作，保证村民的投票权。五是要完善罢免程序，保证村民的罢免权。村民委员会组织法和各地颁布的地方性法规是开展村民委员会换届选举工作的基本依据，各地要严格遵守，做到法定的程序不能变，规定的步骤不能少，不能怕麻烦、图省事，更不能走过场。在村民委员会选举中，任何组织或个人都必须依法办事。各地制定的有关村民委员会换届选举工作的方案、意见、规则等，凡与村民委员会组织法和有关地方性法规不一致的，必须尽快修改或废止，以维护社会主义法制的统一。要坚决依法查处侵犯村民民主权利的违法行为。从维护农村社会稳定大局出发，认真做好群众来信来访工作。

《农民日报》报道：16日，中国与阿根廷两国政府代表正式签署了三个有关双方农牧产品贸易的检验检疫议定书。

8月25日 《人民日报》报道：农业部、国家质量监督检验检疫总局联合印发了《水产品药物残留专项整治计划》，开展水产品药物残留专项整治活动，力求从源头控制水产品中氯霉素及其他禁用药物的使用，从生产到市场全程质量监控，基本实现水产品无禁用药物残留。

8月30日 《人民日报》报道：8月29日，国家主席江泽民分别签署第73、74号主席令，公布《中华人民共和国农村土地承包法》自2003年3月1日起施行，《中华人民共和国水法》自2002年10月1日起施行。

《中华人民共和国农村土地承包法》提出耕地的承包期为30年。草地的承包期为30～50年。林地的承包期为30～70年；特殊林木的林地承包期，经国务院林业行政主管部门批准可以延长。通过家庭承包取得的土地承包经营权可以依法采取转包、出租、互换、转让或者其他方式流转。土地承包经营权流转应当遵循以下原则：①平等协商、自愿、有偿，任何组织和个人不得强迫或者阻碍承包方进行土地承包经营权流转；②不得改变土地所有权的性质和土地的农业用途；③流转的期限不得超过承包期的剩余期限；④受让方须有农业经营能力；⑤在同等条件下，本集体经济组织成员享有优先权。土地承包经营权采取转包、出租、互换、转让或者其他方式流转，当事人双方应当签订书面合同。采取转让方式流转的，应当经发包方同意；采取转包、出租、互换或者其他方式流转的，应当报发包方备案。

9月14日 《农民日报》报道：农业部发出《关于做好秋季草原防火工作的通知》，要求各地落实好各项防火措施。

9月28日 《农民日报》报道：9月6日，农业部部长杜青林签署第21号农业部令，发布《农业野生植物保护办法》，自2002年10月1日起施行。

《办法》规定，国家重点保护野生植物名录的制定和调整由农业部野生植物保护管理办公室提出初步意见，经农业部野生植物保护专家审定委员会审定通过后，由农业部按照《中华人民共和国自然保护区条例》第十条第二款的规定报国务院批准公布。农业部和省级农业行政主管部门负责在国家重点保护野生植物物种天然集中分布区域，划定并建立国家级或省级国家重点保护野生植物类型自然保护区。国家级和省级国家重点保护野生植物类型自然保护区的建立，按照《中华人民共和国自然保护区条例》有关规定执行。申请采集国家重点保护野生植物，应当填写《国家重点保护野生植物采集申请表》，并分别按规定程序向有关主管部门申请办理《国家重点保护野生植物采集许可证》。

10月9日 《光明日报》报道：农业部发出《关于进一步加强草原防火工作的紧急通知》，要求各地落实好各项防火措施。

10月18日 《人民日报》报道：国家计委、国家经贸委、农业部、供销合作总社、国家工商总局、国家质检总局、中国农业发展银行等七部门近日联合发出《关于做好当前棉花收购工作的紧急通知》。要求各地要认真宣传贯彻国家计委等部门发布的《避免在棉花采摘、交售、加工过程中混入异性纤维的暂行规定》，引导教育农民和棉花生产企业自觉减少棉花中异性纤维的含量。

10月18日 《农民日报》报道：国务院办公厅发出通知，转发农业部《关于促进饲料业持续健康发展的若干意见》，要求各地区、各有关部门认真贯彻执行。

《意见》明确饲料生产和安全监管的目标。一是建设安全优质高效的饲料生产体系。面向市场，依靠科技，科学利用和综合开发各类饲料资源，积极推进安全、优质、高效和替代进口饲料产品的生产，加快建设符合我国国情的饲料生产体系，以实现大宗饲料原料和饲料总量供求的基本平衡。二是健全和完善饲料安全监管体系。当前和今后一个时期，要抓紧建立与国际接轨的饲料质量标准体系、健全的饲料监测体系和规范的饲料安全监管体系，把我国饲料安全监管工作提高到一个新水平。

10月27日 《人民日报》报道：农业部与乌拉圭东岸共和国牧农渔业部签订了部门间渔业合作协议。这是我国首次同南美洲国家签订部门间渔业合作协议，标志着我国与乌拉圭原有的民间渔业合作将纳入政府部门渔业合作的框架内。

11月5日 《人民日报》报道：中共中央发布《关于做好农户承包地使用权流转工作的通知》。

《通知》指出，当前农村出现的土地使用权流转，多数反映了生产要素的合理流动和优化配置，总体上是健康的。但是，一些乡村推行的土地流转，存在不少违背农民意愿、损害农民利益的问题，需要引起足够重视。通知强调，土地流转要按照有关法律法规和中央的政策进行。在承包期内，村集体经济组织无权单方面解除土地承包合同，也不能用少数服从多数的办法强迫农户放弃承包权或改变承包合同。不准收回农户的承包地搞招标承包，不准将农户的承包地收回抵顶欠款，不准借土地流转改变土地所有权和农业用途。流转期限不得超过农户承包土地的剩余承包期。通知指出，土地流转的主体是农户，土地使用权流转必须建立在农户自愿的基础上。在承包期内，农户对承包的土地有自主的使用权、收益权和流转权，有权依法自主决定承包地是否流转和流转的形式。这是农民拥有长期而有保障的土地使用权的具体体现。任何组织和个人不得强迫农户流转土地，也不得阻碍农户依法流转土地。由乡镇政府或村级组织出面租赁农户的承包地再进行转租或发包的"反租倒包"，不符合家庭承包经营制度，应予制止。《通知》指出，农业产业化经营应当是公司带动农户，而不是公司替代农户。为稳定农业、稳定农村，中央不提倡工商企业长时间、大面积租赁和经营农户承包地，地方也不要动员和组织城镇居民到农村租赁农户承包地。

11月7日 《人民日报》报道：国家计委、财政部、农业部、水利部、国土资源部、建设部、国务院纠风办和国家电力公司等部门联合发出了《关于开展农业生产性费用专项治理工作的通知》和《关于开展农民建房收费专项治理工作的通知》，在全国范围内组织开展专项治理工作。

12 月 10 日 《农民日报》报道：国家林业局公布了《林木种子生产、经营许可证管理办法》，规定林木种子生产和经营许可证有效期为 3 年，实行年检年报制度，自 12 月 15 日起施行。

12 月 26 日 《人民日报》报道：12 月 14 日，国务院总理朱镕基签署第 367 号国务院令，公布《退耕还林条例》，自 2003 年 1 月 20 日起施行。

《条例》指出，退耕还林应当遵循下列原则：①统筹规划、分步实施、突出重点、注重实效；②政策引导和农民自愿退耕相结合，谁退耕、谁造林、谁经营、谁受益；③遵循自然规律，因地制宜，宜林则林，宜草则草，综合治理；④建设与保护并重，防止边治理边破坏；⑤逐步改善退耕还林者的生活条件。下列耕地应当纳入退耕还林规划，并根据生态建设需要和国家财力有计划地实施退耕还林：①水土流失严重的；②沙化、盐碱化、石漠化严重的；③生态地位重要、粮食产量低而不稳的。江河源头及其两侧、湖库周围的陡坡耕地以及水土流失和风沙危害严重等生态地位重要区域的耕地，应当在退耕还林规划中优先安排。

12 月 29 日 《人民日报》报道：12 月 28 日，国家主席江泽民签署第八十一号、八十二号主席令，公布第九届全国人民代表大会常务委员会第三十一次会议修订后的《中华人民共和国农业法》和《中华人民共和国草原法》，自 2003 年 3 月 1 日起施行。

《中华人民共和国农业法》指出，国家把农业放在发展国民经济的首位。农业和农村经济发展的基本目标是：建立适应发展社会主义市场经济要求的农村经济体制，不断解放和发展农村生产力，提高农业的整体素质和效益，确保农产品供应和质量，满足国民经济发展和人口增长、生活改善的需求，提高农民的收入和生活水平，促进农村富余劳动力向非农产业和城镇转移，缩小城乡差别和区域差别，建设富裕、民主、文明的社会主义新农村，逐步实现农业和农村现代化。国家实行农村土地承包经营制度，依法保障农村土地承包关系的长期稳定，保护农民对承包土地的使用权。农村土地承包经营的方式、期限、发包方和承包方的权利义务、土地承包经营权的保护和流转等，适用《中华人民共和国土地管理法》和《中华人民共和国农村土地承包法》。农村集体经济组织应当在家庭承包经营的基础上，依法管理集体资产，为其成员提供生产、技术、信息等服务，组织合理开发、利用集体资源，壮大经济实力。各县级以上人民政府根据国民经济和社会发展的中长期规划、农业和农村经济发展的基本目标和农业资源区划，制定农业发展规划。农产品的购销实行市场调节。国家对关系国计民生的重要农产品的购销活动实行必要的宏观调控，建立中央和地方分级储备调节制度，完善仓储运输体系，做到保证供应，稳定市场。

【会议】

1 月 8 日 《人民日报》报道：1 月 7 日，为期两天的中央农村工作会议在北京闭幕。会议提出，要坚定不移地推进农业和农村经济结构的战略性调整，提高农业整体素质和效益，促进农民收入持续稳定增长。

1 月 10 日 《人民日报》报道：第五次全国环境保护会议在北京召开。中共中央政治局常委、国务院总理朱镕基在会上强调，在保持国民经济持续快速健康发展的同时，必须把环境保护放在更加突出的位置，加大力度，狠抓落实，努力开创新世纪环境保护工作新局面。

1 月 11 日 《人民日报》报道：1 月 10 日，国务院西部开发办召开退耕还林工作电视电话会议，2002 年我国将全面启动退耕还林工程，2002 年计划新增退耕还林面积 3 400 万亩，宜林荒山荒地造林面积 3 993 万亩。

《人民日报》报道：1 月 10 日，全国农业工作会议结束。我国将有重点、有计划地从优势产品入手，培育优势产业和产业带，不断提高我国农业的国际竞争力，努力扩大出口。

1 月 31 日 《人民日报》报道：由中国农科院农业经济研究所等联合举办的"农村公共投资、经济增长及扶贫国际研讨会"在北京开幕。来自十五个国家和地区的专家学者就如何增加农村公共投资等问题进行了研讨。

2 月 2 日 《人民日报》报道：国家计委 1 月 30 日公布了《农产品进口关税配额管理暂行办法》，这是我国加入世界贸易组织后，对农产品进口管理体制的一项重要改革。

2 月 3 日 《人民日报》报道：黑龙江省绿色食品作物面积、品种、产量均在全国前列。到目前，这个省已获得绿色食品认证的产品有 281 个，占全国认证总数的 14.1%，位居全国各省第一。

《人民日报》报道：2 月 2 日是第六个世界湿地日。我国又有 14 块湿地被国际组织批准列入国际重要湿地名录，生效时间为 2002 年 1 月 11 日。至此，我国的国际重要湿地数量增加到 21 块，总面积达到 303 万公顷。

3月2日 《人民日报》报道：3月1日，国务院召开全国春耕抗旱和安排好灾区群众生产生活电视电话会议。中共中央政治局委员、书记处书记、国务院副总理温家宝在会议上强调，搞好春耕生产，安排好灾区群众生产生活是夺取全年农业丰收、保持农村社会稳定的基础。

《经济日报》报道：3月1日，全国农村信用社工作会议召开，会议确定2002年增加对农村信用社的支农再贷款260亿元。

3月6日 《人民日报》报道：来自亚太地区45个国家和联合国环境规划署等组织和机构的近百名代表共聚北京，就如何推动《生物安全议定书》的生效实施和加强生物安全管理合作展开研讨，共筑生物安全防线。本次会议由联合国环境规划署、《生物多样性公约》秘书处和中国国家环保总局共同主办。

3月9日 《人民日报》报道：由国家经贸委、日本经济产业省和日中经济协会共同主办的第二次中日环保产业合作会议在京举行。

3月18日 《人民日报》报道：全国蜂产品市场信息交流会15日在武汉闭会。我国是世界第一养蜂大国。目前我国现有蜂群约750万群，年产蜂蜜20万吨、蜂王浆1 000多吨、蜂花粉约3 000吨、蜂蜡约3 000吨、蜂胶约300吨，产值约为20多亿元。其中，蜂王浆产量占世界总产量的90%。

4月7日 《人民日报》报道：4月6日，党和国家领导人江泽民、朱镕基、李瑞环、胡锦涛、尉健行、李岚清等来到北京朝来森林公园，参加首都全民义务植树活动。

4月9日 《人民日报》报道：历时三年的第一期全国农村电网建设与改造已经完成，农村（县及县以下）用电量增长超过10%，首次超过城市，而且不少地方农村用电量的增长率达到了20%以上。农网改造后，农村供电电压合格率由网改前的78%提高到目前的90%以上，供电可靠率由网改前的87%提高到目前的95%，一些地区农村供电可靠率达到了99%。同时，农村电价水平大幅度降低，通过整顿农村电价和取消各种乱收费，全国农村到户电价平均每千瓦时下降了0.13元左右。全国每年可减轻农民电费负担350多亿元。

4月11日 《人民日报》报道：全国农村青年工作会议4月9日至10日在北京举行。会议提出，要在农村青年中深入持久地开展"三个代表"重要思想学习教育活动，深入实施跨世纪青年农民科技培训工程，大力培养农村青年创业致富带头人，积极构建农村青年社会化服务体系，不断丰富农村青年的精神文化生活，切实代表和维护农村青年的民主权利和合法权益，切实加强农村基层团组织建设。

4月12日 《人民日报》报道：中共中央政治局委员、书记处书记、国务院副总理温家宝对全国粮食局长会议作批示要求：深化国有粮食购销企业改革，是推进整个粮食流通体制改革的重要环节。国有粮食企业要通过改革、改组和改造，提高经营效益和市场竞争力。

4月13日 《农民日报》报道：4月12日，《中华人民共和国进出境动植物检疫法》实施10周年座谈会在北京举行。

4月22日 《科技日报》报道：中国农学会第八次全国会员代表大会4月20日至21日在北京召开，来自全国各地的会员代表济济一堂，共商农业科技发展大计。会议选举产生了新一届理事会，农业部副部长张宝文当选新一届中国农学会会长。

4月24日 《人民日报》报道：4月23日，中央、国家机关定点扶贫工作会议召开。实施"八七扶贫攻坚计划"期间，有138个中央和国家机关定点联系了325个贫困县，有1.7万人次干部到贫困地区调查研究，共派出3 298名干部蹲点扶贫，开展帮扶工作。

4月27日 《人民日报》报道：4月26日，国务院办公厅召开完善农村义务教育管理体制电视电话会议，对贯彻落实国务院《关于基础教育改革与发展的决定》和国务院办公厅《关于完善农村义务教育管理体制的通知》精神，调整和完善农村义务教育管理体制进行部署。

4月29日 《农民日报》报道：28日，九届全国人大常委会在人民大会堂举行第26次法制讲座，题目是关于我国农业法制建设的几个问题。全国人大常委会委员长李鹏指出，必须进一步完善我国的农业法律制度。

4月30日 《人民日报》报道：第四次全国农村改水工作会议4月27日至29日在重庆召开，全国爱卫办、卫生部、农业部、建设部、国家环保总局的领导及全国各省、自治区、直辖市的有关领导和代表共200余人出席了会议。到2000年底，全国农村改水受益人口累计达到8.8亿，占农村人口的92.38%，其中饮用自来水的人口达5.26亿。全国有1.06亿户农民用上了卫生厕所，卫生厕所普及率达到44.84%。目前全国农村已有各种类型的自来水厂（站）67.4万座，手压机井4 891万台，收集雨水水窖162万眼。

6月2日 《人民日报》报道：为期5天的第

十二届国际水土保持大会在北京闭幕。第十二届国际水土保持大会共收到论文 700 多篇，其中有 350 多篇进行了会议交流。大会期间，专家、学者们就全球水土保持和生态改善等相关领域的问题进行了充分讨论，为交流各国、各地区水土流失防治和生态环境建设的最新经验提供了很好的机会。

6 月 5 日 《人民日报》报道：今年 6 月 5 日是第三十个世界环境日，由联合国环境规划署、国家环保总局和深圳市人民政府联合举办的 2002 年世界环境日国际纪念大会在深圳市大剧院举行。中共中央政治局委员、国务院副总理温家宝向大会发来贺信。

6 月 6 日 《人民日报》报道：由水利部和亚洲开发银行共同主办的中国水土保持发展战略国际研讨会在北京举行。会议的主要议题是审议亚洲开发银行支援中国水土保持发展战略研究终期报告初稿，使其更好地指导中国水土保持实践。

6 月 14 日 《人民日报》报道：由科技部和农业部等六部委联合举办的"国家农业科技园区研讨会"在河南省许昌市举行。代表们就国家农业科技园区的定位、规划、管理以及在农业发展中的推动作用等问题进行了深入研讨和交流。

《科技日报》报道：据统计，我国每年因沙漠化造成的直接经济损失高达 540 亿元。"中国北方沙漠化过程及防治研究"项目正式启动。

6 月 17 日 《人民日报》报道：为了积极应对我国加入世贸组织的挑战，有效运用反倾销、反补贴、保障措施等法律武器，维护行业和企业的合法权益，保护产业经济安全，我国化肥行业产业损害预警机制正式启动。6 月 13 日，国家经贸委产业损害调查局与中国磷肥工业协会、中国氮肥工业协会在北京联合召开了化肥行业产业损害预警机制启动工作会，对这一工作进行全面部署。

《人民日报》报道：6 月 17 日，全国绿化委员会、中宣部、人事部和国家林业局在京联合召开大会，隆重表彰为我国防沙治沙事业作出突出贡献的先进典型和模范人物。陕西省定边县海子梁乡四大壕村农民石光银荣获"全国治沙英雄"称号。

6 月 25 日 《人民日报》报道：6 月 24 日，"东亚农业技术与合作论坛"开幕。这次论坛的主题是："加强东亚农业技术合作，促进东亚农业持续发展"。

7 月 24 日 《人民日报》报道：7 月 23 日，国务院召开全国"菜篮子"工作会议，中共中央政治局委员、书记处书记、国务院副总理温家宝在会议上强调，新阶段"菜篮子"工作的任务是：以保障"菜篮子"产品长期稳定供给为目标，以提高"菜篮子"产品质量卫生安全水平为核心，加快实现由比较注重数量，向更加注重质量、保证卫生和安全转变，真正让城乡居民吃上"放心菜""放心肉"；逐步实现由阶段性供求平衡，向建立长期稳定供给机制转变，让城乡居民长期吃上"放心菜""放心肉"，促进农业增效、农民增收。

8 月 1 日 《人民日报》报道：7 月 31 日，全国绿色食品工作会议闭幕。截至 2001 年底，我国绿色食品产品总数达到 2 400 多个；生产实物总量达到 2 000 万吨，比 1998 年增加了 1.4 倍；产品销售额增加到 500 亿元，比 1998 年增长了 75.4％；产地环境监测面积达 5 800 万亩，比 1998 年增加了 71.3％；出口创汇 4 亿美元，比 1997 年增加近 5 倍。

8 月 16 日 《人民日报》报道：第三届中国长春国际农业食品博览（交易）会 15 日在长春国际会展中心开幕。

8 月 19 日 《人民日报》报道：8 月 18 日，全国农产品加工会议召开。农业部敲定了实施农产品加工业发展行动计划重点扶持的九大优势产业带加工示范项目。

8 月 20 日 《人民日报》报道：国务院发出关于加强新阶段"菜篮子"工作的通知。

《人民日报》报道：8 月 19 日，由国家经贸委、水利部、农业部联合主办的全国节水滴灌技术应用推广现场会在新疆石河子闭幕。会议期间，与会代表实地考察了新疆石河子市推广膜下滴灌技术的情况，一致认为，该项技术标志着我国农业节水技术产业化实现了重大突破。

8 月 22 日 《人民日报》报道：8 月 21 日，中共中央政治局委员、国务院副总理温家宝出席了中国国际农产品深加工——食品工业发展战略研讨会，并发表讲话指出，要充分发挥中国农产品资源丰富、消费市场广阔的优势，积极实施农产品加工和食品工业发展战略。

9 月 5 日 《人民日报》报道：9 月 4 日，中共中央办公厅、国务院办公厅召开全国减轻农民负担工作电视电话会议。中共中央政治局委员、书记处书记、国务院副总理温家宝在会议上强调，要针对农民负担中存在的突出问题，提出更加明确的要求，采取更加有力的措施，落实更加严格的责任，确保实现"使农民负担的税费水平进一步减轻"的目标。

9 月 17 日 《人民日报》报道：9 月 16 日，首届国际水稻大会在北京中国国际科技会展中心隆重召开，国家主席江泽民出席开幕式并作重要讲话。

10 月 2 日 《人民日报》报道：9 月 30 日，国家发展计划委员会向社会公布了《2003 年重要农产品进口关税配额分配实施细则》（第 4 号）、《2003 年天然橡胶进口配额分配实施细则》（第 5 号）及《2003 年羊毛、毛条进口关税配额管理实施细则》（第 6 号）。

10 月 9 日 《农民日报》报道：10 月 8 日，中德"土地整理与农村发展"研讨会在北京举行，来自各方的专家及项目区的村民代表共 90 余人参加了会议。

《光明日报》报道：10 月 8 日，国家环保总局与日本外务省、环境省共同举办的中日环境合作周在北京开幕。

10 月 17 日 《人民日报》报道：10 月 16 日，全球环境基金第二届成员国大会在北京国际会议中心开幕。国家主席江泽民出席开幕式，并发表了题为《采取积极行动共创美好家园》的重要讲话。这是全球环境基金首次在中国举办成员大会。

10 月 18 日 《人民日报》报道：10 月 17 日，第四届国际果蔬博览会在山东烟台开幕。中共中央政治局常委、全国人大常委会委员长李鹏给本届国际果蔬博览会发来了贺信。

10 月 22 日 《人民日报》报道：10 月 21 日，农业部隆重召开中国兽药典第三届委员会成立大会暨第一次全体会议，正式启动了新版《中华人民共和国兽药典》的编制工作，为解决动物性产品和肉食品生产中的安全问题、促进动物性产品出口和维护人民健康迈出坚实的一步。

10 月 26 日 《人民日报》报道：10 月 24 日至 25 日，全国农村税费改革试点工作座谈会在河南郑州召开。试点工作已在全国 20 个省份全面展开，试点地区农业人口达 6.2 亿，约占全国农业人口总数的 3/4。

10 月 27 日 《人民日报》报道：10 月 26 日，由中国农业科学院和亚洲农业信息技术联盟主办，中国农业科学院科技文献信息中心等承办的第三届亚洲农业信息技术联盟大会在北京开幕。来自 30 多个国家（地区）以及国内的 200 多名农业信息技术和信息管理方面的专家出席会议。

10 月 30 日 《人民日报》报道：10 月 29 日，全国农村卫生工作会议在京召开。中共中央总书记、国家主席江泽民致信会议强调，各级党委和政府要充分认识做好农村卫生工作的重大意义，进一步加强领导，精心组织部署，切实做好工作，保护和不断增进广大农民的健康，努力把我国卫生事业的改革和发展推进到一个新的阶段。中共中央国务院发布关于进一步加强农村卫生工作的决定。

《人民日报》报道：10 月 29 日，九届全国人大常委会种子法执法检查组在京举行第二次全体会议，全国人大常委会副委员长布赫强调，要更加深入扎实地贯彻实施好种子法，加强种子产业法制建设，努力推进建设具有国际竞争力的现代种子种苗产业，为我国农业、林业的发展做出新贡献。

10 月 31 日 《人民日报》报道：2002 年中国国际渔业博览会暨中国国际水产养殖展览会在青岛举行，来自 29 个国家和地区的 415 家中外企业参展。

11 月 4 日 《农民日报》报道：11 月 2 日，历时 3 天的 2002 年全国乡镇企业东西合作经贸洽谈会在河南省驻马店市结束，洽谈会由农业部、河南省人民政府共同主办。

11 月 6 日 《人民日报》报道：11 月 5 日，由科技部、农业部等 17 个部委和陕西省人民政府联合举办的第九届杨凌农业高新科技成果博览会在西安杨凌开幕。中共中央政治局常委、国务院副总理李岚清致信祝贺。

11 月 24 日 《人民日报》报道：11 月 23 日，第三届中国环境与发展国际合作委员会第一次会议开幕。近 5 年来，全国累计封山育林 502.7 万公顷，退耕还林 216.36 万公顷；环保和生态建设投入逐年增加，5 年共投入 5 800 亿元，占国内生产总值的 1.29%。

12 月 4 日 《人民日报》报道：12 月 3 日，国务院召开全国抗旱和农田水利基本建设电视电话会议，动员部署抗旱和农田水利基本建设工作。

12 月 18 日 《农民日报》报道：12 月 17 日，农业部在北京召开第一届国家农作物品种审定委员会成立大会。

12 月 21 日 《人民日报》报道：12 月 19 日至 20 日，全国人大环境与资源保护工作座谈会在京召开。全国人大常委会委员长李鹏给座谈会发来贺信。

12 月 27 日 《人民日报》报道：12 月 26 日，中共中央政治局召开会议，听取有关方面关于农业和农村工作的汇报。会议强调，全面建设小康社会，加快推进社会主义现代化，必须统筹城乡经济社会发展，更多地关注农村，关心农民，支持农业，把农业、农村、农民问题作为全党工作的重中之重，放在更加突出的位置，努力开创农业和农村工作的新局面。

【农业发展成就】

1月2日 《科技日报》报道：浙江省农科院研究员陈锦清在国际上首次从光合产物分配的角度，提出了利用反义 PEP 基因提高油菜种子含油量的技术路线，据此育成的油菜新品系，含油量最高达52.82%，经查是国际上含油量最高的甘蓝型油菜。

1月4日 《人民日报》报道：2001 年，全国供销合作社系统兴办各类农民专业合作社 16 488 个，带动农户 1 076 万户，仅此一项助农增收 37.1 亿元，户均增收 344.8；通过培育和发展龙头企业带动农户 128 万户，实现销售收入 160 亿元，户均增收381 元。

1月7日 《人民日报》报道：据调查分析，2001 年农户饲养 1 头猪可盈利 70 元左右，1 头奶牛盈利 2 500 元，1 头肉牛盈利 370 元。预计畜牧业产值占农业总产值的比重将达 30%，畜牧业将使农民人均增收 30 元左右。

《人民日报》报道：在西北干旱地区地下水资源勘查中，我国地质工作者发现，干旱的塔里木盆地北缘蕴藏一个特大型"地下水库"，地下水储存资源 360 亿立方米，略等于一个三峡水库（393 亿立方米）的库容。

《人民日报》报道：青海连续 5 年在黄河上游实施科学人工增雨作业，5 年来共增加降雨量 60 亿立方米，直接增加黄河水量 13 亿立方米，除生态效益外，仅发电一项就可带来 2 亿元的效益，投入产出比高达 1∶19。

1月8日 《人民日报》报道：据对全国 20 个主要省区市的不完全统计，2001 年 1 月至 11 月水产品总产量为 3 599 万吨，同比增加 108 万吨，增长3.1%。1 月至 10 月，我国水产品出口量达到 155.6万吨，同比增长 24%，出口额 32.6 亿美元，同比增长 6.9%。

1月9日 《人民日报》报道：截至 2001 年底，山东省烟台市全年苹果出口量突破 13 万吨，占据了全国苹果出口的"半壁江山"。

《农民日报》报道：农业部决定，自 2002 年起在长江流域试行春季禁渔制度。

《人民日报》报道：据最新统计，到 2000 年，全国各类农业产业化经营组织已发展到 6.67 万个，平均每个组织的固定资产规模比 1998 年增长 28%，销售收入增长 26%。据不完全统计，各类农业产业化经营组织带动的农户达 5 900 多万户，占全国农村总户数的 25% 以上。

《科技日报》报道：由科技部、农业部联合组织的"九五"主要农作物新品种重大"后补助"评审活动结束，经专家评审，决定对"九五"期间育成并已在生产上发挥了重要作用的 10 个农作物新品种，给予 50 万元的一次性经费补助。

《科技日报》报道：江西农业大学生物技术重点实验室建成我国首个地方猪种资源基因组 DNA 库。该库共采集了 70 个地方猪种（群）、4 000 多个猪个体的血样或组织样，提取保存了 1.2 万份 DNA 样品。

1月12日 《人民日报》报道：全国有 29 个省（区、市）农业部门在互联网上开通了信息网站，建立了 118 个数据库。据调查，全国地（市）级农业部门中有 105 个建了局域网，134 个建了互联网站，分别占地（市）总数的 32% 和 40%，全国省、地、县三级农业部门在信息网络建设方面的投资已达4.12 亿元，其中省级 1.18 亿元，地（市）级 1.22亿元，县（区）级 1.72 亿元。

《人民日报》报道：2001 年，参加全国联合收割机跨区机收小麦、水稻的联合收割机分别达到 15 万台和 2.5 万台，分别比上年增加了 3 万台和 5 000台，机收小麦面积 2.56 亿亩，机收小麦比例达到71.6%，比上年增加 5 个百分点。

1月15日 《农民日报》报道：西北农林科技大学张改生教授率领的科研攻关小组经过 6 年研究，率先将 CENESIS 应用于杂种小麦大田制种，并研究出优化的配套制种技术，使制种产量平均达到每亩250～350 千克。

1月17日 《人民日报》报道：2001 年我国水利投资创历史最高水平，中央水利投资总规模达401 亿元，水利建设取得突破性进展，长江干堤加固工程累计完成设计土方的 73%，完成石方占设计的48%；黄河下游完成大堤加高 544 千米。2001 年，全国新增节水灌溉面积 147 万公顷，新增粮食生产能力 7 亿千克，新增节水能力近 11 亿立方米。

《光明日报》报道：黑龙江八一农垦大学育成非转基因优质高油大豆品种"垦农 18"，其含油量高达23.98%，高出进口转基因大豆 2～3 个百分点。

1月19日 《人民日报》报道：一种具有国际领先水平，填补国内空白的油蟠桃新品种——欧宝一号、二号，最近在山东潍坊甜油桃研究所相继推出。专家认为，该品种是一个具有突破性的新品种，将在未来 5～10 年占领蟠桃产业主导地位。

1月21日 《人民日报》报道：山东省去年全省水产品对外贸易总量 146.4 万吨，总额达 21.02 亿美元，同比增长 27.4％和 31.6％，继续保持全国第一。

《人民日报》报道：我国第一部全面记载、直观描述中华民族农器上万年发展史的学术著作——《中华农器图谱》由中国农业出版社出版发行。该书收录了自公元前八千年起至公元二十世纪末，中华民族在农业生产、农产品加工中发明和使用的器皿、工具、农具、机械和设备，以及农家生活使用的某些器具，共 3 200 多种。

1 月 28 日 《人民日报》报道：据悉，2001年全国完成人工造林 438 万公顷，飞播造林 91 万公顷，封山育林 606 万公顷；林业产业增加值达到 930 亿元。

1 月 29 日 《人民日报》报道：农业部动物检疫所和青岛东方动物卫生法学研究所日前在青岛举办"动物卫生法国际学术研讨会"，中外专家就如何促进我国动物卫生管理体制与国际接轨，切实提高动物产品卫生质量等有关问题进行了研讨和交流。

1 月 31 日 《人民日报》报道：中国人民银行宣布，为促进农村信用社依法合规经营和做好支农服务工作，将加强农村信用社的监管，实施八项措施。发放农户贷款必须尊重农民意愿，不得以物抵贷；大力吸收种养业大户、各类专业户、个体工商户和农村中小企业入股；亏损社在扭亏之前不得兴建办公楼、购买小汽车。

《人民日报》报道：国家林业局发布了第二次全国荒漠化、沙化土地监测结果：我国土地荒漠化、沙化呈局部好转、整体恶化之势，截至 1999 年，我国有荒漠化土地 267.4 万平方千米，占国土总面积的 27.9％。1995—1999 年净增荒漠化土地 5.20 万平方千米，全国沙化土地总面积到 1999 年为 174.31 万平方千米，占国土总面积的 18.2％，5 年沙化土地净增 17 180 平方千米。

2 月 2 日 《人民日报》报道：2 月 1 日，由中国农工民主党中国初级卫生保健基金会主办的中国健康扶贫工程在京正式启动。这项工程为期 10 年，主要内容有：通过慈善捐赠、公益活动、技术咨询、社会活动、文艺演出、公益广告等形式，呼吁社会各界共同关心农村特别是贫困地区的医疗卫生保健事业。

2 月 22 日 《光明日报》报道：2001 年全国蔬菜种植面积达 2.4 亿亩，首次超过油料作物面积而成为仅次于粮食作物的第二大农作物。据世界粮食组织统计，我国蔬菜的人均占有量为世界平均水平的 3 倍多。

3 月 6 日 《人民日报》报道：截至 2001 年，全国花卉生产面积已超过 15 万公顷，成为世界花卉种植面积最大的国家。

3 月 18 日 《人民日报》报道：国家环保总局命名表彰了第二批 49 个国家级生态示范区，至此国家级生态示范区已经达到 82 个。

3 月 21 日 《人民日报》报道：3 月 20 日起，凡在中国境内销售列入标识目录的 5 类 17 种农业转基因生物必须进行标识。我国已经对农业转基因生物的研究、试验、生产、加工、经营和进出口活动实施全面管理。

《经济日报》报道：国家计委批准了 18 个粮油加工项目的立项，这标志着国家计委组织实施的农副产品深加工食品工业专项工程开始启动。首批粮油加工项目主要建设内容有大豆深加工、稻米深加工、小麦深加工、玉米深加工、特色油脂深加工、马铃薯深加工等内容，新增年加工能力总计 209 万吨，项目建设总投资 309 597 万元，大部分项目建设期在 2 年以内。项目达产后，预计年可实现销售收入 121 亿元，税收 10 亿元，利润 15 亿元。可解决直接就业近 3 万人，使 45 万户农民增收。

4 月 3 日 《人民日报》报道：俄罗斯联邦兽医局 4 月 1 日宣布正式解除禁止从我国进口猪、牛和禽肉的禁令。

4 月 4 日 《人民日报》报道：3 月 29 日至 4 月 2 日，中共中央政治局常委、国务院总理朱镕基在山西考察时指出，在我国经济发展进入新阶段和加入世贸组织的新形势下，必须充分认识增加农民收入和加强农业的极端重要性，当前特别要加快退耕还林步伐，加大产业结构调整力度，积极稳妥地推进农村税费改革，千方百计增加农民收入，切实减轻农民负担。

4 月 15 日 《人民日报》报道：十余年来，我国森林防火工作取得了显著成绩，火灾发生次数和损失均大幅下降。1988—2001 年，我国年均发生森林火灾 6 500 余次，受害森林面积 5.15 万公顷，分别比 1987 年前下降了 58％和 94％。尤其是 1998 年以来，年均森林火灾受害率仅为 0.31‰，远远好于 1‰的世界平均水平。

4 月 17 日 《科技日报》报道：4 月 15 日，农业部"万枚高产奶牛胚胎移植富民工程"在北京奶牛中心延庆基地正式启动。

4 月 18 日 《农民日报》报道：经过 10 年的攻关，新疆兵团农一师农业科学研究所培育出高强力、早熟、丰产、优质和抗枯黄萎病的陆地棉新品系"新陆中 14 号"。

4 月 20 日 《经济日报》报道：2002 年 3 月 28 日，江苏出入境检验检疫局从来自荷兰的盐渍猪肠衣中检出氯霉素残留。4月19日，国家质检总局和外经贸部联合发出公告，要求自即日起，停止从荷兰进口动物源性食品，对从荷兰输入的动物源性食品进行严格检验，检出有害人体健康物质残留的产品一律作销毁处理。

4月26日 《光明日报》报道：多年来困扰人们的植物病毒快速检测技术难题获得突破，4月25日，齿兰环斑等四种病毒酶联诊断试剂盒在京通过成果鉴定，专家认为该项目在总体上达到国际先进水平。

4月29日 《科技日报》报道：4月28日，我国濒危野生动植物种质基因保护计划正式启动，同时，国家濒危野生动植物种质基因保护中心在浙江大学成立。

5月7日 《人民日报》报道：深圳东立公司与国内外科研机构协作，在国内率先成功开发出转基因新型牧草"东立一号"，新型牧草耐寒性好，产草量高，对防治水土流失有显著作用。

5月8日 《农民日报》报道：我国绿色食品产品总数达到2 000个，年销售额超过400亿元。

5月14日 《人民日报》报道：国宝朱鹮首次繁殖成功，第一只朱鹮雏鸟日前在陕西省野生动物抢救饲养中心破壳而出。朱鹮种群数量近200只。

5月15日 《人民日报》报道：六大林业重点工程建设从试点和启动以来，天然林保护工程区9 266万公顷森林得到有效保护（占全国森林总面积的60%），新增森林面积633万公顷，净增蓄积量1.86亿立方米。我国实施的六大林业重点工程是：天然林保护工程、退耕还林工程、"三北"和长江中下游地区等重点防护林建设工程、京津风沙源治理工程、野生动植物保护和自然保护区建设工程、重点地区速生丰产用材林基地建设工程，总投资几千亿元。这六大工程规划范围覆盖了全国97%以上的县，规划造林任务达7 600万公顷，工程范围之广、规模之大、投资之巨，为历史罕见。

5月22日 《人民日报》报道：截至2001年底，我国已建立森林、草原、湿地等各种类型和不同级别的自然保护区1 551个（不包括港澳台），面积12 989万公顷，陆地保护区的面积约占陆地国土面积的12.9%。

5月27日 《光明日报》报道：国家计委、水利部与有关各地签订责任书，保证3年基本解决农村饮水困难。

5月29日 《人民日报》报道：中国农业大学与北京基因达科技有限公司和河北芦台农场合作，通过体细胞克隆技术成功地克隆了我国第一头地方优质黄牛——红系冀南牛。

5月31日 《人民日报》报道：三北防护林四期工程已全面启动，建设范围包括三北地区13个省、自治区、直辖市的590个县（旗、市、区），总面积405.39万平方千米，占国土总面积的42.2%。

《人民日报》报道：农业部遥感估产运行系统实现正式运行。

5月10日 《科技日报》报道：中国农业科学院作物育种栽培研究所刘秉华及课题组研制成功小麦群体改良的理想工具——矮败小麦，并探索出一套方便实用的育种方法和技术，使我国小麦育种技术研究实现了革命性突破。

5月11日 《人民日报》报道：为挽救长江渔业资源，6月9日，在农业部的主持下，长江流域首次进行了同步性实验性增殖放流。湖北、湖南、江西、安徽、江苏、上海6省市向长江中下游春季禁渔水域同步投放鱼苗。

5月13日 《人民日报》报道：科技部宣布："十五"期间，国家将投资2亿元，用于"现代节水农业"的技术攻关。

5月18日 《人民日报》报道：6月份以来，全国出现了较大范围的降雨过程，造成较为严重的人员伤亡和财产损失。6月17日，中共中央政治局委员、国务院副总理、国家防汛抗旱总指挥温家宝主持召开国家防汛抗旱总指挥部紧急会议，研究部署抗洪救灾工作。

5月21日 《人民日报》报道：到5月上旬，我国已经累计完成退耕还林面积3 500多万亩。退耕还林工程不仅有效改善了西部地区的生态环境，而且对于农业结构调整和农民增收起到了积极的作用。

5月27日 《人民日报》报道：全国农村"三个代表"重要思想学习教育活动联席会议领导小组、中共中央组织部近日作出关于表彰全国农村"三个代表"重要思想学习教育活动先进集体和全国农村学习实践"三个代表"重要思想基层干部标兵的决定。255个先进集体、31名基层干部标兵受到表彰。

5月28日 《农民日报》报道：农业部2002年重点工作之一，农产品优势区域布局规划工作取得阶段性进展，已基本成型。

5月30日 《经济日报》报道：新疆优质棉基地建设项目全面启动。项目总投资15.86亿元，项目区域涵盖天山南北10个产棉地州的38个优质棉基地县市，建成后将具有年产150万吨优质棉花的生产能力。

7月4日 《人民日报》报道：科技部7月2日在京举行"农产品深加工技术与设备研究开发"实施方案论证会，正式启动这一"十五"科技重大专项。我国将在今后3年内投入1.5亿元进行粮油、果蔬等大宗农产品深加工技术和设备的研究开发，以尽快解决目前我国农产品结构性过剩问题，提高农产品的原始创新能力和核心竞争力。

5月5日 《人民日报》报道：7月4日，为期12天的"中国—东盟国家杂交水稻技术培训班"在农业部全国农技中心闭幕。在这期间，我国水稻专家就杂交水稻育种、生产、病虫害防治等做专题讲座。

《人民日报》报道：自瑞士于今年2月8日暂停进口我国产禽肉以来，经质检总局会同其他部门积极交涉，瑞士联邦兽医局于4月3日宣布部分解除对中国产禽肉及其制品的进口禁令；7月2日，瑞士已正式全面恢复进口中国产禽肉及其制品。

5月7日 《光明日报》报道：重庆科研人员采用最新基因调控理论和独创专利技术，研制成功植物基因活化剂，对促进农业高产稳产具有卓越的功效，并解决了工业化生产的世界性难题。

5月8日 《人民日报》报道：我国农业领域迄今最大的无偿援助项目——中日农业技术研究发展中心在中国农科院落成并正式启用。中日农业技术研究发展中心是两国农业科技人员进行科技创新、研究开发和学术交流的基地，其仪器设备设施由日方无偿提供，价值约1亿元人民币。

5月11日 《科技日报》报道：福建省农科院稻麦研究所周天理培育成功京福2A和京福1A两个重穗型优质稻不育系，经专家鉴定分别达到国际和国内先进水平。

5月12日 《人民日报》报道：7月10日至11日，国家计委在湖南省郴州市召开全国涉农价格和收费公示工作经验交流会。全国完成涉农价格和收费公示牌设立工作的乡镇占70.4%，行政村占55.6%，共设置公示牌42.5万个，其中乡镇6.8万个，行政村35.7万个，发给农民公示手册5 424.8万本。据23个省（区、市）的统计，通过清理整顿和公示工作，年可减轻农民负担74亿元。

5月16日 《人民日报》报道：7月15日，"十五"国家科技攻关重大专项"生态农业技术体系研究与示范项目"正式启动。该项目由农业部与科技部、国家林业局共同承担，项目形成的技术成果在示范区、产业化基地和农业主产区应用，预计每年可产生直接经济效益5亿～6亿元，间接经济效益20亿元左右。

5月27日 《农民日报》报道：在财政部的支持下，农业部决定正式启动"农业结构调整重大技术研究专项"，51个科技项目将为农业结构调整提供技术支撑。

5月30日 《人民日报》报道：退耕还林科技示范项目启动两年来进展顺利。截至目前，各示范点共建设示范区47个，总面积达14万多亩；推广成熟的林业科技58项，辐射面积近30万亩；创造出51种综合治理与经营模式。

5月31日 《人民日报》报道：7月30日，外经贸部部长石广生与来访的美国农业部长安·维尼曼就执行中美农业协定以及进一步发展中美农产品贸易等问题交换了意见。

8月2日 《人民日报》报道：8月1日，总投资规模达718亿元的重点地区丰产用材林基地建设工程启动。这标志着中国历史上规模最大、范围最广、时间最长的速生丰产林基地建设工程正式拉开帷幕，也标志着经国务院批准的新时期六大林业重点工程全面驶入快车道。

8月20日 《人民日报》报道：2002年农业科技跨越计划项目正式启动，其中包括优质稻开发、特色农产品、高油大豆、无公害农产品生产及规模化养殖技术等19项。

9月18日 《人民日报》报道：由中国农业科学院棉花研究所科技贸易公司承担的国家计委高技术产业化生物技术专项——"转基因抗虫棉种子产业化"项目，日前取得重大进展。该项目的成功实施，不仅建成了包括技术创新、中间试验、良种繁育、种子加工、质量监控和营销推广6大体系，还培育成功中棉所37、38、39、41等多种类型的转基因抗虫棉新品种，使我国在转基因抗虫棉领域达到国际领先水平。

9月29日 《人民日报》报道：9月28日，中共中央政治局委员、国务院副总理温家宝在北京主持召开会议，听取"中国可持续发展林业战略研究"项目阶段性成果汇报。参加这项研究的有两位院士和有关部门资深专家60多人，加上其他研究人员近300人，涉及40多个学科和专业。课题组完成了调研报告30多篇。经过一年多的准备和研究，形成了《中国可持续发展林业战略研究总论》。

《人民日报》报道：国家防汛抗旱总指挥部发出通知，要求各省、自治区、直辖市和长江、黄河防汛抗旱指挥部及各流域管理机构加强水资源的统一调度管理，强化节约用水，全力做好当前抗旱保秋种工作。

10 月 18 日 《科技日报》报道：10 月 16 日，我国第一例利用玻璃化冷冻技术培育出的体细胞克隆牛在山东省梁山县诞生，这意味着我国体细胞克隆技术又取得新进展。

10 月 19 日 《人民日报》报道：10 月 18 日，科技部、农业部联合在京举行"十五"国家重大科技专项奶业项目启动签约仪式，宣布投入 4 亿多元攻关 6 个关键技术研究课题，并在全国建立 8 个现代化生产示范基地，全面提高我国奶业生产水平。

10 月 19 日 《人民日报》报道：10 月 18 日，国家林业局部署开展我国首次大规模防沙治沙法执法检查和调研活动。此次执法检查的范围主要涉及北方 14 省区，检查的内容包括各地防沙治沙法的宣传、防沙治沙组织机构和执法队伍建设情况、地方配套规章的建立、预防沙化采取的措施及对违法案件的查处情况等。

10 月 26 日 《科技日报》报道：中国农业科学院油料作物研究所王汉中为首的育种组，育成具有高产、高抗菌核病、高抗病毒病、高抗倒伏、高含油量、高蛋白、低芥酸、低硫甙的全能型油菜新品种"中双 9 号"。将有效增强我国油菜产业的国际竞争力。

11 月 5 日 《人民日报》报道：黑龙江省大面积高油高产大豆示范获得成功，据统计，黑龙江省 570 万亩高油高产大豆示范，亩产达到 176.3 千克，亩均纯收益 170.4 元。示范面积单产比全省大豆平均亩产量 150 千克高出 26.3 千克，增产幅度达 17.5％；与普通大豆相比，亩均纯增效益 54.4 元。

《人民日报》报道：截至 2002 年 9 月末，全国 90％以上农村信用社发放了农户小额信用贷款，贷款余额 789 亿元，比年初增加 454 亿元，增长 139％。农户小额信用贷款和农户联保贷款的合计受益农户达 5 684 万户，占有贷款需求且符合贷款条件农户数的 59％，占全部农户数的 25％。

10 月 22 日 《人民日报》报道：11 月 21 日，科技部、中国科学院、上海市人民政府联合宣布：我国科学家完成了所承担的国际水稻基因组计划第四号染色体精确测序任务，使我国对国际水稻基因组计划测序工作的贡献率达 10％。这是迄今为止我国独立完成的最大的基因组单条染色体精确测序。

12 月 13 日 《人民日报》报道：12 月 12 日，中国科学院、科技部、国家计委、国家自然科学基金委在京宣布，中国水稻（籼稻）基因组"精细图"已由我国科学家正式完成。这是全世界第一张农作物的基因组精细图谱，由中科院基因组信息学中心等单位完成的这张"精细图"覆盖了籼稻 97％的基因序列，其中 97％的基因被精确地定位在染色体上；覆盖基因组 94％ 染色体定位序列的单碱基准确性达 99.99％，已达到国际公认的基因精细图标准。

10 月 18 日 《人民日报》报道：12 月 17 日，共青团中央、水利部、农业部、财政部、国家林业局和全国青联在人民大会堂举行第七届中国杰出青年农民表彰仪式。青海省德令哈市宗务隆乡青年农民才层玛等获得"中国杰出青年农民"称号，全国政协副主席孙孚凌为获奖青年农民颁奖。

10 月 18 日 《人民日报》报道：国家级自然保护区达到 134 个，全国已经建立各类各级自然保护区 1 405 处，总面积 1.09 亿公顷，有效地保护了 85％的陆地生态系统、85％的野生动物种群和 65％的野生植物群落。

10 月 28 日 《人民日报》报道：12 月 27 日，举世瞩目的南水北调工程开工典礼在北京人民大会堂和江苏省、山东省施工现场同时举行。国务院总理朱镕基在北京人民大会堂主会场宣布工程正式开工。

10 月 28 日 《农民日报》报道：江苏省张家港市南丰镇永联村党委书记、江苏永钢集团公司董事长吴栋材当选 2002 年中国农村新闻人物。

2003 年

【文献】

1月3日 《人民日报》报道：国家环保总局副局长王心芳在贯彻《环境影响评价法》报告会上指出，该法将于今年9月1日实施，把环境影响评价的范围由建设项目拓展到有关的经济发展规划，当务之急是抓紧制定配套法律法规的建设。

1月12日 《人民日报》报道：国家主席江泽民签署第81号主席令，公布修订后的《中华人民共和国农业法》，自2003年3月1日起施行。

《人民日报》报道：国家林业局和国家工商总局联合下发通知，要求有关部门开展对利用野生动物及其产品为原料的生产企业进行清理整顿，并借鉴国际通行做法，对野生动物产品、制成品及衍生物开展标记试点工作，以进一步加强对野生动物资源的保护及其产品的市场管理，防止野生动物资源过量消耗。

1月14日 《人民日报》报道：国务院办公厅印发《关于促进农产品加工业发展的意见》，要求各省、自治区、直辖市人民政府，国务院各部委、各直属机构认真贯彻执行。

《意见》要求：当前和今后一个时期，要紧紧围绕农业和农村经济结构的战略性调整，因地制宜，科学规划，合理布局，依靠科技进步发展农产品加工业；在避免重复建设、提高农产品综合加工能力的同时，逐步实现农产品由初级加工向精深加工转变，由传统加工工艺向采用先进适用技术转变；推进农产品加工原料生产基地化，产加销经营一体化，加工制品优质化，促进农产品加工业持续健康发展。发展目标：经过5~10年发展，形成与优势农产品产业带相适应的加工布局，建成一批农产品加工骨干企业和示范基地；建立农产品加工业的技术创新体系，健全重要农产品加工制品质量安全标准；使农产品加工业增加值占国内生产总值、工业增加值的比重有较大提高。重点领域主要有：①大力发展粮、棉、油料等重要农产品精深加工。粮食加工以小麦、玉米、薯类、大豆、稻米深加工为主，配套发展粮食烘干等产后处理能力。发展各类专用粮油产品和营养食品、经济食品、方便食品加工。②积极发展"菜篮子"产品加工。肉类重点发展猪、牛、羊、鸡、鸭、鹅、兔等产品深加工；奶业要优先提供优质、营养的学生饮用奶；水产品发展优质鱼、虾、贝类、海珍品等水产品精深加工；积极发展有机蔬菜产品和绿色蔬菜产品加工，搞好蔬菜的清洗、分级、整理、包装，推广净菜上市，发展脱水蔬菜、冷冻菜、保鲜菜等；注重发展干鲜果品保鲜、储藏及精深加工。③巩固发展糖、茶、丝、麻、皮革等传统加工。鼓励发展精制糖，发展名优茶、有机茶和保健茶；发展丝和麻加工系列制品；积极开发牛、羊等皮毛（绒）深加工制品；合理利用和开发食用菌等农业野生资源，发展特色农产品加工。

1月6日 《人民日报》报道：1月5日，国务院办公厅发出《关于做好农民进城务工就业管理和服务工作的通知》。

《通知》提出取消对农民进城务工就业的不合理限制，各地区、各有关部门要取消对企业使用农民工的行政审批，取消对农民进城务工就业的职业工种限制，不得干涉企业自主合法使用农民工。

《人民日报》报道：新修订的农业法、草原法和新制定的农村土地承包法将于2003年3月1日起施行。15日，全国人大农业与农村委员会、全国人大法律委员会、全国人大常委会法工委、国务院法制办、农业部、国家林业局联合举办农业法、农村土地承包法、草原法贯彻实施座谈会。全国人大常委会委员长李鹏出席座谈会并讲话指出，要认真贯彻实施好这三部法律，依法促进全面建设农村小康社会。

1月24日 《人民日报》报道：国务院办公厅转发了卫生部、财政部和农业部3部门《关于建立新型农村合作医疗制度意见的通知》，要求从2003年起，各省、自治区、直辖市至少要选择2~3个县（市）先行试点，取得经验后逐步推开。

《通知》要求，到2010年，实现在全国建立基本覆盖农村居民的新型农村合作医疗制度的目标，减轻农民因疾病带来的经济负担，提高农民健康水平，并提出建立新型农村合作医疗制度要遵循的原则。

2月11日 《农民日报》报道：农业部部长杜青林签署第23号、24号农业部令，发布《农业植物新品种权代理规定》和《农业植物新品种权侵权案件处理规定》，自2003年2月1日起施行。

2月19日 《农民日报》报道：国土资源部发出紧急通知，严禁任何单位和个人使用农民集体土地进行商品房开发。

《人民日报》报道：18日，国家计委发布公告，决定继续实施现代农业高技术产业化示范工程。公告提出了现代农业高技术产业化示范工程的主要内容与工作重点：一是高效种植业、养殖业优良新品种繁育及良种产业化示范；二是具有品牌优势、出口创汇能力的农产品种植、养殖技术产业化示范；三是设施农业技术集成产业化示范；四是农副产品深加工技术产业化示范；五是绿色环保型农业投入品的产业化示范；六是农业信息化示范。

3月7日 《人民日报》报道：农业部、公安部、国家工商总局、国家质检总局、全国供销合作总社日前联合发出通知，部署2003年农资打假工作。

4月1日 《农民日报》报道：农业部下发了《关于发展农产品和农资连锁经营的意见》（农市发〔2003〕3号），提出积极引导、大力发展农产品和农资连锁经营。

《意见》指出，发展连锁经营是企业为提高市场竞争力和盈利能力而选择的一种营销组织形式，必须尊重客观经济规律，坚持以市场为取向，由企业自主决策和运作。在推进企业发展连锁经营中，要注意把握好几个条件：一是企业要有相当的经济实力。二是要有先进的管理模式、管理手段和过硬的管理队伍。三是要有一定知名度、信誉度的企业品牌。

4月30日 《人民日报》报道：29日，就农民（含进城务工农民）和城镇困难群众非典患者救治费用等有关问题，财政部、卫生部发出紧急通知，要求各地切实做好农民和城镇困难群众非典型肺炎患者救治工作。通知要求，各级医疗机构必须及时救治农村非典患者，绝不允许因费用问题延误农村非典患者的救治。对农民和城镇困难群众中的非典患者实行免费医疗救治，所发生的救治费用由救治地政府负担。其他非典患者救治费用按有关规定给予解决。中央财政对中西部困难地区政府负担救治费用，按规定给予补助。

5月5日 《农民日报》报道：我国首部涉及农村集体土地登记发证工作的地方法规在江苏南京颁布，《南京市集体土地登记办法》将于6月1日开始施行。

5月7日 《人民日报》报道：农业部发出通知，对黄海和东海的部分海域休渔时间和休渔作业类型做了适当调整，其他海域继续按原规定执行。

5月12日 《人民日报》报道：国家林业局发出紧急通知，要求各地针对当前部分地区非典疫情和春季旱情严重带来的不利影响，抓住立夏后我国北方地区陆续进入雨季造林的时节，强化措施，不误农时，千方百计完成全年造林任务。

5月18日 《人民日报》报道：新华社发表《国务院关于全面推进农村税费改革试点工作的意见》（国办发〔2003〕85号）。

《意见》要求，坚持条件，实事求是，积极稳妥地全面推进农村税费改革试点工作。为了确保改革的顺利推进，现在重申并强调，对目前基础工作还不够扎实，全面试点的条件还不成熟，完成今年改革各项任务确有难度的省份，不强求一律在年内全面推进，可以继续进行局部试点，绝不能不顾条件仓促地全面实施。对照检查，纠正偏差，不折不扣地把中央政策落到实处。先行全面试点的地区，要对照中央有关政策加强对基层改革试点工作的监督检查。坚决落实"三个不准"。要重点督促村内"一事一议"筹资筹劳严格按规定程序和要求进行，不准将村内"一事一议"筹资筹劳变成农民的固定负担项目，不准强行以资代劳。加大力度，整体推进，积极搞好各项配套改革。要规范农村税费改革后的农业税征收管理。认真落实农业税征收机关征税、协税员协税的农业税征收管理制度，推行以定时、定点征收为主的农业税征管方式。规范完税凭证的使用管理，做到一户一票，不准"打白条"或使用其他非法票据。不准非专职征收人员直接收取农业税税款，严禁动用警力或组织"小分队"强制收取农业税费。规范分配，严格监督，确保农村税费改革专项转移支付资金专款专用。中央财政对地方农村税费改革专项转移支付资金已下达到各省（自治区、直辖市），省级财政和有条件的市、县都要安排一定资金支持改革试点。要求各地区和有关部门要注意研究农村税费改革试点中出现的新矛盾和新问题，加强专题调查，及时提出切实可行的解决办法。通过不断调整和完善收入分配政策，逐步实行城乡统一的税费制度，进一步解放和发展农村生产力；同时，加大对农村社会事业发展的财政支持力度，促进城乡经济和社会协调发展，加快全面建设小康社会的步伐。

5 月 29 日 《人民日报》报道：为做好农村传染性非典型肺炎防治工作，根据全国防治非典型肺炎指挥部《全国农村非典型肺炎防治工作方案》精神，卫生部、国家发改委、民政部、财政部、农业部和国家人口计生委联合制定了《关于加强农村传染性非典型肺炎防治工作的指导意见》，印发各地。

《人民日报》报道：国家发改委、国家粮食局近期下发了《关于 2003 年粮食收购价格有关问题的通知》，明确要求，今年粮食主产区要继续坚持保护价收购制度。收购保护价应当总体保持在上年水平，不做大的调整。

6 月 11 日 《人民日报》报道：财政部、国家税务总局发出通知，要求实施农村税费改革试点的地区按照国务院统一部署，逐步取消农业特产税。

6 月 16 日 《人民日报》报道：6 月 15 日，国家林业局发布了《2002 年六大林业重点工程统计公报》。公报显示：2002 年，六大林业重点工程共完成造林面积 677.74 万公顷，占全国造林总面积的 87.15%，造林面积比 2001 年增长 113.58%。其中，人工造林 596.79 万公顷，飞播造林 80.95 万公顷，分别比 2001 年增长 151.17% 和 1.54%。到 2002 年底，实有封山育林面积 1 035.88 万公顷，比上年增长 25.57%；其中，当年新封山育林 137.66 万公顷。全年完成各类投资 255.80 亿元，其中国家投资 229.52 亿元，分别比 2001 年增长 53.69% 和 70.63%。

6 月 24 日 《人民日报》报道：6 月 20 日，黑龙江省十届人大常委会第三次会议正式通过《黑龙江省湿地保护条例》。这是全国第一个在湿地资源保护方面的地方法规。黑龙江省是湿地大省，现有湿地面积 434 万公顷，占全国湿地总面积的 16%。

6 月 26 日 《人民日报》报道：经国务院同意，国家发展改革委、农业部、财政部、商务部、国家广电总局、中华全国供销合作总社、国家统计局、国家粮食局、中国农业发展银行等九部门联合印发了《关于进一步加强和改进农产品价格信息服务工作的意见》，要求各地方及各有关部门做好农产品价格信息服务工作。

《农民日报》报道：6 月 18 日，农业部、国家工商行政管理总局、海关总署、公安部联合发出紧急通知，要求严厉打击非法捕捉和经营利用水生野生动物的行为。

7 月 6 日 《光明日报》报道：国务院总理温家宝签署第 383 号国务院令，公布《中华人民共和国渔业渔船检验条例》。

《条例》指出，国务院渔业行政主管部门主管全国渔业船舶检验及其监督管理工作。中华人民共和国渔业船舶检验局行使渔业船舶检验及其监督管理职能。地方渔业船舶检验机构依照本条例规定，负责有关的渔业船舶检验工作。各级公安边防、质量监督和工商行政管理等部门，应当在各自的职责范围内对渔业船舶检验和监督管理工作予以协助。国家对渔业船舶实行强制检验制度。强制检验分为初次检验、营运检验和临时检验。渔业船舶检验，应当遵循安全第一、保证质量和方便渔民的原则。

7 月 9 日 《人民日报》报道：国家林业局、最高人民检察院、公安部、铁道部、交通部等 12 个部门发出《关于适应形势需要做好严禁违法猎捕和经营陆生野生动物工作的通知》，要求各地、各有关单位采取有效措施，加强监管，严格把关，严禁违法猎捕和经营陆生野生动物。

7 月 26 日 《农民日报》报道：7 月 8 日，农业部部长杜青林签署第 30 号农业部令，公布《农作物种质资源管理办法》，自 2003 年 10 月 1 日起施行。

《办法》指出，农业部设立国家农作物种质资源委员会，研究提出国家农作物种质资源发展战略和方针政策，协调全国农作物种质资源的管理工作。委员会办公室设在农业部种植业管理司，负责委员会的日常工作。各省、自治区、直辖市农业行政主管部门可根据需要，确定相应的农作物种质资源管理单位。农作物种质资源工作属于公益性事业，国家及地方政府有关部门应当采取措施，保障农作物种质资源工作的稳定和经费来源。国家对在农作物种质资源收集、整理、鉴定、登记、保存、交流、引进、利用和管理过程中成绩显著的单位和个人，给予表彰和奖励。

8 月 8 日 《人民日报》报道：7 月 23 日，国务院发布《关于克服非典型肺炎疫情影响促进农民增加收入的意见》。

8 月 23 日 《农民日报》报道：为使农副产品市场准入有章可循，商务组织起草了《农副产品绿色批发市场标准》和《农副产品绿色零售市场标准》，已由国家标准委审定发布。

8 月 29 日 《经济日报》报道：8 月 15 日，国务院总理温家宝签署第 388 号国务院令，公布《中央储备粮管理条例》，自公布之日起施行。《条例》规定国家实行中央储备粮垂直管理体制，地方各级人民政府及有关部门应当对中央储备粮的垂直管理给予支持和协助。

8 月 30 日 《人民日报》报道：国土资源部发出通知，要求各地进一步加强基本农田保护工作，坚决遏止各类非农业建设违法占用基本农田。要按照《土地管理法》和《基本农田保护条例》的有关规定，严格执行基本农田目标责任制、用途管制、建设占用审批和补划、监督检查等各项基本农田保护和管理制度，确保土地利用总体规划确定的基本农田面积不减少。

9月4日 《农民日报》报道：商务部、公安部、卫生部、工商总局、质检总局联合发出《关于加强生猪屠宰管理确保肉品安全的紧急通知》，要求全面开展定点屠宰厂（场）清理整顿，严格肉品市场准入，确保肉品安全。

9月11日 《人民日报》报道：新华社发表《中共中央国务院关于加快林业发展的决定》。

《人民日报》报道：在新棉陆续上市时，为做好新棉收购工作，经国务院批准，近日国家发改委、供销合作总社、国家工商总局、国家质检总局、中国农业发展银行等五部门联合发出《关于做好2003年度棉花收购工作的通知》。《通知》提出，棉花收购价格上涨空间有限，企业在收购新棉时，要切实防范市场风险，保持合理价位。要坚持按质论价、优质优价的原则，防止抬级抬价和压级压价，保持市场棉价的基本稳定。

9月16日 《农民日报》报道：农业部发出《关于做好秋季草原防火工作的通知》，要求各地落实好各项防火措施。

9月21日 《人民日报》报道：新华社发表《国务院关于进一步加强农村教育工作的决定》。

《决定》明确农村教育在全面建设小康社会中的重要地位，把农村教育作为教育工作的重中之重。加快推进"两基"攻坚，巩固提高普及义务教育的成果和质量，力争用五年时间完成西部地区"两基"攻坚任务。到2007年，西部地区普及九年义务教育（以下简称"普九"）人口覆盖率要达到85%以上，青壮年文盲率降到5%以下。要将"两基"攻坚作为西部大开发的一项重要任务，摆在与基础设施建设和生态环境建设同等重要的位置。国务院有关部门和西部各省（自治区、直辖市）人民政府要制定工作规划，设立专项经费，精心组织实施，并每年督促检查一次，确保目标实现。要以加强中小学校舍和初中寄宿制学校建设、扩大初中学校招生规模、提高教师队伍素质、推进现代远程教育、扶助家庭经济困难学生为重点，周密部署，狠抓落实。中央继续安排专项经费，实施贫困地区义务教育工程，安排中央资金对"两基"攻坚进行重点支持。中央和地方新增扶贫资金要支持贫困乡村发展教育事业。中部地区没有实现"两基"目标的县也要集中力量打好攻坚战。大力提高女童和残疾儿童少年的义务教育普及水平。已经实现

"两基"目标的地区特别是中部和西部地区，要巩固成果、提高质量。发展农村高中阶段教育和幼儿教育，建立和完善教育对口支援制度。坚持为"三农"服务的方向，大力发展职业教育和成人教育，深化农村教育改革。落实农村义务教育"以县为主"管理体制的要求，加大投入，完善经费保障机制。建立健全资助家庭经济困难学生就学制度，保障农村适龄少年儿童接受义务教育的权利。加快推进农村中小学人事制度改革，大力提高教师队伍素质。实施农村中小学现代远程教育工程，促进城乡优质教育资源共享，提高农村教育质量和效益。

10月2日 《人民日报》报道：经国务院同意，国务院办公厅转发教育部、中央编办、公安部、发展改革委、财政部、劳动保障部《关于进一步做好进城务工就业农民子女义务教育工作的意见》，并要求各省、自治区、直辖市人民政府，国务院各部委、各直属机构认真贯彻执行。

《意见》指出，进城务工就业农民流入地政府负责进城务工就业农民子女接受义务教育工作，以全日制公办中小学为主。流入地政府要制定有关行政规章，协调有关方面，切实做好进城务工就业农民子女接受义务教育工作。充分发挥全日制公办中小学的接收主渠道作用。全日制公办中小学要充分挖掘潜力，尽可能多地接收进城务工就业农民子女就学。建立进城务工就业农民子女接受义务教育的经费筹措保障机制。采取措施，切实减轻进城务工就业农民子女教育费用负担。进城务工就业农民流出地政府要积极配合流入地政府做好外出务工就业农民子女义务教育工作。流出地政府要建立健全有关制度，做好各项服务工作，禁止在办理转学手续时向学生收取费用。加强对以接收进城务工就业农民子女为主的社会力量所办学校的扶持和管理。各地要将这类学校纳入民办教育管理范畴，尽快制订审批办法并设置标准，设立条件可酌情放宽，但师资、安全、卫生等方面的要求不得降低。加强宣传引导，营造全社会关心和支持进城务工就业农民子女义务教育工作的良好氛围。

10月6日 《人民日报》报道：农业部、劳动和社会保障部、教育部、科技部、财政部、建设部等6部门日前联合制订了《2003—2010年全国农民工培训规划》，决定大力实施农村劳动力转移培训，每年培训2 000万人次农民工，争取使新增转移的农村劳动力基本掌握一项在城镇创业、就业的技能，并获得相应的职业资格或培训证书。目前，全国共有4.8亿农村劳动力，农业实际需要的劳动力不到2亿，还有1.6亿劳动力在当地从事乡镇企业工作和其他非农产业，农村共有1亿多富余劳动力。

10月23日 《人民日报》报道：劳动和社会保障部、建设部联合下发通知，要求切实采取措施解决建筑企业拖欠、克扣农民工工资的问题，保护农民工合法权益。

12月3日 《经济日报》报道：农业部向沿海各省印发了《关于2003—2010年海洋捕捞渔船控制制度实施意见》。我国海洋捕捞渔船数和功率数由"总量控制"阶段进入"总量压减"阶段。

12月11日 《农民日报》报道：11月14日，农业部部长杜青林签署第33号农业部令，发布《中华人民共和国农村土地承包经营权证管理办法》，自2004年1月1日起施行。

《办法》指出，农村土地承包经营权证是农村土地承包合同生效后，国家依法确认承包方享有土地承包经营权的法律凭证。农村土地承包经营权证只限承包方使用。承包耕地、园地、荒山、荒沟、荒丘、荒滩等农村土地从事种植业生产活动，承包方依法取得农村土地承包经营权后，应颁发农村土地承包经营权证予以确认。承包草原、水面、滩涂从事养殖业生产活动的，依照《中华人民共和国草原法》《中华人民共和国渔业法》等有关规定确权发证。实行家庭承包经营的承包方，由县级以上地方人民政府颁发农村土地承包经营权证。实行其他方式承包经营的承包方，经依法登记，由县级以上地方人民政府颁发农村土地承包经营权证。县级以上地方人民政府农业行政主管部门负责农村土地承包经营权证的备案、登记、发放等具体工作。农村土地承包经营权证所载明的权利有效期限，应与依法签订的土地承包合同约定的承包期一致。农村土地承包经营权证应包括以下内容：①名称和编号；②发证机关及日期；③承包期限和起止日期；④承包土地名称、坐落、面积、用途；⑤农村土地承包经营权变动情况；⑥其他应当注明的事项。

12月12日 《农民日报》报道：中国国家质量监督检验检疫总局与美国农业部分别签署了《中国鸭梨输往美国的检疫工作计划》《中国龙眼输往美国的检疫工作计划》和《美国阿拉斯加马铃薯种薯输往中国植物检疫议定书》。

《农民日报》报道：10日，中宣部、农业部等十四部委联合发布了《关于表彰全国文化科技卫生"三下乡"先进集体和先进个人的决定》，对近年来在"三下乡"工作中做出突出成绩的104个先进集体和200位先进个人予以表彰。

12月16日 《经济日报》报道：国家发展改革委员会发出通知，要求立即开展全国农业生产资料价格专项检查。

【会议】

1月9日 《人民日报》报道：1月8日，为期两天的中央农村工作会议在北京闭幕。会议指出，全面建设小康社会，必须统筹城乡经济社会发展，更多地关注农村，关心农民，支持农业，把解决好农业、农村和农民问题作为全党工作的重中之重，放在更加突出的位置，努力开创农业和农村工作的新局面。党中央、国务院决定今后每年新增教育、卫生、文化等事业经费，主要用于农村，逐步缩小城乡社会事业发展的差距。

1月10日 《人民日报》报道：9日，全国农业工作会议在京闭幕，2003年农业农村经济工作的重点是：紧紧围绕全面建设小康社会的战略目标，坚持以农业和农村经济结构战略性调整为工作主线，以不断增加农民收入为中心任务，大力发展优质、高产、高效、安全、生态农业，扎实推进农产品竞争力增强、农业增效和农民增收，确保农业和农村经济持续健康发展。

1月11日 《人民日报》报道：国务院西部开发办、农业部10日召开退牧还草工作电视电话会议，全面启动退牧还草工程。中共中央政治局委员、国家发展计划委员会主任、国务院西部地区开发领导小组办公室主任曾培炎出席会议并讲话。退牧还草的规划目标和重点范围是，从今年起，用5年时间，在蒙甘宁西部荒漠草原，内蒙古东部退化草原，新疆北部退化草原和青藏高原东部江河源草原，先期集中治理10亿亩，约占西部地区严重退化草原的40%。2003年，安排退牧还草任务1亿亩。

1月14日 《人民日报》报道：13日，国家林业局召开京津风沙源治理工程工作会议。国家将放宽工程荒山、荒地、荒沙造林政策，个体和多种所有制经济组织造林绿化同等享受国家补助，并依法核发林权证，以激励社会各界参与工程建设，加快工程区沙化土地治理和荒山绿化步伐。

3月5日 《人民日报》报道：由农民日报社和中国农产品市场协会共同主办的"中国农产品行业协会改革与发展论坛"日前在北京举行。与会代表们认为，中国农产品行业协会是当今农村经济生活中最活跃的成分，只要政府加大规范引导和扶持力度，这些行业协会组织必将为农村经济发展做出贡献。与会代表就此进行了广泛的讨论。

3月6日 《人民日报》报道：5日，国务院总理朱镕基在十届全国人大一次会议上作政府工作报告时提出，今年的政府工作要继续把发展农业和农村经济、增加农民收入，作为经济工作的重中之重。要统筹城乡经济社会发展，切实做好"三农"工作。

3月11日 《人民日报》报道：3月10日，十届全国人大一次会议在人民大会堂举行中外记者招待会，农业部部长杜青林和国务院发展研究中心副主任陈锡文就农业和农村工作回答了中外记者的提问。

5月7日 《人民日报》报道：国务院6日下午在京召开全国农村非典型肺炎防治工作电视电话会议，部署农村非典型肺炎防治工作和经济工作。中共中央政治局常委、国务院总理温家宝指出，要充分认识做好农村非典型肺炎防治工作的重要性和紧迫性，进一步提高认识，统一思想，加强领导，落实措施，千方百计确保农村不发生大规模疫情，确保广大农民群众身体健康和生命安全，确保农村经济健康发展和社会稳定。

5月27日 《人民日报》报道：中共中央政治局委员、国务院副总理、国务院扶贫开发领导小组组长回良玉26日在京主持召开新一届国务院扶贫开发领导小组第一次全体会议。回良玉强调，要以邓小平理论和"三个代表"重要思想为指导，认真贯彻党的十六大和中央农村工作会议精神，坚持中央确定的扶贫开发工作的基本方针，狠抓《中国农村扶贫开发纲要》的落实，全面开创新时期扶贫开发工作的新局面。

7月9日 《人民日报》报道：国务院总理温家宝7月8日主持召开国务院常务会议，研究部署增加农民收入和妥善处理因防治非典引发的矛盾和纠纷等工作。

7月11日 《人民日报》报道：7月9日，中共中央政治局委员、国务院副总理、国家防汛抗旱总指挥部总指挥回良玉在京主持召开国家防汛抗旱总指挥部全体会议，传达贯彻胡锦涛、温家宝的重要指示，分析当前的防汛抗洪形势，部署下一步工作。

8月1日 《农民日报》报道：7月31日，国务院召开全国进一步治理整顿土地市场秩序电视电话会议，就清理整顿各类开发区用地，加强土地管理做出部署。

8月7日 《经济日报》报道：8月6日，国务院召开十二省区市抗旱工作电视电话会议，就浙江、安徽等12省区市抗旱工作做出部署。

8月10日 《经济日报》报道：经国务院同意，全国农业工作会议8月8日至9日在京召开。中共中央政治局委员、国务院副总理回良玉在会上强调，各地、各部门要认真贯彻落实党中央、国务院关

于促进农民增收的一系列部署，按照城乡协调、经济社会协调发展的新思路，坚持"多予、少取、放活"的方针，进一步推进农业和农村经济结构战略性调整，继续深化农村改革，努力克服非典疫情和自然灾害的影响，促进农民收入稳定增长。

8月19日 《人民日报》报道：国务院深化农村信用社改革试点工作座谈会18日在北京召开。中共中央政治局常委、国务院副总理黄菊出席会议并讲话。他强调，深化农村信用社改革意义重大，这是实践"三个代表"重要思想，切实保障农民利益，增加农民收入，发展农业经济，促进广大农村全面建设小康社会的一件大事。我们要加强领导，精心组织，抓住重点，扎实有效地做好农村信用社改革试点工作，更好地增强服务"三农"功能，促进城乡经济协调发展。

8月21日 《人民日报》报道：在20日召开的新一届国家农业综合开发联席会议第一次会议上，中共中央政治局委员、国务院副总理回良玉强调，做好新阶段农业综合开发工作，要以"三个代表"重要思想和党的十六大精神为指导，紧紧围绕全面建设小康社会的目标，着力加强农业基础设施和生态建设，提高农业综合生产能力；着力推进农业和农村经济结构的战略性调整，提高农业综合效益，增加农民收入。

9月3日 《人民日报》报道：中共中央政治局委员、国务院副总理回良玉在2日召开的全国村务公开工作电视电话会议上强调，各地区、各有关部门要深入学习贯彻胡锦涛总书记"七一"重要讲话精神，以"三个代表"重要思想统领新时期的村务公开、民主管理工作。

9月4日 《人民日报》报道：3日，由农业部和山西省主办的2003年全国乡镇企业经贸洽谈暨产品展销会在太原市开幕。正值太原市建城2 500年暨旅游招商之际，来自全国28个省、市、区、计划单列市和民营企业的40多个代表团共1万余人参加了"乡洽会"。当天，山西、贵州、河南、甘肃等代表团就有59个合作项目签约。

9月20日 《人民日报》报道：19日，全国农村教育工作会议在北京召开。中共中央政治局常委、国务院总理温家宝出席会议并发表讲话。他强调，要以"三个代表"重要思想和党的十六大精神为指导，按照以胡锦涛同志为总书记的党中央的部署，切实加强农村教育工作，认真解决"三农"问题，推进农村小康建设和城乡协调发展。

9月29日 《人民日报》报道：9月27日至28日，国务院在京召开全国林业工作会议。中共中

央政治局常委、国务院总理温家宝在会上指出，加强生态建设，实现经济社会可持续发展，是关系中华民族生存与发展的根本大计。要开拓创新，扎实工作，加快推进我国林业发展的历史性转变，为再造秀美山川而努力奋斗。

10 月 20 日 《科技日报》报道：10 月 15 日，为期 3 天的中国—欧盟荒漠化综合治理研讨会在北京举行。

10 月 22 日 《人民日报》报道：中宣部、人事部、农业部 21 日在北京召开表彰大会，授予张玉玺等 50 人"全国农村优秀人才"荣誉称号。中共中央政治局委员、国务院副总理回良玉在表彰大会前与部分代表进行座谈，国务委员兼国务院秘书长华建敏出席表彰大会并讲话。

10 月 27 日 《人民日报》报道：26 日，首届中国林木业可持续发展国际研讨会在北京举行，国家林业局局长周生贤、副局长雷加富、泰国自然资源与环境部常务次长博霸索等政府官员与来自国内外的四百多名专家、企业家代表，围绕如何实现中国林木业的可持续发展等议题进行了深入研讨。本次研讨会由国家林业局经济发展研究中心和环球木材综合发展有限公司主办，顺和成集团（泰国）、承达木材制品有限公司和大兴安岭林业集团公司协办。

10 月 29 日 《人民日报》报道：国务院 28 日在北京召开农业和粮食工作会议，中共中央政治局常委、国务院总理温家宝发表重要讲话。他强调，要认真贯彻落实党的十六届三中全会精神，继续推进农业和农村经济结构的战略性调整，深化粮食流通体制改革，加强对粮食主产区和种粮农民的支持，切实保护耕地，加大投入力度，加强粮食综合生产能力建设，千方百计增加农民收入，确保国家粮食安全。

11 月 10 日 《农民日报》报道：7 日，国家质检总局、农业部、国家标准化管理委员会在京召开全国农业标准化工作会议。

11 月 12 日 《经济日报》报道：11 月 10 日至 11 日，全国农田水利基本建设工作会议在成都举行。国务院总理温家宝对会议作出重要批示，搞好农田水利基本建设，提高粮食综合生产能力。

11 月 13 日 《农民日报》报道：12 日，亚欧会议农业合作高级别会议在北京召开。会议就农业政策、贸易和投资，农业可持续发展与有机农业、农产品质量安全管理、农业生物技术等问题进行了讨论。

11 月 17 日 《人民日报》报道：国务院发展研究中心和大连商品交易所联合举办了"中国粮食高层论坛"。国家有关部门的领导、有关研究机构的专

家学者、粮食主产区和粮食产业界的代表出席了会议，共同探讨中国粮食发展这一重大课题。

《人民日报》报道：16 日，首届中国国际农产品交易会落下帷幕。农交会共有 500 多家国内企业报名参展，345 家企业进场参展交易，其中有 154 家农业产业化国家重点龙头企业，125 家获无公害产品、绿色食品和有机食品认证的企业，67 家"双料"企业，以及 16 家农机企业。

12 月 1 日 《农民日报》报道：11 月 27 日至 29 日，中央经济工作会议在京召开。会议强调，把解决好"三农"问题作为全党工作的重中之重，巩固和加强农业基础地位，千方百计增加农民收入。

12 月 4 日 《经济日报》报道：3 日，国务院总理温家宝主持召开国务院常务会议，研究促进农民增收的有关问题。

12 月 12 日 《人民日报》报道：11 日，由国家环保总局有机食品发展中心、中国农业科学院农业环境与可持续发展研究所共同举办的"中国 21 世纪生态农业与有机农业可持续发展论坛"在北京市大兴区留民营生态村开幕。来自农业部、国家环保总局等部门的政府官员、专家及一些国际组织的代表共 80 多人出席论坛，大家围绕生态农业与有机农业中的许多热点问题展开深入研讨。大会还发布了绿色和平资助的研究项目"中国生态农业与有机农业发展"的研究成果。

《人民日报》报道：12 月 10 日在瑞士日内瓦举行的世界信息峰会上，由国家 863 计划信息领域多年来持续支持的"智能化农业信息技术应用示范工程"（简称"863 电脑农业"）获得大奖。

12 月 26 日 《人民日报》报道：25 日，中央农村工作会议在北京闭幕。会议系统总结了 2003 年农业和农村工作，全面部署了 2004 年农业和农村工作，着重研究了促进农民增收、提高粮食综合生产能力、深化农村改革等问题。会议讨论了《中共中央、国务院关于促进农民增加收入若干政策的意见（讨论稿）》。

12 月 27 日 《农民日报》报道：25 日，全国农业工作会议在北京召开。会议提出，2004 年确保粮食总产量达到 4 550 亿斤，转移农村劳动力达到 1亿以上，全年农民收入增长 5％左右。

《人民日报》报道：26 日，韩国政府向中国四省水稻机械化生产提供经济发展合作贷款协议签署仪式在北京举行。此次韩国政府向中国政府提供的经济发展合作贷款额为 2 500 万美元，主要用于中国农业部计划实施的湖南、湖北、安徽、云南水稻生产示范基

地的建设。韩国驻华大使金夏中和中国财政部副部长李勇出席了签字仪式。

《科技日报》报道：辽宁省农科院稻作研究所承担的国家农业科技跨越计划"辽粳294优质粳稻生产技术试验示范"项目，通过农业部组织的有关专家的验收，可进行商品化和产业化。

【农业发展成就】

1月1日 《光明日报》报道：由新疆生产建设兵团承担的超细毛羊多胎主控基因技术取得重大突破，新疆首家培育的通过体外授精或胚胎移植试管羊受孕率达30%。

1月3日 《人民日报》报道：2002年，全国造林绿化突破1亿亩大关，成为中华人民共和国成立以来造林速度最快、造林质量最好、措施最有力、工作最扎实、成果最丰硕的一年。

《人民日报》报道：我国林木种苗建设取得重大进展，宏观调控水平提高，种苗供应能力增强，基地供种率和良种使用率逐步提升，市场秩序明显好转，种苗科技含量显著提高，有力地保证了国土绿化事业的顺利发展。2002年，全国种子生产能力达到2500万千克，优良穗条生产能力达到15亿条（根），全国苗木生产能力达到260亿株。

1月4日 《人民日报》报道：福建省农科院院长谢华安研究员和福建省农科院稻麦所所长王乌齐研究员等专家，利用航天技术与传统育种技术相结合而选育出的"特优航1号"通过福建省省级技术鉴定。专家们认为，该组合具有高产、稳产、适应性广、米质较好等特点。据介绍，在几年的各地种植试验中，"特优航1号"组合分别比对照组增产4.58%～22.4%，均居参试组合之首，效果极为显著。

1月6日 《人民日报》报道：经中国森林风景资源评价委员会审议、国家林业局审核，我国又建立白草洼等59处国家森林公园，我国国家森林公园已增加到439处。

1月7日 《科技日报》报道：国家计委同意在云南农业大学建设我国第一个"农业生物多样性应用技术国家工程研究中心"，项目总投资2500万元，建设期为2年。

1月8日 《人民日报》报道：据浙江省计划部门初步统计，2002年，浙江省各级党委政府积极推行涉农价格和收费公示制度，全省减轻农民负担6.5亿元，农户人均减负60.5元；农民人均纯收入比上年增长6.9%。

1月9日 《人民日报》报道：中国农科院首席大豆育种专家王连铮主持培育的高油大豆新品种"中作983"，其出油率达到23.5%，超过外国目前大面积种植的高油大豆的含油量，且不属于转基因大豆类型大豆，可以开发绿色食用油，为大豆深加工企业显著提高附加值。该品种的生育期仅有115天，可以对其实行二茬复种，即上茬为脱毒土豆腹膜，收入可达600～800元；下茬为高油大豆，年产量达150～200千克，收入可达600～800元，经济效益良好。

《人民日报》报道：我国最大的油菜生产省湖北省审定通过了一个全能高效型油菜新品种"中双9号"，该品种是由中国农业科学院油料作物研究所王汉中研究员为首的育种组经过多年艰苦研究育成，它具有高产、高抗菌核病、高抗病毒病、高抗倒伏、高含油量、高蛋白、低芥酸、低硫甙等突出特点，被广大试种农户形象地称之为"六高两底、八项全能"，因而得名"全能628"。

1月11日 《农民日报》报道：经国务院同意，我国自2003年2月1日起正式实行全长江禁渔期制度。

1月12日 《人民日报》报道：我国渔业经济发展保持良好势头，渔业生产在结构调整中稳步增长，水产品市场平稳，水产品进出口贸易仍保持较快的增长势头。初步测算，2002年全国水产品总产量达到4500万吨。水产品市场平稳，总体价格继续走低，波动幅度较弱。水产品进出口贸易在比较困难的形势下仍保持快速增长。据海关统计，去年1月至11月，我国水产品出口额41.7亿美元，占全国农产品出口总额的25.9%，继续居农产品首位。

《经济日报》报道：我国国家重点农业龙头企业增至372家。

1月16日 《人民日报》报道：农业部的最新调查结果表明，2002年全国外出就业的农村劳动力超过9400万人，比上年的8961万人增加约470万人。全年农村劳动力到乡以外就业的人数比上年增长5.24%。

1月18日 《农民日报》报道：在中国农业科学院的倡议下，由全国各省农科院、相关的农业大学和企业等参加的全国农业科研协作网1月15日成立。

1月20日 《科技日报》报道：浙江大学刘树声教授负责的课题组经过4年多的攻关，首次针对十字花科蔬菜，在作物系统水平上提出并建立了一套对害虫和天敌进行综合调控的技术体系，在十字花科蔬菜害虫防治上取得了突破性进展。在示范区内化学农药用量下降30％～60％，获经济效益3.37亿元。

1月21日 《人民日报》报道：20日，中共中央政治局常委、国务院副总理温家宝在北京听取了中国工程院关于西北地区水资源配置、生态环境建设和可持续发展战略研究的汇报。中国工程院2001年启动了"西北地区水资源配置、生态环境建设和可持续发展战略研究"的咨询项目。组织了35名院士和近300名院外专家，开展了跨学科、跨部门的综合性战略性研究。院士和专家们进行了历时一年多的实地考察，深入厂矿企业、田间地头、草原戈壁，获取了大量第一手资料，在九个专题研究的基础上，形成了综合研究报告。

1月22日 《农民日报》报道：1月21日，中国和以色列在北京签订了关于植物检疫的合作协定。

《农民日报》报道：我国最大的林木种苗基地——南方国家级林木种苗示范基地在广东湛江竣工。

1月24日 《人民日报》报道：由劳动保障部门开展的农民工工资支付情况检查取得初步成效。在活动开展的一个月时间里，各地劳动监察部门共检查用人单位8万多户，涉及职工183万人，查处拖欠农民工工资违法案件1.3万件，共为62.6万农民工追缴欠薪3.5亿元。

1月31日 《人民日报》报道：2002年获得绿色食品标志使用权的企业增长39.7％，产品增长25.7％，分别提高25.9和5.3个百分点。企业总数和产品总数分别增长44.4％和26.9％。产品实物总量增长25％，销售额增长19.4％，出口额增长1.1倍，产地环境监测面积扩大15％。

2月11日 《光明日报》报道：吉林省农科院课题组经过20年努力，培育出世界首个大豆杂交种，比当地主栽品种增产20％以上。

2月13日 《经济日报》报道：12日，农业部公布了专用小麦、专用玉米等11种优势农产品35个优势产区的布局规划。

2月14日 《人民日报》报道：13日，国家林业局林业有害生物检验鉴定中心在中国林科院正式挂牌，这是我国为进一步加强对外来有害生物的防范和管理工作而成立的首个权威技术机构。林业有害生物检验鉴定中心将承担我国林业有害生物的权威检验鉴定、疫情的风险评估、生物制剂的质量检测、人员培训、及时发布国内外林业有害生物疫情信息，为林业有害生物预防与管理提供科学数据和信息服务。

2月18日 《人民日报》报道：我国科研工作者培育成功水培诱变花卉，实现了看花、观根、赏鱼三位一体。

2月20日 《农民日报》报道：民政部将对农村特困人口进行全面排查，以便为建立农村居民最低生活保障制度提供政策依据。

2月21日 《人民日报》报道：全国绿化委员会发出通知，要求各地各部门切实做好今春造林绿化工作，大力开展全民义务植树运动，在植树节期间掀起绿化高潮，推进新世纪林业的跨越式发展。

2月23日 《人民日报》报道：加入世贸组织第一年，我国小麦结构调整迈出可喜步伐，首次成为小麦净出口国。据农业部统计，去年我国进口小麦60万吨，比上年下降12％；出口69万吨，比上年增长51％。其中食用小麦首次实现出口。据农业部介绍，去年全国优质专用小麦面积达1.09亿亩，占小麦总面积的31％，比1998年提高25个百分点，初步解决了专用小麦的进口替代问题，并开始走出国门，向东南亚国家和地区出口。

2月26日 《人民日报》报道：山东莱州市农科院种苗研究所农民育种家张学信培育的六种糯质玉米，最近经过专家组现场考察验收。这种玉米平均亩产760千克，比大田主栽玉米鲁单50增产12％，其中西星赤糯1号玉米亩产达到840千克，创造了中国糯质玉米的最高产量。

《农民日报》报道：据调查，2002年我国建设占用耕地达294.7万亩，其中13％属于未批先建或边批边建，违法占用耕地近40万亩。

2月27日 《农民日报》报道：2003年国家安排2亿元国债资金用于旱作节水农业项目建设。

2月28日 《人民日报》报道：27日，农业部召开新闻发布会，宣布2003年为"全国农业科技年"。2003年，农业部将以实施"优势农产品竞争力提升科技行动"为核心，开展一系列农业科技创新和推广普及活动，为农业结构调整和农村小康建设提供有力的科技支撑。

《科技日报》报道：通过51家单位350余位科技人员3年联合攻关，"井灌区地下水采补平衡水资源高效利用综合技术"等14项农业高效用水关键技术取得重大创新和突破。27日，"九五"国家重大科技产业工程项目——农业高效用水科技产业示范工程通过科技部组织的验收。

3月8日 《人民日报》报道：云南省委省政府最近决定，2003年省级财政投入8100万元启动以大病统筹为主的新型农村合作医疗制度试点，改造240所乡镇卫生院，建设500个边疆民族贫困村卫生室，整体投入比过去增加1倍。

3月13日 《人民日报》报道：根据国家统计局对全国农村贫困状况的监测调查，2002年底全国农村绝对贫困人口为2 820万，比上年末减少107万，贫困发生率为3.0%。初步解决温饱但还不稳定的农村低收入人口为5 825万，比上年减少277万，低收入人口占农村人口的比重为6.2%。目前剩余的贫困人口主要集中在西部地区和粮食主产区。

3月18日 《人民日报》报道：农业部部署整顿全国种子市场，维护农民利益，防止假劣种子坑害农民，让农民用上"放心种"。

《人民日报》报道：经过多年坚持不懈治理，辽宁防沙治沙工作基本实现绿进沙退。全省沙区有林地面积由治理初期的80万亩增加到641万亩，森林覆盖率由新中国成立初的2.8%，提高到22.3%。

3月19日 《人民日报》报道：国家林业局副局长李育材表示，非公有制林业已经成为林业产业发展的主要力量。最近5年，林产工业发展的总投入中，近90%是民间资本；非公有林在新造林面积中占了80%以上，个别省区达到90%。

3月21日 《人民日报》报道：2002年国家农业科技园区各项投资总额达到113亿多元，入驻园区的企业已成为园区的投资主体，政府的投入仅占12%。据不完全统计，国家农业科技园区共引进项目427个，自主开发项目363个，引进新技术474项，新品种3 135个，新设施1 114套，推广新技术820项，推广新品种784个。举办技术培训班4 018次，接受培训的人数超过31万人次，吸纳就业人数33万人，园区所在地农民人均纯收入达到4 124元，远远高于其他地区的农民人均纯收入。

3月22日 《人民日报》报道：内蒙古额济纳胡杨林等9处自然保护区日前晋升为国家级自然保护区，使我国的国家级自然保护区总数达到197处。我国共建立了各类自然保护区1 757处，总面积近1.33亿公顷，占国土面积的13.2%，已超过世界平均水平。

3月25日 《人民日报》报道：全国新一轮地下水资源评价结束。全国地下水天然资源量多年平均为9 235亿立方米，其中地下淡水资源量为8 837亿立方米，约占全国水资源总量的33%；全国地下淡水多年平均可开采量为3 527亿立方米。评价结果表明，我国地下水质量总体较好。

《经济日报》报道：3月20日到21日，由农业部设施农业机械设备监督测试中心主办的中国设施农业国际研讨会暨北京设施农业协会会员大会在北京召

开。来自以色列、法国、荷兰、美国等国的专家参加了大会。

3月28日 《科技日报》报道：被称为植物"癌症"的青枯病有了高效的生物防治技术，福建省农科院刘波博士主持的"农作物青枯病生防菌ANTI-8098A的研究与应用"项目达到国际先进水平。

4月2日 《科技日报》报道：西北农林科技大学张改生教授主持完成"新型杀雄剂SQ-1诱导小麦不育研究"项目，达到了国际同类研究的先进水平，是我国小麦杂种优势利用研究的一项重大突破。

4月3日 《农民日报》报道：河北省农林科学院粮油作物研究所王铁华创立的"甘薯计划集团杂交育种法"通过专家组验收，我国薯类育种技术进入国际先进行列。

4月4日 《人民日报》报道：3日，国务院在京召开全国农村税费改革试点工作电视电话会议。中共中央政治局常委、国务院总理温家宝出席会议并指出，中央决定，今年农村税费改革试点工作在全国范围推开，这是深化农村改革、促进农村发展的一项重大决策。全面推开农村税费改革试点工作，要以"三个代表"重要思想为指导，认真贯彻党的十六大精神，以彻底减轻农民负担、促进农民增收为目标，理顺国家、集体和农民的分配关系，推动农村上层建筑的变革，建立与社会主义市场经济要求相适应的农业管理体制和运行机制，进一步解放和发展农村生产力。

4月5日 《农民日报》报道：4月4日，经过14个昼夜艰苦奋战，3月22日发生在黑龙江省大兴安岭地区松岭区和呼玛县境内草甸、森林火灾火场全部得到控制，明火已经扑灭。

4月6日 《人民日报》报道：5日上午，胡锦涛、江泽民、吴邦国、温家宝、贾庆林、曾庆红、黄菊、吴官正、李长春、罗干等，在北京奥林匹克森林公园参加义务植树活动。

4月8日 《光明日报》报道：我国第一个良种羊胚胎移植工程实验基地在河北省临西县建成。

4月11日 《农民日报》报道：国家林业局启动"春雷行动"，从4月10日起在全国范围内对非法猎捕、运输和经营野生动物的违法犯罪行为，进行大规模打击整治。

4月19日 《人民日报》报道：国家林业局防止外来林业有害生物管理办公室近日首次发布"林业危险性有害生物名单"，有233种林业危险性有害生物"上榜"。

4月24日 《人民日报》报道：23日，国家林业局发布的统计结果表明，截至3月底，全国森林火灾次数达3 000余起，受害森林面积7 000余公顷。国家林业局已经下发《关于进一步加强森林防火工作的紧急通知》，要求各地务必采取超常规措施，进一步加强森林防火工作。

4月25日 《人民日报》报道：为有效防止外来有害生物传入我国，国务院办公厅日前转发了国家质检总局会同有关部门提出的《关于加强防范外来有害生物传入工作的意见》，要求各省、自治区、直辖市人民政府和国务院各部委、各直属机构，加强动植物检疫，防止有害生物传入我国。

4月29日 《人民日报》报道：农业部决定，长江上游（葛洲坝以上）2月1日至4月30日、中下游（葛洲坝以下）4月1日至6月30日实施禁渔期制度。

4月30日 《人民日报》报道：首届中国（菏泽）林产品交易会在山东菏泽举行。来自美国、澳大利亚、新西兰等6个国家和全国各地的客商共1 000多人参加了会展活动，签订招商引资和贸易合同（协议）338项，合同协议额达32亿元（其中包括外资合同协议额1.12亿美元），现场商品零售额达368万元。

5月2日 《经济日报》报道：江苏省对户籍管理制度进行重大改革，从5月1日起，全面建立以居住地登记户口为基本形式，4 000万农民转为"居民户口"。

5月3日 《人民日报》报道：4月25日，黑龙江省伊春市境内乌伊岭林业局阿廷河林场发生森林火灾。因当地遭遇50年不遇的严重干旱，火场风力达到6～7级，阵风8～9级，大火烧入林场场部和附近宝山乡，241户民房被烧毁。经过1.1万余名森警官兵、专业扑火队员和林业干部职工7个昼夜顽强艰苦扑救，到5月2日，火场明火全部扑灭。

5月10日 《农民日报》报道：山东农业大学和中科院遗传发育所开展的转基因抗盐杨树研究通过专家鉴定，填补了国内空白。

5月13日 《人民日报》报道：5月5日，内蒙古大兴安岭金河发生火情，引发森林大火，截至5月11日下午，燃烧了7天的内蒙古大兴安岭金河林区的森林大火被全部扑灭。

5月16日 《农民日报》报道：2003年，我国启动5 300多个县际农村公路建设项目，建设总里程7.8万千米，总投资750亿元。

5月17日 《农民日报》报道：我国在利用航天技术培育优质、高产、抗病农作物新品种方面取得重大进展，已先后育成50多个农作物优异新种质、新品系。

5月26日 《人民日报》报道：国家林业局日前宣布，三北防护林体系建设四期工程实施两年多来，已累计完成造林面积2 108万亩，封山育林1 650万亩，治理沙化土地1.95亿亩，三北工程主攻目标已由农田草场防护林建设为主顺利转向防沙治沙为主，并快速推进。

5月28日 《人民日报》报道：国家林业局宣布：天然林保护工程2000年正式实施以来，累计完成公益林建设任务1.23亿亩，占整个工程计划的64％。长江上游、黄河上中游13个省区市全面停止了天然林的商品性采伐。

5月30日 《人民日报》报道：为切断人与野生动物相互感染一切可能的渠道，也为了保护珍贵、濒危野生动物免受感染，国家林业局发出通知，要求严格控制野生动物经营利用和驯养繁殖活动。

《人民日报》报道：在世界气象组织执行理事会第五十五次届会上，我国气象学、大气科学和气象业务的奠基人之一，中国科学院院士叶笃正荣获世界气象组织的最高奖项——第四十八届国际气象组织奖。这是中国科学家首次获此殊荣奖，也是国际气象界的最高荣誉。

6月1日 《人民日报》报道：6月1日零时，三峡大坝20号导流底孔弧形闸门缓缓关闭。经国务院三峡建设委员会同意，三峡枢纽工程从此进入正式蓄水期，为实现五级船闸试通航、首批机组发电的目标，创造了前提条件。

6月3日 《人民日报》报道：为了提高农村医疗卫生水平和救治能力，我国已投入43亿元用于农村防治非典。

6月10日 《人民日报》报道：中国绿化基金会日前被联合国经济及社会理事会非政府组织处批准获得"联合国经济及社会理事会特别咨商地位"。中国绿化基金会自1985年9月成立以来，使用社会捐赠支持各地造林44 847亩，重点支持了15个具有试验和示范效应的绿化项目。

《科技日报》报道：中国在水稻分蘖分子遗传学机理研究和功能基因克隆技术上取得重要突破。中国农科院水稻研究所钱前博士领导的课题组，与其他科学家合作，分离鉴定出水稻分蘖控制基因MOC1，它能调节水稻蘖芽的形成及正常生长发育。

《光明日报》报道：中国农业科学院蔬菜花卉研究所育成微辣型辣椒新品种"中椒6号"和甜椒新品

种"中椒7号"，在抗病性、丰产性、果实品质及商品性等方面达到世界先进水平。

6月11日 《人民日报》报道：自非典疫情暴发以来，我国已有800多万民工流回农村，除少部分正常回乡进行三夏生产的人员外，绝大多数为受疫情影响而回流的务工经商人员。

《人民日报》报道："无公害食品行动计划"自2001年实施至今，取得了阶段性成效，农产品质量安全水平有了大幅度提高。为保障农产品质量，目前全国已制定农业国家标准400多项，农业行业标准1 400多项。全国大多数省份建立了农产品质检中心，1/3的地市和1/5的县建立了服务于生产和市场监管的农产品检测站（所），规模较大的农产品生产基地和批发市场建立了以速测为主的检测站点，开展了以自控为主的检测工作。

6月20日 《人民日报》报道：2003年国家将投入总量为299亿元的扶贫资金用于扶贫开发工作，比去年增加8亿元。同时国家将实施以村为基础的扶贫规划，坚持扶贫到村，落实到户，今年集中力量抓好首批5.3万个重点贫困村的扶贫开发。

7月13日 《人民日报》报道：中共中央政治局常委、国务院总理温家宝12日上午赴淮河抗洪一线，检查指导抗洪救灾工作，察看淮河大堤防守情况，代表党中央、国务院，代表胡锦涛总书记慰问奋战在抗洪救灾一线的干部群众、人民解放军指战员、武警官兵和公安干警。

《人民日报》报道：入汛以后，我国南方地区多次出现明显降雨过程，部分地区发生洪涝灾害。截至7月10日，洪涝灾害造成农作物受灾955.9万公顷，成灾618.4万公顷，绝收145.8万公顷；1.4亿人（次）受灾，成灾9 079.8万人，因灾死亡569人，伤病5.1万人，紧急转移安置229.2万人；倒塌房屋50.5万间，损坏房屋133万间，各类直接经济损失398.7亿元。

7月16日 《人民日报》报道：淮河今年发生了超过1991年的大洪水，干流部分河段超过历史最高水位，但是，在防汛调度上的"拦、排、分、蓄、滞"合理安排，群众转移、安置和卫生防疫等工作有序进行，由单纯与洪水抗争转为给洪水以出路，灾害损失大大低于1991年。淮河防汛抗洪工作初步取得胜利。

《人民日报》报道：我国小麦育种技术获重大突破。由中国农业科学院作物科学研究所刘秉华研究员率领的课题组历经近10年的不懈努力完成的"矮败小麦创制与高效育种技术新体系建立"研究项目通过

农业部主持的成果鉴定。鉴定委员会一致认为该成果属国际首创，达到国际领先水平。

7月19日 《农民日报》报道：沈阳农业大学谢甫绨教授率课题组经过12年研究，培育出大豆新品种"沈农7号"，粗蛋白质含量42.38%，粗脂肪含量18.74%。

7月25日 《人民日报》报道：在山东、河南、安徽、河北、陕西等地，棉花普遍发生了叶片枯黄病，造成蕾铃脱落，中国农业科学院棉花研究所育种专家董合林认为，这主要是由于今年特殊的气候条件引起的。

7月30日 《人民日报》报道：农业部建成国外动物卫生信息系统。这一系统能够动态监视国外动物疫情，掌握各国动物疫情现状和流行趋势，科学评估进口动物和动物产品传入疫病的风险。国外动物卫生信息系统由我国科研人员独立自主开发，是目前我国国外动物疫情信息最全的数据库系统。这一系统可实现多个国家、多种动物疫病在任意时间点（或段）的数据查询。同时，结合地理信息系统，这一系统可以动态显示国外动物疫情，适时反映世界各地动物疫病状况。

7月31日 《人民日报》报道：通过5年的努力，我国灌区节水改造和管理体制、运行机制改革取得显著成效。全国共增加输水能力1 324立方米/秒，灌水周期平均缩短6天，渠系水利用率平均提高17%。全国共形成110亿立方米的节水能力，平均每投入1.1元节水1立方米。

8月1日 《人民日报》报道：由于持续高温晴热，我国南方地区旱情发展迅速，7月31日，国家防汛抗旱总指挥部发出紧急通知，部署南方地区的抗旱工作。

《农民日报》报道：我国植物克隆技术已居世界领先水平，黑龙江大学郭德栋主持的课题组成功地从野生甜菜中分离出带有无融合基因的单染色体。

8月13日 《人民日报》报道：千年水稻种植模式发生变革，一种不要翻地、整田、育秧、插秧并且早稻、晚稻兼用的水稻新品种在安徽芜湖问世。由中国科学院等离子体物理研究所与芜湖市星火农业实用技术研究所共同培育的这一新品种，目前通过专家评审，开始推广。

《经济日报》报道：12日，国家林业局公布了梅花鹿、非洲驼鸟等54种人工驯养繁殖技术成熟、可商业性驯养繁殖和经营的陆生野生动物的名单。

8月16日 《光明日报》报道：经农业部质量安全中心审核，共有155家企业的214个产品通过首批统一标志的无公害农产品认证。

8 月 19 日 《光明日报》报道：由于过度砍伐，我国东北林区森林资源严重萎缩，可采森林资源几近枯竭。

8 月 20 日 《人民日报》报道：国家出台四项政策扶持 8 个省市率先进行农村信用社改革试点。这四项扶持政策分别是：对亏损农村信用社因执行国家宏观政策开办保值储蓄而多支付保值贴补息给予补贴。具体办法是，由财政部核定 1994—1997 年农村信用社实付保值贴补息数额，由国家财政分期予以拨补。

《人民日报》报道：为加强和规范退耕还林工程管理，确保工程质量和效益，国家林业局近日出台了《退耕还林工程建设监理规定》。退耕还林工程建设监理，是指工程监理单位受建设单位的委托，在监理合同约定的范围内，依据国家有关退耕还林工程建设的法律、法规、技术标准、国家批准的年度计划和省级年度实施方案，对承包单位在工程质量、建设工期和资金使用等方面实施监督管理的活动，实行总监理工程师负责制。

《光明日报》报道：我国转基因抗虫棉种植面积已突破 2 000 万亩大关。

8 月 25 日 《农民日报》报道：上海决定在郊区范围内全面推行"小城镇社会保险"制度，以进一步完善社会保障体系。

8 月 30 日 《人民日报》报道：农业部草原监理中心正式成立。草原监理中心的主要职责是执行草原法律法规，开展草原资源与生态监测预警、草原防火防灾工作，监督检查草原保护和建设项目执行情况等。目前，全国草原面积较大的省（自治区）都已建立了草原监理机构，全国县级以上草原监理机构共有六百多个，草原监理人员近六千人。

9 月 11 日 《农民日报》报道：10 日，上海市农业生物基因中心宣布，我国育成世界上第一份优质旱稻不育系。

9 月 12 日 《光明日报》报道：福建省尤溪县良种生化研究所刘文炳带领的课题组，育成野败型"三系"光身杂交早稻组合系列品种，填补了我国这一研究领域的空白。

9 月 22 日 《人民日报》报道：继海南、吉林、黑龙江、福建、浙江之后，山东省成为我国第六个生态省建设试点。

9 月 23 日 《人民日报》报道：9 月 19 日，中国农业生产资料集团公司与世界最大的磷肥出口商美国磷肥协会签订磷酸二铵进口合同。据此合同，在今后两年中，中农公司将每年从美国磷肥协会进口 160 万~190 万吨的磷酸二铵，此举将对我国农业生产产生重要影响。近年来，中农公司每年磷酸二铵的进口量都在 200 万吨左右。

9 月 24 日 《经济日报》报道：农业综合开发作用逐渐加强，近 5 年来，农业综合开发项目区农民年人均纯收入比全国农民年人均纯收入高出 220 多元。

9 月 27 日 《农民日报》报道：26 日，国务院副总理黄菊在人民大会堂会见了参加亚太农协第 14 届大会的亚太农协主席特维斯等外宾。

《人民日报》报道：中华人民共和国成立以来，我国林业为国民经济建设和生态状况改善作出了重要贡献。50 多年来，林业累计向社会提供了 50 多亿立方米木材、80 多亿根竹材。2002 年，我国人造板产量达到 2 930 多万立方米，居世界第二位；经济林产品产量达到 6 880 万吨，居世界第一位；全年林业总产值达到 4 380 亿元，是改革开放初期的 20 多倍。

9 月 29 日 《人民日报》报道：经国务院同意、民政部批准，中国棉花协会 28 日在北京正式成立。中华全国供销合作总社党组书记、理事会副主任周声涛当选为协会会长。中国棉花协会由棉农及棉农合作组织，棉花生产、收购、加工、经营、仓储企业，棉纺企业和棉花研究机构等涉棉企业和组织自愿组成，是具备全国性社会团体法人资格的非营利性行业组织，接受全国供销合作总社与民政部的业务指导和监督管理。中国棉花协会将为会员提供信息、咨询、培训、联络等方面的服务，为行业争取一个宽松、有序、规范的生产经营环境和发展条件。同时加强调查研究，掌握行业信息，给政府部门当好参谋。

9 月 30 日 《农民日报》报道：2003 年中央国债投资 10 亿元用于农村沼气建设，项目涉及 24 个省，540 个县，6 000 多个村，将使 103 万农户受益。

10 月 6 日 《农民日报》报道：由于森林资源稀少等原因，我国约有 15%～20% 的动植物濒临灭绝。

10 月 9 日 《人民日报》报道：8 日凌晨 3 时 18 分，国际上首例冷冻克隆牛胚胎移植牛犊"蓓蓓"在山东省莱阳农学院出生。这是我国体细胞克隆技术取得的又一突破性进展。

10 月 10 日 《人民日报》报道：10 月 9 日，在湖南湘潭县泉塘子乡的超级杂交稻研究示范基地，验收测产显示，102 亩示范田平均亩产达到 807.46 千克，顺利通过农业部组织的专家组验收。袁隆平院士在验收现场表示，我国超级杂交稻研究已取得突破，为大面积种植奠定了坚实基础。9 月份，在湖南龙山县华塘乡螺蛳滩村的 127 亩示范田进行验收表明，袁隆平指导下育成的超级杂交稻新组合88S/0293平均亩产达到 817.37 千克，最高为 835.2 千克。

10 月 11 日 《人民日报》报道：10 日，中国环境保护领域最受世人瞩目的荣誉奖项——第二届中华环境奖颁奖典礼在京举行。全国人大常委会副委员长蒋正华、全国政协副主席张思卿到会，并为获奖者颁奖。

《人民日报》报道：一项改善黄河流域生态环境的重要工程——中日合作第二期黄河中游流域防护林建设项目近日在山西启动实施。这是继 20 世纪 90 年代以来，成功实施中日技术合作治山造林、防治水土流失等生态建设工程后的又一示范工程，日本国政府无偿提供援助，与我国规划用五年时间在山西临汾市昕水河流域的吉县、大宁、蒲县、隰县营造生态林 4900 公顷。

10 月 15 日 《人民日报》报道：据国家发改委的初步统计，全国有 90% 左右的省、自治区、直辖市已经开始县、乡、村三级价格监督网络的建设和试点工作。农村价格监督网络的初步建立取得了明显成效：价格法律、法规、政策得到宣传；群众反映的价格和收费问题得到及时反馈和处理，维护了农民的利益，缓解了农村的社会矛盾；涉农价格和收费公示、明码标价制度得到落实和完善，增强了价格政策的透明度，在一定程度上改变了农村价格信息不对称的状况。

10 月 23 日 《科技日报》报道：由安徽省农业科学院水稻研究所和江苏省农业科学院遗传生理研究所共同承担的国家转基因植物研究与产业化专项——"高优势转基因两系水稻杂交新组合的选配"课题取得进展，育成转基因玉米高光效基因水稻品种。

10 月 25 日 《人民日报》报道：10 月 24 日，中国野生植物保护协会在京成立。全国政协委员、国家林业局原副局长马福当选为首任会长。我国是国际公认的野生植物保护的重点和热点地区。据统计，仅高等植物就有 3 万余种，占世界总种数的 10% 以上，列北半球首位，居世界第三位。其中银杏、水杉、百山祖冷杉、珙桐、杏黄兜兰、麻栗坡兜兰等我国特有植物种类繁多，约 17 300 种，占我国高等植物种数的 57% 以上。

10 月 26 日 《人民日报》报道：20 世纪 90 年代以来，农村劳动力外出务工人数明显增加，据农业部调查推算，外出务工农民已超过 9 400 万人。

《人民日报》报道：乡镇撤并，精简机构，有利于减少行政人员和财政开支。到 2002 年底，我国已经有 25 个省份基本完成乡镇撤并工作，全国乡镇总数由撤并前的 46 436 个减少到 39 240 个。

10 月 28 日 《人民日报》报道：10 月 24 日，温家宝总理看望重庆市云阳县人和镇龙泉村十组的乡亲时，为该组村民熊德明的丈夫讨回被拖欠的 2 240 元务工工资。

10 月 30 日 《人民日报》报道：29 日，积极为中国环境与发展献计献策的中国环境与发展国际合作委员会外方委员克里斯宾·梯克尔爵士今天在京被授予中国环境保护国际合作奖，成为中国自今年设立这一奖项以来首批获奖者之一。

10 月 31 日 《人民日报》报道：据新华社济南 10 月 29 日电（记者徐冰）我国体细胞克隆牛"双双"的自繁后代——雌性幼牛"健健"于 10 月 29 日 20 时 26 分在山东省莱阳农学院诞生，这是我国克隆牛技术研究的又一新突破。

11 月 1 日 《人民日报》报道：国务院总理温家宝 31 日在人民大会堂会见了第三届中国环境与发展国际合作委员会第二次会议代表。

11 月 4 日 《人民日报》报道：3 日，我国环保科技领域的最高奖项——环境保护科学技术奖在北京颁发。由杜邦公司提供资金支持的环境保护科学技术奖每年评选一次，面向全国环保领域的科研人员。2003 年共有 5 个项目获二等奖，25 个项目获三等奖，代表了我国同类研究的最高水平。

11 月 6 日 《人民日报》报道：5 日，第十届杨凌农业高新科技成果博览会在陕西杨凌开幕。全国人大常委会副委员长乌云其木格出席并宣布博览会开幕。

11 月 8 日 《农民日报》报道：11 月 6 日—8 日，首届沙产业博览会在北京举行。据了解，我国已累计治理沙化土地 2 020 万公顷。

《农民日报》报道：上海市农业生物基因中心育成了世界上第一份优质旱稻不育系"沪旱 1A"。

11 月 9 日 《人民日报》报道：我国已有农业方面的国家标准 1 911 项、行业标准 3 144 项、地方标准 5 463 项，一套涉及多方面的农业标准体系初步建立。

《光明日报》报道：8 日，为期 3 天的第三届中国"村长论坛"在昆明市举行。来自中国各地的上百名"村长"代表参加，探讨增收致富、奔小康之路。

11 月 10 日 《人民日报》报道：9 日，为期 5 天的第十届中国杨凌农业高新科技成果博览会在陕西杨凌落下帷幕。本届博览会洽谈活跃，成果丰硕，共有来自国内外农业科技、金融、企业界人士及农民群众85万人参会，1 000多家单位参展，7 000多项高新科技成果和实用技术项目展示交流。大会共促成项目洽谈、技术成果及产品交易总额156亿多元，其中合同金额达80.67亿元，较上年增加了17亿多元。本届农高会邀请了300多家投资公司、中介公司、上市公司及一批重点企业参加投资贸易洽谈活动，邀请了20多位专家、农民企业家就农业发展战略与政策、创业致富的成功经验发表演讲，听众达5 000多人次；组织实用培训会50场次，培训人数达7 000人次；组织百名专家提供现场技术咨询服务，咨询人数超过5万人次。会上共评出"后稷特别奖"7项、"后稷奖"62项。

11月11日 《人民日报》报道：在我国近4亿公顷的天然草原中，有90%的可利用草原已有不同程度退化，并且正以每年200万公顷的速度扩张。农业部将建立基本草原保护制度、推行草畜平衡制度和禁牧休牧制度。开展基本草原的划定工作，由当地政府予以公告后设立保护标志；将严格基本草原的征占用审批程序，对擅自改变基本草原用途的行为严肃查处。

11月16日 《人民日报》报道：15日，西南农业大学与中科院北京基因组研究所的科学家在重庆宣布，中国家蚕基因组"框架图"测绘工作已胜利完成。这是我国科学家在完成人类基因组1%测序工作、独立完成水稻基因组"框架图"和"精细图"之后，向人类奉献的第三大基因组研究成果。据介绍，通过基因研究，可培养出高产优质蚕品种，解决蚕丝易皱、脱色等先天缺陷，以期取得蚕业技术突破性进步。

《人民日报》报道：我国第一头"性控"奶牛牛犊日前在黑龙江省大庆市田丰生物工程公司顺利出生，这标志着我国良种奶牛性别控制繁殖技术已经成熟。这头牛宝宝体重45千克，名为"田丰一号"，母亲来自澳大利亚，父亲来自加拿大。良种奶牛性别控制繁殖技术此前仅为美、英、德3个国家掌握。

11月17日 《科技日报》报道：15日，重庆市政府宣布，在西南农业大学和中科院北京基因组研究所共同努力下，中国家蚕基因组框架图绘制完成。

《科技日报》报道：专家在黑龙江省穆棱林业局发现一处罕见的国家一级保护植物——东北红豆杉天然种群。

11月29日 《科技日报》报道：福建省农科院植保所研究员张艳璇研究成功"以螨治螨"生物防治柑橘害螨技术，被列入国家科技部科技成果重点推

广计划和农业科技成果转化资金项目。

12月15日 《经济日报》报道：由中科院植物研究所研制的国家级原创性重大成果——控制果实采后病害的生物技术于2003年12月14日在汕头市通过国家级技术项目鉴定。

12月17日 《科技日报》报道：南开大学一项具有自主知识产权的"新型水旱两用除草剂H-9201"，通过了天津市科委组织的鉴定。

12月18日 《人民日报》报道：12月12日至17日，中共中央总书记、国家主席胡锦涛在山东、河南专门就解决好农业、农村和农民问题进行考察。他强调，解决好"三农"问题，加快农业和农村发展，是保持国民经济持续快速协调健康发展的必然要求，是实现全面建设小康社会宏伟目标的必然要求，是维护社会稳定和国家长治久安的必然要求。各级党委和政府要进一步深刻认识解决好"三农"问题的重要性和紧迫性，真正在思想上、工作上更加重视"三农"问题，扎扎实实地做好各项工作。

《农民日报》报道：按国家统计局统计，2003年中国农机工业企业约为8 000家，规模以上农机企业为1 470家。

12月19日 《农民日报》报道：四川省农业厅植保站在"农村鼠害系统控制"上做出突出贡献，获得联合国粮农组织颁发的爱德华·萨乌马奖。这是我国首次获此奖项。

12月20日 《光明日报》报道：19日，中国农业科学院农产品加工研究所在北京成立。

12月24日 《经济日报》报道：23日，农业部、国家质检总局发布公告，严防禽流感传入我国。

12月29日 《科技日报》报道：由中国农业大学和中国兽医药品监察所承担的"十五"攻关项目，畜禽规模化优质高效养殖关键技术研究与产业化示范项目"兽药安全评价与残留检测技术研究"获重要进展。其子课题"磺胺二甲嘧啶和克仑特罗酶联免疫试剂盒"12月24日通过了专家鉴定。

《经济日报》报道：一批来自全国各地的种粮先进在北京接受表彰。十大种粮标兵、100个全国粮食生产先进县市（农场）及1 000个种粮大户和50个农业专业合作组织先进单位获得表彰。

12月30日 《农民日报》报道：全国农村98%以上的村组开展了第二轮土地承包工作，92%耕地承包期延长到了30年，98%的农户与发包方签订了土地承包合同，70%的农户领到了土地承包经营权证书。

《农民日报》报道：2003年，中央对林业投资达

到 429 亿元，其中直接用于六大林业重点工程的资金达 347 元，全国造林面积突破 1.6 亿亩。

12 月 31 日 《人民日报》报道：2003 年 8 月，国家决定在浙江、山东、江西、贵州、吉林、重庆、陕西和江苏 8 省市率先进行农村信用社改革试点。12 月，8 省市农村信用社改革实施方案已经国务院批准，这标志着深化农村信用社改革试点工作进入全面实施阶段。8 省市实施方案明确提出，由省级政府承担辖内农村信用社的管理和风险责任。各地结合实际选择股份制、股份合作制以及继续规范完善合作制等多种制度形式。国家除给予 8 省市部分农村信用社保值储蓄利息贴补，并在税收政策上给予适当优惠外，对 8 省市农村信用社将给予 380 亿元资金扶持（包括中央银行专项票据和专项借款）。

2004 年

【文献】

1月12日 《人民日报》报道：国家林业局发出通知，要求各级林业部门按照中央关于保护和提高粮食生产能力的要求，大力营造农田防护林，加快农田林网建设，为高标准农田提供高标准的生态屏障。

1月21日 《光明日报》报道：按照国务院要求，国家质检总局、公安部、农业部、商务部、海关总署、国家工商总局20日联合发出通知，要求各地规范边贸活动，加强边境管理，防止禽流感等严重动物疫情传入我国。

2月2日 《人民日报》报道：为进一步加强湿地保护，国务院批准了《全国湿地保护工程规划》。

按照《规划》，到2030年，完成湿地生态治理恢复140万公顷，建成53个国家湿地保护与合理利用示范区，全国湿地保护区达到713个，国际重要湿地达到80个，90％以上天然湿地得到有效保护，湿地生态系统的功能和效益得到充分发挥，实现湿地资源的可持续利用。

建立比较完善的湿地保护、管理与合理利用的法律、政策和监测科研体系。形成较为完整的湿地区保护、管理、建设体系，使我国成为湿地保护和管理的先进国家。《规划》要求，从2004—2010年的7年间，要划建湿地自然保护区90个，投资建设湿地保护区225个，湿地恢复71.5万公顷，恢复野生动物栖息地38.3万公顷；建立湿地可持续利用示范区23处等。

2月9日 《人民日报》报道：2003年12月31日，中共中央、国务院发出《关于促进农民增加收入若干政策的意见》（中发〔2004〕1号）。

《意见》明确当前和今后一个时期做好农民增收工作的总体要求是：各级党委和政府要认真贯彻十六大和十六届三中全会精神，牢固树立科学发展观，按照统筹城乡经济社会发展的要求，坚持"多予、少取、放活"的方针，调整农业结构，扩大农民就业，加快科技进步，深化农村改革，增加农业投入，强化对农业支持保护，力争实现农民收入较快增长，尽快扭转城乡居民收入差距不断扩大的趋势。该《意见》分集中力量支持粮食主产区发展粮食产业，促进种粮农民增加收入；继续推进农业结构调整，挖掘农业内部增收潜力；发展农村二、三产业，拓宽农民增收渠道；改善农民进城就业环境，增加外出务工收入；发挥市场机制作用，搞活农产品流通；加强农村基础设施建设，为农民增收创造条件；深化农村改革，为农民增收减负提供体制保障；继续做好扶贫开发工作，解决农村贫困人口和受灾群众的生产生活困难。《意见》共八部分二十二条。

2月16日 《农民日报》报道：国家防汛抗旱总指挥部办公室发出紧急通知，要求各地积极防范春旱，确保春耕生产顺利进行和城乡供水安全。

2月17日 《农民日报》报道：农业部发出紧急通知，要求各地认真落实各项防火措施，做好各项准备工作，切实提高防火扑火能力，切实做好草原防火工作。

2月26日 《经济日报》报道：农业部发布公告，从4月21日起依照《农业转基因生物安全管理条例》及《农业转基因生物安全评价管理办法》《农业转基因生物进口安全管理办法》《农业转基因生物标识管理办法》对进口农业转基因生物实施正常管理。

3月8日 《人民日报》报道：国家发改委发出《关于对化肥等农业生产资料价格过快上涨实行干预的紧急通知》，要求各省级价格主管部门结合当地实际情况，对未列入定价目录的化肥等重要农业生产资料，研究制定抑制其价格过快上涨的干预措施，报省级人民政府批准适时出台。关于价格干预方式，《紧急通知》明确指出，对出厂价格，可规定最高限价，或实行提价申报制度、调价备案制度；对化肥批发价格，可规定进销差率，对零售环节，可规定最高限价或批零差率。干预的具体方式和品种，由各省（自治区、直辖市）根据当地实际情况自行确定。同时，国家发改委决定在春耕期间对进口化肥价格政策作适当调整，中央进口化肥的综合经营差率由1.7%下调至1.2%，并对实行政府指导价的中央进口磷酸二铵、复合肥等港口交货价格，原规定3%的上下浮动幅度改为上浮的浮动幅度为0，下浮的浮动幅度维持3%不变。

3月9日 《人民日报》报道：国家发改委发出通知，要求各级价格主管部门切实加强涉农价格和收费管理，促进农业结构调整、扩大农民就业和农民收入稳步增加。

通知提出六方面要求，一是加强化肥价格管理，确保农业生产资料价格的基本稳定。二是完善农业用水、用电、农机服务等生产性费用中的价格政策，促进种粮农民增加收入。三是进一步清理农民进城就业收费，增加农民外出务工收入。四是加强涉农收费管理，进一步减轻农民负担。五是深入开展涉农收费专项治理。六是加大对价格违法行为的监督检查力度，维护农民的合法利益。

3月12日 《人民日报》报道：3月11日，全国绿化委员会办公室发布《2003年中国国土绿化状况公报》。

3月23日 《人民日报》报道：国务院发出《关于坚决制止占用基本农田进行植树等行为的紧急通知》（国发明电〔2004〕1号），强调实行最严格的耕地保护制度，切实保护基本农田。

《通知》要求，一是坚决制止占用基本农田进行植树等行为，要认真执行《土地管理法》和《基本农田保护条例》，坚决制止任意改变基本农田用途的行为，切实做好保护基本农田"五个不准"，即：不准占用基本农田进行植树造林、发展林果业和搞林粮间作以及超标准建设农田林网；不准以农业结构调整为名，在基本农田内挖塘养鱼、建设用于畜禽养殖的建筑物等严重破坏耕作层的生产经营活动；不准违法占用基本农田进行绿色通道和城市绿化隔离带建设；不准以退耕还林为名违反土地利用总体规划，将基本农田纳入退耕范围；除法律规定的国家重点建设项目以外，不准非农建设项目占用基本农田。凡在基本农田上进行植树造林（包括种植速生丰产林）、挖塘养鱼、绿色通道和城市绿化隔离带建设的必须立即停止和纠正。

3月27日 《人民日报》报道：国家发展改革委和农业部联合下发紧急通知，要求各地物价和农业主管部门切实采取措施，加强对粮食作物种子价格的管理，防止粮食作物种子价格大幅度上涨增加农民负担，影响农民种粮积极性。

3月28日 《人民日报》报道：为调动农民种粮积极性，解除农民增加粮食生产的后顾之忧，国家发展与改革委员会、财政部、国家粮食局、中国农业发展银行等部门发出通知，宣布2004年早籼稻最低收购价为每千克1.40元。

3月29日 《农民日报》报道：国家发展和改革委员会发出通知，要求进一步加强化肥价格监管。

3月31日 《人民日报》报道：我国一些地方存在不同程度的耕地撂荒现象，直接影响当前春耕生产及粮食播种面积的增加。为切实解决耕地撂荒问题，实现粮食的增产，国务院30日发出紧急通知，要求尽快恢复撂荒耕地生产。

《人民日报》报道：农业部30日颁布了新修订的《渤海生物资源养护规定》，将于2004年5月1日起施行，以期合理养护和利用渤海生物资源，促进渔业的可持续发展。

《规定》对渤海从事作业的渔具渔法、渤海与黄海实行统一伏季休渔制度以及各级渔业行政主管部门如何加强渤海渔业水域生态环境管理提出了明确要求。将重点保护资源品种从现行规定的23种增加到30种，并调整了各自的可捕标准。同时根据网具分类国家标准，调整禁用渔具渔法和准用网具的最小网目尺寸，突出禁止三重流刺网和各种拖网在渤海作业，并规定渤海与黄海统一实行伏季休渔制度，明确6月16日12时至9月1日12时，渤海与黄海将实行统一休渔。配合《渤海生物资源养护规定》的颁布，黄渤海区渔政渔港监督管理局将2004年定为"渤海生物资源与生态环境养护年"，准备采取一系列措施确保养护规定的贯彻实施。这些措施包括，实行渔具最小网目尺寸检查制度；严肃查处违规作业渔船；建立健全渤海渔业监测网络体系；定期组织对沿岸水质和大中型河流入海处、大中城市污水排放附近海域进行水域环境监测，重点对渤海赤潮监测和预防以及及时组织对渔业污染事故进行调查处理等。

4月3日 《农民日报》报道：4月2日，国务院总理温家宝主持国务院常务会议，讨论并原则通过《国家优质粮食产业工程建设规划（2004—2010年）》。

《规划》把2004—2007年作为一期项目，2008—2010年作为二期项目。到2007年末，实现新增粮食综合生产能力200亿千克以上、农民人均增收100元、扩大农民就业330万人的目标。《规划》将在13个省区重点选建9个优势产业带，即黄淮海平原、长江下游平原和大兴安岭沿麓3个优质专用小麦产业带；东北和黄淮海平原2个专用玉米产业带；东北地区、长江流域一季稻区及长江流域双季稻区3个优质水稻产业带；东北高油大豆优势产业带。在西部粮食产销基本平衡省区和条件较好的集中产区建设粮食生产基地。并按照生态适宜、商品率高和地域上集中连片的原则，在13个粮食主产省区择优选建441个县（市、区、旗）、43个国有农场，在西部粮食产销基本平衡省区选建159个县、15个团场，全面实施优质专用良种繁育项目、标准粮田建设项目、农机装备推进项目、病虫害防控项目和粮食加工转化项目、西部粮食综合生产能力建设项目6大项目。

4月4日 《经济日报》报道：国家发展和改革委员会下发紧急通知，决定对生产和进口磷酸二铵每吨补贴100元，以降低其成本。

4月13日 《人民日报》报道：为鼓励和支持农民使用先进适用的农业机械，提高农业综合生产能力，农业部、财政部共同制定了《农业机械购置补贴资金使用管理办法（试行）》（农财发〔2004〕006号），从2004年4月5日起施行。

《办法》规定补贴资金的使用应遵循公开、公正、农民直接受益的原则。补贴对象是农民个人和直接从事农业生产的农机服务组织。中央财政资金的补贴标准：按不超过机具价格的30％进行补贴。具体补贴标准由各省（区、市）制定。补贴的农业机械应符合国家农业产业政策、农业可持续发展和环境保护的要求，且经农机鉴定机构检测合格。主要补贴小麦、水稻、玉米、大豆四大粮食作物作业机械：（一）大中型拖拉机等农用动力机械；（二）农田作业机具，主要包括耕整、种植、植保、收获和秸秆还田等机具；（三）粮食及农副产品的产后处理机械；（四）秸秆、饲草加工处理及养殖机械。

4月15日 《人民日报》报道：财政部、农业部、国家税务总局联合下发了《关于2004年降低农业税税率和在部分粮食主产区进行免征农业税改革试点有关问题的通知》，对免征农业税、降低农业税税率的试点省区作出明确规定。

4月20日 《人民日报》报道：国家林业局下发《关于进一步加强林木种苗生产供应管理工作的紧急通知》，要求提高种苗质量，加强信息调度，强化市场监管，维护林农利益，确保六大林业重点工程和国土绿化种苗持续稳定供应。

4月22日 《人民日报》报道：农业部发出通知，要求各地切实抓好草原虫灾防治工作，努力减轻虫灾造成的经济损失、生态破坏和社会影响。

4月30日 《人民日报》报道：国务院办公厅发出关于进一步加强森林防火工作的通知。

5月1日 《人民日报》报道：国务院总理温家宝签署第404号国务院令，颁布《兽药管理条例》，自2004年11月1日起施行。《条例》共分九章七十二条，其内涵是通过加强兽药研发、生产、经营、使用等环节管理，推动养殖业健康发展，提高食用动物产品质量安全水平，维护人民群众身体健康。

国务院于1987年5月21日制定发布了《兽药管理条例》，2001年我国为了履行有关知识产权保护方面的承诺，曾对该条例的个别条文作了修订。此次修订的内容主要包括，一是加强对兽药生产的管理。将兽药生产许可证的审批权由省级畜牧兽医行政管理部门上收到农业部，明确兽药产品批准文号由农业部统一核发，同时取消兽药行业标准和地方标准，只保留兽药国家标准，并删去了兽医医疗单位可以配制兽药制剂的规定，以确保兽药质量，防止出现地区封锁和行业垄断。二是进一步规范了兽药进出口管理程序。规定首次向中国出口的兽药，出口方必须通过其在中国境内的办事机构、代理机构向农业部申请注册，并提交兽药样品、对照品、标准品和环境影响报告等书面材料，经审查和复核检验合格，取得农业部颁发的进口兽药注册证书后，方可向中国出口，取消了原来省级畜牧兽医行政管理部门可以颁发进口兽药登记许可证的规定。三是根据防治动物疫病的需要，加强对兽用生物制品的管理。研制、生产、经营、进出口属于生物制品的兽药，都要遵守比普通兽药更加严格的管理制度。例如，每批兽用生物制品在出厂前都应当由农业部指定的检验机构审查核对，并在必要时进行抽查检验；普通兽药的经营许可证由市、县兽医行政管理部门核发，兽用生物制品的经营许可证由省级兽医行政管理部门核发；普通兽药的进口凭进口兽药注册证书即可办理通关手续，兽用生物制品的进口还需要向农业部申请允许进口兽用生物制品文件。此外，《条例》还规定国家实行兽药储备制度，以应对突发的动物疫情和灾情。四是强化监督措施，规范执法程序。

5月7日 《农民日报》报道：农业部发出《关于进一步加强当前种子市场管理的紧急通知》（部委号农明发〔2004〕48号），要求各地开展种子市场专项清理整顿，迅速查处制售假种子案件。

《通知》要求，一是立即开展种子市场检查。各地要在5月中旬组织所辖范围种子市场专项清理整顿，对照《种子法》及其配套规章，对种子经营资格、种子的包装标签、主要农作物品种审定以及种子质量进行全面检查。重点查处无照无证经营，超越范围经营，不合格种子标签，未经加工、包装销售的种子，未经审定或超审定范围销售种子，以及质量不合格种子。二是迅速查处制假售假案件。要会同工商部门，通过设立举报投诉电话、市场检查等手段，认真受理消费者和企业的举报和投诉，绝不忽视发现案件的线索，要对已掌握的种子案件进行清理排查；对重要案件要制定查处方案，明确查处要求。对大案要案要会同有关部门集中力量查办，坚持杜绝推诿扯皮、责任上交的不作为行为，对证据确凿，触犯刑律的要及时依法移送司法机关，严禁以罚代刑。三要严格依法行政。各级农业行政主管部门在加强种子市场管理的同时，要提高自身执法能力和执法水平，种子管理机构要切实负起责任，要积极争取财政支持，完善执法手段，提高执法效力。四是切实做好种子法宣传和技术服务。各级农业行政主管部门要继续加大《种子法》及其配套规章的宣传普及力度，做到普法与执法，执法与守法，执法与监督相结合，让种子的育种者、生产者、销售者、使用者和管理者都能做到知法、懂法、守法和规范执法，通过法律来维护各方利益，为净化种子市场创造一个良好的环境。五是切实加强种子管理工作的组织领导。

5月23日 《人民日报》报道：为改善农村卫生服务条件，卫生部正会同有关部门编制《农村卫生规划》，以加快农村卫生基础建设。2004年已决定投资10亿元作为试点启动资金，计划利用3~5年的时间完成建设任务。

5月29日 《人民日报》报道：5月28日，农业部发出紧急通知，要求各地坚决禁止开垦草原，严厉打击非法占用草原的行为，重点清查非法在草原上建立开发区、设立经营性旅游景点和大规模开垦草原的行为。

6月4日 《人民日报》报道：5月26日，国务院总理温家宝签署第407号国务院令，公布《粮食流通管理条例》，自公布之日起施行。

《条例》全文共六章五十四条，规定严禁以非法手段阻碍粮食自由流通。国有粮食购销企业应当转变经营机制，提高市场竞争能力，在粮食流通中发挥主渠道作用，带头执行国家粮食政策。粮食价格主要由市场供求形成。国家加强粮食流通管理，增强对粮食市场的调控能力。粮食经营活动应当遵循自愿、公平、诚实信用的原则，不得损害粮食生产者、消费者的合法权益，不得损害国家利益和社会公共利益。国家采取储备粮吞吐、委托收购、粮食进出口等多种经济手段和价格干预等必要的行政手段，加强对粮食市场的调控，保持全国粮食供求总量基本平衡和价格基本稳定。国家实行中央和地方分级粮食储备制度。粮食储备用于调节粮食供求，稳定粮食市场，以及应对重大自然灾害或者其他突发事件等情况。政策性用粮

的采购和销售，原则上通过粮食批发市场公开进行，也可以通过国家规定的其他方式进行。国务院和地方人民政府建立健全粮食风险基金制度。粮食风险基金主要用于对种粮农民直接补贴、支持粮食储备、稳定粮食市场等。国务院和地方人民政府财政部门负责粮食风险基金的监督管理，确保专款专用。

6月11日 《人民日报》报道：经国务院同意，国土资源部、国家发展和改革委员会联合发出《关于在深入开展土地市场治理整顿期间严格建设用地审批管理的实施意见》，对暂停农用地转用审批和须报国务院审批建设项目用地的范围、重点急需建设项目确认程序和用地审查报批程序以及遗留建设用地项目的清理等问题作出具体规定。

6月21日 《光明日报》报道：中宣部、新闻出版总署发布《关于进一步加强"三农"读物出版发行工作的意见》。

6月26日 《农民日报》报道：6月25日，国家主席胡锦涛签署第16号中华人民共和国主席令，公布《中华人民共和国农业机械化促进法》，自2004年11月1日起施行。

该法规共计八章三十五条，规定县级以上人民政府应当把推进农业机械化纳入国民经济和社会发展计划，采取财政支持和实施国家规定的税收优惠政策以及金融扶持等措施，逐步提高对农业机械化的资金投入，充分发挥市场机制的作用，按照因地制宜、经济有效、保障安全、保护环境的原则，促进农业机械化的发展。国家引导、支持农民和农业生产经营组织自主选择先进适用的农业机械。任何单位和个人不得强迫农民和农业生产经营组织购买其指定的农业机械产品，等等。

7月1日 《农民日报》报道：6月28日，农业部部长杜青林分别签署第35号、36号农业部令，公布《农业行政许可听证程序规定》和《农业部实施行政许可责任追究规定》，自2004年7月1日起施行。

7月3日 《农民日报》报道：农业部发出《关于切实加强监督管理制止向农民乱收税费的紧急通知》。

《通知》要求认真落实农村税费改革和支持农业发展的各项政策措施。切实加强对涉农收费项目和行为的监督管理。各级农民负担监督管理部门要切实履行职责，着力做好涉农收费项目和行为的监督管理。一是凡涉及农民的行政事业性收费都必须严格按照国家规定的范围、环节和标准收取，取消的收费项目不得恢复收取，免征的收费项目不得继续收取，政策允

许的收费项目不得随意扩大范围和提高标准。二是农村经营服务性收费都必须坚持"公开、公正、自愿、有偿"的原则，不得强行服务和收费，不得只收费不服务或多收费少服务，不得不公示就收费，不得突破标准乱收费。三是涉及农民的罚款必须严格按照法律和法规规定收缴，不得随意设立罚款项目，不得将一次性罚款变成固定收费项目，不得以罚款代替管理。四是严格按农民负担监督卡填写的项目和数额收取税费和筹劳，不准随意更改监督卡的内容，不准增项加码。农民依卡缴纳税费和筹劳，没有发卡到户的，农民有权拒缴税费和拒绝出工。健全完善农村"一事一议"筹资筹劳制度。

7 月 6 日 《农民日报》报道：6 月 28 日，四川省劳动保障、财政、国土等部门联合下发《关于做好失地农民失业保险和再就业工作的意见》，在四川全省建立失地无业农民的保险制度。

7 月 12 日 《人民日报》报道：中共中央办公厅、国务院办公厅下发《关于健全和完善村务公开和民主管理制度的意见》。

《意见》要求进一步健全村务公开制度，保障农民群众的知情权。完善村务公开的内容，规范村务公开的形式、时间和基本程序，设立村务公开监督小组，听取和处理群众意见。进一步规范民主决策机制，保障农民群众的决策权。推进村级事务民主决策，明确村级民主决策的形式，规范村级民主决策的程序，建立决策责任追究制度。进一步完善民主管理制度，保障农民群众的参与权。推进村级事务民主管理，建立村民委员会换届后的工作移交制度，加强村民民主财制度建设，规范农村集体财务收支审批程序。进一步强化村务管理的监督制约机制，保障农民群众的监督权。加强对农村集体财务的审计监督，推行民主评议村干部工作制度，建立和完善村干部的激励约束制度。进一步加强对村务公开和民主管理工作的领导。

7 月 17 日 《人民日报》报道：国家发展改革委、财政部、铁道部、交通部联合发出《关于进一步做好化肥供应工作稳定化肥价格的通知》。《通知》要求，各地区、各有关部门要继续做好化肥供应工作，稳定化肥价格。

7 月 21 日 《农民日报》报道：国家防汛抗旱总指挥部发出紧急通知，要求各地做好防范，准备迎战洪水。

7 月 23 日 《农民日报》报道：农业部部长杜青林签署第 39 号农业部令，发布《农业基本建设项目管理办法》，自 2004 年 9 月 1 日起施行。

《办法》指出，农业基本建设投资实行统一计划，集中管理，分工负责，分级实施的管理体制。基本建设程序包括提出项目建议书、编制可行性研究报告、进行初步设计、施工准备、建设实施、竣工验收、后评价等阶段。小型和限额以下项目，可根据实际需要适当合并简化程序。县级以上人民政府农业行政主管部门要加强农业基本建设管理队伍的建设，定期培训基本建设管理人员，提高项目管理水平。

《光明日报》报道：7 月 22 日，国家林业局颁布《营利性治沙管理办法》，自 2004 年 9 月 1 日起施行。

8 月 3 日 《经济日报》报道：国家发展与改革委员会、财政部发布了《关于全面清理整顿涉及生猪饲养、屠宰、销售环节收费的通知》。

8 月 10 日 《农民日报》报道：财政部、国土资源部联合制定了《用于农业土地开发的土地出让金收入管理办法》，规定土地出让金用于农业开发的比例不低于土地出让平均收益的 15%。

8 月 17 日 《经济日报》报道：国家林业局发出《关于加强国有林场林地管理的通知》，要求对国有林场林地严格实行用途管制。

8 月 18 日 《人民日报》报道：全国供销合作总社和国家工商总局联合发出通知，要求供销合作社农资系统组织实施信用等级分类管理，促进供销合作社农资企业信用体系建设，诚信经营，规范农资市场秩序。

9 月 25 日 《人民日报》报道：国家林业局颁布《天然林资源保护工程森林管护管理办法》，对长江上游、黄河上中游，以及东北、内蒙古等重点国有林区天保工程森林管护工作作出详细规定。

9 月 28 日 《人民日报》报道：国家税务总局发出通知，要求农业税征收管理机关要按照"据实核减，公正、公开，减地减税、无地无税"的原则，认真做好农业税计税土地的核减管理工作。

9 月 30 日 《人民日报》报道：9 月 29 日，国家林业局发布《关于促进野生动植物可持续发展的指导意见》，以加强对野生动植物资源的保护。

10 月 11 日 《人民日报》报道：国家质检总局与安徽省政府就加强农业标准化、推进农业产业化，促进主导农产品出口，签订了工作备忘录。国家质检总局将从 7 个方面支持安徽更多的企业取得国外卫生注册认证，为安徽农产品争取国际市场"通行证"。

11 月 8 日 《农民日报》报道：11 月 4 日，国土资源部发布《关于加强农村宅基地管理的意见》。规定严禁城镇居民在农村购置宅基地。

《意见》指出，一要严格实施规划，从严控制村镇建设用地规模。抓紧完善乡（镇）土地利用总体规划，按规划从严控制村镇建设用地，加强农村宅基地用地计划管理。二要改革和完善宅基地审批制度，规范审批程序。严格宅基地申请条件。坚决贯彻"一户一宅"的法律规定。农村村民一户只能拥有一处宅基地，面积不得超过省（区、市）规定的标准。健全宅基地管理制度，加强农村宅基地登记发证工作。三要积极推进农村建设用地整理，促进土地集约利用。积极推进农村建设用地整理，加大盘活存量建设用地力度，加大对农村建设用地整理的投入。四要加强法制宣传教育，严格执法。

11月25日 《农民日报》报道：我国大陆第一部农民专业合作组织法规——《浙江省农民专业合作社条例》在浙江省第十届人民代表大会常务委员会第十四次会议上获得通过。

《条例》所称的农民专业合作社是指在家庭承包经营的基础上，从事同类或者相关农产品的生产经营者，依据加入自愿、退出自由、民主管理、盈余返还的原则，按照章程进行共同生产、经营、服务活动的互助性经济组织。合作社依照本条例规定登记取得法人资格，依法独立承担民事责任。合作社社员以其出资额为限对合作社承担责任，合作社以其全部资产对合作社债务承担责任。任何单位和个人不得侵犯合作社的合法财产和经营自主权。各级人民政府应当鼓励和支持合作社发展，在资金、税收、科技、人才、用地、供水、供电、交通等方面制定具体措施予以扶持。县级以上人民政府农业行政主管部门负责对本行政区域内合作社的指导、协调和服务工作。工商、财政、税务、金融、科技、交通、林业、海洋与渔业、供销等部门和单位应当按照各自职责做好相关扶持、服务工作。

12月2日 《科技日报》报道：中国农业发展银行下发了《关于开展粮棉油产业化龙头企业贷款业务的通知》和《粮棉油产业化龙头企业贷款管理暂行办法》。

《农民日报》报道：农业部部长杜青林分别签署第44号、45号令，发布《兽药注册办法》和《兽药产品批准文号管理办法》，自2005年1月1日起施行。

《农民日报》报道：国家发展和改革委员会会同财政部、农业部、商务部、税务总局，发出了《关于做好化肥生产供应工作加强价格监管的通知》。

12月14日 《农民日报》报道：国家粮食局下发了《关于进一步做好粮食收购工作的通知》，要求各级粮食部门努力保持粮价在合理水平上基本稳定。

12月17日 《农民日报》报道：农业部发出《关于贯彻落实〈国务院关于深化改革严格土地管理的决定〉的通知》（国发〔2004〕28号）。

《通知》要求，一要严格执行土地管理法律法规。牢固树立遵守土地法律法规的意识，严格依照法定权限审批土地，严格执行占用耕地补偿制度，禁止非法压低地价招商，严格依法查处违反土地管理法律法规的行为。二要加强土地利用总体规划、城市总体规划、村庄和集镇规划实施管理。严格土地利用总体规划、城市总体规划、村庄和集镇规划修改的管理，加强土地利用计划管理，从严从紧控制农用地转为建设用地的总量和速度，加强建设项目用地预审管理，加强村镇建设用地的管理，严格保护基本农田。三要完善征地补偿和安置制度。完善征地补偿办法，妥善安置被征地农民，健全征地程序，加强对征地实施过程监管。四要健全土地节约利用和收益分配机制。实行强化节约和集约用地政策，推进土地资源的市场化配置，制订和实施新的土地使用标准。严禁闲置土地，完善新增建设用地土地有偿使用费收缴办法。五要建立完善耕地保护和土地管理的责任制度。明确土地管理的权力和责任，建立耕地保护责任的考核体系，严格土地管理责任追究制度，强化对土地执法行为的监督，加强土地管理行政能力建设。

【会议】

2月5日 《人民日报》报道：农业部在西安召开全国农民专业合作经济组织试点工作会议。

2月26日 《光明日报》报道：2月25日，国务院总理温家宝主持召开国务院常务会议，研究部署进一步深化粮食流通体制改革工作，会议原则通过了关于进一步深化粮食流通体制改革和实行对种粮农民直接补贴的实施意见。

3月10日 《人民日报》报道：国务院召开会议，进一步部署贯彻中央经济工作会议、中央农村工作会议精神，保护和提高粮食生产能力、改善农资供应等有关工作。为了继续保持粮食市场稳定，国家将进一步采取有效措施，搞好粮食总量平衡和调控工作。

3月11日 《人民日报》报道：3月10日，中央人口资源环境工作座谈会在人民大会堂举行。中共中央总书记、国家主席胡锦涛主持座谈会并发表重要讲话。

3月19日 《人民日报》报道：3月18日，国务院召开全国春耕生产电视电话会议，深入分析当前农业生产形势，全面部署春耕备耕工作。

《科技日报》报道：3 月 17 日，农业部全国农业技术推广服务中心在西安召开全国"以螨治螨"应用技术座谈会，会议决定向全国推广"以螨治螨"生防技术及其产品。

3 月 27 日 《科技日报》报道：26 日，第五届世界马铃薯大会在昆明开幕。来自 43 个国家和地区的 1 000 多名代表出席了会议。大会的主题是：马铃薯在亚洲——重要的食品，巨大的市场。

3 月 30 日 《人民日报》报道：中共中央政治局 29 日召开会议，研究支持粮食主产区和种粮农民的政策措施。会议强调，各地区各部门一定要把中央关于加强农业和鼓励粮食生产的各项政策措施落到实处。

4 月 13 日 《农民日报》报道：中共中央政治局委员、国务院副总理、国家防汛抗旱总指挥部总指挥回良玉主持召开国家防总 2004 年第一次全体会议。会议提出，要立足防大汛抗大旱救大灾，牢牢把握防汛抗旱主动权。

4 月 21 日 《人民日报》报道：20 日，由中国农业科学院、国际农业生物科学中心和中国工程院联合举办的第二届国际白色农业研讨会在京举行，来自国内外的 130 多位专家代表出席会议。

4 月 29 日 《人民日报》报道：经国务院批准，国家林业局 4 月 28 日在北京召开全国森林防火工作电视电话会议。会议要求全力做好 2004 年森林防火工作，力争不发生特大森林火灾，坚决杜绝火烧连营，严防重大人员伤亡，把森林火灾的损失降到最低限度。

5 月 12 日 《农民日报》报道：为期 5 天的第 15 届"国际植物保护大会"在北京开幕。来自 50 多个国家和地区的 2 000 多人参加了会议。

5 月 20 日 《人民日报》报道：国务院总理温家宝 19 日主持召开国务院常务会议，研究部署深化粮食流通体制改革和农村税费改革工作，审议并原则通过《粮食流通管理条例（草案）》。

5 月 24 日 《人民日报》报道：5 月 23 日在北京召开的亚洲合作对话（ACD）农业部长级研讨会议通过《联合倡议》。该倡议为 ACD 成员开展农业合作的总体目标、重点内容、合作机制和合作途径等提出了系统的具体建议。亚洲合作对话 20 个成员的 120 名代表参加了此次研讨会。

5 月 27 日 《农民日报》报道：26 日，由世界银行发起的首届全球扶贫大会在上海开幕。国务院总理温家宝出席开幕式并发表重要讲话。

5 月 28 日 《人民日报》报道：5 月 27 日，全球扶贫大会在上海圆满闭幕。会上发表的《中国政府缓解和消除贫困的政策声明》明确指出，缓解和消除贫困，实现全体人民的共同富裕，是中国政府始终不渝的宗旨。全球扶贫大会发表了《上海减贫议程》。

6 月 2 日 《农民日报》报道：5 月 31 日至 6 月 1 日，全国粮食流通体制改革工作会议在北京召开。国务院总理温家宝出席会议并作了重要讲话。

6 月 4 日 《人民日报》报道：中共中央政治局委员、国务院副总理、国务院扶贫开发领导小组组长回良玉在国务院扶贫开发领导小组第二次全体会议上强调，要认真落实中央各项政策措施，加大扶贫开发力度，在本世纪头 10 年尽快解决农村少数贫困人口的温饱问题，同时要帮助初步解决温饱的农村低收入人口增加收入，巩固和提高扶贫成果。

6 月 9 日 《人民日报》报道：6 月 7 日至 8 日，国务院扶贫办在河南省信阳市召开全国贫困地区劳动力转移培训工作座谈会。由国务院扶贫办主导推进的大规模扶贫开发劳动力转移培训工程全面启动。

6 月 14 日 《农民日报》报道：6 月 12 日，由国家林业局、农业部、国家知识产权局、国际植物新品种保护联盟（UPOV）联合举办的国际植物新品种保护公约暨植物新品种保护国际合作益处会议在北京召开。

6 月 25 日 《人民日报》报道：国务院总理温家宝 23 日主持召开国务院常务会议，研究部署深化农村税费改革试点工作。2004 年中央决定加大税费改革力度，取消农业特产税，五年内取消农业税，各地区、各部门要按照国务院关于五年内取消农业税的总体安排，有计划地推进免征农业税改革试点工作，全面落实减免农业税的各项政策，积极稳妥地推进乡镇机构、农村义务教育管理体制和县乡财政体制等相关配套改革。

6 月 30 日 《人民日报》报道：6 月 29 日，生物物种资源保护部际联席会议第二次会议在北京举行，联席会议由环保总局牵头，共有 17 个成员单位。

7 月 3 日 《人民日报》报道：中共中央政治局委员、国务院副总理、国家防汛抗旱总指挥部总指挥回良玉 2 日主持召开国家防总全体会议，对防汛抗旱救灾工作进行再动员、再部署、再落实。

7 月 7 日 《人民日报》报道：7 月 5 日至 6 日，全国农村税费改革试点工作会议在北京召开。中共中央政治局常委、国务院总理温家宝强调，各地区、各部门一定要从贯彻"三个代表"重要思想、全面建设小康社会的高度，提高思想认识，精心组织实施，切实做好试点工作，把这件关系亿万农民切身利益的大事办好。

7月13日 《人民日报》报道：由中国农业科学院与世界粮食奖基金会联合主办的"农业科技·现在与未来"国际研讨会，7月10日至12日在北京举行。此次研讨会的主题是：农业科学技术的创新与发展。来自国内外的150名专家就农业政策与农村发展、中国粮食安全、农业生物技术等议题进行了研讨和交流。

8月7日 《农民日报》报道：8月4日至5日，全国农药安全使用工作会议在安徽合肥召开，会议提出全面限制和禁止使用高毒高残留农药。

8月8日 《光明日报》报道：8月7日，第二届中国乳业科技大会在北京召开。我国人均奶类占有量已从2000年的7.3千克发展到2003年的11千克以上。

8月31日 《农民日报》报道：8月30日，国家广电总局、国家发展与改革委员会、财政部在北京联合召开全国村村通广播电视工作电话会议。

《光明日报》报道：8月30日，国务院深化农村信用社改革试点工作会议在北京召开。

《人民日报》报道：由农业部植物新品种保护办公室、农业部科技发展中心和洛阳市农业科学研究所举办的"首届全国农作物授权品种展示暨品种权交易会"30日在洛阳市开幕，来自全国各地的数百名代表观摩了200多个获得农业部授权的农作物新品种并现场进行了品种权的交易和洽谈。

9月22日 《农民日报》报道：9月21日，国家发展与改革委员会、财政部、农业部、工商总局、质检总局、供销合作总社和农业发展银行七部门联合召开了全国棉花工作电视电话会议。

9月28日 《人民日报》报道：以"让绿色永恒"为主题的第六届国际果蔬博览会在山东省烟台市开幕。

9月29日 《科技日报》报道：9月19日至25日，由国家林业局、山东省政府主办的2004年中国林产品交易会在山东荷泽举行。

10月13日 《人民日报》报道：中共中央政治局委员、国务院副总理回良玉在北京出席第二届中国国际农产品交易会开幕式并宣布交易会开幕。这次交易会由农业部主办，交易会的主题是"展示成果，推动交流，促进贸易"。

《人民日报》报道：2004年国际农业工程大会11日在北京召开，中共中央政治局委员、国务院副总理回良玉出席开幕式，并代表中国政府致辞。

10月14日 《人民日报》报道：10月13日，温家宝总理主持召开国务院常务会议，讨论《国务院关于深化改革严格土地管理的决定》，部署加强和改进土地管理工作。

10月20日 《农民日报》报道：10月16日，由农业部、联合国粮农组织和海南省政府共同主办的2004年世界粮食日纪念大会在海口市举行。纪念活动的主题是"生物多样性促进粮食安全"。

10月25日 《农民日报》报道：22日至23日，全国新型农村合作医疗试点工作会议在北京召开。

10月29日 《农民日报》报道：10月28日，国务院召开全国深化改革严格土地管理工作电视电话会议。

11月1日 《农民日报》报道：10月29日，农业部、科技部、林业局在北京召开"现代农业技术装备研制开发"重点项目启动仪式。项目总投资4 000万元，将于2006年底完成。

《人民日报》报道：10月31日，中国农村政策研究中心"第二届中国农村发展论坛"在中国农业大学举行，代表们就"2004年粮食生产和农业政策落实情况""农村劳动力转移和小城镇现代服务业"等问题做了专题报告。

11月3日 《农民日报》报道：11月1日至2日，全国农业国际交流与合作工作会议在北京召开。

11月4日 《人民日报》报道：11月1日至3日，国务院在西安召开全国扶贫开发工作会议。

11月6日 《人民日报》报道：11月5日，第十一届中国杨凌农业高新科技成果博览会开幕。

11月11日 《人民日报》报道：11月10日，国务院召开全国抗旱和冬春农田水利基本建设电视电话会议。

11月16日 《人民日报》报道：11月15日召开的全国环境科技大会上，2004年度环保科技奖颁发。32个项目获奖，获奖项目涵盖了大气污染防治、水污染防治、环境监测、固体废弃物处理、新产品和新技术、环境管理和生态保护等环保工作的许多方面。

11月27日 《人民日报》报道：明年是我国实施科技入户工程的第一年，为有效解决我国农业科技推广中存在的"最后一千米"问题，让科技与农民实现"零距离"接触，农业部26日召开全国农业科技入户工作卫星网络视频会议，全面部署农业科技入户示范工作。

12月15日 《经济日报》报道：12月14日，

共青团中央、水利部、农业部、国家林业局和全国青联在北京举行第九届中国杰出青年农民颁奖典礼。

12月18日 《农民日报》报道：12月17日，国务院召开"中国西南、秦巴山区扶贫世界银行贷款项目总结暨表彰大会"，经过10年的努力，两个项目取得圆满成功，基本解决了580万贫困人口的温饱问题。

12月19日 《人民日报》报道：首届"中国农村发展研究奖"颁奖大会在人民大会堂举行。《回乡还是进城：中国农村外出劳动力回流研究》（白南生、宋洪远著）等7部著作和《土地资本的增值收益及其分配问题》（温铁军、朱守银著）等16篇论文获奖。获奖作品基本上反映出20世纪90年代以来我国农村发展研究领域的最新进展和成就。

12月30日 《人民日报》报道：12月28日至29日，中央农村工作会议在北京举行。会议认真总结了2004年农业和农村工作，深入分析了当前形势，全面部署了2005年农业和农村工作，着重研究了加强农业综合生产能力建设、促进粮食稳定增产和农民持续增收的政策措施。

《农民日报》报道：12月28日至29日，全国农业工作会议在北京举行。

【农业发展成就】

1月2日 《人民日报》报道：根据我国加入世贸组织的承诺，商务部公布了2004年化肥关税配额分配结果。2004年化肥进口关税配额量分别为：磷酸二铵625万吨，复合肥313万吨，尿素230万吨。

1月3日 《人民日报》报道：自2003年12月1日以来，全国劳动系统集中开展了农民工工资支付情况专项大检查，已帮助农民工追缴工资15亿元。

1月5日 《人民日报》报道：自2001年4月启动"无公害食品行动计划"以来，我国农产品质量安全水平有了大幅度提高。纳入实施认证产品目录的食用农产品62种，获得全国统一标识的无公害农产品408个。

1月6日 《人民日报》报道：国务院农村税费改革工作小组发出通知，决定从2004年1月5日起，对2003年农村税费改革试点工作情况开展专项检查。

《经济日报》报道：为进一步规范涉农收费管理，切实减轻农民负担，财政部会同国家发展和改革委员会发出通知，公布了取消、免收和降低标准的全国性及中央部门涉农收费项目。

1月8日 《人民日报》报道：我国畜牧业产值已占农业总产值的31％以上，畜牧业新增产值占农业总产值增量的部分已超过40％，农民人均现金收入来自畜牧业的约20％。

1月13日 《农民日报》报道：1月10日，由《农民日报》发起的宣传推介2003年十佳小康村揭晓，江苏省江阴市华西村年销售收入105亿元，成为名副其实的"天下第一村"。

1月15日 《人民日报》报道：由山东莱州市金海种业有限公司作物研究所选育的玉米杂交新品种——"金海五号"，通过山东省、北京市农作物品种审定委员会审定。金海五号玉米株型紧凑，根系发达，茎秆粗壮，粗蛋白含量达10.1％，品质优良。

1月16日 《人民日报》报道：韩国、日本、越南局部地区暴发鸡、鸭禽流感，国家质检总局和农业部发出紧急公告，要求相关单位严防疫病传入我国。

《人民日报》报道：根据世界动物卫生组织报告，塔吉克斯坦发生了3起A型口蹄疫。为保护我国畜牧业安全，农业部和国家质量监督检验检疫总局联合发出公告：禁止直接或间接从塔吉克斯坦输入偶蹄动物及其产品；已运抵我国口岸的一律作退回或者销毁处理。

《人民日报》报道：中国大豆硅谷组织筹建签字仪式在京举行，由北京世纪四环投资有限公司、国家大豆工程技术研究中心、东北农业大学三方发起成立的该组织旨在推动中国大豆产业的标准化、规模化、国际化进程，探索我国大豆产业全面发展新路。

1月27日 《人民日报》报道：2004年农业部将正式启动农产品加工推进行动。行动的时间为3～5年，重点是食品加工业，包括粮食加工、肉蛋奶制品加工、饲料加工、果品加工、水产品加工等。

1月29日 《光明日报》报道：我国现有湿地面积3 848万顷，居亚洲第一位，世界第四位。

1月30日 《人民日报》报道：我国首例异体克隆动物诞生。一只灰棕色的母山羊在新疆乌鲁木齐县六十户乡顺利降生。这项成果由新疆金牛生物股份有限公司和中科院动物研究所等单位共同完成。经过专家们对它的体貌特征鉴定后，初步判定这是一只北山羊。

1月31日 《人民日报》报道：为了加强对高致病性禽流感防治工作的组织领导，国务院决定，成立全国防治高致病性禽流感总指挥部，国务院副总理回良玉任总指挥。指挥部由发展和改革委员会、财政部、卫生部、农业部、质检总局、工商总局、科技部、商务部、海关总署等有关部门组成。

2月2日 《人民日报》报道：我国自1992年加入《湿地公约》以来，已有近40％的天然湿地纳入保护区范围得到了较好保护。黑龙江扎龙等21块湿地被列入《湿地公约》的国际重要湿地名录，达赉湖等4个湿地类型保护区还加入了国际人与生物圈网络。

2月8日 《人民日报》报道：2月6日凌晨，陕西杨凌西北农林科技大学克隆羊"阳阳"的外孙女"甜甜"顺利分娩，我国成年体细胞克隆山羊"阳阳"家族实现了四代同堂。

2月10日 《人民日报》报道：2004年中央财政的支农资金将比去年增加300亿元，达到1 500亿元以上。新增的支农资金主要用在四个方面：一是用于支持农村税费改革，增加中央对地方的转移支付；二是用于生态建设，加大林业和水利建设的力度；三是用于农村社会事业发展，特别是教育、卫生和对青年农民的培训；四是用于农村中小型基础设施建设和农村扶贫。

《人民日报》报道：1月27日我国公布禽流感疫情后，一些国家和地区先后对我国禽类产品实施封关。为帮助企业渡过难关，中国信保决定启动"预付赔款"特别措施。吉林省一家大型禽肉类产品加工出口企业从中国出口信用保险公司获得了首笔预付赔款，金额21万美元。

2月12日 《人民日报》报道：安徽省政府决定，从2004年起全面取消农业税附加。全省可直接减轻农民负担近6亿元。

2月16日 《人民日报》报道：入春以来，福建、湖北、浙江、湖南等省连续发生重特大森林火灾，造成多起人员伤亡事故。国家林业局15日发出紧急通知并派出4个工作组分赴重点火灾、火险区，要求有关省区加强森林火灾的预防工作，采取有力措施，确保森林资源和人民生命财产安全。

2月18日 《科技日报》报道：我国在世界上首创微生物肥料标准体系。中国农业科学院土壤肥料研究所和农业部微生物肥料质检中心完成"微生物肥料标准体系建立和应用"课题，所制定的《使用菌种安全分级目录》收录菌种90多种，使行业的总体质量提高20％。

2月20日 《人民日报》报道：为实现"打假、护农、保粮、增收"，由农业部联合公安、工商等16部门共同组织实施全国农资打假护农专项治理行动。

《人民日报》报道：由中国林科院与山东农业大学历时8年研制成功的世界上首个抗盐碱、抗干旱的转基因优良杨树（青杨派）新品种——"中天杨"，在山东东营培育成功，并通过了权威鉴定机构的鉴定。

2月25日 《人民日报》报道：国土资源部通报了2003年度全国土地利用变更调查结果。2003年全国耕地净减少3 806.1万亩，耕地面积由2002年末的18.89亿亩下降到2003年末的18.51亿亩。生态退耕是耕地减少的主要因素。

《人民日报》报道：教育部启动农村劳动力转移培训计划。按照该计划，2004年，各类中等职业学校、成人学校和培训机构将面向农村招收学生1 600万人，其中中等学历教育300万人，短期培训800万人，培训进城务工人员500万人。

2月28日 《科技日报》报道：为掌握基本农田利用状况和变化情况，实行最严格的耕地保护制度，国土资源部和农业部联合开展全国基本农田保护检查。

《人民日报》报道：自20世纪90年代以来，我国人工影响天气工作取得了较快发展，在农业抗旱减灾、缓解水资源短缺和生态环境建设等方面发挥了越来越重要的作用，我国人工影响天气作业规模居世界首位。

3月4日 《人民日报》报道：中国保监会正式批准上海安信农业保险股份有限公司筹建。这是我国第一家专业性的股份制农业保险公司，注册资本2亿元。

3月5日 《人民日报》报道：山东省著名玉米育种、栽培专家李登海研究员培育的"掖单"13号玉米良种获得国家科技进步一等奖。"掖单"13号玉米种创造并保持着世界夏玉米单产1 096.29千克的最高纪录和春玉米亩产1 454千克的国内纪录。

3月17日 《人民日报》报道：3月16日，农业部总畜牧师贾幼陵在新闻发布会上宣布：我国前一阶段确诊的49起高致病性禽流感疫情已全部扑灭，高致病性禽流感阻击战取得了阶段性成果。

3月18日 《人民日报》报道：为控制建设用地总规模，2004年农用地转为建设用地总量指标压减了20.3％，占用耕地指标调减到180万亩，压减23.4％。

3月20日 《人民日报》报道：为确保中央促进发展粮食生产的各项政策措施尽快进村入户，了解各地贯彻落实中央1号文件精神情况，督导春耕生产特别是春播粮食作物面积落实情况，农业部决定派出14个粮食生产督查指导组，蹲点督查各地春耕生产。

《人民日报》报道：我国禽产品出口正在逐渐恢

复正常。韩国、新加坡等国家和地区已先后恢复进口熟制禽肉产品和部分蛋制品，日本已恢复进口我国罐头、瓶装和二次杀菌包装禽肉产品及皮蛋、鸡汁和鸡精等禽产品，美国、加拿大恢复进口皮蛋、咸蛋等蛋制品。

3月31日 《人民日报》报道：中国工程院院士、水稻研究专家袁隆平教授和塞拉利昂水稻专家蒙迪·琼斯博士被共同授予2004年度世界粮食奖。

《人民日报》报道：国家林业局宣布，2004年全国将安排退耕还林6 000万亩，其中退耕地造林1 000万亩，宜林荒山荒地造林5 000万亩。同时，2004年退耕还林责任书在京签订，签字的一方是国家林业局，另一方分别是24个省（区、市）及新疆生产建设兵团。

4月1日 《人民日报》报道：由国家质检总局组织的"农资打假下乡"集中行动正式启动。农资打假的重点产品有复混肥、农药、农机和农机配件，重点省份是河北、河南、山东、山西、湖南、广东、江苏、辽宁、吉林等。

《人民日报》报道：入春以来，我国西南、西北及黄淮等部分麦区小麦条锈病相继发生，已在西南地区局部流行，西北呈大流行态势。同时，小麦纹枯病、白粉病、赤霉病及小麦蚜虫等病虫害也呈偏重发生态势。农业部发出紧急通知，要求各地加大对条锈病等小麦病虫害防治力度，真正把防治措施落实到位，为夺取夏粮丰收打好基础。

4月2日 《人民日报》报道：据国家林业局最新统计，我国通过大力加强自然保护区建设，85%的陆地生态系统类型，85%的野生动物种群类型和65%的高等植物群落类型得到有效保护，并在优化生态环境和促进野生动植物资源增长方面发挥了重要作用。

4月3日 《人民日报》报道：4月2日，中日双方再次在北京人民大会堂签署协议，实施共建"21世纪中国首都圈环境保护示范基地"的第二期合作。计划由丰田公司投资1.5亿日元，继续开展约1 000公顷的植树造林。

4月4日 《人民日报》报道：4月3日，胡锦涛、江泽民、吴邦国、温家宝、贾庆林、曾庆红、黄菊、吴官正、李长春、罗干等来到北京朝阳公园，参加首都全民义务植树活动。

4月8日 《农民日报》报道：农业部、财政部、劳动和社会保障部、教育部、科技部、建设部在北京人民大会堂宣布，农村劳动力转移培训阳光工程正式启动。

4月10日 《农民日报》报道：我国研究出无核葡萄育种新技术。由西北农林科技大学承担的国家948项目"胚挽救技术体系建立及抗病无核葡萄新品系培育"研究，4月4日通过了农业部、陕西省农业厅和科技厅的验收和鉴定。

4月14日 《人民日报》报道：中共中央总书记、国家主席胡锦涛在陕西考察工作时强调，各级党委和政府必须全面贯彻落实中央关于发展粮食生产、增加农民收入的政策措施，始终坚持农业基础地位不动摇，始终坚持加强、支持、保护农业不动摇，努力开创农业和农村工作的新局面。

4月15日 《人民日报》报道：我国农业科技推广出现新模式，广西喷施宝有限公司和国家邮政局中邮物流有限公司达成协议，通过邮政网络配送，推广喷施宝系列产品。

4月20日 《人民日报》报道：农业部在吉林省松原市召开现场会，推广行走式节水灌溉技术。以行走式施水播种机械化技术为重点的抗旱保苗措施，为解决北方春旱地区的春播问题提供了可行的技术模式，实现了粮食增产和农民增收的目的。我国共拥有此类机具10万多台（套），应用面积在1 000万亩以上，此项技术已在北方的14省区推广应用，困扰多年的"卡脖子旱"问题有望得到解决。

4月21日 《人民日报》报道：为切实降低化肥等农资价格，保护农民利益和种粮积极性，国家发展改革委4月19日发出《关于加大价格监管力度努力降低农资零售价格的通知》。

4月22日 《人民日报》报道：我国历时一年多的绿色食品认证和收费制度改革工作基本完成。通过改革，绿色食品认证审核时间缩短到3～6个月，企业认证成本大幅下降。

4月23日 《人民日报》报道：22日，由农业部组织的"2 004长江珍稀水生动物增殖放流行动"正式启动。10 000尾中华鲟苗种和10 000尾"四大家鱼"原种种苗回游长江，此次放流是21世纪以来在长江流域组织开展的规模最大的一次增殖放流行动，将在湖北、湖南、四川、江苏等沿长江10省市同时展开。行动期间，各地将累计向长江及主要湖泊投放长江主要经济鱼类和珍稀水生动物苗种近4亿尾。

4月30日 《人民日报》报道：为制止乱占滥用土地，防止突击批地，切实落实最严格的耕地保护制度，推进国土资源管理体制改革，国务院决定在全国范围内深入开展土地市场治理整顿。

《科技日报》报道：26日，由农业部农业机械技术开发与推广总站主办的"农业部2004科技之春大型农业技术推广活动——小麦、玉米生产机械化技术推广演示会"在山东淄博举行。

5月10日 《人民日报》报道：截至2003年底，我国农村养老保险累计参保人数已接近6000万人，基金积累总额260亿元，共有140多万农民开始领取养老金。

5月11日 《科技日报》报道：袁隆平获得2004年度沃夫基金奖的农业奖。

5月13日 《人民日报》报道：改革开放20多年来，我国作物病虫害防治取得显著成绩，建立了38个综合防治试验示范基地，示范面积330万亩，减少化学用药2～3次，取得显著的增产、保产和生态效益，并将我国病虫害综合防治技术整体水平提高到了一个新的阶段。按粮棉作物的不同生态区划分别组建的病虫害综合防治技术体系，经33个综防示范区300万亩大面积示范，每亩挽回粮食损失15～30千克，皮棉4～6千克。农药施药量减少1/3，天敌数量成倍增加，投入产出比达到1：5～1：10，获得了显著的经济效益、社会效益和生态效益。

5月15日 《人民日报》报道：我国超级稻育种技术达到国际领先水平，已累计推广1.12亿亩，增产稻谷112亿千克，为确保我国粮食安全提供了强有力的科技支撑。

5月17日 《农民日报》报道：5月15日，中国农村政策研究中心在中国农业大学成立。

5月20日 《人民日报》报道：联合国粮农组织第二十七届亚太区域部长级会议19日在北京开幕。国家主席胡锦涛出席开幕式并发表致词。

5月23日 《人民日报》报道：为保证党中央、国务院宏观调控政策的落实，国土资源部经商国家发展和改革委员会、财政部、农业部、建设部、监察部、审计署同意，启动《深入开展土地市场治理整顿工作实施方案》。

5月26日 《人民日报》报道：经过多年努力，长期制约我国水稻生产机械化的栽植和收获两个关键环节的技术难题已基本解决。同时，我国油菜生产机械化技术也取得重要突破，研制出了符合我国国情的油菜联合收割机，成功探索了配套的机械化直播种植技术。我国水稻机械化种植水平超过5%，机收水平达到24%，油菜机收水平达到4.5%。

5月27日 《人民日报》报道：中国扶贫成就显著：贫困人口温饱问题基本解决。经过20多年的努力，中国农村极端贫困人口已从1978年的2.5亿人减少到2003年底的2900万人，贫困发生率从30%下降到3%左右，农村贫困人口的温饱问题基本解决。

5月29日 《人民日报》报道：5月28日，科技部、农业部、财政部和国家粮食局联合在北京启动实施粮食丰产科技工程，为恢复和持续提高我国粮食综合生产能力、为国家粮食持续增产和农民收入持续增加提供有效科技支撑。

《人民日报》报道：由山东登海种业西由种子公司种苗研究所、山东农科院蔬菜研究所承担的大白菜新品种项目获得山东省科技进步一等奖。该品种系利用大白菜自交不亲和系的综合选育技术，育成了抗病性等重要经济性状与高配合力有机结合的产品，实现了我国大白菜自交不亲和系选育上的重大突破。

6月2日 《人民日报》报道：6月1日上午，棉花期货在郑州商品交易所正式上市交易，率先上市的是一号棉花期货合约。这是期货市场经过多年清理整顿后开始交易的第一个新品种。

6月17日 《人民日报》报道：6月17日是第十个"世界防治荒漠化和干旱日"。我国2004年"世界防治荒漠化和干旱日"的主题是"防沙治沙与农民增收"。

6月18日 《农民日报》报道：全国累计治理沙化土地2050万公顷，12%的沙化土地得到了治理。

6月19日 《人民日报》报道：自5月以来，草地螟成虫已在我国北方地区大暴发，成虫发生面积约1.2亿亩。农业部发出紧急通知，对草地螟防治工作进行周密部署。

《科技日报》报道：国家科技部重点支持的"863"计划"蔬菜分子育种技术研究和新品种选育"获得重大突破。利用分子标签技术培育的蔬菜杂交品种，可将育种时间从传统的3年缩短到1年。

6月24日 《农民日报》报道：我国已有8个省份免征或基本免征农业税。

6月27日 《经济日报》报道：6月22日发生在内蒙古大兴安岭北部原始林区的森林火灾，经过扑救，火场已基本得到控制。

6月29日 《人民日报》报道：国务院办公厅发出关于加强湿地保护管理的通知。

7月2日 《人民日报》报道：鉴于我国农村金融体系的整体功能已不适应农业和农村经济战略性调整的要求，国家将对政策性金融、商业金融、农村信用社重新进行功能定位和调整，以创新农村金融体制，全面提高农村金融服务水平。

7月3日 《光明日报》报道：由中国农业科

学院作物品种资源研究所主持的"主要农作物种质资源收集、整理与保存"工作取得重要进展。我国国家长期库的保存种数量已达 33.5 万份，跃居世界第一。

7 月 6 日 《人民日报》报道：为降低农用化肥流通费用，支持农业生产，经国务院批准，国家发展与改革委员会、铁道部联合发出通知，要求凡具有农用化肥合法生产、经营资格的企业，经铁路运输列入《实行铁路优惠运价的农用化肥品种目录》的农用化肥，均执行农用化肥优惠运价。

7 月 9 日 《人民日报》报道：截至 6 日，我国有 22 个省、自治区以及新疆生产建设兵团的局部地区发生了洪涝灾害，受灾面积 3 095 万亩，受灾人口 3 336 万人，死亡 288 人，倒塌房屋 13 万间。

7 月 10 日 《农民日报》报道：河南省巩义市农民李炳方经过 5 年选育，培育出我国首例矮秆型小麦新品种"巩回 9 803"。

7 月 17 日 《人民日报》报道：7 月 16 日，欧盟委员会宣布，欧盟食物链和动物健康常设委员会已作出决定，解除对中国虾、养殖鱼、蜂蜜、蜂王浆、兔肉以及其他一些动物源产品的进口禁令。

《人民日报》报道：2003 年未解决温饱（人均年收入 637 元以下）的贫困人口不但没有减少，反而增加了 80 万人。这是改革开放之后扶贫开发历史上的第一次。

7 月 20 日 《光明日报》报道：中国/全球环境基金干旱生态系统土地退化防治伙伴关系项目正式启动。中国政府与全球环境基金在生态领域第一次以长期计划的形式，遏制西部地区土地退化，恢复干旱地区生态系统，减少贫困，促进区域经济发展。

《科技日报》报道：7 月 16 日，全国第一家立足"三农"、服务大众的大型综合性新闻网站——"三农在线"正式开通运营。

《农民日报》报道：17 日，中国粮食与食物安全研究中心在中国农业大学成立。

7 月 22 日 《人民日报》报道：我国是世界上唯一将航天技术用于育种的国家，我国已有 7 个航天育种其他育出的水稻新品种通过省级审定。

7 月 24 日 《人民日报》报道：大兴安岭林业集团公司西林吉国有林管理分局在黑龙江省漠河县成立，这是我国第一个代表国家履行森林资源资产出资人职责、行使森林资源管理职能的国有林管理机构，标志着森林资源管理职能开始从森工企业剥离。

7 月 25 日 《人民日报》报道：7 月 20 日，山东省又一项重大惠农政策——大型农机具购买补贴正式启动。首批项目国家和省级直补资金达到 550 万

元。这次重点补贴购买大型拖拉机、玉米联合收获机、玉米收获青贮机、秸秆还田机等。补贴对象为项目县农民个人和直接从事农业生产的农机服务组织。

《光明日报》报道：江西省宜春市农科所繁育的甘蓝型两系杂交油菜"双优 586"，通过中国农作物品种审定委员会组织的专家鉴定。这是我国第一个应用于生产的两系法杂交油菜新组合，这一成果达到国际领先水平。

8 月 1 日 《人民日报》报道：我国优质小麦种植面积已达 1.4 亿亩，比 1996 年增加 8.7 倍，优质小麦品种发展到 100 个，其中 20～30 个在生产中大面积推广，实现了历史性跨越。

8 月 7 日 《农民日报》报道：由山东省烟台农科院承担的农业部科技跨越项目——"烟农 18 弱筋小麦新品种生产技术体系试验示范"，通过农业部审定，进入大面积推广阶段。

《光明日报》报道：我国育出国际领先的转基因玉米。中国农业大学生物学院朱登云率领的课题组，将马铃薯花粉上的一个基因转入玉米，赖氨酸和蛋白质比常规玉米分别提高 30%、90%。

8 月 14 日 《经济日报》报道：据不完全统计，我国累计封山育林面积已达 3 338.1 万公顷，占我国林地面积的 21.7%，为提高我国森林覆盖率贡献 3.6 个百分点。

8 月 16 日 《农民日报》报道：8 月 15 日，由农业部、东北三省一区和长春市政府联合举办的第五届中国长春国际农业·食品博览（交易）会暨中国东北地区（长春）国际农业博览会在长春开幕。

《农民日报》报道：福建省航天育种超级再生稻"Ⅱ优航一号"创下干谷亩产 971.9 千克、湿谷亩产 1 191.9 千克的最高纪录。

8 月 19 日 《经济日报》报道：经过 5 年项目可行性研究，全国最大的农业围垦工程——福建省泉州外走马埭围垦工程正式开工。工程围垦总面积 5.54 万亩，项目总投资 8.56 亿元。

8 月 20 日 《光明日报》报道：我国克隆牛产业化试验项目在河北省唐山市丰润区正式启动。

8 月 23 日 《人民日报》报道：据世界卫生组织报道，7 月以来，越南又有 3 人感染禽流感病毒死亡。为防止禽流感传入我国，保护前往越南人员的健康安全，国家质检总局发出紧急通知，严防禽流感传入我国。

8 月 31 日 《人民日报》报道：《农民增收口袋书》丛书由中国农业出版社出版，该丛书围绕科教兴农主题，以农民增收为切入点，力求让农民用得

上、看得懂、买得起，是贯彻"三农"读物出版上规模、上档次、上质量要求的一套实用农业科技图书。

《人民日报》报道：由农业部植物新品种保护办公室、农业部科技发展中心和洛阳市农业科学研究所举办的"首届全国农作物授权品种展示暨品种权交易会"30日在洛阳市开幕，来自全国各地的数百名代表观摩了 200 多个获得农业部授权的农作物新品种并现场进行了品种权的交易和洽谈。

9月6日 《人民日报》报道：我国粮食储藏安全技术获得重要突破，拥有自主知识产权的粮食储藏新技术——"绿色无公害仓储设备系统"，经云南、河北、四川、江西、湖北、河南等地的国家和地方粮库试验和应用，获得良好的效果。

《科技日报》报道：由浙江省农业科学院水稻育种专家培育的杂交水稻新组合Ⅱ优 7 954，亩产达 1 195.2 千克。

《光明日报》报道：农业部决定从 2005 年开始选择若干个超级稻主产省区启动超级稻示范推广计划。

9月9日 《人民日报》报道："国家农业政策分析与决策支持开放实验室"在北京启动，中国的农业政策研究正在由经验型决策向科学量化阶段转变，可为解决"三农"问题提供可靠的科学依据。

9月11日 《科技日报》报道：由黑龙江省农科院承担的农业科技跨越计划"高油大豆高效生产技术体系及产业化示范"项目通过了验收，其高油大豆核心技术及配套技术全面超额完成合同指标，为项目区农民增加经济效益 2.06 亿元。

《农民日报》报道：9月9日，以"绿色·有机与高新技术"为主题的中国沈阳国际农业博览会开幕。

9月13日 《科技日报》报道：我国杂交水稻制种技术取得新突破，安徽省农科院朱启升研究员经过 10 年攻关，选育出强优势杂交水稻组合"绿优 5 号"，理论亩产为 339.9 千克，比常规方法制种产量高 27.8%。

9月15日 《科技日报》报道：9月14日，由科技部、农业部、财政部和国家粮食局等共同组织实施的国家重大科技专项"粮食丰产科技工程"，三个共性关键技术课题在北京正式启动。

9月16日 《农民日报》报道：9月15日，由农业部、国家粮食局和河南省政府共同主办的为期两天的 2 004 中国郑州小麦交易会开幕。

9月18日 《人民日报》报道：9月17日，经中国保监会批准，我国第一家专业性股份制农业保险公司——上海安信农业保险股份有限公司正式成立。

《人民日报》报道：9月17日，面向贫困人口的

农村水利改革项目启动。该项目由英国国际开发署提供总额 1 247.4 万美元赠款，旨在帮助贫困地区农民能够公平、可靠、持续地获得灌溉和生活用水，同时促进农村小型水利工程管理体制改革。

《农民日报》报道：9月17日，中国国家农产品加工信息网正式开通。

9月21日 《人民日报》报道：由中国农业科学院棉花研究所等承担的高科技项目"棉花工厂化转基因技术体系"研究，通过专家鉴定。以该技术体系为支撑，已直接育成转基因棉花新品种 8 个，累计推广转基因抗虫棉 3 200 多万亩，从而使我国在这一高科技领域占有了一席之地。

9月22日 《农民日报》报道：9月21日，国家发展与改革委员会、财政部、农业部、工商总局、质检总局、供销合作总社和农业发展银行七部门联合召开了全国棉花工作电视电话会议。

9月27日 《人民日报》报道：由中国农业科学院棉花研究所最新培育成功的大铃型抗虫杂交棉新品种"中棉所 48"，通过安徽省农作物品种审定委员会的审定。"中棉所 48"具有丰产、优质、抗病等优良农艺性状，出苗好，长势健壮，结铃性强，适应性广，吐絮畅且集中，絮色洁白。在射阳县试种示范表明，该品种平均亩产籽棉 427 千克，亩产皮棉 166 千克。

9月30日 《人民日报》报道：为支持农村水利基础设施建设，进一步改善农民生产生活条件，中央财政从 2004 年开始，每年安排专项资金用于支持雨水集蓄利用项目建设。2004 年中央财政安排的雨水集蓄利用专项资金为 1 亿元，并用于下达到四川、广西、重庆、甘肃等 11 个省（区、市）的 99 个项目。

10月11日 《人民日报》报道：我国北方粮食主产区——黑龙江垦区农业劳动生产率居全国领先水平。按照优势区域布局，黑龙江垦区成功实现了农机农艺结合、良种良法配套。北大荒的农业科技进步贡献率达 68% 以上，高于全国农业科技进步贡献率平均值 20 个百分点。农业科技成果转化率已经达 70% 以上，科技推广效益年均 4 亿元以上，在全国居于首位。

10月12日 《人民日报》报道：2004 年我国推广种植超级稻 4 800 万亩，比 2003 年增加 800 万亩。1998 年以来，长江流域稻区和东北稻区示范推广面积到 2003 年底已累计推广 1.12 亿亩，大面积亩产一般达到 600 千克，亩增产 55~60 千克，累计增产稻谷 65 亿千克左右。

10月14日 《人民日报》报道：第二届中国国际农产品交易会项目签约仪式在北京举行。共有49个项目参加签约仪式，签约额折合人民币63.6亿元。

10月15日 《人民日报》报道：我国各地农村多种形式的新型农民专业合作经济组织大量涌现，总数已超过15万个，成为农民增收的新起点。

10月18日 《人民日报》报道：10月17日，首届中国消除贫困奖评选揭晓暨颁奖仪式在北京隆重举行。

10月21日 《人民日报》报道：以取消"三提五统"等税外收费、改革农业税收为主要内容的农村税费改革试点工作，自2003年在全国全面铺开以来成效显著。全国农民普遍"减负"30%以上，共计减轻农民税收负担280亿元左右。

《光明日报》报道：科技进步对我国农业增长的贡献率已提高到45%左右。

10月22日 《人民日报》报道：经过1.2万多名专业森林消防队员、武警森林部队官兵、解放军指战员和林区干部职工的奋力扑救，发生在黑龙江省黑河等地的森林火灾已于21日5时全部扑灭。

10月26日 《科技日报》报道：由西北农林科技大学张兴教授主持的国家"十五"科技攻关计划"无公害农药关键技术研究与产品开发"课题，经过3年努力，取得阶段性研究成果5项，通过了由农业部组织的课题验收。

10月31日 《光明日报》报道：福建省农科院果树所选育出世界首个杂交龙眼新品种"冬宝9号"。

11月3日 《人民日报》报道：为加速东北粮食主产区农业现代化进程，推进国家农业科技创新体系建设，中国农科院与吉林省人民政府联合共建的中国农业科技东北创新中心在长春成立。

11月5日 《人民日报》报道：农业部启动了"科技入户工程"，计划到2010年，力争实现培育科技示范户100万个，辐射带动农户2000万户，发展新型农业技术服务组织1万个。同时，使重点示范区内主要先进实用技术入户率和到位率达到90%以上，农业综合生产成本降低15%以上，科技进步对农业增长的贡献率提高10%以上。

11月8日 《农民日报》报道：农业部发出《关于加强越冬作物田间管理的紧急通知》。

11月9日 《人民日报》报道：中国工程院院士袁隆平主持的超级杂交稻课题组，已提前一年实现了中国超级稻中稻研究目标，大面积亩产达到800千克已成现实。

11月11日 《人民日报》报道：2004年国家又安排国债资金4亿元，支持119家农产品批发市场两大系统的建设。

11月12日 《人民日报》报道：经国务院国有资产监督管理委员会和国家工商行政管理总局核准，中国水产（集团）总公司与中国牧工商（集团）总公司在实行重组后，成立了中国农业发展集团总公司。

11月13日 《人民日报》报道：为了保护被征地农民的合法权益，使他们原有生活水平不降低，国土资源部发布了《关于完善征地补偿安置制度的指导意见》，确定了征地补偿标准。

11月18日 《科技日报》报道：11月16日，国家环保总局在人民大会堂举行首批国家环境友好企业授牌仪式。

11月29日 《人民日报》报道：经过近5年努力，中国农业科学院建设运行的"中国农作物基因资源与基因改良国家重大科学工程"取得重要进展。几年来，这一工程共主持国家级科研项目300多项，获国家级奖励的成果达到39项，在国际上率先建成小麦、水稻、大豆的核心种质，发表论文800余篇，其中被SCI收录的论文达100多篇，开展国际合作研究63项，培育新品种100多个，培养研究生148名，获得专利41项。

12月1日 《人民日报》报道：由中国农业科学院棉花研究所毛树春研究员领导的课题组，在承担国家"十五"科技攻关重大计划项目和农业部农业结构调整重大专项的研究中，攻克了棉花"两无两化"移栽技术难关。采用该技术，移栽苗成活率高，每株成苗仅2~3分钱，节省用种50%~70%，节省用工1/3，增产皮棉6%~10%。

《人民日报》报道：中国工程院院士、华中农业大学教授傅廷栋获得2003年第三世界科学院农业科学奖，这是该奖项设立近20年来第一次授予中国学者。

12月8日 《人民日报》报道：12月7日，湿地国际（WetlandsInternational）在京向中国国家林业局颁发了"全球湿地保护与合理利用杰出成就奖"，以表彰中国政府在湿地保护和合理利用方面取得的巨大成就。

12月10日 《人民日报》报道：世界著名科学杂志《自然》以3篇主题科学论文的形式，发表中科院北京基因组研究所关于原鸡基因组和家鸡基因组多态性研究的重大成果。这是我国科学家以加入"人类基因组计划"为起点，在国际合作框架下参与和主持完成的又一突破性成果。

12 月 11 日 《人民日报》报道：根据国家发展和改革委员会的初步统计，由于粮食价格上涨，2004 年农民的售粮收入增加了 600 多亿元。

12 月 12 日 《人民日报》报道：12 月 10 日，我国科学家在世界上率先完成的家蚕基因组"框架图"及基因组生物学分析成果在世界科学类权威学术期刊《科学》杂志上发表。

12 月 13 日 《人民日报》报道：出席中国农科院举办的"中国农业科技高级论坛——土壤质量与粮食安全"的专家们提出，提高耕地质量，实施"藏粮于地"新战略，确保国家粮食安全。

12 月 18 日 《人民日报》报道：财政部、国家税务总局根据各地上报的灾害数据，以及民政部、水利部提供的有关数据分析测定，2004 年全国因灾核减农业税任务 30 亿元，其中中央财政补助 15 亿元。

12 月 19 日 《光明日报》报道：河北农业大学郑均宝教授育成转双价抗虫基因 741 杨树，这一成果获得国家技术发明二等奖。

12 月 23 日 《人民日报》报道：由农业部和财政部组织实施的"农业结构调整重大技术研究专项"带给我国农业科技发展新的变化。该专项自 2002 年启动，重点在优质水稻、专用玉米、优质小麦、高油大豆等 15 个领域设置项目。3 年来，专项共立项 141 个，国家投入经费 6 000 万元。选育出通过审定的、在国内外市场具有较强竞争力的农作物新品种 99 个，创新优异种质 423 份。

12 月 25 日 《科技日报》报道：河南省宣布，从 2005 年起全省免征农业税。

12 月 27 日 《光明日报》报道：自 1999 年以来全国累计完成退耕还林任务 2.87 亿亩。

《人民日报》报道：农业部对在 2004 年恢复发展粮食生产中作出重要贡献、取得突出成绩的单位和个人进行表彰。评选出"全国粮食生产先进县（市、农场）"200 个、"全国粮食生产管理先进个人"100 名、"全国农业科技推广先进个人"200 名、"全国粮食生产大户"995 个。在表彰活动上，为吉林省榆树市等 10 个"全国十大粮食生产先进县（市）"、郑宝信等 10 名"全国农业科技推广先进个人标兵"、于会怀等 10 名"全国粮食生产大户标兵"、李嵘等 10 名"全国粮食生产管理先进个人"代表颁发了奖牌和证书。

《农民日报》报道：经过几年的努力，国家投入已占到全国农村义务教育经费的 80%。

12 月 31 日 《人民日报》报道：世界首例绿色糯玉米在山东登海种业股份有限公司西由种子公司培育并试种成功。这种糯质玉米，经过专家组现场考察验收，亩产干粒都在 700～800 千克，平均亩产 760 千克，比大田主栽玉米鲁单 50 增产 20%。

2005 年

【文献】

1月27日 《光明日报》报道：国务院总理温家宝26日主持召开国务院常务会议，审议并原则通过了《青海三江源自然保护区生态保护和建设总体规划》。

1月29日 《人民日报》报道：国家发展和改革委员会、中国人民银行发布了《关于2004—2005年度化肥淡季商业储备资金供应有关问题的通知》，明确对承储企业收储淡季商业储备化肥给予信贷支持。

1月31日 《人民日报》报道：新华社播发《中共中央国务院关于进一步加强农村工作提高农业综合生产能力若干政策的意见》。

《意见》指出，2005年农业和农村工作的总体要求是：认真贯彻党的十六大和十六届三中、四中全会精神，全面落实科学发展观，坚持统筹城乡发展的方略，坚持"多予少取放活"的方针，稳定、完善和强化各项支农政策，切实加强农业综合生产能力建设，继续调整农业和农村经济结构，进一步深化农村改革，努力实现粮食稳定增产、农民持续增收，促进农村经济社会全面发展。一是稳定、完善和强化扶持农业发展的政策，进一步调动农民的积极性。继续加大"两减免、三补贴"等政策实施力度，切实加强对粮食主产区的支持，建立稳定增长的支农资金渠道。二是坚决实行最严格的耕地保护制度，切实提高耕地质量。严格保护耕地，认真落实农村土地承包政策，努力培肥地力。三是加强农田水利和生态建设，提高农业抵御自然灾害的能力。加快实施以节水改造为中心的大型灌区续建配套，狠抓小型农田水利建设，坚持不懈搞好生态重点工程建设。四是加快农业科技创新，提高农业科技含量。加强农业科技创新能力建设，加大良种良法的推广力度，加快改革农业技术推广体系。五是加强农村基础设施建设，改善农业发展环境。加大农村小型基础设施建设力度，加快农产品

流通和检验检测设施建设，加强农业发展的综合配套体系建设。六是继续推进农业和农村经济结构调整，提高农业竞争力。进一步抓好粮食生产，大力发展特色农业，加快发展畜牧业，重点支持粮食主产区发展农产品加工业，发展农业产业化经营。七是改革和完善农村投融资体制，健全农业投入机制。完善农业投资管理体制，加快农村小型基础设施产权制度改革，推进农村金融改革和创新。八是提高农村劳动者素质，促进农民和农村社会全面发展。九是加强和改善党对农村工作的领导。

2月3日 《人民日报》报道：国务院总理温家宝2月2日主持召开国务院常务会议，审议并原则通过《农村公路建设规划》。

本世纪前二十年农村公路建设的总体目标是：具备条件的乡（镇）和建制村通沥青（水泥）路，基本形成较高服务水平的农村公路网络，使农民群众出行更便捷、更安全、更舒适，适应全面建设小康社会的总体要求。具体发展目标如下：（一）"十一五"建设目标。到"十一五"末，基本实现全国所有具备条件的乡（镇）通沥青（水泥）路（西藏自治区视建设条件确定）；东、中部地区所有具备条件的建制村通沥青（水泥）路；西部地区基本实现具备条件的建制村通公路。到2010年，全国农村公路里程达到310万千米。①东部地区，实现所有具备条件的建制村通沥青（水泥）路。②中部地区，基本实现所有具备条件的建制村通沥青（水泥）路。③西部地区，基本实现所有具备条件的乡（镇）通沥青（水泥）路、具备条件的建制村通公路（西藏自治区视建设条件确定）。（二）2011—2020年建设目标。到2020年，具备条件的乡（镇）和建制村通沥青（水泥）路，全国农村公路里程达370万千米，全面提高农村公路的密度和服务水平，形成以县道为局域骨干、乡村公路为基础的干支相连、布局合理、具有较高服务水平的农村公路网，适应全面建设小康社会的要求。

2月4日 《人民日报》报道：为进一步改善农民进城就业环境，维护农民工合法权益，国务院办

公厅发出《关于进一步做好改善农民进城就业环境工作的通知》。

《通知》要求，一要进一步做好促进农民进城就业的管理和服务工作。清理和取消针对农民进城就业等方面的歧视性规定及不合理限制，开展有组织的劳务输出，完善对农民进城就业的职业介绍服务，做好对农民工的咨询服务工作，加强对农民进城就业的培训工作。二要切实维护农民进城就业的合法权益。进一步解决拖欠农民工工资问题，加强劳动合同管理和劳动保障监察执法，及时处理农民工劳动争议案件，支持工会组织依法维护农民工的权益，做好农民工工伤保险工作。三要进一步健全完善劳动力市场。整顿劳动力市场秩序，探索建立城乡一体化的劳动力市场。

2 月 24 日 《人民日报》报道：国务院总理温家宝 23 日主持召开国务院常务会议，讨论并原则通过《全国防沙治沙规划（2005—2010 年）》。

《规划》目标是，在规划期内，在全面保护现有林草植被的基础上，划定若干个沙化土地封禁保护区，封育保护面积 372 万公顷，完成治理任务 1 300 万公顷。力争到 2010 年，重点治理地区生态状况明显改善。本着因地制宜，因害设防，保护优先，积极治理的原则和生物措施、工程措施相结合的方式进行沙化土地综合治理。建设内容分为沙化土地封禁保护区建设，营林造林，草地治理，小流域综合治理和水源、节水灌溉工程建设，生态移民、小城镇建设、农村能源建设和沙产业发展六项内容。

3 月 14 日 《人民日报》报道：2005 年全国农资打假专项治理行动全面展开。农业部制定了全国农资打假专项治理行动实施方案和种子、农药、肥料、饲料、兽药五个专项整治方案，印发了《关于开展农资打假专项治理行动的通知》并组织各地实施。

3 月 24 日 《光明日报》报道：国务院总理温家宝 23 日主持召开国务院常务会议，审议并原则通过《2005—2006 年农村饮水安全应急工程规划》。

3 月 25 日 《人民日报》报道：国家工商总局发布《促进个体私营等非公有制经济发展的通知》，通知表示，将积极探索农民专业合作经济组织的登记管理。各类从事生产经营活动的农民专业合作经济组织均可以申请工商登记，取得市场主体资格。对农民个人申办的专业合作经济组织，符合个人合伙设立条件的，按个体工商户登记；符合合伙企业设立条件的，按合伙企业登记；符合有限公司设立条件的，按有限公司登记。对其他投资者根据农业产业化和多种经营的需要申办的专业合作经济组织，要根据投资人身份和出资财产的性质，本着谁出资谁所有的原则，依照现行登记法规核定企业类型。

4 月 27 日 《农民日报》报道：国家粮食局下发了《关于就做好小麦购销工作稳定市场价格的紧急通知》。

5 月 9 日 《农民日报》报道：为贯彻落实《中共中央国务院关于进一步加强农村工作提高农业综合生产能力若干政策的意见》（中发〔2005〕1 号）精神，促进农民专业合作组织健康发展，农业部印发了《关于支持和促进农民专业合作组织发展的意见》。

《意见》指出，发展农民专业合作组织应把握的基本条件是：以依法享有家庭承包经营权的农户为主体，建立了民主管理机制，有成员自主制定的章程，按照加入自愿、退出自由、民主管理、盈余返还的原则，依法在其章程规定的范围内开展农业生产经营和服务活动。符合上述条件的，都应从政策上给予鼓励和支持。促进农民专业合作组织发展，要正确把握以下基本原则：坚持以家庭承包经营为基础的原则；坚持自愿民主的原则；坚持多种形式发展的原则；坚持示范引导的原则。

5 月 17 日 《农民日报》报道：针对全省 140 多万名被征地农民社会保障水平偏低以及相关配套措施不够完善等问题，浙江省政府发出《关于深化完善被征地农民社会保障工作的通知》（浙政办发〔2005〕33 号）。

5 月 24 日 《经济日报》报道：国家发展和改革委员会、科技部、水利部、建设部和农业部联合发布了《中国节水技术政策大纲》。

《大纲》重点阐明了我国节水技术选择原则、实施途径、发展方向、推动手段和鼓励政策。《大纲》用于引导节水技术研究、产业发展和节水项目投资的重点技术方向，促进节水技术的推广应用，限制和淘汰落后的高用水技术、工艺和设备，为编制水资源和节水发展规划提供技术支持。《大纲》按照"实用性"原则，从我国实际情况出发，根据节水技术的成熟程度、适用的自然条件、社会经济发展水平、成本和节水潜力，采用"研究""开发""推广""限制""淘汰""禁止"等措施指导节水技术的发展。重点强调对那些用水效率高、效益好、影响面大的先进适用节水技术的研发与推广。

5 月 16 日 《人民日报》报道：国务院总理温家宝 15 日主持召开国务院常务会议，会议讨论并原则通过了《中华人民共和国农产品质量安全法（草案）》，由国务院提请全国人大常委会审议。

7 月 23 日 《农民日报》报道：由国家发改委

制定的《2005—2006 年农村饮水安全应急工程规划》获国务院正式批准,计划在两年内使全国 2 120 万人告别饮水难。

7 月 27 日 《人民日报》报道:7 月 15 日,国务院总理温家宝签署第 441 号国务院令,公布《国务院关于修改〈中华人民共和国防汛条例〉的决定》,自公布之日起施行。

8 月 13 日 《人民日报》报道:国务院扶贫开发领导小组办公室、中央精神文明建设指导委员会办公室、教育部、科技部、交通部、水利部、农业部、卫生部、国家广播电影电视总局、国家林业局等单位联合发出《关于共同做好整村推进扶贫开发构建和谐文明新村工作的意见》。

《光明日报》报道:为妥善解决农村寄宿制学校建设工程实施过程中的一些问题,国务院办公厅转发了教育部、国家发展和改革委员会、财政部、国土资源部、建设部制定的《关于进一步做好农村寄宿制学校建设工程实施工作的若干意见》。

8 月 24 日 《经济日报》报道:经国务院同意,农业部、国务院纠风办、财政部、国家发展和改革委员会、国务院法制办、教育部联合发出《关于进一步做好减轻农民负担工作的通知》。

8 月 28 日 《人民日报》报道:9 月 1 日起,《江苏省征地补偿和被征地农民基本生活保障办法》将正式实施,在全国尚属首例。办法规定,各市、县人民政府从土地出让金等土地有偿使用收益中,提取一定数额的资金进入被征地农民基本生活保障资金专户。

9 月 3 日 《人民日报》报道:农业部发布《2005 年重大动物疫病防控秋季行动计划》,重大动物疫病防控秋季行动在各地全面展开。

10 月 11 日 《农民日报》报道:国土资源部、农业部、发展改革委、财政部、建设部、水利部、国家林业局等七部门联合下发《关于进一步做好基本农田保护有关工作的意见》,出台 6 项措施捍卫基本农田这条"红线"。

《意见》提出,一是严格制定和实施规划,确保现有基本农田数量。制定和实施土地利用总体规划以及涉及土地利用的相关规划,必须将保护耕地特别是基本农田作为重要原则。严格按照《退耕还林条例》规定的条件和范围实施退耕还林。土地利用总体规划修编中要坚持以严格保护耕地特别是基本农田为重点,保证现有基本农田总量不减少。二是加强非农建设用地审查,严禁违法占用基本农田。严格执行《土地管理法》和《基本农田保护条例》的有关规定,除

国家能源、交通、水利和军事设施等重点建设项目以外,其他非农业建设一律不得占用基本农田;符合法律规定确需占用基本农田的非农建设项目,必须按法定程序报国务院批准农用地转用和土地征收。加强对涉及占用基本农田的建设用地的审查。规范基本农田补划行为。三是强化监督管理,不得擅自改变基本农田用途。严格执行《国务院关于坚决制止占用基本农田进行植树等行为的紧急通知》(国发明电〔2004〕1 号)要求的保护基本农田"五个不准",确保基本农田的规定用途不改变。进一步加大对违法违规骗取批准、占用和破坏基本农田行为的执法力度。四是加大建设力度,切实提高基本农田质量。大力开展基本农田土地整理,加大基本农田质量建设力度,建立基本农田建设集中投入制度。五是开展动态监测,定期通报基本农田变化情况。完善基本农田保护基础性工作,加强基本农田的动态监管,建立基本农田保护定期通报制度。六是探索新机制,落实基本农田保护责任。按照《基本农田保护条例》的规定,建立基本农田保护责任制。探索建立基本农田保护经济激励机制。

10 月 21 日 《人民日报》报道:11 月 20 日,中美两国元首就加强禽流感防控双边合作的共同倡议达成一致,并形成共同文件《中美禽流感共同行动倡议概念文件》。

《光明日报》报道:国务院总理温家宝签署第 450 号国务院令,发布《重大动物疫情应急条例》。

10 月 24 日 《人民日报》报道:国务院总理温家宝 23 日主持召开国务院常务会议,研究加强环境保护工作,讨论并原则通过《国务院关于落实科学发展观加强环境保护的决定》。

12 月 12 日 《人民日报》报道:11 月 7 日,中共中央办公厅、国务院办公厅提出《关于进一步加强农村文化建设的意见》。

12 月 30 日 《人民日报》报道:国家主席胡锦涛签署第四十六号主席令,公布《全国人民代表大会常务委员会关于废止〈中华人民共和国农业税条例〉的决定》。《中华人民共和国农业税条例》自 2006 年 1 月 1 日起废止。

《人民日报》报道:国家主席胡锦涛签署第四十五号主席令,公布《中华人民共和国畜牧法》,自 2006 年 7 月 1 日起施行。

【会议】

1 月 11 日 《人民日报》报道:全国重点省区

森林防火工作座谈会于1月10日在云南省昆明市召开。中共中央政治局委员、国务院副总理回良玉强调，要认真分析当前森林火险形势，切实加强森林防火工作，严密防范森林火灾的发生，坚决避免引发重大森林火灾和重大人员伤亡，确保森林资源安全，确保人民群众生命财产安全，确保经济社会可持续发展。

1月15日 《人民日报》报道：14日，国家食物与营养咨询委员会在北京启动国家"大豆行动计划"标志商标许可使用工作，目的是规范实施国家"大豆行动计划"，促进我国大豆产业健康快速发展。

1月24日 《农民日报》报道：1月23日，中国小康村建设报告会在北京人民大会堂举行，广东深圳市坂田村、浙江温州市长虹村、辽宁沈阳市小韩村、江西南昌市进顺村、北京大兴区星光社区、山东潍坊市得利斯村、上海松江区春申村、山西晋城市皇城村、江苏宜兴市兴东村、河南郑州市宋砦村荣获"2004中国十佳小康村"称号。

1月29日 《光明日报》报道：28日下午，国务院召开全国防控高致病性禽流感电视电话会议。会议传达了中共中央政治局常委、国务院总理温家宝作出的重要指示，冬春正是动物疫病特别是高致病性禽流感的高发季节，要高度重视防治工作，不可掉以轻心。

3月3日 《经济日报》报道：3月2日，全国"2005红盾护农"启动仪式在京举行。此次"红盾护农"行动国家工商总局将派出4个工作组，分赴各省参加启动仪式并开展明查暗访。

3月13日 《人民日报》报道：3月12日，中央人口资源环境工作座谈会在北京人民大会堂举行。中共中央总书记、国家主席、中央军委主席胡锦涛强调，全面落实科学发展观，进一步调整经济结构和转变经济增长方式，是缓解人口资源环境压力、实现经济社会全面协调可持续发展的根本途径。要加快调整不合理的经济结构，彻底转变粗放型的经济增长方式，使经济增长建立在提高人口素质、高效利用资源、减少环境污染、注重质量效益的基础上，努力建设资源节约型、环境友好型社会。

3月16日 《人民日报》报道：中共中央政治局委员、国务院副总理、国务院扶贫开发领导小组组长回良玉，15日主持召开国务院扶贫开发领导小组全体会议，强调切实增强扶贫开发的针对性和实效性，各项政策、项目、资金都要围绕减少贫困人口这个目标来调整和展开，突出整村推进、劳动力培训转移和产业化扶贫三个重点，加大扶贫开发力度，加快贫困地区经济社会发展。

3月22日 《人民日报》报道：中共中央政治局委员、国务院副总理回良玉，21日在全国春耕生产电视电话会议上指出，一定要认真贯彻落实，高标准地抓好春耕生产和农村各项工作，努力实现粮食稳定增产、农民持续增收。

4月12日 《人民日报》报道：4月11日，中共中央政治局委员、国务院副总理、国家防汛抗旱总指挥部总指挥回良玉在国家防总2005年第一次全体会议上强调，要清醒认识今年防汛抗旱工作面临的严峻形势，充分估计可能发生的严重洪涝干旱灾害，强化责任，完善预案，把确保人民群众生命安全放在防汛工作首位，把确保城乡居民生活用水安全放在抗旱工作首位，全面落实防大汛抗大旱各项措施。

5月18日 《人民日报》报道：5月17日，由中国贸促会、福建省人民政府主办的第七届海峡两岸经贸交易会、第二届中国福建商品交易会在福州开幕。经国务院批准，由台湾青果商业行业公会组织的来榕参加海交会的台湾农产品，首次实现直航免税进入大陆。

5月29日 《光明日报》报道：中国扶贫开发协会第三届会员代表大会27日至28日在北京召开。中共中央政治局常委、全国政协主席贾庆林出席大会并讲话。

6月8日 《人民日报》报道：全国农村税费改革试点工作会议6月6日至7日在北京召开。中共中央政治局常委、国务院总理温家宝在会上强调，农村税费改革将进入新的阶段，巩固农村税费改革成果，积极稳妥推进以乡镇机构、农村义务教育和县乡财政体制为主要内容的综合改革试点。

8月11日 《人民日报》报道：国务院总理温家宝10日主持召开国务院常务会议，研究加快建立新型农村合作医疗制度问题。

8月18日 《人民日报》报道：国务院总理温家宝17日主持召开国务院常务会议，研究部署进一步加强防沙治沙工作。

9月5日 《科技日报》报道：由人民日报社市场报、中国企业文化促进会、中国质量与品牌杂志社、客登庸实业（上海）有限公司等单位联合主办的"首届中国食用菌产业发展战略高层研讨会"8月28日在北京召开。来自全国各地的行业专家、科研机构、企事业单位代表300多人参加了会议。

9月12日 《农民日报》报道："21世纪农业与农村发展"国际研讨会在北京举行，会议分别就城市化与农村、全球化与农业、环境挑战与食品安全、21世纪的农业科学前沿、边远地区与贫困问题及未来的政策选择等方面进行了深入探讨，并就未来全球农业与农村发展形成了"北京共识"。

9 月 15 日 《人民日报》报道：2005 年全国新型农村合作医疗试点工作会议 13 日至 14 日在江西省南昌市召开。中共中央政治局委员、国务院副总理吴仪在会议上强调，要切实贯彻落实近期国务院关于加快建立新型农村合作医疗制度的部署和要求，加大力度，加快进度，突破难点，积极推进新型农村合作医疗制度健康发展。

9 月 18 日 《人民日报》报道：中国农业大学建校一百周年庆祝大会暨世界农业论坛开幕式 16 日上午在人民大会堂隆重举行。中共中央总书记、国家主席胡锦涛发来贺信，向全校师生员工致以热烈的祝贺和诚挚的问候。

9 月 19 日 《人民日报》报道：9 月 18 日，第十九届国际灌排大会在京闭幕，会议共同讨论了"确保粮食安全和环境可持续发展的水土资源利用"这一主题，会议发表了《北京宣言》，号召各国在 2005 年之前制定出综合水资源管理和用水效率提高的方案，从而为全人类的可持续粮食安全做出贡献。

10 月 1 日 《人民日报》报道：中共中央政治局 9 月 29 日下午进行第二十五次集体学习，中共中央政治局这次集体学习安排的内容是国外城市化发展模式和中国特色的城镇化道路。同济大学唐子来教授、北京大学周一星教授就这个问题进行讲解，并谈了他们的有关看法和建议。中共中央总书记胡锦涛主持。他强调，坚持走中国特色的城镇化道路，按照循序渐进、节约土地、集约发展、合理布局的原则，努力形成资源节约、环境友好、经济高效、社会和谐的城镇发展新格局。

10 月 20 日 《农民日报》报道：9 月 22 日，由大北农集团主办，农业部科技发展中心、科技部农村技术开发中心、中国农业科学院、中国农业大学、《农民日报》社等多家单位协办的农业科技创新研讨暨第四届大北农科技奖励颁奖大会在京隆重举行。

11 月 14 日 《光明日报》报道：由农业部制定的《高致病性禽流感疫情处置技术规范》正式出台并下发各地。技术规范对疫情处置"早、快、严"的要求进行了详细阐述。

11 月 17 日 《人民日报》报道：国务院总理温家宝 16 日主持召开国务院常务会议，审议并原则通过《重大动物疫情应急条例（草案）》，研究应对禽流感疫情影响扶持家禽业发展政策措施。

12 月 3 日 《人民日报》报道：国务院总理温家宝 11 月 28 日主持召开国务院常务会议，研究

2006 年农业和农村工作，部署推进产能过剩行业结构调整工作。

12 月 24 日 《人民日报》报道：国务院总理温家宝 23 日主持召开国务院常务会议，研究加强农村义务教育和深化农村义务教育经费保障机制改革问题。会议要求，各地区、各部门要切实把农村义务教育摆在优先发展的战略地位，努力解决制约农村地区普及九年义务教育投入问题，保障农村义务教育持续健康发展。会议提出了深化农村义务教育保障机制改革的主要内容。

12 月 27 日 《人民日报》报道：全国农村义务教育经费保障机制改革工作会议 26 日在北京召开，对深化农村义务教育经费保障机制改革工作进行全面部署。国务委员陈至立出席会议并讲话。

《人民日报》报道：12 月 23 日，温家宝总理主持召开国务院常务会议决定，深化农村义务教育经费保障机制改革，全面构建农村义务教育经费保障新机制。2006—2010 年，中央与地方各级财政累计将新增农村义务教育经费约 2 182 亿元。

12 月 29 日 《农民日报》报道：12 月 27 日，全国农业工作会议在北京召开，会议提出大力发展现代农业，扎实推进社会主义新农村建设。

12 月 30 日 《人民日报》报道：中央农村工作会议 28 日至 29 日在北京举行。会议讨论了《中共中央、国务院关于推进社会主义新农村建设的若干意见（讨论稿）》。会议强调，建设社会主义新农村，是一个全面的目标，绝不单纯是搞新村建设，必须按照"生产发展、生活宽裕、乡风文明、村容整洁、管理民主"的要求，全面推进农村的经济、政治、文化、社会和党的建设。建设社会主义新农村是一项长期的任务，必须因地制宜，从实际出发，尊重农民意愿，注重实效，着力解决农民生产、生活中最迫切的实际问题，使新农村建设带给农民实惠、受到农民拥护，扎实稳步地向前推进。

【农业发展成就】

1 月 8 日 《人民日报》报道：我国农业信息网站发展到 4 000 多家，在传播农业政策、科技成果和信息方面发挥显著作用，受到广大基层干部、农技人员和农民朋友的欢迎。

《农民日报》报道：截至 2004 年 10 月 31 日，全国 31 个省、自治区、直辖市共有 333 个县（市）开展了新型农村合作医疗试点工作，约覆盖 10 691.09 万农业人口。

《科技日报》报道：国家 863 科研项目——甘蔗新品种选育及高效育种技术研究。选育出 7 个丰产、高糖、多抗糖料甘蔗新品种，分别通过了国家和省级审（认）定，这些品种蔗茎产量增产 11％～21％，具有主抗花叶病或黑穗病，兼抗锈病、褐条病或梢腐病等特点，抗旱性也强。该项目整体研究达到国际先进水平，在斑茅利用方面达到国际领先水平。

1 月 9 日 《人民日报》报道：2005 年，浙江在全省范围内全面免征农业税。

《经济日报》报道：江苏省华西村 2004 年的销售收入比上年翻了一番，达到 260 亿元，成为我国首个销售收入超 200 亿元的村。

1 月 15 日 《人民日报》报道：全国实施"农村劳动力转移培训阳光工程"一年来，已培训农村劳动力 240 万人，转移就业 210 万人，培训就业率达到 87％。为推动"阳光工程"的实施，2004 年中央财政安排了 2.5 亿元专项资金，对参加培训的 250 万农民按人均 100 元的标准进行补助，2004 年全国省地级财政安排的农村劳动力转移培训资金达到 5 亿多元。

1 月 19 日 《人民日报》报道：历时 5 年的第六次全国森林资源清查结果显示，我国森林资源目前呈现出总量持续增加、质量不断提高、结构渐趋合理的良好态势，以生态建设为主的林业发展战略已初见成效。目前我国森林面积已达 1.75 亿公顷，森林覆盖率为 18.21％，森林蓄积 124.56 亿立方米。其中人工林保存面积为 0.53 亿公顷，居世界首位。

1 月 22 日 《人民日报》报道：我国已突破了中长期粮食增产的技术瓶颈，初步建立起水稻、玉米、小麦、油菜、大豆 5 大作物的遗传育种创新平台，育成新品种 100 多个。

1 月 24 日 《光明日报》报道：我国农业科研人员已初步培育出拥有完全自主知识产权的"超级玉米"。这是继"超级水稻"之后我国农业领域的又一个重大科研项目，我国培育出的玉米新品种主要指标在国际上处于领先地位。

《光明日报》报道：全国植物新品种测试标准化技术委员会和全国农业转基因生物安全管理标准化技术委员会成立。

1 月 25 日 《人民日报》报道：2005 年，农业部将为农民办 15 件实事，15 件实事都明确规定了实施进度，项目责任具体到人，其中科技兴农项目占 2/3。

1 月 29 日 《人民日报》报道：2004 年度中国农村新闻人物评选揭晓，山西壶关县常平经济开发区党委书记、常平集团有限公司董事长陈忠孝获此殊荣。

1 月 30 日 《光明日报》报道：目前中国森林面积 17 491 万公顷，森林覆盖率 18.21％。活立木总蓄积 136.18 亿立方米，森林蓄积 124.56 亿立方米。依据联合国粮农组织汇编《世界森林状况 2003》分析比较，中国森林面积居俄罗斯、巴西、加拿大、美国之后，列第 5 位。

2 月 1 日 《人民日报》报道：1 月 31 日，全国国家扶贫开发工作重点县"两免一补"工作会议提出：从 2005 年春季学期开始，592 个国家扶贫开发工作重点县农村义务教育阶段家庭贫困学生将全部享受免费教科书、免杂费政策。

2 月 2 日 《农民日报》报道：农业部做出"表彰全国生态农业和农村能源建设先进县先进集体先进工作者的决定"。授予北京市怀柔区人民政府等 17 个县（市、区）"全国生态农业建设先进县"称号，授予北京市平谷区农村能源服务中心等 30 个单位为"全国生态农业建设先进集体"，授予河北省农业厅等 30 个单位为全国农村能源建设先进单位，授予关宗祥等 100 位同志为"全国生态农业建设先进工作者"，授予王金英等 100 位同志为"全国农村能源建设先进个人"，并颁发奖状。

2 月 3 日 《农民日报》报道：经国务院批准，财政部计划 2005 年安排 55 亿元资金奖励全国近 800 个产粮大县，以缓解其财政收支困难，稳定粮食产量，确保国家粮食安全。

2 月 6 日 《人民日报》报道：在农业部和科技部共同主持及国家"973""863"和"攻关"项目资助下，具有国际先进水平的新型高效、重组禽流感病毒灭活疫苗（H5N1 亚型）和禽流感重组鸡痘病毒载体活疫苗，由中国农业科学院哈尔滨兽医研究所农业部动物流感重点开放实验室研制成功。该两种疫苗通过农业部兽药评审委员会评审，获得农业部新兽药证书。

2 月 7 日 《光明日报》报道：我国自 20 世纪 70 年代开始接受国外无偿援助以来，国家林业局（原林业部）共执行无偿援助项目 500 余个，受援金额达 8 亿多美元。无偿援助项目覆盖全国 20 多个省（区、市）及主要林业科研、教学机构，内容涉及林业生产建设的各个领域。其中仅德援项目就累计完成造林约 40 万公顷，修建与工程有关的各种基础设施 200 多处，直接受益农民达 100 多万人。

2 月 11 日 《人民日报》报道：2004 年，我国共有 29 个省份实施了粮食直接补贴，安排粮食直补资金 116 亿元，约 6 亿农民直接得到了国家补贴的实惠。

2月18日 《人民日报》报道：我国科学家绘制完成水稻全基因组"精细图"并进行了相关研究，有关成果发表在国际期刊《PLoSBiology（科学公共图书馆——生物学专辑）》2005 年第 3 卷第 2 期上。专家认为，水稻基因组"精细图"的完成，为科学家研究各个水稻亚种的差异，在新层面上探讨杂交优势的机理，为禾本科植物的比较基因组学和进化研究奠定了基础。

2月19日 《人民日报》报道：我国首创的"二系杂交小麦"应用技术，已经走出实验室，成功实现了大面积试种。

2月20日 《光明日报》报道：农业部第五次例行监测表明，按国际食品法典委员会标准判定，我国农产品农药残留平均合格率为 97.5%。

《人民日报》报道：近 3 年来，中央级林业投资达 1 198.8 亿元，使我国造林绿化步伐明显加快。目前，我国营造林面积已连续 3 年超过 1 亿亩。

2月26日 《人民日报》报道：已有近 10 年历史的 4 条蔬菜运输"绿色通道"将全面升级并连通成网。到 2005 年底，总里程达 2.7 万千米的"五纵两横"鲜活农产品流通"绿色通道"网络基本建成后，将有效降低鲜活农产品运输成本，增加农民收入，并使城市人享受到更多、更新鲜的农产品。

3月3日 《科技日报》报道：中华人民共和国成立以来最大一次的"农业科技入户春季行动"，2 月 28 日在全国吹响号角。农业部将组织全国各级科研、教学、推广人员和科技入户工程试点省、县的 200 个技术指导单位、500 名专家组成员和 5 000 名技术指导员，在春耕春播时节，深入 100 个试点县，10 万个科技示范户，宣传贯彻国家有关政策，开展技术指导服务，督促春耕春播工作。

3月20日 《人民日报》报道：3 月 19 日，中国农业大学宣布与英国富优基尼（Futura Gene）公司组建"中国农大—富优基尼植物抗逆联合研究中心"，共同研究开发高效抗逆的超级农作物。

3月23日 《人民日报》报道：经过几年的努力，我国生态修复在范围、规模、效益方面取得了历史性突破。初步统计，我国有 25 个省 526 个县发布了封山禁牧的决定，950 个县实施了封山禁牧，封育保护面积达到 60 万平方千米。另外，所有国家水土保持重点工程区全面实现了封育保护，青海"三江"源区实施了预防保护工程，在 177 个县实施了水土保持生态修复试点工程。

3月26日 《人民日报》报道：水资源的紧缺，正成为中国粮食安全的瓶颈。目前我国 18.37 亿亩耕地中只有 7.5 亿亩耕地确保灌溉，另外 10 多亿亩的旱耕地，只能依靠自然降水进行农业生产，导致我国常年农作物受旱面积达 3 亿~4 亿亩，每年损失粮食近 300 亿千克，占各种自然灾害损失总量的 60%。

3月29日 《光明日报》报道：国家发展和改革委员会透露，"十一五"期间，国家将投入 1 000 亿元资金，对全国所有县乡公路进行改造和道路升级。到 2010 年，东、中部地区所有的村、西部地区的所有的乡镇将全部实现通油路。

3月30日 《人民日报》报道：2004 年度全国土地利用变更调查结果显示，2004 年我国耕地减少量为 1 422.0 万亩，全国耕地面积由 2003 年 10 月底的 18.51 亿亩降至 2004 年 10 月底的 18.37 亿亩，人均耕地由 1.43 亩降为 1.41 亩。

3月31日 《经济日报》报道：中央财政 2005 年安排了 3 亿元资金用于农机购置补贴，地方各级财政按照中央 1 号文件要求也纷纷加大了农机补贴投入，地方各级财政落实农机购置补贴资金达已 8 亿元左右。

4月2日 《人民日报》报道：全国质检系统"进百村、入百户、抽百样——农资打假下乡"集中行动以来，在 11 个重点省市查处案件 1 263 起，深入 9 132 家农户，抽取了 4 465 批次农资样品进行检测，现场识别假冒伪劣产品货值达 491.26 万元，为农民群众挽回损失 724.47 万元。

4月5日 《人民日报》报道：经过十年建设，我国黄土高原水土保持取得显著成效。项目实施期间累计治理水土流失面积 92 万公顷，每年累计减少水土流失 6 000 万吨。项目的实施使黄土高原生态环境明显改善，建设基本农田、乔木林等 71 万公顷，种草 16 万公顷，同时修建了大量水土保持工程。其中仅一期工程就使项目区内植被覆盖率从 17.8% 提高到 41.1%。

《人民日报》报道：4 月 4 日，农业部正式启动奶牛良种补贴（试点）项目。根据项目实施方案，2005 年将在河北、内蒙古、黑龙江和山西 4 省区的 15 个奶业优势县进行试点，对每支价格为 15~60 元的优质奶牛冷冻精液给予 10 元补贴，投入 1 500 万元补贴资金，改良 60 万~65 万头奶牛。

4月7日 《光明日报》报道：由农业部、科技部等部委共同推动的国家农业科技创新体系建设现正式启动。国家农业科技创新体系建设将按照"科学布局、优化资源、完善机制、提升能力"的指导思想，围绕促进农业稳定增产和农民持续增收、提高农业综合生产能力、保障国家粮食安全，坚持自然生态区域与行政区划相结合、条件建设与机制创新相结合、技术创新与产业发展相结合、整合资源与优化配置相结合、统筹规划与分类实施相结合的原则，构建"层次清晰、分工明确、运行高效、支撑有力"的国家农业科技创新体系。

《人民日报》报道：中国水稻研究所程式华博士等人经15年的艰苦奋斗，完成的"超级稻协优9308的选育、超高产生理基础研究及生产集成技术的示范与推广"项目，获2004年度国家科技进步二等奖。

4月8日 《人民日报》报道：中共中央政治局委员、国务院副总理回良玉到江西农村调研，并主持召开部分主产省粮食生产座谈会。

《光明日报》报道：4月7日，农业部宣布正式启动超级稻发展的"6236"工程。力争到2010年底，用6年的时间，培育并形成20个超级稻主导品种，推广面积占全国水稻总面积的30%（约1.2亿亩），每亩平均增产60千克，达到我国水稻单产的第三次飞跃，全面带动我国水稻的生产水平。

4月9日 《人民日报》报道：4月8日，农业部启动测土配方施肥行动，决定对全国2亿亩耕地普及应用测土施肥技术，每亩节约成本增加效益20元。测土行动在484个粮食大县重点启动，各级农业部门将组织10万名农业技术人员，进村入户指导，将有5 000万农民接受科学施肥知识培训。

5月3日 《人民日报》报道：我国首个国家湿地公园——杭州西溪国家湿地公园4月30日正式开园。

5月5日 《人民日报》报道：5月4日，中共中央总书记、国家主席、中央军委主席胡锦涛给新疆维吾尔自治区尉犁县达西村青年买买提·沙吾尔等回信，向广大青年朋友致以节日的祝贺，勉励农村团员青年为建设社会主义新农村、为全面建设小康社会贡献智慧和力量。

5月8日 《人民日报》报道：中国珠峰综合科考队的科学家们，在珠峰海拔6 520米的东绒布冰川垭口，成功搭建起了一套自动气象观测站，这是目前世界上海拔最高的自动气象观测站。

5月10日 《光明日报》报道：浙江台州路桥区大红袍果业合作社和台州市农友园艺合作社等10家农民专业合作社从台州市工商局领到了《企业法人营业执照》。这是我国第一部农民专业合作组织法规——《浙江省农民专业合作社条例》颁布以来，全国成立的首批农民专业合作社。

5月11日 《人民日报》报道：中国水稻研究所的科学家为广大稻农奉献出4个最新的超级稻品种，分别是协优9 308、国稻1号、国稻3号和中浙优1号，一般种植产量每亩500千克以上。

5月12日 《人民日报》报道：5月11日，由全国人大环境与资源保护委员会、中宣部等14个部委联合开展的中华环保世纪行宣传活动启动。人民日报社、新华通讯社等14家中央新闻单位记者组成的采访团赶赴太湖流域进行为期18天的深入采访报道，全面反映太湖水环境现状及面临的问题。

5月13日 《经济日报》报道：针对全国大部地区出现高温、高湿天气，对小麦生产构成威胁的情况，农业部发出紧急通知，要求抓好小麦重大病虫害防治工作。

5月14日 《农民日报》报道：浙江省青田县方山乡龙现村的稻田养鱼，被确定为首批4个世界农业遗产保护项目之一，将得到联合国粮农组织对该世界遗产的保护。

5月16日 《经济日报》报道：由农业部、财政部、共青团等部门共同组织实施的"跨世纪青年农民科技培训工程"自1999年实施以来，中央财政累计投入1.5亿元，地方财政配套投入3亿元，全国有200多万名青年农民接受了"跨世纪青年农民科技培训工程"，产生了巨大的经济、社会效益。

5月17日 《光明日报》报道：中国已经有26个自然保护区纳入世界生物圈保护区网络。中国还建立了自己的生物圈保护区国家网络，目前已有109个保护区成员。

5月20日 《人民日报》报道：劳动和社会保障部发布的最新统计显示，2004年末，全国参加农村养老保险的人数为5 378万人，全年共有205万农民领取了养老金，农村养老保险基金累积结存285亿元。

5月27日 《人民日报》报道：首次中国十大民间环保杰出人物评选活动，在全国人大环境与资源保护委员会、全国政协人口资源环境委员会等部门的指导支持下正式启动。

5月31日 《农民日报》报道：商务部、农业部、国家税务总局、国家标准委员会决定在全国范围内开展农产品批发市场标准化工作。我国计划用三年左右的时间培育2 000个标准化管理的农产品批发市场，逐步建立布局合理、功能互补、产销结合的农产品批发市场体系。

6月1日 《经济日报》报道：上海市农业科学院在粳稻育种领域已成功实现了超高产的突破，已育成的 2 种优质超高产晚粳新品种最高亩产量高达 770 千克。据权威科技情报机构进行的全球文献检索，这一高产量在全球处于领先水平，超过了日本、韩国等国的高产粳稻品种。

6 月 3 日 《人民日报》报道：为提高我国粮食主产区生产能力建设，国土资源部实行国家投资土地开发整理项目向粮食主产区倾斜。2001 年至今，河北、河南、黑龙江、吉林、辽宁、湖北、湖南、江苏、江西、内蒙古、山东、四川、安徽 13 个粮食主产区省份安排国家投资项目 997 个，国家投资总额 116 亿元，分别占下达预算项目总数和全部国家投资的 66%。

6 月 4 日 《科技日报》报道：山东棉花研究中心与中国农科院生物技术研究所合作选育的鲁棉研系列转基因抗虫棉新品种研究又获新进展，鲁棉研 15 号、16 号、19 号、20 号、21 号、24 号、25 号共 7 个转基因抗虫棉新品种，于 2005 年 4 月 30 日在第一届国家农作物品种审定委员会第四次会议上通过审定。至此，山东棉花研究中心已经有 11 个转基因抗虫棉新品种通过山东省或（和）国家审定。

6 月 8 日 《人民日报》报道：我国第一个国家蔬菜质量监督检验中心 6 日在潍坊挂牌。该中心使山东省乃至全国的蔬菜有了国际水准的检验。目前有 40 多个国家认可该中心的检测结果。

6 月 11 日 《人民日报》报道：我国育种科学家历经 10 余年努力在矮败小麦高新育种技术上取得重大突破，培育出"轮选"系列矮败小麦新品种。这一成果达到国际领先水平。"轮选 987"在参加国家小麦区域试验的北部冬麦区试中，产量名列第一，比主栽品种（"京冬 8 号""京 411"）平均增产 14.8%，并在 2004 年国家黄淮南片区域试验中创造了小区折合亩产 715 千克的高产记录。

6 月 12 日 《人民日报》报道：2004 年我国绿色（有机）食品产值逾 900 亿元，其中绿色食品为 860 亿元，有机食品为 56.6 亿元；环境监测的农田、草场等面积过亿亩，其中绿色食品环境监测的农田、草场、水域面积 8 940 万亩。

6 月 15 日 《人民日报》报道：6 月 14 日，国家林业局公布的第三次全国荒漠化和土地沙化监测结果表明，我国荒漠化和土地沙化整体扩展的趋势已得到初步遏制，"破坏大于治理"转为"治理与破坏相持"，重点治理区生态状况明显改善，绝大部分省区治理面积大于破坏面积，全国沙化土地由 20 世纪末每年扩展 3 436 平方千米，转为每年减少 1 283 平方千米，土地沙化状况首次呈现全国性逆转趋势。

《人民日报》报道：2005 年全国环保专项行动正式启动，群众反复投诉但长期得不到解决的环境污染问题、资源型行业企业的污染问题、重点流域区域的环境问题将成为环保专项行动着力解决的重点。

6 月 23 日 《人民日报》报道：我国已发放 176 项转基因生物安全证书，转基因抗虫棉、耐贮藏番茄、改变花色的矮牵牛花、抗病毒甜椒和线辣椒已获得生产应用安全证书。转基因抗虫棉种植面积已从 2001 年的 2 500 万亩增加到 2004 年的 5 550 万亩，超过我国棉花种植面积的 2/3，其中具有自主知识产权的转基因抗虫棉占 60% 左右。

6 月 26 日 《光明日报》报道：采用生物技术手段，将野生烟草独特的有益性状转移到栽培烟草的"烟草体细胞远缘杂交育种研究"获得突破性进展，并通过专家委员会的鉴定。由中国农科院烟草研究所承担的这项研究成果能显著改良烟草品种的品质，提高抗病性，对解决我国烟草品种单一、部分品种种性退化和优良后备品种缺乏等问题具有重要意义。

6 月 29 日 《人民日报》报道：全国粮食流通体制改革进展顺利。截至 2004 年底，全国（除西藏外）粮食收购市场和收购价格全部放开，粮食市场主体发展迅速，粮食流通体制改革取得重大突破。

《光明日报》报道：我国鸭鹅饲养量已约占全世界总饲养量的 3/4。联合国粮农组织的统计数据显示，2004 年我国鸭鹅饲养量达 30.6 亿只，比 2000 年的 27.8 亿只增加了 10.1%，鸭鹅肉的产量达 41.6 万吨，比 2000 年增加了 8.3%，占世界鸭鹅肉总产量的 77.5%。

7 月 9 日 《科技日报》报道：在捷克首都布拉格召开的国际自动控制联合会第 16 届大会上，中科院合肥智能所熊范纶研究员获得 IFAC 会士（Fellow）称号，并获得国际自动控制联合会颁发的会士奖（Fellow Award）。

7 月 15 日 《农民日报》报道：7 月 13 日，农业部部长杜青林在全国兽医管理体制改革工作会议上透露，为适应防控重大动物疫病和提高动物产品安全水平的需要，我国推行官方兽医制度和执业兽医制度，逐步建立起与国际接轨的兽医管理体制，兽医管理体制改革全面铺开。

7 月 16 日 《农民日报》报道：湖北大学生命科学院副教授周勇历经 10 年选育而成"两优 287"，极好地解决了双季稻产区杂交水稻高产不优质、高产不早熟的突出问题，成功协调了熟期（95～115 天）、产量（亩产 450 千克以上）、米质（国标一级）、抗性等之间的矛盾，被誉为"杂交早稻育种上的一个重大突破"。

7月19日 《人民日报》报道：18日，由国务院台湾事务办公室经济局、商务部台港澳司、农业部台湾事务办公室和国家质量监督检验检疫总局动植物检疫监管司联合主办的"海峡两岸农业合作展览暨台湾农产品展销会"在上海展览中心开幕。

7月22日 《人民日报》报道：我国农用地质量、价格调查与评价的理论体系和技术框架已经建立，安徽、湖北等15个省（自治区、直辖市）基本完成了省级农用地分等和县级定级估价试点工作。

7月23日 《农民日报》报道：7月16日，由中国水稻研究所育成的超级早稻新品种"中早22国家粮食丰产科技工程"示范与"中国超级稻选育与试验示范"高产示范田在浙江江山市贺村镇花园村正式开镰收割。165亩"中早22"示范片平均亩产617.7千克，其中最高亩产693.71千克，超过了农业部超级稻计划早稻百亩片平均亩产600千克的指标，标志着我国长江中下游稻区超级早稻育种和高产技术集成取得了突破性进展。

7月28日 《人民日报》报道：我国首次确定"东扩、西治、南用、北休"的林业生产力区域发展战略。

7月29日 《人民日报》报道：江西省赣州市农科所育成的超级杂交稻"田两优39"7月26日通过验收，试验平均亩产达709.48千克，刷新了"中早22"亩产693.7千克的纪录。

《科技日报》报道：我国农业科学家在搞清了"产量构成、光合性能、源库关系"三个作物产量的理论特点和内在联系后，首次提出的超高产"三合模式"的分析理论。

7月31日 《人民日报》报道：国际上第一个在植物中具有明确提高磷效率功能的转录因子OsPTF1在浙江大学被克隆成功。专家指出，这对于提高作物磷效率，降低生产成本，减少因过多施用磷肥而造成的环境污染具有重要意义。

8月6日 《人民日报》报道：8月5日，国家环保总局宣布，经国务院批准，我国在河北、内蒙古等12个省、市、自治区新建了17个国家级自然保护区。至此，我国的国家级自然保护区已达243个，总面积8 944.1万公顷，约占我国陆地国土面积的9.2%。

8月7日 《人民日报》报道：中国农科院兰州畜牧与兽药研究所的科研人员培育成功世界上首个人工牦牛品种——大通牦牛，填补了世界家畜育种史上的空白。

8月9日 《农民日报》报道：8月8日，国家测土施肥中心实验室揭牌仪式在中国农业科学院农业资源与农业区划研究所举行。

8月11日 《人民日报》报道：全国20 522个国有粮食购销企业中，已经有7 027个完成改制，占总数的34%。

8月14日 《人民日报》报道：中国农业大学8月8日宣布，我国第一头体细胞克隆猪诞生。这是我国独立自主完成的首例体细胞克隆猪，填补了我国在这一领域的空白。

8月16日 《人民日报》报道：自1999年6月16日至2005年5月20日6年间，农业部已陆续发布6批共62个植物种（属）类型的植物新品种保护名录，育种者申请品种权的数量以年均30%的速度递增。

《人民日报》报道：国家转基因棉花中试与产业化基地在位于河南安阳的中国农业科学院棉花研究所建成，该基地的建成标志着我国转基因棉花研究及其产业化总体达到了国际先进水平，显著增强了我国在转基因棉花研究与产业方面的国际竞争力。

8月22日 《人民日报》报道：新疆生产建设兵团农八师已在该垦区推广滴灌面积150万亩，年节水量1.8亿立方米，创造了农田大面积应用滴灌规模的世界第一。

8月26日 《经济日报》报道：8月25日，由信用社改制而成的上海农村商业银行股份有限公司正式成立，这是全国第一家省级农村商业银行。

《科技日报》报道：由中国检验检疫科学研究院承担的"新型消毒剂带鸡消毒防止禽类疫病的研究"课题，8月23日在北京通过专家鉴定。有关专家认为，该课题形成的科研成果"检科一号"消毒剂有望使长期困扰我国养殖业的禽流感等疫病从根本上得以防治。

8月27日 《人民日报》报道：近20年来，我国平均每年营造人工沙棘林120万亩，全国沙棘林已达3 000万亩，占全球总面积的90%，成为世界沙棘种植大国。沙棘主要种植区农民靠采摘沙棘果、叶每年人均增加收入200元。

《农民日报》报道：一种具有快速、敏感、特异、安全等显著特点的猪链球菌荧光PCR检测新技术问世，该技术由北京检验检疫局和中国兽医制品监察所共同完成，并于26日在京通过了由国家质检总局组织的专家组的鉴定。

8月31日 《人民日报》报道：目前我国年农业用水量为3 900亿立方米，占全社会总用水量的

70％～80％，而农业灌溉效率仅为 45％，农业节水潜力巨大。到 2030 年，在农业用水总量不增加的情况下，农业灌溉效率将达到 55％。

《农民日报》报道：农业部 8 月 30 日宣布，设立中华农业英才奖，每个获奖者的奖励金额为 20 万元人民币。中华农业英才奖每两年评选一次，每次奖励人数最多不超过 10 名。

9 月 13 日 《人民日报》报道：到 2004 年，全国花卉种植面积达到 63.6 万公顷，花卉业产值达 430.6 亿元，出口创汇 1.4 亿美元，已经成为世界最大的花卉生产基地。

9 月 16 日 《科技日报》报道：河北省科技厅下属的国家半干旱农业工程技术研究中心翟学军博士，经过多年努力，培育出目前国内熟性最早的短季棉新品种，它具有生育期短、棵小紧凑、高度耐密的特点，在河北省中南部小麦收获后直播，可实现每亩 250 千克的籽棉产量，与春播棉基本持平。

《人民日报》报道：我国转抗虫基因三系杂交棉分子育种技术获重大突破，研究水平跃居世界领先。目前，我国约有 5 000 万亩棉田适宜种植杂交棉，若按此推算，理论上可新增皮棉 80 万～100 万吨，增收 100 亿～120 亿元，相当于目前 1 000 万亩棉田的总产量，亦即相当于增加了一个长江流域棉区。

《人民日报》报道：国际灌溉排水委员会第 19 届国际灌排大会暨第 56 届国际执行理事会在京召开。中共中央政治局委员、国务院副总理回良玉出席会议并代表中国政府致辞。

9 月 19 日 《人民日报》报道：我国农村外出务工人员已达 1.2 亿。

9 月 20 日 《人民日报》报道：我国拥有天然草原近 60 亿亩，占国土总面积的 41.7％，居世界第二位。自 2003 年以来，国家已安排退牧还草工程建设任务 2.9 亿亩，投入中央资金 42.2 亿元。

《人民日报》报道：我国农业产业化经营取得历史性突破，"十五"以来，逐步由初级加工为主向精深加工延伸，由劳动密集型为主向劳动、技术和资金密集型并重发展。全国产业化经营组织发展到 11.4 万个，固定资产总额 8 099 亿元，分别比 2000 年增长 70.9％、91.7％。全国各类产业化组织带动农户 8 454 万户，从业人数 3 333.2 万人。

《农民日报》报道：2005 年财政部安排 2 亿元资金，用于推动开展测土配方施肥试点工作。

9 月 21 日 《农民日报》报道：经过 8 年的不懈努力，福建农林大学作物遗传育种研究所成功地把中国 70％以上的众多籼型杂交稻包括部分超级稻都改造成为杂交糯稻或超级杂交糯稻。中国杂交水稻界和原子能农业应用领域的专家鉴定认为：该项成果居国内外同类领先水平。

9 月 27 日 《人民日报》报道：9 月 26 日，首届中国绿化博览会在南京开幕，国务委员、国务院秘书长华建敏出席了开幕式。

《人民日报》报道：作为全国第二大农村社会经济调查系统，全国农村固定观察点成立 20 年来，已收集原始数据近 3 亿个，完成调查报告约 2 000 多万字，较为完整地记录了农村改革发展历程。20 年来，调查网络逐渐健全，调查样本包括 360 多个村庄、2.4 万多农（牧）户和 600 多个村级企业，覆盖全国 31 个省（区、市）的 346 个县（市、区），年度常规调查指标近 2 000 项，涵盖了农村经济社会众多方面。

9 月 29 日 《人民日报》报道："十五"期间，由中国农业科学院航天育种中心牵头的课题组利用航天技术先后育成并审定水稻、小麦新品种 12 个，其中"华航一号""特优航 1 号""Ⅱ优航 1 号"和"培杂泰丰"等 4 个水稻新品种通过国家审定，已完成或正在参加省级以上区域试验稻麦新品系、新组合 16 个。航天新品种、新组合 4 年累计种植面积 850 万亩，增产粮食 3.4 亿千克，创社会经济效益 5.0 亿元。

10 月 6 日 《经济日报》报道：我国著名杂交水稻育种制种专家、国家级有突出贡献专家刘文炳研究员育成的超级稻"Ⅱ优 28"，经现场实割验收达到亩产 1 229.97 千克，打破了去年由超级稻"Ⅱ优 6"创下亩产 1 219.9 千克的世界水稻单产纪录。

10 月 14 日 《人民日报》报道：中共中央政治局常委、全国人大常委会委员长吴邦国 13 日在中国农业大学和中国农业科学院考察工作时强调，要认真学习和贯彻落实党的十六届五中全会精神，全面落实科学发展观，按照建设社会主义新农村的要求，加快农业科技进步，调整农业生产结构，转变农业增长方式，走出一条中国特色的现代农业发展之路。

10 月 15 日 《人民日报》报道：农业部 14 日宣布，中国农业科学院哈尔滨兽医研究所的科研人员经过近 4 年努力，在国际上首先研制成功表达 H5 亚型高致病力禽流感病毒抗原基因的重组新城疫病毒活载体双价疫苗。

10 月 17 日 《人民日报》报道：截至 2005 年 8 月底，我国共有 8 037 万亩基地通过了无公害产地认定，有 11 386 个种植业产品通过了无公害产品认证，200 个无公害农产品（种植业）生产示范基地基本实现了蔬菜等鲜食农产品的无公害化生产，全国无公害农产品生产示范基地创建活动取得明显成效。

10月19日 《人民日报》报道：10月18日，由农业部主办的第三届中国国际农产品交易会在北京开幕。中共中央政治局委员、国务院副总理回良玉出席开幕式并宣布交易会开幕。

10月21日 《人民日报》报道：国家已投入资金34亿元，在适宜地区推广以沼气、生物质能、太阳能等为重点的各类能源生态模式和工程技术，项目受益农户达375万户。

10月22日 《农民日报》报道：山东登海种业股份有限公司新育成的超级玉米新品种"登海超试1号"（试验编号DH3 719），实收产量1 402.86千克/亩，比李登海研究员1989年创造的世界夏玉米单产最高纪录1 096.29千克超出305.57千克，将世界夏玉米单产纪录提高了27.96%。专家组一致认为，这次重大突破，是我国玉米育种和栽培水平的一个新里程碑。

10月24日 《人民日报》报道：近年来全国基本农田减少5 810.56万亩，同期补划1 886.55万亩，减补相抵，净减少3 924.01万亩。全国在册的基本农田15.89亿亩，其中耕地只有15.36亿亩。有27个省（市区）的基本农田出现减少，16个省（市区）的在册基本农田面积低于《全国土地利用总体规划纲要》确定的指标。

10月25日 《光明日报》报道："十一五"期间，我国将投入1 000亿元，用于支持和引导农村交通持续快速发展。

10月27日 《农民日报》报道：近年来，我国农村低保和特困户救助工作稳步推进，已有12个省市全面建立了农村低保制度。

10月30日 《人民日报》报道：我国引进国际先进农业科学技术计划（简称"948计划"）实施10年来，累计引进农业高新技术和适用技术3 500多项，引进和利用种质资源2万份以上。10年来，共创制出具有高产、优质、抗病虫等特点的新育种材料近50万份，为未来10~20年我国各生态区培育高产优质抗逆新品种提供了多样化材料来源。

10月31日 《人民日报》报道：目前，我国农村公路总里程已达290万千米，全国99.6%的乡镇、92%的建制村实现了通公路。

11月1日 《人民日报》报道：10月31日，中华全国工商业联合会农业产业商会在北京成立。该商会是我国农业产业领域第一家由民营企业自发组建的、与"三农"密切相关的全国性商会组织，是党和政府联系企业的桥梁和纽带。

11月3日 《人民日报》报道：我国天然林保护工程实施7年来，工程区森林面积净增12 235.5万亩，森林蓄积净增4.6亿立方米，相当于中等省份贵州省两个省的森林面积。累计减少森林蓄积消耗量4.26亿立方米，相当于少砍森林7 542万亩。天保工程实施以来，中央累计投入659.8亿元。共有74万名采伐工人重新分流安置。

11月4日 《农民日报》报道：以中央财政专项资金形式进行的农业技术引进计划（简称"948计划"）实施10年来，总计投入资金18.12亿元，累计引进农业高新技术和适用技术3 500多项，引进和利用种质资源2万份以上。不仅从根本上扭转了我国农业技术相对落后和储备不足的局面，而且使我国很多农业科研项目研发时间缩短10~15年，节约研发经费30%~50%。

11月5日 《农民日报》报道：第十届中国杰出青年农民颁奖典礼11月3日在北京举行。中共中央政治局委员、全国人大常委会副委员长王兆国，中共中央政治局委员、国务院副总理回良玉出席大会并颁奖。牛兆学等获得第十届中国杰出青年农民荣誉称号。

11月6日 《光明日报》报道：第十二届中国杨凌农业高新科技成果博览会5日在陕西杨凌开幕，中共中央政治局常委、中央书记处书记、国家副主席曾庆红出席开幕式并参观了展览。全国人大常委会副委员长许嘉璐宣布农高会开幕。

11月10日 《人民日报》报道：由农业部动物检疫所和青岛易邦生物工程有限公司联合研制生产的国家级新药——禽流感二价灭活疫苗首批产品，通过中国兽医药品监察所批签发后正式投放市场。新研制的禽流感二价灭活疫苗，免疫一次就能同时预防H5亚型和H9亚型禽流感，生产成本只相当于两种单苗的60%。

11月17日 《人民日报》报道：2004年我国化肥施用量达4 637万吨，已成为世界第一肥料消费国，但我国化肥利用率仅为30%~40%。

11月25日 《光明日报》报道：为认真学习贯彻党的十六届五中全会精神，推动"三下乡"活动深入发展，中宣部等十四部委在河北衡水联合召开全国文化科技卫生"三下乡"活动十周年工作座谈会，交流经验，表彰先进，研究部署工作。

11月26日 《人民日报》报道：新疆已培育开发出7个拥有自主知识产权的彩棉品种，创建了六大类36个彩棉产品标准，成为世界最大的彩棉生产基地，彩棉的生产规模和科技含量均跻身世界领先水平。

11月28日 《光明日报》报道：全国有96%

的行政村已经开通了电话，原来确定的到"十五"末全国95％的行政村通电话的目标提前实现。

12月22日 《人民日报》报道：10月至今，我国已对50多亿羽家禽进行禽流感免疫，免疫密度达85％以上；由对重点地区家禽进行免疫到对全国家禽实施全面免疫。

《科技日报》报道：首次全国草原全面监测结果显示：我国大部分草原超载过牧问题突出，内蒙古、新疆、甘肃和四川等省区天然草原家畜超载40％以上。草原保护建设工程区植被呈良性恢复势头，但草原生态"局部改善、总体恶化"的趋势仍未得到根本好转。

12月26日 《人民日报》报道：世界上第一个禽流感—新城疫重组二联活疫苗已在我国研制成功，于12月23日正式批准生产。新疫苗在国际上处于领先水平，我国拥有自主知识产权。

12月28日 《人民日报》报道：2006年水产品出口总额预计将达到80亿美元，约占我国农产品出口额的30％，约占世界水产品出口总额的10％，已经连续四年居世界水产品出口首位。

12月30日 《人民日报》报道：农业部决定对在2005年农业工作中作出突出贡献的单位和个人进行表彰与奖励。授予河北省藁城市等10个县（市、区）"全国粮食生产先进县标兵"称号，授予天津市武清区等50个县（市、区、农场）"全国粮食生产先进县"称号；授予张和平等10人"全国粮食生产大户标兵"称号，授予董文森等100人"全国粮食生产大户"称号；授予麻晶莉等10人"全国农业技术推广先进工作者标兵"称号，授予谷天明等1 000人"全国农业技术推广先进工作者"称号；授予李振声等10人"中华农业英才奖"；授予国家禽流感参考实验室"防控禽流感科技贡献奖"。

2006 年

【文献】

1 月 27 日 《人民日报》报道：21 日，国务院总理温家宝签署第 456 号中华人民共和国国务院令，公布《农村五保供养工作条例》，自 2006 年 3 月 1 日起施行。

2 月 2 日 《人民日报》报道：全国湿地保护工程正式启动实施。国务院批准《全国湿地保护工程实施规划（2005—2010 年）》，5 年内计划投资 90 亿元，据全国湿地资源调查统计，我国现有 100 公顷以上的各类湿地 3 848.55 万公顷（不包括水稻田）。

2 月 9 日 《农民日报》报道：为进一步加强对草原的保护和管理，农业部制定并公布了《草原征占用审核审批管理办法》，于 2006 年 3 月 1 日正式实施。

2 月 15 日 《人民日报》报道：国务院发布《国务院关于落实科学发展观加强环境保护的决定》（国发〔2005〕39 号）。

《决定》深刻分析了新世纪新阶段我国环境保护面临的形势和任务，对未来 5～15 年环保事业发展的宏伟蓝图进行了规划和部署，是指导我国经济、社会与环境协调发展的纲领性文件。环境目标是：到 2010 年，重点地区和城市的环境质量得到改善，生态环境恶化趋势基本遏制。主要污染物的排放总量得到有效控制，重点行业污染物排放强度明显下降，重点城市空气质量、城市集中饮用水水源和农村饮水水质、全国地表水水质和近岸海域海水水质有所好转，草原退化趋势有所控制，水土流失治理和生态修复面积有所增加，矿山环境明显改善，地下水超采及污染趋势减缓，重点生态功能保护区、自然保护区等的生态功能基本稳定，村镇环境质量有所改善，确保核与辐射环境安全。到 2020 年，环境质量和生态状况明显改善。

《人民日报》报道：国家发展与改革委员会、财政部发出《关于做好 2006 年化肥生产供应和价格调控工作的通知》。通知明确，2006 年要继续促进化肥生产流通、控制化肥出口和加强化肥流通领域价格管理。继续对化肥生产用电实行优惠电价；继续暂免征收尿素产品增值税；继续对化肥铁路运输免收铁路建设基金。继续暂停对尿素、磷酸二铵、磷酸一铵的出口退税；继续对尿素出口征收季节性暂定关税。对化肥批发和零售价格，仍实行进销差率、批零差率或最高限价等形式管理。

2 月 16 日 《农民日报》报道：《黑龙江省草原管理条例》于 2006 年 1 月 1 日起施行，这是我国首部地方草原管理条例。

2 月 22 日 《人民日报》报道：2 月 21 日，新华社发布《中共中央国务院关于推进社会主义新农村建设的若干意见》。

《意见》指出：各级党委和政府必须按照党的十六届五中全会的战略部署，始终把"三农"工作放在重中之重，切实把建设社会主义新农村的各项任务落到实处，加快农村全面小康和现代化建设步伐。主要内容包括：一是统筹城乡经济社会发展，扎实推进社会主义新农村建设。二是推进现代农业建设，强化社会主义新农村建设的产业支撑。三是促进农民持续增收，夯实社会主义新农村建设的经济基础。四是加强农村基础设施建设，改善社会主义新农村建设的物质条件。五是加快发展农村社会事业，培养推进社会主义新农村建设的新型农民。六是全面深化农村改革，健全社会主义新农村建设的体制保障。七是加强农村民主政治建设，完善建设社会主义新农村的乡村治理机制。

2 月 25 日 《经济日报》报道：2 月 17 日，国务院总理温家宝签署第 459 号国务院令，自 2006 年 2 月 17 日起废止《国务院关于对农业特产收入征收农业税的规定》和《屠宰税暂行条例》，对烟叶收入，另行制定征税办法。

3 月 1 日 《人民日报》报道：国务院批准并印发了《中国水生生物资源养护行动纲要》。

《纲要》提出采取生物多样性与濒危物种保护行

动和水域生态保护与修复行动，到2020年将建立起200个以上省级以上水生生物自然保护区，渔业水域污染事故调查处理率将达到80％以上。

3月4日 《人民日报》报道：国家发展和改革委员会、财政部、国家粮食局和中国农业发展银行四部门联合发出通知，公布了2006年稻谷和小麦最低收购价格。

3月8日 《人民日报》报道：国务院总理温家宝签署第460号中华人民共和国国务院令，公布《取水许可和水资源费征收管理条例》，自2006年4月15日起施行。

3月17日 《光明日报》报道：根据中共中央的建议，建设社会主义新农村被列入《中华人民共和国国民经济和社会发展第十一个五年（2006—2010年）规划纲要》。

3月28日 《农民日报》报道：新华社发布《国务院关于解决农民工问题的若干意见》（国发〔2006〕5号）。

4月4日 《农民日报》报道：建设部、全国总工会联合发文，要求各地采取措施进一步改善建筑业农民工作业、生活环境，切实保障农民工职业健康。

4月6日 《农民日报》报道：3月27日，农业部部长杜青林签署第62号中华人民共和国农业部令，发布《食用菌菌种管理办法》，自2006年6月1日起施行。

4月13日 《农民日报》报道：4月12日，国务院召开常务会议，审议并原则通过《国务院关于粮食流通体制改革政策措施的意见》《中华人民共和国濒危野生动植物进出口管理条例（草案）》。

5月1日 《农民日报》报道：《中华人民共和国农产品质量安全法》已经十届全国人大常委会第二十一次会议审议通过，将于2006年11月1日起施行。

文件规定，国家建立健全农产品质量安全标准体系。农产品质量安全标准是强制性的技术规范。农产品质量安全标准的制定和发布，依照有关法律、行政法规的规定执行。县级以上地方人民政府农业行政主管部门按照保障农产品质量安全的要求，根据农产品品种特性和生产区域大气、土壤、水体中有毒有害物质状况等因素，认为不适宜特定农产品生产的，提出禁止生产的区域，报本级人民政府批准后公布。具体办法由国务院农业行政主管部门与国务院环境保护行政主管部门制定。农产品禁止生产区域的调整，依照前款规定的程序办理。国务院农业行政主管部门和省、自治区、直辖市人民政府农业行政主管部门应当制定保障农产品质量安全的生产技术要求和操作规程。县级以上人民政府农业行政主管部门应当加强对农产品生产的指导。农产品生产企业、农民专业合作经济组织以及从事农产品收购的单位或者个人销售的农产品，按照规定应当包装或者附加标识的，须经包装或者附加标识后方可销售。包装物或者标识上应当按照规定标明产品的品名、产地、生产者、生产日期、保质期、产品质量等级等内容；使用添加剂的，还应当按照规定标明添加剂的名称。具体办法由国务院农业行政主管部门制定。

5月8日 《农民日报》报道：财政部、教育部联合印发了《农村义务教育经费保障机制改革中央专项资金支付管理暂行办法》，将农村义务教育经费保障机制改革中，中央财政负担的免费教科书资金、免杂费补助资金、公用经费补助资金、校舍维修改造资金等中央专项资金纳入国库集中支付管理。

5月11日 《经济日报》报道：商务部、财政部联合出台《关于做好2006年度"万村千乡市场工程"资金管理工作的通知》。主要内容是：从外贸发展基金中拨专项对"万村千乡市场工程"试点企业在农村地区建设和改造流通网络、发展新型流通业态的建设项目进行一定的资金支持。支持的方式分贴息和直补两种。对试点企业建设或改造配送中心的金融机构中长期固定资产投资贷款，予以贴息补助，对农家店建设项目予以直接补助。

5月12日 《人民日报》报道：国务院总理温家宝签署第464号国务院令，公布《中华人民共和国烟叶税暂行条例》，自公布之日起施行。

主要内容包括：①烟叶税的纳税人，为在中华人民共和国境内从事烟叶收购的单位；②烟叶税的征收环节为烟叶收购环节；③烟叶税的税率，为20％的比例税率；④烟叶税的计税依据为烟叶的收购金额；⑤烟叶税的征收机关为地方税务机关。

5月19日 《经济日报》报道：国务院总理温家宝签署第465号国务院令，公布《中华人民共和国濒危野生动植物进出口管理条例》，自2006年9月1日起施行。

《农民日报》报道：江苏省发展和改革委员会等22个部门联合发文规定，在有条件的县市开展城乡统一的就业、失业登记制度试点，农民失业不仅要登记，还要尽可能地给予最低生活保障。

5月21日 《人民日报》报道：中国农业发展银行下发《中国农业发展银行农业小企业贷款试点办法》，今后，农业小企业生产经营活动中的资金需求可从中国农业发展银行获得信贷支持。

5月30日 《农民日报》报道：国家发改委出台《关于加强涉农价格和收费管理为建设社会主义新农村服务的意见》。

《意见》从促进农村生产发展、改善农民生活条件、着力解决农民最关心的实际问题等方面提出了加强涉农价格和收费管理的政策指导性意见，要求各级价格主管部门把为建设新农村服务作为价格工作的一项主要任务来抓。

6月10日 《农民日报》报道：国务院办公厅发布关于推进种子管理体制改革加强市场监管的意见，提出种子生产经营机构与农业行政管理部门的分开工作要在2007年6月底之前完成。

6月20日 《农民日报》报道：6月5日，农业部部长杜青林签署第66号农业部令，公布《优良种畜登记规则》，自2006年7月1日起施行。

6月27日 《农民日报》报道：《国务院关于保险业改革发展的若干意见》指出，要探索建立适合我国国情的农业保险发展模式，将农业保险作为支农方式的创新，纳入农业支持保护体系。

7月29日 《经济日报》报道：国务院总理温家宝签署第472号国务院令，公布《黄河水量调度条例》，自2006年8月1日起施行。

8月13日 《人民日报》报道：7月7日，国务院总理温家宝签署第471号国务院令，公布《大中型水利水电工程建设征地补偿和移民安置条例》，自2006年9月1日起施行。

8月31日 《人民日报》报道：国务院总理温家宝30日主持召开国务院常务会议，审议并原则通过《全国农村饮水安全工程"十一五"规划》、《防治海洋工程建设项目污染损害海洋环境管理条例（草案）》。

9月1日 《光明日报》报道：国务院总理温家宝签署第473号国务院令，公布《全国农业普查条例》。

《条例》规定：农业普查对象是在中华人民共和国境内的下列个人和单位：（一）农村住户，包括农村农业生产经营户和其他住户；（二）城镇农业生产经营户；（三）农业生产经营单位；（四）村民委员会；（五）乡镇人民政府。农业普查行业范围包括：农作物种植业、林业、畜牧业、渔业和农林牧渔服务业。农业普查内容包括：农业生产条件、农业生产经营活动、农业土地利用、农村劳动力及就业、农村基础设施、农村社会服务、农民生活以及乡镇、村民委员会和社区环境等情况。农业普查采用全面调查的方

法。国务院农业普查领导小组办公室可以决定对特定内容采用抽样调查的方法。农业普查采用国家统计分类标准。

9月12日 《人民日报》报道：卫生部、国家中医药管理局、国家发展与改革委员会、财政部联合发布了《农村卫生服务体系建设与发展规划》。根据规划，"十一五"期间，国家将投入200多亿元，对部分县医院和乡镇卫生院的房屋和设备进行改造。到2010年，将建设和改造约2.2万所乡镇卫生院、1 300所县医院、400所县中医（民族医）医院以及950所左右的县妇幼保健机构。我国农村卫生事业发展进入全面提速阶段。

9月13日 《经济日报》报道：在既有涉农案件审判司法政策基础上，最高人民法院出台了《关于人民法院为建设社会主义新农村提供司法保障的意见》，要求全国各级法院以维护农村社会稳定、促进农村经济发展、维护农民合法权益为目标，依法调整和妥善化解农村经济社会发展过程中出现的各种矛盾纠纷。

10月12日 《人民日报》报道：我国80%以上的历史遗留废弃地未得到恢复利用，全国因各种人为因素造成破坏和废弃的土地近2亿亩，国土资源部、国家发展和改革委员会、财政部、铁道部、交通部、水利部、国家环保总局联合发出《关于加强生产建设项目土地复垦管理工作的通知》，要求各地切实加强生产建设项目土地复垦管理工作，复垦义务人必须根据土地破坏面积和类型、采出原矿量、复垦标准等，依法缴纳土地复垦费。

《人民日报》报道：财政部发布《2007年国家农业综合开发产业化经营项目申报指南》和《2007年国家农业综合开发投资参股经营项目申报指南》。

10月25日 《人民日报》报道：国家发展和改革委员会等部门24日对外发布《棉花加工资格认定和市场管理暂行办法》，彻底放开棉花收购，同时提高了棉花加工的市场准入门槛。

10月26日 《人民日报》报道：11月1日，《农产品质量安全法》将正式实施。

10月27日 《农民日报》报道：国家发展和改革委员会、农业部、科技部和中国轻工业联合会联合发布了《食品工业"十一五"发展纲要》。《发展纲要》确定了"十一五"食品工业发展的重点行业，包括粮食加工业、食用植物油加工业等8个行业。

11月1日 《人民日报》报道：10月31日，国家主席胡锦涛签署第57号主席令，公布《中华人民共和国农民专业合作社法》，自2007年7月1日起施行。

《中华人民共和国农民专业合作社法》规定，农民专业合作社是在农村家庭承包经营基础上，同类农产品的生产经营者或者同类农业生产经营服务的提供者、利用者，自愿联合、民主管理的互助性经济组织。农民专业合作社以其成员为主要服务对象，提供农业生产资料的购买，农产品的销售、加工、运输、贮藏以及与农业生产经营有关的技术、信息等服务。农民专业合作社应当遵循下列原则：（一）成员以农民为主体；（二）以服务成员为宗旨，谋求全体成员的共同利益；（三）入社自愿、退社自由；（四）成员地位平等，实行民主管理；（五）盈余主要按照成员与农民专业合作社的交易量（额）比例返还。农民专业合作社依照本法登记，取得法人资格。农民专业合作社对由成员出资、公积金、国家财政直接补助、他人捐赠以及合法取得的其他资产所形成的财产，享有占有、使用和处分的权利，并以上述财产对债务承担责任。农民专业合作社成员以其账户内记载的出资额和公积金份额为限对农民专业合作社承担责任。国家保护农民专业合作社及其成员的合法权益，任何单位和个人不得侵犯。农民专业合作社从事生产经营活动，应当遵守法律、行政法规，遵守社会公德、商业道德，诚实守信。国家通过财政支持、税收优惠和金融、科技、人才的扶持以及产业政策引导等措施，促进农民专业合作社的发展。国家鼓励和支持社会各方面力量为农民专业合作社提供服务。

11月14日 《人民日报》报道：中共中央办公厅、国务院办公厅下发《关于加强农村基层党风廉政建设的意见》，《意见》提出：大力开展农村基层反腐倡廉教育，进一步加强农村基层党风廉政制度建设，全面推进乡镇政务公开、村务公开和党务公开，认真抓好贯彻执行党的农村政策情况的监督检查，加强对农村基层党风廉政建设的组织领导。

12月2日 《农民日报》报道：国家发展和改革委员会、农业部、财政部、税务总局、国家林业局联合下发《关于发展生物能源和生物化工财税扶持政策的实施意见》，国家将在四项财税政策上扶持生物质能源的发展。

12月16日 《经济日报》报道：《全国粮食生产发展规划（2006—2020年）》正式发布。该规划是指导各地科学安排粮食生产力布局，着力加强粮食综合生产能力建设，确保国家粮食安全的基础和行动指南。

《规划》指出，2010年和2020年我国粮食发展目标是立足国内资源，实现粮食基本自给，是我国解决粮食供需问题的基本方针。根据国际上粮食安全的通行标准，以及国内现有资源条件和粮食生产潜力，我国粮食自给率应保持在95％以上。缺口部分可通过进口解决，主要用于品种、丰歉调剂和解决区域平衡问题。按照优先保障口粮需求，基本保障饲料及加工用粮需求的总体要求，确定2010年和2020年的粮食发展目标为：2010年确保国内粮食总产量达到10 000亿斤，届时我国粮食生产的自给率约为96％。达到上述目标，要求"十一五"期间，粮食产量在2005年的基础上年均增加64亿斤左右，粮食单产年均增长0.7％，粮食播种面积须稳定在15.5亿亩以上。到2020年，粮食在2010年的基础上，再增产700亿～800亿斤，粮食自给率保持在95％。

12月23日 《农民日报》报道：为进一步改进和加强农村金融服务，支持新农村建设，中国银行业监督管理委员会22日公布了《关于调整放宽农村地区银行业金融机构准入政策更好支持社会主义新农村建设的若干意见》，率先在6省（区）适当调整和放宽农村地区银行业金融机构准入政策，涉及放开准入资本范围和境内投资人入股比例、取消营运资金限制、放宽业务准入条件及范围等一系列改革措施。

【会议】

1月20日 《人民日报》报道：国务院总理温家宝18日主持召开国务院常务会议，审议并原则通过《国务院关于解决农民工问题的若干意见》。

1月27日 《人民日报》报道：1月25日，中共中央政治局下午进行第二十八次集体学习，学习内容是关于建设社会主义新农村。

2月23日 《人民日报》报道：22日下午，中共中央政治局委员、国务院副总理回良玉在财政部、国家税务总局联合举行的纪念废止农业税条例暨全面取消农业税座谈会上强调，要深刻认识全面取消农业税的重大历史意义，全面推进农村综合改革，继续加强农民负担监督管理，加快建立以工促农、以城带乡的长效机制，努力扩大公共财政覆盖农村的范围，扎实推进社会主义新农村建设。

2月24日 《人民日报》报道：2月23日，中央组织部、国家发展和改革委员会、财政部在京召开全国村级组织活动场所建设工作座谈会，安排部署村级组织活动场所建设工作。中央决定采取由地方财政投入、中央财政适当补助和党费予以支持的办法，抓紧解决村级组织无活动场所问题。

3月2日 《人民日报》报道：3月1日，国务院总理温家宝主持召开国务院常务会议，审议并原则通过《农村卫生服务体系建设与发展规划》。

4月19日 《科技日报》报道：4月17日至18日，第六次全国环境保护大会在北京召开。

4月30日 《人民日报》报道：4月29日上午，中共中央政治局委员、国务院副总理回良玉在农村劳动力转移培训阳光工程实施两周年座谈会上强调，要进一步加大阳光工程实施力度，广泛开展农村劳动力教育培训，切实增强农村劳动力就业创业能力，扎实推进社会主义新农村建设，积极促进经济社会全面协调可持续发展。

5月26日 《人民日报》报道：25日，国务院扶贫开发领导小组在京召开中国扶贫开发工作20周年纪念座谈会。

6月8日 《人民日报》报道：国务院总理温家宝7日主持召开国务院常务会议，研究了改革和加强基层农业技术推广体系建设问题。

6月14日 《人民日报》报道：6月12日上午，国务院总理温家宝主持召开沙尘暴防治工作专家座谈会。

7月3日 《人民日报》报道：6月30日，国务院总理温家宝主持召开国务院常务会议，部署深化农村税费改革和推进农村综合改革工作。会议指出，2006年要扩大农村综合改革试点范围，扎实推进乡镇机构改革，加强农村义务教育综合改革，全面落实农村义务教育经费保障机制改革措施，免除学生学杂费，规范课本等其他收费，坚决制止乱收费，改革和完善县乡财政管理体制，严格控制乡村债务，建立农民负担监管机制。

7月7日 《农民日报》报道：7月6日，全国农业科技创新工作会议在北京召开。科技进步对我国农业的贡献率已达48%左右，比"十五"初期提高了3个百分点。

7月16日 《人民日报》报道：国务院总理温家宝签署第470号国务院令，公布《国务院关于修改〈棉花质量监督管理条例〉的决定》，自公布之日起施行。

7月28日 《农民日报》报道：国务院总理温家宝25日主持召开国务院常务会议，部署进一步加强土地调控工作。会议强调，必须采取更严格的管理措施，切实加强土地调控。

9月1日 《人民日报》报道：国务院第二次全国农业普查领导小组（扩大）会议在京召开。

9月4日 《人民日报》报道：9月1日至2日，国务院在北京召开全国农村综合改革工作会议。中共中央政治局常委、国务院总理温家宝出席会议并强调，要按照巩固农村税费改革成果和完善社会主义市场经济体制的要求，推进乡镇机构、农村义务教育和县乡财政管理体制改革，建立精干高效的农村行政管理体制和运行机制、覆盖城乡的公共财政制度、政府保障的农村义务教育体制，促进农民减负增收和农村公益事业发展，全面推动社会主义新农村建设。

9月9日 《农民日报》报道：9月7日至8日，全国农民工工作座谈会在北京召开。

9月12日 《人民日报》报道：9月10日下午，第五届世界水大会在北京召开，会议以"可持续水管理"为主题，围绕水资源和流域综合管理、城市水管理策略、饮用水处理、污水再生利用、给排水运营、健康与环境等议题进行讨论，展示了水处理的先进技术和设备。

9月15日 《人民日报》报道：9月14日，全国林业科学技术大会在京召开。会议认真总结了"十五"林业科技工作，全面部署了"十一五"林业科技发展各项工作，93个全国林业科技先进集体和239位全国优秀林业科技工作者受到了表彰。

9月29日 《人民日报》报道：国务院28日召开全国农田水利基本建设电视电话会议。

10月17日 《人民日报》报道：国家发展和改革委员会、财政部、广电总局16日在北京联合召开新时期广播电视村村通工作电视电话会议，会议明确，到2010年底，我国全面实现20户以上已通电自然村通广播电视的目标，大力提高广大农村地区的广播电视无线覆盖水平，不断丰富服务"三农"的广播电视节目内容，建立覆盖广大农村地区的广播电视公共服务的长效机制。

10月18日 《农民日报》报道：两岸农业合作论坛17日上午在海南博鳌开幕。

《人民日报》报道：10月17日，由农业部主办的第四届中国国际农产品交易会在北京开幕。

《农民日报》报道：10月17日是"国际消除贫困日"。"第二届中国消除贫困奖"在北京人民大会堂隆重举行。

12月8日 《人民日报》报道：中共中央、国务院召开的中央经济工作会议12月5日至12月7日在北京举行。会议提出，必须坚持把"三农"问题放在经济社会发展全局的突出位置，坚持以发展农村经济为重点，扎实推进社会主义新农村建设。

12月26日 《农民日报》报道：12月22日至23日，全国农业工作会议在北京召开。会议提出，以发展现代农业为重点，扎实推进社会主义新农村建设。

【农业发展成就】

1月2日 《人民日报》报道：为更好地发挥旅游在建设社会主义新农村中的作用，国家旅游局确定2006年全国旅游宣传主题为"2006中国乡村游"。1月1日，国家旅游局、河北省人民政府在河北省平山县西柏坡举行"2006中国乡村游"启动仪式，拉开"乡村游"主题年的序幕。

1月3日 《农民日报》报道：国家863计划"优质超高产农作物新品种培育"重大专项超额完成预期目标和任务，并完成总体验收。项目实施4年，投入经费1.4亿元，在超级稻育种等5个方面取得了重大进展。

1月4日 《光明日报》报道：1月3日，中国农业科学院向全国农业科技界发出倡议，围绕国家农业战备目标和未来我国农业发展的关键技术领域，实施《"十一五"农业科技自主创新行动》，联合攻关，大幅度提高农业科技的自主创新能力。

1月5日 《人民日报》报道：2005年以来，国家主抓整村推进扶贫、劳动力转移培训扶贫和产业化扶贫三大重点，全年约有1.65万个贫困村完成整村推进村级规划的实施。

1月7日 《人民日报》报道："十五"时期，中央财政用于"三农"的资金达1.13万亿元，5年年均递增17%，是改革开放以来投入增加最多、增长速度最快的时期之一。

《人民日报》报道：国务院决定，从2006年开始，提高财政补助标准，中央财政对中西部参合农民的补助在原有人均10元的基础上再增加10元，地方财政也相应提高补助标准，农民个人缴费标准保持不变。

《人民日报》报道：2006年1月1日起，农业部已经实施的65项行政许可全部纳入综合办公，实现了行政许可的"一站式"办公。

1月8日 《经济日报》报道：国家863计划"十五"重大专项在农业领域取得群体突破。"现代农业技术主题"、"优质超高产农作物新品种培育""现代节水农业技术体系及新产品研究与开发"和"数字农业"等4个重大专项共开发新技术和新成果2732项，申请专利1448件，制定标准358项，示范应用创经济效益1137亿元，显著增强了我国现代农业的核心竞争力。

1月9日 《人民日报》报道：1月8日，卫生部首次表彰"全国优秀乡村医生"。王金海等200名

乡村医生被授予"全国优秀乡村医生"荣誉称号，每人获奖励5000元。

1月12日 《人民日报》报道："十五"期间，农业综合开发共投入资金1335.15亿元，改造中低产田1.29亿亩，经改造的中低产田，基本上成为高产稳产、旱涝保收的高标准农田，共新增粮食生产能力407.28亿斤、棉花8.46亿斤、油料26.02亿斤。农业综合开发通过支持农业产业化经营发展，有效地促进了农民增收，项目区农民年人均增收300元左右。

《人民日报》报道：财政部向西部地区12个省（区、市）、新疆生产建设兵团以及中部地区试点省份预拨专项资金36.9亿元，其中，免除学杂费补助资金30.2亿元，提高公用经费保障水平补助资金6.7亿元。

1月13日 《人民日报》报道："十五"期间，中央加大对农村水利的投入力度，5年投资620亿元，占中央水利投资总规模的36.6%，重点实施了农村人饮解困、灌区节水改造、农村水电等项目。"十一五"期间水利投资规模预计为4628亿元，投入重点将继续向农村倾斜，解决1亿农村人口饮水安全，让半数农村人口喝上自来水，新增有效灌溉面积3000万亩。

1月14日 《经济日报》报道：2005年黑龙江垦区粮食总产首次突破200亿斤，达到205.3亿斤，创造了10年增产粮食100亿斤的奇迹。

1月16日 《人民日报》报道：我国农村公路总里程达到63万千米，比中华人民共和国成立头53年翻了一番；全国乡镇、建制村通公路率分别达到99.8%和94.5%；乡镇客车通达率达98%，建制村通车率达81%。

《人民日报》报道：全国"五纵二横"鲜活农产品流通绿色通道网络建成并开通运行。网络各线累计长度2.7万千米，贯穿全国31个省、自治区、直辖市，直接连通了全国29个省会城市，71个地市级城市，覆盖全国所有具备一定规模的重要鲜活农产品生产基地和销售市场。

1月18日 《人民日报》报道："十一五"期间，国家将加大职业培训的力度。其中包括计划在5年内对4000万进城务工的农村劳动者开展职业培训，以帮助其顺利实现转移就业。

1月17日 《经济日报》报道：以"把工作落到实处、让农民得到实惠"为主题的"2006农业部科技下乡活动"16日在全国31个省区市正式启动。全国3万多名农业专家和技术人员参加活动，直接受

益农民将超过 80 万人。

《农民日报》报道：1 月 16 日，2005 年中国农村新闻人物颁奖座谈会在北京人民大会堂隆重举行。河南省固始县农民工王刚荣膺中国农村新闻人物殊荣、河南省信阳市委书记刘怀廉荣获"农民工书记"称号。

1 月 19 日 《经济日报》报道：1 月 18 日，"十五"重大科技专项"农产品深加工技术与设备研究与开发"在北京通过验收。项目获得综合经济效益 185.2 亿元，促进农民增收 54.3 亿元。

《人民日报》报道：2006 年中央政府将安排投资 40 亿元，加上地方各级政府的投入等，共约 80 亿元，用于解决农村 2 000 万人的饮水困难和饮水安全问题。

1 月 21 日 《光明日报》报道：截至 2005 年 9 月 30 日，全国开展新型农村合作医疗试点的县达到 671 个，覆盖农业人口 2.33 亿，占全国农业人口的 26.3%，参加合作医疗的人口达到 1.77 亿，占全国农业人口的 19.94%。

1 月 22 日 《人民日报》报道："奶业重大关键技术研究与产业化技术集成示范"专项技术通过验收。该技术经过 4 年实施，全面完成了项目各项考核指标和计划任务。该专项共取得经省部级鉴定的科技成果 162 项，获得各级奖励的成果 31 项；开发新技术、新产品、新材料 460 项；扶植示范户 10 万多户，辐射养殖户达 80 多万户，示范区农民每饲养一头奶牛比非示范区多收入 1 000 元以上，促进农民增收累计近 60 亿元。

2 月 4 日 《农民日报》报道：2006 年我国将全面开展食品和农产品认证。

2 月 7 日 《经济日报》报道："十一五"期间，我国将增加县乡公路 30 多万千米，新改建农村公路 120 万千米，基本实现全国所有具备条件的乡镇、建制村通公路，95% 的乡镇和 80% 的建制村通沥青路或水泥路。

2 月 8 日 《人民日报》报道：2005 年，我国粮食总产达 9 600 亿斤，比上年增产 291 亿斤；粮食亩产 619 斤，再创历史新高。

2 月 9 日 《人民日报》报道：春节过后，劳动和社会保障部在全国发起展开"春风行动"，要求公共就业服务机构为进城求职务工的农村劳动者提供免费的就业服务，并推荐一批诚信民办职业中介机构。

《人民日报》报道：为解决化肥常年生产、季节使用的矛盾，2005 年起，国家建立了化肥淡季商业储备制度。为保障 2006 年春耕化肥供应，国家在第

一批 605 万吨的基础上，启动了第二批 165 万吨的化肥淡季商业储备工作。

2 月 10 日 《人民日报》报道：2006 年，农业部要为农民办的 15 件实事。包括以粮食主产区为重点，深入推进农业科技入户工程；为全国 1 亿农户提供测土配方施肥服务；以农村劳动力输出大省、产粮大省、革命老区、贫困地区为重点，开展短期的非农职业技能培训等 15 项内容。

《人民日报》报道：2 月 13 日，两头经分离 XY 精子性别控制的雌性水牛在广西水牛研究所诞生，这在全世界尚属首例。这意味着水牛生公生母完全可以人为控制。该技术可运用于其他生物种群。

2 月 20 日 《农民日报》报道：2 月 18 日，建设社会主义新农村暨 2005 中国十佳小康村揭晓仪式在北京人民大会堂举行。江苏省常熟市康博村等荣获"2005 中国十佳小康村"称号。

2 月 21 日 《人民日报》报道：我国农田水利建设机制将发生重大调整，由国家发改委、财政部、水利部、农业部、国土资源部等部门提出的新机制的主要思路是：以政府安排补助资金为引导，以农民自愿出资出劳为主体，以农田水利规划为依托，以加强组织动员为纽带，以加快农田水利管理体制改革为动力，逐步建立起保障农田水利建设健康发展的长效机制。

《人民日报》报道：2005 年我国野生动植物培育利用和进出口共实现总产值约 1 570 亿元，企业固定资产总值达 351 亿元，比 2003 年分别增长了 176% 和 58.8%。野生动植物保护与利用实现良性循环。约 300 种野生动植物人工培育技术成熟，其中近 200 种可通过人工培育满足相关产业需求，不再依赖海外资源。

2 月 22 日 《人民日报》报道：2006 年国家将加大对测土配方施肥的扶持力度，财政补贴资金由去年的 2 亿元增加到 5 亿元以上。全年免费为 4 000 万以上农户提供测土配方施肥服务，力求配方施肥建议卡和施肥技术指导入户率达到 100%。

《光明日报》报道：经过科研人员 10 年的努力，我国终于建立起自主小麦品种品质评价体系与分子改良技术方法。这一成果对国内外小麦品质改良有重要的参考价值，总体达到国际先进水平。

2 月 23 日 《经济日报》报道：从 2006 年起，财政每年将安排 1 030 亿元用于支持农村税费改革的巩固和完善。

《科技日报》报道：华中农业大学张启发教授领衔主持的十五国家重大科技专项"水稻重要农艺性状相关功能基因组研究"取得重要进展。该专项 2002 年立项，到 2005 年共创建了含有 27 万个独立转化的

T‐DNA插入大型突变体库，水稻所有基因均被标签的概率接近99％。

《光明日报》报道：历经4年努力，总投资950多万元的"国家蚕桑育种中心"在中国农业科学院蚕业研究所建成并通过验收。

2月24日 《人民日报》报道：动员组织广大妇女参与社会主义新农村建设暨"双学双比"表彰电视电话会议在北京举行。会议表彰了于海霞等第四届"全国十大农民女状元"、席根小等"全国十大绿化女状元"和2 000名"双学双比"女能手、200个先进集体。

《经济日报》报道：2006年全面取消农业税以后，与农村税费改革前相比，全国农民共减轻负担1 265亿元。

3月1日 《人民日报》报道：2月28日，全国"万村千乡市场工程"现场会在扬州召开。商务部在会上对2005年度"万村千乡市场工程"先进集体、优秀试点企业及先进工作者进行了表彰。

3月2日 《人民日报》报道：为促进我国优势农产品更快走出国门，提升市场竞争力，帮助农产品生产经营者寻找销路，我国目前已初步建立起一套农产品营销促销服务机制和相关服务平台，形成了以国际促销为重点，以网络展示为先导，以公益广告为补充，国际与国内促销相结合、形式多样的农产品营销促销服务体系。

3月8日 《人民日报》报道：为支持春耕生产，调动广大农民种粮积极性，财政部向各地预拨47.1亿元，用于对农民购买良种、农机具进行补贴，并提供测土配方施肥补助。其中良种补贴36.7亿元、农机购置补贴5.4亿元、测土配方施肥补助资金5亿元。

3月9日 《光明日报》报道：我国启动高校毕业生"三支一扶"计划，从2006年开始连续5年，国家将每年招募2万名高校毕业生，主要安排到农村基层从事支教、支农、支医和扶贫工作。

3月11日 《人民日报》报道：3月10日，中国动物疫病预防控制中心和全国畜牧总站正式成立。

3月12日 《人民日报》报道：3月11日，2006年关注森林活动启动暨全民义务植树运动25周年纪念会在京举行。我国有林业用地43亿亩、有林地25亿多亩、可利用沙地8亿多亩。

3月14日 《人民日报》报道：美国环境和能源技术办公室13日在北京正式成立。这是美国首次在国外设立环境和能源技术办公室。

《人民日报》报道：3月21日，建设部在北京举行"建设社会主义新农村——农房建设送图下乡暨试点村庄签约"仪式，向全国1 887个重点乡镇赠送"系列小城镇住宅国标图集"。同时，中国建筑设计研究院与两个试点整治村签订定向支持协议。

3月23日 《人民日报》报道：全国农垦系统农业区域化布局、规模化经营成效显著，促进了现代农业建设。2005年，全国农垦粮豆总产达到361亿斤，商品量288亿斤以上，商品率达80％。

3月24日 《人民日报》报道：截至2005年底，全国农村改水受益率为94.06％，到2005年底，全国饮用自来水农村人口达5.79亿人，占农村总人口的61.32％；手压机井、雨水收集农村受益人口分别占农村总人口的20.79％和1.53％；其他初级改水形式的受益人口9 860万，占农村总人口10.42％。

3月29日 《农民日报》报道：3月28日，农业部在贵州省贵阳市召开了全国农业市场信息质量工作座谈会。

4月1日 《人民日报》报道：3月31日，国务院在人民大会堂召开全国造林绿化表彰动员大会。13个全国绿化模范城市（区）、54个全国绿化模范县（市）、172个全国绿化模范单位和261个全国绿化先进集体、120名全国绿化劳动模范、156名全国绿化先进工作者受到表彰。

《光明日报》报道：世界首例性控制试管牛在中国农业科学院水牛研究所诞生。

4月3日 《人民日报》报道：4月1日，春季禁牧休牧启动仪式在内蒙古自治区正镶白旗大草原举行，这是中华人民共和国成立以来首次在全国范围推行禁牧休牧总动员。春季休牧时间约为两个月，禁牧时间在一年以上。

4月9日 《人民日报》报道：国家林业局确定2006年为推进社会主义新农村建设组织办好16件实事，包括选择100个重点县（市、区、旗）开展生态建设攻坚、使粮食主产区农田防护林网控制率提高1个百分点、加强重点地区森林灾害防治工作、抓好100个县的森林经营示范工作、发展一批野生动物养殖等特色林业产业、指导和扶持建立林业产业化服务体系等。

《光明日报》报道：我国首例水牛体内胚胎在广西育成，每头水牛每次生产胚胎数量刷新了世界纪录，一头水牛一年至少能生产30枚胚胎，达到工厂化生产胚胎的目的。

4月12日 《人民日报》报道：为切实保护种粮农民利益，统筹考虑柴油、化肥等农业生产资料价格变动对农民种粮收益的影响，经国务院批准，财政部决定2006年新增125亿元补贴资金，对种粮农民柴油、化肥、农药等农业生产资料增支实行综合直补。这样，中央财政今年对种粮农民的直接补贴总额达 267 亿元，比上年增长 102%。

《人民日报》报道：国土资源部公布了 2005 年度全国土地利用变更调查结果。截至 2005 年 10 月 31 日，全国耕地面积 18.31 亿亩，离"十一五"规划确定的未来 5 年耕地保有量 18 亿亩约束性指标仅剩 3 100 万亩。2005 年度全国耕地比上年度净减少 542.4 万亩，耕地面积净减少势头有所减缓。

《光明日报》报道：中国农业科学院水稻研究所科研人员发现的水稻白背飞虱新基因被国际植物基因命名委员会正式命名为 Wbph6。这是我国水稻抗白背飞虱研究领域在国际上注册的、完全拥有自主知识产权的第一个抗性基因。

4 月 14 日 《人民日报》报道：据国家工商总局的统计，我国已注册农产品商标约 19 万件，在国家工商总局商标局和商标评审委员会已认定的 623 件驰名商标中，农产品驰名商标近 80 件。另外，我国受理地理标志申请 548 件，已经注册和初步审定地理标志达 167 件。

《农民日报》报道：无公害农产品的全国统一认证工作启动以来，三年迈出三大步，初步建立起一套"统一规范、简便快捷"的规章制度和工作程序。截至 2006 年 3 月底，全国累计认定产地 23 845 个，其中种植业产地 17 031 个，面积 1 982.4 万公顷，占全国耕地面积的 15.2%，累计认证产品 18 829 个，实物总量 11 702 万吨，约占食用农产品商品量的 28%。

4 月 15 日 《科技日报》报道：4 月 12 日，由国家旅游局和四川省人民政府主办的首届"中国乡村旅游节"在成都开幕。

4 月 18 日 《人民日报》报道：4 月 17 日，中央文明办、民政部、新闻出版总署、国家广电总局四部门联合主办"第四期万家社区图书室援建和万家社区读书活动"启动仪式，从 2006 年开始到"十一五"期末，每年将有上千种农民"读得懂、用得上"的图书，无偿送到 3 万~5 万个村委会，5 年内全国将有 1/3 以上的村委会建立起农村图书室，亿万农民将共同分享公共文化利益。

《人民日报》报道：农业部启动"农业科技提升行动"。为提高农业科技对农业增产、农民增收的贡献率，农业科技提升行动将从农业科技推广、农民培训、农业科技创新、农业机械化、农业信息化五方面入手，全面提升我国的农业科技水平。

4 月 26 日 《人民日报》报道：2005 年实施的农村义务教育"两免一补"政策，直接减轻农民经济负担 70 多亿元，中西部农村地区共有 35 万名因贫辍学学生重返校园。

5 月 3 日 《人民日报》报道：2002 年中国抗虫棉占领国内市场份额的 35%，2003 年上升到 50% 左右，2004 年攀升到 60% 以上，2005 年已经占据 70% 的份额。抗虫棉的种植有效地控制了棉铃虫的暴发危害，农药用量减少 60%~80%，每年节约化学农药用量 2 000 万~3 000 万千克，农药中毒事件降低了 70%~80%；国产转基因抗虫棉每亩还可增产皮棉 7 千克，增收节支约 120 元。

5 月 9 日 《人民日报》报道：我国棉花栽培技术获得革命性突破。在"国家科技攻关""农业结构调整"等科技项目的资助下，中国农业科学院棉花研究所栽培室主任毛树春研究员领导的课题组发明了无土基质、促根剂和保苗剂等系列专利技术，攻克了棉苗生根困难，裸苗移栽不易成活等难题。新技术具有苗床育苗率高、移栽成活率高、省种、省工等特点，可使每亩增效 80 元以上。这项新技术先后获得 7 项专利，在鄂、苏、赣等 12 个省的 100 多个优质棉基地县以及 5 000 多农户中扩大示范了 1 万多亩，取得了巨大成功。

5 月 19 日 《人民日报》报道：国家电网公司与江西省政府在南昌市安义乡罗丰村举行江西省农村"户户通电"工程启动仪式，拉开了国家电网公司农村"户户通电"工程的序幕。按照国家电网公司最近提出的"新农村、新电力、新服务"的农电发展战略，该公司供电区域的农村在"十一五"期间将全面实现户户通电。

5 月 20 日 《人民日报》报道：30 余年来中国农业科学院蔬菜花卉研究所相继育成不同类型甘蓝新品种 15 个，累计推广面积约 1 亿亩。

5 月 21 日 《光明日报》报道：5 月 20 日，三峡大坝全线建成。

5 月 22 日 《人民日报》报道："十一五"期间，供销社将实施"千社千品"富农工程，每年选择 1 000 个规范的专业合作社，根据产业优势和地域特点，塑造 1 000 个特色农产品品牌。5 年时间，扶持 5 000 家专业合作社，塑造 5 000 个特色农产品品牌。

5 月 23 日 《人民日报》报道：全国统一的专用特服号码"12316"农民服务热线在吉林省率先开通，吉林省将之定名为"12316 新农村热线"。今后，农民在生产中遇到各种问题，都可以直接向专家咨询。

5 月 25 日 《人民日报》报道：我国依靠生态自我修复防治水土流失的探索与实践，取得重大进展和显著成效，现有水土保持措施每年可减少土壤侵蚀 15 亿吨，增产粮食 180 亿千克，五年间全国有 1 200

多万人通过水土保持解决了温饱。"十五"期间全国共完成水土流失综合防治面积 54 万平方千米，水土流失综合治理速度比"九五"时期翻了一番还多。全国有 20 个省、136 个地（市）、697 个县出台了封山禁牧政策。

5 月 27 日 《科技日报》报道：中国农业科学院生物技术研究所首次在世界上成功研制出"有机磷农药降解酶制剂"。这一具有自主知识产权的重大成果，能彻底、有效地降解有机磷农药，全部去除农产品的农药残留。

5 月 29 日 《光明日报》报道：由湖南农业大学主持研发的国家"十五"重点攻关和国家"863"重大专项课题——棉花水浮育苗技术通过专家组鉴定。专家认为，该方式具有显著的省种、省工、增产、增效作用，比常规营养钵育苗移栽棉节省用种 40% 以上。

5 月 30 日 《人民日报》报道：5 月 29 日，农业部和北京市人民政府正式启动"北京全面实施保护性耕作项目"，标志着我国保护性耕作技术推广工作进入了普及应用的新阶段。未来 3 年，农业部和北京市人民政府将投入 8 000 万元，对北京市郊的粮田作物全面实施保护性耕作，实施面积将达到 230 多万亩。到 2008 年，北京市将建成全国首个全面实施保护性耕作的示范省（区、市），减少农田扬尘量 50% 左右。

5 月 31 日 《人民日报》报道：4 月 28 日和 5 月 12 日，新批准设立的两个两岸农业合作试验区分别在广西玉林和广东佛山、湛江成立。至此，祖国大陆自 1997 年开始设立的海峡两岸农业合作试验区达到 7 个，分布在福建、海南、山东、黑龙江、陕西、广东、广西等省区。

《农民日报》报道：5 月 30 日，由国家标准化管理委员会正式批准，委托农业部管理的全国畜牧业标准化技术委员会在京召开了成立暨第一次全体委员会议。

6 月 3 日 《人民日报》报道：国务院扑火前线总指挥部 6 月 2 日 8 时宣布，黑龙江嘎拉山、砍都河和内蒙古兔渡河三起特大雷击森林火灾，经过 3.3 万多名扑火人员连续 8～11 个昼夜的英勇扑救，已全部扑灭。

6 月 4 日 《人民日报》报道：6 月 3 日，2006中国饲料工业展示交易会开幕。2005 年，全国饲料产品总产量达到 1.07 亿吨，饲料工业总产值 2 742 亿元，总量首次突破亿吨大关，实现了历史性的跨越。

6 月 6 日 《人民日报》报道："十一五"期间，我国将投入 400 多亿元，用于解决 1 亿农村居民饮用高氟水、高砷水、苦咸水、污染水以及局部地区严重缺水等问题。

6 月 7 日 《人民日报》报道：为贯彻落实支持社会主义新农村建设的政策措施，中国人民银行调剂支农再贷款额度 50 亿元，重点用于支持西部地区和粮食主产区农村信用社加大农户贷款投放力度。

《人民日报》报道：农业部启动社会主义新农村建设百村示范行动，示范行动将通过 100 个村的典型示范，采取"省部共建、主抓靠县、行动在村、实惠到户"的工作格局，强化"主导产业强村、工商企业富村、科技人才兴村、生态家园建村、支部组织带村"五大支撑体系，扎实推进新农村建设。

6 月 8 日 《人民日报》报道：国家发展和改革委员会 7 日对外宣布，2006 年农村公路改造工程投资计划已经下达，安排中央补助投资 175 亿元。2006 年在东、中部地区安排建设总里程 9.6 万千米，投资总规模 274 亿元，其中中央补助投资 96 亿元；在西部地区安排建设总里程 2.32 万千米，投资总规模 176 亿元，其中中央补助投资 79 亿元。

6 月 15 日 《人民日报》报道：国家禽流感参考实验室疫苗研制和诊断技术研究又取得新突破，三种新型禽流感疫苗研制和一项禽流感诊断技术研究获得成功。新研制成功的三种疫苗分别是新型禽流感（H5N1）标记灭活疫苗、密码子优化 H5 亚型 HA 基因禽流感 DNA 疫苗和禽流感重组亚单位疫苗，其中新型禽流感（H5N1）标记灭活疫苗为国际首创，该疫苗可经血清学方法区分自然感染和疫苗免疫产生的免疫反应，高效安全。

6 月 17 日 《农民日报》报道：北京杂交小麦工程技术研究中心承担的国家 863 计划"优质超高产农作物新品种选育"重大专项"小麦杂种优势利用技术研究与应用"课题，在小麦杂种优势利用的基础研究和应用研究方面均取得了重大突破。"京麦 6"通过北京审定。京麦 10、京麦 20、京麦 203 等高产杂交小麦组合，在北京开展了联合试验示范。研究人员创造性地提出了"小麦雄性育性的相对性原理"，建立了冬小麦光温敏型雄性不育系选育的四条途径，共获得各类光温敏不育性资源 5 700 余份，选育出优异光温敏不育系 247 份。

6 月 18 日 《人民日报》报道：中国动物疫病预防控制中心 16 日正式运行，这标志着我国兽医体制改革取得重大进展。目前我国已形成以农业部兽医局、中国动物疫病预防控制中心、中国兽医药品监察所、中国动物卫生与流行病学中心及 4 个分中心为主体的国家级动物疫病防控管理和技术支持体系。

6 月 19 日 《科技日报》报道：2006 年是国际防治荒漠化年，6 月 17 日是世界防治荒漠化和干旱日。荒漠化严重制约我国经济社会发展，每年因土地沙化造成的直接经济损失超过 540 亿元人民币。

6 月 24 日 《农民日报》报道：国家 863 计划课题——水稻栽培稻籼粳两个亚种的比较基因组学研究课题进展顺利。我国率先完成籼稻单条染色体基因组测序，为更有效利用籼粳杂交育种材料提供了分子遗传依据。

6 月 27 日 《人民日报》报道：6 月 21 日上午 9 时许，可可西里国家级自然保护区人工驯养的一只 3 岁母藏羚羊在藏羚羊救护中心成功产下一只雌性小藏羚羊。这是世界首例在人工救护管理条件下受孕并顺利生产的藏羚羊。

《农民日报》报道：具有国际先进水平、世界上最大的畜禽遗传资源体细胞库在中国农业科学院畜牧兽医研究所建成。

6 月 28 日 《人民日报》报道：6 月 27 日，农业部兽药评审中心在北京正式运行，开始履行职能。

7 月 6 日 《科技日报》报道：山东省农科院以地方优质鸡种和国外高产肉鸡品系为育种素材培育出了遗传稳定的两个优质肉鸡——鲁禽 1 号麻鸡和鲁禽 3 号麻鸡配套系。这两个配套系已通过国家品种审定委员会的审定，成为山东省乃至我国长江以北地区第一个拥有自主知识产权的家禽新品种（配套系）。

7 月 8 日 《经济日报》报道：中国农科院科学家历经 10 余年努力，在以矮败小麦为工具的轮回选择育种技术领域取得重大突破，培育出"轮选"系列矮败小麦新品种 10 余个，具有高产、稳产和广适性的特点。专家认为，这一成果属国际首创，育种水平达到国际领先。

7 月 11 日 《农民日报》报道：截至 2006 年 3 月底，全国开展新型农村合作医疗覆盖的农村人口达 4.7 亿人，占我国农业人口的 53.44%；参加合作医疗的人口达 3.7 亿人，占全国农村人口的 42.25%，参加合作医疗的人口的比例是 79.06%。

7 月 14 日 《人民日报》报道：湖北省农业厅宣布，由湖北大学和省种子集团公司联合选育的"两优 287"，被农业部专家评为超级杂交稻。

7 月 15 日 《农民日报》报道：7 月 14 日上午，农业部、中国科协、中组部、中宣部等 14 个部门在北京正式启动农民科学素质行动。

7 月 19 日 《人民日报》报道：据测算，全国乡村旅游景区（点）年接待游客超过 3 亿人次，旅游收入超过 400 亿元。

7 月 21 日 《人民日报》报道：经国务院批准，国家林业局批复黑龙江省伊春市林权制度改革试点实施方案，我国国有林区林权制度改革试点工作启动。

7 月 24 日 《人民日报》报道：中国在 2005 年停止接受联合国粮食援助的当年，一举成为世界第三大粮食捐助方，排名仅次于美国和欧盟。与上一年相比，中国对该署的捐助增加了 260%，总数达到 57.7 万吨。

7 月 27 日 《人民日报》报道：中国电信启动"千乡万村"示范工程，决定用 1 年时间，建成 1 000 个乡镇信息示范站，10 000 个发达村级信息示范点，从而以点带面，推动整个农村信息化建设。

8 月 2 日 《人民日报》报道：农业部在辽宁省丹东市举行了农业环境污染突发事件应急处理的技术培训和现场演练，这是我国在农业环境污染突发事件偏重发生背景下举行的首次现场演练。

8 月 4 日 《农民日报》报道：据国家粮食局抽样调查，我国农户储粮设施简陋，方法不科学，导致储粮过程中损耗严重，每年损失量高达 150 亿～200 亿千克。

8 月 6 日 《人民日报》报道：上海农村合作医疗覆盖率达到 100%，114 所乡镇卫生院全部完成标准化建设，农民门诊就医 70% 在村卫生室。

8 月 12 日 《光明日报》报道：我国快速、准确鉴定杂交稻种子纯度找到了新的方法。由湖南省怀化职业技术学院承担的省农业厅重点科研项目"水稻标 810S 淡黄叶突变体的发现与研究"通过了以袁隆平院士为首的专家组的鉴定，该研究创新性强，为规避和降低两系杂交种子生产风险提供了技术支撑，该材料的发现具有原创性，居国际领先水平。

8 月 21 日 《经济日报》报道：2006 年中央财政全部支农资金达到 3 397 亿元，比上年增加 422 亿元。

8 月 22 日 《科技日报》报道：8 月 21 日，中国科协、财政部宣布联合组织实施"科普惠农兴村计划"，提高农民科学素养，推进社会主义新农村建设。

8 月 30 日 《人民日报》报道：中国农业大学植物病理系齐俊生博士课题组，经 6 年艰苦努力，从"海岛棉"中分离、克隆出有自主知识产权的抗黄萎病基因并导入"陆地棉"，培育出高抗黄萎病的新株系。这将对加速培育适合不同区域种植的棉花抗黄萎病新品种产生重大影响。

9月2日 《科技日报》报道：9月1日，中央财政安排1亿元专项资金，在全国选择1万个村实施的"新型农民科技培训工程"正式启动。

《人民日报》报道：我国人工影响天气作业的规模已经居世界第一。1995—2005年，我国各级人工影响天气资金投入达31亿元，从业人员达3.7万余人。增雨受益面积300余万平方千米，高炮火箭防雹作业保护面积43万平方千米。作业面积已占世界作业面积的2/3。累计增加降水约3 087亿立方米，减免雹灾损失约443亿元。

9月6日 《人民日报》报道：截至7月底，农民工参加工伤保险人数已达到1 871万人，比去年底增加619.45万人。煤矿等高风险企业参保进展较快，94家国有重点煤矿已有87家参加了工伤保险，一些产煤大省的大中型煤矿已实现全部参保。

9月8日 《科技日报》报道：我国超级稻再次刷新世界高产新纪录，新品种"协优107"亩产获1 287千克。

9月11日 《人民日报》报道：中央20亿元农民工培训补贴资金已落实到位，加上地方配套资金，可使全国800万农民工获得人均500元的培训补贴。

9月19日 《人民日报》报道：截至今年5月底，全国推广测土配方施肥面积2.5亿亩，减少不合理用肥84.6万吨，为农民节约生产成本17.4亿元。

《人民日报》报道："中国超级稻研究计划"实施十年来，我国科学家成功培育出一批具有自主知识产权的超级稻新品种，实现了百亩连片单产800千克/亩，开始在生产上发挥大面积的增产作用。据不完全统计，1999—2005年，我国累计推广种植超级稻新品种约2亿亩，覆盖了长江流域稻区、华南稻区和东北稻区，累计增产稻谷120亿千克，为提高我国粮食综合生产能力做出了巨大贡献。

9月20日 《人民日报》报道：全国农村经纪执业人员达60余万人，经纪业务量达2 000余亿元。

9月24日 《科技日报》报道：为加快构建农产品现代流通网络，商务部确定了北京顺鑫首联绿色物流有限公司等100家重点培育的大型农产品流通企业，并核准了2006年支持这些企业的建设和改造项目。

《科技日报》报道：我国高度重视发展保护性耕作，已在15个省份的167个县实施了国家级保护性耕作项目。

9月25日 《人民日报》报道：我国首颗专门为航天育种研制的返回式科学技术试验卫星——"实践八号"育种卫星于9月9日15时在酒泉卫星发射中心发射升空，共运行355小时，航程900多万千米，24日10时43分，准确落入四川遂宁预定回收区域，由有关部门成功回收，圆满完成了诱变育种实验和机理研究等空间运行试验任务。

《科技日报》报道：我国农村贫困人口从1985年的1.25亿人到2005年底的0.236 5亿人，减少1亿多人，贫困发生率从14.8％下降到2.5％。

9月26日 《科技日报》报道：9月24日，由农业部农药检定所发起的中国农药发展与应用协会在京正式成立，来自农药管理、生产、经营、使用、科研、教学、推广的600多家单位成为会员。

9月28日 《人民日报》报道：《农村土地承包法》颁布实施3年多来，我国农业各级部门依法落实农民土地承包的各项权利，加强土地承包规范管理，妥善解决农村土地承包纠纷，农村土地承包管理工作正步入法制化和规范化轨道。据不完全统计，2005年全国新发放农村土地承包经营权证书2 481万户，使证书入户率比2000年提高近10个百分点。

10月11日 《人民日报》报道：我国已有185万农村计划生育模范领到养老金，45万农民领到少生快富工程奖励金。从2006年起，我国将全面实施农村计划生育家庭奖励扶助制度和少生快富工程，使农村计划生育家庭老有所养，后顾无忧。

10月10日 《科技日报》报道：用一种聚合育种、诱变技术和小孢子培养相结合的新方法，我国科技人员在世界上首次选育出一种"特高含油量"油菜新品系。检测显示，其种子含油量高达54.72％，比国际上报道的甘蓝型油菜含油量的最高纪录提高了近2个百分点。

10月19日 《人民日报》报道：截至2005年底，全国各类农业产业化组织总数达135 725个，比2004年增长19.1％。各类产业化组织共带动农户8 726万户，占全国农户总数的35.2％，农民从中增收总数达1 166亿元。

《人民日报》报道：第二届"中国农村发展研究奖"颁奖大会在京举行。《中国农村土地承包制度研究》等4部专著和《中国粮食与通货膨胀的关系》等7篇论文获奖。

10月20日 《光明日报》报道：我国星火科技计划自1986年实施以来，20年中共培训农民近1亿人次，促进了农村社会的整体进步。

10月25日 《人民日报》报道：中国扶贫培训"雨露计划"启动暨全国贫困农民培训学校成立仪

式在北京举行。

《人民日报》报道：我国已成为世界上最大的化肥生产和消费国。2005 年我国生产化肥 5 220 万吨，约占世界总量的 1/3，表观消费量 5 700 万吨，约占世界化肥用量的 35% 左右。

《光明日报》报道：内蒙古农业大学培育出"超级玉米"，亩产达 1 158.9 千克，每颗果穗平均达 600 多粒，这是我国在北纬 40 度寒温带地区玉米单产取得的又一高产纪录。

10 月 27 日 《农民日报》报道：截至 9 月底，全国参加工伤保险的农民工人数达到 2 244.78 万人，比上年底增加 992.95 万人，增长 79.3%。

10 月 29 日 《科技日报》报道：中国移动通信农村信息网 10 月 26 日在重庆开通，过去分散在各个省份的农村信息化网有了全国统一平台，中国移动为此投资近 1 亿元人民币。

11 月 2 日 《经济日报》报道：2006 年 12 月 31 日，我国将开展第二次全国农业普查，这是全世界规模最大的一次农业普查。

11 月 8 日 《农民日报》报道：截至 2006 年 10 月底，阳光工程 3 年共培训农村劳动力 830 万人，转移就业 720 万人，培训转移就业率达 86.7%。2006 年 1 月至 10 月，全国累计培训农村劳动力 300 万人，转移就业 260 万人，已完成全年任务的 86%。

11 月 9 日 《光明日报》报道：由科技部、商务部、教育部、财政部等 17 个部委和陕西省政府共同主办的第十三届中国杨凌农业高新科技成果博览会在陕西杨凌开幕。

11 月 10 日 《人民日报》报道：我国红薯亩产突破世界纪录。四川省绵阳市梓潼县仙峰乡万斤红薯基地，实地实收亩产达 5 015.84 千克，突破万斤大关。目前，世界红薯平均亩产在 1 000 千克以下，我国红薯平均亩产 1 000 千克左右。

《经济日报》报道：为进一步提高"万村千乡市场工程"项目建设质量，商务部下发了《关于进一步加强"万村千乡市场工程"项目建设质量的通知》。

11 月 11 日 《人民日报》报道：第三届中国环境与发展国际合作委员会第五次会议 10 日在京召开。国务院副总理、第三届国合会主席曾培炎出席并讲话，强调环境保护工作要进一步落实目标责任制，加强法制建设，完善经济机制和政策，努力解决当前突出的环境问题，为实现"十一五"环保目标和世界可持续发展作出贡献。

11 月 12 日 《光明日报》报道：我国林业产业发展成就显著，逐步形成了基地化、市场化、集团化的发展格局。近年来，我国林业产业总值每年以两位数的速度递增，达到 7 269 亿元。

11 月 13 日 《农民日报》报道：农业部设立"神农中华农业科技奖"。

11 月 21 日 《人民日报》报道：为进一步加大对社会主义新农村建设的支持力度切实减轻农民负担，中央财政出台农业综合开发有偿资金债务核减方案，确定从 2006 年开始至 2009 年，用 4 年时间，核减 2004 年以前主要由农民和农村基层组织承借的、用于改善农业生产条件的土地治理项目有偿资金债务 44.86 亿元。

11 月 24 日 《人民日报》报道：我国农村能源建设资金由 2000 年的 2 500 万元增加到 2005 年的 25 亿元，到 2005 年底，户用沼气已发展到 1 807 万户。

《人民日报》报道：经严格评审，北京市大兴区等 116 个县（市、区）日前被正式确定为国家基本农田保护示范区。示范区基本农田总面积为 1.33 亿亩，计划利用 5 年建设高标准、有特色基本农田 2 028 万亩，占示范区总面积的 15%。

《科技日报》报道：河北秦皇岛开发区三农现代机械设备有限公司研发的 BB 肥生产一体化工艺——PHB—50 系列全自动定量配料混料包装设备成功问世。只要把当地的土拿来，这套设备就能根据土壤成分参数，生产出配比合理、肥效稳定的 BB 肥。该套设备通过了全国测土配肥实验室中心、中科院农业现代化研究所以及河北省科技厅的技术鉴定。

11 月 26 日 《人民日报》报道：据统计，2005 年我国有规模以上农产品加工企业 7 万多家，完成产值达到 4.2 万亿元。

11 月 30 日 《人民日报》报道：商务部门启动"万村千乡市场工程"以来，已累计在全国建设连锁化农家店 12 万个，吸纳富余劳动力 51 万名，受益农民约 1.4 亿人，扩大农村消费约 400 亿元。

《人民日报》报道：商务部编制发布了我国第一个农村市场国家级专项规划。根据规划，到 2010 年，初步形成以乡村零售网点为基础、以大中型批发市场和连锁配送中心为骨干、以各类农村流通合作经济组织和大中型农村流通企业为主体的农村市场体系，初步建立适应社会主义新农村发展的农村商品流通体制。

12 月 11 日 《科技日报》报道：12 月 6 日，山东省农业科技创新中心在山东省农业科学院奠基，这是我国第一个启动建设的省级农业科技创新中心。

12 月 12 日 《人民日报》报道：全国农村义

务教育阶段中小学生将全部免收学杂费。免除学杂费将惠及全国农村近1.5亿名中小学生。免除学杂费后，平均每个小学生年减负140元，初中生年减负180元，贫困寄宿生可减负500元。

12月16日 《人民日报》报道：为缓解农业小企业融资难问题，中国农业发展银行自2006年3月起组织开展了农业小企业贷款业务试点，截至11月末，山东、江西、重庆、福建4家试点行已累计向152个项目发放贷款9.6亿元，单个项目平均金额625万元。

12月17日 《人民日报》报道：12月16日，首届中国农资发展论坛在北京召开。目前，我国化肥、种子、农药每年的销售额在4 000亿元左右，农药产量仅次于美国，居世界第二，化肥产量保持在世界第一位。

12月18日 《人民日报》报道：在有关部门支持下，由全国供销合作总社中国再生资源回收利用协会组织的"农民回收工培训计划"正式启动。

12月21日 《农民日报》报道：针对我国农产品出口频繁遭遇贸易摩擦和壁垒，中国出口信用保险公司专门设计了低费率、广覆盖、简便投保、快捷赔付的"农产品出口特别保险"，为农产品出口提供一揽子保险和金融服务。

12月22日 《人民日报》报道：2006年，中央和地方土地收益直接用于支持农业发展的资金数量将大幅增加，预计可超过1 000亿元。

12月24日 《人民日报》报道：2006年，以中国农业科学院棉花研究所为主培育成功的国产转基因抗虫棉种植面积已超过总面积的75%。河北、山东、河南等棉花主产省的国产生物技术棉花种植率已达到100%，棉花单产达到80千克/亩，棉花总产量达650万吨，创历史新高。

《人民日报》报道："十一五"期间科技部将增加农村科技的投入，将工业领域和农社（农村与社会发展）领域的经费比例从原来的7：3调整到5：5，仅国家科技支撑计划农业领域"十一五"期间第一批项目就初步安排30亿元，"863"计划拟投入14亿元。

《人民日报》报道：截至11月末我国银行业金融机构涉农贷款余额已达4.5万亿元，农户贷款覆盖面逐步扩大，获得农户小额信用贷款和农户联保贷款服务的农户数为7 072万户，占全国农户总数的近三成，受惠乡村人口在3亿人左右。

12月25日 《人民日报》报道：2006年我国农业和农村经济发展取得显著成绩，粮食生产自2004年以来实现连续第三年增产，预计全年粮食产量达到9 800亿斤以上，这是1985年以来粮食生产首次实现连续三年增产。

《人民日报》报道：2007年，国家将加大购机补贴资金投入，农机购置补贴将实现"五扩大"。一是实施范围扩大。二是补贴机具种类扩大。三是补贴试点范围扩大。四是县均投入规模扩大，并向粮食大县和农牧业大县倾斜。五是单机补贴额度将适当扩大，并适当提高血防区农机补贴的比例。

12月27日 《科技日报》报道：东北农业大学教授刘忠华带领的课题组，12月22日成功培育出国内首例绿色荧光蛋白"转基因"克隆猪，这是世界上继美国、韩国、日本之后第四例绿色荧光蛋白转基因猪。

12月28日 《人民日报》报道：中央财政用于"三农"的支出，2006年预算数为3 397亿元，比2005年增长14.2%，高于2006年中央财政预算总收入11.7%的增幅。

12月29日 《农民日报》报道："国家转基因植物研究与产业化"取得丰硕成果，为农民增收和农业增效做出了重大贡献。仅转基因抗虫棉就培育出具有国际竞争力并通过商品化生产审批的转基因棉花新品种55个，累计推广1亿多亩，带来直接经济效益150亿元。

12月30日 《人民日报》报道：全面开展"温暖工程李兆基基金百县百万农民及万名乡村医生培训"仪式29日在京举行。"温暖工程李兆基基金百县百万农民及万名乡村医生培训"由中央统战部、教育部、劳动和社会保障部、建设部、农业部、卫生部等联合实施，计划在中西部地区培训转移100万农村富余劳动力和培训1万名乡村医生。

《人民日报》报道：2006年我国新建改建农村公路26万千米；又有近3万个行政村通上油路和水泥路，3 000万群众得到实惠；全国建设农村客运站8 711个，停靠站点2.93万个，全国又有19 759个行政村新开通客运班车，客车通达率由81%提高到83.2%。

《人民日报》报道：我国科学家在植物重要功能基因的分离克隆研究方面取得重要进展，初步扭转了以往依赖国外引进目的基因的局面。获得新基因610个，其中具有重要应用价值并拥有自主知识产权的新基因46个，并初步建立了棉花、水稻、油菜等主要农作物和林草、花卉、果树高效安全转基因技术体系。

2007 年

【文献】

1月13日 《农民日报》报道：由国家发改委会同农业部、财政部、国家质检总局、国家林业局联合编制的《全国动物防疫体系建设规划（2004—2008年）》发布。《规划》总投资88.35亿元，到2008年，通过中央、省、县、乡四级防疫基础设施项目建设，全面建成与新型兽医管理体制与防疫队伍相适应的动物防疫体系。届时，力争使每年减少养殖业直接经济损失170亿元，减少间接损失450亿元，使农民人均增收50元。

1月30日 《科技日报》报道：1月29日，新华社全文播发《中共中央国务院关于积极发展现代农业扎实推进社会主义新农村建设的若干意见》。《意见》指出：2007年农业和农村工作的总体要求是：以邓小平理论和"三个代表"重要思想为指导，全面落实科学发展观，坚持把解决好"三农"问题作为全党工作的重中之重，统筹城乡经济社会发展，实行工业反哺农业、城市支持农村和多予、少取、放活的方针，巩固、完善、加强支农惠农政策，切实加大农业投入，积极推进现代农业建设，强化农村公共服务，深化农村综合改革，促进粮食稳定发展、农民持续增收、农村更加和谐，确保新农村建设取得新的进展，巩固和发展农业农村的好形势。

2月5日 《人民日报》报道：银监会发布六项文件为新型农村银行业金融机构服务"三农"提供制度保障。这六项行政许可实施细则文件包括：《村镇银行管理暂行规定》《村镇银行组建审批工作指引》《贷款公司管理暂行规定》《贷款公司组建审批工作指引》《农村资金互助社管理暂行规定》以及《农村资金互助社组建审批工作指引》。

3月21日 《农民日报》报道：为促进我国农业育种创新和新品种推广应用，加强农业植物新品种保护，农业部出台了《"十一五"农业植物新品种保护发展规划》。这是我国首个农业植物新品种保护发展规划。《中华人民共和国植物新品种保护条例》颁布10年来，我国共发布6批植物新品种保护名录，受保护的植物属和种达到62个；至2006年底，农业部共受理品种权申请3 879件，已授权899件。特别是，目前我国植物品种权的年申请量在国际植物新品种保护联盟中已跃居第4位。

6月2日 《农民日报》报道：《山西省农民工权益保护条例》1日经山西省第十届人大常委会通过，2007年7月1日起正式实施。这是我国第一部通过省级人大常委会立法保护农民工权益的地方性法规，也是近十年来山西省人大常委会颁布的第7部保护职工权益的地方性法规。

6月6日 《人民日报》报道：国务院总理温家宝签署第498号国务院令，公布《农民专业合作社登记管理条例》，自2007年7月1日起施行。《条例》共六章三十三条，包括总则、登记事项、设立登记、变更登记和注销登记、法律责任、附则等。公布施行这一条例，旨在确认农民专业合作社的法人资格，规范农民专业合作社登记行为。

7月3日 《人民日报》报道：农业部发布《农业生物质能产业发展规划（2007—2015年）》。我国发展农业生物质能潜力巨大。目前，我国每年产生农作物秸秆6亿吨左右，其中约有3亿吨可作为能源使用，折合1.5亿吨标准煤。

7月4日 《人民日报》报道：7月3日，国家发改委向社会公开发布了《2007年政府支农投资指南》，《指南》所涉及范围在去年中央预算内和国债投资农林水利主要项目的基础上，进一步扩大为用于农业和农村基础设施、农村社会事业发展、生态保护和建设等重大建设项目。

7月23日 《人民日报》报道：为了引导特色农产品向最适宜区集中，促进农业区域专业分工，农业部日前发布了《特色农产品区域布局规划（2006—2015)》，确定了特色蔬菜、特色果品、特色粮油、特色饮料、特色花卉等10类114种特色农产品。《规划》旨在引导特色农产品向最适宜区集中，促进农业区域专业分工，深化农业结构战略性调整，加快形成科学合理的农业生产力布局。

8月3日 《人民日报》报道：国务院下发《关于促进生猪生产发展稳定市场供应的意见》。要求各地区、各有关部门必须立足当前，着眼长远，在切实搞好市场供应的同时，建立保障生猪生产稳定发展的长效机制，调动养殖户（场）的养猪积极性，从根本上解决生猪生产、流通、消费和市场调控方面存在的矛盾和问题。

9月3日 《农民日报》报道：国家发展和改革委员会发布了《现代农业示范项目建设规划（2007—2010年）》。《规划》按东部沿海发达地区和大城市郊区、中部地区和西部地区的区域划分，明确了各自的项目建设重点。项目建设投资来源包括中央补助投资、地方补助投资、企业自有资金及其他投资四个部分。

9月11日 《人民日报》报道：国务院下发《关于完善退耕还林政策的通知》。国务院决定完善退耕还林政策，继续对退耕农户给予适当补助，以巩固退耕还林成果、解决退耕农户生活困难和长远生计问题。《通知》提出目标任务：一是确保退耕还林成果切实得到巩固。加强林木后期管护，搞好补植补造，提高造林成活率和保存率，杜绝砍树复耕现象发生。二是确保退耕农户长远生计得到有效解决。通过加大基本口粮田建设力度、加强农村能源建设、继续推进生态移民等措施，从根本上解决退耕农户吃饭、烧柴、增收等当前和长远生活问题。

9月25日 《人民日报》报道：国务院办公厅下发《关于促进油料生产发展的意见》，《意见》提出，油料生产和供给必须坚持立足国内，同时充分利用两个市场两种资源，满足需求的不断增长。发展油料生产要避免与粮食、棉花挣地，把重点放在主攻单产上，同时要调整品质结构和区域布局，着力培育东北及内蒙古高油大豆、长江流域"双低"（低芥酸、低硫苷）油菜、黄淮海榨油花生以及特色油料等优势产业带。力争到2010年，我国油料种植面积比2006年扩大6%左右，总产量增长14%左右。

9月30日 《人民日报》报道：国务院下发《关于促进奶业持续健康发展的意见》，提出把发展现代奶业放在更加重要的位置，以保护奶农利益为根本，以提高良种化水平和转变饲养方式为基础，以建立奶农与企业合理的利益关系为纽带，以完善法律法规、质量标准和规范市场秩序为保障，以加大政策扶持力度为支撑，努力推进我国奶业的规模化、标准化、优质化、产业化，把我国奶业的整体素质和效益提高到一个新水平。

10月29日 《人民日报》报道：《2008年国家农业综合开发产业化经营项目申报指南》已经正式下发。2008年中央财政将继续加大农业产业化项目的投入力度，通过扶持具有明显竞争优势和辐射带动作用的产业化经营项目，促进优势农产品基地建设，发展区域主导产业，推进现代农业，促进农民增收。

11月22日 《人民日报》报道：为了保护和改善农村环境，优化农村经济增长，国务院办公厅20日转发了环保总局等部门《关于加强农村环境保护工作意见》。《意见》强调，要充分认识加强农村环境保护的重要性和紧迫性，着力解决突出的农村环境问题，明确了农村环境保护的指导思想、基本原则和主要目标，并强化了农村环境保护工作的具体措施。

11月30日 《人民日报》报道：经国务院批准，财政部、教育部印发了《关于调整完善农村义务教育经费保障机制改革有关政策的通知》，决定从2007年起三年内，新增经费470亿元左右，用于调整完善农村义务教育经费保障机制改革有关政策。至此，2006—2010年全国农村义务教育经费保障机制改革累计新增经费，将由原来的2182亿元至少增加到2652亿元。

12月5日 《人民日报》报道：国土资源部、财政部、中国人民银行联合制定发布了《土地储备管理办法》，此举是为了完善土地储备制度，加强土地调控，规范土地市场运行，促进土地节约集约利用，提高建设用地保障能力。明确规定储备土地必须符合规划、计划，优先储备闲置、空闲和低效利用的国有存量建设用地。

12月7日 《人民日报》报道：胡锦涛签署中华人民共和国第74号主席令，公布《中华人民共和国城乡规划法》，自2008年1月1日起施行。凡涉及制定和实施城乡规划，在规划区内进行建设等相关活动，均需遵循此法，是城市与乡村建设管理规划应遵循和依靠的基本法律，充分体现了科学发展观与城乡统筹一体化建设的基本思想，促进与提高城市乡村发展水平，规范各地方建设规划行为，确保自然环境与人居环境的可持续发展。

《经济日报》报道：温家宝签署第511号国务院令，公布《中华人民共和国耕地占用税暂行条例》，自2008年1月1日起施行。《条例》规定，占用耕地建房或者从事非农业建设的单位或者个人，为耕地占用税的纳税人，应当依照本条例规定缴纳耕地占用税。耕地占用税以纳税人实际占用的耕地面积为计税依据，按照规定的适用税额一次性征收。

12 月 21 日 《农民日报》报道：国务院办公厅下发《关于进一步扶持生猪生产稳定市场供应的通知》，要求各地区、各有关部门要从加强和改善宏观调控的大局出发，继续狠抓各项促进生猪生产、稳定市场价格政策措施的落实。切实落实"菜篮子"市长（行政领导）负责制，并尽快采取有效措施扶持本地区的生猪生产，切实保障市场供应。

【会议】

1 月 18 日 《人民日报》报道：国务院总理温家宝 17 日主持召开国务院常务会议，讨论并原则通过《中华人民共和国动物防疫法（修订草案）》。草案重点对免疫、检疫、疫情报告和处理等制度作了修改和完善，增加了疫情预警、疫情认定、无规定动物疫病区建设、执业兽医管理、动物防疫保障机制等方面的内容。会议决定，修订草案经进一步修改后，由国务院提请全国人大常委会审议。

1 月 24 日 《人民日报》报道：2007 年全国新型农村合作医疗工作会议 22 日至 23 日在陕西省西安召开。中共中央政治局委员、国务院副总理、国务院新型农村合作医疗部际联席会议组长吴仪出席会议并强调，这是"新农合"从试点到全面推进的一次关键性会议。四年来，"新农合"试点取得显著成效，全面推进"新农合"具备了基本条件，要坚定信心，扎实工作，不失时机地全面推进并确保 2007 年"新农合"覆盖全国 80% 以上县（市、区），确保"新农合"深入持续发展。卫生部部长高强在会议上宣读了卫生部等 8 个部门《关于通报表彰全国新型农村合作医疗先进试点县（市、区）的决定》

1 月 27 日 《人民日报》报道：1 月 26 日，国务院召开全国防控禽流感等重大动物疫病电视电话会议。中共中央政治局委员、国务院副总理、全国防控高致病性禽流感指挥部总指挥回良玉在会上强调，各地区、各有关部门要在强化"三农"工作中依法加强动物疫病防控工作，密切关注国内外疫情发展态势，采取综合应对措施，坚决防堵疫情的传入传出，坚决防范人感染禽流感，促进畜牧业健康发展和农民持续增收，确保人民群众身体健康和公共卫生安全。

2 月 5 日 《农民日报》报道：2 月 3 日，小康村建设报告会暨 2006 年中国十佳小康村揭晓仪式在北京人民大会堂隆重举行。获得十佳小康村荣誉称号的是：江苏省宜兴市都山村、上海市闵行区九星村、重庆市沙坪坝区新桥村、山东省昌邑市金家庄、陕西省西安市莲湖区五一村、山西省河津市龙门村、辽宁省铁岭市七里屯村、福建省南安市内厝村、安徽省当涂县三杨村和山东省招远市蒋家村。

3 月 23 日 《人民日报》报道：3 月 22 日，国务院在河南省鹤壁市召开全国春季农业生产工作会议。中共中央政治局委员、国务院副总理回良玉在会上指出，要认真贯彻今年两会和中央 1 号文件精神，紧紧围绕发展现代农业、建设社会主义新农村，立足于调动广大农民积极性落实强农惠农政策，立足于抗灾夺丰收强化各项工作，立足于争农时、抢季节抓好春耕备耕，千方百计促进粮食稳定发展和农民持续增收，努力实现今年农业农村发展的良好开局。

3 月 26 日 《农民日报》报道：3 月 25 日，中国大豆产业协会在北京成立，原农业部常务副部长万宝瑞当选协会会长。协会的成立标志着中国大豆产业从此有了自己全行业的组织。农业部副部长范小建在讲话时说，在经济全球化、贸易自由化的新形势下，大豆产业的市场竞争日趋激烈，成立大豆产业协会是中国大豆产业发展的需要，是中国大豆参与国际市场竞争的需要，也是一些国家发展大豆产业的成功经验。万宝瑞对大豆产业协会的发展思路、指导思想、工作原则和 2007 年主要工作提出了明确要求。他特别指出，全体会员、理事、常务理事和会长要同心协力，共同奋斗，扎扎实实为会员搞好服务，全心全意致力于振兴中国大豆产业。

3 月 28 日 《农民日报》报道：全国防沙治沙大会 26 日至 27 日在北京举行。中共中央政治局常委、国务院总理温家宝会见与会代表并讲话。中共中央政治局委员、国务院副总理回良玉出席会议并讲话。国务院副秘书长张勇主持会议。全国绿化委员会副主任、中国防治荒漠化协调小组组长、国家林业局局长贾治邦宣读《关于授予王有德全国防沙治沙英雄的决定》，并作会议总结发言。

3 月 31 日 《光明日报》报道：3 月 30 日，第 12 届国际油菜大会在武汉闭幕。来自 31 个国家的 500 余名外国专家、200 余名国内油菜科学家围绕"十字花科油料作物可持续发展"的主题展开学术研讨，涉及议题包括遗传育种、生物技术、营养与加工、饲料与工业原料等专题。

4 月 1 日 《人民日报》报道：3 月 30 日，国务院副总理、全国绿化委员会主任回良玉在全国造林绿化电视电话会议上强调，要充分认识国土绿化巨大的生态功能，切实担负起促进人与自然和谐发展的神圣使命；充分认识国土绿化巨大的经济功能，切实担负起促进新农村建设和国民经济又好又快发展的光荣任务；充分认识国土绿化巨大的社会功能，切实担负起促进社会和谐稳定的重要职责。

5 月 24 日 《人民日报》报道：国务院总理温家宝 23 日主持召开国务院常务会议，研究部署在全国建立农村最低生活保障制度工作。会议指出，目前，在全国农村普遍建立最低生活保障制度，条件基本具备。做好这项工作，对于稳定地解决农村贫困人口温饱问题，逐步缩小城乡差距，维护社会公平，促进社会主义和谐社会建设，具有重要意义。

6 月 27 日 《人民日报》报道：6 月 26 日，国务院召开全国建立农村最低生活保障制度工作会议，研究部署农村最低生活保障工作。中共中央政治局委员、国务院副总理回良玉出席会议并讲话。他强调，在全国建立农村最低生活保障制度，是全社会高度关注的一件大事，是广大农村群众殷切期盼的一件好事，是党和政府坚持以人为本、执政为民所办的一件实事。各级政府和有关部门要充分认识建立这项制度的重大意义，准确把握这项工作的目标原则和关键环节，逐步将符合条件的农村贫困人口全部纳入保障范围，切实把这项利民惠民的德政办好办实。

6 月 5 日 《人民日报》报道：6 月 4 日，在国家农业综合开发联席会议上，国务院副总理回良玉强调，各地区、各有关部门要坚持以科学发展观为指导，按照发展现代农业、推进社会主义新农村建设的总体部署，围绕提高农业综合生产能力和促进农民增收，加大农业综合开发资金投入，更加注重支持粮食主产区，更加注重支持现代农业产业体系建设，努力提高土地产出率、资源利用率和农业劳动生产率，努力提高农业整体素质、效益和竞争力，促进农业可持续发展。

6 月 11 日 《人民日报》报道：全国农田节水现场经验交流会在山西省长治市、晋城市召开。"十五"以来，农业部在东北、华北、西北、西南的 150 多个县组织开展了节水农业试点示范，集成推广了水肥一体化、膜下滴灌等九大农田节水技术模式，示范应用面积达 800 多万亩，辐射带动 8 500 多万亩，降水利用率提高 20%，总节水量达 5 亿立方米以上，年均增产粮食 40 亿斤。

7 月 8 日 《经济日报》报道：信息产业部农村信息化试点工程暨山东省农村信息化服务体系项目 7 日在济南启动，这标志着我国将以政府推动的形式整合社会资源，加快以信息技术改造传统农业，促进新农村信息化建设，增强农民增收致富的能力。

7 月 13 日 《人民日报》报道：7 月 12 日，中国林学会成立 90 周年纪念大会在人民大会堂隆重举行。

中共中央政治局委员、国务院副总理回良玉出席纪念大会并发表讲话。回良玉强调，在全面建设小康社会、加快推进现代化建设进程中，林业的功能在不断拓展、效用在不断延伸、内涵在不断丰富。要全面落实科学发展观，大力推进林业科技创新，着力转变林业增长方式，加快建设现代林业，实现林业又好又快发展。

7 月 28 日 《人民日报》报道：我国唯一的国家级农业高新技术产业示范区——杨凌示范区 27 日举行庆祝成立十周年大会，国务委员陈至立出席大会并讲话。陈至立指出，杨凌农业高新技术产业示范区成立十年来，艰苦创业，开拓进取，各项事业取得显著成效，已经成为功能较为齐备、设施较为完善的现代农科城，科技创新能力明显增强，农科教、产学研紧密结合的机制初步形成，农业高新技术产业初具规模，示范带动作用成效明显，创造了有利于吸引人才和对外合作的良好环境。陈至立强调，要抓住建设创新型国家和社会主义新农村提供的历史机遇，充分发挥农科教基地和农业示范区的优势，为建设现代农业提供有力的科技支撑。

8 月 1 日 工作的重要意义，正确分析"菜篮子"生产供应面临的新形势，认真贯彻落实中央关于加强"菜篮子"工作的重大举措，着力抓好生猪等副食品的生产和供应，保障产品质量，以更好地满足城乡居民消费需求，努力把"菜篮子"工作提升到一个新的水平。

9 月 21 日 《人民日报》报道：9 月 20 日，中国农学会成立 90 周年庆祝大会在人民大会堂隆重举行。国务院副总理回良玉强调，必须从战略和全局出发，大力推进农业科技进步，进一步强化农业基础地位，着力促进农业发展方式转变，推动我国农业农村进一步步入科学发展的轨道。

10 月 14 日 《光明日报》报道：由农业部主办的第五届中国国际农产品交易会 13 日在山东济南国际会展中心开幕。中共中央政治局委员、国务院副总理回良玉出席开幕式并宣布交易会开幕。全国 31 个省、市、自治区、新疆生产建设兵团和台湾展团共 1 536 家企业将参加本届农交会展示交易。其中，省级以上重点龙头企业 938 家，通过"三项"质量认证的企业 1 145 家。同时，来自美国、日本、英国等 19 个国家和地区的近 90 家企业也前来参展。

10 月 17 日 《人民日报》报道：10 月 16 日，以"绿色农业、和谐农村"为主题的第五届中国国际农产品交易会落下帷幕。据统计，本届农交会贸易成交金额达 345 亿元，意向合同金额达到 372 亿元，均比上届增长 20%以上。

10月23日 《人民日报》报道：10月22日，第四届国际农业统计大会在北京召开。国际农业统计大会是农业统计领域的国际性学术会议。来自联合国统计司、联合国粮农组织等国际组织和世界各国的300多位农业和统计领域的专家参加了本届会议。

11月2日 《人民日报》报道：由全国人大法律委、全国人大农委、全国人大常委会法工委、国务院法制办、农业部五部门联合举办的《中华人民共和国农产品质量安全法》实施一周年座谈会在北京人民大会堂举行。全国人大常委会副委员长乌云其木格指出，《农产品质量安全法》的颁布实施，填补了我国食品安全法律体系建设的空白，建立了农产品质量安全全程监管制度。一年的实践证明，《农产品质量安全法》确立的各项法律制度，符合国际农产品质量安全立法的趋势，也符合我国农业的客观实际，科学可行。各地要进一步加大实施力度，进一步提升全社会农产品质量安全意识，切实保障广大人民群众农产品食用安全。

11月6日 《人民日报》报道：11月5日，第十四届中国杨凌农业高新科技成果博览会在陕西杨凌示范区开幕。全国政协副主席李蒙出席并宣布开幕。第十四届农高会以"科技推动现代农业"为主题。主要内容包括展览展示、论坛研讨、咨询培训、评奖评审等活动。

11月11日 《人民日报》报道：中国农业科学院建院50周年庆祝大会10日在京隆重举行。国务院副总理回良玉强调，要切实加快国家农业科技创新体系建设，大力提高农业科技成果转化应用水平，着力推动农业发展方式转变，为促进现代农业发展和社会主义新农村建设提供有力支撑。

11月16日 《人民日报》报道：11月6日—7日，全国防沙治沙现场会在银川召开，向全国推广防沙治沙"宁夏模式"。我国防沙治沙事业取得了令人瞩目的成就，全国沙化土地面积年均净减少1 283平方千米，沙化面积实现缩减的省份由过去的19个增加到27个。

11月24日 《农民日报》报道：为充分借鉴国际上解决农村能源问题方面的成功经验，吸收先进的研究成果，开展中外农村能源领域的交流，11月23日，由国家能源领导小组办公室主办、联合国开发计划署（UNDP）协办的"中国农村能源发展国际研讨会"在北京召开。来自中国、澳大利亚、巴西、法国、德国、印度、日本、巴基斯坦、英国、美国、俄罗斯等国家的100多位专家学者、政府官员出席了

研讨会，交流农村能源发展经验，共同为中国农村能源的发展和改革建言献策。

12月1日 《人民日报》报道：中国农产品流通经纪人协会成立大会11月30日在北京举行。中共中央政治局委员、国务院副总理回良玉发来贺信，全国人大常委会副委员长蒋正华、全国政协副主席、中华全国供销合作总社理事会主任白立忱出席成立大会。中国农产品流通经纪人协会由中华全国供销合作总社牵头，共青团中央、全国妇联和国家工商总局共同发起成立。协会的成立，将为农产品经纪人提供一个覆盖全国的公共服务平台，促进农产品经纪人整体素质的提高，密切政府与广大农产品经纪人之间的联系，为农村经济发展发挥引领和带动作用。

12月12日 《农民日报》报道：国务院总理温家宝11日主持召开国务院常务会议，研究促进节约集约用地和依法严格管理农村集体建设用地。会议指出，我国耕地资源紧缺，土地供需矛盾突出，但土地利用方式粗放的现象相当普遍，节约用地的潜力很大。守住18亿亩耕地的红线，解决发展用地和保护耕地的矛盾，不仅要实行最严格的土地管理制度，还要切实解决用地浪费问题，大力促进节约用地和集约用地，保障经济社会可持续发展。

12月19日 《人民日报》报道：12月18日，中共中央政治局召开会议，研究推进农业和农村发展工作，会议强调，要全面贯彻党的十七大精神，按照形成城乡经济社会发展一体化新格局的要求，走中国特色农业现代化道路，突出加强农业基础建设，积极促进农业稳定发展、农民持续增收，努力保障农产品基本供给，切实解决农民民生问题，扎实推进社会主义新农村建设。

12月22日 《人民日报》报道：农业部、财政部21日在京联合召开"现代农业产业技术体系建设试点启动大会"，力争构建围绕产业发展需求，以农产品为单元，产业为主线，建设从产地到餐桌、从生产到消费、从研发到市场各个环节紧密衔接、服务国家目标的现代农业产业技术体系，这标志着我国农业科研创新体系取得实质性突破。

12月24日 《人民日报》报道：中央农村工作会议22日至23日在北京举行。会议回顾总结了过去5年的农业农村工作，重点研究了加强农业基础建设、促进农业发展农民增收的政策措施，安排部署了2008年及今后一个时期的农业农村工作。会议讨论了《中共中央、国务院关于切实加强农业基础建设，进一步促进农业发展农民增收的若干意见（讨论稿）》。会议指出，2008年和今后一个时期，农业农

村工作的总体要求是：全面贯彻党的十七大精神，高举中国特色社会主义伟大旗帜，以邓小平理论和"三个代表"重要思想为指导，深入贯彻落实科学发展观，按照形成城乡经济社会发展一体化新格局的要求，突出加强农业基础建设，积极促进农业稳定发展、农民持续增收，努力保障主要农产品基本供给，切实解决农村民生问题，扎实推进社会主义新农村建设。

【农业发展成就】

1月4日 《农民日报》报道：2006年，我国乡镇企业新增就业人员近380万人，比"十五"期间年均消化吸收农村劳动力291万人增加了89万人；农村居民人均从乡镇企业获得工资性收入1 240元，比上年增加120元，增长10.6%。在乡镇企业发达的长三角、珠三角地区，农民来自二、三产业的收入已占到年纯收入的80%。

1月9日 《人民日报》报道：据卫生部统计，截至2006年9月底，全国已有1 433个县（市、区）开展了新型农村合作医疗试点，占全国县（市、区）总数的50.1%。有4.06亿农民参加了新型农村合作医疗，占全国农业人口的45.8%，参合率达80.5%。2007年，新型农村合作医疗将覆盖到全国80%的县（市、区）。

1月23日 《人民日报》报道：银行业监督管理委员会公布了调整放宽农村银行业准入政策首批6省（区）36个试点单位名单，同时强调积极稳妥推进调整放宽农村银行业准入政策试点工作。

1月30日 《人民日报》报道：据国务院发展研究中心2006年对东、中、西部地区共2 749个建制村的调查，有近50%的农村劳动力已经转入非农产业，其中本地非农就业和外出打工各半。

2月1日 《人民日报》报道：为保证今年春季开学后学校的正常运转，中央财政向27个省（自治区、直辖市）、3个计划单列市和新疆生产建设兵团预拨了2007年春季学期免除学杂费和提高公用经费保障水平资金92亿元，财政部统计，从2006年春季学期开始，我国西部地区已经有4 880万名学生受益于农村义务教育经费保障机制改革，平均每名小学生减负140元、初中生减负180元。

2月10日 《农民日报》报道：2月9日，国家农村信息化试点项目——"神农行动"在湖北襄樊启动。"神农行动"采取政府引导、企业参与、市场化运作的模式，整合多渠道信息资源，配合网站、手机、固定电话、闭路电视以及"综合服务大篷车"等设备，为农户提供定时、定制、系统、持续的信息服务。

2月26日 《人民日报》报道：中国银监会核准四川仪陇惠民村镇银行有限责任公司和四川仪陇惠民贷款有限责任公司等2家机构开业，批准吉林东丰诚信村镇银行股份有限公司、梨树闫家村百信农村资金互助社和青海乐都雨润镇兴乐农村资金互助社等3家机构筹建。至此，5家新型农村银行业金融机构获得批准，将陆续挂牌对外营业。

2月27日 《人民日报》报道：2006年，全国农村公路建设成效显著，完成投资、建成里程均创历史新高。全年全社会完成投资1 513亿元，新改建农村公路32.5万千米，458个乡（镇）、17 764个建制村通公路，1 708个乡（镇）、43 962个建制村通油路或水泥路。2007年交通部将投入至少248亿元车购税用于农村公路建设，比去年增加21亿元以上。各级政府对农村公路建设的投入也将进一步加大，确保完成新改建农村公路30万千米。

3月8日 《人民日报》报道：为调动广大农民开展春季农业生产的积极性，稳定提高粮食生产能力，财政部会同农业部向各地预拨资金83亿元，支持各地开展春季农业生产等工作。这其中有农作物良种补贴51亿元、地方农机购置补贴11亿元、测土配方施肥补贴9亿元和农民培训及奶牛良种补贴12亿元。2007年中央财政进一步加大了预拨资金的规模，预拨金额比去年增加36亿元。同时，预拨时间也比去年有所提前。

3月10日 《农民日报》报道：3月9日，吉林省梨树县闫家村百信农村资金互助社正式挂牌营业，这是全国首家经中国银监会批准、由农民自愿入股组建的农村资金互助社。该互助社注册资本10.18万元，由闫家村32位农民发起。百信农村资金互助社提供存款和贷款等服务，以信用贷款为主，会员用最低100元作为入会费，可以享受入会费十倍以内的贷款额度。

3月11日 《人民日报》报道：3月10日，农业部全面启动禽流感等重大动物疫病防控行动，通过强化免疫、疫情监测，建立动物标识及疫病追溯体系等措施，确保有效控制我国的重大动物疫病。

3月19日 《农民日报》报道：由东北农业大学历时多年培育出的"东农冬麦1号"冬小麦新品种，通过了黑龙江省农作物品种审定委员会的正式评定。这是我国农业科研人员培育出的第一个适合于北方高寒地区种植的冬小麦新品种。

4月2日 《农民日报》报道：3月31日，中国农村信息网络工程正式启动,2007年计划在1 000多个行政村建立免费向农民开放的网络应用中心——新农网络之家,通过信息扶贫帮助农村摆脱贫困。

4月4日 《人民日报》报道:今年国家进一步扩大测土配方施肥试点,将免费为1亿以上农户提供测土服务,指导农民科学施肥。中央财政安排的测土配方施肥补贴资金由5亿元增加到9亿元,实施范围由600个县扩大到1 200个县,应用作物扩展到蔬菜、水果等经济作物,将推广测土配方施肥面积6.4亿亩。

4月7日 《科技日报》报道:历经3年苦心研究,扬州大学园艺与植物保护学院杨益众教授与农学院梁国华研究员牵头组成的科研攻关小组初步研制出对水稻条纹病毒有明显降解作用的"疫苗"——生物导弹,用于防治近几年江苏稻区水稻的"头号杀手"条纹叶枯病。其研究成果结束了国内防治水稻条纹叶枯病只能控制灰飞虱而对条纹病毒无"良药"的历史。

4月9日 《人民日报》报道:商务部"万村千乡市场工程"实施两年多来,取得丰硕成果。截至去年年底,全国已有2 287家流通企业在1 817个县市进行试点,累计建设连锁化农家店超过16万个,覆盖了全国63%的县市。中央财政投资7.5亿元,带动地方和企业投资约117亿元,扩大农村消费近600亿元。吸纳富余劳动力约65万人,1.4亿农民受益。

4月11日 《科技日报》报道:中科院上海生物科学院植物生理生态所、植物分子遗传国家重点实验室研究员林鸿宣领导的研究组,在水稻产量相关功能基因研究方面取得突破性进展,成功克隆了控制水稻粒重的数量性状基因 $GW2$,并深入阐明了该基因的生物学功能和作用机理,显示该基因在高产分子育种中具有应用前景。

4月13日 《农民日报》报道:国土资源部公布2006年度全国土地利用变更调查结果报告。报告显示,截至2006年10月31日,全国耕地面积为18.27亿亩,比上年度末的18.31亿亩净减少460.2万亩。我国目前人均耕地只有1.39亩。

4月14日 《人民日报》报道:截至3月底,国家开发银行累计发放新农村建设及县域贷款、中小企业贷款等3 300多亿元,其中新农村建设及县域贷款余额达2 484亿元,比去年底增长38.8%。目前,该行累计融资支持中小企业、个体工商户和农户9.2万户,创造就业岗位71万个;建设65万套廉租廉价住房,惠及208万低收入人群;形成培训农民工26万人的培训能力。

4月15日 《人民日报》报道:在国家对"三农"的投入持续增加的大趋势下,今年中央财政决定拿出10亿元进行政策性农业保险保费补贴试点,试点省份已确定为吉林、内蒙古、新疆、江苏、四川、湖南6个省区,中国人寿、中华联合和吉林安华3家保险公司将参与试点。

4月19日 《人民日报》报道:伴随着农产品流通体制改革的不断推进,我国逐步形成了综合批发市场和经营果、菜、肉类、水产品、粮油等农产品的专业批发市场相结合的批发市场网络。截至目前,全国已经建成并投入运行的农产品批发市场大体稳定在4 300家左右。

《人民日报》报道:经银监会批复同意,中国农业发展银行获准全面开办农业小企业贷款业务。贷款业务支持对象为农、林、牧、副、渔业中从事种植、养殖、加工和流通的小企业。截至今年3月末,各试点分行累计向186家小企业发放贷款11.5亿元。

4月24日 《人民日报》报道:到目前全国各类扶贫培训基地已发展到2 323个。其中,国务院扶贫办认定的基地30个,省级扶贫办认定的基地600个,市县两级扶贫部门认定的基地1 693个,基本上构成了覆盖全国各贫困地区的培训网络,基本具备担负"雨露计划"的各项培训任务的能力。

5月8日 《人民日报》报道:我国已制定颁布农产品质量安全国家标准1 281项,行业标准3 272项,地方标准7 000余项,另有加工食品国家标准和行业标准671项,初步建立了农产品及食品质量安全标准体系框架。

5月14日 《人民日报》报道:新型高致病性猪蓝耳病灭活疫苗通过农业部组织的专家审评,并已正式投入生产。该疫苗利用流行的高致病性猪蓝耳病变异毒株作为种毒,经种毒筛选、中间试制、临床和扩大临床试验等一系列试验,证实对高致病性猪蓝耳病病毒有良好免疫效果,免疫保护率超过80%。

5月15日 《农民日报》报道:自2006年起,中央和地方政府共投入资金21.4亿元,对全国860万名农民工进行了全面的培训;全国已经建立了一批农民工培训基地,基本实现了为农民工提供免费职业介绍服务。

5月19日 《科技日报》报道:我国研制成功新型高致病性蓝耳病灭活疫苗,农业部已安排6家兽用疫苗生产企业紧急生产。

5月22日 《经济日报》报道:经国务院批准,2007年中央财政在继续保持去年120亿元农资综合直补资金不变的基础上，新增 156 亿元农资综合直补资金，同比增长 130%。

5 月 27 日　《人民日报》报道：截至 2006 年底，现行的农业国家标准有 1 407 项，行业标准 3 281 项，地方标准 8 000 多项；现行的食品安全国家标准有 1 150 项，行业标准 1 153 项，其中采用国际食品法典委员会和国外先进标准的比例为 23%。全国共建设各类国家级农业标准化示范区 2 767 个，首批建设了国家级农业标准化示范县 100 个，生产示范基地 4 600 多个。农产品质量安全标准已从中华人民共和国成立初期的农作物种子、种畜禽标准发展到涉及农产品品种标准、产地环境标准、生产加工技术规范、产品分级、安全卫生、包装贮运等农产品生产的全过程。

6 月 4 日　《经济日报》报道：财政部宣布，2007 年中央财政对种粮农民的粮食直补和农资综合直补总额将达到 427 亿元，这一数字比去年增加 165 亿元，增幅达 63%。

6 月 13 日　《科技日报》报道：吃起来口感好，看起来颜色白，测出来含"锌"高的优质、高产小麦新品种"中麦 175"和"北京 0045"，在"863"计划和科技支撑计划的支持下，由中国农业科学院作物科学研究所的国家小麦改良中心首次培育成功。经农业部谷物品质检测中心品质测试，"中麦 175"和"北京 0045"面粉颜色好，面条品质优良，口感、色泽和弹性均优于人们公认的雪花粉。连续两年测试，两者的"锌"含量每千克皆超过 40 毫克，高于一般品种 20%~30%，具有营养保健功能。

6 月 16 日　《人民日报》报道：在国债资金连续五年共 20 亿元以及社会资金 200 亿元的支持下，全国 400 多个骨干农产品批发市场得到了升级改造。到目前为止，已有 200 个项目竣工验收。农产品批发市场国债项目的实施，取得了"建一个市场、兴一片产业、带一批就业、富一方群众"的良好效果。

《光明日报》报道：国家"十一五"科技支撑计划——"耕地质量健康调控关键技术研究与示范"与"沃土工程关键支撑技术研究"项目近日正式启动，前者旨在创建符合我国农业特色的耕地质量监测、评价技术与指标体系；后者将着力建立沃土工程核心技术体系和土地生产力可持续提升战略体系。这两项研究成果将为保障国家粮食安全、生态安全和农业可持续发展提供强有力的科技支撑。

6 月 19 日　《科技日报》报道：水稻黄绿叶突变体 ygl1 具有较高光合效率和较强的耐受光抑制能力。找到黄绿叶 ygl1 的突变基因，就可以有针对性地开展一些水稻高光效生理方面的研究。在国家

"973""863"计划项目以及国家自然科学基金等的支持下，南京农业大学水稻研究所等单位的科研人员通过数年研究，从分子水平揭示了引起水稻黄绿叶突变性状的机理。

6 月 21 日　《人民日报》报道：日前，中央财政向中西部 19 个省（区、市）及东部 4 个省（区、市）拨付新型农村合作医疗补助资金 93.96 亿元。

7 月 1 日　《人民日报》报道：由厦门大学、香港大学等联合承担的国家科技支撑计划项目课题——"禽流感病毒 H5 亚型系列中和性单克隆抗体库的构建及初步应用"6 月 27 日在北京通过专家验收，标志着我国科学家在禽流感防治领域取得重要进展。该项成果第一次发现禽流感病毒的高保守性中和抗体，该抗体能中和各种禽流感病毒变异株的感染性，并证实了这一单克隆抗体可以挽救各种禽流感病毒变异株导致的死亡。

7 月 2 日　《人民日报》报道：7 月 1 日，第二次全国土地调查拉开序幕。

《农民日报》报道：我国第一个肉牛品种夏南牛在河南省泌阳县正式"诞生"，为全世界牛家族增添了新的一员，揭开了我国肉牛业发展新的一页。

7 月 3 日　《人民日报》报道：国土资源部发布 2006 年《中国国土资源公报》。公报显示：2006 年，全国耕地 12 177.59 万公顷（18.27 亿亩）与 2005 年相比，耕地面积减少 0.25%，耕地净减少 30.7 万公顷（460.2 万亩）。同期土地整理复垦开发补充耕地 36.7 万公顷（550.8 万亩），超过建设占用耕地 42.0%。全面部署基本农田保护示范区建设，启动 116 个国家级示范区建设，面积 886.67 万公顷。

7 月 10 日　《光明日报》报道：世界首例胎兔体细胞克隆实验在我国获得成功，中国农科院北京畜牧兽医研究所国家畜禽分子遗传育种中心进行的"通过获取胎兔成纤维细胞克隆兔实验"，通过了分子生物学鉴定。

7 月 17 日　《人民日报》报道：今年全国夏粮又获好收成，实现了自 1985 年以来首次连续四年增产。据农业部预计，今年全国夏粮产量 2 321.7 亿斤，比去年增加 43.9 亿斤，其中夏收小麦产量 2 061.3 亿斤，比上年增加 33.4 亿斤。夏粮和小麦亩产分别达到 288.6 千克和 382 千克，再创历史最好水平。优质小麦比重达到 61.6%，同比提高 5.5 个百分点。

《经济日报》报道：7 月 16 日，为我国粮食持续增产、农民持续增收提供科技支撑的"十一五"国家科技支撑计划重大项目"粮食丰产科技工程"在京启动。该项目计划投入资金 3.2 亿元，计划建立核心试

验区 14 万亩、示范区 1 350 万亩、辐射区 1.35 亿亩，累计示范面积 7 亿亩以上，预计新增粮食 3 000 多万吨，新增经济效益 300 多亿元。

7 月 22 日 《经济日报》报道：截至目前，全国已有 2 037 万亩农田实施了保护性耕作方式。这是 21 日从农业部农业机械化管理司举办的"2007 中国保护性耕作论坛"上得到的消息。自 2002 年设立保护性耕作项目以来，农业部在旱作地区示范推广保护性耕作技术，夏玉米已普遍实行免耕播种，春播和秋播作物的免耕作业面积不断扩大，建立了 167 个国家级保护性耕作示范县。今年，中央财政继续投入 3 000 万元用于发展保护性耕作。山西、河北、内蒙古、辽宁等省区相继出台了发展保护性耕作的意见。

8 月 6 日 《农民日报》报道：国家防汛抗旱总指挥部统计显示，截至 8 月 3 日，全国耕地受旱面积 1.66 亿亩，比多年同期平均值多 2 500 万亩，其中作物受旱 1.47 亿亩，还有 753 万人、508 万头大牲畜因旱发生临时性饮水困难。

8 月 12 日 《人民日报》报道：截至目前全国已累计认定无公害农产品产地 34 406 个，接近全国耕地面积的 20%，认证无公害农产品 28 563 个，绿色食品 14 339 个，有机食品 2 647 个，"三品"实物总量约占全国食用农产品商品总量的 20%。

8 月 14 日 《人民日报》报道：为贯彻落实党的十六届六中全会精神，切实解决农村贫困人口的生活困难，国务院决定，2007 年在全国建立农村最低生活保障制度。

8 月 20 日 《科技日报》报道：小麦梭条花叶病是近年来世界各国小麦生产的重要病害之一。发病田块一般减产 20% 左右，严重的减产 60% 以上。南京农业大学作物遗传育种与种质创新国家重点实验室选育出抗梭条花叶病的小麦新种质，题为《普通小麦—簇毛麦易位系 T4VS·4VL-4AL 的选育与鉴定》的成果文章日前发表在《作物学报》上。该研究得到了国家"863"计划和国家自然科学基金等项目的支持。

8 月 23 日 《人民日报》报道：我国农田水利建设取得明显成效，截至目前，全国 363 个大型灌区实施了节水改造项目建设，使 2.3 亿亩农田的有效灌溉得到了保障。经过项目实施，实现了土地增效、粮食增产、农民增收的综合效益。统计显示，项目区新增粮食生产能力 115 亿千克，粮食平均单产提高了 30 千克，农民平均增收 25% 左右。

8 月 26 日 《人民日报》报道：作为我国政策性最强、投资最大、涉及面最广、群众参与程度最高的生态建设工程，退耕还林工程在有效改变我国生态

面貌的同时，直接增加了农民的收入。国务院决定完善退耕还林政策，继续对退耕农户给予适当补助，以巩固退耕还林成果，解决退耕农户生活困难和长远生计问题。

9 月 6 日 《人民日报》报道：从今年开始，我国新型农村合作医疗制度建设由试点阶段转入全面推进阶段。截至 6 月 30 日，全国开展"新农合"的县（市、区）达到 2 429 个，占全国总县（市、区）的 84.87%，参加合作医疗人口 7.2 亿，占全国农业人口的 82.83%。

9 月 11 日 《人民日报》报道：9 月 10 日，中国农业科学院宣布，由我国农业科学家历经 10 多年刻苦攻关完成的"利用玉米种子反应器生产高活性植酸酶"项目，日前通过农业部科技成果鉴定。由李振声院士、戴景瑞院士和方荣祥院士等著名科学家组成的鉴定委员会认为：该项目技术水平达到国际同类研究的领先水平，具有广阔的应用前景。

9 月 12 日 《人民日报》报道：从 1988 年到 2007 年，农业综合开发累计投入各项资金 3 200 多亿元，其中中央财政资金 992 亿元。20 年来，共改造中低产田 5.22 亿亩，新增和改善农田灌溉面积 4.81 亿亩，新增和改善农田除涝面积 2.12 亿亩。通过项目实施，改善了农业生产条件，大大提高了农业综合生产能力，有力地保障了国家粮食安全。统计显示，项目区累计新增粮食生产能力 892.54 亿千克，近几年粮食亩均增产 150 千克。同时，棉花、油料、糖料的生产能力也得到了大幅提升。

9 月 16 日 《人民日报》报道：近年来我国林业产业持续高速增长，2006 年林业产业总产值突破了 1 万亿元大关。人造板、木质地板、竹材及竹制品、经济林产品、松香、家具等产量都居世界前列，成为林产品生产大国。

9 月 24 日 《农民日报》报道：农村低保制度的建立在全国正稳步推进，最新统计数据显示，农村低保已覆盖 2 500 多万农村贫困居民；自然灾害应急救助年均救助受灾群众达 8 000 万人次；农村五保供养实现了由农民互助共济向财政保障为主的转变，507 万孤老孤儿的生活得到保障。

9 月 26 日 《人民日报》报道：我国大豆新品种创下亩产达 371.8 千克的高产纪录，这为我国油料生产提供了强有力的科技支撑。由我国著名大豆育种家、中国农业科学院原院长王连铮研究员主持育成的高产高油大豆新品种"中黄 35"，今年在新疆石河子新疆农垦科学院作物所实验地上，实收 1.2 亩，亩产达 371.8 千克。这是继 1999 年"新大豆 1 号"创造

的亩产 397 千克以后，又一大豆高产纪录。

10 月 5 日 《农民日报》报道：2007 年 9 月，我国获得联合国粮食及农业组织（FAO）批准，正式加入国际水稻委员会。

10 月 9 日 《科技日报》报道：黑龙江省超级稻单产创历史新高，部分超级稻高产攻关地块亩产突破 800 千克。专家组认为，在产量水平方面，在同类寒地地区，该省寒地超级稻单产已达世界领先水平。

10 月 10 日 《人民日报》报道：我国发展"一村一品"工作成效显著。到 2006 年底，全国"一村一品"专业村已达到 41 293 个，1 870.58 万户从业农户人均纯收入达到 4 560 元，比全国农民人均收入高 27%。

10 月 24 日 《人民日报》报道：10 月 23 日，全国农药监督管理网络联动系统在京正式启动。今后，农药监管有了覆盖全国的信息共享、联查联办、协查共管的信息网络。

11 月 2 日 《人民日报》报道：我国农村初级卫生保健工作取得明显成效，到今年 6 月底，全国参加新型农村合作医疗的人数达 7.2 亿；农村三级卫生网络得到进一步完善和加强，到 2006 年底，全国在县级已设立医疗、妇幼保健、疾病预防控制和卫生监督机构共 10 165 个，平均每县 6.22 个卫生机构。全国农村县级卫生技术人员数为 147.6 万，每千农业人口有 1.22 人。

11 月 3 日 《科技日报》报道：10 月 11 日，2007 年国家重点基础研究发展计划（973）"肥料减施增效与农田可持续利用基础研究"项目在北京启动。这是我国"973"计划实施 10 年来资助的第一个肥料领域的项目，标志着我国在肥料高效利用方面的基础研究进入一个新的阶段。"肥料减施增效与农田可持续利用基础研究"项目由中国农业科学院农业资源与农业区划研究所主持，实施 5 年，资助金额 3 000 万元。

11 月 5 日 《人民日报》报道：在我国 60 多万个建制村中，生产总值超过亿元的逾 8 000 个，其中超百亿元的村庄有 11 个。这些创造了约 1.6 万亿元生产总值的"亿元村"，正成为我国农村经济社会发展的领头羊。

11 月 13 日 《农民日报》报道：截至 2007 年 9 月 30 日，全国开展"新农合"的县（市、区）达到 2 448 个，占全国总县（市、区）的 85.53%，参加新农合人口 7.26 亿，参合率为 85.96%，全国新农合基金本年度已筹集 353.26 亿元。

11 月 18 日 《人民日报》报道：2006 年，全国各类龙头企业 71 691 个，其中销售收入亿元以上的龙头企业达 4 779 家，同比增长 19.2%。全国带动农户参与产业化经营的各类中介服务组织 70 874 个，同比增长 12.7%。其中规模以上的专业合作经济组织 19 847 个，同比增长 31.8%。参与产业化经营的农户增加收入 1 352 亿元，同比增长 16.0%；户均增收 1 486 元，同比增长 11.2%。各类产业化组织带动种植业生产基地 13 亿亩，带动禽畜类饲养量 113.4 亿只。

11 月 24 日 《农民日报》报道：中央财政已安排 10 亿元资金，在全国 6 省区推行政策性农业保险保费补贴试点。参加今年农业保险保费补贴试点的 6 省区分别为吉林、内蒙古、新疆、江苏、四川、湖南。被列入补贴对象的有玉米、水稻、大豆、棉花、小麦 5 种农作物。同时对能繁母猪也进行保险保费补贴试点。

12 月 1 日 《农民日报》报道：2007 年 1 月至 9 月，全国种养两业和涉农财产保险保费收入 42.9 亿元，比 2006 年全年增长 4 倍，提供风险保障 4 300 亿元，比 2006 年全年增长 4.8 倍；保险覆盖的农户数达 2.7 亿人次。

12 月 6 日 《人民日报》报道：目前全国农民专业合作组织已超过 15 万个，但总体上发展水平还不高，农业部将从省级示范社中每年择优培育 100 个左右全国农民专业合作社示范社。

12 月 19 日 《人民日报》报道：2007 年我国农业机械化水平显著提高，农机装备总量持续增长，结构进一步优化，预计 2007 年全国农机总动力将达 7.6 亿千瓦，比上年增长 4.6%；农机作业水平不断提高，预计全年机耕、机播、机收的总面积达到 24.3 亿亩，全国耕、种、收综合机械化水平达到 40.7%，比上年提高了 1.4 个百分点。

12 月 23 日 《经济日报》报道：2007 年我国农业农村经济发展取得重大成绩，粮食总产超过 10 000 亿斤，实现连续 4 年总产增加，单产创纪录。

12 月 24 日 《人民日报》报道：为进一步调动广大农民种粮和地方政府发展粮食生产的积极性，继续促进粮食生产稳定发展，保证粮食等农产品有效供给，农业部决定对在今年发展粮食生产中做出重大贡献、取得突出成绩的单位和个人进行表彰。

12 月 27 日 《人民日报》报道：2007 年，中央用于"三农"的资金达 4 318 亿元。

《光明日报》报道：截至目前，仅全国农村合作金融机构的农户贷款余额已经达到 12 260 亿元。其中，农户小额信用贷款 2 038 亿元，农户联保贷款余额达到 1 351 亿元。获得贷款的农户达到 7 742 万户，占全国农户总数的 32.6%，占有合理需求并符合贷款条件农户数的近 60%，受惠农民超过 3 亿人。

2008 年

【文献】

1月10日 《人民日报》报道：1月3日，国务院下发《关于促进节约集约用地的通知》。《通知》强调，切实保护耕地，大力促进节约集约用地，走出一条建设占地少、利用效率高的符合中国国情的土地利用新路子，是关系民族生存根基和国家长远利益的大计，是全面贯彻落实科学发展观的具体要求，是中国必须长期坚持的一条根本方针。

1月12日 《农民日报》报道：农业部发布《农产品地理标志管理办法》，自2008年2月1日起施行。《办法》规定，国家对农产品地理标志实行登记制度。经登记的农产品地理标志受法律保护。农业部负责全国农产品地理标志的登记工作，农业部农产品质量安全中心负责农产品地理标志登记的审查和专家评审工作。省级人民政府农业行政主管部门负责本行政区域内农产品地理标志登记申请的受理和初审工作。农业部设立的农产品地理标志登记专家评审委员会，负责专家评审。农产品地理标志登记专家评审委员会由种植业、畜牧业、渔业和农产品质量安全等方面的专家组成。

1月26日 《人民日报》报道：国务院办公厅发出《关于进一步加强鲜活农产品运输和销售工作的通知》。为进一步加强鲜活农产品（包括蔬菜、水果、活畜活禽）的运输和销售，保障春节市场供应，保持价格基本稳定，经国务院同意，决定从2008年1月26日至2月5日，采取临时性应对措施。

1月31日 《人民日报》报道：中共中央国务院下发《关于切实加强农业基础建设进一步促进农业发展农民增收的若干意见》。《意见》指出，推动科学发展，促进社会和谐，夺取全面建设小康社会新胜利，必须加强农业基础地位，走中国特色农业现代化道路，建立以工促农、以城带乡长效机制，形成城乡经济社会发展一体化新格局。2008年和今后一个时期，农业和农村工作的总体要求是：全面贯彻党的十七大精神，高举中国特色社会主义伟大旗帜，以邓小平理论和"三个代表"重要思想为指导，深入贯彻落实科学发展观，按照形成城乡经济社会发展一体化新格局的要求，突出加强农业基础建设，积极促进农业稳定发展、农民持续增收，努力保障主要农产品基本供给，切实解决农村民生问题，扎实推进社会主义新农村建设。

2月15日 《人民日报》报道：2月7日，温家宝总理签署国务院令，公布《土地调查条例》，自公布之日起施行。《条例》指出，土地调查的内容包括土地利用现状及变化情况，包括地类、位置、面积、分布等状况；土地权属及变化情况，包括土地的所有权和使用权状况；土地条件，包括土地的自然条件、社会经济条件等状况。同时，为了加强对基本农田的保护管理，《条例》还规定，进行土地利用现状及变化情况调查时，应当重点调查基本农田现状及变化情况，包括基本农田的数量、分布和保护状况，以便做到对每一块基本农田上图、登记、造册。

2月26日 《农民日报》报道：国务院农村综合改革工作小组、财政部、农业部联合印发了《关于开展村级公益事业建设"一事一议"财政奖补试点工作的通知》，2008年黑龙江、河北、云南三个省在全省范围开展村级公益事业建设"一事一议"财政奖补试点工作。村级公益事业建设"一事一议"财政奖补政策是党中央、国务院确定的重大惠民政策，在改善农民生产生活条件、推进社会主义新农村建设、促进农村社会管理创新和基层民主政治建设等方面具有重要意义。各级财政和农村综合改革部门要高度重视，精心组织，周密部署，稳妥实施，确保将党中央、国务院对农民群众的关怀落到实处。

5月25日 《人民日报》报道：国家发展和改革委员会等部门和相关机构20日联合公布了《2008年小麦最低收购价执行预案》，2008年小麦最低收购价格为白小麦（标准品）每斤0.77元，红小麦、混合麦每斤0.72元；执行区域为河北、江苏、安徽、山东、河南、湖北6个小麦主产省。中储粮总公司在湖北64个县（市、区）设定了1 207个最低收购价收购库点。

5月31日 《农民日报》报道：5月25日，国务院总理温家宝签署第525号国务院令，公布《生猪屠宰管理条例》，自2008年8月1日起施行。《条例》中对屠宰地点、监督管理、法律责任进行了限制和说明。《条例》规定，国家实行生猪定点屠宰、集中检疫制度。未经定点，任何单位和个人不得从事生猪屠宰活动。

6月17日 《经济日报》报道：商务部、工商总局、质检总局、全国供销合作总社联合下发了《关于加强农村市场体系建设的意见》，根据《意见》，商务部、工商总局、质检总局、全国供销合作总社四部门将通力合作，积极配合，重点是加强对农村市场的监管，严厉打击各种制售假冒伪劣商品的不法行为，严肃查处各类违法经营案件。

《经济日报》报道：财政部发出通知，要求各地财政部门认真解决好人民群众反映强烈的突出问题，全面清理涉农负担文件，严格涉农税收、价格和收费公示制，农村订阅报刊限额制，农民负担监督卡制以及涉及农民负担案（事）件责任追究制，坚决纠正涉农乱收费、乱罚款和各种摊派问题。

7月7日 《人民日报》报道：农业部、国务院纠风办、财政部、国家发展和改革委员会、国务院法制办、教育部、新闻出版总署联合发出《关于做好减轻农民负担工作的通知》。通知强调，要针对当前存在的突出问题，深入开展专项治理，扎实推进农村综合改革，着力加强制度建设，进一步强化监督管理，切实防止农民负担反弹。

9月4日 《人民日报》报道：经国务院审批，农业部发布了新一轮《全国优势农产品区域布局规划（2008—2015年）》，提出未来8年将重点培育水稻、小麦、玉米、大豆、马铃薯等16个优势品种，在全国划定58个优势区。这意味着我国现代农业发展的区域化步伐将进一步加快，农业产业集中度、产业化水平将进一步提高。

9月5日 《经济日报》报道：8月28日，国务院总理温家宝签署第533号国务院令，公布《中华人民共和国畜禽遗传资源进出境和对外合作研究利用审批办法》，自2008年10月1日起施行。《办法》规定，省、自治区、直辖市人民政府畜牧兽医行政主管部门，应当自收到畜禽遗传资源引进、输出或者对外合作研究利用申请之日起20个工作日内完成审核工作，并将审核意见和申请资料报国务院畜牧兽医行政主管部门审批。

12月8日 《人民日报》报道：农业部发出《关于做好当前农村土地承包经营权流转管理和服务工作通知》。《通知》要求，加强农村土地承包经营权流转管理和服务工作，必须坚持依法、自愿、有偿原则，切实维护农民土地承包权益和流转主体地位，以实施流转合同制和备案制为重点，全面建立健全农村土地流转规范管理工作制度、工作机制和工作规程，确保流转规范有序；以建立流转服务组织和网络为平台，逐步完善和加强土地流转信息提供、法律政策咨询等服务；以逐步依法建立纠纷仲裁体系为依托，不断健全流转纠纷调处机制。

12月13日 《农民日报》报道：商务部、农业部联合下发了《关于开展农超对接试点工作的通知》，对"农超对接"试点工作进行了部署。《通知》要求，以科学发展观为指导，以发展鲜活农产品"农超对接"经营作为农产品流通体制改革的突破口，以减少农产品流通环节、降低农产品流通成本，保障城乡居民消费安全，增加农民收入，促进社会主义新农村建设和城乡统筹协调发展为宗旨，按照建立符合中国特色社会主义农产品现代流通体制的总体要求，推进农产品流通现代化，加快形成流通成本低、运行效率高的农产品营销网络。

12月21日 《人民日报》报道：2008年12月20日，国务院办公厅发出《关于切实做好当前农民工工作的通知》。《通知》要求，各地区、各部门要加强组织领导，把做好当前农民工工作作为一项紧迫而重要的任务抓紧抓好。要建立健全农民工统计监测网络，深入调查研究，全面掌握情况。切实做好农民工宣传教育工作，引导农民工正确看待当前的经济形势和企业的经营困难。加强农村地区社会治安和公共秩序管理，维护社会的和谐与稳定。充分发挥农村基层党组织的战斗堡垒作用，帮助农民工解决生产生活中面临的困难和问题。

【会议】

1月13日 《经济日报》报道：12日，在农业部市场定点工作会议上，北京日上综合商品批发市场等79家农产品批发市场被授予"农业部定点市场"标牌，全国农业部定点市场总数增加到694家。按照要求，各定点市场要带头贯彻国务院产品质量和食品安全专项整治工作部署，切实有效开展农药、兽药残留检测并报送相关数据，确保上市交易农产品的质量安全；建立信息系统，加入农业部"全国农产品批发市场信息网"，坚持报送产品价格、质量等信息及市场异动情况；完善基础设施，规范市场运作，强化运行管理，充分发挥辐射带动作用。

2月16日　《人民日报》报道：2008年全国新型农村合作医疗工作会议14日至15日在京召开。国务院副总理、国务院新型农村合作医疗部际联席会议组长吴仪出席会议并强调，2008年"新农合"工作的总体要求是增加补助、全面覆盖、巩固提高，实现在新的起点上又好又快发展。实践证明，"新农合"制度符合我国国情，符合农村经济发展水平，与农民经济承受能力和医疗服务需求基本适应，在减轻农民医疗负担、缓解因病致贫和返贫状况、保障农民健康方面发挥了重要作用，是我国农村卫生改革发展的重大制度创新和现阶段农民基本医疗保障的重要实现形式。

3月27日　《人民日报》报道：国务院总理温家宝26日主持召开国务院常务会议，研究扶持农业生产的政策措施，为了更好地调动农民种粮积极性，保证农副产品的充足供给，会议指出，加强农业发展，对于保持经济又好又快发展，抑制通货膨胀，维护大局稳定，具有关键性的作用。会议决定，立即采取增加农资综合直补、增加良种补贴、提高粮食最低收购价格等一系列综合措施，进一步加大对农业和粮食生产的政策支持力度。

3月28日　《人民日报》报道：国务院27日召开全国农业和粮食生产工作电视电话会议，中共中央政治局常委、国务院总理温家宝发表重要讲话。国务院在对当前形势进行认真分析研究的基础上，决定进一步加大对农业和粮食生产的政策支持力度。在今年预算安排"三农"投入5 625亿元、比上年增加1 307亿元的基础上，中央财政再增加252.5亿元投入，主要直接补贴给农民，采取十项重要措施，支持农业和粮食生产。

4月9日　《农民日报》报道：国务院8日在山西太原召开春耕生产和农业工作座谈会，深入分析当前农业和粮食生产形势，进一步研究安排当前春耕和农业工作。中共中央政治局委员、国务院副总理回良玉在会上强调，各地区、各有关部门要把春耕生产作为当前农业农村工作的中心任务，强化农资供应和保持价格基本稳定，强化农业投入和科技服务，强化农业基础建设和抗旱减灾工作，强化组织领导和责任落实，充分调动广大农民的积极性，千方百计争取今年农业有个好收成。

4月23日　《人民日报》报道：中华农业英才奖表彰大会22日在北京举行，傅廷栋等10位农业科技工作者被授予中华农业英才奖。中共中央政治局委员、国务院副总理回良玉出席会议，向获奖者表示热烈的祝贺。他强调，党中央、国务院对农业农村工作和农业科技发展高度重视。当前，农业面临的资源环境制约日益加深，气候变化影响日益加重，国际市场波动日益加剧，农业稳定发展对科技和人才的依赖日益加强，必须进一步强化农业科技和人才工作。我们要认真实施科教兴农战略，坚持走中国特色农业现代化道路，以全球的视角，站在战略的高度，紧扣现代农业发展的实际需要，瞄准世界农业科技前沿，采取切实有效的措施，推进农业科技创新和应用，加快人才培养，把农业科技发展提高到一个新水平。

6月21日　《农民日报》报道：中国保险史上的首个巨额海水养殖保单6月20日在北京签署，中国渔业互保协会与大连獐子岛渔业股份有限公司签署了海水增养殖产品保险协议，总保险金额1亿元人民币。业内人士认为，这张保单的诞生标志着中国水产养殖保险市场尤其是海水养殖保险市场的正式启动。

7月3日　《人民日报》报道：国务院总理温家宝2日主持召开国务院常务会议，讨论并原则通过《国家粮食安全中长期规划纲要》和《吉林省增产百亿斤商品粮能力建设总体规划》。会议强调，要通过实施《国家粮食安全中长期规划纲要》，使粮食自给率稳定在95%以上，2010年粮食综合生产能力稳定在1万亿斤以上，2020年达到10 800亿斤以上。

7月25日　《人民日报》报道：7月24日下午，国务院召开全国农村环境保护工作电视电话会议，这次会议是中华人民共和国成立以来首次召开的全国农村环境保护会议。会议确定我国农村环境保护的主要目标是：到2010年，农村饮用水水源地水质有所改善，农业面源污染防治取得一定进展，严重的农村环境健康危害得到有效控制。农村生活污水处理率、生活垃圾处理率、畜禽粪便资源化利用率、测土配方施肥技术覆盖率、低毒高效农药使用率均提高10%以上。到2015年，农村人居环境和生态状况明显改善，农村环境监管能力显著提高。

8月14日　《人民日报》报道：国务院总理温家宝13日主持召开国务院常务会议，审议并原则通过《全国土地利用总体规划纲要（2006—2020年）》。新修订的《纲要》围绕全面建设小康社会的总体目标，从保障粮食安全、经济安全和社会稳定出发，提出了坚守18亿亩耕地红线的目标，到2010年和2020年，全国耕地保有量分别保持在18.18亿亩和18.05亿亩。

9月23日　《农民日报》报道：由农业部经管司、国际劳工组织、浙江省农业厅、浙江大学农村发展研究院、中国农村合作经济管理学会、《中国农村经济》杂志共同主办的中国农民合作经济组织发展国际研讨会在杭州召开。来自德国、日本、韩国、加拿大等国家以及国际劳工组织、国际合作社联盟等国际组织的数十位专家学者齐聚一堂，就中国农民专业合作社发展状况与对策、农民专业合作社联合社发展以及村经济合作社的发展路径等热门话题展开了广泛的研讨。

10月13日 《人民日报》报道：中国共产党第十七届中央委员会第三次全体会议，于2008年10月9日至12日在北京举行。全会审议通过了《中共中央关于推进农村改革发展若干重大问题的决定》。全会提出，到2020年，农村改革发展基本目标任务是：农村经济体制更加健全，城乡经济社会发展一体化体制机制基本建立；现代农业建设取得显著进展，农业综合生产能力明显提高，国家粮食安全和主要农产品供给得到有效保障；农民人均纯收入比2008年翻一番，消费水平大幅提升，绝对贫困现象基本消除；农村基层组织建设进一步加强，村民自治制度更加完善，农民民主权利得到切实保障；城乡基本公共服务均等化明显推进，农村文化进一步繁荣，农民基本文化权益得到更好落实，农村人人享有接受良好教育的机会，农村基本生活保障、基本医疗卫生制度更加健全，农村社会管理体系进一步完善；资源节约型、环境友好型农业生产体系基本形成，农村人居和生态环境明显改善，可持续发展能力不断增强。

10月22日 《农民日报》报道：国务院总理温家宝21日主持召开国务院常务会议，审议并原则通过《农业银行股份制改革实施总体方案》，会议要求，农业银行改革要以建立完善现代金融企业制度为核心，以服务"三农"为方向，进一步强化面向"三农"的市场定位和责任，稳定和发展在农村地区的网点和业务，建立县域事业部制管理体制，不断增加对"三农"的信贷支持，全面改进金融服务。要继续深化内部改革，强化监督管理，转换经营机制，建立完善公司治理结构和风险控制体系，为推进农村改革发展服务。

12月10日 《人民日报》报道：由农业部和江苏省人民政府共同举办的纪念中国乡镇企业发展30年高峰论坛，9日在我国乡镇企业的发祥地江苏省无锡市举行。中央有关部门和江苏省人民政府的有关负责同志、部分专家学者以及300多名知名乡镇企业家参加了本次论坛。中共中央政治局委员、国务院副总理回良玉致信祝贺。经过30年的发展，乡镇企业的生产总值已在国内生产总值和工业增加值中占有很大比重，转移了大量的农村劳动力就业。本次论坛对中国乡镇企业30年发展历程进行了全面回顾，对新形势下乡镇企业在建设社会主义新农村中的地位作用、目标任务等进行了深入研讨。论坛举办期间，与会的乡镇企业家发表了无锡锡山宣言，向全国的乡镇企业发出了努力开拓创新、注重节能环保、发展现代企业、坚持诚信守法、承担社会责任的倡议。

12月11日 《人民日报》报道：中央经济工作会议12月8日至10日在北京举行。会议提出，巩固和发展农业农村经济好形势，保障农产品有效供给、促进农民持续增收。一定要更加重视农业、农村、农民工作，千方百计确保农业特别是粮食安全不出问题，要把提高农民收入、夯实农业基础作为扩大内需的重要内容。高度重视粮食生产和主要农产品供给，千方百计调动农民种粮、地方政府抓粮的积极性，及时采取调控和引导措施，确保粮食和其他主要农产品生产稳定、市场稳定。

12月12日 《人民日报》报道：国务院总理温家宝10日主持召开国务院常务会议，部署做好当前农民工工作，决定增加农机具购置补贴。会议决定，2009年增加农机具购置补贴。中央安排农机具购置补贴资金100亿元，比2008年增加60亿元。补贴范围覆盖全国所有农牧业县（场），并向粮棉油种植大县、养殖大县和血吸虫病防疫区及汶川地震重灾区县倾斜，补贴对象包括农民、农场职工及直接从事农机作业的农业生产经营组织，允许农民以拟购买的农机具作为抵押物向金融机构贷款。

12月21日 《人民日报》报道：中央宣传部、中央党校、中央文献研究室、中央党史研究室、国家发展和改革委员会、教育部、国务院发展研究中心、中国社会科学院、解放军总政治部18日至20日在北京联合召开纪念党的十一届三中全会召开30周年理论研讨会。与会代表参加了中央召开的纪念大会，聆听了胡锦涛总书记的重要讲话，进行了学习、研讨和交流。

12月29日 《人民日报》报道：中央农村工作会议27日至28日在北京举行。会议讨论了《中共中央、国务院关于2009年促进农业稳定发展农民持续增收的若干意见（讨论稿）》。会议指出，2009年农业农村工作的总体要求是：全面贯彻落实党的十七大、十七届三中全会和中央经济工作会议精神，高举中国特色社会主义伟大旗帜，以邓小平理论和"三个代表"重要思想为指导，深入贯彻落实科学发展观，把保持农业农村经济平稳较快发展作为首要任务，围绕稳粮、增收、强基础、重民生，进一步强化惠农政策，增强科技支撑，加大投入力度，优化产业结构，推进改革创新，千方百计保证国家粮食安全和主要农产品有效供给，千方百计促进农民收入持续增长，为经济社会又好又快发展继续提供有力保障。

【农业发展成就】

1月2日 《人民日报》报道：近年来，按照农村经济变革对农村金融服务提出的新要求，我国不断革新农村小额信贷的制度办法，拓宽小额信贷业务发展的广度和深度，截至目前，全国农村合作金融机构的农户贷款余额已经达到 12 260 亿元，三成多农户获得贷款，受惠农民超过 3 亿人。

1月4日 《人民日报》报道：1月3日，以"推进科技入户，促进增产增收"为主题的农业部科技下乡活动在安徽省五河县正式启动，拉开了 2008 年农业科技下乡的帷幕。3 年来，科技入户示范工程在 300 个县实施，共培育 25 万个科技示范户，辐射带动周边 500 万农户。项目区主导品种和主推技术的到位率达 95% 以上，3 年新增粮食 100 亿斤，促进农民增收 150 亿元。

1月13日 《人民日报》报道：为加快油料生产的恢复发展，增加有效供给，稳定市场价格，农业部决定从 2008 年起组织实施振兴油料生产计划，力争 2008 年油料生产面积达到 3.46 亿亩、平均亩产达到 135 千克、总产量达到 4 700 万吨。到 2010 年油料面积比上述目标扩大 2 080 万亩，平均亩产提高 10 千克，总产提高 14%。

1月17日 《人民日报》报道：广西水牛研究所主持的农业部"948"项目"水牛克隆技术研究的引进与应用"取得重大突破，一头受体母水牛在南宁产下一头雌性亚种间克隆水牛犊。

1月26日 《农民日报》报道：全国重大植物疫情阻截带建设启动，农业部危朝安副部长代表农业部与 18 个沿海、沿边省（区、市）人民政府签订了《重大植物疫情阻截带建设责任书》。农业部还安排了专项资金，全面启动阻截带建设区的植物疫情监测、封锁工作。

《人民日报》报道：中国荒漠化土地总面积达 263.62 万平方千米，沙化土地 173.97 万平方千米。从 2000—2004 年，全国荒漠化土地面积减少了 3.79 万平方千米，年均减少 7 585 平方千米。全国已有 20% 的荒漠化土地得到不同程度的治理。

2月4日 《人民日报》报道：1月10日以来我国发生了 50 年一遇的大范围持续性低温雨雪冰冻极端天气灾害。总体上看，这次气象灾害具有范围广、强度大、持续时间长、灾害影响重的特点，很多地区为 50 年一遇，部分地区百年一遇，属历史罕见。受灾人口达 1 亿多人，直接经济损失达 400 多亿元。

2月22日 《人民日报》报道：经国务院批准，在统筹考虑全年柴油、化肥等农资预计增支因素的基础上，2008 年中央财政新增 206 亿元农资综合直补资金，进一步加大对种粮农民的补贴力度。新增补贴资金后，2008 年中央财政对种粮农民的农资综合直补资金规模达到 482 亿元，比上年增长 75%。加上今年从粮食风险基金中预计列支的 151 亿元粮食直补资金，2008 年国家对种粮农民两项直接补贴达到 633 亿元。

《人民日报》报道：2月21日，国家统计局宣布，第二次全国农业普查历时近三年，取得了圆满成功。这次普查对我国所有住在农村的或从事农业的单位和个人进行了调查，涉及 2.3 亿住户、40 万个农业生产经营单位、65 万多个村（含村委会、居委会）和 4 万多个乡镇（含乡、镇、街道），填报普查表近 5 亿张。普查对象之多、涉及范围之广、工作难度之大，都是前所未有的，是世界上规模最大的农业普查。通过普查，获取了大量常规统计难以取得的统计数据，摸清了农业的家底。

2月23日 《人民日报》报道：据国家统计局发布的第二次全国农业普查结果，到 2006 年末，全国共有农业生产经营户 20 016 万户，农业生产经营单位 39.5 万个；农业从业人员 34 874 万人（是指在 2006 年从业人员中，以从事农业为主的从业人员，包括我国境内全部农村住户、城镇农业生产经营户和农业生产经营单位中的农业从业人员）；农村劳动力资源（是指 2006 年末农村住户常住人口中 16 周岁及以上具有劳动能力的人员）总量 53 100 万人，其中男劳动力占 50.8%；农村外出从业劳动力 13 181 万人，其中男劳动力占 64%。

2月26日 《农民日报》报道：中国农业银行 25 日公布，中国农业银行成立我国首个以农民工养老金管理为主的养老金管理中心，以协助解决我国数亿农民工养老保险难以流动转移续保的难题。

3月3日 《人民日报》报道：2月26日，一头冷冻胚胎移植的亚种间体细胞克隆雌性水牛犊在广西水牛研究所顺利诞生，这是继成功克隆出世界首例亚种间水牛之后的又一重大研究成果，利用冷冻胚胎克隆亚种间水牛，这在世界上尚属首例。

3月4日 《人民日报》报道：我国农民工总数已达到 2.1 亿人，初步统计，2007 年农民工月人均工资性收入超千元。从输出地统计看，农民工工资性收入已占到农民人均纯收入的1/3，占新增纯收入的一半以上。

3月17日 《人民日报》报道：《中华人民共和国农民专业合作社法》和《农民专业合作社登记管理条例》自2007年7月1日实施以来，我国农民专业合作社呈现了迅速发展的良好势头，至2007年底，全国工商机关共登记注册农民专业合作社法人26 397户，成员总数共计350 947人，成员出资总额共计159亿元。

3月23日 《经济日报》报道：2007年我国水产品出口额达97.4亿美元，我国水产品出口已连续六年居世界首位，约占世界水产品贸易总额的十分之一。

3月28日 《人民日报》报道：截至3月26日，全国耕地受旱面积2.91亿亩，比常年同期多7 000万亩，为近5年来最严重的一年。受旱区域主要集中在东北、华北大部和西北的部分地区。

3月29日 《人民日报》报道：由国家质检总局和中化集团公司等企业联合开展的"全国质检系统2008年农资打假下乡——扶优扶强"活动在山东省临沂市启动，拉开了全国农资专项执法打假活动的序幕。

4月2日 《人民日报》报道：2008年农业部继续将测土配方施肥作为为农民办理的实事之一，免费为1.2亿农户提供测土配方施肥服务，预计技术推广面积9亿亩以上。国家从2005年启动实施测土配方施肥补贴项目，3年累计安排中央财政补贴资金16亿元，在1 200个县推广应用测土配方施肥技术。2008年，中央财政补贴资金11.5亿元，项目实施县将达到1 861个，覆盖全国2/3以上的农业县。

4月11日 《人民日报》报道：农业部、商务部、财政部下发了新增良种补贴项目实施方案，利用2008年中央财政新增的50亿元国家良种补贴资金，进一步扩大水稻、小麦、玉米补贴范围和规模。根据实施方案，安排优质专用小麦良种补贴1亿亩，专用玉米良种补贴1.7亿亩，每亩补贴10元，水稻良种补贴实行全国水稻生产地区全覆盖，并按实际种植面积补贴，早稻每亩补贴10元、中稻（含一季稻）15元、晚稻15元。

4月20日 《经济日报》报道：由国家科技部和山东省科技厅共建的国家科技支撑计划重大研究专项"超级玉米新品种选育与产业化开发"项目，在济南市启动。据测算，如果每年种植推广4 000万亩超级玉米，我国每年的玉米产量就能增加60亿千克，相当于新增1 500万亩耕地。

《人民日报》报道：我国奶量增长占世界奶量增长的一半以上，中国已成为世界第三大产奶国。2007年全国奶牛存栏1 470万头，比2006年增长7.8%。奶类总产量3 650万吨，比2006年增长10.5%。

4月27日 《人民日报》报道：由科技部和山东省科技厅共建的国家科技支撑计划重大研究专项"超级玉米新品种选育与产业化开发"项目，19日在山东省济南市启动。

5月3日 《人民日报》报道：从2002年农业部启动"保护性耕作示范县建设"项目以来，中央累计投入项目资金1.7亿元，保护性耕作实施面积达到3 062万亩，免耕播种面积约1亿亩，带动机械化秸秆还田3亿亩。保护性耕作已在北方15个省（区、市）及新疆生产建设兵团、黑龙江农垦总局建设了173个国家级示范县、328个省级示范县，带动地方各级财政资金和农民及服务组织自筹资金17.28亿元。据农业部农机化管理司测算，保护性耕作实施年增产粮食40万～120万吨，节省灌溉用水12亿～18亿立方米，减少农田扬尘60万～120万吨，减少水土流失3 000万～6 000万吨，节本增收总效益可达15亿～23亿元。

5月11日 《人民日报》报道：5月5日，英国《自然-遗传学》网络版发表中国科学院院士、华中农业大学教授张启发科研团队的最新研究成果，该团队首次发现并成功克隆可以控制水稻产量等性状的基因Ghd7。张启发科研团队通过15年努力，发现了一个可以控制水稻植株高矮、抽穗期和每穗粒数的基因。这个基因可以大大延迟抽穗期，使株高和穗粒数显著增加，对水稻增产和生态适应性发挥着关键作用，有望在实际中推动粮食增产。

6月3日 《人民日报》报道：经国务院批准，中央财政再次核销2004年以前形成的农业综合开发土地治理项目有偿资金债务26.23亿元。核销范围涉及全国31个省（自治区、直辖市）、5个计划单列市、新疆生产建设兵团和黑龙江省农垦总局。

《农民日报》报道：2006年以来，农业部通过在全国推行"12316"三农服务热线，为农民提供全方位的即时信息服务。累计咨询人数达493.8万人次，为农民挽回直接经济损失和帮助农民增收2.3亿元。"12316"三农服务热线已初步形成从中央到地方的组织体系，建立起专业门类齐全、结构合理、服务到位的专家队伍，直接向农民提供咨询服务的农业专家已发展到6 021人。

6月9日 《人民日报》报道：农业部初步预计2008年全国优质专用夏收小麦面积将达2.17亿

亩，小麦优质率达到 63.2%，比上年提高 3.6 个百分点，比 2003 年实施小麦良种补贴前提高了近 30 多个百分点。我国从 2003 年起实施小麦良种补贴政策，2005—2007 年每年补贴资金 10 亿元，补贴规模 1 亿亩，占小麦播种面积的 30% 左右。

6 月 19 日 《科技日报》报道：我国首例 1 月龄两只奶山羊幼羔超排所生 5 只"试管奶山羊"，6 月 14 日和 15 日在河北省牛羊胚胎工程技术研究中心实验牧场成功降生。该成果由河北农业大学动物科学院和河北省牛羊胚胎工程技术研究中心桑润滋、田树军、李祥龙教授带领的课题组完成。

6 月 20 日 《人民日报》报道：中共中央政治局委员、国务院副总理回良玉在河北考察"三夏"生产和农业农村工作时强调，抓好今年的农业生产和农村工作，对稳定经济社会发展大局具有极其重要的意义。毫不松懈地抓好当前农业生产和各项强农惠农政策措施的落实，毫不动摇地促进粮食稳定发展和农民持续增收，切实保障农产品市场供给。要继续抓好当前的"三夏"生产，落实抢收抢种和田间管理措施，保障农资供应，强化农技服务，搞好夏粮收购，保护和调动农民种粮务农的积极性，千方百计争取今年农业有个好收成，为经济社会又好又快发展和抗灾救灾工作提供有力支撑。

《农民日报》报道：从 2001 年到 2008 年，国家共投资 121.98 亿元用于农村生物质能源技术推广，截至 2007 年底，全国户用沼气已发展到 2 650 万户。

6 月 26 日 《人民日报》报道：为稳定发展粮食生产，2008 年中央财政加大农业综合开发投入，将安排 127 亿元资金，比上年增加 10.27%，重点投向粮食主产区，计划将 2 655 万亩中低产田改造成高标准农田，新增粮食生产能力 30 亿千克。中央财政投入农业综合开发的资金，将有超过六成投向 13 个粮食主产省份，初步安排 76.9 亿元。

7 月 7 日 《经济日报》报道：2003 年以来国家连续六年安排专项国债资金共 19 亿元，扶持全国 550 家骨干农产品批发市场信息和质量检测系统建设，取得了显著成效。

7 月 12 日 《人民日报》报道：2008 年上半年，农业部开展农资打假专项治理行动，严厉打击制售假冒伪劣农资坑农害农行为，共为农民挽回直接经济损失 5.8 亿元。据统计，上半年全国农业部门共出动执法人员 118.5 万人次，检查各类农资企业 50.5 万家次，整顿农资市场 12.1 万多个次，立案查处假劣农资案件 18 880 件，查获假劣农资 2 397 万千克，

捣毁制售假窝点 222 个，为地震灾区农业生产恢复和全国夏粮丰收提供了保障，为促进秋季农业生产、确保全年粮食丰收奠定了基础。

7 月 18 日 《人民日报》报道：截至 2008 年 3 月底，全国开展"新农合"的县（市、区）共有 2 679 个，参加新型农村合作医疗的人口已达 8.04 亿人，参合率为 91.05%。

8 月 16 日 《光明日报》报道：华中农业大学以中国科学院院士张启发为首的科研团队在水稻基因研究方面取得重大突破：成功分离并克隆出控制水稻籼粳不育和广亲和性状的主效基因——S5。

8 月 20 日 《农民日报》报道：我国乡镇企业反哺农业资金超过 4 000 亿元。从 1978 年到 2007 年的 30 年间，乡镇企业用于支农、补农、建农的资金达到 4 012 亿元，有效提高了农业技术装备水平，改善了农业基础条件。乡镇企业发展农产品加工业，壮大龙头企业，推进了农业产业化经营，带动了农产品原料基地建设和营销网络建设，延长了农业的产业链条，进而促进了农业结构的优化升级，推动了农业生产产业化、规模化、专业化和标准化。

8 月 29 日 《人民日报》报道：2004—2007 年，农村居民人均纯收入增量实现了中华人民共和国成立以来首次连续 4 年超过 300 元。扣除价格因素，增幅实现了 1985 年以来首次连续 4 年超过 6%。2007 年农民人均纯收入达到 4 140 元，比上年实际增长 9.5%；2008 年上半年，农民人均现金收入 2 528 元，同比实际增长 10.3%。

9 月 4 日 《农民日报》报道：国家级主题类遗址博物馆——中国乡镇企业博物馆，在江苏省无锡市奠基开建。

9 月 12 日 《人民日报》报道：从 2009 年起，除国家重大工程可以暂缓外，我国非农建设占用耕地将全面实行"先补后占"。今后我国土地整理复垦开发工作将全面强化，大力开展基本农田建设整理，提高农业综合生产能力。

9 月 16 日 《科技日报》报道：截至目前，全国已有 31 个省（区、市）的 1 039 个县市开展了科技特派员工作，人数超过 5.7 万人，直接服务近 4 万个村和 1 400 多万农民。

9 月 21 日 《人民日报》报道：全球农产品期货交易量近一半在中国。2007 年我国农产品期货交易量占全球的 49%。全球成交量最大的 10 个农产品中，有 6 个来自于中国期货市场。

《科技日报》报道：三头"带有抗猪瘟病毒基因的克隆猪"先后顺利在吉林大学农学部诞生，体重分

别为 1 050 克、1 100 克和 550 克。这种克隆猪是由吉林大学农学部畜牧兽医学院赖良学教授为首席专家和军事医学科学院军事兽医研究所共同组成的课题组研究出来的，属世界首例。

9 月 28 日 《人民日报》报道：为帮助奶农减少损失，稳定奶牛存栏，促进奶业健康发展，财政部于 9 月 26 日发出通知，决定在一定期限内，对奶制品企业收购原料奶贷款实施贴息政策，鼓励奶制品企业收购生鲜奶。通知明确，从 2008 年 10 月 1 日起至 12 月 31 日，中央财政对企业的原料奶收购贷款给予利息补贴，贴息率为半年期银行贷款基准利率的 50%（即 3.105%）。贴息期限为 3 个月，实际贷款期限不足 3 个月的，按实际贷款期限贴息。

10 月 12 日 《人民日报》报道：从 2000 年以来的 9 年间，全国累计投入农村饮水的资金达 616 亿元，其中中央财政安排资金 310 亿元，地方配套和农民群众自筹 306 亿元，解决了 1.6 亿农村人口的饮水困难和不安全问题，保障了广大农民群众的身体健康，促进了农民生产生活方式的变革。这也标志着我国农村严重缺乏饮用水的历史基本结束。

10 月 13 日 《农民日报》报道：由我国自主培育的超级杂交糯稻品种日前在云南宾川创下亩产 1 111.02 千克的世界纪录。这是我国采用核辐射诱变培育糯稻品种的先进技术取得的又一成果。

10 月 15 日 《人民日报》报道：国际知名学术刊物《科学》在显要位置刊登了中国农业科学院植物保护研究所吴孔明博士等科学家历经 15 年艰辛完成的研究论文《种植 Bt 棉花有效控制棉铃虫在中国多作物生态系统发生与为害》，得出了转基因抗虫棉可以有效改善农作物生态环境的结论，在国际上引起轰动。

10 月 16 日 《农民日报》报道：2008 年科技对农业的贡献率达到 49%，截至 9 月底，全国已有专家教授 50 万人次和基层农技推广人员 70 万人次，深入田间地头为农民提供科技服务，累计发放明白纸超过 1 亿张，培训农民超过 1 亿人次。

10 月 20 日 《农民日报》报道：困扰我国两系超级杂交稻推广的"魔咒"终于被袁隆平院士破解。科技部成果转化资金项目"两系超级杂交稻新组合两优 293 高产高效生产技术集成与推广"在广西南宁验收成功，实现我国两系超级杂交稻制种零风险。

11 月 28 日 《科技日报》报道：扬州大学的专家经过 4 年努力，研究的稻麦产量和品质遥感监测与预报技术已基本获得成功，准确率达到 90% 以上。

12 月 5 日 《光明日报》报道：我国第一家农村土地交易所——重庆农村土地交易所 12 月 4 日在渝成立。通过土地交易所进行的全国第一宗地票交易，以现场竞价拍卖的方式进行。经过激烈的竞争，面积分别为 300 亩和 800 亩的两宗乡镇复垦地块的地票，分别拍出了 2 560 万元和 6 420 万元的价格。

12 月 21 日 《人民日报》报道：截至 2007 年底，阳光工程中央财政累计安排专项补助资金 21.5 亿元，培训农村劳动力 1 230 万人，转移就业率达到 86% 以上。2008 年，农村实用人才创业培训试点共计培训创业农民 1 万名。

12 月 23 日 《光明日报》报道：我国农业领域的重大科技工程之一——"实践八号"航天育种工程经过两年的组织实施，已经培育出通过省级以上品种审定委员会审定的水稻、小麦、棉花、油菜、青椒、苜蓿等作物新品种、新组合 40 个，其中 7 个通过国家级品种审定，使我国航天诱变作物新品种的总数达到 66 个，累计示范应用面积超过 2 500 万亩，增产粮棉油 9.6 亿千克，创社会经济效益 14 亿元。

12 月 26 日 《人民日报》报道：中央强农惠农政策持续调动了农民的种粮积极性，2008 年全国粮食总产和单产均超过历史最高水平，其中有 6 个省区粮食总产和单产双超历史，9 个省区粮食总产超历史。这是改革开放以来，我国粮食首次实现连续 5 年增产增收。同时，农民收入也连续 5 年保持较大增幅，从全年看，农民出售农产品收入、工资性收入、转移性收入仍呈增长态势。

12 月 31 日 《人民日报》报道：国务院扶贫开发领导小组决定，将"国家扶贫开发工作重点县农民人均纯收入年均增幅高于全国农民平均水平"列入未来 12 年扶贫开发工作的奋斗目标之一。从 2009 年起，我国将贫困线标准从人均年收入 786 元提高至 1 067 元，扶贫开发的目标人群将由 1 497 万人增加到 4 320 万人，占全部农村人口的 4.6%。1 067 元的扶贫标准还将根据 2008 年度物价指数做出新的调整。

2009 年

【文献】

1月6日 《农民日报》报道：农业部、财政部、国家发展和改革委员会联合发布公告，公布了《2009—2011年国家支持推广的农业机械产品目录》。按照《农业机械化促进法》和农业部与财政部、国家发展和改革委员会制定的《国家支持推广的农业机械产品目录管理办法》规定，农业部组织实施了《2009—2011年国家支持推广的农业机械产品目录》编制工作，经企业申报、省级农机管理部门推荐、农业部专家综合审议、网上公示、征求财政部和国家发展和改革委员会意见，最终确定了876家企业的3 788个产品列入《2009—2011年国家支持推广的农业机械产品目录》。

1月14日 《农民日报》报道：为建立生猪生产稳定发展的长效机制，防止生猪价格过度下跌，稳定生猪生产，维护生猪养殖户利益，国家发展和改革委员会、财政部、农业部、商务部、国家工商总局、国家质检总局制定并发布了《防止生猪价格过度下跌调控预案（暂行）》。《预案》的主要调控目标是在市场机制充分发挥作用的基础上，通过必要的政府调控，防止生猪价格过度下跌，保护生猪养殖户利益，缓解生猪生产的周期性波动。

1月25日 《人民日报》报道：国家发展和改革委员会、财政部联合下发了《关于改革化肥价格形成机制的通知》。这次改革化肥价格形成机制的主要内容为：一是将国产化肥出厂价格、除钾肥外的进口化肥港口交货价格由政府指导价改为市场调节价；二是取消对已放开的化肥出厂价格以及对化肥流通环节价格实行提价申报、调价备案、最高限价、差率控制等各项临时价格干预措施；三是对市场集中度较高的一般贸易进口钾肥价格仍进行适度监管，但适当调整监管方式。

2月2日 《人民日报》报道：2008年12月31日，中共中央国务院发出《关于2009年促进农业稳定发展农民持续增收的若干意见》。2009年农业农村工作总体要求是：全面贯彻党的十七大、十七届三中全会和中央经济工作会议精神，高举中国特色社会主义伟大旗帜，以邓小平理论和"三个代表"重要思想为指导，深入贯彻落实科学发展观，把保持农业农村经济平稳较快发展作为首要任务，围绕稳粮、增收、强基础、重民生，进一步强化惠农政策，增强科技支撑，加大投入力度，优化产业结构，推进改革创新，千方百计保证国家粮食安全和主要农产品有效供给，千方百计促进农民收入持续增长，为经济社会又好又快发展继续提供有力保障。

3月15日 《经济日报》报道：由商务部联合国家发展和改革委员会、工业和信息化部、财政部、农业部、工商总局、质检总局、全国供销合作总社下发的《关于完善农业生产资料流通体系的意见》指出，完善农资流通体系的总体目标是，要培育若干家销售额超100亿元的大型农资流通企业，建设改造一批农资连锁门店和区域性配送中心，通过3~5年的努力，初步形成以乡、村两级经营网络为基础，以农资交易市场为平台，以大型农资龙头企业为重点，区域性连锁配送中心为骨干，布局合理、经营规范、运作高效、协调发展的多元化、连锁化农资流通体系。

5月31日 《人民日报》报道：为进一步做好当前和今后一个时期的村民委员会选举工作，保障村民委员会选举的公正有序，保障村民享有更多更切实的民主权利，推动农村经济平稳较快发展，确保农村社会和谐稳定，中共中央办公厅、国务院办公厅印发了《关于加强和改进村民委员会选举工作的通知》。《通知》要求各地区各部门要高举中国特色社会主义伟大旗帜，以邓小平理论和"三个代表"重要思想为指导，深入贯彻落实科学发展观，按照党的十七大关于坚持和完善基层群众自治制度和党的十七届三中全会关于健全农村民主管理制度的要求，充分认识加强和改进村民委员会选举工作的重要意义，认真研究解决目前选举工作中存在的问题，把以直接选举、公正有序为基本要求的村民委员会选举实践进一步推向深入。

6月20日 《农民日报》报道：为贯彻落实

《国务院关于当前稳定农业发展促进农民增收的意见》和《国务院办公厅关于搞活流通扩大消费的意见》精神，加快农产品现代流通体系建设，进一步促进农民增收，扩大农村消费，商务部、财政部、农业部下发通知，决定 2009 年在河北等 15 个省（市）开展"农超对接"试点。

6 月 29 日 《农民日报》报道：备受广大农村干部群众关注的《中华人民共和国农村土地承包经营纠纷调解仲裁法》于 6 月 27 日第十一届全国人大常委会第九次会议表决通过，自 2010 年 1 月 1 日起施行。该法明确了运用调解、仲裁双渠道化解纠纷的原则，明确了农村土地承包经营纠纷的范围，对仲裁委员会的组成、仲裁员的条件、仲裁申请和受理的程序、仲裁庭的组成、开庭和裁决作出了明确规定。

7 月 14 日 《农民日报》报道：卫生部、民政部、财政部、农业部、国家中医药管理局五部门联合印发《关于巩固和发展新型农村合作医疗制度的意见》，提出在已全面建立"新农合"制度的基础上，各地要以便民、利民、为民为出发点，大力加强制度建设，巩固和发展与农村经济社会发展水平和农民基本医疗需求相适应的、具有基本医疗保障性质的"新农合"制度，逐步缩小城乡居民之间的基本医疗保障差距。逐步提高筹资标准和待遇水平，进一步调整和完善统筹补偿方案，强化基金监督管理，让参合农民得到更多实惠，增强"新农合"的吸引力，继续保持高水平的参合率。

7 月 30 日 《农民日报》报道：银监会编制的《新型农村金融机构 2009—2011 年总体工作安排》已经国务院原则同意，未来三年计划在全国再设立 1 294 家新型农村金融机构。在大力推进新型农村金融机构三年总体工作安排过程中，鼓励主发起人成立专司村镇银行、贷款公司管理的事业部，支持在经营规模大、服务能力强、带动农户多、运营管理好、信用记录良的农民专业合作社基础上组建农村资金互助社，允许各地在三年总体工作安排框架下经银监会同意后适当调整机构类型、区域分布、时间安排。

8 月 28 日 《人民日报》报道：经国务院批准，农业部和国家发展和改革委联合印发了《保护性耕作工程建设规划（2009—2015 年）》。《规划》将在我国北方 15 个省（区、市）和苏北、皖北地区实施。通过各类项目建设与辐射带动，预计到规划期末，全国可新增保护性耕作应用面积 1.7 亿亩。

9 月 5 日 《农民日报》报道：国务院出台了《新型农村社会养老保险试点的指导意见》，按照加快建立覆盖城乡居民的社会保障体系的要求，逐步解决农村居民老有所养问题。《意见》要求，探索建立个

人缴费、集体补助、政府补贴相结合的"新农合"制度，实行社会统筹与个人账户相结合，与家庭养老、土地保障、社会救助等其他社会保障政策措施相配套，保障农村居民老年基本生活。2009 年试点覆盖面为全国 10% 的县（市、区、旗），以后逐步扩大试点，在全国普遍实施，2020 年之前基本实现对农村适龄居民的全覆盖。

11 月 12 日 《人民日报》报道：农业部发布了《农业机械化标准体系建设规划（2010—2015）》，首次明确了农业机械化标准体系的建设内容和建设目标，将在 2015 年前基本建立起科学、统一、协调的农业机械化标准体系。《规划》明确了总体目标，到"十二五"期末，制定修订 150 项农业机械化标准，农机安全监理、维修管理、质量监管、作业服务管理等行政管理中的技术规范基本完善，实现重要作物、重点机具和主要技术的农机化标准基本覆盖和配套，基本建立起科学、统一、协调的农业机械化标准体系，标准体系结构更趋合理，标准应用水平明显提高，基本能够满足农机化行业管理、技术推广应用、服务贸易发展的需要。

11 月 25 日 《农民日报》报道：财政部与中国农业发展银行联合下发《关于积极开展合作共同推进农业产业化经营的通知》，从 2009 年起，农发行给予贷款、中央财政给予贴息，用以扶持龙头企业和农民专业合作社实施的种植养殖基地项目，农产品加工项目，储藏保鲜、产地批发市场等流通设施项目。

【会议】

1 月 13 日 《农民日报》报道：1 月 12 日至 13 日，农业部、财政部在北京联合召开全国现代农业产业技术体系建设工作会议，总结两年来试点工作，交流经验，部署 2009 年工作。各省（区、市）农业厅分管厅长和科教处处长、财政厅分管厅长和教科文处处长、技术体系各产品首席科学家等二百多人参加了会议。

1 月 25 日 《人民日报》报道：中共中央政治局 1 月 23 日下午进行第十一次集体学习，学习安排的内容是中国特色农业现代化道路研究。中共中央总书记胡锦涛强调，必须坚持把解决好农业、农村、农民问题作为全党工作重中之重，坚定不移走中国特色农业现代化道路，加快推进社会主义新农村建设，更加扎实地做好农业、农村、农民工作。

2 月 28 日 《人民日报》报道：全国村务公开和民主管理"难点村"治理工作电视电话会议 2 月 27 日在北京召开。中共中央书记处书记、中央纪委副书记何勇强调，各地区各部门要按照中央的要求，

认真落实《关于开展村务公开和民主管理"难点村"治理工作的若干意见》，以饱满的精神和良好的作风抓紧抓好"难点村"治理工作，推动农村经济社会又好又快发展。

4月18日 《科技日报》报道：4月16日，陕西省科技厅主持"甘蓝型油菜特高含油量育种技术研究与资源创新"成果鉴定会，鉴定认为：课题组"成功选育出一批含油量50%以上不同遗传背景，且性状稳定的甘蓝型油菜宝贵种质材料，其中6份含油量55%以上，2份在甘肃种植后其含油量达到60%左右。"

6月4日 《人民日报》报道：中国农业科学院棉花研究所在河南省新乡市前岸头村举行小麦新品种"中育12号"现场观摩会，据专家介绍，这里的2 800亩示范小麦长势喜人，亩产可以达到600千克。"中育12号"已于2008年9月通过河南省审定，并已申请品种保护。据介绍，"中育12号"利用我国独创的"矮败小麦育种技术"，聚合了丰富的遗传基因。

6月25日 《光明日报》报道：国务院总理温家宝24日主持召开国务院常务会议，研究部署开展新型农村社会养老保险试点。会议指出，建立新型农村社会养老保险制度，是加快建立覆盖城乡居民的社会保障体系的重要组成部分，对确保农村居民基本生活，推动农村减贫和逐步缩小城乡差距，维护农村社会稳定意义重大，同时对改善心理预期，促进消费，拉动内需也具有重要意义。会议决定，2009年在全国10%的县（市、区）开展新型农村社会养老保险试点。

7月22日 《人民日报》报道：为期两天的首届两岸乡村座谈21日在上海青浦区朱家角镇揭开帷幕，来自两岸的农业生产者、专家学者、各级农业组织负责人及业务主管部门负责人等近400人，就"大三通"背景下两岸基层农业交流与合作，构建惠及两岸农民利益的新平台和新机制展开深入研讨。两岸乡村座谈活动期间，祖国大陆7个省、市27个县（区）的30个乡村将与台湾12个县的27个乡村签署"合作备忘录"，结成对口合作的对子。

9月14日 《农民日报》报道：2009年中国农村发展高层论坛9月12日在北京举行。论坛由农业部农村经济研究中心主办，主题是金融危机下的中国农村发展。来自中央政策研究室、国家发展和改革委员会、财政部、人力资源和社会保障部、国务院研究室、农业部等国家涉农部门、地方政府、科研单位、高等院校以及农业产业化龙头企业的近30位专家、学者和企业代表，围绕农产品生产与贸易、金融危机与龙头企业发展、农村劳动力就业与增加农民收入、农村消费与扩大内需、农村基本经营制度创新与

农村改革、统筹城乡发展与改善农村民生等专题发言，分析了当前的形势、存在的问题，提出了发展思路和应对措施。

9月16日 《人民日报》报道：15日，农业部举行新闻发布会，农业部、财政部共同启动实施了"基层农业技术推广体系改革与建设示范县项目"，以推进各地加快基层农技推广体系改革与建设步伐。2009年这一项目将在全国770个县实施，中央财政安排资金7.7亿元，每个示范县安排农技推广工作经费100万元。

9月29日 《光明日报》报道：中国热带农业科学院在第二届国际香蕉学术研讨会上正式宣读了香蕉枯萎病菌1、4号小种（$FocR1$、$FocTR4$）全基因组测序已经完成的声明。这标志着我国科学家在国际上率先破译$FocR1$、$FocTR4$基因组的遗传密码。

10月22日 《人民日报》报道：全国农业科技创新与推广工作会议在江苏南京召开。中共中央政治局委员、国务院副总理回良玉在会上强调，要切实把农业科技工作放在整个科技工作的首要位置，把农业科技创新与推广作为加强"三农"的重要举措，创新体制机制，加大投入力度，壮大人才队伍，着力建立与我国农业大国地位相适应、具有国际先进水平的新型农业科技创新体系，着力健全基层农业科技推广体系，促进农业农村又好又快发展。

11月2日 《人民日报》报道：11月1日，第十六届中国杨凌农业高新科技成果博览会在陕西杨凌召开。中共中央政治局委员、国务委员刘延东宣布开幕，并在2009年杨凌国际合作周开幕式暨现代农业高端论坛上强调，要依靠科技进步建设高产、优质、高效生态的现代农业，为社会主义新农村建设和国家现代化打下坚实基础。

11月28日 《农民日报》报道：11月25日至27日，"2009中国国际种业博览会""2009广东农业良种示范展示会"及第二届"中国国际种业高峰论坛"在广州举行。法国、德国、美国等22个国家和地区以及国内21个省（市、区）的1 000余家种子企业到会参展、参观。

12月8日 《人民日报》报道：为纪念我国基本农田保护工作开展20周年，12月6日至7日，国土资源部和农业部在湖北省仙桃市联合召开全国基本农田保护工作座谈会。会议在回顾基本农田保护工作20年历程，总结成绩、交流经验、表扬先进，分析形势的基础上，进一步明确和部署下一阶段基本农田保护的主要任务。会议明确提出，建立基本农田保护制度是党中央、国务院立足资源国情和发展阶段，审时度势作出的战略

决策；今后一个时期，"吃饭与建设"的矛盾将更加突出，这项制度必须长期坚持。目前，我国基本农田占耕地总量的80%以上、面积超过15.8亿亩。

12月29日 《人民日报》报道：12月27日—28日，中央农村工作会议在北京举行。会议认真贯彻党的十七大和十七届三中、四中全会以及中央经济工作会议精神，系统总结2009年农业农村工作，重点研究加大统筹城乡发展力度、进一步夯实农业农村发展基础的政策措施，全面部署2010年的农业农村工作。会议讨论了《中共中央、国务院关于加大统筹城乡发展力度，进一步夯实农业农村发展基础的若干意见（讨论稿）》。会议强调，明年中央指导农业农村工作的文件，以加大统筹城乡发展力度、进一步夯实农业农村发展基础为主题，这是中央站在战略和全局的高度，认真研判"三农"形势，广泛听取各方意见，经过慎重考虑作出的重大决策。

【农业发展成就】

1月11日 《人民日报》报道：2008年，602个粮油高产创建万亩示范片辐射带动新增粮食72.5亿千克，新增油菜子20万吨，增收130多亿元，扣除生产成本，亩均增效34元。2009年，农业部将把万亩高产创建示范片扩大到2 600个。

1月13日 《人民日报》报道：截至2008年底，全国已有105家新型农村金融机构获准开业，其中，村镇银行89家，贷款公司6家，农村资金互助社10家。另外，还有5家机构获准筹建，将申报开业。

1月21日 《农民日报》报道：我国科学家完成了包括毛竹叶片、笋和萌发种子等在内的毛竹全长cDNA文库构建，并精确测定了1万余条基因序列。

1月25日 《人民日报》报道：1月24日，国家发展和改革委员会发出大幅度提高2009年稻谷最低收购价格的通知。经国务院批准，2009年生产的早籼稻（三等）、中晚籼稻、粳稻最低收购价分别提高到每50千克90元、92元、95元，均比2008年提高13元，提高幅度分别为16.9%、16.5%、15.9%。

2月3日 《人民日报》报道：2008年，农业生产取得历史性突破，粮食实现连续5年丰收，总产量达到了10 570亿斤，创造了我国的历史最高水平；农民人均纯收入达到了4 761元，比2007年增加621元，是历史上增加最多的一年。

2月6日 《人民日报》报道：我国科学家在禽流感病毒研究上取得重大突破：从原子水平上揭开了禽流感病毒的"心脏"——核糖核酸聚合酶PA亚基的工作机制，为相关药物研发提供了新的靶标。2月5日，《自然》杂志社在线发表了这一研究成果，并专门配发新闻。

2月18日 《科技日报》报道：我首个全国湿地分布遥感制图完成。最新的研究成果显示，与1990年相比，2000年我国湿地总面积已减至30.8万平方千米，10年内湿地面积减少了5.08万平方千米。该研究由遥感科学国家重点实验室研究人员宫鹏、牛振国、程晓等共同完成。

2月27日 《农民日报》报道：2008年我国水产品进出口总量684.8万吨，总额160.2亿美元，同比分别增长4.9%和10.7%。其中出口额106亿美元，首次突破100亿美元，继续位居大宗农产品出口首位，占农产品出口总额（405亿美元）的26.2%。

3月11日 《经济日报》报道：为支持各地春耕备耕，减轻冬春旱情对粮食生产的影响，稳定粮食生产能力，中央财政加大农业补贴资金的预拨力度，向各地预拨了农作物良种补贴资金149亿元，农机具购置补贴资金100亿元。

3月17日 《光明日报》报道：2009年我国将实行人均纯收入1 196元的新扶贫标准，对农村低收入人口全面实施扶贫政策，这标志着我国扶贫开发进入一个新阶段。国家统计局统计显示，按照这个新标准，2008年在这个标准以下的扶贫对象为4 007万人，比2007年绝对贫困标准以下的1 479万人增加了2 528万人。

4月4日 《人民日报》报道：在中央财政130亿元补贴政策带动下，地方各级财政安排农机补贴投入预计16亿元以上。农民购机热情高涨，农机市场产销两旺。截至3月30日，农机购置补贴资金已落实到农户40.8亿元，占中央财政已下达100亿元补贴资金的40.8%，带动农民和服务组织投入超过150亿元，补贴购置大中型拖拉机、水稻插秧机、联合收割机等各类农机具逾78万台套，受益农户约73万户。全国规模以上农机生产企业今年1月至2月实现农机产值280多亿元，同比增长22%。

4月15日 《农民日报》报道：中国农科院中国水稻研究所研究员钱前等带领的科研团队与中国科学院遗传所傅向东的研究团队，从中国超级稻品种中成功地分离出了控制水稻产量的关键基因"DEP1"，并在世界上首次成功地克隆了这一基因。这个突变的DEP1基因能促进细胞分裂，使稻穗变密、枝梗数增加、每穗籽粒数增多，从而促进水稻增产15%～20%。专家认为，进一步利用该基因，更高产的农作物新品种有望诞生。

4月16日 《农民日报》报道：为贯彻落实医改意见和实施方案，中央财政预拨新型农村合作医疗补助资金198亿元，对农民参加新型农村合作医疗给予补助。这是医药卫生体制改革实施方案出台后，中央财政下拨的第一笔医药卫生体制改革资金。

4月19日 《人民日报》报道：中国畜牧业协会和国家蛋鸡产业技术体系推出新培育的"京红1号"和"京粉1号"蛋鸡配套系。这一举打破了长期以来我国祖代蛋鸡品种受制于人、完全依赖国外进口的格局，揭开了我国蛋鸡育种事业新篇章。经农业部家禽品质监督检验测试中心（北京）性能测定和中试推广应用，北京华都峪口禽业有限公司培育的"京红1号"和"京粉1号"蛋鸡配套系，各项生产性能均达到国际先进水平。

4月29日 《农民日报》报道：华中农业大学科研人员成功分离出一个对水稻抗旱改良有显著作用的基因 $OsSKIPa$。研究表明，提高此基因在植物体内表达水平可以显著提高水稻抗旱性，缺水的戈壁滩今后也将可能种植水稻。

5月4日 《农民日报》报道：农业部组织专家开展联合攻关，成功研制出猪感染甲型 H1N1 病毒 RT—PCR 检测试剂盒，可在5小时内完成猪感染甲型 H1N1 病毒快速检测。

5月9日 《经济日报》报道：财政部确定2009年中央财政用于"三农"方面的支出合计为7 161.4亿元，比上年增加1 205.9亿元，增长20.2%。2009年中央财政加大补贴农民力度，安排粮食直补、农资综合补贴、良种补贴、农机具购置补贴四项补贴1 230.8亿元，增长19.4%。

5月24日 《光明日报》报道：中国热带农业科学院南亚所科研人员经过多年努力，在抗"巴拿马病"香蕉种苗培育工作中取得重要进展，培育出了"8818-1"抗"巴拿马病"香蕉植株，已在广东省的香蕉种植区进行田间试种。

6月9日 《农民日报》报道：全国首家畜牧业贷款中心——中国农业银行股份有限公司吉林省分行畜牧业贷款中心正式挂牌运行，这标志着吉林省诞生了为畜牧业发展提供专项金融服务的新型金融部门和金融产品。中国农业银行承诺5年内为吉林省用于畜牧业的专项信贷规模不低于400亿元。

6月26日 《农民日报》报道：广西大学动物繁殖研究所经过长达4年多的研究实验，成功培育出我国首批分离X、Y精子性别控制的仔猪。

6月30日 《人民日报》报道：卫生部出台新型农村合作医疗报销新政策，全国农民将有望实现在本省内看病即时结算报销。

7月12日 《光明日报》报道：中国农科院油料所培育成功世界首个适合机械化收获的高含油量抗菌核病双低油菜品种——中双11号，该品种具有强抗裂角、高抗倒伏、株高中等偏矮等特点，有效克服了机械化收获时因易裂角导致菜籽损失率高、因植株倒伏和植株偏高导致机械收获操作困难等问题，成为目前我国最适合于机械化收获的油菜品种。

7月15日 《农民日报》报道：7月14日，农业部与中国移动在北京联合签署"共同推进农业农村信息化战略合作框架协议"，双方将在农业产业信息化改造、农业生产经营信息服务、农村信息服务站建设、现代农业示范区信息技术应用、农业生产指挥调度系统建设等五方面展开合作。

7月24日 《人民日报》报道：我国参加"新农合"的人数已达8.3亿人，截至今年3月底，中央和地方各级财政共落实补助资金1 331亿元，占"新农合"筹资总额的71.5%。自2003年试点以来，全国累计有16.5亿人次享受到"新农合"补偿。其中，住院补偿1.2亿人次，门诊补偿13.1亿人次，1.8亿人进行了健康体检。参合农民次均住院补偿金额从试点初期的690元提高到1 180元，实际住院补偿比从25%提高到41%。

7月25日 《科技日报》报道：国家科技基础性工作专项《全国1:5万土壤图籍编撰与高精度数字土壤构建》取得重要进展，已完成全国1 100多个县的高精度数字土壤建设，建立的1:5万大比例尺土壤图籍覆盖全国1/2地区。

8月10日 《人民日报》报道：截至2009年6月末，全国已有118家新型农村金融机构开业，其中村镇银行100家，贷款公司7家，农村资金互助社11家；从经营情况看，已开业机构实收资本47.33亿元，存款余额131亿元，贷款余额98亿元，累计发放农户贷款55亿元，累计发放中小企业贷款82亿元。通过设立新型农村金融机构、现有银行业金融机构设立分支机构和延伸服务，解决了1 878个零金融服务乡镇的金融服务问题。

8月29日 《科技日报》报道：由深圳华大基因研究院与西南大学合作的研究成果"40个基因组的重测序揭示了蚕的驯化事件及驯化相关基因"，在国际著名学术期刊《科学》上发表，这是我国科学家在家蚕基因组研究领域取得的又一项重要成果。该项研究共获得了40个家蚕突变品系和中国野桑蚕的全基因组序列，是多细胞真核生物大规模重测序研究的首次报道。

8月30日 《人民日报》报道：28日至29日，

中共中央政治局常委、国务院总理温家宝在内蒙古检查指导抗旱减灾工作时指出，受灾地区的各级党委和政府必须充分认识做好抗旱减灾工作的极端重要性，切实把抗旱减灾作为当前"三农"工作中最紧迫、最重要的任务，扎实做好各项工作，努力争取今年农业有个好收成。

9月3日 《人民日报》报道：截至目前，全国农村户用沼气已达 3 050 万户，各类农业废弃物处理沼气工程 3.95 万处。据测算：3 050 万户用沼气和养殖场沼气工程年生产沼气约 122 亿立方米，生产沼肥（沼渣、沼液）约 3.85 亿吨，使用沼气相当于替代 1 850 万吨标准煤，减少排放二氧化碳 4 500 多万吨，替代薪材相当于 1.1 亿亩林地的年蓄积量，每年可为农户直接增收节支 150 亿元。

10月29日 《农民日报》报道：10 月 28 日，中国兽医协会在北京成立。

《人民日报》报道：2009 年全国超级稻示范推广 9 100 万亩，占水稻总面积的 21.2%，比原计划增加 600 万亩，亩增产 57.6 千克，亩节本增效 133 元，实现年初确定的"双增一百"（即每亩增产 100 斤、节本增效 100 元）的目标，为保障国家粮食安全提供重要支撑。

11月4日 《人民日报》报道：世界著名的《自然遗传学》（Nature Genetics）杂志 11 月 1 日在线发表了一篇有关蔬菜作物的基因组测序和分析的重要论文。这是由我国科学家发起并主导的国际黄瓜基因组计划第一阶段所取得的重大成果，对黄瓜和其他瓜类作物的遗传改良、基础生物学研究以及对植物维管束系统的功能和进化研究将发挥重要的推动作用。

11月6日 《人民日报》报道："十五"期间，中央财政共安排农业综合开发产业化项目资金 113.5 亿元，占同期中央支持农业产业化总投入的 90% 以上。1988—2009 年，农业综合开发共建设优质高效农业种植基地 2 299 多万亩，发展水产养殖 749 万亩，扶持农产品加工和农业生产服务项目 9 074 个。

11月16日 《人民日报》报道：我国科学家 15 日在深圳宣布完成"兰花基因组框架图"。此举不仅会揭示兰花的进化历史和奥秘，为后续兰花功能和进化基因组学研究打下坚实的基础；而且会为如何保护我国宝贵的兰花种质资源提供科学的政策依据，为下一步开发和利用兰科植物基因资源宝库提供重要的资源平台。

11月28日 《人民日报》报道：全国 130 亿元农机购置补贴全部实施到位，共补贴农机具超过 343 万台（套），受益农户逾 300 万户。地方各级财政今年对农机购置的投入达到 16 亿元，农民投入达 340 亿元。

12月5日 《人民日报》报道：为支持各地新型农村社会养老保险试点工作的开展，对国务院新型农村社会养老保险试点领导小组办公室已经批复的 27 个省区市的试点县，中央财政 12 月 4 日下达了第一批专项补助资金 9.5 亿元。

12月17日 《农民日报》报道：截至 2009 年 9 月底，全国农民专业合作社达 21.16 万家，比 2008 年底增长 90.8%，在建设社会主义新农村、发展现代农业、带动农民增收等方面发挥重要作用。

12月19日 《人民日报》报道：2009 年我国农业机械化继续保持良好发展势头，农机作业水平不断提高，全国耕、种、收综合机械化水平预计可达 48.8%，比上年提高约 3 个百分点。统计显示，水稻种植、水稻收获、玉米收获等薄弱环节机械化作业水平分别达到 16%、56%、17%，同比分别提高 2.3 个百分点、5 个百分点、6.4 个百分点。

12月24日 《农民日报》报道：自 2008 年 7 月国务院提出"以奖促治"政策以来，中央财政投入农村环境保护专项资金 15 亿元，支持 2 160 多个村镇开展环境综合整治和生态示范建设，带动地方投资达 25 亿元，直接受益农民达 1 300 多万人，众多村庄的村容村貌明显改善，不少项目实现了生态、社会和经济效益的统一。

12月30日 《人民日报》报道：2009 年，粮食产量再创历史新高，实现 42 年来首次连续 6 年增产。为继续调动地方政府重农抓粮、农民务农种粮的积极性，农业部决定授予河北省藁城市等 20 个市（县、区、旗）"全国粮食生产先进县标兵"称号，授予王培泉等 20 名同志"全国粮食生产先进工作者标兵"称号，授予孙圣海等 20 名同志"全国粮食生产大户标兵"称号；授予吉林省公主岭市等 300 个市（县、区、旗、农场）"全国粮食生产先进县"称号，授予陶恒长等 400 名同志"全国粮食生产先进工作者"称号，授予柳学友等 500 名同志"全国粮食生产大户"称号；授予于振文等 10 名同志"中华农业英才奖"。

《科技日报》报道：12 月 26 日，由西北农林科技大学博士生导师、长江学者特聘教授康振生主持完成的教育部高校科技创新工程重大项目"小麦与条锈菌互作的分子机理研究"，在陕西杨凌通过了教育部组织的专家鉴定。委员会一致认为，该项目研究方法先进，取得多项创新性成果，为揭示条锈菌的致病机理及小麦对条锈菌抗性机制奠定了基础，对小麦抗条锈的遗传改良及条锈病的持久控制具有重要的理论和实际意义，研究处于国际领先水平。

2010 年

【文献】

1 月 1 日 《农民日报》报道：《农村土地承包经营纠纷仲裁规则》和《农村土地承包仲裁委员会示范章程》于 2009 年 12 月 18 日经农业部第 10 次常务会议审议通过，并经国家林业局同意，自 2010 年 1 月 1 日起施行。用以指导农村土地承包仲裁委员会组建工作，切实加强仲裁员队伍和仲裁庭建设，建立健全各项配套制度和相关法律文书，确保农村土地承包经营纠纷调解仲裁工作有序开展。

1 月 26 日 《经济日报》报道：为提高农民工技能水平和就业能力，促进农村劳动力向非农产业和城镇转移，推进城乡经济社会发展一体化进程，国务院办公厅发出《关于进一步做好农民工培训工作的指导意见》。《意见》提出，按照培养合格技能型劳动者的要求，逐步建立统一的农民工培训项目和资金统筹管理体制，使培训总量、培训结构与经济社会发展和农村劳动力转移就业相适应；到 2015 年，力争使有培训需求的农民工都得到一次以上的技能培训，掌握一项适应就业需要的实用技能。

2 月 4 日 《农民日报》报道：2010 年 1 月 4 日，农业部第 1 次常务会议审议通过《农业植物疫情报告与发布管理办法》，自 2010 年 3 月 1 日起施行。该办法严格规范了红火蚁、苹果蠹蛾、稻水象甲、香蕉枯萎病等全国农业植物检疫性有害生物、省级补充的农业植物检疫性有害生物及其他潜在的危险性有害生物的报告制度。规定农业植物疫情报告实行 12 小时快报、月报和年报三种形式，疫情由地方各级植物检疫机构负责上报，并同时报告本级农业行政主管部门；明确了各级农业行政主管部门及其检疫机构对农业植物疫情的报告职责和发布权限，其他单位和个人不得以任何形式发布农业植物疫情。

2 月 6 日 《人民日报》报道：国务院办公厅 5 日发出《关于切实解决企业拖欠农民工工资问题的紧急通知》，要求各地区、各有关部门要把解决企业拖欠农民工工资问题作为当前一项重要而紧迫的任务抓紧抓细，确保各项措施落到实处。地方各级人民政府要在普遍检查的基础上，集中力量重点解决建设领域企业拖欠农民工工资问题。要抓紧组织对本行政区域内所有在建工程项目支付农民工工资情况逐一排查，发现拖欠工资问题或欠薪苗头及时督促企业妥善解决；对反映投诉的建设领域工资历史拖欠问题，也要认真加以解决。要加强行政司法联动，加大对欠薪逃匿行为的防范、打击力度。对因拖欠工资问题引发的劳动争议，要开辟争议处理"绿色通道"，对符合立案条件的当即立案，快速调处，力争在春节前办结；对符合裁决先予执行的拖欠工资案件，可以根据劳动者的申请裁决先予执行。

3 月 12 日 《农民日报》报道：为贯彻落实 2010 年中央 1 号文件精神，进一步加强农业机械购置补贴项目管理，充分发挥政策效益，切实保护农民利益，农业部、财政部联合印发《2010 年农业机械购置补贴实施指导意见》，并于 3 月 1 日预拨了第一批补贴资金 100 亿元。与 2009 年相比，农机购置补贴政策从七个方面进行了调整和完善。

3 月 24 日 《农民日报》报道：国务院农村综合改革工作小组、财政部、农业部联合发出《关于做好 2010 年扩大村级公益事业建设"一事一议"财政奖补试点工作的通知》。《通知》要求，2010 年，要进一步做好扩大村级公益事业建设"一事一议"财政奖补试点工作，让这项政策惠及广大农民。2010 年，除已在全省（区、市）开展试点的黑龙江、云南、河北、江苏、内蒙古、湖南、安徽、贵州、重庆、宁夏等 10 个省份外，从已开展局部试点、工作基础扎实和有扩大试点意愿的省份中，选择确定浙江、福建、湖北、广西、甘肃、山西、陕西、江西、山东、辽宁、四川等 11 个省份在全省（区）范围内进行试点，新疆、海南、河南、吉林、青海、西藏等 6 个省份进行局部试点。

3 月 30 日 《农民日报》报道：3 月 12 日，国务院办公厅出台了《国务院办公厅关于统筹推进新一轮"菜篮子"工程建设的意见》，《意见》的出台标志着新一轮菜篮子工程建设正式启动，是指导实施新一轮菜篮子工程的重要纲领性文件。《意见》提出，通过加强生产能力建设、完善市场流通设施、加快发展方式转变、创新调控保障机制，推动菜篮子工程建设步入生产稳定发展、产销衔接顺畅、质量安全可靠、市场波动可控、农民稳定增收、市民得到实惠的可持续发展轨道，通过5年左右的努力，实现肉、蛋、奶、鱼、菜、果等产品生产布局合理、总量满足需求、品种更加丰富、调控保障有力、档期供应均衡。

4月9日 《人民日报》报道：农业部、国务院纠风办、财政部、国家发展和改革委员会、国务院法制办、教育部、新闻出版总署联合发出《关于做好2010年减轻农民负担工作的意见》。2010年减轻农民负担工作的总体思路是：按照中央加大统筹城乡力度、夯实农业基础的要求，坚持治标与治本结合，积极推进重点治理，狠抓减负惠农政策落实，完善相关法律法规，逐步探索构建新形势下农民负担监管的长效机制和村级公益事业建设的有效机制，坚决防止农民负担反弹。

4月29日 《人民日报》报道：国务院办公厅发出通知，转发科技部、农业部《关于发挥科技支撑作用促进当前农业抗灾保丰产的意见》，《意见》指出，要通过农业科技专家大院、农村科普示范基地、农民田间学校、现场观摩会、科技大集等多种形式，进一步加强农民科技培训，确保农民及时掌握各项农业抗灾技术措施要领。按照"科技人员直接到户、良种良法直接到田、技术要领直接到人"的推广机制，加大科技示范户培养力度，切实发挥示范辐射作用。

5月12日 《人民日报》报道：为充分发挥农村低保制度和扶贫开发政策的作用，保障农村贫困人口基本生活，提高收入水平和自我发展能力，国务院办公厅发出通知，转发扶贫办、民政部等部门《关于做好农村最低生活保障制度和扶贫开发政策有效衔接扩大试点工作的意见》。《通知》要求各地在总结一些地方试点经验的基础上，进一步扩大两项制度有效衔接试点工作。

5月25日 《农民日报》报道：中组部、中宣部、教育部、公安部、民政部、财政部、人力资源和社会保障部、农业部、中国人民银行、国家林业局、国务院扶贫办、团中央、全国妇联等13个部门，联合印发了《关于做好大学生"村官"有序流动工作的意见》，对做好期满大学生"村官"有序流动工作作了安排部署，明确了有关政策规定。

6月11日 《人民日报》报道：卫生部出台《关于开展提高农村儿童重大疾病医疗保障水平试点工作的意见》。《意见》决定开展提高农村儿童重大疾病医疗保障水平试点工作，在保持新型农村合作医疗和医疗救助制度健康发展并使广大农村居民公平享有的基础上，优先选择几种危及儿童生命健康、医疗费用高、经积极治疗预计后期效果较好的重大疾病开展试点，通过"新农合"和医疗救助等各项医疗保障制度的紧密结合，探索有效的补偿和支付办法，提高对重大疾病的医疗保障水平。各省（区、市）要在试点基础上逐步探索建立"新农合"重大疾病医疗补偿办法，进一步缓解农村居民重大疾病的经济负担。

6月17日 《人民日报》报道：首届中国农民艺术节于16日上午在全国农业展览馆隆重开幕。中共中央政治局委员、国务院副总理回良玉出席开幕式并宣布艺术节开幕。来自全国22个省区市十余个民族的近50个农民演出队参加了开幕式的大型广场乡土艺术汇演。山西威风锣鼓、安塞腰鼓、常山战鼓、奉化布龙、三林舞龙、苗族接龙、鳌龙鱼灯等表演，以及安代舞、农乐舞、彝族左脚舞、土家毛古斯舞、牛灯舞、手狮舞等舞蹈，在开幕式上精彩亮相。展览板块包括全国农民文化产业"一村一品"展示、农业非物质文化遗产展演、农民画展、剪纸精品展、农民工主题摄影展、传统工艺与礼品展等。

7月10日 《人民日报》报道：7月9日，国务院发布《关于促进农业机械化和农机工业又好又快发展的意见》。《意见》制定了未来10年的发展目标。即到2015年，农机总动力达到10亿千瓦，其中灌排机械动力达到1亿千瓦，主要农作物耕种收综合机械化水平达到55%以上。农业机械化服务体系不断完善，服务能力进一步增强。到2020年，农机总动力稳定在12亿千瓦左右，其中灌排机械动力达到1.1亿千瓦，主要农作物耕种收综合机械化水平达到65%。

9月3日 《农民日报》报道：中国政府网公布《国务院关于进一步促进蔬菜生产保障市场供应和价格基本稳定的通知》，要求充分发挥市场机制的作用，强化"菜篮子"市长负责制，加大政府调控力度，把解决当前问题和建立长效机制结合起来，采取更加有针对性的措施，进一步促进蔬菜生产，保障市场供应和价格基本稳定。

10月29日 《农民日报》报道：10月28日，《中华人民共和国村民委员会组织法修订案》经十一届全国人大常委会第十七次会议表决通过，自公布之日起施行。修订后的《村民委员会组织法》，完善了村民委员会选举和罢免程序，健全了村民会议、村民代表会议、村民小组会议以及村务监督机构等民主决策、民主管理、民主监督方面的制度，对进一步完善中国特色社会主义基层群众自治制度，调动广大农民群众的积极性、主动性和创造性，促进农村改革发展稳定发挥重要作用。

【会议】

2月11日 《人民日报》报道：国务院总理温家宝10日主持召开国务院常务会议，听取《中国农村扶贫开发纲要（2001—2010年）》实施情况汇报。会议认为，《中国农村扶贫开发纲要（2001—2010年）》实施以来，我国扶贫开发取得新的成就。率先实现了联合国《千年发展目标》中贫困人口减半的指标，贫困地区经济实力增强，基础设施明显改善，生态恶化趋势初步得到遏制，扶贫开发工作水平明显提高。新型农村合作医疗、新型农村养老保险试点和最低生活保障制度的建立，为解决农村温饱问题作了制度性安排。扶贫开发增强了贫困地区群众自强自立的精神和自我发展的能力，为促进国民经济持续健康发展与社会和谐、民族团结发挥了重要作用。

2月22日 《农民日报》报道：2月21日，农业部长韩长赋主持召开部常务会议，审议通过了2010年为农民办实事工作方案。韩长赋强调，坚持为农民办实事，是农业部深入贯彻落实科学发展观、认真贯彻落实中央经济工作会议、中央农村工作会议和全国农业工作会议精神，实现"两个千方百计、两个努力确保"目标任务的重要举措；是坚持以人为本，坚持问政于民、问计于民、问需于民，想农民之所想、急农民之所急的实际行动，也是进一步转变机关工作作风、狠抓工作落实的具体体现。各单位一定要从全局的高度，深刻认识为农民办实事的重要意义，扎实推进各项实事的落实，确保让农民群众真正得到实惠。农业部决定2010年为农民办26件实事。

3月23日 《科技日报》报道：3月22日，首届中国农业科技创新创业大赛北方赛区暨科技特派员农村科技创新创业大赛在陕西杨凌启动，旨在创造风险投资与农业科技创业团队对接的范例，培育用现代服务业引领推动现代农业产业发展的生态环境。大赛将瞄准世界农业科技发展前沿，依托"千人计划"、杨凌示范区优惠政策，特别吸引世界一流农业科技创新创业团队。大赛重点关注高科技生物农业、环保农业、精准农业，开辟高附加值的现代农业发展道路。大赛着力培育科技特派员创业者和创业团队，特别是支持大学生创业团队、科技特派员创业团队创新创业。

3月30日 《人民日报》报道："金砖四国"首届农业部长会议在莫斯科举行。中国农业部部长韩长赋与巴西、俄罗斯和印度三国农业部长就共同应对全球粮食安全、减缓气候变化对农业的影响、加强信息和农业科技交流与合作等问题交换了意见，并共同签署了《"金砖四国"农业和农业发展部长莫斯科宣言》。

4月15日 《农民日报》报道：由农业部农业贸易促进中心（中国国际贸促会农业行业分会）和延庆县人民政府共同举办的首届中国国际薯业高峰论坛4月14日在北京市延庆县举行。农业部牛盾副部长出席论坛并致辞。北京市农委主任王孝东、联合国粮食与农业组织驻中国、朝鲜和蒙古国代表维多利亚·塞奇托莱科也出席论坛并致辞。

5月24日 《农民日报》报道：2010年中国农村发展高层论坛5月22日在京开幕。中共中央政治局委员、国务院副总理回良玉致信祝贺。本次论坛以面向"十二五"的中国农村发展为主题，主要围绕现代农业建设与产业发展、促进就业与增加农民收入、统筹城乡与区域协调发展、新农村建设与农村公共服务等专题进行研讨与交流，总结"十一五"我国农业农村发展取得的成就与经验，分析未来5～10年我国农业农村经济发展面临的机遇与挑战，进一步明确"十二五"时期我国农业农村经济发展目标、思路与措施，为制定我国"十二五"农业农村发展规划建言献策。

5月20日 《农民日报》报道：5月19日，财政部、国土资源部在北京分别与河北、内蒙古、吉林、黑龙江、江苏、安徽、江西、山东、湖北、广西等10省（自治区）举行了整体推进农村土地整治示范协议签字仪式。今后3年内，中央财政将从中央分成的新增建设用地土地有偿使用费中安排资金260亿元用于10个示范省（自治区）的整体推进农村土地整治示范工作，并带动示范省（自治区）统筹各项土地整治资金300亿元左右配套投入。

7月5日 《农民日报》报道：7月1日，由农业部管理干部学院主办，农民专业合作社发展教育中心、《中国农民合作社》期刊编辑部承办的"纪念《农民专业合作社法》实施三周年暨农民专业合作社与农村经营体制创新研讨会"在北京召开。截至2010年3月底，全国农民专业合作社数量已超过27万家。

8月26日 《科技日报》报道：为期三天的"第三届种子健康与农业发展国际研讨会暨全国第六届种子病理学学术研讨会"8月25日在中国农业大

学国际会议中心召开。本届会议的主题是"健康的种子、健康的人类生活"。这是首次在我国举行的种子健康领域国际会议，也是种子健康国际和大区机构第一次将系列性会议委托中国的种子健康机构承办。

8月30日 《人民日报》报道：全国人大常委会农业技术推广法执法检查组29日在北京人民大会堂举行第一次全体会议，正式启动农业技术推广法执法检查。中共中央政治局常委、全国人大常委会委员长吴邦国作出重要批示。吴邦国指出，农业技术推广法执法检查是今年全国人大常委会监督工作的一个重点。要通过这次执法检查，督促有关部门高度重视农业技术推广体系建设，深化农业技术推广体系改革，推动农业科技成果转化，提高科技对农业的贡献率，加快建设现代农业，促进农民增收，确保国家粮食安全。

9月7日 《农民日报》报道：9月3日，中国首届国际大豆产业博览会暨北大荒大豆节在享有中国绿色大豆之都美誉的农垦九三分局隆重开幕。农业部、中国大豆产业协会等有关领导和中国工程院院士以及美国、德国、荷兰、印度、俄罗斯、日本、韩国等20个国家和地区的1 500余名高端嘉宾和客商参会。

《科技日报》报道：9月6日，由国家科技部、农业部和湖南省人民政府共同举办的第一届中国杂交水稻大会在长沙开幕。全国政协副主席、科技部部长万钢出席会议并作重要讲话。湖南省委副书记、代省长徐守盛致欢迎辞。科技部副部长张来武主持大会，农业部副部长陈晓华到会致辞。湖南省副省长徐明华，湖南省政协副主席袁隆平院士，湖南省政协主席龙国健等出席了大会。

9月27日 《人民日报》报道：9月26日，第二届中国绿化博览会于在河南省会郑州盛装开幕。全国政协副主席罗富和出席开幕式并宣布开幕。本届中国绿化博览会的主题是"以人为本，共建绿色家园"，会期从9月26日开始，至10月5日结束。本届博览会室外展区设在规划面积为2 939亩的"郑州·中国绿化博览园"，共有全国各个省、自治区、直辖市和相关行业展园86个，以及国际友好城市的精品园林8个，集中展示国土绿化成就和生态文明建设成果，交流国内外的新理念、新经验、新技术和新产品。

9月28日 《农民日报》报道：9月27日，国家发展和改革委员会、财政部、农业部、工商总局、质检总局、供销总社和农业发展银行七部门联合召开全国棉花工作电视电话会议。会议指出，我国将采取5项措施，保持棉花供需基本平衡和促进棉花生产稳定发展，保护棉农利益、保障用棉需要、稳定市场棉价、规范流通秩序、防控经营风险、深化质检改革。

10月7日 《人民日报》报道：第十届全国"村长"论坛6日在江苏华西村隆重开幕。中共中央政治局委员、中央书记处书记、中组部部长李源潮指出，我国农村改革发展正处于关键阶段，希望广大村干部向吴仁宝、沈浩等"村长"楷模学习，始终把发展富民作为中心任务，当好创先争优、富民强村带头人，涌现出更多科学发展的先进村，更多一心为民的优秀村干部。

10月12日 《农民日报》报道：10月11日，全国乡镇机构改革工作电视电话会议在京召开。各地按照统一部署和要求，积极试点，大胆创新，改革逐步从试点转入全面推开阶段。目前，全国已有70%的乡镇进行了机构改革，取得了明显成效，积累了宝贵经验。

10月18日 《农民日报》报道：10月17日是"国际消除贫困日"，减贫与发展高层论坛在北京举行。中共中央政治局委员、国务院副总理回良玉在开幕式上致辞，并为"中国消除贫困奖"获奖者颁奖。本次论坛是在第18个国际消除贫困日来临之际，由中国国务院扶贫办、联合国驻华系统主办，中国国际扶贫中心、中国扶贫基金会、联合国开发署承办，为期两天，在北京钓鱼台国宾馆举行，260多名来自政府、联合国、社会团体的代表和专家学者参会。

10月20日 《农民日报》报道：10月19日，中国国际农产品交易会在河南郑州国际会展中心隆重开幕。中共中央政治局委员、国务院副总理回良玉宣布开幕。全国政协副主席白立忱，省委书记、省人大常委会主任卢展工，全国人大财经委主任委员石秀诗，全国供销总社理事会主任李成玉，国务院副秘书长丁学东等出席。农业部部长韩长赋，省委副书记、省长郭庚茂致辞。农业部副部长陈晓华主持开幕式。

10月27日 《农民日报》报道：10月26日，上海合作组织首届农业部长会议在京召开。中共中央政治局委员、国务院副总理回良玉出席开幕式并代表中国政府致辞。他强调，农业是上海合作组织区域经济合作的重要领域，各成员国要继续加强农业合作机制化建设，在农业科技、农业人力资源培训和农业贸易与投资领域进一步深化务实合作，共同造福本国和本地区人民。

10月31日 《科技日报》报道：10月30日，中科院资深院士、中国农科院植保所研究员邱式邦先生百岁寿辰来临之际，邱式邦院士学术思想研讨暨百岁寿辰庆祝会在京举行。中共中央政治局委员、国务院副总理回良玉在致中国农科院的贺信中，称赞邱式邦先生在害虫的综合防治、生物防治上取得了开创性的成就，为推动我国植物保护科学事业发展、促进农业增产、农民增收作出了卓著贡献。

《人民日报》报道：农业部农村经济研究中心成立20周年纪念活动在京举行。20年来，农研中心先后承担完成了国家自然科学基金、国家社会科学基金、国家部委以及国际组织委托的课题600多项，出版专著80多本，发表文章800多篇，并获得国家科学技术进步奖、孙冶方经济科学奖、农业部科学技术进步奖等20多项。

11月2日 《人民日报》报道：由科技部主办的农业科技成果转化资金实施十周年图片展在第十七届中国杨凌农业高新科技成果博览会上举行，自2001年批准设立以来，"农业科技成果转化资金"专项迄今已由中央财政累计投入31.5亿元，在转化农业科技成果、推动现代农业发展方面取得了突出成就。

11月5日 《科技日报》报道：在由联合国粮农组织主办的第二十届农业科研成果及科教电影评奖大会上，我国的"秸秆生物反应堆技术"在参评的151项科技成果中脱颖而出，荣获国际评委最高奖，标志着我国秸秆生物反应堆技术达到世界领先水平。

11月19日 《人民日报》报道："全国扶贫协作优势产业推介暨招商引资洽谈活动表彰会"18日在北京全国农业展览馆举行，全国人大常委会副委员长周铁农出席会议并讲话。我国开展外资扶贫15年来，扶贫领域直接引进利用外资近14亿美元，加上国内配套资金，投资总额达到198.2亿元人民币，共实施了107个外资扶贫项目。

12月2日 《人民日报》报道：中国扶贫开发协会第四届会员大会1日上午在北京召开。中共中央政治局常委、全国政协主席贾庆林在全国政协礼堂会见了前来出席会议的全体代表和"千人千村星火扶贫工程"贫困地区大学生村官代表。

12月18日 《人民日报》报道：中央农业广播电视学校成立30周年暨开展农民读书月活动座谈会在京举行。中央农业广播电视学校建校30年来，多形式、多层次、多渠道开展农民教育培训，累计进行实用技术培训2.4亿人次，绿色证书培训1 200多万人，农村劳动力转移培训和职业技能培训3 921万人次。

12月23日 《经济日报》报道：中央农村工作会议21日至22日在北京举行。会议系统总结2010年农业农村工作，科学谋划"十二五"时期农业农村发展，重点研究加快水利改革发展问题，全面部署2011年农业农村工作，讨论了《中共中央、国务院关于加快水利改革发展的决定（讨论稿）》。会议强调，2011年是"十二五"时期开局之年，做好农业农村工作具有特殊重要的意义。2011年农业农村工作的总体要求是：大兴水利强基础，狠抓生产保供给，力促增收惠民生，着眼统筹添活力。我们要坚决贯彻中央部署，采取有力措施，加大落实力度，力争"十二五"时期农业农村发展有个良好开局。会议提出了明年农业农村工作的重点任务。

12月24日 《农民日报》报道：12月21日至23日，全国农业工作会议在北京召开。会议研究了"十二五"现代农业发展，部署了2011年农业农村经济工作。会议总结了2010年和"十一五"农业农村经济工作，研究了"十二五"现代农业发展，部署了2011年农业农村经济工作。农业部部长韩长赋强调，要紧紧抓住我国发展的重要战略机遇期，牢牢把握加快发展现代农业的重大任务，加快转变农业发展方式，坚持做到"两个千方百计、两个努力确保"，全力夺取明年全年好收成，巩固"十一五"好势头，实现"十二五"好开局，推进现代农业和新农村建设迈出新步伐，实现粮食产量稳定在1万亿斤以上，农民收入持续较快增长，为增加供给、稳定价格总水平提供重要支撑，为经济社会发展全局作出新贡献。

【农业发展成就】

1月1日 《人民日报》报道：国家统计局发布了2009年全国粮食总产量的公告。根据国家统计局对全国31个省（区、市）的抽样调查，2009年全国粮食总产量10 616亿斤，比上年增加42亿斤，增长0.4%。其中，全国夏粮产量2 467亿斤，比上年增加52亿斤，增长2.2%。全国早稻产量665亿斤，比上年增加33亿斤。全国秋粮产量为7 484亿斤，比上年减少43亿斤，减少0.6%。

1月6日 《人民日报》报道：2009年中央财政加大农业综合开发投入力度，累计安排资金166亿元，比上年增加近30%。在中央大幅投入带动下，各地财政、农民和社会投资积极参与，全年总投入达到447.48亿元。2009年累计改造中低产田、建设高标准农田2 660多万亩，使过去的一片片"望天田"实现了旱涝保收，新增粮食生产能力32.73亿千克，为实现粮食持续增收、农业增效、农民增收做出了积极贡献。

《人民日报》报道：工业和信息化部最新统计显示，截至2009年底，我国已经实现了99.86%的行政村和93.4%的20户以上自然村通电话，乡镇通互联网比例从2009年初的98%提高到99.3%，行政村通互联网比例从年初的89%提高到91.5%，村村通电话工程年度计划整体超额完成。

1月17日 《经济日报》报道："十一五"以来，在国家"863"计划、支撑计划等科技计划和项目的支持下，我国的良种选育和制种技术进展显著，特别是在杂种优势利用、常规育种和部分作物转基因育种等领域达到世界领先或先进水平，一大批种业企业依靠科技不断成长壮大，作物良种覆盖率达到95%以上，为确保近年粮食增长做出了重要贡献。

1月20日 《科技日报》报道：我国已推广超级稻新品种71个，其中超级杂交稻占64.8%。截至2009年，超级稻累计推广种植面积已超过3 500万公顷，按每公顷增稻谷0.9吨算，已累计增产稻谷3 000万吨，创造经济效益超过700亿元。

1月21日 《人民日报》报道：2009年，我国基本农田保护工作取得显著成效，已划定基本农田保护地块1.25亿块，基本农田面积达15.8亿亩，保护率超过80%。

1月25日 《农民日报》报道：23日，农业部在广西南宁启动了"2010种子执法年"，通过执法年活动的开展，坚决清理不合格种子企业许可证，坚决查处制售假劣种子的案件，坚决退出不适宜生产的品种。

《光明日报》报道：农民人均收入已连续25年位居全国第一的浙江，2009年全省农民人均收入首次突破万元，达10 007元。

1月29日 《农民日报》报道：中国科协、农业部1月28日北京签署协议，决定合作共建9家农科类学会。这9家学会均是由中国科协业务主管、挂靠农业部及所属单位的全国性农科类学会。包括中国农学会、中国水产学会、中国农业历史学会、中国农业工程学会、中国园艺学会、中国植物保护学会、中国作物学会、中国茶叶学会和中国热带作物学会。

《农民日报》报道：2月5日，由中宣部、科技部、国家粮食局、山东省政府联合主办的2010年科技下乡示范活动在山东省东营市广饶县举行。

2月21日 《人民日报》报道：截至2月20日，全国耕地受旱面积5 336万亩（多年同期均值7 000万亩），其中作物受旱4 550万亩（重旱1 443万亩、干枯637万亩），待播耕地缺水缺墒786万亩；有1 188万人、805万头大牲畜因饮水困难（多年同期均值764万人、494万头）。其中云南发生全省性干旱，旱情十分严重，干旱发生范围之广、受旱程度之深、旱灾损失之重，均为历史同期少有。

3月7日 《人民日报》报道：2009年，我国外出农民工达到1.45亿人，比上年净增492万人。

3月26日 《光明日报》报道：由国家胡麻产业技术体系首席科学家、甘肃省农科院经济作物所所长党占海研究员为首的科研团队，历经10余载的探索与创新、千余次试验，最终育成世界首个胡麻杂交新品种——"陇亚杂1号""陇亚杂2号"。这两个品种已经正式通过了省级品种审定委员会审定定名，该品种亩产最高达260千克，含油率平均在40%以上。

4月10日 《人民日报》报道：4月9日，国土资源部发布《2009中国国土资源公报》，全国农村土地整治新增农用地30.5万公顷，新增耕地26.9万公顷；为保增长、扩内需，全国建设用地供应总量较快增长，全年新批准建设用地57.6万公顷，比上年增长44.6%。

4月25日 《人民日报》报道：农业部制定并印发了《2010年农作物重大病虫害专业化统防统治工作方案》和《小麦中后期病虫害防治方案》，在100个重点县和1 000个示范区大力推进病虫害专业化统防统治，带动主要小麦病虫害发生区防治处置达到70%以上。

《农民日报》报道：4月28日，农业部在安徽省启动全国测土配方施肥普及行动，将测土配方施肥工作的重中之重锁定在技术推广普及上，力促配方肥下田。今年是农业部实施测土配方施肥工作第六年，项目实施单位已经从2005年的200个增加到今年的2 498个，基本覆盖了所有县级农业行政区。2009年全国测土配方施肥技术推广面积达10亿亩以上，5年累计减少不合理氮肥施用量达430万吨。

5月5日 《人民日报》报道：5月4日，"共青团关爱农民工子女志愿服务行动"在全国各地全面启动。各级团组织按照团中央的部署，统一行动，动员广大团员青年、青年志愿者与农民工子女建立长期结对帮扶关系，深入开展学业辅导、亲情陪伴、感受城市、自护教育、爱心捐赠等内容的志愿服务活动。

5月7日 《人民日报》报道：4月以来，全国农机购置补贴政策实施全面加快。截至4月30日，全国各省（区、市）已实施中央补贴资金40.5亿元，占首批下达100亿元补贴资金的40.5%，补贴农机具77.73万台（套），受益农户66.94万户。

5月19日 《农民日报》报道：为进一步推动农机服务市场化、社会化和产业化，农业部在全国范围内开展农机社会化服务示范建设活动，确定了206个农机专业合作社、200个农机大户和101个农机维修服务经营实体为全国农机化服务示范点。

5月31日 《光明日报》报道：在国家油菜产业技术体系的有效组织和国家公益性行业科技专项的大力支持下，我国油菜科技工作者经过多年、多学科协同攻关，成功攻克了机收品种、机收装备和配套农艺技术三大技术难关，为我国油菜机械化生产提供了强有力的技术支撑。适合于机械化收获的油菜新品种"中双11号"在机械直播的条件下，亩产达到303千克，机收菜籽损失率4.11%，比一般油菜品种低30%，在国际上率先实现了多熟制条件下低损失的油菜机械化收获。

6月3日 《农民日报》报道：农村环保"以奖促治"连片整治示范工作已经全面启动，财政部、环保部选择了辽宁、江苏、浙江、福建、湖北、湖南、重庆、宁夏8个省（自治区、直辖市）作为第一批连片整治的示范，并与他们签署了示范协议。

6月11日 《经济日报》报道：截至目前，全国"农超对接"205个试点项目共带动社会投资40亿元，建设冷链系统145个，配送中心91个，试点企业2009年农产品直采金额达211亿元。"农超对接"试点取得了良好的阶段性成果。

6月21日 《农民日报》报道：从1990—2009年，我国绿色食品产品总量规模扩大，企业由63家发展到6 003家，产品由127个发展到15 707个，年均增长率分别达到27%和29%；农业部已累计发布绿色食品标准152项。

6月22日 《人民日报》报道：从2004年的先行试点到目前的全面推开、深化，新一轮乡镇机构改革已经走过6年时间。截至目前，已经完成机构改革的乡镇共计20 673个，占全国乡镇总数的60.3%。

《经济日报》报道：从2007年我国作出从全面推进退耕还林工程转向巩固成果的决策以来，中央财政已累计安排巩固退耕还林成果专项资金约224亿元。2009年退耕户人均纯收入3 863元，比2008年增加381元，实际增长11.3%，高于全国平均水平。

6月25日 《人民日报》报道：截至6月23日，全国夏收小麦已收获3.08亿亩，占应收面积的90.4%。从各地田间测产和实打实收情况看，夏粮丰收已成定局。据农业部农情调度，2010年夏粮总产将超过2 460亿斤，接近上年水平。其中，冬小麦产量2 170亿斤以上，比上年略增。

7月6日 《农民日报》报道：7月5日，农业部与国家旅游局签署合作框架协议，共同推进休闲农业与乡村旅游发展。计划从2010年开始，通过3～5年的努力，推出一批示范县（镇）、示范村（企业），制发一张全国性的休闲农业与乡村旅游重点产品地图，为消费者提供优质乡村休闲度假指南。

7月12日 《人民日报》报道：下半年工商部门将以培育发展农村经纪人纳入《国家人才发展纲要》为契机，进一步加大对包括农村经纪人在内的农村实用人才的培训力度，要选拔10万名以农村经纪人为主的优秀人才，给予重点扶持。到2015年，农村实用人才总量达到1 300万人。到2020年，农村实用人才总量达到1 800万人，每个建制村农村实用人才至少有1～2名。

7月13日 《人民日报》报道：我国将启动新一轮农村电网改造升级建设，用3年时间基本建成安全可靠、节能环保、技术先进、管理规范的新型农村电网。据悉，新一轮农村电网改造升级建设将拉动社会投资2 000亿元。按照新安排，计入电费中的2分钱农网还贷资金，将单列出来专项用于农网建设贷款的还贷。近年来，各地用电量增长很快，按发电量估算，目前该项资金规模应在每年500亿元以上。

7月20日 《人民日报》报道：全国农村实用人才占农村劳动力的比重仅为1.6%，高层次创新型人才和农村生产经营型人才严重缺乏，农民培训项目的覆盖面还不到5%。

7月23日 《农民日报》报道：上半年全国农业机械化继续保持了快速的发展态势，农机装备水平、作业水平再创新高。全国农机总动力预计达到8.91亿千瓦，较2009年底增长1.8%，同比增长4.8%，机收水平达到了86%以上的历史新纪录。

7月25日 《科技日报》报道：我国第一个以耐盐植物为主的种质资源数据库在山东省科学院生物所建成。该数据库涵盖了自1953年以来世界上各相关研究单位公开发表的耐盐植物信息，涉及99 638个分类种。

8月23日 《农民日报》报道：由武汉大学教授、中国工程院院士朱英国率队选育的世界首个抗褐飞虱优质、高产中稻品种，进入大面积推广阶段。

9月4日 《人民日报》报道：我国首批国家现代农业示范区已获得认定，北京市顺义区等51个县（区、市、垦区）作为第一批国家现代农业示范区，耕地面积共1.01亿亩，占全国耕地总面积的5.5%，粮棉油糖、畜禽、水产和蔬菜等大宗农产品生产优势突出，现代农业发展均处于本省、区、市领先水平。

9月20日 《科技日报》报道：截至2010年5月，我国已育成并通过国家或省级鉴定的新品种达60多个，并在农业生产中大规模推广应用，在提高农作物产量、改善农产品质量、优化农作物抗性方面取得了实质性成果。航天工程育种的产业化已初露端倪。

9月25日 《科技日报》报道：经过20多年的研究，我国热带农业科研人员在橡胶树传统芽接育苗技术的基础上，研究发明出橡胶树籽苗芽接育苗技术。目前，该项技术研究已完成配套设施建设和配套技术研究，这标志着我国橡胶树优良品种籽苗芽接育苗技术达到了国际领先水平。

10月13日 《人民日报》报道：为保护农民种粮积极性，进一步促进粮食生产发展，国家继续在小麦主产区实行最低收购价政策，并适当提高2011年最低收购价水平。经报请国务院批准，2011年生产的白小麦、红小麦和混合麦最低收购价分别提高到每50千克95元、93元和93元，比2010年分别提高5元、7元和7元。

10月23日 《科技日报》报道：由山东省农业科学院棉花中心选育的红花标记抗虫杂交棉新品种——鲁05H9通过国家农作物品种审定委员会审定。该品种不仅开创了我国棉花红花性状标记育种的先河，在世界上也尚属首例。专家称，红花标记为转基因抗虫杂交棉带上了"防伪标签"。

11月10日 《人民日报》报道：截至10月31日，中央财政155亿元农机购置补贴全部实施到位，共补贴各类农机具约525万台（套），受益农户近400万户。

11月15日 《农民日报》报道：11月11日，全国基层农技推广体系改革与建设工作会议在江西省九江市召开。截至2010年9月底，全国共有1 826个县（市、区）基本完成改革任务，占应改革县（市、区）的68.7%。

11月18日 《人民日报》报道：农业部农村经济研究中心发布《2010年中国农村政策执行报告》，《报告》显示，农民工就业形势好于往年，工资水平明显提高，农民收入增速快于城镇居民，工资性收入对农民增收的贡献率达到49.8%。农民收入与消费增速双双快于城镇居民，10多年来尚属首次。主要农产品生产稳定发展，供求基本平衡，大豆、棉花、糖料等部分品种产需缺口增大，农产品价格整体上涨趋势明显。

11月24日 《人民日报》报道：从2008年开始，国家提出并实施"以奖促治"政策，中央财政设立专项资金，重点支持各地开展农村饮用水源地保护、生活污水和垃圾处理、禽畜养殖污染和历史遗留的农村工矿污染治理、农业面源污染和土壤污染防治，解决危害农民健康、群众反映强烈的突出环境问题。2008年，中央农村环保专项资金投入5亿元，2009年增加到10亿元，2010年又增加到25亿元，2011年和2012年还计划安排95亿元。中央专项资金作为引导资金，发挥了杠杆作用。据初步估算，2008年至2009年，中央专项资金带动地方投入超过50亿元，促进全国2 165个村庄开展环境综合整治和生态示范。

11月28日 《科技日报》报道：黑龙江省重大科技攻关项目"冷水性鱼类增养殖技术与生产模式构建的研究"，11月23日通过了黑龙江省科技厅组织的专家鉴定。该项目对鲟鳇鱼规模化繁育与生产模式构建的研究填补了我国鲟鱼放牧式养殖的空白，并首次实现了我国濒危鱼类哲罗鱼的全人工繁殖，3年培育苗种130万尾。

11月29日 《科技日报》报道：由中国农业大学玉米中心、华大基因研究院、美国爱荷华大学、明尼苏达大学等单位合作的研究成果"基因丢失与获得的多态变化揭示玉米中的杂交优势的机制"在国际著名杂志《自然—遗传学》上在线发表，该研究报道了中国重要玉米骨干亲本的全基因组的单核苷酸多态性、插入/缺失多态性以及基因获得和缺失变异图谱，对玉米的遗传学研究和分子育种提供了非常宝贵的资源。

12月4日 《人民日报》报道：国家统计局发布了2010年粮食产量公告，根据全国31个省（区、市）抽样调查和全面统计，2010年全国粮食总产量为54 641万吨（10 928亿斤），比上年增加1 559万吨（312亿斤），增产2.9%。这是我国粮食连续第七年增产。

12月7日 《科技日报》报道：12月6日，我国农业及生物领域唯一一个国家重大科学工程——中国农作物基因资源与基因改良重大科学工程，在京通过国家验收。工程的建成，使我国具备了世界水平的大规模、高通量和高效率开展农作物基因资源与基因改良研究的现代化设施，大幅度提高了我国农作物基因资源分子鉴定、基因克隆、农作物分子育种的科技创新能力，使我国种质资源研究跻身世界前列。

12月18日 《农民日报》报道：农业部组织完成了首次全国农作物秸秆资源专项调查，并发布《全国农作物秸秆资源调查与评价报告》。我国农作物秸秆可收集资源量为6.87亿吨，其中玉米秸2.65亿吨、稻草约为2.05亿吨、麦秸1.50亿吨。调查显示：截至目前，我国农作物秸秆利用率达到69%。其中，作为饲料利用2.11亿吨，占30.69%；作为燃料利用（含秸秆新型能源化利用）1.29亿吨，占18.72%；作为肥料利用 1.02 亿吨，占可收集资源量的 14.78%；作为食用菌基料 1 500 万吨，占 2.14%；作为造纸等工业原料 1 600 万吨，占 2.37%。

《科技日报》报道：由中国农业科学院哈尔滨兽医研究所于力研究员率领的课题组通过三年攻关，在国内率先研制成功了针对我国目前流行的血清型口蹄疫病毒样颗粒缺损腺病毒表达疫苗。16 日，这种更加安全有效的第二代口蹄疫疫苗在哈尔滨通过了专家论证。

12 月 22 日 《人民日报》报道：为早日让农民喝上放心水，"十一五"期间，中央不断加大农村饮水安全投入力度，中央财政累计投入 590 亿元，投资强度是"十五"期间的 5 倍。在中央强投入的带动下，地方政府和群众投资 443 亿元，社会融资 12.2 亿元，农村饮水安全工程总投入达到 1 045 亿元。5 年来，全国累计解决了 2.1 亿农村人口的饮水安全问题，超额完成了"十一五"规划提出的解决 1.6 亿农村人口饮水安全的建设任务。

12 月 25 日 《人民日报》报道：2010 年，我国农业生产方式实现了人畜力为主向机械作业为主的历史性跨越，农业机械成为农业生产和抗灾救灾的主力军。"三夏"主产区小麦机收和玉米机播率都超过 90%，国家对农业机械化扶持政策力度进一步加大，中央财政农机购置补贴资金 155 亿元，增加 25 亿元，共补贴购置各类农机具 525 万台（套），受益农户约 400 万户。农机总动力同比增长 5.1%，达到 9.2 亿千瓦。

12 月 30 日 《农民日报》报道：2011 年"新农保"试点范围将扩大到 40% 的县，全国已有 838 个县和 4 个直辖市的大部分区县纳入国家试点、12 个省的 298 个县自费开展试点，3 500 多万农村老年人领取到养老金。

2011年

【文献】

1月25日 《人民日报》报道：国土资源部、农业部联合发出《关于加强和完善永久基本农田划定有关工作的通知》，要求各地切实做好基本农田划定工作，全面把握并衔接好基本农田落地到户、上图入库、成果验收和报备等关键环节，切实加强和完善永久基本农田划定工作。

1月29日 《人民日报》报道：人社部、国家发展和改革委员会、监察部、财政部、住建部联合发布的《关于加强建设工程项目管理解决拖欠农民工工资问题的通知》，要求加大解决建设领域拖欠工程款力度，切实解决拖欠农民工工资问题，严格建设工程项目分包管理，落实总承包企业的工资支付责任，强化建设工程项目审批等管理，有效预防产生新的工资拖欠，完善企业工资支付保障制度，确保农民工工资按时足额发放，落实地方政府监管责任，保证农民工工资支付保障工作取得实效，着力解决拖欠农民工工资问题。

1月30日 《人民日报》报道：中共中央、国务院印发《关于加快水利改革发展的决定》，水利改革发展目标任务是，力争通过5～10年努力，从根本上扭转水利建设明显滞后的局面。到2020年，基本建成防洪抗旱减灾体系，重点城市和防洪保护区防洪能力明显提高，抗旱能力显著增强，"十二五"期间基本完成重点中小河流（包括大江大河支流、独流入海河流和内陆河流）重要河段治理、全面完成小型水库除险加固和山洪灾害易发区预警预报系统建设。

2月15日 《光明日报》报道：中共中央办公厅、国务院办公厅印发《关于进一步加强新形势下农村精神文明建设工作的意见》，要求深入贯彻落实党的十七大和十七届三中、四中、五中全会精神，进一步加强新形势下农村精神文明建设。《意见》指出，要扎实开展群众性精神文明创建活动，加快提升农村社会文明程度，要不断丰富广大农民的精神文化生活，广泛开展各种形式的群众文化活动，深入进行共产党好、社会主义好、改革开放好、伟大祖国好、各族人民好的宣传教育。

2月17日 《人民日报》报道：为推动农产品流通标准化建设，提高流通效率、降低流通损耗、促进农民增收、保障质量安全，商务部印发《关于贯彻实施农产品流通标准的通知》，部署贯彻实施《黄瓜流通规范》等7项农产品流通标准有关工作。

3月12日 《农民日报》报道：3月5日，国务院总理温家宝签署国务院令，公布《土地复垦条例》，自公布之日起施行。1988年11月8日国务院发布的《土地复垦规定》同时废止。《条例》的出台标志着我国土地复垦事业步入了制度化、规范化和法制化的新阶段。《条例》明确土地复垦的责任主体，是开展土地复垦工作的前提。对于生产建设损毁土地，《条例》要求按照"谁损毁、谁复垦"的原则确定土地复垦义务人。对于历史遗留损毁土地和自然灾害损毁土地，《条例》从立法上弥补了责任主体的缺失，要求由县级以上人民政府负责组织复垦，承担历史责任。

3月23日 《人民日报》报道：农业部、财政部联合印发了《2011年农业机械购置补贴实施指导意见》，明确了实施农机购置补贴政策的总体要求、实施范围、补贴对象、补贴机具种类等相关工作要求。《意见》明确，中央财政农机购置补贴种类包括动力机械、种植施肥机械、畜牧水产养殖机械、排灌机械、农产品初加工机械等12大类46个小类180个品目机具，各地还可以增加不超过30个品目的其他机具列入中央资金补贴范围。2011年中央财政农机购置补贴资金规模175亿元，比去年增加20亿元。

3月24日 《人民日报》报道：国务院办公厅印发了《关于开展2011年全国粮食稳定增产行动的意见》，要求坚持把发展粮食生产作为"三农"工作的首要任务，坚定抗灾夺丰收的信心不退缩，坚定保持粮食稳定发展的目标不动摇，坚定抓工作落实的劲头不放松，以粮食主产省和非主产省的主产县为重点，以增加重要紧缺品种供给为重点，以推广落实防灾减灾增产关键技术为重点，认真落实好国家已有支持粮食生产的政策和项目，进一步强化责任落实，强化政策扶持，强化措施到位，强化考核奖励，千方百计促进粮食稳定增产。确保全年粮食产量在1万亿斤以上，全力以赴争取实现连续第八个丰收年。

3月26日 《农民日报》报道：农业部、教育部出台《关于实施基层农技推广特设岗位计划的意见》。《意见》提出通过机制创新和政策扶持，计划利用2年时间试点，选用3万名特岗农技人员到基层服务；力争通过5～10年时间努力，实现每个乡镇区域内拥有5名左右特岗农技人员。通过农技推广特岗计划实施，壮大基层农业技术推广服务队伍，扩大农业技术推广服务覆盖面，加快农业科技成果转化与推广应用，为现代农业发展提供强有力的科技支撑。

4月19日 《人民日报》报道：4月18日，国务院《关于加快推进现代农作物种业发展的意见》全文发布。《意见》的出台，标志着我国农作物种业将进入产业升级的新阶段。《意见》提出今后种业发展的思路，即以科学发展观为指导，推进体制改革和机制创新，完善法律法规，整合农作物种业资源，加大政策扶持，增加农作物种业投入，强化市场监管，快速提升我国农作物种业科技创新能力、企业竞争能力、供种保障能力和市场监管能力，构建以产业为主导、企业为主体、基地为依托、产学研相结合、"育繁推一体化"的现代农作物种业体系，全面提升我国农作物种业发展水平。

4月26日 《农民日报》报道：为发挥龙头企业集群集聚优势，集成利用资源要素，完善强化农业产业化功能，提升辐射带动能力，促进农民就业增收，推动农业现代化与工业化城镇化同步发展，农业部出台了《农业部关于创建国家农业产业化示范基地的意见》，决定从2011年起，创建一批国家农业产业化示范基地，发挥龙头企业集群集聚优势，集成利用资源要素，完善强化农业产业化功能，提升辐射带动能力，促进农民就业增收，推动农业现代化与工业化城镇化同步发展。

5月14日 《经济日报》报道：国土资源部、财政部、农业部联合下发《关于加快推进农村集体土地确权登记发证工作的通知》，要求力争到2012年底把全国范围内的农村集体土地所有权证确认到每个所有权的集体经济组织，做到农村集体土地确权登记发证全覆盖。要按照土地总登记模式，集中人员、时间和地点开展工作，坚持依法依规、便民高效、因地制宜、急需优先和全面覆盖的原则，注重解决难点问题。

10月17日 《农民日报》报道：在"十二五"开局之年，《农村实用人才和农业科技人才队伍建设中长期规划（2010—2020年）》在京颁布。《规划》提出，遵循人才成长规律，充分发挥政府的主导作用，以培养农业农村发展急需紧缺人才为重点，以人才资源能力建设为核心，以创新体制机制和完善政策体系为保障，紧紧抓住培养和使用两个关键环节，努力建设规模宏大、结构优化、布局合理、素质优良的农村实用人才和农业科技人才队伍，为发展现代农业、推进社会主义新农村建设提供强有力的人才支撑。这是中华人民共和国成立以来我国第一个关于农业农村人才队伍建设的中长期规划，颁布和实施这个规划，对于加快推进我国农业现代化、建设社会主义新农村具有重大而深远的意义。

12月2日 《人民日报》报道：中共中央、国务院印发了《中国农村扶贫开发纲要（2011—2020年）》，要求各地区各部门结合实际认真贯彻执行。《纲要》提出，坚持开发式扶贫方针，实行扶贫开发和农村最低生活保障制度有效衔接。把扶贫开发作为脱贫致富的主要途径，鼓励和帮助有劳动能力的扶贫对象通过自身努力摆脱贫困；把社会保障作为解决温饱问题的基本手段，逐步完善社会保障体系。到2020年，稳定实现扶贫对象不愁吃、不愁穿，保障其义务教育、基本医疗和住房。贫困地区农民人均纯收入增长幅度高于全国平均水平，基本公共服务主要领域指标接近全国平均水平，扭转发展差距扩大趋势。

12月20日 《农民日报》报道：国务院办公厅发布《关于加强鲜活农产品流通体系建设的意见》，提出以加强产销衔接为重点，加强鲜活农产品流通基础设施建设，创新鲜活农产品流通模式，提高流通组织化程度，完善流通链条和市场布局，进一步减少流通环节，降低流通成本，建立完善高效、畅通、安全、有序的鲜活农产品流通体系，保障鲜活农产品市场供应和价格稳定。提出完善农产品流通税收政策，免征蔬菜流通环节增值税。

12月26日 《经济日报》报道：中宣部、中央文明办、教育部、科技部、司法部、农业部、文化部、卫生部、国家人口计生委、国家广电总局、新闻出版总署、共青团中央、全国妇联、中国科协联合下发通知，要求认真贯彻中央精神，紧密结合农村经济社会发展实际，在2012年深入开展文化科技卫生"三下乡"活动，进一步动员社会各界关心支持社会主义新农村建设，促进农村经济社会又好又快发展。

【会议】

1月6日 《农民日报》报道：国务院总理温家宝5日主持召开国务院常务会议，决定按照统一规划、分步实施，因地制宜、突出重点，经济合理、先进适用，深化改革、加强管理的原则，实施新一轮农村电网改造升级工程。会议提出，在"十二五"期间，使全国农村电网普遍得到改造，农村居民生活用电得到较好保障，农业生产用电问题基本解决，基本建成安全可靠、节能环保、技术先进、管理规范的新型农村电网。

1月8日 《人民日报》报道：在全国国土资源工作会议上，我国"十二五"时期国土资源管理的主要目标已确立。基本农田稳定在15.6亿亩以上，严格落实耕地占补平衡，通过农田整治、村庄整治、工矿废弃地复垦和宜农未利用地适度开发共增加耕地2 800万亩，建设占用和灾毁耕地足额补充。

1月11日 《人民日报》报道：共青团中央、农业部10日签署《关于共同实施农村青年创业就业行动框架协议》，双方约定在"十二五"期间开展农村青年创业培训、农业科学技术普及、农业科研杰出人才培养等工作，服务和支持农村青年增收致富、成长成才。

1月20日 《科技日报》报道：1月18日，首届中国农药论坛暨国家农药973会议在南开大学举行。来自海内外的300余名专家学者共聚一堂，探讨农药发展现状与趋势，并以此种形式庆贺我国著名有机化学家、农药化学家、中国工程院院士、南开大学教授李正名先生80华诞。中国工程院院长周济等发来贺信表示祝贺。

2月10日 《人民日报》报道：国务院总理温家宝9日主持召开国务院常务会议，分析粮食生产形势，研究部署进一步促进粮食生产的政策措施。会议决定，在近期已出台扶持政策的基础上，进一步加大对粮食生产的扶持力度。会议强调，经过多年的努力，我国农业基础设施有了较大的改善，国家财力物力有了较大的提高，只要各地区、各有关部门高度重视，切实将组织领导落实到位、抗旱措施落实到位、科技支撑落实到位、物资保障落实到位、资金投入落实到位，抓住时机，不违农时，调动广大农民的积极性，就一定能够战胜困难，夺取今年粮食的丰收。

2月25日 《农民日报》报道：2月24日，农业部、最高人民法院、最高人民检察院、工业和信息化部、国务院纠风办、公安部、工商总局、质检总局、中华全国供销合作总社等九部门联合召开全国农资打假专项治理行动电视电话会议，贯彻国务院常务会议和全国粮食生产电视电话会议精神，部署开展2011年农资打假专项行动，力保抗旱春管和春耕备耕，力促全年粮食丰收和农民增收。

2月27日 《人民日报》报道：国务院国资委2月25日首次召开中央企业农民工工作会议。中央企业直接使用的农民工和通过劳务派遣、分包等形式使用的农民工已达到680多万人，农民工已经成为推进中央企业改革发展不可或缺的重要力量，在中央企业的生产经营中发挥了重要作用。中央企业要切实提高认识，牢固树立大局意识、责任意识、法律意识，努力将党和国家关于加强农民工工作的各项部署贯彻落实好。

3月3日 《农民日报》报道：中共中央政治局委员、国务院副总理、国务院扶贫开发领导小组组长回良玉2日主持召开国务院扶贫开发领导小组全体会议，全面总结过去10年的扶贫开发工作，深入分析扶贫形势，安排部署未来10年和"十二五"时期的扶贫工作。他强调，要从全局和战略高度，充分认识做好今后10年扶贫开发工作的重大意义，坚持以消除绝对贫困为首要任务、以连片特困地区为主战场，坚持扶贫开发和农村低保制度有效衔接，坚持政府主导、社会帮扶和自力更生紧密结合，更加注重提高贫困群体的综合素质、增强自我发展能力，更加注重转变贫困地区发展方式、增强可持续发展能力，不断提高扶贫开发成效，为全面建成小康社会作出重要贡献。

3月16日 《农民日报》报道：15日，国务院召开全国森林草原防火工作电视电话会议，总结"十一五"期间森林草原防火工作，安排部署"十二五"及2011年森林草原防火重点任务。中共中央政治局委员、国务院副总理回良玉在会上强调，各地区、各有关部门要加强对森林草原防火工作的组织领导，及时排查隐患，严格火源管理，加强预警监测，强化队伍建设，充实物资储备，严防重大森林草原火灾和重大人员伤亡。

3月18日 《农民日报》报道：国务院总理温家宝16日主持召开国务院常务会议，确定《政府工作报告》重点工作部门分工，决定开展2011年全国粮食稳定增产行动。会议决定，以粮食主产省和非主产省的主产县为重点地区，以增加重要紧缺品种供给和推广落实防灾减灾增产关键技术为重点，开展2011年全国粮食稳定增产行动。力争粮食播种面积稳定在去年水平，实现夏粮丰收、早稻增产、秋粮稳定，全国粮食产量在1万亿斤以上。

3月29日 《农民日报》报道：28日全国农村环境保护工作会议召开，总结近年来农村环境保护工作进展和经验，安排部署"十二五"时期和2011年农村环境保护工作。会议提出到2015年，我国将完成6万个建制村的环境综合整治，使严重损害群众健康的农村突出环境问题基本得到治理。

4月26日 《人民日报》报道：25日，全国村村通电话工程"十一五"总结暨"十二五"启动大会召开。工业和信息化部副部长奚国华出席会议并作重要讲话，他指出，通过村村通工程的组织实施，我们探索走出了一条中国特色普遍服务的道路，进一步深化了对农村通信发展的认识，积累了弥足珍贵的经验。服务社会、服务民生是实施村村通工程的根本宗旨，"分片包干"是实现中国特色普遍服务的有效方式，"三个三步走"是农村信息通信建设的内在规律，各方协作配合是村村通工程取得成效的重要保障。截至2010年，全国行政村、20户以上自然村通电话比例分别达到100%和94%，实现全国100%乡镇能上网，其中99%的乡镇和80%的行政村基本具备宽带接入能力。

4月27日 《光明日报》报道：中共中央政治局26日召开会议，研究扶贫开发工作面临的形势和任务，审议《中国农村扶贫开发纲要（2011—2020年)》。会议要求，要坚持开发式扶贫方针，创新体制机制，完善政策体系，大力推进专项扶贫、行业扶贫、社会扶贫，不断提高贫困地区和扶贫对象自我发展能力，积极开展国际合作。各级党委和政府要进一步提高思想认识，切实加强组织领导，强化扶贫开发责任，加强扶贫机构队伍建设，加强扶贫法制化建设，努力实现到2020年扶贫开发目标任务。

5月11日 《光明日报》报道：国务院9日在湖南省长沙市召开全国现代农作物种业工作会议，全面部署加快推进现代农作物种业发展各项工作。中共中央政治局委员、国务院副总理回良玉在会上强调，国以农为本，农以种为先。各地区、各有关部门要认真贯彻落实《国务院关于加快推进现代农作物种业发展的意见》，坚持依靠自主创新，坚持发挥企业主体作用，坚持产学研相结合，坚持扶优扶强，把发展现代种业作为建设现代农业的战略举措，把良种培育作为农业科技创新的首要任务，把提高种子企业核心竞争力作为做大做强种业的关键支撑，把建立产学研联盟、促进育繁推一体化作为整合种业资源的重要切入点，努力建立与我国农业大国地位相适应、具有国际先进水平的现代种业体系，为推动农业稳定发展、农

民持续增收，为保障国家粮食安全、促进经济社会又好又快发展提供有力支撑。

5月26日 《人民日报》报道：农业部在京举行了全国休闲农业服务信息"进城入户"工程启动仪式，"魅力城乡"休闲农业门户网站正式开通，16个省级休闲农业行政管理部门向全社会发布了1600个休闲农业精品景点。截至2010年底，全国农家乐已超过150万家，规模以上休闲农业园区超过1.8万家，全国休闲农业年接待人数超过4亿人次，年营业收入超过1200亿元。

6月10日 《科技日报》报道：6月9日，全球农业文化遗产论坛在中国举行，来自世界各地的近60位专家学者齐聚北京，与上百位的中国专家学者共同参加了论坛。由于中国在农业文化遗产保护方面进行了有益的探索与实践，开创性地提出了农业文化遗产保护的实施方案和保护办法，因此联合国粮农组织特意"跳出"罗马，将本次论坛选择在中国举行。本次论坛重点讨论农业文化遗产对粮食安全和农村生计的主要贡献，自然—文化与人类的关系，社会、文化和环境基础，应对生物多样性丧失挑战的策略以及促进可持续农业和农村发展的途径等问题。

6月11日 《人民日报》报道：新世纪中国农村扶贫开发成就展10日在北京开幕。中共中央政治局委员、国务院副总理、国务院扶贫开发领导小组组长回良玉出席开幕式并强调，要认真贯彻中共中央、国务院印发的《中国农村扶贫开发纲要（2011—2020年)》，以更大的决心、更强的力度、更有效的举措，打好新一轮扶贫开发攻坚战，为实现全面建成小康社会的宏伟目标作出新的贡献。

6月21日 《农民日报》报道：全国城镇居民社会养老保险试点工作部署暨新型农村社会养老保险试点经验交流会议20日上午在京召开。中共中央政治局常委、国务院总理温家宝出席会议并指出，国务院决定在全国范围启动城镇居民社会养老保险制度试点，并加快新农保试点进度，在本届政府任期内基本实现制度全覆盖。

7月12日 《农民日报》报道：7月9日至10日，国家能源局、财政部、农业部在北京联合召开全国农村能源工作会议。这是近30年来，第一次围绕农村能源召开的专题会议。会议提出要按照"十二五"规划纲要关于强农惠农、加快社会主义新农村建设的要求，以建设绿色能源示范县、实施新一轮农网改造升级工程、大力发展农村可再生能源为重点，全面推动农村能源建设取得新进展，为改善农民生活和发展农村经济提供优质、清洁、经济、可靠的现代能

源保障。

7月13日 《科技日报》报道：7月12日，科技部、农业部、财政部、国家粮食局在京联合召开"十二五"国家粮食丰产科技工程启动会。会议全面总结了"十一五"国家粮食丰产科技工程实施情况，表彰了"十一五"工程实施先进集体和个人，并对"十二五"工程的实施进行了部署。黑龙江等9个省的领导在会上作了发言。科技部、农业部、财政部、国家粮食局与13个实施省分别签署了"十二五"国家粮食丰产科技工程实施协议。与会代表围绕"十二五"国家粮食丰产科技工程实施方案进行了热烈讨论。

8月13日 《农民日报》报道：8月11日至12日，国务院在内蒙古自治区呼伦贝尔市召开全国牧区工作会议。中共中央政治局委员、国务院副总理回良玉在会上强调，牧区在我国经济社会发展大局中具有特殊重要的战略地位，要深入贯彻落实科学发展观，牢固树立生态优先理念，以加快转变经济发展方式为主线，以保障改善民生为根本出发点和落脚点，加强草原生态保护建设，积极发展现代草原畜牧业，努力开辟牧民增收和就业新途径，大力发展公共事业，不断提高广大牧民物质文化生活水平，努力建设生态良好、生活宽裕、经济发展、民族团结、社会稳定的新牧区。

8月29日 《人民日报》报道：中共中央政治局常委、国务院总理温家宝26日—28日到河北省张家口市万全县、张北县、康保县、沽源县，深入田间地头、走访村庄农户，召开基层干部群众座谈会，就农业生产、生态建设、农村扶贫等进行调研。27日晚，温家宝在张北县主持召开了农业、农村工作座谈会。温家宝指出，必须毫不松懈地抓好当前农业生产，认真做好技术指导，加强田间管理，千方百计夺取秋粮丰收。要认真落实促进生猪生产和牧区发展的政策措施。强化科技服务，狠抓疫病防控，切实促进生猪和牛羊肉生产，保障市场供给。牧区要认真落实和完善草原生态保护补助奖励机制，保持畜牧业持续稳定健康发展。要改善农产品流通，加快形成流通成本低、运行效率高、安全便利的农产品营销网络。要加大扶贫开发力度，调整农业结构，发展特色农业，大力发展二、三产业特别是农产品加工业，全面提高农业效益，多渠道增加农民收入。

9月7日 《农民日报》报道：首届亚太经合组织林业部长级会议9月6日上午在北京人民大会堂开幕。国家主席胡锦涛出席开幕式并发表题为《加强区域合作实现绿色增长》的致辞，呼吁推动亚太区域

林业发展与合作，实现绿色增长。胡锦涛强调，中国将继续加快林业发展，力争到2020年森林面积比2005年增加4 000万公顷，森林蓄积量比2005年增加13亿立方米，为绿色增长和可持续发展作出新的贡献。

10月24日 《农民日报》报道：10月21日至23日，以"新村官、新创造、新奉献"为主题的第十一届全国"村长"论坛在山东临沂市沈泉庄隆重举行，来自全国各地的1 300多名"村官"代表参加了论坛。中央政治局委员、国务院副总理回良玉发来贺信，对论坛的召开表示祝贺。农业部副部长危朝安出席论坛并讲话。论坛由中国村社发展促进会与山东省农办及临沂市共同主办。参加论坛的有全国各地的知名村官、少数民族村官、大学生村官的代表。论坛期间还举行了"中国市场村合作论坛""全国大学生村官交流会""少数民族村与特色村经济发展交流会"等活动，并授予部分村官为"功勋村官""十大杰出村官"。

10月26日 《经济日报》报道：10月25日，商务部、农业部组织的"全国农超对接进万村"行动启动仪式在浙江省杭州市举行。该行动旨在切实加强鲜活农产品流通体系建设，推进鲜活农产品产销衔接。通过商务、农业部门搭台，组织全国性和区域性大型连锁超市与农民专业合作社开展培训、直接对接，扩大农超对接规模，以实体洽谈与在线洽谈相结合的方式，促进直供直销，进一步加强农产品现代流通体系建设。

10月27日 《农民日报》报道：国务院总理温家宝26日主持召开国务院常务会议，决定启动实施农村义务教育学生营养改善计划，讨论通过《疫苗供应体系建设规划》和《饲料和饲料添加剂管理条例（修订草案）》。会议决定，从2011年秋季学期起，启动实施农村义务教育学生营养改善计划。（一）在集中连片特殊困难地区开展试点，中央财政按照每生每天3元的标准为试点地区农村义务教育阶段学生提供营养膳食补助。试点范围包括680个县（市）、约2 600万在校生。初步测算，国家试点每年需资金160多亿元，由中央财政负担。（二）鼓励各地以贫困地区、民族和边疆地区、革命老区等为重点，因地制宜开展营养改善试点。中央财政给予奖补。（三）统筹农村中小学校舍改造，将学生食堂列为重点建设内容，切实改善学生就餐条件。（四）将家庭经济困难寄宿学生生活费补助标准每生每天提高1元，达到小学生每天4元、初中生每天5元。中央财政按一定比例奖补。

10月31日 《人民日报》报道：第九届中国国际农产品交易会30日在四川省成都市国际会展中心隆重举行。中共中央政治局委员、国务院副总理回良玉出席开幕式并宣布交易会开幕。本届农交会以"转变发展方式，推进现代农业"为主题，增加了专业合作社、园艺作物标准园等新的展示内容，设立了展示农业灾后重建新成果和农业农村新面貌的四川省展示交易区，强化了现代农业发展新观念与成功实践典型的展示和宣传，室内室外展区相呼应，展示、示范和推广相结合，体现了现代农业展会的特点。来自全国31个省（区、市）、新疆生产建设兵团、台湾等33个展团和美国、瑞士、英国、日本、加拿大、匈牙利等国家的2 000多家企业参展，近万家专业采购商到会进行贸易洽谈。

11月6日 《人民日报》报道：11月5日，以"创新·合作与农业现代化"为主题的第十八届中国杨凌农业高新科技成果博览会在陕西杨凌拉开帷幕。本届农高会由科技部、商务部、教育部、财政部、农业部等19个部委和陕西省政府联合主办，为期5天。本届农高会活动包括展览展示、国际合作交流、中国农业科技创新创业大赛、科技成果信息发布、农业实用技术咨询培训、项目洽谈与交易等六大版块。展会期间，还将举办包括2011杨凌现代农业高端论坛、杨凌国际农业科技论坛、中外农民创业论坛、国际合作交流活动在内的国际农业高新技术交流活动。

11月9日 《农民日报》报道：11月8日，全国首届农村产权交易研讨会在京召开。会议就如何深化农村改革，培育与发展农村产权交易市场，促进农村生产要素流动和优化组合，引导社会资本有效参与社会主义新农村建设，更好地发展壮大集体经济，促进农民增收，加强政府对农村产权市场平稳健康发展的扶持与监管等议题进行了深入探讨和交流。

《农民日报》报道：11月4日，全国畜牧总站与德国农业技术咨询公司（GFA）在北京联合举办中德畜牧业技术创新中心——中国牛业发展合作项目启动仪式。全国畜牧总站与德国农业技术咨询公司（GFA）签署了项目实施方案，全国畜牧总站分别与6家中方项目示范单位签署了项目合作协议书，中德代表为第一批中方项目示范单位举行授牌仪式。

11月24日 《农民日报》报道：11月22日，由中国银监会主办、中国银行业协会承办的农村信用社60年发展历程暨金融服务产品博览会在北京举行。60年来，农村信用社不断探索完善管理体制，经历了农行管理、行社脱钩、人行代管、交由省级人民政府管理等重大体制变迁，已有近8万个网点遍布乡镇，服务8亿农民，提供了全国近80%的农户贷款，承担了近80%的金融机构空白乡镇的机构覆盖重任。

《农民日报》报道：全国农业标准化示范县创建工作开展6年来，共创建国家级农业标准化示范县（农场）546个，示范县农产品质量安全水平得到稳步提升，抽检合格率比创建前提高3～5个百分点，创建工作呈现出以点带面、辐射促进的良好局面。

12月9日 《农民日报》报道：12月8日，农业部在京召开全国农民教育培训工作会议，全面部署"十二五"全国农民教育培训工作。农业部决定从2011年12月开始，充分利用冬春农闲季节，连续五年在全国开展冬春农业科技大培训行动，在全国农村掀起"学科技、用科技，促双增"的热潮。"十二五"期间，我国农民教育培训工作将以现代农业发展和农民科技需求为导向，以提高农民对现代科技的吸纳转化应用能力和综合发展能力为重点，以培养职业农民为目标，充分利用各类教育培训资源，通过重大培训工程引导，多层次、多渠道、多形式开展农民教育培训，培养适应现代农业发展需要、扎根农村生产创业的职业农民和实用人才，为发展现代农业和建设社会主义新农村提供人才保障。

12月22日 《人民日报》报道：农村综合改革工作座谈会21日在北京召开，中共中央政治局委员、国务院副总理回良玉出席会议并讲话。他强调，以农村税费改革为起点的农村综合改革，走过了10多年艰辛而辉煌的历程，极大地解放和发展了农村社会生产力，掀开了公共财政更多地覆盖农村的新篇章。在新形势下，要继续坚持统筹城乡发展的方略，坚持工业反哺农业、城市支持农村和"多予少取放活"的方针，深入推进农村综合改革，巩固少取成果、加大多予力度、做好放活文章，创新体制机制，完善服务体系，力争在重点领域取得重大突破、在关键环节取得重大进展，为加快城乡经济社会一体化发展提供强大动力和制度保障。

12月28日 《人民日报》报道：27日，中央农村工作会议在北京举行。中共中央政治局常委、国务院总理温家宝出席会议并讲话。温家宝在讲话中系统回顾总结了党的十六大以来农业农村发展取得的巨大成就，阐述了在推进工业化、城镇化进程中继续做好"三农"工作需要把握好的若干重大问题，对做好明年农业农村工作提出了要求。他指出，明年宏观调控面临的形势复杂严峻，特别是经济增长下行压力和物价上涨压力并存，做好农业农村工作具有特殊重要的意义。对明年的农业生产特别是粮食生产，各地区各部门务必高度重视，真正做到思想不麻痹、政策不减弱、工作不松懈、投入有增加，确保再夺丰收。在新的形势下，各级领导干部要善于把握农业农村发展规律，不断提高做好"三农"工作的能力和水平。

【农业发展成就】

1月17日 《农民日报》报道：我国农业及生物领域唯一的国家重大科学工程——中国农作物基因资源与基因改良重大科学工程2010年12月6日通过了国家发展和改革委员会组织的国家验收。该工程投入使用以来查明了我国作物种质资源分布规律和富集程度，创建了世界上唯一的长期库、复份库、中期库、种质圃相配套的种质资源保存技术体系，长期安全保存种质资源40万份，建立了农作物种质资源技术规范体系，鉴定评选优异种质3 000份，育成新品种658个，累计推广42.7亿亩，使我国种质资源研究跻身世界前列。

1月21日 《农民日报》报道：为进一步稳定粮食生产、促进农民增收，加大对种粮农民的直接补贴力度，中央财政下拨2011年粮食直补和农资综合补贴资金986亿元，比上年增长14%。其中，农资综合补贴835亿元，粮食直补资金151亿元。

1月28日 《人民日报》报道：为支持做好春耕备耕等工作，中央财政预付粮食直补、农资综合补贴、良种补贴、农机购置补贴等补贴资金合计1 277.8亿元。上述四项资金，共拨付河北、山西、山东、河南、江苏、安徽等6个受旱较重省份，合计447.7亿元，占资金总额的35%。

1月29日 《人民日报》报道：截至1月26日，第二批扩大新农保试点地区全部启动参保和养老金发放工作，全国27个省、自治区的838个新农保试点县和4个直辖市新农保参保人数达到1.25亿人，其中3 428万经确认符合条件的农村老年人按月领取养老金。

2月1日 《科技日报》报道：浙江省科技厅、上海市科委1月30日在浙江省舟山市共同宣布，来自浙江海洋学院、复旦大学、上海交通大学等院所的科学家已绘制完成大黄鱼的全基因组测序、组装和序列图谱。

2月8日 《人民日报》报道：2010年，浙江农村居民人均纯收入达11 303元，比2009年人均增收1 295元，增长12.9%，扣除价格因素影响，实际增长8.6%。至此，浙江农民人均收入已连续26年位居全国省区第一。

2月11日 《经济日报》报道："十一五"期间，中央对农村公路建设投资达1 978亿元，年均递增30%，全社会共计完成投资9 500亿元，新改建农村公路186.8万千米，其中新增农村公路52.7万千米，农村公路总里程达到345万千米。

2月14日 《人民日报》报道：到"十一五"末，我国农民工总数达2.42亿人。2010年农民工月均收入1 690元，6 329万农民工有工伤保险，80%的农民工随迁子女在城镇公办中小学免费接受义务教育，2010年，农民工月均收入达1 690元，比2005年的875元增长近一倍。

2月19日 《人民日报》报道：2月18日，农业部与国家开发银行在北京签署规划合作备忘录，双方将进一步巩固长期稳定的战略合作关系，在编制全国农业发展规划、支持农业"走出去"、建设现代农业、构建农业基础设施建设融资机制、农业合作试点等方面进一步加强合作，共同推进我国农业产业快速健康发展。

2月27日 《人民日报》报道：全国3年来累计投资677.2亿元，完成了7 356座大中型和重要小型病险水库的除险加固，如期实现了党中央国务院提出"大中型病险水库三年除病"的目标。初步统计，共恢复防洪库容约35亿立方米，基本解除了637座县级以上城市、1.61亿亩农田以及大量国家重要基础设施的洪水威胁。

3月7日 《人民日报》报道："十一五"时期我国贫困人口从6 431万人减少到2 688万人，5年年均减少748.6万人。到2010年，贫困发生率下降到2.8%，扶贫开发工作重点县农民人均纯收入"十一五"期间年均增长10.28%，比全国平均水平高出0.95个百分点，《中国农村扶贫开发纲要（2001—2010）》目标如期实现。

3月23日 《人民日报》报道：2008—2010年，我国新型转基因抗虫棉培育和产业化全面推进，新培育36个抗虫棉品种，累计推广1.67亿亩，实现效益160亿元，国产抗虫棉市场份额达到93%，有效控制了棉铃虫危害，彻底打破了国外抗虫棉的垄断地位。这是我国转基因生物新品种培育重大专项取得的成就之一。

3月28日 《人民日报》报道：为大力推进农村环境连片整治，加快社会主义新农村建设，中央财政将对纳入农村环境连片整治的15个省份投入资金115亿元以上，带动地方投入资金不少于120亿元，预计将整治村庄近2万个，直接受益农村人口近

1亿人。

4月14日 《科技日报》报道：13日，中国农科院和巴西农牧业研究院共建的中国—巴西农业科学联合实验室揭牌。这是我国面向南美洲国家的第一个农业科学联合实验室。

4月18日 《人民日报》报道：4月15日，以"农村土地整治，利民利乡利城"为主题的"农村土地整治万里行"宣传活动拉开帷幕。2001年以来，通过大力推进农村土地整治，我国建设高产稳产基本农田2亿多亩，增加耕地4200多万亩，保证了耕地面积基本稳定。同时，提高了耕地质量，经整理的耕地亩均产量提高10%～20%。

4月21日 《农民日报》报道：4月17日到20日，中共中央政治局委员、国务院副总理回良玉到粮食主产区山东、内蒙古和黑龙江考察指导粮食和农业生产工作。他强调，各地、各有关部门要认真落实支持粮食和农业生产的各项政策，实施好全国粮食稳定增产行动，充分调动农民生产积极性，大力加强夏季粮油田间管理，种足种好春播作物，搞好科技服务，强化技术措施，稳定农资价格，千方百计夺取夏粮和全年农业丰收。

4月22日 《人民日报》报道：截至2010年底，已有20个省（区、市）基本完成明晰产权、承包到户，全国共承包到户的集体林地占总面积的88.6%，3亿多农民直接受益。

全国林业总产值由2006年的1.07万亿元增加到2010年的2.09万亿元，五年翻了一番。

5月7日 《人民日报》报道：2011年一季度农产品例行监测结果显示，我国蔬菜、畜禽产品和水产品监测合格率分别为97.1%、99.8%和97.8%，继续保持较高的水平。针对监测所反映出的问题和隐患，农业部迅速启动实施了6项专项整治行动，确保上市农产品消费安全。

《科技日报》报道：由中国水产科学研究院水产生物应用基因组研究中心、黑龙江水产研究所和中国科学院北京基因组研究所于2009年底共同实施的"鲤鱼基因组计划"，历时一年终于取得重大成果，成功完成鲤鱼全基因组测序，并绘制鲤鱼基因组框架图谱、基因组物理图谱和高密度连锁图谱。

5月31日 《人民日报》报道：我国农作物耕种收综合机械化水平达到52%，这标志着农业生产方式实现了由人畜力作业为主向机械化作业为主的历史性跨越。从2004年到2010年，实施农机购置补贴以来，我国农机总动力年均增幅7%。全国耕种收综合机械化水平7年的增幅相当于政策实施前30年的增幅。2011年，中央财政农机购置补贴资金规模再次扩大到175亿元，中央财政补贴资金七年翻了八番，补贴覆盖范围扩展到100%的农牧业县（场），925万户农户受益。

6月14日 《农民日报》报道：2011年中央进一步加大了畜牧良种补贴力度，补贴资金较2010年增加2亿元，达11.9亿元。新增部分用于内蒙古、四川、云南、西藏、甘肃、青海、宁夏、新疆8个省区的肉牛、羊、牦牛良种补贴。

《科技日报》报道：6月10日，"十二五"国家科技支撑计划"现代多功能农机装备制造关键技术研究"重大项目在京启动，将投入2.94亿元，重点突破无级变速传动系、田间作业导航等关键技术，并创制400马力级重型拖拉机和智能采棉机等新产品，全面提升我国农机装备制造能力。

6月27日 《科技日报》报道：6月25日，杂交水稻国家重点实验室揭牌仪式，在湖南杂交水稻研究中心举行。

6月28日 《人民日报》报道：中共中央政治局委员、国务院副总理回良玉27日参观了正在北京全国农业展览馆举行的建党以来农村政策回顾展。他强调，我们要认真总结我们党在长期实践中积累的宝贵经验，毫不动摇地坚持党在农村的基本政策，不断完善强农惠农举措，推动体制机制创新，促进农村经济社会又好又快发展。

6月29日 《经济日报》报道：全国小麦机收水平达87.8%，比去年提高近2个百分点。河南、山东、安徽、江苏、河北五大主产省小麦机收水平均超过96%，再创新高。各小麦主产区共投入1400多万台（套）农机具参加"三夏"抢收抢种作业，其中稻麦联合收割机50万台，比去年增加3万台，参加跨区作业联合收割机达32万台，增加2万台。

7月5日 《人民日报》报道：首次完成的全国耕地后备资源状况调查显示，目前主要分布在我国北方的集中连片的耕地后备资源为734.39万公顷（1.1亿亩）。

7月6日 《科技日报》报道：我国林木基因组学研究取得突破。北京林业大学的科学家们选用百年古树作为测序的样本，利用最新的全基因组鸟枪法测序和拼接策略，绘制完成了毛白杨的基因组序列图谱，标志着毛白杨分子育种进入基因组时代。

7月9日 《人民日报》报道：2011年水利投入将达到4000亿元，未来10年水利投入4万亿元。

7月12日 《人民日报》报道：国家统计局11日发布了关于2011年全国夏粮产量数据的公告，

根据对夏粮主产区抽样调查和非主产区统计，2011年全国夏粮总产量为 12 627 万吨，比上年增加 312 万吨，增长 2.5%。

《农民日报》报道：7月8日，由中化集团所属中国种子集团有限公司投资兴建的中国种子生命科学技术中心正式在湖北武汉国家生物产业基地开工，项目总投资达 50.6 亿元，这是我国种业迄今为止在企业自主研发和人才创新创业基地建设方面最大规模的投资。

7月13日 《农民日报》报道：7月12日，农业部与江西、湖北、湖南、安徽、江苏五省人民政府联合启动长江中下游渔业资源修复活动。此次活动在五省共设置 101 个放流点，放流青、草、鲢、鳙等重要经济鱼类约 13 亿尾，种植水草 13.5 万亩，底播贝类 2 100 万粒。

7月20日 《农民日报》报道：由中国农业科学院棉花研究所杜雄明研究员发明的"棉花优质棕色纤维新品种的选育方法"获得国家发明专利。专家认为，此项发明的问世将为我国棉花优质棕色纤维新品种的选育提供一种优质、大铃、高产的方法。

7月26日 《人民日报》报道：截至6月底，"新农保"国家试点地区共有 1.42 亿人参保，3 713 万人领取养老金。加上各地自行开展的"新农保"试点，全国参加"新农保"人数共 1.99 亿人，5 408 万人领取养老金。北京、天津、重庆、浙江、江苏、西藏、宁夏、青海、海南 9 个省（区、市）已经实现"新农保"制度全覆盖。

8月4日 《农民日报》报道：为确保进城务工农民工随迁子女平等接受义务教育，中央财政下拨 45.68 亿元，对进城务工农民工随迁子女接受义务教育问题解决较好的省份给予适当奖励。

8月10日 《农民日报》报道：统计表明，截至 2011 年上半年，农民专业合作社实有 44.6 万个，在各类市场主体中，农民专业合作社增长最快，比上年底增长 17.66%，出资总额 0.57 万亿元，比上年底增长 26.12%。

8月12日 《农民日报》报道：中央财政追加下达农村义务教育学校公用经费补助资金 79.3 亿元，加上年初预算安排的 392.4 亿元，2011 年中央财政已累计安排农村义务教育学校公用经费补助资金 471.7 亿元。

8月18日 《科技日报》报道：8月15日，国际上首个红莲型抗褐飞虱三系不育系"珞红4A"在武汉通过鉴定。武汉大学朱英国院士团队抗褐飞虱杂交水稻研究取得重大突破。2010 年，朱英国团队选

育出世界上首个抗褐飞虱优质、高产中稻品种——两系杂交稻新品种"两优234"进入大面积推广阶段。两年区域试验平均亩产 636.43 千克，增产 5.12%，米质达到国标 3 级优质标准。

8月22日 《人民日报》报道：历经 7 年不懈努力，我国乡镇机构改革取得了突破性进展。截至目前，各地已经进行改革的乡镇达 33 524 个，占全国乡镇总数的 97.7%。

8月26日 《人民日报》报道：在今年全部取消主产区粮食风险基金地方配套的基础上，为进一步加强地方政府粮食调控能力，解决地方粮食风险基金缺口问题，国务院决定增加全国粮食风险基金规模 80 亿元。其中，中央财政新增粮食风险基金中央补助款 44 亿元，非粮食主产区省份负担 36 亿元。

8月31日 《人民日报》报道：30 日国家统计局对外公布 2011 年全国早稻产量数据。根据国家统计局对早稻主产区的实割实测推算和非主产区统计，全国早稻播种面积 5 751 千公顷，比上年减少 45 千公顷，下降 0.8%。全国早稻单产为每公顷 5 697 千克，比上年增加 290 千克/公顷，提高 5.4%。全国早稻总产量为 3 276 万吨，比上年增产 143 万吨，增长 4.5%。

《人民日报》报道：8月29日，国际权威学术期刊《自然—遗传学》（Nature Genetics）在线发表了由我国主导，通过国际合作完成的白菜全基因组研究论文。这标志着我国以白菜类作物为代表的芸薹属作物基因组学研究取得了国际领先地位。

9月1日 《人民日报》报道："十一五"时期，中央财政安排"三农"投入近 3 万亿元，年均增长 23.6%，投入规模和年均增幅均创历史新高。

9月5日 《人民日报》报道：8 月 31 日至 9月 3 日，中共中央政治局委员、国务院副总理回良玉到辽宁、吉林、黑龙江考察指导粮食和农业生产工作。他强调，要进一步落实支持粮食和农业生产的各项政策，抓好秋收作物田间管理，有针对性地做好技术指导，严密防范可能发生的各种灾害风险，千方百计夺取秋粮丰收。

9月13日 《科技日报》报道：我国在栽培纬度最高限禁区试种水稻成功，黑龙江省首次在高纬高寒的黑河市爱辉区试种水稻，长势良好，丰收在望。

9月14日 《人民日报》报道：中国银监会公布的统计数据显示，截至今年6月末，全国已组建新型农村金融机构 615 家，其中 369 家设在中西部

省份。

9月16日 《人民日报》报道：15日，投资60亿元建设的中国棉花交易中心落户湖北天门，该项目有望成为全国棉花现货定价和交割中心。

9月20日 《人民日报》报道：超级稻第三期亩产900千克攻关验收组组长程式华9月19日下午宣布，经专家测定，位于湖南省邵阳市隆回县羊古坳乡雷峰村百亩试验田的超级稻加权平均亩产达到926.6千克。

9月22日 《人民日报》报道：2010年我国茶叶种植面积197万公顷，居世界第一位；茶叶产量147.5万吨，居世界第一位；茶叶农业产值530亿元，居世界第一位；茶叶出口30.24万吨，居世界第二位，出口金额7.84亿美元，居世界第二位；与此同时，国内茶叶市场发展迅猛，110万吨的茶叶内销总量，也居世界第一。

9月26日 《农民日报》报道：9月23日，农业部在安徽省肥东县食品工业园广场举行国家农业产业化示范基地揭牌仪式。农业部公布了第一批76个国家农业产业化示范基地名单。龙头企业形成了以894家国家重点龙头企业为核心，9 000多家省级龙头企业为骨干，9万多家中小龙头企业为基础的发展格局，产品涵盖种植、畜牧、水产多领域，经营涉及生产、加工、流通多环节，销售收入突破5万亿元，提供的农产品及加工制品占农产品市场供应量的1/3，占主要城市"菜篮子"产品供给的2/3以上。

10月12日 《人民日报》报道：11日，农业部与陕西省政府签订国家级洛川苹果批发市场建设合作备忘录，首家国家级农产品专业市场启动建设。

10月18日 《人民日报》报道：我国杂交小麦育种技术将进入大规模产业化应用阶段。中国种子集团有限公司与北京农林科学院日前在京签署合作协议，共同投资设立中种杂交小麦种业有限公司，致力于加快杂交小麦优良品种的选育和推广。

《经济日报》报道：2011年中央财政对"三农"方面的投入规模将在年初预算安排9 884.5亿元的基础上进一步加大，预计全年对"三农"的投入规模将首次达到1万亿元左右。

10月20日 《经济日报》报道：自2007年实施农业保险保费补贴政策以来，中央财政已累计拨付农业保险保费补贴资金262.1亿元，为"三农"事业提供风险保障逾1.5万亿元。2007年至2011年8月，农业保险经办机构通过"一卡通"等，及时向农户支付农业保险赔款共计356亿元，受益农户达5 990万户次；农业保险保费收入共计564亿元，由2007年的51.84亿元增长至2010年的135.8亿元，年均增长37.8%，较同期保险业保费年均增速高出约10个百分点。

10月25日 《科技日报》报道：华中农业大学作物遗传改良国家重点实验室张启发院士领衔的水稻国家创新研究团队，成功克隆了正调控水稻粒重的数量性状基因GS5。该基因在高产分子育种中具有广阔的应用前景。相关论文10月23日在线发表于《自然·遗传学》。

11月4日 《农民日报》报道：全国农垦系统粮食总产继跨越400亿斤、500亿斤两个台阶后，2011年将首次突破600亿斤，实现"八连增"。

11月6日 《人民日报》报道：今后对农业综合开发的产业化项目，中央财政将主要采取贷款贴息方式予以扶持。2012年中央计划安排36亿元资金，扶持竞争优势明显、辐射带动能力强的农业综合开发产业化项目，其中60%以上的资金用于贴息，可引导银行贷款500多亿元。

11月9日 《经济日报》报道：农业部11月8日全面启动和部署了"十二五"农业部重点实验室建设工作，按照学科群部署和建设农业领域重点实验室。本次重点实验室建设工作围绕主要农产品、共性技术和生态类型进行布局设计，形成了以综合性重点实验室为龙头、专业性和区域性重点实验室为骨干、科学观测实验站为延伸的一体化布局。30个学科群包括重点实验室228个、农业科学观测实验站269个，涵盖了农业领域的主要学科。

11月17日 《人民日报》报道：国务院新闻办11月16日发表了《中国农村扶贫开发的新进展》白皮书。我国扶贫标准以下的农村贫困人口数量从2000年底的9 422万人减少到2010年底的2 688万人，农村居民的生存和温饱问题已基本解决。扶贫标准从2000年的865元提高到2010年的1 274元。

12月3日 《人民日报》报道：国家统计局2日公布，2011年全国粮食总产量达到57 121万吨，比2010年增产2 473万吨，增长4.5%，不仅再创历史纪录，而且达到了2020年粮食产能规划水平。这也是我国粮食产量连续第八年增长。

12月5日 《科技日报》报道：我国科学家发现水稻叶片衰老死亡原理。中国科学院遗传与发育生物学研究所植物基因组学国家重点实验室储成才课题组发现，一氧化氮（NO）作为信号分子，参与了过氧化氢诱导的水稻叶片细胞死亡。详细的分子、生理及生化分析结果表明：强光条件下，突变体叶片中NO含量的升高和降低，可分别加重和减轻水稻叶片细胞死亡程度。这一研究结果在国际杂志《植物生理学》上在线发表。

12月13日 《农民日报》报道：2011年，各级农机化、财政主管部门共落实农机深松作业补贴资金10.5亿元，农民和农机服务组织开展深松整地的积极性高涨，全国共完成春、秋季深松整地1.6亿亩，比去年增加2100万亩。农业部提出，力争到2015年，将全国适宜地区的7亿亩耕地全部深松一遍，并进入"同一地块三年深松一次"的耕作周期。

12月19日 《科技日报》报道：科学家首次对栽培稻和野生稻基因组进行了大规模的遗传变异分析，为深入挖掘水稻重要农艺性状基因及促进水稻分子育种改良等研究提供了宝贵的基因资源。12月12日，由中科院昆明动物研究所、植物研究所、研究生院及深圳华大基因等单位完成的50个水稻基因组重测序及遗传变异数据库构建等研究成果在《自然—生物技术》上在线发表。

12月20日 《人民日报》报道：第一次全国水利普查工作取得重要的阶段性成果，通过对70多万个村级普查区的调查，第一次全面摸清了我国各类水利对象的详细底数，系统掌握了各类水利对象的数量及结构，深入查清了我国各类重要水利对象的空间分布状况。

2012 年

【文献】

1月4日 《农民日报》报道：农业部发布《全国农民教育培训"十二五"发展规划》。

《规划》提出，"十二五"末农民教育培训将覆盖全国所有乡村，围绕农民生产生活实际开展实用技术培训5亿人次，使每个受训农民掌握1～2项实用技术，结合区域优势产业布局和主导产业发展，开展现代农业产业技术培训1 000万人，农村实用人才带头人和农民职业技能培训2 500万人、农民创业培训25万人，培养具有中高等学历的高素质新型农民100万人。

1月13日 《人民日报》报道：经中央农村工作领导小组同意，农业部会同有关部门批复了北京市大兴区等24个农村改革试验区，新形势下的农村改革试验区工作正式启动。新一轮农村改革试验区将围绕六大制度建设选择试验主题：稳定和完善农村基本经营制度、健全严格规范的农村土地管理制度、完善农业支持保护制度、建立现代农村金融制度、建立促进城乡经济社会发展一体化制度、健全农村民主管理制度。

2月20日 《人民日报》报道：财政部、环境保护部联合颁布《关于加强"十二五"中央农村环保专项资金管理的指导意见》。

2012年中央财政将安排55亿元资金支持农村环境整治工作。中央财政自2008年起设立农村环境保护专项资金，截至2011年底，共安排了80亿元用于开展农村环境综合整治，带动地方投资97亿元，对1.63万个村庄进行了整治，受益人口4 234万人。

3月31日 《农民日报》报道：农业部印发《关于进一步规范农机购置补贴产品经营行为的通知》，对补贴产品经销企业的资质条件、确定程序、纪律要求、违法违规行为惩处等做出明确规定。

4月19日 国家开发银行和农业部在北京签署《共同推进现代农业发展合作协议》及《开发性金融支持我国农业国际合作协议》。

根据协议，"十二五"期间国家开发银行将融资2 000亿元支持现代农业发展。

5月16日 《人民日报》报道：为了缓解生猪市场价格周期性波动给生产者和消费者带来的影响，经国务院批准。国家发展和改革委员会、财政部、农业部、商务部、国家工商行政管理总局、国家质量监督检验检疫总局等六部门联合发布了《缓解生猪市场价格周期性波动调控预案》。

5月18日 《人民日报》报道：中国人民银行、浙江省人民政府联合印发通知，决定在丽水市开展农村金融改革试点工作，并同意实施《丽水市农村金融改革试点总体方案》。丽水市成为全国首个经央行批准的农村金融改革试点地区。

5月25日 《经济日报》报道：卫生部、财政部和民政部联合印发《关于做好2012年新型农村合作医疗工作的通知》。从2012年起，各级财政对新农合的补助标准从每人每年200元提高到240元。

7月15日 《人民日报》报道：住房和城乡建设部、国家发展和改革委员会、财政部联合发出通知，要求各地支持完成400万农村贫困户危房改造。根据通知，补助标准为每户平均7 500元，2012年中央安排扩大农村危房改造试点补助资金318.72亿元（含中央预算内投资35亿元），由财政部会同国家发展和改革委员会、住房和城乡建设部联合下达。

8月6日 《人民日报》报道：农业部、财政部联合印发了《2012年农产品产地初加工补助项目实施指导意见》。

2012年中央财政安排5亿元资金，专门用于农产品产地初加工补助项目的实施。通过财政"以奖代补"、部门指导、技术培训等综合措施，支持农户和专业合作社建设产地初加工设施，推广普及科学适用的初加工技术。

8月8日 《农民日报》报道：国务院发布《关于深化流通体制改革加快流通产业发展的意见》，要求在一定期限内免征农产品批发市场、农贸市场城镇土地使用税和房产税;将免征蔬菜流通环节增值税政策扩大到有条件的鲜活农产品;加快制定和完善促进废旧商品回收体系建设的税收政策;完善并落实家政服务企业免征营业税政策,促进生活服务业发展;落实总分支机构汇总纳税政策,促进连锁经营企业跨地区发展;积极推进营业税改增值税逐步深化,取得了重要阶段性成果。省以下财政体制进一步完善,"省直管县"和"乡财县管"稳步推进,截至2011年底,全国共有27个省份对1 080个县实行了财政直接管理,2.93万个乡镇实行了"乡财县管",基层政府提供基本公共服务能力明显增强。

11月23日 《人民日报》报道:国务院办公厅印发了《关于规范农村义务教育学校布局调整的意见》,对农村义务教育学校布局调整提出了明确要求和规范意见。

12月14日《经济日报》报道:国务院办公厅印发了《国家农业节水纲要(2012—2020年)》。

《纲要》指出,到2020年,基本完成大型灌区、重点中型灌区续建配套与节水改造和大中型灌排泵站更新改造,全国农田有效灌溉面积达到66 666.7千公顷,农田灌溉水有效利用系数达到0.55以上,旱作节水农业技术推广面积达到33 333.3千公顷以上,高效用水技术覆盖率达到50%以上。

12月20日 《经济日报》报道:商务部发布《关于加快推进鲜活农产品流通创新的指导意见》。

《意见》明确开展鲜活农产品流通创新就是要经过3~5年的发展,使得流通环节进一步减少,流通成本明显降低,流通效率明显提高,流通的现代化水平明显提升,流通的公益性特征更加突出。

【会议】

2月2日 中共中央政治局委员、国务院副总理回良玉出席在北京举行的加快农业科技创新与推广农业专家座谈会并讲话。他强调,各地区、各有关部门要深入学习贯彻中央1号文件精神,切实把农业科技摆到更加突出的位置,下决心突破体制机制障碍,大幅度增加农业科技投入,充分调动广大农业科技人员的积极性,全面加强农业科技服务,努力夺取2012年粮食和农业丰收。

4月10日 农业部农民田间学校辅导员培训班暨创新试点启动仪式在安徽省巢湖市举行。农业部科技教育司会同中国科学院农业政策研究中心、中国农业大学等单位联合设计并实施的创新试点项目,旨在探索通过"农民田间学校"模式,加速农业技术推广,稳定并继续提高粮食生产水平,提高农业生产效率,改善由于农业生产过程中化肥和农药的过量使用而带来的对土壤、大气和水体的环境压力,推动我国农业实现高产、高效、环保的可持续发展。

4月11日—12日 全国农业国际合作工作会议在北京召开。

会议系统总结了近两年的农业国际合作工作,研究提升农业对外开放质量和水平的重大举措,全面部署今后两年的农业国际合作重点。

5月2日 国务院总理温家宝主持召开国务院常务会议,讨论通过《国家中长期动物疫病防治规划(2012—2020年)》。

6月2日 《人民日报》报道:全国农业科技教育工作会议在合肥市举行。中共中央政治局委员、国务院副总理回良玉出席会议并强调,要大力实施科教兴农战略,进一步加大政策支持,加快改革步伐,加强统筹协调,推动农业科技教育事业又好又快发展,努力走出一条中国特色农业科技教育发展之路。

6月12日 中国银行业监督管理委员会在福建省泉州市召开全国农村中小金融机构支持"三农"科学发展现场会,全面启动实施"金融服务进村入社区""阳光信贷"和"富民惠农金融创新"三大工程。

6月19日 《中华人民共和国农民专业合作社法》实施五周年座谈会在北京召开。全国人大常委会副委员长乌云其木格出席座谈会并讲话。

7月3日 《人民日报》报道:全国农民专业合作社经验交流会在北京举行。

会议对600个农民专业合作社示范社进行了表彰。中共中央政治局委员、国务院副总理回良玉强调,要因地制宜、分类指导、因社施策,加强政策支持和法律保障,促进机制创新和科学管理,全面提升农民专业合作社发展水平,不断增强带动和服务能力,走出一条符合我国国情和农业生产经营特点、适应社会主义市场经济要求的农民专业合作社发展路子。

7月3日 全国村务公开民主管理工作会议在山西省运城市召开。

中共中央书记处书记、中央纪委副书记何勇强调,要进一步完善乡村治理机制,着力解决农民群众反映强烈的问题,切实维护农民群众合法权益,促进农村社会和谐稳定,推动农村经济社会又好又快发展。

7月19日—20日 国务院在黑龙江农垦建三江管理局和佳木斯市召开全国现代农业建设现场交

流会。

中共中央政治局委员、国务院副总理回良玉在会上强调，要着力改善农业基础设施和装备条件，大力加强农业科技进步和人才队伍建设，健全现代农业经营制度，完善现代农业支持保护体系，办好全国现代农业示范区，有计划、有步骤地扎实推进现代农业建设。

9月27日 全国农家书屋工程建设总结大会在天津举行。

截至2012年8月底，农家书屋已覆盖全国具备条件的行政村，提前三年完成了"农家书屋村村有"的任务。全国共建成达到统一规定标准的农家书屋600 449家，投入资金180多亿元，共计配送图书9.4亿册、报刊5.4亿份、音像制品1.2亿张、影视放映设备和阅读设施60多万套，丰富了农村的文化生活。

9月28日 第十届中国国际农产品交易会在全国农业展览馆举行。

本届农交会以"加快现代农业建设，推进'三化同步'发展"为主题，22个国家和地区的2 000多家企业参展。

10月12日 全国新型农村和城镇居民社会养老保险工作总结表彰大会在北京人民大会堂召开。

中共中央政治局常委、国务院总理温家宝强调，实现"老有所养"是社会保障的重要目标，要进一步提高认识、完善制度、改进工作，推动养老保险制度建设取得新进展，更好地保障和改善民生。

10月17日 10月17日是第20个国际消除贫困日，减贫与发展高层论坛在北京举行。中共中央政治局委员、国务院副总理、国务院扶贫开发领导小组组长回良玉出席，强调要加大资金和政策支持力度，努力巩固温饱成果、加快脱贫致富、改善生态环境、提高发展能力、缩小发展差距，尽快改变贫困地区经济社会面貌。

10月17日 国家开发银行与中国扶贫基金会在北京举行微小贷款扶贫试点合作协议签约仪式。该协议将双方合作金额由2亿元提高到10亿元，用于在全国范围内实施小额信贷扶贫项目，这是国内小额信贷领域最大的一笔批发贷款，将为推动贫困地区农户脱贫致富、改善农村金融服务发挥重要作用。

10月18日—19日 中共中央政治局委员、国务院副总理回良玉在山东主持召开农业农村工作座谈会，他指出，越是农业农村形势好，越要重视和加强"三农"工作，做到思想上毫不放松、行动上毫不松懈，政策措施不断强化、投入力度不断加大。

10月20日 《经济日报》报道：农业部"百名农业科教兴村杰出带头人2012年度资助项目发布会"在北京举行，计划三年内面向全国资助100名农业科教兴村杰出带头人，每人每年奖励5万元，鼓励科学技术创新的佼佼者，并在全国范围内起到引领示范作用。

11月27日 中国农业产业化龙头企业协会27日在北京人民大会堂举行成立大会。国务院副总理回良玉强调，要切实加强组织领导，创新体制机制，完善政策措施，大力发展农业产业化，培育壮大龙头企业，加快构建新型农业经营体系，推动现代农业建设和农业发展方式转变。

12月22日 为期两天的中央农村工作会议在北京闭幕。

会议讨论了《中共中央、国务院关于加快发展现代农业进一步增强农村发展活力的若干意见（讨论稿)》。

【农业发展成就】

1月4日 《科技日报》报道：湖南农业大学邹应斌等提出一种新的水稻栽培管理技术——因地定产、依产定苗、测苗定氮"三定"栽培技术，经多点试验证明，这项新技术能使传统栽培的早稻和晚稻分别增产11.68%、7.41%。

1月8日 《人民日报》报道：据财政部门统计，2011年中央财政对"三农"的实际投入首次突破万亿元大关，达到10 408.6亿元，同比增长21.3%。

《经济日报》报道：2011年我国渔民人均纯收入首次突破万元大关，达10 012元，比上年增加1 049元。

1月18日 《农民日报》报道：截至2011年末，中国大陆城镇人口为69 079万人，比上年末增加2 100万人；乡村人口为65 656万人，减少1 456万人；城镇人口占总人口比重达到51.27%，比上年末提高1.32个百分点，城镇人口数量首次超过农村。

1月21日 《经济日报》报道：2011年我国农村居民人均纯收入为6 977元，比上年增加1 058元，增幅首次突破千元，扣除价格因素，实际增长11.4%，成为自1985年以来增速最快的一年；同时，2010年和2011年农村居民收入增速分别超过城镇居民3.1个和3个百分点，城乡收入差距开始缩小。

2月6日 主题为"科技进村入户，助力增产增收"的全国农业科技促进年活动正式启动，2012

年将有 100 万农业科技人员为农业生产开展全年全程科技服务，160 个农业主导品种和 10 项主推技术也同时向全国发布。

2月11日 《光明日报》报道：我国首个"油菜基因资源超市"在中国农业科学院油料作物研究所阳逻基地开业，参加国家油菜产业技术体系会议的 100 多名专家成为光顾的首批客人。

2月12日 《人民日报》报道：2011 年中央水利投资规模首次突破千亿元，达到 1 141 亿元。根据《"十二五"水利发展规划》和有关建设规划，"十二五"期间水利建设总投资将达 1.8 万亿元，其中中央水利投资约 8 000 亿元。

《经济日报》报道：我国种业年产值达 3 000 多亿元，农作物良种覆盖率达到 95% 以上，良种对粮食增产的贡献率超过 40%。

2月14日 《人民日报》报道：13 日公布的《全国现代农业发展规划》首次提出了今后 5～10 年我国现代农业建设的奋斗目标。到 2015 年，我国现代农业建设要取得明显进展，粮食等主要农产品供给得到有效保障，物质装备和科技支撑能力显著增强，土地产出率、劳动生产率、资源利用率显著提高，东部沿海、大城市郊区和大型垦区等条件较好区域要率先基本实现农业现代化；到 2020 年，现代农业建设要取得突破性进展，主要农产品优势区基本实现农业现代化。

2月26日 《经济日报》报道：近 10 年来全国共审批生产建设项目水土保持方案 34 万个，生产建设单位投入水土保持资金 4 000 多亿元；在重点治理方面，国家水土保持重点工程规模和范围不断扩大，全国累计初步治理水土流失面积近 110 万平方千米，1.5 亿名群众从水土保持治理中直接受益。

2月29日 全国农民工工作暨家庭服务业工作会议透露，2011 年我国农民工工资水平快速提高，外出农民工月均收入首次突破 2 000 元大关，达到 2 049元，比 2010 年增加 359 元。

3月8日 《人民日报》报道：中国人民银行决定，增加支农再贷款 100 亿元支持春耕备耕，并下发通知，对管好用好支农再贷款。支持扩大涉农信贷投放作出部署。

3月18日 《经济日报》报道：农业部在全国范围内正式启动"'12316'信息惠农家"活动，并同时发布"'12316''三农'信息服务"标识。

3月20日 《经济日报》报道：农业部、财政部联合印发《2013 年农产品产地初加工补助项目实施指导意见》，投资 5 亿元在 14 个省、自治区开展农产品产地初加工补助项目，重点扶持农户和农民专业合作社建设马铃薯贮藏窖、果蔬通风库、冷藏库和烘干房等产地初加工设施。

3月18日 《经济日报》报道：2012 年，农业保险共向 2 818 万户次农户支付赔款 148 亿元。2007 年以来，我国农业保险累计向 1.13 亿户次的农户支付赔款 551 亿元。

3月21日 《人民日报》报道：在转基因重大专项的大力支持下，我国第二代转基因棉花研究总体跃居世界领先水平，并拥有国际发明专利等自主知识产权，为摆脱高端棉花长期依赖进口的局面，打下坚实基础。这是我国继转基因抗虫棉之后，在这一高科技领域取得的又一项标志性重大科技成果。

3月22日 《人民日报》报道：考虑油价上涨以及后期其他农用生产资料价格变化因素，财政部再次拨付各地农资综合补贴资金 243 亿元，全国平均每公顷新增补贴资金约 210 元，直接补助给种粮农户，确保农民种粮收益不因农资价格上涨而降低。

3月22日 《光明日报》报道：经过园艺学、基因组学、生物信息学等科研人员一年多的努力，华中农业大学完成了甜橙基因组拼接与注释，获得了较高质量的甜橙基因组。这标志着我国在果树作物基础研究方面已达到国际领先水平。

3月26日 《人民日报》报道：我国现有渔船总数达 106 万艘，约占世界总数的 1/4，其中海洋渔船总数达 31.61 万艘。

《人民日报》报道：《国务院关于支持农业产业化龙头企业发展的意见》公布，提出了 21 条政策措施，涉及财政、税收、金融、贸易等领域，支持龙头企业生产基地和基础设施建设，支持符合条件的龙头企业开展高标准基本农田建设、土地整治、粮食生产基地、标准化规模养殖基地等项目建设；并且提出国家农业综合开发产业化经营项目要向龙头企业倾斜。全国农业产业化组织达到 28 万个，带动农户 1.1 亿户，农户年户均增收 2 400 多元。

3月31日 《经济日报》报道：30 日，农业部在北京启动 2012 年全国农企合作推广配方肥试点行动，选择 100 家化肥企业与农业部门对接，在 100 个县（场）、1 000 个乡镇、1 000 个村开展农企合作推广配方肥试点，着力解决企业参与积极性不高、肥料结构不合理和科学施肥技术落地难等问题。

4月5日 《人民日报》报道：为着力解决一些蔬菜用药登记品种少、部分蔬菜"无药可用"和用药不规范等问题，农业部农药检定所 2012 年将重点开展蔬菜用药现状调查，药检所预期筛选出 150 多种蔬菜上的 500 种病虫害防治用药，提出 500 项相应的农药残留标准，制定 150 多种蔬菜安全合理使用技术规范，并选择广谱、高效、低毒、环境友好的农药品种，组织开展白菜等 10 类蔬菜品种、20 种病虫害的"菜药组合"登记试验，扩大登记使用范围。

4 月 6 日 《农民日报》报道：近年来，我国农业保险发展取得显著成绩，已有 22 家保险公司经营农业保险业务，基本实现了粮食生产大省都有 2 家以上农业保险经营机构，初步满足农业保险发展的需要。

4 月 8 日 《科技日报》报道：中国农业科学院作物科学研究所所长万建民领导的课题组，通过花粉培养研究构建了独具特色的一系列水稻突变体材料，对其中一个分蘖显著增加的多分蘖突变体 TillerEn—hancer（TE）的基因克隆和功能分析，发现了调控水稻分蘖的一个新的重要分子机制。

4 月 9 日 《人民日报》报道：8 日，农业部正式启动小麦重大病虫春季防控行动，以小麦条锈病阻截防控为切入点，以大力推进专业化统防统治为重点，确保不因监测预警措施不到位而延误最佳防治时机，确保不因防控措施不到位而导致病虫害大面积暴发成灾，全力保障夏粮丰产增收。

4 月 11 日 《人民日报》报道：自肉类蔬菜流通追溯体系建设试点工作启动以来，商务部、财政部分两批确定了 20 个试点城市，确定在 260 多个屠宰企业、140 多个大型批发市场、5 300 多个标准化菜市场、2 400 多个大中型连锁超市、7 100 多个团体消费单位开展肉类蔬菜流通追溯体系建设试点。

4 月 15 日 《科技日报》报道：我研制出世界首例能高产虾青素的番茄新品种。一种富含虾青素的番茄在中国科学院昆明植物研究所问世，这是世界首例能高产虾青素的番茄新品种。

4 月 16 日 《人民日报》报道：2008—2011年，各级财政共投入全国村级公益事业建设"一事一议"财政奖补资金 1 050 亿元，带动村级公益事业建设总投入 2 800 多亿元，建成近 10 万个项目，亿万农民从中受益。

4 月 24 日 《经济日报》报道："十一五"以来，我国科技进步对农业增长的贡献率由"十五"末的 48% 提高到 53%，为保障国家粮食安全、促进现代农业发展和新农村建设发挥重要支撑作用。

5 月 2 日 《人民日报》报道：《全国土地整治规划（2011—2015 年）》确定，"十二五"期间建设 26 666.7 千公顷旱涝保收高标准基本农田，补充耕地 1 600 千公顷。

《人民日报》报道：农业部首次召开全国都市现代农业现场交流会，我国将加快推进都市现代农业建设，推动城市郊区率先基本实现农业现代化，促进形成城市郊区和优势农产品生产区、特色农产品生产区共建现代农业的新格局。力争通过 3～5 年的努力，把都市农业建设成为城市"菜篮子"产品重要供给区、农业现代化示范区、农业先进生产要素聚集区、农业多功能开发样板区、农村改革先行区，大幅提升城市主要农产品供给保障能力和农民收入水平。

5 月 4 日 《农民日报》报道：中国中化集团公司下属中国种子集团有限公司联合华中农业大学、北京大学共同研制出全球首张水稻全基因组育种芯片，将大幅提高种子真实性检测准确性，有助于提高育种效率，杜绝假种子危害。

5 月 8 日 《人民日报》报道：经国务院批准，财政部、国家税务总局发布《关于支持农村饮水安全工程建设运营税收政策的通知》，自 2011 年 1 月 1 日至 2015 年 12 月 31 日，对农村饮水安全工程建设、运营实行一揽子税收优惠政策。"十一五"期间，全国饮水工程建设总投资 1 053 亿元。其中，中央补助资金 590 亿元，地方财政配套和受益群众自筹 439 亿元，社会融资 24 亿元。截至 2010 年底，全国已建成农村集中式供水工程 52 万处，受益人口占农村供水总人口的 58%，取得了巨大的社会、经济和环境效益。

5 月 9 日 《人民日报》报道：国务院法制办公室公布了《农业保险条例（征求意见稿）》，向社会各界征求意见。

5 月 19 日 《农民日报》报道：17 日，农业部在江苏省常州市举办全国地市级农产品质量安全检验检测中心建设启动会暨项目实施培训班，正式启动首批 56 个地市级农产品综合检测中心建设项目，并对检测机构负责人和技术骨干进行项目实施和业务培训。

5 月 20 日 《经济日报》报道：测土配方施肥实施 7 年来，中央财政累计投入资金 57 亿元，项目县（场、单位）达到 2 498 个，基本覆盖所有农业县（场），实现了从无到有、由小到大、由试点到全覆盖的历史性跨越，测土配方施肥技术推广面积达到 80 000 千公顷以上，惠及了全国 2/3 的农户。

5 月 23 日 《农民日报》报道：农业部、财政部联合印发了《2012 年农产品产地初加工补助项目实施指导意见》。2012 年，中央财政安排资金 5 亿元，按照不超过单个设施平均建设造价 30% 的定额补助标准，采取"先建后补"的方式，扶持农户和农民专业合作社建设农产品储藏、保鲜、制干等设施。

5月25日 《光明日报》报道：北京市农林科学院玉米研究中心玉米标准DNA指纹库，包括14 000多个玉米品种，已成为世界上最大的玉米标准DNA指纹库。26日《人民日报》报道：我国人工增雨作业区面积达50余万平方千米，覆盖了一半以上国土，平均每年开展人工影响天气作业5万余次。

6月11日 《科技日报》报道：内蒙古农业大学生命科学学院生物制造重点实验室9日宣布，他们培育的世界首例转乳糖分解酶基因奶牛诞生，并健康成长，此成果为培育"低乳糖奶牛"新品种提供了重要的技术基础。

6月22日 《人民日报》报道：十多年来，全国建设高产稳产基本农田13 333.3千公顷多，补充耕地3 000多千公顷，农田产出率提高10%～20%，改善了农村生产生活条件、促进了新农村建设。

7月5日 《农民日报》报道：为推动农村集体"三资"管理的制度化、规范化，实现农村集体"三资"的保值增值，保障群众的合法权益，农业部办公厅发出《关于开展全国农村集体"三资"管理示范县创建工作的通知》，决定从2012年开始，在全国范围内开展农村集体"三资"管理示范县创建工作。2012年将认定首批全国农村集体"三资"管理示范县150个。

7月11日 《人民日报》报道：据国家统计局发布的关于2012年夏粮产量数据的公告，2012年，我国夏粮生产获得了较好收成。全国夏粮总产量达到12 995万吨，比上年增加356万吨，增长2.8%；其中冬小麦产量11 430万吨，增加334万吨，增长3%。夏粮总产量超过1997年的12 768万吨的历史最好水平。

7月20日 《农民日报》报道：据中国全国总工会统计，全国农民工会员总数已达9 655.7万人，全国有7 400多家劳务派遣企业建会。

7月25日 《人民日报》报道：由农业部主办、中国农业博物馆等单位承办的中国农业科技十年发展成就展24日在全国农业展览馆开幕。

《人民日报》报道：《全国现代农业发展规划（2011—2015年）》提出，到2015年，全国粮食综合生产能力达到5.4亿吨以上，农村居民人均纯收入年均增长7%以上，农业科技进步贡献率超过55%，农作物耕种收综合机械化水平达到60%以上，土地产出率、劳动生产率和资源利用率显著提高，东部沿海、大城市郊区和大型垦区等区域率先基本实现农业现代化。

8月5日 《人民日报》报道：国土资源部统计表明，截至上半年，全国农村集体土地所有权确权登记发证率达78%，集体建设用地使用权确权登记发证率达85%，宅基地使用权确权登记发证率达80%。

8月25日 《人民日报》报道：国家统计局发布公告，2012年，在国家大幅度提高早稻最低收购价格和各地积极推行科学种植的共同作用下。全国早稻生产稳定增产。2012年全国早稻总产量达到3 329万吨，比上年增加53.6万吨，增长1.6%，总产量基本恢复到了2009年的水平。

9月1日 《人民日报》报道：近年来，国家和省部级举办有组织的农产品展会活动数量以每年10%～20%的速度增长。据统计，仅2011年各地举办以农产品为主题的各类产销会展活动就有1 600多场次。农业部将力争通过3～5年努力，在我国主要优质特色农产品产区，打造一批具有鲜明地方特色、以公益性为主的农产品会展活动。

9月16日 《科技日报》报道：由中国科学院院士张启发教授率领的课题组最新研究成果揭示了水稻籼粳亚种间生殖隔离的机理，该论文于9月14日在《科学》杂志发表。

9月25日 《人民日报》报道：我国在岗的大学生村官已达21.2万人。其中，有3万多人领办、参加致富项目2万多个，领办、创办各类专业合作社6 451个，为24.3万村民提供了就业岗位。

《科技日报》报道：由袁隆平院士领衔的"超级杂交稻第三期亩产900千克攻关"通过现场测产验收，以百亩片加权平均每公顷产量13 765.8千克的成绩突破攻关目标。连续两年百亩片平均每公顷产量突破13 500千克，标志着我国已成功实现该攻关目标。

《农民日报》报道：全国依法登记的农民专业合作社达到60万家，实有入社农户达到4 600多万户，约占农户总数的18.6%，专业合作社已经成为我国重要的现代农业经营主体，在发展现代农业、促进农民增收、建设社会主义新农村中发挥了重要作用。

9月26日 《农民日报》报道：为进一步提高农产品质量安全监管水平，强化检验检测能力，保障农产品安全消费和农业产业健康发展，加快推进现代农业建设，农业部发布《全国农产品质量安全检验检测体系建设规划（2011—2015年）》。"十二五"期间，我国将新建1个部级水产品质量安全研究中心、16个部级专业质检中心、329个地市级综合质检中心和960个县（场）级综合质检站，并且完善64个部、省级质检中心风险监测与信息预警功能。

10月3日 《人民日报》报道：联合国粮食及农业组织2日在北京人民大会堂向国务院总理温家宝颁发"农民"奖章。在颁奖仪式上，联合国粮农组织总干事达席尔瓦表示，中国仅用占全球9%的耕地和6%的淡水养活了占全球21%的人口。过去9年中，中国的粮食生产保持稳定增长态势，很多农产品的产量位居世界第一，为世界粮食安全作出了巨大贡献。

10月14日 《人民日报》报道：我国南方稻作区7省、直辖市水稻专家11日到福建省尤溪县麻洋村，对中国科学院院士谢华安承担的农业部再生稻研究项目进行测产验收：再生季百亩片干谷平均每公顷产量7 295.4千克，加上头季稻产量12 013.5千克，示范片再生稻全年平均每公顷产量19 308.9千克，实现了高产栽培目标。

10月29日 《人民日报》报道：2003—2012年，中央财政"三农"投入累计超过6万亿元，为赢得"三农"发展黄金期作出了重要贡献。在总量上，中央财政"三农"投入从2003年的2 144亿元增加到2012年的12 280亿元，翻了两番多；在速度上，中央财政"三农"投入年均增长21%，高于同期财政支出4.5个百分点；在比重上，中央财政"三农"投入占财政支出的比重从13.7%提高到19.2%。

10月31日 《农民日报》报道：30日，农业部在山东省齐河县举行粮食增产模式试点启动仪式，旨在总结粮食高产创建整建制推进经验，积极推广成熟技术模式，更大规模、更广范围集成推广技术，探索粮食稳定增产新途径，力争到2020年粮食增产5 000万吨以上、油菜籽增产500万吨以上。

11月2日 《人民日报》报道：2012年前三季度，农村居民人均现金收入6 778元，比上年实际增长12.3%。农民收入增长速度比城镇居民收入增速高出2.5个百分点，城乡居民收入的差距由上年同期的2.77∶1缩小到2.72∶1，为近年来同期最低，并连续三年呈缩小态势。

11月27日 《人民日报》报道：2012年全国秋冬种基本结束，据农业部农情调度，2012年冬小麦面积比上年增加60多千公顷，冬油菜面积增加120千公顷左右，秋冬种蔬菜面积增长3.4%。

11月29日 《人民日报》报道：为确保农村义务教育学生营养改善计划顺利实施，中央财政近期下达2012年秋季学期第二批专项资金22.85亿元，用于集中连片特殊困难地区农村义务教育学生营养膳食补助。

12月2日 《人民日报》报道：2012年全国粮食总产量58 957万吨，比上年增加1 836万吨，增长3.2%，实现"九连增"。

12月8日 《农民日报》报道：据统计，2012年全国玉米机收率超过40%，比上年提高6.5个百分点。我国玉米机收率已连续4年同比增幅超过6个百分点，呈现出快速发展态势。

12月14日 《经济日报》报道：人力资源和社会保障部、住房城乡建设部、公安部等六部门联合下发《关于开展农民工工资支付情况专项检查的通知》，决定从2012年11月26日至2013年1月31日在全国组织开展农民工工资支付情况专项检查。

12月15日 《农民日报》报道：14日，农业部在安徽蚌埠市启动新型职业农民培育试点工作。力争在3年内，选择100个试点县，每个县根据农业产业分布选择2～3个主导产业，培育新型职业农民10万人。

12月22日 《人民日报》报道：农民收入增幅连续三年超过城镇居民收入增幅，其中出售农产品等家庭经营性收入稳定增加，工资性收入成为重要来源和支柱，政策转移性收入和财产性收入明显增加。

12月24日 《经济日报》报道：2012年我国农业科技进步贡献率达到54.5%，主要粮食品种良种覆盖率达到96%以上，每公顷产量首次达5 250千克以上，单产提高对粮食增产的贡献率达80.5%。

12月25日 《人民日报》报道：2012年全国农垦生产总值预计达到5 008亿元，比上年增长13.7%，连续10年保持12%以上的增长速度；预计2012年实现企业利润149亿元，是2002年走出严重亏损后连续第十年盈利。

12月28日 《农民日报》报道：2012年，我国农机总动力超过10亿千瓦，耕种收综合机械化水平达到57%，农机工业总产值将达到3 100亿元左右，居世界首位。

2013 年

【文献】

1月9日　《农民日报》报道：为了贯彻落实党的十八大关于促进工业化、信息化、城镇化、农业现代化同步发展的要求，农业部发布《全国农村经营管理信息化发展规划（2013—2020年）》，以加强对各地农村经营管理信息化科学发展的指导，夯实稳定完善农村基本经营制度和促进农村社会和谐稳定的工作基础。

1月21日　《经济日报》报道：农业部发布《新一轮"菜篮子"工程建设指导规划（2012—2015年）》。

《规划》提出：到2015年，蔬菜、水果、肉、蛋、奶、水产品产量分别达到5.5亿吨、1.7亿吨、8 500万吨、2 900万吨、5 000万吨、6 000万吨，大城市蔬菜自给率稳定提高。生产方式明显转变，蔬菜标准化生产基地核心区全部采用集约化育苗和采后商品化处理；生猪、蛋鸡、奶牛规模养殖比例达到50%，73%，38%。"菜篮子"产品质量安全追溯制度基本建立，主要"菜篮子"产品监测合格率稳定在96%以上。

2月1日　《光明日报》报道：中共中央、国务院下发《关于加快发展现代农业进一步增强农村发展活力的若干意见》。

2013年农业农村工作的总体要求是：按照保供增收惠民生、改革创新添活力的工作目标，加大农村改革力度、政策扶持力度、科技驱动力度，围绕现代农业建设，充分发挥农村基本经营制度的优越性，着力构建集约化、专业化、组织化、社会化相结合的新型农业经营体系，进一步解放和发展农村社会生产力，巩固和发展农业农村大好形势。

5月11日　《人民日报》报道：全国妇联发布《我国农村留守儿童、城乡流动儿童状况研究报告》。

《报告》显示，我国农村留守儿童数量达6 102.55万人，总体规模扩大；全国流动儿童规模达3 581万人，数量大幅度增长。

6月22日　《经济日报》报道：国务院办公厅发出通知，为进一步加强对农民工工作的组织领导，国务院决定成立国务院农民工工作领导小组，作为国务院议事协调机构，国务院农民工工作联席会议同时撤销。

7月13日　《人民日报》报道：农业部出台《关于贯彻落实〈国务院关于促进海洋渔业持续健康发展的若干意见〉的实施意见》。

《意见》提出，力争用2年左右时间完成一次渔业资源全面调查，用3年时间完成养殖池塘标准化改造1 333.3千公顷，建成一批池水深、基坚实、渠畅通、路成网、电到塘、机配齐的稳产高产水产健康养殖基地，力争到2020年，所有海洋渔船都能进港安全避风。

12月14日　《农民日报》报道：教育部、农业部和国家林业局11日联合发布《关于推进高等农林教育综合改革的若干意见》。

《意见》提出加强农林专业大学生创业平台建设，新建一批涉农涉林国家级、省级实验教学示范中心，与行业有关部门、科研院所和企业联合建设500个农科教合作人才培养基地，遴选建设一批国家大学生校外实践教育基地。

【会议】

1月5日　《农民日报》报道：农业部在北京举行农业社会化服务体系建设工作交流会，交流当前我国农业社会化服务发展情况和存在问题，研究推进农业社会化服务体系建设工作。

1月11日　《经济日报》报道：国务院召开国家农业综合开发联席会议，研究部署农业综合开发和高标准农田建设工作。会议审议了《国家农业综合开发高标准农田建设规划》。

3月26日　国务院在河北省邯郸市召开全国春季农业生产工作会议。

会议强调，各地区、各部门要认真贯彻落实全国"两会"和中央1号文件精神，深刻认识做好春季农业生产的重要性和紧迫性，周密部署、精心组织，坚决打好春季农业生产这一仗，促进农业稳定发展、农民持续增收，为推动经济社会持续健康发展提供有力支撑。

4月11日—12日 全国农村改革试验区工作交流会在江苏省苏州市召开。

会议围绕贯彻落实党的十八大和中央农村工作会议精神，总结交流了各地农村改革试验工作进展情况，研究部署了下一步的农村改革试验区工作。

6月5日 国际农科院院长高层研讨会在北京开幕，来自60多个国家的农业研究机构、农业大学、跨国公司和相关国际组织专业人士，以及国内25个省、自治区、直辖市的农科院院长、主要农业大学校长及相关部委官员等300余人参会。

6月6日 由联合国粮食及农业组织、经济合作与发展组织联合主办，中国农业科学院农业信息研究所承办的2013世界农业展望大会在北京召开。·

6月9日 首届中国—拉丁美洲和加勒比农业部长论坛在北京召开，论坛通过了《中国—拉丁美洲和加勒比农业部长论坛北京宣言》。

6月14日 农业部、财政部、中国银行业监督管理委员会、国家开发银行、中国农业发展银行、中国储备粮管理总公司在北京举行农业改革与建设试点启动仪式，天津武清等21个国家现代农业示范区签署了加强农业改革与建设试点工作承诺书，将着力探索建立集约化、专业化、组织化社会化相结合的农业经营新体系等。

6月18日 全国农业信息化工作会议在江苏省宜兴市召开。

会议明确，要强化信息技术在农业生产领域集成应用，以信息化促进产业升级，确保农产品有效供给；加快信息技术在政务管理领域应用，提高农业行政管理水平；推动信息技术在农业经营领域的创新，提升农业经营网络化水平；完善综合信息服务体系，为农民提供灵活便捷的信息服务；加强农业信息化基础设施建设，加快农业基础设施、装备与信息技术的全面融合。

8月11日 《光明日报》报道：农业部召开电视电话会议，开展清理整治违规渔具专项行动。为期一个月的专项行动将对海洋和内陆捕捞渔具进行全面清理整治，取缔"绝户网""迷魂阵"等违规渔具，打击大范围、群体性、普遍性的使用违规渔具捕捞行为。

8月10日—11日 由农民日报社、中国农业新闻网、中国农民手机报主办的"奇瑞谷王杯"2013中国现代农业装备大会在北京召开。

8月27日 全国农民合作社发展部际联席会议召开了第一次全体会议。

会议审议了《国家农民合作社示范社评定及监测暂行办法（讨论稿）》。截至2013年6月底，全国依法登记的农民专业合作社达到82.8万家，约为2007年底的32倍；实有成员超过654万户，占农户总数的25.2%。

9月6日—8日，由农业部与河南省人民政府联合举办的2013年中国农产品加工业投资贸易洽谈会在河南省驻马店市举行。本届农洽会吸引了全国5 600家、境外83家相关企业参会，参会人数约1.8万多人，展出总面积达2万多平方米。

9月11日—13日，由农业部与安徽省人民政府联合主办的第八届中国与中东欧国家农业经贸合作论坛在安徽省合肥市举行。

11月6日《光明日报》报道：5日，第二十届中国杨凌农业高新科技成果博览会暨现代农业高端论坛在陕西省杨凌示范区开幕。本届农业高新科技成果博览会以"现代农业创造美好生活"为主题，共有37个国家和地区的政府官员、企业高层、农场主等各界人士参会。

12月19日 农业部在陕西省西安市召开北方城市冬季设施蔬菜开发试点座谈会。农业部、财政部安排中央财政资金1亿元，在东北、华北、西北8个省份开展北方城市冬季蔬菜开发试点，每个试点城市建设166.7公顷以上的标准化设施蔬菜生产基地。农业部要求试点省份加快建设步伐，尽快形成生产能力，保障蔬菜均衡供应。

12月23日—24日 中央农村工作会议在北京举行。会议强调，必须坚持把解决好"三农"问题作为全党工作重中之重，坚持工业反哺农业、城市支持农村和"多予少取放活"方针，不断加大强农、惠农、富农政策力度，始终把"三农"工作牢牢抓住、紧紧抓好。会议讨论了《中共中央、国务院关于全面深化农村改革加快推进农业现代化的若干意见（讨论稿）》。

12月23日—25日 全国农业工作会议在北京举行。会议总结2013年农业农村经济工作，研究深化农村改革重点举措，部署2014年工作。

【农业发展成就】

1月2日 《科技日报》报道：《甘肃省草原禁牧办法》经省政府第117次常务会议讨论通过，自

2013年1月1日起施行。这是全国第一个规范草原禁牧管理工作的政府规章。

1月3日 《人民日报》报道：自2009年，全国耕地保有量连续3年保持在1.216亿公顷以上，国家"十二五"期末1.212亿公顷耕地保有量目标得到有效保障，最严格耕地保护制度为我国粮食连年增产和保障粮食安全发挥了重要作用。

1月3日 《光明日报》报道：科技特派员是农业科技创新行动下的科技创业人员，是在双向选择下，根据农民的实际需要，深入农村一线，为农业生产提供服务的科技人员，我国科技特派员已达24万人。

1月6日 《光明日报》报道：2012年，全国义务植树24.94亿株，有13个省份超额完成了2012年的造林任务，全国共完成造林6 008千公顷，完成全年任务。

1月7日 《光明日报》报道：我国科学家完成的梅花全基因组测序研究，构建出了世界首张梅花全基因组精细图谱。

1月8日 《光明日报》报道：2013年，我国将再次提高新型农村合作医疗人均筹资标准，达到340元左右，其中各级政府补助增加到人均280元。

1月14日 《光明日报》报道：由福建农林大学尤民生教授主持，深圳华大基因研究院共同完成，英国剑桥大学等多家单位参与的小菜蛾基因组研究成果"小菜蛾杂合基因组揭示昆虫的植食性和解毒能力"于2013年1月13日在国际权威学术刊物《自然遗传学》上在线发布。该论文在全世界首次公布了鳞翅目害虫的基因组，奠定了福建农林大学在小菜蛾基因组研究领域的国际领先地位。

1月19日 《农民日报》报道：2012年度我国农业科技创新取得新的成绩，共有21项成果获得国家科学技术奖励，包括"中国小麦条锈病菌源基地综合治理技术体系的构建与应用""重要动物病毒病防控关键技术研究与应用""水稻复杂数量性状的分子遗传调控机理"等农业科技成果。

1月21日 《经济日报》报道：由中国农业电影电视中心主办、农业节目《聚焦三农》栏目协办的中国农业银行杯2012年度CCTV"三农"人物颁奖典礼在北京举行。经过近4个月推介和评选，2012年度"三农"人物推介活动共产生了年度"三农"人物及奉献奖、公益奖、创新奖等13座"三农"人物奖杯。

1月21日 《农民日报》报道：根据国家统计局数据，2012年农村居民人均纯收入达到7 917元，

比上年实际增长10.7％，连续三年增幅达到两位数以上，高出GDP实际增速2.9个百分点，延续了快速增长的好势头。

1月23日 《光明日报》报道：规划时间跨度达13年（2013—2025年）、分三个阶段梯次推进连续实施的中国农业科学院科技创新工程，获得农业部和财政部的批复并正式启动。

1月25日 《经济日报》报道：国家油菜产业技术体系首席科学家、中国农业科学院油料作物研究所王汉中团队选育的油菜新品系YN171，经国家粮食局西安油脂食品及饲料质量监督检验检测中心检测，含油量达到64.8％，比一般品种含油量（41％左右）提高了23.8个百分点，创造了油菜含油量世界最高纪录。该品系的选育为我国高油油菜育种和高油基因调控研究提供了宝贵的亲本资源，预示着油菜含油量具有巨大的提升空间。

2月1日 《经济日报》报道：据我国海关最新统计数据显示，2012年我国水产品进出口总量792.5万吨，进出口总额269.81亿美元，贸易顺差109.85亿美元，比上一年增加12.09亿美元，水产品继续位居大宗农产品出口首位，出口额占农产品出口总额的比重达30％，较上年提高0.7个百分点。

2月2日 《科技日报》报道：2012年科技进步对农业增长的贡献率提高到54.5％，农作物综合机械化率达到57％，良种覆盖率在96％以上。

2月4日 《农民日报》报道：为促进农村物流、资金流、信息流的双向流通，中国农业发展银行通过信贷杠杆加快农村流通基础设施建设，至2012年末已累计向497家企业发放农村流通体系建设贷款400亿元，贷款余额219亿元。

2月5日 《人民日报》报道：农机购置补贴实施9年来，中央财政共安排补贴资金744.7亿元，带动地方和农民投入2 187.9亿元，补贴购置各类农机具2 272.6万台（套），受益农户达到1 822.5万户，取得了利工利农、一举多效的好效果。全国农机总动力迈上10亿千瓦台阶，2012年农作物耕种收综合机械化水平预计达57％，9年增长了24.5个百分点；全年农机工业总产值预计达3 100亿元，连续6年保持20％左右的增速，我国成为全球第一农机制造大国。

2月6日 《农民日报》报道：南京农业大学周明国教授团队的科研成果"重要作物病原菌抗药性机制及监测与治理关键技术"，发明了防治小麦赤霉病的"氰烯菌酯"原创性新型杀菌剂，抑制小麦赤霉病菌的活性高于传统农药多菌灵3倍以上，田间用药

量可减少 50％，减少小麦谷粒中的镰刀菌毒素污染 90％。

2月7日 《经济日报》报道：受中国航天育种研究中心委托，依托上海交通大学，上海品牌推进中心和上海市创意产业协会创意农业专业委员会联合成立中国长三角航天育种研发中心。

2月16日 《人民日报》报道：农村危房改造工作逐步由试点转为全面推进，2012 年实现了全国农村地区全覆盖，累计支持 1 033.4 万贫困户实施危房改造。2013 年我国要完成农村危房改造任务 300万户左右。

2月19日 《人民日报》报道：中央农村工作会议召开后，中国银行业监督管理委员会围绕"改善农村金融服务"的总体部署，提出 2013 年将继续加大涉农信贷投放，保持增速不低于各项贷款平均增速，截至 2012 年末，银行业金融机构涉农贷款余额17.6 万亿元，比年初增加 3 万亿元，比上年同期增长 20.7％。

2月21日 《经济日报》报道：2012 年，中央财政预算安排农业综合开发资金 290 亿元，比2011 年增加 60 亿元。农业综合开发坚持以粮食主产区为重点，加强中低产田改造、高标准农田建设，加快中型灌区节水配套改造，大力推进粮食核心产区建设，积极支持农业产业化经营，推进现代农业发展。

2月21日 《经济日报》报道：在各省级农机化主管部门组织推荐的基础上，农业部审核确定了北京兴农天力农机服务专业合作社等 1 022 家农机合作社为全国农机合作社示范社，建设期限为 2013—2015 年。

《农民日报》报道：农业部正式启动"美丽乡村"创建活动，以促进农业生产发展、人居环境改善、生态文化传承、文明新风培育为目标，2013—2015 年，在全国不同类型地区试点建设 1 000 个天蓝、地绿、水净，安居、乐业、增收的"美丽乡村"。

2月23日 《人民日报》报道：过去 10 年，中央财政不断加大农业综合开发投入，累计安排农业综合开发资金 1 519 亿元，带动地方财政投资、银行贷款、项目单位及群众自筹。共计投入农业综合开发资金 3 903 亿元，坚持强基础、扶产业、富农民，将18 000 千公顷旱岗地、水淹地改造成高产稳产田，扶持产业化经营项目 2.6 万多个。

2月23日 《农民日报》报道：2012 年全国农民工总量为 26 261 万人，比上年增长 3.9％。其中，外出农民工 16 336 万人，比上年增长 3％；本地农民工 9 925 万人，比上年增长 5.4％。

2月27日 《人民日报》报道：我国扶贫开发取得显著成效，按照农民年人均纯收入 2 300 元（2010 年不变价）这一新的国家扶贫标准，2012 年农村扶贫对象减少了 2 339 万人，总规模下降到 9 899万人，占农村户籍人口的比例下降到 10.2％，下降2.5 个百分点。

3月4日 《农民日报》报道：农业部正式启动实施 1 000 千克超级稻攻关计划（超级稻四期目标）。该计划由袁隆平院士总牵头，组织国家杂交水稻工程技术中心、中国水稻研究所、中国农业科学院作物科学研究所等研究团队，通过联合协作攻关，选育出在我国水稻主产区（以长江中下游稻区为主），百亩方实现亩产 1 000 千克以上的超级稻品种。

3月14日 《农民日报》报道：在我国农村有58.9 万个村委会，其中 98％以上实行直接选举，大部分省份到目前已经开展了 8～9 轮的村委会换届选举，村民平均参选率达到了 95％以上。

3月19日 《经济日报》报道：《国家农业综合开发高标准农田建设规划》已经国务院批准。通过实施《规划》，到 2020 年，改造中低产田、建设高标准农田 4 亿亩，对于保障国家粮食安全和重要农产品有效供给，加快农业现代化进程，推动城乡发展一体化具有重要意义。

《科技日报》报道：挂靠于北京市农林科学院蔬菜研究中心的农业部蔬菜种子质量监督检验测试中心，获得 ISTA 执行委员会的确认和授权，正式成为 ISTA 国际认可实验室。该检验测试中心亦是我国目前唯一通过 ISTA 认可，可以授权出具种子质量进出口国际检验证书，检验数据国际对等互认的第三方种子质量检验机构。

3月21日 《光明日报》报道：农业部、财政部联合印发《2013 年农产品产地初加工补助项目实施指导意见》，投资 5 亿元，在 14 个省、自治区开展农产品产地初加工补助项目，重点扶持农户和农民专业合作社建设马铃薯贮藏窖、果蔬通风库、冷藏库和烘干房等产地初加工设施。2012 年补助 18 629 个农户和 1 095 个合作社建设了 28 268 座贮藏、烘干设施，新增马铃薯和果蔬贮藏能力 80 万吨，果蔬烘干能力 30 万吨。

3月24日 《人民日报》报道：为支持春耕生产，中央财政 151 亿元粮食直补和 171 亿元农资综合补贴存量资金于 1 月 16 日下拨地方，并要求各地抓紧制订补贴兑付方案，在春耕前将补贴资金兑付到种粮农民手中。

《人民日报》报道：我国目前共有种粮大户 68.2

万户，占全国农户总数的 0.28%；经营耕地面积 8 933.3千公顷，占全国耕地面积的 7.3%。这些种粮大户的粮食产量达 7 460 万吨，占全国粮食总产量的 12.7%

3月25日 《科技日报》报道：《自然》杂志在线发表了有关小麦 A 基因组测序的研究论文。该研究首次完成了小麦 A 基因组的测序和草图绘制，对未来深入和系统研究麦类植物结构与功能基因组学，以及进一步推动栽培小麦的遗传改良具有重要意义。这项研究由中国科学院遗传与发育生物学研究所植物细胞与染色体工程国家重点实验室小麦研究团队发起，通过与深圳华大基因研究院和美国加利福尼亚州大学戴维斯分校合作完成。

3月27日 《人民日报》报道：2013 年中央财政安排对农民的粮食直补、农资综合补贴、良种补贴、农机购置补贴四项补贴，达到 1 700.55 亿元。

3月28日 《农民日报》报道：农业部举办的一年一度中国最有魅力休闲乡村的推荐活动，2012 年度 10 个最有魅力休闲乡村名单在江苏省张家港市南丰镇永联村发布，2012 年全国休闲农业接待游客超过 8 亿人次，营业收入超过 2 400 亿元，规模以上休闲农业园区超过 3.3 万家。从业人员超过 2 800 万人，占农村劳动力的 6.9%。

3月31日 《人民日报》报道：财政部会同农业部、中国中化集团公司、中国农业发展银行发起的现代种业发展基金正式成立。这是我国第一支具有政府背景、市场化运作的种业基金，该基金平台将整合政府部门、央企、金融部门的政策、产业和资本优势，合力推进现代种业健康发展。

4月1日《科技日报》报道：中国农业科学院作物科学研究所与深圳华大基因研究院等合作，在国际上率先完成了小麦 D 基因组供体种——粗山羊草基因组草图的绘制，结束了小麦没有组装基因组序列的历史。该项成果北京时间在线发表于《自然》杂志，标志着我国的小麦基因组研究跨入世界先进行列。

《农民日报》报道：由中国政府和比尔·盖茨基金会共同资助的"为非洲和亚洲贫困地区培育绿色超级稻"项目，是中华人民共和国成立以来我国最大的农业科技国际合作项目。3 月 11 日—15 日，项目二期启动会在海南省三亚市举行，来自国际水稻研究所、非洲水稻中心、亚洲和非洲 16 个目标国家的近 40 位水稻科学家和 100 余位中国水稻科学家参加了项目启动会。

4月2日 《经济日报》报道：中央财政下达 2013 年中央基建投资预算 100 亿元用于农村电网改造升级，这笔资金将专项用于支持辽宁、福建、江西、河南、重庆、云南、青海、新疆等 25 个省、自治区、直辖市实施农村电网改造升级工程。此外，中央财政还下达 2013 年中央基建投资预算（拨款）24 亿元，专项用于支持内蒙古、四川、西藏、青海、新疆等省、自治区实施无电地区电力建设工程。

4月3日 《经济日报》报道：2013 年的测土配方施肥工作将以农企合作整建制推进测土配方施肥为抓手，强化配方肥应用和施肥方式改进，将全国农企合作推广配方肥企业扩大到 200 家，重点与 100 个示范县对接，省级、县级农企合作企业 1 000 个示范乡、1 万个示范村对接，开展整建制推进测土配方施肥，免费为 1.9 亿农户提供测土配方施肥指导服务，力争测土配方施肥技术推广面积达到主要农作物种植面积的 60% 以上，配方肥施用面积达到主要农作物种植面积的 25% 以上，施用纯量达到 700 万吨以上。

《农民日报》报道：中国农业科学院作物科学研究所万建民研究员领导的课题组，为解决水稻籼粳亚种超亲晚熟问题，开展了水稻抽穗期相关基因克隆和育种利用研究，成功克隆出促进水稻抽穗基因。

4月6日 《光明日报》报道：青海大学杜德志研究员主持培育的"青杂 7 号"被农业部确定为全国春油菜唯一推介品种，标志着我国高海拔、高纬度油菜主产区一般甘蓝型春油菜不能正常成熟难题得以有效解决，这将为我国高海拔、高纬度地区春油菜稳定发展、农民增收发挥重要作用。

4月11日 《农民日报》报道：9 日，农业部部长韩长赋与"杂交水稻之父"袁隆平共同宣布启动第四期超级杂交稻攻关，力争用 5～8 年时间培育出具备亩产 1 000 千克以上产量潜力的超级稻新品种。

4月14日 《人民日报》报道：全国（不含港、澳、台地区）共建立自然保护区 2 669 个，总面积 149.65 万平方千米。其中，国家级自然保护区 363 个，面积 94.15 万平方千米。我国初步形成了布局较为合理、类型较为齐全、功能比较健全的自然保护区网络，保护了 90% 的陆地自然生态系统类型、85% 的野生动物种群、60% 的高等植物群落和重要的自然历史遗迹。

4月23日 《经济日报》报道：缓控释肥已在全国 30 多种作物上大面积应用，累计推广 4 616.7 千公顷，为农民新增经济效益 146 亿元。

4月29日 《经济日报》报道：继黄淮海小麦玉米、长江中下游水稻油菜和东北水稻玉米之后，西南西北粮食增产模式攻关试点启动，农业部在西南西北粮食增产模式攻关试点动员会上，明确了西南西北地区开展粮食增产模式攻关的目标：到 2020 年，力争攻关试点县玉米平均每公顷提高 750 千克、马铃薯平均每公顷提高 2 250 千克。

5 月 1 日 《农民日报》报道："中国重要农业文化遗产保护与发展战略研究"在中国工程院正式启动，由 5 位院士领衔就种植业、林业、畜牧业、水产业以及水土资源利用和生态保护等 5 个专题，通过实地调查，从传统品种、传统技术、传统知识与民俗等 3 个方面，深入开展研究，梳理我国重要农业文化遗产的类型与基本模式，挖掘其生态、经济、社会和文化等多重价值，探索不同类型、不同产业保护与发展路径，形成多学科研究合力，为农业的可持续发展和全面建成小康社会服务。

5 月 6 日 《光明日报》报道：中国科学院、中国疾病预防控制中心等单位科技人员在 H7N9 病毒溯源和高致病性禽流感 HSN1 跨种间传播机制的研究中，取得两项重要成果，分别于 1 日和 3 日由国际著名学术期刊《柳叶刀》和《科学》在线发表。

《农民日报》报道：2013 年中央财政继续安排 26 亿元资金补助基层农技推广工作。

5 月 7 日 《经济日报》报道：湖北荆门市与东风井关农业机械（湖北）有限公司签署协议，合作共建中国农谷东风农机合作社联盟。这是我国第一家农机合作社联盟。该联盟联合了荆门市 20 多个农机专业合作社，构建起中国农谷东风农机合作社联盟、乡镇农机推广服务中心、农机专业合作社三级农机服务体系，将建设集农机产品研发、试验示范、展示、销售、仓储、培训于一体的基地。

5 月 9 日 《人民日报》报道：我国农村土地流转速度明显加快，并呈现向新型农业经营主体集中的趋势。到 2012 年底，全国家庭承包耕地流转面积达到 18 533.3 千公顷，比 2011 年底增长 22.1%，占家庭承包经营耕地（合同）总面积的比例比上年提高 3.5 个百分点。在全部流转耕地中，流转入农民合作社的占 15.8%，比上年提高 2.4 个百分点。

《人民日报》报道：中央财政下拨 2013 年旱作农业技术推广资金 7 亿元，支持华北、西北等 7 省、自治区开展旱作农业技术推广工作。

5 月 13 日 《农民日报》报道：由中国农业科学院油料作物研究所联合农业部南京农业机械化研究所等多家科研单位，共同实施的油菜全程机械化生产在湖北云梦的千亩示范基地获得成功。通过集成品种、栽培、肥料、植保、农机装备等多项技术创新，长期受机械化限制的油菜生产模式获得新突破，这标志着我国油菜实现了全程机械化生产，解决了油菜产业"生死枚关"的大问题。

5 月 14 日 《经济日报》报道：财政部发出通知，按照国务院部署，在各地出台扶持生产措施的基础上，中央财政进一步采取稳定发展家禽业的政策措施，安排资金 6 亿元，对祖代种鸡饲养户给予补助，并对家禽加工重点龙头企业流动资金贷款给予短期贴息。

5 月 17 日 《科技日报》报道：我国科学家突破大批量生产寡糖素难关，南京工业大学朱玉亮教授生产的寡糖激活剂，能激活植物的自卫免疫系统，产生的植保素可以有效防治稻瘟病、棉花枯萎病及其他作物、蔬菜的病害等，并能调节、促进植物生长。使用这种"生物农药"，极低的浓度（0.3 克植物免疫激活剂可应用于 1 公顷）就可产生足够的植保素，抵御病害，每公顷农田使用成本不到 300 元。

5 月 21 日 《农民日报》报道：中美农业投资合作论坛在河南郑州举行，来自中美两国的农业企业、金融机构负责人和政府官员就"中美企业如何加强在种业领域合作"和"中美企业在食品安全领域的投资与合作"两个议题进行了专题讨论。

6 月 2 日 《人民日报》报道：我国农民专业合作社发展势头强劲，成为构建新型农业经营体系的亮点。全国农民专业合作社已超过 68.9 万家，实有成员超过 5 300 万户，县级以上示范社达到 10 多万家，国家 11 个部门联合评定了 6 663 家全国示范社。

6 月 5 日 《农民日报》报道：截至 2012 年底，全国 30 个省、自治区、直辖市共有符合统计调查条件的家庭农场 87.7 万个，经营耕地面积达到 11 733.3 千公顷，占全国承包耕地面积的 13.4%。平均每个家庭农场有劳动力 6.01 人，其中家庭成员 4.33 人，长期雇工 1.68 人。

6 月 10 日 《光明日报》报道：据中国食用菌工厂化产业发展交流会提供的信息显示，中国已是世界上最大的食用菌生产国，产量占世界总产量的 70% 以上。

6 月 14 日 《光明日报》报道：根据国家农业转基因生物安全委员会评审结果，农业部批准发放了巴斯夫农化有限公司申请的抗除草剂大豆 CV127、孟山都远东有限公司申请的抗虫大豆 MON87701 和抗虫耐除草剂大豆 MON87701XMON89788 等三个可进口用作加工原料的农业转基因生物安全证书。

《经济日报》报道：由农业部和联合国粮农组织联合主办的"全球重要农业文化遗产"试点授牌仪式在北京举行，为新近入选的我国浙江"绍兴会稽山古香榧群"和河北"宣化城市传统葡萄园"进行授牌。

至此，在 25 个"全球重要农业文化遗产"试点中，我国的农业文化遗产试点已达到 8 个，居世界各国之首。

6月26日 《农民日报》报道：由中国农业科学院作物科学研究所、中国科学院上海生命科学研究院国家基因研究中心等 8 家单位联合组成的科研团队，在国际上率先完成了谷子单倍体型图谱的构建和 47 个主要农艺性状的全基因组关联分析，相关成果于 6 月 24 日在线发表于《Nature Genetics》（《自然—遗传学》）上，这也标志着我国在谷子遗传学研究领域取得了重要突破。

7月3日 《光明日报》报道：中国农业科学院宣布，将对遴选出的 206 项重点科研成果进行跟踪管理，搭建成果熟化与转化平台，尽快形成现实生产力，助力现代农业发展。

7月5日 《农民日报》报道：中央财政下拨农业综合开发产业化经营贷款贴息项目资金 25.79 亿元。通过对农业产业化经营项目单位发生的银行贷款利息予以补贴，充分发挥财政资金"四两拨千斤"的引导作用，有效推动农业产业化经营项目发展，增加农产品有效供给，促进农业增效和农民增收。

7月6日 《农民日报》报道：财政部、水利部决定从 2013 年起全面实施农村水电增效扩容改造，3 年将投入约 80 亿元促农村老旧水电站增效扩容。从 2013—2015 年底，中央财政投入约 80 亿元，带动地方政府、社会投资约 140 亿元，完成 1995 年底前建成投产的 4 000 多座老旧农村水电站增效扩容改造，使装机容量从 680 万千瓦增加到 810 多万千瓦，年发电量从 220 亿千瓦时增加到 320 亿千瓦时。

7月7日 《科技日报》报道：扬州大学通过产、学、研、用相结合的科研攻关，成功研发出了我国首台大马力旋耕施肥复合作业型水田平整机。该成果彻底解决麦稻两季水田的秸秆焚烧问题，实现秸秆全量还田变成有机肥，可节省耕作成本 7 500 元。

7月8日 《经济日报》报道：住房和城乡建设部、文化部、财政部发出《关于做好 2013 年中国传统村落保护发展工作的通知》，明确 2013 年中国传统村落保护发展工作的目标是做好基础性工作。通过科学调查，掌握传统村落现状，建立中国传统村落档案，完成保护发展规划编制。

7月9日 《人民日报》报道：为提高农村土地承包经营纠纷仲裁的权威性和严肃性，农业部 8 日正式启用农村土地承包仲裁标识。《农村土地承包经营纠纷调解仲裁法》颁布实施以来，农村土地承包经营纠纷调解仲裁工作取得明显成效。到 2012 年底，全国已设立农村土地承包仲裁委员会 2 259 个，占农业县（市、区）总数 80%；共聘任仲裁员 2 万多名；化解农村土地承包经营纠纷 54.51 万件。

《经济日报》报道：中央财政拨付农业综合开发项目资金 70 087 万元用于林业项目建设。其中：林业生态示范项目资金 19 806 万元，涉及北京、河北、内蒙古等 24 个省、自治区、直辖市。

7月11日 《光明日报》报道：我国在超级稻研究与推广上再求新突破，2013 年将新培育超级稻品种 6～8 个，推广超级稻 8 666.7 千公顷。

7月12日 《光明日报》报道：我国首批转入大理石花纹状肉质基因的克隆肉牛"萌萌""妞妞"10 日吃到了美味的周岁生日蛋糕。经权威机构检测，外源的 A-FABP 基因成功转入基因组之中，并稳定整合，这表明这项体细胞转基因克隆技术生产体系可以用于安全生产转基因动物。

7月17日 《科技日报》报道：16 日，联合国粮农组织在北京举行颁奖仪式。联合国粮农组织助理总干事王韧代表总干事达席尔瓦，向中国科学院地理资源所研究员闵庆文颁发了"特别贡献奖"。我国已拥有 8 个被联合国粮农组织认定的全球重要农业文化遗产，是拥有全球重要农业文化遗产最多的国家。

《科技日报》报道：第二届中国农业科技创新创业大赛 15 日启动，本届大赛将提供不少于 5 000 万元的创业天使投资，面向海内外选拔优秀农业科技创新项目。

7月28日 《经济日报》报道：2013 年，中央安排农村危房改造补助资金 230 亿元，支持全国 266 万户贫困农户改造危房。中央在补助标准户均 7 500 元的基础上，对贫困地区每户新增加补助 1 000 元，对陆地边境县边境一线贫困农户、建筑节能示范户每户新增加 2 500 元补助。

8月3日 《人民日报》报道：在秋粮生产的关键时期，国务院出台东北秋粮和南方水稻综合施肥促早熟补助政策，中央财政投入 10 亿元支持东北秋粮和南方水稻生产。

8月5日 《农民日报》报道：农业部南京农业机械化研究所副所长胡志超研究员及其团队创新性地提出了全秸秆覆盖地机械化免耕播种技术方案。试验示范表明，在麦茬全秸秆覆盖情况下，研究团队研发的 2BHQM-4 型全秸秆覆盖免耕播种复式作业设备可一次性完成碎秸、清秸、播种、施肥、播后覆秸等作业工序，作业顺畅、可靠、高效，播种质量高；秸秆均匀覆盖在地表，不仅肥效化利用好，而且可达到"准地膜"覆盖效果；通过更换部分作业部件，可满足全秸秆覆盖地免耕播种花生、大豆、玉米等不同旱地夏播作物需求。

8月6日 《农民日报》报道：国务院批复同意建立全国农民合作社发展部际联席会议制度。联席会议由农业部、国家发展和改革委员会、财政部、水利部、国家税务总局、国家工商行政管理总局、国家林业局、中国银行业监督管理委员会、中华全国供销合作总社等9个部门和单位组成，农业部为牵头部门。

《农民日报》报道：2013年中央财政共安排农机购置补贴资金217.5亿元，用于提高农业机械化水平和农业综合生产能力，支持农民购买先进适用农业机械。

8月7日 《科技日报》报道：6日，2013赤峰·中国北方农业科技成果博览会开幕。这次展会的主题是"加快科技创新，发展现代农业"，展会的主要内容为高新农业科技成果展、科技论坛、科技合作项目签约、科技成果推介、科技合作洽谈等。来自北京、天津、上海等21个省份和美国、荷兰、澳大利亚、比利时等4个国家的近1 000家展商参展。中国农业大学等11所高校、中国农业科学院等31家科研院所展出了最新科技成果。

8月11日 《经济日报》报道：经国务院批准的黑龙江省松嫩、三江两大平原现代农业综合配套改革试验全面启动。

8月15日 《人民日报》报道：中央财政下拨畜牧发展扶持资金20.5亿元，支持开展畜牧良种补贴，对养殖者购买牲畜良种冻精和种公畜进行补贴，支持畜牧水产等"菜篮子"产品养殖场开展规模化标准化生产。加上此前已下拨资金，2013年中央财政已下拨畜牧发展扶持资金29亿元。

8月15日 《农民日报》报道：农业部发出通知，首批认定31个市县为国家级杂交水稻种子生产基地，26个市县为国家级杂交玉米种子生产基地。

8月28日 《农民日报》报道：为进一步调动地方重农抓粮积极性，促进粮油稳产增产，财政部拨付2013年产粮（油）大县奖励资金319.2亿元，对纳入奖励范围的产粮大县、产油大县、商品粮大县进行奖励。

8月30日 《科技日报》报道：全国共有基层农技协11.11万个，其中25.6%建立了党组织。

9月5日 《经济日报》报道：4日，财政部发布修订后的《中央财政农民专业合作组织发展资金管理办法》，明确资金支持对象，即满足合作组织成员原则上不少于100户，同时具有一定的产业基础，服务网络健全，能有效地为合作组织成员提供农业专业服务等条件的农民专业合作组织，能够获得合作组织发展资金扶持。

9月6日 《科技日报》报道：甘肃省玉门市春小麦高产创建万亩示范片平均每公顷产量达到9 979.5千克，该产量是全国春小麦高产创建万亩示范片的最高纪录。

9月11日 《经济日报》报道：农业部农作物新品种选育与推广工作会明确提出，争取5年内完成一次品种更新换代，主要农作物品种产量水平在现有基础上提高5%以上，品质显著改善，稳产性、适应性、抗逆性、安全性明显提高，适宜机械化品种比例较大幅度增加。

9月22日 9月22日《人民日报》报道：山东稼禾秸秆全元素综合利用生产线在山东沂南县建成投产。该项目以各种植物秸秆为原料，一次投料，就能联产出纸浆、乙醇、复合肥等产品，是全国第一条零排放生物乙醇生产线，也是世界上第一条生物质全元素分解利用生产线。

9月25日 《科技日报》报道：宁夏贺兰山东麓葡萄种植节水灌溉技术试验基地，发布了一项节水技术试验结果：我国自主研发的痕量灌溉新技术，完全优于且可替代干旱缺水地区目前使用的最有效的滴灌技术。这项由宁夏水利科学研究院引进的新技术，在基地进行了为期一年的试验。结果显示：痕灌技术较滴灌技术节水40%～50%，其铺设长度达到350米，远超滴灌200米的极限，为干旱地区破解农业节水难题提供了新出路。

9月28日 《农民日报》报道：中央财政下拨2013年农村文化建设专项资金46亿元。

9月30日 《科技日报》报道：27日，"东北春小麦复种饲料油菜技术集成与示范"项目总结现场会在黑龙江国家级现代农业示范区召开。该项目构建的高寒复种技术体系，突破了我国高寒地区复种技术极限和轮作模式，改写了黑龙江北部原有的一年一熟的种植历史，实现了两年三熟，建立了"小麦—油菜—大豆—小麦"新的科学轮作体系，调整优化了种植结构，提高了资源利用率，可为农业大省黑龙江发展畜牧业提供新的高质量饲料来源。

9月30日 《农民日报》报道：28日，超级稻单产世界新纪录在湖南省隆回县羊古坳乡牛形嘴村诞生：经过测产，超级稻百亩片平均每公顷产量达14 971.5千克，其中一类田每公顷产量突破15 000千克。这项由"杂交水稻之父"袁隆平院士科研团队攻关的国家第四期超级稻苗头组合Y两优900续写了新的奇迹，创造世界水稻百亩连片平均单产的最高纪录。

10月2日 《农民日报》报道：农业部国际合作司与农业部优质农产品开发服务中心在湖北省武汉市联合举办了亚洲棉花优质高产生产技术培训班，来自巴基斯坦、缅甸、孟加拉国、越南、柬埔寨等5个国家的21名学员参加了棉花生产技术培训。

10月3日 《人民日报》报道：为进一步挖掘增产潜力，促进粮食生产稳定发展，农业部在总结高产创建成功实践的基础上，组织开展了粮食增产模式攻关，集成组装了58个区域性、标准化高产高效技术模式。按照相应的技术模式图操作，农民种田更轻松省力。据测算，示范区域产量将超过现有大田产量的20%。

10月9日 《农民日报》报道：在新疆生产建设兵团农六师奇台总场，农业部专家组织验收一季春玉米，测得高产田每公顷产量达到22 676.1千克，再次刷新全国玉米高产纪录。

10月10日 《农民日报》报道：全国改善农村人居环境工作会议9日在浙江省杭州市召开。

10月17日 《农民日报》报道：16日，农业部、国家粮食局与联合国粮农组织在北京大学共同举办了2013年"世界粮食日暨全国爱粮节粮宣传周"活动。2013年"世界粮食日"的主题是"发展可持续粮食系统，保障粮食安全和营养"。

10月14日 《科技日报》报道：一度令国际同行束手无策的棉花"癌症"黄萎病，终被我国科学家攻克。由中国农业科学院农产品加工研究所、中国农业科学院植物保护研究所和南京农业大学等共同完成的"棉花抗黄萎病中植棉系列新品种选育及应用"课题，历经26年刻苦攻关，在棉花抗性机理研究、田间动态鉴定和抗性基因追踪、高抗品种培育等关键环节，均获重要突破，培育出的以抗黄萎病为主要特征的中植棉系列新品种已推广应用3 720千公顷，直接经济效益逾百亿元。

10月18日 《光明日报》报道：截至目前，住房和城乡建设部、文化部、财政部共命名两批1 561个中国传统村落，并建立了国家保护名录。其中，云南最多，有294个；贵州有292个，位列第二。

10月22日 《科技日报》报道：中国农业科学院蔬菜花卉研究所领导的国际黄瓜变异组研究团队，对115个黄瓜品系进行深度重测序，构建了包含360多万个位点的全基因组遗传变异图谱，为全面了解黄瓜进化及多样性提供了新思路，并为全基因组设计育种打下了基础。相关成果10月20日在线发表于《自然—遗传学》杂志。

10月23日 《人民日报》报道：财政部从农资综合补贴中安排6亿元资金，下拨给黑龙江、辽宁、山东、安徽、江西等5个粮食主产省，用于5省继续开展种粮大户补贴试点工作。

10月29日 《人民日报》报道：2013年，中央财政采取多种有效措施，切实加快农业综合开发资金拨付进度。截至9月底，已累计拨付农业综合开发转移支付项目资金312亿元，占农业综合开发中央补助地方支出预算的99.9%。

11月1日 《农民日报》报道：截至2011年底，全国县级以上草原监理机构共有816个，县级以上草原监理人员共有9 518人。农业部发布《中国草原发展报告》，对2006—2011年我国草原法制建设、草原政策支持、草原执法监督等方面的工作和成效进行了系统全面梳理。这是农业部首次编制发布草原发展报告。

11月2日 《人民日报》报道：中央财政下拨农业综合开发资金8.05亿元，大力支持以股份合作社、专业合作社、龙头企业等为主体的新型农业经营体系建设，促进高产、优质、高效、生态、安全、市场竞争力强的优势特色产业发展。

11月5日 《人民日报》报道：中央财政通过分成的新增建设用地土地有偿使用费，下拨高标准基本农田建设资金300亿元，比2012年增长30%。其中，安排粮食主产区255亿元，占资金总量的85%。同时，中央财政还安排资金41.08亿元，主要支持云南兴地睦边、新疆伊犁河谷等土地整治重大工程。

11月12日 《农民日报》报道：中央财政拨付2012年度农村金融机构定向费用补贴资金41.05亿元，同比增长74%，用于支持村镇银行、贷款公司、农村资金互助社等三类新型农村金融机构发展和保障基础金融服务薄弱乡镇的金融服务。2009年以来，中央财政不断加大定向费用补贴政策力度，五年间中央财政分别拨付资金4 189万元、2.19亿元、10.32亿元、23.27亿元和41.05亿元，累计向3 785家农村金融机构（含薄弱地区金融机构）拨付补贴资金77.26亿元。

11月14日 《光明日报》报道：国内首个村政学院——成都村政学院在成都都江堰开班。一年时间内，该学院将对成都及全国的3 000多名村、社区干部和大学生志愿者进行轮训。

11月15日 《科技日报》报道：经过近6年

的石漠化综合治理，岩溶地区石漠化土地面积比上年减少 9 000 平方千米，首次实现石漠化面积由持续增加向净减少的重大转变。

11 月 18 日 《人民日报》报道：我国力争到 2015 年在 100 个试点县培育 10 万名新型职业农民，重点对专业大户、家庭农场主、农民合作社负责人、农机手等加强技能培训，强化政策扶持。充分发挥他们引领当地主导产业发展的示范带动作用。

11 月 18 日 《农民日报》报道：16 日，中荷奶业发展中心在中国农业大学举行成立启动仪式。该中心由中国农业大学、荷兰瓦赫宁根大学和荷兰菲仕兰坎皮纳乳品公司等三方联合成立，旨在将荷兰先进的乳业管理和乳品生产经验，通过培训、交流等手段带到我国乳业生产、研究的相关层面，以改善和提高我国乳品产业链的生产、安全和质量水平。

11 月 25 日 《农民日报》报道：23 日，农业部在北京成立第一届国家农作物种质资源委员会。我国共保存各类作物种质资源 42.6 万份，总量位居世界第二。

11 月 27 日 《农民日报》报道：为进一步推动中非农业的交流合作，以"共同携手、促进粮食安全及农业发展"为主题的中非农业合作研讨会在海南省万宁市举办。来自 45 个非洲国家代表与联合国代表以及国内外政府官员、金融机构代表、科研院所代表、农业企业近 500 名代表参加了研讨会。

11 月 30 日 《农民日报》报道：2013 年我国粮食总产量首次突破 6 亿吨大关，达 60 193.5 万吨，实现连续十年稳定增长。

12 月 2 日 《农民日报》报道：由湖南省人民政府、国家杂交水稻工程技术研究中心举办的首届隆平国际论坛 1 日在长沙市芙蓉区开幕。本次论坛主题为"杂交水稻与世界粮食安全"。

12 月 3 日 《经济日报》报道：由农民日报社主办的第二届中国品牌农资大会暨种植大户联谊会在北京举行。大会就农资行业发展、农业全产业链协作共赢模式等话题进行了深入探讨，并举办了职业合作社建设、农民培育、农业全程化解决方案等专题讲座。100 余家农资企业、500 多户种植大户、农资行业管理机构及农资专家参加了会议。

12 月 5 日 《经济日报》报道：2013 年全国共完成玉米机收面积达 17 333.3 千公顷，机收水平超过 49%，比上年提高了 7 个百分点。我国玉米机收水平已连续 5 年同比增幅超过 6 个百分点，进入持续快速推进阶段。

12 月 12 日 《人民日报》报道：2013 年，中央财政累计下拨补助资金 207 亿元，用于支持农村义务教育薄弱学校改善基本办学条件，促进义务教育均衡发展。2010—2013 年，中央财政累计安排薄弱学校改造计划补助资金 656.8 亿元。

12 月 20 日 《人民日报》报道：中国农业科学院作物科学研究所万建民教授课题组科研人员在控制水稻分蘖的新激素信号转导研究中取得了开创性进展。11 日在线出版的国际顶级杂志——《自然》以 ArticleResearch 形式刊登了相关研究成果。

12 月 25 日 《光明日报》报道：中国农科院生物技术研究所研究员黄荣峰带领的科研团队，揭示了植物激素乙烯与环境信号光如何相互作用，共同调控植物下胚轴生长的分子机制，由此揭秘了植物初期发育生长的奥秘。研究成果发表在《科学公共图书馆遗传学版》杂志上。

12 月 30 日 国家农业科技园区协同创新战略联盟在北京成立，标志着国家农业科技园区工作率先推动了由政府主导的行政化管理向联盟主导的社会化管理模式的转变。

12 月 31 日 《农民日报》报道：第二次全国土地调查数据显示，我国耕地面积为 135 385 千公顷，全国人均耕地 0.101 公顷（1.52 亩），不到世界人均水平的一半。

2014 年

【文献】

1月20日 《人民日报》报道：中共中央、国务院印发了《关于全面深化农村改革加快推进农业现代化的若干意见》。

1月26日 《光明日报》报道：中共中央办公厅、国务院办公厅印发了《关于创新机制扎实推进农村扶贫开发工作的意见》，并发出通知，要求各地区各部门结合实际认真贯彻执行。

2月27日 《人民日报》报道：国务院印发《关于建立统一的城乡居民基本养老保险制度的意见》。

《意见》提出到"十二五"末，在全国基本实现新农保和城居保制度合并实施，并与职工基本养老保险制度相衔接。

3月17日 《农民日报》报道：中共中央、国务院印发了《国家新型城镇化规划（2014—2020年）》，并发出通知，要求各地区各部门结合实际认真贯彻执行。

3月19日 《光明日报》报道：商务部会同农业部等13个部门印发了《关于进一步加强农产品市场体系建设的指导意见》。《意见》指出，争取利用5～10年的时间，逐步建立高效畅通、安全规范、竞争有序的中国特色农产品市场体系。

3月29日 《光明日报》报道：农业部、国家卫生和计划生育委员会联合发布食品安全国家标准《食品中农药最大残留限量》（GB 2763—2014）。

我国食品中农药最大残留限量指标将由现行的2 293项增加到3 650项，新增1 357项。

4月1日 《光明日报》报道：为确保国家粮食安全和重要农产品有效供给，培养适应现代农业发展和新农村建设要求的新型职业农民，教育部办公厅、农业部办公厅印发了《中等职业学校新型职业农民培养方案试行》的通知，要求各地根据实际情况制定具体政策，组织实施。

4月18日 《光明日报》报道：国务院教育督导委员会办公室下发通知，将首次在全国范围内开展农村义务教育学校基本办学条件专项督导，涵盖包括乡镇学校、村小学和教学点在内的全国农村义务教育学校，重点是贫困地区、边远地区、民族地区和革命老区。

5月30日 《农民日报》报道：国务院办公厅印发《关于改善农村人居环境的指导意见》。

《意见》提出，到2020年，全国农村居民住房、饮水和出行等基本条件明显改善，人居环境基本实现干净、整洁、便捷，建成一批各具特色的美丽宜居村庄。

6月14日 《经济日报》报道：由国土资源部牵头，会同农业部、国家发展和改革委员会等多部门共同编制的《高标准农田建设通则》将于6月25日"全国土地日"起正式实施。这是我国首部高标准农田建设国家标准。

6月22日 《人民日报》报道：住房和城乡建设部、国家发展改革委、财政部联合发出通知，要求各地切实做好2014年农村危房改造工作。

6月24日 《光明日报》报道：根据国务院批复的财政部上报的《国家农业综合开发高标准农田建设规划》，到2020年，我国将通过国家农业综合开发完成改造中低产田、建设高标准农田4亿亩，平均每公顷粮食生产能力比实施农业综合开发前提高1 500千克以上。《规划》中所指的高标准农田建设，应达到田地平整肥沃、水利设施配套、田间道路通畅、林网建设适宜、科技先进适用、优质高产高效的综合标准。

8月11日 《人民日报》报道：国土资源部、财政部、住房和城乡建设部、农业部、国家林业局联合下发《关于进一步加快推进宅基地和集体建设用地使用权确权登记发证工作的通知》。

9月16日 《经济日报》报道：农业部、国家发展和改革委员会、财政部等九部门联合下发《关于引导和促进农民合作社规范发展的意见》。

《意见》要求进一步完善财政税收金融等支持政策，重点扶持运行规范的合作社。

10 月 1 日 《人民日报》报道：国务院印发《关于进一步做好为农民工服务工作的意见》。

《意见》明确，到 2020 年，转移农业劳动力总量继续增加，每年开展农民工职业技能培训 2 000 万人次，农民工综合素质显著提高、劳动条件明显改善、工资基本无拖欠并稳定增长、参加社会保险全覆盖，引导约 1 亿人在中西部地区就近城镇化，努力实现 1 亿左右农业转移人口和其他常住人口在城镇落户，未落户的也能享受城镇基本公共服务。

10 月 2 日 《人民日报》报道：苏州银行日前在全国银行间债券市场发行"三农"专项金融债券，成为自国务院发布《关于金融支持经济结构调整和转型升级的指导意见》以来，全国首家发行"三农"专项金融债的商业银行。苏州银行本期"三农"专项金融债发行总量为 20 亿元。

10 月 18 日 《人民日报》报道：国土资源部、农业部联合下发《关于进一步支持设施农业健康发展的通知》，明确取消设施农用地审核，改为备案制；进一步支持规模化粮食生产，配套设施纳入设施农用地管理，经论证可占用基本农田；严格界定设施农用地范围，落实农地农用原则，加强设施农业用地执法、监管。

10 月 19 日 《人民日报》报道：中央审议通过了发展农民股份合作、赋予农民集体资产股份权能的改革试点方案，标志着我国布局农村集体资产产权试点工作即将全面展开。改革试点的目标在于探索赋予农民更多财产权利，明晰产权归属，完善各项权能，激活农村各类生产要素潜能，建立符合市场经济要求的农村集体经济运营新机制。这是我国农村改革一项重要顶层设计，是我国农村集体经济改革重大制度创新。

11 月 1 日 《农民日报》报道：国务院办公厅印发《关于建立病死畜禽无害化处理机制的意见》，部署全面推进病死畜禽无害化处理，保障食品安全和生态环境安全，促进养殖业健康发展。

11 月 21 日 《农民日报》报道：中共中央办公厅、国务院办公厅印发《关于引导农村土地经营权有序流转发展农业适度规模经营的意见》，并发出通知，要求各地区各部门结合实际认真贯彻执行。

12 月 12 日 《经济日报》报道：农业部、国家发展和改革委员会、财政部、水利部、国家税务总局等九部门日前联合下发了《关于公布国家农民合作社示范社名单的通知》，认定北京利民恒华农产品种植专业合作社等 3 759 家合作社为国家农民合作示范社，北京密云县蔡家甸东沟农民用水合作社等 254 家用水组织为全国农民用水合作示范组织。

12 月 18 日 《人民日报》报道：农业部 17 日发布了《全国耕地质量等级情况公报》，这是我国首次将耕地分等定级。根据《公报》，评价为一等至三等的耕地面积为 33 200 千公顷，占耕地总面积的 27.3%。

【会议】

1 月 3 日 《光明日报》报道：全国扶贫开发工作会议在北京召开。

会议提出，2014 年将扩大"雨露计划"实施方式改革试点，加大对留守农村劳动力的适用技术培训，使贫困家庭的新生劳动力都能接受适应就业需求的职业培训。

1 月 6 日 国务院法制办公室、环境保护部、农业部联合召开《畜禽规模养殖污染防治条例》学习贯彻工作电视电话会议。

2 月 17 日 "北大荒"杯 2013 年度中国农村新闻人物揭晓仪式 17 日上午在海南省澄迈县举行。辽宁省辽阳市辽阳县刘二堡镇前杜村党委书记、全国劳动模范王绍永等 18 名来自"三农"领域的基层实践者光荣当选。

3 月 19 日 《农民日报》报道：由中国农业科学院作物科学研究所主办、国家谷子糜子产业技术研发中心承办的首届国际谷子遗传学会议在北京召开。来自 9 个国家和地区的 200 余位科研人员围绕"推动谷子成为禾本科功能基因组研究的模式植物"的主题展开研讨。

3 月 27 日 由中国农业机械工业协会、中国农业机械化协会、中国农业机械流通协会联合主办的 2014 年全国农业机械及零部件展览会在河南郑州国际会展中心开展，展会吸引了 350 多家农机生产厂家参展。

3 月 22 日 国务院召开全国农村金融服务经验交流电视电话会议。国务院总理李克强作出重要批示："要从'三农'发展的要求出发，深化农村金融改革，培育农村金融市场，加大涉农信贷投放和政策支持力度，落实好差别化存款准备金制度，完善金融监管和风险防控机制。"

5 月 16 日 农业部召开 2014 年全国"三夏小麦跨区机收工作视频会议，全国将投入"三夏"生产的稻麦联合收割机达到 55 万台，同比增加 2 万台；全国冬小麦机收水平有望超过 92%，黄淮海主产区小麦机收水平达到 96%，夏玉米机播水平达到 83%，作业质量进一步提升。

5 月 26 日　2014 年世界种子大会在北京召开，会议将围绕"小种子，大梦想"主题，广泛交流良种培育技术和经验，深入探讨和谋划种业未来发展。

6 月 16 日　"2014 中国农业发展高层论坛"在中国农业大学召开。

本届论坛的主题为"改革与中国农业发展"。政府部门领导、行业专家、投资专家、全国各地农牧与食品行业的企业高管等 200 余名代表聚集一堂，就中国农业政策、"三农"发展、企业经营、农村金融等多个领域的焦点热点话题展开深度分析，共同探讨中国农业发展改革之路。

6 月 25 日　国务院总理李克强主持召开国务院常务会议，部署做好粮食收储和仓储设施建设工作，研究决定完善农产品价格和市场调控机制，确定促进产业转移和重点产业布局调整的政策措施。

7 月 1 日　全国现代农业示范区建设经验交流会在黑龙江省哈尔滨市举行。

国务院副总理汪洋出席会议并强调，要紧紧围绕确保国家粮食安全和主要农产品供给、确保农民收入持续增长两大目标，深化改革创新，充分发挥市场作用和我们的制度优势，加快推进现代农业建设，为经济社会持续健康发展提供有力支撑。

7 月 29 日　2014 世界葡萄大会在北京延庆县开幕。这是世界葡萄大会自 20 世纪 70 年代创办以来，首次在亚洲举办。

7 月 30 日　国务院总理李克强主持召开国务院常务会议，研究部署做好为农民工服务工作，有序推进农业转移人口市民化。

会议指出，要促进农民工就业创业，维护农民工劳动保障权益，深化基本公共服务供给制度改革，加强对农民工的公共文化服务。

8 月 22 日—23 日　全国农村精神文明建设工作经验交流会在宁夏举行。

来自中央和国家机关，以及全国各省、自治区、直辖市的有关负责人现场考察、观摩，感受了宁夏农村精神文明建设的成就和经验。

9 月 4 日—5 日　"2014 品牌农业发展国际研讨会"于 9 月 4 日在北京举行。

来自 7 个国家驻华大使馆的农业参赞和外交官参加了会议和研讨，共有 17 个国家和地区以及国际组织的代表，农业部有关司局和单位负责同志，有关地方政府部门领导、农业品牌方面专家、企业界代表等共 200 多人参加研讨会。

9 月 16 日　由中国生态文化协会主办的"全国生态文化村"经验交流会 16 日在青岛举行。

会上，中国生态文化协会授予北京市朝阳区高碑店乡高碑店村等 109 个行政村"全国生态文化村"称号。

9 月 19 日　亚太经合组织第三届农业与粮食部长会议在北京召开，来自亚太经合组织 20 个经济体的农业与粮食部长和有关国际组织约 200 名代表出席了会议。会议通过了《亚太经合组织粮食安全北京宣言》。

10 月 11 日　全国休闲农业经验交流会在南京召开。我国各类休闲农业接待人数和经营收入均保持年均 15% 以上的增速。仅 2014 年上半年，全国休闲农业已接待游客 5 亿人次，营业收入突破 1 500 亿元。

10 月 16 日　农业部、国家粮食局等有关单位与联合国粮食及农业组织在清华大学大讲堂共同举办了 2014 年"世界粮食日"暨"全国爱粮节粮宜传周"活动。

10 月 24 日　国务院 24 日召开全国冬春农田水利基本建设电视电话会议，国务院副总理汪洋强调，要深入贯彻落实党的十八届三中、四中全会精神和党中央、国务院关于加强水利建设的决策部署，大力推进体制机制创新，强化法治保障，深入开展农田水利基本建设。

11 月 3 日　《中华人民共和国农业机械化促进法》实施十周年座谈会在北京召开。

十年来，中央财政农机购置补贴资金累计超过 1 200 亿元，我国农机装备水平、农机作业水平、农机社会化服务、农机工业实现了前所未有的跨越式发展。2014 年全国农作物耕种收综合机械化水平超过 61%，比 2004 年提高 27 个百分点。

11 月 11 日　为期 5 天的第二十一届中国杨凌农业高新科技成果博览会昨日落下帷幕。本届农高会项目签约投资及交易总额达 1 007.8 亿元，创历史新高，较上届增长 10.3%。

11 月 19 日　《光明日报》报道：全国粮食科技创新大会在北京召开，近年来我国粮食科技创新顶层设计不断优化，粮食科技发展环境持续向好，粮食科技投入明显提升，科技创新成果丰硕。"十二五"以来，中央财政粮食科技项目支持超 8 亿元，带动各类创新资金投入超 50 亿元。

11 月 29 日　农村改革试验区工作交流会 29 日在安徽省合肥市召开，国务院副总理汪洋出席会议并强调，要认真办好农村改革试验区，发挥好试验区的先行先试作用，不断把农村改革引向深入。

12月3日　国务院总理李克强主持召开国务院常务会议，决定加大对农村金融的税收支持，助力"三农"改革发展。

12月22日　国家农业科技创新联盟在北京成立。

12月22日—23日　中央农村工作会议在北京举行。会议强调，推进农业现代化，要坚持把保障国家粮食安全作为首要任务，确保谷物基本自给、口粮绝对安全。要创新机制、完善政策，努力做好各项工作。

【农业发展成就】

1月2日　《光明日报》报道：中国农业科学院植物保护研究所蛋白质农药课题组完成的"激活植物免疫的链格抱菌蛋白生物农药创制"课题，从真菌"极细链格抱菌"中，分离出具有激发植物免疫的两种新蛋白质 Pearl 和 Hripl，并实现了规模化生产，两种生物农药，对多种植物病害具有较高的防治效果，能降低生产成本，提高农产品品质，取得了显著的经济效益、生态效益和社会效益。

1月4日　《人民日报》报道：为加强治理我国超过120万平方千米暂不具备治理条件的沙化土地，国家林业局3日正式启动沙化土地封禁保护补助试点工作，实施范围包括内蒙古、西藏、陕西、甘肃、青海、宁夏、新疆7个省、自治区的30个县，下达封禁保护财政补助资金3亿元。

1月7日　《光明日报》报道：中国农业科学院北京畜牧兽医研究所杜立新教授领衔的科研团队，历经12年从全基因组水平发现和验证了与绵羊驯化和改良相关的一系列基因，建立了基因检测和常规育种技术相结合的高效育种技术体系，应用上述技术体系，选育出3个杜泊羊专门化品系，形成湖羊高繁、乌珠穆沁羊高繁、苏尼特羊肥羔和呼伦贝尔短尾等4个品系，以及7个杂交配套模式，经济效益非常显著。

1月14日　《农民日报》报道：为进一步加强农产品质量安全科学监管力度，农业部认定北京市房山区农业环境和生产监测站等145家技术单位为首批农业部农产品质量安全风险评估实验站，授权承担各主产区相应农产品质量安全风险评估的定点动态跟踪和风险隐患摸底排查工作。

1月16日　《光明日报》报道：由中国科学院动物研究所康乐院士领衔，深圳华大基因研究院和中国科学院北京生命科学研究院等研究机构的科学家参

与，共同绘制出了飞蝗的全基因组序列图谱，并基于基因组信息，揭示了飞蝗的食性、迁飞和群聚的奥秘。

1月19日　《光明日报》报道：中国农业科学院蚕业研究所家蚕育种中心科研人员成功培育出一对夏秋用家蚕新品种——"华康2号（HK2）"，该品种对"血液型脓病"具有高度抵抗性，耐病力是原系统"秋丰"和"白玉"的1.28万倍，万头收茧量、万头产丝量同比分别提高了5.5%和9.6%。

《人民日报》报道：2013年我国粮食总产量超过6亿吨，比上年增产1 235.5万吨，比2003年增产17 125万吨。我国农民人均纯收入达到8 896元，比上年增加979元，扣除价格因素实际增长9.3%，比城镇居民收入增长幅度高出2.3个百分点，这是连续第四年农民收入的增长幅度快于城镇居民的收入增长幅度。

《农民日报》报道：2013年我国水产品出口实现较快增长，出口额首次突破200亿美元，连续12年居全球首位。

1月27日　《人民日报》报道：农业部种植业管理司与中化化肥有限公司签署《合作推进科学施肥备忘录》，探索配方肥进村入户到田的有效模式。2014年在粮食和经济作物优势产区，选择一批粮食主产大市大县、蔬菜生产大县和特色经济作物优势县，共同开展"农企合作推广配方肥示范县"创建。

2月11日　《光明日报》报道：教育部、财政部从2010年开始在中西部地区和东部的辽宁、山东、福建等3省实施农村义务教育薄弱学校改造计划（简称薄改）。截至2013年底，中央财政已投入改造资金399亿元，薄改项目全国已开工68 981个，开上面积4 053.82万平方米，占规划面积的79%；已竣工51 283个，竣工面积2 952.24万平方米，占规划面积的58%。

2月14日　《经济日报》报道：全国大学生村官工作取得了明显成效，6年来，大学生村官成为新农村建设的重要力量。目前，全国共有超过22万名在岗大学生村官，有2.9万名大学生村官创办致富项目2万多个，领办、创办各类专业合作社5 204个，为26万名村民提供了就业岗位。已有7.4万名大学生村官担任村"两委"干部，增强了村级组织的创造力、凝聚力、战斗力。

2月14日　《光明日报》报道：针对遗传资源研发严重滞后、蜂种品质退化等问题，国家蜂产业技术体系的科研人员积极开展蜜蜂授粉增产实验，制定系列蜜蜂授粉及饲养技术规范，目前已成功繁育出5

个中国优势本土蜂种，在全国建立 27 个示范基地，蜂授粉技术得到大力推广和应用。

2月19日 《光明日报》报道：中国农业科学院作物科学研究所研究员万建民领衔的科研团队最新研究发现，一种植物特有的 GPA3 蛋白，作为调控水稻贮藏蛋白运输的关键因子，参与了稻米的蛋白品质形成。科学家从细胞生物学和分子遗传学的角度，阐明了 GPA3 在水稻贮藏蛋白定向分选过程中的关键作用，这一发现为未来育种科研人员改良稻米蛋白品质提供了重要的理论基础。

《农民日报》报道："食用菌产量和品质形成的分子机理及调控"项目在中国农业科学院启动，今后 5 年，项目将围绕子实体形成的营养利用与遗传调控、抗逆性的温度响应和活性物质的合成代谢调控等 3 个科学问题，运用多种研究手段，揭示食用菌产量和质量形成的分子机理，建立科学研究的理论和方法体系以及遗传改良基础平台，提高食用菌产业的原始创新和关键技术创新能力。

2月26日 《光明日报》报道："国家重大科学研究计划"在纳米农业技术领域部署的第一个项目在中国农业科学院农业环境与可持续发展研究所正式启动。这一项目名为"利用纳米材料与技术提高农药有效性与安全性的基础研究"。整个研究将在高效、安全的农药剂型创制理论与方法方面取得重要突破，通过大幅度提高农药有效利用率，降低农产品残留与环境污染，改善食品安全与生态环境。

2月28日 《人民日报》报道：27 日，农业部、最高人民法院、最高人民检察院、工业和信息化部、公安部、国家工商行政管理总局、国家质量监督检验检疫总局、中华全国供销合作总社等八部门联合召开 2014 年全国农资打假专项治理行动电视电话会议，动员各地迅速行动起来，深入开展农资打假专项治理行动，保障春耕生产需要，维护农民合法权益。

3月4日 《农民日报》报道：农业部启动 2014 年"百乡万户调查"活动，派出 108 名干部和科技人员组成 27 个调查组，在 3 月初和 4 月初分两批深入全国 27 个省、自治区、直辖市，开展为期 1 个月的驻乡进村入户调查，全面了解政策落实、春耕备耕、动物防疫、农产品市场、农民增收、农村改革和社情民意等情况。

3月19日 《光明日报》报道：农业部 2014 年"放心农资下乡进村"现场咨询活动 18 日在河北省涞水县举办，这既是农资打假专项治理行动的一项重要内容，也是农业部为农民群众办的一件实事，标志着"放心农资下乡进村宣传周"全面启动。

《科技日报》报道：全国休闲农业创意精品展在北京市昌平区草莓博览园拉开帷幕，来自各省、自治区、直辖市的产品创意、包装创意、活动创意、景观创意等四大类 3 000 余件精品火爆北京农业嘉年华，吸引了 5 万名城乡居民到现场参观，现场销售额已超过 3 000 万元，投资意向签约额超过 8 亿元。

3月21日 《光明日报》报道：经过近 10 年研究，由中国科学院院士张启发领衔的水稻国家研究团队，成功克隆了第一个稻米垩白率的主效基因 Chalks，并对其调控垩白形成的分子与细胞学机理进行了深入研究。这一研究成果为优质稻米的分子育种提供了目标基因，对水稻优质育种实践具有重要的理论指导意义。

3月26日 《农民日报》报道：25 日，中国重要农业文化遗产专家委员会在北京成立。农业部按照"在发掘中保护、在利用中传承"的思路，于 2012 年部署开展了中国重要农业文化遗产发掘工作，并在 2013 年第一批发布了 19 个中国重要农业文化遗产，其中 8 个被联合国粮食及农业组织认定为全球重要农业文化遗产。

4月4日 《农民日报》报道：农业部对"十二五"农业农村经济发展系列规划进行了中期评估，规划实施以来，粮食、油料、肉类、水产品等主要农产品产量指标超额完成规划末期目标，棉花、糖料、蔬菜、禽蛋等其他农产品产量指标总体好于规划中期目标。

4月12日 《光明日报》报道：《农民工职业技能提升计划——"春潮行动"实施方案》已下发。"春潮行动"实施的重点对象是农村新成长劳动力。《方案》明确，到 2020 年，力争使新进入人力资源市场的农村转移就业劳动者都有机会接受一次就业技能培训；力争使企业技能岗位的农村转移就业劳动者得到一次岗位技能提升培训或高技能人才培训；力争使具备一定创业条件或已创业的农村转移就业劳动者有机会接受创业培训。

《经济日报》报道：被称为粮食生产"国家队"的农垦系统将实施"联合、联盟、联营"三大战略，启动"国际大粮商"培育计划。

4月15日 《农民日报》报道：2013 年，农民工资性收入首次超过家庭经营纯收入，人均 4 025 元，比上年增加 578 元，增长 16.8，增速比上年提高 0.5 个百分点。农民工资性收入对农民人均纯收入增幅的贡献率达到 59%。人均财产性收入 293 元，比上年增加了 44 元，增长 17.7%。人均转移性财产性净收入、转移性净收入 784 元，比上年增加了 98 元，增长 14.2%。

4月22日 《经济日报》报道：2014年，国家农业综合开发进一步突出扶持重点，调整优化区域布局，继续提高投入标准，大力推进高标准农田建设。中央财政已下拨农业综合开发土地治理项目资金172.43亿元。各省份高标准农田建设项目亩均财政资金投入标准比去年提高近10%。

4月30日 《光明日报》报道：由国家海洋局海洋发展战略研究所29日在北京发布的《中国海洋发展报告2014》显示，我国海洋渔业资源利用质量、效率、效益"三低"，近海捕捞过度，远洋渔业技术和装备落后，水产品的加工以传统初级加工为主，冷冻水产品占了55%，高技术、高附加值的产品极少，影响持续发展。

5月7日 《人民日报》报道：截至目前，全国还有1.1亿名农村居民和1535万名农村学校师生存在饮水安全问题。全国农村饮水安全工作视频会议提出，确保如期完成"十二五"规划目标，让所有农村居民都能喝上干净的水。

5月10日 《人民日报》报道：我国蔬菜面积达到20 000多千公顷，年产量超过7亿吨，人均占有量500多千克，均居世界第一位。

5月13日 《光明日报》报道：《中国农业知识产权创造指数报告（2014年）》显示：2013年，我国农业知识产权总体态势继续保持"数量稳增，质量改善"的特点，农业科研单位创新能力增强，但农业企业创新能力弱小。

《经济日报》报道：农业部、财政部发出通知，2014年草原生态保护补助奖励机制政策继续在内蒙古、四川、云南、西藏、甘肃、青海、宁夏、新疆、河北、山西、辽宁、吉林、黑龙江13个省、自治区，以及新疆生产建设兵团、黑龙江省农垦总局实施。

《科技日报》报道：我国科学家成功绘制出高质量的木本棉基因组图谱，并对棉属进化机制及重要经济性状功能基因进行了分析。对四倍体棉种及其他多倍体物种的形成过程的揭示，为研究棉花纤维质量和抗病虫灾害等重要农艺性状奠定了遗传学基础。

5月30日 《科技日报》报道：中国农业大学植物病理学系孙文献教授和彭友良教授的团队联合国内外多家科研机构描绘出水稻稻曲病菌的基因组序列草图。通过比较基因组学与表达谱分析预测出影响该致病真菌致病力的关键基因，同时针对该真菌侵染机制与进化提出了相关见解。

6月1日 《科技日报》报道：由我国科学家领衔的白菜、甘蓝和油菜全基因组测序项目又取得阶段性重大成果，完成了甘蓝基因组测序和分析。

6月7日 《光明日报》报道：中国已成为继美国之后全球第二大蓝莓主产区。"2014中国国际蓝莓大会暨青岛国际蓝莓节"6日在山东省青岛市黄岛区拉开帷幕。本次大会以"国际化、开放、专业"为宗旨，将聚焦全球蓝莓产业发展，探讨蓝莓市场营销、生鲜物流的破局和创新、冷链管理等焦点话题。

《科技日报》报道：由中国科学家领衔的一个国际科研小组5日宣布，历经5年时间，完成了对绵羊基因组的测序、组装及分析工作。这项成果使人们对反刍动物生物学有了崭新认识。

6月8日 《人民日报》报道：为进一步完善农村义务教育经费保障机制，中央财政下达2014年农村义务教育经费保障机制资金878.97亿元，同上年相比，在学生人数减少的情况下，资金增加约50.6亿元，增长6.1%。

6月10日 《科技日报》报道：由长江大学马国辉研究员主持，长江大学、杂交水稻国家重点实验室、武汉大学等单位共同完成的"超级杂交稻抗逆稳产节氮高效综合配套技术研究与示范"项目，成功突破多项超级杂交稻在平原栽培的关键技术，有力促进了超级杂交稻的健康发展和水稻总产量的稳步增加。

6月17日 《人民日报》报道：联合国粮食及农业组织16日对中国提前实现千年发展目标予以表彰。这是联合国系统首次官方认定我国率先完成有关目标。

《农民日报》报道：针对部分领域涉农乱收费问题屡禁不止、"一事一议"筹资筹劳实施不够规范、村级组织负担明显增加、一些新的领域农民负担问题凸显等情况，农业部、财政部、国家发展和改革委员会、国务院法制办公室、教育部、国家新闻出版广电总局等六部委联合下发了《关于做好2014年减轻农民负担工作的意见》。

6月21日 《光明日报》报道：财政部、住房和城乡建设部、国家发展和改革委员会三部门20日宣布，2014年中央安排农村危房改造补助资金230亿元，支持全国266万贫困农户改造危房。

6月22日 《光明日报》报道：宜宾中华鲟研究向家坝珍稀特有鱼类增殖放流站基地进行的长江珍稀特有鱼类圆口铜鱼人工驯养繁殖取得成功。

6月23日 《科技日报》报道：中国科学院遗传发育所植物基因组学国家重点实验室储成才研究组梁成真博士通过对一早衰突变体的研究，首次阐明了水稻叶片衰老的分子调控机制。这一发现可显著延缓水稻叶片衰老，延长灌浆时间，从而提高水稻的结实率和千粒重，最终使水稻产量得到显著提高。

6月24日 《光明日报》报道：中国农业科学院蜜蜂研究所李建科领衔的研究团队以蜜蜂胚胎为材料，系统揭示了胚胎发育过程的分子基础，为提取蜜蜂胚胎干细胞和转基因研究提供了重要的证据。

7月3日 《人民日报》报道：我国已经成为全球第二、亚洲第一的农业保险市场。2013年，中央财政拨付农业保险保费补贴资金126.88亿元，是2007年的6倍，带动全国农业保险实现保费收入306.7亿元，为2.14亿户次投保农户提供风险保障1.39万亿元，为3 367万户次农户提供保险赔款208.6亿元，发挥了较好的强农惠农政策效果。

7月4日 《科技日报》报道：由中国农业科学院作物科学研究所开展的抗旱节水转基因小麦新品种培育研究取得最新成果。该项目培育的转基因小麦新品系水分利用效率同比提高15%以上、产量提高10%以上，具有较大的生产应用潜力。

《科技日报》报道：从广西农业科学院二级研究员韦本辉研究出一种水稻全新栽培法——"水稻粉垄生态高效栽培法"，粉垄耕作一次，可达到多年持续稳定增产和节耕、节能、节水、省工、环保的目的。该技术实现了高产、高标准稻田的综合生产能力，可由低产田变成中产田，中产田变成高产田。

7月12日 《科技日报》报道：中国水稻研究所朱德峰研究员的稻作技术创新团队，利用农艺农机结合，首创水稻钵形毯状秧苗机插技术，既实现了水稻毯苗机插，又解决了水稻钵苗难以机插的问题。试验和示范应用表明，应用这项新技术，同比可节约30%杂交稻种子，平均增产9.4%。

7月15日 《人民日报》报道：国家统计局14日发布统计结果，全国夏粮总产量13 659.6万吨，比上年增产474.8万吨，增长3.6%。其中，谷物总产量12 580.9万吨，比上年增产438.8万吨，增长3.6%。

7月16日 《人民日报》报道：2014年农业部围绕建设美丽乡村，大力推进休闲农业规范有序发展，上半年全国休闲农业接待游客近5亿人次，营业收入近1 500亿元，同比增速超过10%，带动3 000万农民受益。

7月17日 《经济日报》报道：农业部16日召开肉牛基础母牛扩繁工作视频会议。2014年中央财政将安排9.4亿元，在各个省份启动肉牛基础母牛扩群增量项目，调动母牛饲养积极性，逐步解决基础母牛存栏持续下降、架子牛供给不足的瓶颈问题。

7月24日 《人民日报》报道：由中国作物学会、黑龙江省农业委员会和大兴安岭地区共同举办的2014年中国马铃薯大会暨马铃薯产业展示洽谈活动21日在加格达奇举行。来自全国各地的采购商与黑龙江省的种薯企业和种植基地签订了27项购销合同，总交易量达89 575吨。

7月25日 《经济日报》报道："三夏"期间，全国共投入收获机械55万台，完成小麦机收面积19 133.3千公顷，机收水平达到92%，同比提高1个百分点。

7月26日 《经济日报》报道：住房和城乡建设部、中央农村工作领导小组办公室、环境保护部、农业部联合印发通知，要求各地落实《国务院办公厅关于改善农村人居环境的指导意见》，规范全国改善农村人居环境工作。

7月27日 《人民日报》报道：2013年我国农产品加工业主营业务收入17.2万亿元，同比增长18.3%，从业人员达2 298万人，其中70%以上是农民，农产品加工业对农民人均纯收入的贡献率达90%。

《人民日报》报道：2014年中央财政安排农村低保补助资金582.6亿元，比上年增长15.100 0二季度全国农村低保年人均保障标准2 590.4元，年人均补助水平1 423.4元，同比分别增长14.4%，13.05%。

《人民日报》报道：2014年围绕提升良种繁育基地能力、完善良种繁育体系建设，中央财政安排农业综合开发资金41 169万元，在28个省、自治区、直辖市建设良种繁育基地220个。

8月5日 《经济日报》报道：为促进湿地保护与恢复，推动生态文明建设，2014年中央财政安排林业补助资金湿地相关支出15.94亿元，支持湿地保护与恢复，启动退耕还湿、湿地生态效益补偿试点和湿地保护奖励等工作。

8月8日 《光明日报》报道：中央财政下拨2014年农村文化建设专项资金45亿元。

《光明日报》报道：财政部、教育部下达了2014年农村义务教育薄弱学校改造计划中央专项资金310亿元，资金额度比上年提高50.77%。薄改资金主要应用于完成《国务院教育督导委员会办公室关于开展农村义务教育学校基本办学条件专项督导的通知》规定的有关基本考核指标。

8月14日 《农民日报》报道：13日，国家种业科技成果产权交易中心及交易平台在中国农业科学院正式启动。

9月11日 《人民日报》报道：农业部与中国邮政储蓄银行在北京签署《金融服务和支持现代农业发展合作协议》。根据协议，双方将围绕粮食等重要农产品有效供给和农民收入持续较快增长的中心任务，深化互信合作，实现优势互补，破解农业生产金融服务难题，尤其是新型农业经营主体"贷款难、贷款贵"问题，努力提高农村金融服务覆盖面。

9月13日 《农民日报》报道：中国农业科学院作物科学研究所所长万建民研究员率领的水稻功能基因组创新团队成功克隆了首个水稻抗条纹叶枯病基因。这不仅为通过分子手段培育抗病虫水稻品种提供了有用的基因资源，也为水稻抗稻飞虱及其传播病毒病机制的阐明奠定了基础。

9月16日 《科技日报》报道：我国大豆资源总数居世界首位，其中一年生野生大豆占全世界野生大豆的90%。中国农业科学院作物科学研究所与诺禾致源等合作，在国际上率先构建和分析了一年生野生大豆的泛基因组，为作物种质资源研究和利用提供了新的方法和启示。

9月19日 《光明日报》报道：围绕水稻先天免疫机制的研究，中国农业科学院植物保护研究所王国梁教授及其科研团队揭示了水稻抗稻瘟病及白叶枯病的分子机理，勾勒出稻瘟病菌、白叶枯病菌与水稻互相作用的分子调控机理，相关论文发表在近期的世界植物病理学领域顶尖期刊《植物病理学年评》上。

9月24日 《光明日报》报道：22日，在山东省德州市武城县的地头，"良种包衣""叶面施肥""辅助授粉"等玉米生产8项关键技术的集成效果被全面展示，经专家现场测产，示范区10亩超高产攻关模式示范田，平均每公顷产量达15 840千克，比常规生产增产4 500～6 000千克。

9月28日 《经济日报》报道：国家发展和改革委员会等五部门联合下达2014年退耕还林还草年度任务目标，安排山西、湖北、湖南等10个省份及新疆生产建设兵团2014年退耕还林还草任务为500万亩，此举标志着新一轮退耕还林还草正式进入实施阶段。

9月30日 《经济日报》报道：我国节水灌溉发展进入前所未有的快车道。截至2013年底，全国有效灌溉面积达到63 466.7千公顷，其中节水灌溉工程面积27 133.3千公顷，约占有效灌溉面积的43肠；高效节水灌溉面积14 266.7千公顷，约占有效灌溉面积的22%，其中低压管道输水7 400千公顷、喷灌3 000千公顷、微灌3 866.7千公顷。

《科技日报》报道：由湖南杂交水稻研究中心牵头的国家"十二五""863"计划课题"超高产水稻分子育种与品种创制"最近取得重大突破，课题组与创世纪种业有限公司合作研究的最新成果"Y两优900"湖南隆回百亩高产示范片，经以中国科学院院士谢华安为组长的专家组现场测产，按算数平均计算法，平均每公顷产量达15 091.5千克，首次实现了超级稻百亩片亩产过吨的目标。

《科技日报》报道：我国育成首个异交不亲和糯玉米，经专家组鉴定，在混种条件下，这种特殊的糯玉米，异交率只有0.08%。这可解决制种过程中大面积隔离地块难觅的问题，提高制种纯度，解决我国玉米种业制种环节的一大难题。

10月11日 《人民日报》报道：由袁隆平院士领衔的超级稻第四期攻关项目获得重大突破，经农业部组织专家测产，湖南省椒浦县第四期超级稻百亩方平均每公顷产量超过15 000千克，创造了15 400.5千克的新纪录。

10月16日 《人民日报》报道：在全国首个"扶贫日"即将到来之际，为进一步创新金融扶贫机制，国务院扶贫开发领导小组办公室和中国农业银行15日在北京签署《金融扶贫合作协议》。农业银行将创新发展免抵押、免担保的扶贫小额信贷，每年向贫困地区新增贷款投放将不低于1 000亿元，到2020年实现贫困地区贷款余额翻番。

10月27日 《人民日报》报道：2007—2013年，我国农业保险累计提供风险保障4.07万亿元，向1.2亿户次的农户支付赔款759亿元。

《农民日报》报道：25日，由农业部和山东省人民政府共同主办的第十二届中国国际农产品交易会在山东省青岛国际会展中心开幕。

10月29日 《农民日报》报道：贯彻落实《国务院关于进一步做好为农民工服务工作的意见》电视电话会议在北京召开。

10月31日 《人民日报》报道：我国品牌农业近年来发展迅速，截至2013年底，我国农产品注册商标已达125万件。

《科技日报》报道：29日，国际权威科学杂志《自然通讯》在线发表了以河北农业大学刘孟军教授为第一作者和通讯作者的枣基因组测序重大研究成果《枣复杂基因组测序及其果树生物学性状解析》。他们在世界上率先完成了枣树的全基因组测序，并使枣树成为世界鼠李科植物和我国干果中第一个完成基因组测序的物种。

11月3日 《光明日报》报道：首期全国贫困村创业致富带头人培训工程正式启动，开启了东西协作对口帮扶培训的新模式。此次培训工程探索"1＋11"的创业培训模式，即通过一个月集中培训，完成创业项目设计，再通过创业导师实施为期11个月的

"一对一"电大远程教育辅导和创业跟踪指导,确保学员的创业项目能在贫困村落地生根。

11月3日 《科技日报》报道:我研究人员在国际上率先完成了小麦A基因组的供体——乌拉尔图小麦和小麦D基因组供体种——粗山羊草基因组草图的绘制,结束了小麦没有全基因组序列的历史,标志着我国小麦基因组研究跨入了世界先进行列。

11月5日 《农民日报》报道:中国农业科学院植物保护研究所吴孔明科研团队和英国兰开斯特大学威尔逊教授科研团队合作研究,发现了一种对寄主棉铃虫有利的浓核病毒(HaDNV-1),该病毒不但使棉铃虫幼虫更健康,还可提高其对生物杀虫剂的抗性水平。

11月7日 《人民日报》报道:中央财政以绩效评价结果为重要依据,统筹考虑草原面积、畜牧业发展情况等因素,拨付奖励资金20亿元,用于草原生态保护绩效评价奖励,支持开展加强草原生态保护、加快畜牧业发展方式转变和促进农牧民增收等方面工作。

12月2日 《经济日报》报道:在1日举办的农村集体产权制度改革研究座谈会上,农业部透露,到2013年底,全国已有2.8万个村和5万个组完成农村集体产权制度改革。

《农民日报》报道:我国共保存草种质资源5万余份,居世界前列,实现由资源大国向资源保护强国转变,提升了草业可持续发展的能力。

12月3日 《农民日报》报道:由中国农业科学院蔬菜花卉所研究员、深圳农业基因组所副所长黄三文博士领导完成的黄瓜苦味合成、调控及驯化分子机制研究,成功揭示了黄瓜发苦的秘密,这一发现将为黄瓜育种提供全新的思路,推动黄瓜产业的健康发展。

12月4日 《经济日报》报道:我国将探索建立农产品品牌目录制度,创建农业公用品牌发展体系。把农产品按照品牌种类、品种种类进行分类,按照影响层级和影响力范围进行分类,对产品的品种、品牌的种类进行系统梳理,形成目录,将最有影响力、最有价值的品牌纳入国家品牌的目录,实施定期发布、动态管理。

12月5日 《光明日报》报道:国家统计局4日公布的全国粮食生产数据显示,2014年全国粮食总产量为60 709.9万吨,比上年增加516万吨,增长0.9%。

12月14日 《人民日报》报道:我国有机产业近年来呈现快速稳步发展态势,截至2013年底,按照我国《有机产品》国家标准生产的有机植物类产品面积2 722千公顷(包括转换期),其中有机种植面积为1 287千公顷,野生采集面积为1 435千公顷。有机种植面积占全国农业耕地面积的0.95%。

12月17日 《农民日报》报道:由浙江海洋学院领衔,与上海交通大学、复旦大学等机构联合破译了大黄鱼全基因组测序,构建了大黄鱼基因组图谱,并成功解析其先天免疫系统基因组特征。

12月18日 《农民日报》报道:为进一步调动地方政府重农抓粮、农技人员科技兴粮和农民群众务农种粮的积极性,农业部决定对2014年发展粮食生产中成绩突出的先进单位和先进个人予以表扬。黑龙江省哈尔滨市等34个市(盟、局)、吉林省榆树市等311个县(市、区、旗、场)被评为"全国粮食生产先进单位",河南省李卫东等200名同志被评为"全国粮食生产突出贡献农业科技人员",安徽省赵金良等300名同志被评为"全国种粮大户"。

12月28日 《光明日报》报道:中国现代农业职业教育集团在江苏农林职业技术学院成立。集团以涉农专业为纽带,试点创新人才培养模式、实施现代学徒制,利用校企资源优势,推进新型职业农民培训,开展科技创新与服务,推进产学研合作,共享国际化培训项目,促进国际交流合作。有60多家企业、50多所院校、10余家科研院所和行业协会加入。

2015 年

【文献】

1 月 11 日 《人民日报》报道：中央印发了《关于农村土地征收、集体经营性建设用地入市、宅基地制度改革试点工作的意见》，试点工作将在 2017 年底完成。

1 月 23 日 《农民日报》报道：国务院印发《关于建立健全粮食安全省长责任制的若干意见》。

《意见》从粮食生产、流通、消费等各环节，进一步明确了各省级人民政府在维护国家粮食安全方面的事权与责任，对建立健全粮食安全省长责任制做出全面部署。

《农民日报》报道：国务院办公厅印发《关于引导农村产权流转交易市场健康发展的意见》。《意见》提出，法律没有限制的品种均可以入市流转交易，农户拥有的产权是否入市流转交易由农户自主决定。

2 月 3 日 《人民日报》报道：国务院办公厅印发了《关于加快木本油料产业发展的意见》。

《意见》部署加快木本油料产业发展，大力增加健康优质食用植物油供给，切实维护国家粮油安全，提出到 2020 年，建成 800 个油茶、核桃、油用牡丹等木本油料重点县，木本油料树种种植面积从现有的 1.2 亿亩发展到 2 亿亩。

3 月 24 日 《农民日报》报道：国务院办公厅印发《关于进一步加强乡村医生队伍建设的实施意见》。

《意见》部署进一步加强乡村医生队伍建设，切实筑牢农村医疗卫生服务网络。这是深化医药卫生体制改革的一项重大举措，对于促进基本公共卫生服务均等化和社会公平，让农村居民获得便捷、价廉、安全的基本医疗服务具有重要意义。

4 月 3 日 《人民日报》报道：中共中央、国务院印发了《关于深化供销合作社综合改革的决定》。

5 月 6 日 《人民日报》报道：中共中央、国务院印发《关于加快推进生态文明建设的意见》。

《意见》指出，要充分认识加快推进生态文明建设的极端重要性和紧迫性，切实增强责任感和使命感，牢固树立尊重自然、顺应自然、保护自然的理念，坚持绿水青山就是金山银山，动员全党、全社会积极行动、深入持久地推进生态文明建设，加快形成人与自然和谐发展的现代化建设新格局，开创社会主义生态文明新时代。

6 月 1 日 《农民日报》报道：中共中央办公厅、国务院办公厅印发了《关于深入推进

农村社区建设试点工作的指导意见》，并发出通知，要求各地区各部门结合实际认真贯彻执行。

6 月 12 日 《农民日报》报道：农业部办公厅印发《全国肉羊遗传改良计划（2015—2025）》。

计划到 2025 年形成纯种基础母羊 15 万只的核心育种群，重点选育的地方品种主要肉用性能提高 10％以上，绵羊产羔率牧区达到 120％以上、农区达到 150％以上，山羊产羔率达到 180％以上，培育 10 个左右肉羊新品种，肉羊群体生产性能稳步提高。

6 月 22 日 《光明日报》报道：国务院办公厅印发《关于支持农民工等人员返乡创业的意见》。

《意见》指出，支持农民工、大学生和退役士兵等人员返乡创业，通过大众创业、万众创新使广袤乡镇兴旺，可以促就业、增收入，打开新型工业化和农业现代化、城镇化和新农村建设协调发展新局面。

6 月 23 日 《农民日报》报道：国务院印发《关于开展第三次全国农业普查的通知》。

《通知》决定于 2016 年开展第三次全国农业普查，其目的是查清、查实我国农业、农村、农民基本情况，全面掌握农业现代化进程、社会主义新农村建设和农民生活新变化，为党中央、国务院科学制定"三农"政策提供全面扎实可靠的决策依据。

7 月 30 日 《农民日报》报道：27 日，农业部印发通知，部署实施推进农民创业创新行动计划（2015—2017 年）。

农业部实施推进农民创业创新行动计划，将以促进农民就业增收为目标，以农民为主体，以乡镇、村

为区域，支持返乡农民工、普通中高等学校毕业生、退役士兵、大学生村官、农村能人等创办领办家庭农场、农民合作社和小微企业等市场主体，发展农村一、二、三产业，力争通过三年努力，形成农民创业创新发展新格局，为推进农业强、农村美、农民富提供有力支撑。

7月30日 《农民日报》报道：中国人民银行、国家发展和改革委员会、中国银行业监督管理委员会、中国证券监督管理委员会、中国保险业监督管理委员会、四川省人民政府会同中央农村工作领导小组办公室、财政部、国土资源部、住房和城乡建设部、农业部制定并印发了《成都市农村金融服务综合改革试点方案》，成都成为全国首个农村金融服务综合改革试点城市。

8月4日 《人民日报》报道：财政部、农业部、中国银行业监督管理委员会印发指导意见，通过财政支持建立农业信贷担保体系，破解制约农业发展的融资难、融资贵问题。

8月8日 《农民日报》报道：国务院办公厅印发《关于加快转变农业发展方式的意见》。

《意见》明确把转变农业发展方式作为当前和今后一个时期加快推进农业现代化的根本途径，以发展多种形式农业适度规模经营为核心，以构建现代农业经营体系、生产体系和产业体系为重点，着力转变农业经营方式、生产方式、资源利用方式和管理方式，推动农业发展由数量增长为主转到数量质量效益并重上来，由主要依靠物质要素投入转到依靠科技创新和提高劳动者素质上来，由依赖资源消耗的粗放经营转到可持续发展上来，走产出高效、产品安全、资源节约、环境友好的现代农业发展道路。

8月25日 《人民日报》报道：国务院印发了《关于开展农村承包土地的经营权和农民住房财产权抵押贷款试点的指导意见》。

《意见》明确，开展农村承包土地的经营权和农民住房财产权抵押贷款试点坚持"依法有序、自主自愿、稳妥推进、风险可控"的原则，按照所有权、承包权、经营权三权分置和经营权流转有关要求，以落实农村土地的用益物权、赋予农民更多财产权利为出发点，深化农村金融改革创新，稳妥有序开展"两权"抵押贷款业务，有效盘活农村资源、资金、资产，增加农业生产中长期和规模化经营的资金投入，为稳步推进农村土地制度改革提供经验和模式，促进农民增收致富和农业现代化加快发展。

11月3日 《光明日报》报道：中共中央办公厅、国务院办公厅印发了《深化农村改革综合性实施方案》，并发出通知，要求各地区各部门结合实际认真贯彻执行。

11月10日 《农民日报》报道：国务院办公厅印发《关于促进农村电子商务加快发展的指导意见》，全面部署指导农村电子商务健康快速发展。

11月13日《农民日报》报道：国务院办公厅印发《粮食安全省长责任制考核办法》。

《办法》明确了粮食安全省长责任制考核目的、对象、组织、步骤和原则，并对监督检查、考核内容、评分办法、实施步骤、结果运用、工作要求等具体事项做了明确规定。

11月18日 《人民日报》报道：17日，由中国农业科学院深圳农业基因组研究所、中国科学院遗传与发育研究所以及英国《自然·遗传学》杂志等单位共同主办的第二届国际农业基因组学大会在深圳举行。我国已把水稻、小麦、玉米以及黄瓜等重要作物的基因组测序完成，初步掌握了这些作物遗传基因的功能性状，研究水平已走在国际前列。

11月18日 《人民日报》报道：中共中央、国务院印发《关于进一步推进农垦改革发展的意见》。

12月5日《人民日报》报道：中共中央、国务院印发《关于打赢脱贫攻坚战的决定》。

《决定》提出，到2020年，稳定实现农村贫困人口不愁吃、不愁穿，义务教育、基本医疗和住房安全有保障。实现贫困地区农民人均可支配收入增长幅度高于全国平均水平，基本公共服务主要领域指标接近全国平均水平。确保我国现行标准下农村贫困人口实现脱贫，贫困县全部摘帽，解决区域性整体贫困。

【会议】

1月5日 全国林业厅局长会议在北京召开。

2014年，中央林业投入1517亿元，全年完成造林6027.3千公顷，新建一批国家森林公园、湿地公园、沙漠公园和自然保护区，林业产值达到5.26万亿元。2015年国家拟安排退耕还林任务1000万亩，并启动严重沙化耕地和重要水源地坡耕地的退耕还林。

1月19日 国务院总理李克强主持召开国务院常务会议，推进深化医药卫生体制改革，部署加强乡村医生队伍建设、更好保障农村居民身体健康，讨论通过《全国医疗卫生服务体系规划纲要》。

2月5日 首届"全国十佳农民"评选揭晓仪式在京举行。天津市宝坻区民盛种植、养殖专业合作社理事长张秀霞等10位农民获此殊荣。

4 月 11 日—12 日 首届新农人营销创新实战论坛在中国人民大学举行。

论坛吸引了来自全国各地的 300 余名农企农商负责人参加，围绕新常态下我国农业企业发展面临的机遇与挑战、农企农商在"互联网＋"的背景下如何实现更好发展做了交流研讨。论坛由中国人民大学农业与农村发展学院、中国农村杂志社、中国农业国际合作促进会和北京新农联盟农业咨询有限公司联合主办。

4 月 20 日 为期两天的 2015 年中国农业展望大会在北京开幕。

大会首次以农业部市场预警专家委员会名义发布《中国农业展望报告（2015—2024 年）》，对未来 10 年中国农产品的生产、消费、价格、贸易走势进行展望。

5 月 22 日 《人民日报》报道：交通运输部印发《关于推进"四好农村路"建设的意见》。

根据规划，到 2020 年，乡镇和建制村通硬化路率达到 100％，县、乡道路安全隐患治理率基本达到 100％，农村公路危桥总数逐年下降，新改建农村公路一次交工验收合格率达到 98％以上。

5 月 26 日 26 日上午，中央农村工作领导小组办公室、国土资源部、农业部联合召开视频会议，传达贯彻习近平总书记、李克强总理等中央领导同志的重要批示精神。

会议提出，要引导农村土地有序流转，坚决防止"非粮化"、禁止"非农化"。要按照中央政策文件精神引导农村土地经营权有序流转，做到"三权分置，确权登记，有序流转，适度规模，家庭基础，农民自愿，农地农用，鼓励种粮"。

7 月 24 日 全国加快转变农业发展方式现场会在四川省成都市举行，国务院副总理汪洋出席会议并讲话。

汪洋强调，要以改革创新为动力，以发展多种形式适度规模经营为核心，以构建现代农业经营体系、生产体系和产业体系为重点，推动转变农业发展方式尽快取得实效，确保国家粮食安全和农民持续增收，努力走出一条中国特色农业现代化道路。

7 月 25 日 全国农业生态环境保护与治理工作会议在四川成都举行。

会议提出，要建立农业生态环境保护与治理的长效机制，促进农业发展由资源消耗型向资源节约型、环境友好型转变。

7 月 28 日 全球马铃薯领域最高级别的学术盛宴——2015 北京世界马铃薯大会开幕，来自 37 个

国家和地区的千余名马铃薯领域专家学者相聚八达岭长城脚下，共同开启世界马铃薯产业发展的新篇章。

8 月 4 日 《农民日报》报道：农业部农村经济研究中心在北京召开 2015 年"中国农村发展高层论坛"。

论坛以"面向'十三五'的中国农村发展与改革"为主题，重点围绕转变农业发展方式加快推进农业现代化、促进农民增收、全面建成小康社会、全面深化农村改革与农村制度创新、加强农村法治建设与农村社会管理等内容进行研讨和交流。

9 月 11 日 《农民日报》报道：9 月 8 日—9 日，全国农业市场与信息化工作会议在重庆召开。

会议总结了"十二五"以来农业市场与信息化工作，深入分析了新阶段面临的新形势与新要求，研究部署了"十三五"的总体思路和重点工作。

9 月 25 日 《农民日报》报道：22 日，农业部在陕西铜川举办全国"一村一品"经验交流暨村企对接活动。

截至 2014 年底，全国各类专业村达到 5.5 万个，农民人均可支配收入 11 673 元，比 2014 年全国农民人均可支配收入高 1 184 元。

9 月 29 日 《农民日报》报道：中国现代乡村旅游 30 年论坛日前在北京举办。

本次论坛以"乡村创新、旅游富农"为主题，与会专家、学者及业内人士对我国 30 年来休闲农业和乡村旅游的发展状况及未来前景进行了热烈研讨。

10 月 14 日 国务院总理李克强主持召开国务院常务会议，决定完善农村及偏远地区宽带电信普遍服务补偿机制，缩小城乡数字鸿沟；部署加快发展农村电商，通过壮大新业态促消费惠民生；确定促进快递业发展的措施，培育现代服务业新增长点。

10 月 15 日 农业部在湖北省武汉市举办中国最美休闲乡村推介活动。

经过地方推荐、专家评审和网上公示等程序，共推介北京市密云县司马台村等 120 个村为 2015 年中国最美休闲乡村。

10 月 24 日 环境保护部、财政部在江苏省南京市联合召开全国农村环境连片整治工作现场会。

2008 年国家实行"以奖促治"政策以来，安排农村环保专项资金 315 亿元，截至 2014 年底，5.9 万个村庄已开展环境综合整治，直接受益人口超过 1.1 亿人。

11 月 4 日 十二届全国人大常委会第十七次会议 4 日下午在北京人民大会堂闭幕。

会议表决通过了新修订的《中华人民共和国种子法》，国家主席习近平签署第 35 号主席令予以公布。

11 月 16 日 2015 首届"中国传统村落·黔东南峰会"在贵州省黔东南苗族侗族自治州召开。

我国自 2012 年起抢救性地启动传统村落保护工作以来，经过 3 年努力，传统村落快速消失局面得到遏制，开始迈入保护、改善和复苏的阶段。目前，对被列入中国传统村落名录的 2 555 个有着重要保护价值的村落已初步建立了指导和管理机制，平均每个村获得中央财政补助 300 万元。

11 月 27 日—28 日 中央扶贫开发工作会议在北京召开。中共中央总书记、国家主席、中央军委主席习近平发表重要讲话指出，要立下愚公移山志，咬定目标、苦干实干，坚决打赢脱贫攻坚战，确保到2020 年所有贫困地区和贫困人口一道迈入全面小康社会。

12 月 7 日 中国—联合国粮食及农业组织（FAO）南南合作可持续发展与创新高层研讨会在湖北省武汉市举行。

研讨会以"可持续发展和创新"为主题，围绕重点合作领域、发展模式、区域合作、多双边合作等四个议题展开研讨。

12 月 23 日 国务院总理李克强主持召开国务院常务会议。

会议部署推进农村一、二、三产业融合发展，以结构性改革强农惠农；确定进一步显著提高直接融资比重措施，提升金融服务实体经济效率；决定下调全国燃煤发电上网电价，减轻企业负担促进结构优化。

11 月 24 日—25 日 中央农村工作会议在北京召开。·

会议强调，地方各级党委和政府要坚持不懈厚植重农氛围，把农业农村工作放到重中之重的位置，优先保障财政对农业农村投入，确保力度不减弱、总量有增加。要加大涉农资金的整合力度，发挥财政投入对结构性改革的引导作用，撬动更多社会资金投入农业农村。要挖掘农业内部潜力，促进一、二、三产业融合发展，用好农村资源资产资金，多渠道增加农民收入。深入推进精准扶贫、精准脱贫，确保完成脱贫攻坚目标任务。

11 月 24 日 农村改革试验区工作交流汇报会24 日在北京召开。

国务院副总理汪洋在会上强调，要认真贯彻落实党的十八届五中全会、中央经济工作会议、中央农村工作会议精神，围绕中央深化农村改革总体部署，进一步拓展农村改革试验广度和深度，大力推进制度创新，充分发挥农村改革试验区的示范、突破、带动作用，促进各项农村改革措施落到实处。

【农业发展成就】

1 月 7 日 《农民日报》报道：中国农业科学院作物科学研究所大豆基因资源研究团队在大豆耐盐基因挖掘研究中取得重要进展，成功克隆出大豆耐盐基因。相关研究成果以专题文章发表于最新一期的《植物学杂志》上。该研究明确了栽培和野生大豆中耐盐基因的变异类型，不仅为耐盐资源的标记辅助筛选提供了高效鉴别标记，也为进一步阐明大豆耐盐机理奠定了基础。

1 月 8 日 《人民日报》报道：为支持农村金融发展，解决农民贷款难问题，经国务院批准，财政部、国家税务总局发出通知，对支持农村金融有关税收政策进行延续和完善。对金融机构农户小额贷款的利息收入，免征营业税；对金融机构农户小额贷款的利息收入，在计算应纳税所得额时，按 90% 写计入收入总额；对保险公司为种植业、养殖业提供保险业务取得的保费收入，在计算应纳税所得额时，按90% 计入收入总额。

1 月 9 日 《人民日报》报道：2014 年全国各类粮食企业粮食收购量首次突破 3.5 亿吨，总量达36 490 万吨，同比增加 2 015 万吨。其中最低收购价和政策性临时收储粮食 12 390 万吨，同比增加 4 070万吨。各地落实国家粮食收购政策，通过提价托市、增加收购、优质优价、整晒提等、产后减损等措施，促进种粮农民增收 550 亿元。

《农民日报》报道：6 日，由国家杂交水稻工程技术研究中心主办，中联重科股份有限公司承办的杂交水稻超高产农机农艺融合示范项目在湖南长沙中联重科正式启动。"杂交水稻之父"、中国工程院院士袁隆平，湖南省副省长张硕辅，湖南省农机局局长王罗方以及中联重科董事长詹纯新等 300 多人出席启动仪式。

1 月 27 日 《人民日报》报道：财政部、国家税务总局发出通知，决定将金融企业涉农贷款和中小企业贷款损失准备金所得税税前扣除、金融企业一般贷款损失准备金税前扣除的税收政策延长 5 年。自2014 年 1 月 1 日起至 2018 年 12 月 31 日，金融企业对其涉农贷款和中小企业贷款进行风险分类后，按照规定比例计提的贷款损失准备金，可以按规定在计算应纳税所得额时扣除，以有效化解金融企业信贷风险，缓解"三农"、中小企业和实体经济融资困难。

《农民日报》报道：为深入贯彻落实国家关于深化科技体制改革、种业体制改革、促进科技成果转化、推动现代农业发展的意见和相关法律法规，1月26日，农业部在北京成立"全国农业技术转移服务中心"，并启动建设"全国农业技术转移交易服务平台"。

2月2日 《人民日报》报道：国家卫生和计划生育委员会、财政部要求，2015年各级财政对"新农合"的人均补助标准在上年的基础上提高60元，达到380元。农民个人缴费标准在上年的基础上提高30元，全国平均个人缴费标准达到每人每年120元左右。

《人民日报》报道：2月2日是第十九个"世界湿地日"，2015年世界湿地日活动启动仪式在杭州举行。我国已建立570多个湿地自然保护区和900多个湿地公园，其中国际重要湿地46个，国家湿地公园569个，共有23 240千公顷湿地得到了不同形式的保护，湿地保护率由10年前的30.49%提高到43.51%。

2月8日 《人民日报》报道：2015年起，山东将开展农民专业合作社信用互助业务试点，力争3年内初步建成与山东农业、农村、农民发展需要相适应的新型农村合作金融框架。农民专业合作社信用互助业务原则上以行政村为经营地域范围，互助资金总额原则上不超过500万元；确有需要的可扩大地域范围和资本规模，但不得超出注册地所在乡镇。

2月9日 《人民日报》报道：西北农林科技大学课题组历经多年努力，陆续选育成功秦黑2号等系列彩粒小麦和"玫瑰系列"彩色马铃薯新品种。这些新品种实现了高产与高营养的完美结合。其抗氧化活性物质是一般品种的5～10倍，花青素含量达到或接近蓝幕的水平，具有独特的营养价值，其产量高出一般品种300%。

《人民日报》报道：《2015—2017年农业机械购置补贴实施指导意见》公布，据统计，2004—2014年中央财政共安排农机购置补贴资金1 200亿元，补贴购置各类农机具超过3 500万台（套）。全国农作物耕种收综合机械化水平由2003年的33%提高到2014年的61%，为保障我国粮食安全、加快农业现代化提供了坚实的支撑。

2月12日 《人民日报》报道：截至2015年1月，农业部已在全国范围内认定了三批283个国家现代农业示范区，这些示范区的农业现代化建设成效明显。

《农民日报》报道：首届中国有机农业创新与发展研讨会暨全国有机农业产业联盟成立大会在中国农

业科学院举行。来自农业部农村经济研究中心、农业科研院所、农业大专院校、农业科技开发公司、投资公司、农资生产企业、流通企业、中绿华夏有机食品认证中心等单位的代表约150余人参加了会议。

2月14日 《光明日报》报道：2008—2014年，中央累计安排1 191.72亿元补助资金，支持了1 565.4万户贫困农户改造危房。其中2014年中央安排补助资金230亿元，支持全国2万贫困农户改造危房（含贫困地区105万户、边境一线15万户、建筑节能14万户），全国共实施农村危房改造1 684万户。

2月25日 《人民日报》报道：为夯实粮食安全的基础，科学利用宝贵的水资源，2015年我国将加快农田水利建设，新增高效节水灌溉面积2 000万亩以上。

3月3日 《光明日报》报道：2003—2013年，我国农产品加工业规模以上企业主营业务收入从2.63万亿元增加到17万亿元，年均增长幅度达到20%以上，已成为横跨三次产业、汇聚多个行业、带动就业增收和满足消费需求的农业基础性、战略性、支柱性产业和国民经济中最具活力的产业之一。

3月27日 《光明日报》报道：中国农业科学院北京畜牧兽医研究所肉羊遗传育种创新团队，通过构建文库和测序的方法，在山羊下丘脑、垂体和卵巢组织中发现了一系列与山羊产羔数相关的重要基因，该研究初步阐明了山羊下丘脑—垂体—卵巢轴系统控制产羔数的分子机制，并为山羊产羔数的遗传改良和分子育种奠定了理论基础。

4月11日 《经济日报》报道：10日，中国湿地保护协会在北京成立。中国湿地保护协会是经国务院批准成立、从事湿地保护相关工作的全国性社会公益组织，是社会力量参与湿地保护的重要平台。该协会将加强湿地保护国际合作，广泛吸引知识、技术、人才和资金向湿地保护聚集，调动更多社会力量投身湿地保护事业。

4月15日 《人民日报》报道：我国农田有效灌溉面积达63 466.7千公顷，其中节水灌溉工程面积达到27 133.3千公顷。农田灌溉效率不断提升，灌溉水有效利用系数达到0.52，在保持粮食连年丰收的同时，农业灌溉用水总量实现14年零增长。

4月18日 《农民日报》报道：从2015年起，农业部将联合教育部、共青团中央启动实施"现代青年农场主培养计划"，计划每年选择1万名18～45周岁的现代青年农民，将他们培育为青年农场主，为现代农业发展注入新鲜血液。

4月22日 《科技日报》报道：在4月22日

"世界地球日"到来之际，中国农业科学院于21日启动"东北黑土地保护协同创新行动"，以举全国相关学科之力，遏制我国东北黑土地的退化。"东北黑土地保护协同创新行动"将明确东北黑土地地力退化的过程与成因，提出适合东北典型生态类型区的黑土地保护关键技术与规范，构建黑土地保护工程技术与支撑保障体系，实现东北黑土地的持续产粮能力及东北粮仓的稳定输粮能力。

4月30日　《农民日报》报道：为加快转变农业发展方式，破解资源环境瓶颈，提升农业可持续发展能力，自2015年开始，农业部和国家农业综合开发办公室将在全国部分省份开展农业综合开发生态循环农业示范项目建设试点。试点选择将以粮食主产区、畜禽养殖大县、水源地等典型区域为主。2015年将从辽宁、山西、江苏等省份选择试点县市，每个省份选择1个试点，每个试点安排中央财政资金1 000～1 200万元。

5月7日　《人民日报》报道：截至5月6日，全国耕地受旱面积4 755.3千公顷（多年同期平均值10 866.7千公顷），有117万人、136万头大牲畜因旱饮水困难，主要分布在云南、内蒙古等地。国家防汛抗旱总指挥部派出6个工作组赶赴河北、吉林、广西、贵州等重旱区协助指导地方开展抗旱。

5月21日　《科技日报》报道：中国科学院上海生物科学院植物生理生态研究所植物分子遗传国家重点实验室林鸿宣院士领衔的研究团队，第一次成功分离并克隆了水稻抗高温主要基因，深入研究了其分子机理、在水稻演化史和抗高温育种中的作用。这一研究成果有望明显增强农作物的抗高温能力，于18日在线发表于《自然遗传学》。

5月23日　《人民日报》报道：经国务院批准，2015年我国将启动对农作物良种补贴、种粮农民直接补贴和农资综合补贴三项农业补贴政策的调整和完善工作，通过"三合一"更有效发挥财政资金支持粮食生产作用。

5月27日　《农民日报》报道：中国农业科学院蔬菜花卉研究所蔬菜功能基因组学创新团队与国内外同行合作，发现了一个大片段DNA序列拷贝数变化可以决定黄瓜的性别。相关成果发表在国际著名期刊《植物细胞》上。黄瓜全雌系产生遗传机制的揭示，对于进一步揭示性别决定机理具有重要的指导意义，并对将来培育高产黄瓜品种具有潜在的重要应用价值。

6月2日　《人民日报》报道：中央财政下拨26亿元，用于支持基层农技推广体系改革与建设工作。从2009年起，中央财政安排资金支持基层农技推广体系改革与建设，已累计投入资金127.7亿元。从2012年起，实现了基层农技推广体系改革与建设项目基本覆盖全国所有农业县。

5月10日　《农民日报》报道：2015年国家发展和改革委员会安排48亿元中央预算内投资农村危房改造补助资金，专项用于支持抗震设防烈度8度及以上县市的农村危房抗震改造。截至5月，48亿元已全部下达地方，支持全国55.083万户农村危房进行抗震改造。

5月13日　《光明日报》报道：中国科学院遗传与发育研究所的科学家发现，将籼稻的一个基因导入粳稻品种，就能大幅度提高粳稻利用氮肥的效率。这一成果于9日在线发表在《自然·遗传学》杂志上。

《科技日报》报道：12日，国家杂交水稻综合实验基地建设在长沙正式启动，占地面积31.57公顷，建成后将成为目前我国规模最大、最具影响力的杂交水稻科研实验基地。

5月15日　《人民日报》报道：农业部数据显示：2014年，全国牧业总产值已超过2.9万亿元，人均肉类占有量达64千克，直接从事畜禽养殖的收入占家庭农业经营现金收入的1/6，畜牧业国家级产业化龙头企业达583家，占比达47%。

5月24日　《农民日报》报道：中国农业科学院北京畜牧兽医研究所饲草育种与栽培科技创新团队，从耐盐的紫花苜蓿根中发现新的耐盐因子。该研究成果于日前发表于《植物生理学》杂志上。

7月8日　《科技日报》报道：中国农业科学院中国水稻研究所超级稻种质创新团队与中国科学院遗传与发育生物研究所等单位最新合作研究发现，水稻染色体拷贝数变异可调控水稻的粒长和品质，这为水稻粒形的分子设计、高产优质水稻新品种培育奠定了基础。6日，国际著名学术期刊《自然·遗传学》发表了这一成果。

7月9日　《农民日报》报道：7日，"全国农业科技成果转移服务中心"正式启动运行。

7月14日　《经济日报》报道：第三次全国农作物种质资源普查与收集行动在京启动。该行动拟用5年左右时间，全面普查、系统收集全国2 200个农业县的农作物种质资源，对种质资源丰富的650个县进行实地调查和抢救性收集，征集和收集农作物种质资源10万份，鉴定评价、编目入库保存种质资源7万份，实现珍惜资源、野生资源有效收集和保护，资源保存总量大幅提升。

7月16日　《人民日报》报道：15日，国家统计局发布数据显示，2015 年全国夏粮总产量 14 106.6 万吨，同比增产 447 万吨，增长 3.3% 我国夏粮生产实现"十二连丰"。

7 月 21 日　《人民日报》报道：中央财政下拨扶贫资金 138.9 亿元，支持农村贫困地区扶贫开发。

7 月 27 日　《经济日报》报道：为支持新型职业农民培育，加快构建新型农业经营体系，解决"谁来种地""如何种好地"的问题，2015 年，中央财政下拨 10.96 亿元资金，继续支持开展农民培训工作。截至 2014 年底，全国培育各类型职业农民超过 100 万人，培养了一批有文化、懂技术、会经营的新型职业农民，为实现农业现代化和建设新农村提供了有力的人才支撑。

8 月 3 日　《人民日报》报道：为加快推进农业机械化和农业现代化，转变农业发展方式，提高农业综合生产能力，2015 年，中央财政下拨农机购置补贴资金 236.45 亿元，对直接从事农业生产的个人和农业生产经营组织购买使用先进、适用农业机械给予补贴。重点支持粮、棉、油、糖等主要农作物生产关键环节所需机具，兼顾畜牧业、渔业、设施农业、林果业及农产品初加工发展所需机具。

8 月 8 日　《农民日报》报道：中央政府已累计在 25 个省、自治区、直辖市投入 4 056.6 亿元用于第一轮退耕还林工程建设，共完成退耕地造林 9 266.7 千公顷、配套荒山荒地造林和封山育林 20 600 千公顷，涉及 3 200 万户农户 1.24 亿名农民。

8 月 11 日　《人民日报》报道：2015 年，中央财政进一步加大对湿地保护的支持力度，安排湿地补贴 16 亿元。

8 月 28 日　《农民日报》报道：截至 2014 年底，全国家庭承包耕地流转面积 26 866.7 千公顷，比 2013 年环比增长 18.3%，流转面积占家庭承包经营耕地面积的 30.4%。整省开展承包经营权确权登记颁证试点的省份已扩大到 12 个，全国先后有 2 215 个县（市、区、旗）开展了试点工作，涉及 1.9 万个乡镇 30.2 万个村，完成确权登记面积 17 333.3 千公顷。

9 月 2 日　《科技日报》报道：8 月 24 日，中国农业科学院棉花研究所与塔里木大学联合成立的"棉花科学学院"在新疆阿拉尔正式揭牌。作为国内首个专门面向棉花产业的学科型学院，该院将致力于新疆棉花可持续发展模式的探索，组建全方位棉花产业发展创新平台。

《科技日报》报道：农业部与金正大集团合作共建的首所"农民田间学校"在广西南宁市武鸣县挂牌成立。据悉，这是第一家依托"农化服务中心"成立的农业部"农民田间学校"。

9 月 9 日　《农民日报》报道：中国农业科学院中国水稻研究所超级稻种质创新团队与中国科学院遗传与发育生物研究所等单位合作，从浙江地方大粒品种"宝大粒"中成功分离并克隆了一个能够显著提高超级稻产量的重要基因 GS2。相关研究成果在线发表在最新一期的国际知名刊物《分子植物》杂志上。

《农民日报》报道：2015 年中央财政已安排农业综合开发资金 235.65 亿元用于高标准农田项目，预计可建设高标准农田 18 516.3 千公顷，平均每公顷新增粮食生产能力 1 500 千克以上。

9 月 15 日　《科技日报》报道：2012 年出生的首批含有脂肪性脂肪连接蛋白基因的体细胞转基因克隆牛"妞妞"成功繁育后代，截至 9 月 12 日，第二代"转基因小牛"各项体征正常，身体健康。这意味着我国应用体细胞克隆技术培育自主品牌的肉牛新品种迈出了关键一步。

9 月 15 日　《农民日报》报道：14 日，农业部在北京启动稻米、小麦、玉米、大豆、棉花、生猪、牛羊肉、蔬菜等 8 个品种全产业链农业信息分析预警试点，面向河北、内蒙古、辽宁等 14 个主产区、主销区，在生产、加工、流通各个环节遴选了 1 061 名分析师，组建了全产业链分析预警团队。

9 月 30 日　《农民日报》报道：中国农业科学院北京畜牧兽医研究所猪遗传育种科技创新团队通过对猪全基因拷贝数变异进行扫描，获得了多个与猪肉品质性状显著相关的基因拷贝数变异。在猪全基因组范围内进行肉质性状关联研究在国际上尚属首例。

10 月 17 日　《光明日报》报道：改革开放以来我国农村贫困人口减少近 7 亿人，年均减贫人口规模 1 945 万人；贫困发生率同比下降 90.3 个百分点，贫困人口年均减少 6.4%。

11 月 4 日　《农民日报》报道：中国农业科学院作物科学研究所作物功能基因组学创新团队研究发现，微丝结合蛋白 Villin2（V1. N2）通过调节微丝的动态变化，影响细胞膨大、生长素极性运输以及水稻的生长发育。相关研究成果于日前发表在《植物细胞》杂志上。此次研究，不仅成功揭示微丝调节水稻形态发育新机制，同时也为今后进一步阐明微丝与植物发育的机制研究奠定了基础，对水稻形态改良提供理论支持。

11 月 12 日　《人民日报》报道：国务院总理李克强 11 日主持召开国务院常务会议，确定稳定粮食生产增加种粮收入的措施，保障粮食安全和农民利益；部署以消费升级促进产业升级，培育形成新供给、新动力扩大内需；决定推进医疗卫生与养老服务结合，更好保障老有所医、老有所养。

11月18日 《农民日报》报道：中国农业科学院蔬菜花卉研究所功能基因组学创新团队，发现了控制黄瓜卷须发育的身份基因 *TEN*，揭示了"黄瓜卷须的同源器官是侧枝"这一曾经困扰达尔文的植物发育学谜团。相关成果在线发表在最新一期的国际知名刊物《分子植物》杂志上。

12月5日 《农民日报》报道：到2015年10月底，全国农民合作社数量达147.9万家，比2014年底增长15.5%，入社农户9 997万户，覆盖全国41.7%的农户，各级示范社超过13.5万家。

12月9日 《人民日报》报道：我国粮食产量历史性地实现"十二连增"，2015年全国粮食总产量62 143.5万吨，比上年增产1 440.8万吨，增长2.4%。

12月15日 《农民日报》报道：12日，由国内外政、商、产、学、研、融、推等多个领域众多单位和个人自愿联合组成的农产品物联商务建设与运营推广的非营利性合作组织——中国农产品物联商务创新联盟在中国农业大学正式成立。联盟以"建设农产品品牌孵化的全产业链商业环境，形成农产品优质优价的完整生态系统，保障食品安全，为消费者健康保驾护航"为基本愿景。

12月16日 《农民日报》报道：中国农科院北京畜牧兽医研究所杜立新团队通过对绵羊全基因组甲基化测序，获得了多个与绵羊体型大小相关的甲基化区域和2个DNA甲基化位点，首次构建了蒙古绵羊全基因组甲基化图谱，对今后的绵羊分子育种有推动作用。

12月27日 《人民日报》报道：2015年我国农业科技对增产增收的贡献率进一步提高，农业科技进步贡献率有望超过56%，在调结构、转方式、稳粮增收等方面发挥了重要作用。

12月28日 《农民日报》报道：24日至25日，全国农业工作会议在北京召开。会议强调，各级农业部门要认真贯彻落实习近平总书记和李克强总理对做好"三农"工作做出的重要指示批示精神，牢固树立五大发展理念，科学谋划"十三五"农业农村经济发展，切实增强忧患意识和责任意识，拿出应对复杂局面的有效举措和实际行动，坚定信心、鼓舞干劲、攻坚克难、真抓实干，巩固发展农业农村经济好形势，为全面建成小康社会做出新的更大贡献。

12月29日 《光明日报》报道：2015年，我国农垦实现生产总值7 011亿元，2015年农垦粮食总产量达到3 635万吨，比2010年增长21.2%，农业综合机械化程度达87.4%，高出全国平均水平26个百分点。

2016 年

【文献】

1 月 5 日 国务院办公厅印发《关于推进农村一二三产业融合发展的指导意见》。

《意见》提出，要加大财税、土地等政策支持力度，开展试点示范，落实地方责任，强化部门协作，健全农村产业融合推进机制。

1 月 20 日 国务院办公厅印发《关于全面治理拖欠农民工工资问题的意见》。

《意见》要求，要健全源头预防、动态监管、失信惩戒相结合的制度保障体系，完善市场主体自律、政府依法监管、社会协同监督、司法联动惩处的工作体系。

1 月 26 日 国土资源部中国土地勘测规划院发布《2016 年中国土地政策蓝皮书》。

《蓝皮书》指出，2016 年我国将进一步深化管控性保护、激励性保护、建设性保护相结合的耕地保护机制。完善耕地占补平衡制度，耕地占补平衡将更加注重空间均衡、生态效应，探索建设占用耕地补充责任的多元化实现途径，推进补充耕地的跨区域国家统筹。

1 月 28 日 中共中央、国务院印发《关于落实发展新理念加快农业现代化实现全面小康目标的若干意见》。

2 月 2 日 中共中央办公厅、国务院办公厅印发了《关于加大脱贫攻坚力度支持革命老区开发建设的指导意见》。

2 月 15 日 国务院印发《关于加强农村留守儿童关爱保护工作的意见》。

《意见》提出要以促进未成年人健康成长为出发点和落脚点，不断健全法律法规和制度机制，强化家庭监护主体责任，加大关爱保护力度，逐步减少儿童留守现象，确保农村留守儿童安全、健康、受教育等权益得到有效保障。

3 月 25 日 中国人民银行会同相关部门联合印发《农村承包土地的经营权抵押贷款试点暂行办法》和《农民住房财产权抵押贷款试点暂行办法》。

"两个办法"从贷款对象、贷款管理、风险补偿、配套支持措施、试点监测评估等多方面，对金融机构、试点地区和相关部门推进落实"两权"抵押贷款试点明确了政策要求。

《农民日报》报道：教育部、中华全国总工会印发《农民工学历与能力提升行动计划——"求学圆梦行动"实施方案的通知》。

据国家统计局发布数据显示，2015 年，全国城镇就业人员共 4.04 亿人，其中农民工总量为 2.77 亿人，比上年增长 1.3%。

4 月 30 日 《农民日报》报道：财政部、农业部联合印发了《关于全面推开农业"三项补贴"改革工作的通知》。

《通知》明确，2016 年在全国范围全面推开农业"三项补贴"改革，即将种粮农民直接补贴、农作物良种补贴和农资综合补贴合并为农业支持保护补贴，政策目标调整为支持耕地地力保护和粮食适度规模经营。

5 月 13 日 《农民日报》报道：农业部、国家发展和改革委员会、中央网信办、科技部、商务部、质检总局、食品药品监管总局、林业局 8 部门联合印发《"互联网＋"现代农业三年行动实施方案》。

6 月 1 日 《人民日报》报道：5 月 28 日，国务院印发《土壤污染防治行动计划》。要求各地认真贯彻执行。

6 月 3 日 《经济日报》报道：国务院总理李克强签署第 669 号国务院令，公布《农田水利条例》，自 2016 年 7 月 1 日起施行。

中国银监会、国土资源部联合发布《农村集体经营性建设用地使用权抵押贷款管理暂行办法》，我国农村土地制度改革再获推进。

6 月 20 日 《农民日报》报道：农业部办公厅印发《关于实施国家现代农业示范区十大主题示范行动的通知》，全面部署十大主题示范行动工作。

7月5日 《农民日报》报道：按照《中共中央办公厅国务院办公厅关于引导农村土地经营权有序流转发展农业适度规模经营的意见》和《国务院办公厅关于引导农村产权流转交易市场健康发展的意见》要求，农业部正式印发了《农村土地经营权流转交易市场运行规范（试行）》。

7月17日 《经济日报》报道：人力资源和社会保障部、农业部等五部门下发通知。

通知决定启动实施农民工等人员返乡创业培训五年行动计划（2016—2020年），力争到2020年使有创业要求和培训愿望、具备一定创业条件或已创业的农民工等人员都能参加一次创业培训，有效提升创业能力。

8月6日 《农民日报》报道：国务院印发《关于实施支持农业转移人口市民化若干财政政策的通知》。

《通知》对建立健全支持农业转移人口市民化的财政政策体系做出部署。

8月10日 《农民日报》报道：为全面完成永久基本农田划定工作，切实加强特殊保护，国土资源部、农业部联合发布《关于全面划定永久基本农田实行特殊保护的通知》。

《通知》要求，要实行永久基本农田特殊保护，要建立完善永久基本农田保护激励机制，建立健全"划、建、管、护"长效机制，调动广大农民保护永久基本农田的积极性。

8月23日 《经济日报》报道：中共中央办公厅、国务院办公厅印发了《关于设立统一规范的国家生态文明试验区的意见》及《国家生态文明试验区（福建）实施方案》，并发出通知，要求各地区各部门结合实际认真贯彻落实。

9月28日 《经济日报》报道：国务院办公厅转发了民政部、国务院扶贫办、中央农办、财政部、国家统计局、中国残联《关于做好农村最低生活保障制度与扶贫开发政策有效衔接的指导意见》，部署做好农村最低生活保障制度和扶贫开发政策有效衔接工作。

《意见》指出，对符合低保标准的农村贫困人口实行政策性保障兜底，确保到2020年现行扶贫标准下农村贫困人口全部脱贫。

10月18日 《人民日报》报道：中共中央办公厅、国务院办公厅印发了《脱贫攻坚责任制实施办法》，并发出通知，要求各地区各部门结合实际认真贯彻执行。

10月21日 《人民日报》报道：经李克强总

理签批，国务院印发《全国农业现代化规划（2016—2020年）》，《规划》对"十三五"期间全国农业现代化的基本目标、主要任务、政策措施等作出全面部署安排。

10月31日 《农民日报》报道：中共中央办公厅、国务院办公厅印发了《关于完善农村土地所有权承包权经营权分置办法的意见》，并发出通知，要求各地区各部门结合实际认真贯彻落实。

11月30日 《经济日报》报道：国务院办公厅印发《关于支持返乡下乡人员创业创新促进农村一二三产业融合发展的意见》。

《意见》要求对农民工、中高等院校毕业生、退役士兵、科技人员等返乡下乡人员到农村开展创业创新给予政策支持。

12月1日 《光明日报》报道：国家旅游局、农业部联合印发了《关于组织开展国家现代农业庄园创建工作的通知》，决定在全国国有农场范围内组织开展国家现代农业庄园创建工作，计划到2020年建成100个国家现代农业庄园。

《光明日报》报道：国家发展和改革委员会、财政部、国土资源部、环保部、水利部、农业部、国家林业局、国家粮食局8部门印发《耕地草原河湖休养生息规划（2016—2030年）》，系统提出了推进耕地草原河湖休养生息的目标、措施和制度安排。

12月14日 《光明日报》报道：中央宣传部、中央文明办、教育部、科技部、司法部、农业部、文化部、卫生计生委、国家新闻出版广电总局、共青团中央、全国妇联、中国科协联合下发通知。

通知要求2017年深入开展文化科技卫生"三下乡"活动，面向农村积极开展文化科技卫生服务，不断提高农民思想道德素质、科学文化素质、健康素质，为建设社会主义新农村、全面建成小康社会提供坚强保障和有力支撑。

12月30日 《农民日报》报道：中共中央国务院印发《关于稳步推进农村集体产权制度改革的意见》。

《意见》提出，通过改革，逐步构建归属清晰、权能完整、流转顺畅、保护严格的中国特色社会主义农村集体产权制度，保护和发展农民作为农村集体经济组织成员的合法权益。落实农民的土地承包权、宅基地使用权、集体收益分配权和对集体经济活动的民主管理权利，形成有效维护农村集体经济组织成员权利的治理体系。

【会议】

2月27日 《农民日报》报道：农业部在黑龙

江召开东北黑土地保护利用试点项目推进落实会。

会议要求各省（区）各项目县切实抓好落实，贯彻 2016 年中央 1 号文件"藏粮于地"的重大战略部署，力争将耕地地力提高 0.5 个等级以上，土壤有机质含量提高 3％以上，耕作层厚度达到 30 厘米以上。

3 月 1 日　《农民日报》报道：2 月 29 日，农业部、最高人民法院、最高人民检察院、工业和信息化部、公安部、工商总局、质检总局、供销合作总社八部门联合召开 2016 年全国农资打假专项治理行动电视电话会议。

会议动员各地、各部门迅速行动起来，深入开展农资打假专项治理行动，保障春耕生产，维护农民权益，为农业稳粮增收保驾护航。

4 月 20 日　《农民日报》报道：4 月 17 日，2016 中国农业发展论坛在中国农业大学举行。该论坛由中国农业大学举办，主题为"十三五与中国农业发展"。专家学者、政府高级官员、企业家、投资机构代表围绕"十三五"规划的中国农业，就农业供给侧结构性改革、中国农业走出去、中国农业投资等问题展开交流，共同探讨中国农业发展的机遇与挑战。

4 月 20 日　《农民日报》报道：4 月 17 日，2016 中国农业发展论坛在中国农业大学举行。该论坛由中国农业大学举办，主题为"十三五与中国农业发展"。专家学者、政府高级官员、企业家、投资机构代表围绕"十三五"规划的中国农业，就农业供给侧结构性改革、中国农业走出去、中国农业投资等问题展开交流，共同探讨中国农业发展的机遇与挑战。

4 月 28 日　《农民日报》报道：4 月 28 日电，中共中央总书记、国家主席、中央军委主席习近平在安徽凤阳县小岗村主持召开农村改革座谈会并发表重要讲话。

会议强调，中国要强农业必须强，中国要美农村必须美，中国要富农民必须富。要坚持把解决好"三农"问题作为全党工作的重中之重，加大推进新形势下农村改革力度，加强城乡统筹，全面落实强农惠农富农政策，促进农业基础稳固、农村和谐稳定、农民安居乐业。

4 月 27 日—28 日　2016 年全国都市现代农业现场交流会在北京市召开。

中共中央政治局委员、国务院副总理汪洋出席会议并讲话，强调要从战略和全局的高度，充分认识加快发展新时期都市型现代农业的重要性，进一步增强责任感、紧迫感，切实把都市型现代农业建设的各项工作抓紧抓好，不断开创都市型现代农业发展新局面。

5 月 11 日　《人民日报》报道：全国支持贫困县开展统筹整合使用财政涉农资金试点电视电话会议 10 日在北京召开，国务院副总理、国务院扶贫开发领导小组组长汪洋出席会议并讲话。

会议强调，支持贫困县统筹整合使用财政涉农资金，是提高财政资金配置效率、保障脱贫攻坚资金需求的关键之举。要认真贯彻党中央、国务院决策部署，支持贫困县以脱贫攻坚规划为引领，以重点扶贫项目为平台，将财政涉农资金捆绑集中使用，提高扶贫精准度和有效性，为打赢脱贫攻坚战提供有力保障。

5 月 24 日　《人民日报》报道：全国产业扶贫电视电话会议 23 日在北京召开，国务院副总理、国务院扶贫开发领导小组组长汪洋出席会议并讲话。

会议强调，产业是发展的根基，也是脱贫的主要依托。要认真贯彻落实党中央、国务院决策部署，坚持精准扶贫、精准脱贫基本方略，紧紧围绕贫困人口脱贫目标，培育和发展特色优势产业，在"十三五"期间，要通过产业扶贫，实现 3 000 万以上农村贫困人口脱贫。

6 月 4 日　《农民日报》报道：6 月 3 日，二十国集团（G20）农业部长会议在陕西西安成功召开。会议通过《G20 农业部长会议公报》。

6 月 8 日　国务院总理李克强主持召开国务院常务会议，部署实施健康扶贫工程，提升农村贫困人口医疗保障水平和健康水平。

6 月 13 日—14 日　全国农村综合服务社发展到 36.1 万家，行政村覆盖率提高到 60％；全国供销合作社综合改革试点和基层组织建设取得明显成效，基层为农服务基础薄弱的局面正在加快扭转。

6 月 16 日　西北农林科技创新联盟成立大会在陕西举行。西北农林科技创新联盟由陕西省农林科学院（西北农林科技大学）联合甘肃省农业科学院、甘肃省林业科学院、宁夏农林科学院等西北五省（区）10 个单位共同发起成立。

6 月 17 日　全国金融扶贫工作电视电话会议在北京召开。

国务院副总理、国务院扶贫开发领导小组组长汪洋出席会议并讲话。他强调，金融扶贫是增加扶贫投入的重要渠道，是脱贫攻坚的关键举措。要认真贯彻中央扶贫开发工作会议精神，鼓励和引导商业性、政策性、开发性、合作性等各类金融机构实施特惠金融政策，加大对扶贫的支持力度，为打赢脱贫攻坚战提供强有力支撑。

7 月 10 日　《人民日报》报道：国务院副总理、国务院扶贫开发领导小组组长汪洋在京主持召开国务院扶贫开发领导小组第十一次全体会议。

会议审议易地扶贫搬迁"十三五"规划、低保制度与扶贫政策衔接指导意见等，总结上半年脱贫攻坚情况，部署下一阶段工作。

7月17日 中国农业产业精准扶贫研讨会在北京举行。

7月22日 《经济日报》报道：中共中央总书记、国家主席、中央军委主席习近平20日在银川主持召开东西部扶贫协作座谈会并发表重要讲话。

习近平强调，东西部扶贫协作和对口支援，是推动区域协调发展、协同发展、共同发展的大战略，是加强区域合作、优化产业布局、拓展对内对外开放新空间的大布局，是实现先富帮后富、最终实现共同富裕目标的大举措，必须认清形势、聚焦精准、深化帮扶、确保实效，切实提高工作水平，全面打赢脱贫攻坚战。

8月22日—23日 中宣部、中央文明办在黑龙江省哈尔滨市召开全国农村精神文明建设工作经验交流会。

会议深入贯彻党的十八大和十八届三中、四中、五中全会精神，深入贯彻习近平总书记系列重要讲话精神，坚持以美丽乡村建设为主题，推进农村精神文明建设工作创新发展。

9月8日 国务院召开国务院常务会议，通过了《全国农业现代化规划》。

10月16日 第一届世界苹果大会在陕西圆满结束。

30多个国家和地区的150余位世界知名苹果专家以及大型企业、产业协会负责人出席，参会人员总数突破4万余人。大会以"变革的苹果使更多人受益——现代科技与苹果可持续发展"为主题，会议期间进行了参观考察、学术会议、工商峰会、展览展示等多项活动，对于各国苹果生产技术的提升、经营理念的改善以及整个苹果产业链的发展发挥了重要作用。

11月5日 由科技部、商务部、农业部等六部委和陕西省人民政府共同主办的第23届中国杨凌农业高新科技成果博览会在陕西杨凌拉开帷幕，来自"一带一路"沿线国家政府官员和国内各省市等300名特邀嘉宾出席了开幕式。

本届杨凌农高会，主题为"落实发展新理念加快农业现代化"。

11月5日 中国—中东欧国家国际农业经贸合作论坛在云南省昆明市举行。

十二届全国政协副主席罗富和、斯洛文尼亚副总理日丹等出席论坛并讲话。中国农业部部长韩长赋、

云南省委书记、省长陈豪在论坛致辞。

11月5日 中国—中东欧国家（"16＋1"）农业部长会议在云南省昆明市召开。

中国农业部部长韩长赋主持会议并作主旨发言。会议以"创新与绿色发展，农业投资贸易合作新机遇"为主题，包括斯洛文尼亚副总理兼农业部长在内的中东欧16个国家的农业部部长（代表）出席。

11月15日 国务院总理李克强主持召开国务院常务会议，通过了根据国民经济和社会发展第十三个五年规划纲要制定的脱贫攻坚、教育脱贫、生态环境保护三个补"短板"的规划。

11月11日 全国农民田间学校建设研讨会在河南郑州召开。

会议实地考察了中牟县春峰果蔬专业合作社等农民田间学校，总结交流了各地农广校推动在新型农业经营主体建立农民田间学校的模式和经验，就进一步推进全国农民田间学校建设及运行机制进行了研讨。"十三五"期间，全国农广校将推动建立20万所农民田间学校。

12月19日—20日 中央农村工作会议在北京召开。

会议传达学习了习近平重要讲话和李克强指示要求，讨论了《中共中央、国务院关于深入推进农业供给侧结构性改革加快培育农业农村发展新动能的若干意见（讨论稿）》。

12月19日—20日 全国农业工作会议在京召开。

会议提出，2017年农业农村经济工作总的要求是：以优化供给、提质增效、农民增收为目标，以绿色发展为导向，以改革创新为动力，以结构调整为重点，着力培育新动能、打造新业态、扶持新主体、拓宽新渠道，加快推进农业转型升级，加快农业现代化建设，巩固发展农业农村经济好形势。

【农业发展成就】

1月9日 《农民日报》报道：为切实减轻产粮大县县级财政农业保险保费补贴支出负担，中央财政将进一步提高对产粮大县稻谷、小麦和玉米的农业保险保费补贴比例。根据财政部印发的通知，对政策出台前，省级财政产粮大县三大粮食作物农业保险保费补贴比例已高于25％（现行补贴比例）的部分，中央财政承担高出部分的50％。

1月13日 《农民日报》报道：中国农业科学院兰州畜牧与兽药研究所杨博辉研究员为首席的创新

团队联合甘肃省绵羊繁育技术推广站等 7 家单位，历经 20 年，培育出我国首例适应高山寒旱生态区的细型细毛羊新品种——高山美利奴羊，通过了国家畜禽遗传资源委员会新品种审定。该品种的问世，填补了世界高海拔生态区细型细毛羊育种的空白，是我国高山细毛羊培育的重大突破，达到国际领先水平。

《经济日报》报道：由国家兰科植物种质资源保护中心、深圳市兰科植物保护研究中心首席科学家刘仲健教授领导的国际科研团队经多年的科技攻关，成功绘制出药用兰科植物铁皮石斛高质量全基因组基因图谱，在药用开发研究方面取得阶段性成果。研究成果在国际顶级学术杂志《自然》子刊《科学报告》公开发表，这是世界兰科植物基因组学研究的一个重要成果。

1 月 18 日 《农民日报》报道：第二届"全国十佳农民"评选结果 1 月 17 日在京揭晓，河北省石家庄市赵县素敏粮食种植专业合作社理事长李素敏等 10 位农民获此殊荣。

1 月 20 日 《农民日报》报道：1 月 17 日，作为开展自主研发、产业升级、成果转化等工作的重要载体，国家牧草产业技术创新战略联盟研究院在京成立，该研究院由国家牧草产业技术创新战略联盟与北京华夏草业产业技术创新战略联盟一体化运作，并由联盟出资控股成立。该联盟成立于 2009 年 12 月，现有成员单位 44 个。

1 月 23 日 《农民日报》报道：农业部科技发展中心组织相关专家在北京对"我国主要地方家畜遗传资源基因库保种关键技术研究及遗传特征分析"科技成果进行评价。专家组在听取了成果完成单位的汇报，查阅了相关资料、档案和原始记录后一致认为，该成果总体技术和主要指标达到国际先进水平。

1 月 28 日 《光明日报》报道：青海大学教授罗玉秀主持的《春性特早熟甘蓝型油菜自主开花基因 $BnFLD$ 和 $BnFCA$ 的克隆及其表达研究》项目组，首次分离出春性甘蓝型油菜的自主开花关键基因 $sBnFLD$ 和 $sBnFCA$，为探究春性特早熟甘蓝型油菜的自主开花时间及早熟机理奠定了基础。

2 月 18 日 《光明日报》报道：科技部、青海省政府联合下发文件，批准在青海大学建设省部共建三江源生态与高原农牧业国家重点实验室。

3 月 3 日 《农民日报》报道：由来自我国土壤肥料行业的生产、经销、种植养殖和服务企业以及相关机构联合发起的土壤肥料产业联盟成立大会在京举行，会上，土壤肥料产业联盟成员共同发出倡议，倡导以农业生产需求和耕地生态环境可持续发展为主旨，全面提升我国土壤肥料行业综合水平和农产品的市场竞争力，为新时期国家粮食和食品安全、现代化农业发展、生态文明建设作贡献。

3 月 29 日 《经济日报》报道：28 日，国家发展和改革委员会等部门联合召开新闻通气会宣布，2016 年，东北三省和内蒙古自治区将玉米临时收储政策调整为"市场化收购＋补贴"的新机制。玉米收储制度改革是供给侧结构性改革在农业领域的重大举措，也是深化农业市场经济体制改革的重要一步。

4 月 6 日 《农民日报》报道：截至 2015 年底，我国共保存各类农作物种质资源 470 295 份，保存总量居世界第二位，其中国家种质库长期保存资源已突破 40 万份，达到 404 690 份，43 个国家种质圃保存资源 65 605 份。

4 月 11 日 《人民日报》报道：2016 年在财政部的支持下，农业部整合了 35 亿元资金，重点支持玉米结构调整，用于"镰刀弯"地区的粮改饲和粮豆轮作补助，目的是让改种青贮玉米、大豆、饲草等作物的农民收益与过去种籽粒玉米的收益基本相当。

4 月 22 日 《农民日报》报道：为实现到 2020 年农药使用量零增长的目标，农业部将从 2016 年开始在全国创建 600 个农作物病虫专业化统防统治与绿色防控融合示范基地，充分发挥新型农业经营主体、病虫防治服务组织和农药生产企业的积极作用，集聚资源，集中力量，集成示范病虫综合治理、农药减量控害技术模式，促进绿色防控技术措施与统防统治组织方式有机融合、集中示范，辐射带动大面积推广应用。

《人民日报》报道：国土资源部 21 日发布的《2015 年国土资源公报》显示：全国耕地面积在 2015 年净减少 99 万亩，国有建设用地供应同比减少 17.7%。

5 月 13 日 《人民日报》报道：中国奶业协会质量检测中心暨安捷伦奶业联合实验室在京正式成立。新的检测中心和联合实验室将作为独立的非营利的第三方检测平台，成为行业与政府之间的桥梁，担负起服务、协调、培训的责任，并为促进中国奶业健康和可持续发展做出贡献。

5 月 20 日 《农民日报》报道：财政部 19 日宣布，经国务院批准，由财政部会同农业部、银监会组建的国家农业信贷担保联盟有限责任公司正式成立，标志着我国在建立健全全国政策性农业信贷担保体系方面迈出重要一步。

5 月 22 日 《经济日报》报道：中科院生物物理所的研究团队在光合作用研究中获得重要突破，在国际上率先解析了高等植物菠菜光合作用超级复合物的高分辨率三维结构。该项研究工作发表在最新出版的国际顶级期刊《自然》上。

5月24日 《经济日报》报道：在22日举行的国际生物多样性日暨中国自然保护区发展60周年大会上，环保部部长陈吉宁表示，我国已建立自然保护区2 740个，总面积147万平方千米，约占陆地国土面积的14.83%，高于世界平均水平。

5月30日 《人民日报》报道：为引导各地深化农村改革，激发发展活力，探索中国特色农业现代化道路，中央财政2016年安排资金7.9亿元，继续支持国家现代农业示范区以奖代补。资金以"稳粮增收转方式、提质增效可持续"为主线，以构建农业产业、生产、经营三大体系为重点，着力搭平台、聚合力、强创新、树典型、重管理、促提升，加快示范区建设步伐，引领中国特色农业现代化建设。

5月30日 《经济日报》报道：2016年财政部通过整合和调整增加预算安排10亿元资金，会同农业部围绕加快构建环京津冀生态一体化屏障的重点区域，选择农作物秸秆焚烧问题较为突出的河北、山西、内蒙古、辽宁、吉林、黑龙江、江苏、安徽、山东、河南10个省（自治区）开展农作物秸秆禁烧和综合利用试点。

6月15日 《人民日报》报道：2012—2015年，我国农村贫困人口减少6 663万人，常住人口城镇化率上升到56.1%，连续4年城镇新增就业人数超1 200万。

6月4日 《农民日报》报道：2016年财政部通过整合和调整增加预算安排10亿元资金，会同农业部围绕加快构建环京津冀生态一体化屏障的重点区域，选择河北、山西、内蒙古、辽宁、吉林、黑龙江、江苏、安徽、山东、河南10个省区，开展农作物秸秆禁烧和综合利用试点。

6月21日 《经济日报》报道：经过农业部组织的由4省专家组成的小麦高产验收组对莱州市小麦高产攻关田进行实打验收，最终得出的数据比2014年创造的冬小麦单产纪录高出11.5千克，至此，我国冬小麦单产首次突破820千克大关。

6月22日 《经济日报》报道：以"尚德守法共治共享农产品质量安全"为主题的全国食品安全宣传周农业部主题日活动在北京市平谷区举办。该活动由农业部主办、北京市政府协办。近3年大宗农产品总体合格率稳定在96%以上，去年全国蔬菜、畜禽和水产品监测合格率为96.1%、99.4%和95.5%，分别比"十一五"时期末提高3个百分点、0.3个百

分点和4.2个百分点。

6月23日 《光明日报》报道：2016年中央财政将投入13.9亿元，计划培训100万人。这些资金将用于实施现代青年农场主培养计划和新型农业经营主体带头人轮训计划，并支持农业院校办好涉农专业，健全农业广播电视学校体系，提高农民教育培训效能。

6月27日 《人民日报》报道：截至2015年底，全国农民累计创办2 505万个中小微企业，近5年农民工返乡创业人数累计已超过450万；有54.3%的返乡创业者通过新媒体了解信息、政策法规并进行营销推广，现代要素投入明显增加。

7月5日 《科技日报》报道：南京农业大学徐国华教授课题组从水稻中发现了一种受细胞pH调控的硝酸盐运输蛋白，过量表达该基因可促进水稻从土壤中吸收更多的氮，提高水稻产量和氮素利用效率。该研究对降低水稻氮肥投入，改善生态环境具有重要意义，并已经获得了中国和美国专利，并许可给国内相关单位和国际种业公司培育作物氮素高效新品种。

7月18日 《人民日报》报道：我国2016年将试点耕地轮作500万亩、休耕116万亩。今后3～5年，适时研究扩大试点规模。对承担轮作休耕任务的农民给予必要补助，让农民有账算、收益不减少。

7月20日 《光明日报》报道：2016年，中央财政贯彻落实《中共中央国务院关于打赢脱贫攻坚战的决定》精神，按照精准扶贫、精准脱贫的有关要求，大幅度增加财政扶贫资金投入规模，预算安排中央财政扶贫资金补助地方部分660.95亿元，比上年增长43.4%。

7月23日 《光明日报》报道：2016年农业部将进一步加大农民创业创新培训力度，计划培养2 000名农民创业创新辅导师，培育1万名农民创业创新带头人，对1.3万现代青年农场主开展精准培育，对1.77万名农村实用人才带头人进行示范培训。

8月4日 《农民日报》报道：为支持各地继续做好农村危房改造工作，中央财政在已提前下达2016年中央财政农村危房改造补助资金146.4亿元的基础上，再次下达补助资金120.5亿元。2016年中央财政预算安排的农村危房改造补助资金266.9亿元已全部下达完毕，用于支持各地完成314万户贫困农户危房改造任务。

8月11日 《农民日报》报道：截至2015年底，全国31个省（区、市）农用地面积96.82亿亩，建设用地面积5.79亿亩，未利用地39.57亿亩。与

2014 年底相比,全国农用地面积净减少 426.3 万亩(其中耕地净减少 89.2 万亩),建设用地净增加 713.5 万亩,未利用地净减少 287.2 万亩。

8 月 16 日 《农民日报》报道:截至 2015 年底,国家工商总局累计核准注册农产品商标 205.61 万件,我国累计有效使用绿色食品标志的企业达 9 579 家,产品达 23 386 个,已创建 665 个绿色食品原料标准化生产基地,面积达 1.69 亿亩。我国 21 个有机农产品示范基地面积超过 1 000 万亩;无公害产品认证产品达 78 408 个。

8 月 16 日 《光明日报》报道:8 月 15 日,农业部第 27 家农村实用人才培训基地揭牌仪式在新疆维吾尔自治区尉犁县达西村举行,这是继沙湾县三道沟村之后在新疆落户的第二个部级农村实用人才培训基地。2006 年以来,农业部已在全国布局和建设了 26 个部级农村实用人才培训基地。累计培养逾 5 万名各类农村实用人才带头人。

8 月 24 日 《农民日报》报道:中国农业科学院蔬菜花卉研究所王晓武科研团队,对白菜和甘蓝两类芸薹属作物的驯化历程进行了深入研究,在亚基因组层面揭示了物种驯化与古多倍化之间存在紧密关系。该研究获得了白菜和甘蓝类蔬菜作物全基因组的大量变异,确定了一批与白菜甘蓝类蔬菜叶球形成和根(茎)膨大有关的重要基因,为加快白菜与甘蓝类蔬菜分子育种奠定了重要基础。

8 月 25 日 《经济日报》报道:8 月 24 日,中国保险业产业扶贫投资基金在北京成立。据了解,保险业产业扶贫投资基金类型为契约型,由中保投资有限责任公司作为管理人。第一期 10 亿元 3 天内募资完毕,共 39 家保险机构参与认购。

9 月 9 日 《农民日报》报道:中国科学院上海生命科学院植物生理生态研究所国家基因研究中心韩斌研究组、黄学辉研究组联合中国水稻研究所杨仕华研究组,收集了 1 495 份杂交稻品种材料,利用一系列新技术详细剖析了杂交稻杂种优势的遗传基础,最终解析了水稻杂种优势的分子遗传机制,利用这项研究成果,科研人员有望进一步优化水稻品种的杂交改良,选育出更加高产、优质和多抗的水稻遗传资源。

9 月 17 日 《科技日报》报道:湖南省科技厅组织专家对位于云南省红河州个旧市的百亩连片杂交水稻示范项目进行了现场考察,实地测收。中国科学院院士、福建省农业科学院研究员谢华安宣布,在随机抽取的 3 个地块中,平均亩产达到 1 088 千克,再次刷新世界亩产纪录。

9 月 19 日 《经济日报》报道:农业部和中国农业发展银行签订《支持农业现代化全面战略合作协议》,旨在充分发挥各自优势,推动强农惠农富农政策落实到位。据此,农发行力争"十三五"期间向"三农"领域累计提供不低于 3 万亿元的意向性融资支持,年均贷款增速高于同业平均增速。

9 月 21 日 《农民日报》报道:由王国梁研究员领衔的研究团队通过分析鉴定稻瘟菌效应蛋白在水稻中靶标蛋白,揭示了水稻—稻瘟菌互作过程中的新机制,有望为提出新的病害防控策略提供新思路。

9 月 30 日 《光明日报》报道:农产品产地初加工补助政策实施五年来取得了显著成效。五年来,中央财政补助资金累计达 36 亿元,实施区域覆盖全国 20 个省(区、市),共扶持 632 个县、近 5 万个农户、8 300 多个合作社新建马铃薯贮藏窖、果蔬贮藏库和烘干房等初加工设施 10 万余座,新增马铃薯贮藏能力 170 万吨、果蔬贮藏能力 240 万吨、果蔬烘干能力 240 万吨。

10 月 2 日 《人民日报》报道:为方便城乡居民体验农耕乐趣,农业部向社会推介一批以"仲秋到田间去采摘"为主题的休闲农业和乡村旅游精品景点线路,包括 150 个中国美丽休闲乡村、62 个中国重要农业文化遗产、530 个精品景点和 240 条精品线路。

10 月 12 日 《人民日报》报道:2016 年我国良种联合攻关取得新突破,实验品种抗倒伏能力强,综合性状较优良,其中机收籽粒玉米品种、高产高蛋白大豆品种获得重要突破。

10 月 15 日 《农民日报》报道:10 月 13 日,由贵州省人民政府主办,以"共创共建共享——构建传统村落保护与发展新型关系"为主题的 2016 第二届"中国传统村落·黔东南峰会"在黎平县肇兴侗寨开幕。我国传统村落数量达到 4 157 个,标志着我国已经形成了世界上规模最大、内容和价值最丰富、保护最完整、活态传承的农耕文明精髓的保护。

10 月 20 日 《农民日报》报道:农业部按照严格标准、公正公平、择优选定的原则,组织开展了 43 个市级国家现代农业示范区返乡农民工创业创新工作推介活动。经各地申报、专家评审打分和综合筛选,推介出返乡农民工创业创新工作成绩优秀的 10 个示范区,授予返乡农民工创业创新示范基地。

10 月 23 日 《人民日报》报道:来自全国 35 个垦区的 100 家国有农(牧)场在安徽省滁州市联合发起倡议,成立中国农垦农场联盟。与此同时,中国农垦农场联盟还与滁州市联合举办了 2016 年全国

"质量月"农垦活动暨中国农垦与安徽名优特农产品推介会。

11月15日 《农民日报》报道：作为国内反贫困研究的重要基地，中国人民大学中国扶贫研究院在京成立。这是我国扶贫研究和实践领域的一项重大举措，也是产学研一体化聚焦国家扶贫战略需求的可喜成果。

《光明日报》报道：中国农业科学院联合多家单位，于16日正式宣布成立全球农业大数据与信息服务联盟。联盟将整合全国农业信息科研机构和海外农业研究机构资源，协同共建农业科技资源共享平台，服务国家农业对外合作事业。

11月18日 《光明日报》报道：据农业部统计，截至10月底，全国依法登记的农民合作社已达174.9万家，入社农户占全国农户总数的43.5%。这些合作社的产业分布广泛，涵盖粮棉油、肉蛋奶、果蔬茶等主要产品生产，并扩展到农机、植保、民间工艺、旅游休闲农业等多领域。2015年，平均每个合作社成员当年分配盈余1 597元，普遍比生产同类产品的非成员增收20%以上。

11月20日 《科技日报》报道：11月19日，在广东省梅州兴宁市龙田镇环陂村，"华南双季超级稻年亩产3 000斤全程机械化绿色高效模式攻关"项目测产验收组测产后宣布：该项目年亩产量达到1 537.78千克，项目实验获得成功，并创造了水稻亩产量新的世界纪录。

11月28日 农业部副部长陈晓华在28日举行的第三届全国农产品质量安全检测技能决赛总结会上表示，国家和地方已安排投资130亿元，建设了部、省、地、县质检机构2 770个。其中，地市级综合性质检中心339个，县级综合质检站2 272个，检测人员达到3.5万人，实验室装备条件有了质的飞跃，我国农产品质量安全检验检测体系已初步建立。

12月9日 《农民日报》报道：国家统计局8日公布数据，2016年全国粮食总产量61 623.9万吨（12 324.8亿斤），略低于去年，减少0.8%。

12月15日 《经济日报》报道：2016年以来，农业部公布了首批28个基本实现全程机械化的示范县，强化了对各地的全程机械化技术的指导服务。此外，农业部还启动了主要农作物生产全程机械化示范项目，支持159个县（区）创建全程机械化示范，预计2016年全国农作物耕种收综合机械化率达到65%。

12月16日 《光明日报》报道：教育部等部门自2013年启动农村职业教育与成人教育示范县建设，3年来，全国范围内共遴选三批161个县（市、区）入围创建名单。12月15日，教育部、科技部、水利部、农业部、国家林业局和国家粮食局六部门联合举行仪式，公布第一批国家级农村职业教育与成人教育示范县名单，并为北京市房山区、贵州省盘县、河北省丰南区等59个首批示范县授牌。

12月23日 《农民日报》报道：第三届"全国十佳农民"在京揭晓，北京市密云区河南寨农民服务专业合作社理事长陈向阳等10位农民获此殊荣。

《经济日报》报道：我国是农机生产大国。2015年，全国规模以上农机工业企业主营业务收入达到了4 523亿元，较"十一五"末增长73.6%。12月22日，工业和信息化部发布《农机装备发展行动方案（2016—2025年）》，提出到2020年，农机装备品类基本齐全，关键零部件自给率达到50%左右，拖拉机、联合收割机等重点农机产品可靠性较"十二五"提升50%以上，全国农作物耕种收综合机械化率达到70%。

12月24日 《农民日报》报道：到"十二五"时期末，我国已建立起中央和地方层级架构完整，涵盖科研、教学、推广的农林科技体系，机构数量、人员规模、产业和学科覆盖面均为全球之最。"十三五"期间要坚持不懈加大农林科技改革创新力度，力争到2020年，农业科技进步贡献率达到60%，林业科技进步贡献率达到55%。

12月27日 《农民日报》报道：由中国乡镇企业协会等单位发起的全国农产品加工产业发展联盟成立大会在京召开。大会启动了中国农产品加工品牌推介暨全国农村一二三产业融合发展巡回论坛，同时举办了中国乡镇企业协会第五届理事会四次会议。来自全国农产品加工企业、经济组织、科研院所、大专院校、金融机构、社会团体、新闻媒体的300多名代表参加了会议。

2017 年

【文献】

1 月 1 日 《农民日报》报道：为推进生态文明体制建设，财政部、环境保护部、国家发展和改革委员会、水利部联合出台了《关于加快建立流域上下游横向生态保护补偿机制的指导意见》。

2 月 5 日 《人民日报》报道：经李克强总理签批，国务院印发《全国国土规划纲要（2016—2030年)》。这是我国首个国土空间开发与保护的战略性、综合性、基础性规划，对涉及国土空间开发、保护、整治的各类活动具有指导和管控作用。

2 月 6 日 《农民日报》报道：中共中央、国务院下发《关于深入推进农业供给侧结构性改革加快培育农业农村发展新动能的若干意见》。

2 月 8 日 《人民日报》报道：中共中央办公厅、国务院办公厅印发了《关于划定并严守生态保护红线的若干意见》，并发出通知，要求各地区各部门结合实际认真贯彻落实。

4 月 5 日 《农民日报》报道：国务院总理李克强签署第 677 号国务院令，公布修订后的《农药管理条例》，自 2017 年 6 月 1 日起施行。

4 月 11 日 《农民日报》报道：经李克强总理签批，国务院印发《关于建立粮食生产功能区和重要农产品生产保护区的指导意见》，全面部署粮食生产功能区和重要农产品生产保护区划定和建设工作。

6 月 1 日 《人民日报》报道：5 月 31 日，新华社受权播发中共中央办公厅、国务院办公厅《关于加快构建政策体系培育新型农业经营主体的意见》。《意见》提出，综合运用多种政策工具，引导新型农业经营主体提升规模经营水平、完善利益分享机制，更好发挥带动农民进入市场、增加收入、建设现代农业的引领作用。

6 月 2 日 《光明日报》报道：农业部办公厅和中国农业发展银行办公室联合印发《关于政策性金融支持农村一二三产业融合发展的通知》，建立新型

合作推进机制，发挥各自优势，加大政策性金融支持农村产业融合发展力度。

6 月 13 日 《农民日报》报道：中共中央、国务院关于下发《加强和完善城乡社区治理的意见》。

《经济日报》报道：国务院办公厅印发《关于加快推进畜禽养殖废弃物资源化利用的意见》。

《意见》提出，到 2020 年，建立科学规范、权责清晰、约束有力的畜禽养殖废弃物资源化利用制度，构建种养循环发展机制，全国畜禽粪污综合利用率达到 75％以上，规模养殖场粪污处理设施装备配套率达到 95％以上、大规模养殖场提前一年达到 100％。

6 月 16 日 《经济日报》报道：为贯彻落实2017 年中央 1 号文件精神，确保增加农业农村投入，经国务院批准，财政部发文通知地方财政部门，建议在 2017 年债务限额内安排不少于 1 200 亿元，由地方政府统筹支持推进农业供给侧结构性改革和脱贫攻坚。

6 月 21 日 《农民日报》报道：财政部会同农业部对 2017 年耕地轮作休耕制度试点工作进行了研究，确定将 2017 年耕地轮作休耕试点面积扩大到1 200 万亩，2017 年中央财政安排资金 25.6 亿元支持试点。据介绍，2017 年耕地轮作休耕试点面积中轮作面积 1 000 万亩、休耕面积 200 万亩，试点区域原则上保持相对稳定，承担试点任务地块一定 3 年不变。

8 月 16 日 《光明日报》报道：农业部办公厅印发《关于建立农资和农产品生产经营主体信用档案的通知》。

《通知》把建立主体信用档案作为农产品质量安全信用体系建设的一项重要措施予以推进，构建以信用为核心，事前信用承诺、事中信用监管、事后信用评价的新型监管机制。

8 月 24 日 《人民日报》报道：农业部、国家发展和改革委员会、财政部印发《关于加快发展农业生产性服务业的指导意见》。

《意见》提出大力发展多元化、多层次、多类型

的农业生产性服务，这标志着我国"三多型"农业服务业正在形成。

9月1日 《农民日报》报道：农业部发布了《2016年全国耕地质量监测报告》。

报告表明，我国耕地质量呈现三大特点，土壤结构性问题比较明显，土壤养分含量稳中有升，土壤健康状态总体良好。

9月20日 《科技日报》报道：农业部、国家发展和改革委、财政部联合印发了《关于加快发展农业生产性服务业的指导意见》。

2016年，农民工总量已经达到2.8亿人。随着现代农业深入发展，农业生产性服务业加快发展，服务领域涵盖种植业、畜牧业、渔业等各个产业。

9月22日 《人民日报》报道：为贯彻落实《中共中央国务院关于稳步推进农村集体产权制度改革的意见》精神，由点及面开展集体经营性资产产权制度改革，经各省、自治区、直辖市及计划单列市推荐，农业部、中央农办确定北京市海淀区等100个县（市、区）为2017年度农村集体产权制度改革试点单位。

9月28日 《农民日报》报道：农业部、国家发展和改革委员会、教育部、科技部、民政部、人力资源社会保障部、国土资源部、人民银行、工商总局、国家统计局、共青团中央、全国妇联等12部门联合印发《关于促进农村创业创新园区（基地）建设的指导意见》，加快建设一批具有区域特色的农村双创园区（基地），更好地为广大返乡下乡双创人员提供场所和服务，全面助推农村创业创新。

10月1日 《农民日报》报道：中共中央办公厅、国务院办公厅印发了《关于创新体制机制推进农业绿色发展的意见》，并发出通知，要求各地区各部门结合实际认真贯彻落实。

10月3日 《光明日报》报道：中共中央办公厅、国务院办公厅印发了《国家生态文明试验区（江西）实施方案》和《国家生态文明试验区（贵州）实施方案》，并发出通知，要求有关地区和部门结合实际认真贯彻落实。

10月26日 《农民日报》报道：农业部、国家发展和改革委员会、财政部、国土资源部、人民银行、税务总局联合印发《关于促进农业产业化联合体发展的指导意见》。

《意见》以帮助农民、提高农民、富裕农民为目标，以发展现代农业为方向，以创新农业经营体制机制为动力，培育发展一批带农作用突出、综合竞争力强、稳定可持续发展的农业产业化联合体，成为引领

我国农村三次产业融合和现代农业建设的重要力量，为农业农村发展注入新动能。

11月7日 《人民日报》报道：十二届全国人大常委会第三十次会议通过决定，北京市大兴区等33个农村土地制度改革试点期限延长一年至2018年12月31日。

11月22日 《经济日报》报道：中共中央办公厅、国务院办公厅印发了《关于支持深度贫困地区脱贫攻坚的实施意见》，对深度贫困地区脱贫攻坚工作作出全面部署。

12月5日 《经济日报》报道：中共中央办公厅、国务院办公厅印发了《关于建立健全村务监督委员会的指导意见》，并发出通知，要求各地区各部门结合实际认真贯彻落实。

12月8日 《农民日报》报道：农业部印发《"十三五"全国远洋渔业发展规划》

《规划》明确了"十三五"期间远洋渔业的发展思路、基本原则、主要目标、产业布局和重点任务等。《规划》提出，至2020年，全国远洋渔船总数稳定在3000艘以内；严控并不断提高企业准入门槛，远洋渔业企业数量在2016年基础上保持"零增长"，培育一批有国际竞争力的现代化远洋渔业企业。

12月14日 《农民日报》报道：国务院印发《关于探索建立涉农资金统筹整合长效机制的意见》，部署推进涉农资金统筹整合工作。

《意见》明确，到2018年，实现农业发展领域行业内涉农专项转移支付的统筹整合。到2019年，基本实现农业发展领域行业间涉农专项转移支付和涉农基建投资的分类统筹整合。到2020年，构建形成农业发展领域权责匹配、相互协调、上下联动、步调一致的涉农资金统筹整合长效机制，并根据农业领域中央与地方财政事权和支出责任划分改革以及转移支付制度改革，适时调整完善。

12月25日 《农民日报》报道：中共中央办公厅、国务院办公厅印发了《关于加强贫困村驻村工作队选派管理工作的指导意见》，并发出通知，要求各地区各部门结合实际认真贯彻落实。

【会议】

1月5日 《农民日报》报道：首届全国土肥和谐大会在京召开，来自农业部、环保部、国家标准委、中科院、农科院等单位的200多名专家学者齐聚，围绕腐殖酸肥料与"土肥和谐"之间的关系展开研讨。

1月10日　全国农村集体产权制度改革电视电话会议在京召开。

国务院副总理汪洋强调，要分类有序推进改革，逐步构建归属清晰、权能完整、流转顺畅、保护严格的中国特色社会主义农村集体产权制度，促进农村集体经济发展和农民持续增收。

1月16日　农业部在北京召开全国农业机械化工作会议。

会议强调，要坚持稳中求进、服务大局，强化五大发展理念，着力推进农业机械化供给侧结构性改革，创新引领添活力，凝心聚力促融合，攻坚克难补短板，两端发力提质量，推动农业机械化提档升级，加快"机器换人"，为农业农村经济发展提供有力支撑。

2月3日　国务院总理李克强主持召开国务院常务会议，听取办理人大代表建议和政协委员提案情况汇报，更好接受监督推进科学决策；部署建立解决农民工工资拖欠的长效机制，切实维护农民工合法权益；通过"十三五"国家食品和药品安全规划，有效保障人民健康福祉。

2月8日　国务院总理李克强主持召开国务院常务会议，确定加强高标准农田建设的政策措施，夯实粮食安全和现代农业基础；通过《农药管理条例（修订草案）》。

2月21日　中共中央政治局的巩固我国脱贫攻坚形势和更好实施精准扶贫进行第三十九次集体学习。

中共中央总书记习近平在主持学习时强调，言必信，行必果。要强化领导责任、强化资金投入、强化部门协同、强化东西协作、强化社会合力、强化基层活力、强化任务落实，集中力量攻坚克难，更好推进精准扶贫、精准脱贫，确保如期实现脱贫攻坚目标。

2月22日　国土资源部召开发布会，介绍《2015年全国耕地质量等别更新评价主要数据成果的公告》。数据显示，与2014年相比，我国耕地质量水平总体稳定。

2月27日　农业部、最高人民法院、最高人民检察院、国家发展和改革委员会、工业和信息化部、公安部、工商总局、质检总局、供销合作总社联合召开2017年全国农资打假专项治理行动电视电话会议暨农资领域失信联合惩戒备忘录发布会。

会议动员部署2017年全国农资打假专项治理行动，发布农资领域失信联合惩戒备忘录。

2月27日　国家畜禽养殖废弃物资源化处理科技创新联盟成立大会在京召开。

会议选举产生了联盟理事会。联盟各成员单位共同发布了《国家畜禽养殖废弃物资源化处理科技创新联盟倡议书》。

3月3日　农业部在北京召开信息进村入户工程整省推进示范工作布置会，在各省自愿申报、竞争性遴选的基础上，2017年，农业部将在辽宁、吉林、黑龙江、江苏、浙江、江西、河南、重庆、四川和贵州10省市开展信息进村入户工程整省推进示范。

4月26日　国务院总理李克强主持召开国务院常务会议，决定在粮食主产省开展提高农业大灾保险保障水平试点，助力现代农业发展和农民增收。

5月26日　"2017中国扶贫国际论坛"在京举行，主题为"减贫治理方案的开发与分享"。

本次论坛由国务院新闻办指导，中国互联网新闻中心、中国国际扶贫中心、世界银行、联合国粮农组织与亚洲开发银行联合主办。来自16个国际机构、7个国家的100多位中外嘉宾出席论坛，探讨减贫案例，分享中国的扶贫经验。

6月6日　全国建立粮食生产功能区和重要农产品生产保护区工作电视电话会议在京召开。

国务院副总理汪洋出席会议并强调，要认真贯彻落实党中央、国务院决策部署，创新体制机制，完善政策措施，扎实推进"两区"的划定和建设，大力实施"藏粮于地、藏粮于技"，为我国农业现代化建设奠定坚实基础。

6月6日—7日　农业部在山西省太原市召开全国新型职业农民培育工作推进会。

会议总结了自2012年以来农广校系统在新型职业农民培育工作方面的成绩，研究部署下一阶段职业农民培育的重点工作。

6月13日　《人民日报》报道：国土资源部召开农村土地制度改革三项试点督察动员培训会，全面启动农村土地制度改革三项试点的督察工作。

据悉，国土资源部相关司局、各督察局及中央改革办、中央财办、中央农办等相关部门负责同志将组成15个督察组赴33个试点地区进行实地督察。

6月23日　中共中央总书记、国家主席、中央军委主席习近平23日在山西太原市主持召开深度贫困地区脱贫攻坚座谈会，听取脱贫攻坚进展情况汇报，集中研究破解深度贫困之策。

习近平强调，脱贫攻坚工作进入目前阶段，要重点研究解决深度贫困问题。各级党委务必深刻认识深度贫困地区如期完成脱贫攻坚任务的艰巨性、重要性、紧迫性，以解决突出制约问题为重点，强化支撑体系，加大政策倾斜，聚焦精准发力，攻克坚中之坚，确保深度贫困地区和贫困群众同全国人民一道进入全面小康社会。

6月24日—25日 中宣部、中央文明办在山东省淄博市召开全国农村精神文明建设工作经验交流会。

会议深入贯彻党的十八大和十八届三中、四中、五中、六中全会精神，深入贯彻习近平总书记系列重要讲话精神特别是关于"三农"工作和美丽乡村建设的重要指示精神，总结交流经验，研究部署任务，深入推进以美丽乡村建设为主题的农村精神文明建设。

6月27日 全国畜禽养殖废弃物资源化利用会议在湖南省长沙市召开。

国务院副总理汪洋强调，要认真贯彻落实新发展理念，坚持保供给与保环境并重，坚持政府支持、企业主体、市场化运作，全面推进畜禽养殖废弃物资源化利用，改善农业生态环境，构建种养结合、农牧循环的可持续发展新格局。

7月4日 《经济日报》报道：农业部在北京举办全国食品安全宣传周主题日活动，并正式启动国家农产品质量安全追溯管理信息平台。

7月6日 《人民日报》报道：财政部、农业部组织7个评价组，采取座谈会、实地考察、问卷调查、数据核查、查证复核等方式，对农作物秸秆综合利用的10个试点省份，实地开展了2016年中央财政农作物秸秆综合利用试点补助资金绩效评价工作，评价结果显示，农作物秸秆综合利用试点工作极大地调动了地方政府、市场主体和广大农户的积极性，试点工作取得了一定成效。

7月10日 《人民日报》报道：中国农业科学院在山东省寿光市组织召开"日晒高温覆膜法"防治韭蛆新技术示范现场会，我国科学家经过不懈努力，成功攻克韭蛆防治难题，制服了这个农产品质量安全"头号杀手"。

7月25日—26日 《农民日报》报道：2017中国农村发展高层论坛于在北京举办。

本次论坛以"农村改革发展——理论创新政策创新实践创新"为主题，重点围绕党的十八大以来"三农"工作的新理论、新政策、新实践开展研讨交流，对未来一个时期农业农村发展的趋势和前景进行分析展望，为推动"三农"工作上台阶、上水平建言献策。

7月31日 全国休闲农业和乡村旅游管理人员培训班暨全国休闲农业和乡村旅游产业联盟成立仪式在四川省成都市举行。

8月1日 《人民日报》报道：由中国村社发展促进会、中国农业大学、农民日报社等单位主办的

第十届全国大学生村官论坛在山西长治召开。

论坛发布的《2016—2017中国大学生村官发展报告》显示，截至2016年底，在岗大学生村官人数超过10万人，比2015年有所下降，本科生、硕士研究生和博士研究生的比例均有增加。在岗大学生村官中，有5万多人进入村"两委"班子，9000多人进入乡镇领导班子，8000多人选择创业。

9月22日 全国农村产业融合发展现场会在内蒙古自治区巴彦淖尔市召开。

国务院副总理汪洋强调，要认真贯彻党中央、国务院决策部署，以新发展理念为引领，以市场需求为导向，以完善利益联结机制为核心，以制度、技术和商业模式创新为动力，着力构建农业与二、三产业交叉融合的现代产业体系，为国民经济持续健康发展和全面建成小康社会提供重要支撑。

10月10日 全国农村集体产权制度改革部际联席会议第一次全体会议在北京召开。

11月10日 首届新农民新技术创业创新大会在江苏省苏州市召开。

中共中央政治局常委、国务院副总理汪洋强调，要大力营造农村创业创新良好环境，吸引更多人才投身农业发展农村建设，为推进农业农村现代化不断注入新动能。

11月9日 中国农业品牌创新联盟在首届全国新农民新技术创业创新博览会上正式成立。

中国农业品牌创新联盟由中国农产品市场协会、中国农村杂志社共同发起成立，由农业部市场与经济信息司主管指导。该联盟旨在通过理论研究、互动交流、教育培训、咨询服务、市场联合等多种方式，着眼于合力推动农业品牌战略实施，深化农业品牌建设模式机制创新，搭建合作交流平台，促进资源的集成和共享，优化资源配置，提升农业品牌的水平和质量，增强农业品牌的活力和效益，打造更多的国家级农业品牌，促进我国现代农业发展。

11月15日 《农民日报》报道：农业部在四川成都举办的第七届中国兽医大会上正式启动"传递爱心守护健康全国兽医在行动"公益活动暨全国兽医挑战"世界最长信封链条"活动。

活动号召全国兽医工作者和兽医系统各类机构主动投身乡村振兴战略和健康中国战略的贯彻实施。此次活动将用近一年的时间，指导各地以兽医服务进"一园一院三区三场（厂）"系列活动为主要活动载体，广泛倾听民意，推动改进制度设计，推进养殖业生产安全、动物源性食品安全、公共卫生安全和生态安全保障工作。

11 月 10 日 在 2017 年度中国农资经销商年会上，中国农业生产资料流通协会向全社会发布了《中国农业生产资料流通行业自律公约》，将结合农资信用体系建设行动方案，为更好地规范农资流通市场、农资企业以及从业者的行为、促进行业诚信健康发展起到推动作用。

12 月 1 日 由农业部和江苏省政府共同主办的中国江苏·现代农业科技大会 1 日在南京开幕。大会主题为"科技兴农、创新富民"，集中展示农业科技最新成果，促进科技与农业结合，为农业产业发展和富民增收汇智聚力。

12 月 27 日 第十二届全国人大常委会第三十一次会议 27 日闭幕。

经会议表决，通过了新修订的《农民专业合作社法》，国家主席习近平签署第 83 号主席令予以公布。修订后的《农民专业合作社法》自 2018 年 7 月 1 日起施行。

12 月 28 日—29 日 中央农村工作会议在北京举行。

会议全面分析"三农"工作面临的形势和任务，研究实施乡村振兴战略的重要政策，部署 2018 年和今后一个时期的农业农村工作。会议讨论了《中共中央、国务院关于实施乡村振兴战略的意见（讨论稿）》。

12 月 29 日—30 日 全国农业工作会议在北京召开。

会议总结了 2017 年及过去五年工作，研究实施乡村振兴战略措施，部署 2018 年重点工作，对全国农业劳动模范和先进工作者进行了表彰。

【农业发展成就】

1 月 4 日 《农民日报》报道：华南农业大学农学院年海教授、中国农业科学院作物科学研究所韩天富研究员领衔的团队宣布，在大豆适应短日高温环境的分子机制研究领域取得重要进展。他们克隆了研究者寻觅了近半个世纪的大豆长童期基因 J，并揭示了 J 在中、美和巴西大豆品种中的分布规律，J 基因克隆为中高纬度地区的优良大豆品种改造提供了技术途径，对发展低纬度地区大豆生产、拓展大豆品种种植区域、提高植物蛋白保障能力具有重大意义。

1 月 7 日 《农民日报》报道：《耕地质量等级》（GB/T33469—2016）国家标准经国家质检总局、国家标准委批准发布，于 2016 年 12 月 30 日起正式实施。这是我国首部耕地质量等级国家标准，为耕地质量调查监测与评价工作的开展，提供了科学的指标

和方法。

1 月 9 日 《农民日报》报道：2016 年 12 月 31 日，农业部印发《全国渔业发展第十三个五年规划》，提出到 2020 年全国水产品总产量 6 600 万吨，国内海洋捕捞产量控制在 1 000 万吨以内。

1 月 24 日 《经济日报》报道：自 2016 年 9 月农业部与中国农业发展银行签订《支持农业现代化全面战略合作协议》后，双方紧密协作，积极开展工作机制建立、项目推荐和人员培训等工作，取得了较好成效。截至 2016 年 12 月底，通过双方点对点合作，已先期落实各类农业融资项目资金 247 亿元，其中已完成贷款投放 135.5 亿元。

2 月 7 日 《科技日报》报道：中科院上海植物生理生态研究所何祖华团队在广谱和持久抗稻瘟病机制研究领域获重大突破，水稻"癌症"有望治愈。

2 月 10 日 《光明日报》报道：农业部 9 日正式启动奶业振兴"五大行动"，提出从优质牧草、健康养殖、质量安全、品牌创建、讲好奶业故事五方面加快推进现代奶业建设。

2 月 14 日 《经济日报》报道：按照国务院工作部署，国务院办公厅就解决拖欠农民工工资问题派出督查组，赴部分省区开展实地专项督查。

《农民日报》报道：全国累计建设了 253 个公益性农产品批发市场和 5 291 个零售市场，初步形成了覆盖全国主要大中城市的公益性农产品市场体系。

2 月 22 日 《人民日报》报道：我国农村承包地确权登记颁证稳步推进，截至 2016 年底，全国 2 582 个县（市、区）开展了试点，确权面积近 8.5 亿亩。山东、宁夏两省区已率先向中央报告基本完成当地确权登记颁证。

2 月 27 日 《光明日报》报道：中国农业科学院北京畜牧兽医研究所承建的农业部奶业技术研究实验室建设项目通过竣工验收并全面投入使用，这是我国首个专业奶业技术研究实验室。

3 月 2 日 《农民日报》报道：2016 年全国农村贫困人口减少 1 240 万，贫困地区农民人均可支配收入增速高于全国平均水平，脱贫攻坚首战之年开局良好。2016 年中央和省级共投入财政扶贫资金 1 000 亿元。全国 961 个县（其中贫困县 792 个）启动实施了贫困县涉农资金整合试点，实际已经整合到位的资金共计 2 300 亿元。2015 年、2016 年，全国共发放扶贫小额信贷资金 2 833 亿元，支持 801 万户贫困户发展脱贫产业。

3 月 25 日 《经济日报》报道：24 日，财政部、农业部对外公布了 2017 年八大领域超过 30 项强

农惠农政策，继续加大支农投入，强化项目统筹整合，以推进农业供给侧结构性改革。

4 月 7 日 《经济日报》报道：商务部公布首批 31 家全国公益性农产品示范市场，并向全国复制推广 10 个方面 19 条典型经验和模式。这是我国公益性市场建设的又一重要阶段性成果。自 2014 年商务部会同有关部门启动公益性农产品市场建设工作以来，全国已建成 253 个公益性批发市场和 5 291 个公益性零售市场，初步形成了覆盖国内大中城市、具有中国特色的公益性农产品市场体系，形成了一批可复制可推广的经验。

4 月 13 日 《经济日报》报道：农业部 12 日在京举行《植物新品种保护条例》颁布 20 周年座谈会。截至 2016 年底，我国农业植物新品种权总申请量超过 1.8 万件，总授权量超过 8 000 件，年申请量位居国际植物新品种保护联盟成员第一。

《农民日报》报道：4 月 11 日—12 日，首届全国休闲农业和乡村旅游大会在浙江安吉召开。大会以"践行'两山'理论、发展休闲农业"为主题，重温习近平总书记"绿水青山就是金山银山"的重大科学论断，邀请城乡居民游"绿水青山"，寻"快乐老家"，忆"游子乡愁"。

4 月 18 日 《人民日报》报道：2016 年，我国规模以上农产品加工企业达 8.1 万家，主营业务收入达 20 万亿元，实现利润总额 1.3 万亿元，农产品加工业正成为农业现代化的支撑力量，农业农村经济的支柱产业。

4 月 19 日 《农民日报》报道：由财政部、农业部、银监会共同组建的国家农业信贷担保联盟有限责任公司 18 日正式挂牌，标志着我国在建立健全全国政策性农业信贷担保体系方面迈出重要一步。

4 月 29 日 《人民日报》报道：山东农业大学付道林教授领衔的科研团队在太谷核不育小麦研究方面取得重大突破，成功克隆太谷核不育基因并对其机理进行探讨，为实现小麦等作物杂交制种创造了条件。国际著名学术期刊《自然通讯》28 日以《小麦 Ms2 基因编码的稀有蛋白导致禾本科植物的雄性不育》为题发表该研究成果。

4 月 30 日 《人民日报》报道：国土资源部召开统筹推进农村土地制度改革三项试点工作现场交流会，33 个试点地区进行经验交流。据统计，33 个试点地区中，集体经营性建设用地入市地块共计 278 宗（其中原 15 个试点地区 259 宗），面积约 4 500 亩，总价款约 50 亿元。3 个原征地制度改革试点地区按新办法实施征地的共 59 宗、3.85 万亩。15 个宅基地制度改革试点地区退出宅基地 7 万余户，面积约 3.2 万亩。

5 月 2 日 《人民日报》报道：国家统计局对外公布的《2016 年农民工监测调查报告》显示，截至 2016 年底，农民工总量达到 28 171 万人，比上年增长 1.5%，增速比上年加快 0.2 个百分点。这也是 2011 年以来农民工数量增幅首次扩大。

5 月 3 日 《农民日报》报道：5 月 2 日，农业部耕地质量监测保护中心在京揭牌。

5 月 3 日 《光明日报》报道：为推进农业供给侧结构性改革，农业部决定启动实施畜禽粪污资源化利用行动、果菜茶有机肥替代化肥行动、东北地区秸秆处理行动、农膜回收行动和以长江为重点的水生生物保护行动等农业绿色发展五大行动，改变传统生产方式，减少化肥等投入品的过量使用，优化农产品产地环境，从源头上确保优质绿色农产品供给。

5 月 19 日 《光明日报》报道：农业部 17 日牵头成立中国茶产业联盟，联合 157 家大型茶叶企业集团及科研单位，将聚力技术创新、共创品牌、共拓市场，引领做强中国茶产业，助力农业转型升级。

5 月 25 日 《人民日报》报道：中国—中东欧国家首个农业合作示范区 23 日在保加利亚建立，中国农业部与保加利亚农业部共同签署了建立示范区的联合声明，筹建工作正式启动。

5 月 27 日 《人民日报》报道：中共中央总书记、国家主席、中央军委主席习近平 26 日致信祝贺中国农业科学院建院 60 周年，向全体农业科研人员和广大农业科技工作者致以诚挚问候。中国农业科学院成立于 1957 年。建院 60 年来，共取得各类科技成果 6 000 多项，获奖成果 2 400 多项，国家科技奖励成果 320 余项。

5 月 29 日 《人民日报》报道：为贯彻落实党中央、国务院关于打赢脱贫攻坚战的决策部署，各级财政积极调整和优化财政支出结构，切实把脱贫攻坚作为优先保障重点，加大扶贫资金投入。据初步统计，2017 年中央和地方财政专项扶贫资金规模超过 1 400 亿元。其中，中央财政安排补助地方专项扶贫资金 860.95 亿元，比上年增加 200 亿元，增长 30.3%；有扶贫任务的 28 个省份的省级财政专项扶贫资金规模达到约 540 亿元。

6 月 1 日 《经济日报》报道：5 月 31 日，财政部发布通知，按照国务院部署，在 13 个粮食主产省份选择 200 个产粮大县，面向适度规模经营农户开展农业大灾保险试点。

6月1日 《科技日报》报道：南京农业大学张天真教授课题组与德克萨斯大学杰夫瑞·陈的课题组合作，首次绘制出棉花表观遗传基因的"甲基化基因图谱"，即野生棉和种植棉之间 500 多种表观遗传基因的差异，为生物技术公司通过表观修饰育种培育出高产优质棉花提供了重要线索。

7月18日 《人民日报》报道：截至 2016 年底，全国（不含西藏）农村集体经济组织账面资产总额 3.1 万亿元，村均 555.4 万元，其中东部地区占比高达 76.1％，村均 1 027.6 万元，2017 年，农业部会同中央农办，协同各省区市人民政府，选择 100 个改革基础较好的县（市、区），作为新一轮农村集体产权制度改革试点单位。

7月21日 《人民日报》报道：2007 年农业部联合财政部先后启动建设了水稻、油菜、生猪、大宗淡水鱼等 50 个现代农业产业技术体系。10 年来共取得了 130 项标志性成果和 328 项重大成果。从 2017 年开始，中央财政将现代农业产业技术体系经费增加至每年 16 亿元，支持 50 个产业体系的科学家协同创新，"十三五"将重点解决水稻全程机械化、大豆增产增效、奶业优质安全、土壤重金属治理等重大问题，为农业供给侧结构性改革提供科技支撑。

7月22日 《经济日报》报道：国土资源部发布的 2016 年全国土地变更调查结果显示，全国新增城镇用地增幅放缓。2016 年全国新增城市用地面积 93 万亩，建制镇用地面积 215.7 万亩，比 2015 年分别下降了 34.1％和 7.3％，城镇用地扩张的势头得到有效控制。截至 2016 年底，全国耕地达 20.24 亿亩。

7月25日 《科技日报》报道：24 日，第十九届国际植物学大会开幕，来自 100 多个国家和地区的 6 000 多名植物科学领域顶尖科学家、著名学者及行业翘楚，齐聚深圳开启巅峰对话。这是大会自 1900 年在法国巴黎举办以来，首次在中国举办，也是首次在发展中国家举办。

《农民日报》报道：7 月 22 日，由中国农业科学院（CAAS）和日本国际农林水产业研究中心（JIRCAS）主办，中国农业科学院农业资源与农业区划研究所承办的中日农业科技合作 20 周年学术研讨会（CAAS - JIRCAS）在北京举行，来自中国和日本的 100 多名领导和专家出席研讨会。

8月6日 《人民日报》报道：上半年农业部组织开展了一、二季度共两次国家农产品质量安全例行监测，共监测 31 个省（区、市）155 个大中城市的蔬菜、水果、茶叶、畜禽产品和水产品等五大类产品 96 个品种，监测农兽药残留和非法添加物参数 94 个，抽检样品 20 823 个。监测结果显示，抽检总体合格率为 97.6％。

8月11日 《光明日报》报道：由河南科技学院承担的河南省重大科技专项"强优势 BNS 型杂交小麦组配与规模化高效制种技术研究"顺利通过专家组验收。该项成果将极大推进杂交小麦研发和产业化进程，为我国抢占世界小麦种业竞争制高点带来突破。

8月15日 《人民日报》报道：截至 6 月 30 日，2017 年全国已完成高效节水灌溉面积 975 万亩，占全年任务的 48.8％，各地共安排建设资金 296.21 亿元。

《人民日报》报道：2017 年中央财政共安排资金 230 亿元，继续支持农业适度规模经营，鼓励各地创新支持方式，采取贷款贴息、重大技术推广与服务等方式发展多种形式的适度规模经营。同时，继续重点支持建立完善全国农业信贷担保体系，并大力推进农业生产托管、机械化烘干等农业生产社会化服务。

8月22日 《科技日报》报道：中国设施园艺面积达 370 万公顷，成为世界上拥有设施园艺面积最大的国家。特别是具有中国特色的节能日光温室实现了在北纬 34°～42°区域、冬季不加温也能进行果菜类作物生产的奇迹，成功解决了中国北方地区冬春蔬菜短缺和周年均衡供应的难题，为农业增效、农民增收和农村经济发展作出了积极贡献。

8月23日 《人民日报》报道：2017 年，中央财政安排农业综合开发资金 6.05 亿元，在河北、山西和内蒙古等 23 个省份建设 61 个农业综合开发区域生态循环项目。项目建成后，预计区域生态循环农业示范面积可达 67 万亩，区域内农业废弃物资源化利用率达到 92％，化肥农药减施率达到 32％。

《人民日报》报道：22 日，农业部召开全国农村创业创新及项目创意大赛新闻通气会，各类返乡下乡人员已达 700 万，其中农民工 480 万。在返乡下乡人员创办的企业中，有 80％以上都是新产业、新业态、新模式和产业融合项目，54％都运用了网络等现代手段。

8月29日 《经济日报》报道：党的十八大以来，中央投资农村公路建设 4 016 亿元。2017 年，交通运输部全年安排车购税用于农村公路投资达 905.8 亿元，占全年车购税资金总额的 36.3％。截至 2016 年底，全国农村公路总里程达到 396 万千米，99.99％的乡镇和 99.94％的建制村通了公路，

99.02%的乡镇和95.37%的建制村通了客车。

8 月 30 日 《农民日报》报道：中国水稻研究所杨仕华课题组联合中国科学院上海生命科学研究院植物生理生态研究所韩斌课题组和上海师范大学黄学辉课题组合作完成的"应用多套群体解析杂交稻粒型和垩白性状的遗传基础"的研究论文在线发表在《分子植物（MolecularPlant）》上。该研究解析了我国当前杂交水稻外观品质性状的遗传学基础。

《光明日报》报道：党的十八大以来，精准扶贫、精准脱贫深入人心，四梁八柱顶层设计基本完成，五级书记抓扶贫、全党动员促攻坚的良好态势已经形成。2013—2016 年，我国现行标准下的农村贫困人口由 9 899 万人减少至 4 335 万人，年均减少 1 391 万人；农村贫困发生率由 10.2%下降至 4.5%，年均下降 1.4 个百分点。贫困地区农村居民人均可支配收入连续保持两位数增长，年均实际增长 10.7%。

9 月 10 日 《人民日报》报道：《农民专业合作社法》实施 10 年来，合作社已成为重要的新型农业经营主体和现代农业建设的中坚力量。截至 2017 年 7 月底，在工商部门登记的农民专业合作社达到 193.3 万家，实有入社农户超过 1 亿户，约占全国农户总数的 46.8%，参加合作社农户的收入普遍比非成员农户高出 20%以上。

9 月 14 日 《人民日报》报道：2016 年，我国纳入统计的粮食产业企业已达 1.8 万家，实现工业总产值 2.8 万亿元，同比增长 13.3%；销售收入 2.8 万亿元，同比增长 14.6%；利润总额 1 321 亿元。各类企业年处理粮食能力 10.4 亿吨，实际加工转化粮食 4.8 亿吨。

9 月 15 日 《经济日报》报道：农业部召开四大作物良种重大科研联合攻关会。经过近年的努力，各作物联合攻关组在种业基础理论与育种技术、种质资源发掘与育种材料创制、绿色优质新品种选育等方面取得了重大进展，先后培育出一批适宜机收籽粒玉米、高产高蛋白大豆、节水及抗赤霉病小麦等突破性新品种，筛选出一批优异种质资源和育种新材料。

9 月 21 日 《经济日报》报道：全国永久基本农田划定总体完成，实际划定保护面积 15.50 亿亩，超过《全国土地利用总体规划纲要（2006—2020 年）调整方案》确定的 15.46 亿亩保护任务目标。

9 月 24 日 《人民日报》报道：近年来，我国坚持把推进农业绿色发展作为农业供给侧结构性改革的主攻方向，把农业科技创新作为驱动农业绿色发展的主要动力，化肥减施技术、绿色农药创制、土壤环境修复、农产品质量安全等领域均取得一系列进展和成果。2016 年全国化肥使用量首次接近零增长，主要农产品例行监测总体合格率达到 97.5%，农田灌溉有效水利用系数从 1998 年的 0.4 提高到 0.52。

10 月 7 日 《人民日报》报道：随着生态文明建设深入推进，农业节水灌溉不断提速。5 年来，全国新增高效节水灌溉面积 1 亿亩，高效节水灌溉面积超过 3 亿亩。告别传统大水漫灌，由"浇地"转向"浇作物"，农业生产方式因水而变，灌溉水有效利用系数达到 0.542，在保障国家粮食安全的同时，农业灌溉用水总量实现零增长。

10 月 16 日 《农民日报》报道：10 月 15 日，华中农业大学、河北省农林科学院、河北工程大学、河北省土肥总站等单位农业专家，对河北邯郸市永年区硅谷农业科学研究院、硅谷肥业有限公司水稻示范基地种植的杂交水稻"超优千号"进行实打实收。随机收割 3 块稻田，按含水率 13.5%标准计算，实打实收亩产分别为 1 181.00 千克、1 129.68 千克和 1 136.38 千克，平均亩产 1 149.02 千克，刷新了世界水稻单产纪录。

10 月 17 日 《科技日报》报道：16 日，在中国农业大学举办的 2017 年世界粮食日和全国爱粮节粮宣传周主会场活动上，财政部、国家粮食局宣布中国优质粮食工程启动。该工程将力争到 2020 年把全国产粮大县的粮食优质品率提高 30%左右，将建立与完善由 6 个国家级、32 个省级、305 个市级和 960 个县级粮食质检机构构成的粮食质量安全检验监测体系。

10 月 21 日 《农民日报》报道：我国认证的有机产品企业 1 009 家、产品 3 997 个，共向 272 家企业审核发放有机防伪标签和有机码 6.62 亿枚；同时已在全国创建了水稻、茶叶、畜产品、水果等有机农业示范基地 24 个，面积超过 2 000 万亩，已成为很多地方推行农业绿色发展的有力抓手、促进农民增收的有效途径。

《科技日报》报道：据中国农科院最新消息，由该院作物科学研究所李少昆研究员领导的作物栽培与生理创新团队，在新疆的玉米密植高产全程机械化示范中获得新突破：经农业部玉米专家指导组、全国玉米栽培学组实测验收，示范田玉米最高亩产达到 1 517.11 千克，刷新了全国玉米高产纪录。

10 月 29 日 《经济日报》报道：农业部办公厅日前印发通知，部署在全国开展为期 3 年的农产品加工业、农村创业创新、休闲农业和乡村旅游百万人才培训行动，计划于 2018—2020 年，在全国组织培训农产品加工业、农村创业创新、休闲农业和乡村旅游人才 100 万人次。

11 月 2 日 《光明日报》报道：全国 9 个省区市的 26 个贫困县顺利通过国家专项评估检查，将由省级政府陆续批准退出贫困县，这是脱贫攻坚以来，贫困县首次集中脱贫摘帽。

11 月 6 日 《经济日报》报道：11 月 5 日，为期 5 天的第 24 届中国杨凌农业高新科技成果博览会在陕西杨凌开幕，来自 50 多个国家和地区的农业官员、专家学者和企业界人士前来参会。科技部副部长、中国工程院院士徐南平在本届农高会举办的现代农业高端论坛上透露，我国将设立多个类似于杨凌的农业高新技术产业示范区，吸引和积累各类要素向农业产业开发集聚。

11 月 16 日 《经济日报》报道：11 月 12 日，首届中国农村创业创新论坛在苏州召开。到 2020 年，我国将培育 1 000 万人次农村"双创"人才。

11 月 22 日 《农民日报》报道：中国科学院亚热带农业生态研究所吴金水研究员领衔的农业生态过程方向研究团队，在水稻根际激发效应方面研究中获新进展。

11 月 30 日 《经济日报》报道：11 月 29 日，农业部就农村承包地确权登记颁证试点有关情况举行新闻发布会。我国从 2014 年开展整省试点以来，农村承包地确权登记颁证试点工作进展顺利，成效显著。全国整省推进此项工作的省份已达 28 个，试点范围扩大至全国 2 718 个县（区、市）、3.3 万个乡（镇）、53.9 万个行政村，实测承包地面积 15.2 亿亩，已经超过二轮家庭承包耕地面积，确权面积达到 11.1 亿亩，占二轮家庭承包耕地账面面积的 82%；山东、宁夏、安徽、四川、江西、河南、陕西等 7 省份已向党中央、国务院报告基本完成。

12 月 3 日 《人民日报》报道：农业部印发通知，部署在全国开展为期 3 年的农产品加工业、农村创业创新、休闲农业和乡村旅游百万人才培训行动，计划于 2018—2020 年，在全国组织培训农产品加工业、农村创业创新、休闲农业和乡村旅游人才 100 万人次。

12 月 4 日 《人民日报》报道：经过几年改革探索，我国农村改革试验区已经形成许多突破性的制度成果。建立了改革试验第三方评估验收机制；探索试验区"有进有出"动态管理机制，压实地方改革责任；探索建立试验区工作组织机制、协调推进机制、改革容错纠错机制，落实了主体责任，激发了改革活力。据统计，已有 61 项试验成果在 54

件省部级以上政策文件制定中得到相应转化，58 个农村改革试验区改革试验工作已经取得积极进展和明显成效。

目前，农村改革试验区承担的试验任务达到了 50 余项，基本覆盖了农村改革的主要领域。

12 月 6 日 《人民日报》报道：我国共有 26 个省份出台了省级湿地保护条例。通过实施三个"五年计划"，投入超过 80 亿元用于湿地保护和恢复，恢复湿地面积超过 20 万公顷。我国已建立湿地自然保护区 602 处，指定国际重要湿地 49 块，国家湿地公园达 836 个，湿地保护率达 47.03%，初步形成了以自然保护区和湿地公园为主体的湿地保护管理体系。

12 月 11 日 《农民日报》报道：12 月 9 日，由中国农业科学院蔬菜花卉研究所牵头，全国蔬菜科研单位与大专院校、蔬菜生产加工与销售企业等 145 家发起人共同发起的国家蔬菜科技与产业创新联盟在北京成立。

12 月 13 日 《科技日报》报道：中国农科院植保所周雪平研究员领衔的团队，在前期对水稻条纹病毒（RSV）的生物学、编码蛋白功能及病毒病防控基础上，揭示了水稻条纹病毒解除寄主植物防御机理。

12 月 15 日 《人民日报》报道：国家统计局 14 日发布第三次全国农业普查公报显示，随着城镇化进程加快推进，与 10 年前相比，我国乡镇数量减少了 8.1%，自然村减少了 3.8%，但农村水、电、路、气、房等基础设施条件明显改善，七成多通村道路为水泥路面，近九成的村通了宽带互联网。

12 月 18 日 《农民日报》报道：截至 2016 年底，我国棉花耕种收综合机械化率达 69.8%，其中机播率 84.6%、机采率 22.8%，比 2012 年分别提高了 10.2 个、21.9 个、14.6 个百分点。预计 2017 年棉花耕种收综合机械化率达到 73%，机采率达 28%。

12 月 22 日 《经济日报》报道：2017 年农业综合开发始终坚持贯彻落实"藏粮于地"战略，大规模推进高标准农田建设，夯实农业发展基础，为保障国家粮食安全、推进农业供给侧结构性改革、促进农业现代化发挥了重要作用。2017 年中央财政预计投入 287.4 亿元，支持农业综合开发建设高标准农田约 2 500 万亩。

12 月 26 日 《农民日报》报道：中共中央总书记、国家主席、中央军委主席习近平对"四好农村路"建设作出重要指示。他指出，交通运输部等有关部门和各地区要进一步深化对建设农村公路重要意义的认识，聚焦突出问题，完善政策机制，既要把农村公路建好，更要管好、护好、运营好，为广大农民致富奔小康、为加快推进农业农村现代化提供更好保障。5 年来，全国新建改建农村公路 127.5 万千米，99.24％的乡镇和 98.34％的建制村通了沥青路、水泥路，乡镇和建制村通客车率分别达到 99.1％和 96.5％以上，城乡运输一体化水平接近 80％。

《农民日报》报道：为贯彻落实《国民经济和社会发展第十三个五年规划纲要》中"建设 500 个全程机械化示范县"的部署，农业部在全国范围内深入开展了主要农作物生产全程机械化推进行动，并启动示范县创建工作。全国已有 150 个县率先基本实现了主要农作物生产全程机械化，其中包括水稻、小麦、玉米、马铃薯、油菜、大豆、花生、棉花等多种大宗作物主产县。

附　录

附录1　机构变动

（1978—2017 年）

农业部

1979 年 2 月 23 日，第五届全国人大常委会第六次会议决定设立国家农业委员会、农业部、林业部、农垦部、农业机械部和国家水产总局，撤销农林部。

1982 年 5 月 4 日，第五届全国人大常委会第二十三次会议批准国务院部委机构改革实施方案，决定将农业部、农垦部、国家水产总局合并，设立农牧渔业部。

1988 年 4 月 12 日，第七届全国人大第一次会议批准国务院机构改革方案，农牧渔业部更名为农业部。

─────────── 部　长 ───────────

霍士廉 1979 年 2 月 23 日—1980 年 10 月

林乎加 1981 年 2 月—1982 年 5 月

何　康 1988 年 4 月 12 日—1990 年 6 月 28 日

刘中一 1990 年 6 月 28 日—1993 年 3 月 29 日

刘　江 1993 年 3 月 29 日—1998 年 3 月 18 日

陈耀邦 1998 年 3 月 18 日—2001 年 8 月 31 日

杜青林 2001 年 8 月 31 日—2006 年 12 月 29 日

韩长赋 2009 年 12 月 26 日—2018 年 3 月 17 日

─────────── 副部长 ───────────

朱　荣 1979 年 6 月—1982 年 5 月

刘锡庚 1979 年 6 月—1982 年 5 月

何　康 1979 年 6 月—1982 年 5 月

赵　修 1979 年 6 月—1982 年 5 月

曹冠群（女）1979 年 6 月—1982 年 5 月

张根生 1979 年 6 月—1979 年 10 月

蔡子伟 1979 年 6 月—1982 年 5 月

邢崇智 1979 年 6 月—1980 年 2 月

徐元泉 1979 年 6 月—1982 年 5 月

郑　重 1979 年 6 月—1982 年 5 月

王常柏 1979 年 6 月—1982 年 5 月

郝中士 1979 年 6 月—1982 年 5 月

李友九 1979 年 6 月—1982 年 5 月

刘培植 1979 年 8 月—1982 年 5 月

杜子端 1979 年 8 月—1981 年 5 月

王连铮 1988 年 4 月—1991 年 4 月

刘　江 1988 年 5 月 3 日—1990 年 11 月

陈耀邦 1988 年 5 月 3 日—1993 年 5 月

相重扬 1988 年 5 月 3 日—1989 年 2 月

洪绂曾 1989 年 3 月—1997 年 4 月

马忠臣 1990 年 11 月—1992 年 12 月

张延喜 1992 年 5 月—1997 年 9 月

吴亦侠 1993 年 4 月—1996 年 8 月

万宝瑞 1993 年 4 月—2001 年 8 月 23 日

刘成果 1993 年 9 月—2002 年 2 月 1 日

白志健 1996 年 10 月—1998 年 3 月

路　明 1997 年 3 月—2000 年 3 月 4 日

齐景发 1997 年 9 月—2004 年 7 月 21 日

刘　坚 1999 年 1 月—2003 年 3 月

张宝文 2000 年 3 月 4 日—2008 年 7 月 28 日

范小建 2000 年 12 月 2 日—2009 年 8 月 4 日

韩长赋 2001 年 8 月 23 日—2003 年 5 月 1 日

牛　盾 2004 年 7 月 21 日—2015 年 3 月 5 日

尹成杰 2004 年 7 月 21 日—2008 年 5 月

危朝安 2006 年 1 月 12 日—2011 年 11 月

高鸿宾 2007 年 7 月 21 日—2013 年 7 月 23 日

陈晓华 2008 年 5 月 4 日—2017 年 8 月 22 日   于康震 2013 年 7 月 23 日—2018 年 3 月 17 日

张桃林 2008 年 7 月 28 日—2018 年 3 月 17 日   屈冬玉 2015 年 6 月 27 日—2018 年 3 月 17 日

李家洋 2012 年 1 月 21 日—2016 年 12 月 27 日   叶贞琴 2017 年 8 月 22 日—2018 年 1 月 22 日

余欣荣 2012 年 3 月—2018 年 3 月 17 日

国家农业委员会

1979 年 2 月 23 日，第五届全国人大常委会第六次会议决定设立国家农业委员会，作为国务院指导农业建设的职能机构，同时也兼理中共中央委托的农村工作任务。国家农委除设主任委员外，设副主任委员若干人，委员由农业、林业、水利、农垦、农机、气象、供销合作总社、农业银行等有关部门主要负责人兼任并设专职委员和顾问若干人。

1982 年 5 月 4 日，第五届全国人大常委会第 23 次会议批准国务院部委机构改革实施方案，决定将国家机械工业委员会与国家经济委员会、国家能源委员会、国家农业委员会合并，组建新的国家经济委员会。

主 任

王任重 1979 年 2 月 23 日—1980 年 8 月 26 日   万　里 1980 年 8 月 26 日—1982 年 5 月 4 日

副主任

张平化 1979 年 2 月 23 日—1982 年 5 月 4 日   杜润生 1979 年 2 月 23 日—1982 年 5 月 4 日

李瑞山 1979 年 2 月—1982 年 5 月   张秀山 1979 年 2 月 23 日—1982 年 5 月 4 日

赵辛初 1979 年 2 月—1980 年 1 月   何　康 1979 年 2 月 23 日—1982 年 5 月 4 日

陈国栋 1979 年 2 月—1979 年 12 月

农 垦 部

1979 年 6 月 12 日，农垦部再次成立，1982 年 5 月 4 日，农垦部再次撤销。

部 长

高　扬 1979 年 6 月 12 日—1982 年 5 月 4 日

副部长

张省三 1979 年 6 月 12 日—1982 年 5 月 4 日   杨　煜 1979 年 6 月 12 日—1982 年 5 月 4 日

杨　岩 1979 年 6 月 12 日—1982 年 5 月 4 日   赵　凡 1979 年 6 月 12 日—1982 年 5 月 4 日

董绍杰 1979 年 6 月 12 日—1982 年 5 月 4 日   张修竹 1979 年 6 月 12 日—1982 年 5 月 4 日

王发武 1979 年 6 月 12 日—1982 年 5 月 4 日   边　疆 1979 年 7 月—1982 年 5 月

吕　清 1979 年 6 月 12 日—1982 年 5 月 4 日   孟宪德 1981 年 3 月—1982 年 5 月

附录 2　全国农牧渔业 1978—

项　目	单位	2017 年	2016 年	2015 年	2014 年	2013 年
乡镇数	个	39 888	39 862	39 789	32 683	32 929
镇数	个	21 116	20 883	20 515	20 401	20 117
乡数	个	10 529	18 979	19 274	12 282	12 812
村民委员会数	个		559 702	580 575	585 892	588 547
乡村户数	万户				27 053	26 949
乡村人口	万人	57 661	58 793	60 345	97 378	97 262
乡村从业人员	万人	35 178	36 175	37 041	37 943	38 737
第一产业	万人	20 944	21 496	21 919	22 790	24 171
二、三产业	万人	14 234	14 679	15 122	15 153	14 566
农村人均纯收入	元	13 432	12 363	11 422	10 489	9 430
农林牧渔业总产值	亿元	114 653	112 091	107 056	102 226	96 995
农业总产值	亿元	61 720	59 288	57 636	54 772	51 497
林业总产值	亿元	4 987	4 632	4 436	4 256	3 902
牧业总产值	亿元	30 243	31 703	29 780	28 956	28 435
渔业总产值	亿元	12 320	11 603	10 881	10 334	9 635
农林牧渔业增加值	亿元	68 009	65 968	62 904	60 158	56 966
农产品进出口额	亿美元	2 014	1 846	1 846	1 876	1 945
出口额	亿美元	775	730	730	707	720
进口额	亿美元	1 259	1 116	1 116	1 169	1 225
农作物总播种面积	千公顷	166 332	166 939	166 829	164 966	163 453
粮食作物播种面积	千公顷	117 989	119 230	118 963	117 455	115 908
粮食产量	万吨	66 161	66 044	66 060	63 965	63 048
棉花产量	万吨	565	534	591	630	628
油料产量	万吨	3 475	3 400	3 390	3 372	3 287
蔬菜产量	万吨	12 556	12 341	12 500	13 361	13 746
茶叶产量	万吨	246	231	228	205	189
水果产量	万吨	25 242	24 405	24 525	23 303	22 748
肉类总产量	万吨	8 654	8 628	8 750	8 818	8 633
奶类产量	万吨	3 039	3 064	3 180	3 160	3 001
禽蛋产量	万吨	3 096	3 161	3 046	2 930	2 906
水产品总产量	万吨	6 445	6 379	6 183	5 976	5 722
农业机械总动力	万千瓦	98 783	97 246	111 728	108 057	103 907
有效灌溉面积	千公顷	67 816	67 141	65 873	64 540	63 473
农用化肥施用折纯量	万吨	5 859	5 984	6 023	5 996	5 912
农村用电量	亿千瓦时	9 524	9 238	9 027	8 884	8 550

2017 年主要经济指标

2012 年	2011 年	2010 年	2009 年	2008 年	2007 年	2006 年	2005 年
33 162	33 270	33 981	34 170	34 301	34 052	34 461	35 509
19 881	19 683	19 410	19 322	19 234	18 584	18 832	18 888
13 281	13 587	14 571	14 848	15 067	15 468	15 629	16 621
588 407	589 874	594 658	599 078	603 589	621 046	631 184	640 139
26 802	26 607	26 385	25 976	25 664	25 435	25 268	25 223
97 066	96 809	96 619	96 111	95 580	95 095	94 813	94 907
39 602	40 506	41 418	42 506	43 461	44 368	45 348	46 258
25 773	26 594	27 931	28 891	29 923	30 731	31 941	33 442
13 829	13 912	13 488	13 616	13 538	13 637	13 407	12 816
8 389	7 394	6 272	5 435	4 999	4 327	3 731	3 370
89 453	81 304	69 320	60 361	58 002	48 893	40 811	39 451
46 940	41 989	36 941	30 778	28 044	24 658	21 522	19 613
3 447	3 121	2 595	2 193	2 153	1 862	1 611	1 426
27 189	25 771	20 826	19 468	20 584	16 125	12 084	13 311
8 706	7 568	6 422	5 626	5 203	4 458	3 971	4 016
52 374	47 486	40 534	35 226	33 702	28 627	24 040	22 420
1 867	1 556	1 208	914	986	776	630	558
678	608	489	392	402	366	310	272
1 155	949	719	522	583	410	320	287
161 827	159 859	156 785	155 590	153 690	150 396	152 149	155 488
114 368	112 980	111 695	110 255	107 545	105 999	104 958	104 278
61 223	58 849	55 911	53 941	53 434	50 414	49 804	48 402
661	652	577	624	723	760	753	571
3 286	3 213	3 157	3 139	3 037	2 787	2 640	3 077
13 485	12 517	12 008	12 277	13 420	12 188	10 460	9 452
176	161	146	135	125	101	103	93
22 092	21 019	20 095	19 094	18 109	16 800	17 102	16 120
8 471	8 023	7 994	7 707	7 371	6 916	7 100	6 939
3 175	3 110	3 039	2 995	3 011	2 947	2 945	2 753
2 885	2 830	2 777	2 752	2 700	2 547	2 424	2 438
5 482	5 603	5 373	5 116	4 896	4 748	4 584	4 420
102 559	97 735	92 780	87 496	82 190	76 590	72 522	68 398
62 491	61 682	60 348	59 261	58 472	56 518	55 751	55 029
5 839	5 704	5 562	5 404	5 239	5 108	4 928	4 766
7 508	7 140	6 632	6 104	5 713	5 510	4 896	4 376

附录 2　全国农牧渔业 1978—

项　目	单位	2004 年	2003 年	2002 年	2001 年	2000 年
乡镇数	个	36 952	38 028	39 054	40 161	43 735
镇数	个	19 171	19 588	19 811	19 555	19 692
乡数	个	17 781	18 440	19 243	20 606	24 043
村民委员会数	个	652 718	678 589	694 515	709 257	734 715
乡村户数	万户	24 971	24 793	24 569	24 432	24 149
乡村人口	万人	94 254	93 751	93 503	93 383	92 820
乡村从业人员	万人	46 971	47 506	48 121	48 674	48 934
第一产业	万人	34 830	36 204	36 640	36 399	36 043
二、三产业	万人	12 141	11 302	11 481	12 276	12 892
农村人均纯收入	元	3 027	2 690	2 529	2 407	2 282
农林牧渔业总产值	亿元	36 239	29 692	27 391	26 180	24 916
农业总产值	亿元	18 138	14 870	14 932	14 463	13 874
林业总产值	亿元	1 327	1 240	1 034	939	937
牧业总产值	亿元	12 174	9 539	8 455	7 963	7 393
渔业总产值	亿元	3 606	3 138	2 971	2 815	2 713
农林牧渔业增加值	亿元	21 413	17 382	16 537	15 781	14 945
农产品进出口额	亿美元	511	401	304	279	269
出口额	亿美元	231	212	180	161	156
进口额	亿美元	280	189	124	118	112
农作物总播种面积	千公顷	153 553	152 415	154 636	155 708	156 300
粮食作物播种面积	千公顷	101 606	99 410	103 891	106 080	108 463
粮食产量	万吨	46 947	43 070	45 706	45 264	46 218
棉花产量	万吨	632	486	492	532	442
油料产量	万吨	3 066	2 811	2 897	2 865	2 955
蔬菜产量	万吨	9 571	9 642	10 293	8 655	7 635
茶叶产量	万吨	84	77	75	70	68
水果产量	万吨	15 341	14 517	6 952	6 658	6 225
肉类总产量	万吨	6 609	6 443	6 234	6 106	6 014
奶类产量	万吨	2 261	1 746	1 300	1 026	827
禽蛋产量	万吨	2 371	2 333	2 266	2 210	2 182
水产品总产量	万吨	4 247	4 077	3 955	3 796	3 706
农业机械总动力	万千瓦	64 028	60 387	57 930	55 172	52 574
有效灌溉面积	千公顷	54 478	54 014	54 355	54 249	53 820
农用化肥施用折纯量	万吨	4 637	4 412	4 339	4 254	4 146
农村用电量	亿千瓦时	3 933	3 433	2 993	2 611	2 421

2017 年主要经济指标（续 1）

1999 年	1998 年	1997 年	1996 年	1995 年	1994 年	1993 年	1992 年
44 741	45 462	44 689	45 484	47 136	48 075	48 179	48 250
19 184	19 060	18 402	17 998	17 282	16 433	15 223	14 135
25 557	26 402	26 287	27 486	29 854	31 642	32 956	34 115
737 429	739 980	739 447	740 128	740 150	802 052	802 352	806 032
23 811	23 678	23 406	23 438	23 282	23 165	22 984	22 849
92 216	91 960	91 525	91 941	91 675	91 526	91 334	91 154
48 982	49 021	49 039	49 028	49 025	48 802	48 546	48 291
35 768	35 177	34 840	34 820	35 530	36 628	37 680	38 699
13 214	13 844	14 199	14 208	13 495	12 174	10 866	9 592
2 210	2 162	2 090	1 926	1 578	1 221	922	784
24 519	24 542	23 788	22 354	20 341	15 750	10 996	9 085
14 106	14 242	13 853	13 540	11 885	9 169	6 605	5 588
886	851	818	778	710	611	494	423
6 998	7 026	6 835	6 016	6 045	4 672	3 014	2 461
2 529	2 423	2 283	2 020	1 701	1 298	882	613
14 770	14 818	14 442	14 015	12 136	9 573	6 964	5 867
218		247					
135		146					
82		102					
156 373	155 706	153 969	152 381	149 879	148 241	147 741	149 007
113 161	113 787	112 912	112 548	110 060	109 544	110 509	110 560
50 839	51 230	49 417	50 454	46 662	44 510	45 649	44 266
383	450	460	420	477	434	374	451
2 601	2 314	2 157	2 211	2 250	1 990	1 804	1 641
8 334	9 790	9 386	8 360	7 940	7 345	7 624	8 808
68	67	61	59	59	59	60	56
6 238	5 453	5 089	4 653				
5 949	5 724	5 269	4 584	5 260	4 499	3 842	3 431
718	663	601	629	576	529	499	503
2 135	2 021	1 897	1 965	1 677	1 479	1 180	1 020
3 570	3 383	3 119	3 288	2 517	2 143	1 823	1 557
48 996	45 208	42 016	38 547	36 118	33 803	31 817	30 308
53 158	52 296	51 239	50 381	49 281	48 759	48 728	48 590
4 124	4 084	3 981	3 828	3 594	3 318	3 152	2 930
2 173	2 042	1 980	1 813	1 656	1 474	1 245	1 107

附录2　全国农牧渔业1978—

项　目	单位	1991 年	1990 年	1989 年	1988 年	1987 年
乡镇数	个	55 542	55 838	55 764	56 002	68 296
镇数	个	11 882	11 392	11 060	10 609	10 280
乡数	个	43 660	44 446	44 704	45 393	58 016
村民委员会数	个	804 153	743 278	746 432	740 375	830 302
乡村户数	万户	22 566	22 237	21 504	20 859	20 168
乡村人口	万人	90 525	89 590	87 831	86 725	85 713
乡村从业人员	万人	48 026	47 708	40 939	40 067	39 000
第一产业	万人	39 098	38 914	33 225	32 249	31 663
二、三产业	万人	8 928	8 794	7 714	7 818	7 337
农村人均纯收入	元	709	686	602	545	463
农林牧渔业总产值	亿元	8 157	7 662	6 535	5 865	4 676
农业总产值	亿元	5 146	4 954	4 101	3 667	3 160
林业总产值	亿元	368	330	285	275	222
牧业总产值	亿元	2 159	1 967	1 800	1 601	1 068
渔业总产值	亿元	483	411	349	322	225
农林牧渔业增加值	亿元	5 342	5 062			
农产品进出口额	亿美元					
出口额	亿美元					
进口额	亿美元					
农作物总播种面积	千公顷	149 586	148 362	146 554	144 869	144 957
粮食作物播种面积	千公顷	112 314	113 466	112 205	110 123	111 268
粮食产量	万吨	43 529	44 624	40 755	39 408	40 298
棉花产量	万吨	568	451	379	415	425
油料产量	万吨	1 638	1 613	1 295	1 320	1 528
蔬菜产量	万吨	8 419	7 214	5 804	6 187	5 550
茶叶产量	万吨	54	54	53	55	51
水果产量	万吨					
肉类总产量	万吨	3 144	2 857	2 629	2 480	2 216
奶类产量	万吨	465	416	381	366	330
禽蛋产量	万吨	922	795	720	696	590
水产品总产量	万吨	1 351	1 237	1 152	1 061	955
农业机械总动力	万千瓦	29 389	28 708	28 067	26 575	24 836
有效灌溉面积	千公顷	47 822	47 403	44 917	44 376	44 403
农用化肥施用折纯量	万吨	2 805	2 590	2 357	2 142	1 999
农村用电量	亿千瓦时	963	845	791	712	659

2017 年主要经济指标（续 2）

1986 年	1985 年	1984 年	1983 年	1982 年	1981 年	1980 年	1979 年	1978 年
71 521	72 153	72 182	56 331	54 352	54 371	54 183	53 348	52 781
9 755	9 302							
61 766	62 851							
847 894	940 617	933 485	750 141	719 438	718 022	709 820	698 613	690 388
19 575	19 077	18 793	18 523	18 279	18 016	17 673	17 491	17 347
85 007	84 420	84 301	83 536	82 799	81 881	81 096	80 739	80 320
37 990	37 065	35 968	34 690	33 867	32 672	31 836	31 025	30 638
31 254	31 130	30 868	31 151	30 859	29 777	29 122	28 634	28 318
6 736	5 935	5 100	3 539	3 008	2 895	2 714	2 391	2 320
424	398	355	310	270	223	191	160	134
4 013	3 620	3 214	2 750	2 483	2 181	1 923	1 698	1 397
2 772	2 506	2 380	2 074	1 865	1 636	1 454	1 325	1 118
201	189	162	127	110	99	81	61	48
876	798	587	485	457	402	354	286	209
164	126	85	63	51	44	33	26	22
	2 564					1 372		1 028
144 204	143 626	144 221	143 993	144 755	145 157	146 380	148 477	150 104
110 933	108 845	112 884	114 047	113 462	114 958	117 234	119 263	120 587
39 151	37 911	40 731	38 728	35 450	32 502	32 056	33 212	30 477
354	415	626	464	360	297	271	221	217
1 474	1 578	1 191	1 055	1 182	1 021	769	644	522
5 853	6 047	4 780	4 032	4 359	3 603	2 911	2 461	2 382
46	43	41	40	40	34	30	28	27
2 112	1 927	1 541	1 402	1 351	1 261	1 205	1 062	
290	250	219	185	162	129	114		88
555	535	432	332	281				
824	705	619	546	516	461	450	431	465
22 950	20 913	19 497	18 022	16 614	15 680	14 746	13 380	11 750
44 226	44 036	44 453	44 644	44 177	44 574	44 888	45 003	44 965
1 931	1 776	1 740	1 660	1 513	1 335	1 269	1 086	884
587	509	464	435	397	370	321	283	253

图书在版编目（CIP）数据

中国农业大事记.1978—2017 / 农业农村部农村经济
研究中心，当代农史研究室编著. —北京：中国农业出
版社，2019.1
　　ISBN 978-7-109-25124-3

　　Ⅰ.①中…　Ⅱ.①农…②当…　Ⅲ.①农业经济－大
事记－中国－1978－2017　Ⅳ.①F32

中国版本图书馆 CIP 数据核字（2019）第 015763 号

中国农业出版社出版
（北京市朝阳区麦子店街 18 号楼）
（邮政编码 100125）
责任编辑　边　疆　潘洪洋　赵　刚
————————————————
北京通州皇家印刷厂印刷　　新华书店北京发行所发行
2019 年 1 月第 1 版　　2019 年 1 月北京第 1 次印刷
————————————————
开本：787mm×1092mm　1/16　印张：26.75　插页：78
字数：870 千字
定价：360.00 元
（凡本版图书出现印刷、装订错误，请向出版社发行部调换）

拜城种羊场

拜城县种羊场是农业部确认的"中国美利奴细毛羊生产基地""萨帕乐优质细羊毛生产基地"和"新疆细毛羊原种场"。前身为阿克苏专区地方国营拜城东方红种畜场，成立于1954年，地处天山中段南麓，中国四大古道之一"夏塔古道"南端，北邻伊犁昭苏县，西接温宿县，辖四个牧业队，一个农业队，总面积1 158平方千米，山区天然草场分布于天山托木尔峰以北、雪莲峰以东，面积168万亩，可利用草场158万亩；人工草地5 700亩，耕地7 960亩。畜牧业主要以细毛羊、绒山羊、牦牛、拜城油鸡为主。牲畜存栏6.3万头（只），细毛羊存栏3.21万只，核心群生产母羊1.4万只，绒山羊存栏2.1万只；每年生产并推广中国美利奴（新疆型）优秀种公羊500多只，年生产萨帕乐品牌羊毛132吨，羊绒4.3吨。

1958年5月，拜城种羊场按专署通知改为地方国营羊场，成立4个牧业队1个农业队，全场羊只总数达18 000余只，已改良细毛羊1代和2代。从1972年起开始抓细毛羊的纯繁改良工作。1986年2月25日，由自治区派专人专车将从澳大利亚为新疆进口的澳洲美利奴羊4只运抵拜城种羊场，进行导入澳血改良。1993年育成适合拜城县气候特点的中国美利奴（新疆型）细毛羊品种，其细羊毛的净毛率、被毛纤维细度、毛丛长度等羊毛品质均名列全国首位。

中国美利奴（超细型）种羊

2001年4月至2003年12月，拜城种羊场作为中国美利奴细毛羊（原种）繁育基地和新疆优质细羊毛生产者协会会员单位，在自治区畜牧科学院的技术支持下，主持承担国家"十五"科技攻关重大项目"中国美利奴羊超细型培育和细型羊毛产业化技术开发项目"子课题——"细型羊毛产业化基地及支撑技术体系的建立"项目。项目总投资75万元，覆盖种羊场4个牧业连队，涉及7 000只核心群生产母羊，2003年6月在自治区畜牧科学院的安排下，自巴音郭楞自治州种畜场引进德国美利奴细毛羊种公羊7只，8月完成与7 000只中国美利奴细毛羊杂交选配工作（人工授精）；2004年组织技术力量，经过4次技术鉴定，从1 000只后备公羔中选留261只特级周岁公羊作为育成羊向拜城县13个乡办牧场、农区养殖大户及温宿县推广使用，承担20万只细毛羊的配种任务；根据《新疆细毛羊疫病综合防治规范》内容，在原有的基础上进一步加强和完善羊毛现代化管理技术——羊穿衣专利技术的推广应用；自1999年拜城种羊场加入自治区羊毛协会至2003年，种羊场推广应用羊毛现代化管理技术——羊穿衣专利技术，羊穿衣普及率达到100%，净毛率提高12个百分点，每千克羊毛增收达1.8元，每只羊平均增收8.1元，全场2.3万参剪细毛羊增收达到18.6万元；2000年至2004年5年内种羊场细羊毛产值利润翻一翻；建立中国细毛羊信息网络系统终端，不定时在新疆萨帕乐网站上发布科技、产品信息。至2007年，种羊场地产羊毛在南京羊毛市场已五年创下细羊毛拍卖全国最高记录。

澳美胚胎移植种羊--布鲁拉（多羔型）

中国美利奴细毛羊原种

2008年，被国家农业部列为新疆细毛羊原种场。2009年1月，拜城种羊场被确定为国家现代农业产业技术体系绒毛用羊综合试验站。2009年在经济危机及羊毛价格下滑的影响下，种羊场生产80.7吨地产羊毛，原毛均价达到20元/千克，高出全县13个乡办牧场33%（13个乡办牧场平均15元/千克），其他年份也高出17%~35%。

2010年，拜城县种羊场将超细型细毛羊种羊培育作为育种重要内容。与体系内多位科学家与知名种畜场开展了联合育种，引进超细型中国美利奴及澳美胚胎种羊，通过多年坚持选种选育、鉴定整群，成功培育出中国美利奴（超细型）细毛羊新品种，于2014年经国家遗传资源委员会专家验收，正式命名为苏博美利奴细毛羊新品种，开启超细细毛羊生产新篇章。

2014—2015年，组织实施了国家农业综合开发办《中国美利奴（新疆型）细毛羊良种繁育基地扩建项目》，项目总投资403万元，其中财政资金182万元。项目实施加快了基础设施的建设。2014年引进多胎型细毛羊种公羊2只，开启多胎型细毛羊发展，至2016年，产双羔率达到95%以上。2016年实施了"拜城县种羊场羊毛现代化管理技术推广项目"，项目投资35.8万元，加快推进了羊毛现代化生产管理技术的推广和应用。

至2016年，拜城种羊场已成为地区细毛羊产业龙头企业，全场总面积1 158平方千米，其中耕地556公顷，山区天然草场169万亩。全场人口2 240人，辖4个牧业队，1个农业队。年牲畜存栏6.3万头（只），其中优质细毛羊3.21万只，自主培育出场中国美利奴（新疆型）种公羊532只。生产萨帕乐优质细毛羊85.1吨。形成以拜城种羊场为龙头，拜城县13个乡办牧场为基础的细毛羊产业化发展格局，辐射带动全地区60万只细毛羊推行引种导血、鉴定整群、人工授精、选配选育为核心内容的品种改良技术以及以羊穿衣、机械剪毛、分级整理为核心内容的萨帕乐优质细羊毛现代化管理生产技术。

得利斯集团

得利斯集团创立于 1986 年，现有员工 6 500 余人，总资产 73 亿元，现已发展成为销售收入过百亿元的集良种猪繁育、标准化饲养、粮油加工、饲料生产、兽药防疫、生猪屠宰、肉品加工、生物工程、物流销售于一体的国家大型一档企业集团，是首批农业产业化国家重点龙头企业。公司创立以来，始终以企业文化为先导，笃守"品质高于一切"的产品诉求，坚持树人、创新、诚信、自律，谨守"制欲感恩"生存理念，遵循"农业产业化"发展方向，奉行"增强国人体魄、提高民族素质"的企业宗旨，致力于"改善大众饮食营养、攀登肉食科学高峰"，赢得了社会的充分肯定。截至目前，公司先后获得各类荣誉 800 余项，被确定为首批农业产业化国家重点龙头企业、中国肉类十强企业、中国食品行业百强企业。得利斯低温肉制品和冷却肉双双荣获中国名牌产品，"得利斯"和"北极神"商标被认定为中国驰名商标，得利斯技术中心被认定为国家级技术中心，拥有博士后科研工作站和国家级实验室，并于 2010 年在深圳交易所成功挂牌上市。党和国家领导人温家宝、曾庆红、吴官正、吴仪、回良玉、乔石、田纪云、姜春云、何鲁丽、宋平、陈慕华等先后到公司视察，并给予高度评价。

为加快发展，增强对"三农"的带动能力，公司不断延伸产业链，打造集良种猪繁育、标准化养殖、饲料生产、兽药防疫、生猪屠宰、肉制品加工、生物工程于一体的绿色食品产业体系，搭建起农业科技、畜牧科技、食品科技、生物科技四大产业平台。

一、农业科技

该平台基于 150 万吨粮油加工仓储物流基地，年可加工小麦 20 万吨，大豆 50 万吨，饲料 50 万吨，粮食仓储 30 万吨。创办了粮食银行，借助国家海关批准的公用型保税仓库优势，打造成为北方大型粮油加工物流集散地和粮油储备基地。

二、畜牧科技

该平台运用拥有自主知识产权的"欧得莱"品牌猪，采取"企业 + 合作社 + 养猪场"模式，实行"六统一"管理，即统一供应种猪、统一人工授精、统一供应饲料、统一兽药防疫、统一技术服务、统一收购肥猪，现已建立了 36 个生猪养殖合作社、400 个标准化养猪场，年出栏优质商品猪 160 万头。

三、食品科技

该平台从事生猪屠宰、冷却肉、发酵肉制品、低温肉制品、速冻调理食品加工。1989 年，公司在国内率先研制出中西合璧低温肉制品并进行工业化生产。2000 年以来，先后投资建设了 500 万头生猪屠宰体系，采用世界最先进工艺技术，按照欧盟动物福利标准和卫生标准进行生猪屠宰，倡导冷却肉科学消费理念。经过 20 多年的不懈努力，食品股份赢得了良好的市场信誉和品牌形象，于 2010 年 1 月 6 日成功挂牌上市。

2011 年，得利斯倾二十五年之肉食技艺，推出世界顶级肉食——"帕珞斯"发酵火腿，以此作为对中国消费者的最高奉献。

四、生物科技

公司进军生物工程领域，研究开发出北极神系列保健品。主导产品北极神海狗油，富含人体必需但自身不能合成的 DPA、DHA、EPA，对降低血脂、调节免疫效果显著，通过了中华医学会组织的 22 家三级甲等医院的临床验证，被选为 2008 北京奥运会恭迎历任国际奥委会主席专用产品。

同时，公司发挥 500 万头生猪屠宰副产品的原料优势，开展精深加工和综合利用，运用生物技术，将猪骨、猪皮、猪血、内脏器官等研制成功能保健品、生物制药原料，先后开发出骨素、骨参、天然钙、血清血红蛋白、肝素钠、软骨素、胶原蛋白、功能性肽—铁等高科技生物制品。

通过四大产业平台的不断发展，形成了从源头到终端，从田园到餐桌的绿色完整产业体系，建立起"RFID"技术为核心的食品质量安全追溯体系，推行 ISO9001、HACCP 质量体系、SSOP 卫生体系和 GMP 管理体系为重点的全面质量管控体系。

十三五期间，为进一步提升企业创新能力，加强产品品牌影响力，公司将大力发挥电商在企业经营中的重要作用，在各级政府的领导下，全面打造辐射韩国、俄罗斯以及中亚、北欧、东南亚等地区的集物流、贸易、加工为一体的牛肉、猪肉中转基地，同时，继续加大对食品安全追溯体系的建立研究，充分利用国家级企业技术中心平台，完善技术创新体系建设，加大科技投入，丰富公司的产品种类，增强公司的持续经营能力和抗风险能力，尽快实现"国内一流、国际先进"的大型食品集团的发展目标。

新希望六和股份有限公司

新希望六和股份有限公司（股票代码 000876）创立于 1998 年并于 1998 年 3 月 11 日在深圳证券交易所上市。公司立足农牧产业、注重稳健发展，业务涉及饲料、养殖、肉制品及金融投资、商贸等，公司业务遍布全国及越南、菲律宾、孟加拉国、印度尼西亚、柬埔寨、斯里兰卡、新加坡、埃及、美国等 20 多个国家。

2011 年 9 月公司农牧资产重组获中国证监会批准。2017 年，公司实现销售收入 626 亿元，控股的分、子公司 500 余家，员工 6.1 万人。在 2018 年《财富》杂志评选的中国企业 500 强中位列第 126 位，是全球食品安全倡议（GFSI）中国理事会联席副主席单位，新希望六和股份有限公司董事长刘畅是全球食品安全倡议董事会董事。

公司获农业产业化国家重点龙头企业、全国食品放心企业、中国畜牧饲料行业十大时代企业、全国十大领军饲料企业、主体信用等级 AAA、中国肉类食品安全信用体系建设示范项目企业、2017 福布斯全球 2 000 强等荣誉称号，是 2018 上海合作组织青岛峰会禽肉指定供应商。

企业技术中心获得"国家认定企业技术中心"称号，2 个检测中心均通过国家实验室 CNAS 认可。60 多项技术成果获得省级以上奖励，其中 5 项创新技术获国家科学技术进步二等奖。目前公司通过了"ISO9001 质量管理认证"和"ISO22000 食品安全认证""ISO14001 环境认证""GAP 良好农业规范认证""18001 职业健康安全认证"等。

公司将以"打造世界级农牧食品企业和美好公司"为愿景，以"为耕者谋利、为食者造福"为使命，以"新、和、实、谦"为核心价值观，着重发挥农业产业化重点龙头企业的辐射带动效应，整合全球资源，打造安全健康的大食品产业链，为帮助农民增收致富，为满足消费者对安全肉食品的需求，为促进社会文明进步，不断做出更大贡献。

2017 年 2 月，新希望六和正式当选全球食品安全倡议（GFSI）董事会成员，成为首家入选的中国民营食品生产企业

2018 年 6 月，新希望六和成为 2018 上海合作组织青岛峰会禽肉指定供应商

2017 年 1 月，在北京人民大会堂隆重举行的 2016 年度国家科学技术奖励大会上，由新希望六和股份有限公司与东北农业大学单安山教授主持研究的《功能性饲料关键性技术研究与开发》荣获国家科技进步二等奖

2018 年 1 月，农业部副部长余欣荣带队农业部考察团在新希望六和胡志明公司调研

2018 年 3 月，新希望 10 万新农民培训计划首个基地落户山东，新希望六和携手山东畜牧兽医职业学院，发挥各自优势，联手共建 10 万新农民培训计划基地并联合创建新希望六和农牧学院

zoetis

FOR ANIMALS.
FOR HEALTH.
FOR YOU.

硕腾 作为一家全球领先的动物保健公司，致力于为客户及其业务提供最有力的支持。秉承60年的行业经验，硕腾为用户提供优质的兽药和疫苗、业务支持和技术培训。硕腾始终不懈努力，帮助饲养和关爱动物的人们，为他们解决所面临的各种挑战。

健康动物　健康你我

畜科以科技为本 创新与时代同步

畜科 创立于1985年，是集动物营养和生物疫苗研发、生产、技术服务、国际贸易于一体的大型科技股份制企业。畜科荣获国家、省部级科技奖励23项，国家发明专利和实用新型专利18项，创经济纯收益50亿元。畜科是国家创新型企业、国家高新技术企业、农业产业化国家重点龙头企业。

畜科生物 依托四川省畜牧科学研究院、四川省院士（专家）团队，研发的有机富锌康（乳酸锌）荣获"国家新产品证书"，被授予"国家重点新产品"。研制的中华多维系列、有机微量元素系列及预混剂产品，销往全球，年产销量6.5万吨。

畜科华神生物 研制的我国第一株"猪伪狂犬病三基因缺失活疫苗——SA215扑伪优"基因工程苗，属国内首创，全球领先，荣获国家科技进步三等奖，是防控净化猪伪狂犬病的尖端生物武器。

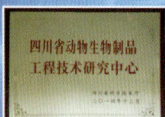

由军事医学科学院夏咸柱院士、金宁一院士领衔的"四川省动物生物制品工程技术研究中心"、"畜禽生物制品四川省重点实验室"的双院士专家团队，为新疫苗的研发提供坚实的技术支撑平台。

中华富铁康 补铁 补血 造血
中华红又亮 皮红 毛亮 快长
中华富铜康 不"铜"凡响

四川省人民政府副省长尧斯丹到畜科生物调研

时任省委书记刘奇葆授"国家创新型企业"牌

时任省委常委、省委农工委主任李昌平到畜科生物调研

屯昌天之虹生态农牧有限公司

公司全貌

专家入驻

屯昌天之虹生态农牧有限公司由海口天虹生物科技有限公司全资注册，公司位于海南省屯昌县新兴镇土锡农场，占地300亩，总投资5200万元，栏舍总建设面积16000㎡，种猪存栏逾2000头，年出栏商品黑猪5万头。

公司主要采用生态循环养殖模式，从事屯昌黑猪种猪的纯化、改良及商品猪养殖，旨在通过全产业链的把控，为社会提供生态、安全、无药残的高品质肉食品。公司猪栏舍采用现代化全密封控温控湿设计，全自动流质料线、母猪智能化电子饲喂系统等先进工艺，在粪污处理上采用底层生物发酵技术。

公司采用生态循环零排放养殖模式，结合构树种植，使猪→排泄物→有机肥、沼液→牧草（构树）→猪闭环，使养殖场的物质、能量、生态形成良性循环，成为现代生态循环农业资源节约型、环保型循环农业的示范园。

2018年12月，公司先后获得海南省生猪标准化示范场和国家级生猪标准化示范场称号。

栏舍设施

栏舍外貌

金宇生物技术股份有限公司
JINYU BIO-TECHNOLOGY CO.,LTD.

MADE IN CHINA 中国制造 2025

金宇国际生物科技产业园率先践行
中国制造2025

金宇生物股份率先按照德国工业4.0标准及《中国制造2025》强国战略，通过互联网信息化与制造技术数字化的深度融合加速产业升级，进行装备、工艺、产品和质量标准升级，打造具有国际水准的生物制药生产基地和研发孵化平台。

OPTION 02 首家整体实现智能化制造的生物产业园区

OPTION 03 园区所有疫苗产品质量全部达到国际标准

OPTION 01 应用互联网人工智能，构建疫病防控、诊断检测、畜产品食品安全可追溯的大数据平台

金宇国际生物科技产业园六大功能定位

OPTION 06 兽用疫苗国家工程实验室国家高级别生物安全实验室，农业部反刍动物生物制品重点实验室

OPTION 04 节能减排绿色制造，水、电、汽单位能耗下降50%，废水达到零排放标准

OPTION 05 全球规模最大的动物疫苗智能化制造生产基地

金宇生物产业园《中国制造2025》签约仪式

广西杨翔股份有限公司

　　广西扬翔股份有限公司成立于 1998 年，是农业产业化国家重点龙头企业，主营猪产业，拥有自养猪和服务养猪两大板块，是集种猪、肉猪、猪精、猪饲料、养猪设备为一体的全产业链科技型农牧企业。2017 年，扬翔股份生猪出栏 150多万头，PSY 27.6，MSY 26.5，全程成活率达 92%，所有成本计算在内，肉猪出栏成本为 5.27 元 / 斤。

　　一直以来，扬翔不断强化与国内外先进企业、高校的合作，先后引进美国、丹麦等优质顶级种猪，完善良种基因库；配备一系列国际先进设备，提高养殖、生产技术水平；组建专家团队，提供更优质养猪服务……协调管控基因遗传、精准营养、生物安全、环境控制、生产管理五大关键要素，引领养猪低成本，帮助养殖户提高效率，实现快乐养猪、轻松赚钱。

　　目前，公司正着力打造数字化扬翔，充分利用"云、大、物、移、智"等新型信息技术，为行业生态链上的各个生产者提供信息与数据服务，用科技和创新打造互联网智能服务养猪平台。

　　作为科技型农牧企业，扬翔股份肩负"健康、安全、美味、低成本"的使命，坚守"科技改变养猪业"的理念，打造"扬翔互联网智能服务养猪平台"，为中国成为养猪强国竭尽所能！

国际合作

扬翔智能化饲料厂

福建傲农生物科技集团股份有限公司(以下简称"傲农集团")成立于2011年4月,是一家以标准化、规范化、集约化和产业化为导向的高科技农牧企业,公司主营业务包括饲料、动保、养猪、原料贸易、农业互联网等产业。2017年9月,傲农集团在上海证券交易所挂牌上市(股票简称"傲农生物",股票代码:603363)。

傲农集团围绕"以饲料为核心的服务企业,以食品为导向的养猪企业"品牌定位,自成立以来,通过持续的技术创新、产品升级和品牌推广,竞争力不断增强,现已成为国内大型猪用饲料生产商之一,市场覆及全国大部分省、市、自治区,拥有百余家分子公司、5 000多名员工。

傲农集团高度重视科研创新工作,组建有院士工作站、博士工作站、省级重点实验室、省级企业技术中心和省级企业工程技术研究中心等科研创新平台。截至2018年6月,集团及下属控股公司共拥有专利200多项(其中发明专利39项、实用新型专利134项、外观专利49项),计算机软件著作权64项,国家核心育种场2家、国家知识产权优势企业3家、高新技术企业7家,国家饲料质量安全管理示范企业7家、省级工程技术中心2个、省级农业产业化龙头企业6家。公司同时亦是中国饲料工业协会副会长单位、中国畜牧业协会副会长单位。

风正潮平,自当扬帆破浪;任重道远,更需策马加鞭。未来,傲农集团仍将继续秉承"以农为傲、滋养全球"的使命,坚持"为客户创造价值、为员工提供发展、为社会做出贡献"的核心价值观,与股东、员工及广大合作伙伴携手向前,共同为中国、乃至全球农牧业发展做出更大贡献。

广东燕塘乳业有限公司

广东燕塘乳业有限公司始创于1956年，为中央直属广东农垦上市企业、中国奶业协会副会长单位、中国乳制品工业协会副理事长单位、IDF（国际乳品联合会）中国国家委员会成员。2014年12月，燕塘乳业在深圳A股成功挂牌上市（股票代码：002732），正式登陆资本市场，成为目前广东本土第一家拥有工牧一体化全产业链的乳品上市公司。作为目前广东本土乳制品行业唯一一家上市公司，燕塘乳业经过多年的发展，已成为华南地区大型综合性乳品企业集团之一。并先后获得"农业产业化国家重点龙头企业""中国乳业优秀企业""广州市市长质量奖""国家学生饮用奶计划推广先进企业"及"广东省食品放心工程示范基地""质量管理优秀企业""高新技术企业""中国奶业20强企业""国家乳制品加工技术研发专业中心"等殊荣。

燕塘乳业旗下拥有湛江燕塘、汕头燕塘、燕隆乳业、燕塘冷冻食品、红五月牧场、澳新牧业、新澳牧业、燕塘优鲜达电子商务等子分公司，涵盖饲草种植、奶牛养殖、食品研发加工、物流运输、市场营销、电子商务等领域，逐步迈向集团化、多元化，着力打造"种植饲养、食品加工、营销网络、物流运输、资本运作"五大产业板块，努力成为具有全国影响力的乳品企业集团。

天津全药动物保健品有限公司
TIANJIN ZENYAKU ANIMAL HEALTH CO.,LTD
ZENOAQ 全药

安全·安心的牛奶
来自 健康 的牛...

工厂：天津全药动物保健品有限公司
地址：天津技术开发区第八大街81号
电话：022-66298098　传真：022-66298099

销售：天津全药动物保健品有限公司 北京分公司
地址：北京市朝阳区东三环北路3号幸福大厦B座806室
电话：010-64604489/90/91　传真：010-64604492

www.zenoaq.net

（84）

引领中药生态农业研究与实践
获评科技部重点领域创新团队

生态农业是国际上最先进的环境友好型农业。同时，习近平指出，中医药学是中国古代科学的瑰宝，也是打开中华文明宝库的钥匙。因此，针对中药生产中，大肥、大水和过度使用农药造成的环境恶化、病虫害失控及中药材质量安全下降等严重问题，在国家中药材产业技术体系首席科学家黄璐琦院士的领导下，中国中医科学院首席研究员郭兰萍组织中药资源相关领域团队人员，分析了中药栽培特性和道地药材形成的规律，认为中药生态农业具有独特的优势，有望形成全球生态农业中最富有活力和前景的新领域。

在研究中药品质形成特点的基础上，团队提出了基于"逆境效应"的道地药材"拟境栽培"理论，以及"不向农田抢地，不与草虫为敌，不惧山高林暗，不负山水常绿"的中药生态农业宣言，并率先在国内开展了中药生态农业的研究与实践。相关研究获得国家"十三五"重点研发计划"中药材生态种植技术研究及示范"项目资助，标志着中药生态农业得到了国家重视。目前，项目已形成了各类中药材生态种植模式和技术100余项，一些成熟的模式已在全国不同区域大面积推行，形成了良好的经济效应及生态效益，为促进中药材产业绿色发展提供了思路、方法与技术保障。与此同时，团队牵头的《中药材生态种植技术规范编制通则》《200种中药材生态种植技术规范》，已通过中华中医药学会团体标准立项。

因为在中药生态农业领域所做出的重大贡献，入选2017年科技部重点领域"中药生态农业创新团队"。

农业农村部-CABI生物安全联合实验室

MARA CHINA-CABI Joint Laboratory for Bio-safety

助力2030年可持续发展议程

共创农业绿色发展与可持续未来

促进"一带一路"农业科技交流与合作

研发以生物防治为核心的植保绿色防控技术

打造国际一流农业技术转移和绿色植保技术研发中心

齐齐哈尔城乡粮油交易市场

齐齐哈尔市城乡粮油交易市场是由齐齐哈尔商业储运有限公司投资打造的齐齐哈尔市城乡粮油交易市场，它是齐齐哈尔市唯一的专业化成品粮交易市场。它是一个集成品粮交易、产业化运营、品牌化销售于一体，同时辅以仓储、运输、食品安全检测创业创新功能的现代农业产业化示范市场。

城乡粮油交易市场坚持绿色发展的理念，以地方绿色品牌带动区域农业品牌化、规模化发展，同时，该市场还在绿色有机、倡导放心消费、食品安全、文明诚信等方面锐意改革，全力打造了百姓放心的消费市场。

市场2012—2016年入选全国农产品批发市场行业"二十强市场"，2013—2017年荣获"全国文明诚信经营示范市场"，2012—2014年荣获"黑龙江省文明诚信市场"，2013—2015年荣获黑龙江省"价格诚信先进单位"，2014—2016年在齐齐哈尔市消费者最满意品牌单位评选中荣获"金口碑单位""消费者最满意单位"，在中国农产品批发市场行业发展30年盛典评选中荣获"保障城乡供应全国先进市场"，2017年被齐齐哈尔市委市政府授予32届劳模大会"先进单位"荣誉称号，2017年四月在北京召开的第十九届中国商品交易市场2017年度全国商品交易市场表彰大会上被授予"全国商品交易市场系统2017年度先进单位"称号。齐齐哈尔市城乡粮油交易市场是省级农业产业化重点龙头企业，同时也是市级"农产品流通十强市场"，是黑龙江省政府确定的三十家大型批发市场和应急定点调控骨干企业之一，2017年被齐齐哈尔市政府列为全市唯一的"放心消费示范市场"。

市场成立二十年以来，以其环境优良、交通便利，发展快，信誉好，赢得社会的认可和好评。城乡粮油市场以其"品种全、价格廉、服务好、质量优"在百姓中已形成广泛共识。市场的成功运行不仅为齐齐哈尔市成品粮流通健康发展，稳定粮油价格和保障粮油食品流通安全发挥应有作用，同时也为促进地方经济发展，服务百姓生活做出了积极的贡献。

白山灵水毓珍奇
——黄松甸黑木耳

蛟河市黄松甸镇地处长白山余脉，地势高寒，昼夜温差大，有着得天独厚的冷资源优势。独特的自然环境，造就了品质独特的"黄松甸黑木耳"。

"黄松甸黑木耳"迄今已有80多年的发展历史，通过不断的菌种改良、技术革新，逐渐形成了"碗状小、色泽黑、肉体厚、密度硬、口感脆、品质纯"等六大感官特点，各项理化指标均优于同类产品，其中粗蛋白≥9.0%、粗脂肪≥0.5%、总糖≥25%、干湿比≥1:14。目前全镇农民90%以上的经济收入来源于黑木耳产业，从事黑木耳产销的农户占全镇总数的95%以上，全镇100%的村屯从事黑木耳生产。近年来"黄松甸黑木耳"产量持续增长，2017年发展量达到3.15亿袋，干品1.5万吨，产值达11亿元，农民年人均可支配收入达1.85万元。

多年来黄松甸镇党委、政府在上级部门的大力支持下，坚持把发展绿色优质农产品放在突出位置，勠力同心，迎难而上，逐步将"黄松甸黑木耳"由小做大，成为"吉字号"优质特色农产品品牌。2009年黄松甸镇被中国食用菌协会授予"中国黑木耳之乡"荣誉称号，"黄松甸黑木耳"先后被评为"国家地理标志保护产品""国家地理标志证明商标"、"吉林省著名商标""商标富农和运用地理标志精准扶贫全国十大典型案例""2017最受消费者喜爱的中国农产品区域公用品牌"、"吉林省最受消费者喜爱的十大农产品品牌"。

源于长白山林海绝地，成在黄松甸水畔净天，黄松甸黑木耳品牌，正以它蓬勃的发展势头，为美丽乡村特色小镇建设注入生机和活力！

诸城渤海智慧冷链物流有限公司

诸城渤海智慧冷链物流有限公司由潍坊滨海旅游集团有限公司出资成立，成立于2018年4月，注册资本5000万元。总占地面积658亩，冷库建筑面积22万平方米，现储容量达50万吨，办公楼及公寓楼建筑面积约2万平方米，交易大厅及沿街商铺建筑面积约3.5万平方米，具有"旱地码头"的美誉，为"山东省标准化农产品批发市场"、"山东半岛蓝色经济区重点建设项目"。

渤海水产城智慧冷链物流项目具有平层冷库群、高层式冷库群、水产品和调理品交易市场、供应链金融、统一结算服务平台、物流集散中心等功能区，是一处集仓储、加工、冷链物流、现货及电子交易、供应链金融、国际贸易、商务办公、公寓楼配套居住、餐饮等功能为一体的大型综合农产品集贸示范区。

贸易实现国际化，经营全国及从俄罗斯、美国、马来西亚、阿根廷、印度等十几个国家进口的水产品，经营瓜果蔬菜等生鲜食品。冷库具有丰富的仓储资源，以单层结构与多层设计相结合，凭借高质量极速冷冻服务、齐全的水产种类、良好的市场软环境，赢得了客户的青睐。

诸城渤海智慧冷链物流有限公司将全面提升冷链物流管理水平，从客户的实际需要出发，以专业市场策略为主导方向，建立健全冷链物流体系，加大创新物流服务模式，提高冷链物流设施建设，本着"务实经营，成就客户"的服务宗旨，提供诚信、专业的优质仓储服务。

渤海水产城愿与您携手并进，共创辉煌！

内蒙古娃姐食品有限公司

生产线

薯小酥

马铃薯酸奶饼

内蒙古娃姐食品有限公司成立于 2013 年，是"是中薯都"乌兰察布市第一家系统化、规模化的马铃薯主食及烘焙企业，拥有先进的生产流水线。公司秉承着"品质源于敬畏"的经营理念，研发薯、麦、奶为原料的各种产品，有马铃薯酸奶饼系列、马铃薯奶月饼系列、马铃薯酥饼系列，有各种水果味馅的雪绒酥系列。并由此马铃薯酸奶饼获得国家发明专利一项、国家新技术应用专利一项。还获得了"全国马铃薯主粮化十大休闲食品、十大特色食品奖"等，评为"2018 双创好项目奖"。其中保留了蒙古民族传统制作工艺的马铃薯酸奶饼上了央视二套"生财有道"节目，已成为消费者餐桌上的明星产品，也是"国家马铃薯主食化"的代表产品。

本公司正在扩建厂房，打开了线上、线下包括餐饮，商超等多个渠道，奋力发展，为打造马铃薯民族食品企业而努力奋斗。

昌吉州粮油购销（集团）有限责任公司

CHANGLIANG GROUP
昌粮集团

昌吉回族自治州粮油购销（集团）有限责任公司（简称昌粮集团）是新疆最大的国有粮食购销企业，经国家农业部、发改委、财政部、商务部等联合审定被授予"农业产业化国家重点龙头企业"称号。公司注册资本 7 000 万元，下属 14 家子公司、3 家参股企业，资产总额 28 亿元，职工 920 人，经营网点 63 个，粮食储存能力 110 万吨，年均粮油吞吐量 200 万吨，主要经营品种小麦年均收购量达 60 万吨以上，掌控昌吉州近 80% 的市场商品粮源，是保障乌昌、吐鄯托等区域粮食安全、保证军需民食的重要载体。2010 年，被国家粮食局甄选授牌为全国首批 50 个国有粮食企业重点联系企业之一；2011 年，被中国粮食行业协会评为国家 AAA 级诚信粮油企业；2015 年被自治区党委授予"自治区先进基层党组织"荣誉称号；2016 年入围"全国先进基层党组织"评选并获中组部公示；连续五年被评选为昌吉市"重合同守信用单位"。

近年来，昌粮集团积极响应国家供给侧结构性改革号召，不断延伸绿色农业产业链，推进"三产融合"深度发展。公司以粮油产业化经营为主线，以粮油购销为基础，以粮油和特色农产品精深加工为龙头，以大宗农副产品贸易为补充，以构建大物流体系为平台，努力打造成为有影响力的贸、工、农综合产业协同发展的国家现代农业产业化龙头企业。

潍坊亿家安农贸批发市场有限公司

　　潍坊亿家安农贸批发市场有限公司是潍坊西铁路联营货场转型企业,位于潍城区东风西街西段南侧,紧邻青银高速、潍日高速、309国道,市场内有铁路专用线,交通便利,是城区内最大的农贸综合批发市场。市场占地总面积14万平方米,建设面积5万平方米,投资2.1亿元,其中综合办公楼4 000平方米,经营面积4.6万平方米,经营铺位1 000多个,现有经营业户900多户,从业人员10 000多人。经营国内外各类水果、干果、海鲜水产品、肉禽、蔬菜、粮油批发等1 000多个品种,年交易量30万吨,交易额15亿元。市场下设办公室、信息服务中心、电子结算中心、快检室、治安办公室、义务消防队、微型消防站。

　　市场服务设施齐全,有完善的管理制度,监控设施全覆盖,场地全部硬化,交易在大厅进行,信息中心为交易双方提供公开、透明的产品需求信息。农产品进入市场,全部实行快检准入制度,合格者准予入市销售,不合格者退市销毁,经营业户建立购、销台账,实行一票通,对售后农产品可追溯,市场开业以来,从未发生农产品质量安全投诉现象,被省工商局评为"文明诚信市场",省食品安全办公室授予"食安山东"食品流通示范单位,是农业农村部定点批发市场。

陇南东盛农产商贸物流港

　　陇南东盛农产商贸物流港项目由陇南东盛物流有限公司投资建设,位于甘肃省陇南市武都区吉石坝新区,项目总投资17.32亿元,总占地346亩,总建筑面积48.5万平方米,是集农副产品、农特产品、农资农具、仓储物流、电子商务等综合业态及配套于一体的市级现代商贸物流核心区,地处陆海贸易新通道兰渝线陇南物流枢纽节点,以专业市场+仓储物流+电商平台的运营模式,立足于陇南市,辐射陕甘川渝相邻城市及全国各地。

　　项目依托陇南花椒、中药材、油橄榄等农特产品区域资源和联手区域外商贸知名品牌,已形成标准化、规模化、现代化的商贸仓储物流集散分拨中心,并成功举办了2015—2018年四届花椒节和第26届西交会、2018年药博会及"千企帮千村"对接活动等。

　　陇南东盛果蔬批发市场于2018年6月正式投入运营,作为陇南最大的果蔬批发市场,为全市果蔬批发提供了一个正规、统一的经营场所,为武都及陇南人民提供最新鲜、最安全、最优质的蔬菜和水果,丰富了陇南市民的菜篮子、果盘子和米袋子。

　　按照陇南市电商扶贫工作思路,公司采取"公司+合作社+基地+农户+市场+平台"的产业化发展模式,阿里巴巴·陇南产业带于2016年7月正式上线运营,截至目前入驻平台的农产品批发厂商家达300多户,线上交易金额达4亿元,促进线下交易约10亿元,在农业类目中全国排名第一。

　　本公司作为中国农产品市场协会常务理事单位、甘肃省物流行业协会及经贸协会副会长单位,相继获得了"国家农业部定点市场""甘肃省八大重点市场之一""甘肃省大型商品交易市场""甘肃省生产性服务业功能示范区""甘肃省省级创业就业孵化示范基地(园区)""甘肃省农业产业化重点龙头企业""西部物流百强企业""甘肃省物流行业精准扶贫先进单位"等殊荣。

饲料事业分布

蛋鸡事业分布
年产蛋鸡300万只
- 已建 兰州150万羽青年鸡场
银川75万羽青年鸡场
- 待建 河西75万羽青年鸡场

年可提供安全蛋品10000吨
年可提供安全食品3000吨

正大优鲜店六家
麦积山路店　静宁路店
众邦金水湾店　碧业家园店
红山万和城店　华邦广场店

猪事业分布
年产生猪100万头
- 已建 景泰2400头核心育种场
嘉峪关2400头扩繁场
兰州2400头繁育场
张掖2400头繁育场
- 在建 陇东18000头繁育场　年提供45万头
- 待建 兰州地区18000头繁育场　年提供45万头
河西18000头繁育场　年提供45万头

正大集团
CP GROUP

利国　利民

正大集团（中国区）农牧食品企业

农牧食品事业是正大集团在中国的主要投资项目之一。经过数十年的发展，逐步建立了种业—种植—饲料—育种—商品养殖—屠宰加工—零售—餐饮于一体的全产业链生产经营体系，业务覆盖饲料、畜牧、生猪、水产养殖等领域，通及禽肉、西菜以外的所有物业。

种业　种植业　饲料加工业　水产养殖业　肉猪养殖业　蛋鸡养殖业

育肉养殖业　水产加工　肉猪屠宰加工　蛋品分级加工　肉鸡屠宰加工　零售业　餐饮业

做世界的厨房　人类能源的

皋兰饲料厂

张掖饲料厂

正大猪肉直营中心

"嘉峪关项目"嘉峪关种猪场

"景泰项目"公猪站外景

正 大 集 团

作为最早进入甘肃的外资企业之一，正大集团于20世纪90年代就率先进入甘肃成立了兰州正大有限公司，开启了投资陇原大地的序幕。27年来，兰州正大始终秉承集团"利国、利民、利企业"的经营原则，坚持"发展安全食品，保障健康消费，促进社会进步"的企业使命，主动融入甘肃地方经济社会发展大局，先后投资6亿元，成功创立了正大饲料、正大种猪、正大肉品、正大蛋品、正大食品等省内知名品牌，形成了从饲料生产加工、种畜禽繁育、商品代饲养到屠宰加工、终端销售为一体的全产业链经营体系。正大集团以全球行业领袖的先锋姿态、传承百年的创新精神、舍我其谁的担当情怀，为甘肃农牧业的跨越式发展和城市安全食品供应开创了"正大模式"，树立了"正大标杆"。

一、全产业链布局，保障安全食品供应

（一）开创甘肃饲料工业先河

1979年，全国饲料总产量仅为200万吨。正大集团看准了中国改革开放后亟待发展的、广阔的饲料市场，进入中国，在深圳投资建立了中国第一家饲料厂，投资开发饲料工业。同时也带来了先进的技术、设备和成熟的管理经验。并建立完善了一整套健全的质量管理和保障体系。1990年，正大饲料进入甘肃，在兰州市皋兰县建成了西北地区首家自动化程度最高、规模最大、产品最丰富的24万吨现代化畜禽水产饲料厂，开启了甘肃饲料工业的新时代。

（二）发展标准化养殖，带动农民增收致富

兰州正大率先垂范，投入大量人力，以标准化圈舍建设、优良品种供给、全价配方饲料的供给为主要手段，带动农民转变生产方式、提高生产效率。在促进农民收入稳步增长、生活水平日益提高的同时，为甘肃地区现代化新型畜牧业的发展起到了极大的推动作用。马继林副董事长称："当时公司业务员及发展的1 500名专销商，全部联合起来共同为客户进行技术服务，他们不但负责饲养管理和指导，并且负责相关数据的整理和统计上报以便制定科学合理的饲养方案，同时还要负责对客户养殖场疾病的防控及诊断治疗。客户基本可以达到托管，这在当时畜牧行业来说尚属首家"。目前，兰州正大已在甘、宁、青省区建立农村养殖技术服务和饲料专销网络2 000多个，发展骨干客户2.5万个，并为客户提供优质饲料、种猪、精液、仔猪及青年鸡，为兰州正大进一步开展屠宰加工及食品深加工事业提供了充足的支撑。

（三）引进优质种源，开展同步育种，引领行业新高度

在育种工作方面，景泰项目与美国CG公司进行联合育种，与国际最先进的育种技术保持一致，使兰州正大的种猪保持卓越的性能。景泰原种猪场的育种数据采集后，会同步传输到美国CG公司，该公司将对数据进行分析，分析结果与兰州正大的遗传育种团队共享。此外，美国CG公司每月会专门派出专家和技术人员对育种工作进行技术上的协助。从某种程度上来说，兰州正大的原种猪场等于美国CG公司的外围核心猪场。该项目运用美国先进的遗传育种技术，实现数据共享，同步育种和遗传基因、管理模式、养殖标准的无缝对接，使兰州正大走上了"生产一代、研发一代、储备一代"的良性循环发展道路。

（四）食品零售业遍地开花，真正实现农超对接

截至目前，正大集团在中国建成食品生产加工厂19家，形成了年产7亿只肉鸡、1400万只肉鸭、300万头生猪、100万吨食品加工的能力。正大食品种类丰富，包含鸡蛋、禽肉、猪肉、水产等生鲜食品，方便餐、速冻面点、熟肉制品、休闲小食等方便食品，以及红酒、茶叶等饮品。正大食品采用欧洲、美国等国家的先进加工设备，保证了食品的新鲜、营养和美味，符合现代生活需求，畅销全国并远销海外市场，深受消费者信赖。

二、"四位一体"模式，助力政府精准扶贫

产业化的养殖带来更多发展路子，兰州正大积极响应国家号召，按照集团"四位一体"产业扶贫模式，组织政府、银行、企业服务农民，在嘉峪关市建设了正大新农村现代农牧产业化示范项目。该项目整合了政府的行政资源、银行的金融资源、龙头企业的先进技术及经营管理和市场资源、农民的土地和劳动力资源，在破解大资本对接新农村产业发展，农业龙头企业带动、金融服务新农村、规范农民合作组织等多个领域进行了大胆尝试与创新，搭建了多方共赢的发展平台四位一体的优势经济合作模式。

正大集团有着浓厚的"三农"情结。无论是早期的"公司＋农户"模式，还是近几年的"四位一体"模式等，都是正大在发展过程中不断探索和创新的与农民朋友合作共赢的模式。正大不仅为养殖户提供优质畜禽种苗和饲养技术，指导农户生产管理，并负责回收成品，甚至帮助他们解决融资难题，极大地促进了中国农牧业的发展和经营方式的变革。

三、走绿色发展之路，加快迈入农业4.0时代

绿色发展，是现代农牧业可持续发展、转型升级的迫切呼唤和必由之路。习近平总书记指出，坚持以科学发展观统领农业发展，加快把传统农业改造成为有市场竞争力、能带动农民致富、可持续发展的高效生态农业，走"绿色生产、绿色生活、绿色发展"道路。2012年开始，正大集团在内蒙古和林格尔县建设现代农牧业"绿色发展"综合示范项目，创造性地将养殖业与种植业有机结合，成功探索出具有正大特色的双绿色农牧食品产业循环经济模式，为今后各地发展农牧产业树立了标准和典范。马继林副董事长表示："兰州正大今后所有的新项目将按照内蒙项目的范本设计建设，必须走环境友好、绿色发展的道路。"

我们的使命

丰富生产者和消费者的生活,确保可持续发展

价值观

丰富生活

我们致力于改善生活保护土地:身处行业前沿,我们的追求超越眼前利益,志在造福社会。

勇攀高峰

我们以勇敢无畏的精神开拓先行:高举行业领袖大旗,开行业之先,挺身而出推动农业向前发展。

协作共赢

我们拥抱多元化:以协作建立一体化企业,携手食物生产供应链共同创造价值,推动成长。

抱有好奇

我们始终专注创新:加速开发各种解决方案,应对当下乃至未来消费者对丰富优质食品的需求。

正直诚信

我们坚持做正确的事:秉持市场领导者应有的最高道德标准,安全、透明地开展业务。

健康安全

我们坚守安全准则:全力保护环境,保障安全健康,呵护生命;实现生活、业务和社会的繁荣兴盛。

携手中国农业四十年

陶氏农业产品开始进入中国市场

1970s

杜邦农得时磺酰脲类除草剂引入中国市场

1984

杜邦在上海建立合资企业,开始中国运营

1990

先锋公司在北京设立办事处

1997

陶氏益农建成南通工厂并投产

1999

陶氏益农大中华区在上海成立总部

2004

先锋宣布成立山东登海先锋种业有限公司

2002

先锋公司成立铁岭种子研究公司

2001

先锋宣布成立敦煌先锋种子合资公司

2006

先锋成立北京凯拓迪恩生物技术研发中心

2007

杜邦在上海投资新建工厂,深耕中国市场

2011

陶氏益农张家港工厂正式投入运营

2017

科迪华
农业科技™

陶氏杜邦宣布成立科迪华农业科技

2018

洽洽食品股份有限公司

一、企业简介

洽洽食品股份有限公司是一家以传统炒货、坚果为主营，集自主研发、规模生产、市场营销为一体的现代休闲食品企业。市场占有率居全国同行业第一，中国坚果炒货行业"第一股"。

"洽洽"坚果休闲食品，主要生产坚果炒货类、焙烤类休闲食品，产品口味独特，品类丰富，有洽洽香瓜子、洽洽蓝袋、洽洽小黄袋每日坚果、山药妹山药脆片、小而香、喀吱脆、怪Ｕ味、好南仁等众多家喻户晓的全国知名品牌。

洽洽在全国拥有东北、新疆、内蒙古等多个原料基地和农业种植基地，在全国各地有近10个生产厂，产品远销40多个国家和地区，是享誉世界的中国瓜子。洽洽每年数十万吨的农产品原料采购，带动了上下游相关产业的发展及西北地区、东北地区20多万农民脱贫致富。

公司市场占有率瓜子类第一，入选中国食品工业百强企业、中国农产品加工企业50强，荣获全国质量管理先进企业、国家级农业产业化重点龙头企业。

二、产品介绍

享誉世界的中国瓜子 A WORLD-RENOWNED CHINA SUNFLOWER SEEDS

洽洽香瓜子，独家配方，还是那么香！

洽洽小黄袋 每日坚果 Daily Nuts 畅销欧美40国 当然更值得信赖

洽洽小黄袋每日坚果，畅销欧美40国，当然更值得信赖！

山核桃瓜子选洽洽 超级好吃停不下

山核桃瓜子选洽洽，超级好吃停不下；洽洽焦糖瓜子，又甜又脆，连壳都好吃！

山药妹 新鲜山药做的山药脆片

山药妹，新鲜山药做的山药脆片！

习水县春荣食品加工厂

习水县春荣食品加工厂是一家专业生产各种特色粉条、粉丝的独家企业，占地面积4 800平方米，建筑面积4 000多平方米，办公楼和工人宿舍2700平方米。注册"温水春荣"、"古鰼国"两个品牌，厂内建成传统手工工艺车间和现代工艺车间各一个，可年产1 500吨产品，现有库房储存量1 000吨以上。建设绿色高效马铃薯种植基地500亩，辐射带动周边订单种植4 335亩，生产无公害标准以上的绿色优质马铃薯，保证产品质量从原材料做起，为习水县脱贫致富奔小康作应有贡献。带动当地农户2 987户，其中贫困户535户。主要生产产品为：①传统工艺生产线，纯手工精制产品：有马铃薯米粉、豌豆粉丝、红薯粉条、马铃薯粉条、蕨根粉。②现代工艺生产线产品：有马铃薯米粉，碗豆粉丝、粉条，红薯粉丝、粉条、粉块，马铃薯粉条、粉块，纯玉米粉条，蕨根粉条，特色鲜米粉条、米线。并获得经销商和消费都的好评，取得了优异的成果。

2013年至2018年，企业先后荣获创业就业示范基地、贵州省绿色生态企业、遵义市粮食行业协会理事单位、市级龙头企业、"县域农业经济"创业发展示范企业、十大消费者喜爱的本土品牌、优秀网货供应企业、无公害农产品认证先进单位、贵州省扶贫攻坚"十县联动 共力扶贫"县长助力企业等表彰和荣誉称号，并获得习水县人民政府副县长龚小松为产品代言。下步我厂将加强企业强化管理，以科技为动力，以市场为导向，推动现代企业发展，进一步巩固（市场＋企业＋生态基地＋农户）的产业链，利用当地的资源和劳力，通过资金、科技、产品、市场，结合农业产业结构调整，带领和促进广大农户脱贫致富，更加积极有效地解决"三农"问题，带动做大做强农业产品加工产业。

湖北农谷实业集团

湖北省政府副省长郭生练（前排右一）
调研农谷实业集团

中国农谷院士村

三八妇女节活动

"中国农谷"是由湖北省荆门市负责实施的一项省级重大战略，以建设"农耕文化传承地、农业产业化展示地、农业科技应用地、农业发展方向引领地"为目标，旨在推动全省区域经济全面协调可持续发展。

中国农谷战略孕育了湖北农谷实业集团。集团公司成立于 2012 年 4 月，注册资本 7 亿元，资产规模逾 100 亿元，

农谷实业集团
党委书记董事长：易俊洲

是荆门市级国有独资公司，是推进"中国农谷"建设的投资营运平台。集团公司以"服务中国农谷，发展现代农业"为使命，秉承"中国农谷，生态田园"核心价值观和"责任、执行、专业、创新"的企业精神，遵循"产业＋资本＋品牌"发展理念和"补短板、强动能、重经营、创价值"的经营理念，坚持市场化发展方向，实施现代农业产业的投资和建设，探索现代高效农业的发展方向与发展模式，推进中国农谷品牌市场化营运，打造知名的现代农业实业集团。

集团公司根据功能定位和产业发展，搭建了以集团本部和六大业务平台为主体的"1+6+N"组织架构。围绕农业资本、生态农业、农业科技服务、农业文化旅游、农业基础设施建设和农业品牌经营，投资近 50 亿元，建设了中国农谷院士村、农谷巨海薯业、汉江引水等 20 多个项目，逐步完善产业布局，建立现代农业产业生态体系，力争实现"从田间到餐桌全产业链"和"城乡田园综合体服务链"的有机融合。集团公司将在乡村振兴战略的指引下，不忘初心、砥砺奋进，努力打造知名的现代农业品牌，为将"中国农谷"建设成为"产业之谷、绿色之谷、创新之谷、富民之谷、文化之谷"，实现新作为，做出新贡献。

长沙马王堆农产品股份有限公司

　　长沙马王堆农产品股份有限公司成立于 1999 年，注册资本 2 亿元，由深圳市农产品股份有限公司控股，湖南同超控股有限公司、长沙市国有资本投资运营集团有限公司参股。公司主营农产品的批发、零售、储藏等业务，下辖长沙黄兴海吉星国际农产品物流园、马王堆海鲜水产批发市场、毛家桥水果水产禽类产品大市场，2017 年全年交易总量为 702 万吨，交易额 696 亿元。

　　长沙黄兴海吉星国际农产品物流园位于湖南省长沙县黄兴镇黄江公路旁，占地面积近 900 亩，总投资超 20 亿元，分两期开发建设，总建筑面积 64.3 万平方米。长沙海吉星一期占地 446 亩，建筑面积约 20 万平方米，2016 年 4 月建成运营，主要承接马王堆蔬菜市场的整体迁入，市场日均交易量 12 000 吨（高峰期突破 16 000 吨），是目前全国最大的蔬菜流通枢纽中心。长沙海吉星二期用地 382 亩，计划发展海鲜水产、进口水果、进口食材等高端食材交易以及特色农产品交易，配套建设农产品冷链以及整个项目的环保工程等内容。长沙海吉星全部建成并投入运营后，将逐步发展成为线上线下结合、国内商品与国际商品互补、全省农产品互动的一站式综合农产品集散中心，全面支持传统"菜篮子"更具有时代性，争创中国第五代农产品批发市场旗帜，成为中南地区最具行业代表性和地标性的综合性农产品物流产业园区。

　　企业荣誉：国家级农业产业化重点龙头企业，全国首批公益性示范市场，商务部"百家百亿"市场，农业部定点鲜活农产品中心批发市场，全国工人先锋号，湖南省、长沙市重点"菜篮子"工程。

　　行业地位：全国最大的蔬菜流通枢纽中心，30 届世界批发市场联合会技术观摩点，2017 年度全国农产品批发市场百强企业，2017 年度全国农产品综合批发市场 50 强企业。

双胞胎集团　构建最大的养猪服务平台

　　双胞胎集团是一家全国性大型农牧集团，致力于饲料研发与制造、生猪养殖、粮食贸易、金融服务等业务。自 1998 年成立以来，双胞胎饲料年复合增长率为 50%，连续 6 年以 100 万吨的速度增长，年销量突破 900 万吨，稳居全国前列。双胞胎坚持以用户为中心、以奋斗者为本，薄利多销、微利经营，全流程降低运营成本，为用户提供高性价比产品。

　　双胞胎集团掌握核心技术，专业只做好猪料，拥有发明专利 140 多项。通过与国际科研机构、中国著名农业高校、科研院所合作，成立博士、院士工作站、国家级养猪技术中心，研发技术多次荣获国家科技进步二等奖。

　　双胞胎集团是中国企业 500 强，中国民营企业 100 强，中国制造业 500 强企业、国家级农业产业化重点龙头企业、国家级农产品加工示范企业、中国十大饲料领军企业。

双胞胎集团董事长——鲍洪星

岩博村目前发展情况和发展成果以及余留芬同志为岩博村整体发展所做出的重要贡献

岩博村位于贵州省六盘水市盘州市淤泥乡北部，区域面积11.1平方千米，辖6个村民组（网格）315户965人，是一个以彝族为主，汉、白、苗、仡佬族杂居的少数民族村寨，少数民族占总人口的71%。

2001年前，岩博村各项基础设施十分落后，人均年收入不足800元，1/3的人口没有越过温饱线。2001年后，在村党组织和党组织书记余留芬的带领下，经过18年的努力发展，目前岩博村集体资产达7 600万元、村集体经济积累达610万元、村民人均可支配收入达1.86万元。

2001年，是岩博村的历史转折点。这一年的元旦，31岁的余留芬从身患重病的老支书手中接过了岩博村党组织书记的重担。从上任那天起，不服输、不认命的余留芬就下定决心"要么就不干，要么就干好，一定要带领群众换个活法，打破这几十年来无法摆脱的贫困"。

上任第7天，敢想敢干的余留芬就与村"两委"班子商议，提出要修通岩博与外界的道路，改变岩博人祖祖辈辈人背马驮的历史。面对种种困难，村"两委"班子毫不退缩，修路缺资金，余留芬毅然拿出自己4万元积蓄购置物资，为了发动群众，"两委"班子成员带头背炸药、抢大锤、撬钢钎，几乎是用手挖锄刨的方式，用短短的3个月的时间，修通了一条4米宽3公里长的通村水泥路，打通了岩博村发展的命脉。路修通后，余留芬又将目光聚焦到村里的发展上。她先是带领"两委"班子借款回购了村里外包的集体林场，通过间伐第一年就还清了贷款，还为村集体创收8万元。有了林场经营的成功尝试，余留芬心里有了底气。从2002年起，她凭着对市场的敏锐和敢闯敢干的冲劲，带领岩博村大力发展农村产业，先后办起了特种养殖场、煤矸石砖厂、农家山庄、小锅酒厂、火腿加工厂等经济实体，让村级产业和群众收入实现了滚雪球式的发展。

这十余年的发展历程中，岩博村一直把党组织建设作为核心。他们一方面积极创新党组织设置，先是采取"村企联建"的方式，组建了岩博村党委，推动村企共融发展。2016年，怀着先富带后富的念头，又联合周边比邻的苏座、鱼纳两个贫困村成立了联村党委，依托岩博村的产业优势带动周边村共同发展。一年多来，在联村党委的带动下，苏座村、鱼纳村生猪养殖、高粱种植等产业不断兴起，842户村民成为了岩博酒业的股东，区域性联动发展格局初步形成。另一方面，他们积极加强村级队伍建设，通过实施"双培双带"工程，吸纳14名有文化、懂发展的农村青年向党组织靠拢，把4名有技术、懂管理的农民党员引入班子；通过实施"一带一"的培养制度，从大学生、退伍军人、企业管理人员中培养后备干部19名，让村干部和党员成为带动农村发展的主心骨。

针对岩博村小煤矿多、大量煤矸石堆积如丘又破坏环境的状况，当时的村党支部大胆以集体林场抵押贷款，并发动村民入股，投资126万元建成了岩博煤矸石砖厂，当年产值就达700多万元。2004年，他们看中了当地彝族特产小锅酒，还是支部挑大头，村民入股份，又一个集体企业"小锅酒厂"架炉开酿。2008年，村里又斥资2000万元成立了年出栏20万羽的岩博特种养殖场。举一反三，采取同样的方式，岩博村先后建立了岩博山庄、岩博火腿加工厂。

2012年，岩博村班子看准了小锅酒的市场潜力，大刀阔斧地对酒厂进行改扩建，先是邀请专家为酒厂扩建做了规划，然后采取"招商引资＋集体入股＋村民认股"的方式，吸引了盘江集团、盘兴能投公司合作，建成总投资达1.5亿元、产量达5 000吨的岩博酒业。随着村办企业的不断发展壮大，岩博村积极在品牌提升、经营管理、市场营销等方面进行探索，推动了企业的质变，如今"不安分"的岩博村党委又在推进总投资达3.2亿元的岩博酒业二期项目建设，并积极运作岩博酒业上市，将带领岩博走向更广阔的市场。

2016年，岩博村立足山青水秀、多彩彝风的特色优势，向上级申请投资3.2亿元建设彝人谷旅游项目，并用村集体征地款全部入股此项目，实现人人在景区搞服务，户户在景区有收入。

通过支部带头创业，一个个现代化的产业在岩博兴起，"人民小酒"、绿壳鸡蛋等岩博系列产品远销全国，仅"人民小酒"就在山东、广东等多省份发展20多家加盟商，2018年的销售订单已超过6亿元。

上海都市绿色工程有限公司
国家设施农业工程技术研究中心

上海都市绿色工程有限公司是目前国内最大的温室制造商之一（年销售额超过两亿元），也是国内玻璃温室行业中玻璃温室和全开型温室市场占有率最高的温室企业（经农业部规划设计院调查，上海都市绿色工程有限公司的玻璃温室在全国的市场占有率超过60%，全开型温室市场占有率超过90%），都市绿色工程有限公司是上海市高新技术企业，是中国国内温室行业第一家通过ISO9001-2000（SGS）国际质量管理体系认证的温室企业，是国内温室行业中玻璃温室市场占有率第一的温室企业。"都市绿色"的温室品牌是上海市著名商标和上海市名牌产品。

国家设施农业工程技术研究中心是我国唯一的国家级设施农业研究及设计单位，该单位于2011年由国家科技部批准成立，中心由上海都市绿色工程有限公司和同济大学组建，基地建设于我国第三大岛崇明岛上，占地220亩，是一个集研发、设计、示范、生产、培训、推广于一体的现代农业综合体。

都市绿色工程有限公司不但在国内温室市场占有最高的份额，所设计制造的农业园区和温室产品多次得到国家有关领导人的高度赞扬，参与了我国在南极考察基地及西沙军事基地温室项目，而且将温室出口到世界各地。目前各种类型的温室已经出口超过100公顷，已出口到欧洲（荷兰、比利时、乌克兰）、非洲（南非、肯尼亚、坦桑尼亚）、南美洲（巴西、玻利维亚）、亚洲（韩国、越南）等十几个国家，获得了良好的声誉。

联系方式

地址：上海市崇明岛合五公路2885号　　联系人：杨贵（副总经理）13816336408　　任轶磊（经理）13818888275
电话：+86-21-62154675　　传真：+86-21-62154674　　http://www.dushigreen.com　　E-mail：dushigreen@gmail.com

南京谷里现代农业示范区

南京谷里现代农业示范区位于风景秀丽的江宁区谷里街道，规划总面积22 640亩，目前已建成区约18 000余亩，其中蔬菜种植面积突破14 000亩，主要以绿色蔬菜为产业特色。园区东临板霞大道，西靠宁马高速，南至正方大道，牛首大道西延线自东向西横贯园区，交通便捷，区位优势明显。

园区于2006年开始建设，结合城乡统筹试点和土地综合整治工程，将农户手中的闲散土地进行统一规划、整治。截至2013年底，累计土地整治面积超过20 000亩。园区自建设以来，得到了各级领导的高度重视和大力支持，通过整合各类财政支农、科技支农、农业、农开、水利等项目，园区已建成集中连片钢架大棚约5 000亩，连片防虫网叶菜基地500亩，连栋钢架大棚170 000 m^2、玻璃温室育苗中心2 500m^2、蔬菜保鲜冷库500m^3和包装配送中心200m^2以及农资联锁超市等，建立了田头农产品集散中心7000m^2，并完善了园区内沟渠路、绿化等配套设施。目前园区内有种植大户50余个、家庭农场6个，经营面积约2 000余亩；农业企业4家，面积1.6万余亩。园区拥有自己的田头检测室，建立和完善了农产品质量安全监管体系，对于园区内的农业生产过程实现了长效监管，保证了基地农产品的安全。

经过几年的建设，园区先后获得江苏省高效园艺示范创建基地、南京市级现代农业示范区、2014年青奥会蔬菜直供基地、全国优秀蔬菜供应商等称号。拥有无公害农产品认证6个，绿色食品认证8个，"春牛首"蔬菜注册商标被评为南京市名牌产品、著名商标。

园区正在积极创建省级现代农业示范区，本园区会严格按照农产品质量安全的要求，引进推广绿色防控技术，不断改进种植、栽培方式，推广植保技术的应用，让园区的农产品质量安全水平达到新的高度。

五征集团

山东五征集团成立于1961年，2000年改制，现已培植形成农用车、汽车、农业装备、环卫装备、电动三轮车和现代农业装备六大产业，总资产122亿元，员工14 000人，是中国机械工业重点骨干企业之一。先后荣获"全国五一劳动奖状""山东省政府质量管理奖""中国机械工业现代化管理企业""山东省省长质量奖"等荣誉称号；五征技术中心是"国家认定企业技术中心"。

"十五"期间（2001—2005年），五征全力提升产品水平、技术水平和管理水平，企业销售收入连年增长，经济效益成倍增长，各项经济指标均处于同行业前列，迅速成为行业龙头企业，创造了发展优势。"十一五"期间（2006—2010年），五征积极推进科技进步与发展，加强人才队伍建设，全力提升研发能力和制造水平，实现了由传统制造业向现代制造业的转变，产品和产业竞争优势更加突出。"十二五"期间（2011—2015年），五征全力加快产业结构调整和产品升级，打造各产业细分市场、细分产品的子品类领先优势，形成了多元化、齐头并进的产业发展格局。

当前，五征集团正加快实施"十三五"战略规划，坚持国际化发展思路，瞄准国内外优秀企业、优秀产品，多元位开展经济与技术合作，打造专业化、高附加值、产品特色鲜明的竞争优势，力争到"十三五"末，将五征打造成为国内外知名、运行质量良好、品牌清晰、管理先进的多元化、国际化产业集团。

3MX 迈昂

雷诺曼大马力拖拉机作业

五征多功能抑尘车作业

五征青饲料收获机作业

哈尔滨华美亿丰复合材料有限公司

哈尔滨华美亿丰复合材料有限公司，是一家高新技术企业，主要从事高性能复合材料成型技术应用、农牧业有机废弃物处理设备研发、生产、销售。

2014年初，公司投入创新研发资金近千万元，成功研制奶牛卧床垫料一体化生产系统、卧旋式畜禽粪污生物发酵设备、卧旋式作物秸秆生物发酵设备等系列产品。申报国家专利22项，在畜禽粪污、作物秸秆资源化利用产业上应用属国家首例。

2017年列入《黑龙江省工业节能技术装备推广目录》，2018年初列入《国家先进污染防治技术目录（固体废弃物处理处置、环境噪音与振动控制领域）》。在双城上禾牧业奶牛场、望奎兴旺肉牛养殖场、阿城山河种鸡场、阿城金源肉牛养殖有限公司、黑龙江东农三花生物饲料有限公司、黑龙江龙台现代农业发展有限公司、五常澳新达养牛专业合作社、内蒙古悠然牧业有限公司长青牧场、龙江县和牛养殖场、吉林省农安县中大养猪场等十多家养殖场进行示范推广应用，上述企业在环保和降低成本方面取得显著效果，2018年6月与雀巢公司奶牛养殖培训中心签订战略合作协议。

华美亿丰一直致力于农牧业废弃物资源化利用的设备研发和技术推广，努力将企业打造成中国新农业生态圈的卓越服务商。

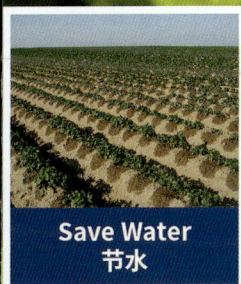

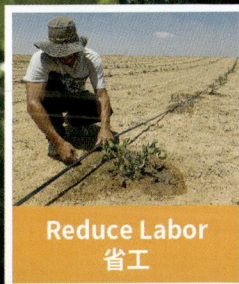

山东亚康检测技术有限公司

山东亚康检测技术有限公司是具有独立法人资格，独立运营的检验检测机构，位于山东省潍坊市寒亭区通亭街 7589 号中国兽药饲料交易大厦的 24 层和 25 层，注册资金 1000 万元人民币。

目前公司已取得山东省质量技术监督局颁发的检验检测机构资质认定证书 (CMA)、山东省畜牧兽医局颁发的农产品质量安全检测机构考核合格证书 (CATL)，检测能力已涵盖兽用化学药品与抗生素、中兽药检测；饲料、饲料原料及饲料添加剂检测；饲料中兽药检测、农药残留检测；畜禽产品、水产品中兽药残留、农药残留检测；兽药制剂非法添加物检测；动物尿液检测等领域。

公司配备有国际先进的液质联用色谱仪，气质联用色谱仪，高效液相色谱仪，气相色谱仪，氨基酸分析仪，原子吸收分光光度计，荧光分光光度计，原子荧光分光光度计，紫外可见分光光度计，红外分光光度计等大型精密分析仪器，其他普通分析仪器及设备 100 余台套。可实现从生产到餐桌的全程质量检测。

本公司凭借对行业的专业和专注，秉承"客观、公正、独立"的职业道德，以"对社会负责、对客户负责、对公司负责"为己任，本着不断提升技术能力、管理水平和服务质量的宗旨，将本公司打造成为具备委托检测、监督检测、风险监测、仲裁检测、技术咨询等多项功能的一流检验检测机构，从而更好地为社会、政府和客户提供优质、高效、规范的检验检测服务，为农产品质量安全保驾护航。

YANMAR

20th ANNIVERSARY
Agricultural Equipment·China

YH880
洋马全喂入稻麦联合收割机

洋马87马力柴油发动机

方向盘设计

全时驱动FDS变速箱

底盘升降与水平控制（UFO）

- **全时驱动FDS变速箱**
  双侧履带动力差速，有效减少转弯半径、降低转向负荷、提高转向平稳与安全；设置标准/湿田可调模式，减少烂田转向淤泥，保护作业面。

- **机体升降与平衡UFO**
  机体（左右）平衡控制，稳定割台水平作业状态（双边升限13cm）调整离地间隙，更好的适应湿田作业要求。

- **操作简单、作业舒适**
  方向操控轻松、灵活，减少长时间驾驶疲劳，主变速、割台与拔禾轮控制同柄设计，机体UFO自动平衡，稳定舒适。

- **油箱、粮箱加大设计**
  油箱容量达到了115升，粮箱容量达到1670升，全天放粮时间减少1/3以上，大幅增加了有效作业时间。

- **底盘**
  底盘500mm/高齿45mm履带，接地压小，后倾式结构设计，适应多种作业条件。

- **割取部**
  大升限割台，拔禾轮刚性传动，弹指拔禾技术，适应多种条件需求。

- **发动机配置**
  洋马国"Ⅲ"排放 4TNV98T型增压进气87.3马力柴油发动机，"ECO"电控引擎、动力强劲，即使配置辅助作业机也能保证稳定动力输出。

- **选配附件**
  粉碎机等适应多种作业要求。

■ 主要技术参数

商品名称			洋马全喂入稻麦联合收割机
类别（型号）			4LZ-3.5A（YH880）
尺寸	长×宽×高（工作状态）	(mm)	5290×2630×2820
整机质量		(kg)	3500
发动机	型号		4TNV98T-ZCMRCC（国"Ⅲ"排放）
	结构型式		4缸、水冷、单列、立式、4冲程柴油机
	标定功率	(kW[PS]/r/min)	64.2[87.3]/2600
	油箱容量	(L)	115
履带	（节距×节数×宽）		90mm×54节×500mm
变速箱型式			机械式变速+油压伺服HST
变速级数			副变速3档+无级变速
速度 低速/标准/高速		(m/s)	0~1.00/0~1.55/0~2.09
割幅		(mm)	2060
脱粒清选部	外径×长度	(mm)	640×1850
	风扇直径/数量	(mm/个)	φ375（主）+φ180（二次）/2
	二次还原方式	（复脱器型式）	输粮管、振动筛还原（板齿式）
粮箱容量		(L)	1670
作业效率※（理论值）		(亩/小时)	~8.4

※以上说明与实际销售产品如有差异，均以实物为准。

洋马农机(中国)有限公司
YANMAR AGRICULTURAL EQUIPMENT (CHINA) CO.,LTD.

洋马农机官方微信
扫一扫,关注洋马农机官方微信,尊享洋马公司、产品、服务、部品等信息。

地址:江苏省无锡新吴区黄山路8号 ┃ 邮编:214028 ┃ 电话:0510-85216887（销售专线） ┃ 传真:0510-85215972 ┃ http://www.yanmar-china.com/cn/

全国农村综合改革实验站——绥滨农场

场长李思军

党委书记
楚卫国

绥滨农场,始建于1948年,原生产建设兵团二师九团,现隶属于黑龙江垦垦区农垦宝泉岭管理局,是农垦系统唯一的全国农村综合改革试验区,2017年被国家农业部评为中国美丽休闲乡村。

这个农场位于鹤岗市境内,北靠黑龙江与俄罗斯隔水相望,南临松花江与富锦市一水之隔,为两江交汇三角地带。与绥滨县忠仁、北山乡接壤,与普阳农场、军川农场、二九〇农场相邻。距省城哈尔滨500多公里,距佳木斯200多公里,距富锦市60多公里,境内绥佳公路穿过。占地面积539.33平方公里,耕地面积55万亩,其中水稻面积53.7万亩,现有总人口18 824人。2017年,农场实现实现粮豆总产32.53万吨,地区生产总值达到18.01亿元,居民人均可支配收入27254元,;实现企业利润5 688万元。

经过70年的开发建设,农场荣获了全国农村改革试验区先进集体、全国精神文明建设先进单位、全国学习型组织先进单位、国家级生态乡镇、全国粮食生产先进场、国家级农业标准化示范场、中国美丽休闲乡村、省政劳动关系和谐企业标兵、省民主法治社区、省爱国卫生标兵单位等荣誉称号。并且,农场还是全国青少年农业科普示范基地、国家AAA级旅游景区。

飞机航化

水稻育秧大棚

金秋会战

一望无际的大粮仓

现代化农业观光带上
"龙府号"运苗车

无人机进行水稻航化作业

黄泛区农场场史馆

河南省黄泛区农场

黄泛区农场位于中外闻名的"黄泛区"腹地，1951年1月在周恩来总理的指示下建场。地处豫东平原的周口市，点状分布于西华、扶沟两县，是省农业厅下属的国有大型农垦企业、农业产业化国家重点龙头企业，也是河南省发展集约农业和现代化农业的重要基地，素有"中原明珠"之称。

小城镇建设

建场近70年以来，在几代农垦人的奋力拼搏下，秉承"艰苦奋斗、勇于开拓、爱岗敬业、争创一流"的农垦精神，把昔日荒草沙滩建成了花果飘香、林茂粮丰、宜游宜居的现代化优美小城镇。总场场部建成区面积8.9平方千米，常住人口5万人，职工1.5万人。拥有土地14.7万亩，果园1万亩。目前，总场下辖16个农业分场，4个行政村；有11家场控股和参股企业，在乌克兰、塔吉克斯坦有3家境外控股公司；场内有1000多家个体工商户及私营企业，23个行政事业单位，14个周口市、西华县驻场单位，1个正团级武装部。产业横跨良种繁育、畜牧养殖、机械加工、化工生产、冷藏贸易、城市经济和境外投资，是河南省最大的农作物良种繁育基地、果蔬贮藏基地、生猪出口基地，是积极响应"一带一路"，推进河南农业"走出去"的排头兵。先后荣获全国五一劳动奖状、全国农垦现代农业示范区、全国粮食生产先进单位等称号。

万亩果园

沃野良田

海南省农垦
投资控股集团有限公司

海南省农垦投资控股集团有限公司（以下简称海垦控股集团）系海南省政府直属国有独资企业，注册资本 88 亿元人民币，占地总面积 1 041.3 万亩，下属二级企业 46 家，其中上市公司 1 家，在职员工近 7 万人。

海垦控股集团孕育于 1952 年 1 月创建的海南农垦，属全国第三大垦区。2015 年根据中央、国务院和海南省委、省政府关于推进农垦改革发展的文件精神，于同年 12 月 29 日在原海南省农垦总局、海南省农垦集团有限公司基础上组建成立海南省农垦投资控股集团有限公司，承接海南农垦经营性国有资产权益，全力推进新一轮海南农垦改革发展。

海垦控股集团总部设在海南省海口市，下属企业主要分布在除三沙市外的海南省各市县境内，辖区有丰富的热带雨林、热带作物、优质温泉等生态和旅游资源；拥有全国最大的天然橡胶生产基地和重要的热带作物生产基地，其中天然橡胶种植面积 369 万亩、热带作物面积 150 万亩；具有良好的天然橡胶、热带农业、畜牧养殖、旅游地产、商贸物流、金融服务等产业基础。

海南农垦作为全国农垦改革的综合试点和 12 项专项改革试点的垦区。近年来，认真贯彻落实中央和海南省委省政府关于推进农垦改革发展和国企改革的精神，带领垦区广大干部职工攻坚克难、开拓创新，新一轮农垦改革成效显著：完成了垦区集团化改革，实现体制机制转换。农垦的单位性质从政社企混合实体向完全市场主体转变，管理体制从行政隶属向以资本为纽带的母子公司转变，运行机制从行政指令向法人治理转变，激活了加快发展的一池春水；坚持市场化的改革方向，全面完成农场转企改制，成立 27 家农场公司和 4 家产业集团。改制后的农场公司产业定位更加清晰，自主经营权明显增加，与市县融合更加紧密，打破了过去好干坏干一个样的局面，生产经营效益逐步显现；社会管理属地化改革基本完成。所属的 40 个农场（所）共设"居" 82 个，不仅减轻了农垦办社会的负担，有利于企业轻装上阵闯市场，而且专业性更强、作用发挥更好，取得多赢的效果；积极实施"八八战略"，筑牢产业发展根基，改变了长期亏损的局面，2017 年实现汇总营业收入 225 亿元，利润总额 4.62 亿元，与改革前的 2015 年相比，大幅增盈约 17 亿元。

中央领导、农业部对新一轮海南农垦改革给予充分肯定，2017 年 3 月，农业部在海口召开全国农垦改革现场推进会，总结推广海南农垦改革经验。2017 年 9 月，2018 年 2 月，在农业部组织的新一轮农垦改革量化考核中，海南农垦连续两次位列全国 31 个垦区之首，为全国农垦改革提供了"海南经验"。

新时代，新征程！海垦控股集团正以融合、务实的新姿态，坚持"创新、协调、绿色、开放、共享"的发展理念，借助海南生态环境、经济特区、国际旅游岛三大优势，以及海南建设自由贸易试验区和中国特色自由贸易港的重大机遇，深入推进农垦改革发展，努力把海南农垦打造成海南经济新的增长极和国家热带特色农业示范区，再创海南农垦新辉煌！

2015.7 时任海南省省长刘赐贵参观海南农垦博物馆

2015.12.29 时任海南省省委书记罗保铭（左一）、时任海南省省委副书记、省长刘赐贵（右一）为海南省农垦投资控股集团有限公司成立揭牌

2018.5 海南省省长沈晓明（左一）在海垦红明农场公司调研荔枝产业和共享农庄建设情况

2017.11 海南省省委副书记李军（左三）到海南农垦神泉集团进行十九大宣讲

2017.1 海垦控股集团继并购新加坡 RI 公司后收购印尼最大天然橡胶企业和新加坡天然橡胶贸易企业

2018.2 海垦控股集团党委书记、董事长杨思涛（左七）宣布桂林洋国家热带农业公园正式开园。党委副书记、总经理王业侨（左九）参加开园仪式

打造国际化大型现代农业企业集团

稻浪翻滚

海外生根

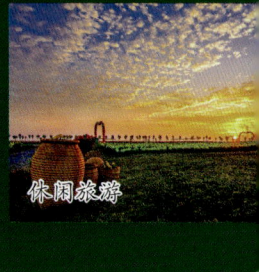
休闲旅游

广东省农垦集团公司

◎中央两大直属垦区之一

◎农业现代化示范区、农业对外合作排头兵

◎国家战略资源保障者、城市安全食品领跑者

红色基因 代代传承

广东省农垦集团公司（省农垦总局）前身为始创于1951年的华南垦殖局。首任局长叶剑英元帅率10万垦殖大军将大片瘴疠丛林、荒山滩涂变成葱郁胶林、创业热土，走出了一条新中国热带农业迅猛发展的宽广大道。

实力雄厚 跨国发展

广东农垦实行农业农村部、广东省"部省共管、以省为主"的管理体制。现有土地343万亩，下设5个二级农垦集团公司、47家国有农场，总资产超350亿元。产业分布于国内多个省份以及泰国、马来西亚、印度尼西亚、新加坡、柬埔寨、老挝、贝宁等国。

群星璀璨 品牌生辉

全系统共有企业300多家，其中国内A股上市企业1家、国家重点农业龙头企业4家，广东省重点农业龙头企业12家。广垦橡胶、燕塘牛奶、红江橙、华煌茶、佳鲜农庄、"黑加宝"生猪等50多个品牌声名远播。

海南晨海水产有限公司

海南晨海水产有限公司为民营独资跨国企业，创办于2010年，公司总部位于中国海南省三亚市吉阳区。主营海水鱼类保种育种及研发开发、鱼卵生产、种苗繁育、种质资源引进中转、商品鱼养殖、水产品国内国际贸易。除主营业务外，公司力求市场多元化，业务范围也逐步拓展至海水鱼精深加工、海洋生物、饲料加工、海洋牧场、休闲渔业等领域。

公司旗下拥有10家子公司，国内主要分布在琼、闽、粤、桂诸省区，国外主要分部在越南、马来西亚。公司建有多处亲鱼原良种保种、育种，海水种苗繁育和商品鱼养殖基地。拥有东海、台湾海峡、南海生长的各类适合人工繁殖的亲鱼40余种。

公司目前是中国国内种鱼品种数量最多，研发创新能力最强的海水鱼类种苗企业。公司高度重视产学研融合和创新研发，多渠道引进国内外专家，外聘有高级职称的专家顾问团15人，内聘高级、中级技术人员50余人，并建有院士工作站。与海南大学、海南热带海洋学院、海南省海洋与渔业科学院、中山大学、广东省海洋渔业试验中心、黄海水产研究所、福建水产研究所、华大基因等知名科研院校有紧密的交流合作，经过长年的努力，先后取得了三十多种热带海水鱼类人工繁殖技术并已应用推广，申请发明专利共11项。公司积极参与多项国家级科研项目，承担多项省市级重点科研项目。牵头研发的"虎龙杂交斑"被农业部审定为水产新品种，成为我国首个石斑鱼新品种。公司以每年保持研发及开发2~3个新品种或新产品的速度应对市场变化与需求。

作为国家高新技术企业、海南省农业产品重点龙头企业，海南省"专精特新"重点培育企业，晨海水产始终坚持以"专注于海水鱼类繁养科学的研究应用、帮助人们提升生活品质"为使命，必将成为中国水产行业的领军企业。

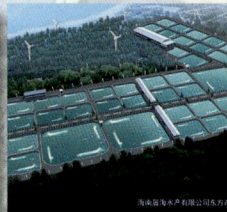
海南晨海水产有限公司东方市基地

北京海洋馆

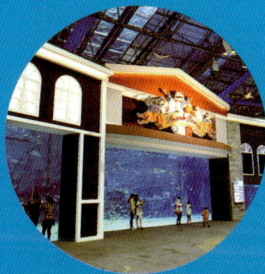

北京海洋馆坐落于北京动物园长河北岸，占地 12 万平方米，建筑面积 4.2 万平方米，是世界内陆最大水族馆之一。北京海洋馆于 1999 年 3 月建成开放，是北京市向国庆 50 周年献礼的 67 项重点工程之一；2001 年，北京海洋馆被评定为首批国家 4A 级旅游企业；2004 年被中国海洋学会确定为全国海洋科普教育基地；2014 年被北京市旅游委评为"北京市旅游标准化示范单位"

北京海洋馆拥有世界先进的水生物生命支持系统，使用人工配制海水，总水量达 20000 吨。馆内建有"雨林奇观"、"鲨鱼小镇"、"白令海峡"、"海底环游"、"国宝中华鲟馆"、"鲸豚湾"、"海洋剧院"等七大主题展馆。北京海洋馆是中国科学技术学会、国家海洋局、团中央等多家政府机构授予的海洋科普教育基地和青少年科普教育基地，开展了大量社会公益宣传活动，也是中国科学院水生生物研究所、中国水产科学研究院等多家科研机构进行水生生物人工驯养、繁育研究的基地和宣传平台。

中华鲟被称为"水中大熊猫"，它在长江中孕育、大海里成长，距今已有一亿四千万年的历史。2005 年，数十尾中华鲟首次入驻北京海洋馆；2015 年，野生中华鲟"后福"运抵北京海洋馆进行康复疗养，这是近 20 年来发现个体最大的野生中华鲟。在"国宝中华鲟馆"，通过科普知识介绍、透过展窗游客可真实地看到中华鲟这一古老神秘而又极具魅力的物种。

2011 年新展区"珊瑚花园·水母秘境"面世。"珊瑚花园"展示了来自于南太平洋—印度洋的珊瑚物种及珊瑚礁鱼类，还原了珊瑚礁自然生态环境；"水母秘境"带领游客穿越未来，来到2030 年的海底实验室。在这里，时空交错，带领您穿越历史、感受古老文明国度的历史与沧桑。

2014 年北京海洋馆倾情打造新展区——"鲨鱼小镇"，这里融合了中西方文化及地域特色，彰显环保、人文、科普理念，为公众营造出颇具现代感及文化气息的渔人码头风貌。在这里众多珍稀鲨鱼争相亮相、震撼的 1400 立方米水体巨型展池、全国首家全画幅水下立体布景突破视觉极限，将艺术与海洋完美结合，为公众带来独具保育和教育意义的观娱体验。

2017 年，北京海洋馆倾情打造"罗曼群岛"展区向游客开放。它仿佛来自天堂，数个梦幻的水母展缸如珍珠般散落在甬道中央，星罗棋布、各有千秋，好似一个个美丽而个性不同的岛屿，五彩缤纷，充满了浪漫的气息。在这里你仿佛可以实现所有的旅行梦想：湛蓝的海水、彩色的小鱼、和温柔的微风。罗曼群岛四大岛屿是以"金星、土星、水星、火星"四大行星为设计灵感，它们在一片瑰丽中悠闲地浮游着，整个场景喧闹之中又不乏宁静。去神秘而炫酷的岛屿走走，找到属于你自己的星座代表，也许就能获得自己的感情守护。

除观赏鱼类之外，北京海洋馆还拥有一支实力雄厚的海洋动物表演团队，这里有美丽的白鲸、热情的海豚、憨态可掬的海狮……在内陆城市北京，您将听到大海的歌声，感受大海的魅力。

北京海洋馆作为国内知名企业，以"陶怡大众、教益学生、维系生态"为企业宗旨，以"关爱海洋动物，保护地球家园"为企业口号，致力于动物保护与科普宣传。北京海洋馆永远超乎你的想象！

中水集团远洋股份有限公司

中水集团远洋股份有限公司（简称中水渔业）是由中国农业发展集团有限公司控股、主要从事远洋渔业和国际经贸合作开发的股份制上市企业。公司成立于1998年，同年2月公司股票在深圳证券交易所A股市场挂牌交易（股票代码000798）。

公司主要从事远洋捕捞生产和经营，是我国较早开发太平洋、大西洋金枪鱼和南美鱿鱼资源的龙头企业之一，拥有各类远洋渔船70艘，在太平洋、大西洋、印度洋从事捕捞生产。主要产品有金枪鱼、阿根廷鱿鱼、秘鲁鱿鱼、秋刀鱼等海产品及加工制品。公司是目前国内金枪鱼延绳钓规模最大的专业金枪鱼公司及我国三大远洋渔业上市企业之一。

公司成立20年来，积极发挥央企"国家队"作用，响应国家农业"走出去""一带一路"倡议等号召，参与三大洋渔业资源开发，为维护中国在国际渔业资源竞争中的应有权益、发展与相关国家友好关系、推动国家重大战略实施作出了自己的贡献。公司渔船多次救助美国、所罗门、毛里求斯遇险人员，受到当地政府和民众的高度评价，国务院国资委、外交部网站多次对公司渔船救人事迹进行报道，为中国远洋渔业赢得了良好声誉。由于规范管理和出色贡献，公司斐济代表处先后被国资委评为"中央企业红旗班组（科室）""先进基层党组织"，入围"央企楷模"评选活动。2011年，回良玉副总理出访斐济时，专程看望慰问公司南太平洋金枪鱼项目全体员工，对中国农发集团中水渔业在远洋渔业"走出去"过程中取得的成就给予充分肯定和高度评价。

党的十八大以来，公司顺应远洋渔业发展趋势和国家产业政策要求，大力推进转型升级。经过不懈努力和顽强探索，公司新的发展战略确立、完善并逐步落地。今天，新时代的中水渔业人，在党的十九大精神指引下，正满怀信心，扎实工作，砥砺奋进、破浪前行，为实现打造具有国际竞争力的世界一流远洋渔业企业的长远目标而不懈奋斗。

2018年2月27日，中水渔业"中水702"船在南太平洋斐济海域救下在海上漂泊了20多天的所罗门祖孙三代渔民，受到所罗门政府高度评价。图为被救者与"中水702"船长合影。

沈阳市金山水产养殖公司

公司董事长　赵维础

沈阳市金山水产养殖公司位于辽中县冷子堡镇，是一家集苗种繁育、成鱼养殖、饲料生产、产品销售为一体的股份合作制企业。公司现有中高级技术人员14人，以公司为主体成立的水产协会，聘请2名院士和3名专家建立了全国首家县级农村专业技术协会特邀院士工作站。本公司从1992年成立以来，经过多年的生产经营，滚动积累，不断发展壮大，现有固定资产5000万。公司现有8个渔场，精养面积8000亩，1个水产研究所，1座3000平方米现代化育苗室、驯化车间。成立一个渔业经济合作社，有一座年产5000吨的鱼用配合饲料加工厂。公司占地面积400公顷，其中精养鱼池200公顷，产地通过了无公害农产品产地认定，年产优质无公害淡水鱼3600吨，繁殖锦鲤、鲫鱼等8个品种鱼苗3亿尾。养殖的鲤鱼和鲫鱼被评为无公害农产品和中国品牌农产品，注册的"泉城"商标被评为辽宁省著名商标。"辽中"鲫鱼荣获第十二届中国国际农产品交易会参展产品金奖，产品销往辽宁、吉林、黑龙江、北京、天津、河北，并出口到韩国。

公司被农业部授予"水产健康养殖示范场"称号，2012年又被农业部授予"全国休闲渔业示范基地"，是国家大宗淡水鱼类产业技术体系高效养殖示范片。公司是省级农业产业化重点龙头企业、省级现代农业示范基地、省级现代农业园区、省级水产健康养殖示范区和省级水产良种场，是经辽宁出入境检验检疫局注册的出入境水生动物养殖场。

德国镜鲤

青岛中泰远洋渔业有限公司

青岛中泰远洋渔业有限公司于2012年9月13日在青岛西海岸新区注册成立，办公地点在青岛经济技术开发区千佛山路八号内八号楼，产权自有，注册资金5200万元。公司主要从事海洋捕捞、水产加工、销售及进出口业务。

公司现已建造8艘专业大型远洋秋刀鱼渔船（鲁黄远渔105/106/107/108/115/116/117/118），每艘船长77.8米、主机功率2100KW、辅机功率2520KW、总吨位1900吨。项目总投资45280万元，单船建造成本5660万元，其中：渔船主体3568万元、渔捞设备1642万元、通导设备360万元、加工设备90万元。

公司下设船务部、机务部、财务部、销售部、综合部5个部门。现有职工220余人，资产总额5.3亿元，主要产品为秋刀鱼和鱿鱼，经营方式为自捕自销。聘用的都是有着丰富经验的职务船员，公司配有完整的体系制度和船员相关管理办法，船上都配有先进的助渔、助航仪器设备和海洋环保装置。用最先进的设备配备最专业的人才，优质资源合理整合使效益达到最大化，加快远洋渔业发展的步伐。

鲁黄远渔105/106/107/108于2013年首次出航，鲁黄远渔115/116/117/118于2014年投产作业。2014年产量达17000吨，截至目前本公司累计捕捞量达38000吨。

秋刀鱼含有人体不可缺少的EPA、DHA等不饱和脂肪酸，而EPA、DHA有抑制高血压、心肌梗塞、动脉硬化的作用，此外还含有丰富的维生素。鱿鱼富含蛋白质和人体所需的氨基酸、牛黄酸，可抑制血液中的胆固醇含量，缓解疲劳，恢复视力，改善肝脏功能；所含多肽和硒有抗病毒、抗辐射作用。

公司成立两年多以来，一直秉承政府倡导远洋渔业蓝色经济发展的精神不断努力，在政府各部门的大力支持和所有工作人员的共同努力下，公司逐渐步入正轨，有条不紊地运营。本公司将总结在过去的收获和问题，并将继续配合好各部门的工作，为远洋渔业蓝色经济的发展做出一份贡献。

广东顺欣海洋渔业集团有限公司

广东顺欣海洋渔业集团有限公司成立于2005年3月，位于广东省阳西县城生态民营科技工业园，注册资金3500万元，占地面积9.1万平方米，目前集团公司拥有较为完善的渔业生产链，集水产养殖、海洋捕捞、冷冻加工、冷链仓储、进出口贸易和科研开发于一体的省级农业龙头企业。2014年实现了集团化运作，旗下拥有四家子公司及两家分公司。

集团公司员工共有1 200多人，其中管理及技术人员330多人。产品检测能力达到国际标准，具备欧盟地区、美国等国家出口资质。

拥有22艘远洋捕捞渔船及2艘南沙骨干渔船；四个加工车间，10多条生产线，日加工生产能力达300多吨；无公害养殖基地10 000多亩，年可供应安全合格的原料约2万多吨。为进一步完善和延伸远洋渔业产业链，并致力于解决广东现有远洋企业回运鱼货的精深加工发展，集团公司建成有25 000多吨的低温冷库(−25℃)及2 000多吨超低温冷库(−55℃至−60℃)，并配备超低温金枪鱼加工生产线，有效地填补了广东超低温仓储和精深加工的空缺，也促进我省在远洋捕捞、加工的海洋渔业发展迈上一个新的台阶。

在加快发展的同时，顺欣集团积极探索和实行"公司＋渔船＋养殖基地＋农户"的合作经营模式，鼓励和扶持农户养殖。由此带动当地农户、渔民多户就业致富，实现经济效益、社会效益双丰收。

与此同时，顺欣集团大力推进渔业结构战略性调整，以市场为导向，以科技创新为动力，努力促进新的经济增长点，不断开拓渔业发展的新领域。目前，集团规划在广东名村—鸡姆朗村，发展以渔为媒，集旅游、休闲、娱乐、餐饮为一体的时尚文化活动场所。深化当地对疍家文化的认识，全力打造文化、休闲、生态鸡姆朗三大旅游品牌。

多年来，顺欣集团坚持科学发展观，立足当地资源优势，狠抓产品质量，打造特色品牌，大力发展无公害农产品加工，走出了生产规模化、管理标准化、产品特色化的农业产业化经营之路。当前，集团公司将乘着当地实施"以海兴市"战略的东风，扬帆蓝海，进一步做大做强，稳稳地向国家级农业龙头企业迈进。

远洋渔船

罗非鱼生产车间

鸡姆朗村未来规划图

中国科学院院士参观指导

中洋万吨冷库

金枪鱼2

苏州南环桥市场股份有限公司

  苏州市南环桥农副产品批发市场是一个集蔬菜、鲜肉、水产、家禽、蛋品、豆制品、南北干货、冷冻食品为一体的农产品综合批发市场，市场承担苏州城区 80% 的农产品供应，是苏州最大的市民菜篮子。2017 年，市场综合成交量为 247.28 万吨，综合成交额为 241.52 亿元。

  在新的时代机遇下，南环桥市场不忘初心，再度起航。2019 年，一座堪为新农都的农产品物流航母将在苏州甪直这块热土上拔地而起。这里将不再是单纯意义上的农副产品交易市场，而是致力于打造一个集农产品交易、仓储、物流、信息、检测、加工等为一体的现代农产品物流园。新市场总占地面积约合 602.85 亩，建筑面积近 50 万平方米，是原来的 2 倍。在经营品种上，新增加了海鲜、冷冻品、水果的批发经营业务，配套冷库 6 万吨，新建电商园 1.2 万平方米。进入新市场的农产品，将实施农产品安全检测全程追溯、交易过程电子化、服务现代化。作为苏州市政府保障城市"菜篮子"供给的重要载体和农产品物流的主导项目，新南环桥市场将呈现出崭新的面貌，不断朝全省领先、全国一流的目标迈进。

石林台创园

旭润庄园

园区风貌

  石林台创园于 2008 年 12 月经国台办、农业部批准设立，是云南省唯一的台湾农民创业园。位于石林县西北部，距昆明主城 78 千米，总面积 20 万亩，规划区 5.4 万亩，辐射区 14.6 万亩，分别在石林县鹿阜镇、长湖镇、圭山镇、西街口镇、大可乡五个乡镇设立分园区。园区以现代农业、生物科技、观光农业、文化创意为主导，按照"园中园""区中园""一园多区"的发展模式，依托石林气候宜人、旅游资源、阿诗玛文化、交通区位四大优势，通过引进先进理念、设备技术、资金和人才，着力打造为立足云南、沟通两岸、辐射南亚东南亚的区域性国际农产品中心、现代农业科技示范基地和休闲旅游养生度假胜地。

  2009 年 6 月正式建设以来，石林台创园"以园聚产、以产兴园"高标准开发建设，通过科技驱动、农旅融合，打造美丽田园 CBD。投资 7.2 亿元基本完善规划区基础设施，流转土地 1.7 万亩，入驻企业 51 家，协议投资额达 65 亿元，其中，台资企业 8 家、投资亿元以上企业 10 家、投产项目 14 个，年产值达 8 亿元以上。2017 年入园游客达到 50 万人次，树立起云南省一流的现代农业示范园区品牌，先后获得"国家农业产业化示范基地""国家农业科技园区""全国农业科普示范基地""国家级科技特派员创业基地""国家现代农业示范区""全国休闲农业与乡村旅游示范区""全国农村创业创新园区"等称号，成为云南省高原特色现代化农业的亮点、昆明市休闲观光旅游的热点、石林县域经济发展的重点。

杨凌农业高新技术产业示范区

杨凌位于关中平原中部，总面积135平方千米，城市规划区35平方千米，管理县级杨陵区，辖2镇、3个街道办事处。杨凌是华夏农耕文明的重要发祥地，是首个国家级农业高新技术产业示范区，也是全国唯一的农业自贸试验片区。区内驻有西北农林科技大学、杨凌职业技术学院，聚集了农、林、水等70多个学科7 000多名科教人员。近年来，杨凌以实施乡村振兴战略为总抓手，以农业供给侧结构性改革为主线，以科技支撑引领现代农业发展，特色产业不断发展壮大，农业现代化水平不断提高。

构建现代农业产业体系，推动农业提质增效。规划建设了100平方千米的现代农业示范园区，成功获批创建国家现代农业产业园，相关建设项目顺利推进。陕西（杨凌）省级农产品加工贸易示范园建设不断加快，已聚集农产品加工企业260余家，累计完成投资80多亿元。初步建成了种子产业园，年种子交易额达6亿元，占全省1/3。成立国家（杨凌）旱区植物品种权交易中心，累计完成品种权交易143项，交易额突破1.4亿元。

首届中国农民丰收节主场发分会场

第二十五届农高会开幕式

构建现代农业生产体系，提升优质农产品供给能力。成功创建国家食品安全示范城市、省级农产品质量安全示范区，国家农业标准化示范与推广服务平台获批建设。积极探索建立全程可追溯的杨凌农产品安全管理模式，构建高标准农产品溯源体系。截至目前，全区认证有机、绿色、无公害农产品84个，创建省级农产品著名商标13个。大力推广设施农业"3+2"技术，取得了显著成效。

瑞雪

构建现代农业经营体系，加快培育农业农村发展新动能。示范区累计发展各类农业产业化龙头企业56家、农民专业合作社173个、家庭农场75个、现代农庄30个，带动2万多农户抱团闯市场、同走致富路。大力培养新型职

尚特梅斯庄园

瑞阳

业农民，示范区成功获批国家"大众创业、万众创新"示范基地，杨凌职业农民创业创新园成为新型农业经营主体投资设施农业建设的典型。被农业农村部列为全国农村集体产权制度改革试点单位。累计流转土地6.3万亩，流转率达83%。"杨凌农科""杨凌农高会"品牌价值双双突破800亿元，一批"杨凌农科"品牌旗舰店、品质生活馆在省内落地开花。

强化科技创新驱动，引领现代农业发展增动力。深入实施"区校一体、融合发展"战略，支持驻区两所高校创建省部级以上科研平台60多个。近年来，杨凌培育的"西农979"成为全国种植面积最大的三个小麦品种之一，"秦优7号"成为全国推广面积最大的高油双低杂交油菜品种，玉米新品种"陕单609"实现了机收玉米育种的新突破。探索建立了"核心示范、周边带动、广泛辐射"的农业科技示范推广服务体系，累计在18个省（区）建设示范推广基地312个，实现了省内56个国定贫困县以及秦巴山区75个贫困县全覆盖，新疆、西藏示范基地基本建成，吕梁山区、六盘山区等国家扶贫重点片区杨凌基地正在布局建设。2018年示范推广面积7709万亩，示范推广效益逾200亿元。

陕单609玉米品种

中共杨凌农业高新技术产业示范区工委
CPC WORKING COMMITTEE OF YANGLING AGRICULTURAL HI-TECH INDUSTRIES DEMONSTRATION ZONE
杨凌农业高新技术产业示范区管委会
ADMINISTRATIVE COMMITTEE OF YANGLING AGRICULTURAL HI-TECH INDUSTRIES DEMONSTRATION ZONE

湖北黄陂台湾农民创业园管委会

　　湖北武汉黄陂台湾农民创业园（简称黄陂台创园），2008年2月由农业部、国台办批准设立，是华中第一、湖北唯一的国家级台湾农民创业园，位于武汉市黄陂区东南部。规划面积240平方千米，其中核心示范区3.2平方千米（建设用地），核心区6.5平方千米。

　　依托产业基础，发展农产品加工业。以农副产品加工、食品加工、林木家具加工三大功能区为载体，引进吸收台资台智，打造食品、乳品、饮品加工，蔬菜加工，畜禽水产加工，粮油加工，林木家具加工五大产业链，2016年实现农产品加工产值170亿元。

　　完善配套设施，发展冷链物流业。依托园区"铁、水、公、空"交通优势，顺应市场发展需求，做强做大广地冷链物流、萃元冷链物流等，构建海峡两岸冷链物流示范基地。

　　突出绿色生态，发展休闲观光业。黄陂台创园观光休闲游与5A级黄陂木兰生态旅游区连成一体，借鉴台湾生产、生活、生态"三生兼顾"理念，营造市民"养眼洗肺、休息去累"的首选之地。

台创园管委会在广地冷链物流园现场办公

和县国家现代农业产业园

　　和县国家现代农业产业园是以和县台湾农民创业园为创建主体，位于历阳镇境内，四至为S206省道以东、双桥河以南、长江以西、太阳河以北，总占地面积64 160亩；按照"一城五区两基地"，（即：绿色食品科技城、绿色食品加工区、农产品物流集散区、创意农业区、蔬菜种植创新创业孵化区、设施蔬菜标准化生产示范区，以及蔬菜规模化生产基地及畜禽标准化养殖基地）进行创建，重点打造三次产业深度融合的现代农业产业园。

　　截至2018年5月，产业园现有入园企业35家，其中省级产业化龙头企业4家，合作社10家（国家级示范合作社2家），入社农户8 000余户.

　　2017年产业园实现产值36亿元，其中主导产业产值（含蔬菜和畜禽三次产业）32.6亿元，占园区总产值的90.5%；初步形成了以南瓜汁、紫薯汁、冬瓜汁、胡萝卜汁加工，以及速冻蔬菜、果蔬全粉等为支撑的蔬菜加工产业集群；以肉鸭、生猪、肉鸡等精深加工、休闲食品加工、熟食直营直销连锁销售为核心的畜禽肉制品加工产业集群；以台湾精致农业、高效设施农业、创意农业、生态餐饮为重点的现代休闲农业集群。

和县农业嘉年华　　　花卉基地　　　园区风貌　　　设施大棚蔬菜

福建省安溪县现代农业产业园

　　安溪县地处福建省闽南金三角，是"中国乌龙茶（名茶）之乡"，名茶铁观音的发源地。2017年9月，安溪县获农业农村部、财政部批准创建"安溪县现代农业产业园"。创建以来，县委、县政府高度重视，以产业园的创建，做为本县推动传统茶业向现代茶业转变、深入实施乡村振兴战略的有力抓手。

　　一、产业园基本情况

　　安溪县现代农业产业园，创建面积1 154.52平方千米，涵盖西坪镇、虎邱镇、龙涓乡、尚卿乡、芦田镇、官桥镇、龙门镇等7个乡镇和城区工业园、安溪茶学院。园区主导产业为茶叶。现有农业人口42.83万人，茶园面积23.62万亩。截至2018年6月，园区涉茶总产值超100亿元，形成茶叶种植、加工、销售、物流、研发、人才、电商等各类产业要素聚集的现代高效茶业示范经济综合体。

　　三、建设成效

　　1.运用新技术，绿色发展基础不断夯实。园区茶园全部达到无公害水平，建成高效安全生态茶园16万亩；实现县域农资监管全程追溯，率先构建从茶园到茶杯的茶叶质量全程保障体系，园区内的龙头企业、规范化运营合作社等，已全部链入福建省农产品质量安全监管平台，实现监管全覆盖。

　　2.培育新业态，三次产深度融合。注重拓展茶产业的多功能性，积极引导、打造特色茶庄园综合体，构建茶庄园经济带，造茶业三产融合的"第六产业"，培育新型业态。产业园现已打造休闲度假型、科技引领型、市场开拓型、产业发展型、综合开发型等五大类型18家茶庄园，庄园载体、规模位居全国第一。

　　3.激发新动能，多利益联结带动茶农有效增收。积极探索建立"优势互补、利益共享、全链协作、共同投入、风险共担、持久运营"的互利共赢机制，在全省范围内率先试点财政支农资金，形成资产股权量化，打造新型农民利益联结机制，订单合同型、股份合作型、技术服务型、反租倒包再就业型等多种利益联结机制基本形成。

　　四、建设需求

　　1.茶产业发展与金融资本对接，打通金融资本进茶山的有力通道。推进茶园抵押贷款，有序盘活茶园、茶山等沉淀资产，缓解广大农民、茶企"贷款难"问题；设立增信增贷资金，引导各金融机构加大金融产品创新，加大贷款投放力度。

　　2.安溪铁观音区域公用品牌的营销与保护，打通消费者购买正宗安溪铁观音的消费渠道。实行最严格地标保护，通过分级管理及"一票否决"，全面强化安溪铁观音地理标志证明商标管理。加强维权打假，净化安溪铁观音茶叶市场，提升安溪铁观音美誉度和影响力。加强宣传推介，引导消费者通过线上线下，认标购茶，认标饮茶。

中煤保险股份

一、谷子天气指数综合保险项目

2016 年 5 月，山西省《杂粮（谷子）天气指数综合保险试点项目》获批农业部 2016 年度金融支农服务创新试点项目。中煤保险作为山西省唯一的本土保险法人机构负责承办该项目，并成功完成了以县域为单位差异化费率的"指数＋传统"的综合保险产品设计。2017 年，该项目在山西省忻州市五寨县和长治市沁县开展试点工作，累计为 16 个乡镇 378 个行政村的 12 273 户农户的 9.46 万亩谷子提供风险保障 3 782.75 万元，实现了保费收入 275.44 万元。理赔过程中建立了"气象监测＋实地踏查"工作机制，积极推进"智慧农险"技术，创新实现了"天、空、地一体化"的科技创新服务，累计为 1.59 万户次的 6.79 万亩谷子提供了赔款 99.96 万元。其中，沁县的赔付率达到了 93.66%。2017 年度试点期间，共启动了 3 次快速理赔服务，其中最短的理赔周期为 4 日，成功实现了谷子生长由灾后补偿变为"阶段性赔付"，调动了农户经营管理和防灾减灾的积极性，更有利于农户开展生产自救及补种再生产，切实保障了谷子生产的正常进行。该项目的成功实施为山西省乃至全国全面建立谷物类杂粮政策性天气指数保险新型保险保障制度具有重要的现实意义。

二、基于遥感技术的马铃薯区域收入保险项目

2017 年 8 月，山西省《基于遥感技术的马铃薯区域收入保险研究与实践》获批农业部 2017 年度金融支农服务创新试点项目。中煤保险首次创新研发了马铃薯区域收入保险，探索建立因自然灾害、市场价格下跌或两者同时发生导致的马铃薯作物收入损失进行经济补偿的风险保障制度。在我国新型农业生产经营主体不断涌现、风险保障需求标准更高、更为多样的背景下，通过研发马铃薯区域收入保险，既可以规避马铃薯生产风险，又能有效降低农产品市场风险的冲击，提高农业保险供给效率和内生增长能力。同时，中煤保险引进和运用卫星遥感技术对马铃薯进行农作物识别和长势监测、灾害监测、产量估算，提高了马铃薯区域收入保险查勘定损的科学性、快捷性以及保险赔付的时效性。2018 年，该项目在山西省太原市娄烦县和吕梁市岚县、兴县、临县开展试点工作，为 22 个乡镇约 9 万亩马铃薯提供风险保障 7 400 多万元。试点区域多分布在适宜马铃薯生长的偏远山区，与贫困地区重叠度较高，因此，该项目的实施有助于贫困地区农民脱贫致富、促进当地马铃薯产业健康持续发展，同时对山西省乃至全国全面建立农作物收入保险保障制度具有重要的现实意义。

三、山西果业"保险＋互助组织"金融支农服务模式创新项目

2018 年 7 月，《山西果业"保险＋互助组织"金融支农服务模式创新项目》获批农业部 2018 年度金融支农服务创新试点项目。该项目是在各级政府的支持领导下，以果业保险为纽带，通过财政资金鼓励引导农民建立横向和纵向的互助组织进行生产管理和服务，由中煤保险为互助组织提供产品开发设计、承保理赔管理、再保分出设计、科技兴农应用等专业技术支撑，形成山西果业"保险＋互助组织"的新型金融服务模式。通过保

有限公司山西分公司

险和互助组织的有机结合，在解决果业产业发展过程中农民急需的风险保障的基础上，培育壮大农业产业化联合体，为农户提供统一采购、统一销售、统一保险服务，同时构建集农资企业、果业收购加工销售企业、农业科技服务单位等产供销一体的社会化服务主体，整合多方资源达到全产业链的协同配合。中煤保险"保险＋互助组织"的设计构思，特别针对现有商业保险经营服务模式中因小农分散经营带来的展业成本高、道德风险和逆选择问题、政府和农户保险服务获得感不强、财政资金使用效率低的难题，有效整合了商业保险和互助保险的突出优势，是在山西省探索建立并完善农民金融合作组织及果业产业联合体的有益尝试，促进金融更好地服务乡村振兴和农业农村现代化建设。

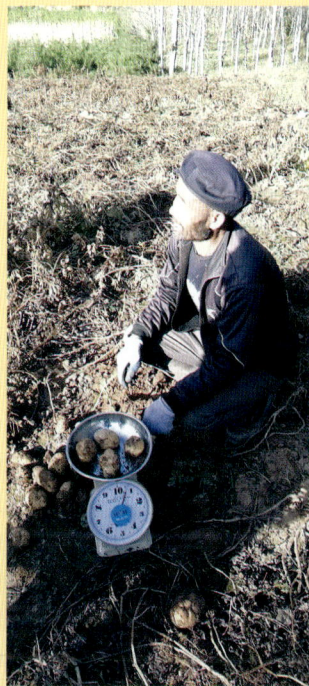

梅州市凯兴现代农业发展有限公司

梅州市凯兴现代农业发展有限公司成立于 2010 年，现有员工 650 多人，坐落于梅江区城北镇扎上村，承包土地近 500 亩，是以种植名贵树木及鲜果；养殖生猪、鸡禽；农产品加工、销售为一体的农业企业。2018 年取得"广东省重点农业龙头企业"称号、2011 年荣获"梅州市农业龙头企业""农业科技试验示范基地"和"梅州市梅江区扶贫实用技能培训基地"。

现建设有名贵树木种植区、台湾长果桑采摘区、火龙果采摘区、百香果采摘区等 100 多亩；果蔬冷藏库 200m³。建有畜牧养殖场等设施 220 亩，养有大白母猪、长白母猪、杜洛克公猪、三元杂交猪等品种，年出栏成年猪 13 000 多头，优质仔猪 3 500 多头；还兴建肥料加工厂，利用猪粪加工成的肥料用于农产品施肥，有效利用了动物排泄物。目前公司已投资 300 多万元建设太阳能光伏发电设备，全面覆盖整个示范场；并在不砍树、不移石、不破坏原有生态和景观的前提下，自主修建 8 千米休闲绿色观光道路。

场内建有育肥舍 5 栋约 4 200m²；保育舍 3 栋约 1 200m²；公猪舍 2 栋约 400m²；母猪舍 1 栋 400m²；母猪禁位拦舍 2 栋约 2 200m²；产房 3 栋约 2 100m²；饲料房 7 栋约 800m²；沼气池 1 000m³；泥液收集池 800m²；雨水收集池 800m²；病畜隔离室 100m²；员工宿舍 200m²；水塔 10 座，能满足全天不间断供水，并安装太阳能光伏发电覆盖整个园区，动力电源稳定，场内通道及配套设施齐全。养殖场生产管理实施全封闭工厂化流水线生产，猪舍采用全保温、封闭式，以自然通风和机械通风相结合，漏缝、高床养殖模式。冬天保温以地暖为主，利用现有的沼气无烟无尘环保锅炉加热，使地面温度保持在 30℃左右。喂料采用全进口温控负压通风自动送料系统和全自动碗式饮水系统等。场内配置有雨污分离管道，降低猪舍因雨天造成的不必要的污染。结合干清粪的使用，减少了清粪工作量，排净粪沟中残留的粪便。并修建了二十多亩仿原生态湿地，经过各环节的"新陈代谢"，达到分解、吸收、转化、利用等净化效果。各种生产设备、设施均达到国内先进水平。

公司将"以人为本"为宗旨抓好培训，提高员工的自身素质、加强管理，落实责任，明确目标，最大限度调动员工的经营积极性，使每个员工都能够参与生产和管理，同时延伸产业链条，努力带动和扶持一批养猪专业户，为他们铺路搭桥，共同致富。

福建三明清流台湾农民创业园

福建三明清流台湾农民创业园于2009年5月经农业部、国台办批准设立，是全国29家、全省6家国家级台湾农民创业园之一。地处海峡西岸中部，东临福建沿海，西北承江西上饶，南接广东，是闽西北联接沿海、辐射内陆的重要通道。园区规划总面积21万亩，核心区面积5.6万亩，主要通过引进台湾专业型农民、农业组织和农业企业到清流投资发展花卉苗木、名优果蔬、特色养殖、生态农业、农林加工等产业，同时引进台湾农业"五新"，辐射带动当地发展设施农业、精致农业、高效农业、观光农业，提升清流现代农业的发展水平，促进农业增效、农民增收。

截至2018年5月，落户园区台资企业总数达52家，总投资5.2亿元，其中利用外资3.6亿元，年产值超10亿元。主要发展花卉苗木、特色养殖、生态休闲观光、农林产品加工等四大产业及台商联谊会，初步形成"四区一会"发展格局。现已建成全省最大的鲜切花基地（1.3万亩）、全国最大的精品国兰繁育中心（年组培能力超过400万苗）、全国单体面积最大的台湾樱花观赏园（2 000亩）、台湾东方美人茶叶基地（3 000亩）。先后被授予"全国农产品加工创业基地""海峡两岸科技产业合作基地""海峡两岸现代农业合作示范基地"、"海峡西岸生态休闲旅游胜地""全国农村创业创新园区""省级专家服务基地"等称号。

农友种苗(中国)有限公司
KNOWN-YOU SEED(CHINA)CO.,LTD.

地　　址：福建省厦门枋湖东路705号
邮　　编：361015
电　　话：0592-5786386
传　　真：0592-5786483
E-Mail：kycseed@knownyou.com
网　　址：www.knownyou.com.cn

农友种苗（中国）有限公司设立于1989年，负责台湾农友种苗股份有限公司在祖国大陆的业务并致力于蔬菜、花卉、草坪等优良品种的研究与推广及农业资材产品的开发和应用。

本公司一贯坚持"创造品种、发展农业、绿化大地、造福人群"的服务宗旨。经过十几年发展，公司取得了喜人的业绩，现有员工100多名，其中70%以上为专业技术人员。公司在发展过程中一贯注重人力的开发及培训，不断激励员工，并为员工发展提供机会，几年来造就了一批具有高专业素养且敬业乐业的专业人员。

番茄-千禧

公司陆续在上海、成都、武汉、西安、长春、寿光、广州、安徽等地设立了八个分公司、子公司以及4个专业性研究农场，并在全国各省份、地区设立了服务单位，在国内建立了较为完善的经营及售后服务体系，取得了良好的社会效益和经济效益，为发展农业经济作出了积极贡献，受到社会各界的赞许和爱戴。因此公司连续六年被评为全国外商投资双优企业和外商投资先进技术企业，并获"重合同、守信用"企业、中国种业50强、中国蔬菜种业信用骨干企业等荣誉称号。公司注册商标被评为福建省著名商标、厦门市著名商标等。

西瓜-明玉

甜瓜-玉姑

苦瓜-永华

陕西华圣果业

陕西华圣果业是首批认定的国家级农业产业化重点龙头企业，全国农业产品出口示范企业，陕西省苹果产业化重点企业。华圣果业公司自成立以来一直积极探索苹果"全产业链"的发展模式，运用打造万亩矮砧苗木培育种植基地；加强果园科学管理、果品加工、冷藏保鲜、冷链运输等现代化管理手段，将高科技与农业相结合。

本着为消费者提供放心、优质、安全的农业鲜果产品的价值观，从生态果园到餐桌，每一道工艺为健康层层把关。华圣苹果行销欧盟、北美十余年，创造了全球 60 多个国家、120 多个主要城市消费者信赖和选择的鲜果品牌。

华圣果业在苹果产业发展中，由最初首家苹果套袋技术的引进，到世界级矮砧栽培模式的引进，从全国首次苹果出口欧洲的专列，到作为全球首个苹果期货交割库，参与苹果期货交易的各项行业标准的制定直至上市，无一不推动着传统苹果产业链条新旧动能转换。

西吉马铃薯

面积大。西吉县是马铃薯优势生产区，是"中国马铃薯之乡"、全国马铃薯标准化生产示范县。全县总面积3 130平方千米，耕地面积242万亩，年种植面积稳定在100万亩以上，是全国最适宜种植马铃薯和最具发展潜力的地区之一。

品种全。积极引进优质专用品种，优化品种结构，建立淀粉加工型品种生产基地50万亩、早熟菜用及加工型品种为主的生产基地10万亩、晚熟外销型品种为主的生产基地40万亩。

品质优。西吉县海拔高、气候冷凉、昼夜温差大，生产环境无污染，所产马铃薯产量高、品相好、品质优、口感佳、耐贮运，是各种马铃薯淀粉及其制品生产的上好原料。

品牌靓。西吉县是农业部认定的全国第一批马铃薯区域性良种繁育基地、全国绿色食品原料（马铃薯）标准化生产基地，"西吉马铃薯"通过农业部地理标志认证、无公害马铃薯认证，先后荣获中国驰名商标、宁夏著名商标、宁夏名牌产品、2017最受消费者喜爱的中国农产品区域公用品牌、2017年首届宁夏农产品区域公用品牌、2018年宁夏十大农产品区域公用品牌。

产品多。坚持"种薯繁育、鲜薯外销、淀粉加工、主食开发"，开发马铃薯种薯、淀粉、三粉、主食化产品、休闲产品等系列马铃薯产品。全县生产各级脱毒种薯15万吨左右，除了向本县及周边地区销售外，向云南、贵州、四川等省销售。县内有将台、新营、田坪三个规模较大的商品薯销售市场和16个小型销售集散地，年销售70万吨以上。有6家万吨以上淀粉加工企业，年加工50万吨左右。西吉县勇兴三粉公司建成年产2万吨的马铃薯面条、馒头等新型马铃薯主食产品生产线，宁夏国圣食品有限公司开发马铃薯饼干产品生产线10条，西吉县伊香公司开发马铃薯徽子、麻花等10多种特色产品，延伸了产业链条，满足了主粮多样化需求。

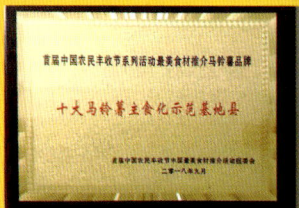

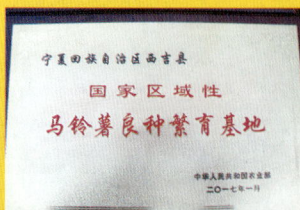

创新发展中的登海种业

山东登海种业股份有限公司，是农业高科技创新型上市公司国家玉米工程技术研究中心（山东），国家玉米新品种技术研究推广中心，国家认定企业技术中心，国家高新技术企业，国家首批农业行业首个"创新型企业"，中国种业骨干企业，中国种业信用明星企业。公司注册资本 8.8 亿元，总资产 44 亿元，拥有 25 个全资和控股子公司、6 个分公司。公司的经营业绩名列中国种业上市公司前列。

从 1972 年至今，李登海带领科研创新团队，高举"开创中国玉米高产道路、赶超世界先进水平"的旗帜，在我国率先确立了"紧凑型杂交玉米是我国玉米高产的发展方向"，连续七次创造了我国夏玉米高产记录，两次创造世界夏玉米高产记录。李登海带领科研创新团队选育的玉米高产品种累计推广种植面积超过 13 亿亩，创造社会经济效益 1 300 多亿元。

目前，公司已建立了以企业为主体、市场为导向、产学研结合的创新体系，自主创新能力得到全面提高。公司在国家西北省区建立了稳定的玉米种子生产加工基地，配套安装了集果穗烘干、脱粒、精选、包衣、包装为一体的现代化大型种子加工生产线，以不断向市场提供高质量种子。树立一切为种子用户服务的理念，完善营销服务网络体系。公司在做大玉米种子产业化的基础上，不断拓展特用玉米、小麦、蔬菜、花卉等产业的发展，多元化、规模化产业发展水平正在进一步提升。

登海种业将继续高举"开创中国玉米高产道路、赶超世界先进水平"的旗帜，攀登杂交玉米高产纪录的高峰，引领我国杂交玉米高产品种的选育；以科研创新为动力，为建设种业强国、保障国家粮食安全、实现中华民族的伟大复兴作出新贡献！

诸城市康盛源农业科技有限公司

诸城市康盛源农业科技有限公司成立于 2010 年，是一家集科学研究、良种繁育、生产销售于一体的高科技农业公司。注册资金 1 000 万元，共有 4 处基地，占地 2 000 亩（其中设施建设面积 400 亩）。公司与山东农业大学、山东农科院等单位建立了长期技术合作关系，是山东农业大学蔬菜教学科研基地。公司生产的有机韭菜获农业部中绿华夏有机食品认证中心的有机食品认证，生产的生姜获辽宁方园有机食品认证有限公司的有机食品认证。

本公司 2013 年被评为潍坊市农业龙头产业化企业，2014 年被评为潍坊市农业科技示范园基地，2015 年被评为山东省农业示范园基地。2015 年承担了省菜果茶标准化项目和省外专家局关于引进国外韭菜全程机械化操作项目创建工作。2016 年被山东省农业厅评为全省韭菜产品质量安全专项整治行动先进集体。2017 年承建山东省农村三次产业融合发展项目，该项目正在实施过程当中。

本公司生产的"舜发"牌有机韭菜，被农业部评审为《2017 年度全国名特优新农产品目录》推荐农产品。

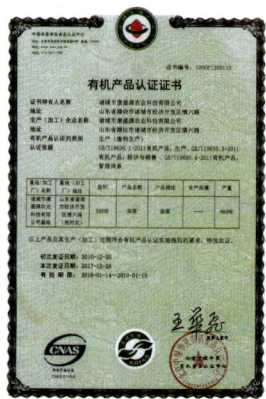

本公司将进一步加大科技投入，从育种、种植、生产技术服务、产品深加工、品牌营销等方面延伸产业链条，带动当地百姓脱贫、致富，成为当地农业产业化龙头企业。

四川国豪种业股份有限公司

四川国豪种业股份有限公司始创于 2001 年，位于中国科技城绵阳，注册资金 10 000 万元。作为集种子科研选育、生产、加工、销售和出口为一体的"国家级农业产业化重点龙头企业"，公司始终坚持"振兴种业、服务'三农'、客户至上、信誉第一"的发展宗旨，以"质量为本、战略为势、创新为魂、多元化发展全产业链"的经营理念，运用严谨的管理模式，造就卓越的"国豪"品牌。

国豪种业是农业部首批设立的全国 32 家"育繁推一体化"企业之一，小麦水稻等作物遗传育种重点实验室（企业）建设依托单位及"十三五"国家小麦、水稻育种联合攻关单位。连续多年通过 ISO9001 质量管理体系认证，先后荣获"中国种业信用骨干企业""中国种子行业信用评价 AAA 级信用企业""四川省高新技术企业"等称号；国豪商标被认定为"四川省著名商标"；国豪牌水稻种子被评定为中国名牌和四川省名牌产品、油菜种子为四川省名牌产品。

国豪种业目前正值产业升级创新时期，公司将积极响应"一带一路"政策号召，注重内生性增长、强化核心科技、创新营销模式、打造育繁推一体化战略、促进协同发展、不断探索构建现代农业综合服务体系，争做中国种业排头兵，实现公司跨越式发展。

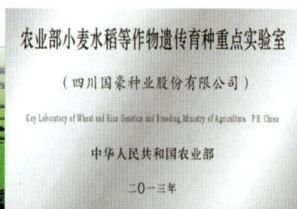

四川紫金都市农业有限公司

四川紫金都市农业有限公司成立于2009年，公司主要从事紫薯、马铃薯的繁育、种植、示范及加工。公司从薯类繁育到基地建设、订单回收、产品加工、市场销售逐渐完成了薯类产业链建设，加工产品包括薯类颗粒熟化全粉、生粉、薯丁、薯泥到薯类馒头、薯类面条等。

公司实现了薯类产业的专业化、规模化、集约化，是首批国家马铃薯主食试点与示范企业之一。公司多项技术获评省科技成果，并获得省市科技进步奖。

加工现场一角

紫薯全粉

湖北利众科技有限公司

湖北利众种业科技有限公司是集农作物新品种研发与培育、生产与加工、销售与服务于一体的专业化种子公司和农业高科技企业。公司成立于2013年，2017年5月迁入武汉市洪山区武汉创意天地6号楼9层3号，注册资金3 000万元，固定资产投入2 000万元，建设种业科研基地31 147m²，综合办公楼2 130m²，专家和员工宿舍楼2 720m²，高标准亲本繁殖大棚10 000m²，低温冷库、低温库1 800m³，仓库2 600m²，晒场1 560m²，质检室150m²、挂藏室350m²，种子晾晒棚200m²，加工厂房2 000m²，暂存仓800m²；灌溉水井1眼，排灌渠系1 100 m，道路建设1 000 m，完成配套配电室、围墙等生产性辅助设施建设，购置灌溉、制冷、加工等方面的设施设备20台套以及农业机具10台（套）。检验检测仪器设备设施30多台（套）。

公司是湖北省种子协会理事单位，武汉市种业协会理事单位。公司拥有一项国家发明专利，两项新型实用专利。

建设育种基地50亩，亲本繁育和试验示范基地500亩，特约种子繁育生产基地10 000亩。公司现有员工38人，其中拥有高级职称的有5人，拥有中级职称的有8人；大专以上人员占70%。

目前公司主要开展油菜育种、水稻育种及其种子生产、加工、销售、技术服务等业务。重点开展水稻包括三系杂交种、二系杂交种、优质（稻）常规种的产量、抗逆性、品质研究和油菜的杂种优势利用与品质（双低油菜）抗病性（菌核病，病毒病，根肿瘤病）研究。

现阶段主要经营油菜与水稻品种有：常油杂61、常油杂69、常油杂72号、晶华油901、益油杂1号、冠油杂702、冠油杂812、常油杂83、黄山杂油8号、T2159、利油杂1号、利油杂3号、利油杂6号、利油杂501、利油618（高油率）等双低油菜品种和两优432、Ⅱ优431、两优817等杂交水稻品种。

公司将始终秉承"厚德载物、诚信兴业、科技为本、服务农业"的经营理念，以更加务实的敬业精神，守法经营。为全国各地的经销商和农民朋友培育和推广更加优良的各类农作物种子。

公司基地一角

水稻繁育基地一角

油菜制种繁育基地

公司地址：湖北省武汉市洪山区野芷湖西路创意天地6号楼903室
联系电话：027-87776903   QQ:1240388327
联系人：熊　迪 18972176775   瞿定辉 13886598139

华智水稻生物技术有限公司
HUAZHI RICE BIO-TECH CO., LTD.

华智水稻生物技术有限公司（简称华智）是"国家水稻分子育种平台"承建单位，2013年在农业部倡导下，由隆平高科等12家中国水稻骨干种企注资3亿元组建的种业共享的高科技研发创新型企业。

华智致力于打造国际一流的种业高科技生物技术研发中心和技术服务中心，为创新驱动种业发展提供科技新动能，为保障国家粮食、生态和种业安全，为乡村振兴战略、农业现代化做贡献。

2014年4月至2018年3月期间，农业部常务副部长余欣荣（强调华智水稻分子育种平台是种业机制创新）、副部长张桃林、种子管理局局长张延秋、科技部副部长徐南平、湖南省委副书记乌兰、湖南省原副省长张硕辅、长沙市委书记胡衡华、长沙市长胡忠雄等部委和省市区各级领导视察华智，关注并支持华智的快速发展壮大。

2015年3月至2016年6月期间，华智先后引进了英国艾吉析（LGC）公司的LGC SNPline和美国道格拉斯（Douglas）科学公司卷带式（Array Tape）基因型分子检测系统，美国昂飞（Affymetrix）公司的GenTitan基因芯片检测系统，美国伊鲁米那（Illumina）公司的主流测序仪，并顺利投入运营。

2015年至2017年期间，华智举办了四期"水稻现代育种技术研修班"，在业内获得广泛好评。2016年11月24日，与隆平高科共同牵头成立长沙生物育种产业技术创新战略联盟（CSBSIA），已有40余家单位加入，张健总经理出任理事长。

2017年4月，华智种子质量分子检测中心获得农作物种子质量检验机构（CASL）合格证书，成为国内首家非事业单位的第三方种子质量检测机构。2017年6月29日，由华智承担的绿色通道试验，其中11个品种通过国家品种审定（《中华人民共和国农业部公告第2547号》）。2018年12月，华智成功通过国家高新技术企业认定。

保靖黄金茶
一个资源宝库，一座绿色金矿，一种天下好茶

保靖黄金茶是湖南省保靖县古老、特异、珍惜的地方茶树种质资源，是经长期自然选择和人工选择而形成的有性群体品种。在原产地保靖县黄金村，现存7块古茶园，共2 057株古茶树，被列为湖南省第九批重点文物保护单位。保靖黄金茶群体中不同株系之间表现型差别很大，蕴藏着很多优良单株，保靖与湖南省茶叶研究所合作，先后从保靖黄金茶群体中筛选出特色资源300多个，建立了249个有代表性的保靖黄金茶种质基因库，成功选出"保靖黄金茶1号""黄金茶2号""黄金茶168号"等保靖黄金茶特色茶树品种，研究开发出保靖黄金茶绿茶、红茶、黄茶、白茶等系列产品。

几百年的物竞天择，使保靖黄金茶这个地方珍稀品种禀赋极佳、品质优异，有"四高四绝"特质。"四高"就是茶叶内氨基酸、茶多酚、水浸出物、叶绿素含量高，氨基酸含量达7.47%，茶多酚含量达20%左右，水浸出物近50%；"四绝"就是茶叶的香气浓郁、汤色翠绿、入口清爽、回味甘醇，产品同时具有"香、绿、爽、醇"的品质特点。保靖黄金茶在明朝时就列为贡品，有"一两黄金一两茶"的美誉，荣获全国绿茶高峰论坛名茶评比金奖，取得国家农产品地理标志登记证书，荣获湖南十大农业（区域公用）品牌、湖南省著名商标、湖南茶叶十大公共品牌，是湖南省首个获批国家生态气候品质认证公用品牌。保靖县被列为全国产茶重点县、全国茶叶发展示范县。

2017年末，保靖有黄金茶基地8.32万亩，产量1 000余吨，产值5.52亿元。全县茶叶新型经营组织发展到113家，茶农1.45万户5.76万人，其中建档立卡贫困户4 800户1.8万人，茶农年人均增收3 800余元。到2022年的发展目标是：保靖黄金茶基地发展到20万亩以上，综合产值20亿元以上，把保靖黄金茶打造成国内外知名茶叶品牌，把保靖建成中国最好的绿茶、红茶生产基地和中国名茶之乡。

江苏省大华种业集团有限公司

　　江苏省大华种业集团有限公司成立于1993年,是农业产业化国家重点龙头企业、AAA级信用企业、国家育繁推一体化企业和中国种业信用明星企业,现为中国种子协会副会长和小麦分会会长单位。注册资本5亿元,下辖23家分子公司,净资产7.6亿元,员工600多人,是上市公司苏垦农发(601952)主要全资子公司。

　　公司育种研究院下设3个研究所、1个分子育种中心、2个南繁基地和15个生态试验站,研发人员60多人,自主培育审定品种50多个,获省部级科研成果奖4项;建有标准化种子生产基地60多万亩;有强大的现代化烘干、加工和检测设施,种子生产实现"不落地";大华牌商标为中国驰名商标,大华牌水稻种、小麦种和大麦种为省名牌产品;近几年种子销量稳定在30多万吨以上,为农民增收、农业增效和国家粮食安全做出了重大贡献。

　　面对种业新形势,公司以种业供给侧结构性改革为主线,不忘振兴民族种业初心,深入践行新发展理念,在内涵提升和外延拓展上下功夫,全面高质量开创转型发展新局面。

江苏中江种业股份有限公司

　　江苏中江种业股份有限公司是2002年经江苏省人民政府批准,由原江苏省种子公司为主发起人建立的股份有限公司,是集科研、生产、加工、销售为一体的现代农业企业。现为国家高新技术企业、中国种业信用骨干企业、企业信用评价AAA级、中国种子协会常务理事单位、江苏省种业协会秘书长单位。2014年成为江苏省首家在新三板挂牌的种业企业。证券简称:中江种业;证券代码:430736,总股本17 765.8万元。

　　公司秉承"创新、诚信、责任、规范"的发展理念,按照"省内常规稻麦业务深耕,杂交水稻南下,杂交玉米北上"的发展战略,建立了完善的品种选育、种子生产、质量管理和市场营销体系。

　　公司拥有以谢华安院士为首席科学家的省级院士工作站、江苏省杂交水稻种质改良与繁育工程技术研究中心、杂交水稻南方稻区企业区试协作平台、博士后实践基地、研究生工作站;同时,与袁隆平院士团队、李家洋院士团队、万建民院士团队深度合作,承担国家稻麦良种重大科研联合攻关项目,主持江苏省"优质食味水稻新品种创新"重大攻关项目,在水稻理想株型基因、抗稻瘟病基因育种上均取得了突破性进展。

　　未来,公司将积极以市场需求为导向,以技术和商业模式创新为动力,助推乡村振兴战略。

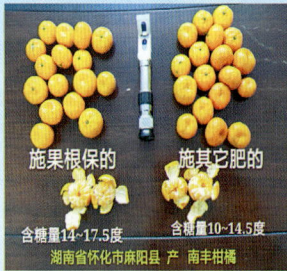

宁波望海茶业发展有限公司

　　宁波望海茶业发展有限公司是浙江省省级农业龙头企业，成立于2000年，是一家股份制国有企业，注册资金150万元，固定资产2500万元。是"望海茶"品牌管理实施单位，多年来致力于望海茶生产基地和品牌建设。公司现拥有无公害茶园基地3万余亩，年名茶总产量580吨，总产值3.6亿元。直接带动农户5200户，带动农户增收2.32亿元。

　　公司生产的"望海峰"牌"望海茶"外形细嫩挺秀，翠绿显毫，香气清香持久，滋味鲜爽回甘，汤色清澈明亮，叶底芽叶成朵，嫩绿明亮，具有鲜明的高山云雾茶之风韵，在众多名茶中独树一帜。在宋代被端明殿学士、著名书法家、茶学家蔡襄誉为"品在日铸之上"的历史名茶。

　　"以质量树品牌、以诚信拓市场"是公司经营的理念，公司严格按照标准化全过程生产管理，企业先后建立国家级标准化茶园、省级农业主导产业示范园、茶叶精品园，并制定了《望海茶企业标准》、《望海茶标准化生产技术手册》、《望海茶——商品茶》标准等。2007年被中国茶叶流通协会评为"中国茶叶行业百强企业"，2008年被宁波市科技局认定为首批农业科技创新型企业，望海茶先后被认定为浙江省区域名牌农产品、宁波名牌产品、浙江名牌产品、浙江省著名商标，2004年获"浙江省十大名茶"称号，2011年获"中华文化名茶"称号，2016年被认定为国家地理标志证明商标，连续多年获得浙江农博会优质农产品金奖以及中国国际茶博会金奖。

安徽荃银高科种业股份有限公司

　　安徽荃银高科种业股份有限公司成立于2002年7月，由种业界知名企业家、"中国种业十大功勋人物"张海银先生与种业界知名科学家、原安徽省农科院院长李成荃女士共同发起组建，是一家以水稻、玉米、小麦三大农作物种子业务为主，集各类农作物种子科研、生产、加工、国内外营销及服务等业务于一体的现代高科技民营种业企业。2010年5月公司在深交所上市，为创业板种业第一股。股票简称：荃银高科。股票代码：300087。

　　公司是首批获农业部颁证的农作物种子"育繁推一体化"企业、"国家高新技术企业""火炬计划国家重点高新技术企业"、中国种业信用明星企业、"安徽省农业产业化龙头企业"，是"农业部杂交稻新品种创制重点实验室"依托单位，并获批设立国家级博士后科研工作站。

　　未来，公司将秉承"产业为本，战略为势，创新为魂，金融为器"的指导思想，围绕大农业，"以种业为核心，农业服务为延伸，探索与创新农业多元化"，逐步走向大农业的业态创新者和现代服务商，为振兴民族种业贡献力量，为现代农业提供整体解决方案！

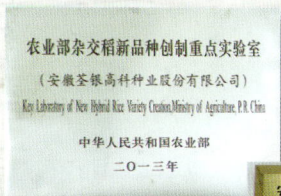

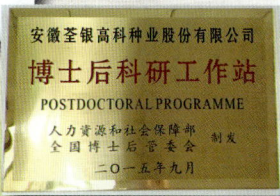

合肥丰乐种业股份有限公司
HEFEI FENGLE SEED CO.,LTD.

合肥丰乐种业股份有限公司是中国种子行业第一家上市公司，被誉为"中国种业第一股"，注册资本 2.99 亿元。

公司实行以种业加农化为主导的大农业战略，拥有完整的科研、生产、加工、销售和服务体系，是中国种业信用明星企业、全国首批"育繁推一体化"种业企业、农业产业化国家重点龙头企业、高新技术企业、国家级企业技术中心等，综合实力与规模居中国种子行业前列。公司"两系"杂交水稻种子产业和玉米种子产业规模和实力位居行业前列；西甜瓜种子产销量位居全国首位；常规水稻种子产业和小麦种子产业呈强劲发展态势；农化产业行业排名前 50 强；香料产业天然薄荷产销量国内第一。

近年来，公司深化改革，提升管理水平。通过导入"卓越绩效管理模式"，强化顶层设计；根据岗位价值重建薪酬体系，建立专业技术人员晋升双通道；组织 78 名管理人员参加 MBA 高级研修班，组织 304 名营销人员参加素质训练营，提升员工素质和内动力；收购湖南农大金农种业、楚丰协成生态肥业，与中科院、嘉兴市农科院合作成立中科嘉优丰乐，完善产业结构和布局；成立"走出去"项目组开拓国际市场；在种业内率先建成并投入运行"生产营销财务信息管理平台"，实行种业生产营销财务一体化、信息化管理；公司国家企业技术中心建成使用，全面提升公司生物育种和科研管理水平。

北京市农科院赵久然研究员考察公司水稻产业

公司 MBA 高级研修班结业

公司考察孟加拉国水稻种植

中科院院士李家洋考察公司水稻产业

MONSANTO

我们关注作物的健康，更关注你我的健康！

孟山都公司致力于通过不同的农田解决方案来满足不断增长的世界人口对于食物和营养的需求。我们生产包括玉米、大豆和棉花等主要农作物以及果蔬种子，帮助全球农民高效使用水和其它重要的自然资源的同时获取更好的收成。我们着重于不断地寻找和开发既保护土壤健康又可持续发展的农田解决方案，帮助农民通过应用农田和气候数据科学来改善农耕模式保护自然资源，以及提供不同的作物保护产品降低害虫和病害给作物带来的危害。与此同时，我们通过不同的项目和合作关系，与农民、科研人员、非盈利组织、大学院校和其它机构携手合作，共同面对诸多严峻挑战。欢迎您登陆我们的全球官方网站 *WWW.MONSANTO.COM.CN*，*WWW.DISCOVERMONSANTO.COM.CN*，*WWW.MONSANTO.COM* 和 *WWW.DISCOVER.MONSANTO.COM* 了解更多信息。

大田作物种子

蔬菜种子

作物保护

数据科学

Monsanto.com.cn

DiscoverMonsanto.com.cn

用基因组技术引领农业发展——华大农业

2014年河南遭遇63年以来最大一场旱灾，降雨比正常年份减少了一半多，省内超过三分之一的小型水库干涸，多个县市的农作物出现了大面积绝收。然而，在河南省长恒县的一片黄河滩地上，数千亩谷子（脱壳后俗称小米），整个春夏期间，只进行一次苗期除草，此后既没有施过农药，也没有灌溉过，却依然郁郁葱葱，不仅没有受到旱情影响，反而比当地其他谷子在正常年份里产量高出了一倍多，平均亩产达到了500千克。

这其中的秘密，不在于河滩地土壤湿润，也不在于种植者加倍辛劳，而在于特殊的杂交谷子种子本身，更在于应用分子育种技术培育杂交谷子背后的农业科技公司。

抗旱种子品种培育背后的技术密码

实际上，自2009年起，华大基因开始进军农业研究。当年华大分子育种平台正式成立，建立了"农业基因组学国家重点实验室"和"基因组学农业部重点实验室"。

2011年，华大在全球首次破译了谷子基因组序列，并绘制了首张高密度遗传图谱，在此基础上，花了3个月时间，完成了株高、雄性不育、叶色、抗除草剂等七个重要农艺性状控制基因的定位。在这一系列定位的基础上，通过分子标记，华大基因团队一年内成功将母本叶色由黄绿色改良为深绿色，大大提升了植株光合作用效率。该项目申请国家专利25项，15项已获授权。

这也是全球第一个从基因组图谱绘制到指导品种性状改良的成功范例，也被视为育种技术的一次革命。此后，凭借分子技术，华大基因工作人员强化了杂交谷子的抗旱功能，并于2013年，在位于陕西杨凌现代农业示范园的华大基因旱作育种基地里进行试种，长势喜人，新品种植株粗壮、穗子大且长、籽粒饱满，与本地品种比较具有显著优势，亩产可达600千克左右，这相当于本地品种产量的两倍。2014年，华大基因又在河南省长恒县试种了同类杂交谷子，在随后突如其来的大旱灾里，这批谷子几乎成了当地唯一丰产的谷子。

早在20世纪90年代，分子标记辅助育种就逐渐兴起，它实质上也属于传统育种，仅仅是在育种过程当中，利用分子标记来辅助育种家选择最优的株系，可以在不改变作物基因的前提下改变其性状，或者仅仅是通过分子标记的方法筛选优良品种。但由于分子标记开发成本较高，同时能够给育种家做指引有帮助的分子标记数量非常有限，因此并没有得到大范围应用。

直到2005—2006年前后，随着二代测序技术的成熟，这才解决了材料的基因型鉴定问题。以前由于基因型鉴定成本过高，效率太低或时间太长，在实际运用中不可能实现。但现在依托于高效率、低成本的二代测序技术，育种家们完全可以在苗期甚至在种子还没有萌发时，通过基因型鉴定就能做出正确判断：哪些有价值，哪些是完全没有价值，大大地提高了育种效率。

2014年11月15日，正式推出华大全基因组分子育种技术平台及系列应用成果。该技术平台以华大全球领先的高通量基因组测序能力和信息分析能力为基础，通过高密度遗传图谱快速构建和性状基因定位，利用常规育种的杂交和回交手段，借助全基因组高密度分子标记进行优良单株精准选育种。该技术突破了传统育种周期长、可预见性差、选择效率低等瓶颈，使快速、高效、可控的精准育种方式成为可能。

正式成立华大农业启动精准农业产业

中国作为世界第二大的种子市场，却从未产生过世界级的种子公司。2001年我国《种子法》实施以来，中国的种业市场全面放开，外资逐渐由蔬菜种子市场进入到主要粮食作物种子市场，比较突出的就是玉米。世界种业巨头杜邦先锋公司的品种"先玉335"占据我国玉米种子市场第二位的位置，孟山都公司的迪卡系列玉米在广西占据垄断地位。据不完全统计，目前在我国注册的外资、合资种子企业已有70多家，孟山都、先锋等外资种业巨头已基本完成在我国的种业布局。

相比之下，本土企业"多小散"，种子公司一度达8 700多家，但这些企业的创新能力低、企业竞争力不强。农业部种子管理局副局长马淑萍曾经对媒体表示，国外品种有利有弊，一方面引进好的国外品种，农民可以卖上一个好价钱，对产业发展有好处，部分企业还带来了一些先进的技术和经营理念。但国外品种也带来了压力，对我国的育种产生一种挤出效应。

为改变这种局面，2016年3月，华大农业集团在深圳大鹏新区成立，标志着华大集团的农业进入规模产业化的阶段。华大农业集团首席科学家张耕耘认为，中国的种业还是有自身优势：育种团队多；由于地域辽阔，气候和地域类型变化多样，所以种质资源丰富。只要提供给育种家们高效育种技术和支撑，是可以快速把优质种质整合起来，形成一些适应于特定地域的更优秀的品种的。

到目前为止，华大农业做出了一系列利用全基因分子标记辅助技术快速选育新品种的成功案例，如水稻、小米、羊、石斑鱼、大豆、棉花等。团队主导或合作完成了测序全球2/3和农业相关的物种，建立了全球最大的基因组学数据库，开发了高通量基因分型的技术平台，搭建了全基因组分子标记辅助育种平台，打通了各个技术环节，并有成功案例向育种学家展示，如杂交小米母本材料的快速改良、重要水稻株系的快速改良、动物新品系的选育。

最常被华大人讲述的动物育种案例就是青山羊。山羊是世界各地包括中国和印度在内的许多发展中国家的一种重要经济资源。然而，尽管它们在农业和生物学上极其重要，由于缺乏高质量的参考基因组序列，山羊的育种和遗传研究长期以来受阻。

2012 年，华大基因研究院和中科院昆明动物研究所联合研究生成了首个家山羊（domestic goat）的高质量参考基因组，这一山羊基因组是第一个小型反刍动物高质量参考基因组，可帮助深入了解来自非反刍动物物种的有差别的反刍动物基因组特征。此后，华大基因采集了 828 份青山羊的血样，对 612 份血样进行基因组提取，并进行高通量基因分型，1 年之内，通过分子育种技术将种群繁殖率从 290% 提高到 410%。

截至目前，华大基因已经完成山羊，石斑鱼等畜禽水产重要经济性状控制基因定位，总数达 50 个以上，如山羊多胎，角退化，体长，毛色，生长速率等。

华大农业集团梅永红表示，当前，中国的分子育种技术水平已处于国际先进水平，这得益于测序技术的快速发展，由于成本大大下降、效率大大提升，中国完全可以普及推广分子育种技术。华大农业在担负改变中国农畜育种落后现状的同时，也在尝试商业模式的创新。对于育种科学家来说，从设备采购、人员培训、维护、信息分析系统建立，是一个非常庞大、耗钱、耗时的过程，同时也是传统育种家们不熟悉的东西。但是现在基因测序全面技术服务平台的出现，使得育种家们能够将这部分自己不了解的部分外包，将自己的种质优势、经验优势和测序技术服务整合起来，达到共赢。不仅改变了原有的育种模式，同时大大提高了育种的效率。成立了华大农业集团，开拓了产业布局，是希望通过提供一个强有力的技术平台助力全球科学家在科研和育种道路上走得更快、做得更好。

挺进国际共赢"一带一路"

科研上的成功，促使华大基因着手布局全球相关产业。最早进入华大眼界的是拥有得天独厚的光、温、水、热、土地资源的老挝，这里是生物能源作物大规模种植的绝佳选择，也是可能解决全球关注能源供应安全之生物质能源问题的地域之一。

2006 年初，华大集团与老挝国防部签订了 10 万公顷土地开发协议，一次性投入 2 000 万元人民币，进行生物能源作物大规模种植与开发利用。

2009 年，华大基因重新与老挝国防部、科技部梳理并制定项目方案，以"生物科技 + 自然资源"为核心，通过现代生物技术和自然资源的结合，帮助老挝实现从传统农业社会到现代生物经济时代的跨越发展，建立一种创新的可持续发展模式。同年 8 月，华大基因研究院与老挝政府签署了 40 万公顷的土地开发协议，并在此基础上开垦 2 500 公顷试验田作为示范基地。

华大副总裁杨爽忆起当年的关键时刻："我们明确方向，坚守农业领域，将老挝作为海外的南繁育种基地。万象的纬度和三亚接近，因地处内陆没有台风，气候条件甚至比三亚还好，农业资源条件也很优秀。"于是，他带领大家，在老挝建立实验示范农业基地，回总部成立农业研发平台，以支撑老挝的南繁育种基地建设。

自此，"老挝—中国现代农业科技示范园"项目应运而生。一期建设以重要粮食作物（糯稻）、热带经济植物（印加果、轻木等）品种改良以及热带种质资源保护为示范，并建立了田间育种实验基地、热带经济植物品种改良基地，配以热带种质资源圃等配套设施，提供育种公共服务，还搭建了国际物种保护信息交流平台，对我国适用技术、产品进行引入、应用和推广。

2017 年，"老挝—中国现代农业科技示范园"被农业部认定为首批十家境外农业合作示范区建设试点之一。

现在，老挝华大已成为华大农业集团在海外布局的重要部分。华大农业集团董事长兼总裁梅永红提出了华大与老挝合作的整体框架，并整合华大优势资源与技术在老挝全面落地。华大农业集团首席运营官刘英杰表示，切实加大工作力度，努力将老挝园区建设成为"一区一库四基地"，即农业高科技产业示范园区、老挝国家基因库、农业新品种新技术示范推广基地、农业新种质资源收集开发基地、现代农业产业区域发展承接基地和国家"南繁"制种备选基地。

经过多年发展，华大农业集团在植物领域实现了传统 C4 作物——谷子核心育种技术的突破，率先培育出"华谷 S6"等不育系 2 系、"华谷 11""华谷 12"和"华谷 18"等系列谷子新品种，实现了小米综合产量 30% 的提升；在动物领域，率先实现中国首例手工克隆猪，先后完成六胞胎青山羊、乌骨羊、绒山羊及多个地方特色家鸡育种，培育全球首个迷你宠物猪、基因编辑小型疾病模型猪和我国首个克隆宠物狗，储备了大量的家禽家畜新品系资源；在海洋领域，全面涉及水生动物的育种、繁育、保护性开发、推广、营养加工等，成功培育了中华绒螯蟹、杂交鲟鱼、刀鱼、金线鲃、青蟹、青虾等多个自主品种，填补了国内外多项水产海洋育种空白，建立了数千亩的水产海洋育种基地，实现了海洋种业的产业化，并延伸产业布局海洋工程、未知海域探索、海洋新资源挖掘、水生生物大数据构建等方面，形成了比较成熟的水产海洋领域的研发和产业链条；在微生物领域，发挥华大肠道菌群科研的领先优势，建立了一套高效的益生菌研发体系，年筛选菌株超过 20 000 株，建立了包含基因检测、肠道菌群检测、代谢检测在内的个人生命周期营养大数据流，辅助并引导细分人群通过肠道菌群调节干预健康趋势，建立个性化精准营养平台；在未来农业园区建设中，建立了植物工厂技术、固废处理技术、"鱼菜菇"共生技术、植物光配方技术、超级作物、"五元循环"共生技术等多个技术体系和技术集成，形成了模块化建设园区的发展思路和设计理念。

华大农业集团致力于以基因技术和创新农业技术推动未来农业产业发展，实现人类新农业文明，开启人类新生活方式，使人与自然和谐发展。

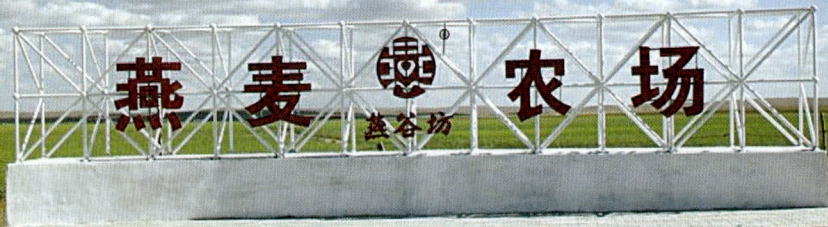

内蒙古燕谷坊生态农业发展（集团）有限公司

新农企业燕谷坊集团诞生于"燕麦故乡"内蒙古武川县，以全谷物食养为产业平台切入点，立足我国全谷物产业链价值开发，是集农业物联网、田园综合体、终端新零售、餐饮管理、旅居养老、供应链金融等于一体的全产业链综合运营商。

燕谷坊在中国"燕麦故乡"内蒙古武川县拥有 10 万亩燕麦种植基地和马铃薯基地，并自建规模化加工生产流水线，自主研发的土豆泥制成技术专利补齐了国内马铃薯食品工业运用短板，开创了马铃薯主食化科技先河；自主研发的国家专利技术"双涡流研碾"创新工艺让裸燕麦以全谷物形式破壳成米，开创了裸燕麦产品全新品类，成就全谷物食品典范。

燕谷坊一手牵农民、一手牵市民，通过"小微订单农业"发展地方特色农业，有效激活农民种植积极性，促进农民增收、产业增效，激发地方经济活力，走出一条贫困地区产业扶贫、精准扶贫之路；通过构建互联郡和味来智选平台，运用创新的互联网技术和社区、社群、社交的力量，直接链接供给侧和消费端，实现食品安全全程可控。企业在农民增收、产业增值、倡导科学饮食、呵护市民健康上进行了成功的实践。

燕谷坊在武川县推动产业精准扶贫取得显著成效：2018 年，燕谷坊扶贫模式覆盖武川县所有乡镇，共 182 个自然村 923 户，其中建档立卡贫困户 341 户，燕谷坊扶贫贡献率占全县 23%。

燕谷坊立足"一带一路·草原丝路经济带"打造的全谷物产业科技园——"草原之门"有着巨大的经济效益、社会效益和生态效益，项目建成投产后，预计主要产品年均销售收入 140 754.6 万元，具有良好的经济效益。从社会效益看，可全面提升武川县及周边旗县燕麦和马铃薯生产加工水平，通过"一手牵农民，一手牵市民"，让农民忙时务农闲时务工、从旅，解决就业，推动农民增加收入奔小康，市民绿色消费得健康，搭建农民与市民互利共赢的桥梁，进而实现产业的可持续发展和社会效益的极大提升。该项目作为绿色农业、生态农业力作，具有明显的生态和环境效益。在生产过程，可有效增加地表覆盖，减少风蚀沙化和地表径流，通过轮作倒茬、土壤改良、用农家肥或有机肥代替化肥农药、标准化农田建设等，有效改善土壤结构和土壤环境；在加工过程中，采用先进、专用的绿色设备、技术和工艺，可有效节能减排降耗，各项能耗和排放指标均达到国家和内蒙古自治区标准。

燕谷坊自 2015 年起在"燕麦故乡"——内蒙古武川举办一年一度的"农民丰收节"，用订单收购保障的方式，让农民不愁种、不愁卖，以特别的庆祝丰收的仪式感增强农民的幸福感。经党中央批准、国务院批复，自 2018 年起，将每年农历秋分日设立为"中国农民丰收节"，这是第一个在国家层面专门为农民设立的节日，将极大调动起亿万农民的积极性、主动性、创造性，提升亿万农民的荣誉感、幸福感、获得感。

2018 年，在健康中国、消费升级的大背景下，燕谷坊集团秉承"一手农民、一手市民"的宗旨，以"农业＋互联网＋大健康＋金融"为基本思路，通过新零售技术赋能农业上下游，深耕"人、货、场"，打造中国领先的食养社区新零售平台——"味来智选"，形成集产品、互动、体验、服务、食养健康解决方案于一体的线上线下融合的 OMO 新商业平台，构建智慧商圈，首批计划完成新增 800 家线下体验店布局。

福建安溪铁观音集团股份有限公司

福建安溪铁观音集团股份有限公司是一家专业从事乌龙茶种植、生产、加工、销售、科研及茶文化传播的综合性大型企业。主营以安溪铁观音为主的"凤山"牌系列乌龙茶产品。集团前身是 1952 年创建的国营福建省安溪茶厂，是我国历史最悠久的安溪铁观音生产企业之一，经过 66 年的经营，集团获得诸多荣誉：全国首批农业产业化国家重点龙头企业、国家茶叶加工技术研发分中心、中国驰名商标、福建省院士工作站等，此外 1982 年起连续 9 年获得国家质量奖金奖。2014 年获国家科技部批复同意立项组建国家茶叶质量安全工程技术研究中心，并于 2018 年 7 月顺利通过科技部现场验收。

安溪铁观音集团秉承正心诚意、成人达己、规则清晰、共担共享的企业经营理念，通过组织化、平台化、合伙创业机制，打造合伙创业互利共赢的共享经营模式。安溪铁观音集团围绕"凤山"品牌实现茶产业的大众化、多元化、工业化、国际化，发展以茶为核心的消费品类，以丰富的产业链资源和创新孵化为核心手段，增强产业纵深发展和盈利能力。"品牌先导＋区域整合＋创新转型"已成为安溪铁观音集团新的发展之路。

湖北省黄冈市团风县农村能源领导小组办公室

一、情况简介

团风县农村能源建设领导小组办公室为正科级事业单位现有工作人员 14 人，其中：本科 3 人，专科 5 人，高中 6 人；下设三个股室——综合股、技术股、培训股。

团风大力推广农村沼气，在各级部门的支持下，县农村能源事业快速发展，取得了显著成绩。全县已建中小型沼气工程 120 多处，集中供气数达 7 000 多户，累计推广沼肥利用达 150 万亩次。中小型沼气工程建设和运行管理，以及"三沼"的综合利用，为加快团风县安全农业、高效农业、循环农业、生态农业的发展作出了重要贡献。

二、取得的主要成果和具体实施措施

1. 强化建设，注重管理。探索出适宜于团风农村能源发展的模式，在建设和管理过程中总结经验，改进技术，把团风农村能源事业带入良性发展的轨道。

2. 突破难题，技术攻关。团风县位于长江中下游，建设地埋式沼气工程，面临着地下水位高的问题，导致沼气工程在建设和后期大换料时引起池底破裂。团风县经过多次试验和实践，提出地下水泄压方案，并设计出泄压装置，自该装置安装以来从未发生沼气工程池底破损现象，彻底解决了地下水对沼气工程的影响问题。沼气工程预处理池和主体工程连接以往采用闸门的方式，但禽畜粪便所含杂质过多，容易造成阀门关闭不严，达不到预期效果，团风县技术人员设计出"以插代闸"进出料分级阻断装置，不仅节约资源，还提高效益。

3. 多方交流，积极创新。2011 年至今团风沼气人积极投入到沼气设备和技术的研究和学习。申报国家专利 10 项，其中发明专利 5 项，实用新型专利 5 项。团风沼气人积极参加学术交流并发表论文多篇。

领导调研视察图片

取得相关的荣誉证书和奖项

扶余市蔡家沟镇腰号村
绿兴蔬菜农民专业合作社

扶余市蔡家沟镇腰号村绿兴蔬菜农民专业合作社成立于2010年7月13日，当时组织机构成员仅有5人，注册资金100万元，由刘占军投资70%并担任合作社理事长，其他人员共投资30%担任合作社副理事、会计、现金员、监察员等。招收各屯有能力的人员10人担任代收经纪人，合作社经济大棚原有340栋，到2013年发展到670栋，人均纯收入由2010年以前的5 700元增加到2013年人均纯收入15 000元，为带动农户发展大棚事业打下了坚实的基础。

2013年6月，刘占军当选为腰号村党支部书记，兼任绿兴蔬菜合作社理事长的他，更加信心百倍，多次召开以"合作社＋农户"为指导思想的会议，鼓励农户入股分红，发展大棚经济。随着合作社发展的好势头，规模不断壮大，经济合作社理事长提议，并经社成员同意，壮大合作社组织机构，在工商局注册资金550万元，合作社组织机构62人（其中理事长1人、副理事长2人、会计1人、现金员1人、经纪人9人，监事1人、市场营销人员47人）。同年，在国家工商总局注册"绿丘"牌无公害商标，最初是以黄瓜、豆角、西红柿为主的单一发展，现在已形成多种蔬菜种植品种（西瓜、香瓜、油黄瓜、甘蓝、火龙果）多样化发展。合作社大棚发展到713栋，种植面积3 855亩，带动入社农户485户，带动劳动力1 350人，年产蔬菜1.5万吨，产值2 951万元，人均收入2万元左右，同年12月被评为"省级服务'三农'先进合作社"。

2015年借助扶余市棚模蔬菜生产示范区建设的强劲东风，绿兴蔬菜农民专业合作社又迎来了新的发展机遇，在市委、市政府的大力支持下，在各部门大力帮助下，当年建设蔬菜大棚150栋，蔬菜批发市场1万平方米，办公室800平方米，新上电力设备价值60万元，新建塑料制筐厂2个（年生产150万个）。合作社棚菜收入6 400万元，人均收入23 000元。被省、市评为先进合作社，荣获服务"三农"贡献奖，是松原市16个绿色无公害蔬菜生产基地之一，示范基地。

2106—2018年，为了更好地发挥批发市场作用，合作社地面全部硬化，安装路灯60盏，打井40眼，新建钢架大棚62栋，日光温室大棚4栋，资金来源一部分是贷款，一部分是自筹，新建的日光温室一年四季生产有机蔬菜。合作社的宗旨是"以信誉求发展，以质量求生存"，为客户提供产、供、销、包装一条龙服务，因此本合作社的绿色无公害蔬菜远销全国各大市场，蔬菜销售供不应求，蔬菜收入达到7 800万元，人均收入达2.8万元左右。这三年间，多次被评为"国家级先进示范社""国家蔬菜经济300强"等荣誉称号，被吉林省评为"先进合作社基地"，被松原市评为"绿色蔬菜基地"，被扶余市评为"绿色蔬菜基地"。

合作社的不断发展壮大，需要很大的资金投入，2018年拟申请中央财政农业发展项目扶持资金，重点用于合作社大棚基础设施建设，项目总投资35万元，合作社组织自筹资金10万元，申请财政扶持资金25万元，项目实施时间为2018年11月，完成时间为2019年5月。

项目建设完成后，对发展绿色生态农业，开展标准化生产等起到推动作用。本合作社将借用国家棚菜扶持政策的东风，更加信心百倍，为广大农户取得了经济效益和社会效益，为社会主义新农村发展棚菜建设探索了一条新路，组织合作社成员改造生产基地，发展绿色无公害蔬菜，按照农业标准化要求进行生产种植，带动更多的农民走向新的农业生产模式，增加菜农的经济收入，大力发展"合作社＋农户"，为争创"三位一体化"努力奋斗。

商都县鑫磊蔬菜专业合作社
商都县鑫磊电子商务有限公司

商都县鑫磊蔬菜专业合作社地处两省（即：河北省、内蒙古自治区）三县（商都县、化德县、尚义县）交汇处。涉及10个村民小组、670户、2 368人；有耕地面积21 870亩。下辖1个自建基地和3个乡镇基地，即：商都县七台镇、十八顷镇及小海子镇基地；有绿色蔬菜认证面积11 000亩，有机蔬菜认证面积600亩。注册资本500万元，共拥有资产2 080万元。

商都县鑫磊蔬菜专业合作社以"蔬菜立社、以品牌强社、以杂粮杂豆兴社"为抓手，全力打造"鑫淼"牌蔬菜、杂粮等产品。蔬菜类有：南瓜、彩椒、青椒、樱桃柿子、西芹、马铃薯、秋葵等20多种精品蔬菜。瓜果类有：贝贝瓜、甜瓜、西瓜等。杂粮杂豆有：红豆、小芸豆、糯玉米、炒米、马铃薯粉等。"鑫淼"牌蔬菜经营种类不断增多，经营方向不断深入。

为了保证农民种前有计划，种后有销售，实现稳中增产增收，鑫磊合作社采取"合作社＋基地＋农户"发展模式，以市场为导向，大力调整种植结构，为社员的蔬菜生产、经营提供产、供、销一条龙服务。推动镇域经济的快速发展，真正形成合作社与农户互惠互利、相互依存的利益共同体，努力发展成为龙头带动，共同富裕的新型典范。

商都县鑫磊蔬菜专业合作社本着"有机、环保、绿色"经营理念，精心打造"鑫淼"品牌蔬菜。根据市场和客户需求，2014年成立了鑫磊电子商务公司，解决了"网货"进农村和农产品外销的"最后一公里"难题。目前以乐淘村、淘宝、阿里巴巴、万村千乡、乡土中国等为主要平台给广大农民群众直接提供最方便快捷的网购等服务。通过免费试吃、天天特价、微海报、直通车等促销活动，产品畅销于北京、天津、安徽、河南、河北、江苏、杭州等全国各地。得到了广大消费者的赞誉和青睐。

2013年按照国家最新认证产品检测标准规定，商都县鑫磊合作社的11 000亩蔬菜基地被授予"绿色食品"认证。2016年在农业产业化大棚蔬菜种植基地，建设了追溯体系，运用萤石云视频监控、监督和管理绿色、有机蔬菜种植地的整个生产管理过程，能够真实地看到蔬菜生产的来龙去脉，让消费者直观地了解到鑫磊合作社各种蔬菜的优质真实性，也可通过视频选择自己喜欢的蔬菜品种，直接以地块或具体到株的认购，并随时对自己认购地块进行监督，直到合作社通过物流将蔬菜配送到客户手中，让消费者真正吃到绿色、有机蔬菜，享受健康生活。2016年8月在呼和浩特市举行全区创业创新决赛中，农产品追溯体系荣获第二名。2009—2016年连续被评为"国家级示范社""消费者信得过单位"等荣誉称号。

国家对农业发展的重视程度越来越高，为鑫磊蔬菜专业合作社的发展带来了千载难逢的机遇，鑫磊蔬菜专业合作社已制定了更为辉煌的发展规划，正撸起袖子为全力打造中国有机食品知名品牌而扬帆前行。

怀仁县文亮农机专业合作社

怀仁县文亮农机专业合作社位于山西省怀仁县新家园镇赵麻寨村，成立于 2010 年 7 月，注册资金 150 万元，合作社服务项目有农田作业、技术培训、信息咨询、农机维修、灌溉等。

近年来，在山西省朔州市怀仁县农机部门的大力支持下，合作社坚持"运行企业化、管理科学化、生成规模化、作业标准化、经营市场化"的发展思路，采取带机入社、出资入股、带地入社等 3 种经营模式，全面提升服务能力。2013 年合作社被省农业厅评为"山西省农民合作社省级示范社"；2015 年被朔州市农机局评为"三星级文明农机维修网点"，被省农机局评为"2014 年度山西省示范合作社"；2016 年被农业部评为"全国农机合作社示范社"；2017 年被中企国质信（北京）信用评估中心评定为"中国质量信用 AAA 级示范社"。

现在合作社建成占地面积近 1 公顷的农机大院 1 座，拥有各类农机具 117 台（套），其中 80 马力以上拖拉机 10 台，20~80 马力拖拉机 15 台，旋耕机 17 台，精少量播种机 22 台，免耕播种机 4 台，旋播机 1 台，高低隙自走式喷杆喷雾机 3 台，电动喷雾机 6 台，无人植保机 1 台，玉米联合收获机 17 台，谷物收获机 1 台，秸秆还田机 4 台，深松机 8 台，犁 10 台，机械设备原值达 492.9 万元。合作社年经营收入 767 万元，盈余 213 万元，社员人均收入达 1.97 万元，为当地农民收入和农业发展做出了积极贡献。

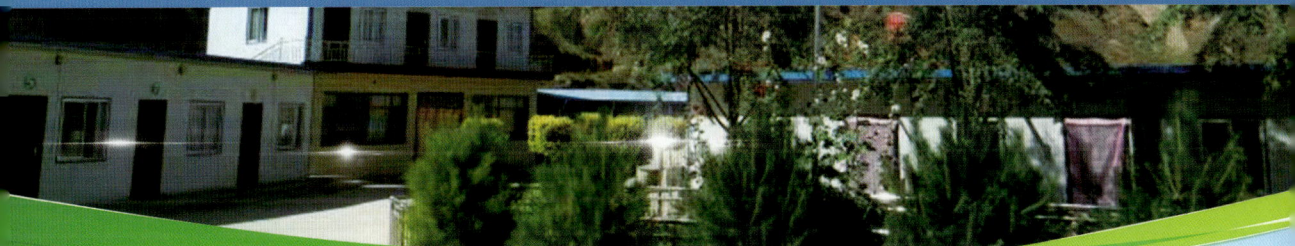

定西鸿德农牧农民专业合作社

定西鸿德农牧农民专业合作社位于甘肃省定西市安定区内官营镇崖湾村，于 2013 年成立。现有社员 106 名，专职工作人员 8 名，其中管理人员 2 名，具有高级资格的畜牧兽医技术人员 2 名，饲养员 4 名。拥有"鸿德佳欣"注册商标，2017 年被评为省级示范合作社，属甘肃省草产业协会会员单位。

合作社场区占地面积 23.6 亩，办公区、草料加工区、生产养殖区、污物处理区严格分开。现存栏肉羊 1 500 只，基础母羊 605 只，年出栏肉羊 5 000 只以上，年销售收入 600 万元以上。同时通过土地流转、养殖技术分享、帮带羊只销售、技术培训、饲草订单等途径辐射带动周边 100 余户群众发展肉羊养殖和牧草种植。

该种养结合合作社的建成投产，对推进周边地区规模养殖和品种改良及牧草种植产生深远了的影响。通过"公司 + 合作社 + 农户"的运营模式和大力推广良种、良舍、良料、良法的"五良"养殖技术，带动周边群众大力发展设施养羊，改良品种，大幅度提高了养殖规模和养殖水平及牧草种植面积，增加了经济效益和社会效益。

吴忠市伊禾农机服务有限公司

吴忠市伊禾农机服务业有限公司成立于 2011 年 3 月，注册资本 100 万元，法人代表谭振龙，位于利通区金积镇东大桥十字路口。公司现有员工 27 名，大专及以上学历员工 3 名，高中以上文化程度员工 17 名，取得中高级职称员工 11 名，初级职称员工 8 名，公司下设办公室、财务室、深松深翻服务队、秸秆还田离田服务队、植保飞防服务队、土地托管代耕代种服务队 6 个部门。下辖吴忠市二级农业机械修理服务中心、吴忠市智慧农业科技社会化服务中心、吴忠市振龙农机专业合作社。先后被授予"全国 50 佳优秀农机专业合作社""宁夏三星级农机作业服务公司"、"自治区级农民合作社示范社"、"宁夏首届农机手大赛冠军"、"吴忠市农村残疾人帮扶扶贫基地"等称号。

近年来，公司在自治区科技厅、农牧厅的大力支持下，按照"促进农业提质增效，实现农民增收致富"的思路，加大投入，强化服务，坚持走智能化、精准化、功能化发展方向路子，业务、收入实现了双赢。经过多年努力，公司已经打造了一支专业化服务队伍，创新发明了枸杞栽植用开沟机等发明专利 4 项，研究开发了深松碎土一体机等实用新型专利 7 项，填补了农机发展中的空白。公司现拥有大中型农机具 73 台（套），服务场地 7 500 平方米，机具库棚 2 100 平方米，办公用房 500 平方米，年均作业服务面积达 20 万亩，形成了远程操作、深松耕种、激光平地、植保、施肥、收割等一体化的智能农业机械化服务新格局。

2018 年，公司大胆创新、开拓进取，打造了农机农艺融合智慧平台，采取北斗导航、无人驾驶精准种植、小麦（均播）玉米高效节水种植技术、智能水肥一体化、农作物病虫害飞防技术、机械化蔬菜育苗起垄、覆膜、移栽技术，建设了 1 600 亩的常规粮食作物智能精准化种植示范基地和 230 亩的蔬菜机械化种植示范基地。上半年，公司实现收入 107 万元，其中：机械化精准作业实现收入 44 万元，无人驾驶精准种植实现收入 6 万元，农作物病虫害飞防技术服务实现收入 2 万元，古城新华桥和金积塔湾示范基地实现收入 55 万元。下一步，公司将通过开展深松深翻、机械化收获、秸秆还田打包、蔬菜复种、植保飞防等服务，加快智能新技术推广，提升农业社会化服务水平，预计全年实现收入 450 万元。

汕头市顺杰农机种养专业合作社理事长先进事迹

马学杰，男，1985 年 12 月出生，汕头潮阳人，中共党员，现任汕头市顺杰农机种养专业合作社理事长。

马学杰 2005 年从部队退伍后开始追随父辈从事农业，2009 年成立汕头市顺杰农机种养专业合作社，成立后主要为粤东地区开展全程机械化技术的应用和推广，研究出一套适合粤东地区水稻全程机械化的生产方案。为潮顺粮食生产示范场 5 000 多亩耕地提供全方位的服务，并为周边 1 500 多户农民服务，带动周边农民脱贫致富，覆盖 50 000 多亩耕地。

近几年由于极端天气频繁，在早稻收割时常遇到台风、连续雨天，农户稻谷无法晾晒，马学杰为周边农户提供烘干服务，自己的稻谷却无法及时烘干变质损失 300 多吨。他还牵头本地其他种粮大户为小农户服务，维护了本地区的稳定。

马学杰自 2005 年参加工作以来，满怀对农业、对农村的深厚情感，收获了很多荣誉：2017 年 8 月评为"广东百佳新型职业农民"；2017 年 12 月被广东省关心下一代委员会评为"农村创业优秀带头人"；2017 年 12 月荣获"全国农业劳动模范"称号；2018 年 5 月荣获"广东五四青年奖章"；2018 年 9 月荣获"全国十佳农民"。

德令哈市新声堉种植示范区专业合作社

德令哈市新堉种植示范园区专业合作社成立于2010年5月28日，是一家以无公害果蔬、生态采摘、餐饮住宿、休闲娱乐、冷链物流配送、科技培训等产业为一体的股份制农民专业合作社。合作社注册资金1.2亿元，现有社员95人，其中各类技术人员15人，拥有土地面积3 000亩。合作社组织健全，管理规范，经营有序，经济社会生态效益良好。

新堉合作社为发展现代农业，通过优化资源配置，调整结构，于2010年实施建设了德令哈市千棚果蔬生产基地。共建成高效日光节能温室2 420栋（每栋0.5亩），所有温室全部配套电动及自动化控制系统。另外，已建成投入使用：办公科技培训中心1座7 500平方米，生态餐厅1座3 700平方米，员工宿舍楼1座3 900平方米，生态家园4座1 100平方米等农牧民培训、餐饮住宿、休闲娱乐设施。2016年又建设农畜产品集散中心，占地35亩，包括保鲜库10间，冷库2间等设施及设备。截止2016年底，合作社已累计投入各类资金达3.8亿元。

目前，千棚果蔬生产基地主要生产的果蔬种类有黄瓜、西红柿、辣椒、菜瓜、韭菜、菜花、莴笋、茄子、菠菜、上海青、茼蒿、芹菜、西瓜、甜瓜、草莓、油桃、水蜜桃、蟠桃、樱桃西红柿、葡萄等20多个果蔬品种。果蔬产品已通过青海省无公害产地及国家农业部无公害产品认证。2016年合作社向当地市场供应果蔬达4 500吨，销售收入达1 550万元，餐饮住宿等收入400万元，合计各类收入达1 950万元。极大地丰富了德令哈菜篮子市场，满足了市民生活需求。同时充分发挥果蔬集散中心的作用，节假期间加大果蔬产品市场投放量，对平抑当地市场物价、丰富产品供给发挥了重要作用。

目前，周边乡村有近400名农牧民在合作社长期就业，年人均收入达36 500元，既解决了农牧民的就业问题也提高了他们的生活质量。合作社通过开展座谈交流、集中培训、精准扶贫等工作，辐射带动了周边希望村、新秀村、新民村、晨光村、兴旺村、花土村等蔬菜种植户近500户，户均增收2 000元左右。

合作社长期开展"爱心捐赠"、"拥军优属"、"扶贫助残"、"敬老爱老"等社会公益活动。每逢过节都会为社区及敬老院送去园区自产的绿色无公害果蔬和生活必须物资。关爱青少年的健康成长，为学校送果蔬产品并组织学生来园区参观体验游玩。从2013年至今，累计献爱心资金达10万余元。

2014年合作社与青海畜牧兽医业职技术学院建立了产学研一体化社会实践基地。自2014年至今，已接纳学生5批230人（次）。学生实训期间，合作社努力为学院的师生提供良好的学习、生活、实训条件，让学生有机会将自己在课本上所学的专业理论知识运用到实践当中，能够更好地学习到真正的技术而不是纸上谈兵。通过校企合作的开展，实现了学校与企业的资源优势共享，同时也为今后学生步入社会打下了良好的基础。

合作社自成立以来，先后荣获：全国一村一品示范村、全国社会扶贫先进集体、全国农名专业合作社示范社、全国科普惠农兴村先进集体、全省首批农牧民专业合作社省级示范社、省级农业科普示范园市园区、省及产业化扶贫龙头企业、社会组织党建工作省级示范点、省级科普示范基地、州级重点龙头企业、州级科普示范基地、州级民族团结进步模范单位、州级精准扶贫卓越贡献先进民营企业、州级科普工作先进单位、市级种植示范基地、全市非公经济先进党组织、市爱心捐赠单位等荣誉称号。

孟卡荣村合作社

孟卡荣村共有119户、555人，合作社总面积3 300平方米，注册资金为811 000（捌拾壹万壹仟元）元，有糌粑加工厂、磨面加工厂、车库、种子包衣房等。合作社成立之初有社员13人，2013年以后全村村民均为合作社社员，陆续增添各类机械设备34台（套）其中农用机械20台。各类机械折合人民币共180万元，其中50%享受国家农机购置补贴，其他（其余资金）村委会自筹。各类机械除满足本村耕地2 009.14亩外，对外作业促进增收。合作社上联市场、下联农户，将农民分散的耕地由合作社集中连片种植，统一选种、统一种植、统一管理、统一销售，融产供销于一体，实现规模化、专业化、标准化的现代农业产业经管理模式，具有较好的经济效益和社会效益。

一、节约

统一连片种植，统一管理。使全村从"小农经营"的传统模式中解放出来，转向二、三产业，促进劳务输出、提高土地面积，仅2016—2018年本村就解决富余半劳力就业56人，发放工资150余万元，5年来耕地由原本的1 267.35亩增至现在的2 009.14亩。

二、无公害种植

本村所（产量的）有农作物均为无公害种植，主张从源头上减少对人体的（公害）损害，杜绝使用化肥培植农作物，现全村青稞、小麦等均为无公害粮食作物。

三、增收增效

1. 统一选种。自选种优良种子以来，本村青稞、小麦由亩产640斤增至现在的840斤，全村粮食每季增产400 000斤，种子包衣价格3元1斤，折合人民币相当于每个产季增收120万元，1年2季增收240万元。

2. 统一销售。自统一销售以来，本村统一将全村农户需要销售的青稞小麦包衣统一销售，由原本散户销售2元的价格升至集体销售3元。自合作社成立以来，本村销售种子简介如下：2013年，出售优良青稞种子35 000斤、小麦优良种子90 000斤，折合人民币375 000元；2014年，出售优良青稞种子63 000斤、小麦优良种子147 000斤，折合人民币661 500元，同比增长76.4%；2015年，出售小麦优良种子240 000斤，折合人民币72 000元，同比增长63.2%；2016年，出售小麦273 300斤、青稞44 000斤，折合人民币950 000元。

3. 统一管理耕种。从耕种到收获机械，原本全村土地播种平均5亩需7人来完成，现只需1人。

蒲江县金鹅山猕猴桃专业合作社

蒲江县金鹅山猕猴桃专业合作社地处五绵山脉，位于临溪河畔，金鹅山下。合作社创建于2011年6月28日，发起人为仲际忠等9人，注册资金为108万元。2014年变更登记为150人，注册资金150.30万元。目前种植面积为4 000余亩。至2017年，投产面积达到3 500余亩，合作社已获得《诚信经营示范单位》《四川省质量·信誉双优单位》《"十佳"农民专合组织》《绿色生态种植示范单位》《农民合作社省级示范社》等荣誉。2017年9月，合作社获得有机产品认证1 000余亩。目前合作社主要以红心猕猴桃和黄心猕猴桃为主导产品。

洪泽县三河镇祥发农机服务专业合作社

　　洪泽县三河镇祥发农机服务专业合作社地处风景秀丽、土壤肥沃、水质优良的全国五大淡水湖之一的洪泽湖畔，成立于2008年4月，成员236人，注册资金397.13万元。合作社现有各类农机具385台套，合作社拥有"三库二室一间"1 600平方米，晒场5 000平方米和烘干房1 500平方米，种植土地15 800亩，同时承担了江苏油田农场6 390亩农田全程机械化保姆式服务。合作社从最初单纯农机服务发展为从事农机作业一条龙服务和土地流转自主经营的农民合作社综合示范社。

　　合作社是"江苏省五星级示范合作社""江苏省农民专业合作社示范社""江苏省农机化科技示范基地""江苏省售粮大户""南京农业大学大学生社会实践基地""江苏省科技化农机示范基地""国家粮食丰产科技工程科技特派员工作站"和"全国农机合作社示范社"、2014年雷沃杯"全国20佳农机合作社理事长"、2015年"全国精耕杯五十佳合作社"、2016年"全国精耕杯三十佳创新示范合作社"。

　　近年来为了不断增强合作社活力和竞争力，着力发展有机农业和生态农业，利用良好的生态环境，以种植红花草为生态肥料，进行红花草与水稻轮作，在稻田中放养麻鸭除虫除草，全程实施水稻科学种植技术，建立质量安全追溯管理电子化档案，及时发布质量安全追溯管理信息，定制"从田头到餐桌"的优质绿色有机稻米，为推进绿色农业、生态农业的发展起到较好示范带动作用。

绥阳县雅泉小康农业专业合作社

　　绥阳县雅泉小康农业专业合作社成立于2013年5月。目前，已建成年育苗300万株育苗中心1个，绿色食品示范基地"何家沟蔬菜县城直供基地"1个，无公害蔬菜基地2个。已有种植大户10户，种植面积600余亩。年产销量蔬菜3932吨，实现利润30余万元。通过土地流转、解决剩余劳动力就近就业、流转土地利益联结带动周边农户200余户，实现户均增收1.5万余元。合作社2014年被评为省级农民专业合作示范社，2015年被评为市级农业产业化经营龙头企业。2016年被评为国家农民专业合作示范社。小康合作社2016年已成功申报的无公害农产品有辣椒、大白菜、西葫芦、结球甘蓝4个，2017年成功申报的无公害农产品有苦瓜、南瓜、平菇，大葱4个农产品。申报成功的无公害农产品共8个。

　　绥阳县雅泉小康农业专业合作社能取得今天的成绩，主要做到了以下几点：

　　一是找准市场导向，规避市场风险。合理的种植规划和决策，是合作社当年经营是否盈亏的关键，蔬菜生产效益受市场影响较大。为此，合作社通过调查市场、分析市场，根据市场变化趋势来决策组织生产。合作社不搞单一品种专业化种植，而是根据茬口衔接重点选择2~3个品种进行种植，货源不足时实行多个专业合作社联合装车发售，有效规避市场风险，降低损失。

　　二是把握销售环节，拓宽销售渠道。合作社固定销售市场主要以遵义、重庆市场为主，收获季节由专人组织人员及时采收，并随车到相应的市场进行销售。同时合作社注重广结善缘，与市场经纪人建立好关系，利用经纪人临田收购进行销售。采取多种营销方式拓宽销售渠道。

　　三是强化内部管理，提高工作效率。合作社内部管理上严格按照合作社章程进行管理，规范合作社经营行为，坚持诚信经营。对内部管理人员进行分工，生产、销售、财务都明确专人负责，实行分工协作，各负其责。在大量用工的基础上，选择了20名工人作为固定农民工，对他们实行月薪制，按工作效率进行奖励，从而解决了合作社用工难题，提高了工作效率。

　　四是注重开展试验、示范和技术培训，推动产业发展。合作社通过品种试验、示范和技术培训，一是对合作社的品种更新、技术提升、标准化栽培、科学种植起了促进作用，二是促进了技术交流、示范带动，推动了全社区蔬菜产业的发展。

　　五是创新组织管理模式，发挥引领作用。合作社在当地党委政府特别是雅泉社区居委会的大力支持下，积极参与探索和协调在产业链上建立党支部的工作，成功组建了特色种植党支部，采取"支部＋合作社＋种植户"的模式，充分发挥农村基层党组织的致富带头作用，在带头做给群众看的同时，还为全社区种植、养殖户提供技术指导、市场分析、产销联系、冷藏运输等服务。

　　冯登跃2016年成功当选为雅泉社区党总支书记，社区已精准识别贫困户76户234人，2016-2017年带领27户104人成功脱贫。2017年带动雅泉社区农民人均收入同比增加8.5%。2017年12月又获得全国农业劳动模范称号，2018年利用产业扶贫量化到户项目带动6户贫困户31人增加收入，利用蔬菜种植产业扶贫项目为无劳动力政策保障兜底的建档立卡贫困户40户102人增加收入，实行"合作社＋贫困户"代种蔬菜模式，为贫困户增加纯收入615.5元/户。

小平房村

小平房村位于建平县城郊东南5千米处，毗邻101国道。全村共辖7个自然屯，13个村民组，881户，3 167口人，土地总面积2.8万亩，耕地面积5 303亩。小平房村先后荣获"全国文明村""全国生态文化村""全国创先争优先进基层党组织""辽宁省先进党委"等荣誉称号。小平房村村党支部书记钱学余本人也先后荣获了全国劳动模范、辽宁省优秀共产党员、辽宁省道德模范、辽宁好人·时代楷模等荣誉称号；2012年5月又光荣当选为党的十八大代表。

多年来，小平房村坚持"依托资源强工业，工业发展哺农业"的新农村建设路子，带领全村人民一心一意搞建设，众志成城奔小康，逐步实现了集体经济、农民收入、精神文明、村容建设和民主管理五大突破，在社会主义新农村建设中迈出了坚实的步伐。小平房村始终坚持科学发展、走共同富裕之路，开创了以村办集体工业富民兴业的道路，在工业强村的同时，用"以工哺农"的理念谋划发展，构建起可持续发展的产业平台。目前，全村形成了以生态农业园区、果业园区、工业园区及辽宁天秀山森林公园旅游区为龙头，可持续发展的四大主导产业。在抓经济建设的同时，始终把群众的呼声作为第一信号，把群众的需求作为第一选择，把群众的满意作为第一目标。大力加强全村文化、教育、养老、卫生等公共基础设施建设，拥有全县一流的小平房村小学、村民文化活动中心、敬老院，全村所有村屯主干道全部硬化、绿化、亮化，全村全部通了自来水。小平房村为60岁以上村民享受村发放养老补贴400~2 000元，村民子女上大学享受2 000~5 000元的奖励，特殊困难户享受村里的困难补助。

2017年，全村工农业总产值达1.3亿元，农民人均收入2.3万元，创造了令人瞩目的"小平房奇迹"，形成了令人惊奇的"小平房现象"，以骄人的业绩获得了"辽西第一村"的美誉，成为新农村建设的一颗耀眼明珠。

中共十八大代表钱学余在辽宁组讨论组发言
2012.11

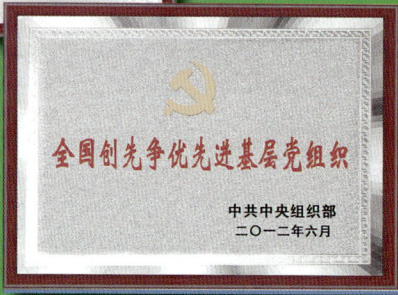

全国文明村镇
中央精神文明建设指导委员会
2011年12月

全国创先争优先进基层党组织
中共中央组织部
二〇一二年六月

美丽乡村张北县德胜村

河北省张家口市张北县小二台镇德胜村包括6个自然村，443户1 176人，土地草场资源丰富，距张北县城10千米，距草原天路16千米，距中都草原12千米，区位优势独特。

自从全国范围实施精准脱贫工作以来，在历任扶贫工作队的帮扶下，德胜村实现了翻天覆地的变化。特别是2017年1月24日，习近平总书记踏着皑皑白雪来到德胜村看望广大干部群众，使全村的党员干部、父老乡亲受到了极大的鼓舞和振奋。为全面落实习近平总书记的重要指示，全村上下心往一处想、劲往一处使，在河北省工业和信息化厅驻村扶贫工作队帮扶下，因地制宜、精准施策，有力有序地推进脱贫攻坚各项工作。一是全力做好顶层设计。根据村情民意和发展形势，在工作队帮助下制定了《德胜村2018—2020年脱贫攻坚行动计划》，明确了总体要求、重点任务和保障措施，使德胜村有了能够打赢脱贫攻坚战的行动纲领。二是巩固发展光伏电站。工作队帮助德胜村直接建设和协调企业建设起两座合计500千瓦的村级光伏电站，设计年发电量75万度，2017年全部并网发电，年创收60多万元。同时，流转土地2 600亩，引进亿利资源建了5万千瓦的设施农业光伏扶贫电站，成为村集体和贫困户稳定增收的"太阳银行"。三是做大做强马铃薯产业。发挥资源优势，建了280个微型薯大棚，由村集体所有、合作社统一管理、村民承办经营，2017年共收获2 200万粒，每棚增收1.5万元，2018年收获的形势更加喜人，德胜村也由此被农业农村部认定为第八批"一村一品"示范村镇。四是积极打造美丽乡村。在马鞍架、徐家村这两个自然村的原址，规划建设了占地440亩、220户德胜新村，目前基建工程已全面铺开，一期102户建设任务已基本完成，年底前能够交钥匙。

受总书记的真情关怀，有中央、省、市、县、乡的大力支持，德胜村经济社会发展发生了很大的变化，下一步德胜村将以习近平新时代中国特色社会主义思想和党的十九大精神为指引，认真贯彻乡村振兴战略，全力把习近平总书记的殷切嘱托落到实处。一是因地制宜、精准施策，使建档立卡的145户290人在2018年全部脱贫，德胜村脱贫出列，确保在全面建成小康社会的路上一人不少、一户不落。二是统一整合全村土地资源，以德胜农业开发公司为龙头发展富民产业，并积极推动北京裕农公司马铃薯种植试验项目落地，探索农企合作、双赢发展新路径，使德胜马铃薯提质量、树品牌、提升知名度。三是加快推进德胜新村建设，全力完成剩余建设任务，使拆迁户全部按时入住，同时配套好村委会、幼儿园、幸福院、展览室等公共服务设施，提升群众生活质量，深入挖掘民俗文化，早日建设成一个集居住、生态、旅游、观光于一体的美丽新农村。

2017年5月10日，河北省省委副书记、省长许勤到德胜村考察马铃薯育苗大棚。

桃 林 沟 欢 迎 您

阳泉市郊区平坦镇桃林沟村简介

阳泉市郊区桃林沟村，地处城市近郊，国土面积1.86平方千米，耕地面积1 030亩，农业人口1 027人，两委班子成员8人，党员73名。近年来，桃林构村强力推进"经济建设创强村，环境建设创靓村，新农村建设创名村"的三创战略，坚持以"艰苦创业不止步；强抓机遇不满足；与时俱进不落伍；一心为民不懈怠"的精神为动力，着力在转型发展上谋求新突破，先后建起太阳石建筑材料有限公司、赛诺纷末制品有限公司，实现了由"地下到地上"的跨越，全村固定资产4亿多元，农民人均收入1.8万元。

为了发展乡村旅游，桃林沟村始终倡导生态农业与休闲旅游相结合，建有会议中心，生态园、农家乐等基础设施，桃花源里公园、水上人家、桃花园等景点；游乐场、跑马场、卡丁车场，滑雪场等娱乐场所，是游客春日踏青、秋游采摘、赏心悦目的假日出行胜地，有"全国八大迷人桃花园"之美誉，2014年4月被评定为国家4A级旅游景区。2016年桃林构村投资5 680万元建起了桃河民俗文化园，该项目主要以清末民初商镇建筑景观和旧时风情为表现形式，模拟平潭历史街区模式，把优秀民俗文化与本土特色小吃荟萃一园，为游客打造一个全方位体验本土民俗和寄托乡愁的胜地。同时，我们抓住西河滩果蔬市场搬迁和漾泉大道建设的有利时机，通过招商引资建设的桃林沟果蔬交易市场，建筑面积66 000m²，是一个集蔬菜、水果、粮油、海鲜为一体的大型批发市场。建筑面积为25 000m²的"水上世界"是一大型水上文体娱乐活动项目，设施完善、环境舒适，是市内外游人消暑纳凉的极佳去处。三个项目的建成将提供就业岗位1 000余个，为周边村民创业提供更多的就业创业平台。

为了增进农民福址，桃林沟村围绕住有所居，建起"桃林人家"住宅区，配套齐全，家家户户住进了新楼房，围绕学有所教，建有标准化幼儿园、小学和中学学生全部在市区学校就读，设立奖学金制度，对考入重点大学的本村学生奖励2万元，围绕病有所医，实行新型农村合作医疗制度，男60岁，妇女55岁村民退休每月可领到700~1 600元的养老退休金，退休村民人均年收入10 000元；围绕民有所乐，组建有锣鼓队、秧歌队。晋剧团、职工书墨。建园，便民服务中心，惠民生情系百姓，新群众凝聚人心。桃林沟村先后荣获"全国文明村、全国先进基层党组织、全国生态文化村、全国尊老敬老模范村"等诸多荣誉，今日的桃林沟是一个农民群众安居乐业、文化生活丰富多彩、干群融洽家庭和睦、人与自然和谐发展的幸福园。

武威蜻蜓村

蜻蜓村有 13 个村民小组，803 户 2 611 人，土地总面积 4 320 亩，其中耕地面积 3 100 亩，人均耕地 1.2 亩，属井水灌区。境内有市级文物保护单位清凉寺，有幼儿园 1 所，小学 1 所，村级卫生所 1 处，个体企业和工商户 82 户。全村经济收入主要以日光温室蔬菜、现代农业、乡村休闲旅游为主。2017 年全村农民人均纯收入达到 15 949 元，其中乡村旅游和设施农牧业收入占农民人均纯收入的 85%。规划建设新型农村社区，建成二层小康住宅 60 栋 120 套，住宅楼 19 栋 684 户，生活面貌极大改善。围绕坚强堡垒、凝聚群众、便民利民，建成集党组织活动、便民服务、民主议事、教育培训、文化活动等功能于一体的综合阵地 1 273 平方米。先后被国家、省、市、区评为"甘肃省创先争优先进基层党组织""甘肃省卫生村""全国妇联基层组织示范村"，2015 年被农业部评定为"中国最美休闲乡村"，2017 年被甘肃省评定为"全省乡村旅游示范村"。

走进蜻蜓村，一条条村道宽敞平坦，一幢幢社区楼房拔地而起，一座座小康住宅雅致靓丽……令人处处感受到它独特的新农村韵味。村容美丽整洁、村民富裕和谐，这里已成为集观光、休闲、度假、旅游等为一体的"宜居、宜业、宜游"美丽乡村。

红色教育基地

开心农场

宁夏银川市永宁县闽宁镇原隆村

2012 年以来，宁夏银川市永宁县闽宁镇的易地扶贫搬迁移民新村——原隆村通过配套"葡萄+""光伏+""旅游+"等产业，使全村 1 998 户、1 万多移民在 4 年多的时间内全部实现了脱贫，变成极具特色的富裕村。

"葡萄+"：兼收并蓄保就业

从银川市区沿贺兰山西行 10 多千米，就来到了原隆村。高大的门楼，整齐的街道，移民新村透着一派繁荣景象。自 2012 年起，1 万多移民带着美好期望陆续从宁夏南部贫困山区的原州区和隆德县搬迁到这里，开始了新的生活。新村四周，是一望无际的酒庄和葡萄园。原隆村地处贺兰山东麓葡萄酒产区，这些葡萄园不但是原隆村坚固的生态屏障，也是村民们脱贫致富奔小康的主阵地。

酒庄集葡萄种植、葡萄酒酿造和观光旅游为一体，产业附加值高，具有吸纳不同年龄段移民就业的能力，既能确保移民稳得住，也有利于实现尽快脱贫。

"光伏+"：农光互补扶贫重点

在原隆村，白墙灰瓦、陇东风格的新民居透出浓浓的文化韵味，而街道旁矗立的大型光伏发电板，则为移民新村增添了玄幻的科技感。"光伏+"不仅为原隆村免费提供电力，而且对帮助重点人群脱贫发挥了重要作用。"光伏+"集发电、种植养殖、观光旅游等为一体，具有业态互补、点对点精准扶贫等优点。

"旅游+"：增添发展新动能

先进的产业配套理念将原隆村这片曾经的荒漠戈壁变成了如今山林互映的诗意田园，为发展旅游业创造了优越条件。2016 年闽宁镇出台规划，将"旅游+"列为原隆村主导产业，这为移民新村持续发展增添了新动能。

走进宁夏青禾农牧科技开发有限公司红树莓种植基地，智能玻璃大棚里绿意盎然。大棚对面，是一列长长的火车旅馆。如此的混搭，是产业融合的结果。红树莓种植基地是集红树莓种植、产品研发、深加工、旅游观光、休闲度假、健康养生为一体的田园综合体，有生态餐厅、列车旅馆、滑草场等旅游设施，大型玻璃连栋智能温室可确保四季旅游，游客可以在这里观光、采摘、吃饭……以旅游业为引导，让游客在旅游体验中了解绿色理念，消费健康产品，三次产业深度融合，可大幅提高企业综合效益。

在原隆村，青禾公司、立兰酒庄、华盛绿能公司都在发展旅游业，立兰酒庄年游客接待量突破6 万人次，规模十分可观。这 3 家公司共流转土地 6 300 多亩，占原隆村土地总面积的 90% 以上，可以说，原隆村全域旅游格局已具雏形。不仅如此，原隆村还计划将旅游业与黄牛养殖业融合起来，搞特色餐饮，使之成为原隆村发展民宿旅游的一个重要组成部分。

兰陵县卞庄街道代村

兰陵县卞庄街道代村处城乡结合部，村域面积3.6平方千米，耕地面积3 000多亩，现有村民1 200多户、3 600多人，1999年以后，该村挖掘其历史、人文、区域、农业等资源优势，从发展现代农业入手，延伸农业产业链和价值链，拓展农业功能，以持之以恒的努力和顽强拼搏的精神，把一个古老落后的村落建成了一个处处焕发出生机的现代新农村。代村先后荣获"全国文明村镇创建先进村镇""全国生态家园富民行动示范村"、"全国敬老模范村居"和农业部"中国美丽乡村创建示范村庄"等荣誉称号，被评为"国家4A级旅游景区""全国休闲农业与乡村旅游五星级企业（园区）""全国十佳休闲农庄""全国休闲农业与乡村旅游示范点"和"中国最美休闲乡村"等。村党委书记、村委会主任王传喜荣获"全国劳动模范"、"全国优秀共产党员""全国时代楷模"等荣誉称号，当选为党的十九大代表。2017年，村集体企业实现产值26亿元，村集体经济收入1.1亿元，农民人均收入6.5万元。

代村欢迎您

田横岛旅游度假区

田横岛旅游度假区自然山海资源独特。村庄处于神秘维度线北纬36度，依山傍海，历史名岛田横岛等12个海岛环绕村庄，有2 000亩金沙滩，滨海景观值明显，青岛地铁11号线和603省道连接村庄。

历史文化特色明显。有历史名人田横典故、五百义士墓等古迹，已形成海洋文化、节庆文化、渔文化、福文化、田横历史文化多文化元素并存的文化体系，设有田横文化研究会、田横砚研究会。村庄有500余年民间祭海活动历史，近年依托山海岛滩湾独享资源，深度挖掘历史文化，组织举办祭海节、开渔节、动力伞比赛、帆船比赛、沙滩风筝会等节会活动，文旅结合，把渔村民俗风情充分展现给八方游客，形成胶东知名的渔乡风情民俗村，年客流量100万人次。

渔旅产业特色突出。村庄主产业为渔业捕捞、养殖、加工，有渔船253只，年海货交易量1 000万斤，为即墨区最大沿海海鲜交易市场。村庄统一注册"鲜美田横·山东头"农旅产品商标，突出产业带动，走渔旅结合、三次产业融合发展之路，利用电商平台，大力推进"互联网＋""旅游＋"发展模式，推动产业向海产品深加工、民宿旅游、农事体验方向转化，"海洋牧场""渔人码头""海岛野营"等文旅项目和"田崖海角"田园综合体项目正在建设。

生态文化有效发掘。村庄建有田横主题文化公园，实施了街巷硬化、自来水改造、污水处理、改厕、弱电下地、景观打造几项工程，成为即墨山海风貌精品示范村。建立党建引领下的新型社会治理体系，2018年申报争创青岛市美丽乡村精品示范村、山东省美丽乡村精品示范村、山东省旅游特色村，2018年9月1日举办即墨区第一届农民丰收节及第二届开海节（季）系列活动。

乡村振兴步伐加快。突出集体产权制度改革，成立渔业合作社、旅游协会和农业合作社，推行村民参股、土地入股，建立"产业联盟"，走"抱团"发展之路，通过特色项目打造带动乡村旅游发展。

寿光市三元朱村

　　三元朱村隶属于山东省寿光市孙家集街道，位于寿光市最南端，是中国冬暖式蔬菜大棚的发祥地。全村有267户，1000人，耕地1300亩，冬暖式蔬菜大棚850亩，露天大樱桃400亩。2017年村集体经济收入6500万元，村民人均收入30300元，先后荣获"全国文明村""全国先进基层党组织""中国特色经济村""国家农业旅游4A级景区"等荣誉称号。村党支部书记王乐义同志先后被评为"全国劳动模范""全国优秀共产党员""全国诚实守信道德模范"等荣誉称号，并连续当选党的十五大、十六大、十七大、十八大、十九大党代表。

　　40年来，王乐义书记积极响应国家惠农政策，结合自身实际始终带领乡亲们走在蔬菜生产发展的前列。1989年带领十七名党员成功实验冬暖式蔬菜大棚，开创了大棚冬季不烧煤的历史；1991年带领乡亲们成功生产无公害蔬菜，推广蔬菜标准化生产；1995年王乐义书记在无公害蔬菜标准上继续提高，生产有机蔬菜，达到国际标准。目前寿光市每年外派蔬菜种植技术人员4300多人，分布在全国26个省、市、自治区，为推动全国设施蔬菜的发展贡献了一份力量。

　　党的十九大胜利召开并提出乡村振兴战略，三元朱村迎来了新的发展机遇。新一届村两委班子在王乐义书记的带领下，立足自身实际提出在贯彻落实乡村振兴战略中继续走在前列的目标。2018年先后开工建设了社区二期公寓楼、居家养老医疗保健服务中心、百果采摘园、一代棚遗址改造提升工程、1号示范棚建设工程等内容，以上项目的完成使用将极大地提高现有的生活养老条件，改善村居环境，壮大村集体经济，增加村民的收入。

　　展望未来，三元朱村面临空前的发展机遇，以王乐义为代表的三元朱村领导班子将认真贯彻落实乡村振兴战略，把三元朱村建成一个"生产发展、生活富裕、乡风文明、村容整洁、管理民主"的社会主义现代化新农村。

苏州三山岛　太湖小蓬莱

　　清代诗人吴庄曾有诗曰：长圻龙气接三山，泽厥绵延一望间，烟水漾中分聚落，居然蓬莱在人寰。该诗赞美的正是风光旖旎、环境幽绝，有"小蓬莱"美誉的苏州太湖三山岛。

　　苏州三山岛位于苏州城西南50多千米处的太湖之中，它由北山、行山、小姑山组成，一岛三峰相连而得名。太湖三山，其湖光山色，动静并存，壮悠兼备，是饱览吴中山水、太湖景色的仙境；是太湖中的一颗璀璨的明珠，也是苏杭天堂丽境中唯一的群岛风光游览区。这里山水相依，层次丰富，形成一幅"山外青山湖外湖，黛峰簇簇洞泉布"的自然画卷。

　　三山岛上的石质都是石灰岩，暴露在地表的石头几乎都有太湖石瘦、漏、透、皱的特征。有被称为"吴中第一峰"的板壁峰、白猫石、十二生肖石、溶洞、狮身人面像等奇异石景，还有距今一万余年被称为"三山文化"的旧石器时代遗址及哺乳类动物化石遗存。

　　三山岛充分利用独特的地理、人文优势，为游客提供强身健体的场所，开发一系列集培养个人独立克服困难的意志和加强团队协作精神为一体的项目。有露营、篝火、攀岩、空中断桥等各种有趣的拓展活动，还有皮划艇、肥仔艇、赛龙舟等水上运动项目，将三山岛打造成了集体育、休闲、旅游为一体的生活品质之岛。

　　淳朴的农家风情和美丽的湖岛风光，使游客宛如临世外桃源。这里到处是大片大片的茶园、果园，可谓是"季季有果，月月有花，日日有鱼虾"。岛上种植着不同种类的果树，一年四季，时新瓜果不断。每年三月开始草莓便出来打头阵了，而四月是采摘碧螺春的时节，五月有枇杷，六月有杨梅，七八月有枣，九月有白果，十月橘子红了，蟹也肥了……游客不论哪个季节来到岛上都有不一样的惊喜。

　　在三山岛采摘的是纯天然绿色瓜果，住的是当地村民质朴的农家。入住农家可以吃到村民自家地里种的素菜，吃的鸡鸭是农家土生土长放养的，吃的水产便是太湖里纯野生的。

上海杨王村

　　杨王村位于南上海杭州湾畔，南临东海杭州湾，北临黄浦江，是奉贤南桥新城的城乡结合部，地理优越，交通便捷。村域面积 5.75 平方千米，全村总户数 1 158 户，共有 8 个村民联组，户籍人口 3 662 人，流动人口约 10 000 人。2010 年建立了市内第二家、区内首家村级党委，2013 年成立了市内首家村级纪委，有 38 个党支部，428 名党员。

　　近年来，杨王村党委紧紧围绕建设社会主义新农村的主题，以党建促进新农村建设，积极发挥领头羊示范引领作用。2008 年被区列为区新农村建设试点村和新农村建设领头羊村，先后被评为全国文明村、全国民主法治示范村、全国生态文化村、中国幸福村、全国十佳小康村、中国特色村、中国美丽村庄等十三项国家级荣誉称号。2016 年全村实现经济规模 225.02 亿元，税金实现 4.06 亿元，全村可支配收入达到 4 675.23 万元，人均可支配收入达到 30 746.22 元，中国名村影响力排行为 30 位。

　　在大力发展村级经济的同时，杨王村"两委"始终坚持"群众利益无小事，要让老百姓享受到改革发展的成果。"围绕"四个有"的发展目标，即：人人有岗位、人人有房产、人人有保障、人人有股份。着力保障和改善民生，努力提高村民生活质量。成立了 6 支公益岗位队伍，成立杨王投资发展公司培养大学生青年人才；建设了农村新型社区，使 75% 的村民住上了环境优美、配套完善、治安良好的联体别墅；为村民落实了生活保障机制，实现了保障全覆盖；实行村集体股份制改革，使村民人人有股份、年年有分红。投资建成了占地面积约 3600 平方米的足球场、篮球场、网球场、台球室、健身房、农家书屋和百姓大舞台等一批文体设施，为满足村民求知、求乐和健身的需求创造了良好的硬件条件。成立了骑游队、文艺队、足球队等 10 支文体团队，丰富了村民的业余文化生活。村里做到了大型活动月月有，小型活动周周有，自娱自乐天天有，使村民的精神生活得到了满足。

　　在精神文明建设和全国文明村创建中，杨王村把乡风文明建设作为培育新村民、建设新农村的一个重要内容。自 2006 年起，发动干部群众编写村训、新农村建设三字经、杨王之歌等，开展了二轮村民家庭写家训征集评选活动，得到全村村民的积极参与，使村的许多难事、频发事得到有效的克服和解决，各种矛盾得到有效协调，全村保持了和谐稳定的良好氛围；新人新事不断涌现，呈现出了着力建设新农村、凝心聚力谋发展的局面。期间，更有中央文明委常务副主任徐令义、时任上海市委副书记市长杨雄、上海市人大常委会主任党组书记殷一璀、时任上海市委副书记应勇、时任全国妇联书记处书记焦扬、时任上海市委常委市宣传部长徐麟等各级领导到本村实地视察指导，给予了肯定和好评。并于 2017 年 3 月 5 日，在第十二届全国人大五次会议上，习近平总书记参加上海代表团审议时，专门了解杨王村以家训带家风，以家风树村风，以村风扬民风的情况，并指出这正是"奉贤"两字的含义。"总书记之问"引起了社会各界的广泛关注，"杨王村"的名字再次为大家所熟知。家风、村风、民风，这是杨王最美的风景。杨王村以全国文明村创建为载体，把乡风文明建设作为弘扬"贤文化"、培育新农民、建设新农村的重要内容，坚持"以家训带家风，以家风树村风，以村风扬民风"，不断引领正确的价值取向，激发村民自治共治，努力打造"魅力、实力、幸福、和谐、生态、诚信"的"新杨王"。

　　在好家训好家风的氛围下，杨王村在 2008 年创新了乡风文明建设载体，围绕"忠孝仁爱、礼义廉耻"八个方面，开展了以"十个没有"为主要内容的"星级户"评选活动，调动了村民参与星级户创建活动的积极性。2011 央视七套拍摄反映本村乡风文明建设的"追星记"，并把本村列为全国十二个文明点位之一。同时结合新农村建设的任务，以村民学校、网格课堂、家风小课堂等为阵地，通过《新杨王》导刊、网站、微信平台等载体，围绕培育新农民、提升新理念、塑造新风尚、掌握新技能，充分整合各方资源，将沟通、教育、宣讲的平台深入到村民家庭，积极推进村民教育模式转变。

　　杨王村村民们物质生活的殷实和精神生活的富有，极大地提升了他们的幸福指数。如今的杨王人居环境有了明显变化：村庄更绿了、河水更清了、环境更美了，呈现出优美整洁的村容村貌。农民新型社区建设和农村新型社区的配套设施建设，逐步实现农村基础设施城镇化、城市化、生活服务社区化、生活方式市民化。

黄桥村发展历程及成果

　　黄桥村位于松江区泖港镇中心地区，据《嘉庆松江府志》记载："黄桥门长六百八十丈，水亦自大泖来，旧于此植木为水窦七十余，以泄入横潦泾，水流甚急"。后来黄桥门两侧成陆建镇，便取名"黄桥镇"。这就是黄桥村的由来。

　　黄桥村属市级"三农"工作综合试点区的核心区、万亩粮食优质高产示范基地、上海市新农村建设的示范村。近年来，通过全村党员干部、广大村民共同努力，本村荣获了上海市整洁村、上海市文明村、上海市民主法制村、上海市楹联第一村、上海市十大我最喜爱的乡村、上海市五好党组织、上海市先进基层党组织、全国妇联基层组织建设示范村、全国特色村（绿色村庄）、全国生态文化村、全国最美丽休闲乡村等荣誉。

　　近年来，泖港镇在保护生态中发展经济，致力于打造"都市后花园，市民逍遥地"。拥有得天独厚的自然、人文资源的黄桥村大力继承和发展古老的民俗文化，并与生态旅游相结合，接连开创了沪上"楹联第一村"、申城第一眼温泉、浦江第一村等多个"第一"，打造出一个充满魅力的"写意村庄"。

　　走进黄桥村，就像走进了一个美丽的大花园，"绿色浪潮"铺面而来，到处都能感受到生命的气息。漫步田间，金黄色的麦子成片相连，水稻在风中翩翩起舞；黄浦江上游三江在黄桥汇流，一江春水在这里流向申城大地；中生代钱塘江古河道的矿井泉水在这里冒出泉眼，取自地下270米的温泉水让人一扫疲惫；黄桥村还拥有采用地热、风力、太阳能等新兴节能技术打造的"会呼吸的房子"；在垂钓园区，微风拂过河塘，美景与悠闲完美结合，或许，你还能在这里钓上一只正宗的黄浦江清水大闸蟹。

　　"田成方、路成网、渠配套、林成行"，黄桥村已成为全市现代农业产业的典型代表，村里的万亩优质水稻基地连续三年被评为上海市优质水稻创建评比一等奖。

　　近年来，黄桥村不断探索农业发展新模式。黄桥村农产品的加工配送中心，形成了产、供、销一体化经营模式，年配送金额达千余万元。通过实现农业产业化、规模化、品牌化发展，为上海地区的"菜篮子""米袋子"供应和食品安全提供有力的保障。在泖港镇的统一规划推进下，黄桥村在全市率先试点组建蔬菜家庭农场，源头把关蔬菜质量，提升菜农收入。

　　除了在现代农业和生态旅游上树立特色以外，黄桥村还大力挖掘传统民俗文化，打造出特色文化村落品牌。黄桥村于2007年成立了楹联沙龙，把传承古老民俗与推动和谐社会建设相结合，为传统文化注入新的活力。自黄桥村楹联沙龙成立以来，开展了"五五普法进农村"法制联展、"廉政文化进农村"楹联展等一系列活动，以楹联文化促进法制建设，推动了村里的乡风文明建设。2011年1月，黄桥村被上海市楹联学会授予"上海楹联第一村"的称号。在如今的黄桥村，但凡逢年过节，家家户户都在门前贴上对联，形成了鲜明的文化特色，引得喜爱传统文化的游客纷至沓来。

　　今后，黄桥村将依托农业资源和农村资源，重点发展特色规模农业和生态休闲农业旅游服务业，深入挖掘村落文化内涵，不断增强民俗文化的吸引力。

牟家村

牟家村——国家级农村现代化示范区、江苏省最美乡村、全国文明村、中国美丽休闲乡村。这里，烟柳画桥，风帘翠幕，天人合一，相映成趣，是社会主义新农村建设的典范。

牟家村，位于常州市天宁区郑陆镇，全村总面积2.1平方千米，下设6个村民小组，615户，户籍人口2 186人，常住人口5 000余人，全村净资产1.36亿元，村级年收入1 000余万元，2017年农民人均纯收入达3.2万元。

改革开放30多年来，牟家人敢于探索、勇于实践，从一穷二白的小村庄发展为远近闻名的综合实力强村，从杂乱无章的原始村落发展为赏心悦目的新型田园都市，从平淡的农村生活发展为丰富的现代文化……牟家的巨变无不体现了牟家人"创先进、共奋斗"的牟家精神。

艰苦发展之路。 20世纪70年代，牟家村是一个以农业为主、工业落后、生活贫困的农业村；20世纪80年代，牟家村办起了第一家村级工业企业——牟家村农机厂，开始涉足工业领域，并不断发展壮大；20世纪90年代，牟家村工农业快速发展，跃升成"亿元村"；21世纪初，牟家村完成了集体企业统一改制，成立了全省首家"以土地为中心"的股份经济合作社，集体资产的"资产重组"和"二次分配"成为村级收入和村民收入的新增长点，更为牟家村的跨越式发展奠定了不可或缺的经济保障。

创新发展之路。 2005年，党中央作出了全面建设社会主义新农村的战略部署，牟家村两委敏锐把握时代脉搏，吃透方针政策，立足村情谋发展，与时俱进闯新路，率先启动了农村城市化建设。按照"规划先行、科学布局、长期建设、集中居住"的原则，统筹规划了600亩观光休闲农业区、300亩居民生活区和600亩工业集中区，并一以贯之加以实施。创新发展现代特色农业，600亩的农业生态休闲观光园融合了农业生产、农业科研、农业观光等，并成功开发两条农业旅游线路，实现了农业生产和观光旅游的有机结合，先后被评为全国农业旅游示范点、中国休闲旅游自然村、中国美丽休闲乡村、中国十佳小康村、江苏省四星级乡村旅游点、江苏省水利风景区、江苏省最美乡村等。率先启动集中居住建设，牟家村从1997年起全面停办农户自建房，按照村民自愿原则，统一代建安置，集中居住。目前全村集中居住率已超过75%，已建成牟家村别墅区、袁家村别墅村、南苑别墅区、紫星公寓、南苑公寓、申怡花苑公寓等，小区内配套设施全部到位，标准化物业管理。

可持续发展之路。 围绕建设"又富又美"新牟家的目标，牟家村在发展经济的同时，更着力打造"大美牟家"。①发展之美，工业发展是牟家新农村建设的加速引擎，该村现有工业企业40余家，其中亿元企业7家，主要涉及机械制造、医疗设备和新材料等领域，2017年实现工业总产值30亿元。宾馆、酒店、商业街的成功入驻拉动了服务业和旅游业的发展。②生态之美。深入实施生态环境整治工程，先后投资1 300万元完成村主干道白改黑工程、绿化工程和亮化工程，投资3 500万元建设牟家观光园，投资350万元开挖村级景观河并更新全村河道护栏，投资180万元建造农桥、排涝站和3座高标准公厕，温控花房、葡萄园、垂钓中心等相继建成。如今牟家村处处亭台楼阁、碧草如茵、井然有序，人与自然和谐相处。③人文之美。文化是牟家村建设特色社会主义新农村的一大亮点。在牟家村，各种文化元素比比皆是：雕梁画栋的牌楼、沉重古朴的村石、古色古香的群艺楼等。村史馆、农博馆、文体公园、全省首家村级博物馆——建成开放。同时加大精神文明建设，建成了常州市首家全民"读者村"、江苏省文明村、全国民主法治示范村等。

和谐发展之路。 发展为了百姓、富裕为了百姓，牟家村两委始终把改善民生视为己任。2006年投入2 650万元为全体村民办理了武进区农民基本生活保障，2010年投资1 000万元建成牟家村综合服务中心，2011年投资1 500万元建成牟家村文体公园，同时村委全额承担了村民的农村合作医疗保险金、老年人意外伤害险等，建立了村级慈善救助基金会发展村级慈善事业。为了探索老龄化时代的新农村养老方式，提高本村老人的生活质量，建成高标准的牟家村养老院，选址上充分考虑了入住老人生活的舒适、健康、便利，养老院东邻牟家农业旅游观光园、西接牟家文体公园，入住老人将有绿色、整洁的生活环境，齐全、便利的健身设施，丰富多彩的娱乐活动。经济增长了、环境变美了、生活幸福了，群众更加拥护牟家村党政班子，当前。牟家村干群关系融洽，全村一条心，众志成城建设新牟家。

未来发展之路。 牟家将始终以夯实党建为根基，先进文化为指引，争创一流为动力，共同富裕为目标，努力把牟家的明天建设得更加美好，让牟家人民生活得更加幸福。规划在未来几年内，争取实现工业总产值年均增长10%，农民人均纯收入年均增长12%，集中居住率达到90%以上，民生福利逐年提增，使百姓生活更加富裕安康、幸福美满。

桃源村

桃源村位于阳山省级旅游度假区核心地带，是由原来的大路头村和姚家桥村于2009年10月合并而成的，区域面积4.1平方千米，原有25个村民小组，户籍人口3 300余人。2010年启动"双置换"工作，拆除12个村民小组。全村地处长腰山麓，西靠大阳山，北依狮子山，坐拥精华，环秀而居，四季嫣然。桃源村以其得天独厚的地理位置、秀丽宜人的自然风光、蓬勃发展的绿色经济、淳朴敦厚的乡风民情，先后囊括中国最有魅力休闲乡村、全国文明村、中国十佳小康村、中国美丽乡村百家范例、江苏最美乡村、江苏省和谐社区建设示范村、江苏省最具魅力休闲乡村、江苏省社会主义新农村建设先进村、江苏省文明标兵村、无锡市两性社会建设先进村无锡市美丽乡村休闲旅游示范村等诸多荣誉，成为"大美阳山"令人神往的那一方"人间仙境地"。

桃源村在市、区、镇各级政府的大力支持下，借助于阳山生态区的外围环境、配套资源，全体村民、党员干部致力于把村庄建设成最美丽的乡村。桃源村已完成对大路头和前、中、后寺舍四个自然村的新农村村庄整治。在整治的过程中按照"因地制宜、注重特色、挖掘历史、提高品位、拓展功能"的要求，以全新的理念定位旅游农业发展路子，推动现代旅游农业建设，积极开拓旅游农业新功能，在整治过程中注重传承和发扬非物质文化，比如前寺舍的姓氏（周氏）文化、家规家训、酿酒文化及石器文化，在这些历史产物中取其精华、去其槽粕，向现代社会提供正能量。在创建优美环境的同时，提高村民思想道德水平。

近几年，桃源村致力做好一、三产融合发展工作，从一个纯水蜜桃种植主产村，逐渐演变成一个具有水蜜桃种植、销售、休闲观光旅游、乡村文化体验的乡村旅游村庄。2017年桃源村前寺舍成功入选江苏省首批特色田园乡村试点，打造特色乡村旅游文化。与隐居集团合作的桃源泉·乡宿已经正式对外营业。与上海兴影资产管理有限公司合作的山南头特色文化村庄已在建设中。

中山市南朗镇崖口村

一、人口与地理位置

崖口村是中山市南朗镇的一个行政村，辖下有自然村8个，分13个生产队，总户数近900户，现有人口3 368人。本村地处珠江口西岸，东北隔海与深圳和香港相望，东临伶仃洋，南邻珠海市。105国道、京珠高速及广珠城际轻轨从村旁通过，地理位置得天独厚。村庄依山傍水，风景秀丽，宜居、宜耕、宜种、宜养，是一个美丽富饶的鱼米之乡。

二、土地和物资资源

全村原有面积四十多平方公里，约合六万多亩，2008年中山市政府征用了一万二千亩地，实际现有面积约四万亩。除山林果木、宅基地、道路和河涌外，可耕可种的仍接近三万亩，主要经营农业种养，有三千多亩水稻耕地（2016年底出租了1 200多亩经营生态科技园），全部机械化生产；三千多亩淡水养殖鱼塘，其余大部分为利用围垦土地开发的咸淡水养殖场，根据珠江口的水文、生态条件，养殖虾、蟹等高档水产品。

三、农业生产

农业生产是崖口村经济的主体，当前本村有稻田3 000多亩，2016年出租1 200多亩后，现剩余约2 000亩，由13个生产队经营，社员273人。村设有农机站，由村委会管理，负责各生产队机械生产任务。近年来，在政府大力支持下，我村坚持以市场为导向，以农业增效和农民增收为目标，大力推广科学种田技术，购置农业机械，减轻农民劳动强度，提高生产效率，进一步扩大我村的优质绿色水稻种植的规模，打造了崖口村有机生态农业发展的新亮点。

四、水利建设

一直以来，本村十分重视水利建设。早在1972年，崖口村村民用人工修筑了一个小型水库，名为云梯山水库，至今，崖口村的生活饮用水、农业浇灌用水都来自该水库。为加强农田水利建设，2011年起，投入300多万元实行现代农业示范区改造，建成干支渠道6000多米，高标准整治农田1 200亩。2012年，在省、市农业部门的支持，投入了120多万元，在二顷、三顷六、三顷二等围新建了一个大型的排涝泵站，提高防洪排涝能力。

五、民生福利

集体经济发展了，村的家底厚了，还要使村民富裕，每年投入大量的资金来保障村民的福利待遇。目前，本村实行"两免一补"，为全村村民提供口粮，学龄前儿童就读幼儿园每年补贴400元学费，每年还投入约160万元为村民购买医保，除市、镇两级补贴外，村每月补贴100多元给村民购买养老保险。

六、荣誉称号

几十年来，本村发展成效显著，得到各级政府肯定，先后获得："国家级非物质文化遗产（南朗崖口飘色）""广东省农业机械推广先进集体""广东省民间文化艺术之乡""广东省最美丽乡村""改革开放30年广东省档案编研成果二等奖""中山市先进党支部""中山市文明单位""中山市先进管理区""中山市革命老区建设先进单位""中山市优秀安全小区"等荣誉称号。

广东省
文明村
广东省精神文明建设委员会
二〇一七年十一月

崖口陆家果园荔枝